Klemens Joos

Politische Stakeholder überzeugen

Klemens Joos

Politische Stakeholder überzeugen

Erfolgreiche Interessenvertretung durch Prozesskompetenz im komplexen Entscheidungssystem der Europäischen Union

2., überarbeitete und erweiterte Auflage

WILEY-VCH GmbH

2. Auflage 2024

Alle Bücher von WILEY-VCH werden sorgfältig erarbeitet. Dennoch übernehmen Autoren, Herausgeber und Verlag in keinem Fall, einschließlich des vorliegenden Werkes, für die Richtigkeit von Angaben, Hinweisen und Ratschlägen sowie für eventuelle Druckfehler irgendeine Haftung

Bibliografische Information der Deutschen Nationalbibliothek

Die Deutsche Nationalbibliothek verzeichnet diese Publikation in der Deutschen Nationalbibliografie; detaillierte bibliografische Daten sind im Internet über <http://dnb.d-nb.de> abrufbar.

Print ISBN: 978-3-527-51137-2
ePub ISBN: 978-3-527-84569-9

Covergestaltung: Schindler Parent GmbH, Meersburg
Coverfoto: (c) KEEFFECT Design GmbH & Co. KG, Konstanz
Abbildungen (Inhalt): Agentur zur schönen Gärtnerin, München
Projektmanagement und Lektorat: boos for books, Evelyn Boos-Körner, Schondorf am Ammersee

Satz: Straive, Chennai, India
Druck und Bindung: CPI Group (UK) Ltd, Croydon, CR0 4YY

C9783527511372_160923

Inhalt

Vorwort **19**

Grußwort zur zweiten Auflage. **21**

Geleitwort zur zweiten Auflage **23**

Einleitung **25**

1 In eine Formel gegossen: Erfolgreiche Interessenvertretung in komplexen Entscheidungsprozessen **33**
1.1 Wege aus der Komplexitätsfalle politischer Entscheidungsstrukturen   33
    1.1.1 Problemlösungen in komplexen Situationen: Prozess schlägt Inhalt   33
    1.1.2 Stakeholder- versus Shareholder-Ansatz   34
    1.1.3 Entscheidungen ohne Entscheider: Komplexes Mehrebenensystem der Europäischen Union (EU)   35
1.2 Politische Neugeburt der EU   35
    1.2.1 Vertrag von Lissabon als Hintergrund eines Paradigmenwechsels   35
    1.2.2 Neuordnung von Entscheidungsprozessen durch den Vertrag von Lissabon   36
    1.2.3 Auswirkungen der durch den Vertrag von Lissabon veränderten Rahmenbedingungen auf die Interessenvertretung in der EU   38
1.3 Erfolgreiche Interessenvertretung im komplexen EU-Entscheidungssystem   39
    1.3.1 Erfolgsformel   39
    1.3.2 Beispiel für die Anwendung der Erfolgsformel – das »Bergbeispiel«   42
        1.3.2.1 Vor Lissabon: Erfolge für inhaltsorientierte Interessenvertretung   42
        1.3.2.2 Nach Lissabon: Prozessuale Barrieren der inhaltsorientierten Interessenvertretung   43
        1.3.2.3 Überwindung der prozessualen Barriere durch prozessorientierte Interessenvertretung   47
        1.3.2.4 Bestandteile der Prozesskompetenz   48
        1.3.2.5 Bedeutung der Prozessstrukturkompetenz (PsK)   48
        1.3.2.6 Bedeutung der Perspektivenwechselkompetenz (PwK)   50
        1.3.2.7 Bedeutung der Prozessbegleitkompetenz (PbK)   58
1.4 Fazit   59

2 Grundsätzliche Überlegungen zum Thema Interessenvertretung und Stakeholder **61**
2.1 Interessendifferenzen, Stakeholder und Übersetzungskonflikte   61
    2.1.1 Komplexität und Differenzierung   62
    2.1.2 Eine Theorie des »Stakeholders«   69

2.1.3 Übersetzungskonflikte 69

2.2 Stakeholder-Orientierung: Perspektiven der Unternehmensführung
jenseits des klassischen Shareholder-Value-Ansatzes
angesichts komplexerer Rahmenbedingungen 71

    2.2.1 »Be ahead of *change*« : Herausforderung Stakeholder-
Orientierung 71

    2.2.2 Treiber der Stakeholder-Orientierung 73

        2.2.2.1 Internet und Digitalisierung 73

        2.2.2.2 Klimawandel und demografische Entwicklung 74

        2.2.2.3 Krisenhafte Tendenzen und Globalisierung in einer
vollständig vernetzten Wirtschafts- und Finanzwelt 75

        2.2.2.4 Neue Organisationsstrukturen bürgerlicher
Interessenvertretung 76

        2.2.2.5 Zwischenergebnis 77

    2.2.3 Ideal des ehrbaren Kaufmanns: Ein Stakeholder-orientiertes
Konzept? 78

    2.2.4 Komplexe und dynamische Perspektive der Stakeholder-
Orientierung 79

    2.2.5 Stakeholder-Theorie: Zentrale Beiträge, Entwicklungsstadien
und ausgewählte wichtige Erkenntnisse 82

        2.2.5.1 Zentrale Beiträge zur Stakeholder-Theorie 82

        2.2.5.2 Drei Entwicklungsstadien der Stakeholder-Theorie 83

        2.2.5.3 Reifephase im Rahmen des Stakeholder-Managements 90

    2.2.6 Stakeholder-Management und Strategien 96

    2.2.7 Beispielhafte Anwendungen des Stakeholder-View im Marketing 102

    2.2.8 Zusammenfassung und Ausblick 106

    2.2.9 Schlusswort 107

2.3 Bedeutung des Intermediärs in der Interessenvertretung,
abgeleitet von Theorien zu marktlichen Austauschbeziehungen 108

    2.3.1 Intermediäre 108

        2.3.1.1 Begriffsdefinitionen 108

        2.3.1.2 Intermediäre erklärt durch ökonomische Theorien 110

            2.3.1.2.1 Transaktionskostentheorie 111

            2.3.1.2.2 Search Theory 113

            2.3.1.2.3 Intermediation Theory of the Firm 114

            2.3.1.2.4 Principal Agent Theory 115

        2.3.1.3 Verhaltenswissenschaftliche Theorien 117

            2.3.1.3.1 Structural Hole Theory 118

            2.3.1.3.2 Social Exchange Theory 119

    2.3.2 Zusammenfassung 120

3 Interessenvertretung: Eine Annäherung. Grundlagen und Einführung. 123

3.1 Einführung *123*

3.2 Interessenvertretung als strukturierter Kommunikationsprozess *124*

   3.2.1 Fragestellung und Definition *124*

   3.2.2 Konzepte der Interessenvertretung: Von Investor Relations zu
Governmental Relations *128*

   3.2.3 Interessenvertretung als unverzichtbarer Bestandteil der
Unternehmenskommunikation *132*

      3.2.3.1 Interessenvertretung als Frühwarnsystem: Identifikation von
Themen und Trends *132*

      3.2.3.2 Interessenvertretung als Langfrist-Projekt:
Strukturelle Begleitung von Entscheidungsprozessen *137*

         3.2.3.2.1 Allgemeines *137*

         3.2.3.2.2 Informationsmanagement *138*

         3.2.3.2.3 Strategieberatung *139*

         3.2.3.2.4 Veranstaltungen *140*

         3.2.3.2.5 Einbringen von Unternehmensinteressen *140*

      3.2.3.3 Interessenvertretung als politisches Krisenmanagement:
Interessenvertretung als »Feuerwehr« *141*

3.3 Legitimation von Interessenvertretung *144*

   3.3.1 Politik als Wettstreit verschiedener Interessen mit dem Ziel
konsensfähiger Lösungen *147*

   3.3.2 Interessenvertretung als Aggregation von Interessen *151*

   3.3.3 Interessenvertretung als Mittel zur Bildung kommunikativer
Schnittmengen von Politik und Betroffenen: Notwendigkeit eines
Intermediärs *153*

   3.3.4 Politikwissenschaftliche Konzepte zur Analyse und Bewertung
von Interessenvertretung: Überblick *157*

      3.3.4.1 Neopluralismus *158*

      3.3.4.2 Neokorporatismus *159*

      3.3.4.3 Austauschtheorie *162*

      3.3.4.4 Governance-Ansatz *164*

   3.3.5 Europarechtliche Grundlagen *166*

      3.3.5.1 Primärrechtliche Grundlagen *167*

      3.3.5.2 Regelungen für Interessenvertreter (Verhaltenskodex)
und Offizielle der Europäischen Union *168*

         3.3.5.2.1 Regelungen für Interessenvertreter *170*

         3.3.5.2.2 Regelungen für die Offiziellen der
Europäischen Union *170*

      3.3.5.3 Weitere rechtliche Regelungen und Selbstverpflichtung
der Interessenvertreter *172*

3.4 Thesenartige Zusammenfassung *173*

**4 Politik als Prozess: Paradigmenwechsel von
der Inhalts- zur Prozesskompetenz bei der Interessenvertretung** **179**
4.1 Einleitung und Fragestellung   *179*
4.2 Inhalte als das bestimmende Element der Politik?   *181*
4.3 Klassische Dimensionen der Politik: Polity, Policy, Politics   *185*
4.4 Prozessuale Dimension der Politik   *187*
    4.4.1 »Komplexitätsfalle« Polity: Prozesskompetenz für den politischen
        Betrieb in der Europäischen Union   *187*
    4.4.2 Policy Cycle   *190*
        4.4.2.1 Problemdefinierung   *192*
        4.4.2.2 Agenda Setting   *192*
        4.4.2.3 Politikformulierung und Entscheidung   *193*
        4.4.2.4 Politikimplementierung   *195*
        4.4.2.5 Politikevaluierung   *195*
        4.4.2.6 Politikterminierung   *196*
4.5 Zeitliche Dimension der Politik   *197*
    4.5.1 Endogene Zeitfenster   *199*
    4.5.2 Exogene Zeitfenster   *200*
    4.5.3 Strukturelle Zeitfenster   *201*
4.6 Politische Akteure   *202*
    4.6.1 Individuelle Akteure   *204*
    4.6.2 Kollektive und korporative Akteure   *207*
    4.6.3 Institutionelle Akteure   *208*
4.7 Politische Netzwerke   *211*
4.8 Gesetzmäßigkeiten von (politischen) Entscheidungen   *215*
    4.8.1 Homo oeconomicus oder Homo politicus?   *216*
    4.8.2 Entscheidungsfindung des Homo politicus   *221*
4.9 Thesenartige Zusammenfassung   *230*

**5 Europäische Union als Ziel von Interessenvertretung: Politisches System
und Besonderheiten gegenüber mitgliedstaatlichen Systemen** **235**
5.1 Einleitung und Fragestellung   *235*
5.2 Kurze Geschichte der europäischen Integration   *236*
5.3 Fundamentale Änderungen durch den Vertrag von Lissabon   *245*
    5.3.1 »Lissabon«: Vertrag oder Verfassung?   *246*
        5.3.1.1 Entstehungsgeschichte des Vertrages von Lissabon   *247*
            5.3.1.1.1 Kontext: Entstehung des Verfassungsvertrages
                und Verfassungskrise   *247*
            5.3.1.1.2 Ausweg aus der Verfassungskrise   *249*
        5.3.1.2 Wie der gewählte Prozess über die Substanz des Vertrages
            von Lissabon entschied   *252*

5.3.1.2.1 Basislager und Schachspiel   252

5.3.1.2.2 Berliner Erklärung und Sherpa-Konsultationen:
          Informelle Prozesse als Weg zum Erfolg   254

5.3.1.2.3 Ein Verhandlungsmandat ohne Verhandlungs-
          spielraum   255

5.3.1.2.4 Fazit   258

5.3.1.3 Bewertung der Unterschiede zwischen Verfassungsvertrag
        und Vertrag von Lissabon   258

5.3.2 Stärkung der EU nach außen: Die EU als Global Player   263

5.3.3 Stärkung der EU nach innen: Übergang vom Einstimmigkeits-
      zum Mehrheitsprinzip im Rat der EU wird zum Regelfall   265

5.3.4 Stärkung des Europäischen Parlaments   268

5.4 Integrationstheorien und das Mehrebenensystem
    Europäische Union   270

5.4.1 Föderalismus   271

5.4.1.1 Der Föderalismus als politische Zielvorstellung   272

5.4.1.2 Föderalismus als politikwissenschaftliche
        Integrationstheorie   272

5.4.2 Neo-Funktionalismus   274

5.4.3 Liberaler Intergouvernementalismus   276

5.4.4 Supranationalismus   279

5.4.5 Multi-Level-Governance   280

5.4.6 Fazit   285

5.5 Politische Stakeholder in der Europäischen Union   285

5.5.1 Europäische (supranationale) Ebene: Die Organe und
      Institutionen der Europäischen Union im Überblick   287

5.5.1.1 Europäisches Parlament   287

5.5.1.2 Europäischer Rat   291

5.5.1.3 Rat der Europäischen Union (Ministerrat)   292

5.5.1.4 Europäische Kommission   294

5.5.1.5 Gerichtshof der Europäischen Union   297

5.5.1.6 Europäische Zentralbank   299

5.5.1.7 Europäischer Rechnungshof   300

5.5.1.8 Sonstige Institutionen   302

5.5.1.8.1 Europäischer Wirtschafts- und Sozialausschuss   302

5.5.1.8.2 Ausschuss der Regionen   302

5.5.2 Mitgliedstaatliche (nationale) Ebene   304

5.5.2.1 Mitgliedstaatliche (»Ständige«) Vertretungen   304

5.5.2.2 Regionale Vertretungen   306

5.5.3 Zivilgesellschaftliche (nichtstaatliche) Ebene   308

　　　　　　5.5.3.1　Verbände   311
　　　　　　5.5.3.2　Organisationen und öffentliche Interessengruppen   313
　　　　　　5.5.3.3　Medien   315
　　　5.6　Thesenartige Zusammenfassung   316

**6　Rechtsetzungsverfahren und sonstige rechtliche Regelungen als
　　Rahmenbedingungen von Interessenvertretung in der Europäischen Union 321**
　　6.1　Einleitung und Fragestellung   321
　　6.2　Grundlagen der Rechtsetzung in der EU nach Lissabon   321
　　　6.2.1　Allgemeines   322
　　　6.2.2　Einteilung der Rechtsakte nach dem Vertrag von Lissabon   323
　　　6.2.3　Rechtsetzungsverfahren in der Europäischen Union   324
　　　　6.2.3.1　Allgemeines   324
　　　　6.2.3.2　Ordentliches Gesetzgebungsverfahren   325
　　　　　　6.2.3.2.1　Einleitung des Gesetzgebungsverfahrens:
　　　　　　　　　　　　Initiativrecht der EU-Kommission   327
　　　　　　6.2.3.2.2　Weiteres Vorgehen in Rat und Parlament:
　　　　　　　　　　　　Lesungen, Stellungnahmen und Vermittlungs-
　　　　　　　　　　　　verfahren   328
　　　　　　6.2.3.2.3　Erste Lesung im Europäischen Parlament   329
　　　　　　6.2.3.2.4　Erste Lesung im Rat   329
　　　　　　6.2.3.2.5　Zweite Lesung in Parlament und Rat,
　　　　　　　　　　　　Stellungnahme der Kommission   330
　　　　　　6.2.3.2.6　Verfahren im Vermittlungsausschuss   332
　　　　　　6.2.3.2.7　Dritte Lesung in Rat und Parlament   332
　　　　　　6.2.3.2.8　Veröffentlichung, Bekanntgabe
　　　　　　　　　　　　und Inkrafttreten   333
　　　　6.2.3.3　Rechtsetzung durch die EU-Kommission nach Artikel
　　　　　　　　　290 und 291 AEUV, insbesondere Komitologie   333
　　　　　　6.2.3.3.1　Delegierte Rechtsetzung (Artikel 290 AEUV)   334
　　　　　　6.2.3.3.2　Durchführungsrechtsetzung der EU-Kommission
　　　　　　　　　　　　nach Artikel 291 Absatz 2 AEUV   335
　　6.3　Zugang zu den Institutionen der Europäischen Union   337
　　　6.3.1　Allgemeines   338
　　　6.3.2　Gesetzliche Grundlagen der Regulierung   340
　　　6.3.3　Rechtliche Rahmenbedingungen des Zugangs zu den einzelnen
　　　　　　　Institutionen   341
　　　　6.3.3.1　Regulierung des Zugangs zum Rat der EU   341
　　　　6.3.3.2　Regulierung des Zugangs zu Mitgliedern und Beamten der
　　　　　　　　　EU-Kommission   342

6.3.3.3 Transparenz-Initiative/Transparenz-Register *343*

    6.3.3.3.1 Rahmenbedingungen und Inhalt des Transparenz-Registers *343*

    6.3.3.3.2 Alternativen zum Transparenz-Register: Verbindliche Qualitätskriterien für Interessenvertretung *345*

6.3.3.4 Regulierung des Zugangs zu Mitgliedern des Europäischen Parlaments *347*

6.3.3.5 Regulierung des Zugangs zum Ausschuss der Regionen (AdR) und Wirtschafts- und Sozialausschuss (EWSA) *348*

6.3.4 Konsequenzen für die Praxis der Interessenvertretung *349*

  6.3.4.1 Entscheidungen ohne Entscheider? *349*

    6.3.4.1.1 »Komplexitätsfalle« Europäische Union: Gibt es den einen Entscheider? *349*

    6.3.4.1.2 Ordentliches Gesetzgebungsverfahren (Artikel 294 AEUV): Die Zahl der Entscheider nimmt zu *350*

    6.3.4.1.3 Informeller Trilog als zusätzliche – informelle – Entscheidungsebene *351*

    6.3.4.1.4 Komplexität und Vielschichtigkeit der Verfahren und Prozesskompetenz in der Interessenvertretung *352*

  6.3.4.2 Mehrheitsentscheidungen unter 27 Mitgliedstaaten als strategisches Risiko für Unternehmen: Zwang zum »Europäischen Coalition Building«? *353*

6.4 Thesenartige Zusammenfassung *356*

7 Governmental Relations: Prozessmanagement in der Praxis **359**

7.1 Einleitung und Fragestellung *359*

7.2 Allgemeines *359*

7.3 Wesentlicher Bestandteil erfolgreicher Interessenvertretung: Stakeholder-Management *362*

7.3.1 Konzept des Stakeholder-Managements im Bereich der politischen Interessenvertretung *362*

7.3.2 Stakeholder-Management in der Praxis *366*

  7.3.2.1 Schritt 1: Identifikation relevanter Stakeholder *367*

  7.3.2.2 Schritt 2: Stakeholder-Mapping – Kategorisierung und Hierarchisierung *370*

  7.3.2.3 Schritt 3: Informationsmanagement – Aufbau und Pflege einer Stakeholder-Datenbank *371*

7.4 Instrumente der Interessenvertretung 374
  7.4.1 Strukturelle Instrumente 374
    7.4.1.1 Kollektive Organisationsformen: Interessenvertretung durch Verbände 374
      7.4.1.1.1 Allgemeine Heterogenitätsproblematik 374
        7.4.1.1.1.1 Zwang zum Kompromiss auf Verbandsebene 375
        7.4.1.1.1.2 Folge: Konflikt zwischen Mitgliedschaftslogik und Einflusslogik 377
      7.4.1.1.2 Verbandliche Interessenvertretung »von innen« und »von außen« 379
      7.4.1.1.3 Kulturelle Unterschiede zwischen EU-Ebene und Mitgliedstaat als Problem für Verbände 380
      7.4.1.1.4 Europäische und nationale Verbände 381
        7.4.1.1.4.1 Europäischer Verband 381
        7.4.1.1.4.2 Nationaler Verband 383
    7.4.1.2 Nicht-kollektive Organisationsformen 384
      7.4.1.2.1 Inhouse-Interessenvertretung: Die eigene Unternehmensrepräsentanz 384
        7.4.1.2.1.1 Rolle und Tätigkeit eines Inhouse-Interessenvertreters 385
        7.4.1.2.1.2 Anforderungen an die Person des Interessenvertreters 386
        7.4.1.2.1.3 Zentrales Problem: Vertrauen kann nicht vererbt werden 387
      7.4.1.2.2 Externer Dienstleister 388
        7.4.1.2.2.1 Public-Affairs-Agenturen 388
        7.4.1.2.2.2 Anwaltskanzleien 389
        7.4.1.2.2.3 Governmental-Relations-Agenturen 390
        7.4.1.2.2.4 Projektbezogener oder struktureller (langfristiger) Ansatz? 392
        7.4.1.2.2.5 Thinktanks 394
        7.4.1.2.2.6 Entsendung eigener Mitarbeiter an die Institutionen 395
    7.4.1.3 Kosten der verschiedenen Instrumente 396
      7.4.1.3.1 Kosten für einen Verband 396
      7.4.1.3.2 Kosten einer Unternehmensrepräsentanz in Brüssel 397
      7.4.1.3.3 Kosten eines externen Dienstleisters 400
        7.4.1.3.3.1 Public-Affairs-Agenturen 401
        7.4.1.3.3.2 Anwaltskanzleien 402
        7.4.1.3.3.3 Governmental-Relations-Agenturen 403

7.4.2 Prozessuale Instrumente 405

    7.4.2.1 Monoprozessuale Instrumente 406

        7.4.2.1.1 Telefonat 407

        7.4.2.1.2 SMS 407

        7.4.2.1.3 E-Mail 407

        7.4.2.1.4 Persönliches Gespräch 408

        7.4.2.1.5 Briefing 409

        7.4.2.1.6 Stellungnahme im Rechtsetzungsverfahren 410

        7.4.2.1.7 OnePager 410

    7.4.2.2 Polyprozessuale Instrumente 412

        7.4.2.2.1 Workshop 412

        7.4.2.2.2 Parlamentarischer Abend 413

7.5 Umsetzung in die Praxis: Gesamtmodell zur Strukturierung einer effektiven und effizienten Interessenvertretung 415

    7.5.1 Qualitätsmaßstäbe setzen: Eckpunkte einer effektiven Interessenvertretung für ein Unternehmen 415

    7.5.2 Koordination der Instrumente durch das Unternehmen 419

    7.5.3 Ausgangspunkt und Zielsetzung erfassen: Definition eines generellen Anforderungsprofils des Unternehmens im Bereich der Interessenvertretung 421

    7.5.4 Interessenvertretungsprojekte aufsetzen und erfolgreich durchführen: Grundlegende Schritte 424

        7.5.4.1 Erfassung der inhaltlichen Zielsetzung und fortlaufende Prüfung der politischen Realisierbarkeit 424

        7.5.4.2 Prozessuale Lageerfassung und Strategieplanung 426

        7.5.4.3 Entwurf und Übermittlung eines oder mehrerer OnePager 426

        7.5.4.4 Flankierung des OnePagers durch andere strukturelle und prozessuale Instrumente (wechselseitige Informationstransparenz) 427

        7.5.4.5 Begleitung der Entscheidungsprozesse in Legislative und Exekutive 428

    7.5.5 Schlussfolgerung 429

7.6 Thesenartige Zusammenfassung 429

8 Ausbildung: Wege zum Governmental-Relations-Manager **435**

8.1 Einleitung und Fragestellung 435

8.2 Rahmenbedingungen und allgemeine Anforderungen an einen Interessenvertreter 436

    8.2.1 Entschlüsselung und Beherrschung der zunehmenden Komplexität 436

    8.2.2 Entschlüsselung des komplexen Mehrebenensystems Europäische Union 440

8.3 Anforderungen an einen Interessenvertreter   442
   8.3.1 Kenntnisse über die Welt der Politik und die Welt der
         Interessengruppen   443
      8.3.1.1 Interessenvertretung als intermediäres System   443
      8.3.1.2 Anforderungen seitens der Interessengruppen   446
         8.3.1.2.1 Informationen   446
         8.3.1.2.2 Betriebswirtschaftliches Denken und Umsetzung
                   der (politischen) Ziele der Auftraggeber   447
         8.3.1.2.3 Professionelle Vertretung der Interessen der
                   Auftraggeber   448
         8.3.1.2.4 Fachliches Know-how und gute Kontakte   449
         8.3.1.2.5 Soft Skills als wesentliches Handwerkszeug:
                   Soziale Kompetenz, interkulturelle und
                   sprachliche Kompetenz, Integrität   450
         8.3.1.2.6 Integrität und Compliance   452
      8.3.1.3 Anforderungen seitens der Politik   453
         8.3.1.3.1 Informationen   453
         8.3.1.3.2 Informationstransparenz und professionelle
                   Informationsvermittlung   455
         8.3.1.3.3 Verständnis der politischen Prozesse und Kultur   456
         8.3.1.3.4 Integrität und Compliance   457
      8.3.1.4 Fazit   459
   8.3.2 Kompetenzaufbau zur strukturellen und nachhaltigen Begleitung
         politischer Prozesse   461
      8.3.2.1 Prozesskompetenz und das Verständnis komplexer
              politischer Systeme   461
      8.3.2.2 Reduktion von Komplexität für Politik und
              Interessengruppen   463
      8.3.2.3 Revolving Door als Antwort?   465
         8.3.2.3.1 Wechsel von der Politik in die Wirtschaft   466
         8.3.2.3.2 Probleme der unterschiedlichen Sozialisation von
                   Politikern und Entscheidungsträgern aus der
                   Wirtschaft   468
         8.3.2.3.3 Revolving Door als Sackgasse? Image-Probleme
                   für Politik und Interessengruppen   470
8.4 Status quo der Aus- und Weiterbildung für Interessenvertreter   471
   8.4.1 Bisherige Wege der Aus- und Weiterbildung   471
   8.4.2 Ziele und Inhalte der bisherigen Aus- und Weiterbildung   474
8.5 Neue Wege in der Aus- und Weiterbildung   476
   8.5.1 Modul Europarecht   479
   8.5.2 Modul Politikwissenschaft   480

8.5.3 Modul Prozesskompetenz und Komplexitätsreduzierung — 480
8.5.4 Modul Interkulturelle Kompetenz — 481
8.5.5 Modul Sprachen — 482
8.5.6 Praxismodul — 482
8.6 Thesenartige Zusammenfassung — 484

9 Fallstudien zu Interessenvertretungsprojekten mit struktureller Prozessbegleitung — 487
9.1 Fall 1: »Werbeverbote für Spirituosen, Bier und Wein?« — 488
9.1.1 Sachverhalt/Ausgangssituation — 488
9.1.2 Schritt 1: Erfassung der inhaltlichen Zielsetzung und fortlaufende Prüfung der politischen Realisierbarkeit — 491
9.1.3 Schritt 2: Prozessuale Lageerfassung und Strategieplanung — 492
9.1.4 Schritt 3: Entwurf eines OnePagers und Übermittlung an zuvor ermittelte Adressaten in Legislative und Exekutive — 496
9.1.5 Schritt 4 und 5: Einsatz des OnePagers und Begleitung der Entscheidungsprozesse in Legislative und Exekutive — 497
9.1.5.1 Interessenvertretung gegenüber der Europäischen Kommission — 497
9.1.5.2 Interessenvertretung gegenüber dem Rat — 498
9.1.5.3 Interessenvertretung gegenüber dem Europäischen Parlament — 499
9.1.6 Ergebnis: Zielerreichung — 500
9.2 Fall 2: »Verordnung zur Festlegung der Modalitäten für das Erreichen des Ziels für 2020 zur Verringerung der CO_2-Emissionen neuer Personenkraftwagen« — 500
9.2.1 Sachverhalt/Ausgangssituation — 500
9.2.2 Schritt 1: Erfassung der inhaltlichen Zielsetzung und fortlaufende Prüfung der politischen Realisierbarkeit — 502
9.2.3 Schritt 2: Prozessuale Lageerfassung und Strategieplanung — 503
9.2.4 Schritt 3: Entwurf eines oder mehrerer OnePager und Übermittlung an zuvor ermittelte Adressaten — 505
9.2.5 Schritt 4: Flankierung des OnePagers durch andere strukturelle und prozessuale Instrumente (wechselseitige Informationstransparenz) — 505
9.2.6 Schritt 5: Begleitung der Entscheidungsprozesse in Legislative und Exekutive — 506
9.2.6.1 Interessenvertretung gegenüber der Europäischen Kommission — 506
9.2.6.2 Interessenvertretung gegenüber dem Rat — 507
9.2.6.3 Interessenvertretung gegenüber dem Europäischen Parlament — 508
9.2.7 Ergebnis: Zielerreichung — 509

10 Herausforderungen der Zukunft **511**

10.1 Professionalität bedeutet Übersetzungskompetenz   *511*

    10.1.1 Klassische Professionen   *511*

    10.1.2 Eine neue Professionalität?   *515*

    10.1.3 Professionalität als Übersetzungskompetenz   *520*

    10.1.4 Kurzer Appendix: Interessenvertretung neu gedacht   *522*

10.2 Wissensinfrastrukturen   *523*

    10.2.1 Der Zugang zu externem Wissen ist heute wichtiger denn je   *523*

    10.2.2 Wissensinfrastrukturen sind die Lösung, aber zugleich auch das Problem   *526*

    10.2.3 Wissensinfrastrukturen beeinflussen den Zusammenhalt und die Zukunftsfähigkeit unserer Gesellschaften   *527*

10.3 Open Policy – Zu einem Fundament der Interessenvertretung   *528*

    10.3.1 Wir machen dann mal auf: Alles »open«, oder was?   *528*

      10.3.1.1 Access   *529*

      10.3.1.2 Epistemische Dimension   *530*

      10.3.1.3 Gestalterische Dimension   *531*

      10.3.1.4 Dimension der Legitimität   *531*

    10.3.2 Dann macht mal schön: Strategische Impulse für die Interessenvertretung   *532*

      10.3.2.1 Prozess   *532*

      10.3.2.2 Gelegenheit   *533*

      10.3.2.3 Kaskade   *534*

11 Zusammenfassung und Ausblick **535**

11.1 Interessenvertretung als betriebswirtschaftlicher Aktivposten für Unternehmen, Verbände und Organisationen   *535*

11.2 Ziele der Interessenvertretung (Mitwirkung bei Entscheidungsprozessen)   *536*

11.3 Rahmenbedingungen – Reform durch den Vertrag von Lissabon   *538*

    11.3.1 Vertrag von Lissabon: De facto Vereinigte Staaten von Europa!   *538*

    11.3.2 Stärkung der Europäischen Union   *540*

      11.3.2.1 Nach außen   *540*

      11.3.2.2 Nach innen   *541*

    11.3.3 Mehrebenensystem, ordentliches Gesetzgebungsverfahren, Informeller Trilog   *541*

      11.3.3.1 Mehrebenensystem   *542*

      11.3.3.2 Ordentliches Gesetzgebungsverfahren (Artikel 294 AEUV): Die Zahl der Entscheider nimmt zu   *542*

      11.3.3.3 Informeller Trilog: Eine zusätzliche Entscheidungsebene   *543*

11.3.4 Paradigmenwechsel von der Inhalts- zur Prozesskompetenz   *543*

11.3.5 Fazit und Ergebnis   *544*

       11.3.5.1 Komplexitätssprung der Prozesse europäischer
                Entscheidungsfindung   *544*

       11.3.5.2 Paradigmenwechsel in der Interessenvertretung:
                Prozesskompetenz   *546*

11.4 Ausblick: Zwingender Reformbedarf zur Überwindung der
     Governance-Krise der EU   *548*

Anhang   **551**

Abkürzungsverzeichnis   **551**

Abbildungsverzeichnis   **557**

Schrifttum   **561**

Stichwortverzeichnis   **611**

Über die Autoren   **619**

Vorwort

Das politische Europa hieß noch Europäische Gemeinschaft, die Europäische Union war noch nicht »geboren« und die gemeinsame Währung, den Euro, gab es auch noch nicht, als ich 1990 die EUTOP International GmbH (die heutige EUTOP Group) als Dienstleister für die strukturelle Begleitung der Interessenvertretungen auf europäischer und mitgliedstaatlicher Ebene gründete – damals noch als Student der Ludwig-Maximilians-Universität München (LMU).

Die spannende Materie der Interessenvertretung bei den Institutionen der Europäischen Union hat mich beruflich, wissenschaftlich sowie auch als Autor und Herausgeber seither nicht mehr losgelassen. 1997 wurde ich mit dem Thema *Interessenvertretung deutscher Unternehmen bei den Institutionen der Europäischen Union* an der Fakultät für Betriebswirtschaft der LMU München promoviert – damals eine Pionierarbeit, gab es doch praktisch keine wissenschaftlichen Publikationen, an die man hätte anknüpfen können. Von einem organisationswissenschaftlichen Ansatz ausgehend, beschäftigte sich meine Doktorarbeit mit der Notwendigkeit einer strukturellen, prozessorientierten Interessenvertretung zu einem Zeitpunkt, als das komplexe, auf viele unterschiedliche formelle wie informelle Prozesse und Verfahren aufbauende Mehrebenensystem der Europäischen Union gerade erst im Entstehen war. Für den genauen Beobachter war aber schon damals absehbar, dass die inhaltliche Arbeit allein – d. h. unter Vernachlässigung der prozessualen Aspekte politischer Entscheidungen – bei der Interessenvertretung nicht mehr zum Erfolg führen wird. Was in meinem 2011 erschienenen Buch »Lobbying im neuen Europa« bereits angedeutet war, wurde mit der Veröffentlichung der ersten Auflage von »Politische Stakeholder überzeugen« im November 2015 umfassend analysiert und erläutert – der spätestens mit dem Inkrafttreten des Vertrages von Lissabon am 1. Dezember 2009 ausgelöste Paradigmenwechsel von der Inhaltkompetenz zur Prozesskompetenz in der politischen Interessenvertretung.

Der erste Gedanke für dieses Buch kam mir während meines Masterseminars »Convincing Political Stakeholders« als Lehrbeauftragter an der Fakultät für Betriebswirtschaft der LMU München (2013–2021), als ich einen schnellen und fundierten Einstieg in das Thema bieten wollte. Die erste Auflage des Buches hat mittlerweile Eingang in über 900 Bibliotheken weltweit gefunden und damit meine Erwartungen bei Weitem übertroffen. 2015 war auch das Jahr, in dem ich über 25 Jahre wissenschaftliche Pionierarbeit zur Prozesskompetenz in einer veranschaulichenden Formel für eine erfolgreiche Interessenvertretung zusammengeführt habe. Leider konnten die mit dieser Formel einhergehenden Erkenntnisse in der ersten Auflage aus zeitlichen Gründen inhaltlich nur angedeutet werden. In den letzten Jahren konnte ich meinen wissenschaftlichen Ansatz zur Prozesskompetenz weiter ausdifferenzieren. Mit meinem Wechsel an die TUM School of Management im April 2021, und spätestens mit meiner Berufung zum Honorarprofessor für »Betriebswirtschaftslehre – Political Stakeholder Management« an der Technischen Universität München, stand mein Entschluss fest, das vorliegende Werk fortzuschreiben und die neuen Erkenntnisse in eine zweite Auflage einfließen zu lassen. So ist ein neues Kapitel entstanden, das den Leser schnell in die zentralen Themen des Buches einführt. Vor allem aber wird die »Erfolgsformel« vorgestellt und damit in dieser Form erstmalig ein umfassender Einblick in über drei Jahrzehnte Praxiserfahrung in der politischen Interessenvertretung gewährt.

Das Buch kann von seinen Lesern auf verschiedene Weise genutzt werden: Auf der einen Seite bietet es Studierenden und Lesern der interessierten Öffentlichkeit einen schnellen Einstieg in die prozessorientierte Interessenvertretung bei den Institutionen der Europäischen Union[1]. Auf der anderen Seite soll es für die Praktiker der Interessenvertretung, für Entscheider in Unternehmen, Verbänden und Organisationen, aber auch in der Legislative und Exekutive noch besser als die erste Auflage als Navigationswerkzeug im Arbeitsalltag dienen.

Mein Dank gilt vor allem den Co-Autoren dieses Buches, hier allen voran Professor Dr. Anton Meyer, bis März 2021 Lehrstuhlinhaber und Leiter des Instituts für Marketing an der LMU München, und Professor Dr. Armin Nassehi, Lehrstuhlinhaber am Institut für Soziologie an der Sozialwissenschaftlichen Fakultät der LMU, die ihre jeweiligen Kapitel für die zweite Auflage aktualisiert haben. Zudem konnte ich mit Professor Dr. Franz Waldenberger, Direktor des Deutschen Instituts für Japanstudien, und Professor Dr. Christian Blümelhuber, Professor für strategische Organisationskommunikation und Dekan an der Universität der Künste Berlin, zwei Autoren für die zweite Auflage gewinnen, die mit ihren Beiträgen wegweisende Blicke in die Zukunft richten.

Ganz besonders freut mich das neue Grußwort von Professor Dr. Thomas Hofmann, Präsident der Technischen Universität München, und das neue Geleitwort von Professor Dr. Gunther Friedl, Dekan der TUM School of Management. In besonderer Weise werden die Leser hier thematisch in die zweite Auflage eingeführt. Dr. Christian Fackelmann und Arne Leimenstoll gilt mein besonderer Dank – sie haben die Entstehung des neuen Kapitels in vielfältiger Weise unterstützt und gaben mir wertvolle Hinweise bei der Überarbeitung des Buches für die zweite Auflage.

Zu guter Letzt danke ich Evelyn Boos-Körner für ihre hervorragende organisatorische Unterstützung. Für die Betreuung seitens des Wiley-Verlages geht mein besonderer Dank erneut an Markus Wester.

München, im Oktober 2023

Prof. Dr. Klemens Joos

---

[1]   Alle Leser bitte ich, sich nicht am generischen Maskulinum zu stören. Ich habe es mit Rücksicht auf Sie verwendet, um den Lesefluss zu erleichtern. Selbstverständlich sind jeweils Menschen jeden Geschlechts gemeint. Der Vollständigkeit halber möchte ich noch ergänzen, dass einige Textpassagen des Buches bereits in früheren Arbeiten von mir zur Veröffentlichung kamen. Sie wurden für dieses Buch adaptiert.

Grußwort zur zweiten Auflage

Interessenvertreter in Wirtschaft, Politik und Gesellschaft bewegen sich in einem zunehmend komplexen Umfeld, dessen gekoppelte Zusammenhänge und Abhängigkeitsbeziehungen ein umfassendes Verständnis von Entscheidungssituationen erschweren. Nachhaltiges unternehmerisches Handeln setzt jedoch voraus, die Gesamtheit der Interessen primärer und sekundärer Interessenvertreter einzubeziehen und Entscheidungssituationen ganzheitlich zu erfassen, inklusive der beabsichtigten Konsequenzen sowie unerwünschten Handlungsfolgen. In Verhandlungssituationen, deren Komplexizität eine transparente Durchleuchtung der Zusammenhänge erschwert, setzen erfolgreiche Problemlösungen neben der Inhaltskompetenz auch zwingend eine Prozesskompetenz voraus.

Basierend auf über Jahrzehnte entwickelte Kompetenzen und internationalen Erfahrungen in Politik, Wirtschaft und Academia zeigen Prof. Dr. Klemens Joos und seine Co-Autoren in diesem Buch in eindrucksvoller Weise auf, wie erfolgreiche Interessenvertretungen in komplexen Entscheidungssystemen – wie beispielsweise Unternehmen im Mehrebenensystem der Europäischen Union – ihre Verhandlungsstrategie und Ablauforganisation strukturieren müssen. Dabei flexibilisieren die Autoren bisherige Vorstellungen von starren soziologischen, politik- und wirtschaftswissenschaftlichen Funktionsmechanismen der Lobby-Arbeit und verbinden in geschickter Weise theoretische und methodische Grundlagen mit konkreten Orientierungshilfen für die unternehmerische Praxis.

Diesen Brückenschlag zwischen Theorie und Praxis leistet Prof. Dr. Klemens Joos auch als Honorarprofessor für Political Stakeholder Management an der Technischen Universität München (TUM). An der TUM School of Management trägt er maßgeblich dazu bei, unternehmerisch denkende und nachhaltig handelnde Studierende auszubilden und unserem Nachwuchs fachübergreifende, berufspraktische Horizonte zu eröffnen. Ich danke Klemens Joos sehr herzlich dafür, dass er seine einzigartigen Kompetenzen und Erfahrungen an unsere Studierenden und mit diesem Buch an die interessierte Fachgemeinschaft weitergibt.

So wie unsere Studierenden von Klemens Joos inspiriert werden, so wünsche ich allen Leserinnen und Lesern viele neue Erkenntnisse und dass diese ihren künftigen Erfolg beflügeln mögen.

München, im September 2023

Prof. Dr. Thomas F. Hofmann
Präsident der Technischen Universität München

Geleitwort zur zweiten Auflage

Politische Interessenvertretung ist für international agierende Unternehmen von wachsender Relevanz. Politische Entscheidungen haben weitreichende Auswirkungen auf Unternehmen und häufig werden diese Auswirkungen im Rahmen des politischen Entscheidungsprozesses nicht ausreichend gewürdigt. Dies gilt insbesondere für Entscheidungen der Europäischen Union. Denn hier führt die hohe Komplexität der Institutionen mit ihren vielfachen Wechselwirkungen zu einer geringen Transparenz der tatsächlichen Entscheidungsprozesse. Die auf dieser Ebene getroffenen Entscheidungen wie beispielsweise ein Verbot für Verkäufe von Neuwagen mit Verbrennungsmotor ab dem Jahr 2035 oder die Verordnung der EU-Taxonomie, die Kriterien im Hinblick auf ökologisch nachhaltige Investitionen festlegt, setzen maßgebliche Rahmenbedingungen für unternehmerisches Handeln und müssen von Unternehmen bei ihren Entscheidungen berücksichtigt werden.

Unternehmen müssen um diese Zusammenhänge wissen und die Interessen ihrer unterschiedlichen Stakeholder verstehen. Nur so sind sie in der Lage, eine angemessene Strategie für ihre eigene politische Interessenvertretung aufzubauen. Hier setzt das vorliegende Buch von Professor Klemens Joos und seinen Co-Autoren an. Es beschreibt in eindrücklicher Weise, wie Unternehmen ihre Interessenvertretung bei den Institutionen der Europäischen Union wahrnehmen können. Dazu entwickelt der Verfasser nicht nur ein theoretisches Modell, sondern auch einen praktischen Orientierungsleitfaden, an dem sich Unternehmen ausrichten können.

Klemens Joos gelingt es auch mit dieser zweiten Auflage seines Buches, Neuland zu betreten. Die wichtige Unterscheidung zwischen Inhaltskompetenz und Prozesskompetenz, ohne die eine erfolgreiche Interessenvertretung nicht möglich ist, wird von ihm in greifbarer Weise in eine Formel gepackt, mit der die komplexe Aufgabe der Interessenvertretung auf ihren Kern und die zentralen Zusammenhänge reduziert wird. Mit Professor Armin Nassehi, Professor Anton Meyer, Professor Franz Waldenberger und Professor Christian Blümelhuber konnte er zudem vier äußerst renommierte Wissenschaftler für die Mitwirkung an diesem Buch gewinnen, die in einzelnen Abschnitten, teilweise mit weiteren Co-Autoren, ihre Perspektive auf Interessendivergenzen, Stakeholder-Management und zukünftige Entwicklungen im Bereich der Interessenvertretung darlegen.

Die Inhalte dieses Buches wurden über viele Jahre äußerst erfolgreich nicht nur in die Praxis durch eine von Klemens Joos gegründete Firma transferiert. Sie fanden auch in die Lehre der Ludwig-Maximilians-Universität München und der Technischen Universität München Eingang, wo Generationen von Studierenden die konzeptionellen und theoretischen Grundlagen des Managements von politischen Stakeholdern unter der Anleitung von Klemens Joos erlernen durften. Anhand von aktuellen Fallstudien schaffte er es immer wieder, die komplexe Materie in ein nachhaltiges Lernerlebnis zu packen.

Ich bin Klemens Joos dankbar, dass er seinen Wissensschatz mit diesem Buch abermals mit einer breiten Öffentlichkeit teilt. Ich denke, dass das Lesen dieses Buches in vielerlei Hinsicht den eigenen Horizont erweitert, nämlich wenn es um politische Institutionen und Entscheidungsprozesse geht und wenn unterschiedliche Interessen durch die Nutzung relevanter Kompetenzen zu einem angemessenen Ausgleich gebracht werden sollen. Ich wünsche daher auch der zweiten Auflage des Buches von Klemens Joos eine interessierte Leserschaft und eine große Verbreitung.

München, im September 2023

Prof. Dr. Gunther Friedl
Dekan der TUM School of Management

Einleitung

Die Welt hat sich verändert ...

Die ersten zwei Jahrzehnte des neuen Jahrtausends haben weitreichende Umwälzungen politischer, gesellschaftlicher und technologischer Art mit sich gebracht. Die Welt ist – über alle gesellschaftlichen Erfahrungsbereiche hinweg – noch einmal um ein Vielfaches komplexer, herausfordernder und auch unsicherer geworden. Veränderungsprozesse verlaufen zunehmend dynamisch und unübersichtlich. Wenige Schlagworte wie Coronakrise, Ukraine-Krieg oder Energiekrise reichen aus, um die Tragweite der Veränderungen zu verdeutlichen. Die Politik ist angehalten, schnell und effektiv zu handeln und dabei auch die langfristigen politischen Ziele wie Digitalisierung, Klimaschutz und globale Wettbewerbsfähigkeit im Auge zu behalten.

Der Fokus des politischen Handelns verschiebt sich damit immer weiter auf die europäische Ebene, sind diese Probleme doch transnational und lassen sich nicht mehr auf der Ebene eines einzelnen Staates lösen. Damit wird zugleich die immer weiter eingeschränkte Handlungsfähigkeit des Nationalstaates erkennbar. Die Folge ist eine Veränderung der Beziehungen von Nationalstaaten untereinander, die mit einer zunehmenden Verflechtung und damit der Abnahme nationalstaatlicher Souveränität einhergeht.

Nirgends wird das deutlicher als bei der Entwicklung des politischen Europas, vom Bündnis der sechs westeuropäischen Staaten der 1950er-Jahre hin zum komplexen Mehrebenensystem der Europäischen Union, die versucht, die Interessen von heute 27 Mitgliedstaaten, ihrer Regionen und ca. 450 Mio. Bürger zu integrieren. Dies geht einher mit einer Vielzahl von Entscheidungsebenen, schwer durchschaubaren formellen und informellen Verfahrenswegen und mit einem allmählichen Bedeutungsverlust der einzelnen Mitgliedstaaten. Mit dem Inkrafttreten des Vertrages von Lissabon am 1. Dezember 2009 wurde dieses komplexe politische Mehrebenensystem noch weiter zugespitzt und auf eine neue Komplexitätsstufe gehoben. Neue, komplexe Verfahrensregeln, Kompetenzgewinne für das Europäische Parlament, die Einführung der qualifizierten Mehrheit in fast allen Bereichen im Rat der Europäischen Union (Rat) und vieles mehr haben die Zahl der an einem politischen Prozess beteiligten Entscheidungsträger stark ansteigen lassen. Im Ergebnis ist der Ausgang europäischer Entscheidungsprozesse noch schwerer zu kalkulieren als zuvor, sie erscheinen undurchsichtig und unzugänglich.

Das sind die Rahmenbedingungen und Herausforderungen, vor denen die politische Interessenvertretung heute steht. Vor dem Hintergrund der komplexen politischen und rechtlichen Gegebenheiten der EU und der Vielzahl an Akteuren und Entscheidungsebenen kann sich Interessenvertretungsarbeit nicht mehr auf die Exekutive und Legislative eines einzigen Mitgliedstaates beschränken. Der Blickpunkt verlagert sich zusehends von den Hauptstädten Europas auf die »europäische Hauptstadt« Brüssel.

Betroffene – Unternehmen, Verbände und Organisationen, aber auch die EU-Mitgliedstaaten und EU-Regionen selbst – haben das erkannt. Sie alle errichten Repräsentanzen, Vertretungen oder Büros in Brüssel. Mehr Büros, mehr Interessenvertreter – aber »hilft viel auch viel«?

Mit dem Anstieg der Zahl der Interessenvertreter in Brüssel geht auch eine Zunahme der »Inhaltskompetenz« (siehe Abschnitt 1.2.1 und Abschnitt 4.2) einher. Ginge man von dem Standpunkt aus, es sei das wesentliche Ziel von Interessenvertretung, im Rahmen eines Entscheidungsprozesses mit Inhalten, also Sachargumenten, auf ein bestimmtes Ergebnis hinzuwirken, so läge der Schwerpunkt der Praxis weniger auf der »Prozesskompetenz« (siehe Abschnitt 1.3) als vielmehr auf der Inhaltskompetenz. Der Kern der Tätigkeit von Verbänden und Organisationen, aber auch von wirtschaftlichen Interessenvertretern wie Unternehmensrepräsentanzen und externen Dienstleistern (z. B. Public-Affairs-Agenturen und Anwaltskanzleien) liegt auf inhaltlicher Arbeit: Teilnahme an öffentlichen Konsultationen, Verfassung ausführlicher Argumentationspapiere und Gutachten, Durchführung von Medienkampagnen. Von den wesentlichen Entwicklungstendenzen der EU scheint diese Praxis jedoch weitgehend abgekoppelt zu sein, betreffen diese doch vielmehr Verfahrensfragen (»Prozesse«) europäischer Politik: Welche Ebenen der EU sind in politische Entscheidungen einbezogen? Auf welcher Ebene (EU oder Mitgliedstaat) werden Entscheidungen letztlich getroffen? Welche Organe entscheiden mit welchen Abstimmungsmodi über welche Themen?

Hinzu kommt der stetige Kompetenzzuwachs der EU: Immer mehr Politikbereiche fallen unter die komplexen Entscheidungsverfahren dieses dynamischen Mehrebenensystems, an denen supranationale (europäische), mitgliedstaatliche und regionale Ebenen beteiligt sind. Die Akteure der jeweiligen Ebenen agieren dabei nicht isoliert voneinander. Vielmehr ist Kooperation und Kompromissbereitschaft erforderlich, will ein Akteur seine jeweils durch konstitutionelle und politische Kompetenzen, Einflussmöglichkeiten und Interessenlagen bestimmten Ziele erreichen. Um vor diesem Hintergrund an Entscheidungsprozessen in der EU erfolgreich mitwirken zu können, muss ein Interessenvertreter umfassende Prozesskompetenz besitzen – er muss also neben der Kenntnis der maßgeblichen – formellen und informellen – Entscheidungsprozesse auch EU-weit über die entsprechenden Zugangsmöglichkeiten (institutions-, fraktions- und mitgliedstaatenübergreifende Netzwerke) auf allen Entscheidungsebenen verfügen. Angesichts einer mittlerweile von Portugal bis Finnland und von Irland bis Zypern reichenden »Baustelle EU« ist das nur für sehr wenige Akteure überhaupt noch zu realisieren.

»Politische Stakeholder überzeugen« geht auf diese Fragen und Herausforderungen ein. Neben der Analyse des Mehrebenensystems EU und der mit den Reformen, insbesondere des Vertrages von Lissabon, verbundenen Veränderungen der politischen und rechtlichen Rahmenbedingungen der Interessenvertretung bietet das Buch eine praktische Orientierungshilfe für die Interessenvertretung bei den Institutionen der

EU. Die Darstellung ist wie folgt aufgebaut:

- Mit der zweiten Auflage erhält das vorliegende Werk ein neues Kapitel, das die vom Autor entwickelte Formel für erfolgreiche Interessenvertretung in komplexen Entscheidungssystemen vorstellt und erläutert. Das Kapitel 1 zeigt auf, dass die bereits angesprochene Inhaltskompetenz in vielen Bereichen für die Lösung eines politischen, wirtschaftlichen oder gesellschaftlichen Problems nicht mehr hinreichend ist. Erforderlich ist vielmehr Prozesskompetenz, die – wie zu zeigen sein wird – aus drei Teilkomponenten besteht: Prozessstrukturkompetenz, Perspektivenwechselkompetenz und Prozessbegleitkompetenz.
- In Kapitel 2 folgen grundsätzliche Überlegungen zum Thema Interessenvertretung und Stakeholder von Nassehi und Meyer mit den Co-Autoren (in alphabetischer Reihenfolge) Meindl, Neumann, Wagner (geb. Jakić) und Wagner. Dabei geht es um Fragen der Interessendivergenz in einer modernen Gesellschaft, in der die unterschiedlichen Interessen von Stakeholdern simultan artikuliert werden und sich auf Augenhöhe begegnen. Aus Sicht der Unternehmensführung werden angesichts komplexer Rahmenbedingungen Ansätze jenseits des klassischen Shareholder Values aufgezeigt, dies unter besonderer Berücksichtigung der politischen Stakeholder. Abschließend wird die Bedeutung des Intermediärs in der Interessenvertretung behandelt, abgeleitet von Theorien zu marktlichen Austauschbeziehungen.
- Kapitel 3 nimmt die notwendigen begrifflichen Definitionen vor und behandelt die Fragen nach der Funktion und Legitimation von Interessenvertretung in politischen Systemen, insbesondere den Interessen- und Informationsaustausch auf der Ebene der EU.
- Die Kapitel 4, 5 und 6 zeigen die Komplexität der Rahmenbedingungen für Interessenvertretung in der EU auf. Sie stellen die eminente Bedeutung des Prozessualen in der Politik vor und zeigen die Komplexität des Zusammenspiels der EU-Institutionen mit den zivilgesellschaftlichen Akteuren im Entscheidungsprozess auf. Hierzu werden alle relevanten Akteure und Institutionen und die bisweilen komplizierten formellen und informellen (Entscheidungs-)Verfahren und Gesetzgebungsprozesse vorgestellt.
- Die Kapitel 7 und 9 sind als »Praktiker-Kapitel« konzipiert. Sie widmen sich der konkreten Praxis der Interessenvertretung und stellen die notwendigen Instrumente für ein modernes Stakeholder-Management vor (Kapitel 7), deren Anwendung dann anhand von Fallstudien erläutert wird (Kapitel 9). Die Anwendung der Instrumente der Interessenvertretung will gelernt sein. Deshalb schildert Kapitel 8 die Herausforderungen, vor denen die Ausbildung der Interessenvertretung heute steht, und zeigt einen Weg für eine zukünftige Ausgestaltung derselben und die Entwicklung hin zum professionellen »Governmental Relations Manager« auf. Ergänzend hierzu kann auch Abschnitt 10.1 von Nassehi, Abschnitt 10.2 von Waldenberger und Abschnitt 10.3 von Blümelhuber gelesen werden.
- Kapitel 11 schließlich resümiert die wesentlichen Erkenntnisse des vorliegenden Buches und ist ein Abschlussplädoyer für die herausragende Bedeutung von

Prozesskompetenz für eine erfolgreiche Interessenvertretung in der EU im Licht des Vertrages von Lissabon.

- Der hier im Nachgang angefügte Überblick soll dem Leser eine rasche Orientierung für die Lektüre dieses Buches bieten und die gezielte Auswahl der für ihn relevanten Teile ermöglichen. Leser mit sehr wenig Zeit seien auf das zentrale neue Kapitel 1 der zweiten Auflage sowie die thesenartigen Zusammenfassungen der Kapitel 3 bis 8 hingewiesen. Damit kann mit der Lektüre von nur wenigen Seiten der zentrale Inhalt des Buches zumindest im Überblick erschlossen werden.

Überblick: Die einzelnen Teile des Buches

Kapitel 1 – In eine Formel gegossen: Erfolgreiche Interessenvertretung in komplexen Entscheidungsprozessen

Kapitel 1 beginnt mit grundsätzlichen Überlegungen zur Bedeutung der Prozesskompetenz, insbesondere im komplexen Mehrebenensystem der EU. Es wird aufgezeigt, dass eine negative Korrelation besteht zwischen der Komplexität eines Entscheidungsprozesses und der Relevanz individueller inhaltlicher Erwägungen für dessen Ergebnis. Je komplexer die Situation, desto mehr ordnet sich die inhaltliche Logik in einem Entscheidungsprozess der prozessualen Logik unter. Diese zentrale Erkenntnis findet Ausdruck in einer veranschaulichenden Formel für erfolgreiche Interessenvertretung. Die Wirkungsweise dieser Formel wird anhand der Rechtsetzungsverfahren der EU veranschaulicht.

Kapitel 2 – Grundsätzliche Überlegungen zum Thema Interessenvertretung und Stakeholder

Kapitel 2 ermöglicht einen allgemeinen Einstieg in das Thema Interessenvertretung und Stakeholder. Nassehi, Meyer et.al. zeigen in ihren Gastbeiträgen grundsätzliche Überlegungen und Ideen auf:

2.1 Interessendifferenzen, Stakeholder und Übersetzungskonflikte *(Nassehi)*

Nassehi erörtert zunächst die Interessendivergenz in einer modernen Gesellschaft, in der die unterschiedlichen Perspektiven und Interessen von Stakeholdern nicht nur simultan vorkommen, sondern sich auch auf Augenhöhe begegnen – es gibt keine Hierarchisierung von Stakeholder-Interessen mehr. Was wahr oder falsch ist, ist immer situationsabhängig. Für die Interessenvertretung bedeutet das, dass ein Anliegen auch in die Perspektive des anderen übersetzt werden muss, um es überhaupt entscheidungsfähig formulieren zu können.

2.2 Stakeholder-Orientierung: Perspektiven der Unternehmensführung jenseits des klassischen Shareholder-Value-Ansatzes angesichts komplexer Rahmenbedingungen *(Meyer/Wagner/Wagner (geb. Jakić)/Neumann)*

Meyer, Wagner, Wagner (geb. Jakić) und Neumann beschreiben die betriebswirtschaftliche Bedeutung der Stakeholder-Orientierung und den Stakeholder-Ansatz, die für eine moderne Unternehmensführung künftig wichtiger sein werden als der bisherige klassische Shareholder-Ansatz. Dabei wird die Relevanz der Politik als Stakeholder für Unternehmen und damit die Bedeutung einer funktionierenden Kommunikation zwischen Unternehmen und Stakeholdern verdeutlicht. Diese Kommunikation ist für Unternehmen zwingend notwendig, um ihre »licence to operate« zu erwerben und diese auch dauerhaft zu behalten.

2.3 Bedeutung des Intermediärs in der Interessenvertretung abgeleitet von Theorien zu marktlichen Austauschbeziehungen *(Meyer/Meindl)*

Meyer und Meindl ordnen die Interessenvertretungen in die ökonomische Theorie ein und erklären die Existenz und Bedeutung von Intermediären innerhalb von marktlichen Austauschbeziehungen, was zum Erfordernis eines unabhängigen Intermediärs in der Interessenvertretung überleitet.

Kapitel 3 – Interessenvertretung – eine Annäherung: Grundlagen und Einführung

Das dritte Kapitel grenzt die verschiedenen Bereiche der Kommunikation und Interessenvertretung – Public Relations, Public Affairs, allgemeines Lobbying und Governmental Relations – hinsichtlich ihrer unterschiedlichen Adressaten, Zielsetzungen, Instrumente und Zeitfenster voneinander ab. Weiterhin beschäftigt sich Kapitel 3 mit Legitimationsfragen und dem Stellenwert von Interessenvertretung in politischen Systemen.

Kapitel 4 – Politik als Prozess: Von der Inhalts- zur Prozesskompetenz

Kapitel 4 befasst sich mit der Bedeutung von Prozessen in der Politik und der Überformung und Neuformulierung politischer Inhalte durch Prozesse. Vor diesem Hintergrund muss die prozessuale Dimension der Politik bei der Interessenvertretung stärker als bisher berücksichtigt werden. Dieser Teil der Darstellung ist insofern auch ein Plädoyer für die Notwendigkeit eines Paradigmenwechsels in der Interessenvertretung, weg von rein inhaltsorientierter Argumentation (Inhaltskompetenz) hin zu mehr prozessorientierter Arbeit (Prozesskompetenz), letztlich also einer Verzahnung von Inhalts- mit Prozesskompetenz.

Kapitel 5 – Die Europäische Union als Ziel von Interessenvertretung: Politisches System und Besonderheiten gegenüber mitgliedstaatlichen Systemen

Das fünfte Kapitel stellt die institutionellen Rahmenbedingungen im Mehrebenensystem EU vor. Es zeigt, wie dieses Mehrebenensystem mit seinen zahlreichen Akteuren und Entscheidungsebenen historisch gewachsen und politiktheoretisch einzuordnen ist. Zudem bietet Kapitel 5 einen Überblick über die Funktionsweise und die rechtlichen Rahmenbedingungen des Handelns der einzelnen Organe der EU.

Kapitel 6 – Rechtsetzungsverfahren und sonstige rechtliche Regelungen als Rahmenbedingungen von Interessenvertretung in der EU

Kapitel 6 bietet einen Überblick über die rechtlichen Rahmenbedingungen der Interessenvertretung in der EU. Neben den formellen Gesetzgebungsverfahren, ergänzt um informelle Verfahren wie den Informellen Trilog zwischen EU-Kommission, Europäischem Parlament und Rat, werden auch die EU-rechtlich geregelten Zugangsmöglichkeiten für Interessenvertreter bei den Institutionen der EU dargestellt. Neben der Institutionenlehre von Kapitel 5 stellt auch Kapitel 6 damit eine wichtige Grundvoraussetzung für das Verständnis der »Komplexitätsfalle EU« dar.

Kapitel 7 – Governmental Relations: Prozessmanagement in der Praxis

Kapitel 7 erläutert die strukturellen Instrumente (wer wird tätig) und die prozessualen Instrumente (welche Mittel der Interessenvertretung werden angewandt) der Interessenvertretung. Der Leser erhält einen detaillierten Einblick in die »Toolbox« der Governmental Relations.

Kapitel 8 – Ausbildung: Wege zum Governmental Relations Manager

Der Paradigmenwechsel in der Interessenvertretung von der Inhalts- zur Prozesskompetenz fordert neue Ausbildungswege für die Interessenvertreter. Mit einer speziellen Ausbildung zum Governmental Relations Manager würden die Professionalisierung und Definierung des Berufs des Interessenvertreters ein weiteres Stück vorangetrieben und zugleich die Anforderungen aus der Politik und von Interessenvertretungsgruppen (wie Unternehmen, Verbänden, Organisationen etc.) erfüllt. Eine solch spezialisierte Ausbildung könnte zudem einen entscheidenden Beitrag leisten zu mehr Transparenz und einem besseren Image der Interessenvertretung. Kapitel 8 zeigt auf, wie die Ausbildung künftig gestaltet werden könnte.

Kapitel 9 – Fallstudien

Das neunte Kapitel befasst sich mit der praktischen Umsetzung der Inhalte des Buches und zeigt anhand zweier fiktiver Fallbeispiele, wie Interessenvertretungsprojekte durch den komplementären Einsatz der inhaltsorientierten Interessenvertretungsstrukturen des jeweiligen Auftraggebers und der externen Prozesskompetenz eines Intermediärs erfolgreich gestaltet werden können.

Kapitel 10 Herausforderungen der Zukunft

10.1 Professionalität bedeutet Übersetzungskompetenz *(Nassehi)*

Der Beitrag von Nassehi geht darauf ein, welche Kompetenzen neue Eliten in einer komplexen Gesellschaft entwickeln müssen. Professionalität bedeutet heute und in Zukunft vor allem die Kompetenz des Perspektivenwechsels und zwischen verschiedenen Fach- und Professionalisierungsbereichen vermitteln und »übersetzen« zu können.

10.2 Wissensinfrastrukturen *(Waldenberger)*

Waldenberger legt in seinem Beitrag dar, dass für gute Entscheidungen nicht nur Informationen notwendig sind, sondern auch Wissen darüber, welche Informationen relevant und verlässlich sind und wie diese Informationen in Bezug auf das jeweilige Entscheidungsproblem zu deuten und zu verwerten sind. Für die Zukunft skizziert er einen funktionsfähigen Wissenswettbewerb und dafür notwendige Wissensinfrastrukturen, die anhand einschlägiger Qualitätsmaßstäbe noch zu entwickeln sind.

10.3 Open Policy – Zu einem Fundament der Interessenvertretung *(Blümelhuber)*

Basierend auf Open-Policy-Prozessen versteht Blümelhuber politische Interessenvertretung als Ausdruck einer Demokratisierung und Legitimisierung der Politik, da die Grenze zwischen dem öffentlichen und privaten Sektor zunehmend durchlässiger gemacht wird. Aus seiner Sicht hat der Open-Policy-Ansatz damit das Potenzial, zukünftig einen argumentativen Gegenpol zur Narration vom Demokratiedefizit der EU zu liefern.

Kapitel 11 – Zusammenfassung und Ausblick

Kapitel 11 wiederholt noch einmal die zentralen Erkenntnisse des Buches, insbesondere die Bedeutung der Prozesskompetenz und ihrer drei Teilkomponenten, des Vertrages von Lissabon, der komplexen Entscheidungsstrukturen und -verfahren der EU für die Interessenvertretung sowie des Paradigmenwechsels von der Inhalts- zur Prozesskompetenz. Abschließend wirft der Autor einen Blick in die Zukunft und verweist auf zwingend notwendige Reformen zur Überwindung der anhaltenden Governance-Krise der EU.

1 In eine Formel gegossen: Erfolgreiche Interessenvertretung in komplexen Entscheidungsprozessen

1.1 Wege aus der Komplexitätsfalle politischer Entscheidungsstrukturen

1.1.1 Problemlösungen in komplexen Situationen: Prozess schlägt Inhalt

Politik, Wirtschaft und Gesellschaft werden zunehmend vernetzter, digitaler, globaler, heterogener und dynamischer. Die Komplexität ihrer internen und externen Zusammenhänge und Abhängigkeiten und die darin liegenden Herausforderungen für Stakeholder aller Kategorien wächst stetig. Zugleich steigen auch die mit politischem und wirtschaftlichem Handeln verbundenen Risiken für die Akteure stark an – hinsichtlich der sachlichen, räumlichen und zeitlichen Dimension der Handlungsfolgen, der damit verbundenen Schadenspotenziale und nicht zuletzt der potenziellen Irreversibilität der verursachten Schäden und des damit verbundenen sozialen Konfliktpotenzials (siehe auch Abschnitt 8.2.1).

Vor diesem Hintergrund wandeln sich die Anforderungen an nachhaltige Handlungsstrategien für betroffene Entscheidungsträger fundamental. Zwar bedurfte es seit jeher eines situativen Ansatzes, um »richtige« Lösungen zu finden und »falsche« Aktivitäten zu vermeiden. Zunehmend sind die Akteure jedoch faktisch überfordert mit der ganzheitlichen Einschätzung sowohl der Entscheidungssituation an sich als auch der Folgen – Chancen und Risiken – des eigenen Handelns, ganz gleich, ob es ihnen um gesellschaftliche Anliegen, politische Ziele oder unternehmerische Interessen geht.

Neu ist dabei nicht, dass sich Situationen fortlaufend ändern und neu einzuschätzen sein können. Fakten und Meinungen zu einer Sachfrage, über die ein Akteur entscheiden soll, sind und waren nicht stabil. Es ergeben sich neue Daten, bisher wesentliche Faktoren verlieren mit der Zeit an Gewicht, ein überraschender Stimmungswandel verschiebt politische Mehrheiten, persönliche Motive sind bei bestimmten Stakeholdern plötzlich wichtiger als sachliche Erwägungen usw. Neu ist, dass die schiere Anzahl der unterschiedlichen Ebenen und Faktoren, die aufgrund ihrer Relevanz für einen Entscheidungsprozess Eingang in unternehmerische oder politische Entscheidungen finden müssen, sehr stark angewachsen ist, ebenso deren Zusammenhänge und Abhängigkeiten.

Dafür mitverantwortlich ist die zunehmende Zahl der gesellschaftlichen Stakeholder bei zugleich immer stärker divergierenden Interessen. In heutigen Gesellschaften kommen diese unterschiedlichen Interessen und Perspektiven nicht nur gleichzeitig vor, sondern treffen sich auf Augenhöhe. Das heißt: Dieselbe Sachlage wird von einzelnen Stakeholdern meist unterschiedlich wahrgenommen – was für den einen richtig ist, erscheint dem anderen als falsch. Diese stark entgegengesetzte Betrachtungsweise desselben Problems ist nachvollziehbar und legitim. Schließlich ist das, was als wahr oder falsch wahrgenommen wird, stets abhängig von der Situation und damit auch vom Betrachter. Hier liegt ein Forschungsschwerpunkt der wissenschaftlichen Arbeit von Nassehi, der sich mit dem Thema »Übersetzungskonflikte« in Kapitel 2.1 dieses Buches befasst.

Zudem sind die Einschätzungen von Stakeholdern in Politik, Wirtschaft und Gesellschaft stetem Wandel unterworfen. Was für einen Stakeholder heute richtig erscheint, kann aufgrund einer Veränderung seines Umfelds, seiner Werte und sonstiger Entscheidungsfaktoren in komplexen Situationen morgen abzulehnen sein – und vice versa. Wer sein Ziel erreichen will, muss laut Nassehi die Logik des anderen einkalkulieren. Anders gesagt: In komplexen Situationen und Entscheidungsprozessen gibt es keine einfachen Lösungswege. Es kommt also nicht nur auf inhaltliche Faktoren an, vielmehr hat die Relevanz von prozessualen Faktoren bei der Entscheidungsfindung und Problemlösung stark zugenommen. Die Erfolgsaussichten eines Lösungsweges hängen also, beeinflusst durch den Grad der Komplexität des Problemumfelds, nicht mehr allein – oft nicht einmal wesentlich – von inhaltlichen Faktoren ab (d. h. insbesondere nicht von überzeugenden inhaltlichen Argumenten zu Themen wie Arbeitsplatzsicherheit, Technologieführerschaft, Preisstabilität, Effizienz etc.). Diese sogenannte Inhaltskompetenz ist in vielen Bereichen nicht mehr als hinreichende Bedingung für die Lösung eines politischen, wirtschaftlichen oder gesellschaftlichen Problems zu identifizieren. Erforderlich ist vielmehr die sogenannte Prozesskompetenz, die – wie zu zeigen sein wird – aus drei Teilkomponenten besteht: Prozessstrukturkompetenz, Perspektivenwechselkompetenz und Prozessbegleitkompetenz. Die Verfügbarkeit dieser drei Teilkomponenten der Prozesskompetenz ist zur Lösung von Problemen in komplexen Entscheidungsprozessen unabdingbar.

1.1.2 Stakeholder- versus Shareholder-Ansatz

Die stark gestiegene Komplexität des politischen, wirtschaftlichen und gesellschaftlichen Umfelds bedingt aus der Perspektive eines Unternehmens eine grundlegend neue Orientierung in den eigenen Entscheidungsprozessen. Es genügt nicht mehr – anders als noch vor der Jahrtausendwende mehrheitlich propagiert –, ausschließlich die Interessen der Shareholder des Unternehmens zu berücksichtigen. Vielmehr muss ein Unternehmen, um erfolgreich zu sein, stets die Gesamtheit der Interessen seiner primären Stakeholder (also neben den Shareholdern auch Mitarbeiter, deren Interessenvertreter, Kunden, Zulieferer etc.) und seiner sekundären Stakeholder (Vertreter von Politik, Verwaltung, Medien, Wissenschaft etc.) einbeziehen. Der Paradigmenwechsel von der Shareholder-Orientierung zur Stakeholder-Orientierung ist ein Forschungsschwerpunkt von Meyer; er untersucht die Bedeutung des Stakeholder-Ansatzes für die moderne Unternehmensführung in Kapitel 2.2.

Die vorliegende Untersuchung legt ihren Fokus auf die sekundären Stakeholder. Politische Stakeholder zu überzeugen, ist für Unternehmen in den vergangenen Jahrzehnten immer wichtiger geworden. Die Finanzkrise, der Klimawandel, die Coronapandemie, militärische Aggressionen unterschiedlichster Art, die Krise der Energieversorgung etc. sind nur einige Themen, die bis in die kleinsten Details alltäglicher unternehmerischer Entscheidungen Relevanz entfalten. Kein Unternehmen bewegt sich allein im freien Raum, sondern ist für seinen wirtschaftlichen Erfolg auf ein günstiges, mindestens jedoch ein verlässliches regulatorisches Umfeld angewiesen.

Die vorliegende Untersuchung zeigt vor diesem Hintergrund, dass ohne Kenntnis politischer Entscheidungsprozesse und europarechtlicher Rahmenbedingungen Unternehmen – spätestens seit Inkrafttreten des Vertrages von Lissabon im Jahr 2009 – kaum mehr erfolgreich geführt werden können. Die Bedeutung der Prozesskompetenz ist in den Fokus der Entscheidungsträger in den Unternehmen gerückt.

1.1.3 Entscheidungen ohne Entscheider: Komplexes Mehrebenensystem der Europäischen Union (EU)

Die meisten politischen Systeme weisen seit jeher einen gewissen Grad von Vernetzung, wechselseitigen Abhängigkeiten und Vielschichtigkeit auf. Ein Paradebeispiel für die starke Zunahme ebensolcher Komplexität und den damit verbundenen Herausforderungen für Entscheidungsprozesse ist die Europäische Union (EU). Das Entscheidungssystem der EU ist einzigartig und lässt sich nur vor dem Hintergrund ihrer faktischen Zusammensetzung verstehen: Sie ist eine geografische Union aus 27 verschiedenen Mitgliedstaaten mit einheitlichen Außengrenzen, eine kulturelle Union mit 24 verschiedenen Amtssprachen, eine wirtschaftliche Union mit einem gemeinsamen Binnenmarkt und sie ist – nicht zuletzt – gerade auch eine politische Union, deren Entscheidungen auf mindestens drei Ebenen – der supranationalen, der nationalen und der regionalen – getroffen werden.

Das politische System der EU eignet sich daher im besonderen Maße, die Bedeutung der Prozesskompetenz in komplexen Systemen zu untersuchen (siehe auch Kapitel 4). Ein besonderes Forschungsinteresse kommt dem Vertrag von Lissabon zu: Er hat als gesetzliche Grundlage der Entscheidungsprozesse in der EU den Paradigmenwechsel von der Inhaltskompetenz zur Prozesskompetenz endgültig eingeleitet. Die folgenden Kapitel 1.2 und 1.4 zeigen dabei: Es besteht eine negative Korrelation zwischen der Komplexität eines Entscheidungsprozesses und der Relevanz individueller inhaltlicher Erwägungen für dessen Ergebnis. Je komplexer die Situation ist, desto mehr ordnet sich die inhaltliche Logik in einem Entscheidungsprozess der prozessualen Logik unter.

1.2 Politische Neugeburt der EU

1.2.1 Vertrag von Lissabon als Hintergrund eines Paradigmenwechsels

Am 1. Dezember 2009 endete die Europäischen Union, wie wir sie kannten: Der Vertrag von Lissabon trat in Kraft. Bildlich gesprochen, wurden aus dem bis dahin noch recht lockeren Staatenbund der Europäischen Union de facto die Vereinigten Staaten von Europa – mit einem »Staatsgebiet« von Portugal bis Finnland, von Irland bis Zypern, auch wenn sich diese Tatsache nicht mit dem Eindruck vieler Bürger deckt. Diese Diskrepanz lässt sich nicht zuletzt daraus erklären, dass sich die mitgliedstaatliche Ebene der EU alle Mühe gibt, den eigenen Gestaltungs- und Machtverlust als Folge des Vertrages von Lissabon zu verdrängen.

Mit dieser neuen politischen Realität und der ökonomisch grenzenlosen Freiheit gehen für die EU-Mitgliedstaaten, Unternehmen, Verbände und andere zivilgesellschaftliche Organisationen komplexe Strukturveränderungen einher, die im politischen Alltag zu Herausforderungen werden. Die Rahmenbedingungen für eine erfolgreiche Kommunikation zwischen Wirtschaft und Politik haben sich durch den Vertrag von Lissabon entscheidend verändert. Bei den Entscheidungsträgern tatsächlich angekommen – im Sinne einer Berücksichtigung bei eigenen Entscheidungen und dem Entwurf eigener, nachhaltiger Handlungsstrategien – ist dieser Paradigmenwechsel indes häufig nicht. Bisherige Strategien, eigene Anliegen in politische Prozesse in der Europäischen Union einzubringen und dort Berücksichtigung zu finden, scheitern zunehmend – oft zum Unverständnis der Beteiligten.

Vor diesem Hintergrund ist es zwingend, sich intensiver als bisher mit den veränderten Entscheidungsprozessen und der immer unübersichtlicheren politischen Mehrheitsbildung in den EU-Institutionen zu beschäftigen. Darüber hinaus gilt es zu analysieren, was dies für die »klassischen« Instrumente der Interessenvertretung bedeutet, also insbesondere für die Tätigkeiten von Verbänden und NGOs, aber auch von wirtschaftlichen Interessenvertretern wie Unternehmensrepräsentanzen und externen Dienstleistern (z. B. Anwaltskanzleien und Public-Affairs-Agenturen). Der Fokus dieser klassischen Instrumente der Interessenvertretung liegt eindeutig auf der inhaltlichen Arbeit: Teilnahme an öffentlichen Konsultationen, Verfassen ausführlicher Argumentationspapiere und juristischer Gutachten, Durchführung von Medienkampagnen etc. Sie haben also eine stark ausgeprägte Inhaltskompetenz (siehe auch »Inhaltskompetenz« in Abschnitt 4.2 und »Strukturelle Instrumente« in Abschnitt 7.4.1).

1.2.2 Neuordnung von Entscheidungsprozessen durch den Vertrag von Lissabon

Was hat sich also durch den Vertrag von Lissabon für die Stakeholder auf der »Bühne der Europäischen Union« verändert, welche bis dahin unbekannten Probleme sind für die klassischen Instrumente der Interessenvertretung entstanden und wie lassen sich trotz dieser neuen Herausforderungen die Anliegen von Unternehmen in der Europäischen Union weiterhin erfolgreich vertreten bzw. begleiten?

Die maßgeblichen Veränderungen lassen sich wie folgt zusammenfassen:

Zum einen erhielt das Europäische Parlament einen erheblich größeren politischen Einfluss – es wurde in fast allen Bereichen, neben dem Rat der Europäischen Union

(Rat), zu einem gleichberechtigten Entscheider: Mit dem Vertrag von Lissabon wurde das frühere Mitentscheidungsverfahren zum Regelverfahren (»ordentliches Gesetzgebungsverfahren«) erhoben. An diesem Verfahren sind drei EU-Organe beteiligt: die Europäische Kommission, das Europäische Parlament und der Rat. Die Bildung von Mehrheiten findet dabei quer durch alle EU-Mitgliedstaaten und Fraktionen statt. Darin liegt ein fundamentaler Unterschied zu den legislativen und exekutiven Entscheidungsverfahren der EU-Mitgliedstaaten: Es gibt keine strukturelle legislative Mehrheit, in der die Exekutive mit ihrer »Regierungsmehrheit« legislative und exekutive Vorhaben gestalten und umsetzen kann. Das aus den parlamentarischen Demokratien der EU-Mitgliedstaaten bekannte Gegenüber von Regierung und Opposition ist der EU also fremd.

Zum anderen kann der Rat seit dem Vertrag von Lissabon in vielen wichtigen Bereichen (Inneres, Justiz, Landwirtschaft, Außenhandel) mit qualifizierter Mehrheit entscheiden. Ein einzelner EU-Mitgliedstaat kann in diesen Bereichen, anders als zuvor, einen Beschluss nicht mehr verhindern. Damit ist ein bis dato entscheidender Hebel zur Blockade politischer Entscheidungen in den betroffenen Bereichen weggefallen.

Schließlich hat sich seit dem Vertrag von Lissabon ein neues, einflussreiches Entscheidungsforum entwickelt: der »Informelle Trilog« (siehe Abschnitt 6.2.3 und Abschnitt 6.3.4.1.3). Europäisches Parlament, Rat und EU-Kommission haben sich ohne primärrechtliche Grundlage darauf verständigt, bereits vor der ersten Lesung eines Rechtsaktes informell zu beraten, Mehrheiten zu suchen und das Ergebnis vorauszuplanen. Das Gesetzgebungsverfahren in der EU wurde auf diese Weise deutlich beschleunigt – etwa 89 Prozent[1] aller Rechtsakte sind bereits nach der ersten Lesung im Parlament erfolgreich abgeschlossen und finden somit ihren Weg in das Europäische Gesetzblatt (zu den Neuerungen durch den Vertrag von Lissabon siehe insbesondere Kapitel 5 und 6).

Auf all diese einschneidenden Veränderungen haben sich viele Stakeholder auf der »Bühne der Europäischen Union« bis heute nur unzureichend eingestellt. Viele EU-Mitgliedstaaten, EU-Regionen, Unternehmen, Verbände und Organisationen stehen vor dem Problem, dass der Ausgang von Entscheidungsprozessen in der Europäischen Union für sie weitgehend unkalkulierbar geworden ist: Jedes legislative und exekutive Vorhaben in der EU muss einzeln betrachtet werden. Die festen inhaltlichen Linien, die auf mitgliedstaatlicher Ebene beispielsweise in Koalitionsverträgen festgehalten werden, gibt es auf EU-Ebene nicht, ebenso wenig wie den einen (oder die wenigen) endgültigen Entscheider (siehe insbesondere Abschnitt 6.3.4.1).

Für die Stakeholder auf EU-Ebene birgt dies angesichts der Vielzahl legislativer und exekutiver Akte das Risiko eines weitgehenden Mitwirkungsverlusts: So werden z. B. die Rahmenbedingungen unternehmerischen Handelns auf EU-Ebene entscheidend

---

1 Europäisches Parlament (2023).

bestimmt durch Richtlinien, Verordnungen, Weiß- und Grünbücher der EU-Kommission, Durchführungsrechtsakte und delegierte Rechtsakte, durch Entscheidungen im Kartell- und Beihilferecht sowie durch Leitlinien, Zölle und zahlreiche andere legislative und exekutive Maßnahmen (siehe insbesondere Abschnitt 4.4.1 und Kapitel 6). Fehlt einem Stakeholder hier sowohl Überblick als auch Zugang zu den dem jeweiligen Rechtsakt zugrunde liegenden Entscheidungsprozessen, wird sein Anliegen allenfalls auf Zufallsbasis Berücksichtigung finden.

1.2.3 Auswirkungen der durch den Vertrag von Lissabon veränderten Rahmenbedingungen auf die Interessenvertretung in der EU

In einer Demokratie haben Interessengruppen das Recht, der Politik ihre individuellen Anliegen vorzutragen. Von diesem ständigen Austausch zwischen gesellschaftlich-unternehmerischer und politischer Sphäre profitieren alle Beteiligten: Nur so können die politisch Verantwortlichen beurteilen, ob und wie sie mit ihren Entscheidungen einen möglichst großen Nutzen für das Gemeinwohl erzielen.

Dieser »Grundsatz des Gehörtwerdens« gilt auch in der EU-Demokratie. Doch spätestens seit dem Vertrag von Lissabon hat ein komplexes Mehrebenensystem die bisherigen einfachen Entscheidungswege innerhalb der Europäischen Union abgelöst. Nicht nur 27 EU-Mitgliedstaaten, sondern auch zahlreiche Wechselbeziehungen zwischen den 705 Abgeordneten des Europäischen Parlaments und den 27 Europäischen Kommissaren sowie deren über 32.000 Mitarbeitern bestimmen den politischen Alltag.

Ein für die Betroffenen (Unternehmen, Verbände etc.) besonders folgenschweres Beispiel der neuen Entscheidungsfindung in der EU ist der bereits beschriebene »Informelle Trilog«: Sie oder ihre Interessenvertreter werden in einer der wichtigsten Phasen des Entscheidungsprozesses nicht formal angehört. Lediglich die Vertreter der Europäischen Kommission, des Europäischen Parlaments und des Rates finden sich im informellen Rahmen zusammen, um gemeinsame Kompromisslinien zu bestimmen. Gerade den wenig transparenten, informellen Entscheidungsprozessen dieser Art ist die klassische Interessenvertretung mit ihrem Fokus auf inhaltliche Arbeit nicht mehr gewachsen.

Der Informelle Trilog ist dabei nur Beispiel und Synonym für eine Vielzahl informeller Vorgänge in komplexen politischen Systemen. Die klassischen Instrumente der Interessenvertretung in einem einfachen politischen System funktionieren in der komplizierten neuen Welt der EU-Demokratie nach dem Vertrag von Lissabon nicht mehr. Es ist damit erheblich schwieriger, aufwendiger und unvorhersehbarer geworden, die Interessen der Betroffenen bei den politischen Entscheidern erfolgreich zu vertreten. In vielen Fällen erreichen ihre Anliegen nicht einmal mehr die richtigen Adressaten oder scheitern aus anderen Gründen. Damit steigt die Gefahr, dass die Betroffenen mit ihren Inhalten nicht mehr zu den Entscheidungsträgern durchdringen. Erhebliche finanzielle Belastungen oder Wettbewerbsnachteile sind die Folge. Bildlich gesprochen, sind die komplexen Entscheidungsprozesse der EU mit einem Labyrinth zu vergleichen, zu dem den klassischen Instrumenten der Interessenvertretung die Landkarte – das Verständnis der komplexen Entscheidungsprozesse im Sinne der Prozesskompetenz – fehlt (siehe Abschnitt 6.3.4.1).

Ausgelöst durch einen Komplexitätssprung der Prozesse europäischer Entscheidungsfindung in einem immer heterogeneren Umfeld erleben wir damit einen Paradigmenwechsel – eine gegenüber »inhaltlicher Argumentation« stark gewachsene Bedeutung des »Prozessualen« in der Politik (siehe Kapitel 4). Zwar sind Inhalte und Argumente auch in komplexen politischen Verfahren weiterhin wichtig. Entscheidend für ihre Aufnahme und Durchsetzung ist jedoch erst ihre Kommunikation von der richtigen Person an die richtigen Adressaten, zur richtigen Zeit am richtigen Ort und auf die richtige Art und Weise unter Kenntnis von Zielsetzungen, Interessenlagen und Denkweisen der Entscheidungsträger sowie der informellen und formellen Entscheidungsregeln.

1.3 Erfolgreiche Interessenvertretung im komplexen EU-Entscheidungssystem

1.3.1 Erfolgsformel

Vor dem Hintergrund der in den vorangegangenen Abschnitten geschilderten Veränderungen und Herausforderungen im komplexen politischen Entscheidungssystem der EU lassen sich die Variablen einer erfolgreichen politischen Interessenvertretung greifbar machen. Wie lassen sich die Interessen von – beispielsweise – Unternehmen und Verbänden also weiterhin erfolgreich vertreten bzw. begleiten? Der Autor beantwortet diese Frage durch eine veranschaulichende Formel – die »Formel des Erfolgs in der Interessenvertretung« (siehe Abbildung 1.1). Hintergrund der Formel sind – neben wissenschaftlichen Untersuchungen zur Interessenvertretung des Autors der vergangenen Jahrzehnte – insbesondere auch seine praktischen Erfahrungen in mehr als 30 Jahren erfolgreicher Interessenvertretung auf EU- ebenso wie auf mitgliedstaatlicher Ebene. Die Grundlagen der Formel wurden vom Autor bereits in seiner Dissertation vor mehr als 30 Jahren gelegt und in zahlreichen wissenschaftlichen Arbeiten weiterentwickelt. Im Jahr 2015 wurden die Ergebnisse dieser Arbeit erstmals als vollständige »Erfolgsformel« publiziert.

Die verbale Kurzversion dieser Formel lautet wie folgt: Für eine erfolgreiche Interessenvertretung in der EU ist ein wohldosiertes Zusammenspiel aus inhaltlicher und prozessualer Kompetenz die Grundvoraussetzung. Dieser Erfolg lässt sich aber noch potenzieren, wenn es gelingt,

1. sich durch einen Perspektivenwechsel so für das Anliegen eines Betroffenen einzusetzen, dass die positiven Auswirkungen für das Gemeinwohl in den Vordergrund rücken, und

2. das Anliegen dieses Betroffenen in sorgfältiger Detailarbeit jeden Tag EU-weit voranzutreiben.

Die Formel des Erfolgs

Im komplexen Mehrebenensystem der EU erhöht die einzigartige Formel den Erfolg der Interessenvertretung um ein Vielfaches.

$$EIV = (IK + PsK)^{(PwK \cdot PbK)}$$

Vor dem Vertrag von Lissabon bestand erfolgreiche Interessenvertretung hauptsächlich aus der Inhaltskompetenz. Im komplexen Entscheidungssystem der EU resultiert sie spätestens seit dem Vertrag von Lissabon aus der Kombination der Inhaltskompetenz (IK) und der Prozessstrukturkompetenz (PsK). Die Summe aus beidem wird potenziert mit der Perspektivenwechselkompetenz (PwK/OnePager®-Methodik) und Letztgenannte multipliziert mit der Prozessbegleitkompetenz (PbK). Dabei stellen die Inhaltskompetenz (IK) und die Prozessstrukturkompetenz (PsK) die Strukturinstrumente dar, während die Perspektivenwechselkompetenz (PwK/OnePager®-Methodik) und die Prozessbegleitkompetenz (PbK) die Prozessinstrumente der erfolgreichen Interessenvertretung sind. Anders ausgedrückt: Auch die Summe von Inhaltskompetenz (IK) und Prozessstrukturkompetenz (PsK) wird im Regelfall nur dann zu einem erfolgreichen Ergebnis der Interessenvertretung im komplexen Entscheidungssystem der EU (EIV) führen, wenn gleichzeitig auch die PwK/OnePager®-Methodik und die Prozessbegleitkompetenz (PbK) zur Anwendung kommen.

EIV = Erfolgreiches Ergebnis der Interessenvertretung im komplexen Entscheidungssystem der EU

Erzielung von Wettbewerbsvorteilen, Verhinderung von Wettbewerbsnachteilen und Vermeidung handwerklicher Fehler bei legislativen und exekutiven Vorhaben auf EU- und mitgliedstaatlicher Ebene. Interessenvertretungsvorhaben sind: Richtlinien, Verordnungen, Weiß- und Grünbücher der Kommission, Entscheidungen im Kartell- und Beihilferecht ebenso wie Leitlinien, Zölle und zahlreiche andere legislative und exekutive Maßnahmen.

IK = Inhaltskompetenz

Inhaltskompetenz der »klassischen Instrumente« der inhaltsorientierten Interessenvertretung (Unternehmensrepräsentanzen, Verbände, Public-Affairs-Agenturen, Anwaltskanzleien).

PsK = Prozessstrukturkompetenz

EU-weites Vorhalten räumlicher, personeller und organisatorischer Kapazitäten (Managementkompetenz) sowie der Produktionskompetenz, die auf den institutions-, fraktions- und mitgliedstaatenübergreifenden Netzwerken der eigenen Mitarbeiter, strukturellen Berater, der strukturellen Kooperationspartner und der externen Netzwerke beruht. Daraus ergibt sich eine Dienstleistung, die zugleich Taskforce für den Krisenfall sowie Serviceeinheit und Versicherung gegen unerwartete Veränderungen der rechtlichen und politischen Rahmenbedingungen ist. Die strukturelle Verzahnung von IK und PsK ist dabei ein wesentlicher Erfolgsfaktor.

Abbildung 1.1: Die Formel des Erfolgs

PwK = Perspektivenwechselkompetenz (OnePager®-Methodik)

Interdisziplinäre und aus verschiedenen Blickwinkeln erfolgende Betrachtung des Problems mit dem Ziel, einen erfolgreichen Lösungsweg für das Problem (Perspektivenwechsel von der Individual- in eine Gemeinwohlperspektive) zu erarbeiten. Dies erfolgt in einem seit 1990 wissenschaftlich-empirisch entwickelten Verfahren, in dem u. a. entscheidungstheoretische, kulturelle, sprachliche, interinstitutionelle, mitgliedstaatenübergreifende und parteipolitische Gesichtspunkte berücksichtigt werden. Dabei ist in circa 5 bis 15 Prozent der Fälle der gewünschte Perspektivenwechsel nicht möglich, was eine erfolgreiche Interessenvertretung de facto ausschließt. In diesem Fall empfiehlt es sich, nicht tätig zu werden. Der Vorteil für den Betroffenen besteht darin, dass er bereits frühzeitig andere Handlungsoptionen wählen kann und der unnötige Einsatz von Ressourcen vermieden wird. Wenn der Perspektivenwechsel allerdings gelingt, was 85 bis 95 Prozent aller Fälle ausmacht, entscheidet die Prozessbegleitkompetenz über das Erreichen des Ziels.

PbK = Prozessbegleitkompetenz

Täglich müssen EU-weit alle Schnittstellen strukturell und nachhaltig von einem unabhängigen Intermediär begleitet werden, damit das Ergebnis der PwK/OnePager®-Methodik zum Erfolg des konkreten Interessenvertretungsprojekts führen kann. Die Erfahrung zeigt, dass große Vorhaben meist an Kleinigkeiten gescheitert sind. Organisatorische Fehler oder Missverständ-nisse kann man sich in einem komplexen Entscheidungssystem nicht mehr leisten. Die fortlaufende Begleitung der Entscheidungsprozesse durch die Prozessbegleitkompetenz ist dabei ein weiterer wesentlicher Erfolgsfaktor, weil sich während eines Entscheidungsverfahrens in einem komplexen System insbesondere auch Loyalitäten und Koalitionen jederzeit verändern können. Die ständige Überprüfung und Koordination aller Schnittstellen und die situative Fortschreibung des OnePager® sind deshalb unabdingbar.

Komplementäres Vorgehen

Der unabhängige Intermediär arbeitet idealerweise nach dem Grundsatz des »only one interest«. Aufgrund der weiter zunehmenden Komplexität der maßgeblichen Entscheidungsverfahren muss in jedem einzelnen legislativen oder exekutiven Vorhaben eine individuelle, projektspezifische Verzahnung aller Kompetenzen erfolgen. Entscheidend ist hierbei das PbK-Schnittstellenmanagement zwischen dem Betroffenen und seinen Instrumenten auf der einen sowie Legislative und Exekutive auf der anderen Seite. Der unabhängige Intermediär steht dabei für eine starke Prozesskompetenz und intelligentes, EU-weit präsentes Prozessmanagement. Der Intermediär ist unabhängig vom »Betroffenen« sowie vom »Entscheider« und damit ein anerkannter, neutraler und objektiver (Vertrauens-)Mittler, der immer komplementär zum Betroffenen und zu seinen »klassischen Instrumenten« der inhaltsorientierten Interessenvertretung agiert.

Abbildung 1.1: Die Formel des Erfolgs

In der praktischen Umsetzung dieser Formel begleitet eine Governmental-Relations-Agentur (Governmental Relations bezeichnet eine auf Prozesskompetenz speziali-sierte Form der Interessenvertretung, siehe Abschnitt 3.2.2 und Abschnitt 7.4.1.3.3.3) den Stakeholder (Kunden) als unabhängiger Intermediär durch das Labyrinth der europäischen Politik – dies zusätzlich zur klassischen inhaltlichen Interessenvertre-tung durch Unternehmensrepräsentanzen, Verbände, Public-Affairs-Agenturen und Anwaltskanzleien. Ziel dieses komplementären Ansatzes ist es, die bisherige Perspek-tive auf ein Problem zu verändern und neue Lösungswege zu entdecken. Statt des frü-her üblichen »Was will ich – und warum?« legt dieser Ansatz den Schwerpunkt auf »Warum sollte mein Anliegen den Entscheidungsträger interessieren?«.

Die einzelnen Komponenten der Formel (siehe Abschnitt 1.3.2.4 bis 1.3.2.7) und deren Anwendung in der Praxis sind Gegenstand des Beispiels in Abschnitt 1.3.2.

1.3.2 Beispiel für die Anwendung der Erfolgsformel – das »Bergbeispiel«

Die Wirkungsweise der Erfolgsformel lässt sich anhand eines bildhaften Beispiels ver-anschaulichen, namentlich anhand der Überwindung eines Berges als Sinnbild für ein Problem, eine wirtschaftliche (unternehmerische) Herausforderung, die durch ein Rechtsetzungsvorhaben der EU ausgelöst wurde (»Bergbeispiel«). Im Beispiel will das von jenem Problem betroffene Unternehmen den maßgeblichen Entscheidungsträ-gern in der EU die potenziell negativen Folgen der geplanten Rechtsetzung verdeutli-chen (Verlust von Wettbewerbsfähigkeit gegenüber anderen Weltregionen, drohende Arbeitsplatzverluste in bestimmten Märkten o. Ä.), um die Rechtsetzung zu verhin-dern oder – entsprechend den eigenen Interessen – zu verändern.

Dabei ist das Auftreten der Herausforderung zu Zwecken der Veranschaulichung an zwei verschiedenen Zeitpunkten zu verorten: zum einen vor dem Inkrafttreten des Vertrages von Lissabon (siehe Abschnitt 1.3.2.1), zum anderen nach dem Inkrafttreten des Vertrages von Lissabon (siehe Abschnitt 1.3.2.2).

1.3.2.1 Vor Lissabon: Erfolge für inhaltsorientierte Interessenvertretung

Vor dem Inkrafttreten des Vertrages von Lissabon platzierte das betroffene Unterneh-men – selbst oder über ein kollektives Instrument wie einen Verband – sein inhaltli-ches Anliegen in vielen Fällen direkt bei einem der wenigen Entscheidungsträger mit Vetorecht. War das Anliegen inhaltlich überzeugend und teilte der Entscheidungsträ-ger die Argumente des Unternehmens, konnte schon das angesichts meist eindimen-sionaler Entscheidungsprozesse der EU-Rechtsetzung (insbesondere dank des damals universellen Einstimmigkeitsprinzips im Rat) zum Erfolg führen. Wenn z. B. ein Automobil-Unternehmen (oder sein Branchenverband) eine nachteilige EU-Regulierung verhindern wollte, war die Blockade im Rat eine besonders erfolgreiche Abwehr-Strategie, sei es direkt über die Regierung des eigenen Mitgliedstaates oder indirekt über die anderer EU-Mitgliedstaaten, in denen man beispielsweise über Produktionsstandorte verfügte und vor diesem Hintergrund Gehör finden konnte (siehe Abschnitt 6.3.3 und 6.3.4.1.1). In dieser »alten Welt« der EU-Rechtsetzung konnten folglich auch kleinere EU-Mitgliedstaaten zu wichtigen Veto-Playern werden.

Im Erfolgsfall hatte das betroffene Unternehmen – um im Bild zu bleiben – den Berg und damit die Herausforderung überwunden, indem es einen direkten Tunnel gebohrt hatte und durch ihn auf die andere Seite des Berges gelangt war, das Problem also gelöst hatte (siehe Abbildung 1.2). Ausschlaggebend waren – neben einer rudimentären Prozesskenntnis (Vetorecht) und einem Zugang zu einem Entscheidungsträger – vor allem Instrumente inhaltsorientierter Interessenvertretung (Inhaltskompetenz).

Diese Form der Interessenvertretung basierte auf einer erfahrungsbasierten Grundregel: Je einfacher die Struktur eines politischen Entscheidungsprozesses (geringe Zahl von Entscheidungsebenen, einfache Verfahrensregeln, wenige Entscheidungsträger) ist, desto höher ist die Relevanz inhaltlicher (argumentativer) Aspekte für den Ausgang eines konkreten Entscheidungsprozesses. In der EU vor Inkrafttreten des Vertrages von Lissabon nutzte Interessenvertretung folglich überwiegend inhaltliche Mittel. In einem ersten Schritt war der maßgebliche Entscheidungsträger zu identifizieren. Angesichts meist eindimensionaler Entscheidungsprozesse war das verhältnismäßig leicht umzusetzen, im Rat beispielsweise mit dem für das Entscheidungsdossier zuständigen mitgliedstaatlichen Minister, im Europäischen Parlament wiederum meist über die Berichterstatter der beiden großen Fraktionen EVP und S&D.

1.3.2.2 Nach Lissabon: Prozessuale Barrieren der inhaltsorientierten Interessenvertretung

Die bis dato vorwiegend inhaltsorientierte Interessenvertretung stand mit dem Inkrafttreten des Vertrages von Lissabon vor einer enormen Herausforderung: Aus dem eher einfachen Entscheidungsprozess der EU mit in der Regel einfacher Identifikation der maßgeblichen Entscheidungsträger war ein komplexes Mehrebenensystem mit einer Vielzahl von teils nicht leicht oder gar nicht zu identifizierenden Entscheidungsträgern geworden – ein System von »Entscheidungen ohne Entscheider«.[2]

Während sich in den politischen Systemen der EU-Mitgliedstaaten oft langfristige Allianzen zwischen den Akteuren der Legislative und der Exekutive bilden lassen, scheidet das im Mehrebenensystem der EU aufgrund nicht vorhandener Regierungs- und Oppositionsfraktionen in vielen Fällen aus. Ähnlich wie eine Minderheitsregierung muss ein Interessenvertreter in der EU »nach Lissabon« für jedes neue Anliegen oder Projekt auch neue Verbündete suchen und Koalitionen schmieden. Zwangsläufige Folge davon ist die zunehmende Undurchschaubarkeit der Strukturen der europäischen Entscheidungsfindung für einzelne Unternehmen, was

---

2   Vgl. Joos (2015)

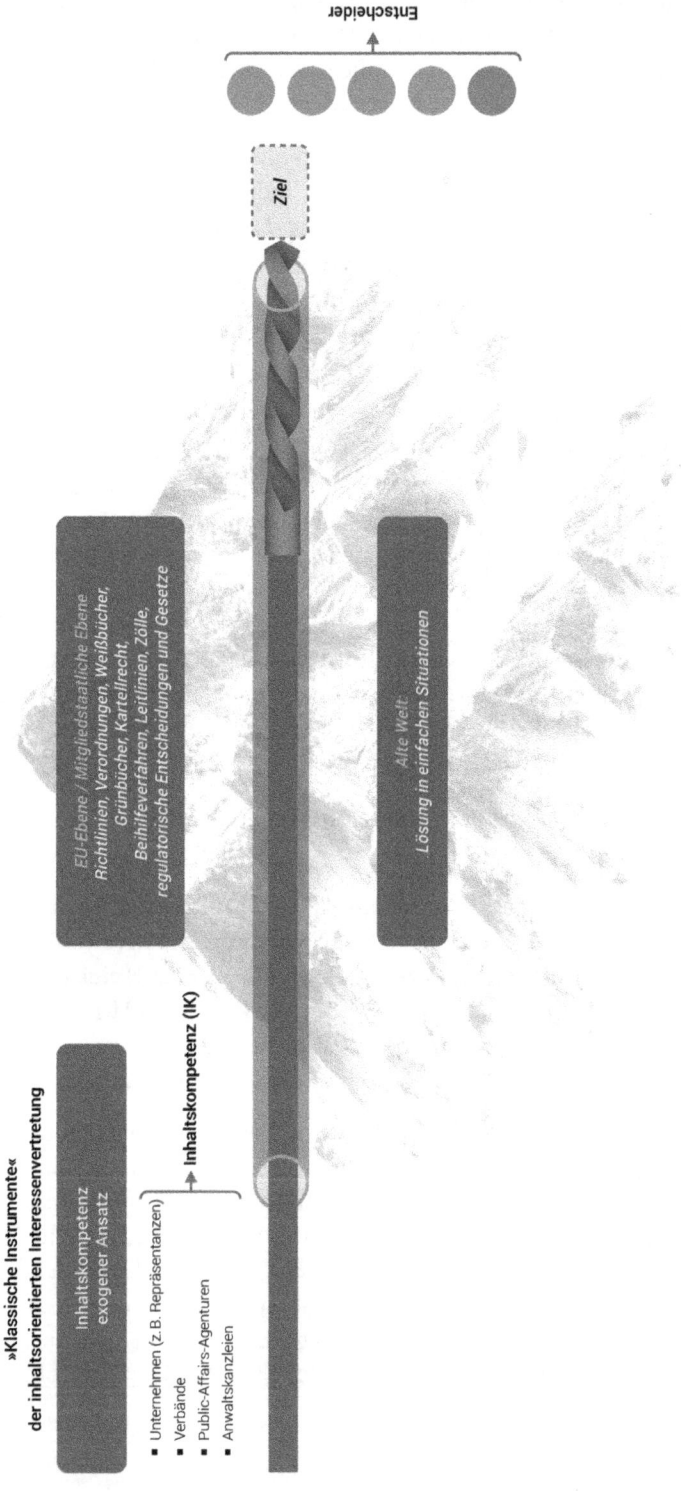

Abbildung 1.2: Bergbeispiel – Erfolgreiche Interessenvertretung in einfachen Situationen

eine zielgerichtete, erfolgreiche Kommunikation zwischen Wirtschaft und Politik enorm erschwert. Ohne die Kenntnis und Beherrschung der neuen, komplexen Prozesse und damit auch der entsprechenden Kommunikationsmöglichkeiten droht indes der Verlust jeglicher Mitwirkungsmöglichkeiten für das Unternehmen (siehe auch Abschnitt 5.3.3 und 5.5.1.1). Im »Bergbeispiel« wird diese neue prozessuale Herausforderung durch eine Gesteinsbarriere im Inneren des Berges symbolisiert: Sie ist für die Interessenvertretung undurchdringlich, versperrt also den ursprünglichen »geraden« Weg durch den Berg. Es sind vielmehr alternative Methoden erforderlich, um auf die andere Seite des Berges – zur Lösung des Problems – zu gelangen.

Natürlich bleiben die klassischen, inhaltsorientierten Instrumente der Interessenvertretung auch in der »neuen Welt nach Lissabon« weiterhin wichtig und erforderlich für den Erfolg von Interessenvertretung. Sie sind allerdings allein nicht mehr hinreichend. Unternehmensrepräsentanzen, Verbände, Anwaltskanzleien und Public-Affairs-Agenturen, die versuchen, ihre individuellen Anliegen in den unübersichtlichen Entscheidungsprozessen der EU allein mit inhaltlichen Argumenten vorzubringen, stecken in der Komplexitätsfalle (siehe Abschnitt 6.3.4.1.1). Sie werden ihre Ziele in der Regel nicht erreichen, weil ihnen die Prozesskompetenz fehlt.

Das gilt ebenso für Unternehmensvertreter wie für die exekutiven und legislativen Akteure selbst. Ein eindrucksvolles Beispiel hierfür ist der gescheiterte Versuch Deutschlands, im Jahr 2022 eine Rechtsetzung zu verhindern, durch die bestimmte Investitionen in Gas- und Atomprojekte als nachhaltig eingestuft wurden (»Taxonomie«). Teile der deutschen Bundesregierung vertraten öffentlich die Auffassung, die Initiative auf EU-Ebene noch stoppen zu können. Dabei hatte man jedoch offensichtlich eine wichtige prozessuale Barriere völlig übersehen: Der Vorschlag zur Taxonomie war von der EU-Kommission als »delegierter Rechtsakt«, einer Sonderform der europäischen Rechtsetzung, in das Gesetzgebungsverfahren eingebracht worden. Bei delegierten Rechtsakten hat die EU-Kommission aufgrund einer Ermächtigung im Basisrechtsakt die Befugnis, technische Aspekte dieses Basisrechtsaktes eigenständig auszugestalten und abzuändern. Das Europäische Parlament und der Rat können dies nur verhindern, indem sie entweder den Basisrechtsakt ändern – die Befugnis der EU-Kommission also widerrufen – oder binnen einer sehr kurzen Frist von zwei Monaten Widerspruch gegen den delegierten Rechtsakt einlegen. Im Rat benötigt ein solcher Widerspruch eine qualifizierte Mehrheit (55 Prozent der Mitgliedstaaten, die mindestens 65 Prozent der EU-Gesamtbevölkerung repräsentieren), im Europäischen Parlament eine absolute Mehrheit (Mehrheit aller Abgeordneten).

Mit entsprechender Prozesskenntnis hätte allen Beteiligten angesichts des knappen Zeitfensters von nur zwei Monaten und einer sehr kontroversen Debatte in der Sache klar sein müssen, dass es weder im Europäischen Parlament noch im Rat möglich sein würde, die erforderlichen Mehrheiten zu organisieren, um das Inkrafttreten des Rechtsaktes noch aufhalten zu können.

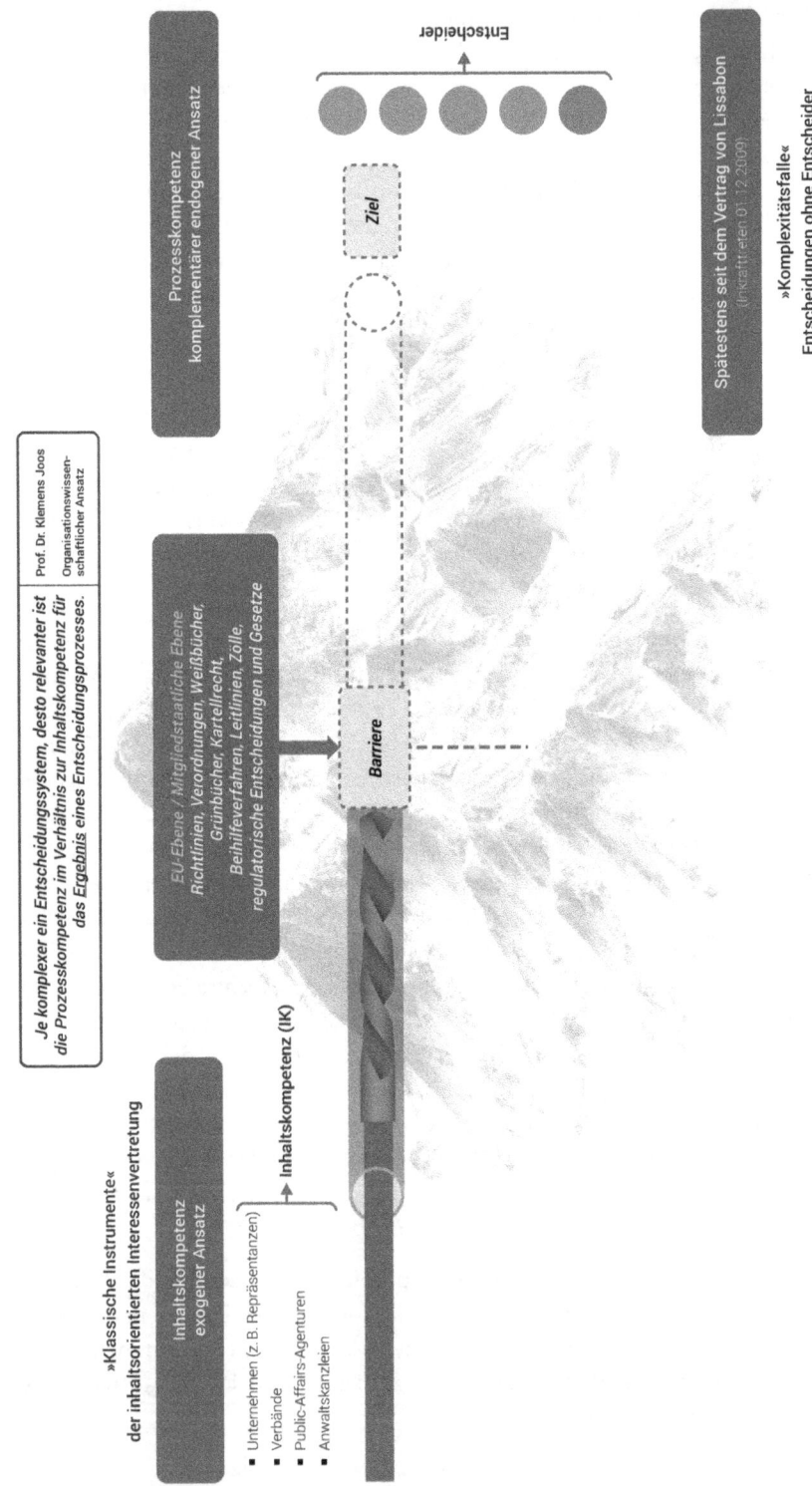

Abbildung 1.3: Bergbeispiel - Komplexitätsfalle nach dem Vertrag von Lissabon

1.3.2.3 Überwindung der prozessualen Barriere durch prozessorientierte Interessenvertretung

Die Herausforderung an jede Form von Interessenvertretung in der EU nach Lissabon liegt nach alledem in den gegenüber dem Status quo ante sehr viel komplexeren Prozessen der EU-Entscheidungsfindung: Die (im Bild des Berges) »undurchdringbare Gesteinsschicht« komplexer Entscheidungsprozesse kann nur durch die Verbindung der bekannten inhaltsorientierten Instrumente der Interessenvertretung mit deren nunmehr zwingend erforderlichen prozessualen Instrumenten – der Prozesskompetenz – überwunden werden (siehe Abschnitt 7.4.2). Das Verständnis der politischen Prozesse ist im Ergebnis mindestens ebenso wichtig wie die Arbeit mit politischen Inhalten und Argumenten. Ohne Prozesskompetenz ist es im dynamischen Mehrebenensystem der EU nicht mehr möglich, die Inhalte zum richtigen Zeitpunkt den jeweils relevanten Entscheidungsträgern in adressatengerechter Form zu kommunizieren.

Eine erfolgreiche Interessenvertretung ist also das Ergebnis aus der Addition von Inhaltskompetenz (inhaltliches Wissen der Betroffenen, beispielsweise eines Unternehmens, zum fraglichen Anliegen) und Prozessstrukturkompetenz (Vorhalten von Managementkompetenz und Produktionskompetenz, um auf das prozessuale Wissen über die Strukturen und handelnden Personen der maßgeblichen Entscheidungsprozesse zurückgreifen zu können, siehe Abschnitt 1.3.2.5). Die aus Sicht der Entscheiderperspektive exogene Inhaltskompetenz (Betroffenenperspektive steht im Vordergrund) ist komplementär zur endogenen Prozesskompetenz (hoheitliche Entscheiderperspektive steht im Vordergrund). Dabei stellen die Inhaltskompetenz und die Prozessstrukturkompetenz die beiden Strukturelemente (Aufbauorganisation) dar, während die Perspektivenwechselkompetenz und die Prozessbegleitkompetenz (siehe Abschnitt 1.3.2.6 und 1.3.2.7) die beiden Prozesselemente (Ablauforganisation) abbilden.

Im Ergebnis gilt: Je komplexer ein Entscheidungssystem ist, desto relevanter ist die Prozesskompetenz im Verhältnis zur Inhaltskompetenz für das Ergebnis eines Entscheidungsprozesses, desto stärker ordnet sich die inhaltliche Logik der prozessualen Logik unter.

Aus Sicht der klassischen, inhaltsorientierten Interessenvertretung ist das oft eine ernüchternde Erkenntnis: Die mit viel Mühe und Engagement ausgearbeiteten inhaltlichen Positionen werden vom Entscheider nicht wahrgenommen, wenn sie zum falschen Zeitpunkt, nicht allen jeweils relevanten Entscheidungsträgern oder nicht in adressatengerechter Form kommuniziert werden.

Was bedeuten nun die einzelnen Bestandteile dieser Erfolgsformel? Beginnen wir mit dem Begriff der »Prozesskompetenz«.

1.3.2.4 Bestandteile der Prozesskompetenz

Der Begriff der Prozesskompetenz geht über die bloße Kenntnis der Regelungen und Abläufe eines Entscheidungsverfahrens – beispielsweise eines EU-Rechtsetzungsverfahrens – weit hinaus. Im Ergebnis umfasst die Prozesskompetenz drei Bestandteile, die im weiteren Verlauf der Untersuchung noch ausführlich zu erarbeiten sein werden:

- Der erste Bestandteil der Prozesskompetenz ist die Prozessstrukturkompetenz (PsK, dazu nachfolgender Abschnitt 1.3.2.5). Sie umfasst wiederum zwei eigenständige, aufeinander aufbauende Teilkompetenzen:
    1) die (im Beispiel EU-weite) Managementkompetenz, also die personellen, organisatorischen und räumlichen Kapazitäten, die für die Begleitung der maßgeblichen Entscheidungsprozesse erforderlich sind;
    2) die (im Beispiel EU-weite) Produktionskompetenz, also das Vorhalten belastbarer Netzwerke zur Kommunikation mit den für die Entscheidungsprozesse maßgeblichen Akteuren.
- Der zweite Bestandteil der Prozesskompetenz ist die Perspektivenwechselkompetenz (PwK, dazu nachfolgender Abschnitt 1.3.2.6), also die Fähigkeit, sich als Interessenvertreter in die Situation und Perspektive eines Entscheidungsträgers im maßgeblichen Entscheidungsprozess (im Beispiel im Mehrebenensystem der EU) hineinzuversetzen und die Relevanz des Anliegens aus eben dieser Perspektive herauszuarbeiten. Maßgebliche Perspektive kann sowohl die des individuellen Entscheidungsträgers als auch dessen institutionelle Perspektive sein – bei Vertretern der Legislative oder Exekutive häufig gleichzusetzen mit der Gemeinwohlperspektive. Die Perspektivenwechselkompetenz ist zentraler Bestandteil der für einen erfolgreichen Interessenvertretungsprozess zentralen OnePager-Methodik, die noch näher zu erläutern sein wird.
- Nur wenn ein Perspektivenwechsel erfolgreich vorgenommen werden konnte, erlangt der dritte Bestandteil der Prozesskompetenz, namentlich die Prozessbegleitkompetenz (PbK, dazu nachfolgender Abschnitt 1.3.2.7) Bedeutung. Angesichts der sich in einem komplexen Entscheidungsprozess häufig wandelnden Situationen, Einschätzungen und Einflüsse ist ein strukturelles und nachhaltiges Monitoring aller Bestandteile und Akteure eines Entscheidungsprozesses erforderlich, um ein konkretes Interessenvertretungsprojekt zum Erfolg führen zu können.

1.3.2.5 Bedeutung der Prozessstrukturkompetenz (PsK)

Was ist nun im Detail unter dem Begriff der Prozessstrukturkompetenz als erster Bestandteil der Prozesskompetenz zu verstehen?

Als erster Teilbereich der Prozessstrukturkompetenz bedeutet Managementkompetenz in der Praxis, dass ein Interessenvertreter – in der Regel eine Governmental-Relations-Agentur – alle erforderlichen personellen, organisatorischen und

Erfolgsformel für das Management einer erfolgreichen Interessenvertretung in komplexen Situationen

$$EIV = (IK + PsK)^{(PwK * PbK)}$$

EIV	= Erfolgreiche Interessenvertretung
IK	= Inhaltskompetenz
PsK	= Prozessstrukturkompetenz
PwK	= Perspektivenwechselkompetenz
PbK	= Prozessbegleitkompetenz

Abbildung 1.4: Erfolgsformel für das Management einer erfolgreichen Interessenvertretung in komplexen Situationen

räumlichen Strukturen dauerhaft verfügbar halten muss, um zugleich Task Force für den Krisenfall, Serviceeinheit und Versicherung gegen unerwartete Veränderungen der rechtlichen und politischen Rahmenbedingungen sein zu können. Aufgrund der vielfältigen Prozesse der Konsensbildung über mitgliedstaatliche Grenzen hinweg findet die Prozessbegleitung oft auch in den einzelnen EU-Mitgliedstaaten statt. Eine Herausforderung für die erfolgreiche Interessenvertretung in der EU besteht daher darin, die europäischen Hauptstädte kundenseitig und netzwerkseitig (siehe nächster Absatz) zu erschließen, im Idealfall mit eigenen Büros oder aber über Vertragspartner vor Ort. Entscheidend sind jedoch praxiserfahrene, sachkundige Mitarbeiter, die professionelle, zielgerichtete Kommunikation an den Schnittstellen zu den Betroffenen und Entscheidern betreiben (siehe nächster Absatz). Nicht zuletzt sollte die Governmental-Relations-Agentur über die nötigen organisatorischen Kapazitäten zur Projektdurchführung verfügen.

Der zweite Teilbereich der Prozessstrukturkompetenz, die Produktionskompetenz, umfasst belastbare, EU-weite institutions-, fraktions- und mitgliedstaatenübergreifende Netzwerke der eigenen Mitarbeiter der Governmental-Relations-Agentur, der strukturellen Kooperationspartner und der strukturellen Berater, teils ehemalige Spitzen der Legislative und Exekutive sowie Persönlichkeiten des öffentlichen Lebens aus verschiedenen EU-Mitgliedstaaten. Aufgrund der Vielzahl und gestiegenen Komplexität von Entscheidungsprozessen in der EU hat sich die Zahl der zu deren Begleitung erforderlichen Kontakte exponentiell erhöht. Für eine umfassende Prozessstrukturkompetenz genügen die mitgliedstaatlichen Netzwerke allein nicht mehr. Spätestens seit dem Vertrag von Lissabon erfordert eine erfolgreiche Interessenvertretung zusätzliche europäische Kontakte. Der Aufbau und Erhalt eines entsprechend großen und belastbaren Netzwerkes kann nur mit enormem, selbst die Kapazitäten von großen Unternehmen übersteigendem Aufwand realisiert werden. Leisten kann dies in der Praxis nur eine hierauf spezialisierte, in zahlreichen Themenbereichen und damit denkbar breit aufgestellte Governmental-Relations-Agentur.

Im Ergebnis sorgt die Prozessstrukturkompetenz dafür, dass Interessenvertretung nicht an vermeidbaren handwerklichen Fehlern scheitert. Interessenvertretung funktioniert insofern wie eine zuverlässige Feuerwehr: Ihre Kapazitäten stehen im Notfall auf Abruf zur Verfügung, um einen Brand schnell und effektiv löschen zu können. Die Prozessstrukturkompetenz ist die Voraussetzung für die Prozessbegleitkompetenz (siehe Abschnitt 1.3.2.7).

1.3.2.6 Bedeutung der Perspektivenwechselkompetenz (PwK)

Interessenvertretung kann nur erfolgreich sein, wenn sie in der Lage ist, sich in die Situation und Perspektive der beteiligten Entscheidungsträger – beispielsweise der Legislative oder Exekutive in politischen Entscheidungsprozessen – hineinzuversetzen.

Ein Kernproblem der Kommunikation (»Übersetzungskonflikte«, siehe Kapitel 2.1) zwischen Unternehmen und Politik besteht darin, dass ihre Vertreter denselben Sachverhalt häufig ausschließlich aus sehr unterschiedlichen Blickwinkeln betrachten und insofern die Probleme des jeweils anderen nicht nachvollziehen können – sie sprechen dann nicht dieselbe »Sprache«, haben keine kommunikative Schnittmenge. Ein Beispiel: Für den Homo oeconomicus (an Nutzenmaximierung orientierter Unternehmer, siehe Kapitel 4.8.1) führen verschärfte Lärmvorschriften dazu, dass die Arbeit in seinem eigenen Unternehmen erst später beginnen, aber früher wieder aufhören muss – das Unternehmen erleidet also einen finanziellen Verlust. Für den Homo politicus (am Gemeinwesen orientierter politischer Entscheidungsträger, siehe Kapitel 4.8.2) kann derselbe Sachverhalt hingegen bedeuten, dass sich die Anwohner in der Nähe des Unternehmens über eine höhere Lebensqualität freuen – und ihn bei der nächsten Wahl in seinem Amt bestätigen. Die beteiligten Akteure (Politik vs. Wirtschaft), die miteinander in einen Austausch treten, verfolgen also oft gegensätzliche Ziele, vertreten unterschiedliche Werte oder haben unterschiedliche Bedürfnisse. Verständigungsbarrieren und Interessenkonflikte sind dann vorprogrammiert.

Übertragen auf die Vorgehensweise der Interessenvertretung, ist für eine problemlösungsorientierte Kommunikation über System- und Wertegrenzen hinweg eine Übersetzungsleistung (Perspektivenwechsel) notwendig, die eine differenzierte Meinungsbildung aller Akteure über Einzelinteressen hinaus ermöglicht. Ein Anliegen hat immer dann hohe Erfolgsaussichten, wenn es politisch konsensfähig ist, also die Zustimmung durch die notwendige Regierungs- und/oder Parlamentsmehrheit bekommt. So ist beispielsweise für das ordentliche Gesetzgebungsverfahren im Plenum des Europäischen Parlaments in der Regel eine Mehrheit von 50 Prozent plus eine Stimme der Abgeordneten erforderlich. Im Rat ist eine sog. qualifizierte Mehrheit erreicht, wenn 55 Prozent der EU-Mitgliedstaaten zustimmen, sofern sie gleichzeitig mindestens 65 Prozent der Bevölkerung der Europäischen Union repräsentieren (siehe Abschnitt 6.2.3 und Abschnitt 6.3.4.1.2). Um politische Mehrheiten zu finden, muss das Anliegen insbesondere nach außen (gegenüber der Bevölkerung und weiteren Stakeholdern) vertretbar sein und eine hohe Akzeptanz der Öffentlichkeit erreichen. Der Perspektivenwechsel muss sich daher an den übergeordneten Zielen und Werten der maßgeblichen Entscheidungsträger ausrichten. Diese müssen bekannt oder zumindest antizipierbar sein. Den Rahmen dafür geben die in einem Politikfeld relevanten Prämissen für eine zukunftsorientierte, demokratische Regierungsgestaltung: Zu unterstützen gilt, was einvernehmlich dem gesellschaftlichen Gemeinwohl nützt (»Gemeinwohlwerte«), also z. B. der effiziente Umgang mit Ressourcen, faire Wettbewerbsbedingungen, soziale und Generationengerechtigkeit, internationale Bündnisfähigkeit, Arbeitnehmerzufriedenheit, Angebotsvielfalt, Entscheidungsfreiheit und Unabhängigkeit oder Innovation und Wissenszuwachs.

Das individuelle Anliegen eines Betroffenen (beispielsweise die Vermeidung finanzieller Verluste durch ein Unternehmen als Folge einer bestimmten Rechtsetzung) lässt sich bei Legislative und Exekutive immer dann erfolgversprechend vertreten, wenn es gelingt, dass der Absender bei seiner inhaltlichen Argumentation die Perspektive des Empfängers einnimmt, dessen Position berücksichtigt und womöglich sogar dessen bevorzugte Sprachregelungen übernimmt. Dieser Prozess ist Bestandteil jedes erfolgreichen Perspektivenwechsels von der Individual- in die Gemeinwohlperspektive: Der Interessenvertreter ist so in der Lage, vom eigenen (vertretenen) Partikularinteresse zu abstrahieren und das jeweilige Anliegen so zu kommunizieren, dass es für den adressierten Entscheidungsträger von Relevanz ist.

Schon zu Beginn eines Interessenvertretungsprojekts muss durch einen Perspektivenwechsel geprüft werden, ob das Anliegen in der »politischen Wirklichkeit« überhaupt erfolgversprechend kommuniziert werden kann. In der Praxis einer Governmental-Relations-Agentur findet dieser Perspektivenwechsel in einem ersten Schritt ausschließlich theoretisch statt – in einem »Steering Committee«, bestehend aus Vertretern des Betroffenen, dessen Interessen vertreten werden, und Vertretern der Governmental-Relations-Agentur. Zu den ständigen Mitgliedern dieses Gremiums gehört ein Mitglied der unternehmerischen Führungsebene des Betroffenen (C-Level, d. h. hochrangige Führungspositionen im Unternehmen), der Leiter der Fachabteilung des Unternehmens und ein projektverantwortlicher Mitarbeiter der Governmental-Relations-Agentur (»Schnittstellenmanager«). Im Steering Committee wird durch hypothetische Einnahme der Position der relevanten Entscheidungsträger der Gang des Entscheidungsverfahrens simuliert. Ist ein Anliegen nicht erfolgversprechend kommunizierbar, wird es nicht weiterverfolgt (siehe Punkt »A« auf Abbildung 1.7).

Je nach Bedarf kann im weiteren Verlauf das Steering Committee noch um projektbezogene Teilnehmer erweitert werden. Auf der Seite der Prozesskompetenz können dies neben weiteren Mitarbeitern der Governmental-Relations-Agentur auch deren strukturelle Berater sein. Die strukturellen Berater sind dabei für einen erfolgreichen

Perspektivenwechsel oft ausschlaggebend, verfügen sie doch über umfangreiches Wissen hinsichtlich politischer Entscheidungsprozesse (Verfahrensfragen) und sind aufgrund ihrer Expertise und politischen Erfahrung in der Lage, sich in die Entscheiderperspektive (Legislative und Exekutive) überzeugend hineinzuversetzen. Auf der Seite der Inhaltskompetenz lässt sich das Steering Committe situativ um einen Verbandsvertreter, einen Vertreter einer Public-Affairs-Agentur oder im Thema ausgewiesene Juristen ergänzen, um zusätzliche inhaltliche Argumente beizusteuern. Je nach Komplexität des Falles kann das Steering Committee somit eine Vielzahl von Personen umfassen.

Die Frage, ob ein Perspektivenwechsel grundsätzlich möglich ist, lässt sich in vielen Fällen sehr rasch positiv oder negativ beantworten. Ein fiktives Beispiel: Das Problem, das einem deutschen Unternehmen zu schaffen macht, erschwert gleichzeitig die politische Situation der französischen Regierung. So könnten französische Produktionsstandorte des deutschen Unternehmens von einer EU-Rechtsetzungsinitiative negativ betroffen sein, mit einer Gefährdung von Arbeitsplätzen in Frankreich. Daher kann es für die französische Regierung durchaus sinnvoll sein, sich im Rat für das deutsche Unternehmen einzusetzen. Die Voraussetzungen: Es muss gelingen, das Partikularinteresse des deutschen Unternehmens in die Gemeinwohlperspektive der französischen Politik zu übersetzen, hier beispielsweise ein möglicher Verlust von Arbeitsplätzen in Frankreich.

Es genügt also nicht, das Anliegen eines Betroffenen in klarer Sprache an den richtigen Entscheider heranzutragen. Entscheidend ist es, dieses Anliegen in einen größeren, adressatenbezogenen Zusammenhang zu stellen (siehe auch Abschnitt 6.3.4.2).

Am Ende der Beratungen im Steering Committee entscheidet die Geschäftsführung des Unternehmens, bei welchen Anliegen ein zuvor entwickelter Perspektivenwechsel erfolgsversprechend erscheint. Auch hier kann jedoch die Entscheidung gefällt werden, ein Anliegen nicht weiterzuverfolgen (siehe Punkt »B« in Abbildung 1.7). Erfahrungswerte zeigen, dass in bis zu 15 Prozent der Fälle eine Interessenvertretung von Beginn an aussichtslos wäre, weil aus der Perspektive der maßgeblichen Entscheidungsträger keine überzeugende Argumentation für das Anliegen entwickelt werden kann. In diesen Fällen wird das Anliegen nicht weiterverfolgt. Dem betroffenen Unternehmen erspart dies häufig enorme Ressourcen und ermöglicht in diesem Punkt eine strategische Neuorientierung, um sich auf die neue Rechts- und Sachlage einstellen zu können.

Es kommt jedoch auch vor, dass das betroffene Unternehmen aus Compliance-Gründen dennoch dazu verpflichtet ist, sein Ansinnen bei Legislative und Exekutive zu vertreten: So etwa, wenn das Unternehmen an der Börse notiert ist und seinen Aktionären nachweisen muss, dass es alles erdenklich Mögliche unternommen hat, um seine Interessen zur Geltung zu bringen.

Exkurs (siehe Abschnitt 4.8.2):

Wie entscheiden Entscheider in politischen Entscheidungsprozessen – aus objektiven oder subjektiven Motiven?

Nach Erfahrungswerten sind etwa 5 bis 15 Prozent der Verantwortlichen aus voller Überzeugung für das Anliegen eines Betroffenen (»positive Vorreiter«). Ebenso lehnen jedoch etwa 5 bis 15 Prozent der Entscheider dieses Ansinnen aus grundsätzlichen Erwägungen ab (»Kompromisslose«). Das können sachliche Gründe sein – aber auch ausgesprochen persönliche Motive. So können die für eine erfolgreiche Interessenvertretung nötigen politischen Bündnisse mitunter daran scheitern, dass ein Politiker den anderen früher bei einem Parteiposten ausgestochen hat. Warum – aus sachlichen oder persönlichen Motiven – sich ein Entscheidungsträger wie entscheidet, ist in der Regel nicht bekannt. Für den Interessenvertreter ist aber eben gerade das Motiv der Entscheidung wesentlich, um ein Anliegen des Auftraggebers weiterverfolgen zu können.

70 bis 90 Prozent der Verantwortlichen haben folglich keine Präferenzen hinsichtlich des Anliegens eines Betroffenen. Wie sie sich letztendlich entscheiden, kann z. B. davon abhängen, wie sich die Mehrheit ihrer Parteifreunde positioniert. Aber auch davon, dass sie sich womöglich verpflichtet fühlen, sich jetzt für einen früheren politischen Gefallen eines anderen Entscheiders erkenntlich zu zeigen.

Diese prozentualen Erfahrungswerte bei Entscheidungsfindungen entsprechen letztlich der Gauß'schen Normalverteilung in Verbindung mit dem Gesetz der großen Zahlen.

In mindestens 85 Prozent der Fälle besteht aber eine überwiegende Erfolgsaussicht, weil ein aus Sicht des Entscheidungsträgers überzeugender Wechsel von der Individual- in die Entscheider-Perspektive (Gemeinwohl) möglich ist. In einem weiteren Schritt ist daher der Perspektivenwechsel konkret auszuarbeiten. Dies erfolgt bei einer Governmental-Relations-Agentur über die OnePager-Methodik, d. h. die ganzheitliche Durchdringung eines hochkomplexen Sachverhalts und dessen Darstellung in adressatengerechter Form auf einer einzigen DIN-A4-Seite. Die OnePager-Methodik wirkt im Rahmen der Gesamtstrategie der Interessenvertretung wie ein Kontrastmittel: Sie macht für alle Seiten die komplexe Gesamtsituation klarer, eindeutiger und durchschaubarer.

Die Schwierigkeit liegt dabei in der Komprimierung eines teils hochkomplexen Sachverhalts nur auf einer Seite. Der Adressat der Darstellung muss möglichst rasch verstehen, worum es geht und welche Bedeutung das damit verfolgte Anliegen bzw. der jeweilige Sachverhalt für seine Wähler, seine Institution, seine Partei und ihn selbst hat. Vor diesem Hintergrund ist eine solche DIN-A4-Seite (OnePager, siehe insbesondere auch Abschnitt 7.4.2.1.7) weit mehr als eine Aktennotiz. Spezialisten der Governmental-Relations-Agentur formulieren den Sachverhalt (gegliedert beispielsweise in »Hintergrund – Problem – Lösung«) so, dass es dem Entscheidungsträger ermöglicht wird, einen übergeordneten Standpunkt einzunehmen, von dem aus Schnittmengen zwischen unterschiedlichen Positionen sichtbar werden.

Hebammen garantieren im ländlichen Raum die flächendeckende und vollumfängliche Familienfürsorge – Die Sicherung des Berufsstands ist eine gesellschaftliche Aufgabe

Hintergrund:

Im Koalitionsvertrag wurde vereinbart, für eine »flächendeckende Gesundheitsversorgung […] mit einer wohnortnahen Geburtshilfe [und] Hebammen […] vor Ort« zu sorgen. Vor allem die Versorgung der ländlichen Räume ist angesichts der deutlichen Verringerung der in der Geburtshilfe tätigen Hebammen gefährdet. Dies liegt zum einen daran, dass die Verdienstmöglichkeiten für Hebammen – trotz ihres großen Leistungsspektrums (Geburtsbegleitung, Schwangerenvorsorge, Wochenbettbetreuung, Familienhilfe) – verglichen mit anderen Gesundheitsberufen deutlich eingeschränkt sind. Zum anderen sind vor allem geburtsbegleitende Hebammen seit einigen Jahren erheblich von den stark steigenden Haftpflichtprämien betroffen, die sich aus den kleinen Gehältern kaum mehr finanzieren lassen. Die Folge ist, dass von den rund 21.000 Hebammen in Deutschland bereits rund 18.650 keine Geburtshilfe mehr leisten und sich so die Haftpflichtprämie sparen.

Zu der enormen Steigerung der Haftpflichtprämien kommt es, da die Regulierung der einzelnen Fälle in den vergangenen Jahren deutlich kostenintensiver geworden ist (Schmerzensgeld, Pflegekosten, Therapien, Ersatz des Verdienstausfalls des Kindes …). Ein Schaden, der die Versicherungen 1998 in der Regulierung noch 340.000 Euro gekostet hat, kostete diese im Jahr 2008 2,9 Mio. Euro und 2014 bereits 4,3 Mio. Euro. Eine Anpassung der Beiträge zur Hebammen-Haftpflichtversicherung ist deshalb laufend notwendig. Ein deutlicher Kostentreiber sind hier die Regressansprüche der Sozialversicherungsträger gegen die Haftpflichtversicherung der Hebamme.

Die Politik hat das Problem der steigenden Haftpflichtprämien erkannt und breit diskutiert. Mehrere Versuche wurden unternommen, die Kosten für die Regulierung der Fälle zu senken. Zuletzt wurde im Rahmen des GKV-Versorgungsstärkungsgesetzes die Regressmöglichkeit der Sozialversicherungsträger bei fahrlässigem Handeln der Hebamme während des Geburtsvorgangs ausgeschlossen. Künftig können die Kranken- und Pflegekassen bei leichter Fahrlässigkeit ihre Ausgaben nicht mehr bei der Haftpflichtversicherung der Hebamme regulieren. Bei grober Fahrlässigkeit ist dies jedoch weiterhin möglich.

Problem:

Die eingeschränkten Verdienstmöglichkeiten zusammen mit der stetig steigenden Haftpflichtprämie zwingen besonders die Hebammen im ländlichen Raum, ihr Leistungsangebot zu reduzieren und sich auf risikoarme Bereiche zu beschränken oder ihren Beruf ganz aufzugeben. Mit Auswirkungen für die ländlichen Räume: Es gibt Regionen in Deutschland, in denen schon heute die Hebammenversorgung kaum mehr existent ist. Nicht selten müssen werdende Mütter bereits heute die letzten Tage vor der Geburt fern von ihrem Heimatort in der nächsten Stadt verbringen. Geburten finden an Orten statt, an denen es noch Hebammen gibt. Gehen Familien für Geburten in die nächsten Städte, bleibt auf dem Land für die Hebammen kaum noch eine Verdienstmöglichkeit. So kann auch die (Nach-)Betreuung der Familien im ländlichen Raum kaum mehr sichergestellt werden und das, obwohl Hebammen in den ersten Wochen nach der Geburt eigentlich auch eine gesellschaftliche Begleitfunktion übernehmen.

Die Beschränkung der Regressmöglichkeiten, wie im GKV-Versorgungsstärkungsgesetz festgesetzt, ist zwar ein erster Schritt, hat aber für die Haftpflichtprämien der Hebammen nicht die benötigte Auswirkung. Zu einer Absenkung der Beiträge wird es voraussichtlich nicht kommen. Hinzu kommt, dass sich fast alle Versicherungen inzwischen aus der Hebammenhaftpflicht zurückgezogen haben. Die Risiken sind – aufgrund der sprunghaft steigenden Kosten – nicht mehr kalkulierbar.

Fazit: Da es kaum mehr eine Versicherung gibt, die dem Konsortium der Hebammenhaftpflicht freiwillig beitritt, solange die Beiträge nicht kostendeckend kalkuliert werden können, wird es in diesem Segment auch in naher Zukunft keinen funktionierenden Wettbewerb geben.

Lösung:

Es ist – besonders zu Zeiten des demografischen Wandels – Aufgabe des Staates, der Geburt des neuen Lebens die Wertschätzung zukommen zu lassen, die ihr gebührt. Hier handelt es sich um das Fundament unserer Gesellschaft. Hebammen müssen aufgrund ihrer besonderen Verdienstsituation unterstützt werden, denn sie stellen einen unverzichtbaren Bestandteil unserer Gesellschaft dar. Die Politik muss deshalb auf Bundesebene **eine Entscheidung für die Familie und somit auch für die Hebamme treffen.** Nachfolgend ein möglicher Ansatzpunkt:

Beschränkung der Regressmöglichkeiten der Sozialversicherungsträger. Mit Verabschiedung des GKV-VSG ist der Regress zwar für fahrlässige Behandlungsfehler ausgeschlossen worden, um einen kostensenkenden Effekt zu erreichen, müsste dieser Regressausschluss jedoch auf grobe Fahrlässigkeit ausgeweitet werden.

Abbildung 1.5: Beispiel OnePager zum Einsatz auf mitgliedstaatlicher Ebene (Deutschland)

Schadensreduzierung als Mittel im Kampf gegen Krebs

Hintergrund:

Die Europäische Kommission unter Präsidentin Dr. Ursula von der Leyen hat die Bekämpfung der Volkskrankheit Krebs als eine ihrer politischen Prioritäten festgelegt. Die Kommission reagiert damit auf die hohe Zahl schwerer Erkrankungen und Todesfälle, für die Krebs verantwortlich ist. Aktuelle Zahlen belegen, dass jeder dritte bösartige Tumor tödliche Folgen hat. Nach neuesten medizinischen Erkenntnissen ließe sich jedoch nahezu die Hälfte aller Krebserkrankungen vermeiden.

Die Europäische Kommission arbeitet derzeit an einem umfassenden Maßnahmenpaket, um Krebs zu bekämpfen und gleichzeitig das Leid der Patienten sowie ihrer Angehörigen zu mindern. Dieses Anti-Krebsprogramm umfasst alle Phasen der Erkrankung: (1) Prävention, (2) Frühdiagnose, (3) Behandlung sowie die Verbesserung der Lebensqualität der Erkrankten und ihres Umfelds.

Problem:

Obwohl das geplante Maßnahmenpaket der EU einen ganzheitlichen Ansatz zur Krebsbekämpfung verfolgen soll, wird bisher das Konzept der Schadensreduzierung nicht ausreichend berücksichtigt. Gerade die hierbei verfolgten Maßnahmen könnten aber das persönliche Leid der Betroffenen lindern und zugleich die gesamtgesellschaftlichen Kosten der Krankheit minimieren, indem sie die vorhandenen Ansätze der Krebsprävention und Früherkennung ergänzen.

Es würde sich bewähren, wenn sich diese schadenreduzierenden Maßnahmen auf die Reduzierung der persönlichen, gesundheitlichen und gesellschaftlichen Folgen konzentrieren, die aus der Anwendung und dem Konsum schädlicher Produkte oder durch eine ungesunde Lebenshaltung entstehen. Wichtig ist hierbei: Diese Maßnahmen dürfen nicht restriktiv oder wertend sein. Stattdessen sollten sie stets eine Minimierung der Risiken durch gesundheitsgefährdendes Verhalten anstreben, dabei Verbote vermeiden – und sich ausschließlich darauf fokussieren, die körperliche Gesundheit zu verbessern.

Schadensreduzierende Maßnahmen sollten auch dann eingesetzt werden, wenn die betroffenen Personen ihr Risiko-Verhalten nicht aufgeben können oder wollen – so etwa bei einer Suchterkrankung. Wie effizient dieser Ansatz ist, zeigt die wissenschaftliche Forschung. Beispiele aus der Praxis sind:

Betreute Räume, in denen die Abhängigen gesundheitsgefährdende Substanzen unter sauberen und sicheren Bedingungen sowie unter Aufsicht von gesundheitlich geschultem Personal konsumieren können.

Öffentliche Alkoholkonsumräume (»Trinkraum«) bieten einen sicheren Ort zum Verzehr von Alkohol und richten sich vornehmlich an Süchtige ohne festen Wohnsitz. Da der Gebrauch von Alkohol in Obdachlosenheimen meist verboten ist, ermöglichen diese Räumlichkeiten eine sichere und geschützte Alternative.

Nadel- und Spritzenprogramme bieten Drogenkonsumenten einen Zugang zu sauberen Spritzutensilien. Dies hat sich als wirksame Maßnahme zur Vermeidung von übertragbaren Krankheiten wie Hepatitis C und HIV erwiesen.

Nikotinersatzprodukte und -therapien bieten wirksame Alternativen zum Tabakkonsum und v. a. dem Zigarettenrauchen. Diese Ersatzprodukte ermöglichen den Konsum von Nikotin, kommen dabei aber ohne schädlichen Zigarettenrauch aus und reduzieren so das Krebsrisiko.

Ersatz- bzw. Substitutionsprogramme zur Betreuung und Behandlung von Heroinabhängigen. Diese Maßnahmen verfolgen das Ziel, Abhängigen einen sicheren und ärztlich beaufsichtigten Zugang zu legalen Ersatzpräparaten (meist Methadon) zu ermöglichen, um so auch die Beschaffungskriminalität zu unterbinden.

Lösung:

Die Anti-Krebspolitik der EU-Kommission hat das Potenzial, diese Volkskrankheit wirkungsvoll zu bekämpfen und somit einen wichtigen Beitrag zur öffentlichen Gesundheit zu leisten. Da die bisherigen Maßnahmen das Erfolgskonzept der Schadensreduzierung jedoch noch nicht ausreichend berücksichtigen, sollte auch diese Strategie in die europäische Gesetzgebung aufgenommen werden. Denn nur dann kann die Politik in ihrem Kampf gegen den Krebs tatsächlich alle verfügbaren und nachweislich erprobten Maßnahmen nutzen.

Abbildung 1.6: Beispiel OnePager zum Einsatz auf EU-Ebene

Das Herzstück eines guten OnePagers ist eine für den adressierten Entscheidungsträger schlüssige und überzeugende Argumentation inklusive Lösungsvorschlag als Ergebnis eines gelungenen Perspektivenwechsels. Der OnePager ist bewusst nicht aus der Sicht des (Partikular-)Interesses des Betroffenen geschrieben. Durch einen erfolgreichen Perspektivenwechsel ergibt sich für den Entscheidungsträger eine eigenständige Logik, tätig zu werden – im Interesse der Allgemeinheit, seiner Institution oder seiner selbst. Der OnePager wird im Steering Committee inhaltlich und sprachlich abgestimmt und, soweit erforderlich, den sich ändernden Gegebenheiten während des Entscheidungsprozesses angepasst.

Die Abbildungen 1.5 und 1.6 zeigen zwei Beispiele von auf Tatsachen beruhenden, nur leicht veränderten, OnePagern. Der erste OnePager kam auf mitgliedstaatlicher Ebene (Deutschland) zum Einsatz, der zweite auf EU-Ebene. Sie zeigen, wie ein überzeugender Wechsel von der Individual- zur Entscheiderperspektive (Gemeinwohl) gelingen kann. Dem Entscheidungsträger wird so ermöglicht, sich dem Standpunkt des Betroffenen aus eigenem Interesse anzunähern.

Auf das Bergbeispiel übertragen bedeutet dies: Durch die enge Verbindung von Inhaltskompetenz und Prozessstrukturkompetenz im Steering Committee und dem gemeinsam erfolgreich entwickelten Perspektivenwechsel rücken die aus Sicht des Entscheiders positiven Auswirkungen für das Gemeinwohl in den Vordergrund. Auf dieser Basis kann es nun im besten Fall gelingen, die bisher undurchdringliche prozessuale Barriere in der Mitte des Berges zu überwinden.

Bis der OnePager an die maßgeblichen Entscheidungsträger kommuniziert wird, kann allerdings noch einige Zeit vergehen: Der Prozess der OnePager-Entwicklung ist anspruchsvoll und aufwendig. Er umfasst in der Regel mehrere Abstimmungsrunden und Textschleifen im Steering Committee. Die Erkenntnis, dass ein Anliegen nicht die versprochenen Erfolgsaussichten hat und nicht weiterverfolgt werden sollte, kann sich auch noch in dieser Phase des Interessenvertretungsprozesses ergeben. In der Praxis ist von 5 bis 15 Prozent der Fälle auszugehen (siehe Punkt »C« in Abbildung 1.7).

Sobald es jedoch gelungen ist, einen OnePager mit adressengerechtem und überzeugendem Perspektivenwechsel zu erstellen, erfolgt im nächsten Schritt die Ansprache der politischen Entscheidungsträger (durch Vertreter der Inhaltskompetenz und/oder der Prozesskompetenz) und damit der finale Machbarkeitscheck. Der Prozess der Interessenvertretung verlässt das Steering Committee und erreicht die Sphäre der Legislative und Exekutive. Die Governmental-Relations-Agentur nimmt dabei für den Dialog zwischen dem Entscheidungsträger und dem Betroffenen (beispielsweise eines Unternehmens) die Rolle eines unabhängigen Intermediärs ein (siehe auch Abschnitt 3.3.3 und 8.3.1.1). Nach langjährigen Erfahrungswerten lassen sich in dem komplexen Entscheidungssystem mithilfe der Prozesskompetenz zwischen zwei und fünf zentrale Stakeholder für das weitere Vorgehen identifizieren. Im Idealfall wird jeder dieser Stakeholder zum »endogenen Prozesstreiber«, indem er sich aus Überzeugung und damit eigenem Antrieb für das vorgebrachte Anliegen einsetzt. Auch hier besteht

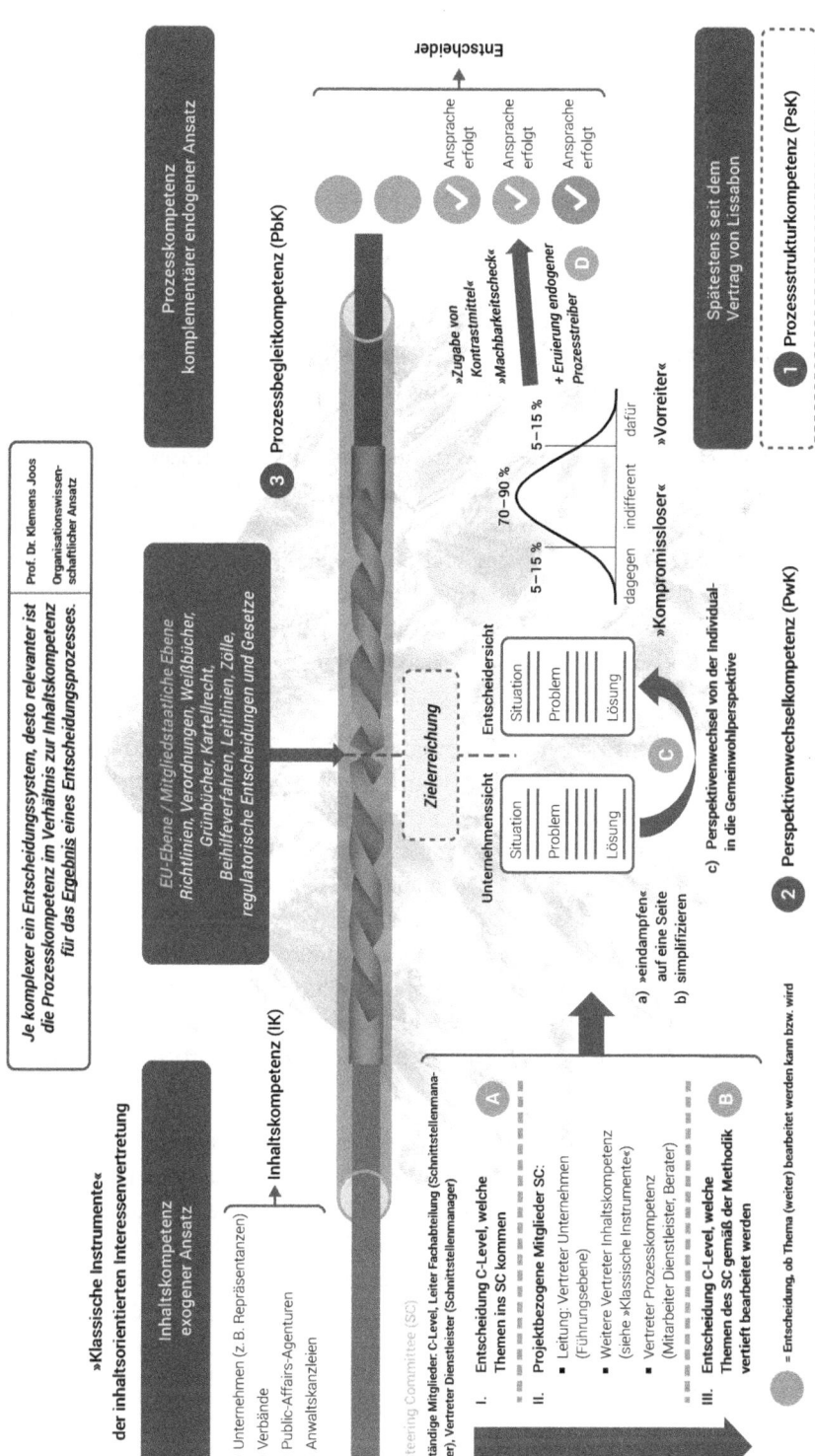

Abbildung 1.7: Bergbeispiel – Erfolgreiche Interessenvertretung in komplexen Situationen

jedoch das Risiko, dass der Entscheidungsträger von der vorgelegten Argumentation nicht überzeugt wird und er das Anliegen nicht weiterverfolgt (siehe Punkt »D« in Abbildung 1.7). Nach Erfahrungswerten tritt diese Konstellation in weiteren 5 bis 15 Prozent der praktischen Fälle auf.

1.3.2.7 Bedeutung der Prozessbegleitkompetenz (PbK)

Das Umfeld eines Entscheidungsprozesses, die Einstellung der beteiligten Akteure, die zu berücksichtigenden Faktoren u. v. m. können sich fortlaufend ändern. Eine Interessenvertretung, die hier einen statischen Ansatz verfolgen würde, wäre in den meisten Fällen nicht erfolgreich. An dieser Stelle erlangt die sog. Prozessbegleitkompetenz ihre Bedeutung. Sie umfasst neben dem ständigen Monitoring des Entscheidungsprozesses und dessen gesamten Umfeldes vor allem die daraus resultierenden Adaptionsmaßnahmen jedes Interessenvertretungsprojekts. Die prozessuale Lage ist fortlaufend zu erfassen, dabei sind die rechtlichen Rahmenbedingungen und die Position der politischen Key Player detailgenau zu analysieren. Es ist zu beobachten, in welchem Stadium sich Rechtsetzung und Entscheidungsprozesse befinden (siehe Kapitel 3, 5 und 6). Welche Entscheidungsebenen gerade involviert sind und welche Herausforderungen sich andeuten, wer über die formellen, wer über die faktischen Entscheidungskompetenzen verfügt, ist stets tagesaktuell vorzuhalten (siehe insbesondere Abschnitt 7.5.4).

In Vorbereitung dazu wird bereits zu Beginn eines jeden Interessenvertretungsprojekts eine umfangreiche, sog. Key-Player-Matrix erstellt, d. h. eine Übersicht aller im Entscheidungsprozess relevanten Akteure, deren Verbindungen und Abhängigkeiten (siehe insbesondere auch »Stakeholder-Management« in Abschnitt 7.3 und »Prozessuale Lageerfassung« in Abschnitt 9.1.3). Von ganz wesentlicher Bedeutung ist naturgemäß das Bestehen von Zugängen zu diesen Key Playern (siehe Abschnitt 4.6 und 4.7). Das Netzwerk der Governmental-Relations-Agentur (eigene Mitarbeiter, strukturelle Berater oder strukturelle Kooperationspartner) und die inhaltsorientierten Instrumente der Interessenvertretung (Unternehmensrepräsentanzen, Verbände, Public-Affairs-Agenturen oder Anwaltskanzleien) müssen dazu fortlaufend bewertet und situationsbezogen eingesetzt werden.

Neben der sachlichen Komponente spielt ein effektives Zeitmanagement für die erfolgreiche Interessenvertretung eine ganz wesentliche Rolle (siehe Abschnitt 4.5). In jeder Phase eines Rechtsetzungsverfahrens öffnen sich konkrete Zeitfenster, die bspw. für den Austausch zwischen Interessenvertreter und hoheitlicher Ebene zwingend genutzt werden müssen. Nicht nur die Prozesskenntnis, sondern das richtige Timing ist maßgeblich für den Erfolg. Alle relevanten prozessualen Zeitfenster sind daher so früh wie möglich sorgfältig, lückenlos und übersichtlich in eine Zeit-/Aufgaben-Matrix zu überführen.

In der Regel müssen in jedem Interessenvertretungsprojekt unterschiedliche Adressaten erreicht und angesprochen werden. Es entsteht daher eine OnePager-Kaskade von inhaltlich zusammenhängenden, aber in der Adressatenansprache eigenständigen OnePagern (siehe auch Abschnitt 7.4.2.1.7). Dieses Vorgehen erhöht die Erfolgsaussichten, da das Anliegen auf alle entscheidungsrelevanten Ebenen und Perspektiven hin analysiert wird und anschließend eigenständige, adressatengerechte Argumentationslinien entstehen. Zudem müssen die im Projekt eingesetzten OnePager stetig fortgeschrieben werden, weil sich während des gesamten Prozesses immer wieder etwas verändern kann: Mehrheitsverhältnisse können wechseln, eine Vielzahl unterschiedlichster Initiativen prägen zeitgleich die Agenda der Europäischen Union. Das richtige Zusammenspiel von OnePager-Methodik und Prozessbegleitkompetenz ist für den Erfolg also von ausschlaggebender Bedeutung (siehe Abschnitt 1.3.2.6).

Es ist festzuhalten, dass Key-Player-Matrix, Zeit-/Aufgaben-Matrix und OnePager-Methodik die Grundvoraussetzung für den Projekterfolg sind (siehe insbesondere auch »Fallstudien« in Kapitel 9). Sie sind zentrale Tools, die es der Governmental-Relations-Agentur ermöglichen, den gesamten Entscheidungsprozess von seinen Anfängen bis zu seinem Abschluss als unabhängiger Intermediär zu begleiten. Der mit all dem verbundene Aufwand ist enorm hoch – bei aufwendigen Projekten werden hierfür erhebliche personelle Ressourcen gebunden. Einzelpersonen können die damit verbundenen Anforderungen nicht mehr erfüllen. Es kommt vor, dass 15 bis 20 Personen gleichzeitig an einem Projekt arbeiten (siehe auch Kapitel 8).

1.4 Fazit

Dieses erste Kapitel bietet einen übergeordneten Blick auf den Inhalt dieses Werkes und die Quintessenz der vom Autor entwickelten Formel für erfolgreiche Interessenvertretung in komplexen Entscheidungssystemen, die nicht nur auf seinen wissenschaftlichen Arbeiten (siehe »Schrifttum« am Ende des Buches), sondern vor allem auch auf seinen praktischen Erfahrungen in mehr als drei Jahrzehnten erfolgreicher Interessenvertretung sowohl auf EU-Ebene als auch auf mitgliedstaatlicher Ebene beruht.

Je komplexer die Situation, desto stärker ist in einem Entscheidungsprozess die inhaltliche Logik der prozessualen Logik unterzuordnen. Hier zeigt sich der entscheidende Vorteil der prozessorientierten gegenüber der klassischen inhaltsorientierten Interessenvertretung und zugleich die Basis der Erfolgsformel.

In der Realität beschränkt sich Interessenvertretung dennoch meist auf inhaltsorientierte Instrumente. Man vertraut darauf, mit guten Argumenten für den eigenen Standpunkt, die über die eigene Unternehmensrepräsentanz, den Branchenverband, eine Public-Affairs-Agentur usw. vorgetragen werden, zu überzeugen. Die neue Realität der komplexen Entscheidungssysteme – insbesondere in der EU – wird dabei außer Acht gelassen. Der Vertrag von Lissabon hat hier jedoch fundamentale Veränderungen bewirkt. Werden sie bei der Strukturierung eines Interessenvertretungsprojekts nicht oder nicht ausreichend berücksichtigt, ist es zum Scheitern verurteilt.

Die Erfolgsformel setzt genau hier an: Für eine erfolgreiche Interessenvertretung – gerade in der EU – ist eine dauerhafte und enge Verbindung der Inhaltskompetenz des Betroffenen und der Prozessstrukturkompetenz einer Governmental-Relations-Agentur die Grundvoraussetzung. Die Erfolgsaussichten lassen sich potenzieren, wenn es erstens gelingt, sich durch einen Perspektivenwechsel so für das Anliegen eines Betroffenen einzusetzen, dass die positiven Auswirkungen für den Entscheidungsträger (für das Gemeinwohl) in den Vordergrund rücken (Perspektivenwechselkompetenz), und es zweitens gelingt, das Anliegen in die maßgeblichen Entscheidungsprozesse auf politischer Ebene erfolgreich einzubringen und fortlaufend EU-weit zu begleiten (Prozessbegleitkompetenz).

Die Erfolgsformel ermöglicht damit durch ihren veranschaulichenden Ansatz, eine erfolgreiche Interessenvertretung sowohl initial als auch fortlaufend zu strukturieren. In der Praxis der politischen Interessenvertretung hat sich ihre Tauglichkeit bereits eindrucksvoll erwiesen. Doch ihre Bedeutung geht darüber weit hinaus: Letztlich hat sie das Potenzial, den Weg zum Erfolg in jedem denkbaren komplexen Entscheidungsprozess zu weisen.

2 Grundsätzliche Überlegungen zum Thema Interessenvertretung und Stakeholder

2.1 Interessendifferenzen, Stakeholder und Übersetzungskonflikte

von Armin Nassehi

Interessen kommen stets im Plural vor. Ein Interesse kann nur derjenige haben, der auf andere Interessen trifft. Das verweist darauf, dass Interessen stets auf konkrete Beobachterpositionen verweisen – oder noch genauer: Interessen gibt es nur dort, wo sich der gleiche Gegenstand, das gleiche Problem, der gleiche Sachverhalt, die gleiche Ressource etc. aus unterschiedlichen Perspektiven ganz unterschiedlich darstellt. Zugleich verbindet diese Unterschiedlichkeit auch die unterschiedlichen Interessen, weil sie unmittelbar aufeinander bezogen sind. Es geht also zumeist um so etwas wie die Einheit der Interessendifferenzen. Erst wenn man diese bestimmt, wird man auch die Interessen unterschiedlicher Beobachter-positionen bzw. Stakeholder verstehen können.

Klassische Interessenkonflikte sind z. B. die Interessendifferenzen zwischen Tarifparteien. Die eine Seite hat ein Interesse an höheren Löhnen, die andere ein Interesse an der Senkung der Arbeitskosten – die Einheit der Differenz dieser divergierenden Interessen liegt darin, dass sie komplementär aufeinander bezogen sind. Ein anderer klassischer Fall wäre etwa die Verhandlung eines Unternehmens mit zuständigen staatlichen Stellen über erlaubte Emissionen bei der industriellen Produktion. Die eine Seite hat das Interesse, bestimmte Umweltstandards durchzusetzen, die andere Seite hat das Interesse, die eigene Marktposition zu verbessern oder zu erhalten. Auch hier sind die divergierenden Interessen komplementär, ja geradezu dichotomisch aufeinander bezogen. Solche Interessendivergenzen erzeugen Konfliktsysteme, in denen letztlich fast jede Äußerung beteiligter Akteure in den Sog der Interessendivergenz hineingezogen wird. Konflikte dieser Art entfalten eine erstaunliche Integrationsleistung, weil sie fast alle Äußerungen innerhalb des Konfliktsystems positionieren. Diese Integrationsleistung führt einerseits dazu, dass die wechselseitigen Spieler füreinander gut kalkulierbar sind, andererseits aber auch dazu, dass sich in nicht moderierten Konflikten die Standpunkte kaum ändern können.[1] Selbst wenn etwa im zweiten Fall der Vertreter eines Unternehmens einen Lösungsvorschlag macht, wird dies seinem Interesse zugerechnet, ebenso wird das Entgegenkommen eines Gewerkschafters in einer Tarifverhandlung stets als interessegeleiteter Spielzug verstanden.

Interessen liegen nicht einfach vor – sie werden von Beobachtern zugerechnet. Um die Interessendivergenzen unterschiedlicher Stakeholder innerhalb eines Konflikts wirklich verstehen zu können und um Tools zu entwickeln, unterschiedliche Stakeholder

---

[1]   Vgl. Luhmann (1984), S. 529ff.

produktiv aufeinander beziehen zu können, muss man zunächst gar nicht unbedingt das »wirkliche« Interesse dechiffrieren, also gar nicht unbedingt das ergründen, was ein Akteur wirklich »meint«. Von besonderem Interesse ist vielmehr, dass moderne Gesellschaften sich dadurch auszeichnen, dass sie Akteurspositionen stets als spezifischen Ausdruck unterschiedlicher Beobachterpositionen verstehen. Es soll im Folgenden deshalb zunächst auf die der modernen komplexen Gesellschaft inhärente Form der funktionalen Differenzierung hingewiesen werden (siehe Abschnitt 2.1.1.), aus der sich dann ein genaues Verständnis von Stakeholdern ergibt (siehe Abschnitt 2.1.2). Daran anschließend werde ich am Beispiel des Übersetzungsbegriffs anzudeuten versuchen, wie eine angemessene Strategie des Umgangs mit Komplexität gedacht werden muss (siehe Abschnitt 2.1.3.).

2.1.1 Komplexität und Differenzierung

Die moderne Gesellschaft komplex zu nennen, ist schon fast eine Binsenweisheit. Allerdings wird bei Anwendung dieser Diagnose eher selten genauer bestimmt, was Komplexität bedeutet. Dass die Dinge komplex sind, meint nämlich erheblich mehr als die Selbstverständlichkeit, dass die Dinge nicht einfach, sondern schwierig sind. Was meint also Komplexität?

Schon auf Interessendivergenzen unterschiedlicher Stakeholder hinzuweisen, verweist auf Komplexität. Dass es auf denselben Gegenstand unterschiedliche, sich geradezu ausschließende Perspektiven geben kann, verweist schon darauf, dass das, was wir sehen, von unserer jeweiligen Beobachterperspektive abhängt.[2] Stakeholder unterscheiden sich ja gerade darin, dass sie Stakeholder im Hinblick auf einen Topos sind, darin aber eben unterschiedliche Perspektiven, Interessen und Erfolgskriterien haben. Das ist auf den ersten Blick trivial, denn das hat es immer gegeben. Das Besondere einer modernen Gesellschaft besteht aber darin, dass diese unterschiedlichen Perspektiven nicht nur gleichzeitig vorkommen, sondern sich auf Augenhöhe begegnen.[3] Eine moderne Gesellschaft setzt die logischen Figuren des *Satzes vom Widerspruch* und des *Ausgeschlossenen Dritten* außer Kraft.

Nach dem Widerspruchssatz gilt, dass ein Satz nicht gleichzeitig wahr oder falsch sein kann. Das gilt empirisch heute offenkundig nicht mehr, denn eine Situation stellt sich für unterschiedliche Stakeholder prinzipiell unterschiedlich dar, sodass unterschiedliche Sätze über einen Gegenstand ebenso gelten können wie ein bestimmter Satz für den einen gilt, für den anderen aber nicht.

Nach dem Satz des Ausgeschlossenen Dritten ist eine Aussage entweder wahr oder falsch. Auch dieses Prinzip wird empirisch außer Kraft gesetzt, wenn unterschiedliche Perspektiven auf denselben Gegenstand sich auf Augenhöhe begegnen.

---

2   Vgl. Nassehi (2021), S. 169ff.
3   Vgl. Nassehi (2015), S. 97ff.

Beide Figuren der klassischen Logik kommen ohne den Beobachter aus.[4] Sie müssen imaginieren, dass die Dinge letztlich jenseits des Beobachters so sind, wie sie sind. Wäre dies das Konstruktionsprinzip der Welt, könnte man unterschiedliche Stakeholder danach unterscheiden, ob sie die richtige oder die falsche Perspektive auf etwas Bestimmtes haben. Worüber wir aber hier verhandeln, sind Situationen, in denen tatsächlich sich widersprechende Perspektiven auf denselben Gegenstand sich sowohl unterscheiden als auch unstrittig jeweils legitim sind. Das Verhältnis von Stakeholdern zueinander ist also nicht davon geprägt, welche der Perspektiven weiter gelten soll und welche verworfen werden muss. Es geht nun vielmehr darum, wie eine Gesellschaft damit umgeht, dass sie nicht aus einem Guss ist, dass ihre unterschiedlichen Perspektiven sich nicht ohne Rest aufeinander abbilden lassen und dass wir uns letztlich daran gewöhnt haben, dass eine moderne Gesellschaft exakt damit umgehen muss.[5]

Komplex ist eine solche Situation deshalb, weil sie mehrere Anschlüsse an eine Situation kennt und weil es gleichzeitig mehrere Möglichkeiten gibt, wie ein Gegenstand beobachtet werden kann. Um es auf eine sehr vereinfachte Formel zu bringen: In der alten Welt war etwas entweder wahr oder falsch, entweder legitim oder nicht, man war entweder Gläubiger oder Häretiker, man war legitimer Sprecher oder nicht. Alles wurde letztlich in diesen Unterscheidungen, zumeist in klaren hierarchisch geordneten Klassifikationen aufgehoben. In der modernen Welt dagegen lassen sich die Dinge nicht mehr in solch einfachen Kontexturen aufheben. Dass etwas gilt oder nicht gilt, hängt tatsächlich von unterschiedlichen Perspektiven ab, und gesellschaftliche Modernisierung ist stets davon geprägt, dass man sich mehr oder weniger daran gewöhnt, wie beobachterabhängig die Welten sind, in denen wir leben. Solche Welten sind insofern komplex, als man sie nicht eindimensional betrachten kann – und sie bilden Formen aus, mit dieser Mehrdimensionalität umzugehen. So ist etwa die historische Ausbildung der Marktwirtschaft eine Reaktion auf Komplexitätssteigerung, weil sie unterschiedliche Interessen und Beobachterpositionen etabliert hat; die Etablierung der Demokratie in der Politik rechnet geradezu mit der Mehrdimensionalität von Interessen und Lösungsperspektiven; die moderne Wissenschaft ist nur möglich, weil sie konkurrierende Erkenntnisformen erlaubt.

Die Gleichzeitigkeit von Unterschiedlichem verweist also auf Differenzierung, in diesem Falle auf die funktionale Differenzierung der Gesellschaft. Systemdifferenzierung wird missverstanden, wenn man sie mit Arbeitsteilung verwechselt, denn Arbeitsteilung setzt letztlich eine jenseits der differenzierten Systeme identifizierbare operative Einheit voraus, die etwas, das schon da ist, so teilt, dass die Dinge sinnvoll aufeinander bezogen werden. Wer die Arbeit teilt, muss bereits eine Idee der Einheit der Arbeit voraussetzen, um sie so teilen zu können, dass Unterschiedliches am selben Werkstück getan werden kann.

---

4   Vgl. Baecker (2013), S. 17ff.
5   Vgl. Nassehi (2011); Luhmann (1997).

Bezogen auf gesellschaftstheoretische Fragen würde Arbeitsteilung als gesellschaftliches Differenzierungsprinzip eine vor der Differenzierung liegende Einheit voraussetzen. Der paradigmatische Fall einer solchen Gesellschaftstheorie stammt von Émile Durkheim, der nicht zufällig die »Teilung der sozialen Arbeit« durch eine gesellschaftliche Moral zusammengehalten wissen will. Eine solche Differenzierungstheorie ist nicht wirklich konsequent, weil sie Differenzierung für ein nachgeordnetes Prinzip hält und gesellschaftliche Vielfalt von der Einheit her begreift und nicht umgekehrt gesellschaftliche Einheit von der Differenzierung her. Die Einheit einer funktional differenzierten Gesellschaft besteht in ihrer Differenziertheit – und als einziges Einheitsprinzip wird in dieser von Niklas Luhmann stammenden systemtheoretischen Denkart das operative Substrat »Kommunikation« als gemeinsame operative Basis alles Gesellschaftlichen angenommen.[6]

Funktionssysteme schließen sich durch positive und negative Codewerte – im Falle des ökonomischen Systems ist es die Unterscheidung von Zahlungen oder Nicht-Zahlungen, mediatisiert durch Geld. Geld ist das vielleicht simpelste Medium, weil es wenig Interpretationsspielraum lässt. Es kann harte Faktizitäten simulieren und lässt sich in alle möglichen Waren, Dienstleistungen, Erlebnisse usw. übersetzen, wenn man nur zahlen kann. Doch dabei folgt es wieder nur seiner eigenen Logik. Deshalb war dieses besonders potente Medium auch nie in der Lage, gesellschaftliche Probleme zu lösen – und war deshalb der entscheidende Kulminationspunkt für Kritik. Der Markt kann allein keine Ordnung schaffen, er kann keine Bevölkerungen versorgen, kann nicht für Gerechtigkeit sorgen, ist nicht daran interessiert, wie Güter und Möglichkeiten distribuiert werden. All das interessiert den Markt deshalb nicht, weil sich das letztlich nicht ökonomisch im engeren Sinne darstellen lässt. Der Markt der Ökonomie ist insofern tatsächlich ein operativ geschlossenes System von Zahlungen, die wiederum Folgen haben – für Zahlungen.

Eine solche Beschreibung des Wirtschaftssystems stellt vor allem auf die Geschlossenheit seiner Operationsweise ab, vernachlässigt aber die Offenheit des Systems. Denn der für sich letztlich blinde Mechanismus einer systemischen Schließung von Zahlungsvorgängen in Zahlungsketten und ihren Folgen für Zahlungsfähigkeit erzeugt zwar eine radikale Immanenz ihrer kumulierenden Folgen. Aber die Operationen selbst können sich letztlich nicht in ihrer Systemhaftigkeit wahrnehmen. »Die Offenheit der Wirtschaft findet ihren Ausdruck mithin darin, daß Zahlungen an Gründe für Zahlungen gebunden sind, die letztlich in die Umwelt des Systems verweisen.«[7] Was man dann sieht, sind andere Marktakteure mit ihren Zwecken und Intentionen, Narrative über Preisentwicklungen, Angebot und Nachfrage auf Produkt- und Dienstleistungsmärkten, Verfügbarkeit von Kapital und nicht zuletzt Einschätzungen darüber, wie andere sich auf dem Markt bewegen werden und wie dieser sich entwickeln wird. Der Markt erscheint dann als Netzwerk. Es war am deutlichsten Harrison C. White[8],

---

6   Vgl. Luhmann (1997).
7   Luhmann (1988), S. 59.
8   Vgl. White (1981; 2002).

der darauf hingewiesen hat, dass es vor allem wechselseitige Beobachtungen und Positionskämpfe von Marktteilnehmern in Märkten sind, die Konsum- oder Investitionsentscheidungen plausibel machen. In Netzwerken entstehen Informationen, Beobachtungen, Einschätzungen, Gewohnheiten, Vorurteile, Erwartungen und nicht zuletzt angemessene Beschreibungen des Marktes, der sich ja vor allem dadurch auszeichnet, dass niemand vollständige Informationen hat, weil der Markt sonst zusammenbrechen würde, denn wenn auf einem Markt alle das (vermeintlich!) Richtige tun, also etwa in dieselben Aktien investieren oder die gleichen Produkte kaufen, wenn sie sogar so gut informiert wären, dass sie kein Risiko mehr eingehen könnten, würden Gewinn- und Verlustchancen schwinden, und es würde sich am Ende alles in der Mitte treffen, in der dann nur noch Monopolisten übrig blieben.

Das Merkwürdige am Wirtschaftssystem ist, dass es unerbittlich nach seiner eigenen Logik funktioniert, dass man sich aber stets seinen Reim darauf machen und Kategorien finden muss, zu Entscheidungsgrundlagen zu kommen. Nicht umsonst war die Ausdifferenzierung eines modernen, marktorientierten Wirtschaftssystems stets mit der Moralisierung des Ökonomischen und der Politisierung von Märkten verbunden. Und nicht umsonst entstehen um die letztlich rein ökonomisch fundierte Anschlusslogik Formen von Selbstbeschreibungen und Reflexionstheorien, die zu nichts anderem dienen, als sich einen Reim auf das zu machen, was sich unerbittlich vollzieht: dass die Erfolgsbedingungen für Zahlungen und Nicht-Zahlungen ausschließlich in weiteren Zahlungen und Nicht-Zahlungen zu suchen sind.[9]

Das operative Ordnungsproblem der Gesellschaft wird durch die Ausdifferenzierung codegestützter Anschlusslogiken und systemischer Schließung von Funktionssystemen gelöst – das praktische Ordnungsproblem, in der Gesellschaft mit den Folgen dieser Differenzierung umzugehen, dagegen wird durch zwei Mechanismen gelöst: einerseits durch Organisationsbildung, was Muster der Handhabung der unterschiedlichen Anschlusslogiken auf Dauer stellt, andererseits, damit einhergehend, die Etablierung von spezifischen organisationsgestützten Handlungstypen in Form von Publikums- und Leistungsrollen, Professionstypen, Erwartungsstilen und Mentalitäten. Diese beiden Mechanismen sind es letztlich, als die das ökonomische System (und auch alle anderen Funktionssysteme) einem alltäglichen Beobachter erscheinen, also solchen Beobachtern, die in den von Harrison White beschriebenen Netzwerken dafür sorgen, dass sich oberhalb der brutalen Logik (im Sinne eines factum brutum) ökonomischer Anschlussbedingungen Ordnungsmuster ergeben, die dann den Code entsprechend verwenden.

Ich beschreibe dieses Doppelgesicht des Ökonomischen als einerseits sehr einfache, sich systemisch schließende Autopoiesis von Zahlungen, andererseits als Raum einer wirtschaftlichen Praxis, die sich vor allem innerhalb von gesellschaftlichen Erwartungen, Folgen und Formen plausibilisieren muss, um darauf hinzuweisen, dass derselbe Mechanismus auch für andere Funktionssysteme gilt. Am Eigensinn

---

9   Vgl. dazu Händler (2012).

des Ökonomischen lässt es sich nur am deutlichsten zeigen. Aber auch für das politische, das wissenschaftliche, das rechtliche, das religiöse oder das erzieherische Funktionssystem gilt, dass seine systemische Schließung ausschließlich in sehr einfachen Codierungen und symbolisch generalisierten Anschlussformen liegt. Das politische System kann alles beobachten, aber die Erfolgsbedingungen liegen ausschließlich darin, ob politische Kommunikation dazu führt, die Macht zu erhalten bzw. mithilfe der Ressource Macht Entscheidungen durchzusetzen. Was Harrison White über die Netzwerkbedingungen von Märkten sagt, gilt dann auch hier: Es sind wechselseitige Beobachtungen, Einschätzungen, Erwartungen von politischen Akteuren, die zu entsprechenden Selbstbeschreibungen führen, etwa zur Pflege politischer Programme und Differenzen, zum merkwürdigen Wechselspiel sachorientierter Einschätzungen der »Lage« mit dem eigentlich »politischen« Sinn solcher Einschätzungen im Hinblick auf die codegestützten Erfolgsbedingungen. Ähnliches lässt sich auch für andere Funktionssysteme zeigen.[10]

Es sind die unterschiedlichen Erfolgsbedingungen, die ökonomische und politische Operationen grundlegend unterscheiden. Die Anschlussfähigkeit ökonomischer Operationen wird allein im Hinblick auf erwartete Wirkungen hinsichtlich Zahlungsfähigkeit und Knappheitsausgleich erzeugt, während sie im politischen System von der Frage abhängig ist, inwiefern politische Operationen dem Machterhalt dienen bzw. zu kollektiv bindenden Entscheidungen im Hinblick auf ein angebbares Kollektiv führen. Was sich hier sehr formal anhört, wird letztlich durch die Einfachheit der Codierungen bestimmt – und führt entsprechend zu komplexen Formen. Komplex ist insbesondere die hier zur Verhandlung stehende Wechselwirkung zwischen den unterschiedlichen Operationsformen. Da sich die Erfolgsbedingungen ökonomischer und politischer Operationen grundlegend unterscheiden, legt die Theorie funktionaler Differenzierung nahe, dass so etwas wie eine Koordinierung der beiden Operationsweisen letztlich ausgeschlossen ist – und dennoch punktuell immer wieder erfolgen muss. Das macht deutlich, warum in funktional differenzierten Gesellschaften das Verhältnis dieser beiden Funktionssysteme zum zentralen Problem gesellschaftlicher Auseinandersetzungen geworden ist und geradezu stilbildend für die Selbstbeschreibung der Gesellschaft wird. Alle Keywords solcher Debatten – politische Ökonomie des Kapitalismus, soziale Marktwirtschaft, Neoliberalismus, Sozialismus, New Deal usw. – zielen auf das operativ letztlich unversöhnbare Verhältnis der beiden Operationsweisen. Formal gesprochen heißt das etwa bei der Diskussion um den Mindestlohn, der den Wahlkampf zur Bundestagswahl 2013 maßgeblich bestimmt hat, dass das Konzept aus ökonomischer Perspektive sich an den ökonomischen Folgen eines solchen Instruments scharfstellt, während aus politischer Perspektive die Frage nach der Wählerloyalität bzw. der Wählbarkeit des Konzepts registriert wird. Interessant ist, dass keine der beiden Perspektiven die angemessenere ist, weil die Bedingungen für Angemessenheit eben unterschiedliche sind.

10   Vgl. Nassehi (2012); Nassehi (2019).

Mit diesem Argument kann übrigens weder für noch gegen einen flächendeckenden Mindestlohn argumentiert werden. Es kommt vielmehr darauf an, darauf hinzuweisen, dass sich bereits an einem solch einfachen Beispiel zeigen lässt, dass die unterschiedlichen Logiken der beiden Funktionssysteme irreduzibel gelten – und doch jeweils konkrete Lösungen gefunden werden. Deutlich jedenfalls sollte geworden sein, dass das operative Verhältnis von Ökonomie und Politik (und: Wissenschaft, Recht, Religion usw., was hier aber nicht das Thema ist) in der Tat schwierig ist, und zwar unhintergehbar schwierig. Gelungene Vergesellschaftung stellt man sich deshalb wohl so vor, dass die unterschiedlichen Teile so aufeinander bezogen sind, dass sie ihre Erfolgsbedingungen wechselseitig nicht zu sehr stören. Das klassische Bild einer integrierten westlichen Nachkriegsindustriegesellschaft mit ihrem stabilen Institutionenarrangement kommt diesem Ideal wohl sehr nahe – und gerät doch mehr und mehr unter Druck. Darüber lässt sich gesellschaftstheoretisch Vieles sagen, was aber an dieser Stelle entscheidend ist: Mit diesem differenzierungstheoretischen Design lässt sich nun das Bezugsproblem bestimmen, an dem das Bezugsproblem von »*convincing political stakeholders*« systematisch zu suchen ist. Die Frage der Interessenvertretung bzw. des Aushandelns von Interessen unterschiedlicher Provenienz und vor allem unterschiedlicher grundlegender Logiken, nämlich einer primär wirtschaftlichen und einer primär politischen Logik, hat unmittelbar mit dem Differenzierungsprinzip einer modernen Gesellschaft zu tun. Es geht dabei eben weder um schlicht divergierende Interessen, und es geht auch nicht darum, die ökonomischen Interessen etwa von Branchen, Verbänden oder Unternehmen gegen die politischen Interessen regionaler, nationaler oder europäischer Politikebenen auszuspielen. Es sind nicht einfach Machtspiele zwischen verschiedenen Interessen, bei denen der Stärkere gewinnt oder bei denen man Konsense erzielen könnte. Es geht vielmehr darum, dass Governmental Relations damit arbeiten müssen, dass hier unterschiedliche Erfolgs- und Wissensformen aufeinander treffen, und Formen finden müssen, diese unterschiedlichen Erfolgsbedingungen aufeinander abzustimmen.

Letztlich geht es bei solchen Prozessen um Übersetzungsprozesse. Man kann sich moderne Gesellschaften eben nicht mehr als Gemeinwesen aus einem Guss vorstellen, man unterschätzt ihre Komplexität auch, wenn man meint, dass es nur um Interessenausgleich ginge. Worum es heute in erster Linie geht, ist die Frage, ob sich die unterschiedlichen Perspektiven, Logiken und Erfolgsbedingungen ineinander übersetzen lassen. Konflikte über Lösungen und divergierende Interessen stellen sich deshalb heute vor allem in Form von Übersetzungskonflikten dar. Politische und wirtschaftliche Akteure etwa nehmen sich gegenseitig wahr, erzeugen ein jeweiliges Bild des Gegenübers und sind letztlich darauf angewiesen, mit wechselseitigen Erwartungen umzugehen. Diese Erwartungen – das ist das Entscheidende – werden nicht zentral kontrolliert, sie sind nicht integriert in dem Sinne, dass man eine Instanz benennen könnte, wie die beiden Logiken miteinander koordiniert werden könnten. Diese Koordination findet vielmehr jeweils gegenwärtig, jeweils praktisch, jeweils in Echtzeit und jeweils in Form temporärer Anpassungsprozesse statt. Dies geschieht durch steuerpolitische Maßnahmen ebenso wie durch gesetzliche Vorgaben für Arbeitsschutz,

Umweltschutz, Kreditschutz, Mindestlöhne, Tarifautonomie oder Produktkontrolle; es geschieht durch Investitionsentscheidungen mit der Option des Ausweichens in andere geopolitische Räume; es geschieht durch kreative Auslegung von gesetzlichen Vorgaben ebenso wie durch Kompromissversuche zwischen Unternehmen und Verwaltungen; es mündet in Konzepte wie Emissionshandel oder Vereinbarungen zwischen Branchenverbänden und der öffentlichen Hand; es erfolgt durch Einflussnahme von Wirtschaftsverbänden, Gewerkschaften oder Interessengruppen auf Parteien, Parlamente, öffentliche Meinung usw.

Mit dieser ebenso unsystematischen wie unvollständigen Aufzählung sei darauf hingewiesen, dass die lose gekoppelten unterschiedlichen Logiken politischer und ökonomischer Natur vielfältige Schnitt- und Kontaktstellen haben, aber keine Eins-zu-eins-Schnittstelle, die die beiden Logiken wirklich koordinieren könnte. Genau das ist der systematische Ort, an dem Interessenvertretung, an dem Überzeugungsarbeit, an dem Überzeugungs- und Aushandlungsprozesse angesiedelt sind. Die in der Öffentlichkeit oftmals in der Kritik stehende nicht- oder halböffentliche Form der Interessenvertretung, das Aushandeln von konkreten Fragen und Einzelfällen, nicht zuletzt die klare Formulierung jeweils eigener Ziele und Interessen ist aus einer modernen Gesellschaft nicht wegzudenken. Wer das Gedankenexperiment machen wollte, wie man auf diese Formen der Interessenvertretung verzichten könne, kann nur auf zwei Modelle stoßen: entweder auf eine diktatorische Form des Politischen, die letztlich ohne Ansehen konkreter Fälle strukturelle Vorgaben macht, die schlicht einzuhalten sind, oder eine völlig deregulierte Wirtschaft. Beides kann nicht wünschenswert sein. Denn im ersten Fall würde das nicht nur zu einem Legitimationsverlust des Politischen führen. Es würde auch Lernmöglichkeiten ausschließen, weil man ausschließlich auf einen normativen Erwartungsstil setzen könnte. Im zweiten Fall würde dies bedeuten, dass es zu erheblichen Anpassungsproblemen der wirtschaftlichen Dynamik an gesellschaftliche Erfordernisse kommen würde, was zu einer erheblichen Überforderung der Handlungsmöglichkeiten des politischen Systems führte.

Aus diesen knappen Anmerkungen sollte schon deutlich geworden sein, dass jene Formen der Interessenvertretung und der Verhandlung zwischen Stakeholdern unterschiedlicher Provenienz keineswegs als Anomalie oder als Sonderinteresse behandelt werden dürfen, um das Problem angemessen zu verstehen. In der modernen Gesellschaft kommt es an unterschiedlichen Stellen und in unterschiedlichen Feldern zu Organisationsformen, in denen die unterschiedlichen Logiken der Gesellschaft neu aufeinander bezogen werden müssen.[11] Der hier zur Verhandlung stehende Fall gehört in diesen Kontext und kann nur von dort her angemessen verstanden werden.

Die vorstehenden Überlegungen sind eher allgemeiner Natur und argumentieren nicht am konkreten Fall, sondern geben einen Einblick in den gesellschaftlichen Rahmen, in dem Interessenvertretung stattfindet. Ihre konkrete Ausgestaltung wird in den

---

11   Vgl. Nassehi (2021), S. 218ff.

nachfolgenden Kapiteln behandelt. Hier sei noch in aller Kürze auf zwei Aspekte hingewiesen, nämlich auf den Begriff des Stakeholders und auf den eher kompetenztheoretischen Aspekt der Übersetzung.

2.1.2 Eine Theorie des »Stakeholders«

Der Begriff des Stakeholders ist in der betriebswirtschaftlichen und managementorientierten Literatur weitgehend unumstritten.[12] Interessanterweise kommt er oft im Zusammenhang mit wirtschaftsethischen Fragestellungen zur Geltung, was insofern folgerichtig ist, als die Berücksichtigung von Stakeholdern einerseits die unterschiedlichen Interessen eines wirtschaftlichen Prozesses mitberücksichtigt, andererseits auch im engeren Sinne außerwirtschaftliche Interessen abbilden kann, etwa Interessen von Betroffenen, der Öffentlichkeit, von Kunden etc. Wenn man also Interessendivergenzen modellieren möchte, kann das Stakeholder-Modell dazu dienen, nicht nur die unterschiedlichen Akteure zu berücksichtigen, sondern auch den Typus ihrer Interessen bzw. ihrer Perspektiven zu berücksichtigen, um den Prozess besser verstehen zu können. Insofern sind auch politische Akteure, sind auch Bürokratien und Verwaltungen, nicht zuletzt Medien und Wissenschaftler Stakeholder in Prozessen, in denen es um konkrete Vermittlung von Interessen geht, aber auch um die Beteiligung an der Formulierung von »*policies*«.

Die oben beschriebene Struktur der funktionalen Differenzierung macht deutlich, dass an den Schnittstellen unterschiedlicher Funktionssysteme und Logiken der Gesellschaft tatsächlich unterschiedlichste Perspektiven aufeinandertreffen, die jeweils eigene Ansprüche auf den Ausgang von Prozessen anmelden, ohne dass es zu einer zentralen Form von Letztentscheidungen durch Ebenenhierarchien kommt. Nicht einmal das politische System der Gesellschaft kann einen solchen Anspruch anmelden, was eben dazu führt, dass sich in der Modellierung solcher Prozesse in einem Stakeholder-Modell die Struktur der modernen Gesellschaft abbildet.

2.1.3 Übersetzungskonflikte

Zum Ende sei kurz auf die Struktur der angedeuteten Perspektivendifferenzen hingewiesen. Oben wurde schon angedeutet, dass es sich bei Konflikten in modernen Gesellschaften weniger um bloße Konflikte um endliche Ressourcen in dem Sinne handelt, dass man die Dinge einfach besser verteilen muss, um so etwas wie einen Ausgleich zu finden. Selbstverständlich spielen Ressourcenkonflikte eine erhebliche Rolle, aber systematisch gesehen schieben sich Übersetzungskonflikte in den Vordergrund. Worum geht es bei der Frage der Interessenvertretung? Es geht auch darum, das eigene Anliegen etwa eines Branchenverbandes oder eines Unternehmens so aufzubereiten, dass das eigene Anliegen nicht einfach durchgesetzt wird.

---

12 Vgl. etwa Freeman (1984).

Wer ein Anliegen durchsetzen will, muss mit der Logik des anderen rechnen, muss sich z. B. fragen, was politisch und rechtlich möglich ist, muss etwa sehen, dass sich dasselbe Problem aus politischer Perspektive mit ganz anderen Herausforderungen behaftet sieht als aus der eigenen ökonomischen oder unternehmerischen. Es geht buchstäblich um Übersetzung: Ich muss mein Anliegen in die Perspektive des anderen übersetzen, um es überhaupt entscheidungsfähig formulieren zu können. Ich muss meinerseits in der Lage sein, die Übersetzungsleistungen der anderen Seite zu verstehen, um zu erkunden, was möglich ist und was nicht.

Interessenvertretung und -durchsetzung ist nicht einfach ein Kraftspiel kommunizierender Röhren, in dem Sinne, dass das, was der eine bekommt, der andere geben muss und umgekehrt. Das wäre eine unterkomplexe Perspektive. Es geht vielmehr darum, auszuloten, wie Akteure aus unterschiedlichen Perspektiven zu gemeinsamen Lösungen kommen – und wenn nicht das, dann zu unterschiedlichen Lösungen, die aber für beide akzeptabel sind.

Man kann das auf die Formel Übersetzung statt Integration bringen.[13] Moderne Sozialformen sind eben nicht immer schon integriert, nicht arbeitsteilig organisiert und erst recht nicht durch gemeinsame Interessen koordiniert. Vielmehr müssen diese unterschiedlichen Logiken ineinander übersetzt werden, wobei ein Übersetzungsprozess keineswegs eine bloße Übertragung ist.

Die Einsicht, dass die Übersetzung von Inhalten kein Transfer aus einem Kontext in einen anderen sein kann, ist nicht neu. Der moderne Übersetzungsansatz bricht mit romantischen Humboldtschen oder Herderschen Vorstellungen von der Übersetzung als einem Akt der »Treue«, mit deren Hilfe das »Fremde« in das »Eigene« transportiert wird, um die »Bildung« der eigenen Nation zu erweitern. Spätestens seit den 1920er-Jahren wurde dann aber die klare Unterscheidung zwischen dem Original und der Übersetzung aufgehoben. Walter Benjamin[14] hat dazu ein schönes Bild entwickelt: Er vergleicht die Übersetzung mit dem Bild einer Tangente, die einen Kreis berührt; sie treffen sich an einem Punkt und gehen danach ihrer jeweils eigenen Wege.

Dieser Weg wurde später von Theoretikern wie Jacques Derrida[15] weiter verfolgt, der sich dafür interessiert, dass die Übersetzung keineswegs vom Original diktiert wird. Diskutiert wurde also nicht weiter die Möglichkeit der reinen Übersetzung von einer Sprache in eine andere, sondern die Frage, wie der jeweilige Übersetzungskontext darüber bestimmt, wie ein zu übersetzender Text kulturell geformt wird. Die Übersetzung erfolgt also nicht nach dem Bilde des Ausgangsmaterials, sondern letztlich nach dem eigenen Bilde, nach dem Bilde des Übersetzers. Das Verhältnis von Übersetztem und Übersetzung verschwindet damit letztlich in der Unbestimmtheit der jeweiligen

---

13   Vgl. Nassehi (2015), S. 270ff.
14   Vgl. Benjamin (1992).
15   Vgl. Derrida/Venutti (2001).

Zeichensysteme. Exakt diese Unbestimmtheit ist es, die den Ort von Aushandlungs- bzw. Übersetzungsprozessen definiert und die die gesellschaftliche Bedeutung von Interessenvertretung ausmacht.

2.2 Stakeholder-Orientierung: Perspektiven der Unternehmensführung jenseits des klassischen Shareholder-Value-Ansatzes angesichts komplexerer Rahmenbedingungen

von Anton Meyer*, **Maximilian Wagner, Ana Wagner (geb. Jakić) und Carola Neumann**

2.2.1 »Be ahead of *change*«[16] : Herausforderung Stakeholder-Orientierung

»Neue Konzernstrategie: E.ON konzentriert sich auf erneuerbare Energien, Energienetze und Kundenlösungen und spaltet die Mehrheit an einer neuen, börsenorientierten Gesellschaft für konventionelle Energieerzeugung, globalen Energiehandel und Exploration & Produktion ab.«[17]

Mit gleichem Datum berichtet Spiegel Online:

»Strategiewechsel: E.ON will Geschäft mit Atom, Gas und Kohle loswerden. Der Energieversorger E.ON nimmt einen radikalen Strategiewechsel vor. Er will das Geschäft mit konventioneller Energieversorgung loswerden. Sein Augenmerk richtet der Konzern stattdessen auf erneuerbare Energien und Serviceangebote.«[18]

Zugegeben, ein solcher offensiver und gleichermaßen mutiger radikaler Strategie- wechsel ist ein »extremes« Beispiel, um zu verdeutlichen, dass es nicht (mehr) aus- reicht, Kunden und Handel sowie Marktbeeinflusser, Wettbewerber oder Fremdkapitalgeber bzw. interne Zielgruppen wie Mitarbeiter und Eigenkapitalgeber in das Kalkül der Zielgruppen eines Unternehmens miteinzubeziehen.[19] Oft müssen weitere Anspruchsgruppen eines Unternehmens aus strategischer Sicht berücksich- tigt werden, weil sie für den zukünftigen Unternehmenserfolg von großer Bedeu- tung sind. Mit dem erwähnten Strategiewechsel versucht E.ON auch bisher vernachlässigte Anspruchsgruppen des Unternehmens in sein strategisches Kalkül

---

*   Neben meinen drei Co-Autoren möchte ich mich auch bei den ehemaligen Mitarbeitern des Instituts für Marketing an der Ludwig-Maximilians-Universität München Prof. Dr. Andreas Munzel, Dr. Jan Engel und Dr. Anna Girard sowie insbesondere auch bei Univ.-Prof. Dr. Manfred Schwaiger und Univ.-Prof. Dr. Anja Tuschke für ihre Beiträge und ihr Engagement beim Aufbau der Lehrveranstaltung »Convincing Stakeholders« 2007 im M.Sc.-Studiengang der Fakultät für Betriebswirtschaft an der Ludwig-Maximilians-Universität in München bedanken.

16   Peter Drucker.

17   E.ON (2014).

18   Diekmann (2014).

19   Siehe hierzu auch das Fallbeispiel zum »Enron Debakel« bei Culpan/Trussel (2005).

als Energieversorger zu integrieren und auch deren Interessen gerecht zu werden. Diese Erkenntnis bei E.ON ist kein Einzelfall. Letztendlich ist in vielen Branchen (z. B. Energieversorgungs-, Telekommunikations- und Finanzdienstleistungsbranche) die einmal ausgestellte Betriebserlaubnis kein Garant mehr dafür, dass ein Unternehmen die politische und gesellschaftliche Akzeptanz, Unterstützung und Duldung vorfindet, um in Zukunft erfolgreich eigene Wettbewerbsvorteile in seinem Kerngeschäft weiterzuentwickeln und verteidigen zu können. Rahmenbedingungen – egal, ob durch Umwelt, Gesellschaft oder Politik determiniert – ändern sich und führen dazu, dass Unternehmen ihr bisheriges Kerngeschäft nicht weiterführen können bzw. dürfen, da ihnen die gesellschaftliche Legitimation fehlt. Kurzum: Die Betriebserlaubnis für die Zukunft eines Unternehmens muss immer wieder neu verdient werden. Aus Rahmenbedingungen werden Zielgruppen, wichtige Stakeholder, mit deren Zielen, Interessen und Plänen sich die Unternehmensführung austauschen und auseinandersetzen muss. Ziel ist es, verschiedenste gesellschaftliche und politische Stakeholder vom Nutzen, der Art und Weise und dem Inhalt der Unternehmenstätigkeit und ihren Wirkungen zu überzeugen (oder zumindest deren weitere Duldung zu erreichen).

Die Gründe für Neuorientierungen und Strategiewechsel von Unternehmen sind nicht nur durch technologische Veränderungen bedingt. Eine Vielzahl von gesellschaftlichen, politischen, ökologischen und wirtschaftlichen Entwicklungen wie Globalisierung, europäische Integration, deutsche Wiedervereinigung, Auflösung des Ostblocks, Kriege, Internet und Wirtschaftskrisen, Umweltkatastrophen etc. haben in den letzten Jahren dazu beigetragen, dass die gesellschaftliche Kritik am Verhalten von Unternehmen und deren Verantwortungsübernahme für Fehlentwicklungen sowie das Bedürfnis nach Transparenz – und damit auch Anforderungen an eine gelungene Kommunikation von Unternehmensseite – gestiegen sind. Eine Folge dieser Entwicklungen (siehe nachfolgende Zusammenfassung) ist, dass die stärkere Einbeziehung der Unternehmensumwelt bei jeglichem unternehmerischen Planen, Entscheiden und Handeln sowie die Kommunikation darüber eine zunehmend größere strategische und operative Bedeutung erlangen. Diese zu beobachtende Entwicklung kann mit den Schlagworten »Stakeholder-Orientierung«, »Stakeholder-Ansatz«, »Stakeholder-View« oder »Stakeholder-Theorie« beschrieben werden und ist Gegenstand dieses Beitrages.

Um die weitreichenden Folgen dieser Entwicklungen nachvollziehen zu können, ist es zunächst notwendig, die Treiber der zunehmenden Stakeholder-Orientierung genauer zu betrachten. Zentrale Fragen, die diese Veränderungen begünstigen, sind dabei: Mit welchen Entwicklungstendenzen in Gesellschaft, Politik und Wirtschaft haben es Unternehmen im 21. Jahrhundert zu tun, die eine verstärkte Stakeholder-Orientierung ermöglichen bzw. notwendig machen? Welche Herausforderungen ergeben sich daraus für deren eigenes Handeln?

2.2.2 Treiber der Stakeholder-Orientierung

2.2.2.1 Internet und Digitalisierung

Buzzwords wie Internet, Web 1.0, Web 2.0, Internet der Dinge, Künstliche Intelligenz, Digitalisierung, aber auch Datenschutz, Datenspionage, Urheberschutz sind in aller Munde. Das Internet und seine Vorläufer (wie Arpanet) – Geniestreich einiger hochintelligenter Militärs und Wissenschaftler – haben das soziale Miteinander heutiger Gesellschaften revolutioniert. Kommunikation, aber auch viele andere digitalisierbare Wertschöpfungsprozesse zwischen Individuen und/oder Organisationen finden zunehmend im Online-Umfeld statt. Alle Stakeholder-Gruppen, nicht nur Kunden oder Mitarbeiter, sind 24/7, in Echtzeit, personalisiert – aber auch anonym – (un)sichtbar untereinander und für andere Stakeholder ständig erreichbar. Die Verbreitung von »smart devices« und die Vernetzung über soziale Medien führen dazu, dass Informationen und Meinungen, Erfahrungen, Kommentare rund um den Globus rasend schnell ausgetauscht werden können. Dabei herrscht stets Unsicherheit darüber, ob die Äußerungen wahrheitsgemäß sind oder nicht vielleicht doch gefälscht.

Das Wissen von, über und bei allen Stakeholdern erhöht die Transparenz vieler Vorgänge und Prozesse substanziell und begünstigt eine oft virale Verbreitung jeglicher Art von Informationen im Internet. Alle Stakeholder haben die gleichen Mittel und Wege zur Verfügung, ihre Interessen in Gesellschaft, Politik und Wirtschaft zu vertreten und sich Gehör zu verschaffen. Gemeinsam mit ihren Mitgliedern und anderen Stakeholdern können sie in ihren Netzwerken Ideen austauschen, sich verbinden und verbünden, um Wertschöpfungsbeiträge zu leisten. Die Folgen können sowohl positiver als auch negativer Natur sein.[20] Fans bestimmter Marken, Promis, Stars, Unternehmen oder Not-for-Profit-Organisationen können diese enorm pushen – bei Missfallen aber genauso schnell fallen lassen und jahrzehntelang aufgebaute Markenwerte in Tagen zerstören. Inmitten von global verfügbaren Echtzeit-Neuigkeiten und dem gezielten Einsatz von Fake News, wie beispielsweise durch Donald Trump nach der Wahlniederlage, sind Stakeholder neue Akteure und Konsumenten in diesem komplexen Informationssystem geworden und leisten ihren Beitrag zur Gesellschaft.[21]

Die angesprochenen Entwicklungen und die daraus resultierende Einflussnahme jeglicher Stakeholder auf Wirtschaft und Gesellschaft sind stets ambivalent zu bewerten: So können Hacker-Gruppen ferngesteuert ganze Industrieanlagen außer Betrieb setzen, weshalb das Thema Cybersecurity in den letzten Jahren enorm an Bedeutung gewonnen hat. Ebenso helfen ebendiese Hacker aber auch, Sicherheitssysteme und Softwareprodukte zu verbessern – gar zu revolutionieren. Politische Bewegungen und

---

20 Vgl. Kornum/Mühbacher (2013), S. 1461; Driessen/Kok/Hillebrand (2013), S. 1465; Korschun/Du (2013), S. 1495; Schneider & Sachs (2017), S. 42.

21 Frankfurter Rundschau (2020)

Entwicklungen wie der Arabische Frühling hätten ohne das Internet nicht die erlebte Dynamik erlebt; die Organisation Islamischer Staat aber auch nicht den Zulauf, wie sie ihn vor einigen Jahren erfahren hat.

»Wo viel Licht ist, ist auch Schatten« – dieses Zitat von Johann Wolfgang von Goethe findet einmal mehr Anwendung.

Zusammenfassend muss davon ausgegangen werden, dass das Internet und die Digitalisierung Entwicklungsprozesse in der Gesellschaft und der Wirtschaft wie ein Katalysator beschleunigen und allen Stakeholder-Gruppen eine aktive Beeinflussung und Mitgestaltung von Unternehmensprozessen und -entscheidungen ermöglichen. Dies gilt natürlich im umgekehrten Fall auch für Unternehmen gegenüber ihren Stakeholdern.

2.2.2.2 Klimawandel und demografische Entwicklung

Ökologische Veränderungen sind weltweit zu beobachten. Der Klimawandel manifestiert sich u. a. im Abschmelzen der Polkappen, verbunden mit der Bedrohung von Tierarten, die den Menschen emotional berühren, wie etwa dem Eisbären oder dem Wal. Über die genauen Ursachen und Folgen wird nach wie vor gestritten, der Einfluss des Menschen ist aber inzwischen wissenschaftlich belegt. Ein Faktor, der diese negative Entwicklung begünstigt, kann unseres Erachtens ein überzogenes, kurzfristiges Profitstreben und Umsatzwachstum, gepaart mit kurzfristigen aggressiven Marketingpraktiken sein. Dass sich die Gesellschaft dessen bewusst ist, wird unter anderem durch den Zuspruch für die Klimaschutzaktivistin Greta Thunberg deutlich: Mit über 15 Mio. Anhängern ist sie Teil dieser Bewegung und möchte, dass die Nachhaltigkeitskrise auf unserer Erde mit allen Mitteln gemeinsam angegangen wird.[22]

Einen weiteren Aspekt stellt das explodierende Wachstum der Weltbevölkerung in den Entwicklungsländern dar. Oft haben die Menschen dort nicht das Wissen und die Möglichkeiten, ressourcenschonend zu agieren. Gleichzeitig kann nicht von ihnen verlangt werden, dass sie sich der gleichen Mittel bedienen, die gesättigte Volkswirtschaften mit Überalterung und Bevölkerungsrückgang nutzen können, wie viele der wirtschaftlich dominierenden westlichen Industrienationen. Zudem haben Schwellenländer wie China, Indien, aber auch Brasilien oder Russland immer noch enormen Nachholbedarf in Sachen Umweltschutz. Während die einen auf ihr Recht auf wirtschaftliche Entwicklung und Konsum bestehen, mahnen die anderen zu einem bewussteren, schonenderen Umgang in Bezug auf den Gebrauch und Verbrauch von Gütern und Ressourcen. Wirtschaftliche Entwicklung bei gleichzeitig steigendem Umweltbewusstsein scheint auf den ersten Blick unvereinbar. Multinationale Unternehmen, die global auf Märkten agieren, bewegen sich in genau diesem Spannungsfeld. Sie müssen den weit auseinanderklaffenden Bedürfnissen und Erwartungen ihrer Kunden bzw. Stakeholder gerecht werden – der einfachste Weg,

---

22   Vgl. Thunberg (2022).

möglichst standardisiert für alle diese Aufgabe zu lösen, ist oft ein Irrweg. Was für die einen Verschwendung ist, ist für die anderen Teil des Lebensstandards und der erwarteten Lebensqualität. Die implizite Forderung der Gesellschaft an Unternehmen zu einer stärkeren gesellschaftlichen Orientierung kann bereits in großen Teilen Europas beobachtet werden: Heutzutage reicht es nicht mehr aus, Lebensqualität anhand ökonomischer und materieller Wohlstands-Kennzahlen zu bewerten. Vielmehr spielen Kriterien wie die Einhaltung eines bestimmten Wertekanons durch Unternehmen und ihre Zulieferer – ja über ganze Wertschöpfungsnetzwerke hinweg –, der schonende Umgang mit Ressourcen und Mitarbeitern, authentisches Auftreten gegenüber Kunden etc. eine immer größere Rolle.[23]

2.2.2.3 Krisenhafte Tendenzen und Globalisierung in einer vollständig vernetzten Wirtschafts- und Finanzwelt

Verschärft wird diese Ressourcenknappheit durch die aktuellen geopolitischen Ereignisse und damit in Verbindung stehenden volkswirtschaftlichen Entwicklungen: Der bei Entstehung dieser Neuauflage vorherrschende Krieg in der Ukraine verknappt Ressourcen wie Getreide auf direktem Weg; ebenso steigen die Gaspreise durch die bewusste Reduktion des Angebots vonseiten Russlands. Dies wiederum führt zu einer sich entwickelnden Energiekrise innerhalb der EU. Die dazukommende Inflation in Deutschland sorgt dafür, dass krisenhafte Tendenzen entstehen und diese Themen nicht nur von politischer Seite, sondern auch von wirtschaftlicher Seite angegangen werden müssen. Insbesondere mit Letzterem werden Unternehmen in die Pflicht genommen, ihren Beitrag zu leisten.

Parallel dazu bringen technologische Entwicklungen im Rahmen der zunehmenden Globalisierung neben den bereits erwähnten Risiken auch hervorragende Chancen mit sich und vernetzen Stakeholder weltweit. So erhalten diese stärkeren Einfluss auf Wirtschaft und Gesellschaft: Kunden als eine der zentralen Stakeholder-Gruppen profitieren, z. B. durch das globale Angebot, von niedrigen Preisen – und meinen: »Geiz ist geil.« Unternehmen sehen sich auf der anderen Seite einem erhöhten Wettbewerbsdruck gegenüber, der sie nicht nur zwingt, Produktionskosten zu senken, sondern konsequenterweise auch Rationalisierungsmaßnahmen bei ihren Mitarbeitern – bei den internen Stakeholdern des Unternehmens – hinsichtlich Bezahlung (Mindestlöhne), sozialer Leistungen oder prekärer Arbeitsbedingungen durchzuführen. Zulieferer, ebenfalls Stakeholder, müssen ihre Produktions- und Lieferkonditionen optimieren, um ihre Existenz zu sichern. Dieser Prozess zieht sich durch alle Partnerschaften im Wertschöpfungsnetzwerk jeglichen Unternehmens. Standorte (Länder, Regionen, Gemeinden), die eine liberale Steuergesetzgebung und andere unternehmensfreundliche Regularien bieten, sind ebenso relevante Stakeholder und treten miteinander in Konkurrenz. Ihnen geht es um die Sicherung von Arbeitsplätzen und Wohlstand für ihre Bürger. In diesem Umfeld erhalten regionale Zusammenschlüsse

---

23 Vgl. Meyer/Niedermeier (2011).

von Staaten eine existenzielle Bedeutung für Staaten, Bürger und Unternehmen. So ist ein fundamentales Ziel innerhalb der EU (Europäische Union) die Angleichung der Lebensbedingungen aller Bürger in den Mitgliedstaaten. Dies kann zu einer immer stärkeren Vergemeinschaftung der unterschiedlichen Politikfelder führen (zum Prozess der Europäischen Integration und den Europäischen Verträgen siehe Kapitel 5). Konkurrierende Fiskal- und Steuerpolitiken in den Mitgliedstaaten mögen zwar für einzelne Staaten, Regionen und Unternehmen vorteilhaft sein, sind für die EU-Staaten und die europäische Volkswirtschaft insgesamt aber u. U. mit erheblichen destabilisierenden Folgen verbunden. Komplexität, Intransparenz sowie Wechselwirkungen politischer Entscheidungsprozesse in der EU steigen ebenso wie die Wechselwirkungen zwischen politischen Entscheidungen der verschiedenen Mitgliedstaaten und den Entscheidungsebenen der Mitgliedstaaten.

Die Frage der Vergemeinschaftung von Politikfeldern birgt erhebliches Konfliktpotenzial innerhalb der EU. Noch schwieriger wird es, wenn die Verhandlungen weiterer Abkommen mit Außenpartnern der EU hinzukommen, z. B. mit den USA das Ringen um das Transatlantische Freihandelsabkommen – Transatlantic Trade and Investment Partnership (TTIP). Bereits in den 1990er-Jahren scheiterte der Vorläufer dieses Vertrages über eine transatlantische Handels- und Investitionspartnerschaft nach heftigem Widerstand u. a. durch NGOs (Non-Governmental-Organisationen) am Veto Frankreichs. Einzelne Verhandlungspunkte wie die Vergabe von Fracking-Lizenzen oder die Zulassung gentechnisch veränderter Lebensmittel stellen grundsätzliche Prinzipien infrage, etwa das in Europa vorherrschende Vorsorgeprinzip des Staates für seine Bevölkerung. Chancen, wie die Gleichstellung eines Bauunternehmens in einem baltischen Staat mit einem Anbieter in Kalifornien in einer öffentlichen Ausschreibung im zukünftigen Geltungsbereich von TTIP, werden dadurch leicht in den Schatten gestellt. Das Thema einer internationalen Schiedsgerichtsbarkeit berührt gar staatliche Souveränitätsrechte, und die bisher weitgehend im Geheimen erfolgten Verhandlungen deuten stark darauf hin, dass es hier um eine harte Auseinandersetzung zwischen mächtigen Stakeholder-Gruppen der USA, der EU und auch von großen, global agierenden Unternehmen geht. Die Bürger werden lediglich über die erzielten Ergebnisse informiert.

2.2.2.4 Neue Organisationsstrukturen bürgerlicher Interessenvertretung

Vor dem Hintergrund der oben geschilderten politischen und wirtschaftlichen Veränderungen sind manche aktuellen gesellschaftlichen Entwicklungen nachvollziehbar. Wenn offizielle Institutionen und deren Vertreter an Glaubwürdigkeit verlieren und in Sphären operieren, die der »normale Bürger« nicht mehr versteht, und die Einflussmöglichkeiten von Gewerkschaften abnehmen, gewinnen nicht-gouvernementale Organisationsformen an Bedeutung. Hier bilden sich staatenübergreifend neben den klassischen entwicklungs-, menschenrechts- oder umweltpolitischen NGOs wie etwa Greenpeace, Human Rights Watch, World Wide Fund For Nature etc. bürgerliche Interessengruppen, die zunehmend auch lokale Interessen vertreten. Diese zielen mehrheitlich moderat auf die Vertretung ihrer eigenen Interessen ab, jedoch bilden sich an »ihren Rändern« oft auch radikale Gruppen, die sich zeitlich, örtlich oder themenspezifisch zusammenfinden. Exemplarisch können hier radikale Gruppen, die etwa im Frankfurter Bankenviertel nach der Subprime-Krise zur Einweihung des Gebäudes der Europäischen Zentralbank oder beim Bau von Stuttgart 21 agierten, angeführt werden. All diese Aktionen belegen ein stärker werdendes Bedürfnis von Bürgern, sich als »eigentlicher Souverän« durch eigenes Engagement mehr Gehör zu verschaffen und aktiver Mitgestalter politischer und gesellschaftlicher Entscheidungsprozesse zu werden. Die Befürchtung, das eigene Leben nicht mehr frei gestalten zu können, sondern gesteuert zu werden durch wirtschaftliche, staatliche oder gesellschaftliche Krisen, deren Ursprung weit entfernt vom eigenen Umfeld liegt, treibt die Menschen dazu, aktiv zu werden und auf die Straße zu gehen. Daher gewinnen NGOs in unserer Gesellschaft an Durchschlagskraft und nehmen aktiv Einfluss auf Unternehmensaktivitäten. Das dahinter liegende Konzept des Stakeholder-Engagements wird daher in der Strategie-, Management- und Organisations-Literatur vielfältig diskutiert.[24] Das virtuelle Pendant zu Stakeholder-Engagement – und gleichzeitig auch das Hauptsprachrohr dieser NGOs – hierzu bilden die bereits angesprochenen sozialen, digitalen Medien, die die Möglichkeit des Austauschs für diese Interessengruppen stark vereinfachen und diesen in hohem Maße auch fördern.[25]

Gegenläufig zum Trend des proaktiven Stakeholder-Engagements und des Empowerments der Bürger steigt in anderen Staaten die Anzahl autokratischer Führer wieder stark. Zur Zeit der Entstehung dieser Neuauflage werden ca. 60 Länder weltweit autokratisch regiert. Damit lässt sich festhalten, dass eine stärker werdende Polarisierung der Machtverteilung (zentral vs. dezentral) erfolgt und diese Extrempunkte deutlich mehr Zulauf bei der Bevölkerung erhalten, wie u. a. durch die Wahlergebnisse der letzten Jahre in Europa zu sehen ist.

2.2.2.5 Zwischenergebnis

In diesem Spannungsfeld zwischen wachsendem Wettbewerbsdruck und steigenden Forderungen nach verantwortungsbewusstem Handeln müssen Unternehmen im 21. Jahrhundert verstärkt proaktiv agieren und weniger nur reagieren. Ihnen und allen voran der Unternehmensführung kommt eine Schlüsselrolle zu, wenn es um die Gestaltung zukünftiger Rahmenbedingungen des Zusammenlebens der Gesellschaften in einer globalisierten Welt geht. Viele legitime Interessen verschiedenster Parteien sind miteinander in Einklang zu bringen, was zu neuen Denkansätzen und Lösungsmustern für alle wirtschaftlichen Akteure führt. Da dies keine triviale Aufgabe ist, beschäftigt sich die Forschung zunehmend in interdisziplinärer Art und Weise mit Spannungen, Konflikten und Engagement zwischen Stakeholdern und Unternehmen.[26] Und in ebendiesem Kontext spielt der Aufbau neuer (adaptiver) Fähigkeiten

---

24 Ausgewählte Beiträge zu Stakeholder-Engagement sind u. a. zu finden bei Kujala et al (2022), Lan/Devin (2018) und Johnston (2014).

25 Zur wachsenden Bedeutung von NGOs siehe auch Bundeszentrale für politische Bildung (2010).

26 Siehe u. a. Kujala et al. (2022), Schlomann & Joos (2020).

für Unternehmen eine zentrale Rolle. Um diesen Anforderungen gerecht zu werden, kann zusammenfassend festgehalten werden, dass die Bedeutung systemischen und demokratischen Denkens für Unternehmen zunimmt. Ebenso müssen neue, teilweise paradoxe Denkweisen etabliert werden, um Unternehmensaktivitäten besser auf Stakeholder-Bedürfnisse abstimmen zu können und Lösungsansätze zu entwickeln, die allen (relevanten) Stakeholdern gerecht werden. Zur Umsetzung dieser bedarf es kommunikativen Geschicks und Expertise im Konfliktmanagement.[27]

Mit diesem neuen Bewusstsein und postmodernen Denkansätzen können Unternehmen wertvolle Ratgeber für Vertreter der Regierungen sein, z. B. wenn es um die Gestaltung neuer internationaler Verträge geht: Sie können ihnen ihre gesamte wirtschaftliche Expertise zur Verfügung stellen. Ebenso können sie sich zum Anwalt der Bürger machen, da deren Interessen auch ihre eigenen bestimmen. Ihre Kunden, Mitarbeiter, Zulieferer finden sich nämlich in deren Reihen wieder. Das gängige Verständnis vieler Lehrbücher und Praktiker von Rahmenbedingungen, innerhalb derer ein Unternehmen agiert, ist, dass diese vorgegeben sind und nicht – bzw. kaum – von Unternehmen beeinflusst oder mitgestaltet werden können. Rahmenbedingungen bieten in diesem Verständnis lediglich statische Geschäftschancen und Bedrohungen, auf welche die Unternehmen reagieren können. Weil dies eben nur zum Teil stimmt und Unternehmen sehr wohl aktiv Rahmenbedingungen mitgestalten können, sind sowohl das Monitoring als auch Frühwarnsysteme für Unternehmen, die strategisch »voraus« sein wollen, wichtig. Vor allem aber ist der Versuch, u. a. durch Lobbying und politische Interessenvertretung Rahmenbedingungen zu verändern, nicht nur legitim, sondern auch notwendig. Sei es zugunsten ihrer zukünftigen Strategien oder um Verschlechterungen ihrer aktuellen Geschäfte zu verhindern. Eine aktive politische Interessenvertretung kann daher als offensiver Versuch, die Rahmenbedingungen aktiv zu gestalten, angesehen werden, um die eigenen und die Stakeholder-Interessen besser vertreten und umsetzen zu können. Letztlich, um zusammen mit dem dazugehörigen Stakeholder-Netzwerk einen gemeinsamen Mehrwert für alle Akteure im Stakeholder-Ökosystem zu schaffen.

2.2.3 Ideal des ehrbaren Kaufmanns: Ein Stakeholder-orientiertes Konzept?

Das Ideal des ehrbaren Kaufmanns erhält im Rahmen der oben beschriebenen Veränderungen neue Aktualität. Der ehrbare Kaufmann ist das Leitbild für verantwortliche Teilnehmer am Wirtschaftsleben. Es steht für ein ausgeprägtes Verantwortungsbewusstsein für das eigene Unternehmen, für die Gesellschaft und für die Umwelt – respektive für eine »bewusste« Stakeholder-Orientierung. Ein ehrbarer Kaufmann stützt sein Verhalten auf Tugenden, die den langfristigen wirtschaftlichen Erfolg zum Ziel haben, ohne den Interessen der Gesellschaft entgegenzustehen[28]: Er wirtschaftet nachhaltig.

---

27 Vgl. Hillebrand/Driessen/Koll (2015), S. 415, Wagner (2017), S. B-32.
28 Vgl. Klink (2008), S. 72.

Eine Definition für »ehrbar« existiert nicht, da der Begriff immer wieder neu entsprechend dem historischen Kontext betrachtet werden muss. So ist der Kaufmann heute oft repräsentiert durch Unternehmen und deren angestellte Manager, die über einen erheblich weiteren Verantwortungsumfang verfügen als ihr historischer Vorläufer. Unverändert bleibt aber eine ethische Grundeinstellung, die aus einer gesellschaftlichen Verantwortung erwächst. Ein Schlüsselbegriff in diesem Zusammenhang ist die Reziprozität, das Prinzip der Gegenseitigkeit im sozialen Austausch, d. h. das Geben und Nehmen als Eigenschaft des ehrbaren Kaufmanns. Da die Reziprozität in jeder Gesellschaft Teil einer Handlungsnorm darstellt[29] und gleichzeitig der ehrbare Kaufmann keinem gesonderten Kodex unterliegt, ist auch er, wie jedes Gesellschaftsmitglied, der Gesellschaft im Allgemeinen verpflichtet.[30] Dementsprechend kann gefolgert werden, dass diese zentrale Verhaltensnorm auch für den ehrbaren Kaufmann gilt. Aus den gleichen Gründen gewinnen Konzepte wie Corporate Social Responsibility und Unternehmensethik im Wirtschafts- und Gesellschaftsgeschehen zunehmend an Bedeutung.[31]

Eines wird dabei deutlich: Je besser es Unternehmen gelingt, ihre Interessen in das Gemeinwohl zu integrieren, d. h. möglichst alle Stakeholder-Interessen in ihrer Unternehmenspolitik – so weit wie möglich – einzubeziehen, desto erfolgreicher werden ebendiese Unternehmen sein. Auch wenn es darum geht, für sie günstige Rahmenbedingungen für ihr zukünftiges Handeln glaubwürdig mitzugestalten.

Fazit

Stakeholder-orientierte Unternehmensführung gleicht die eigenen Interessen mit den Gemeinwerten ab und fühlt sich nicht nur den Interessen der Eigentümer verpflichtet und verantwortlich, sondern – wie ein ehrbarer Kaufmann – auch dem Gemeinwohl. Dies dient auch als übergeordnetes integratives Ziel beim Interessenabgleich und -ausgleich mit allen anderen Stakeholdern. Konsequent führt dies in einer globalen Welt zu der Frage, »was als das globale Gemeinwohl verstanden wird, das ›gemeinsame Gut‹ der ›Weltgesellschaft‹«.[32]

2.2.4 Komplexe und dynamische Perspektive der Stakeholder-Orientierung

Wenn es darum geht, die verschiedenen Stakeholder-Interessen in der Unternehmenspolitik zu berücksichtigen, die Vernetzungen der Stakeholder auf globaler, regionaler und lokaler Ebene sowie deren Dynamik zu analysieren, kann die Stakeholder-Theorie aufbauend auf ihren zahlreichen Vorläufertheorien nützliche Beiträge leisten. Ein nachhaltiger Unternehmenserfolg kann demnach nur sichergestellt werden, wenn sich Unternehmen als Teil eines Ökosystems bzw. eines holistischen Stakeholder-Netzwerks

---

29 Vgl. Phillips (2014), S. 26.
30 Vgl. Klink (2008), S. 72.
31 Vgl. u. a. Fatima/Elbanna (2022), S. 1ff.; Ulrich (2014), S. 19ff.
32 Vgl. Wahlers (2009), S. 3.

verstehen. Dieses Wertschöpfungsnetzwerk umfasst dabei nicht nur Kapitalgeber, Kunden, Mitarbeiter, Unternehmer und Manager, sondern alle Lieferanten, Wettbewerber, Allianzpartner, Gewerkschaften, Regulierungsbehörden, gesellschaftliche und politische Organisationen (NGOs), Bürgerinitiativen, Regierungen, Behörden, Verbände und andere Teilnehmer als legitime, mit- und untereinander sowie mit dem fokalen Unternehmen vernetzte Stakeholder(-gruppen). Auf dieser Basis können alle Akteure in diesem Stakeholder-Netzwerk miteinander interagieren, Wertschöpfungsbeiträge und Beziehungen gemeinsam gestalten – Co-Creation ist dabei das kennzeichnende zentrale Gestaltungselement. Als Voraussetzung und Folge gleichermaßen sollten die Akteure die wechselseitigen Interessen kennen, verstehen und respektieren und bei ihren Entscheidungen und ihrem Verhalten mitberücksichtigen. Die normativen Grundlagen der Stakeholder-Theorie und ihre instrumentalen Erkenntnisse und Methoden können das Stakeholder-Management bei den daraus resultierenden komplexen Aufgaben unterstützen.

Die folgenden Zitate sollen den Einstieg in die abstrakten Erörterungen zur Stakeholder-Theorie erleichtern:

»In jeder menschlichen Gesellschaft gibt es die Handlungsnorm der Gegenseitigkeit.«[33]

»Ein entscheidender Unterschied zwischen der Stakeholder-Theorie und vielen Vorgängertheorien zum strategischen Management besteht darin, dass die Stakeholder-Theorie die Rolle der Ethik und der Werte explizit anerkennt und ernst nimmt. Die vielleicht wichtigste Aufgabe im Rahmen des Managements von Stakeholder-Beziehungen ist die Entwicklung einer gemeinsamen Vision – einer koordinierenden Ethik -, welche die Interessen werteorientierter Menschen miteinander abstimmt.«[34]

»Es gibt so viele authentische Werte, die das Dach von Stakeholder-Beziehungen bilden können, wie es Unternehmen gibt. Ihnen allen gemein ist jedoch, dass es letztlich grundsätzlich ethische Werte sind. Keine Vision und kein Wertegerüst könnte diese Gemeinsamkeit stiftende Funktion ausfüllen, wenn sie nicht zugleich im Nutzen für die Gemeinschaft gründet [. . .] Alle Unternehmen handeln in einem Beziehungsgeflecht mit ihren Stakeholdern.«[35]

Die Wirtschaft hat keinen Selbstzweck, sondern sie hat die Aufgabe, die Gesellschaft mit Gütern zu versorgen. »Als gesellschaftlicher Teilbereich erfüllt Wirtschaft eine Dienstleistungsfunktion, ist der Gesellschaft quasi unterstellt und den Änderungen des gesellschaftlichen Bewusstseinszustandes unterworfen, den sie ihrerseits mitbeeinflusst.«[36]

»Die permanente Verknüpfung Wirtschaft und Gesellschaft ist eine Tatsache, die nicht bestritten werden kann. Zugleich wird damit eine Polarität, eine nicht auflösbare Spannung zwischen der Gesellschaft und dem Teilbereich Wirtschaft gesetzt.«[37]

---

33   Philipps (2014), S. 26.
34   Philipps (2014), S. 29.
35   Philipps (2014), S. 30.
36   Meyer (1973), S. 21.
37   Meyer (1996), S. 13.

Lange Zeit war der Shareholder-Value-Ansatz der dominante Ansatz der Unternehmensführungspraxis. Öffentlich-rechtliche Betriebe, ein Großteil der Familienunternehmen bzw. der kleinen und mittleren Unternehmen (KMU) sind davon explizit ausgenommen. Es galt den Marktwert des Eigenkapitals, das fundamentale Interesse jedes Anteilseigners zu steigern, denn dies war die Grundlage für die Bewertung des Unternehmenserfolgs. Bereits in den 1970er-Jahren mit dem Öl-Embargo, den autofreien Sonntagen infolge des Jom-Kippur-Krieges, dem Zusammenbruch des internationalen Währungssystems (Bretten-Woods) und der Diskussion über die Grenzen des Wachstums- und Fortschrittsglaubens wurde die Unternehmensumwelt weniger berechenbar und aus strategischer Sicht »riskanter«. Dieses zunehmende Risiko führte zu einer stärkeren Berücksichtigung im strategischen Management.

Spätestens seit der Dotcom-Krise (2000), der Finanzkrise (2007)[38] und den sich in den letzten Jahrzehnten verändernden Rahmenbedingungen und tiefgreifenden Wandlungsprozessen in Gesellschaft, Politik und Wirtschaft (siehe Abschnitt 2.2.2) ist eine Umorientierung in der Praxis der Unternehmensführung und der Betriebswirtschaftslehre erkennbar, die zu einem Paradigmenwechsel von der Shareholder-Value- zur Stakeholder-Orientierung führt. Sybille Sachs und Edwin Rühli erläutern diese Umorientierung in ihrem 2011 erschienenen Buch Stakeholders Matter – A New Paradigm for Strategy in Society folgendermaßen:

> »The dominant shareholder-value model has led to mismanagement, market failure and a boost to regulation, as spectacularly demonstrated by the events surrounding the recent financial crisis. ›Stakeholders Matter‹ challenges the basic assumptions of this model, in particular traditional economic views on the theory of the firm and dominant theories of strategic management, and develops a new understanding of value creation away from pure self-interest toward mutuality. This new stakeholder paradigm is based on a network view, whereby mutuality enhances benefits and reduces risks for the firm and its stakeholders. The understanding of mutual value creation is operationalized according to the licence to operate, to innovate and to compete.«[39]

R. Edward Freeman, der wissenschaftliche Vordenker des Stakeholder-Ansatzes, kommentiert dies in seinem Vorwort zu der Publikation von Sachs/Rühli:

> »When the authors claim that a new paradigm emerged for strategic management, they are being too modest. Their proposals do no less than rewrite the contract between business and society. First of all, they broaden the notion of business as the engine of economic activity by focusing on value for shareholders rather than economic value for shareholders. Business in the twenty-first century must be seen as an institution which creates value for customers, suppliers, employees, communities, financiers and society.«[40]

---

38 Weiterhin verschärfen die Corona-Pandemie (2020) und die aktuelle Energiekrise (2022) die Stakeholder-Thematik und verleihen dem Thema zusätzliche Relevanz.

39 Sachs/Rühli (2011), S. I.

40 Sachs/Rühli (2011), S. XV.

Wenn das neue Credo der Unternehmensführung nunmehr Stakeholder-Management heißt und nicht mehr Shareholder-Value-Maximierung, ist damit ein ungleich komplexerer Ansatz und Prozess verbunden, Unternehmensziele und Unternehmensstrategien zu formulieren und zu kommunizieren, umzusetzen, zu überprüfen und deren Erfolg zu messen. Gilt es doch dabei, sämtliche Unternehmen und alle Anspruchsgruppen, die durch das fokale Unternehmen beeinflusst werden und das Unternehmen beeinflussen, in Entscheidungen und Aktivitäten miteinzubeziehen und diesen gerecht zu werden. Aus einem eindimensionalen Maximierungsansatz wird in diesem Umorientierungsprozess zunehmend ein aufwendiger interaktionsorientierter Interessenausgleichs-Prozess, der einem schwierigen Balance-Akt gleichkommt. Hinzu kommt, dass mit dem Stakeholder-Management-Ansatz ein Steuerungsverlust aufgrund der qualitativen Natur des Konstruktes Stakeholder-Beziehungen einhergeht. Das Bewusstsein darüber stellt ein zentrales Element für ein erfolgreiches Stakeholder-orientiertes Denken dar.

Um die Basis und die Vorläufer des Stakeholder-Managements verstehen zu können, möchten wir im nächsten Abschnitt die folgenden Fragen beantworten:

Wie haben sich Stakeholder-Ansätze und -Theorien entwickelt? Welche wichtigen Vorläufer hatten sie? Wer sind die wichtigsten Vertreter? Welche Veröffentlichungen und Erkenntnisse sind zentral für die Entwicklung? Und schließlich, welchen Nutzen haben diese Erkenntnisse für die Praxis des Stakeholder-Managements?

2.2.5 Stakeholder-Theorie: Zentrale Beiträge, Entwicklungsstadien und ausgewählte wichtige Erkenntnisse

Der Paradigmenwechsel hin zur Stakeholder-Orientierung konnte auf viele theoretische Vorarbeiten im Bereich der Unternehmensethik, zum Verhältnis Wirtschaft und Gesellschaft in verschiedenen Wissenschaftsdisziplinen wie Philosophie, Soziologie, Psychologie, Volks- und Betriebswirtschaftslehre aufbauen. Ebenso profitierte die Stakeholder-Orientierung von Bestsellern einiger Management-Vordenker, allen voran Peter Drucker, sowie von dem Studium des Verhaltens vieler über viele Jahrzehnte oder Jahrhunderte erfolgreichen und nachhaltig wirtschaftenden Familienunternehmen und KMUs (siehe hierzu die linke Spalte von Abbildung 2.2).

2.2.5.1 Zentrale Beiträge zur Stakeholder-Theorie

Wichtige Beiträge zur Entwicklung der Stakeholder-Theorie entstanden aus den Unzulänglichkeiten des herrschenden Shareholder-Value-Ansatzes: Diese können vor allem auch im strategischen Management verortet werden[41] und entstanden – wie so oft – nicht aus dem Mainstream, sondern an den Rändern der Domäne. Sie gewannen mit zunehmenden »Krisen- und Mängelerscheinungen« Aufmerksamkeit im Bereich

---

41   Vgl. z. B. Freeman (1984).

der Organisationstheorie[42] und der Unternehmensethik.[43] Durch ihre Bezüge zum Bereich der Corporate Social Responsibility (CSR) wurden sie auch dort[44] und in der Folge dann auch im Bereich der »Nachhaltigkeitsdiskussion«[45] thematisiert und genutzt.[46]

Dies ist nicht verwunderlich, weil es letztlich das gemeinsame Anliegen von Stakeholder-Management, CSR, Corporate Citizenship und Unternehmensethik ist, den Shareholder-Value-Ansatz zu relativieren, zurückzudrängen, zu überwinden oder abzulösen, mit dem Ziel, dass die Unternehmensumwelt und insbesondere die gesamte Gesellschaft (indirekt auch die Natur) oder einzelne gesellschaftliche Gruppen mehr Einfluss auf oder bei Unternehmensentscheidungen haben.

Dass diese neuen Sichtweisen der Stakeholder-Orientierung nicht sofort und unkritisch von angestellten Managern und ihren Prinzipalen willkommen geheißen wurden bzw. immer noch nicht werden, ist ebenso nachvollziehbar. Auf den ersten Blick hat der klassische Shareholder-Value-Ansatz (im Vergleich zur Stakeholder-Theorie) den Vorzug der Einfachheit und ist in seiner Argumentation auch schlüssig. Ein Unternehmen sollte vom Management so geführt werden, dass vor allem die Interessen der Eigentümer von den Managern vertreten werden, und kurzfristig gedacht heißt das: möglichst großer Residualgewinn. Der schlichte Grund dafür ist, dass die Manager die Agenten ihrer Prinzipale sind und ihre treuhänderische Aufgabe als deren Vertraute darin besteht, deren Vermögen und Gewinne zu mehren. Diese Aufgabe ist eine einfachere Maximierungsaufgabe (zumindest auf den ersten Blick), als verschiedenste Stakeholder-Interessen gegeneinander abzuwägen. Zudem wird diese kurzfristige Sicht auch bei Unternehmen, die am Kapitalmarkt vertreten sind, durch den Hochfrequenzhandel und dadurch induzierte spezifische Strategien sowie Spekulationsgeschäfte mit Aktien, Optionen und mittels Leerverkäufen eher gestärkt. Auf den zweiten Blick – denkt man in Ursache-Wirkungs-Beziehungen und führt danach, insbesondere auf längere Sicht und aus der Perspektive der Nachhaltigkeit statt nur kurzfristiger Profitmaximierung – konvergieren die verschiedenen Sichtweisen. Dies mag mit ein Grund sein, dass dieser Paradigmenwechsel, so wie wir ihn beobachten, in der Vergangenheit eher langsam vorankam und erst mit zunehmender realer und digitaler, globaler Vernetzung von Wirtschaft und Gesellschaft beschleunigt wurde.

2.2.5.2 Drei Entwicklungsstadien der Stakeholder-Theorie

Die Entwicklung der Stakeholder-Theorie kann grob in drei Stadien eingeteilt werden: das (Vor-)Entwicklungsstadium, das Wachstumsstadium und das Reifestadium.

---

42 Vgl. z. B. Donaldson/Preston (1995); Jones (1995).

43 Vgl. z. B. Phillips (1997).

44 Vgl. z. B. Wood (1991).

45 Vgl. Steurer/Langer/Konrad/Martinuzzi (2005).

46 Vgl. hierzu insgesamt Laplume/Sonpar/Litz (2008), S. 1156ff.

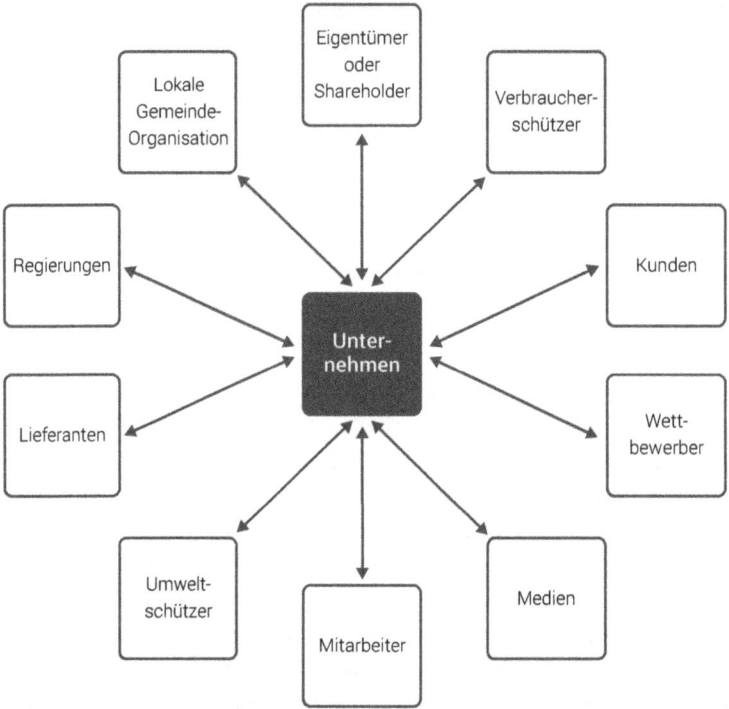

Abbildung 2.1: Hub-and-Spoke-Modell eines Unternehmens[47]

Im ersten Stadium, dem (Vor-)Entwicklungsstadium, wurden die ersten Stakeholder-Theorie-Ansätze als Antwort auf den herrschenden Shareholder-Value-Ansatz im Management entwickelt. Diese Phase erlebte Mitte der 1980er-Jahre mit der zentralen Veröffentlichung von R. Edward Freeman (1984): Strategic Management – A Stakeholder Approach, einem der bekanntesten Vertreter der Stakeholder-Theorie und des Stakeholder-Managements, einen Abschluss, weil sein Werk als Prototyp einer umfassenden Abhandlung des Stakeholder-Managements gelten kann. Freeman versteht unter Stakeholder bestimmte Gruppen oder Einzelpersonen, die Einfluss auf eine Organisation haben oder von den Aktivitäten dieser Organisationen in irgendeiner Form betroffen sind.[48] Er bildete den Stakeholder-View eines Unternehmens in einem sog. vereinfachten Hub-and-Spoke-Modell ab (siehe Abbildung 2.1).

Auf dieser Basis entwickelte er für das Stakeholder-Management ein umfassendes Framework für den Management-Prozess und plädiert dabei für eine voluntaristische Philosophie. Abschließend diskutiert er die strukturellen Konsequenzen für die Koordinationsfunktionen auf der Leitungsebene, auf die funktionalen Managementdisziplinen und die neuen Rollen des CEO. Der Stakeholder-Ansatz und die Sichtweise, dass das Management nicht nur primär die Interessen der Eigentümer vertreten sollte, sondern dass auch weitere externe und interne Ziel- bzw. Anspruchsgruppen und die

---

47   Eigene Darstellung in Anlehnung an Freeman (1984), S. 25.
48   Vgl. Freeman (1984), S. 25.

Qualität der Beziehungen zu diesen für den Unternehmenserfolg wichtig sind, war schon weit früher Gegenstand von Management-Vordenkern wie Peter Drucker und vielen Theoretikern u. a. in den Sozial- und Management-Wissenschaften (siehe die linke Spalte von Abbildung 2.2). Dementsprechend bauen die Theorieentwicklungen in diesem ersten Stadium auf diesen theoretischen Vorarbeiten auf.

Freeman (1984) weist darauf hin, dass der Stakeholder-Begriff erstmals wohl 1963 in einem internen Memorandum des Stanford Research Institute (SRI) aufgetaucht ist und ursprünglich dort definiert wurde als »those groups without whose support the organization would cease to exist«.[49] Freeman erweitert diesen Begriff, wie oben erläutert, auf alle Einzelpersonen und Gruppen, die die Zielerreichung einer Organisation beeinflussen können oder die von der Zielerreichung einer Organisation betroffen sind. Mit Letzteren sind auch Stakeholder gemeint, die in Zukunft betroffen sein können. Die strategische und integrative Ausrichtung seines Ansatzes zeigt sich im folgenden Zitat:

> »Groups which 20 years ago had no effect on the actions of the firm, can affect it today, largely because of the actions of the firm which ignored the effects on the groups. Thus, by calling those affected groups ›stakeholders‹, the ensuing strategic management model will be sensitive to future change, and able to turn new ›external changes‹ into internal changes. One way to understand the definition is to think of the stakeholder concept as an umbrella for the problems in business strategy and corporate social responsiveness. To be an effective strategist you must deal with those groups that can affect you, while to be responsive (and effective in the long run) you must deal with those group that you can affect.«[50]

Freeman antwortet mit seinem umfassenden und integrativen Ansatz (sowohl aus theoretischer Sicht als auch aus Managementperspektive) auf die gesellschaftlichen, politischen und umweltbezogenen Herausforderungen der 1970er-Jahre, das Aufkommen des Verbraucherschutzes und Umweltschutzes sowie auf weitere Herausforderungen.[51] Sein Ansatz zeigt, wie wichtig der Aufbau und die Pflege von Beziehungen, insbesondere auch zu allen Arten von externen Stakeholdern, sind, und gleichzeitig veranschaulicht er, dass dieser Ansatz für alle Arten von Organisationen eingesetzt werden kann.

Für das strategische Management entwickelte er darüber hinaus ein umfassendes Planungs-, Analyse- und Steuerungsinstrumentarium bis hin zur strategischen Früherkennung, aufbauend auf bereits bestehenden Instrumenten, und integrierte dieses Instrumentarium in sein Stakeholder-Management-Framework und die bestehenden strategischen Management-Prozesse. Auf der Basis von Freemans Rahmenkonzept finden nun im weiteren Entwicklungsstadium wichtige theoretische Ausdifferenzierungen, Weiterentwicklungen und Fundierungen des Stakeholder-Ansatzes statt, die neue Perspektiven einnehmen. Hinzu kommen im Wachstums- und Reifestadium der Stakeholder-Theorie Arbeiten zu spezifischen theoretischen Fragen oder Arbeiten, die insbesondere von Freeman spezifizierte Anwendungen im Management betreffen.

---

49 Zitiert nach Freeman (1984), S. 31.
50 Freeman (1984), S. 46.
51 Wie sie beispielsweise im Davoser Manifest 1973 und in »Die Grenzen des Wachstums« beschrieben wurden, siehe hierzu z. B. Steinmann (1973) oder Meadows/Meadows/Randers/Behrens (1972).

Vordenker (ab 1930) & Vor-/Entwicklungsstadium

Vorläufer, Ursprünge, Vordenker und erste Konturen der Theorieentwicklung zum Stakeholder-Ansatz und Stakeholder-Theorien als Antwort gegenüber dem herrschenden Shareholder-Value-Ansatz

Tönnies, F. (1887): Gemeinschaft und Gesellschaft

Vershofen, W. (1930): Wirtschaft als Schicksal und Aufgabe

Barnard, C. I. (1938): The Functions of the Executive (Systemtheorie)

Drucker, P. (1942): The Future of Industrial Man

Drucker, P. (1946): The Concept of the Corporation

Müller-Armack, A. (1946): Soziale Marktwirtschaft [und christliche Sozialethik sowie Freiburger Kreis]

Abrams, F. W. (1951): Management´s Responsibilities in a Complex World

March, J. D. & Simon, H. A. (1958): Organizations (Anreiz-Beitrags-Theorie)

Cyert, R. M. & March, J. G. (1963): A Behavioral Theory of the Firm (Koalitionstheorie)

Ulrich, H. (1968): Die Unternehmung als produktives soziales System

Davoser Manifest 1973 auf dem 3. European Management Forum (vgl. Steinmann, 1973: Zur Lehre von der Gesellschaft-lichen Verantwortung der Unternehmensführung)

Hailey, A. (1975): The Moneychangers

Pfeffer, J. & Salancik, G. R. (1978): The External Control of Organizations: A Resource Dependence Perspective

Luhmann, N. (1984): Soziale Systeme: Grundriss einer allgemeinen Theorie

Dawson, L. M. (1969): The Human Concept: New Philosophy for Business: Marketing Concept Outmoded Today

Granovetter, M. S. (1973): The Strength of Weak Ties

Dill, W. R. (1976): Strategic Management in a Kibitzer´s World

Holscher, C. (1977): Sozio-Marketing: Grundproblem und Lösungsansätze zum Marketing sozialer Organisationen

Carroll, A. B. (1979): A Three Dimensional Conceptual Model of Corporate Performance

Ackoff, R. L. (1981): Creating the Corporate Future: Plan or be planned for (besonders das Kapitel: Our Changing Concept of the Corporation)

Freeman, R. E. (1984): Strategic Management – A Stakeholder Approach

Ulrich, P. (1986): Integrative Wirtschaftsethik: Grundlagen einer lebensdienlichen Ökonomie

Wellman, B. & Berkowitz, S. D. (1988): Social Structures: A Network Approach

Meyer, A. & Holscher, C. (1993): Sozio-Marketing

Küpper, H. U. (2011): Unternehmensethik: Hintergründe, Konzepte, Anwendungsbereiche (gute Zusammenfassung des aktuellen Standes)

Wachstumsstadium

Theoretische, normative und instrumentale Formulierung und Entfaltung, sowie Kritik und empirische Prüfungen

Donaldson, T. & Preston, L. E. (1995): The Stakeholder Theory of the Corporation

Clarkson, M. E. (1995): A Stakeholder Framework for Analyzing and Evaluating Corporate Social Performance

Jones, T. M. (1995): Instrumental Stakeholder Theory

Marcoux, A. M. (2003): A Fiduciary Argument Against Stakeholder Theory

Post, J. E. et al. (2002): Redefining the Corporation: Stakeholder Management and Organizational Wealth

Phillips, R. A. (2003): Stakeholder Theory and Organizational Ethics

Zakhem, A. J. et al. (2008): Stakeholder Theory, Essential Readings in Ethical Leadership and Management

Thommen, J. P. (2003): Glaubwürdigkeit und Corporate Governance

Boatright, J. R. (2006): What´s Wrong – and What´s Right – with Stakeholder Management

Philipps, R. A. (2011): Stakeholder Theory, Impact and Prospects

Reifestadium

Theoretische Weiterentwicklung, Ausdifferenzierung und Anwendung im Management

Mitchell, R. K. et al. (1997): Toward a Theory of Stakeholder Identification and Salience

Varadarajan, P. R. & Menon, A. (1988): Cause-Related Marketing: A Coalignment of Marketing Strategy and Corporate Philantrophy

Jones, T. M. & Wicks, A. C. (1999): Convergent Stakeholder Theory

Figge, F. & Schaltegger, S. (2000): Was ist Stakeholder Value? – Vom Schlagwort zur Messung

Jensen, M. C. (2002): Value Maximization, Stakeholder Theory and the Corporate Objective

Wheeler, D. & Davies, R. (2004): Gaining Goodwill: Developing Stakeholder Approaches to Corporate Governance

Pastowski, S. (2004): Messung der Dienstleistungsqualität in komplexen Marktstrukturen: Perspektiven für ein Qualitätsmanagement von Hochschulen

Thompson, G. & Driver, C. (2005): Stakeholder Champions: How to Internationalize the CSR Agenda

Jones, T.M et al. (2007): Ethical Theory and Stakeholder-Related Decisions

Laplume et al. (2008): Stakeholder Theory: Reviewing a Theory that Moves us

Sachs, S. & Rühli, E. (2011): Stakeholders Matter. A new Paradigm for Strategy in Society

Aguinis, H. & Glavas, A. (2012): What we Know and What we Don´t Know About Corporate Social Responsibility: A Review and Research Agenda

Hauswald, H. & Hack, A. (2013): Impact of Family Control/ Influence on Stakeholders' Perceptions of Benevolence

Kornum, N. & Mühlbacher, H. (2013): Multi-stakeholder Virtual Dialogue: Introduction to the Special Issue

Jones, T. M. & Felps, W. (2013): Stakeholder Wealth Maximization and Social Welfare

Joos, K. (2011): Lobbying im neuen Europa, Erfolgreiche Interessenvertretung nach dem Vertrag von Lissabon

Wagner, M. (2017): Essays on Stakeholder Management

Jakić, A., Wagner, M. & Meyer, A. (2019): Postmoderne Markenführung: Die Rolle von Brand Engagement und Brand Meaning

Mölleney, M., & Sachs, S. (2019): Beyond leadership

Schlomann, K. (2020): Essays on organization's stakeholder relations in digitally disrupted environments

Kujala J. et al. (2022): Stakeholder Engagement: Past, Present, and Future

Abbildung 2.2: Ausgewählte Beiträge zur Entwicklung von Stakeholder-Theorie & Stakeholder-Management[52]

52 Eigene Darstellung: Umfangreiche eigene Weiterentwicklung einer Darstellung von Munzel/Ullmer (2009, unveröffentlicht, Institut für Marketing) und Zakhem/Palmer/Stoll (2008) sowie einem Review von Laplume/ Sonpar/Litz (2008).

Auf den Pionierarbeiten aufbauend ist das zweite Stadium, das Wachstumsstadium der Stakeholder-Theorie und des Stakeholder-Managements in den 1990er-Jahren gekennzeichnet durch weitere theoretische Fundierungen, Entfaltungen gewisser Themengebiete, Kritik des gesamten Ansatzes und empirische Prüfungen (siehe Abbildung 2.2).

Zentral ist in dieser Zeit der Aufsatz von Donaldson/Preston (1995): The Stakeholder Theory of the Corporation: Concepts, Evidence and Implications, weil er die bisherigen Erkenntnisse zum Stakeholder-Ansatz und ihrer Fundierung zusammenfasst.

Die Autoren differenzieren drei Dimensionen[53] der Stakeholder-Theorie:[54]

- eine deskriptive/empirische Perspektive (d. h. eine Perspektive, die die Theorie beschreibt und Beziehungen erklärt, die in der realen Welt beobachtet werden können);
- eine instrumentale/prädiktive Perspektive (d. h. eine Perspektive, die Theorie postuliert, positive Ursache-Wirkungs-Zusammenhänge zwischen Stakeholder-Management und der Erreichung von Unternehmenszielen erläutert und damit einen prädiktiven Wert hat);
- und eine normative Perspektive (d. h. dass Entscheidungen, die auf normativer Basis getroffen werden, die richtigen Alternativen auswählen).

Diese unterscheiden sich nach ihren Aussagen und haben daher auch unterschiedliche Implikationen. Gleichzeitig muss jedoch auch beachtet werden, dass die drei Dimensionen zusammenhängen, sich gegenseitig stützen und beeinflussen.

Die deskriptive Sichtweise ist u. U. dann nützlich, wenn es darum geht, zu beschreiben und zu verstehen, welche Stakeholder ein Unternehmen hat, welche Interaktionen zudem zwischen Unternehmen und diesen Stakeholdern stattfinden, d. h. welcher Art diese Interaktionen sind und welche strategische Bedeutung verschiedene Stakeholder-Gruppen für das Unternehmen haben, sowie welche konkreten Beiträge diese leisten.

Die instrumentale Sichtweise der Theorie ermöglicht auf Basis von »Wenn-dann«-Beziehungen auf der Suche nach Lösungen bzw. Wettbewerbsvorteilen, Vorhersagen über die Vorteilhaftigkeit verschiedener Mitteleinsätze für eine bestimmte Zielsetzung (Profitabilität, Wachstum, Return on Investment) zu treffen. Methodisch umgesetzt wird dies in dieser Phase der Stakeholder-Entwicklung mithilfe von statistischen Methoden oder empirischen Methoden wie Beobachtungen, Befragungen, Fallstudien und Experimente. Margolis/Walsh (2003) analysierten z. B. mehr als 120 Studien hinsichtlich des Zusammenhangs zwischen den finanziellen Ergebnissen von Unternehmen und dem Einsatz von oder dem Verzicht auf Stakeholder bezogene

---

53 Vgl. Donaldson/Preston (1995), S. 65. Im Original bezeichnet mit »descriptive accuracy«, »instrumental power« und »normative validity«. Die Autoren erwähnen auch, dass in den zehn Jahren seit Freemans Publikation (1984) mehr als zwölf Bücher und 100 wissenschaftliche Artikel zum Stakeholder-Konzept erschienen sind.

54 Vgl. Pastowski (2004), S. 10ff.

Unternehmenspolitiken/-praktiken und stellen bei über 70 Studien positive und bei 30 Studien negative Zusammenhänge sowie beim Rest gemischte Beziehungen fest.[55] In einer anderen Studie konnten Banks/Vera (2007) feststellen, dass Stakeholder-Management sowohl eine positive Wirkung auf die finanzielle als auch die soziale Performance eines Unternehmens hat.[56]

Kriterium	Ansatz
Deskriptiv bzw. empirisch	• Wie bzw. was ist die Natur des Unternehmens? • Wie denken Manager über das Management? • Was denken Vorstände über die Interessen der Stakeholder? • Wie werden spezifische Unternehmen/Gesellschaften geführt?
Instrumental/ prädikativ	• Übliche statistische Methoden für die Generierung von Implikationen für das Stakeholder-Management
Normativ	• Interpretation der Unternehmenskultur auf der Basis philosophischer, ethischer und sozialer Verantwortung

Abbildung 2.3: Charakteristika des Stakeholder-Ansatzes[57]

Die normative Sichtweise bezieht sich auf die ethische und soziale Wertebasis und Verantwortung eines Unternehmens, d. h., dass sich ein normativ begründetes Stakeholder-Management in seinen Beziehungen/Interaktionen mit Stakeholdern entsprechend seinen ethischen, moralischen und sozialen Standards (z. B. Gerechtigkeits-/Fairness-Grundsätzen) verhält.[58]

Hinzu kommt, wie Donaldson/Preston (1995) ergänzen, dass neben diesen drei Theorie-Dimensionen die Stakeholder-Theorie auch »managerial« ist, wenn sie nicht nur beschreibt und erklärt und Ursache-Wirkungs-Zusammenhänge vorhersagt, sondern auch »Management-Rezepte« entwickelt, also beratend ist. »[. . .] it also recommends attitudes, structures, and practices that, taken together, constitute stakeholder management. Stakeholder management requires, as its key attribute simultaneous attention to the legitimate interests of all appropriate stakeholders, both in the establishment of organizational structures and general politics and in case-by-case decision making [. . .]. The theory does not imply that all stakeholders (however they may be identified) should be equally involved in all processes and decisions.«[59]

55　Vgl. Margolis/Walsh (2003), S. 273ff.
56　Zitiert nach Sachs/Rühli (2011), S. 43.
57　Eigene Darstellung in Anlehnung an Pastowski (2004), S. 10.
58　Siehe auch Donaldson/Preston (1995).
59　Donaldson/Preston (1995), S. 67. Vgl. zu den drei Dimensionen der Stakeholder-Theorie nach Donaldson/Preston (1995) und deren jeweiligen Herangehensweisen die Übersicht in Abbildung 2.3.

Die Frage, wie die drei Dimensionen aufeinander aufbauen, beantworten die Autoren damit, dass der Kern der Stakeholder-Theorie normativ ist und die Begründung und die Rechtfertigung, die moralischen Bezugspunkte und Verantwortung (innere Beweggründe = normative Basis der Theorie) für die weiteren Dimensionen liefert (siehe Abbildung 2.4).

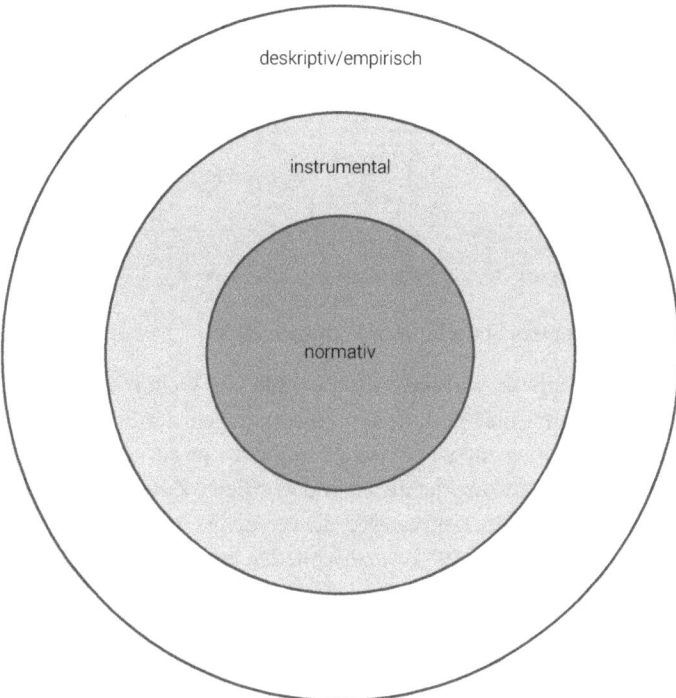

Abbildung 2.4: Drei Aspekte der Stakeholder-Theorie und ihr Zusammenhang[60]

Dies wird ebenso durch folgendes Zitat bestätigt:

> »Thus, the normative principles that underlie the contemporary pluralistic theory of property rights also provide the foundation for the stakeholder theory as well.«[61]

Ein weiterer entscheidender Entwicklungsschritt in der Stakeholder-Theorie in dieser Phase war, dass nicht nur Beziehungen zwischen den fokalen Unternehmen und ihren Stakeholdern untersucht wurden bzw. wie im »klassischen« Input-Output-Modell nur in eine Richtung und für einige zentrale Wertschöpfungspartner, sondern Beziehungen in beiden Richtungen zum fokalen Unternehmen mit all seinen Stakeholdern und zwischen allen diesen Stakeholdern untereinander (siehe Abbildung 2.5). Entsprechend wird hier bereits die Netzwerksicht im Stakeholder-Management eingeführt.

---

60 Eigene Darstellung in Anlehnung an Donaldson/Preston (1995), S. 74.
61 Donaldson/Preston (1995), S. 85.

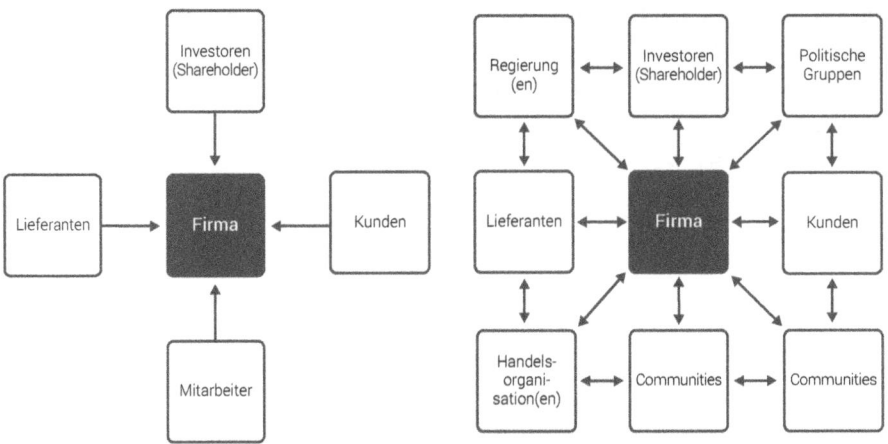

Abbildung 2.5: Input-Output-Modell des Unternehmens versus Stakeholder-Modell als umfassendes Beziehungsgeflecht[62]

2.2.5.3 Reifephase im Rahmen des Stakeholder-Managements

In der dritten Phase, der Reifephase, wurden viele Beiträge zur Weiterentwicklung spezifischer theoretischer Themen und praktischer Anwendungen der Stakeholder-Theorie bzw. des Stakeholder-Managements geleistet. Einige wenige ausgewählte Beiträge davon werden wir exemplarisch kurz darstellen und würdigen. Zuvor aber stellen wir zwei umfassende und grundlegende Beiträge vor, die versuchen, an der umfassenden Gesamtbetrachtung von Freeman (1984) anzuschließen und diese theoretisch und inhaltlich weiterzuführen. Dies sind die Buchveröffentlichungen von Post/Preston/Sachs (2002): Redefining the Corporation, Stakeholder Management and Organizational Wealth, und Sachs/Rühli (2011): Stakeholders Matter – A New Paradigm for Strategy in Society. Beiden Beiträgen ist gemeinsam, dass sie die Netzwerksicht, die Ideen des Stakeholder-Engagement, der Kollaboration und der Co-Creation in der Stakeholder-Theorie und des Stakeholder-Managements weiterentwickeln und mit neuen Perspektiven versehen.

Mit angestoßen von den Unzulänglichkeiten (z. B. Märkteversagen, Krisen, Missmanagement) des Shareholder-Value-Ansatzes und insbesondere auch vor dem Hintergrund der Schattenseiten der Globalisierung kommen, wie bereits in diesem Beitrag ausgeführt, Post/Preston/Sachs (2002) in ihrer zuvor genannten Buchveröffentlichung zu der Schlussfolgerung, dass das Wesen von Unternehmen neu definiert werden sollte.

»The conventional concept is descriptively inaccurate and ethically unacceptable [. . .]. The corporation cannot – and should not – survive if it does not take responsibility for the welfare of all its constituents, and for the well-being of the larger society within it operates. The contractual agreements and government regulation it must follow are not always enough.«[63]

---

62 Eigene Darstellungen. Die linke Darstellung erfolgte in Anlehnung an Donaldson/Preston (1995), S. 68. Die rechte Darstellung erfolgte ebenso in Anlehnung an Donaldson/Preston (1995), S. 69 sowie Pastowski (2004), S. 10.

63 Post/Preston/Sachs (2002), S. 16f.

Entsprechend definieren die Autoren ihren »Stakeholder-View(SHV) of the corporation« folgendermaßen: »The corporation is an organization engaged in mobilizing resources for productive uses in order to create wealth and other benefits (and not to intentionally destroy wealth, increase risk, or cause harm) for its multiple constituents, or stakeholders.«[64]

Diese Definition ist ihrer Ansicht nach besser geeignet/zeitgemäßer, weil sie:[65]

- in hohem Maße realitätsbezogen ist, weil sie diese präziser beschreibt,
- dem Management bessere Leitlinien hinsichtlich seiner Verantwortungsbereiche liefert,
- berücksichtigt, dass der Unternehmenserfolg mehrere Facetten hat und aus verschiedenen Perspektiven betrachtet werden muss, d. h. auch, dass die Eigentümerinteressen nicht immer an erster Stelle stehen und niemals die einzigen Interessen sind, die zählen.
- auch weiterhin bestimmt, welche Stakeholder identifiziert werden sollten sowie welches die legitimierten und wichtigen Stakeholder sind. Insbesondere auch die, die nicht durch Verträge und nicht freiwillig an das Unternehmen gebunden sind und deshalb oft leicht übersehen werden. Auch von diesen Stakeholdern sollten die Bedenken und Interessen aufgenommen und adressiert werden.

Post/Preston/Sachs (2002) modifizieren das Stakeholder-Verständnis von Freeman, weil dieses wegen seiner zu weiten Sichtweise zwischenzeitlich kritisiert wurde (Freeman hatte u. a. die Wettbewerber und deren Interessen miteinbezogen, welche entgegengesetzt zum fokalen Unternehmen sind und somit im Regelfall keinen Stake im fokalen Unternehmen haben). Post/Preston/Sachs (2002) verstehen unter Stakeholder »individuals and constituencies that contribute, either voluntarily or involuntarily, to its wealth-creating capacity and activities, and that are therefore its potential beneficiaries and/or risk bearers«.[66] Demnach zeichnen sich Stakeholder durch drei essenzielle Charakteristika aus:

1. Stakeholder stellen tangible (monetär) und intangible (z. B. gesellschaftliche Akzeptanz) Ressourcen bereit, die für den Unternehmenserfolg ausschlaggebend sind.

2. Stakeholder sind direkt oder indirekt von den Aktivitäten des Unternehmens positiv bzw. negativ betroffen. Sie tragen somit ein Risiko (»value at risk«) und ihr Wohlstand hängt vom Schicksal des Unternehmens ab.

3. Stakeholder haben ausreichend Macht, um die Unternehmensperformance zu beeinflussen. Dies meint auch, dass sie zu(un-)gunsten des Unternehmens beispielsweise politische Instanzen mobilisieren können, um Unternehmensaktivitäten zu unterstützen oder zu verhindern.

Ressourcen meint in diesem Falle, neben den klassischen Ressourcen (Kapital, Arbeit, Boden), auch die »licence to operate«. Risiken können finanzieller Art, Karrierechancen, die Qualität von Produkten oder Dienstleistungen oder Auswirkungen auf

---

64 Post/Preston/Sachs (2002), S. 17.

65 Vgl. Post/Preston/Sachs (2002), S. 17.

66 Post/Preston/Sachs (2002), S. 19.

Umwelt und Anlieger sein. Die Macht von Stakeholdern ist dabei nicht nur finanzieller Art, sondern kann sich auch auf die Möglichkeit der Mobilisierung von politischer Macht oder der Macht sozialer Bewegungen (z. B. durch Social Media inklusive dem Entzug von Ressourcen) beziehen.

Post/Preston/Sachs (2002) weisen bei der Darstellung ihres auf bilaterale Stakeholder-Beziehungen fokussierten Stakeholder-Modells darauf hin (siehe Abbildung 2.6), dass die Pfeile immer in beide Richtungen zeigen, weil damit ein wechselseitiger Austausch, respektive Interaktionen (»benefits« or »harms« oder Kombinationen davon) bezeichnet werden sollen.[67]

Gleichzeitig bestehen dabei nicht nur bilaterale Verbindungen zwischen Stakeholdern und dem Unternehmen, sondern über die Verbindungen zwischen Stakeholdern, z. B. über gleiche Communities, indirekt auch Verbindungen und damit oft Mehrfachverknüpfungen (multiple linkages) zu anderen Stakeholdern. Darüber hinaus können einzelne Stakeholder gleichzeitig mehrere Rollen innehaben (z. B. Mitarbeiter, Aktionär, Kunde, Nachbar, Gewerkschaftsmitglied etc.) Und natürlich ändern sich die Beziehungen zwischen Unternehmen und spezifischen Stakeholdern auch abhängig von den jeweiligen Anliegen und Umständen – sie sind stark von Dynamik geprägt.

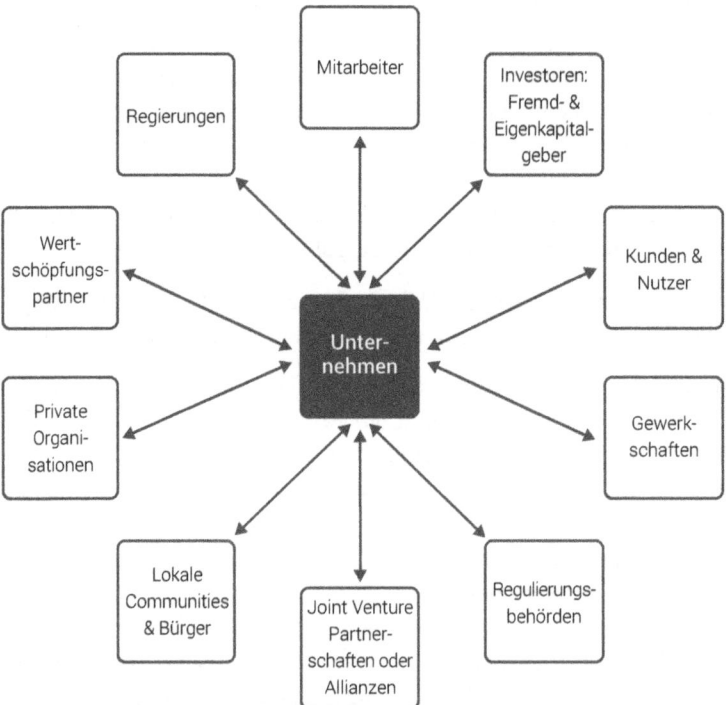

Abbildung 2.6: Das Unternehmen und seine Stakeholder[68]

67 Vgl. Post/Preston/Sachs (2002), S. 22.
68 Eigene Darstellung in Anlehnung an Post/Preston/Sachs (2002), S. 22.

Bevor wir nun fragen, welche Wertbeiträge die diversen Stakeholder zum gemeinsamen »Organizational Wealth« entsprechend dem SHV von Post/Preston/Sachs (2002) leisten können, ist allerdings noch zu klären, was Organizational Wealth als Zielgröße bedeutet und welcher Nutzen daraus für alle Beteiligten entstehen kann. Die drei Autoren führen dazu aus:

> »Organizational wealth is the cumulative result of corporate performance over time, including all of the assets, competencies, and revenue-generating capacities developed by the firm. Compared to less successful companies, wealthier firms can pay higher wages and offer better career opportunities, take greater risks, provide greater customer benefits«.[69] Und in Anlehnung an Sveiby (1997) führen sie weiter aus: »Organizational Wealth is the summary measure of the capacity of an organization to create benefits.«[70]

Die zentrale Quelle von Organizational Wealth sind die Beziehungen mit ihren wichtigsten Stakeholder-Gruppen. Die speziellen Wertbeiträge dieser Stakeholder-Gruppen zeigt Abbildung 2.7.

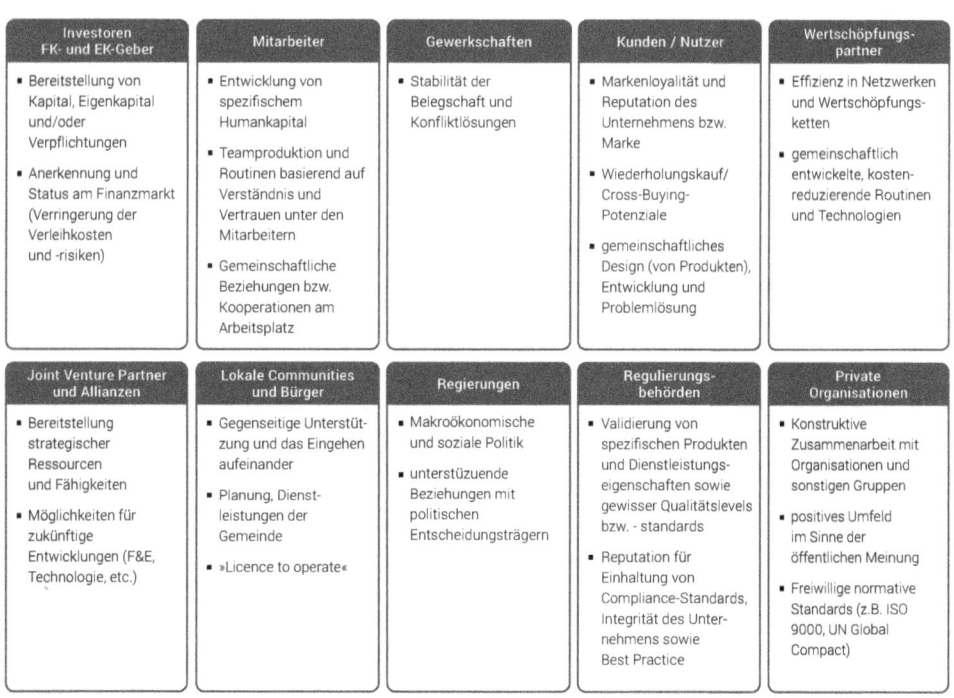

Abbildung 2.7: Wertbeiträge unterschiedlicher Stakeholder zum Organizational Wealth[71]

69   Post/Preston/Sachs (2002), S. 36.
70   Post/Preston/Sachs (2002), S. 45.
71   Eigene Darstellung in Anlehnung an Post/Preston/Sachs (2002), S. 47.

Dimensionen	Resource-based View (RBV)	Industry-Structure View (ISV)	Stakeholder View (SHV)
Analyseeinheit	Unternehmen	Branche	Netzwerk der Stakeholder eines Unternehmens
Hauptquellen von Organizational Wealth	• Physische Vermögenswerte • Humankapital • Wissen • Technologie • Finanzielle Ressourcen • Intangible Ressourcen	• Verhandlungsmacht gegenüber Lieferanten und Kunden • Marktmacht gegenüber Wettbewerbern	• Beziehungen, die zu höheren Erträgen und/oder zu geringeren Kosten und Risiken führen • Beziehungsnutzen, die ein Vermögens wachstum ermöglichen
Mittel zur Bewahrung des Organizational Wealth	• Imitationsbarrieren auf Unternehmensebene	• Markteintrittsbarrieren auf Branchenebene • Produktionseinsparungen/ versunkene Kosten • Regulierung durch die Regierungen	• Unternehmensspezifische Verbindungen zwischen Stakeholdern und implizite Vereinbarungen, die zu erhöhten Erträgen und/oder reduzierten Kosten und Risiken führen

Abbildung 2.8: Die Quellen von Organizational Wealth aus Sicht dreier verschiedener theoretischer Ansätze[72]

Die Autoren positionieren dann den SHV im Verhältnis zu den beiden anderen prominenten Ansätzen Resource-based View (RBV) und dem Industry-Structure-View (ISV) bzw. dem ähnlichen Market-based-View (MBV) anhand von drei Dimensionen (Abbildung 2.8).

Sie kommen zu dem Ergebnis, dass der SHV eines Unternehmens eine umfassendere Basis für das strategische Management darstellt, weil er die Sichtweisen des ISV und des RBV integriert und um das Verhältnis zwischen Unternehmen und Gesellschaft und zwischen Unternehmen und Politik erweitert und vervollständigt. Dies ist nicht zuletzt auch aus Management-Sicht sehr wichtig, weil die Beteiligung und die Beziehung dieser beiden Stakeholder (Gesellschaft und Politik) erfolgskritisch sind.[73]

---

72 Eigene Darstellung in Anlehnung an Post/Preston/Sachs (2002), S. 54.
73 Vgl. Post/Preston/Sachs (2002), S. 231, 291.

Die Autoren unterstreichen dies durch folgende Begründung: »The corporation's most important asset – and the only one it cannot create or replace on its own – is its acceptance within society as a legitimate institution.«[74]

Stakeholders Matter – A new Paradigm for Strategy in Society von Sachs/Rühli (2011)

Sachs/Rühli (2011) bauen auf dem SHV von Post/Preston/Sachs (2002) auf. Letztere bezogen den SHV auf ein Netzwerk, in dem sich die Interaktionen in erster Linie zwischen dem fokalen Unternehmen und seinen Stakeholdern bezogen.[75] Sachs/Rühli (2011) nehmen für den SHV eine multilateral komplexere Netzwerksicht ein, die über bilaterale Interaktionen zwischen einem Unternehmen und seinem Netzwerk hinausgeht. Mit der Hinzunahme dieser Perspektive werden Beziehungen zwischen allen Netzwerkpartnern eines Netzwerks betrachtet, sodass kein bestimmtes Unternehmen im Zentrum steht, das Stakeholder hat, sondern »das Unternehmen« selbst ein Stakeholder ist. Diese »evolutionäre« Netzwerksicht, die über bilaterale Dialoge hinausgeht, ist ein zentrales Element ihres neuen Stakeholder-Paradigmas. Sie erklären »we understand value creation between firm and stakeholders in the context of relational embeddedness based on mutual multilateral processes [. . .] We assume that if corporations want to tap their stakeholders potentials as a source of continuous value creation, they need more than bilateral dialogues. Rather they need collaborative procedures to build common ground with their multiple stakeholders in a network view«.[76] Auf dieser Netzwerksicht, die auf »mutuality« (Gegenseitigkeit) und nicht auf »self-interest« (Eigennutz) aller Beteiligten gründet, entwickeln sie ihr Verständnis des Stakeholder-Paradigmas und dessen Annahmen. Im Kern operationalisieren sie dieses durch ein Konzept von drei Lizenzen (siehe Abbildung 2.9):[77]

- »Licence to operate« mit den zentralen Stakeholdern Gesellschaft und Politik (cast of stakeholders im Original)
- »Licence to innovate« mit den Ressourceneigentümern als zentrale Stakeholder
- »Licence to compete« mit allen direkten und indirekten Stakeholdern im Netzwerk

Dieses Konzept mit den drei Lizenzen wird dann ausführlich erläutert und wichtige Herausforderungen dieses Paradigmenwechsels kurz aufgezeigt. Insgesamt ist dies ein interessantes, sehr weitreichendes, vielleicht schon zu weitreichendes Konzept und noch nicht abgeschlossen, wie die Autoren auch selbst mit der Bemerkung im Rahmen ihrer Ausführungen zu den drei Lizenzen konstatieren: Das Werk »is not complete, considerable work has to be done«.[78]

74 Post/Preston/Sachs (2002), S. 256. Die Autoren haben ihre Erkenntnisse auch an drei Unternehmensfällen, die den Stakeholder-Ansatz umgesetzt haben, über einen längeren Zeitraum von mehreren Dekaden praktiziert und abgeglichen, um an diesen Beispielen die Schlüssigkeit ihres Konzeptes zu prüfen (vgl. Post/Preston/Sachs (2002), S. 2).

75 Vgl. Post/Preston/Sachs (2002), S. 41.

76 Sachs/Rühli (2011), S. 41.

77 Vgl. Sachs/Rühli (2011), S. 93.

78 Sachs/Rühli (2011), S. 94.

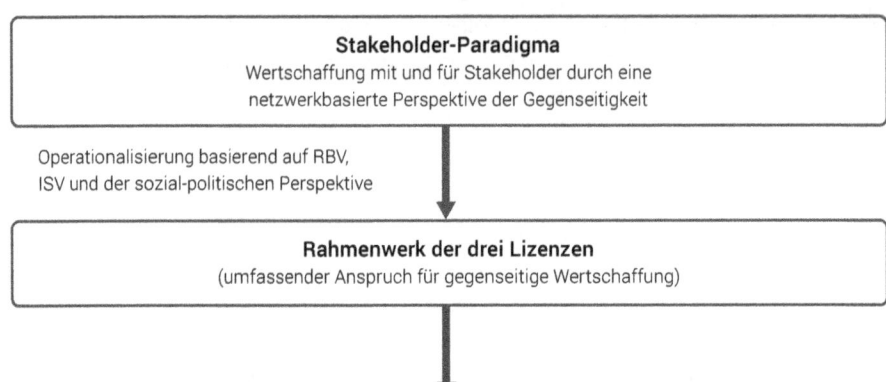

| Aspekte | Lizenzen | | |
	To operate	To innovate	To compete
Besetzung der Stakeholder	▪ Soziale und politische Stakeholder	▪ Eigentümer der Ressourcen	▪ Direkte und indirekte Stakeholder im Netzwerk
(Wert)Beitrag	▪ Von (un)freiwilligen Stakeholdern	▪ Von (nicht-)limitierten Ressourcen	▪ Durch Kooperation, Coopetition, Wettbewerb
Verteilung	▪ Entsprechend den (un)freiwilligen Beiträgen	▪ Entsprechend der Ressourcenverteilung	▪ Entsprechend den direkten und indirekten Beiträgen in Netzwerken
Strategien	▪ Verbesserung gemeinsamer Lösungen; Exploration gemeinsamer Ziele mit sozialen und politischen Stakeholdern	▪ Innovatives Ressourcen-Pooling und Entwicklung; ▪ Kapazität, um mit Stakeholdern zu interagieren	▪ Positionierung/ Benchmarking
Bewertung des Prozesses und des Ergebnisses	▪ Wertschaffung stimuliert durch (Un)Ähnlichkeiten	▪ Wertschaffung durch innovative Lösungen	▪ Wertschaffung durch Motivation innerhalb und zwischen Netzwerken

Abbildung 2.9: Kernelemente der drei Lizenzen zur Operationalisierung des Stakeholder-Paradigmas[79]

2.2.6 Stakeholder-Management und Strategien

Grundsätzlich können für das Stakeholder-Management erprobte Konzepte und Methoden des Strategischen Management und des Marketing angewendet werden, bedürfen allerdings einiger Modifikationen hinsichtlich der Besonderheiten der verschiedenen Stakeholder-Beziehungen. Im Rahmen von Stakeholder-Analysen sind dies vor allem Konzepte wie Segmenting – Targeting – Positioning[80] und Erkenntnisse

79   Eigene Darstellung und Übersetzung in Anlehnung an Sachs/Rühli (2011), S. 93.
80   Vgl. Kotler/Armstrong, S. 237 ff.

und Methoden zum Beziehungsmarketing allgemein, zu Geschäftsbeziehungen und der Beziehungsqualität[81] sowie interaktive Kommunikationstheorien insbesondere Social Media.[82]

Um die zentrale Grundsatzfrage[83] zu klären, wer die wichtigen Stakeholder eines spezifischen Unternehmens oder Netzwerkes sind, kann die Übersicht unternehmensrelevanter Stakeholder-Gruppen nach einer Klassifikation bilateraler Stakeholder-Beziehungsmerkmale erfolgen[84] oder in drei Kategorien nach der Nähe zum Unternehmensgeschehen aufgeteilt werden (siehe Abbildung 2.10).[85]

Mitchell/Agle/Wood (1997) folgend kann der Stellenwert von Stakeholder-Gruppen in der Gesellschaft anhand der Dimensionen Macht, Legitimität und Dringlichkeit beurteilt werden. Die Macht der Stakeholder resultiert u. a. aus finanziellen Mitteln und der Möglichkeit, Medien zu beeinflussen. Legitimität repräsentiert den Grad der Anerkennung der Stakeholder-Gruppe in der Gesellschaft. Dringlichkeit umfasst die Stakeholder-seitige Anforderung an das Unternehmen, möglichst schnell ihren Wünschen entgegenzukommen.[86]

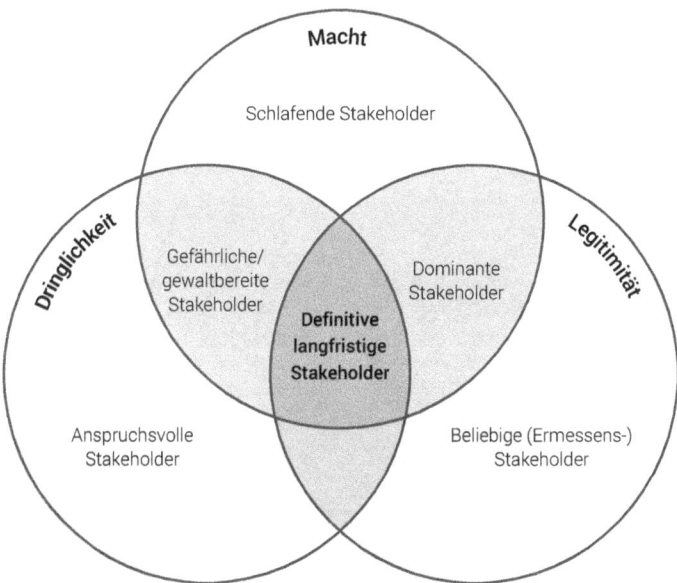

Abbildung 2.10: Mögliche Klassifizierung von Stakeholdern[87]

---

81 Vgl. Morgan/Hunt (1994); Diller/Haas/Ivens (2005).

82 Vgl. Hennig-Thurau/Malthouse/Friege/Gensler/Lobschat/Rangaswamy/Skiera (2010); Malthouse/Haenlein/Skiera/Wege/Zhang (2013).

83 Vgl. zu dieser und weiteren Grundsatzfragen die Übersicht von Laplume/Sonpar/Litz (2008), Tabellen 3–6, S. 1162–1167.

84 Vgl. Mitchell/Agle/Wood (1997), S. 874.

85 Vgl. Post/Preston/Sachs (2002), S. 55.

86 Vgl. Mitchell/Agle/Wood (1997), S. 874.

87 Eigene Darstellung in Anlehnung an Mitchell/Agle/Wood (1997), S. 874.

Im Modell von Post/Preston/Sachs (2002) beschreiben die Autoren in der ersten Kategorie, und damit dem Unternehmen am nächsten, Stakeholder-Gruppen, die eine Investition tangibler und/oder intangibler Ressourcen tätigen. Hierzu zählen Mitarbeiter (beispielsweise Investition in Form von Arbeitskraft), Kunden (beispielsweise Investition in Form von Kauf von Produkten und Dienstleistungen) und Shareholder (finanzielle Investition). In der zweiten Kategorie werden Stakeholder-Gruppen zusammengefasst, die die gesamte Branche beeinflussen, wie beispielsweise Gewerkschaften, Allianzen, Joint Ventures und Regulierungsbehörden. In der dritten Kategorie werden zuletzt Stakeholder-Gruppen erfasst, die einen gesellschaftlichen und politischen Einfluss haben.[88] Beispielhaft wären die Europäische Kommission und der Ministerrat, Regierungen und staatliche Verwaltungen. Die Nähe einer Stakeholder-Gruppe zum Unternehmen in der Grafik hat allerdings keine Aussagekraft hinsichtlich ihrer tatsächlichen Bedeutung (siehe Abbildung 2.11).

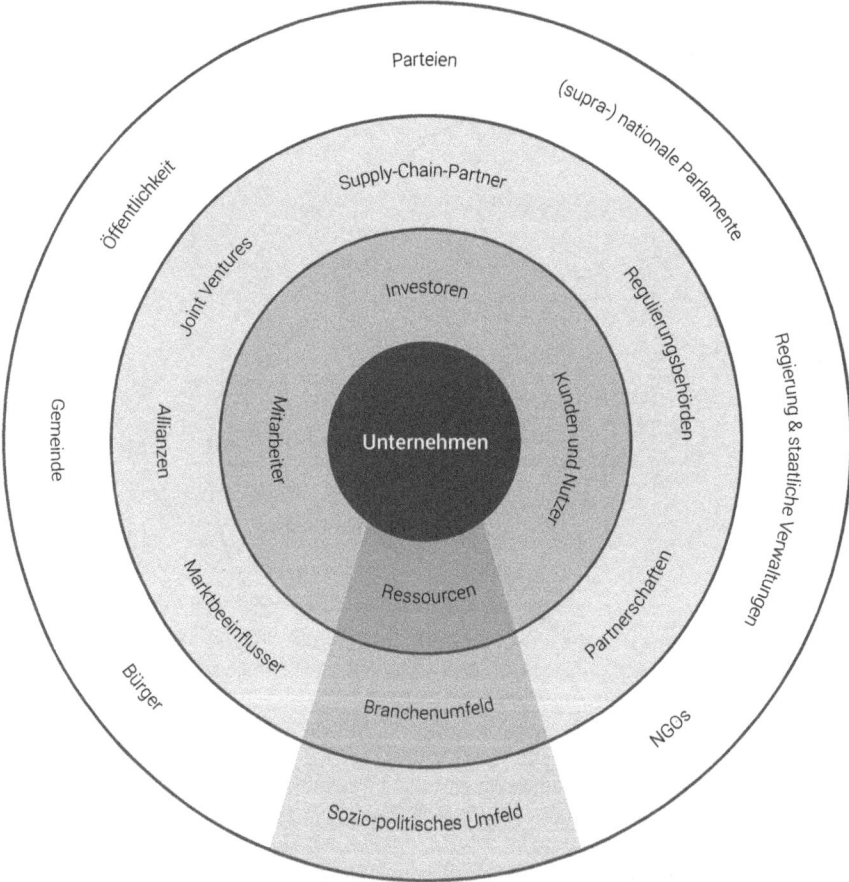

Abbildung 2.11: Der Stakeholder-View des Unternehmens [89]

88   Vgl. Post/Preston/Sachs (2002), S. 55.
89   Eigene Darstellung und Weiterentwicklung in Anlehnung an Post/Preston/Sachs (2002), S. 55 ff.

Anmerkung: Die Beziehung und Ergänzung zwischen RBV und ISV und SHV wird in Abbildung 2.11 nochmals deutlich. Diese zeigt die verschiedenen »Stakeholder-Schichten« entsprechend den drei Sichtweisen und der Nähe zum Kern eines Unternehmens, nicht unbedingt aber deren relative Bedeutung.

Das dargestellte Modell wird als zentral-instrumentalistisch bezeichnet und stellt ein Unternehmen in das Zentrum des Geschehens (siehe Abbildung 2.12). Es werden demnach nur Beziehungen zwischen dem Unternehmen und den Stakeholder-Gruppen betrachtet. Um diese Vereinfachung beheben zu können, wie in diesem Beitrag bereits erläutert, können Unternehmen als Teil eines Netzwerks mit seinen Stakeholdern gesehen werden. So können sowohl die Interdependenzen zwischen den einzelnen Stakeholder-Gruppen abgebildet[90] als auch der multilaterale Stakeholder-Dialog erfasst werden.[91] Als Teil des Netzwerksystems ist das Unternehmen ein Akteur, durch den andere Stakeholder, die dem Netzwerksystem angehören, kommunizieren und interagieren.

In der Managementrealität sind noch viele weitere Kategorisierungen von Stakeholder- Gruppen und -beziehungen möglich und nützlich, je nach den konkreten Zielsetzungen. Denkbar ist die Kategorisierung der verschiedenen »Zielgruppen« nach der Art oder der strategischen Bedeutung der Ressourcen dieser Zielgruppe, der Art

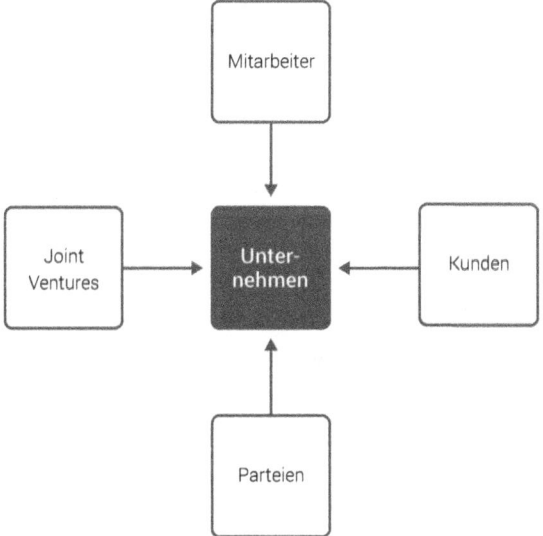

Abbildung 2.12: Zentral-instrumentalistischer Stakeholder-Ansatz: Das Unternehmen im Zentrum des Geschehens – ein vereinfachtes Beispiel[92]

90 Vgl. Rowley (1997); Vanderkerckhove/Detchev (2005).

91 Vgl. Calton/Kurland (1996).

92 Eigene Darstellung in Anlehnung an Rowley (1997), S. 89; Anmerkung: Die Pfeile symbolisieren direkte Beziehungen zwischen den jeweils angeführten Stakeholder-Gruppen.

der Nutzen/Schäden, der Art der Interessen/Themen, Ansprüche, Einstellungen, Qualität und Stärke der Beziehungen zum fokalen Unternehmen etc.[93]

Die Kategorisierung und Priorisierung der verschiedenen Stakeholder-Gruppen sollte für das gesamte Unternehmen, einzelne Standorte/Regionen, einzelne Divisionen und strategische Geschäftseinheiten erfolgen, weil auf dieser umfassenden Basis sowohl das grundsätzliche strategische Verhalten als auch das spezifische Verhalten gegenüber verschiedenen Stakeholder-Gruppen festgelegt und abgestimmt werden kann.

An dieser Stelle stellt sich die zentrale Frage, auf welche Strategien Unternehmen im Stakeholder-Management, bezogen auf bestimmte Stakeholder-Gruppen, zurückgreifen können. Meffert/Burmann/Kirchgeorg (2012) schlagen vier Optionen vor[94]:

1. Strategie der Innovation (proaktive Strategie):

   Kennzeichen: überdurchschnittlich proaktives Agieren, aktive Gestaltung der Beziehung zu diversen Stakeholder-Gruppen, Antizipation von Erwartungen und Wünschen der Stakeholder-Gruppen

   Unternehmensbeispiel: Apple, Pionier im Bereich Technologie bzw. technologische Services

2. Strategie des Ausweichens/der Anpassung durch Rückzug:

   Kennzeichen: defensives/reaktives Agieren, umfassende Analyse der Wettbewerbsaktivitäten und Marktgeschehnisse, Eingehen auf die essenziellsten Erwartungen der Stakeholder-Gruppen

   Unternehmensbeispiel: Nestlé: Das Unternehmen zog sich im Rahmen der Ukraine-Krise erst nach heftiger Kritik (Shitstorm) aus dem russischen Markt zurück und bietet dort fortan nur noch Grundnahrungsmittel sowie medizinische und krankenhauspflichtige Produkte zur Ernährung an.[95]

3. Strategie des Widerstandes:

   Kennzeichen: proaktives und reaktives Agieren, Einsatz gegen bestimmte Forderungen von Stakeholder-Gruppen (proaktiv) bzw. Weigerung, auf bestimmte Erwartungen/Anforderungen der Stakeholder-Gruppen einzugehen (reaktiv)

   Unternehmensbeispiele:

   (aktiv): Die FIFA hielt an der WM in Qatar 2022 fest, obwohl eine Vielzahl an Stakeholdern (z. B. Menschenrechtsorganisationen) die Menschenrechtslage sowie die Arbeitsbedingungen dort seit Jahren kontinuierlich kritisieren.

---

93 Payne/Ballantyne/Christopher (2005) unterscheiden dabei zwischen verschiedenen »Märkten«, die für das Unternehmen von Bedeutung sind: Customer markets, referral markets, influencer markets, employee markets, supplier markets and internal markets; vgl. für eine alternative Klassifizierung der Stakeholder u. a. Payne/Ballantyne/Christopher (2005), S. 860.

94 Vgl. Meffert/Burmann/Kirchgeorg (2012), S. 330 f.

95 FAZ (2022).

(reaktiv): Shell: die beabsichtigte Versenkung der Öllagerplattform Brent Spar im Nordatlantik

4. Strategie des Ausweichens durch Problemverlagerung:

Kennzeichen: reaktives Agieren, passive Gestaltung der Beziehungen zu diversen Stakeholder-Gruppen, Problemverlagerung, um Anforderungen nicht gerecht werden zu müssen.

Unternehmensbeispiel: Das Touristikunternehmen TUI zog sich aus einem Urlaubsgebiet in der Karibik zurück, da die sehr anspruchsvollen internen Umweltschutzleitlinien in dem bestimmten Urlaubsgebiet in der Karibik nicht gewährleistet werden konnten.

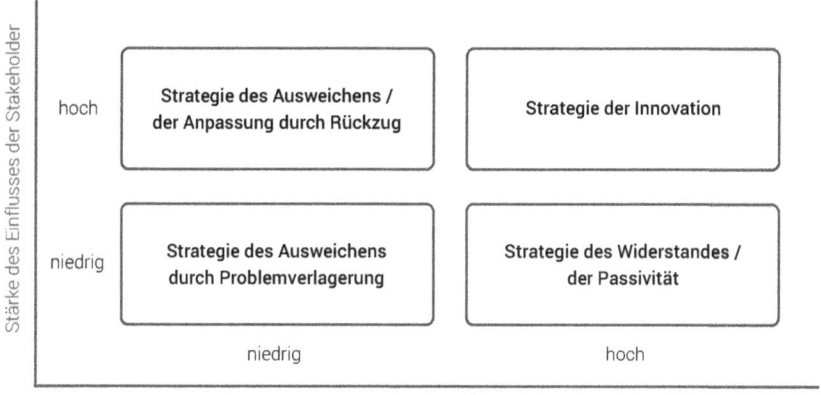

Abbildung 2.13: Anspruchsgruppengerichtete Strategien im situativen Kontext[96]

Diese Strategiearten weisen unterschiedliche Herangehensweisen auf, Stakeholder in die Planung und Umsetzung von Unternehmensaktivitäten zu integrieren. Nun stellt sich die Frage, woran Unternehmen festmachen sollten, welche Strategie zu bevorzugen ist. Wie in Abbildung 2.13 zu sehen ist, ist die Wahl der Strategie grundsätzlich im Hinblick auf die eigene Unternehmensstärke und den Einfluss der im Fokus stehenden Anspruchsgruppen zu wählen.

Die Unternehmensstärke wird dabei durch die Wettbewerbsposition und die verfügbaren internen Ressourcen determiniert. Die Stärke des Einflusses der Anspruchsgruppen hängt dagegen hauptsächlich von ihrem Stellenwert in der Gesellschaft und der Bedeutung des Anliegens in der öffentlichen Diskussion ab. Zur Evaluation der eigenen Unternehmensstärke hat jedes Unternehmen mit der Zeit passende Instrumente entwickelt, um diesen Anforderungen gerecht zu werden. Nachdem sowohl die Unternehmensstärke als auch die Stärke des Einflusses der Stakeholder evaluiert wurden, kann anschließend die passende Strategie gewählt werden (für konkrete Unternehmensbeispiele siehe Strategiearten 2-4 im vorherigen Abschnitt).

---

96 Eigene Darstellung in Anlehnung an Meffert/Burmann/Kirchgeorg (2012), S. 331.

2.2.7 Beispielhafte Anwendungen des Stakeholder-View im Marketing

Im Zuge der zunehmenden Stakeholder-Orientierung verändern sich auch das Marketingverständnis sowie das Verständnis der Unternehmensführung allgemein. Marketing kann dementsprechend folgendermaßen definiert werden: »[. . .] unter aktiver Beteiligung aller Wertschöpfungspartner auf effiziente Art und Weise überlegenen Nutzen für die unterschiedlichen Anspruchsgruppen/Stakeholder einer Organisation zu schaffen, um so nachhaltig überdurchschnittliche Wertzuwächse zu erzielen«.[97] In der Praxis kann Marketing defensiv oder offensiv betrieben werden. Offensives Marketing bedeutet dann »[. . .] das gesamte Potenzial des Marketing zu erschließen und auszuschöpfen [. . .] Märkte anzuführen, überlegenen *Kundennutzen* zu liefern, *Risiken* einzugehen und die Wettbewerber in die *Nachahmerposition* zu zwingen«.[98] Offensives Marketing zielt darauf ab, das Verhalten von Kunden/Stakeholdern nicht als gegeben, sondern auch als veränderbar zu betrachten und ebenso auch offensiv Kundenstrukturen ändern zu können sowie eigene Ressourcen weiterzuentwickeln.[99] Dies gilt sinngemäß auch für ein offensives Stakeholder-Management. Mit ihrer 2013 veröffentlichten Definition »Marketing is the activity, set of institutions, and processes for creating communicating, delivering, and exchanging offerings that have value for customers, clients, and society at large«[100] schließt sich die American Marketing Association diesem weiten Verständnis von Marketing an.

Ein weiteres Indiz dafür, dass die Stakeholder-Orientierung an Bedeutung gewinnt, zeigt sich z. B. daran, dass das Journal of Business Research diesem Thema im Jahre 2013 eine vollständige Ausgabe gewidmet hat. Im Einführungsartikel von Kornum/ Mühlbacher (2013) motivieren die beiden Autoren das Thema des »Multi-Stakeholder-Virtual-Dialogue« und gehen auf die Inhalte dieser Sonderausgabe ein. Dreh- und Angelpunkt sind dabei die Interaktionen mit und zwischen Stakeholdern, insbesondere im Online-Bereich. Eine Vielzahl an teilweise unkontrollierbaren Interaktionen und daraus entstehenden komplexen Beziehungen führt dazu, dass das heutige Stakeholder-Management neuen Chancen, aber insbesondere auch neuen Herausforderungen gegenübersteht. Ziel muss es in diesem Zusammenhang sein, die relevanten Stakeholder in die Unternehmensprozesse einzubinden und dabei eine Vorstellung von den Zusammenhängen im Rahmen des eigenen Netzwerks und im Optimalfall auch für die Zusammenhänge zwischen unterschiedlichen Stakeholder-Netzwerken zu verstehen und analysieren zu können. Diese resultierende Komplexität führt dazu, dass Unternehmen zunehmend in Marketing und Strategie umdenken bzw. vielmehr »weiterdenken« und neue Fähigkeiten entwickeln bzw. weiterentwickeln müssen. Einen ersten Ansatz für potenzielle Stakeholder-bezogene Marketing-Fähigkeiten dazu liefern Hillebrand/Driessen/Koll (2015) und Wagner (2017).

---

97   Meyer/Davidson (2016); Meyer (2019), S. 48.

98   Meyer/Davidson (2001), S. 65.

99   Meyer/Davidson (2001).

100 American Marketing Association (2013).

Die Anwendung des Stakeholder-Views auf etablierte Tools im Bereich des Marketing und der Strategie verlangt, dass diese an die holistische Denkweise angepasst werden. Dies wird im Folgenden anhand von zwei Beispielen erläutert: So kann durch die Integration sozialer und politischer Stakeholder-Angelegenheiten in die klassische Portersche Wertschöpfungskette (siehe Abbildung 2.14) veranschaulicht werden, welche Konsequenzen sich daraus für Unternehmen ergeben.[101] Hierbei wird deutlich, dass alle Wertschöpfungsprozesse letztendlich Co-Creation-Aktivitäten oder Ergebnisse von Co-Creation-Prozessen verschiedenster Stakeholder(-Gruppen) sind. Zur Darstellung ist anzumerken, dass die Abbildung als lineare Wertschöpfungskette im Rahmen von Input-Output-Beziehungen ihre prinzipielle Richtigkeit hat; wird der Stakeholder-View allerdings in letzter Konsequenz angewendet, sollte die Wertschöpfungskette in ein Wertschöpfungsnetzwerk umgestaltet werden, das an allen potenziellen Interaktionspunkten zwischen Unternehmen und Stakeholdern Stakeholder-Angelegenheiten als relevant aufgreift und im Dialog diskutiert.

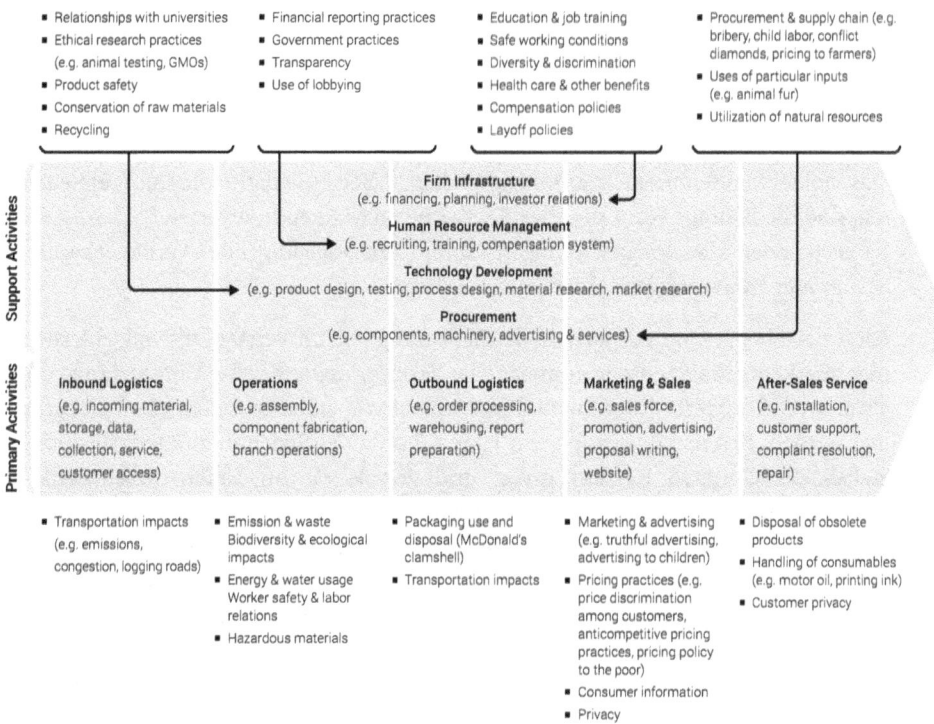

Abbildung 2.14: Portersche Wertschöpfungskette erweitert um soziale und politische Issues[102]

Aus wissenschaftlich-theoretischer Perspektive ist es interessant, dass, völlig unabhängig von den hier referierten theoretischen Konzepten des Stakeholder-View und ohne

---

101 Vgl. Porter/Kramer (2006), S. 8.

102 Eigene Darstellung in Anlehnung an Porter/Kramer (2006), S. 8.

wechselseitige Bezüge, die theoretischen Entwicklungen zu einer neuen Logik im Marketing in den letzten zehn Jahren inhaltlich viele Ähnlichkeiten aufweisen. Angeführt mit der Veröffentlichung von Vargo/Lusch mit dem Titel »Evolving to the New Dominant Logic for Marketing« im Journal of Marketing im Jahr 2004 wurden viele theoretische Erkenntnisse und Implikationen insbesondere hinsichtlich des Co-Creation-Konstruktes[103] publiziert. So ähneln einige der fundamentalen Prämissen der servicedominanten Logik von Vargo/Lusch stark den Annahmen der modernen Stakeholder-Theorie, wie z. B. »all social and economic actors are resource integrators«,[104] was sich bereits früher ebenso teilweise in den Ausführungen der wissenschaftlichen Service-Marketing-Literatur finden lässt.[105] Diese theoretischen Konvergenzen in den verschiedenen Managementdisziplinen könnten auf einen umfassenden Paradigmenwechsel hindeuten.

Dieser zeigt sich auch im Bereich des Markenverständnisses und der Markenführung in einem Prozess des Umdenkens sowohl für die Marke als auch für das Markenmanagement. Markenbildungsprozesse sind und werden immer stärker als dynamische, interaktive und soziale Prozesse verstanden, womit in der Folge Markenbilder bzw. Markenimages zum Teil in hohem Maße nicht mehr von Markeninhabern gesteuert werden können. Dieser resultierende Kontrollverlust erschwert die traditionelle Markenführung deutlich – bietet allerdings auch neue Möglichkeiten, die Marke durch die Stakeholder kundenorientierter mitzugestalten.[106] Beispiele dafür, die sofort einleuchten, sind die Beiträge von Fans oder Kritikern von Marken in diversen Social-Media-Kanälen oder die Imagewirkungen durch imageschädigende Verhaltensweisen bestimmter Fahrergruppen einer Automobilmarke.

Diese neue Logik zeigt sich auch in der Bedeutung und im Verständnis von Unternehmensmarken, die als zentrale, immaterielle Vermögenswerte vieler Unternehmen und als immer wichtigeres Koordinationsinstrument von globalen Unternehmen angesehen werden. Bereits vor knapp zehn Jahren wurde die Bedeutung unterschiedlicher Stakeholder-Gruppen für das Image und den Wert von Unternehmensmarken erkannt.[107] Im Zuge dieser Entwicklung wird von einer »Markendemokratisierung« gesprochen. Damit wird ausgeführt, dass die Bedeutung von Marken und deren Persönlichkeit öffentlich – begünstigt durch das Web 2.0 – diskutiert wird und sich gemeinsam im Dialog mit diversen Stakeholder-Gruppen im Co-Creation-Prozess entwickelt. Durch die Vernetzung der verschiedensten Stakeholder ist die Reichweite des Dialogs immens. Dementsprechend wird Markenführung heutzutage nicht mehr in erster Linie als ein autonomer Management-Prozess von einem Unternehmen verstanden, sondern als dynamischer Austausch- und Interaktionsprozess zwischen

103 Siehe auch Prahalad/Ramaswamy (2004).
104 Vargo/Lusch (2008), S. 7.
105 Vgl. Lusch/Vargo (2006).
106 Jakić/Wagner/Meyer (2019).
107 Vgl. Balmer/Gray (2003); Chun/Davies (2006).

Stakeholder-Gruppen und dem Unternehmen. Dadurch ändert sich die Bedeutung und die Rolle der Markenverantwortlichen im Unternehmen, weil sie möglichst alle internen und externen Stakeholder systematisch in den Markenführungsprozess einbeziehen sollten, aber dennoch auf die Bewahrung des Markenkerns achten müssen.[108] Wenn dabei die Interdependenzen unterschiedlicher Stakeholder-Gruppen untereinander ohne Miteinbeziehung des Markenmanagements hinzukommen, wird dieser »Koordinationsprozess« erschwert.[109]

Merz/He/Vargo (2009) zeigen anhand der service-dominant logic, wie sich die Entwicklung des Markenverständnisses und der damit einhergehenden Bedeutungsverschiebung verschiedener Markenressourcen von einer »Product-Branding-Logik« (Kennzeichnungslogik) bis hin zur »Stakeholder fokussierten Branding-Logik«, einem dynamischen, interaktiven und sozialen Prozess, weiterentwickelt hat (siehe Abbildung 2.15).

Abbildung 2.15: Wandel der Branding-Logik induziert durch die servicedominante Logik[110]

Geht man noch einen Schritt weiter, in die Ära der Postmoderne, wird schnell klar, dass die Markenführung immer stärker in einem die Stakeholder integrierenden Dienstleistungs-Ökosystem stattfindet. So zeigen Jakić/Wagner/Meyer (2019), dass die Bedeutung der Marke (Brand Meaning) als das zentrale Konstrukt der zukünftigen Markenführung plattform- und stakeholderübergreifend wichtiger wird: Zum einen zeigt die Marke konfliktäre Stakeholder-Interessen auf und versucht, diese in Einklang zu bringen; zum anderen vereint sie komplementäre Stakeholder-Bedürfnisse und kreiert so (gemeinschaftlichen) Nutzen bzw. Wert. Damit ist es das Ziel der

---

108 Vgl. Kornum/Mühlbacher (2013); Gyrd-Jones/Kornum (2013).

109 Vgl. Vallester/Wallpach (2013).

110 Eigene Darstellung in Anlehnung an Merz/He/Vargo (2009), S. 331.

postmodernen Markenführung, mit allen relevanten Stakeholdern »einen nutzenstiftenden Markenkern herauszuarbeiten, der in der Markenperipherie stets iterativ gemeinsam (weiter-)verhandelt und (weiter-)entwickelt wird.«[111]

2.2.8 Zusammenfassung und Ausblick

Auf einen kurzen Nenner gebracht: Sowohl in der Unternehmenspraxis als auch in der Wissenschaft wendet sich der strategische Fokus immer stärker vom Shareholder-Ansatz ab und hin zum Stakeholder-Ansatz, mit dem Ziel, das Organizational Wealth zu maximieren. Dabei sollten Unternehmen als Teil eines Netzwerkes interdependenter Beziehungen verstanden werden. Dies bedeutet, dass Unternehmen nicht nur ihre Beziehungen zu ihren Stakeholdern, sondern auch die Beziehungen zwischen ihren Stakeholdern in ihre unternehmerischen Entscheidungen einbeziehen sollten.[112] Dementsprechend wird auch künftig in Wissenschaft und Praxis das Thema »Stakeholder Multiplicity« an Bedeutung gewinnen.[113] Was muss ein Unternehmen folglich verinnerlichen? Basierend auf Freemans (2004) Ausführungen und der steigenden Bedeutung der Stakeholder-Netzwerksysteme wird Folgendes vorgeschlagen:

- Gesellschaft, Politik u. a. sind keine Rahmenbedingungen, sondern wichtige Stakeholder.
- Die Einflüsse des eigenen unternehmerischen Handelns auf andere Stakeholder sollen berücksichtigt werden.
- Demnach sollten Verhaltensweisen, Werte und Anforderungen der Stakeholder verstanden, analysiert und adressiert werden.
- Unternehmen sollten verstehen, wie Stakeholder-Gruppen untereinander vernetzt sind.
- Unternehmen sollten Interdependenzen sowie Interaktionen zwischen den Stakeholder-Gruppen analysieren und bei ihren strategischen und operativen Entscheidungen mitberücksichtigen.
- Die Stakeholder-Orientierung sollte an unternehmerischen Prozessen und Strukturen ansetzen.
- Die Interessen der Stakeholder sollten über die Zeit hinweg ausbalanciert sein.

Im Ergebnis steigt damit die Komplexität der Unternehmensführung. Die einstigen sozio-politischen »Rahmenbedingungen« sind integrativer Teil des Stakeholder-Netzwerkes eines Unternehmens, und vielfach sind Beziehungen zu sozio-politischen Stakeholder-Gruppen (siehe Abbildung 2.16) wie zu NGOs und der Politik genauso wichtig wie zu Kapitalgebern, Kunden, Mitarbeitern und Lieferanten.

Im Sinne eines proaktiven Managements ist es damit auf jeden Fall besser, sich auch mit diesen (sozio-politischen) Stakeholdern rechtzeitig im Dialog auszutauschen, um deren Interessen zu kennen, zu verstehen und wenn möglich auch zu berücksichtigen und nicht erst, wenn die »Licence to operate« oder die eigenen Wettbewerbsvorteile

---

111 Vgl. Jakić/Wagner/Meyer (2019), S. 752.
112 Vgl. Matzler/Pechlaner/Renzl (2003); Holtbrügge/Puck (2009).
113 Vgl. Neville/Menguc (2006).

gefährdet sind, damit zu beginnen. Was für ein Unternehmen gilt – dass es gleichzeitig ein Stakeholder in einem Netzwerk ist und Stakeholder hat –, gilt auch für Politik und NGOs – sie *sind* Stakeholder und sie *haben* Stakeholder. Auch sie können ihre Wettbewerbsvorteile und ihre »Licence to operate« verlieren. Es sollte für uns alle das Prinzip von Reziprozität und Fairness gelten.

Rechtstatus	Herkunft	
	national	international
öffentlich	• Staatliche Institutionen (z.B. Regierung, lokale Administration)	• Supranationale Organisationen (z.B. EU, IWF, WTO)
privat	• Non-Governmental Organisations (NGOs) (z.B. Gewerkschaften, Verbände, Medien)	• Internationale Non-Governmental Organisations (z.B. Greenpeace, Amnesty International)

Abbildung 2.16: Herkunft und Rechtsstatus sozio-politischer Stakeholder-Gruppen[114]

2.2.9 Schlusswort

Der Stakeholder-Ansatz wird den Shareholder-Ansatz ablösen! Oder: Der Shareholder-Ansatz wird ein Aspekt des umfassenderen Stakeholder-Ansatzes und folglich in diesen integriert. Letztendlich deshalb, weil der Shareholder-Ansatz durch die Art und Weise, wie er in der Management-Praxis angewendet wurde, zu oft und zu einseitigem, kurzfristigem und übertriebenem Profitstreben geführt hat. Mitunter ist der Shareholder-Value-Ansatz (Mit-)Verursacher vieler Krisen, Fehlentscheidungen in Gesellschaft, Natur und Wirtschaft allgemein. Die hinter dem Shareholder-Value-Ansatz stehenden Menschenbilder, wie das des rationalen »Homo oeconomicus«, die daraus abgeleiteten Modelle, Management-Philosophien und das resultierende Management-Fehlverhalten sind nicht mehr mit der komplexen und dynamischen Realität vereinbar und schon gar nicht mehr in ihrer exzessiven Form wünschenswert.

Finanzielle Leistungskennzahlen eines Unternehmens oder einer Volkswirtschaft sind wichtig, aber allein zu einseitig und nur ein Mittel, eine Voraussetzung, Teil eines komplexen Nutzenkonstruktes für die Menschen und die Gesellschaft, respektive die Summe aller Stakeholder. Ein wesentlich wichtigerer Aspekt für alle Unternehmen ist die gesellschaftliche Akzeptanz. Diese ist bereits heute und wird in Zukunft umso mehr ein entscheidender Vermögenswert jedes Unternehmens sein. Nicht zuletzt, weil dieser auch der einzige Vermögenswert ist, der nicht autonom hergestellt bzw. beschafft werden kann, sondern gemeinsam über Interaktionen in komplexen Netzwerkstrukturen entwickelt wird und stets dynamisch bleibt. Somit ist die Annahme, dass eine einmal erworbene Betriebserlaubnis endgültig ist, ein Irrglaube – eine nostalgische Anekdote einer längst vergangenen Zeit – kurz: schlichtweg falsch. Vielmehr muss die »Licence to operate« immer wieder aufs Neue »verdient« werden.[115]

---

114 Eigene Darstellung in Anlehnung an Holtbrügge/Berg/Puck (2007), S. 50.
115 Vgl. Post/Preston/Sachs (2002), S. 248.

2.3 Bedeutung des Intermediärs in der Interessenvertretung, abgeleitet von Theorien zu marktlichen Austauschbeziehungen

von Anton Meyer und Anja Meindl

Im vorherigen Abschnitt haben Sie Generelles zum Begriff Stakeholder und Stakeholder-Management erfahren. Der folgende Beitrag wendet dies nun für den konkreten Fall der Interessenvertretung an. Für einen Überblick zu den Stakeholdern in der EU siehe Kapitel 5. Neben den Institutionen der EU (Kommission, Parlament und Rat) werden dort auch gesellschaftliche Stakeholder (z. B. Unternehmen, NGOs, Kirchen, Sozialverbände, Gewerkschaften etc.) vorgestellt und ihre Charakteristika sowie Wesensmerkmale thematisiert. Zur Begriffsdefinition von Interessenvertretung und der Abgrenzung verschiedener Arten von Interessenvertretung siehe Kapitel 3. Dieser Abschnitt bildet die Einordnung der Interessenvertretungen in die ökonomische Theorie (Abschnitt 2.3.1). In Hinblick auf politische Interessenvertretungen oder Governmental-Relations-Manager (siehe Kapitel 8), die die Rolle von Intermediären innerhalb der politischen Stakeholder der EU einnehmen, lassen sich Theorien, die die Existenz und Bedeutung von Intermediären innerhalb von marktlichen Austauschbeziehungen erklären, zurate ziehen, um die Existenz von Governmental-Relations-Managern zu legitimieren und ihre besondere Rolle und Bedeutung zu verstehen.

2.3.1 Intermediäre

2.3.1.1 Begriffsdefinitionen

Ausgangspunkt der wissenschaftlichen Betrachtung von Intermediären sind die frühen Handelstheorien des 18. Jahrhunderts.[116] Der Begriff stammt von *inter* (lateinisch) = zwischen/unter/während und *medius* (lateinisch) = der mittlere, dazwischenliegend. Die vielfältigen Formen von Intermediären, die sich auf Handel, Innovation, Marketing, Finanz- oder digitale Intermediäre beziehen, spiegeln sich in den vielfältigen multiplen und unterschiedlichsten Definitionen wider, die eine einheitliche Begriffsdefinition erschweren. Abbildung 2.17 zeigt eine kleine Auswahl an beispielhaften Definitionen. Um ein einheitliches Begriffsverständnis für diese Veröffentlichung zu generieren, legen wir die folgende Definition zugrunde: ein Intermediär ist »[. . .] *an independent, profit-maximizing economic agent mediating between two market sides in presence of market imperfections*«[117]. Märkte und ihre Unvollkommenheit sind also zentral für das Konzept der Intermediation.

---

116 Vgl. Stearat (1767).
117 Rose (1999), S. 51.

Ein *Markt* ist als komplexes ökonomisches und soziales Beziehungsnetz zu begreifen[118] und beschreibt den Ort des Zusammentreffens von Angebot und Nachfrage an bzw. nach materiellen Leistungen, Diensten oder Chancen (im Sinne von Rechten).[119] Märkte sollen Austausch ermöglichen. Ein Tausch ist allerdings erst dann potenziell möglich, wenn neben dem entsprechend notwendigen Tauschbedürfnis beider Tauschparteien die Tauschabsichten von Anbieter und Nachfrager zeitlich auch zusammenfallen und räumlich abwickelbar sind. Das heißt, sie müssen sowohl sachlich (was soll getauscht werden), persönlich (welche Akteure sind involviert) als auch räumlich (wo kann ein Tausch vollzogen werden) und zeitlich (wann kann ein Tausch vollzogen werden) spezifizierbar und als ein aus der Gesamtmenge an ökonomischen Interdependenzen isoliert zu betrachtendes Subsystem zu verstehen sein. Dementsprechend definiert sich ein Markt im Allgemeinen als »die (vom Untersuchungszweck abhängige) sachliche, persönliche, zeitliche und räumliche Abgrenzung einer Menge (≥ 1) von Gütern, Nachfragern und Anbietern, die zusammen ein ökonomisches und soziales Beziehungsnetz bilden«[120].

Allen Definitionen gemein ist die Annahme, dass Intermediäre eine potenzielle Mittelstellung innerhalb der Wertschöpfungskette zwischen »herstellendem« Anbieter und konsumierendem Nachfrager einnehmen, wobei sich die Intermediation auch durch ihre Bedingtheit von sowie Relativität zu Angebot und Nachfrage auszeichnet und Intermediäre in jeglicher Konzeptualisierung als entscheidende Mediatoren in der Wertschöpfungskette gesehen werden.[121] Dabei verstehen wir Intermediäre als unabhängige ökonomische Teilnehmer am Markt, die eine individuelle Gewinnmaximierung anstreben.[122] Entscheidend ist, dass die Beteiligung von Intermediären als sog. »market-maker«[123] bzw. »match-maker« – den Austausch, vor allem in räumlicher und zeitlicher Hinsicht, häufig erst ermöglichen oder zumindest den Zugang zu Märkten erleichtern.[124]

Auf welchen Annahmen diese Vorteilhaftigkeit beruht bzw. wie es zu selbigen kommt, kann mit diversen ökonomischen und verhaltenswissenschaftlichen Theorien erklärt werden.

---

118 Vgl. Piekenbrock/Hennig (2013), S. 164.

119 Vgl. Homburg/Krohmer (2006), S. 2; Meyer (1973), S. 40 ff.

120 Piekenbrock/Hennig (2013), S. 165.

121 Vgl. Chircu/Kauffman (1999), S. 109; von Walter/Hess (2005), S. 19; Rose (1999), S. 51.

122 Vgl. Rose (1999), S. 51. Wir grenzen also unser Verständnis von Intermediären auf Fälle ein, die für ihr Engagement eine Form von Bezahlung erhalten. Diese wird als Provision bezeichnet und schließt freundschaftliche Dienste oder Gefallen aus (vgl. von Walter/Hess (2005), S. 40; Picot/Reichwald/Wigand (2003), S. 377).

123 Cummins/Doherty (2006), S. 360.

124 Vgl. Hess/von Walter (2006), S. 3. Intermediäre können entsprechend als spezielle System- bzw. Markt-Beeinflusser verstanden werden, größtenteils und vor allem der Gruppe der Marktberater zugeordnet werden; vgl. Meyer (1973), S. 88.

Steuart, J. (1767), S. 177	»This operation is trade: it relieves both parties of the whole trouble of transportation, and adjusting wants to wants, or wants to money. The merchant represents by turns both the consumer, the manufacturer, and the money. To the consumer he appears as the whole body of manu-facturers; to the manufacturers, as the whole body of consumers; and to the one and the other class his credit supplies the use of money.«
Oxford Advanced Learner's Dictionary, (2005), S. 812	»A person or an organization that helps other people or organizations to make an agreement by being a means of communication between them.«
Picot et al. (2003), S. 377	»Unter Intermediären werden im Allgemeinen Akteure verstanden, die weder als Anbieter noch als Nachfrager auftreten, sondern das Funktionieren des Marktes insgesamt erleichtern oder erst ermöglichen und dafür eine Provision o. ä. erhalten«
Yavas, A. (1995), S. 18	»One of the main explanations of intermediaries in search markets … is that they **resolve … inefficiencies in return for a profit.**«
Zeithaml, V. A., Bitner, M. J. (2003), S. 367	»Service intermediaries perform **many important functions for the service principal** − **coproducing** the service, making services **locally available**, and functioning as the **bond between the principal and the customer.**«
Rose, F. (1999), The Economics, Concept, and Design of Information Intermediaries, S. 51	»An intermediary is **an independent, profit-maximizing economic agent mediating between two market sides** in presence of market imperfections. Intermediation is the **bridging the incompatibilities** between the two (market) sides involved in a transaction by transformation of output attributes of the supply market side to appropriate input attributes of the demand market side.«
Lee, J., Son J.-Y., Suh, K.-S., 2010, International Journal of Electronic Commerce, S. 70	»Online marketplaces are often established and run by a third-party intermediary that **matches buyers and sellers, and facilitates transactions between them.** This is because intermediaries hold a proprietary position as the sole owners of trans- action information. By **amassing and analyzing** a vast amount of transaction information, intermediaries are able to play a crucial role as the **provider of a knowledge platform** through which participating sellers can obtain valuable market knowledge about customers and competitors.«
Donnelly, J. H. (1976), Journal of Marketing, S. 56 f.	»Channels of distribution have evolved in many service industries, which use **separate organizational entities** as intermediaries **between the producer and user of the service.** These intermediaries play **a variety of roles in making the services available** to prospective users." „**Any extra-corporate entity between** the **producer of a service** and **prospective users** that is utilized to **make the service available** and/or more convenient is a marketing intermediary for that service.«

Abbildung 2.17: Exemplarische Definitionen zu Intermediären

2.3.1.2 Intermediäre erklärt durch ökonomische Theorien

In neoklassischen Theorien spielen Intermediäre keine Rolle, da deren grundsätzliche Annahme von perfekten Märkten[125] keinen Raum für Mittelsmänner lässt.[126] Diese

---

125 Die Annahmen eines vollkommenen Marktes umfassen vollständige Markttransparenz, unmittelbare Reaktionsgeschwindigkeit, das Nichtvorhandensein von Präferenzen sowie strikt rationales Entscheidungsverhalten seitens Anbieter und Nachfrager, das Nichtvorhandensein von Transportkosten sowie das zeitliche Zusammenfallen von Angebot und Nachfrage; vgl. dazu Mecke/Piekenbrock/Sauerland (2014); Hess/von Walter (2006), S. 3; Scholes/Benston/Smith (1976), S. 217; Allen/Santomero (1998), S. 1462.

126 Vgl. Hess/von Walter (2006), S. 3; Scholes/Benston/Smith (1976), S. 217.

können sich weder asymmetrisch verteilte Informationen zunutze machen[127] noch Margen abschöpfen, da perfekte Märkte einheitliche und transparente Preise garantieren.[128] Deswegen sind neoinstitutionelle Annahmen von unvollkommenen Märkten eine notwendige Voraussetzung für eine wissenschaftliche Analyse und Legitimation von Intermediären.[129] In diesem Sinne ist die Existenz von Intermediären in Märkten aus einer (wohlfahrts-)ökonomischen Perspektive im Umkehrschluss dann vor allem damit zu begründen, dass Intermediäre idealtypischerweise Ineffizienzen im Markt (gegen ein entsprechendes Entgelt) reduzieren, wie die folgenden Ausführungen zeigen werden.[130]

2.3.1.2.1 Transaktionskostentheorie

Die Transaktionskostentheorie[131] beschäftigt sich mit Kosten, die auftreten, wenn Eigentumsrechte übertragen werden.[132] Durch die zugrunde liegenden Verhaltensannahmen (begrenzte Rationalität, asymmetrische Informationsverteilung und Opportunismus) und den Einfluss von Ungewissheit, Austauschhäufigkeit und ressourcenspezifischer Ausstattung der Transaktionspartner sehen diese sich einer Reihe von Problemen gegenüber, welche den Wert der Transaktion schmälern oder diese gänzlich verhindern können.[133] Das Kalkül der Theorie besagt, dass durch die Minimalisierung der mit der Transaktion verbundenen Kosten in der Konsequenz die Effizienz der Transaktion maximiert wird.[134] Transaktionskosten treten sowohl vor dem Vertragsabschluss auf (verursacht durch die Suche nach Informationen, im Rahmen von Verhandlungen und der Vertragsgestaltung) und nach dem Vertragsschluss durch die Überwachung der Ausführung und möglichen Anpassungen des Vertrages.[135] Intermediierte Transaktionen sind dann vorteilhaft, wenn sie den Marktteilnehmern helfen, ihre involvierten Transaktionskosten stärker zu reduzieren, als die Vergütung des Intermediärs Kosten verursacht.[136] Wobei die Kosten nicht einfach auf die andere Vertragspartei verlagert werden dürfen, wodurch eine Partei schlechter gestellt wäre als ohne die Integration eines Intermediärs[137], sondern für eine pareto-optimale Situation wie in Abbildung 2.18 dargestellt neben T2 + T3 ≤ T1 auch $T_{A2} \leq T_{A1}$ und $T_{N2} \leq T_{N1}$ gelten muss.

---

127 Vgl. Leland/Pyle (1977), S. 383.

128 Vgl. Hess/von Walter (2006), S. 3; Jevons (1871), S. 91f.

129 Vgl. Scholes/Benston/Smith (1976), S. 217.

130 Vgl. Yava¸s (1995), S. 18.

131 Vgl. Coase (1937); Williamson (1975; 1985).

132 Vgl. Picot/Dietl/Franck (2008); Wareham/Zheng/Straub (2005).

133 Vgl. Meffert/Bruhn (2003), S. 41; Meffert/Burmann/Kirchgeorg (2008), S. 39; Cummins/Doherty (2006), S. 359, 394; Anderson/Anderson (2002), S. 53.

134 Vgl. Williamson (1985), S. 22.

135 Vgl. Picot/Dietl/Franck (2008), S. 42; Ebers/Gotsch (2006), S. 278.

136 Vgl. von Walter/Hess (2005), S. 33-34; Yavaş (1995), S. 18.

137 Vgl. Wiese (2010), S. 271.

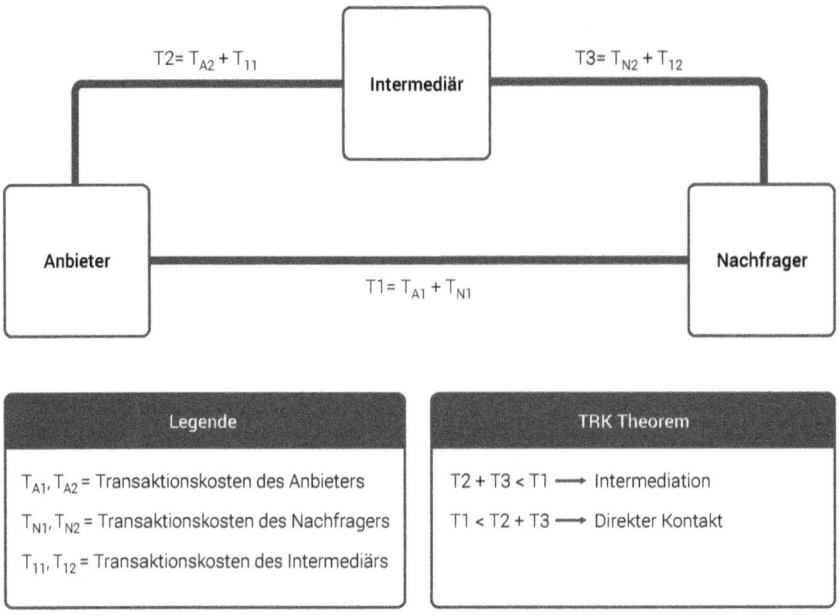

Abbildung 2.18: Intermediation zur Reduktion von Transaktionskosten

Intermediäre sind in der Lage, Transaktionskosten zu minimieren, da sie Unsicherheiten der Vertragspartner reduzieren und transaktionsspezifische Investments internalisieren und zu ihrem Vorteil nutzen können.[139] Insbesondere die transaktionsspezifischen Investitionen (z. B. zum Aufbau eines extensiven Vertriebsnetzes oder industriespezifischen Wissens) sind für hohe Transaktionskosten verantwortlich.[140] Ein Intermediär kann diese spezifischen Assets nicht nur wiederholt in ähnlichen Transaktionen mit anderen Kunden nutzen,[141] sondern kann auch seine Erfahrung, sein Kapital und seine geringeren Opportunitätskosten nutzen, um Ressourcen zu bekommen oder zu verbessern und die Häufigkeit einer Transaktion zu erhöhen und dadurch Skaleneffekte zu erzielen[142] und so ein besseres Ergebnis zu erzielen.[143] Es sei jedoch angemerkt, dass auch die Beziehung zum Intermediär für dessen Kunden Unsicherheiten birgt, da er weder die Qualität der erhaltenen Dienstleistung noch den Opportunismus des Intermediärs beurteilen kann, sodass die Einschaltung eines Intermediärs nachteilig sein kann im Vergleich zum direkten Kontakt mit dem Anbieter.[144] Unter der generellen Annahme von Risikoneutralität aller Akteure[145] steigen Transaktionskosten mit zunehmender Unsicherheit. Der

138   Quelle: eigene Darstellung, in Anlehnung an von Walter/Hess (2005), S. 34.

139   Vgl. Ebers/Gotsch (2006), S. 283.

140   Vgl. Williamson (1985), S. 52.

141   Vgl. Scholes/Benston/Smith (1976), S. 222.

142   Vgl. Ebers/Gotsch (2006), S. 283.

143   Vgl. Zeithaml/Bitner (2000), S. 351.

144   Vgl. Ebers/Gotsch (2006), S. 279, 282-283.

145   Vgl. Geyskens/Steenkamp/Kumar (2006), S. 520; Ebers/Gotsch (2006), S. 281.

Einfluss der Unsicherheit wird umso größer, je wichtiger die Transaktion für den Akteur ist und je mehr ein möglicher Fehler des Intermediärs die Reputation seines Kunden schädigen kann.[146] Dennoch kann eine Intermediation Effizienzvorteile bringen, da die Wertschöpfung durch den Kunden selbst auch Unsicherheiten birgt hinsichtlich der Qualität der Leistungserstellung.[147] Demzufolge sind Intermediäre als Dienstleistungsanbieter extrem abhängig vom Vertrauen ihrer Klienten.[148] Durch das Signalisieren seiner (größeren) Professionalität (Kompetenz, Erfahrung etc.), seiner höheren Servicestandards und einer grundlegend vertrauensvollen Beziehung kann der Intermediär die transaktionsbezogene Unsicherheit im Vergleich zum direkten Kontakt zwischen den Transaktionspartnern reduzieren.[149] Konform hierzu zeigt die Prospect Theory[150], dass ein sicheres Ergebnis einem unsicheren vorgezogen wird, auch wenn die unsichere Alternative ein monetär besseres Ergebnis versprechen würde.

2.3.1.2.2 Search Theory

Der Chance, den bestmöglichen Transaktionspartner[151] zu finden, stehen Suchkosten gegenüber, da die Kosten der Suche mit zunehmender Anzahl an geknüpften Kontakten und für die Suche verwendeter Zeit steigt.[152] Die Suchkostentheorie[153] fokussiert den Trade-off zwischen den Kosten, die mit der ex-ante Evaluierung eines weiteren potenziellen Partners verbunden sind – insbesondere aufseiten des Nachfragers. Intermediäre liefern suchkostentheoretisch Vorteile, weil sie die Kontaktpunkte einer Suche reduzieren und die Möglichkeit bieten, potenzielle Transaktionspartner effizienter und effektiver zu identifizieren (z. B. durch Spezialisierung auf ein bestimmtes Nischenmarktsegment),[154] wodurch sich die Suchkosten[155] für beide Seiten der Marktteilnehmer reduzieren und der Transaktionsprozess optimiert wird. Der Baligh-Richartz-Effekt (siehe Abbildung 2.19) zeigt die potenziell möglichen Einsparungen durch die Existenz eines Intermediärs, der den zentralen mediierenden »Knoten« zwischen den beiden Marktseiten bildet.[156]

---

146 Vgl. Zeithaml/Bitner (2000), S. 351.

147 Vgl. Lusch/Brown/Brunswick (1992), S. 129.

148 Vgl. Meffert/Bruhn (2012), S. 91.

149 Vgl. Smith/Carroll/Ashford (1995), S. 10f.

150 Vgl. Kahnemann/Tversky (1979).

151 Das Angebot von Anbieter (hinsichtlich Preis und Qualität) und Nachfrager (hinsichtlich ihres Reservationspreises) kann sich signifikant unterscheiden. Durch intransparente Märkte kann kein Transaktionspartner jemals vollständig über die wechselseitige Identität informiert sein (vgl. Spulber (1996a), S. 560-561; Stigler (1961), S. 213f.; Diamond (1987), S. 429; Pratt/Wise/Zeckhauser (1979), S. 204).

152 Vgl. Stigler (1961), S. 215f.; Burdett/Judd (1983), S. 955; Albrecht (2011), S. 238.

153 Vgl. Stigler (1961).

154 Vgl. Spulber (1996a), S. 560f.; Stigler (1961), S. 216, 220; Cosimano (1996), S. 134.

155 Die Suchkosten bestehen jetzt aus der geringeren Zeit der Informationssuche und der Provision, die dem Intermediär gezahlt werden muss.

156 Vgl. Baligh/Richartz (1964), S. 670f.; Toporowski (1999), S. 81.

Der *Baligh-Richartz-Effekt* besagt, dass mit einer steigenden Anzahl von möglichen Kontaktpartnern und -punkten die Kosten für das Finden von (potenziellen) Partnern steigen. Ausgehend von einem Minimum von zwei Akteuren auf beiden Marktseiten, reduziert ein Intermediär als zentraler Kontaktpunkt mit einem überproportionalen Effekt die Kosten, wenn die Anzahl der Spieler am Markt steigt.[157] Steigt allerdings die Anzahl an Intermediären auf einer Wertschöpfungsstufe unverhältnismäßig, verschwindet dieser Effekt[158], bis eine weitere Zwischenstufe integriert wird, die die Anzahl an Kontaktpunkten wieder reduziert.[159] Idealerweise würden alle Marktteilnehmer den Intermediär kontaktieren und die selbstinitiierte Suche vollständig aufgeben und dabei durch diesen Intermediär dennoch ihrem geeignetsten Transaktionspartner zugeordnet werden.[160]

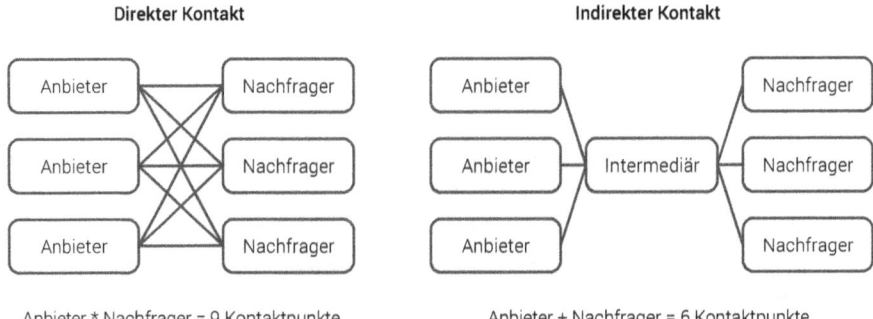

Abbildung 2.19: Vereinfachungseffekt durch Integration von Intermediären

Die Suchkostentheorie nimmt auch an, dass die Verzögerung (die sich aus der Suche einer zusätzlichen Alternative ergibt oder durch die Herstellung irrelevanter Kontakte) jeder Transaktion ihre Kosten erhöht. Die Theorie analysiert die optimale Strategie eines Individuums, wenn aus einer Reihe von unsicheren Möglichkeiten ausgewählt werden muss. Mathematisch kalkuliert die Suchkostentheorie den idealen Endpunkt einer Suche. Individuen mit geringen Suchkosten werden den direkten Kontakt bevorzugen, wohingegen sich Individuen mit hohen Suchkosten für die Integration eines Intermediärs entscheiden werden.[162]

2.3.1.2.3 Intermediation Theory of the Firm

Die Intermediation Theory of the Firm betrachtet grundsätzlich alle Unternehmen am Markt als Intermediäre.[163] Unternehmen treten nur dann in einen Markt ein, wenn sie

---

157 Vgl. Baligh/Richartz (1964), S. 670f.

158 Vgl. Toporowski (1999), S. 81.

159 Vgl. Baligh/Richartz (1964), S. 670f.

160 Vgl. Stigler (1961), S. 216; Scholes et al. (1976), S. 223; Bhargava/Choudhary (2004), S. 23; Baye/Morgan (2001), S. 454.

161 Quelle: eigene Darstellung, in Anlehnung an von Walter/Hess (2005), S. 23.

162 Vgl. Stigler (1961), S. 187; Butters (1977), S. 257f.; Burdett/Judd (1983), S. 457; Posey/Yavaş (1995), S. 536–538; Posey/Tennyson (1998), S. 257.

163 Vgl. Spulber (1996).

die Transaktionskosten im Vergleich zu einer direkten Austauschbeziehung zwischen Lieferanten und Kunden reduzieren können.[164] Unternehmen müssen also Gewinne erwirtschaften, die im Vergleich zu einem direkten Austausch über alle Kosten und Wertschöpfungspunkte hinweg für beide Transaktionspartner vorteilhaft sind.[165] Intermediäre (Firmen) können Skalenvorteile für sich verbuchen,[166] Risiken der Transaktionspartner reduzieren[167] und Reputation[168] für ihre mediierenden Dienste aufbauen,[169] die nicht nur die Transaktionskosten, sondern auch die involvierten Agenturkosten reduzieren (siehe im Folgenden).

2.3.1.2.4 Principal Agent Theory

Die Prinzipal-Agent-Theorie[170] beschäftigt sich mit Situationen, in denen ein Prinzipal (die Person oder Partei, die einen Auftrag erteilt) Dienste oder Kompetenzen von einem Agenten (dem Empfänger des Auftrages) nutzt, um seine Interessen zu erfüllen, und dafür eine Bezahlung erteilt.[171] Die Agenturtheorie versucht dabei aber weniger die komparativen Kostenvorteile durch einen Agenten zu ergründen, sondern dessen Potenzial, die praktische Implementierung und Durchführung des Diensts möglichst effizient sicherzustellen, d. h. mit minimalen Agenturkosten.[172] Agenturkosten werden durch divergierende Interessen und asymmetrische Informationen zwischen Prinzipal und Agenten verursacht, wobei davon ausgegangen wird, dass der Agent hinsichtlich seiner Fähigkeiten, wahren Intentionen, Kompetenzen, seines Wissenstandes und Verhaltens besser informiert ist als der Prinzipal.[173] Hinzu kommen unterschiedliche Risikoaffinität[174] und drohendes opportunistisches Verhalten des Agenten zulasten des Prinzipals.[175] Das Kalkül des Prinzipals hält diesen Kosten die Vorteile, die ihm durch

---

164 Vgl. Spulber/Pandian/Robertson (2003), S. 256.

165 Vgl. Spulber (1996a), S. 560; Spulber/Pandian/Robertson (2003), S. 256; Backhaus/Voeth (2010), S. 13f.; Transaktionsmöglichkeiten ergeben sich neben den marktlichen Chancen für Unternehmen insbesondere aus der spezifischen Ressourcenausstattung, die ein Unternehmen besitzt, und den entsprechenden Kompetenzen (vgl. Spulber/Pandian/Robertson (2003), S. 256). Konform mit dem resource-based view (vgl. Peteraf (1993); Prahalad/Hamel (1990); Wernerfelt (1984)) sollten sich Intermediäre auf ihre Kernkompetenzen konzentrieren, um diesen komparativen Vorteil langfristig aufrechterhalten zu können (vgl. Spulber/Pandian/Robertson (2003), S. 264; Peng/York (2001), S. 328; Bhattacharya/Thakor (1993), S. 8).

166 Vgl. Spulber/Pandian/Robertson (2003), S. 257; Chan (1983), S. 1545; Scholes/Benston/Smith (1976), S. 222; Diamond (1984), S. 393; Bhattacharya/Thakor (1993), S. 8.

167 Vgl. Spulber/Pandian/Robertson (2003), S. 257; Allen/Santomero (1998), S. 1462; Burani (2008), S. 77; Santomero (1984), S. 577.

168 Für eine angemessene Definition von Reputation folgen wir Simon (1985), S. 37, der Reputation als Ergebnis von zufriedenen Kundenerlebnissen mit einer Unternehmung und deren Diensten sieht, und Spence (1974), S. 107, der definiert »reputation as outcome of a process in which firms signal their key characteristics to constituents to maximize their social status« (Schwaiger (2004), S. 48).

169 Vgl. Spulber/Pandian/Robertson (2003), S. 257; Scholes/Benston/Smith (1976), S. 223; Hagel III/Rayport (1997), S. 54.

170 Vgl. Berle/Means (1932); Coase (1937); Jensen/Meckling (1976).

171 Vgl. Ebers/Gotsch (2006), S. 258, 263; Jensen/Meckling (1976), S. 308; Eisenhardt (1989), S. 58.

172 Vgl. Jensen/Meckling (1976), S. 308f.; Ebers/Gotsch (2006), S. 259.

173 Vgl. Ebers/Gotsch (2006), S. 261.

174 Dem Prinzipal wird Risikoneutralität unterstellt, wohingegen sich der Agent durch Risikoaversion auszeichnet; vgl. Anderson/ Oliver (1897), S. 79; Basu/Lal/Srinivasan (1985), S. 272.

175 Vgl. Picot/Dietl/Franck (2008), S. 74; Eisenhardt (1989), S. 58; Picot (1991), S. 150.

den Agenten entstehen, entgegen, indem er dessen spezielle Kompetenzen, z. B. dessen tazites Wissen, Zugang zu einem wertvollen Netzwerk, spezifische Erfahrungen, Zeit etc. für sich nutzen kann oder auch das grundsätzliche Ermöglichen eines Geschäfts, das dem Prinzipal ohne den Agenten nicht möglich wäre, weil ihm z. B. grundlegende Kompetenzen fehlen.[176] Intermediäre können grundsätzlich als Agenten ihrer Kunden gesehen werden.[177] Einen Intermediär einzuschalten kann wohlfahrtssteigernd sein bezüglich Kosten, Platz, Zeit, Flexibilität, quantitativ und qualitativ besserer Arrangements, die zu verkürzten Suchzeiten und niedrigeren Transaktionskosten führen, oder im Extremfall Transaktionen überhaupt erst einleiten und ermöglichen.[178] Da die Integration eines Intermediärs zunächst einmal zusätzliche Kosten verursacht,[179] muss dieser in der Konsequenz in der Lage sein, überproportionale Ersparnisse zu erzielen, die zu einer für alle Beteiligten paretooptimalen Situation führen.[180] Ermöglicht wird dies, indem der Intermediär die der Prinzipal-Agenten-Beziehung inhärenten Probleme löst, die sich aus »hidden characteristics«, »hidden intention«, »hidden knowledge« und »hidden action« ergeben.

Bildet sich der Prinzipal im Falle von »hidden characteristics« falsche Annahmen bezüglich Kompetenzen und Potenzialen des Agenten, kann der besser informierte Intermediär ihn darauf hinweisen oder ihn a priori bei der Auswahl geeigneterer Transaktionspartner unterstützen[181] und dadurch in der übergeordneten Agentenbeziehung die Agenturkosten reduzieren.[182] Ross weitet die Idee der »hidden characteristics« zu einer Beratungschance für Intermediäre aus.[183] Intermediäre können demnach den Transaktionspartnern Zusatznutzen bieten, indem sie die Partner auf Eigenschaften und Fähigkeiten hinweisen, die der jeweils andere anstrebt, begehrt oder braucht.

Nach Abschluss des Vertrages können »hidden intentions« dem Prinzipal schaden, durch zuvor verdeckte Absichten des Agenten, z. B. durch das opportunistische Ausnutzen von Lücken im Vertrag oder die Abhängigkeit des Prinzipals durch spezifisch getätigte Investments.[184] Ein – im Vergleich zum Prinzipal – besser informierter Intermediär kann auf diese Gefahren hinweisen, dem Prinzipal die eigentlichen Ziele des Agenten transparent machen, ihm helfen, vertragliche Lücken zu vermeiden und Anreiz- und Kontrollmechanismen zu installieren, oder selbst spezifische Investments des Agenten übernehmen, Ziele und so die Abhängigkeit des Prinzipals vom Agenten reduzieren.[185]

---

176 Vgl. Ebers/Gotsch (2006), S. 258.

177 Vgl. Ross (1973), S. 134; Jensen/Meckling (1976), S. 309f.; Pratt/Zeckhauser (1985), S. 2.

178 Vgl. Rosen (2013), S. 628; Spulber/Pandian/Robertson (2003), S. 260f.

179 Da neben seiner Provision auch für die Suche, das Überwachen und die Kontrolle des Intermediärs Kosten anfallen (vgl. Yavaş (1995), S. 18; Ebers/Gotsch (2006), S. 262; Diamond (1984), S. 393).

180 Vgl. Diamond (1984), S. 399; Wiese (2010), S. 12.

181 Vgl. Anderson/Oliver (1987), S. 79; Basu/Lal/Srinivasan (1985), S. 272; Akerlof (1970), S. 489, 495.

182 Vgl. Kennes/Schiff (2008), S. 1192; Bhargava/Choudhary (2004), S. 24, 27; Ross (1989), S. 551.

183 Vgl. Ross (1989), S. 550.

184 Vgl. Ebers/Gotsch (2006), S. 264.

185 Vgl. Mass (2010), S. 5f.; Diamond (1984), S. 394.

Im Falle von »hidden knowledge« kann der Prinzipal das Ergebnis der Arbeit des Agenten weder verstehen noch beurteilen oder im Falle von »hidden action« kann der Prinzipal den Wertschöpfungsbeitrag des Agenten nicht sicher nachvollziehen und ermessen.[186] Der besser informierte Intermediär kann dem Prinzipal mit der Bewertung der Ergebnisse helfen und zusätzlich die Installation von Kontroll- und Informationsmechanismen beeinflussen.[187]

In allen Fällen erhöht der Intermediär die Transparenz des Verantwortungsbereichs des Agenten für den Prinzipal, indem er die Transmission von Wissen und Information und das Verhalten des Agenten obsolet macht.[188] Die Rechtfertigung für die Existenz eines Intermediärs speist sich aus agenturtheoretischer Sicht aus der Überlegenheit seiner Informationen,[189] seiner Spezialisierung, seinen Größen- und Verbundvorteilen und seiner Reputation als überlegener Informationsdienstleister,[190] wodurch er Vertrauen für die neutrale, diskrete Handhabung von wichtiger (z. B. finanzieller oder strategischer) Information gewinnt und diese in der Konsequenz leichter, schneller oder überhaupt erhält.[191] Um Effizienz zu gewährleisten muss garantiert werden, dass der Intermediär selbst kein opportunistisches Verhalten an den Tag legt und die Prinzipal-Intermediär-Beziehung so besser vorhersehbar und kalkulierbar ist als die übergeordnete Prinzipal-Agent-Beziehung.[192] Die Reputation eines Intermediärs als vertrauensvoller Servicedienstleister ist folglich erfolgsentscheidend und wird z. B. durch das Unterzeichnen eines Ehrenkodexes unterstrichen, durch das Einhalten bestimmter Service- Standards, den Ausweis von Zertifikaten und den langfristig angelegten Aufbau von authentischen und seriösen Geschäftsbeziehungen.[193]

2.3.1.3 Verhaltenswissenschaftliche Theorien

Im Gegensatz zu den bisher behandelten Theorien, die allesamt eine ökonomische Perspektive auf Intermediäre einnehmen, ermöglichen die Structural Hole Theory[194] und die Social Exchange Theory[195] einen verhaltenswissenschaftlichen Blickwinkel.

---

186 Vgl. Ebers/Gotsch (2006), S. 264.

187 Vgl. Mass (2010), S. 5f.; Ebers/Gotsch (2006), S. 265f.

188 Vgl. Draper/Hoag (1978), S. 597; Campbell/Kracaw (1980), S. 864; Brealey/Leland/Pyle (1977), S. 383; Chemmanur/Fulghieri (1994), S. 58; Santomero (1984), S. 577f.; Bhattacharya/Thakor (1993), S. 14; Spulber/Pandian/Robertson (2003), S. 261.

189 Vgl. Chan (1983), S. 1545; Luo/Donthu (2007), S. 454; Gopalan/Nanda/Yerramilli (2011), S. 2083; Eisenhardt (1989), S. 61, 64.

190 Vgl. Scholes/Benston/Smith (1976), S. 223.

191 Vgl. Hagel III/Rayport (1997), S. 54.

192 Vgl. Gopalan/Nanda/Yerramilli (2011), S. 2084f.; Campbell/Kracaw (1980), S. 876; Chemmanur/Fulghieri (1994), S. 58; Peng/York (2001), S. 330; Spulber (1996b), S. 149; Diamond (1984), S. 393; Draper/Hoag (1978), S. 596; Brealey/Leland/Pyle (1977), S. 383.

193 Vgl. Bailey/Bakos (1997), S. 3; Ebers/Gotsch (2006), S. 265f.; Diamond (1984), S. 394; Chan (1983), S. 1560; Gopalan/Nanda/Yerramilli (2011), S. 2083, 2085; Bhattacharya/Thakor (1993), S. 18f.; Spulber (1996b), S. 148.

194 Vgl. Burt (1992).

195 Vgl. Homans (1958); Thibaut/Kelley (1959); Blau (1964).

2.3.1.3.1 Structural Hole Theory

Ebenso wie die Search Theory beschäftigt sich die Structural Hole Theory[196] mit der Struktur von sozialen Netzwerken und deren Einfluss auf die »searchability« von potenziellen Transaktionspartnern.[197] Es wird angenommen, dass sich in sozialen Netzwerken ab einer bestimmten Größe Cluster bilden, die sich dadurch auszeichnen, dass innerhalb des Clusters intensive Verbindungen zwischen den Akteuren bestehen, zwischen den Clustern jedoch nur sehr schwache Verbindungen.[198] Folglich zeigen Informationen innerhalb eines Netzwerkclusters eine höhere Redundanz als außerhalb. Märkte sind anfällig für sog. strukturelle Löcher, wie z. B. den beschränkten Zugang zu Informationen oder Kontakten. Individuen können Wettbewerbsvorteile generieren, wenn sie in der Lage sind, diese strukturellen Löcher zu überbrücken, indem sie sich an möglichst vielen Schnittstellen positionieren.[199]

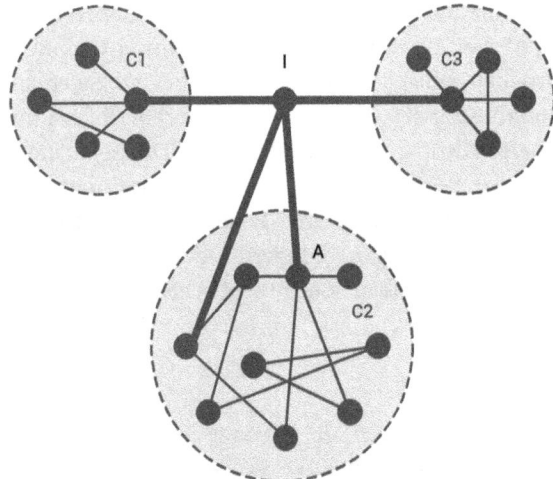

Abbildung 2.20: Cluster innerhalb eines sozialen Netzwerks[200]

Abbildung 2.20 verdeutlicht die vorteilhafte Rolle von Intermediären: Dargestellt wird ein Intermediär I an der Schnittstelle zwischen drei Clustern (C1, C2 und C3) und ein Akteur A, der mögliche Transaktionspartner sucht. Gemäß der Structural Hole Theory kann A selbst sehr einfach Kontakte innerhalb seines Clusters C2 herstellen, Informationen austauschen und die Preise aller Marktteilnehmer in diesem Cluster erfahren.[201] Zugang zu den Akteuren in den Clustern C1 und C3 ist A jedoch aufgrund seiner

---

196 Vgl. Burt (1992).

197 Vgl. Burt (1997), S. 340; Zaheer/Soda (2009), S. 2.

198 Vgl. Markovsky (1993), S. 153.

199 Vgl. Zinkhan (1994), S. 152; Burt (1997), S. 340; Han (2011), S. 5; Piekenbrock/Hennig (2013), S. 164.

200 Quelle: eigene Darstellung, in Anlehnung an Burt (1997), S. 341.

201 Vgl. Burt (1997), S. 341; Stigler (1961).

fehlenden Verbindungen nicht direkt möglich. A ist also auf die Hilfe des Intermediärs I angewiesen, der ihm Zugang zu den Clustern verschaffen kann. Intermediäre finden demnach ihre Berechtigung und Vorteilhaftigkeit in Märkten, indem sie in der Lage sind, strukturelle Löcher durch diversifizierte Kontakte zu überbrücken, und ihren Kunden Zugang zu neuen Märkten, Marktsegmenten, Informationen und zusätzlichen Transaktionen ermöglichen.[202] Zusätzlich können Intermediäre auch in das eigene Netzwerk integriert werden und so die Kosten für das Management des eigenen Netzwerkes reduziert werden, wodurch aber vormals eigene, »starke« Verbindungen zu »schwachen« werden[203], was zu strukturellen Löchern zweiter Ordnung führt. Eine radikale Entwicklung hin zu einem exklusiven Beziehungsmanagement durch einen Intermediär ist also aufgrund des Kontrollverlusts, der Reliabilität und Qualität der übermittelten Informationen und des drohenden opportunistischen Verhaltens des Intermediärs wenig ratsam.[204] Intermediäre würden durch solch eine mediierende Position ihren Einfluss auf das gesamte Netzwerk immer stärker ausbauen.[205]

2.3.1.3.2 Social Exchange Theory

Zentrale Annahme der Social Exchange Theory ist, dass das Verhalten von Individuen nicht nur durch das Verhalten der direkt an der Transaktion beteiligten Akteure beeinflusst wird, sondern auch von sog. »peers«.[206] »Peers« sind alle Akteure innerhalb des sozialen Netzwerkes eines Individuums, die das Individuum durch ihre Meinungen und ihr Verhalten stark beeinflussen, wie z. B. Kollegen, Familienangehörige, Verwandte oder Freunde.[207] Konträr zur Transaktionskostentheorie geht die soziale Austauschtheorie davon aus, dass die Vorteile, die sich aus wiederholtem Verhalten in Form von Lerneffekten und vertrauten, stabilen Beziehungen ergeben,[208] die Unsicherheiten und damit Kosten reduzieren können, nicht nur auf die unmittelbar beteiligten Akteure ausstrahlen, sondern auch durch das Beobachten von anderen Playern im Markt oder die Erfahrungen von Peers erzielt werden können.[209] Entsprechend verlassen sich Teilnehmer, die neu in den Markt eintreten und keine persönlichen Erfahrungen mitbringen, oftmals auf die bestehenden und konsequenterweise besser beurteilbaren Transaktionsformen[210], wodurch eine dominante »Exchange Rule« entsteht – eine direkte oder indirekte Form des Austausches, die typisch für einen bestimmten Markt ist. Die Social Exchange Theory kann also empirisch gegebene Transaktionsformen aus verhaltenswissenschaftlicher Perspektive erklären, allerdings – und diese Limitation

---

202 Vgl. Zinkhan (1994), S. 153; Markovsky (1993), S. 154; Granovetter (1973), S. 1378; Baye/Morgan (2001), S. 457; Mass (2010), S. 8; Peng/York (2001), S. 328.

203 Vgl. Zinkhan (1994), S. 152; Granovetter (1973), S. 1365f.

204 Vgl. Zinkhan (1994), S. 152, 154; Fleming/Waguespack (2007), S. 168; Granovetter (1983), S. 202.

205 Vgl. Zaheer/Soda (2009), S. 9, 23, 26.

206 Vgl. Emerson (1976), S. 336; Meeker (1971), S. 485; Homans (1958), S. 597f.

207 Vgl. Homans (1958), S. 600; Nord (1969), S. 177; Emerson (1954), S. 688, 693.

208 Vgl. Luo/Donthu (2007), S. 454–455.

209 Vgl. Blau (1964), S. 194; Campbell (1961), S. 106.

210 Vgl. Emerson (1976), S. 341; Zaheer/Soda (2009), S. 9f.; Bhattacharya/Thakor (1993), S. 38.

sei explizit erwähnt – bietet sie keine Einschätzung, ob die gewählte Form des Austausches effizient ist, wann sie ineffizient wird oder welche Faktoren eine Änderung bedingen sollten, weil die Effektivität des Systems signifikant schwindet. [211] Während also transaktionskostenbezogene Ansätze mit ihrer exakten Kalkulation aller relevanten Kosten wenig praktikabel für die Ableitung von direkten Handlungsimplikationen sind, erscheint doch die vollständige Erfassung aller Kosten unrealistisch, ist der Erklärungsbeitrag der Social Exchange Theory ebenfalls limitiert. Dies ist insbesondere dadurch begründet, dass die Basis der Entscheidung für intermediierte oder direkte Beziehungen in einem gegebenen Markt nicht transparent und nachvollziehbar ist, sondern dieses Beziehungsmuster lediglich durch die Annahme der vertrauensvollen Imitation von dominanten Marktstrukturen erklärt wird.[212]

2.3.2 Zusammenfassung

Wie dem aufmerksamen Leser sicherlich aufgefallen ist, bedingen alle vorgestellten Theorien, die die Rolle von Intermediären in Märkten erklären, notwendigerweise die Existenz eines Marktes. Wann aber entsteht ein »Markt« für politische Interessenvertretung? Solange ein Bürger oder ein Unternehmen versucht, seine politischen Interessen selbst gegenüber den politischen Institutionen zu vertreten, gibt es noch keinen Markt. Erst wenn ein Unternehmen einen Bedarf feststellt und in der Konsequenz einen professionellen Dienstleister für die Vertretung oder die Unterstützung bei der Vertretung seiner politischen Interessen sucht und findet, entsteht ein Markt. Der Markt manifestiert sich also zuerst in der Beziehung zwischen Unternehmen und Governmental-Relations-Manager, alle weiteren Stakeholder konkretisieren sich um diese Grundbeziehung herum. Ob sich diese Austauschbeziehung anlass-, projekt- oder »issue«-bezogen auf eine kurze Zeitspanne bezieht oder daraus eine längere Geschäftsbeziehung mit dauerhafter Repräsentation und intensivem, langanhaltendem Informationsfluss, wechselnden Anliegen und weiteren Dienstleistungen entsteht, hängt u. a. vom weiteren Bedarf und der Qualität der Leistungsbeziehung ab.

Basierend auf den vorgestellten ökonomischen und verhaltenswissenschaftlichen Theorien, die die Existenz von Intermediären in Märkten erklären, nachvollziehbar machen und legitimieren und durchaus auch ihre Vorteilhaftigkeit aufzeigen, sei die Rolle von Governmental-Relations-Managern als zentrale Intermediäre im Rahmen der EU abschließend thematisiert. Um als Stakeholder im Rahmen des politischen Geschehens der EU Einfluss nehmen zu können, gilt es nicht nur zuerst, ein komplexes System an Institutionen und Entscheidungsprozessen zu verstehen, sondern zu den tragenden Institutionen und Individuen Beziehungen zu haben, die Zugang zu Informationen, Themen oder dem »Gehört werden« ermöglichen. Die Transaktionskosten und auch die Suchkosten, die anfallen würden, um überhaupt die geeigneten

---

211 Vgl. Emerson (1976), S. 339; Pillkahn (2012), S. 170.
212 Vgl. Homans (1958), S. 598.

Ansprechpartner für ein unternehmerisches Anliegen oder Thema zu finden und diese dann formal und kommunikativ richtig zu platzieren, wären für einen individuellen Stakeholder nicht zu tragen. Ebenso wäre es schwer möglich, sich an jeder relevanten Entscheidungsschnittstelle zu positionieren und alle fließenden Informationen in den diversen Gremien und Organen vor Augen zu haben. Diese Aufgabe erfordert neben sehr viel Zeit langjährige Erfahrung und vor allem Reputation, Bekanntheit und ein exzellentes Netzwerk und beständig aktives Networking. Insofern haben die bestehenden Strukturen im Rahmen der europäischen Politik durchaus ihre Berechtigung – tragen sie doch zum effektiven und effizienten Austausch von Informationen und politischen Interessen bei. Nachdenkenswert ist allerdings, ob eine stärkere Professionalisierung der politischen Interessenvertretung bzw. der Governmental-Relations-Manager angesichts ihrer Wichtigkeit und der Größe ihres Einflusses nicht für die gesamtgesellschaftliche Wohlfahrt ratsam wäre. Dies wäre insbesondere verbunden mit einem definierten Berufsbild auf der Grundlage einer spezifischen Ausbildung sowie umfassenden Qualitätssicherungsmaßnahmen (siehe hierzu Kapitel 8).

3 Interessenvertretung: Eine Annäherung. Grundlagen und Einführung

3.1 Einführung

Die meisten Menschen haben eine – mehr oder weniger detaillierte – Vorstellung davon, was unter Interessenvertretung bzw. Lobbying zu verstehen ist. Das Thema ist häufig Gegenstand einer meist wenig schmeichelhaften medialen Berichterstattung, regelmäßig zu aktuellen Ereignissen und Debatten (etwa dem Vorwurf, einzelne Gesetzesentwürfe würden vonseiten der betroffenen Industrie dem zuständigen Ministerium »eingeflüstert«). NGOs genießen bei der Betrachtung des Phänomens Interessenvertretung hingegen meist einen Glaubwürdigkeitsvorsprung in Politik und Öffentlichkeit. Sie werden oft *per se* als das Gegengewicht zu den Wirtschaftsinteressen gesehen, das die Gemeinwohlinteressen vertritt. Ob richtig oder falsch, welche Informationen zum Umweltschutz werden wohl ernster genommen, die von Greenpeace und WWF oder von Shell und BP, die eine Ölförderung planen?[1]

Nur selten ist Interessenvertretung Gegenstand einer allgemeinen Debatte, die sich solcher Fragen annimmt. In der Folge werden auch nur ausgewählte Aspekte dargestellt und kommentiert. Aber wie so oft, die Dinge sind auch beim Thema Interessenvertretung weniger offensichtlich, als sie es zu sein scheinen: Verlässt man die Ebene des (nicht selten vorurteilsbelasteten) Alltagswissens, so zeigt sich bei genauerer Betrachtung ein vielschichtiges Phänomen mit verschiedenen Formen und Ausprägungen, Ansätzen und Zielen. Im Folgenden geht es daher darum, sich dem Thema Interessenvertretung aus verschiedenen Perspektiven anzunähern, um dessen Komplexität herauszuarbeiten und in einem größeren Zusammenhang einzuordnen. Nur so kann aus den eher diffusen Eindrücken ein nachhaltiges und zutreffendes Verständnis von Interessenvertretung entstehen.

Abschnitt 3.2 beschäftigt sich daher mit einer terminologischen und funktionalen Abgrenzung unterschiedlicher Teilbereiche von Interessenvertretung. Dabei stellen sich folgende Fragen:

- Welche unterschiedlichen Konzepte gilt es im Bereich der Interessenvertretung zu unterscheiden? Wie sind die einzelnen Teilbereiche terminologisch definiert? Wie grenzen sich die einzelnen Begriffe und Konzepte voneinander ab und was sind ihre Stärken und Schwächen?
- Welche Aufgaben übernimmt Interessenvertretung (im weitesten Sinne) für den Vertretenen, d. h., was sind ihre wesentlichen Ziele und Funktionen für Unternehmen und andere Akteure in Wirtschaft und Gesellschaft?

---

1   Geiger (2006), S. 24.

Abschnitt 3.3 betrachtet daraufhin Interessenvertretung in ihrem Verhältnis zur Politik und beschäftigt sich mit Fragen der Legitimation von Interessenvertretung allgemein und im System der EU im Besonderen:

- Welche Bedeutung haben Interessen und Interessenvertretung im politischen System?
- Wie wird Interessenvertretung politikwissenschaftlich bewertet?
- Welche europarechtlichen Grundlagen und Regelungen gibt es für die Interessenvertretung bei den Institutionen der EU?

3.2 Interessenvertretung als strukturierter Kommunikationsprozess

3.2.1 Fragestellung und Definition

Das Wort »Lobbying« ruft in der (medialen) Öffentlichkeit häufig negative Assoziationen hervor – sei es der Verdacht der einseitigen Vertretung von Wirtschaftsinteressen zum Nachteil Dritter, der Vorwurf heimlicher Machtausübung im Hinterzimmer oder gar der Vorwurf von Korruption und Nepotismus.[2] Erst recht gilt das für den im Deutschen gern und häufig verwendeten Anglizismus »Lobbyismus«. Doch wird dies der politischen, wirtschaftlichen und gesellschaftlichen Realität gerecht? Oder ist professionelle Interessenvertretung eine legitime Erscheinung demokratischer Politik, gehört »Interessenvermittlung (. . .) zur Demokratie wie der Kolben zum Zylinder«?[3]

Geschichtlich betrachtet gibt es Lobbying oder Interessenvertretung bereits so lange, wie es Politik gibt. Denn bei Politik geht es um den Austausch von Ideen, Argumenten und natürlich von Interessen. Unterschiedliche Gruppen einer Gesellschaft haben unterschiedliche Vorstellungen, wie das Gemeinwesen, die res publica gestaltet werden soll, und versuchen, ihren Argumenten und Vorstellungen bei den Entscheidungsträgern Gehör zu verschaffen. Das war bereits in der Antike so, sei es in der attischen Demokratie oder in der Römischen Republik. Im Mittelalter und der frühen Neuzeit wurde z. B. durch Antichambrieren versucht, seine Argumente an die Entscheidungsträger zu bringen. Dies können dann durchaus Partikularinteressen, wie die des Augsburger Händlers Jakob Fugger gewesen sein, der über seinen Mittelsmann Johannes Zink Beziehungen zum Heiligen Stuhl, zum ungarischen Königshof oder zur Republik San Marino aufbaute.[4] Es gab aber auch Gruppen wie Gilden und Zünfte, die ihre Interessen artikulierten und durchsetzten und ihre Vorrechte bewahren wollten. In der industrialisierten Welt des 19. Jahrhunderts nahm die zielgerichtete Vertretung von Interessen zu, und es entstand langsam die Struktur von Verbänden, wie sie teilweise noch heute vorhanden ist – insbesondere die Entstehung von Gewerkschaften auf der einen und von Wirtschafts- und Agrarverbänden auf der anderen Seite des politischen Spektrums. Heute ist das Feld der Interessenvertretung natürlich

---

2 Siehe dazu beispielhaft Hans-Martin Tillack (2015).

3 Kleinfeld/Willems/Zimmer (2007), S. 7.

4 Heitz (2011), S. 60f.

wesentlich ausdifferenzierter, und seit den 1980er-Jahren zeichnet sich eine zunehmende Professionalisierungstendenz ab. Es entwickelte sich das »Lobbying«, das wir
heute kennen. Wie unten gezeigt wird, betreiben neben den Verbänden auch Unternehmen, Agenturen, Anwaltskanzleien, aber auch Kirchen und Thinktanks oder
NGOs wie Greenpeace Interessenvertretung.

Der moderne Begriff »Lobbying« stammt aus dem 19. Jahrhundert. Das Oxford Eng-
lish Dictionary (OED) nennt für den Gebrauch des Wortes *to lobby* im heutigen Sinne
zum ersten Mal das Jahr 1837. Der *lobbyist* taucht dann im Jahr 1863 auf. Etymolo-
gisch leitet sich *lobbying* von *lobby* ab, das wiederum vom mittellateinischen Wort
lobia für Wandelgang oder Säulengang abstammt.[5] Die Bedeutung *lobby = Interessen-*
vertretung kommt wohl daher, dass »Lobbyisten« in der Lobby des britischen Parlaments bei den Abgeordneten anlässlich Parlamentsdebatten und Abstimmungen um
Unterstützung ihrer Gesuche warben.[6] In den USA erzählt man sich eine andere
Anekdote: Hier führt man den Begriff auf eine Gewohnheit des US-Präsidenten Ulys-
ses Grant (der von 1869 bis 1877 im Amt war) zurück. Er entspannte sich gerne in der
Lobby des Willard Hotels in Washington D.C., wo sich dann stets eine wachsende
Anzahl von »Lobbyisten« tummelte, die versuchten, ungezwungene Diskussionen mit
ihm zu führen, in denen sie ihm ihre Anliegen vorbrachten.[7]

Mag das Wort Lobbying nur gute 170 Jahre alt sein, so hat die dahinterstehende Tätigkeit seit Anbeginn staatlicher Systeme Bestand.[8] Aber erst seit dem Ende des 19. Jahrhunderts entwickelte sich die Interessenvertretung so, wie wir sie heute kennen.
Nichtsdestotrotz scheint der Begriff heute zu einem Modewort geworden zu sein.
Gerade das Grundwort *lobby* »eignet sich im deutschen Sprachgebrauch offenbar hervorragend für die beliebige Verbindung mit Ableitungssuffixen«[9]: Autolobby, Pharma-
lobby, Agrarlobby, Beamtenlobby und Bankenlobby sind nur einige Beispiele dafür.
Dennoch und trotz der häufigen Nutzung des Begriffs gibt es im allgemeinen Sprachgebrauch bis heute keine einfache, griffige und rundum anerkannte Definition von
Lobbying bzw. – synonym – von Interessenvertretung.[10]

Auch die Wissenschaft hat bisher noch keine eindeutige Definition entwickelt: Peter
Lösche etwa beschreibt den Begriff folgendermaßen: Lobbying sei »die Beeinflussung
von primär staatlichen Repräsentanten, von der Kommune bis zur nationalen und
europäischen Ebene, (. . .) um im eigenen partikularen Interesse die Gesetzgebung
bzw. die Durchführung, die Implementation der Gesetze mitzugestalten«.[11] Van

---

5   Vgl. van Schendelen (2013⁴), S. 57.
6   Vgl. Lösche (2007), S. 20.
7   Vgl. Köppl (2008), S. 191.
8   Vgl. van Schendelen (2006), S. 132.
9   König (2007), S. 10.
10 Im Englischen wird zunehmend auch das Wort »Advocacy« für »Interessenvertretung« gebraucht.
11 Lösche (2007), S. 20.

Schendelen versteht unter Lobbying hingegen »the build-up of unorthodox efforts to obtain information and support regarding a game of interest in order to get a desired outcome from a power holder«.[12] Die Europäische Kommission definiert den Begriff wiederum als »alle Tätigkeiten [umfassend] (. . .) mit denen auf die Politikgestaltung und den Entscheidungsprozess der europäischen Organe und Einrichtungen Einfluss genommen werden soll«.[13] Eine ältere, aber oft zitierte Definition stammt von Thomas Milbrath, einem der Pioniere der wissenschaftlichen Arbeit zu Lobbying in den USA: »[L]obbying is stimulation and transmission of a communication, by someone other than a citizen acting on his own behalf, directed to a governmental decision-maker with the hope of influencing his decision«.[14]

All diesen Definitionen gemeinsam sind die Aspekte der Kommunikation, des Interesses und der Politik. Zugleich stellt diese begriffliche Trias auch den Wesenskern von Interessenvertretung dar: Letztlich geht es aus Sicht gesellschaftlicher Akteure um die Beschaffung, Selektion und Auswertung von Informationen aus dem politischen Raum, sowie in umgekehrter Richtung um die direkte oder indirekte, akteursorientierte Mitwirkung an den Entscheidungsprozessen in Exekutive und Legislative. Dieses interessengeleitete Wechselverhältnis zeigt den »intermediären« Charakter der Interessenvermittlung. Die Interessenvertretung ist dabei als ein dynamischer, fortschreitender Prozess zu betrachten, der Diskontinuitäten im politischen und administrativen Bereich berücksichtigt.[15] Abbildung 3.1 veranschaulicht das Modell der Interessenvertretung als intermediäres System.

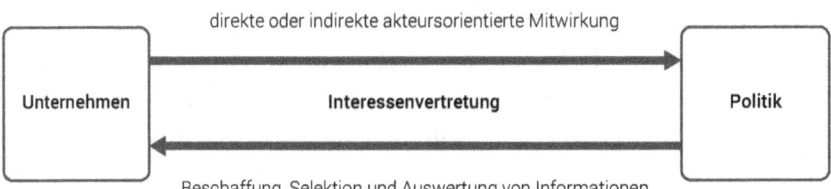

Abbildung 3.1: Interessenvertretung als intermediäres System

Das Interesse ist ein konstitutives Merkmal von Politik: Interessen sind, neben ihrer Eigenschaft als grundsätzliche Handlungsantriebe sozialer Akteure, gleichsam der »Rohstoff der Politik«.[16] Mit der Artikulation und Durchsetzung ihrer Interessen erhoffen sich die Handelnden politische Vorteile im Wettstreit der Interessen. Politik ist somit immer interessengeleitet und die Interessenkonkurrenz eine natürliche Grundlage demokratischer Politik. Auf diesen Aspekt verweist auch die Europäische

---

12   van Schendelen (2013⁴), S. 58.

13   Europäische Kommission (2006), S. 5.

14   Zitiert nach McGrath (2005), S. 17.

15   Vgl. Joos (1998), S. 27.

16   Meyer (2010³), S. 105.

Kommission in ihrem Grünbuch »Europäische Transparenzinitiative«: »In einem demokratischen System hat Lobbyarbeit durchaus ihre Berechtigung. Dabei spielt es keine Rolle, wer diese Lobbyarbeit betreibt: einzelne Bürger bzw. Unternehmen, Organisationen der Zivilgesellschaft oder andere Interessengruppen bzw. Firmen, die Dritte vertreten (Berater für öffentliche Angelegenheiten, Denkfabriken und Rechtsanwälte)«.[17]

Der negative Beigeschmack des Begriffs Lobbying ist deshalb sachlich kaum gerechtfertigt: »Ohne die Bündelung, Vertretung und Durchsetzung von Interessen sind moderne Gesellschaften und demokratische Regierungssysteme nicht vorstellbar.«[18] Der oben skizzierte Ursprung des Begriffs Lobbying in den altehrwürdigen Demokratien Großbritanniens und der Vereinigten Staaten belegt dies auch historisch.[19]

Dieses Buch wird sich vor allem auf den deutschen Begriff der Interessenvertretung beziehen, da die Betrachtung der Interessenvermittlung im Vordergrund steht. Dies gilt für Unternehmen, aber gleichermaßen für alle Akteure der Interessenvertretungen, damit auch für Verbände, Organisationen und selbst für EU-Mitgliedstaaten und -Regionen. Um ein einheitliches Verständnis sicherzustellen, wird Interessenvertretung im Sinne einer Arbeitsdefinition wie folgt definiert:

Interessenvertretung ist:

- Erstens die Beschaffung, Selektion und Auswertung von Informationen, die für das vertretene Unternehmen (bzw. den Verband, die Organisation, den/die EU-Mitgliedstaat/-Region) zu einem Wettbewerbsvorteil führen bzw. einen Wettbewerbsnachteil verhindern können.
- Zweitens die direkte oder indirekte Mitwirkung eines Unternehmens (bzw. eines Verbandes, einer Organisation, eines/einer EU-Mitgliedstaats/-Region) an legislativen und/oder exekutiven (EU-)Entscheidungsprozessen mittels Information, mit dem Ziel, Wettbewerbsvorteile zu erreichen bzw. Wettbewerbsnachteile abzuwenden.[20]

Die Interessenvertretung lässt sich wiederum in weitere Teilbereiche untergliedern, die unbedingt voneinander zu unterscheiden sind. Diese wichtigen konzeptionellen Abgrenzungen erfolgen im nächsten Abschnitt.

---

17 Europäische Kommission (2006), S. 5
18 Kleinfeld/Willems/Zimmer (2007), S. 7.
19 Bereits hier ist anzumerken, dass Interessenvertretung in beiden Ländern zwar ebenfalls kontrovers diskutiert wird, keineswegs jedoch einen derart schlechten Ruf hat wie beispielsweise in Kontinentaleuropa, siehe dazu vertiefend Joos (2011), S. 223–245.
20 Joos (1998), S. 27.

3.2.2 Konzepte der Interessenvertretung: Von Investor Relations zu Governmental Relations

Es werden vier Konzepte der Interessenvertretung entwickelt und eingeführt, die sich wiederum dem Feld der Unternehmenskommunikation zuordnen lassen: Public Relations, Public Affairs, Lobbying[21] und Governmental Relations (siehe Abbildung 3.2). Erstaunlicherweise werden diese Konzepte unter Wissenschaftlern und Praktikern teils synonym verwendet;[22] in den Medien scheint selbst die (noch verhältnismäßig einfache) Abgrenzung zwischen Public Relations und Public Affairs oft nicht ganz geläufig zu sein. Die logische Folge (auch) davon ist, dass in der Öffentlichkeit die demokratische Legitimation, der Sinn und die Funktion von Interessenvertretung – sowohl aus der Perspektive eines einzelnen Unternehmens als auch von Politik und Gesellschaft – häufig im Dunkeln bleiben (zur demokratischen Legitimation von Interessenvertretung siehe Abschnitt 3.3).

Die folgenden Ausführungen gelten nicht nur für private Unternehmen, sondern ebenso für Verbände, Organisationen und selbst für Mitgliedstaaten der EU und deren Regionen (die ebenfalls, wie beispielsweise die Vielzahl von Regionalvertretungen in Brüssel zeigt, auf EU-Ebene Interessenvertretung betreiben).

Unternehmenskommunikation ist zunächst das Management von Kommunikationsprozessen zwischen der Unternehmung und der Außenwelt.[23] Die Unternehmenskommunikation trägt zur Wertschöpfung eines Unternehmens bei, indem – vereinfacht ausgedrückt – Bilder des Unternehmens kreiert und nach außen vermittelt werden.[24] Auf diese Weise können die unternehmenseigenen Visionen (Mission Statement) und äußere Wirkungen (Image) aneinander angeglichen werden, was wiederum zu höherer Reputation führt und damit zur Wertschöpfung beiträgt.[25]

Die externe Unternehmenskommunikation besteht in erster Linie in der Öffentlichkeitsarbeit, auch Public Relations (PR) genannt. PR zielt zunächst ganz allgemein auf die Außenwelt des Unternehmens ab, also auf Konsumenten, horizontale Wettbewerber und andere Unternehmen, dies vorrangig durch die Nutzung von (Massen-) Medien. Die Inhalte sind dabei meist auf eine gewisse Streuwirkung angelegt und lehnen sich oft an die klassische Werbung an. Ein Beispiel für PR sind groß angelegte Multi-Channel-Kampagnen von Unternehmen mittels Anzeigen in Printmedien, dem Internet und eigenen Informationspublikationen, sowie Pressekonferenzen und öffentliche Auftritte von Unternehmensvertretern. Häufig werden auf diesem Weg

---

21 Lobbying wird hier als eigenständiges Konzept eingeführt, das unabhängig von den Definitionsansätzen in Abschnitt 3.2.1 zu verstehen ist.

22 Vgl. McGrath (2005), S. 15.

23 Vgl. Mast (2008³), S. 26; die interne Dimension der Unternehmenskommunikation (z. B. mit Mitarbeitern, dem Betriebsrat etc.) soll im Rahmen dieser Darstellung nicht vertieft werden.

24 Vgl. Schmid/Lyczek (2008), S. 133.

25 Vgl. Schmid/Lyczek (2008), S. 131 ff.

neue Marken oder Produktpaletten, Strategiewechsel, Umstrukturierungen oder Änderungen im Außenauftritt des Unternehmens mitgeteilt.

Ein Sonderfall der Außenkommunikation ist der Kontakt des Unternehmens zu seinen Kapitalgebern, die sog. Investor Relations. Die Pflege der Investor Relations im Sinne einer soliden Kapitalmarktkommunikation ist für ein Unternehmen bereits traditionell unverzichtbar. Gerade in Krisenzeiten – man denke an die weltweite Finanz- und Wirtschaftskrise ab dem Jahr 2007 oder die immensen Kursverluste an den Aktienmärkten als Folge der Coronakrise im Jahr 2020 und dem Ukrainekrieg im Jahr 2022 – kommt es darauf an, aktiv den Dialog mit den Anlegern zu suchen und vertrauensbildende Maßnahmen zu ergreifen: Infolge allgemeiner Unsicherheit und Zukunftsangst reagieren die Aktienmärkte zunehmend nervös auf jede unklare Informationslage. Professionelle Kapitalmarktkommunikation erfüllt hier eine wertvolle Orientierungsfunktion und sichert die Unternehmensbewertung ab. Investor Relations unterliegen im Gegensatz zu anderen Zweigen der Unternehmenskommunikation besonders strikten gesetzlichen Vorschriften – beispielsweise dann, wenn ein Unternehmen an der Börse notiert ist (Publizitätspflichten etc.).[26]

Public Affairs (PA) kann hingegen als ein Teilbereich der PR angesehen werden, der sich an die Politik und eine begrenzte Öffentlichkeit richtet. Die PA zieht also den Kreis der Adressaten enger als die PR: Hier sind nicht mehr die breite Öffentlichkeit, sondern vor allem Verwaltung und Politik, aber auch Nichtregierungsorganisationen (z. B. Verbraucherschutzverbände, Umweltschutz- oder Patientenorganisationen) Adressaten der Kommunikation. Im Vordergrund von PA steht das strategische Informationsmanagement zwischen Politik und Unternehmen einerseits und der Gesellschaft andererseits.[27] Die PA-Arbeit ist damit vor allem inhaltlich ausgerichtet. Der hauptsächliche Zweck der PA liegt im Aufbau und in der Aufrechterhaltung konstruktiver Beziehungen zur Politik, um so Einblick in und Einfluss auf die politische Sphäre zu erhalten. Die zur Anwendung kommenden Mittel sind dabei oft ähnlich denen der PR. Beispiele für PA sind die Organisation von Veranstaltungen mit Vertretern aus Politik und Wirtschaft mit Bezug zu einem für das Unternehmen relevanten Thema oder die Erstellung von Informationsmaterial für spezifische Gruppen aus Politik und Gesellschaft. In diesem Zusammenhang ist auch das sog. Grass Roots Campaigning bzw. Grass Roots Lobbying zu nennen. Hinter diesen Begriffen steht die Mobilisierung großer Gruppen »normaler« Bürger, ihre Meinung politischen Vertretern auf verschiedene andere Arten und Weisen mitzuteilen. Der Einsatz der Medien ist eines der wirkungsvollsten Werkzeuge im Grass Roots Lobbying, denn je mehr mediale Aufmerksamkeit ein Anliegen bekommt, desto wahrscheinlicher ist es, dass sich Entscheidungsträger damit befassen. Grass Roots Lobbying bedient sich häufig der digitalen Kommunikationswerkzeuge wie Blogs, Tweets oder Facebook-Kampagnen. All diese Aktivitäten haben das Ziel, bei der Öffentlichkeit für ein größeres Verständnis und

---

26 Vgl. Mast (2008), S. 336.
27 Vgl. Althaus/Geffken/Rawe (2005), S. 7.

eine höhere Aufmerksamkeit bezüglich der jeweiligen Anliegen zu sorgen. Die quasi umgekehrte Variante ist das Grass Top Lobbying, das auf die Mobilisierung führender Persönlichkeiten verschiedener Gruppen, von Berufs- und Fachverbänden und von bekannten Persönlichkeiten abzielt, die in der Lage sind, die öffentliche Meinung zu beeinflussen.[28]

Lobbying ist demgegenüber allein auf Politik und Verwaltung ausgerichtet. Der Adressatenkreis verengt sich also zunehmend, wobei die Grenzen zum Bereich der PA teils fließend verlaufen. Beim Lobbying geht es vor allem um eine bestimmte, gleichsam messbare Mitwirkung an konkreten politischen Entscheidungen. Die Inhalte der Kommunikation sind hier sensibler als bei der PA. Die dafür notwendigen Bedingungen sind Vertraulichkeit und Diskretion – insofern entscheidende Merkmale von Lobbying. Der Fokus liegt auf dem Prozess. Die erfolgreiche Umsetzung erfordert im Vorfeld genaue Planung und umfängliche Kenntnisse der politischen Arena. Die Mittel und Instrumente von PR und PA sind dazu in aller Regel untauglich, da Streueffekte vermieden werden müssen. Allerdings können Mittel der PR und der PA den Lobbying-Prozess mitunter sinnvoll begleiten.

Wiederum eine Spezialform von Lobbying sind die sog. Governmental Relations. In Kapitel 1 wurde bereits ausführlich die zentrale Bedeutung der Prozesskompetenz und ihrer drei Teilkomponenten (Prozessstrukturkompetenz, Perspektivenwechselkompetenz und Prozessbegleitkompetenz) für die Governmental Relations behandelt und die Arbeitsweise einer Governmental-Relations-Agentur erläutert. Die Governmental Relations unterscheiden sich vom allgemeineren Konzept des Lobbyings hinsichtlich Zeithorizont, Adressatenkreis sowie Inhalt bzw. Zielsetzung: Während Lobbying auch auf kurzfristige Einzelfallentscheidungen abzielt – sei es im Rahmen von Subventionsentscheidungen (Budget Lobbying) oder der Erteilung einer einzelnen Genehmigung –, richten sich Governmental Relations als langfristiger, struktureller Ansatz auf die Mitwirkung an der Normsetzungstätigkeit staatlicher Institutionen. Sie setzen häufig lange vor der eigentlichen Gesetzgebungsentscheidung an und begleiten den gesamten Entscheidungsprozess. Der auf die Legislative gerichtete Teil der Governmental Relations lässt sich insofern auch als »legislatives Lobbying«[29] bezeichnen. Weiterhin ist die Kommunikation bei Governmental Relations speziell auf die maßgeblichen politischen Entscheidungsträger in der Legislative und Exekutive als rahmensetzende sekundäre Stakeholder ausgerichtet (siehe Abschnitt 6.3). Hinsichtlich der Zielsetzung von Governmental Relations spielt die öffentliche Reputationsverbesserung praktisch keine Rolle – dies im Gegensatz insbesondere zur klassischen PR. Inhaltlich unterscheiden sich Governmental Relations vom allgemeineren Konzept des Lobbyings durch ihre gezielte Ausrichtung auf die legislative und exekutive Tätigkeit staatlicher Institutionen: Beispiele hierfür sind die gezielte, diskrete Kontaktaufnahme und

---

28   Vgl. zum Thema Althaus (2013).
29   Bouwen (2002), S. 366 m. w. N. (»legislative lobbying«).

unmittelbare adressatengerechte Informationsvermittlung (OnePager-Methodik) an im Vorfeld identifizierte Entscheidungsträger oder die in das Vorhaben involvierten Arbeitsebenen in Legislative und Exekutive, oft im Rahmen persönlicher, vertraulicher Gespräche.

Die Erörterung der verschiedenen Konzepte von Unternehmenskommunikation verdeutlicht sowohl eine Spezialisierung nach Art der Arbeit und Aufgaben als auch eine quantitative Anpassung des Adressatenkreises (siehe hierzu die grafische Aufbereitung in Abbildung 3.2).

Während die PR eine möglichst große Empfängerreichweite erzielen soll, ist das Ziel der Governmental Relations die punktgenaue, d. h. auf nur wenige Einzelpersonen beschränkte Informationsvermittlung (siehe Abschnitt 1.3.2.6). Auch der Charakter der Information unterscheidet sich dahingehend, dass durch PR in aller Regel eher allgemeine Informationen transportiert werden, während die Inhalte im Bereich der Governmental Relations an Spezialisten gerichtet sind, die Tiefe der Informationen also wesentlich größer sein kann. Auch sind die Inhalte zunehmend sensibel, mitunter enthalten sie Firmengeheimnisse oder sonstige nicht für die Öffentlichkeit bestimmte Daten und Inhalte. Vor diesem Hintergrund versteht es sich von selbst, dass jegliche Kommunikation vertraulich und diskret ablaufen muss.

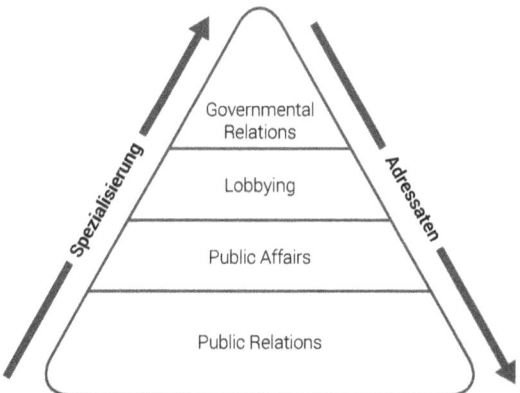

Abbildung 3.2: Begriffliche Abgrenzungen

Insgesamt wird also deutlich: Es bestehen beträchtliche Unterschiede zwischen den einzelnen Konzepten der Interessenvertretung. Damit ein Unternehmen eine effektive und effiziente Kommunikationsstrategie entwerfen kann, muss es sich über diese Unterschiede im Klaren sein – sowohl hinsichtlich der Begrifflichkeiten als auch in Bezug auf die Einsatzmöglichkeiten und Beschränkungen der einzelnen Kommunikationsarten.

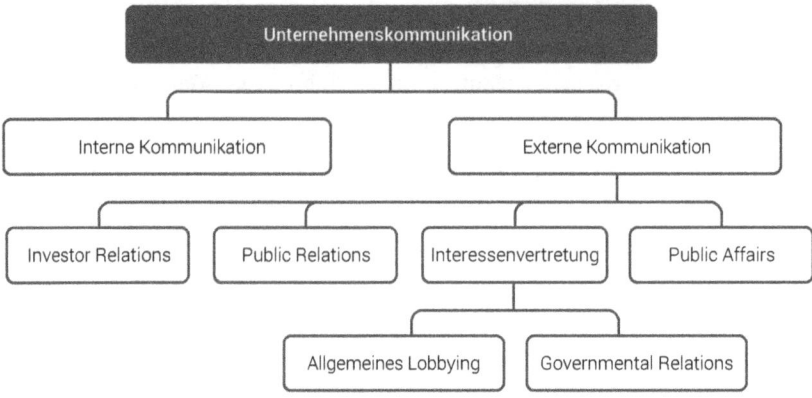

Abbildung 3.3: Interessenvertretung als Bestandteil der Unternehmenskommunikation

3.2.3 Interessenvertretung als unverzichtbarer Bestandteil der Unternehmenskommunikation

Der folgende Abschnitt will nun die praktischen Möglichkeiten aufzeigen, auf welche Weise die Unternehmensinteressen in den politischen Bereich eingebracht werden können. Zwei Fragen sind dabei zu beantworten:

- In welchen Situationen kann ein Unternehmen von welcher Art von Interessenvertretung profitieren?
- Welche kommunikationsstrategischen Überlegungen sind dabei anzustellen und welche praktischen Erwägungen sind bei der Umsetzung unterschiedlicher Kommunikationsstrategien einzubeziehen?

Dabei wird deutlich werden: Interessenvertretung hat für Unternehmen im Wesentlichen drei Dimensionen. Erstens kann Interessenvertretung als ein Frühwarnsystem genutzt werden, um relevante politische Themen und Trends zu identifizieren. Zweitens umfasst die Interessenvertretung in ihrer klassischen Funktion die Begleitung von Entscheidungsprozessen in der politischen Sphäre. Schließlich kann mittels Interessenvertretung politisches Krisenmanagement betrieben werden. Dabei ist bereits an dieser Stelle festzuhalten, dass die drei Dimensionen nicht isoliert nebeneinanderstehen. Sie überschneiden sich teilweise in ihrer Art und Ausrichtung und sollten im Idealfall als komplementäre Elemente einer unternehmerischen Interessenvertretungsstrategie betrieben werden.

3.2.3.1 Interessenvertretung als Frühwarnsystem: Identifikation von Themen und Trends

Im politischen Bereich gilt: Nicht nur große, auch kleine politische Ereignisse werfen ihren Schatten voraus. Allerdings stellen die durch die Massenmedien verbreiteten politischen Vorgänge in der Realität nur einen ganz kleinen Teil aller politischen Vorhaben dar. Auch sind die politischen Themen nicht nur Gegenstand des genuin politischen Bereichs, sondern entstammen oft der zivilgesellschaftlichen Sphäre. Daraus können für Unternehmen Risiken, aber auch Chancen erwachsen. Letzteres setzt die aktive und umfassende Beschäftigung mit politischen Themen voraus. Allerdings »existiert eine generelle Tendenz in Unternehmen, sich nicht mit den Umfeldrisiken des politisch-gesellschaftlichen und des rechtlichen Bereichs zu beschäftigen«.[30] Diese Risiken müssen jedoch möglichst genau identifiziert und beurteilt werden, um sie handhaben zu können.[31] Andererseits ist die Menge an politischen Nachrichten mittlerweile fast unüberschaubar. Um aus der Flut von Meldungen tatsächlich wichtige Informationen zur Orientierung herausfiltern zu können, sind Sachkompetenz und politisches Gespür nötig – insbesondere, um sinnvolle Zusammenhänge herstellen zu können. Noch mehr gilt das für jene politischen Themen, die nicht in der Medienberichterstattung vorkommen. Bei der Betrachtung ist es darüber hinaus wichtig, die grundsätzliche Verknüpfung von Mikro- und Makro-Ebene sowie die Beachtung möglicher Verschränkungen und Wechselwirkungen mit anderen Themen mit zu bedenken. Vor diesem Hintergrund kann Interessenvertretung als präventives Handeln aufgefasst werden, um Themen und Trends im politischen Raum zu identifizieren.[32]

Dementsprechend beginnt Interessenvertretung, auch im Sinne des politischen Risikomanagements, lange vor dem eigentlichen Dialog mit politischen Entscheidungsträgern.[33] Er steht tendenziell am Ende des Interessenvertretungsprozesses; bis dahin muss ein wesentlicher Teil der gesamten Arbeit bereits getan sein. Nur die umfassende Vorbereitung des Dialogs ermöglicht den Erfolg eines Anliegens in der Interessenvertretung. Grundlage einer wirkungsvollen Interessenvertretung ist daher die breit angelegte Identifizierung und Analyse relevanter Themen, oft ohne einen konkreten Interessenvertretungsauftrag. Daneben gilt es, auch in personeller Hinsicht die politische Arena im Blick zu haben, um immer auf dem aktuellen Stand zu sein. Nur so können im Ernstfall ohne großen Zeitverlust beispielsweise die entscheidenden Ansprechpartner in Legislative und Exekutive ausgemacht werden. Dieses Vorwissen ist kaum zu unterschätzen, kann es doch ggf. eine effektive Interessenvertretung nahezu aus dem Stand ermöglichen. Vor diesem Hintergrund ist Interessenvertretung im Idealfall als struktureller und kontinuierlicher Prozess angelegt.

Grundlage erfolgreicher Interessenvertretung ist eine profunde und umfassende Vorbereitung. Dieses »managing the fieldwork«[34] beinhaltet die Sondierung des politischen Terrains. Dabei erfolgt zunächst die Informationsgewinnung mittels der umfangreichen Presse- und Medienauswertung, gefolgt von kontinuierlichen Kontakten zu sowie Gesprächen mit Insidern, also Politikern, Beamten und anderen Entscheidungsträgern. Grundsätzlich gilt: »Ein Interessenvertreter, der präventive Interessenvertretung betreiben will, muss zwangsläufig dort involviert sein, wo die

---

30   Hofmann/Frevel (2007), S. 80.

31   Vgl. Hofmann/Frevel (2007), S. 80.

32   Vgl. Bender/Reulecke (2003), S. 117 ff.

33   Vgl. Bender/Reulecke (2003), S. 35.

34   van Schendelen (2013⁴) S. 245.

gedankliche und programmatische Vorarbeit zu dem jeweiligen Themengebiet geleistet wird.«[35] Dabei ist unbedingt darauf zu achten, möglichst dezent und diskret zu agieren, also möglichst wenig Öffentlichkeit herzustellen, da ansonsten ungewollte Themen politisch »hochkommen« könnten. Kurz gesagt gilt es, keine schlafenden Hunde zu wecken.[36] Zugleich ist allerdings zu beachten, dass Kommunikation nicht als Einbahnstraße angelegt sein kann. Während eines Interessenvertretungsprozesses ist es wichtig, für eine umfassende Informationstransparenz, also ein »möglichst vollständige[s] Vorliegen aller entscheidungsrelevanten Informationen«,[37] zu sorgen. Getreu dem intermediären Charakter von Interessenvertretung ist diese Informationstransparenz auf Gegenseitigkeit anzulegen; dies zeugt auch von Seriosität und Fairness gegenüber den Ansprechpartnern.[38]

Von wesentlicher Bedeutung für eine erfolgreiche Interessenvertretung ist das Issue Management.[39] Hier gilt mit den Worten Henry Kissingers: »An issue ignored is a crisis invented.«[40] Die Funktion des Issue Managements ist die »frühzeitige Identifizierung und Behandlung von Sachverhalten mit (. . .) Krisenpotenzial«[41], sowie die genaue Bestimmung und Einordnung des Themas. Zunächst erfolgt dabei ein »Scanning« der Themen- und Meinungslandschaft, um eine breitgefächerte Informationsperzeption zu erreichen. Das eigentliche Monitoring besteht anschließend aus der gezielten Beobachtung eines ausgewählten Themas. Wichtig ist auch die aktive Themensuche durch den Interessenvertreter selbst: zum einen, weil häufig Grundkenntnisse der Hintergründe von vornherein wichtig sind, zum anderen, weil er idealerweise näher am politischen Geschehen ist als das Unternehmen, das er vertritt.

In diesem Zusammenhang zu erwähnen ist auch die »Königsdisziplin« der präventiven Interessenvertretung, nämlich die Möglichkeit, die Debatte um potenziell problematische Themen schon von Beginn an mitzugestalten. Auf diese Weise kann z. B. verhindert werden, dass »bestimmte Stimmungen, Strömungen und latent zirkulierende Meinungen auf die politische Agenda gesetzt werden«.[42] Dies zu erreichen wäre für das Unternehmen zweifellos der Idealfall, ist in der Praxis allerdings selten und nur bei exzellenter Vernetzung im politischen Bereich möglich. Ebenso verlangt die Themenantizipation an sich hervorragende Arbeit im Bereich des »Frühwarnsystems« (Stichworte: Informationsmanagement, Monitoring), welches im nächsten Abschnitt vorgestellt wird.

35   Bender/Reulecke (2003), S. 118.
36   Bender/Reulecke (2003), S. 119.
37   Joos (1998), S. 89f.
38   Vgl. Joos (1998), S. 90.
39   Vgl. Ingenhoff/Röttger (2008).
40   Zitiert nach Bender/Reulecke (2003), S. 35.
41   Kretschmer/Elbe (2007), S. 89.
42   Bender/Reulecke (2003), S. 117.

Zur Identifizierung von möglichen Ansprechpartnern bedarf es einer gründlichen Key-Player-Analyse. Die Leitfrage hierfür lautet: Wer sind die relevanten an der politischen Entscheidung beteiligten Personen in Exekutive und Legislative (siehe dazu auch Kapitel 1, 4 und 7)? Des Weiteren ist zu fragen, wer welche Meinungen zum Thema vertritt und wer die Meinungsführerschaft innehat. Ausgehend von rein politisch-rechtlichen Strukturen ist das nicht immer auf den ersten Blick offensichtlich. Vielmehr ist der tatsächliche Machtzusammenhang zu beachten,[43] wozu wiederum eine intime Kenntnis politischer Entscheidungsprozesse nötig ist: Neben den formalen Kriterien müssen insbesondere die sachlichen und persönlichen Bezüge der Akteure berücksichtigt werden. Auf diese Weise kommt ein relativ großer Kreis an potenziellen Adressaten des Unternehmensinteresses zustande, wie Abbildung 3.4 am Beispiel der Bundesrepublik Deutschland zeigt.

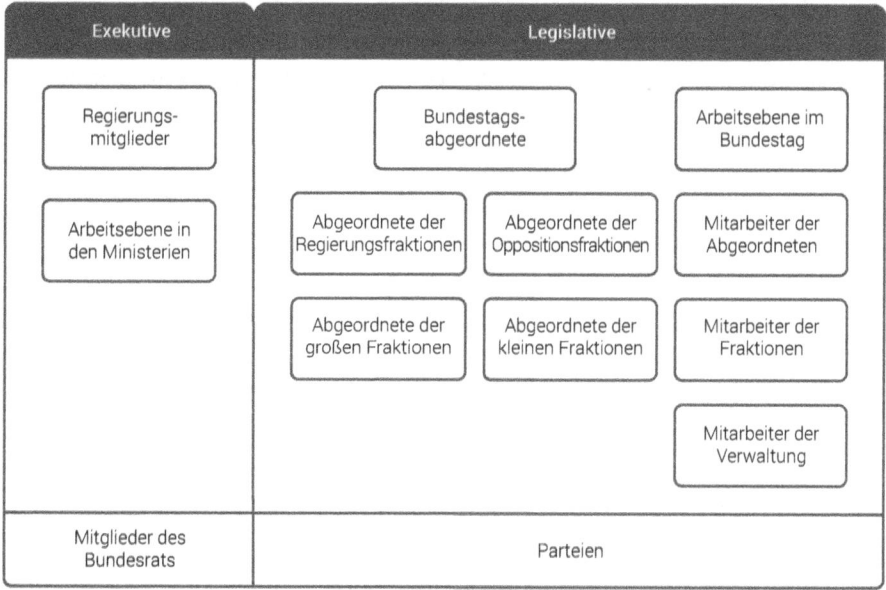

Abbildung 3.4: Adressaten im politischen Umfeld – Bundesrepublik Deutschland[44]

Das grundlegende Schema in Abbildung 3.4 gilt in den Grundzügen auch für andere politische Systeme in den Mitgliedstaaten der EU.[45] Wie in Kapitel 1 geschildert, ist der alleinige Blick auf die mitgliedstaatlichen Gegebenheiten allerdings unzureichend. Ohne die Berücksichtigung der EU-Ebene würde die Interessenvertretung ins Leere

---

43   Bender/Reulecke (2003), S. 45.

44   Quelle: Bender/Reulecke (2003), S. 47.

45   So gibt es hinsichtlich der institutionellen Ausprägung einzelner Bestandteile und auch politischer Entscheidungsprozesse teils erhebliche Unterschiede, jedoch sind die grundlegenden Arrangements der Gewaltenteilung – insbesondere der Dualismus von Exekutive und Legislative – in allen Mitgliedstaaten der EU vorhanden, siehe dazu Ismayr (2008⁴), S. 9–64.

laufen. Spätestens seit dem Vertrag von Lissabon findet die eigentliche Interessenvertretung in Brüssel statt.[46] Abbildung 3.5 stellt deshalb die Adressatenstruktur im Bereich der EU dar und berücksichtigt die besondere Ausprägung der politisch-institutionellen Gegebenheiten des politischen Systems der EU.[47]

Bei alledem ist zu berücksichtigen, dass sich das Arbeitsnetzwerk eines Interessenvertreters nicht nur unmittelbar auf den politischen Raum beschränken sollte. Vor allem um Neuigkeiten und das »Hintergrundrauschen« wahrzunehmen, aber auch zur gezielten Informationsrecherche sollte zudem der vorpolitische Raum beschritten werden. Kontakte zu den Vertretern der Inhaltskompetenz (Unternehmensrepräsentanzen, Verbände, Public-Affairs-Agenturen und Kanzleien) sollten deshalb gesucht und gehalten werden. Abzuraten ist ohnehin von einem allzu strategischen Vorgehen beim Aufbau des eigenen Netzwerks: Zum einen ist eine reine Effizienzbewertung mit dem sozialen Phänomen des Networkings wenig verträglich, zum anderen lässt sich zum Zeitpunkt des gegenseitigen Kennenlernens meist nicht absehen, welche Bedeutung eine Person zu einem späteren Zeitpunkt für eigene Projekte gewinnen kann.

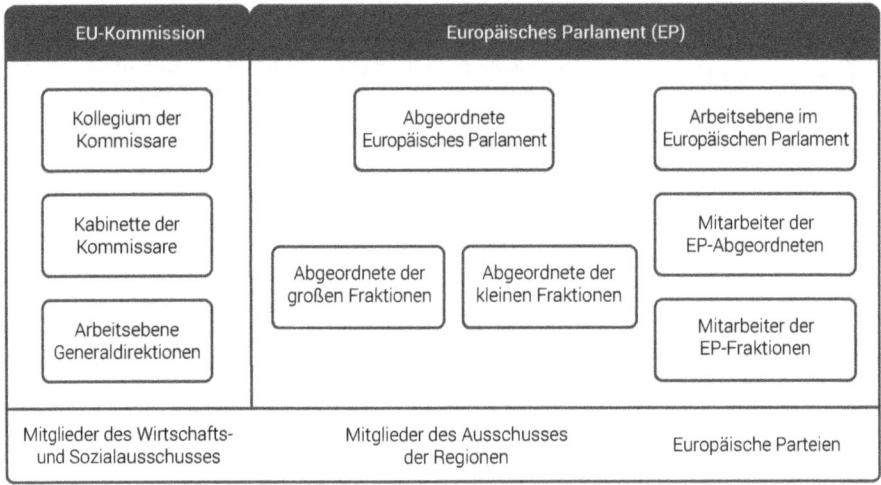

Abbildung 3.5: Adressaten im politischen Umfeld – Europäische Union[48]

---

46   Siehe hierzu Abschnitt 5.5 zum politischen System der EU.

47   Wie in Abschnitt 5.5 über das politische System der EU dargestellt, ist die Einteilung und Bezeichnung nach herkömmlichen Kategorien wie Exekutive, Legislative, aber auch Regierung oder Opposition im politischen System der EU nur mit Abstrichen möglich. Zur Vereinfachung wurde das Grundschema von Abbildung 3.4 aber in Abbildung 3.5 beibehalten.

48   Quelle: Nach Bender/Reulecke (2003), S. 47.

3.2.3.2 Interessenvertretung als Langfrist-Projekt: Strukturelle Begleitung von Entscheidungsprozessen

3.2.3.2.1 Allgemeines

Interessenvertretungsprozesse – insbesondere im Bereich der Governmental Relations – sollten langfristig und strukturell angelegt sein. Strukturelle Governmental Relations heißt, nicht nur projektbezogen und von Zeit zu Zeit für den Kunden zu agieren, sondern kontinuierlich und perspektivisch das Kundeninteresse im politischen Raum zu begleiten. In dieser Form ist Interessenvertretung als aktive Tätigkeit zu begreifen, die sich in vorausschauender Weise der zielgerichteten Kommunikation mit Entscheidungsträgern der Exekutive und der Legislative widmet (siehe Abschnitt 1.3).

Ausreichende und vertrauensvolle Kontakte sind das zentrale Gut für die Interessenvertretung. Das Kontaktmanagement ist deshalb von überragender Bedeutung für den Interessenvertretungsprozess (zu Aufbau und Management von Kommunikationsnetzwerken siehe Abschnitt 4.7).

Grundlegende Prämissen für den Dialog mit Politikern und administrativen Entscheidern sind Wissen, Ehrlichkeit und Seriosität. Insbesondere im Bereich der Governmental Relations geht es grundsätzlich darum, die Interessen aller Beteiligten auszuloten und ihre Perspektive einzunehmen. Im Gespräch ist dabei vor allem zu erläutern, weshalb eine bestimmte Entscheidung aus der Sicht eines politischen Entscheidungsträgers einen Sinn ergibt, eine andere hingegen nicht. Weiterhin ist zu fragen, ob es Informationen gibt, die der Entscheidungsträger noch nicht kennt, die aber für seine Entscheidung möglicherweise wichtig sind.

Drei Grundregeln der Interessenvertretung lassen sich anführen:

1. Sich erst genau informieren, dann handeln.

2. Das eigene Anliegen klar, offen und ehrlich kommunizieren.

3. Die Perspektive des Gesprächspartners einnehmen und ihn verstehen lernen.

In Kapitel 1 wurde bereits die zentrale Bedeutung der Perspektivenwechselkompetenz herausgearbeitet (siehe Abschnitt 1.3.2.6). Zu fragen ist deshalb erstens, welche Bedeutung das Thema für den Entscheidungsträger hat bzw. haben könnte, und zweitens, ob und inwieweit seine eigenen Interessen mit denen des jeweiligen Unternehmens überhaupt deckungsgleich sind.[49]

Nicht nur das Knüpfen von Kontakten bedarf besonderen Engagements, sondern vor allem deren Ausbau und Pflege. Insbesondere die Kontaktpflege sollte sorgfältig betrieben werden. Dies umfasst zuallererst scheinbar banale Aktivitäten, wie den Versand von Gratulationsschreiben zu Geburtstagen, bei Beförderungen oder der Wahl in bestimmte Gremien oder Positionen. Weiterhin sollte in regelmäßigen Abständen

---

49   Vgl. o. V. (2009b), S. 16f.

auch ganz ohne konkreten Anlass der Kontakt aufrechterhalten werden, um sich beim Gegenüber in (positive) Erinnerung zu rufen. Der günstigste Fall dafür ist ein persönliches Treffen, z. B. ein gemeinsames Essen mit den relevanten Personen. Auch der Besuch von Terminen wie Fachtagungen oder Parteiveranstaltungen bietet sich an, da man dort i. d. R. die jeweiligen Experten bzw. Politiker treffen kann. Falls aus zeitlichen und/oder räumlichen Gründen eine persönliche Unterredung nicht möglich ist, so sollte zumindest der Kontakt über das Telefon gepflegt werden. Grundsätzlich ist – unabhängig von der konkreten praktischen Form – eine stetige und kontinuierliche Präsenz notwendig, ohne dabei aufdringlich zu sein.

Die langfristige Ausrichtung des Interessenvertretungsprozesses bringt aber nicht nur auf der Kontaktebene Vorteile. Auch Änderungen in der politischen Landschaft können zu guten Gelegenheiten für die Interessenvertretung werden. Insbesondere nach Wahlen und in den darauf folgenden Koalitionsverhandlungen lassen sich sehr gut Interessen in die Politik tragen.[50] Vertrauensvolle Kontakte, die lange vor einer solchen Wahl hergestellt wurden, sind dann entsprechend wertvoll. Auch der Zeitraum zwischen den Wahlen – und insbesondere die Zeit kurz vor den Wahlen – lässt sich hervorragend für eine entsprechende inhaltliche Vorbereitung nutzen.[51]

3.2.3.2.2 Informationsmanagement

Der Informationsfluss aus den politischen Institutionen gleicht mittlerweile einer wahren Flut in Form von Personennachrichten, Stellungnahmen, Beschlüssen und anderen Mitteilungen. Allein die Zahl der offiziellen Statements seitens der EU-Institutionen geht täglich in die Hunderte. Schon in der Amtszeit der Barroso-Kommission von 2010 bis 2014 betrug die Zahl der behandelten Rechtsakte, also von Verordnungen, Richtlinien und Entscheidungen knapp 11.000.[52] Zählt man die Angaben aus der nationalen Politik hinzu, geht die Zahl schnell in die Zigtausende.[53] Obwohl zur Erhöhung der Transparenz des politischen Prozesses sowie zur umfänglichen Information der Öffentlichkeit konzipiert, bedingt die offene Informationspolitik damit beinahe das Gegenteil: Das überbordende Angebot droht Außenstehende zu überwältigen und führt häufig eher zu Verwirrung denn zu Informationstransparenz. Auch macht die große Vielfalt die Suche nach konkreten Inhalten mühsam. Andererseits bleiben die offiziellen, auf die breite Öffentlichkeit zielenden Nachrichten oft nur an der Oberfläche und beinhalten nur wenige Details. Daher ist insbesondere das eingehende Monitoring der einschlägigen Rechtsetzungstätigkeit der Institutionen der EU und ihrer Mitgliedstaaten von überragender Bedeutung. Aus Sicht der Interessenvertretung ist die Suche in den bzw. die Analyse der durch den Kunden projektierten

---

50 Vgl. o. V. (2009c), S. 26–29; Altmeyer (2009); zu 2013: Amann/Becker/Dohmen/Traufetter (2013), S. 30, aber eher negativ. Allerdings ist zu beachten, dass die Politiker in einer solchen Phase von allen Seiten angesprochen werden – umso wichtiger ist an dieser Stelle ein professionelles Auftreten des Interessenvertreters.

51 Vgl. Waldermann (2009).

52 Eigene Berechnung nach den Statistiken bei EUR-LEX, http://eur-lex.europa.eu/statistics/legislative-acts-statistics.html (zuletzt abgerufen am 1.6.2023).

Bereiche die Basis erfolgreicher Interessenvertretung. Die regelmäßige und umfassende Prüfung des politischen Informationsoutputs ist unverzichtbar, da sich daraus eine Vielzahl von nützlichen Informationen und Details ermitteln lassen. Deshalb nimmt diese Tätigkeit einen großen Teil der personellen wie zeitlichen Kapazitäten des Interessenvertreters in Anspruch. Auch sind hier spezielles Know-how, Fachwissen und personelle Ressourcen vonnöten, um das Informationsdickicht systematisch wie analytisch zu durchdringen und die wesentlichen Inhalte in komprimierter Form an den Kunden weiterzugeben und schließlich unternehmensspezifische Interpretationen bereitzustellen. Ganz besonders wichtig ist darüber hinaus die Fähigkeit des Interessenvertreters, neben den offiziell veröffentlichten Mitteilungen für den Kunden auch entsprechende Randnotizen und Hintergrundinformationen zu bekommen und einordnen zu können. Gerade hierin liegt ein echter Mehrwert für die Unternehmen, die so strukturiert an wichtige Fakten gelangen können. Das Thema Informationsmanagement wird im weiteren Verlauf der Darstellung noch mehrfach aufgegriffen (siehe insbesondere Kapitel 2 und Abschnitt 7.3).

3.2.3.2.3 Strategieberatung

Um das Kundeninteresse in die politische Sphäre zu tragen, ist die Erarbeitung und Realisierung von sachorientierten, spezifischen Problemlösungen nötig. Bei einem Wirtschaftsunternehmen stehen die ökonomischen Rahmenbedingungen stets unter genauer Beobachtung, während das gesellschaftliche und politische Umfeld u. U. weniger beachtet wird. Das steht in scharfem Kontrast zu potenziellen Chancen, jedoch auch Bedrohungen, die dem Unternehmen aus Entscheidungen öffentlicher Organe, gerade denen von EU-Institutionen, entstehen können. Gesetzliche und regulative Entscheidungen bestimmen unmittelbar oder mittelbar die wirtschaftlichen Rahmenbedingungen des Unternehmens. Unternehmen sollten daher nicht nur ihr Markt- bzw. Branchenumfeld beachten, sondern auch gesellschaftliche, kulturelle oder wissenschaftliche Strömungen und Trends, da sich aus diesen wiederum zukünftig determinierende Regularien ergeben könnten (siehe Abschnitt 7.3). Besonders deutlich wird das bei stark regulierten Industrien wie der Energie- oder der Telekommunikationsbranche: Defizite in der Erkennung und im Umgang mit rechtlichen Entwicklungen können u. U. ganze Geschäftsmodelle zur Makulatur werden lassen (man denke z. B. an die im April 2015 vollzogene Aufspaltung des Energiekonzerns E.ON im Zuge der Energiewende[54] oder die Abschaffung der Roaming-Gebühren im Mobilfunk[55]). Unternehmen müssen sich im politischen Raum vor diesem Hintergrund langfristig strategisch positionieren, um angemessen und effektiv auf exogene Impulse reagieren zu können, bzw. sie zu antizipieren.

---

53 Allein der Deutsche Bundestag veröffentlichte in der 17. Legislaturperiode über 14.800 Drucksachen; vgl. https://www.bundestag.de/drs (zuletzt abgerufen am 1.6.2023).

54 Vgl. o. V. (2015d).

55 Vgl. Europäisches Parlament (2017).

Um das Unternehmen sowohl beim Aufbau solcher grundsätzlichen Strukturen als auch bei der strategischen Aufstellung konkreter Interessenvertretungsprojekte zu unterstützen, bringt ein Interessenvertreter sein Wissen und seine Erfahrung als externer Berater ein. Wie dies geschehen kann, wird in Kapitel 7 ausführlich erläutert werden (siehe dazu Abschnitt 7.5).

3.2.3.2.4 Veranstaltungen

Die Instrumente der Inhaltskompetenz (Unternehmensrepräsentanzen, Verbände, Public-Affairs-Agenturen oder Anwaltskanzleien) sind ein wichtiger Baustein einer ganzheitlichen Interessenvertretung. Bspw. die Organisation und Durchführung von Veranstaltungen im politischen Bereich dienen erstens der Kontaktanbahnung, zweitens besteht hier die Möglichkeit, in ungezwungener Atmosphäre Informationen auszutauschen: Unternehmensrepräsentanten und Politiker können sich persönlich kennenlernen und tagesaktuelle Themen besprechen. Zudem bietet sich hier die Gelegenheit für das Unternehmen, sich gegenüber der Politik sichtbar zu repräsentieren und darzustellen (»Image Building«). Eine gelungene Veranstaltung kann somit zu einem Reputationsgewinn des Unternehmens bei exekutiven und legislativen Entscheidungsträgern führen.

Derartige Veranstaltungen können verschiedene Formen annehmen; gängige Beispiele sind Workshops, Dialogforen oder Fachvorträge. Die Krönung solcher Veranstaltungen ist sicherlich der Parlamentarische Abend, typischerweise mit fünfzig bis hundert Teilnehmern in einem ansprechenden Rahmen. Hierbei werden beispielsweise Vertreter des Europäischen Parlaments, insbesondere die Mitglieder relevanter und wichtiger Ausschüsse, die Funktionsträger der Fraktionen und deren Mitarbeiter, weitere relevante Politiker und Entscheidungsträger aus den EU-Institutionen eingeladen. Neben dem formellen Teil des Abends, etwa einem Vortrag eines für das Unternehmen relevanten Fachpolitikers, ergeben sich im informellen Rahmen zahlreiche Gelegenheiten zum fachlichen und persönlichen Austausch der Entscheidungsträger.

Die Planung und Gestaltung solcher Veranstaltungen erfordert ein hohes Maß an Professionalität und Engagement. Eine perfekte organisatorische Vorbereitung und Begleitung des Events ist die Grundvoraussetzung des Erfolgs.

3.2.3.2.5 Einbringen von Unternehmensinteressen

Das Ziel der Interessenvertretung ist letztlich immer der Transfer der Interessen eines Unternehmens in die politische Sphäre. Eines der wichtigsten Instrumente hierfür, das persönliche Gespräch mit Entscheidungsträgern in Legislative und Exekutive, wurde oben bereits vorgestellt. Ein weiteres unverzichtbares Element sind schriftliche Äußerungen wie Stellungnahmen und Positionspapiere.[56] Schriftliche Ausarbeitungen garantieren eine gewisse Nachhaltigkeit sowie Verbindlichkeit. Durch die schriftliche Form hat der Adressat buchstäblich etwas »Konkretes in der Hand«, was zur

---

56   Vgl. Bender/Reulecke (2003), S. 71 f.

Rekapitulation und Reflexion anregen kann. Auch kann der Adressat nochmals Einzelheiten wie Zahlen und Daten zu einem späteren Zeitpunkt nachlesen. In den Positionspapieren können eigene Standpunkte zu Themen präzise formuliert werden, die in den politischen Bereich eingebracht werden sollen. Sogenannte Stellungnahmen werden meist vonseiten der Politik im Vorfeld zu Anhörungen in Ausschüssen und anderen Gremien angefordert; sie sind eine Ausformulierung der vorzutragenden Auffassungen. Stellungnahmen können jedoch grundsätzlich auch unaufgefordert zu aktuellen Themen abgegeben werden. Dabei ist der Zeitpunkt der Einbringung zu beachten. Das beste Papier ist wirkungslos, wenn es zu spät vorgelegt wird. Denn je früher der Text bei den Adressaten ankommt, desto größer ist die Chance der Wahrnehmung und der eventuellen Berücksichtigung. Im Idealfall steht ein solches Papier den Adressaten bereits am Anfang ihres Meinungsbildungsprozesses zur Verfügung.

Wie bei der persönlichen Kommunikation sind auch bei den schriftlichen Äußerungen verschiedene Aspekte handwerklicher Art zu beachten. Diese werden im Abschnitt zu den Instrumenten der Interessenvertretung vorgestellt (siehe Abschnitt 7.4). An dieser Stelle sei aber bereits darauf hingewiesen, dass die Schriftstücke in einer klaren Sprache und in möglichst knapper Form verfasst werden sollten. Selbstverständlich gelten auch hier die Grundregeln der professionellen Interessenvertretung: Sachlichkeit, Ehrlichkeit und Seriosität sind in schriftlichen Äußerungen ebenso wichtig wie im persönlichen Gespräch.[57] Die OnePager-Methodik einer Governmental-Relations-Agentur stellt die Königsdisziplin der schriftlichen Ausarbeitung dar (siehe Abschnitt 1.3.2.6).

3.2.3.3 Interessenvertretung als politisches Krisenmanagement: Interessenvertretung als »Feuerwehr«

Trotz bester Vorbereitung hinsichtlich Kontakt- und Issue Management und stetiger Präsenz im politischen Raum kann es durchaus passieren, dass gleichsam aus dem Nichts Entwicklungen oder Ereignisse auftreten, die aus dem Stand schnelles Handeln erfordern. Ein solcher »exogener Schock« ist an sich nicht ungewöhnlich, da im politischen Bereich oft Themen in den Fokus der Entscheidungsträger geraten, die bereits seit Langem schlummerten und zunächst kaum virulent waren, dann aber durch aktuelle Geschehnisse Aufmerksamkeit erlangen. Des Weiteren können gänzlich neue Entwicklungen auftreten, die aus Sicht der Politiker einen Gesetzgebungsbedarf hervorrufen. Beispiele hierfür waren in der Vergangenheit die Gesetzgebung rund um den Ausbruch von COVID-19 im Jahr 2020 und die durch den Ukrainekrieg im Jahr 2022 ausgelöste Energiekrise in ganz Europa. Daneben gibt es auch die Fälle von »handwerklichem Murks«[58] in der Gesetzgebung, die für ein Unternehmen erhebliche Auswirkungen haben können. Im Vergleich mit dem oben dargestellten »normalen« Ablauf eines Interessenvertretungsprozesses ist es unter diesen Umständen ungleich

57 Vgl. o. V. (2009b), S. 17.
58 Siehe Wiegand (2009), S. 5; vgl. auch Karpen/Nünke/Breutz (2008).

schwieriger, einen Erfolg zu erreichen, vor allem wenn ein Vorhaben bereits politisch beschlossen ist oder sich gar schon im formellen Gesetzgebungsverfahren befindet. Obwohl es, besonders in letzterem Fall, eigentlich für ein Einbringen von Unternehmensinteressen schon zu spät ist, gibt es auch dann noch Handlungsmöglichkeiten – allerdings nur unter der Voraussetzung, dass der Interessenvertreter grundsätzlich einen Zugang zu Akteuren in dem betroffenen politischen Bereich hat.[59] Als Faustregel kann gelten: Je besser der Interessenvertreter auch abseits konkreter Fachthemen im politischen Raum vernetzt ist, desto eher kann er das Interesse des Unternehmens im Notfall noch an den Adressaten vermitteln: »Wer erst in der Krise überlegt, wie er mit der Politik in Kontakt treten soll, wird einen schweren Stand haben.«[60] Die Interessenvertretung ist in solchen Situationen – im Gegensatz zur oben dargestellten proaktiven Arbeitsweise – zur Reaktion auf bestimmte exogene Einflüsse gezwungen. Hier gilt es zunächst, die Ruhe zu bewahren und zu versuchen, die jeweilige Agenda mitzugestalten, um die »Interessenhoheit« (wieder) zu gewinnen. Hektischer Aktionismus kann dagegen unnötig »Staub aufwirbeln« und sich dementsprechend nachteilig auswirken.

Tritt ein solcher Notfall auf, müssen die regulären Arbeitsschritte der Interessenvertretung – entsprechend der konkreten Situation – mehr oder weniger stark verkürzt und komprimiert werden. Zuvorderst muss eine exakte Analyse des Status quo erfolgen. Danach sollten umgehend die Entwicklung und Beurteilung verschiedener Szenarien – vom Best Case bis zum Worst Case – erfolgen. Dies ist für die entsprechende Lagebeurteilung hilfreich. Wichtig ist außerdem eine faktenorientierte kontinuierliche Informationspolitik gegenüber den politischen Akteuren. Zu bedenken ist auch, ob evtl. eine offensivere Kommunikationspolitik nützlich sein kann. Anleihen hierfür können der konventionellen unternehmensspezifischen Krisenkommunikation entnommen werden.[61]

Die operativen Maßnahmen im Krisenfall müssen ihre Wirkung naturgemäß sehr zeitnah entfalten. Dafür ist zunächst eine klare und eindeutige Prioritätensetzung erforderlich, um alle verfügbaren Kräfte und Ressourcen zielgerichtet einsetzen zu können. Organisatorisch ist die Eröffnung unmittelbarer, direkter Entscheidungs- und Koordinationswege zwischen Unternehmen und Interessenvertretern nötig, wozu die Etablierung einer nur wenige Personen umfassenden Task Force beitragen kann. Auch muss eine zielorientierte Auswahl der Interessenvertretungsinstrumente erfolgen, und zwar einerseits unter der Maßgabe der Zeitrestriktion, andererseits hinsichtlich ihrer Effektivität. Der Einsatz der Instrumente muss unter den gegebenen Umständen evtl.

---

59 Dies zeigt die Unersetzlichkeit einer guten Vernetzung im politischen Raum: Ein kompletter Kaltstart bei einem dringenden politischen Thema hat i. d. R. kaum Aussicht auf Erfolg. Falls also keinerlei vertrauensvolle Kontakte vorhanden sind, bliebe nur noch die suboptimale Möglichkeit der indirekten Ansprache über ein Mailing oder evtl. die Medien.

60 Bender/Reulecke (2003), S. 144.

61 Eine solche offensive Kommunikationspolitik richtet sich natürlich nicht, wie bei der konventionellen Krisenkommunikation, in erster Linie an die breite Öffentlichkeit; der Einsatz solcher PR-Instrumente ist hier als Ausnahme bzw. Ergänzung zu den dargestellten Instrumenten gedacht; allgemein zur Krisenkommunikation von Unternehmen vgl. Töpfer (2008[2]) und Mast (2008), S. 371–387.

unabhängig voneinander, möglicherweise sogar zum gleichen Zeitpunkt, erfolgen. Mitunter kann auch der Einsatz sonst eher unkonventioneller Methoden genutzt werden: So wäre beispielsweise ein Mailing an alle Abgeordneten seitens des Unternehmens möglich, in dem die Unternehmensleitung auf die Konsequenzen eines politischen Vorhabens hinweist. Unterstützend wäre auch ein Einsatz von inhaltsorientierten Instrumenten der Interessenvertretung, wie etwa ein Meinungsartikel eines hochrangigen Unternehmensrepräsentanten, das Schalten von Anzeigen in einer Zeitung oder die Verteilung von Informationsmaterial über den Verband oder eine Public-Affairs-Agentur an politische Entscheidungsträger, denkbar.

Trotz dieser Möglichkeiten birgt das kurzfristige Vorgehen natürlich nicht unerhebliche Risiken: Durch den Zeitdruck besteht die Gefahr, Fakten und Zusammenhänge nicht gänzlich erheben und durchdenken zu können. Ebenso kann die Informationslage insgesamt ungenügend sein. Darüber hinaus stehen womöglich nicht alle relevanten Ansprechpartner *ad hoc* zur Verfügung. Schließlich könnte im schlimmsten Fall eine politische Entscheidung nicht mehr aufzuhalten bzw. darauf nicht mehr im Sinne der Interessen des Unternehmens einzuwirken sein.[62] Deshalb sollten derartige »Feuerwehreinsätze« in der Interessenvertretung möglichst vermieden werden, da ein Interessenvertretungsprozess grundsätzlich immer dann die besten Erfolgsaussichten hat, wenn er strukturell und damit langfristig angelegt ist. Für den Fall, dass trotz allem kritische Situationen eintreten, sollte Vorsorge getroffen werden: So können in ruhigen Phasen entsprechende Geschehnisse einmal theoretisch durchgespielt werden, um so für den Ernstfall besser gerüstet zu sein. In der Folge solcher Planspiele kann ggf. prophylaktisch eine Kriseninfrastruktur errichtet werden.[63] Eine Governmental-Relations-Agentur ist bspw. mit ihrer Prozessstrukturkompetenz, der OnePager-Methodik und der Prozessbegleitkompetenz ideal aufgestellt, um in Krisensituationen kurzfristig und zielgenau agieren zu können (siehe Abschnitt 1.3).

Insgesamt wird deutlich, dass die einzelnen Dimensionen von Interessenvertretung nicht isoliert voneinander zu betrachten sind. Die erfolgreiche Wirkung der Interessenvertretung kann sich am besten in der komplementären Nutzung der drei Dimensionen entfalten, da sich die Begleitumstände des Interessenvertretungsprozesses verändern können. Deshalb befindet sich der Interessenvertreter über einen längeren Zeitraum betrachtet erfahrungsgemäß in einem »Spannungsfeld von Aktion und Reaktion«: In Phasen des Frühwarnsystems und der Begleitung von Entscheidungsprozessen ist er zwar nicht alleiniger Herr des Verfahrens, aber doch vorausschauend aktiv tätig, während er im Falle des »Feuerwehreinsatzes« kurzfristig reagieren muss.[64]

---

62 Falls ein Thema wirklich schon so weit fortgeschritten ist, kann es u. U. sogar besser sein, keinerlei Aktionen mehr vorzunehmen, um sich gegenüber der Politik oder der Öffentlichkeit nicht als unprofessionell (im Sinne eines zu späten bzw. inadäquaten Handelns) darzustellen. In diesem Fall hat ein redlicher Interessenvertreter als externer Berater die professionelle Pflicht, seinen Auftraggeber auf die Ausweglosigkeit der Situation hinzuweisen.

63 Vgl. Bender/Reulecke (2003), S. 143.

64 Bender/Reulecke (2003), S. 120.

Daher ist es unerlässlich, in den (relativ) ruhigen Phasen immer auch mit Blick auf evtl. auftretende »Feuerwehreinsätze« zu agieren, um den Grundstein für die erfolgreiche Bewältigung von Notfällen zu legen.

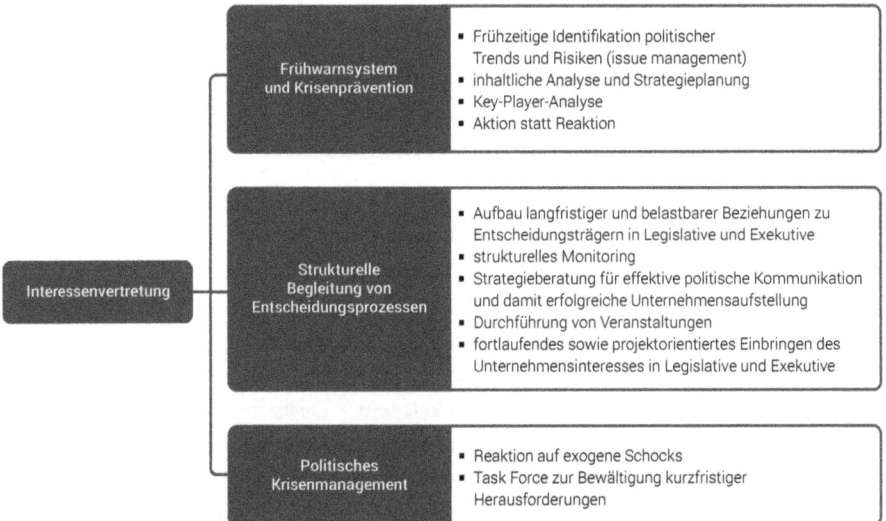

Abbildung 3.6: Einsatzmöglichkeiten von Interessenvertretung für Unternehmen

Nachfolgend werden die oben angesprochenen Arbeitsschritte und Instrumente hinsichtlich ihrer handwerklichen und praktischen Aspekte sowie ihrer Einsatzmöglichkeiten ausführlich dargestellt und erörtert.

3.3 Legitimation von Interessenvertretung

In Abschnitt 3.2 wurde deutlich gemacht, was genau unter Interessenvertretung zu verstehen ist. In Abschnitt 3.3 wird nun näher auf deren Existenzberechtigung im politischen und gesellschaftlichen Raum eingegangen. Wie ist also die dem Interessenvertreter oft gestellte Frage der politischen bzw. demokratischen Legitimation von Interessenvertretung zu beantworten?

Zunächst einmal steht die Interessenvertretung in der europäischen Öffentlichkeit meist in der Kritik. »Lobbyist« gilt vielen als Schimpfwort und Interessenvertretung wird vielfach als etwas Illegitimes oder Unanständiges betrachtet.[65] Die Berichterstattung der Medien ist meist negativ konnotiert: »Machtvolle Einflüsterer«[66],

---

65   Vgl. Lösche (2005), S. 53; McGrath (2005), S. 3.

66   Speth (2009), S. 8.

»Im Lobbyland«[67] oder »Die Lobby-Republik«[68] lauten die Schlagzeilen zum Thema Interessenvertretung. Auch einschlägige Buchtitel sprechen eine eindeutige Sprache: Bereits 1955 wurde in Deutschland nach der »Herrschaft der Verbände« gefragt.[69] Weitere Beispiele von Titeln und Schlagzeilen sind »Der gekaufte Staat. Wie Konzernvertreter in deutschen Ministerien sich ihre Gesetze selbst schreiben«[70], »Die Lobbyisten: Wer regiert uns wirklich?«[71], »Die Strippenzieher. Manager, Minister, Medien – wie Deutschland regiert wird«[72]. Für die EU lauten die entsprechenden Titel: »Europas Strippenzieher. Wer in Brüssel wirklich regiert?«[73], »Supermarkt Europa. Vom Ausverkauf unserer Demokratie«[74], »Brüsseler Spritzen. Korruption, Lobbyismus und die Finanzen der EU«[75]. Diese Reihe ließe sich beliebig fortsetzen.

Die öffentliche Aufmerksamkeit beim Thema Interessenvertretung ist also hoch. So wird z. B. jedes Jahr in Brüssel an Beamte, Politiker und Unternehmen der »Worst EU Lobbying Award« vergeben, mit dem in den Augen der Preisverleiher besonders umstrittene Interessenvertretungsaktivitäten öffentlich angeprangert werden, um ihre Wirkung eindämmen zu können. Diese »Skandalisierung« des Themas trägt zum »Mythos Lobbying« bei, welcher sich durch eine suggestive mediale Berichterstattung immer weiter selbst verstärkt und teilweise auf ein simples Gut-Böse-Schema verengt wird.[76] Das Thema Interessenvertretung eignet sich darüber hinaus trefflich, um vorhandene Vorurteile und Ressentiments à la »Die Wirtschaft bestimmt die Politik, nicht die Wähler« zu bedienen und scheinbar zu bestätigen. Wobei dazu gleich angemerkt werden muss, dass diese Vermutung nicht zutrifft – wäre die Situation derart simpel, bräuchte es keinerlei Interessenvertretung.

Was sind die vorgebrachten Einwände gegen Interessenvertretung? Einer der stärksten und zugleich falschesten Vorwürfe ist die Annahme einer Verbindung zwischen Interessenvertretung und Korruption. Im Zentrum steht die Unterstellung, Interessenvertreter würden sich politische Vorteile erkaufen. Die Affäre und der spätere Prozess um den sog. »Waffenlobbyisten« Karl-Heinz Schreiber[77] in Deutschland und der Skandal um die damalige EU-Kommissarin Edith Cresson sind zwei prominente Beispiele,

---

67 Hardinghaus (2006), S. 48.

68 O. V. (2003b).

69 Eschenburg (1955).

70 Adamek/Otto (2008).

71 König (2007).

72 Gammelin/Hamann (2005).

73 Gammelin/Löw (2014).

74 Misik/Reimon (2014).

75 Rubner (2009).

76 Vgl. Kleinfeld/Willems/Zimmer (2007), S. 10.

77 Schreibers Tätigkeiten hatten mit Lobbying in der oben dargestellten Definition rein gar nichts zu tun – Schreiber war bei der Vermittlung von Geschäftsabschlüssen tätig und hatte dabei offenbar ein (zu) enges geschäftliches Verhältnis zum einen oder anderen Politiker. Dabei handelt es sich – sofern der strafrechtliche Vorwurf zutrifft, was nicht Gegenstand des Verfahrens vor dem Landgericht Augsburg war – jedoch um Korruption und nicht um Interessenvertretung im legalen Sinn.

ähnlich die »Affäre Abramoff« in den USA oder die *Bangemann*-Personalie bei der spanischen Telefónica Ende der 1990er-Jahre. Vor allem hinsichtlich der Korruptions- vorwürfe gilt Interessenvertretung als »Angriff auf die guten Sitten«[78] und darüber hinaus als »Schattenpolitik«[79]. Jedoch gilt es klar zwischen legaler und legitimer Inte- ressenvertretung und illegaler, strafbarer Korruption zu unterscheiden. Erstere hat mit Letzterer nichts zu tun. Überschreitungen von rechtlichen Grenzen sind die Aus- nahme, die die Regel von professioneller und rechtlich einwandfreier Interessenver- tretung bestätigt.

Eine andere Kategorie von Vorwürfen ist politiktheoretischer Natur und geht primär in die Richtung, dass Interessenvertretung die Demokratie unterminiere. Manche sehen durch die Interessenvertretung das Primat der Politik aufgeweicht.[80] Anderswo heißt es, die Interessenvertreter seien gar die »fünfte Gewalt«[81] im Staat – neben der Legislative, Exekutive, Judikative und den Medien als vierte Gewalt. Pointiert formu- liert heißt es: »Lobbyismus ist eine Macht ohne Legitimation«[82]. Der scheinbar unde- mokratische Charakter von Interessenvertretung besteht in den Augen der Kritiker darin, dass der eherne demokratische Grundsatz »one man, one vote« durch die (asymmetrische) Interessenvertretung ausgehebelt wird. Dahinter verbirgt sich die Befürchtung, aus Politik könne schließlich Klientelpolitik in dem Sinne werden, dass sich eine kleine Minderheit gegenüber der großen Mehrheit Vorteile verschafft. In die- sem Zusammenhang wird ebenso oft die Intransparenz der Interessenvertretung kriti- siert: Politische Entscheidungen kämen für die Öffentlichkeit nicht nachvollziehbar zustande, da nur die Politiker, nicht aber die Interessenvertreter öffentlich in Erschei- nung träten.

Diese Einwände sind keineswegs neu; so schrieb schon Jean-Jacques Rousseau in sei- nem Klassiker »Der Gesellschaftsvertrag«: »Nichts ist gefährlicher als der Einfluss der Privatinteressen in den öffentlichen Angelegenheiten, und der Missbrauch der Gesetze vonseiten der Regierung ist ein geringeres Übel als die Verdorbenheit des Gesetzge- bers, die die unausbleibliche Folge einer Berücksichtigung der Privatabsicht ist.«[83] Seitdem gab es immer wieder Kritik, die sich bis heute fortsetzt. Auch der Soziologe Max Weber warnte bereits in seinen Schriften vor dem »Klüngel« und »Bünde[n] aller Art«[84]. In seinem berühmten Vortrag »Politik als Beruf« sieht Weber zudem die mög- liche Gefahr eines Machtzuwachses der »Interessengruppen« in der Parteiendemo- kratie.[85] Der Ökonom Mancur Olson wiederum wies auf den negativen Einfluss der Interessengruppen bezüglich der Fähigkeit von Staaten zum institutionellen Wandel

---

78   Rubner (2009), S. 10.
79   von Alemann/Eckert (2006), S. 3.
80   Leif (2010), S. 8.
81   Leif/Speth (2006).
82   Leif/Speth (2006) S. 352.
83   Rousseau (2005; original 1762), S. 124.
84   Weber (1988), S. 499.
85   Weber (1988), S. 544.

hin.[86] Der ehemalige Präsident des deutschen Bundesverfassungsgerichts, Hans-Jürgen Papier, stellte in einem Interview fest: »Allgemein kann der Lobbyismus eine latente Gefahr für den demokratischen Rechtsstaat darstellen.«[87] Im selben Interview, noch offensichtlicher jedoch an anderer Stelle,[88] schränkte er diese Kritik wiederum deutlich ein: »Die Geltendmachung individueller, nicht zuletzt auch wirtschaftlicher Interessen, die Bündelung solcher Interessen in durchsetzungsstarken Verbänden und das Herantragen dieser Interessen an die Regierungsadministration und an die Abgeordneten des Deutschen Bundestages – mit anderen Worten die organisierte Interessenwahrnehmung – [gehören] zu unserer parlamentarischen Demokratie ganz selbstverständlich [dazu]. (. . .) Zu einer pauschalen Verteufelung der Tätigkeit von Interessenvertretern, ganz gleich ob diese seitens der Wirtschaftsverbände, der Gewerkschaften, einzelner großer Unternehmen, von Nichtregierungsorganisationen, Kirchen oder sonstigen gesellschaftlichen Gruppen tätig werden, besteht deshalb gewiss kein Anlass.«[89] Schließlich gibt es auch gute Gründe, die für eine transparente und legitime Vertretung von (organisierten) Interessen sprechen. Allen voran ist hier die Komplexität moderner Gesellschaften zu nennen, die von einem Einzelnen nicht mehr zu erfassen ist (siehe Abschnitt 2.1). Entscheidungsträger benötigen und suchen daher in modernen Demokratien den Informationsaustausch mit Betroffenen und Interessenvertretern. »Ohne externes Know-how und ohne den Input von Interessengruppen in allen Stufen der Entscheidungsfindung können Entscheidungsträger kaum einen Überblick über die Folgen ihrer Entscheidungen oder [bei] (. . .) Ausbleiben von Entscheidungen haben.«[90] Eine professionelle und transparente Interessenvertretung kann dazu beitragen, die Komplexität der Entscheidungsfindung auf ein handhabbares Maß zu reduzieren und somit die Qualität von politischen Entscheidungen auch deutlich zu erhöhen.

Im Folgenden geht es nun darum, den Vorwurf zu entkräften, Lobbyismus sei »eine Macht ohne Legitimation«[91]. Interessen und Interessenvertretung sind dazu zunächst grundsätzlich in ihrem Verhältnis zu Staat und Politik zu untersuchen. Dabei geht es um fundamentale Fragen wie die Rolle von Interessen im demokratischen politischen System und die daraus folgende Legitimation von Interessenvertretung.

3.3.1 Politik als Wettstreit verschiedener Interessen mit dem Ziel konsensfähiger Lösungen

Wer die Notwendigkeit und die demokratische Legitimation von Interessenvertretung erkennen will, muss zunächst ein gewisses Verständnis nicht nur für die hinter den einzelnen Akteuren stehenden Interessen, sondern auch und vor allem für die

---

86   Vgl. Olson (1985).
87   o. V. (2010b), S. 6.
88   Papier (2007).
89   Papier (2007).
90   Griesser (2014), S. 63.
91   Leif/Speth (2006), S. 352.

Funktionsweise und die Akteure der praktischen Politik mitbringen. Um Politik und ihre Entwicklungen verstehen und antizipieren zu können, sind wiederum intime, umfassende und unmittelbare Kenntnisse der realen politischen Gegebenheiten jenseits offizieller Statements und medialer Berichterstattung notwendig. Anders gesagt: Man muss sich auf die »Logik des Politischen« einlassen. Die Kenntnis der formalen Gegebenheiten und die Wahrnehmung der offiziell oder medial vermittelten Informationen allein ist angesichts der Vielschichtigkeit der politischen Realität jedenfalls nicht ausreichend – zeigen sie doch allzu oft nur einen kleinen, mitunter verzerrten Ausschnitt der Politik. Erst vor diesem Hintergrund wird das »Warum« von Interessenvertretung deutlich.

»Politik ist die Kunst des Möglichen« – so lautet ein Otto von Bismarck zugeschriebenes, weitverbreitetes Bonmot über Politik. Politik ist Tag für Tag allgegenwärtig: Politische Themen sind auf der ersten Seite der Zeitungen zu finden, sie füllen die Nachrichtensendungen im Fernsehen und liefern den Talkshows Gesprächsstoff. Nahezu jeder »mündige Bürger« hat eine Vorstellung von Politik. Aber was verbirgt sich eigentlich hinter dem Begriff »Politik«: »Was ist Politik?«[92]

Das Wort Politik entstammt der griechischen Antike: *Tà politikà* »bezeichnet die auf die Polis bezogenen öffentlichen Angelegenheiten, die alle Bürger (=polítes) betreffen und verpflichten. *Politiké téchne*, die Kunst der Führung und Verwaltung der öffentlichen Aufgaben im Interesse der Gemeinschaft der Bürger/des Gemeinwohls der Polis«.[93] Jede menschliche Gesellschaft braucht auf gewisse Weise Regeln für das gemeinschaftliche Zusammenleben, an die sich alle ihre Mitglieder zu halten haben. Der Umfang und die Ausgestaltung dieser Regeln sind prinzipiell unbestimmt und variabel – die Regelungen werden durch politisches Handeln bestimmt.[94] Darum geht es bei Politik: »Politisches Handeln (. . .) erzeugt diejenigen Regelungen des Zusammenlebens, die für die ganze Gesellschaft verbindlich gelten sollen.«[95] Das Medium politischen Handelns ist die Macht. Macht ist nach der klassischen Definition des Soziologen Max Weber »jede Chance, innerhalb einer sozialen Beziehung den eigenen Willen auch gegen Widerstreben durchzusetzen, gleichviel worauf diese Chance beruht«.[96] Um die zunächst formlose Macht anwenden zu können, bedarf es einer dauerhaften Methode, sie durchzusetzen: der Herrschaft.

---

92 Meyer (2003).

93 Nohlen (1998), S. 488; »Polis« ist die Bezeichnung für den antiken griechischen Stadtstaat; zu dieser Zeit war Politik »Bürgerpolitik«, d. h., Politik war für die Bürger der Polis Allgemeingut; der Begriff Politik erfuhr in der Frühen Neuzeit mit der Herausbildung von modernen Staaten eine semantische Wandlung.

94 Der hier unterstellte Handlungsrahmen ist der neuzeitliche Staat, der sich aus einem einheitlichen Staatsgebiet, einem Staatsvolk (Souverän) und der Staatsgewalt (im Sinne der Souveränität) zusammensetzt, vgl. Reinhard (2007), S. 11 ff.; dieser (National-)Staat als Organisation in seiner konkreten, im Wesentlichen bis heute bestehenden Ausprägung entstand seit dem 17. Jahrhundert in Europa; im Zuge seiner Entstehung wurde Politik immer mehr zur Sache von Repräsentanten, »Politik« unterscheidet sich daher im neuzeitlichen Zusammenhang von der antiken »Bürgerpolitik«, vgl. Reinhard (2007), S. 37 ff.; die folgenden Ausführungen meinen die neuzeitliche, nationale Form von Staatlichkeit, denn erst seit der Mitte des letzten Jahrhunderts beginnen sich supranationale Macht und Herrschaftsstrukturen auszubilden, siehe zum politischen System der EU Kapitel 5.

95 Meyer (2003), S. 48.

96 Weber (1984), S. 89.

Den Begriff der Herrschaft wiederum definiert Max Weber als »die Chance, für einen Befehl bestimmten Inhalts bei angebbaren Personen Gehorsam zu finden«[97]. Herrschaft ist aber nichts *per se* Gegebenes oder Vorhandenes; sie wird auf eine bestimmte Art und Weise von Menschen durch Handeln etabliert und gestaltet. Herrschaft kann damit vielfältige Formen und Ausprägungen annehmen. Damit herrschaftliche Befehle eine Chance auf Gehorsam haben, muss die Herrschaft durch ihre Legitimation gestützt sein. Legitimation kann ihrerseits verschiedene Grundlagen haben: »Tradition«, »affektueller« oder »wertrationaler Glaube« oder eine »positive Satzung, an deren Legalität geglaubt wird«.[98] Für den letzteren Fall kann »diese Legalität (. . .) als legitim gelten«, wenn sie auf einer »Vereinbarung der Interessenten für diese« oder auf »Oktroyierung [. . .] und Fügsamkeit« beruht.[99] In modernen, demokratisch verfassten politischen Systemen ist die Legitimation von Herrschaft seitens der gewählten Regierung durch verschiedene Arrangements auf kontraktualistischer Grundlage gegeben und wird – zumindest von den allermeisten Bürgern – mehr oder weniger als solche akzeptiert. Zuallererst ist hier die Verfassung als zentraler Rechtsbestand zu nennen, welche nach innen das Verhältnis von Herrschern und Beherrschten regelt und so die Staatsgewalt konstituiert.[100] In der Demokratie gibt sich das Staatsvolk die Verfassung, die damit die oberste Norm darstellt, welche die Macht der Staatsgewalt gegenüber den Normunterworfenen begrenzt.[101] Das Staatsvolk als Souverän bestimmt in Wahlen seine Regierung, die für eine bestimmte Zeit die Staatsgewalt ausübt. Im Übrigen besteht die sog. Gewaltenteilung, d. h., die Rechtsprechung (Judikative), die Gesetzgebung (Legislative) und die Regierung (Exekutive) sind im Prinzip getrennt.[102] Charakteristisch ist ebenso die Institution des Rechtsstaats, durch den die Staatsgewalt und ihre Organe dauerhaft an eine objektive Rechtsordnung gebunden werden. Der moderne Staat hat damit nicht nur das Gewaltmonopol – nach innen wie nach außen –, sondern auch das Rechtsmonopol inne.[103]

Durch die temporäre Delegation der Ausübung der Staatsgewalt an die Regierung ergeben sich mit Blick auf das politische System zwei Dimensionen der Legitimation politischer Herrschaft: Die Input-Legitimation und die Output-Legitimation.[104] Die Input-Legitimation bezieht sich darauf, »herrschaftliche Anforderungen möglichst unverfälscht aus den Präferenzen der Mitglieder des Gemeinwesens herzuleiten«[105]. Die Output-Legitimation stellt darauf ab, »dass die Ausübung der Herrschaft die Interessen der Mitglieder wirksam fördern soll«[106]. Anders gewendet: »Input-Legitimität basiert auf der Anerkennungswürdigkeit und faktischen Anerkennung der Qualität

---

97 Weber (1984), S. 89.
98 Weber (1984), S. 62.
99 Weber (1984), S. 62.
100 Vgl. Vorländer (1999), S. 9 ff.
101 Vgl. Kriele (2003), S. 239.
102 Vgl. Kriele (2003), S. 101.
103 Frevel (2004), S. 66–67, Reinhard (2007), S. 22.
104 Vgl. Scharpf (2004).
105 Scharpf (2004).
106 Scharpf (2004).

des politischen Willensbildungs- und Entscheidungsprozesses. Bei Output-Legitimität hingegen sind die Anerkennungswürdigkeit und die faktische Anerkennung der Produkte und Ergebnisse des politischen Willensbildungs- und Entscheidungsprozesses relevant.«[107] Vor allem die Input-Legitimation im Sinne der »Zustimmung der Beherrschten« gilt in der Wissenschaft als entscheidendes normatives Kriterium für Legitimation, da bei der Output-Legitimation, die ja allein auf den Nutzen von Entscheidungen für die Beherrschten abstellt, diese Entscheidungen nicht zwingend von demokratisch gewählten »Herrschern« gefällt werden müssen.[108] Abbildung 3.7 zeigt schematisch den Zusammenhang von Input bzw. Output und dem politischen System in seiner Umwelt.

Die Weber'schen Kategorien Macht und Herrschaft greifen jedoch für die zeitgemäße Bestimmung des Begriffsinhalts von Politik zu kurz. Angesichts der historischen Ereignisse und Entwicklungen im 20. Jahrhundert wurde der »Begriff des Politischen«[109] in der wissenschaftlichen Diskussion modifiziert.[110] Um Politik angemessen zu charakterisieren, kristallisierten sich im Gefolge der Weber'schen Definitionen weitere Bestimmungsmerkmale heraus, nämlich Konflikt, Interesse und Konsens[111] – zugleich essenzielle Aspekte für das Verständnis der Schnittstelle von Politik und Interessenvertretung. In modernen demokratisch verfassten Gemeinwesen besteht in aller Regel eine ungeheure Vielzahl an (häufig konträren) Meinungen und Vorstellungen über die öffentlichen Angelegenheiten nebeneinander – theoretisch so viele wie Individuen, die der Gemeinschaft angehören. Dieser Pluralismus nebeneinander existierender Interessen führt häufig zu Konflikten, die aber im Sinne des Gemeinwohls idealerweise im Konsens gelöst werden sollten. Demnach ist Politik »öffentlicher Konflikt von Interessen unter den Bedingungen von Macht und Konsensbedarf«[112].

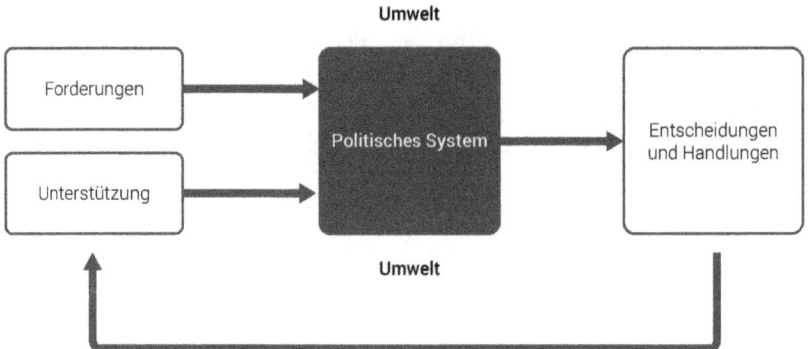

Abbildung 3.7: Das politische System in seiner Umwelt

107 Schmidt (2008), S. 282 f.
108 Vgl. Scharpf (2004).
109 Siehe hierzu Schmitt (1932).
110 Vgl. dazu von Beyme (1996), S. 24.
111 Vgl. Meyer (2003), S. 110 ff. und S. 124 f.
112 Nohlen (1998), S. 489.

Der Konflikt ist somit ein zentrales Merkmal von Politik. Wären keine Konflikte vorhanden, bräuchte es wohl auch keine Politik. Zugleich gäbe es ohne Konflikte kaum gesellschaftliche und schon gar keine politische Entwicklung; Konflikte sind für das Politische daher ebenso wichtig wie ihre möglichst einvernehmliche Beilegung mittels Konsens, durch den die interessengeleiteten, latenten Spannungen im besten Fall abgebaut werden. Interessen wiederum sind nicht nur die grundsätzlichen Handlungsantriebe sozialer Akteure und damit der »Rohstoff der Politik«.[113] Mit der Durchsetzung ihrer Interessen erhoffen sich die jeweils Agierenden politische Vorteile. Die Trias von Interessen, Konflikten und Konsens ist – wie bereits ausgeführt – konstitutiv für die Politik. Obwohl heute meist nur der Konsens positiv konnotiert ist, müssen auch seine Voraussetzungen »Interesse« und »Konflikt« als etwas Normales und schlicht Notwendiges akzeptiert werden; vor allem der parteipolitische Streit wird hingegen in der Öffentlichkeit oft als unproduktiv und sogar als ungehörig betrachtet. Ohne Konflikt aber kann es schlechterdings auch keinen Konsens geben.[114]

Politik ist, besonders unter den Rahmenbedingungen der Demokratie, dabei immer von Auseinandersetzung, Aushandeln, Abstimmungen und Kompromissfindung geprägt. Im Gegensatz zu anderen gesellschaftlichen Handlungsfeldern, vor allem gegenüber der Wirtschaft, kommt es dabei naturgemäß zu Reibungsverlusten und Ineffizienzen, die demokratische Politik teilweise wirkungslos erscheinen lassen.[115] Jedoch macht genau dies den spezifischen Charakter demokratischer Politik aus: der Wettstreit verschiedener Meinungen mit dem Ziel einer konsensorientierten politischen Lösung. In diesem Sinne ist auch der berühmte Ausspruch Winston Churchills zu verstehen: »Many forms of Government have been tried, and will be tried in this world of sin and woe. No one pretends that democracy is perfect or all-wise. Indeed, it has been said that democracy is the worst form of government except all those other forms that have been tried from time to time.«[116]

3.3.2 Interessenvertretung als Aggregation von Interessen

Vor dem so skizzierten politischen Hintergrund lässt sich die Frage »Warum Interessenvertretung?« nun besser beantworten. Dabei ist zu beachten, dass Interessenvertretung gerade in den letzten Jahren zunehmend in den Fokus auch wissenschaftlichen Interesses gerückt ist.[117] Im Vordergrund stehen dabei demokratietheoretische Ansätze und Überlegungen: Interessenvertretung sorgt für Meinungsbildung und -vielfalt und verwirklicht damit den Pluralismus von Meinungen und Ansichten im politischen

---

113 Meyer (2003), S. 110.

114 Vgl. Mouffe (2007), S. 7-14.

115 Vgl. Frevel (2004), S. 114ff.

116 Zitiert nach House of Commons (1947).

117 Vgl. McGrath (2005), S. 6. Dabei fällt das wissenschaftliche Urteil deutlich besser aus als das der öffentlichen Meinung. Dass diese Forschungsergebnisse kaum in der breiten Öffentlichkeit wahrgenommen werden, darf bedauert werden.

Diskurs.[118] Ohnehin ist es ein Gemeinplatz, dass eine Demokratie Meinungsvielfalt braucht, will sie nicht ihrer prozessualen Grundlagen beraubt werden. Die Artikulation von Interessen seitens der Gesellschaft ist hierfür der entscheidende Beitrag (siehe Abschnitt 3.3.4.1).

Gerade die Beschaffenheit der Meinungsbildung und der öffentlichen Diskussion wird von vielen Experten auf der Ebene der EU als nicht ausreichend empfunden. Hiermit eng verknüpft ist auch die Europäisierung der Politik in den EU-Mitgliedstaaten. Die von der Wissenschaft als Mehrebenenverflechtung charakterisierte Verbindung kommunaler, regionaler, gesamtstaatlicher und europäischer Politikebenen stellt ebenfalls eine Herausforderung demokratischer Institutionen dar. Folgt man den wissenschaftlichen Befunden zum Thema, so enthält Interessenvertretung vor allem folgende notwendige und positive Aspekte:

- Interessenaggregation und -vermittlung;
- Verwirklichung politischer Teilhabe;
- Erbringung von Politikberatung für wirtschaftliche Akteure;
- Befriedigung betrieblicher Bedürfnisse von Unternehmen im Kommunikationsprozess mit der Politik.

Ohne Interessen gäbe es keine Politik. Die Interessenaggregation und -vermittlung ist damit essenziell für demokratische Verhältnisse: Durch die Artikulation von Interessen aus der gesellschaftlichen Sphäre werden wichtige Informationen in das politische System hineingetragen, die ohne externen Input dort kaum generiert würden. Damit eng verbunden ist der Aspekt der politischen Teilhabe: Schließlich sollte sich Politik an den Interessen der Politikbetroffenen orientieren und jene dabei auch beteiligen.[119] Im Sinne des »government for the people by the people« ist es einerseits notwendig, die Interessen der gesellschaftlichen Akteure seitens der Politik wahrzunehmen, andererseits muss das Volk in einer Demokratie an der Politik mitwirken können, auch jenseits der nur periodisch stattfindenden Wahlen. Beispiele hierfür sind Bürgerinitiativen und Volksentscheide, aber eben auch die Bemühungen um eine aktive Mitgestaltung in Form der Interessenvertretung. Da politische Entscheidungen im Einzelnen oft ganz verschiedene, komplexe Konsequenzen haben können, müssen Vor- und Nachteile politischen Handelns möglichst gut eingeschätzt werden. Interessenvertretung stellt vor diesem Hintergrund auch eine Form der Politikberatung dar.[120] Da prinzipiell keine politische Instanz immer über alles Notwendige Kenntnis hat, kommt auf diese Weise die benötigte externe Expertise der Politik zugute. Deshalb benötigt die Politik – auch ungefragt – Rückmeldungen der von den politischen Entscheidungen Betroffenen, um eventuelle unerwünschte Nebenwirkungen der Entscheidungen vermeiden zu können.[121] Hinzu kommt, dass viele politische Vorhaben mittlerweile eine äußerst hohe Komplexität hinsichtlich des fachlichen Gegenstandes wie auch der

---

118 Historisch grundlegend hierzu Artikel 10 der Federalist Papers, in: Hamilton/Madison/Jay (2007), S. 93–100.
119 Vgl. Langguth (2007), S. 184.
120 Vgl. Lösche (2006), S. 334.
121 Für die EU-Politik gilt das in besonderem Maße.

Wechsel- und Folgewirkungen haben und sie ohne das notwendige externe Experten-wissen kaum realisierbar wären, wie etwa das Thema Gentechnik zeigt. Ein Beispiel für die Politikberatung ist die Institution der parlamentarischen Anhörung während eines Gesetzesvorhabens, bei der Vertreter gesellschaftlicher und wirtschaftlicher Belange von den Abgeordneten befragt werden und ihre fachliche Meinung zu Proto-koll geben können. In eine ähnliche Richtung geht die Konsultation interessierter Ver-treter der Zivilgesellschaft durch die EU-Kommission zu bestimmten Themen, so etwa zum Weißbuch »Democratic European Governance«.[122] In gewisser Hinsicht wird auf diese Weise zudem ein Diktat der Mehrheit über eine Minderheit verhindert, was andernfalls mögliche Konflikte herbeiführen könnte. Das Urteil eines Abgeordneten des Deutschen Bundestages lautet deshalb: »Für mich ist Lobbying wichtiger Bestand-teil des Parlamentarismus. Es dient der Information und Entscheidungsfindung im parlamentarischen Rechtsetzungsprozess.«[123] Umgekehrt besteht genauso für die Gesellschaft selbst die Notwendigkeit, Informationen aus der Politik zu beziehen.

3.3.3 Interessenvertretung als Mittel zur Bildung kommunikativer Schnittmengen von Politik und Betroffenen: Notwendigkeit eines Intermediärs

Wechselseitige Abhängigkeiten von Politik und Betroffenen (Bürgerinnen und Bürger, Organisationen, kleine und große Unternehmen und im Mehrebenensystem Europäi-sche Union u. U. auch Mitgliedstaaten bzw. deren – teils föderale – Untergliederungen wie die deutschen Bundesländer) sind typisch für moderne, offene Gesellschaftsord-nungen. So ist z. B. die Wirtschaft nicht ein außerhalb der Gesellschaft stehendes Etwas – dieser Eindruck entsteht teilweise, soweit wirtschaftliche Entwicklungen wie z. B. starker Preiswettbewerb und daraus entstehender Lohndruck als externer Faktor betrachtet werden, ohne den Auslöser bei den Menschen (d. h. den Nachfragern) selbst zu suchen. Wirtschaft ist ein Teil der Gesellschaft; eine »Politik für die Men-schen« ist ohne eine »Politik mit der Wirtschaft« nicht denkbar. Umgekehrt ist die Wirtschaft auf ökonomisch attraktive Rahmenbedingungen angewiesen und am Weg-fall unnötiger Regulierung interessiert; eine »Wirtschaft ohne Politik« kann es damit ebenfalls nicht geben.

Vor diesem Hintergrund ist ein regelmäßiger, komplementärer Austausch von Stand-punkten und Perspektiven notwendig. Allerdings wird immer wieder von Unterneh-mensvertretern und Ökonomen die unzureichende Kompetenz der Politik bzw. der Politiker in wirtschaftlichen Belangen kritisiert.[124] Aufgrund mangelnder Sachkennt-nis seitens der Politik komme es zu wirtschaftlich suboptimalen Politikergebnissen, den politischen Wünschen und Vorstellungen lägen keinerlei realistische Annahmen zugrunde, so der Tenor.

---

122 Vgl. Europäische Kommission (2001).
123 Zitiert nach Rieksmeyer (2007), S. 218.
124 Vgl. u. a. o. V. (2003a), S. 13; Rickens (2006), S. 132-153; siehe auch Göbel (2008); vgl. auch Schmergal (2009), S. 14–18.

Dieser Befund ist richtig und falsch zugleich. Richtig daran ist erstens, dass sich in der Tat oftmals ein »Aneinander-vorbei-Reden« bei der Kommunikation von Wirtschaft und Politik feststellen lässt; denn auch seitens der Politik wird oft Unverständnis gegenüber Forderungen aus Kreisen der Wirtschaft laut. Zweitens ist zutreffend, dass politische Prozesse und Entscheidungen grundsätzlich kaum reinen Kosten-Nutzen-Kalkulationen folgen, sondern vielmehr Produkte von nur aus dem politischen Prozess heraus verständlichen Kompromissen sind (siehe oben). Aus ökonomischer Sicht handelt es sich demnach bei vielen politischen Ergebnissen um »zweitbeste Lösungen«, oft gekennzeichnet vom Prinzip des Minimalkonsenses – das Ideal ökonomischer Effizienzkriterien sieht anders aus. Allerdings sind gerade diese Charakteristika das konstituierende Hauptmerkmal von Politik. Wie im Abschnitt zum Wesen und zur Logik politischer Prozesse ausgeführt, besteht demokratische Politik aus just diesen Kategorien. Von diesem Standpunkt aus gesehen ist der Befund unzureichender Kompetenz der Politik bzw. der Politiker in wirtschaftlichen Belangen also falsch: Die Vertreter der Wirtschaft verwenden bei ihrer Bewertung der Leistungen der Politik schlichtweg einen ungeeigneten Begriffskatalog, mit dem die Arbeit der Politik nicht oder nur unzureichend erfasst werden kann.

Der Grund, weshalb sich Politik und Wirtschaft oft in gegenseitigem Unverständnis begegnen, liegt zuvorderst an unterschiedlichen Perzeptionen und Grundannahmen der beiden Akteursgruppen. So stehen in der Wirtschaft regelmäßig Gewinnmaximierung und (Kosten-)Effizienz im Vordergrund. In der Politik dagegen haben diese Kategorien kaum Bedeutung; hier sind, wie oben beschrieben, Macht und Herrschaft die zentralen Begriffe. Die divergierenden Begriffsgrundlagen sind ein Ausdruck des funktional differenzierten Charakters der modernen Gesellschaft. Die moderne arbeitsteilige Gesellschaft ist somit durch eine nachhaltige Ausdifferenzierung in Subsysteme gekennzeichnet, wie beispielsweise dem politischen System, dem Wirtschaftssystem, dem Rechtssystem etc. Die theoretische Begründung dieser Verhältnisse stammt von dem Soziologen Niklas Luhmann, der im Rahmen der von ihm geschaffenen Systemtheorie umfangreiche Forschungen zu Entstehung und Gestalt dieser Funktionssysteme unternommen hat.[125] Sehr stark komprimiert und vereinfacht ausgedrückt führen die Subsysteme nach Luhmann jeweils ein auf sich selbst konzentriertes Eigenleben. Sie sind ihrer Struktur nach selbstreferenziell und autopoietisch, d. h., sie beziehen sich in ihrer Kommunikation nur auf sich selbst und erschaffen bzw. stabilisieren sich stets aus sich selbst heraus.[126]

Eine Kommunikation mit anderen Subsystemen, der »Umwelt«, ist damit zwar nicht gänzlich ausgeschlossen, jedoch folgt die Rezeption externer Informationen nur partiell und selektiv entsprechend dem Funktionsbereich des Subsystems. Vereinfacht ausgedrückt bedeutet dies, dass die Subsysteme sich nicht gegenseitig in komplementärer Weise verständigen können; zwischen ihnen herrscht gleichsam Sprachlosigkeit und Unverständnis.

125 Siehe Luhmann (1984); einführend zur Systemtheorie von Niklas Luhmann: Horster (2005).
126 Baecker (2009), S. 100 ff.

Soweit die Perspektive der makrosoziologischen Theorie – im Lichte der Luhmann´schen Systemtheorie lässt die alltägliche Erfahrung diesen theoretischen Befund aber als empirisch gesättigt erscheinen. Diese Feststellung ist jedoch unter den realen Bedingungen eines pluralistischen demokratischen Regierungssystems offensichtlich problematisch, da mangelhafte Kommunikation permanent zu eklatanten Fehlentwicklungen mit negativen Konsequenzen für die Gesellschaft führen würde. Umso wichtiger ist daher die Bildung kommunikativer Schnittmengen zwischen der Politik und der Wirtschaft.

Professionelle, strukturierte und zielorientierte Interessenvertretung kann hierzu einen integrierenden und notwendigen Beitrag leisten, indem sie Möglichkeiten zur Überwindung der Systemgrenzen durch gegenseitig verständliche Kommunikation zwischen Politik und Wirtschaft schafft und diese strukturiert sowie begleitet. Abbildung 3.8 zeigt dies im Sinne einer Interessenvertretung als Diskurs und Verhandlungssystem: Was mangels gemeinsamer Sozialisation der politischen und wirtschaftlichen Eliten nicht durch direkte Kommunikation gelingen kann, soll in einem solchen System die Interessenvertretung durch intermediäre Strukturen gewährleisten. Im besten Fall wird so sichergestellt, dass Politik und Wirtschaft in gegenseitiger Zusammenarbeit bestmögliche und nachhaltige Entscheidungen treffen, deren Ergebnisse letztlich allen Beteiligten zugutekommen. Politik und Wirtschaft tragen ihre Bedürfnisse und Erwartungen vor, tauschen Informationen aus und treffen in der Folge die notwendigen Entscheidungen. Darüber hinaus kann auch ein Austausch im vorpolitischen Raum entstehen, unabhängig von konkreten Interessenvertretungsprozessen, der aus politischer wie gesamtgesellschaftlicher Sicht wünschenswert ist. Eine solche freiwillige Wertbindung wäre wiederum ein Weg, die tatsächlichen oder vermeintlichen (Interessen-) Gegensätze zwischen Betroffenen und Politik abzubauen.

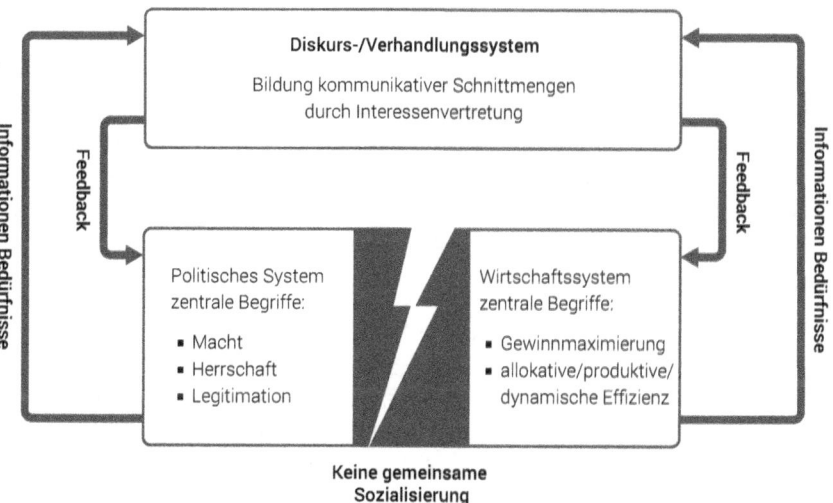

Abbildung 3.8: Interessenvertretung als Verhandlungssystem zur Bildung kommunikativer Schnittmengen

Bei diesem Dialog stellen sowohl die Betroffenen als auch die Politik Anforderungen an eine gute und professionelle Interessenvertretung (Details zu den Anforderungen siehe Abschnitte 8.3.1.2 und 8.3.1.3). Für die Politik ist eine zuverlässige, objektive und transparente Informationsvermittlung zu Hintergründen und möglichen Folgen und Problemen, die sich aus einer Gesetzgebung ergeben könnten, besonders bedeutsam. Zudem verlangt die Politik seitens der Interessenvertretung auch ein Verständnis der formellen und informellen politischen Prozesse und Verfahren (Kapitel 4) und der politischen Kultur – die eben anders sind, als Betroffene dies aus ihren Institutionen (z. B. eine Organisation, ein Verband oder ein Unternehmen) kennen. Und selbstverständlich erwartet die Politik, dass Interessenvertretung höchst integer ist und allen Compliance-Vorschriften folgt. Die Betroffenen wiederum erwarten Informationen über den politischen Betrieb, politische Verfahren, Themen und Netzwerke. Insbesondere Unternehmen erwarten von ihren Interessenvertretern aber auch betriebswirtschaftliches Denken und die Umsetzung ihrer Ziele gegenüber der Politik. Damit einhergehend, wünschen sich Betroffene eine professionelle und auch integre Vertretung ihrer Interessen.

Wie in Kapitel 1 bereits dargelegt wurde, gibt es idealerweise für den Dialog zwischen Politik und Betroffenen einen unabhängigen Intermediär, der die Anforderungen beider Seiten kennt und berücksichtigen kann. Dieser Intermediär muss vermittelnd tätig werden und zwischen den unterschiedlichen Kulturen übersetzen. Er muss in der Lage sein, die Perspektive zu wechseln und sich in die jeweils andere Seite hineinzuversetzen. Solch ein Intermediär hat zudem den Vorteil, dass er als unabhängiger Dritter gegenüber der Politik mehr Glaubwürdigkeit besitzt als Interessenvertreter, die bei einem Verband oder Unternehmen angestellt sind. Andererseits kann er auch gegenüber seinen Auftraggebern objektiver auftreten und verdeutlichen, welche Ziele möglich sind und welche nicht, als dies vielleicht ein angestellter, hierarchisch und disziplinarisch eingebundener Interessenvertreter leisten kann (siehe Abschnitt 1.3.2.6).

Interessenvertretung dient als intermediäres System im weitesten Sinne der ökonomisch-politischen Interessenvermittlung. Dies soll im Folgenden kurz am Beispiel der privaten Wirtschaft erläutert werden, ist dies doch der bekannteste Fall von Interessenvertretung. Das intermediäre System der Interessenvertretung gilt aber, wie mehrfach betont, auch für Fallbeispiele mit anderen Betroffenen wie Verbände, Organisationen und selbst Mitgliedstaaten und Regionen der EU gegenüber der Union und deren Institutionen.

Als ein intermediäres System verbindet die Interessenvertretung die beiden externen Systeme Politik und Wirtschaft miteinander, indem sie die bestehenden Kommunikationsschranken durch ihre Vermittlertätigkeit überwindet. Sie stellt eine Art Übersetzungsmechanismus zwischen den beiden Systemen dar, der durch eine Transformation der Informationen aus beiden externen Systemen dem jeweils anderen die Rezeption der artikulierten Interessen des Partners ermöglicht. Der Impuls zur Kommunikation kann dabei von beiden Seiten ausgehen. Die jeweiligen Interessen von Politik und Wirtschaft existieren jedoch nicht einfach nebeneinander. Durch die Zwischenschaltung der Interessenvertretung kommunizieren sie miteinander und gewinnen häufig erst in ihrem reziproken Bezug aufeinander ihre konkrete Gestalt (zur Veranschaulichung siehe Abbildung 3.1 in Abschnitt 3.2.1).[127]

Die Interessenvertretung als solche steht also zwischen den beiden Systemen der Politik und der privaten Wirtschaft. Sie hilft beiden Seiten, ihren Interessen eine Organisationsstruktur zu geben, diese adressatengerecht zu formulieren und in den jeweils anderen Bereich hinein zu vermitteln. Der Kommunikationsprozess ist in einem solchen System in beide Richtungen denkbar. Die private Wirtschaft kann legitime Interessen in den politisch-administrativen Bereich einbringen. Politiker und Beamte können so an wichtige Sachinformationen gelangen und ihre Gesetzgebung effektiver gestalten. Genauso können aber auch Politik und Verwaltung (also die Institutionen der EU) über den Intermediär (Interessenvertreter) Kontakt zur privaten Wirtschaft aufnehmen und damit den Weg für die Ausrichtung der Politik von Unternehmen weisen bzw. rahmen. Indem z. B. für ein bestimmtes Verhalten von Unternehmen Subventionen oder Steuererleichterungen in Aussicht gestellt werden. Damit können Politik und Verwaltung im intermediären System der Interessenvertretung die Wünsche etwa nach Schaffung von Arbeitsplätzen oder umweltfreundlicherer Produktion vermitteln oder auch Standortentscheidungen mitbeeinflussen.[128]

3.3.4 Politikwissenschaftliche Konzepte zur Analyse und Bewertung von Interessenvertretung: Überblick

Die Notwendigkeit von Interessen und Interessenvertretung in der Politik ist letztlich schon aus rein praktischen Überlegungen gegeben: Die Politik erhält notwendige Informationen, die Komplexität der Entscheidungssituation wird reduziert, Kommunikation zwischen Politik und Betroffenen wird durch professionelle Interessenvertretung erleichtert und verbessert, die Effektivität und Qualität politischer Entscheidungen nimmt letztlich zu. Eine überblicksartige Darstellung einiger politikwissenschaftlicher Konzepte soll helfen, diesen Befund auch politiktheoretisch zu verorten und zu bewerten. Dabei ist zu beachten, dass die Analysekonzepte des Neopluralismus, Neokorporatismus, der Austauschtheorie und des Governance-Ansatzes jeweils unterschiedliche Ausgangspunkte haben. Sie alle interpretieren Politik, Staat und Regieren anders. Neopluralismus und Neokorporatismus beschreiben Wechselbeziehungen zwischen Staat und Interessengruppen: Sie betrachten damit zunächst die Input-Seite der politischen Entscheidungsfindung. Dieser Blickwinkel unterscheidet sich deutlich von handlungsorientierten Konzepten wie Austauschtheorie und Governance-Ansatz. Vor diesem Hintergrund beschränken sich die folgenden Ausführungen nicht auf ein einziges Analysekonzept – erst nachdem das Phänomen Interessenvertretung aus den verschiedenen Perspektiven betrachtet wurde, kann eine Einschätzung bzw. Bewertung vorgenommen werden.

---

127 Joos (1998), S. 85.

128 Vgl. Joos (1998), S. 86.

3.3.4.1 Neopluralismus

Der Neopluralismus gilt, eng verbunden mit der Person Ernst Fraenkel, als Nachfolger der klassischen pluralistischen Überlegungen von David Truman oder Harold Laski. Der grundlegende Gedanke ist hier der freie und ungehinderte Wettbewerb der Interessen, ein entscheidendes Element einer demokratischen Gesellschaft. Organisiert sich ein spezielles Anliegen, steht diesem in einer heterogenen Gesellschaft ein anderes Interesse gegenüber. In einem zunächst passiven Staat findet auf diese Weise stets eine Selbstregulierung der Interessen statt, was eine Gemeinwohllösung ermöglicht. »In pluralistischen Systemen konkurrieren ähnlich wie in einem Markt zahlreiche Interessengruppen um politischen Einfluss. Politische Entscheidungsträger in Regierung, Verwaltung, Parlament und Parteien fungieren sozusagen als Schiedsrichter zwischen diesen Interessen, verfolgen jedoch gleichzeitig auch noch ihre eigenen Interessen.«[129]

Der Neopluralismus erkennt jedoch an, dass diese Selbstregulierung nur im Idealfall funktioniert. So könnten sich innerhalb der Debatte Vertreter öffentlicher und zumeist unspezifischer Anliegen nur ungenügend Gehör verschaffen.[130] Organisierte Interessengruppen, oftmals aus dem privatwirtschaftlichen Bereich, würden dagegen ihre Interessen leichter durchsetzen.[131] Auch Fraenkel erkennt die zunächst negative Ausprägung, sieht in dieser Ausrichtung aber dennoch einen Vorteil, da erst auf diese Weise das Gemeinwohl ermittelt werden könne.[132] Eben dieses kann nicht im Vorfeld einer Debatte festgelegt werden, sondern es entsteht aus Kompromissen der unterschiedlichen Interessengruppen im Verlauf eines langfristigen Prozesses. Denn das »Gemeinwohl ist keine soziale Realität, sondern eine regulative Idee«.[133] Gerade das Nebeneinander konkurrierender Interessen ist ein Wesensmerkmal der Demokratie. Gemeinwohl ist nicht vorab definiert bzw. durch den Staat bestimmt, es ergibt sich aus dem politischen Wettstreit. Dafür können Interessen durchaus autonom organisiert sein und professionell eingebracht werden, um ihnen Geltung zu verschaffen. Erst dadurch wird ein Kräftegleichgewicht möglich. Jedoch müssen sich alle Seiten hierbei an die allgemein akzeptierten und rechtlich fixierten Regeln halten.[134] Im Gegensatz zu seinen Vordenkern weist Fraenkel dabei dem Staat eine aktivere Rolle zu.[135] Damit ist es auch im Interesse des Staates, eigene Anliegen einzubringen.[136] Die Gesetzgebung steht zudem in der Pflicht, mithilfe der Verfassung oder per Gesetz Rahmenbedingungen zu etablieren, die für einen gleichgewichtigen Wettbewerb der Interessen sorgen sowie von einem anerkannten Wertekodex getragen werden.[137]

---

129 Nohlen/Schultze (2010⁴), s. v. Pluralismus.
130 Vgl. Fraenkel (1964), S. 44; Michalowitz (2007), S. 29ff.; Böhret/Jann/Kronewett (1979), S. 173.
131 Vgl. Heitz (2011), S. 88 f.
132 Vgl. Straßner (2006), S. 78 f.
133 Fraenkel (1964), S. 42.
134 Kohler-Koch/Conzelmann/Knodt (2004), S. 228.
135 Vgl. Böhret/Jann/Kronewett (1979), S. 169, 173f.; Erdmann (1988), S. 375.
136 Vgl. Straßner (2006), S. 81 f.
137 Vgl. Fraenkel (1964), S. 42, 147–150; Straßner (2006), S. 80f.; Lösche (2007), S. 104.

Die organisierten Interessen und die Vertretung von Interessen sind neben den Parteien die entscheidenden intermediären Mittler bei der Verknüpfung von politischen Präferenzen der Gesellschaft (Bürger, Wirtschaft, Interessengruppen) und den Prozessen im »zentralen politischen Entscheidungssystem«.[138] Für demokratische Staaten ist es deshalb klar, dass »das Gemeinwohl nicht *trotz* der Betätigung, sondern gerade *dank* der Mitwirkung von Interessenverbänden [Hervorhebungen im Original]«[139] etabliert und durchgesetzt werden kann. Organisierte Interessen stellen durch direkte und indirekte Kanäle (Interessenvertretung, Wahlen oder über die Parteien selbst) Informationen bereit und unterstützen in der politischen Entscheidungsfindung.[140] Auch manche Praktiker der Interessenvertretung verstehen ihre Arbeit in einem neopluralistischen Sinne: »Nur wenn die Meinung aller gesellschaftlichen Akteure einfließt – und dann von den Politikern abgewogen wird – kann die Demokratie funktionieren. Die gesamtgesellschaftliche Relevanz sowie die mediale Salienz der Themen spielen dabei eine ganz entscheidende Rolle. Es geht dabei letztendlich um Interessenvertretung als Teil des demokratischen Prozesses.«[141]

Bei der Organisation und Vertretung von Interessen gibt es jedoch Kritik: Zum einen ist da die sog. Trittbrettfahrerproblematik, welche die Interessen verzerren könnte. Existieren keine Anreize, sich an der Interessenvertretung zu beteiligen, versuchen Einzelne von den Anstrengungen der Gruppe zu profitieren, ohne selbst aktiv zu werden. Insbesondere für öffentliche Interessenvertretungen entstehen hieraus oftmals Zwangslagen. In Unternehmen profitieren z. B. alle Mitarbeiter von einem von der Gewerkschaft ausgehandelten Tarifvertrag, nicht nur zahlende Gewerkschaftsmitglieder. Zusätzlich sehen sich Interessen scheinbar weiterhin ungleichmäßig verteilten Ressourcen gegenüber. Kritiker erkennen hier eine Dominanz oder auch Bevorzugung ökonomischer Interessen im politischen Prozess.[142]

Dennoch bestätigen aktuelle Reaktionen der Gesellschaft auf Vorentscheidungen im Bereich staatlicher und privatwirtschaftlicher Großprojekte Tendenzen für eine gegenläufige Entwicklung. So scheint das Potenzial von Bürgerinitiativen, im öffentlichen Raum trotz aller vorgebrachter Kritik stark zu sein.[143] Ein Beispiel ist der Widerstand von Bürgerinitiativen gegen Großprojekte wie den Stuttgarter Bahnhofsneubau (Stuttgart 21) oder gegen Stromtrassen und Windräder im Zuge der Energiewende in Deutschland.

3.3.4.2 Neokorporatismus

Im Konzept des Neokorporatismus wird Interessenvertretung nicht als Einflussnahme partikularer Interessen auf das Gemeinwohl aufgefasst, sondern als Notwendigkeit für effizientes Regieren. Die Interessenvertretung trägt so zur Regierungsfähigkeit

---

138 Straßner (2006), S. 79.
139 Fraenkel (1964), S. 46.
140 Vgl. Fraenkel (1964), S. 42; Michalowitz (2007), S. 30.
141 Tietmeyer (2013), S. 170.
142 Vgl. Straßner (2006), S. 85; Reutter/Rütters (2007), S. 123 f.; Crouch (2008), S. 5.
143 Vgl. Brettschneider (2011), S. 40f.; Bebnowski (2013), S. 146; Thaa (2013), S. 7 f.

moderner Demokratien bei. Die Inkorporierung organisierter Interessen in den politischen Prozess erleichtert die politische Steuerbarkeit der Gesellschaft und verbessert die Qualität der politischen Problemlösung.[144] Mit anderen Worten: Werden die Betroffenen, z. B. Arbeitgeber und Arbeitnehmer, über Verbände und Gewerkschaften in die Verhandlungen zur Arbeits- und Sozialgesetzgebung einbezogen, so werden die Gesetze näher an der Lebenswirklichkeit der Betroffenen stehen und damit effizienter sein, als wenn die Politik ohne den Input der Betroffenen darüber befindet.

Sieht der Neopluralismus Interessengruppen und Interessenvertretung als intermediäre Mittler im politischen Entscheidungsprozess, erkennen und verlangen andere Theorien eine engere Verflechtung von staatlichen Stellen und Interessengruppen. Letztere werden zunehmend in politische Entscheidungen eingebunden und können gar im staatlichen Auftrag handeln. Für viele Autoren greift der Neopluralismus deshalb zu kurz.[145] Die Theorie des Neokorporatismus greift diese Gedanken auf.

Für den Neokorporatismus sind organisierte Interessen und Interessenvertretung mehr als intermediäre Mittler, ihnen kommt eine Rolle zu, die sie stärker in den politischen Prozess integriert.[146] Es wird eine staatliche Instrumentalisierung der Verbände thematisiert, weshalb man beim Neokorporatismus auch von einer gelenkten Form der Interessenfindung spricht.[147] »Corporatism can be defined as a system of interest representation in which the constituent units are organized into a limited number of singular, compulsory, non-competitive, hierarchically ordered and functionally differentiated categories, recognized or licensed (if not created) by the state and granted a deliberate representational monopoly within their respective categories in exchange for observing certain controls on their selection of leaders and articulation of demands and supports.«[148]

Mit dem Ziel, ein homogenes Gemeinwohl auf effiziente Weise zu erreichen, wählt der Staat demnach spezifische Interessen aus, welche er langfristig in den politischen Prozess integriert. Die Interessengruppen müssen Zugeständnisse an den Staat machen, um Einfluss auf den Entscheidungsprozess zu erlangen.[149] Zugleich versucht der Staat, die Zahl der Kooperationspartner gering zu halten, indem sie in hierarchische Dachverbände gegliedert werden, um eine mögliche Trittbrettfahrerproblematik zu umgehen.[150] Da sich die normative Ebene des Neokorporatismus weiterhin aus ungleich machtvollen Interessen speist, fördert die Etablierung eines institutionellen Austausches auf diese Weise nicht nur die Kooperation der Interessengruppen, sondern auch die Umsetzung staatseigener Interessen. Grundsätzlich gilt dabei, ein derartiger

---

144 Kohler-Koch/Conzelmann/Knodt (2004), S. 229 f.
145 Vgl. Köppel/Nerb (2006), S. 292; Schmitter (1979), S. 16; Schmitter (1974), S. 96.
146 Vgl. Schmitter (1979), S. 16; Köppl (2006), S. 281.
147 Vgl. Böhret/Jann/Kronewett (1988), S. 185.
148 Schmitter (1979), S. 13.
149 Vgl. Michalowitz (2007), S. 32, Heitz (2011), S. 87.
150 Vgl. Janning (2009), S. 136.; Köppel/Nerb (2006), S. 294; von Aleman/Heinze (1981), S. 55.

institutionalisierter Austausch kann sowohl von staatlicher Seite als auch durch die Gesellschaft angestoßen werden.[151] Mit Blick auf die europäische Ebene finden sich zahlreiche Anknüpfungspunkte, z. B. der strukturelle Austausch der EU-Kommission mit organisierten Interessen, der eine korporatistische Struktur darstellt und zu einem weiteren Machtzuwachs der Kommission führen könnte.[152] Doch auch der Neokorporatismus kann nicht als alleiniges Erklärungskonzept der europäischen Ebene gelten, weshalb die Prozesse der europäischen Ebene treffender als »quasi-korporatistisch oder als pluralistisch mit korporatistischen« Elementen beschrieben werden können.[153]

Im Sinne des Neokorporatismus gilt die Art der Einbindung von Interessengruppen deshalb als »Antwort auf die Probleme der staatlichen Steuerung komplexer Industrie-gesellschaften«.[154] Organisierte Interessen nehmen die heterogenen Interessen der Gesellschaft auf, sind im politischen Entscheidungssystem beteiligt und können gar staatliche Aufgaben übernehmen. In dieser Wechselbeziehung kann der Staat die Ressourcen der inkorporierten Interessengruppen nutzen, um Informationsdefizite aus-zugleichen, die Legitimität zu erhöhen oder Verwaltungskosten zu senken. Die organisierten Interessen ihrerseits können eigene Interessen durchsetzen, da sie häufig am Entscheidungsprozess beteiligt sind.[155] Nach Philippe Schmitter führt diese institu-tionalisierte Beteiligung damit zu stabileren politischen Strukturen.[156] Die Interessen-vertretung wird so zu einem »symbiotischen« Austauschverhältnis aufgewertet.[157]

Kritisiert wird am neokorporatistischen Konzept das mögliche Trade-off zwischen prozessualer Effizienz und sinkender Legitimität, welches durch das selektive Beteili-gungsverfahren ausgelöst wird. Außerdem thematisieren Autoren, dass der Neokor-poratismus ein staatlich gefördertes Elitenkartell hervorbrächte, welches sich aus der asymmetrischen Ressourcenverteilung, aber auch aus dem alleinigen Fokus auf Dach-verbände ergibt.[158] Obwohl sich nicht alle Interessen in Dachverbänden organisieren lassen und deren hierarchische Strukturen auch gelegentliche Abweichler nicht ver-hindern können, wird im Neokorporatismus dagegen zuerkannt, dass man sowohl die gesellschaftliche Steuerung als auch die Stabilität westlicher Demokratien besser erfas-sen kann und somit ein effektiverer Ausgleich divergierender Interessen ermög-licht wird.[159]

---

151 Vgl. Schmitter (1974), S. 102f.; Köppel/Nerb (2006), S. 293; Michalowitz (2007), S. 34.

152 Vgl. Michalowitz (2007), S. 32 f.; Heitz (2011), S. 90 f.

153 Michalowitz (2007), S. 33.

154 Böhret/Jann/Kronewett (1988), S. 183.

155 Vgl. Böhret/Jann/Kronewett (1988), S. 179; Gründinger (2012), S. 23.

156 Vgl. Köppel (2006), S. 82, 181 f.

157 Köppel (2006), S. 283.

158 Vgl. Köppel (2006), S. 282; Lösche (2007), S. 110.

159 Vgl. Böhret/Jann/Kronewett (1988), S. 180, 183, 186; Janning (2009), S. 152.

3.3.4.3 Austauschtheorie

Sowohl der Neokorporatismus als auch der Neopluralismus erwiesen sich als ungeeignet, die individuellen Eigenschaften der politischen Entscheidungsfindung der EU in der Theorie abzubilden und zu erklären. Während der Neopluralismus nicht erklären kann, wie und warum sich Interessen bzw. deren Vertreter organisieren, ist der Neokorporatismus nicht in der Lage, die Anzahl und Vielfalt der Interessenvertreter und -vereinigungen, welche im Rahmen der EU agieren, adäquat widerzuspiegeln. Auch kann er die Art der Beteiligung der organisierten Interessen in der EU nicht darstellen, die eher individuell geregelt als konsistent institutionalisiert sind.[160] Vor diesem Hintergrund und auch aufgrund der Interessenverlagerung der Forschung auf handlungsorientierte Fragestellungen, wird zunehmend nicht mehr das Handeln von Systemen, sondern von individuellen Akteuren analysiert und theoretisch modelliert. Im Vordergrund stehen hierbei u. a. ökonomische Modelle, welche individuellem Verhalten Kosten-Nutzen-Kalküle zugrunde legen.[161] In der Politikwissenschaft findet dieses Konzept vor allem in den Rational-Choice-Theorien Anwendung, nach welchen die Akteure ihren Präferenzen gemäß nutzenmaximierenden Handlungsweisen folgen. Handlungsoptionen werden unter den gegebenen Voraussetzungen analysiert, Opportunitäts- und Transaktionskosten verglichen und die beste Option ausgewählt (zur Problematik der Anwendung ökonomischer Modelle auf politische Prozesse und Entscheidungsfindung siehe Kapitel 4).

Das politische System und die Interessenvertretung werden hier einer prozessorientierten Betrachtung unterzogen.[162] Ähnlich wie bei ökonomischen Modellen können auch politischen Betrachtungsweisen Waren bzw. Güter zugrunde liegen. Dieser Konzeption bedient sich die Tausch- oder Austauschtheorie (englisch: »Exchange Theory«)[163]. Sie legt die Annahme zugrunde, dass die Interaktion von Akteuren, dem – ökonomischen – Gesetz von Angebot und Nachfrage folgend, auf dem Austausch von Gütern im Sinn von beispielsweise Leistungen, Wissen oder Information beruht. Von wesentlicher Bedeutung ist hierbei, dass beide Akteure von dem Tausch profitieren, wenn auch nicht unbedingt in demselben Maße.[164] Davon ausgehend kann sogar eine Interdependenz, eine wechselseitige Abhängigkeit, zwischen den Akteuren entstehen, wenn das Gut des einen Akteurs unabdingbar für die Zielerreichung des anderen ist.[165] Diesem Ansatz folgend wird politische Interessenvertretung als Tauschverhältnis zwischen privaten (Unternehmen, Interessengruppen und Organisationen) und politischen Akteuren konzipiert, dessen bedeutendste Güter Information einerseits sowie Mitwirkung an der politischen Entscheidungsfindung bzw.

---

160 Vgl. Michalowitz (2007), S. 31 f.
161 Vgl. Heitz (2011), S. 96.
162 Michalowitz (2014), S. 18.
163 Heitz (2011), S. 98.
164 Heitz (2011), S. 99, Michalowitz (2007), S. 39, Bouwen (2001), S. 5.
165 Bouwen (2001), S. 8.

vorteilhafte Entscheidungen andererseits darstellen. Dem liegt zugrunde, dass nicht nur Interessenvertreter versuchen, Zugang zu politischen Entscheidungsfindungen zu erhalten, sondern dass auch politische Akteure auf den engen Austausch mit dem privaten Sektor angewiesen sind, um sicherzustellen, dass ihre politischen Strategien wirken, oder um Problematiken und Bedürfnisse rechtzeitig zu erkennen.[166]

Grundlage für diese Annahmen ist der rationalistische Neoinstitutionalismus, welcher davon ausgeht, dass Akteure sich »so weit an die Normen und Regeln des politischen Systems [anpassen], wie es für ihren Erfolg notwendig ist« und »die Bedingungen des politischen Systems« das Verhalten der Akteure bestimmen.[167] Folglich entwerfen die Akteure Strategien, mit welchen sie unter gegebenen institutionellen Rahmenbedingungen ihren Nutzen am besten maximieren bzw. ihr Ziel so effektiv wie möglich erreichen können.[168] So wird politische Interessenvertretung als plausibles und gesetzmäßiges Tauschverhältnis skizziert.

Problematisch an der Annahme eines idealtypischen Tausches ist jedoch, dass viele Aspekte in politische Entscheidungsfindungen miteinbezogen werden müssen und die Information eines privaten Akteurs oft allein nicht ausreicht, um nachhaltige Entscheidungen zu fällen. Auch findet kein eigentlicher Übergang des Besitzes eines Guts von einem Akteur auf einen anderen statt – denn letztlich besitzen sowohl der private als auch der politische Akteur die Information. So kann ein Tausch schließlich auch einseitig stattfinden, d. h. ohne Gegenleistung, wenn der private Akteur die Information preisgibt, aber die politische Entscheidung nicht zu seinen Gunsten ausfällt.

Mit diesem Problem hat sich Pieter Bouwen in seiner »Theory of Access« beschäftigt. Er konkretisiert die Austauschtheorie dahingehend, dass er zwar auch die Ressource »Information« zugrunde legt, die Gegenleistung jedoch nicht als »Einfluss auf politische Entscheidungsfindung«, sondern, im Rahmen seiner Forschung über Interessenvertretung in der EU, als »Zugang« zu politischen Institutionen konzipiert. Zwar bedeute der Zugang nicht zwangsläufig Einfluss, jedoch sei er eine notwendige Bedingung und somit ein Indikator dafür.[169] Gemäß Bouwen gibt es drei Arten des »Zugangsguts« (»access good«) Information:[170]

1. »Expertenwissen« ist die Expertise und das Know-how des privaten Sektors, welches unabdingbar ist, um Märkte verstehen zu können. Dieses Wissen ist notwendig, um Gesetze für einen bestimmten Sektor entwickeln und evaluieren zu können.

2. »Information über das gemeinsame europäische Interesse« umfasst die Information des privaten Sektors, die notwendig ist, um das Interesse sowie die Bedürfnisse eines wirtschaftlichen, politischen oder sozialen Sektors in Europa herauszufiltern bzw. zu definieren.

---

166 Vgl. Bouwen (2001), S. 5.

167 Michalowitz (2007), S. 38.

168 Heitz (2011), S. 96 f.

169 Bouwen (2001), S. 2.

170 Bouwen (2001), S. 7.

3. »Information über das umfassende mitgliedstaatliche Interesse« beinhaltet die Information des privaten Sektors, welche nötig ist, um das Interesse bzw. die Bedürfnisse der wirtschaftlichen, politischen oder sozialen Sektoren einzelner Mitgliedstaaten herauszufiltern bzw. zu definieren.

Somit verlagert sich der Gütertausch weg von der politischen Entscheidung als solcher sowie weiteren externen Faktoren; der Tausch findet beiderseitig statt, sofern sich beide Akteure über einen fiktiven zugrunde liegenden Tauschvertrag einig sind. Hiervon ist der Theorie zufolge auszugehen.

Die Austauschtheorie bzw. die Theory of Access lässt sich dahingehend zusammenfassen, dass sie Interessenvertretung als rationales Tauschgeschäft zwischen privaten und politischen Akteuren versteht, dem zumindest in weiten Teilen eine wechselseitige Abhängigkeit zugrunde liegt. Mithin ist die Interessenvertretung nicht nur ein notwendiges Mittel privater Akteure, um ihre Aktivitäten mit politischen Trends zu harmonisieren, sondern auch für politische Akteure unabdingbar, um ihre Maßnahmen den tatsächlichen sozioökonomischen Gegebenheiten anzupassen.

3.3.4.4 Governance-Ansatz

Seit Mitte der 1990er-Jahre ist ein weiteres theoretisches Konzept in den Vordergrund gerückt, welches auf die Bedeutung individueller Akteure abstellt: Der »Governance-Ansatz«.[171] Er wird verstanden als »continuous political process of setting explicit goals for society and intervening in it in order to achieve these goals«.[172] Gemäß den engeren und somit analytisch anwendbaren Definitionen bedeutet »Governance« jedoch, dass politische Entscheidungsfindung nicht monopolartig durch nationale Regierungen stattfindet, sondern durch eine Vielzahl an öffentlichen, semi-öffentlichen und privaten Akteuren über unterschiedliche Ebenen hinweg (substaatlich, national und supranational) vollzogen werden.[173] Auch die Umsetzung und Koordination von politischen Strategien durch eine Vielzahl an Akteuren kann als Annahme dieses Ansatzes gesehen werden.[174] Insofern kann Governance auch als Verschiebung der Kompetenz bzw. Macht zur politischen Entscheidungsfindung definiert werden: Neben der vertikalen Verschiebung zu supranationalen sowie zu subnationalen Ebenen gibt es, dem Ansatz folgend, eine horizontale Verschiebung zu u. a. semi-öffentlichen Institutionen und privaten Akteuren.[175]

Hintergrund ist ein kooperatives Staatsverständnis. Staaten büßen in einer komplexen und globalisierten Welt an Souveränität ein. Das heißt, der Staat ist der Gesellschaft nicht mehr übergeordnet und vermag sie auch nicht mehr hierarchisch zu steuern.

---

171 Michalowitz (2007), S. 27.
172 Jachtenfuchs/Kohler-Koch (2004), S. 99.
173 Vgl. Hooghe/Marks (2001), S. 2-3, Krahmann (2003), S. 10 ff., Heitz (2011), S. 93.
174 Krahmann (2003), S. 11.
175 van Waarden/van Kersbergen (2004), S. 153.

Der Staat ist somit nur noch ein Teilsystem neben anderen Funktionssystemen. Mit der Ausdifferenzierung der Gesellschaft (siehe Abschnitt 2.1) muss der Staat auch mit allen anderen Teilsystemen in Verhandlung treten. Durch diese Form des Regierens wird Interessenvertretung zur Interessenvermittlung und organisierte Interessen werden selbst Mitwirkende am politisch-gesellschaftlichen Steuerungsprozess. Der Interessenvertretung kommt damit eine Intermediärsrolle zu. Sie vertritt Interessen gegenüber der Politik und muss gleichzeitig ihren Auftraggebern die Politik vermitteln und ausgehandelte Kompromisse erklären.[176]

Die gemeinsame politische Entscheidungsfindung zwischen bestimmten Akteursbereichen unterschiedlicher Sektoren wird von manchen Autoren auch als Governance durch Netzwerke beschrieben. So definiert beispielsweise Rod Rhodes Governance durch die Attribute »interdependence between organizations« und »continuing interactions between network members«, durch die Existenz von »game-like interactions« sowie durch »a significant degree of autonomy from the states«.[177] Ähnlich wie Vertreter der Austauschtheorie bzw. der »Theory of Access« (siehe Abschnitt 3.3.4.3) schreibt Rhodes den Mitgliedern der Netzwerke gegenseitige Abhängigkeit aufgrund ihrer jeweiligen Ressourcen zu. Die Tauschpartner formen sich daher, Rhodes folgend, zu profitablen Netzwerken.[178] Hier besteht eine enge Beziehung zur Politiknetzwerkanalyse, welche die Interaktion von Staaten und Interessengruppen »innerhalb themenspezifischer Prozesse«[179] untersucht (siehe auch Kapitel 4). Andere Autoren wiederum verstehen Politiknetzwerke als Struktur des politischen Systems und Governance als das Regieren in und mit ihnen[180]. In jedem Fall postuliert der Governance-Ansatz, dass es neben dem Regieren durch Regierungen (»governance by government«) auch die politische Entscheidungsfindung ohne Regierung (»governance without government«, also eine Art Selbstverwaltung) und das Regieren mit Regierungen (»governance with governments«, die gemeinsame politische Entscheidungsfindung unterschiedlicher öffentlicher, semi-öffentlicher und privater Akteure) gibt.[181]

Ein spezieller Fall des Governance-Ansatzes ist der der Multi-Level-Governance, welcher den Fokus besonders auf die vielen verschiedenen Ebenen legt, auf welchen sich die Akteure bewegen, sowie auf die Vielfältigkeit der Arenen der politischen Entscheidungsfindung. Diese Variante findet insbesondere auf die Europäische Union Anwendung.[182] Die Kernidee dieser Art der Governance ist folgende: »Political actors consider problem-solving the essence of politics and that the setting of policy-making is defined by the existence of highly organised social subsystems [. . .]. The ›state‹ is [. . .] segmented and its role has changed from authoritative allocation ›from above‹ to the role of

---

176 Kohler-Koch/Conzelmann/Knodt (2004), S. 228–229.
177 Rhodes (2007), S. 1246.
178 Rhodes (2007), S. 1245.
179 Michalowitz (2007), S. 35.
180 Vgl. Krahmann (2010), S. 22.
181 Vgl. Daase /Friesendorf (2010), S. 3.
182 Vgl. van Waarden/van Kersbergen (2004), S. 153, Jachtenfuchs/Kohler-Koch (2004), S. 103.

›activator‹. Governing the [European Community] involves bringing together the relevant state and societal actors and building issue-specific constituencies. Thus, in these patterns of interaction, state actors and a multitude of interest organisations are involved in multilateral negotiations about the allocation of functionally specific ›values‹«[183].

Die Einbeziehung nicht-staatlicher Akteure spielt also eine zentrale Rolle im Governance-Ansatz, insbesondere auch vor dem Hintergrund seiner Entstehung. Der Ansatz ist nach dem Ende des Ost-West-Konfliktes und des bipolaren internationalen Systems entwickelt worden, als staatliche Strukturen und internationale sowie supranationale Institutionen eine starke Auffächerung und Vervielfältigung erfuhren. Auch der damals entstandene Trend zu ökonomisch inspirierten Strategien zur Steigerung der Effizienz politischer Vorhaben durch Arbeitsteilung und Ausgliederung von Aufgaben beeinflusste die Konzeptionierung des Ansatzes maßgeblich. Die Mitwirkung privater Akteure, organisierter Interessen und Interessenvertretung im politischen Prozess wird somit verstanden als logisch konsequente und legitime historische Entwicklung, die u. a. dem Bestreben nach mehr Effizienz und Effektivität der politischen Entscheidungsfindung zu verdanken ist.

Diese Mitwirkung ist von den politischen Entscheidungsträgern der EU auch explizit gewollt: Um die Akzeptanz der Öffentlichkeit zu gewinnen, bemüht die Europäische Kommission sich um die Involvierung nicht-staatlicher Organisationen in die politische Entscheidungsfindung und hat in ihrem Weißbuch zu »European Governance« zu mehr Beteiligung und Offenheit aufgerufen.[184] Durch die Mitwirkung von Experten und Interessenorganisationen an der Entscheidungsfindung könne die Qualität der Beratungen verbessert und durch die Öffnung des politischen Prozesses für private Akteure auch die Legitimität der EU erhöht werden.[185]

3.3.5 Europarechtliche Grundlagen

Neben den politiktheoretischen Überlegungen über die Legitimation von Interessenvertretung ist auch die Frage nach deren Rechtsgrundlage zu stellen. Dies auch deswegen, weil sich die Kritik an der Interessenvertretung insbesondere auf EU-Ebene nicht nur auf moralische Argumente beschränkt (verbunden mit dem Vorwurf, Partikularinteressen würden auf eine irgendwie »verwerfliche« Art und Weise vor das Allgemeinwohl gestellt), sondern auch die Rechtmäßigkeit der Interessenvertretung infrage stellt.

---

183 Eising/Kohler-Koch (1999), S. 5.

184 European Commission (2000), S. 5; European Commission (2001), S. 2, 5; vgl. Jachtenfuchs/ Kohler-Koch (2004), S. 105.

185 Vgl. European Commission (2001), S. 5, Jachtenfuchs/Kohler-Koch (2004), S. 105 f.

Aufsehenerregende Fälle illegaler Einflussnahme auf den Gesetzgebungsprozess der EU geben solcher Kritik immer wieder Aufwind: Im März 2011 beispielsweise überführten Journalisten der britischen *Sunday Times* vier Europaabgeordnete der Bestechlichkeit, indem sie ihnen als Lobbyisten getarnt 100.000 Euro für zuvor vereinbarte Gesetzesänderungsvorschläge anboten. Drei von ihnen nahmen das Geld an.[186] Bei zweien beendete dies die politische Karriere und/oder hatte erhebliche strafrechtliche Konsequenzen. Umso wichtiger ist vor diesem Hintergrund die Frage: Wie und zu welchem Grad ist politische Interessenvertretung rechtlich zu legitimieren, und welche Prozedere müssen dabei im Kontext der EU eingehalten werden?

Um es gleich vorweg zu sagen, legitime Interessenvertretung hat mit der oben geschilderten Bestechung und Bestechlichkeit nichts zu tun. Ziel muss es sein, eine klare definitorische Unterscheidung zwischen rechtmäßigem und unrechtmäßigem Handeln des Interessenvertreters auf der einen und Hoheitsträgers auf der anderen Seite zu treffen.

Als rechtmäßiges Handeln kann jede Handlung bezeichnet werden, die sich im Einklang oder aber nicht im Widerspruch zu geltenden Gesetzen befindet. Oder, wie es der Interessenvertretungsforscher Alexander Classen zutreffend formuliert hat: »Entspricht ein Verhalten den gesetzlichen Regelungen bzw. läuft es ihnen nicht zuwider, ist es legal.«[187] Als Beispiel ließe sich ein Telefonanruf eines Interessenvertreters bei einem Hoheitsträger anführen, in dem Ersterer Letzterem seine Argumente zu einem bestimmten Thema vorträgt. Jedoch ist nicht alles, was rechtlich zulässig ist, auch moralisch richtig. Aus diesem Grund gibt es auch freiwillige Selbstverpflichtungen von Interessenvertretern, welche die rechtlichen Vorschriften ergänzen und darüber hinausgehen (siehe unter Abschnitt 3.3.5.2).

3.3.5.1 Primärrechtliche Grundlagen

Interessenvertretung ist durch das Primärrecht der EU gedeckt. Artikel 11 Absatz 1 EUV stellt klar, dass die Organe der EU »den Bürgerinnen und Bürgern und den repräsentativen Verbänden in geeigneter Weise die Möglichkeit [geben müssen], ihre Ansichten in allen Bereichen des Handelns der Union öffentlich bekannt zu geben und auszutauschen.« Bereits in diesem ersten Absatz wird deutlich, wem dieser Austausch von Ansichten zugutekommen soll, nämlich gleichermaßen (a) den Bürgerinnen und Bürgern und (b) den repräsentativen Verbänden. Die darauffolgenden Absätze präzisieren dabei nicht abschließend, welche Instrumente den Organen der EU bei diesem Austausch von Ansichten zur Verfügung stehen. Genannt werden:

- der regelmäßige Dialog (Artikel 11 Absatz 2 EUV);
- umfangreiche Anhörungen (Artikel 11 Absatz 3 EUV);
- die europäische Bürgerinitiative (Artikel 11 Absatz 4 EUV).

---

186 o. V. (2011b).
187 Classen (2014), S. 290.

Die Verpflichtung zum Austausch von Ansichten mit der Bevölkerung beschränkt sich also keinesfalls nur auf den Dialog mit organisierten Verbänden und Interessenvertretern, sondern schließt explizit Bürgerinnen und Bürger sowie die organisierte Zivilgesellschaft mit ein. Der offene Dialog der Organe der EU mit allen Arten von Interessenvertretern ist also bereits im Primärrecht der EU angelegt.

3.3.5.2 Regelungen für Interessenvertreter (Verhaltenskodex) und Offizielle der Europäischen Union

Die Tatsache, dass die Organe der EU *qua* Europäischer Verträge (z. B. Präambel und Artikel 11 EUV) bei ihren Entscheidungsprozessen zu Bürgernähe und Transparenz verpflichtet sind und die Organe dabei *de facto* auf die Informationen einer organisierten Zivilgesellschaft und das Fachwissen von Unternehmen, NGOs und Verbänden angewiesen sind, macht den Kontakt von EU-Offiziellen mit Interessenvertretern erforderlich. Dieser Meinungsaustausch braucht Regeln, die seitens der EU auch aufgestellt werden. Die Interessenvertretung in Brüssel muss sich also nicht nur den Regeln des politischen Prozesses allgemein (siehe auch Kapitel 4) unterwerfen, sondern auch ganz speziellen Regeln, die von der Politik (bzw. der Legislative und Exekutive) aufgestellt werden und für die Interessenvertretung Rahmenbedingungen darstellen, die es zu berücksichtigen gilt. Jedoch sind diese offiziellen Kontaktregeln neben der primärrechtlichen Verankerung auch Ausdruck der Legitimität von Interessenvertretung bei den Institutionen der EU. Beispielsweise hieß es zur Einrichtung des europäischen Transparenz-Registers, dass »die politischen Entscheidungsträger in Europa nicht isoliert von der Zivilgesellschaft tätig sind, sondern einen offenen, transparenten und regelmäßigen Dialog mit den repräsentativen Verbänden und der Zivilgesellschaft pflegen«[188]. Hierin kann erneut ein klares Bekenntnis der EU-Institutionen zu einem grundsätzlich offenen und rechtlich legitimierten Dialog mit den Interessenvertretern gesehen werden.

Die Vorschriften unterteilen Interessenvertretung in zwei Sphären: »Empfänger« und »Sender«. Folglich regeln bestimmte Vorschriften das Verhalten der Mitarbeiter der EU-Institutionen oder EU-Parlamentarier (Empfänger) und andere das Vorgehen der Interessenvertreter (Sender).[189] Die Vorschriften sind sozusagen das Bindeglied, das die Kommunikation zwischen beiden Sphären ermöglicht und zugleich einen transparenten und geregelten Informationsaustausch gewährleistet. Das Vorhandensein solcher Regeln bescheinigt *de facto* die Akzeptanz bzw. Legitimation von Interessenvertretung im politischen System der EU (zu den rechtlichen Rahmenbedingungen des Zugangs zu den einzelnen Institutionen siehe im Detail unter Abschnitt 6.3).

---

188 Europäisches Parlament (2015b), Anlage IX, Punkt B, Erwägungsgrund 2.
189 Greenwood (2011³), S. 53.

Anhang I
Verhaltenskodex

Die Registrierten arbeiten im Einklang mit den in diesem Anhang aufgeführten Regeln und Grundsätzen. Insbesondere gilt Folgendes:

a) Die Registrierten geben bei ihren Beziehungen zu einem der unterzeichnenden Organe und anderen Organen, Einrichtungen, Ämtern oder Agenturen der Union (im Folgenden zusammen »Unionsorgane«) stets ihren Namen, ihre Registriernummer und die Stelle(n), für die sie arbeiten oder die sie vertreten, an.

b) Sie geben die Interessen und Ziele an, die sie fördern, und nennen die Mandanten oder Mitglieder, die sie vertreten, sowie gegebenenfalls die Registriernummer dieser Mandanten oder Mitglieder.

c) Sie beschaffen sich nicht auf unlautere Weise oder durch Ausübung unstatthaften Drucks oder durch unangemessenes Verhalten oder Beleidigungen Informationen und unternehmen keinen Versuch hierzu.

d) Sie missbrauchen ihre Registrierung nicht zu kommerziellen Zwecken bzw. verfälschen diese nicht oder stellen diese nicht falsch dar.

e) Sie fügen dem Ansehen des Registers oder den Unionsorganen keinen Schaden zu und verwenden deren Logos nicht ohne ausdrückliche Genehmigung.

f) Sie stellen sicher, dass die Informationen, die sie bei Eintragung zur Verfügung stellen und anschließend im Rahmen ihrer abgedeckten Tätigkeiten verwalten, vollständig, aktuell, korrekt und nicht irreführend sind, und sind damit einverstanden, dass diese Informationen der Öffentlichkeit zugänglich gemacht werden.

g) Sie achten die Umsetzung und Anwendung der einschlägigen von den Unionsorganen festgelegten öffentlich zugänglichen Regeln, Kodizes und Leitlinien und vermeiden jede Beeinträchtigung dieser Umsetzung und Anwendung.

h) Sie verleiten die Mitglieder des Europäischen Parlaments, die Mitglieder der Kommission und die Bediensteten der Unionsorgane nicht dazu, gegen die für sie geltenden Regeln und Verhaltens-normen zu verstoßen.

i) Sie berücksichtigen bei der Beschäftigung ehemaliger Mitglieder des Europäischen Parlaments, Mitglieder der Kommission oder Bediensteter der Unionsorgane die für diese Personen nach deren Ausscheiden aus dem jeweiligen Organ geltenden Vertraulichkeitsanforderungen und -vorschriften gebührend, um Interessenkonflikte zu vermeiden.

j) Wenn sie in einer Mandanten-Vermittler-Beziehung stehen:
   - stellen sie sicher, dass die an einer solchen Beziehung beteiligten Parteien in das Register eingetragen werden, und
   - stellen als Mandanten oder Vermittler sicher, dass die einschlägigen Informationen über die gemäß Anhang II in das Register eingetragene Beziehung veröffentlicht werden.

k) Wenn sie zum Zweck der Durchführung abgedeckter Tätigkeiten bestimmte Aufgaben an Dritte auslagern, die selbst nicht registriert sind, stellen sie sicher, dass diese Stellen ethische Standards einhalten, die den für Registrierte geltenden Standards mindestens gleichwertig sind.

l) Sie legen dem Sekretariat auf Verlangen Belege für ihre Eignung und die Richtigkeit der vorgelegten Informationen vor und arbeiten mit dem Sekretariat aufrichtig und konstruktiv zusammen.

m) Sie erkennen an, dass sie den in Anhang III vorgesehenen Untersuchungsverfahren und gegebenenfalls den darin vorgesehenen Maßnahmen unterworfen werden können.

n) Sie ergreifen geeignete Maßnahmen, um sicherzustellen, dass alle ihre an abgedeckten Tätigkeiten beteiligten Mitarbeiter über die Verpflichtung als Registrierte zur Einhaltung dieses Verhaltenskodex informiert werden.

o) Sie informieren die Mandanten oder Mitglieder, die sie im Rahmen der abgedeckten Tätigkeiten vertreten, über ihre Verpflichtung als Registrierte zur Einhaltung dieses Verhaltenskodex.

p) Sie achten die von den unterzeichnenden Organen festgelegten besonderen Zugangs- und Sicherheitsregeln und -vorkehrungen und vermeiden deren Beeinträchtigung.

Abbildung 3.9: Verhaltenskodex (in Anhang I) der Interinstitutionellen Vereinbarung von 2021 über das verbindliche Transparenzregister

3.3.5.2.1 Regelungen für Interessenvertreter

Im Europäischen Parlament gab es bereits Anfang der 1990er-Jahre Initiativen für einen Verhaltenskodex für Interessenvertreter, lange bevor das Parlament mit dem Vertrag von Lissabon in seiner Bedeutung beim Gesetzgebungsprozess dem Rat praktisch gleichgestellt wurde. Diese Initiativen führten 1996 zu einem ersten Verhaltenskodex und zu einem Register für Interessenvertreter beim Europäischen Parlament. 2008 folgte die Europäische Kommission (bereits 2005 hatte diese die Europäische Transparenz-Initiative gestartet). 2011 wurde dann ein erstes Transparenz-Register gemeinsam vom Europäischen Parlament und der Europäischen Kommission eingerichtet. Es wurde lange Zeit von Kritikern bemängelt, dass die Eintragung ins Transparenz-Register freiwillig erfolgt, nicht verpflichtend ist und den Rat nicht berücksichtigt.[190] Nach mehrfachen Anläufen wurde im Mai 2021 eine »Interinstitutionelle Vereinbarung zwischen dem Europäischen Parlament, dem Rat der Europäischen Union und der Europäischen Kommission über ein verbindliches Transparenzregister« unterzeichnet.[191] Alle Interessenvertreter werden darin aufgefordert, sich im Register eintragen zu lassen, wenn sie Tätigkeiten durchführen, die darauf abzielen, auf die Politikgestaltung, die Umsetzung politischer Maßnahmen und die Entscheidungsfindung durch die Organe der EU Einfluss zu nehmen. Die Eintragung in das Transparenz-Register erfolgt weiterhin freiwillig. Jedoch verlangen mittlerweile sowohl das Europäische Parlament als auch die Europäische Kommission einen Registrierungsnachweis als Voraussetzung für den Austausch mit Interessenvertretern. Zudem werden nur registrierte Interessenvertreter als Redner zu öffentlichen Anhörungen der Ausschüsse des Europäischen Parlaments eingeladen.[192] Alle Registrierten müssen sich zudem verpflichten, den Verhaltenskodex in Anhang I der Vereinbarung einzuhalten (siehe Abbildung 3.9).[193]

3.3.5.2.2 Regelungen für die Offiziellen der Europäischen Union

Neben den Vorschriften, die sich direkt an die Interessenvertreter richten, gibt es auch Regularien für die Offiziellen der EU, z. B. für die Kommissionsmitglieder, die EU-Parlamentarier oder die EU-Beamten. Das umsichtige und rechtstreue Verhalten eines Interessenvertreters, die Compliance, verlangt, dass er sowohl die Vorschriften einhält, die ihn selbst betreffen, als auch diejenigen Regeln berücksichtigt, die für seine Kontaktpersonen gelten.

Für die Kommissionsmitglieder ist sogar primärrechtlich vorgeschrieben, dass sie jede Handlung zu unterlassen haben, »die mit ihren Aufgaben unvereinbar ist«; für die Amtszeit ist es verboten, eine »andere entgeltliche oder unentgeltliche Berufstätigkeit«

---

190 Rubner (2009), S. 119 f.; van Schendelen (2013⁴), S. 386.

191 Amtsblatt der EU, L207/1, von 20.05.2021

192 Vgl. Europäisches Parlament (2021)

193 Amtsblatt der EU, L207/1, von 20.05.2021, Anhang I

auszuüben (Artikel 245 AEUV). Darüber hinaus gibt es bereits seit dem Jahr 1999 einen *Verhaltenskodex für Kommissionsmitglieder* mit dem Ziel Interessenkonflikte bei der Ausübung des Amtes zu vermeiden.

Am 15. Juli 2014 hatte der damalige Kommissionspräsident Jean-Claude Juncker seine »Politischen Leitlinien für die nächste Europäische Kommission« vorgestellt. Dort widmete er dem Thema Interessenvertretung ein eigenes Kapitel, in dem er sich für größere Transparenz bei Kontakten mit Interessenträgern und Interessenvertretern aussprach: »Unsere Bürgerinnen und Bürger haben das Recht zu wissen, mit wem sich Kommissare und Kommissionsbedienstete, Mitglieder des Europäischen Parlaments oder Vertreter des Rates im Rahmen des Gesetzgebungsverfahrens treffen.«[194] Kommissare waren beispielsweise schon mit dem Amtsantritt der Kommission im Jahr 2014 dazu verpflichtet, persönliche Treffen mit Interessenvertretern auf ihrer jeweiligen Webseite öffentlich zu machen.[195] Durch die »Juncker-Kommission« initiiert, wurde dann auch der Verhaltenskodex für Kommissionsmitglieder 2018 modernisiert.[196] So sind z. B. entgeltliche und unentgeltliche Nebentätigkeiten untersagt (Artikel 8) und Kommissionsmitglieder müssen auch »alle finanziellen oder sonstigen Interessen und Vermögenswerte angeben, die zu Interessenkonflikten bei der Wahrnehmung ihrer Aufgaben führen könnten« (Artikel 3). Geschenke im Wert von über 150 Euro dürfen nicht angenommen werden (Artikel 6).

Für die Mitglieder des Europäischen Parlaments gelten bei der Ausübung ihres Mandats gemäß der *Geschäftsordnung des Europäischen Parlaments* die Grundsätze »Uneigennützigkeit, Integrität, Transparenz, Sorgfalt, Ehrlichkeit, Verantwortlichkeit und Wahrung des guten Rufs des Parlaments« (Anlage 1, Artikel 1). Sie müssen außerdem mögliche Interessenkonflikte auflösen und ggf. beim Parlamentspräsidenten melden (Anlage 1, Artikel 3) sowie eine Erklärung über ihre finanziellen Interessen abgeben (Anlage 1, Artikel 4). Geschenke dürfen nur angenommen werden, wenn sie »nach den Gepflogenheiten der Höflichkeit überreicht werden« und einen Wert von 150 Euro nicht übersteigen (Anlage 1, Artikel 5).[197]

Zu den Vorschriften für EU-Beamte zählt insbesondere das *Statut der Beamten der Europäischen Gemeinschaften* (sic!),[198] das z. B. vorschreibt, dass Beamte keine Weisungen von Personen und Organisationen außerhalb ihres Organs entgegennehmen dürfen; die ihnen aufgetragenen Aufgaben führen sie »objektiv, unparteiisch und in voller Loyalität mit der Union aus« (Artikel 11). Beamte dürfen daher auch keine »Ehrungen, Ehrenzeichen, Vergünstigungen, Geschenke oder Zahlungen irgendwelcher Art annehmen« (Artikel 11). Informationen, die nicht veröffentlicht wurden,

---

194 Juncker (2014), S. 13.

195 European Commission (2014a).

196 Amtsblatt der EU, C65/7, 31.01.2018

197 Europäisches Parlament (2022)

198 Rat der Europäischen Wirtschaftsgemeinschaft, Rat der Europäischen Atomgemeinschaft (2015).

dürfen von den Beamten nicht verbreitet werden (Artikel 17). In Artikel 12 des Statuts heißt es zudem: »Der Beamte enthält sich jeder Handlung und jedes Verhaltens, die dem Ansehen seines Amtes abträglich sein könnten.« Es gibt aber noch weitere Vorschriften. Zum Beispiel hat die EU-Kommission ergänzend zum Statut einen *Kodex für gute Verwaltungspraxis in den Beziehungen der Bediensteten der Europäischen Kommission zur Öffentlichkeit* erlassen. Dieser sieht u. a. den Schutz persönlicher Daten und geheimer Informationen vor oder auch ein Diskriminierungsverbot sowie die Verhältnismäßigkeit und Kohärenz der Verwaltung. Dies bedeutet, dass bei der Interessenvertretung alle betroffenen Interessengruppen gleichbehandelt werden sollen.

Zwar richten sich diese Vorschriften primär an die Offiziellen der EU, indem sie deren Kontakt mit der Außenwelt regeln, indirekt haben sie aber auch Einfluss auf das Verhalten von Interessenvertretern. Denn ein professioneller Interessenvertreter kennt diese Vorschriften für seine Kontaktpersonen und wird sein eigenes Verhalten danach ausrichten, um sein Gegenüber nicht in die Verlegenheit zu bringen, auf diese Vorschriften hinweisen zu müssen. Jedes gegenteilige Auftreten bzw. Handeln könnte einen für die Interessenvertretung wertvollen Kontakt gefährden.

3.3.5.3 Weitere rechtliche Regelungen und Selbstverpflichtung der Interessenvertreter

Neben den genannten EU-Standards können bei der Interessenvertretung in Brüssel auch mitgliedstaatliche Vorschriften einschlägig sein, je nachdem wo die Interessenvertretung stattfindet oder welche Staatsangehörigkeit die beteiligten Personen haben. So wäre bei deutschen Staatsbürgern z. B. auch § 334 (Bestechung) oder § 108e StGB (Abgeordnetenbestechung) relevant.[199] Dies sei jedoch nur der Vollständigkeit halber erwähnt, denn dass diese Straftatbestände nichts mit seriöser Interessenvertretung zu tun haben, versteht sich von selbst.

Die rechtlichen Standards werden in der Praxis um Selbstverpflichtungen der Interessenvertreter ergänzt. Die European Public Affairs Consultencies Association (EPACA) und die Society of European Affairs Professionals (SEAP) empfehlen beide ihren Mitgliedern, dem freiwilligen Transparenz-Register beizutreten und sich an den Verhaltenskodex zu halten. Sie haben zusätzlich eigene Kodizes entwickelt.[200]

Einzelne Interessenvertretungen gehen darüber hinaus und setzen damit Benchmarks für andere. Vorbildliche Interessenvertretungen – genauer gesagt die Interessenvertretungsagenturen – unterziehen sich z. B. freiwillig verschiedenen Transparenz-, Datenschutz-, Qualitätsmanagement-, Legal- und Financial-Compliance-Prüfungen.[201] Die Inhouse-Interessenvertretungen von Unternehmen müssen zudem die hauseigenen Compliance-Vorschriften berücksichtigen. Die Compliance-Standards werden also durch die Branche selbst über das rechtlich Gebotene hinaus weiter vorangetrieben. Diese Entwicklung der freiwilligen

---

[199] Classen (2014), S. 108 f.

[200] EPACA (2015); SEAP (2015).

[201] Zum Beispiel EUTOP Group (2023).

Kontrollen führt letztlich dazu, dass auch andere Interessenvertretungen diesen Standards folgen müssen, wenn sie am Markt bestehen wollen (zu Integrität und Compliance von Interessenvertretern siehe auch Abschnitt 8.3.1.3).

Generell erkennt man die Professionalität einer Interessenvertretung daran, wie streng sie sich an Verhaltenskodizes hält und welche Selbstverpflichtung und -kontrolle sie sich auferlegt hat. Eine unprofessionelle Interessenvertretung interpretiert die Regeln eher lax, nach der Maxime »Was nicht verboten ist, das ist erlaubt«, wohingegen eine professionelle Interessenvertretung die Regeln streng interpretiert. Denn nur so lässt sich auf Dauer ein Vertrauensverhältnis zwischen Politik, Interessengruppen und Interessenvertretern aufbauen.[202] Darüber hinaus gibt es unter den Interessenvertretungsagenturen durchaus ein wettbewerbliches Interesse, die Verhaltensregeln streng zu interpretieren und penibel einzuhalten. Ein umsichtiges Verhalten kann auch den Unterschied im Hinblick auf das gewünschte Ergebnis ausmachen und damit die Effektivität der Interessenvertretung steigern.[203] Die Einhaltung aller Vorschriften ist für die Reputation eines Interessenvertreters enorm wichtig. Wird seine Integrität durch (auch unbewusstes!) Fehlverhalten auch nur in Zweifel gezogen, ist seine Reputation und Glaubwürdigkeit beschädigt, wenn nicht zerstört. Ein Verbleiben in diesem Beruf kann dadurch sogar unmöglich gemacht werden.

3.4 Thesenartige Zusammenfassung

Kapitel 3 beschäftigt sich mit zwei großen Fragenkomplexen. Der erste Fragenkomplex befasst sich im Schwerpunkt mit konzeptionellen Fragen zur Interessenvertretung:

- Welche unterschiedlichen Konzepte gilt es im Bereich der Interessenvertretung zu unterscheiden? Wie sind die einzelnen Teilbereiche terminologisch definiert? Wie grenzen sich die einzelnen Begriffe und Konzepte voneinander ab und was sind ihre Stärken und Schwächen?
- Welche Aufgaben übernimmt Interessenvertretung (im weitesten Sinne) für den Vertretenen, d. h., was sind ihre wesentlichen Ziele und Funktionen für Unternehmen und andere Akteure in Wirtschaft und Gesellschaft?

Der zweite Fragenkomplex beschäftigt sich mit dem Verhältnis von Interessenvertretung zur Politik. Im Zentrum der Untersuchung stehen dabei folgende Fragen:

- Welche Bedeutung haben Interessen und Interessenvertretung im politischen System?
- Wie wird Interessenvertretung politikwissenschaftlich bewertet?
- Welche europarechtlichen Grundlagen und Regelungen gibt es für die Interessenvertretung bei den Institutionen der EU?

---

202 van Schendelen (2013⁴), S. 313.
203 van Schendelen (2013⁴), S. 313.

Die wesentlichen Ergebnisse zum ersten Fragenkomplex können wie folgt zusammengefasst werden:

1. Der Begriff der Interessenvertretung lässt sich definieren als:
   - Erstens die Beschaffung, Selektion und Auswertung von Informationen, die für das vertretene Unternehmen (bzw. den Verband, die Organisation, den/die EU-Mitgliedstaat/-Region) zu einem Wettbewerbsvorteil führen bzw. einen Wettbewerbsnachteil verhindern können;
   - Zweitens die direkte oder indirekte Mitwirkung eines Unternehmens (bzw. eines Verbandes, einer Organisation, eines/einer EU-Mitgliedstaats/-Region) an legislativen und/oder exekutiven (EU-)Entscheidungsprozessen mittels Information, mit dem Ziel, Wettbewerbsvorteile zu erreichen bzw. Wettbewerbsnachteile abzuwenden.

2. Wesentlich für ein korrektes Verständnis von Interessenvertretung sind konzeptionelle Abgrenzungen. Zu unterscheiden sind zunächst Public Relations und Public Affairs. Während sich die Public Relations mit der Außendarstellung des Unternehmens gegenüber einer breiten (Medien-)Öffentlichkeit und damit nicht zuletzt der Imagepflege befassen, ist bereits der Adressatenkreis der Public Affairs enger gezogen: Sie meinen das strategische Informationsmanagement zwischen Politik, Unternehmen und Gesellschaft, gleichsam einer »begrenzten Öffentlichkeit«. Der Fokus liegt dabei klar auf Inhalten (Anfertigung von Analysen, Planung und Durchführung von Veranstaltungen etc.), weniger auf Prozessbegleitung. Letzteres ist die Domäne des Lobbyings, bei dem es vor allem um eine messbare Mitwirkung auf konkrete Entscheidungen in Legislative und Exekutive geht.

3. Weiter zu unterscheiden sind Lobbying und Governmental Relations. Inhaltlich grenzen sich Governmental Relations durch ihre gezielte Ausrichtung auf die legislative und exekutive Tätigkeit staatlicher Institutionen vom Lobbying ab (zum Teil verengend als »legislatives Lobbying« bezeichnet), zeitlich durch den strukturellen (d. h. langfristigen) Ansatz: Während allgemeines Lobbying auch auf kurzfristige Einzelfallentscheidungen abzielt, setzen Governmental Relations i. d. R. zu einem viel früheren Zeitpunkt an und begleiten den gesamten Entscheidungsprozess bzw. das relevante Umfeld, u. U. sogar über mehrere Jahre. Lobbying und Governmental Relations sind primär prozessorientiert, Inhaltsträger ist das Unternehmen (bzw. der Verband oder die Organisation).

4. Lobbying im Allgemeinen, speziell jedoch Governmental Relations, ist neben Investor Relations und Public Relations Bestandteil einer strategisch ausgerichteten Unternehmenskommunikation. Im Gegensatz zu Investor Relations (als zum Teil sogar gesetzlich vorgeschriebene Kapitalmarktkommunikation) und Public Relations (als Mittel der Außendarstellung und Imagepflege) wird die Wichtigkeit von Governmental Relations als Hebel für eine zielgerichtete Partizipation an Entscheidungsprozessen von vielen Unternehmen erst nach und nach erkannt (siehe auch Kapitel 1).

5. Interessenvertretung ist ein wichtiger Teil des unternehmerischen Umfeldmanagements: Eine fortlaufende, präzise Analyse des politischen Umfelds eines Unternehmens ist essenzielle Grundlage für langfristige unternehmensstrategische Entscheidungen; die Umsetzung dieser Entscheidungen kann durch eine gezielte Kommunikation mit Entscheidungsträgern in Legislative und Exekutive entscheidend gefördert werden. Nicht nur für stark regulierte Branchen, sondern letztlich für jedes von gesetzgeberischen bzw. Verwaltungsentscheidungen abhängige Unternehmen kann Interessenvertretung helfen, Wettbewerbsvorteile zu erzielen bzw. die Entstehung von Wettbewerbsnachteilen zu vermeiden.

6. Interessenvertretung hat für Unternehmen im Wesentlichen drei Dimensionen:
   - Erstens kann Interessenvertretung als ein Frühwarnsystem genutzt werden, um relevante politische Themen und Trends zu identifizieren. Wirksame Interessenvertretung beginnt lange vor dem eigentlichen Entscheidungsprozess: Präzises Issue Management, also die kontinuierliche Beobachtung und inhaltliche Begleitung eines Themas, der fortlaufende Dialog mit potenziellen Entscheidungsträgern (was eine korrekte Key-Player-Analyse voraussetzt) sowie die Herstellung gegenseitiger Informationstransparenz sind wesentliche Kriterien, ohne die eine spätere Partizipation an Entscheidungsprozessen kaum gelingen wird.
   - Zweitens umfasst Interessenvertretung in ihrer klassischen Funktion die Begleitung von Entscheidungsprozessen in der politischen Sphäre. Neben dem auch hier essenziellen Informationsmanagement gewinnt bei einer strukturellen Zusammenarbeit die strategische Komponente an Bedeutung. Governmental Relations heißt, nicht nur projektbezogen und von Zeit zu Zeit für ein Unternehmen zu agieren, sondern es kontinuierlich im politischen Bereich zu begleiten. Das setzt jedoch langfristige und vertrauensvolle Kontakte in Legislative und Exekutive voraus. Das Kontaktmanagement ist deshalb von überragender Bedeutung für den Interessenvertretungsprozess. Ausbau und Pflege des Netzwerkes bedürfen eines besonderen Engagements.
   - Drittens kann mittels Interessenvertretung politisches Krisenmanagement betrieben werden, um durch strategische Reaktion auf unvorhergesehene (i. d. R. exogene) Ereignisse mögliche Worst-Case-Szenarien für das Unternehmen zu vermeiden. Gerade dafür ist jedoch eine solide Vernetzung im politischen Raum erforderlich; Aktionen »aus dem Stand« gelingen i. d. R. nicht.

7. Diese drei Dimensionen der Interessenvertretung stehen nicht isoliert nebeneinander; vielmehr überschneiden sie sich teilweise in ihrer Art und Ausrichtung und sollten im Idealfall als komplementäre Elemente einer unternehmerischen Interessenvertretungsstrategie betrieben werden.

Die Ergebnisse zum zweiten Fragenkomplex lassen sich wie folgt zusammenfassen:

8. Ohne Interessen gäbe es keine Politik. So lässt sich pointiert die Bedeutung von Interessen und Interessenvertretung in einem demokratischen System beschreiben. Politik ist, besonders unter den Rahmenbedingungen der Demokratie, dabei

immer von Auseinandersetzung, Aushandeln, Abstimmungen und Kompromissfindung geprägt. Jedoch macht genau dies den spezifischen Charakter demokratischer Politik aus: Der Wettstreit verschiedener Meinungen mit dem Ziel einer konsensorientierten politischen Lösung.

9. Vor diesem Hintergrund sorgt Interessenvertretung für Meinungsbildung und -vielfalt und verwirklicht damit den Pluralismus von Meinungen und Ansichten im politischen Diskurs. Die Interessenaggregation und -vermittlung ist damit essenziell für demokratische Verhältnisse: Durch die Artikulation von Interessen aus der gesellschaftlichen Sphäre werden wichtige Informationen in das politische System hineingetragen, die ohne externen Input dort kaum generiert würden. Eine wichtige Aufgabe, denn gerade die Beschaffenheit der Meinungsbildung und der öffentlichen Diskussion wird von vielen Experten auf der Ebene der EU als nicht ausreichend empfunden.

10. Bei diesem Dialog stellen sowohl die Betroffenen als auch die Politik Anforderungen an eine gute und professionelle Interessenvertretung. Für die Politik ist eine zuverlässige, objektive und transparente Informationsvermittlung zu Hintergründen und möglichen Folgen und Problemen, die sich aus einer Gesetzgebung ergeben könnten, besonders bedeutsam.

11. Idealerweise gibt es für den Dialog zwischen Politik und Betroffenen einen unabhängigen Intermediär, der die Anforderungen beider Seiten kennt und berücksichtigen kann. Dieser Intermediär muss in der Lage sein, die Perspektive zu wechseln und sich in die unterschiedlichen Beteiligten einer Sachlage hineinzuversetzen, um deren Interessenlage und Entscheidungstendenz nachvollziehen und sich in seinem Handeln und seiner Argumentation darauf einstellen zu können.

12. Die im Rahmen der Darstellung erläuterten politikwissenschaftlichen Konzepte zeigen, dass Interessenvertretung auch aus politikwissenschaftlicher Sicht ein essenzieller Teil des politischen Systems ist:
    - Der grundlegende Gedanke des Neopluralismus ist hier der freie und ungehinderte Wettbewerb der Interessen, ein entscheidendes Element einer demokratischen Gesellschaft. Organisiert sich ein spezielles Anliegen, steht diesem in einer heterogenen Gesellschaft ein anderes Interesse gegenüber.
    - Im Konzept des Neokorporatismus wird Interessenvertretung nicht als Einflussnahme partikularer Interessen auf das Gemeinwohl aufgefasst, sondern als Notwendigkeit für effizientes Regieren. Die Interessenvertretung trägt so zur Regierungsfähigkeit moderner Demokratien bei. Die Inkorporierung organisierter Interessen in den politischen Prozess erleichtert die politische Steuerbarkeit der Gesellschaft und verbessert die Qualität der politischen Problemlösung.
    - Die Austauschtheorie legt die Annahme zugrunde, dass die Interaktion von Akteuren, dem – ökonomischen – Gesetz von Angebot und Nachfrage folgend, auf dem Austausch von Gütern im Sinn von beispielsweise Leistungen, Wissen

oder Information beruht. Von wesentlicher Bedeutung ist hierbei, dass beide Akteure von dem Tausch profitieren, wenn auch nicht unbedingt in demselben Maße.

– Im Governance-Ansatz gilt: Mit der Ausdifferenzierung der Gesellschaft muss der Staat auch mit anderen Teilsystemen in Verhandlung treten. Durch diese Form des Regierens wird Interessenvertretung zur Interessenvermittlung und organisierte Interessen werden selbst Mitwirkende am politisch-gesellschaftlichen Steuerungsprozess. Der Interessenvertretung kommt damit eine Intermediärsrolle zu. Sie vertritt Interessen gegenüber der Politik und muss gleichzeitig ihren Auftraggebern Politik vermitteln und ausgehandelte Kompromisse erklären.

13. Die politische Interessenvertretung ist kein unerwünschter Fremdkörper im System der EU; vielmehr findet sich sogar eine Verpflichtung der Organe der EU zum Austausch mit der Zivilgesellschaft (Bürgern, Organisationen und Unternehmen) in den europäischen Verträgen: So müssen nach Artikel 11 Absatz 1 EUV die Organe der EU »den Bürgerinnen und Bürgern und den repräsentativen Verbänden in geeigneter Weise die Möglichkeit [geben], ihre Ansichten in allen Bereichen des Handelns der Union öffentlich bekannt zu geben und auszutauschen«. In Regelungen für die Informationsvermittler (z. B. Transparenz-Register und Verhaltenskodex) und für Informationsempfänger (z. B. Verhaltenskodex für Kommissionsmitglieder oder *Geschäftsordnung des Europäischen Parlaments*) ist im Einzelnen festgelegt, wie der Informationsaustausch erfolgen soll.

Die Politik steht der Interessenvertretung nicht passiv gegenüber. Es gilt nach wie vor das Primat der Politik. Zunächst einmal haben scheinbar abstrakte Elemente wie der politische Prozess, die formellen und informellen Verfahren, Regelungen und die Institutionen selbst erheblichen Einfluss auf die Ausgestaltung von praktischer Interessenvertretung. Denn Interessenvertreter stehen diesen Gegebenheiten zunächst passiv gegenüber – dies sind die Rahmenbedingungen, an die sie sich anpassen müssen. Sie haben gewissermaßen die Spielregeln zu beachten, die andere aufgestellt haben. Die Politik hat außerdem die Möglichkeit, aus der Vielzahl von Argumenten und Interessen, die ihr vorgetragen werden, auszuwählen. Entscheidungsträger verfolgen selbstverständlich auch ihre eigene politische Agenda und Interessen, z. B. binden sie in ihren Entscheidungshorizont nicht nur die Argumente von Interessenvertretern mit ein, sondern auch ihre nationale Herkunft, ihre Parteizugehörigkeit, ihren Wahlkreis bzw. ihre Herkunftsregion etc. Die politische Entscheidung ist also im Ganzen viel komplexer, als dass sie sich allein auf den Austausch von Argumenten und Informationen mit Interessenvertretern reduzieren ließe. Eine professionelle Interessenvertretung wird auch diesen erweiterten Entscheidungshorizont eines politischen Entscheidungsträgers bei ihrer Prozessbegleitung stets einkalkulieren. Interessenvertretung in der EU hat hier einen Paradigmenwechsel zu verzeichnen, wie Kapitel 4 zeigen wird.

4 Politik als Prozess: Paradigmenwechsel von der Inhalts- zur Prozesskompetenz bei der Interessenvertretung

4.1 Einleitung und Fragestellung

Politiker sprechen häufig davon, eine »Politik der Inhalte« zu betreiben.[1] Auch in politischen Debatten und besonders in Wahlkämpfen stehen Ideen, Programme, Politikentwürfe und Visionen, kurz: politische Inhalte für die Wähler zur Auswahl. Die Inhalte, wenn sie in Politik umgesetzt, d. h. zu Gesetzen werden, berühren natürlich das Leben der Bürger und beeinflussen die Arbeit und den Erfolg von Bürgerinitiativen, Verbänden, NGOs oder von Unternehmen. Inhalte scheinen also das zentrale Element der Politik zu sein. Und so verwundert es nicht, dass der Kern der Tätigkeit der klassischen Interessenvertretungsinstrumente (Unternehmensrepräsentanzen, Verbände, Public-Affairs-Agenturen, Anwaltskanzleien) auf inhaltlicher Arbeit liegt: Teilnahme an öffentlichen Konsultationen, Verfassung ausführlicher Argumentationspapiere und Gutachten, Briefe und E-Mails an Entscheidungsträger, Durchführung von themenbezogenen Veranstaltungen und Medienkampagnen (siehe Abschnitte 1.2 und 4.2).

In den vorangegangenen Kapiteln wurde bereits mehrfach dargelegt, dass Politik gerade nicht ein Verfahren ist, bei dem am Ende allein die besten Inhalte und Argumente, z. B. unter wohlfahrtsökonomischen Gesichtspunkten, die Oberhand behalten. Hierin liegt ein häufiges Missverständnis in der breiten Öffentlichkeit. In Kapitel 1 wurde aufgezeigt, dass Politik nicht nur aus Inhalten besteht, sondern auch eine mindestens ebenso bedeutende prozessuale Dimension hat. Politische Entscheidungen stehen am Ende eines mitunter komplexen Prozesses, der einerseits von formellen Bedingungen wie Gesetzgebungsverfahren, Geschäftsordnungen oder Weisungsverhältnissen, andererseits von informellen Regeln geprägt ist. Und politische Prozesse haben einen eigenen spezifischen Charakter, der sich von den Prozessen in anderen gesellschaftlichen Handlungsfeldern, wie z. B. der Wirtschaft, wesentlich unterscheidet. Politische Prozesse unterliegen einer eigenen Logik, die auf den ersten Blick von außen nicht immer einer rationalistisch geprägten Erwartungshaltung entspricht. Dennoch gibt es Analysemethoden, die helfen, den politischen Prozess in verschiedene Phasen und Stationen zu strukturieren und so auch für Außenstehende, die nicht unmittelbar am Prozess beteiligt sind, nachvollziehbar und verständlich zu machen (siehe Abschnitte 4.3 und 4.4). Dabei öffnen sich Zeitfenster, in denen die Möglichkeit besteht, seitens der Interessenvertretung den politischen Prozess zu begleiten und legitime Interessen einzubringen.

---

1   Vgl. Lindner (2015).

In jeder Phase und an jeder Station des politischen Prozesses müssen die beteiligten Akteure Entscheidungen treffen. Oft gehen Modelle, die eigentlich helfen sollen, Entscheidungsfindungsprozesse zu erklären, von opportunistisch-rationalen und schematisch-pauschalen Verhaltensweisen aus, wie z. B. von dem angeblich stets nutzenmaximierenden und auf seinen Vorteil bedachten Homo oeconomicus. So kann für Interessengruppen der Eindruck entstehen, Politik sei eine Konstante, die sich von außen nicht verändern lässt, die aber auch leicht berechen- und vorhersehbar zu sein scheint. Insbesondere Entscheidungsträger in der Wirtschaft nehmen Politik häufig als eine für ein Unternehmen unveränderbare Konstante wahr, die bei Entscheidungsprozessen mit der Ceteris-paribus-Annahme unberücksichtigt bleiben kann. Dabei ist Politik durchaus eine variable Größe und ihre Inhalte verändern sich ständig.[2] Der politische Entscheidungsfindungsprozess ist zu dynamisch und volatil und weist zu viele Variablen auf, als dass solche aufs Rationale zielenden Modelle hilfreich erscheinen. Denn das Ergebnis von politischen Entscheidungen ist nicht a priori festgelegt, wie dies etwa nach dem Konzept des Homo oeconomicus angenommen wird. Nach dem viel eher den Realitäten der Politik entsprechenden Konzept des »Homo politicus« bezieht ein Entscheidungsträger eine Vielzahl von Parametern in seine Entscheidungsfindung mit ein und wägt genau ab, bevor er entscheidet. Seine Entscheidungen sind meist offen (siehe Abschnitt 4.8).

Kapitel 1 ist nur kurz auf den Paradigmenwechsel von der Inhaltskompetenz zur Prozesskompetenz in der Interessenvertretung eingegangen. Da dieser Paradigmenwechsel für die Bedeutung der Prozesskompetenz, und damit für die gesamte Argumentation dieses Buches, ausschlaggebend ist, wird sich Kapitel 4 diesem Thema noch einmal ausführlich widmen. Der Begriff Prozesskompetenz und seine drei Teilkomponenten – Prozessstrukturkompetenz, Perspektivenwechselkompetenz und Prozessbegleitkompetenz – wurden bereits definiert und erläutert (siehe Abschnitt 1.3). Dieses Kapitel wird sich nun intensiv mit der Bedeutung des »Prozessualen« in der Politik befassen und folgende zentrale Fragen in den Blick nehmen:

- Welche Bedeutung kommt in der Politik den Inhalten, welche den Verfahren und Prozessen zu?
- Wie gestalten sich politische Prozesse, und wie kann sich Interessenvertretung darauf einstellen?
- Wie können im politischen Prozess entstehende Zeit- und Entscheidungsfenster für die Interessenvertretung genutzt werden?
- Wie trifft ein politischer Akteur Entscheidungen, und wie kann der Entscheidungsfindungsprozess eines solchen »Homo politicus« für Außenstehende entschlüsselt werden?

Schon seit den frühen Tagen der europäischen Einigung ist das Wissen um die maßgeblichen europäischen Entscheidungsverfahren und die Beherrschung der formellen und informellen Entscheidungsmechanismen europäischer Politik mitentscheidend

---

2   Joos (2015), S. 408.

für den Erfolg in der Interessenvertretung. Spätestens mit dem Vertrag von Lissabon (seit 1. Dezember 2009 in Kraft) ist die Bedeutung von Prozesskompetenz in der EU als hochkomplexem Mehrebenensystem mindestens gleichberechtigt neben die Inhaltskompetenz getreten: Langfristig erfolgreiche Interessenvertretung in der EU setzt Prozesskompetenz zwingend voraus. Ein Argument kann noch so »gut« sein, es wird nicht gehört werden, wenn es nicht den vorgeschriebenen Regeln entsprechend in der richtigen Form und zum richtigen Zeitpunkt bei den richtigen Entscheidern eingebracht wird. Daher ist festzuhalten, dass es für einen Interessenvertreter beinahe wichtiger ist, die Regeln des jeweiligen politischen Entscheidungsprozesses genau zu kennen, als die besseren Argumente zu haben (siehe Abschnitte 1.2 und 1.3).[3]

Die im Folgenden vorgestellten politikwissenschaftlichen Theorien, Konzepte und Ansätze werden nicht erschöpfend und in der ganzen Tiefe ihrer wissenschaftlichen Diskussion erfasst, sondern nur insoweit herangezogen, als sie für die Interessenvertretung von Relevanz sind.

4.2 Inhalte als das bestimmende Element der Politik?

»Content is King!«, heißt es in der Medienbranche. Damit wird insbesondere die Wichtigkeit von Inhalten bei Onlinemedien umschrieben. Speziell bei der Suchmaschinenoptimierung (SEO) von Websites oder Blogs ist der Inhalt wichtig, da ohne relevanten Inhalt die betreffende Seite in der Suchmaschine nicht an prominenter Stelle (»ganz oben«) gelistet wird oder vielleicht gar nicht auftaucht und somit nicht gefunden und nicht konsultiert werden kann.[4] Ganz abgesehen davon, ist es eben der Inhalt, welcher Leser, Zuhörer und Zuschauer für ein Medium interessiert. Das Diktum »Content is King!«, welches auf den ersten Blick auch Allgemeingültigkeit zu besitzen scheint, wird ganz automatisch auf viele Lebensbereiche übertragen. Schließlich ist die Fokussierung auf Inhalte antrainiert: Bereits Schüler lernen, sich auf Inhalte zu konzentrieren, sei es im Unterricht oder in der Klassenarbeit. Kindern wird beim Diskutieren beigebracht, sich auf Inhalte und die »besseren« Argumente zu konzentrieren, denn am Ende werden diese im Widerstreit obsiegen. Später werden dann Stellen oft nach Qualifikationen und inhaltlichen Kenntnissen der Bewerber vergeben, im Job wird die Arbeit i. d. R. nach inhaltlichen Kriterien bewertet. Und selbst die Interessenvertretungen in ihrer Mehrzahl stellen bevorzugt Personal mit inhaltlichen Kompetenzen an.[5] So verwundert es nicht, dass diese antrainierte Grundannahme auf viele Lebensbereiche projiziert wird – auch auf die Politik.

In der Tat liegt in der Politik ein zentraler Fokus auf Inhalten, Interessen, Ideen, Visionen, inhaltlichen Diskussion und dem Wettstreit der (»besseren«) Argumente. Inhalte

---

3   Joos (2011), S. 31; Joos (2014), S. 40–43.

4   Definition z. B. bei: seo-united.de.

5   Vgl. Godwin/Ainsworth/Godwin (2013), S. 216f.

und Ideen beeinflussen die Politik in starkem Maße. Der Philosoph Georg Wilhelm Friedrich Hegel schrieb den Ideen im großen politischen Geschehen eine ungeheure Kraft zu. So wäre die Französische Revolution z. B. ohne die Ideen und Inhalte der Aufklärung nicht möglich gewesen. Sie sei nicht das Ergebnis der Interessen des Bürgertums und des Niedergangs des Adels gewesen, sondern schuf eine Wirklichkeit nach den Gedanken der Aufklärung. In diesem Sinne sah Karl Marx in Revolution und in politischer Veränderung die »Praktischwerdung der Philosophie«.[6] Damit ist der modernen Politik, wie man sie in der westlichen Welt seit dem ausgehenden 18. Jahrhundert kennt, ein starkes inhaltliches Element eingeschrieben, eine idealistische Vorstellung, die sich auch heute noch bei Programmparteien (wie etwa kommunistischen Parteien) und Themenparteien (etwa aus dem ökologischen Lager und der Umweltbewegung) manifestiert. Aber auch sog. Volksparteien (vor allem große sozialdemokratische und konservative Parteien), die versuchen, große Bereiche der Bevölkerung und möglichst viele Sozialmilieus anzusprechen, stellen sich mit ihren Grundsatzprogrammen thematisch-inhaltlich auf. Zudem wird Politik nach inhaltlichen Themen unterschieden und kategorisiert, z. B. in Außen-, Innen-, Umwelt-, Wirtschafts- oder Sozialpolitik.

Das Verständnis einer modernen pluralistischen Demokratie beruht auf einer Vielzahl von Ideen, politischen Inhalten und Interessen, die miteinander, vertreten durch soziale Gruppen und Parteien, im (geregelten) Wettstreit stehen.[7] Politische Parteien positionieren sich daher im Kampf um Wählergunst durch Programme und programmatische Aussagen, also Inhalte, um sich voneinander abgrenzen zu können. Grundsatzprogramme und Wahlprogramme geben Auskunft über die politische Grundorientierung einer Partei und dienen ihren Politikern und Politikerinnen als Richtschnur für deren politisches Handeln. Im deutschen Wahlkampf von 2021 standen sich beispielsweise Themen wie die Forderung nach einer Vermögenssteuer seitens der SPD[8], die Forderung nach einem Tempolimit seitens Bündnis90/Die Grünen[9], die Forderung nach einer vollständigen Abschaffung des Solidaritätszuschlags seitens der CDU/CSU[10] oder die Forderung nach einer Abschaffung der Gewerbesteuer seitens der FDP[11] gegenüber. Findet eine solche inhaltliche Positionierung nicht oder nur in einem gewissen Ausmaß statt, werden in der öffentlichen Debatte von Bürgern und Medien häufig »mehr Inhalte« eingefordert. Oder aber es wird der Vorwurf erhoben, dass die Parteien sich mangels inhaltlicher Positionierung nicht mehr unterscheiden würden.[12] Ein pragmatischer, auf Prozesse und Sachfragen

---

6   Münkler (2013), S. 32f.; eine Einführung und Zusammenfassung zu Hegel findet sich auch bei: Hartmann/ Meyer/Oldopp (2002), S. 161–176.

7   Kevenhörtster (2008³), S. 217–228.

8   SPD (2021)

9   Bündnis 90/Die Grünen (2021)

10   CDU/CSU (2021)

11   FDP (2021)

12   Vgl. o. V. (2014c); o. V. (2009a); Maxwill (2015).

ausgerichteter Politikstil wird ebenfalls oft kritisiert.[13] In einer auf Inhalte ausgerichteten Politik wird hingegen ein (moralisches) Qualitätsmerkmal erkannt.[14] Denn Politikern, die sich auf Inhalte konzentrieren, gehe es offenbar nicht um persönliches Machtstreben und persönliche Vorteile.

Auch in der EU-Politik scheint die Bedeutung der Inhalte auf den ersten Blick besonders wichtig zu sein. Meinungen und Interessen aus allen Mitgliedstaaten prallen aufeinander, und bei 27 Mitgliedstaaten kann es im Rat der EU theoretisch auch 27 verschiedene Meinungen geben. Bei Themen wie beispielsweise der Begrenzung des CO_2-Ausstoßes von Pkw können dann durchaus unterschiedliche Vorstellungen aufeinanderstoßen, etwa darüber, wie der Verordnungstext inhaltlich ausgestaltet werden soll. Länder, in denen kleine Pkw mit geringerem CO_2-Ausstoß pro Kilometer produziert werden, geben sich durchaus leichter mit strengeren Grenzwerten zufrieden als Länder wie Deutschland, in denen vornehmlich Pkw mit höherem CO_2-Ausstoß pro Kilometer hergestellt werden.[15] Hier muss dann ein inhaltlicher Kompromiss gefunden werden. Inhalte scheinen also auch das zentrale Element der europäischen Politik zu sein.

Es verwundert deshalb nicht, dass auch in der Interessenvertretung bei den Institutionen der EU die Schwerpunkte vielfach auf inhaltlicher Arbeit liegen. Es sind die politischen Inhalte, an denen die Interessenvertretung mitgestalten möchte, schließlich beeinträchtigt die materielle Politik direkt das Leben der Menschen und Unternehmen. Zum Beispiel helfen Anwaltskanzleien ihren Klienten bei der inhaltlichen Analyse von Rechtstexten oder dem Verfassen von Gutachten und ausführlichen Argumentationspapieren. Public-Relations- und Public-Affairs-Agenturen führen Medienkampagnen zur Information der Öffentlichkeit durch. Inhouse-Interessenvertreter ebenso wie externe Dienstleister sammeln die nötigen Informationen und Inhalte für Interessenvertretungsprojekte, analysieren sie und bereiten sie auf. Verbände, NGOs und Unternehmensrepräsentanzen bereiten Inhalte für die Kommunikation mit der Politik vor, insbesondere für öffentliche Anhörungen. Schlussendlich wird hierbei jeweils die Inhaltskompetenz der Interessenvertretung in den Vordergrund gestellt.

Zusammenfassend bleibt also festzuhalten: Es zeigt sich einerseits, wie wichtig die inhaltliche Dimension der Politik ist. Die Inhalte helfen, Parteien und Politiken zu unterscheiden. Politische Inhalte, die umgesetzt werden, nehmen Einfluss auf das Leben von Bürgern, auf die Arbeit und auf den Erfolg von Unternehmen und Organisationen. Die Diskussion um politische Inhalte ist Teil unserer politischen Kultur. Inhalte setzen also den politischen Prozess erst in Gang.

---

13 Langguth (2009); Braun/Blechschmidt/Brössler/Fried (2010).
14 Vgl. Interview mit dem FDP-Vorsitzenden Christian Lindner (2015).
15 Sinn (2013).

So stellt sich andererseits die Frage, ob bei einer rein inhaltlichen Analyse von Politik nicht ein wichtiger Aspekt vernachlässigt wird, nämlich der politische Prozess, d. h. die Entscheidungsprozesse und damit verbunden der Austausch von Informationen und Themen und das Schmieden von Koalitionen und Mehrheiten. Ein entscheidender Aspekt des Verständnisses von politischem Pluralismus ist, dass es in einem pluralistischen System neben der Vielfalt von Meinungen und Interessen auch um die Schaffung von Partizipationsmöglichkeiten und um den

---

Exkurs: Der relative Wert des Inhalts

Vor dem Hintergrund einer solchen Fokussierung auf Inhalte drängen sich jedoch grundsätzliche Fragen auf: Wie wird eigentlich festgelegt, was der »bessere« Inhalt und damit das »bessere« Argument ist? Hängt die Bewertung von Inhalten und Argumenten nicht von den jeweiligen Rahmenbedingungen ab, in denen sie vorgebracht werden? Mit anderen Worten: Ändert sich die Validität von Inhalten, wenn sie in einen anderen Kontext platziert werden? Sind sie dann überhaupt noch gültig? Mit anderen Worten, obliegt nicht auch die Bewertung der Inhalte einem Prozess?

Die Frage, wer das bessere Argument hat bzw. was richtig und was falsch ist, lässt sich nicht einmal in der Wissenschaft klar beantworten. Bereits 1962 beschrieb der Wissenschaftsphilosoph Thomas S. Kuhn in seinem epochemachenden Werk *The Structure of Scientific Revolutions*, wie selbst wissenschaftliche Tatsachen und Fakten der Bewertung und Einordnung durch das wissenschaftliche Umfeld unterliegen, also den tonangebenden Wissenschaftlern ihrer Zeit. Er spricht hier von mächtigen Paradigmen (Lehrmeinungen/Weltanschauungen), die verschiedenen wissenschaftlichen Ergebnissen ihre Validität zu- oder absprechen. Denn das wissenschaftliche Wissen ist nicht bloß das Ergebnis von positivistischer Akkumulation von Fakten über die Zeit hinweg: Je mehr man sich mit einem Thema beschäftigt, desto sicherer wird man sich, dass die früheren Ansichten von der Welt, die heute gerne als »error« oder »superstition« bezeichnet werden, nicht »less scientific nor more the product of human idiosyncrasy« waren »than those of today«.[1] Solche Gedanken wurden im ausgehenden 20. Jahrhundert weiterentwickelt. Demnach sind der »Blickwinkel« auf die Fakten und die wissenschaftlichen Erklärungsmodelle das entscheidende Moment, das sie als »besser« oder »schlechter«, »richtig« oder »falsch« einstuft. Deshalb wurde gefordert, Subjektivität und Relativismus in der Wissenschaft ernst zu nehmen, wodurch dem wissenschaftlichen Wissen aber auch seine absolute Objektivität und der Status als »privileged knowledge« abgesprochen wurde.[2]

Wenn also selbst in der »objektiven« Wissenschaft nie eindeutig klar ist, welche Inhalte »richtig« bzw. »wahr« sind, sondern dies immer das Ergebnis einer Bewertung durch das Umfeld ist, wie sollte es dann in einem politischen Gemeinwesen mit einer Vielzahl von Akteuren und Interessenlagen möglich sein, objektiv das »bessere« Argument zu finden? Auch hier hängt die inhaltliche Bewertung stets vom jeweiligen gesellschaftlichen Umfeld (z. B. Gewerkschaften oder Arbeitgebern) ab, welches die Kriterien des »Gut fürs GemSeinwohl« stets für sich reklamiert und auch neu definiert. So steht die Politik oft vor der schwierigen Entscheidung, politische Inhalte richtig zu bewerten und einzuordnen: Sind wirtschaftspolitische Interessen und der Erhalt von Arbeitsplätzen oder umweltpolitische Ziele und der Erhalt der Natur für die kommenden Generationen das »bessere« Argument? Das Ergebnis wird stets ein inhaltlicher Kompromiss sein, der viele Interessen und Argumente (auch konkurrierende und widersprüchliche) bündelt.

[1] Kuhn (2012[4]), S. 2-3.   [2] Nye (2003), S. 1.

Abbildung 4.1: Exkurs: Der relative Wert des Inhalts

Zugang zu politischen Entscheidern geht. Ansonsten wären Meinungsaustausch und Wettstreit von Argumenten auf politischer Ebene gar nicht möglich.[16] Diese Partizipationsmöglichkeiten ergeben sich aber erst, wenn man die formellen und informellen politischen Abläufe und Prozesse kennt. Verlangt nicht die Komplexität eines Mehrebenensystems wie der EU mit seiner Vielzahl an Entscheidungsprozessen und Entscheidungsträgern eine besondere Berücksichtigung der formellen und informellen Entscheidungsprozesse? Die Bedeutung prozessualer Fragen im »Räderwerk« der Politik im Allgemeinen hat z. B. Joschka Fischer, Bundesminister des Auswärtigen a. D., einst prägnant formuliert: »Zu Beginn hatte ich keine Ahnung, wie wichtig Zuständigkeitsfragen in der Politik sind. Nehmen Sie als Beispiel Koalitionsvereinbarungen: Dort sind Zuständigkeiten das zentrale Thema. Im Grunde genommen kann man mit einem Partner, mit dem man sich versteht, eine Koalition ohne jegliche inhaltliche Vereinbarungen schließen. Klären müssen Sie allein die Frage der Zuständigkeit in den einzelnen Politikbereichen.«[17] Müsste es also nicht eigentlich heißen: »Process is King«?

4.3 Klassische Dimensionen der Politik: Polity, Policy, Politics

Bevor auf eine genaue Analyse von politischen Prozessen eingegangen werden kann, muss zunächst der Begriff »Politik« mit seinen verschiedenen Bedeutungen genau definiert werden. Wie »diffus« der Politikbegriff ist, zeigt sich schon in seiner umgangssprachlichen Verwendung: Er kann die Gesamtheit der politischen Entscheidungsträger meinen, die Politiker. Er kann aber auch für den sog. »Politikbetrieb« stehen, für die Themen und Nachrichten, die in die Öffentlichkeit gelangen und dort weiter diskutiert werden. Er kann die politischen Ziele und Programme von Parteien oder auch die synthetische Zusammenfassung aller politischen Inhalte im Land überhaupt bezeichnen. Kurzum: Die eine Politik gibt es nicht. Die Politikwissenschaft unterscheidet drei Dimensionen der Politik, diese sind – abgeleitet aus der Praxis, aus dem Englischen – Polity, Policy und Politics.
- *Polity* ist die *formale Dimension* der Politik. Hierbei handelt es sich um ihre normativen, strukturellen und verfassungsmäßigen Elemente, also um die (historisch gewachsene) institutionelle Ordnung, die Politics und Policy erst möglich macht. Beispiele für die zentralen Institutionen eines politischen Systems sind das Parlament, die Regierung und die Justiz, aber auch die Staatsform (Republik, Monarchie), die politische Verfasstheit eines Landes, z. B. als Demokratie, und die ungeschriebenen Normen der politischen Kultur gehören zum Bereich der Polity.[18] In Bezug auf die Europäische Union bedeutet die Polity ein komplexes dynamisches Mehrebenensystem bestehend aus den EU-Mitgliedstaaten, EU-Regionen, der

---

16 Badie/Berg-Schlosser/Morlino (2011), s. v. Pluralism.
17 Dankquart (2011).
18 Bernauer/Jahn/Kuhn/Walter (2013²), S. 36.

europäischen Öffentlichkeit (oder besser Plural, den europäischen Öffentlichkeiten) sowie den EU-Institutionen, denen die verschiedenen Entscheidungs- und Gesetzgebungsverfahren (eines davon ist das ordentliche Gesetzgebungsverfahren in Verbindung mit dem sog. Informellen Trilog, siehe Kapitel 1 und 6), die der EU-Politik den rechtlichen Rahmen vorgeben (siehe Abschnitt 5.5).

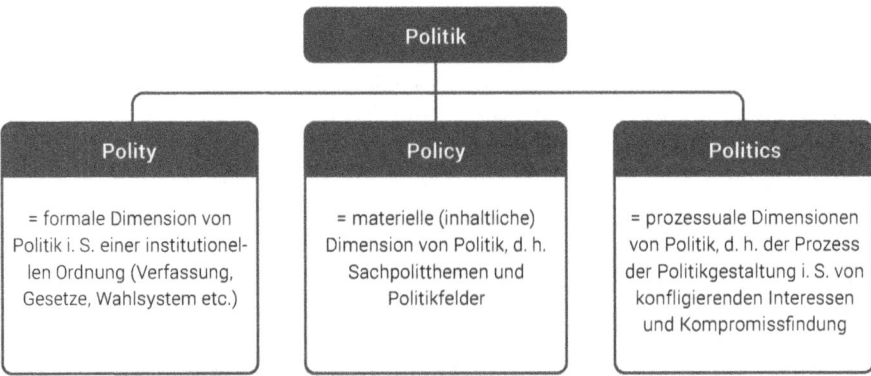

Abbildung 4.2: Die drei Dimensionen der Politik

- Der Begriff *Policy* bezeichnet die *inhaltliche Dimension* von Politik (auch materielle Dimension genannt). Das können bestimmte politische Programme und konkrete Ziele und Aufgaben von Politik sein, aber auch ganze Politikfelder wie Sozial-, Innen-, Wirtschafts- oder Umweltpolitik.[19] In der EU gibt die EU-Kommission, die das Recht zur Gesetzesinitiative hat, z. B. anhand von Weißbüchern, Mitteilungen und Fahrplänen ihre politischen Ziele bekannt, wie etwa im Jahr 2019 die »Grüne Wende« durch den europäischen »Grünen Deal«.[20]
- *Politics* hingegen bezeichnet die *prozessuale Dimension* von Politik. Es handelt sich dabei »um den aktiven, mehr oder weniger konflikthaften Prozess politischer Gestaltung, der vor allem in politischen Verhandlungen und Tauschprozessen ausgetragen wird und bei dem auf die unterschiedlichen, teilweise gleichgelagerten oder widerstreitenden, teilweise neutralen, teilweise koalierenden Interessen der Parteien und politischen Absichten, deren Forderungen, Ziele etc. Rücksicht genommen wird«[21]. Konkret sind das Prozesse der Willensbildung (z. B. Demonstrationen und öffentliche Diskussionen), Entscheidungen (z. B. im Rahmen von Gesetzgebungsverfahren) und Prozesse der Umsetzung (z. B. Erlasse von Verwaltungsbestimmungen, Überwachung der Einhaltung von Gesetzen und Sanktionen bei Fehlverhalten).[22]

19   Bernauer/Jahn/Kuhn/Walter (2013²), S. 36; Nohlen/Schultze (2010⁴), s. v. Policy.
20   European Commission (2019).
21   Nohlen/Schultze (2010⁴), s. v. Politics.
22   Bernauer/Jahn/Kuhn/Walter (2013²), S. 36.

Aus Sicht der Interessenvertretung und Interessengruppen ist die Polity eine gegebene Größe, die sich nicht oder nur über einen sehr langen Zeitraum verändert. Die Verträge über die Europäische Union (EUV) und über die Arbeitsweise der Europäischen Union (AEUV) können beispielsweise nur mit Ratifizierung (ordentliches Änderungsverfahren nach Artikel 48 EUV) durch alle Mitgliedstaaten bzw. mit Billigung aller mitgliedstaatlichen Parlamente (vereinfachtes Änderungsverfahren nach Artikel 48 EUV) geändert werden. Nationale Verfassungen sind im Unterschied dazu i. d. R. leichter umzugestalten. Das deutsche Grundgesetz (GG) kann z. B. mit einer Zwei-Drittelmehrheit in Bundestag und Bundesrat geändert werden (Artikel 79 GG). Damit ist die Polity ein fester Rahmen, an dem sich die Interessenvertretung zu orientieren hat und den sie für ihre Arbeit sozusagen »stets im Hinterkopf« behalten sollte. Wichtiger für die Interessenvertretung ist die inhaltliche Dimension (Policy). Aber wie unter Abschnitt 4.2 aufgezeigt, sind Inhalte nicht allein ausschlaggebend in der Politik. Außerdem werden Inhalte und Argumente i. d. R. von politischen Akteuren in Exekutive und Legislative, also in den Regierungen, den Parlamentsfraktionen und Parteien sowie von den Interessengruppen (Unternehmen, Verbänden, Organisationen; auf EU-Ebene können dies auch EU-Regionen und EU-Mitgliedstaaten sein) formuliert. Sie sind für den Interessenvertreter also ebenfalls vorgegeben und nur geringfügig veränderbar. Bleibt für die Arbeit der Interessenvertretung, insbesondere der Governmental Relations (siehe Kapitel 1 und Abschnitt 3.2.2), vor allem der Fokus auf die prozessuale Dimension der Politik (Politics). Die Dimension der Politics stellt für den Interessenvertreter quasi die Zugangsebene zur Politik dar. Im Rahmen des sog. Policy Making – der prozessualen Abfolge, die zu einer Formulierung politischer Ideen, Ziele und letztlich zu einer Policy führt – hat er die Möglichkeit, den politischen Prozess zu begleiten und legitime Interessen seiner Auftraggeber während der Zeitfenster, die sich in diesem Prozess öffnen, einzubringen. Folglich muss bereits hier konstatiert werden, dass die prozessuale Dimension der Politik (Politics) für die Interessenvertretung von eminenter Wichtigkeit ist, und dass es für Interessenvertreter beinahe wichtiger ist, die Prozesse und formellen und informellen Regeln des jeweiligen politischen Entscheidungsprozesses zu kennen, als »nur« die politischen Inhalte (Policy) im Blick zu haben und besseren Argumente vorzuhalten. Denn es ist gerade der politische Prozess in einer Demokratie, der die qualitative Einordnung vornimmt, was eigentlich die besseren Argumente sind und welche Interessen sich am Ende durchsetzen.

4.4 Prozessuale Dimension der Politik

4.4.1 »Komplexitätsfalle« Polity: Prozesskompetenz für den politischen Betrieb in der Europäischen Union

Schon die erste Politikdimension, die Polity der EU, stellt eine besondere Herausforderung an die Prozesskompetenz der Interessenvertretung dar. Es kann nicht oft genug betont werden, dass es sich bei der Polity der EU, nicht erst, jedoch insbesondere seit dem Inkrafttreten des Vertrages von Lissabon am 1. Dezember 2009, um ein komplexes dynamisches Mehrebenensystem handelt, in dem es eine anscheinend unüberschaubare Vielzahl an politischen Entscheidern und viele verschiedene Entscheidungsebenen gibt. Nur durch die Fähigkeit, diese veritable »Komplexitätsfalle« in ihren Prozessen zu entschlüsseln, gelingt es, die Polity EU zu strukturieren und in ihrer Komplexität so zu reduzieren, dass eine effiziente und effektive Interessenvertretung überhaupt ermöglicht werden kann. An dieser Stelle soll die Problematik nur kursorisch umrissen werden. Auf die Institutionen und ihr Zusammenwirken in der komplexen Struktur der EU wird aufgrund ihrer Bedeutung für die Interessenvertretung in Kapitel 5 noch sehr intensiv eingegangen werden, denn die Polity gibt die Rahmenbedingungen für die politischen Prozesse vor, innerhalb derer sich Policy und Politics entwickeln können.

Durch die Verträge über die europäische Integration, insbesondere seit der Einheitlichen Europäischen Akte (EEA, 1987) bis hin zum Vertrag von Lissabon (2009) ist eine stetige Machtverschiebung von den Mitgliedstaaten zugunsten der EU und eine zunehmende Vergemeinschaftung von mehr und mehr Politikbereichen zu beobachten, die dem komplexen formellen und informellen Entscheidungsverfahren der EU unterfallen.

Das dynamische Mehrebenensystem Europäische Union kennt Akteure und Entscheidungsträger auf *regionaler* (z. B. die deutschen Bundesländer oder Provinzen und Regionen in anderen Mitgliedstaaten, die im Ausschuss der Regionen vertreten sind), auf *nationaler* (die Mitgliedstaaten, die im Rat der EU vertreten sind) und *supranationaler* Ebene (z. B. das Europäische Parlament und die EU-Kommission). Allein auf der EU-Ebene stehen vor und während des Gesetzgebungsverfahrens (siehe Kapitel 6) mehrere Organe (i. d. R. EU-Kommission, Parlament und Rat) im engen Austausch. In der täglichen Arbeit geht dieses Verhandlungssystem viel tiefer als die Interorganbeziehungen auf den ersten Blick erkennen lassen. Entscheidungen werden bereits in einer Vielzahl von Gremien und Ausschüssen vorverhandelt.[23] Auf mitgliedstaatlicher und regionaler Ebene sieht es ähnlich aus. Dies erfordert von einer erfolgreichen Interessenvertretung die Fähigkeit, die jeweiligen konstitutionellen und politischen Kompetenzen, Einflussmöglichkeiten und Interessenlagen zu analysieren und zu bewerten. Schon die Suche nach den richtigen Ansprechpartnern bei den relevanten Akteuren wird so regelmäßig zur Herausforderung, selbst für die eher ressourcen- und personalstarken klassischen Instrumente der Interessenvertretung. Es drängen sich zahlreiche Fragen auf: Welche Ebenen der EU sind in politische Entscheidungen einbezogen? Welche Organe entscheiden mit welchen Abstimmungsmodi über welche Themen? Auf welcher Ebene (EU oder Mitgliedstaat) werden Entscheidungen letztlich getroffen?

Die EU-Verträge, der Vertrag über die Europäische Union (EUV) und der Vertrag über die Arbeitsweise der Europäischen Union (AEUV), in denen die Abstimmungsmodi und die verschiedenen Gesetzgebungsverfahren behandelt werden, sowie die

---

23 Kohler-Koch/Conzelmann/Knodt (2004), S. 172.

verschiedenen Geschäftsordnungen der Institutionen geben hierauf eine erste formale Antwort. Jedoch bleiben dann immer noch Fragen offen, bezüglich der informellen Entscheidungsprozesse wie dem sog. Informellen Trilog (siehe Kapitel 1 und 6) und in puncto politischer Mehrheiten und Netzwerke.

Aufseiten der Exekutive fehlt es der EU an einer »Regierung« im Sinne von mitgliedstaatlichen Verfassungen, sowohl der EU-Kommission als auch dem Rat kommen exekutive Aufgaben zu. Das Regieren im Mehrebenensystem erschwert das Ganze zusätzlich. Eine europäische Interessenvertretung muss sowohl bei der europäischen Exekutive, bei Europäischer Kommission und Europäischem Rat (den Staats- und Regierungschefs aller Mitgliedstaaten) als auch auf mitgliedstaatlicher Ebene (z. B. den mitgliedstaatlichen Regierungen) ansetzen. Je nach Gesetzgebungsverfahren müssen evtl. auch der Ausschuss der Regionen und der Wirtschafts- und Sozialausschuss in die Interessenvertretung miteinbezogen werden. Jedoch darf die Legislative (bestehend aus Europäischem Parlament und dem Rat der EU, also dem EU-Ministerrat) auf keinen Fall vernachlässigt werden. Auch hier gilt ein mitgliedstaatenübergreifender Ansatz, der abermals die Ratsmitglieder (also de facto die mitgliedstaatlichen Regierungen) miteinbezieht, aber vor allem auch fraktionsübergreifend sein muss und die im Europäischen Parlament vertretenen Parteien berücksichtigt, bei denen wiederum die nationale Herkunft der Abgeordneten durchaus eine wichtige Rolle spielen kann.[24] In diesem Zusammenhang lässt sich das in Kapitel 1 gezogene Fazit noch einmal bestätigen: Eine Interessenvertretung muss institutions-, fraktions- und mitgliedstaatenübergreifend aufgestellt sein und alle erforderlichen personellen, organisatorischen und räumlichen Strukturen dauerhaft verfügbar halten, um langfristig erfolgreich zu sein (siehe Prozessstrukturkompetenz in Abschnitt 1.3.2.5).

Es ergibt sich also sowohl eine Komplexität aus den formellen Strukturen, Gegebenheiten und Regelungen (Polity) als auch aus der Verfassungswirklichkeit der EU und der Art und Weise, wie und mit welchen Akteuren regiert wird (Governance). Bereits daraus wird ersichtlich, wie wichtig in der Interessenvertretung das Verständnis für formelle und informelle Zuständigkeiten, Abläufe und Prozesse ist; um diese weiterhin zu strukturieren und sie für die Auftraggeber der Interessenvertretung verständlich, handhabbar und planbar werden zu lassen, ist prozessuales Know-how gefordert. Denn die Entwicklungstendenzen der europäischen Integration der EU-Politik werfen zunächst eher Verfahrensfragen (Prozessfragen) auf, bevor überhaupt Inhalte in den europäischen Politikbetrieb eingebracht werden können. Mit anderen Worten: An erster Stelle steht die Reduzierung der Komplexität der Polity EU durch Prozesskompetenz.

---

24   Joos (2014), S. 42.

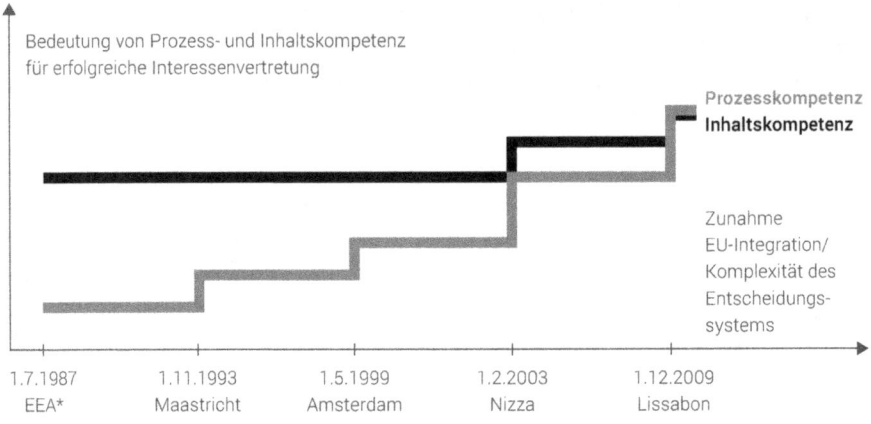

* Einheitliche Europäische Akte

Abbildung 4.3: Veränderung der Bedeutung von Prozess- und Inhaltskompetenz für eine erfolgreiche Interessenvertretung im Lauf der Entwicklung von EG bzw. EU

4.4.2 Policy Cycle

In einem Werk zur Interessenvertretung bei den Institutionen der EU lohnt es also, die prozessuale Dimension der Politik (Politics) genau zu untersuchen. Denn dieser Dimension unterliegen letztlich auch die politischen Inhalte. Der politische Prozess, d. h. seine Gestaltung und sein Ablauf im konkreten Fall, hat maßgebliche Bedeutung dafür, welche Inhalte in Policies umgesetzt werden und welche nicht. In der Politikwissenschaft beschäftigt sich die sog. Politikfeldanalyse (auch Policy-Forschung oder Policy Analysis genannt) genau mit dieser Problematik. Sie zeigt, wie die inhaltliche Dimension von Politik (Policy) von der prozessualen Dimension (Politics) festgelegt und überformt wird. Die inhaltlichen Ergebnisse der Politik werden gleichsam aus einem Prozess geboren. Dieser Vorgang ist das bereits erwähnte Policy Making. Es beginnt mit der Artikulation und Definition von Themen und Problemen und endet mit der verbindlichen Festlegung von Programmen und Maßnahmen.[25] Kurz und prägnant formuliert, geht es darum, »what governments do, why they do it, and what difference it makes«[26]. Harold Laswell hat bereits 1956 vorgeschlagen, die Prozesse des Policy Making in Phasen (manchmal auch »stages« genannt) zu unterteilen,[27] deren Abfolge heute als Politikzyklus (Policy Cycle) bekannt ist. Dieses Modell wurde seither stets weiterentwickelt und es werden nun bisweilen sechs verschiedene Phasen unterschieden: (1) Problemdefinition, (2) Agenda Setting, (3) Politikformulierung, (4) Politikimplementierung, (5) Politikevaluierung, (6) Politikterminierung.[28]

---

25   Jann/Wegrich (2014³), S. 97; Blum/Schubert (2009), S. 8.

26   Dye (1976).

27   Lasswell (1956).

28   Die sechs Phasen werden nach Jann/Wegrich (2014³), S. 105–122 zitiert. Zahl und Bezeichnung der einzelnen Phasen können je nach Autor variieren. Lasswell (1956) z. B. sprach von sieben stages. Die zentralen Analyseeinheiten: Problemdefinition, Agenda Setting, Policy Making, Implementierung und Evaluierung finden sich jedoch fast überall. Siehe hierzu: Badie/Berg-Schlosser/Morlino (2011), s. v. Policy Cycle.

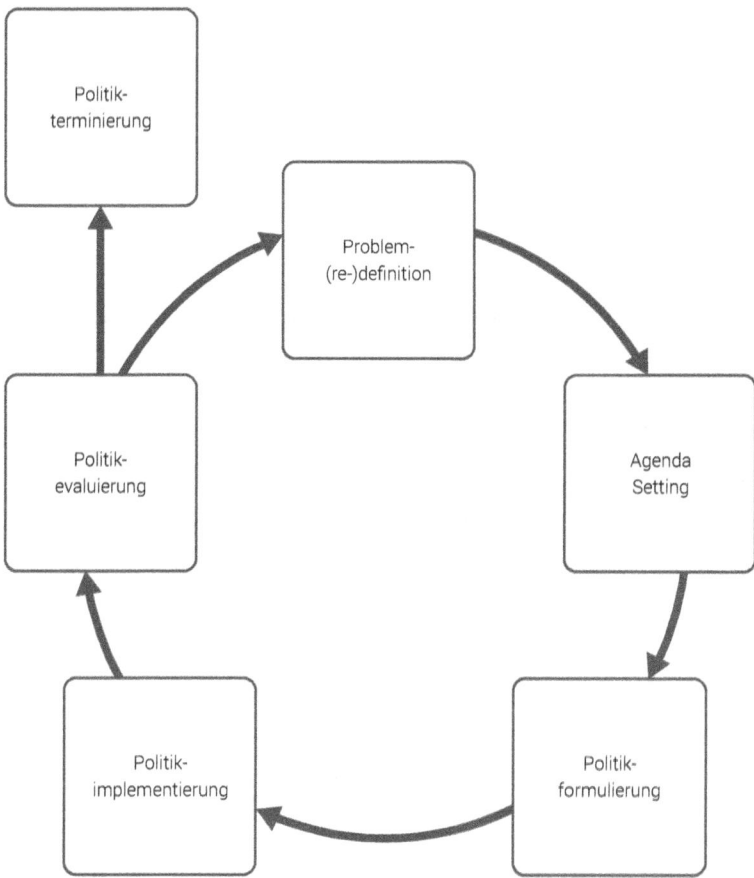

Abbildung 4.4: Die idealtypischen Phasen des Policy Cycle[29]

Der Policy Cycle zeichnet die Entstehung und Implementierung von politischen Inhalten (Policies) nach und zeigt dabei die enge Verwobenheit von Policy und Politics. Die Polity gibt für diesen Prozess den Rahmen vor. Die Phasen des Politikzyklus verdeutlichen eingängig, wie selbst in der materiellen (inhaltlichen) Dimension der Politik (Policy) Prozesse eine essenzielle Rolle spielen: »The emphasis of the policy cycle perspective is on the *process* [Hervorhebung im Original] of policy actions and interactions involving many different political and bureaucratic players.«[30] Policy Making ist hier nichts anderes als die lösungsorientierte Abfolge von Schritten, die zur Behebung gesellschaftlicher Probleme angewandt wird.[31] Im Folgenden werden die einzelnen Phasen des Policy Cycle kurz skizziert:

---

29 Entnommen aus: Jann/Wegrich (2014³), S. 106.

30 Badie/Berg-Schlosser/Morlino (2011), s. v. Policy Cycle.

31 Jann/Wegrich (2014³), S. 97.

4.4.2.1 Problemdefinierung

In der ersten Phase, der Problemdefinierung, geht es um kollektive Bedürfnisse, Mängel und Unzufriedenheiten, die von außen an das politisch-administrative System herangetragen werden und für die eine Lösung gesucht wird. Damit aber ein Problem politische Beachtung findet, bedarf es einer gesellschaftlichen Konstruktion des Problems, z. B. über wissenschaftliche Erkenntnisse, Informationsverbreitung, (proaktive) Interessenvertretung.[32] Das heißt, das Problem muss, erstens definiert und zweitens muss die Notwendigkeit eines steuernden Eingriffs seitens der Politik artikuliert werden.[33] Diese Phase ist noch von einer geringen Institutionalisierung gekennzeichnet.[34] Eine Vielzahl von Stakeholdern und Akteuren nimmt sich der Themen und Probleme an, z. B. Parteien, Bürgerinitiativen, Kirchen, Intellektuelle, Privatpersonen, Unternehmen, Verbände oder Organisationen (siehe hierzu auch Abschnitt 3.3.1).

4.4.2.2 Agenda Setting

Das Agenda Setting ist eine Übergangsphase zwischen Problemdefinition und Politikformulierung. Die Themen wurden in Phase 1 zur *Kenntnis* gebracht, im Agenda Setting erfahren sie nun *Berücksichtigung* durch die politisch-administrativen Entscheidungsträger.[35] Es handelt sich also um eine Reduzierung der Themen und Probleme, die für die politischen Verantwortlichen zur Entscheidung anstehen. Zur Mitgestaltung der Agenda bedarf es politischer Ressourcen. Anders formuliert, die Themen und Probleme haben am meisten Aussicht auf Erfolg, wenn sie z. B. von maßgeblichen Ministerialbeamten und Abgeordneten oder von bedeutenden Vertretern der öffentlichen Meinung (Journalisten) kommen.[36] Zusätzlich gilt: »Framing an issue is most likely to be successful, if it can be linked with existing widely held norms or concerns.«[37] Auf dieses Framing bzw. den damit oft verbundenen Perspektivenwechsel wird in Kapitel 7 noch näher eingegangen werden (siehe ebenso Kapitel 1).

Die Europäische Union bietet für Interessenvertreter wegen ihrer vertikalen (z. B. EU-Regionen, EU-Mitgliedstaaten) und horizontalen Struktur (z. B. supranationale Institutionen wie Europäisches Parlament oder EU-Kommission) eine Vielzahl von Möglichkeiten für effektives Agenda Setting.[38] Die Interessenvertretung muss hierbei herausfinden, wer die Agenda maßgeblich bestimmt oder vielleicht sogar kontrolliert. Dies kann ein Individuum sein (z. B. ein Berichterstatter im Europäischen Parlament oder ein Kommissar) oder eine Institution (z. B. EU-Kommission).[39] Zum Verständnis des Agenda Setting gehört also auch das Verständnis der Agenda Control. Innerhalb

32   Knoepfel/Larrue/Varone/Veit (2011), S. 55.

33   Jann/Wegrich (2014³), S. 107.

34   Kevenhörster (2008³), S. 341.

35   Knoepfel/Larrue/Varone/Veit (2011), S. 55.

36   Kevenhörster (2008³), S. 343.

37   Young (2010⁶), S. 52.

38   Young (2010⁶), S. 53.

39   Majone (2006), S. 229; vgl. Hartlapp/Metz/Rauh (2014), S. 7ff.

der EU liegt die Kontrolle über die politische Agenda vornehmlich bei der Europäischen Kommission, wegen ihrer bedeutenden Rolle als Initiatorin der Gesetzgebungsprozesse (siehe Kapitel 6).[40] Da sie dabei oft den Rat und die Unterstützung von externen Experten sucht, ergibt sich hier die Möglichkeit des Agenda Setting, um über Zugänge zu den Verwaltungs- und Arbeitsebenen der EU-Kommission einen Policy-Vorschlag voranzubringen. Nicht vergessen werden darf zudem, dass sowohl das Parlament als auch der Rat die EU-Kommission auffordern können, die Initiative zu ergreifen, sodass sich auch in diesen Institutionen Möglichkeiten für ein Agenda Setting ergeben.[41] Mit der Europäischen Bürgerinitiative nach Artikel 11 EUV i. V. m. Artikel 24 AEUV haben zudem auch die Bürger nicht nur eine Möglichkeit, neue Gesetzesinitiativen (im Sinne des Erlasses gänzlich neuer Regelungen) anzustoßen, sondern auch dazu aufzufordern, bestehende Regelungen zu ändern. Jedoch bleibt das Initiativrecht der EU-Kommission bestehen – sie muss sich lediglich mit der Bürgerinitiative, gleichsam wie mit einer Petition, befassen. Es ist also eminent wichtig für die Interessenvertretung, schon in diesem frühen Stadium präsent zu sein und den Prozess zu begleiten, um legitime Interessen einbringen zu können. Dies kann nur gelingen, wenn die Interessenvertretung langfristig und strukturell angelegt ist und ständig im europäischen und mitgliedstaatlichen Politikbetrieb am »Ball bleibt«.

4.4.2.3 Politikformulierung und Entscheidung

In der dritten Phase erfolgt die Ausarbeitung eines politisch-administrativen Programms, d. h., die Ziele zur Problemlösung sowie die notwendigen Instrumente und Verfahren werden ausgewählt.[42] Die Programmvorschläge werden dann zu Entscheidungen verdichtet.[43] Politikformulierung und Entscheidungen bedingen einander. Eine bestimmte inhaltliche Formulierung kann eine Entscheidung/Zustimmung erst möglich bzw. nötig machen, weil der Inhalt dazu zwingt, dass sich evtl. auch andere Abteilungen eines Ministeriums oder ein anderes Ministerium in den Mitgliedstaaten oder eine andere Generaldirektion in der Europäischen Kommission damit beschäftigen oder aber dass ein anderer Fachausschuss im Europäischen Parlament hinzuzuziehen ist. Im Extremfall kommt es dabei zur gegenseitigen Aufrechnung und zum Austausch von Themen und Policies (sog. log rolling). Dies kann insbesondere der Fall sein, wenn im Rat der EU Einstimmigkeit verlangt wird. Ein Beispiel dafür war die Zinssteuerrichtlinie im Jahr 2000. Hans Eichel, damals deutscher Finanzminister, berichtet, dass während der Verhandlungen Italien ein »Veto« angekündigt hat, falls nicht gleichzeitig mit einem zustimmenden Votums des Rates zur Zinssteuerrichtlinie die italienischen Milchquoten heraufgesetzt würden. Dass diese Policy formal gar nicht der Zuständigkeit des Rats der Finanzminister unterfiel, sei nur am Rande bemerkt. Die italienische Taktik hatte jedoch Erfolg: Die Finanzminister brachten in

40 Majone (2006), S. 231.

41 Young (2010[6]), S. 53.

42 Knoepfel/Larrue/Varone/Veit (2011), S. 55; Jann/Wegrich (2014[3]), S. 110.

43 Kevenhörster (2008[3]), S. 346.

Telefonaten die Landwirtschaftsminister ihrer jeweiligen Mitgliedstaaten dazu, die entsprechenden Zusagen zu geben. Nur so ließ sich Italien zu einer Zustimmung zur Zinssteuerrichtlinie bewegen.[44]

Mit fortscheitender Zeit verändert sich also die politische Arena. Während am Anfang eines Politikzyklus in der EU, aber auch generell, noch viele verschiedene Themen im Raum stehen und noch zahlreiche Akteure und Stakeholder bei der Themendefinition und beim Agenda Setting beteiligt sind, werden es mit dem fortschreitenden Prozess erfahrungsgemäß weniger. Die Themen werden zu Paketen geschnürt und die Akteure und Stakeholder haben sich in Gruppen zusammengeschlossen und Koalitionen gebildet. Am Ende stehen sich dann nur noch Befürworter und Gegner gegenüber und nur noch Detailfragen sind zu klären, wie die Kostenträgerschaft, eventuelle Ausnahmeregelungen und der Zeitpunkt der Umsetzung.[45] Aber auch in diesem Bereich der Detailfragen gibt es noch jede Menge Anknüpfungspunkte für eine erfolgreiche Interessenvertretung.

Entscheidungen werden also nicht nur aufgrund der Vorgaben der demokratischen Institutionen wie Parlament oder Regierung, sondern auch auf Grundlage intensiver Beziehungen zu Interessengruppen, Berufsgruppen und Klienten jedweder Art gefällt.[46] Dies ist insbesondere in der EU der Fall, wo die Institutionen zum intensiven Dialog mit der Zivilgesellschaft aufgefordert werden (Artikel 11 EUV). Zum Entscheidungsprozess siehe vor allem Abschnitt 4.8.

Für die Politikformulierung gilt auf EU-Ebene Ähnliches wie beim Agenda Setting: Die Gesetzesvorschläge werden vornehmlich in der EU-Kommission ausgearbeitet. Die Verwaltung spielt hier eine entscheidende Rolle – wie auch später bei der Politikimplementierung. Interessant ist aber auch, wie Entscheidungen und Policy-Formulierungen in den Institutionen zustande kommen, können sie doch zumindest Teile dieses Prozesses de facto delegieren. Für die EU-Kommission sind verschiedene Regulierungsagenturen, wie z. B. die European Medicines Agency (EMA) und die European Food Safety Authority (EFSA), wichtige Berater. Zu Fragen und Entscheidungen in diesen und anderen Bereichen wird auf Ebene der EU-Organe Rat »außer Haus« eingeholt.[47]

Zusammenfassend bleibt für die Interessenvertretung festzustellen, dass sowohl die wesentlichen Akteure als auch die potenziellen und tatsächlichen Parameter der Politikformulierung und Entscheidungsfindung (z. B. Fraktionszugehörigkeit eines Mitglieds des Europäischen Parlaments) zu berücksichtigen sind, also auch die potenziellen »Veto-Player«. Das heißt, der Fokus muss auch auf diejenigen Akteure gerichtet werden, die den geringsten Enthusiasmus für eine Policy an den Tag legen und »alles

---

44   Joos (2014), S. 36.

45   Schendelen (2013), S. 175.

46   Kevenhörster (2008³), S. 21.

47   Pollack (2010⁶), S. 33.

blockieren könnten«. Die EU-Kommission beispielsweise könnte einen Gesetzesvorschlag nicht zur Entscheidung vorlegen. Im Rat könnte jedes einzelne Mitglied ein Veto-Player sein. Bei Einstimmigkeit reicht die Blockade eines einzelnen Mitgliedstaates aus, bei Entscheidungen nach qualifizierter Mehrheit eine Sperrminorität von mindestens vier EU-Mitgliedern, welche wiederum einen genügend großen Teil der EU-Bevölkerung vertreten müssen (siehe dazu im Detail Kapitel 6). Aber auch das Europäische Parlament kann im ordentlichen Gesetzgebungsverfahren seine Zustimmung verweigern.

4.4.2.4 Politikimplementierung

In der Phase der Implementierung geht es um das praktische Handeln, die Umsetzung und Durchführung einer Policy. Die Besonderheit der Implementierungsphase besteht darin, dass politisches und administratives Handeln durch Zielvorgaben, Handlungsprogramme und Gesetze nicht endgültig steuerbar sind und die Intentionen von politischen Programmen in dieser Phase verzögert, verändert und schlimmstenfalls sogar vereitelt werden können, z. B. durch Nichtvollzug, selektive Umsetzung oder Umformulierung einer Policy seitens der Verwaltung (bureaucratic drift).[48]

Die wesentlichen Elemente dieser Phase sind: Programmkonkretisierung (Wie und durch wen soll das Programm ausgeführt werden? Wie ist ein Gesetz zu interpretieren?), Ressourcenbereitstellung (Verteilung der Finanzmittel, Auswahl der Organisationseinheiten und des Personals zur Durchführung des Programms) und Entscheidung (Wie wird im Einzelfall entschieden?).[49]

Die Umsetzung der Policies obliegt in der EU nicht immer den Brüsseler Institutionen. Einige Policies, wie die zu Kartell- oder Wettbewerbsfragen, richten sich an die EU-Kommission, andere, wie z. B. der Stabilitäts- und Wachstumspakt, richten sich an die mitgliedstaatlichen Regierungen. EU-Policies, die direkt auf Individuen und Firmen wirken, sind vor allem Verordnungen und Richtlinien. Während Erstere unmittelbar wirken, müssen Letztere erst durch die Mitgliedstaaten umgesetzt werden.[50] Insbesondere bei der Implementierung durch die Mitgliedstaaten ergeben sich für die Interessenvertretung noch Möglichkeiten zur Prozessbegleitung, da es bei Richtlinien durchaus noch Auslegungsspielräume für die Mitgliedstaaten geben kann.

4.4.2.5 Politikevaluierung

In der fünften Phase werden die Ergebnisse der Implementierung bewertet (evaluiert): Haben die staatlichen Aktivitäten und Policies zur Problemlösung beigetragen? Gab es auch unvorhergesehene und unbeabsichtigte Ergebnisse einer Policy? Dabei findet eine administrative Evaluierung durch die Verwaltung und eine politische Evaluierung

---

48 Vgl. Jann/Wegrich (2014³), S. 114-117; Knoepfel/Larrue/Varone/Veit (2011), S. 55.
49 Jann/Wegrich (2014³), S. 114.
50 Young (2010⁶), S. 62.

durch die Akteure des politischen Systems statt, sei es durch die Regierung (z. B. mittels Regierungsberichten) oder seitens der politischen Opposition oder durch die öffentliche Debatte.[51]

Der Evaluierungsprozess gestaltet sich in der EU-Politik schwierig, da die Definition und Ausgestaltung auf supranationaler, europäischer Ebene (diesbezüglich vor allem EU-Kommission und EU-Parlament) stattfindet, ebenso die getroffenen Entscheidungen (auch wenn der Rat ein intergouvernementales Gremium ist). Die Implementierung (siehe oben) erfolgt jedoch zumeist auf nationaler, mitgliedstaatlicher Ebene. Richtlinien werden z. B. von den Mitgliedstaaten umgesetzt. Auch Verordnungen, die unmittelbar EU-weit gelten, entfalten ihre Wirkung natürlich in den Mitgliedstaaten. Dennoch unterzieht die Europäische Union ihre Policies einer steten Evaluierung. Die EU-Kommission nennt es sogar eines ihrer Hauptmittel, um die Erfolge ihrer Politk zu messen: »Evaluation is the main tool used by the European Commission to assess the extent to which EU action is achieving the set policy objectives, and how performance can be improved in future. The Commission requires that all activities addressed to external parties must be regularly evaluated in proportion with the resources allocated and the expected impact.«[52]

Hinzu kommen Reaktionen auf EU-Policies direkt aus den Mitgliedstaaten, die auch als »Evaluierung im weiteren Sinne« bezeichnet werden können. Öffentlichkeit, Interessengruppen oder auch mitgliedstaatliche Regierungen setzen sich kritisch mit der EU-Politik und EU-Gesetzgebung auseinander. Die deutsche Bundesregierung hat beispielsweise Klage beim Europäischen Gerichtshof (EuGH) gegen die Einstufung der sog. EEG-Umlage als Beihilfe im Sinne des europäischen Rechts eingereicht (die Förderung des Ausbaus der erneuerbaren Energie wird in Deutschland u. a. durch Aufschläge auf die Stromrechnung im Rahmen des Erneuerbare-Energien-Gesetzes (EEG) durchgeführt).[53] Die Urteile des EuGH können also letztlich ebenfalls eine Evaluierung von Policies sein; letztlich überprüft der EuGH Policies auf ihre Rechtmäßigkeit. Somit sind in der EU – salopp ausgedrückt – eine Vielzahl von Feedback-Schleifen vorgesehen.

4.4.2.6 Politikterminierung

Das Ergebnis der Evaluierung kann auch die Beendigung (Terminierung) eines politischen Programms sein. Häufig kommt es aber nicht zum vollständigen Ende einer Policy, sondern zu einem Policy-Wandel, und der Politikzyklus beginnt von Neuem.[54]

Die Novellierung der Verordnung zu Höchstgrenzen von CO_2-Emission bei Pkw ist ein Beispiel für eine Policy-Terminierung, die zu einer Policy-Abänderung führte, indem die CO_2-Emissionen bei neugebauten Pkw neu begrenzt wurden, um die

---

51 Jann/Wegrich (2014³), S. 117–122.
52 European Commission (2005–2015).
53 Schultz (2015).
54 Jann/Wegrich (2014³), S. 120.

gesetzten Klimaschutzziele zu erreichen. Nachdem die EU-Kommission festgestellt hatte, dass sich mit der bestehenden Verordnung die angestrebten Klimaziele nicht erreichen lassen, wurde die bisherige Verordnung überarbeitet und ein neuer Vorschlag für eine Verordnung unterbreitet. Für alle Akteure und für die Interessenvertreter ergab sich auf diese Weise noch einmal die Möglichkeit, den Policy-Prozess zu begleiten. Der Politikzyklus begann erneut.

Kritisiert wird an diesem Modell, dass der Policy Cycle bei seiner Analyse der großen politischen Prozesse eher schemenhaft vorgeht. Es wird ein rationaler, linearer, systematischer und problemorientierter Ablauf suggeriert.[55] Policy Making erfolge nicht notwendigerweise in der vom Policy Cycle vorgeschlagenen Abfolge: Manchmal wird eine Politik schon formuliert, bevor sie bereits als Problem öffentlich erkannt ist.[56] Zudem kann der Eindruck entstehen, dass es nur einen Policy Cycle gibt, während es in Wirklichkeit viele, auch asynchron verlaufende, auf den unterschiedlichen Ebenen eines Regierungssystems gibt.[57] Dies ist vor allem im Multi-Level-Governance-System der EU von Bedeutung. Schlussendlich wird beklagt, dass es sich dabei nur um eine heuristische Beschreibung handele, die aber nicht erkläre, warum es sich so verhält.[58]

Für die Interessenvertretung ist zunächst relevant, dass sie an Gegebenheiten und Rahmenbedingungen gebunden ist, die das Mehrebenensystem Europäische Union vorgibt. Die Policy-Cycle-Analyse zeigt hier eine Vielzahl von Zugangsmöglichkeiten für die Prozessbegleitung auf, die genutzt werden können und sollten. Sie hilft, die komplexen Abläufe des politischen Prozesses zu strukturieren und dadurch in ihrer Komplexität zu reduzieren. Jedoch muss stets bedacht werden, dass es sich hierbei um ein Modell handelt, welches womöglich wirklich etwas zu schemenhaft vorgeht. Politik kann mitunter ein sehr amorpher Prozess sein, mit einer Vielzahl an institutionellen (z. B. EU-Kommission, EU-Parlament) oder individuellen Akteuren (z. B. Kommissare, Parlamentsmitglieder), mit Mitgliedstaaten und Regionen, die alle versuchen, ihre jeweiligen Inhalte und Interessen in den Prozess einzubringen. Umso wichtiger ist es für die Interessenvertretung, neben den formalen Abläufen auch die informellen Prozesse des Policy Making stets im Auge zu behalten und durch das Vorhalten entsprechender Strukturen (Repräsentanzen und Personal vor Ort) in der Lage zu sein, die Vielzahl an versetzt und parallel ablaufenden Prozessen beobachten zu können (Monitoring).

4.5 Zeitliche Dimension der Politik

Es ist deutlich geworden, dass die bisher genannten Politikdimensionen und vor allem der Policy-Making-Prozess mit dem Policy Cycle vor dem Hintergrund einer weiteren politischen Dimension ablaufen, der Zeit. Die Polity (EU-Verträge, EU-Institutionen und ihre Aufgaben etc.) wird »geschaffen« und über die Zeit verändert und an neue

---

55 Badie/Berg-Schlosser/Morlino (2011), s. v. Policy Cycle; Blum/Schubert (2009), S. 130–134.
56 Young (2010[6]); Blum/Schubert (2009), S. 130.
57 Young (2010[6]), S. 47.
58 Jann/Wegrich (2014[3]), S. 122f.

Verhältnisse angepasst (z. B. die EU-Osterweiterung). Sie unterliegt also einem zeitlichen Determinismus, bewegt sich temporell gesehen aber am langsamsten.[59] Auch Policies »haben ihre Zeit« und sind gesellschaftlichen Strömungen und Interessen unterworfen, die sich mit der Zeit verändern. Umweltpolitik war zur Gründungszeit des politischen Europas in den 1950er-Jahren noch von weit geringerer Bedeutung als sie dies in der heutigen EU ist. Bei den Politics mit vielen parallel ablaufenden Verfahren und Entscheidungsfindungsprozessen des täglichen politischen Geschäfts wird die Bedeutung der Zeit und des richtigen Timings am deutlichsten bewusst. Auch wenn in der Praxis nicht alle Phasen in der vorhin genannten Reihenfolge des Policy Cycle exakt aufeinander folgen, so wird doch klar, dass es sich beim Policy Making um einen Prozess handelt und folglich dem politischen System insgesamt eine zeitliche Komponente immanent ist.[60] Bei der zeitlichen Dimension geht es nicht um die inhaltliche Logik, die einer politischen Entscheidung zugrunde liegt, sondern um das politische Management von Zeit.[61]

Die Relevanz von politischen Zeitfenstern für die Policy-Forschung zeigt sich z. B. im sog. »Multiple-Stream-Ansatz« (MSA). Diesem zufolge ergeben sich politische Entscheidungen aus einem Zusammenspiel aus Problemen, politischen Handlungsoptionen und konfliktbehafteten Entscheidungsprozessen, die sich unabhängig voneinander entwickeln. Erst wenn es den beteiligten Akteuren gelingt, diese drei »Ströme« miteinander zu verknüpfen, werden politische Entscheidungen möglich.[62] Die Verknüpfung kann aber nicht zu jeder Zeit und unter allen Bedingungen erfolgen. Im Zentrum des MSA steht die Frage: »(. . .) what makes an idea's time come?«[63]. Die Zeit wird so zur wichtigen Variable.

Für die Interessenvertretung ist von besonderem Belang, dass sich in jeder Phase des Policy Cycle Zeitfenster öffnen, in denen eine Kontaktaufnahme zwischen Interessenvertretung und Politik am erfolgversprechendsten zu sein scheint. Umgangssprachlich formuliert: Es geht darum, den richtigen Moment abzuwarten. Sei es, dass formelle Fristen für Eingaben und Vorschläge beachtet werden müssen, oder schlicht auf den Terminkalender von politischen Entscheidern Rücksicht genommen werden muss. Es wäre sicherlich nicht hilfreich, Mitglieder des Europäischen Parlaments und deren Mitarbeiter in Brüssel kontaktieren zu wollen, wenn sich das Parlament zur Tagung gerade in Straßburg befindet. Dies wäre Zeitmanagement auf Mikroebene. Auf Makroebene gilt es, den Policy Cycle als Ganzes wahrzunehmen und sensibel zu beobachten. Denn, wie gezeigt, ist Zeit eine politische Ressource: »Even when time is scarce and the margins for its use as a background factor of action small, the differences in

---

59 Zum Zeitdeterminismus, dem eine Polity unterliegt siehe schon Platons *Staat* mit Vorstellung vom Verfassungswandel, in: Nohlen/Schultze (2010⁴), s. v. Zeit und Politik.

60 Zur zeitlichen Dimension von Politik vgl. Palonen (2003).

61 Rüb (2006), S. 24.

62 Vgl. Brückner (2013), S. 50.

63 Kingdon (2003), S. 1.

the competence of using time may gain significance, and playing with the margins of temporality can be trusted into a decisive instance in a political struggle.«[64] Der taktische Einsatz von Zeit zeigt sich dann darin, dass Akteure, die sich »siegesgewiss« wähnen, weil sie z. B. glauben, die öffentliche Meinung und politische Mehrheiten hinter sich zu haben, den Policy Cycle vorantreiben und beschleunigen wollen, während diejenigen, die sich von einer Policy benachteiligt fühlen und sich auf der »Verliererseite« wähnen, eher versuchen, zu bremsen und zu verlangsamen.[65] Im politischen Prozess ergeben sich so für das Policy Making verschiedene Zeitfenster, die sich in endogene, exogene und strukturelle Zeitfenster untergliedern lassen.[66]

4.5.1 Endogene Zeitfenster

Endogene Zeitfenster ergeben sich aus der Natur des politischen Prozesses und des Policy Cycle. Das heißt, es werden von den Akteuren Möglichkeiten zur Öffnung eines Zeitfensters aus dem »Problem-Strom« heraus gesucht – was nicht leicht ist, denn politische Prozesse sind i. d. R. durch enormen Zeitdruck und undurchsichtige Präferenzen bedingt.[67] Hier kommt der Umstand zu Hilfe, dass Politiker häufig auf der Suche nach Themen sind, mit denen sie identifiziert werden können. Dabei konkurrieren potenzielle Probleme und mögliche Lösungsansätze um Aufmerksamkeit und Anerkennung. Aber nur eine begrenzte Anzahl von Themen kann aufgegriffen werden.[68] Da die Zeit im politischen Prozess eine knappe Ressource darstellt, bilden sich Präferenzen der zuständigen Entscheidungsträger meist situativ (»Das Eisen schmieden, solange es heiß ist.«/»Die Gelegenheit beim Schopfe packen.«). Dabei ist zu beobachten, dass Lösungsmöglichkeit und Problem nicht unweigerlich in einem direkten Zusammenhang stehen. Die »Lösung« steht im Vordergrund. Sie sucht sich ein geeignetes Problem, an das sie andocken kann. Nicht der Gehalt der Lösung und ihre Bedeutung für die Problembeseitigung sind ausschlaggebend, sondern die Lösung selbst als Akt der Entscheidung.[69] Dies kann z. B. in Wahlkampfzeiten der Fall sein oder wenn eine Regierung sich im Umfragetief befindet und sich durch (negativ gewendet) »Aktionismus« wieder eine bessere Reputation bei den Wählern verschaffen will. Es liegt also in der Natur des demokratischen politischen Systems, dass seine Akteure gesellschaftlich »populäre« Stimmungen aufgreifen und ihre Entscheidungen danach ausrichten. Endogene Zeitfenster können auch aus der Policy-Evaluierung und Policy-Terminierung (siehe Abschnitte 4.4.2.5 und 4.4.2.6) entstehen, wenn die Bewertung einer Politik zu dem Schluss kommt, dass sie geändert oder abgeschafft werden muss. Hier ergeben sich Möglichkeiten für die Interessenvertretung, zum

---

64 Palonen (2003), S. 174.

65 Schendelen (2013), S. 175.

66 de Figueiredo (2004), S. 5ff.

67 Vgl. Brückner (2013), S. 65.

68 Vgl. Brückner (2013), S. 54.

69 Rogge (2010), S. 211.

richtigen Zeitpunkt Kontakt aufzunehmen, da in einem solchen Zeitfenster die »Karten wieder neu gemischt« werden und so die Möglichkeit zur Interesseneinbringung in eine zu ändernde und nachfolgende Policy besteht.

4.5.2 Exogene Zeitfenster

Zeitfenster können ebenso durch exogene Ereignisse entstehen, die zunächst außerhalb der laufenden politischen Prozesse und des Policy Cycle stehen. Dies sind i. d. R. Krisen, derer sich die Politik rasch annehmen und auf die sie Antworten finden muss. Somit rücken Themen und Policies, die bisher von der Politik unberücksichtigt blieben oder nur marginal behandelt wurden, in das Zentrum politischer Aufmerksamkeit.[70]

Ein besonders prägnantes exogenes Zeitfenster, das sich in der Energiepolitik auftat, konnte 2011 im EU-Mitgliedstaat Deutschland beobachtet werden. Während dort im Jahr 2010 noch energie- und wirtschaftspolitische Erwägungen bei der Verlängerung von Restlaufzeiten für Atomkraftwerke ausschlaggebend waren, änderte sich die Einschätzung prompt nach der Havarie eines japanischen Atomkraftwerkes in Fukushima im Jahr 2011. Die Katastrophe von Fukushima löste eine große öffentliche Debatte über die Zukunft der Energiepolitik in Deutschland aus, in deren Verlauf auch die damalige deutsche Bundeskanzlerin Angela Merkel, die bis dahin das Restrisiko der Kernkraft »akzeptiert« hatte, eine Neubewertung vornahm.[71] Nun gewannen umweltpolitische Argumente (Reaktorsicherheit, Endlagerungsproblematik von Atommüll) und – so behaupten manche – politische Opportunitäten (Landtagswahlen) gegenüber Argumenten der Versorgungssicherheit die Oberhand. So kam es zu einer Energiewende mit Beschleunigung des deutschen Atomausstiegs.[72]

Im Jahr 2022 öffnete sich dann erneut ein exogenes Zeitfenster in der Energiepolitik. Vor dem Hintergrund der Energiekrise, ausgelöst durch die russische Invasion in die Ukraine, beschloss der Deutsche Bundestag den vorübergehenden Weiterbetrieb der letzten drei deutschen Atomkraftwerke (Isar 2, Neckarwestheim 2 und Emsland[73]) bis zum 15. April 2023.[74] In diesen unsicheren Zeiten rückten vor allem sozialpolitische Argumente in den Fokus (Verbraucherpreise, Netzstabilität). Die Ampelkoalition aus SPD, Grünen und FDP rang lange um einen Kompromiss. Ursprünglich wollten die Grünen lediglich einen verlängerten Reservebetrieb von zwei Atomkraftwerken akzeptieren, während die FDP einen Weiterbetrieb der drei Kraftwerke bis 2024 forderte. Nach tagelangem Streit berief sich Bundeskanzler Olaf Scholz auf seine Richtlinienkompetenz und wies die beteiligten Ministerien an, die nötigen Änderung im

---

70 Young (2010[6]), S. 52f.

71 o. V. (2011a).

72 Zur deutschen Energiewende allgemein: Landeszentrale für politische Bildung Baden-Württemberg.

73 Die letzten drei Atomkraftwerke sollten ursprünglich Ende Dezember 2022 vom Netz gehen.

74 Deutscher Bundestag (2022)

Atomgesetz auszuarbeiten. Solche exogenen Ereignisse haben also neue politische Fakten geschaffen, die Entscheidungsfenster öffneten und zu einer Neubewertung und Änderungen von Policies führten. Denn auch in der Politik gilt nicht selten das Diktum: »Ändert sich die Faktenlage, ändert sich meine Meinung.«

4.5.3 Strukturelle Zeitfenster

Wenn Zeitfenster nicht durch einmalige, sondern immer wiederkehrende Ereignisse geöffnet werden, spricht man von strukturellen Zeitfenstern. Strukturelle Zeitfenster öffnen sich beispielsweise im Zuge einer Veränderung der politischen Macht- und Legitimitätsstruktur (Neubesetzung von politischen Positionen in Exekutive und Legislative) und beruhen somit also auf institutionalisierten Zeitrhythmen. Für Deutschland sind hier Wahlen auf europäischer, Bundes-, Landes- und kommunaler Ebene zu nennen, aber auch die Neubesetzung von Ämtern.[75] Andere sich wiederholende Ereignisse, die strukturelle Zeitfenster für eine Policy öffnen, sind z. B. Jahresberichte zu politischen Themen wie der Armutsbericht der deutschen Bundesregierung. Dieser bietet für eine sozialpolitisch ausgerichtete Interessenvertretung einen guten Anlass zur Kontaktaufnahme und aktiven Begleitung des Politikzyklus. Statistiken und neue wissenschaftliche sowie wirtschaftliche Erkenntnisse können dabei helfen, ein potenzielles Problem »quantifizierbar« zu machen, um politische Aufmerksamkeit auf ein bestimmtes Thema zu lenken. Die beteiligten Akteure haben dann die Möglichkeit, in den Entscheidungsprozess einzugreifen und die Entscheidungsfindung zu beschleunigen. Auf der anderen Seite kann es das Ziel sein, eine Entscheidung zu verzögern, in der Hoffnung, dass in der Zukunft liegende Erkenntnisse und Einsichten die eigene Handlungsposition stärken.[76]

Strukturelle Zeitfenster sind wegen der sich wiederholenden Ereignisse, die ihnen zugrunde liegen, leichter einzuschätzen und strategisch einfacher kalkulierbar.[77] Alle durch das politische System produzierten Ereignisse fallen in diese Kategorie: Parlamentsauflösungen, Koalitionswechsel, Misstrauensvoten, Verfahrensfristen, Termine für Entscheidungen etc. Dabei kann der Interessenvertreter im Prozess der politischen Entscheidungsfindung nur bedingt auf spontanes, pragmatisches und intuitives Handeln als Instrument der Interessenvertretung zurückgreifen. Neben der Frage, wann sich Zeitfenster öffnen und schließen, ist daher auch die Frage nach dem richtigen »Timing« und dem Verständnis der zugrunde liegenden Prozesse (siehe Prozessbegleitkompetenz in Abschnitt 1.3.2.7) relevant. Der institutionelle Rahmen erlaubt die zeitliche Strukturierung von Entscheidungsprozessen und politischen Entscheidungsfindungen.[78]

---

75 Rüb (2006), S. 24; de Figueiredo (2004), S. 7.
76 Rüb (2006), S. 4.
77 Kaiser (2010).
78 Vgl. Brückner (2013), S. 65 und 71.

Für den Interessenvertreter ist das Erkennen von Zeitfenstern einer der schwierigsten Teile seiner Arbeit. Große exogene Krisen und Ereignisse sind auch für Laien leicht identifizierbar, aber die mitunter »kleinen Ereignisse«, die endogene und strukturelle Zeitfenster öffnen, sind nur mit einer strukturellen Beobachtung des politischen Systems zu erkennen. Der Interessenvertreter muss so nahe an der Politik dran sein, dass er quasi das politische »Gras wachsen hören« kann. Mit anderen Worten, er muss bestens mit den politischen Prozessen und politischen Diskussionen und Inhalten vertraut sein, um zu wissen, in welchem Stadium sich eine Policy gerade befindet und ob sie es von der Phase der Problemdefinition zur Phase des Agenda Setting schafft. Dies hängt durchaus auch vom Durchsetzungsvermögen der politischen Akteure ab, die sich eines solchen Themas annehmen. Bei thematischer Übereinstimmung besteht sogar die Möglichkeit, dass sich ein Akteur die legitimen Interessen der betroffenen Interessengruppe zu eigen macht und so (mit der Interessenvertretung und Interessengruppe zusammen) für die »Sache einsteht« und den politischen Prozess (Policy Cycle) selbst weiter vorantreibt (sog. endogener Ansatz, siehe Abschnitt 1.3.2.6 und Abschnitt 8.3.1). Wenn es die Interessenvertretung schafft, bereits in einem solch frühen Stadium des Politikzyklus relevante Akteure und Entscheider zu identifizieren, hat sie die Möglichkeit, frühzeitig mit den relevanten Ansprechpartnern in Kontakt zu treten und den Prozess zu begleiten. Für die politische Interessenvertretung sind effektives Zeit- und Prozessmanagement daher mindestens so bedeutend wie die Aufgabenbewältigung auf der inhaltlichen Sachebene. Die zeitliche Priorisierung, das »temporal sorting«, spielt in diesem Zusammenhang eine zentrale Rolle.[79] Daraus ergibt sich ein klarer Vorteil von prozessual arbeitenden Interessenvertretungen (wie Governmental-Relations-Agenturen) gegenüber eher inhaltlich arbeitenden Interessenvertretungen, welche weniger Affinität zu politischen Prozessen haben und so die sich öffnenden endogenen, exogenen und strukturellen Zeitfenster möglicherweise verpassen (siehe Kapitel 1).

4.6 Politische Akteure

Wie gezeigt, hat die Politik eine sehr starke prozessuale Dimension. Dieser Prozess bedingt aber das Handeln von Akteuren. »Es genügt heute nicht mehr, Politiken einfach auf gesellschaftliche Probleme und politischen Problemdruck zu beziehen und zu versuchen, objektiven Problemdruck direkt in kollektives Handeln zu übersetzen. Dass gesellschaftliche Probleme auf die politische Tagesordnung geraten und in politische Programme transformiert werden, hängt letztlich davon ab, ob relevante Akteure diese Probleme wahrnehmen, ihre Betroffenheit [bzw. den Handlungsbedarf] erkennen und Ressourcen für politische Problemlösungen mobilisieren.«[80] Akteure sind diejenigen, die politisch handeln (lat. actor, derjenige, der etwas tut, der handelt) und

---

79 Vgl. Zahariadis (2003), S. 4–5.

80 Schneider (2014³), S. 282.

an den Entscheidungen beteiligt sind.[81] Sie verfolgen bestimmte Interessen und Handlungsziele, verfügen über Handlungsressourcen und normative Orientierungen und besitzen die Fähigkeit, strategisch zu handeln. Manche nehmen am gesamten politischen Prozess teil, andere sind nur phasenweise eingebunden.[82] Der politische Prozess ist ohne Akteure gar nicht denkbar, sie artikulieren die politischen Inhalte und Interessen: »So wie Interessen ohne Akteure im politischen Prozess nicht in Erscheinung treten können, so verfechten die Akteure, die im politischen Prozess eine Rolle übernehmen, immer Interessen, auch wenn sie es auf den ersten Blick nicht zu erkennen geben.«[83] Aus handlungstheoretischer Sicht bringen sie bewusst oder unbewusst ihre Interessen, Werteorientierungen, Ziele und Präferenzen im Rahmen ihrer situativen Möglichkeiten ein.[84]

Auf den ersten Blick scheinen die Akteure in der Politik klar identifizierbar zu sein: die Politiker. Sie stehen im Mittelpunkt der medialen Aufmerksamkeit, insbesondere wenn sie hohe Ämter bekleiden. Kommissare, Fraktionsführer, Berichterstatter im Parlament, hochrangige Parteifunktionäre, mitgliedstaatliche Minister oder Oppositionsführer machen die Politik. Allerdings in Zusammenarbeit mit Beamten und/oder politischen Mitarbeitern aus den Institutionen, in denen sie tätig sind. Sie alle sind sog. individuelle Akteure.[85] Die individuellen Akteure treten jedoch, wie schon angedeutet, nur in den seltensten Fällen als Einzelgänger im politischen Geschehen auf. Sie sind i. d. R. kollektiv organisiert, z. B. in politischen Parteien oder Fraktionen im Parlament. Auch Interessengruppen wie Gewerkschaften, Verbände, Kirchen, Organisationen und Thinktanks sind sog. kollektive Akteure. Individuelle Akteure finden sich aber auch in den Institutionen der Polity, z. B. in der EU-Kommission oder im Rat der EU. Diese sog. institutionellen Akteure bilden die dritte Gruppe.[86]

Auch wenn im Folgenden vor allem auf die individuellen, kollektiven und institutionellen Akteure eingegangen wird, muss dennoch betont werden, dass im Mehrebenensystem Europäische Union die Mitgliedstaaten und Regionen als politische Akteure eine erhebliche Rolle spielen, sie können sowohl institutionell auftreten als auch kollektiv, z. B. die Regierung eines Mitgliedstaates. Sie sind aber auch – meist indirekt – durch Individuen vertreten. Die Mitgliedstaaten sind institutionell im Europäischen Rat und im Rat der EU repräsentiert, die Regionen wiederum im Ausschuss der Regionen. Aber individuell-personell sind sowohl Mitgliedstaaten als auch Regionen in allen Institutionen der EU vertreten: Jedes EU-Land stellt einen Kommissar, Kommissionsbeamte stammen aus den 27 Mitgliedstaaten und werden nach Proporz

---

81 Nohlen/Schultze (2010[4]), s. v. Akteur.

82 Jarren/Donges (2011[3]), S. 129.

83 Meyer (2003), S. 114.

84 Vgl. Nohlen/Schultze (2010[4]), s. v. Akteur.

85 Blum/Schubert (2009), S. 52.

86 Eine andere Kategorisierung von politischen Akteuren könnte z. B. auch aus Sicht der politischen Kommunikation erfolgen: Akteure der Interessenartikulation, Akteure der Interessenaggregation und Akteure der Politikdurchsetzung (vgl. Jarren/Donges (2011[3]), S. 130).

eingestellt, die Parlamentarier repräsentieren neben ihren Parteien/Fraktionen auch und vor allem ihre Nationen und Wahlkreise/Regionen, schließlich werden sie dort gewählt. Auch wenn sie auf europäischer Ebene eigentlich keine Rolle spielen sollten, so ist doch die jeweilige nationale und regionale Herkunft von politischen Akteuren nicht völlig zu vernachlässigen. Denn Mitgliedstaaten und Regionen stehen im komplexen politischen Mehrebenensystem der EU vor genau den gleichen Herausforderungen wie andere politische Akteure auch und müssen bei der Umsetzung ihrer Interessen ebenso wie diese vorgehen. Dazu könnte auch die Instrumentalisierung der nationalen bzw. regionalen Herkunft von Akteuren zählen (siehe Abschnitte 5.5.2 und 5.5.3).

Zu bedenken ist auch, dass selbst der politische Prozess an sich zum Akteur und Entscheider werden kann. Beispielsweise wenn Fristen von Gesetzgebungsverfahren und Geschäftsordnungen die Akteure zum Handeln zwingen. Auch wenn die Akteure in einen politischen Prozess bewusst nicht eingreifen oder ihn anhalten, kann dieser selbst eine Entscheidung herbeiführen: Wenn sich beispielsweise im ordentlichen Gesetzgebungsverfahren das Europäische Parlament in bestimmten Phasen nicht äußert, so stimmt es quasi durch Nichthandeln einer Vorlage zu[87] (siehe Kapitel 6). Hier hätte durch die Akteure bewusst gehandelt und in den Prozess eingegriffen werden müssen, um ihn noch mitgestalten zu können. Somit wird der Prozess an sich indirekt zum »Akteur« und »Entscheider«.

4.6.1 Individuelle Akteure[88]

»Die Politiker« stehen als »die Macher« der Politik im Zentrum der medialen Aufmerksamkeit. Wie in Abschnitt 4.5.1 dargelegt, sind Politiker häufig auf der Suche nach Themen, mit denen sie sich profilieren können, sei es durch (z. B. Infrastruktur-) Projekte in ihrem Wahlkreis oder richtungsweisende (und medienwirksame) Policies auf nationaler Ebene. Es ist die Aufgabe von Politikern als individuelle politische Akteure, gesellschaftlich »populäre« Stimmungen aufzugreifen und sich am politischen Agenda Setting zu beteiligen. Schließlich sind sie die Repräsentanten ihrer Wähler und bekleiden oft Ämter von Gesetzes- oder gar Verfassungsrang und üben dadurch die an sie delegierte Macht aus. Sie sind also die bekanntesten individuellen Akteure in der Politik.

Aber in der politischen Realität sind nicht nur Amts- und Mandatsträger beteiligt an der Politik, also am Policy Making. Im Hintergrund ist ein Vielfaches an individuellen Akteuren im politischen Einsatz, als vorne im Rampenlicht zu sehen sind. Denn in der politischen Wirklichkeit wird Macht nicht nur durch Politiker ausgeübt. Dies ergibt

---

87 Vgl. Artikel 294 AEUV, die zweite Lesung im ordentlichen Gesetzgebungsverfahren: »Hat das Europäische Parlament binnen drei Monaten nach der Übermittlung den Standpunkt des Rates in erster Lesung gebilligt oder sich nicht geäußert, so gilt der betreffende Rechtsakt als in der Fassung des Standpunkts des Rates erlassen.«

88 Dieser Abschnitt ist eine überarbeitete Version aus Joos (2011), S. 32–35.

sich nicht aus einer näher bestimmten Legitimität heraus, sondern aus dem politischen Alltag. Die Gründe hierfür liegen darin, dass die Politiker aufgrund der Fülle an Terminen, an Informationen und schließlich aufgrund der überdurchschnittlichen Komplexität der Inhalte Unterstützung benötigen. Kein Politiker kann alles, was an ihn herangetragen wird, ja nicht einmal alles das, was ihn unmittelbar interessiert, zur Kenntnis nehmen. Um der Arbeitsbelastung Herr zu werden, sind sie auf Mitarbeiter angewiesen. Es liegt auf der Hand, dass diese Mitarbeiter einen gewissen Einfluss auf politische Vorgänge haben. Dies liegt bereits in ihrem Aufgabenbereich begründet; sie erstellen Reden und Pressemitteilungen, führen den Terminkalender und bearbeiten die ein- und ausgehende Post. Sind die Akteure im Hintergrund zwar weisungsgebunden, haben sie doch wesentlichen Einfluss auf die Politiker. Daher lohnt es sich für die Interessenvertretung (anhand zweier Beispiele: eines auf europäischer, eines auf mitgliedstaatlicher Ebene), diese Gruppe von individuellen politischen Akteuren zu analysieren.

Beispiel des Büroleiters

Die Position des Büroleiters ist im Umfeld der Politik häufig anzutreffen.[89] Der Büroleiter ist ein loyaler und enger Vertrauter seines Dienstherrn. Typischerweise koordiniert er den Mitarbeiterstab eines Kommissars, hohen EU-Beamten, Ministers, Staatssekretärs oder Abgeordneten und ist somit ein Paradebeispiel für den individuellen Akteur im Hintergrund. Zu seinen Aufgaben gehören häufig die Bearbeitung der Post, das Führen des Terminkalenders und die Koordinierung der Arbeit innerhalb des Büros. Vor allem aber übernimmt er eine Vorauswahl der Informationen und trägt die wesentlichen Punkte an den Vorgesetzten weiter.[90] Auch bereitet er Entscheidungsgrundlagen vor und bringt nicht zuletzt eigene Meinungen und Prioritäten ein. Daraus wird ersichtlich, welche Macht dem Büroleiter zukommt: Er entscheidet nicht zuletzt darüber, welche Informationen dem eigentlichen politischen Entscheidungsträger vorgelegt werden oder ob jemand einen Gesprächstermin bekommt. Mitunter koordiniert der Büroleiter für seinen Vorgesetzten vollständig den Arbeitsalltag. Oft berät er ihn auch in wichtigen politischen Belangen. Ohne Zweifel verfügt ein Büroleiter über einen gewissen Einfluss auf den Politiker und somit auch auf das politische Geschehen insgesamt – er hat somit mehr Macht, als es seine Position rein organisatorisch vermuten lässt.[91]

Beispiel des Parlamentarischen Geschäftsführers

Aus mitgliedstaatlicher Sicht lässt sich das Beispiel des Parlamentarischen Geschäftsführers anbringen: Alle Fraktionen im Deutschen Bundestag haben Parlamentarische Geschäftsführer, die diese Funktion neben ihrem Abgeordnetenmandat ausführen.[92]

---

89   Vgl. Kuhn (2007).
90   Vgl. Schneider (2007).
91   Vgl. Neukirch (2009).
92   Siehe dazu ausführlich Petersen (2000).

Dennoch sind sie in der Öffentlichkeit oft unbekannt. Dabei läuft ohne sie im Parlament fast nichts: »Parlamentarische Geschäftsführer sind die Maschinisten, Techniker, Heizer der Macht. Sie entscheiden über Chancen in der Fraktion, über Redeanteile, Ressourcen, Büros, Tagesordnungen, Antragsbehandlungen etc. (...) Sie sind die leisen Strippenzieher im Hintergrund.«[93] Sie sorgen für die interne Koordination von Standpunkten und bemühen sich um die Geschlossenheit bei Abstimmungen. Die Parlamentarischen Geschäftsführer gehören damit zu den einflussreichsten Politikern. Dies ist insbesondere darin begründet, dass sie als enge Vertraute und Ratgeber dem Fraktionsvorsitzenden zuarbeiten, indem sie mit ihm Themen und Vorgehensweisen festlegen und ihn auch über Meinungen und Vorgänge innerhalb der Fraktion informieren. Die Position eines Parlamentarischen Geschäftsführers ist daher mit dem größtmöglichen Einfluss innerhalb der Fraktion verbunden. Dabei hat die Position des Parlamentarischen Geschäftsführers keine rechtliche Grundlage in der Geschäftsordnung des Deutschen Bundestages – geschweige denn im Grundgesetz oder dem Abgeordnetengesetz. Sie entspringt lediglich der jeweiligen Geschäftsordnung der Fraktionen.

Auch andere Parlamente kennen eine solche Funktion: Im britischen Parlamentarismus werden die einflussreichen Organisatoren im Hintergrund als »whips« bezeichnet.[94] Sie haben die vorrangige Aufgabe, das Abstimmungsverhalten zu koordinieren; darüber hinaus organisieren sie die Belange ihrer Partei hinsichtlich der parlamentarischen Arbeit. Im Europäischen Parlament gibt es keine direkt vergleichbare Position; am ehesten können hier die dem Parlamentspräsidium angehörigen Quästoren genannt werden, die für abgeordnetenrelevante Verwaltungs- und Finanzfragen zuständig sind. Neben den beiden dargestellten Positionen gibt es natürlich noch andere machtvolle Funktionen im politischen Betrieb, die nicht unbedingt als solche bekannt sind, etwa die Fraktionsreferenten.[95] Auf der Ebene der EU sind die Kabinette der Kommissare oder die Berichterstatter im Europäischen Parlament Beispiele hierfür (siehe Kapitel 5).

Grob zusammengefasst lässt sich somit festhalten: Politiker und deren Mitarbeiter verkörpern die individuelle Ebene der Polity.

Für die Interessenvertretung ergibt sich daraus die Notwendigkeit, die Key Player unter den individuellen Akteuren für ein bestimmtes Vorhaben zu identifizieren und gezielt zu informieren. Zu den Schlüsselpersonen im Europäischen Parlament zählen beispielsweise die Bericht- und Schattenberichterstatter in den Ausschüssen, die von der Ausschussmehrheit (Berichterstatter) bzw. von den Fraktionen (Schattenberichterstatter) beauftragt werden, ein bestimmtes Dossier zu betreuen. Weitere Meinungsführer sind die sog. Koordinatoren (fachpolitische Sprecher der Fraktionen) und die Vorsitzenden und Stellvertretenden Vorsitzenden der Ausschüsse selbst. Wenn es sich

---

93   Walter (2007).

94   Parlament des Vereinigten Königreichs.

95   Vgl. Püschner (2009), S. 33–40.

um ein sehr kompliziertes und technisches Dossier handelt, werden oftmals auch ausschuss- und fraktionsübergreifende Arbeitsgruppen eingerichtet (wie beispielsweise bei der Dienstleistungsrichtlinie im Europäischen Parlament[96]). Da diese Arbeitsgruppen zur Kompromissfindung eingesetzt werden, bietet sich u. U. auch eine enge Kontaktpflege zu den Mitgliedern der Gruppe an.

4.6.2 Kollektive und korporative Akteure

Die Politik besteht nicht allein aus unabhängig/voneinander getrennt operierenden Individuen. In der Regel sind die politischen Akteure in Gruppen organisiert, also in Bürgerinitiativen, einer politischen Bewegung oder in Parteien, die, sofern sie in Parlamenten vertreten sind, wiederum Fraktionen bilden. Auch eine Regierung oder die Gesamtheit der EU-Kommissare sind genau genommen ein solches Kollektiv an politischen Akteuren. Dies wären Beispiele für kollektive Akteure innerhalb von Institutionen der Polity. Es gibt aber auch kollektive Akteure, die nicht innerhalb einer der staatlichen Institutionen tätig werden. Hierzu gehören die korporativen Akteure, beispielsweise Unternehmensverbände und Gewerkschaften. Kollektive und korporative Akteure lassen sich nicht eindeutig voneinander unterscheiden und sind miteinander verwobene »Phänomene«. Korporative Akteure weisen aber einen höheren Organisationsgrad mit Hierarchien auf als eine Gruppe individueller Akteure in einem Kollektiv (z. B. eine Bürgerinitiative), und die Vertreter der korporativen Akteure sind in ihrem Handeln nicht bei jeder Entscheidung auf ihre Basis angewiesen.[97] Kollektive und korporative Akteure spielen eine besondere Rolle beim Policy Making in der EU, die ihnen nach Artikel 11 EUV zukommt. In Absatz 2 heißt es: »Die Organe pflegen einen offenen, transparenten und regelmäßigen Dialog mit den repräsentativen Verbänden und der Zivilgesellschaft.«

Insbesondere die Vertiefung des Binnenmarktes in den letzten Jahrzehnten hat dazu geführt, dass korporative Akteure ihre Anstrengungen auf EU-Ebene verstärkt haben.[98] Das EU-Mehrebenensystem mit seiner Verzahnung von europäischen, mitgliedstaatlichen und regionalen Politikprozessen bietet dabei zahlreiche Beteiligungsmöglichkeiten an der politischen Entscheidungsfindung.[99] Ein hoher Organisationsgrad der europäischen Verbände ist jedoch nicht unweigerlich mit einer hohen »Handlungsfähigkeit« gleichzusetzen. Aufgrund der heterogenen Interessen ihrer Mitglieder haben europäische Verbände oftmals mit der Schwierigkeit zu kämpfen, die unterschiedlichen Positionen auf mehreren Ebenen zu bündeln und in eindeutige und aussagekräftige Standpunkte zu überführen. Nicht immer gelingt es dem Verband, sich aus einem Kommunikationsforum heraus zu einem entscheidenden kollektiven

---

96   Vgl. Arnold (2008), S. 25ff.
97   Blum/Schubert (2009), S. 53.
98   Eising/Kohler-Koch (2005), S. 15.
99   Vgl. Eising/Kohler-Koch (2005), S. 25.

politischen Akteur zu entwickeln. Laut den Politikwissenschaftlern Rainer Eising und Beate Kohler-Koch ist es daher nicht verwunderlich, dass »europäische Verbandsföderationen« für »die europäischen Institutionen als Gesprächspartner an Wert verlieren«[100] (zur Heterogenitätsproblematik der Verbände siehe auch Abschnitt 7.4.1.1).

Da der institutionelle Rahmen der EU den Organisationsgrad europäischer Interessengruppen begünstigt, haben sich die korporatistischen und kollektiven Akteure – wie die Interessenvertretung allgemein – in Brüssel mittlerweile stark ausdifferenziert. Transnational organisierte Unternehmensverbände (z. B. European Automobile Manufacturers' Association, ACEA) Gewerkschaften (z. B. Europäischer Gewerkschaftsbund, EGB) und andere Organisationen (NGOs, Umweltverbände, Wohlfahrts- und Menschenrechtsgruppen, Kirchen etc.) sind mittlerweile umfassend und mit eigenen Repräsentanzen in Brüssel vertreten. In der Wissenschaft werden sie meist als Vertreter ideeller Anliegen oder bestimmter sozialer Gruppen beschrieben. Die Europäische Kommission und das Europäische Parlament unterstützen die Zusammenarbeit und Zusammenschlüsse von solchen kollektiven Akteuren auch finanziell, um es den nicht-wirtschaftlichen und partizipatorisch schwachen Gruppen zu ermöglichen, sich in die europäische Entscheidungsfindung einzubringen.[101]

Nicht zu unterschätzen als politisch Handelnde sind auch die Medien, die oftmals als vierte Gewalt neben der Legislative, der Exekutive und der Judikative bezeichnet werden. Der massenmedialen Vermittlung von politischen Informationen kommt mittlerweile eine ungeheure Bedeutung zu. Aus dieser – unvollständigen – Aufzählung geht hervor, dass politisch Handelnde häufig sog. kollektive Akteure sind, die sich durch einen bestimmten Grad der Organisation, der Interessenaggregation und vor allem durch eine gewisse Zielorientierung auszeichnen.

4.6.3 Institutionelle Akteure

Eine dritte bedeutende Gruppe der politisch Handelnden sind die sog. institutionellen Akteure. Das politische System der EU ist dadurch gekennzeichnet, dass die verschiedenen legislativen und exekutiven Kompetenzen nicht von jeweils einem der EU-Organe allein, sondern von der EU-Kommission, dem Rat und dem Europäischen Parlament mal einzeln, mal in einem komplexen Zusammenspiel wahrgenommen werden.[102] Den institutionellen Akteuren kommt somit – übrigens nicht nur auf EU-Ebene – großer politischer Einfluss zu.

Die EU-Kommission verfügt nicht nur über ein Rechtsetzungsmonopol, dass es ihr erlaubt, zu jedem Thema und zu jeder Zeit Vorschläge im Bereich der europäischen Rechtsetzung vorzulegen, sondern es obliegt ihr zudem, eine Reihe anderer rechtlich unverbindlicher Dokumente auszuarbeiten (Grün- und Weißbücher, Roadmaps,

---

100 Eising/Kohler-Koch (2005), S. 15.
101 Vgl. Eising/Kohler-Koch (2005), S. 24.
102 Schmedes (2010), S. 23.

Mitteilungen und Empfehlungen). Sie nimmt demnach in der europäischen Gesetz-gebung eine privilegierte Rolle ein, die es ihr erlaubt, die politischen Entscheidungs-prozesse vorzustrukturieren. Aus diesem Grund gilt die EU-Kommission auch als eine zentrale Ansprechpartnerin für organisierte Interessen.[103] Zum Konsultationsangebot der Europäischen Kommission zählen Treffen mit Experten, NGOs und der organi-sierten Zivilgesellschaft, die Arbeit von beratenden Ausschüssen und Sachverständi-gengruppen sowie Workshops, Seminare, Konferenzen und Online-Konsultationen.[104] Dieser formale Prozess des Informationsaustausches wird von der Europäischen Kom-mission direkt gesucht und gepflegt. Darüber hinaus bemühen sich Interessengruppen auch um den Austausch mit der EU-Kommission über informelle Kanäle. Hierzu zäh-len bilaterale Treffen mit den Mitarbeitern der Dienststellen in den Generaldirektio-nen und in den Kabinetten des Präsidenten, der Vizepräsidenten und Kommissare.

Obwohl nicht mit dem direkten Initiativrecht ausgestattet, hat das Europäische Parla-ment durch die sukzessive Ausweitung des Anwendungsbereichs des Mitentscheidungs-verfahrens (seit dem Vertrag von Lissabon auch »ordentliches Gesetzgebungsverfahren« genannt) auf fast alle wichtigen Politikfeldern als institutioneller politischer Akteur für Interessenvertreter zunehmend an Bedeutung gewonnen. Die Abgeordneten des Euro-päischen Parlaments pflegen einen entsprechend offenen Umgang mit den unterschied-lichsten Interessengruppen. Die Volksvertreter erhoffen sich durch den Kontakt »nicht nur den Zugang zu Spezialwissen, sondern auch eine Rückbindung an die Unionsbürger und ihre Belange«.[105] Da die Büros der Abgeordneten relativ wenige Mitarbeiter haben (zwei bis drei Assistenten vor Ort), wird auf den fachlichen Rat von Interessengruppen gerne zurückgegriffen und auch fraktionsübergreifend zusammengearbeitet. In diesem Zusammenhang muss erwähnt werden, dass im Europäischen Parlament kein strenger Fraktionszwang vorherrscht.[106] Das Abstimmungsverhalten der einzelnen Abgeordne-ten ist somit deutlich individueller als in den mitgliedstaatlichen Parlamenten. Der Bun-desverband der Deutschen Industrie (BDI) kommt zu der Einschätzung, dass das Abstimmungsverhalten schwieriger einschätzbar ist als etwa im Deutschen Bundes-tag.[107] Im Europäischen Parlament lässt sich zwischen der formellen (öffentliche Anhö-rungen, thematische Veranstaltungen, Parlamentarische Abende etc.) und der informellen Interessenvertretung (Vieraugengespräch mit den Abgeordneten) unter-scheiden. Um Interessen auf dem informellen Weg einbringen zu können, ist eine inten-sive und vertrauensvolle Langzeit-Kontaktpflege meist die Grundvoraussetzung für den Erfolg und sollte daher nicht erst mit dem Vortragen konkreter Anliegen beginnen. Für die Interessenvertretung bietet es sich somit an, frühzeitig mit wichtigen Abgeordneten und deren Assistenten sowie Fraktions- und Ausschussmitarbeitern in den Austausch zu treten.

103 Kaiser (2010).
104 Vgl. Kohler-Koch/Quittkat (2011), S. 74f.
105 Schemdes (2010), S. 23.
106 Europäisches Parlament (2015).
107 Bundesverband der Deutschen Industrie BDI (2009).

Als institutioneller Akteur spielt auch der Rat der EU eine essenzielle Rolle. Er entscheidet u. a. zusammen mit dem Parlament über die Gesetze, die im ordentlichen Gesetzgebungsverfahren erlassen werden. Erster Ansprechpartner für die Interessenvertretung ist hier grundsätzlich die EU-Ratspräsidentschaft, da sie für die Kompromissfindung innerhalb des Rates zuständig ist und in regelmäßigen Abständen Kompromisstexte ausarbeitet, die zur Prüfung an die nationalen Delegationen weitergeleitet werden. Zu Beginn des Verfahrens gilt also zunächst der Vorsitz der für das Gesetz zuständigen Arbeitsgruppe des Rates als wichtiger Kontaktpunkt. Im Laufe des Verfahrens verschiebt sich der Fokus auf die einzelnen Mitgliedstaaten. Zu diesem Zeitpunkt wird der Rat nichtmehr als »institutioneller Akteur« angesprochen. Die Interaktionen zwischen Interessengruppen und dem Rat findet dann meist indirekt über die Ständigen Vertretungen der 27 Mitgliedstaaten (vom zuständigen Attaché bis hin zum Botschafter) oder aber über die nationale Ebene, über die jeweiligen Regierungen (vom zuständigen Ministerialbeamten bis hin zum Minister) statt.[108]

Es ist davon auszugehen, dass die jeweiligen Akteure nicht einseitig vorgehen, sondern schon durch Gesetzgebungsverfahren, Geschäftsordnungen etc. aneinandergebunden sind und gemeinschaftlich oder in Teilgruppen zusammenarbeiten. Individuelle Akteure sind beispielsweise in ein Kollektiv oder eine Institution eingebunden. So werden beispielsweise Kommissare durch die 2014 neu geschaffene Kommissionsstruktur und Kommissionsbeamte durch spezielle Anweisungen in ihrem Handlungsspielraum stärker als bisher an die Arbeitsweise ihrer Institution gebunden.[109] Andererseits gibt es den schon erwähnten Bureaucratic Drift. Das heißt, dass beispielsweise Kommissionsbeamte auf Arbeitsebene, sei es aufgrund Delegation oder eigenständig, Entscheidungen treffen oder Vorschläge von Policies abändern, ohne dass sie in den »höheren Etagen« bekannt werden.[110] »In any political system, countless important policy decisions are made by the bureaucracy rather than the legislature. By delegating decisions, the legislature takes advantage of the bureaucracy's expertise in the policy area under consideration.«[111]

Der Handlungsspielraum der individuellen Akteure und die Gestaltungsmacht des (institutionellen) Systems, in das sie eingebunden sind, ist dabei komplementär einzuschätzen (sog. akteurszentrierter Institutionalismus).[112] Zudem ist festzustellen, dass »staatliche Programme normalerweise nicht von einem unitarischen Akteur produziert werden, der über alle benötigten Handlungsressourcen verfügt (. . .), dass sie [vielmehr] das Produkt strategischer Interaktionen zwischen mehreren oder einer Vielzahl politischer Akteure sind, von denen jeder ein eigenes Verständnis von der

---

108 Vgl. Schemdes (2010), S. 23.

109 o. V. (2015a).

110 o. V. (2015a).

111 Dadurch wird die Verwaltung auch zu einem interessanten Ansprechpartner für die Interessenvertretung (Bennedsen/Feldman (2006), S. 643).

112 Mayntz/Scharpf (1995); Scharpf (2000); eine gute Zusammenfassung des Ansatzes in: Waschkuhn (2002), S. 116–121.

Natur des Problems und der Realisierbarkeit bestimmter Lösungen hat, und die weiter mit je eigenen individuellen und institutionellen [und kollektiven] Eigeninteressen sowie normativen Präferenzen und eigenen Handlungsressourcen ausgestattet sind.«[113] Zentrales Anliegen für eine erfolgreiche Interessenvertretung muss es sein, alle Akteure (individuelle, kollektive und institutionelle), die am politischen Prozess direkt und indirekt beteiligt sind, für ihre Arbeit zu berücksichtigen.

4.7 Politische Netzwerke

Politiker sind als individuelle politische Akteure grundsätzlich nur ihrem Gewissen und den allgemeinen Gesetzen unterworfen. Aber Politiker können in den seltensten Fällen unabhängig und allein Entscheidungen treffen – mit Ausnahme besonderer Machtzuweisung durch die Verfassung, wie sie beispielsweise Regierungschefs und Präsidenten haben. Jedoch sind auch diese in ihrer Handlungs- und Entscheidungsfreiheit meist eingeschränkt. In der Regel verfügen einzelne Politiker, zum Teil selbst große Institutionen wie Ministerien, nicht über genügend Ressourcen (Mitarbeiter, Fachkenntnis, Mehrheiten etc.), die für eine autonome Politikgestaltung nötig wären.[114] Wie etwa in der Phase des Agenda Setting im Policy Cycle (Abschnitt 4.4.2.2) deutlich wurde, reicht es nicht aus, einen objektiven »Problemdruck« zu erzeugen, um ein Thema auf die politische Agenda zu bringen, denn in der modernen, komplexen Welt der Politik gibt es nur noch wenige »Objektivtäten«, nach denen man urteilen könnte (siehe Abschnitt 4.2). Ob etwas auf die politische Agenda gesetzt wird, hängt vielmehr davon ab, dass relevante Akteure auf ein Problem aufmerksam werden und sich dessen auch annehmen wollen.[115] Aus diesem Umstand heraus bilden sich in der Politik Netzwerke, Politik wird zum »komplexe[n] Zusammenhandeln multipler und heterogener Akteure«[116]. Netzwerke sind eine Notwendigkeit in der politischen Praxis, denn ein Einzelakteur, selbst wenn es sich um einen institutionellen (wie z. B. die EU-Kommission) oder einen kollektiven Akteur (wie z. B. eine Fraktion im Europäischen Parlament) handelt, hat allein nicht die notwendigen Ressourcen für eine autonome Politik. Die verschiedenen Politiksektoren sind so komplex, dass alle Akteure auch Fachinformationen von anderen Sektoren brauchen und deshalb Verbindungen aufbauen, deren Zahl exponentiell ansteigt. In der Politikwissenschaft wird dies positiv bewertet, denn je größer ein Netzwerk, umso mehr Meinungen sind darin vertreten, umso mehr Akteure stehen darin in Konkurrenz zueinander und desto besser wird der Policy Output. Ebenso wichtig sind Netzwerke bei der Policy-Umsetzung[117] – eine Erkenntnis, die sich erst seit den 1970er-Jahren durchsetzte. Bis dahin herrschte eher ein mechanistisches Verständnis vor: Der Staat plant, reguliert und steuert einzelne

113 Scharpf (2000), S. 34.
114 Schneider (2014³), S. 198.
115 Schneider (2014³), S. 212.
116 Schneider (2014³), S. 212.
117 Badie/Berg-Schlosser/Morlino (2011), s. v. Policy Network.

Politikfelder als dominanter und weitgehend autonomer Akteur.[118] Interessanterweise ist das ein Bild, das bisweilen auch heute noch in der öffentlichen Meinung vorherrscht. Nicht zuletzt deshalb stehen Medien und Öffentlichkeit Politiknetzwerken eher reserviert gegenüber und bezeichnen sie mitunter als »Seilschaften« oder »Klüngel«.[119] Seitens der Wissenschaft wird bemängelt, dass die Netzwerke geschlossen sind und Außenstehende so keinen Zugang erlangen können. Auch können Netzwerke erstarren oder rein aus Gründen der persönlichen Loyalität ihrer Mitglieder zueinander bestehen.[120]

Nüchtern betrachtet ist ein Netzwerk zunächst einmal nichts anderes als ein »Geflecht (sozialer, wirtschaftlicher und/oder politischer) Beziehungen, mehr oder weniger auf Kontinuität ausgelegt und auf Freiwilligkeit und Gegenseitigkeit beruhend«.[121] Nicht nur, dass solche Netzwerke freiwillig sind (formal gibt es z. B. nicht einmal einen Fraktionszwang[122]), die Mitglieder eines Netzwerkes müssen auch nicht in allen Punkten einer Policy übereinstimmen. Aber sie alle haben die gleiche Sprache (politische und inhaltliche Fachbegriffe) und Anknüpfungspunkte, die es ihnen ermöglichen, zu diskutieren und eine Plattform zur Diskussionsfindung aufzubauen.[123]

Policy-Netzwerke finden sich auf allen Ebenen der Politik (der kommunalen, regionalen, nationalen, europäischen und internationalen Ebene), ebenso in Institutionen wie Parlamenten, Ministerien, in der Verwaltung und auch in den Interessengruppen. Die individuellen Akteure bilden Netzwerke, die dann sichtbar werden in Form von kollektiven Akteuren wie Parteien oder Fraktionen. Sie können aber auch informell und für die Öffentlichkeit unsichtbar bleiben. Ein Beispiel für ein informelles, nicht öffentlich auftretendes Netzwerk war der sog. Andenpakt, ein Zusammenschluss junger Politiker der deutschen Konservativen (CDU) in den insbesondere 1980er- und 1990er-Jahren. Ein öffentlich bekanntes Netzwerk hingegen findet sich im Europäischen Parlament. Dort sprechen sich seit den Wahlen von 2014 Konservative und Sozialdemokraten stärker ab als je zuvor. Die große Koalition im Europäischen Parlament verstetigt sich weiter. Zwar gibt es keinen formellen Koalitionsvertrag, aber Absprachen sollen nicht mehr nur ad hoc getroffen werden.[124]

Es gibt zudem eine Vielzahl von Bekanntschaften und Netzwerken, die sich oft auf der sog. Arbeitsebene zwischen Fachkollegen und über Abteilungen und ganze Institutionen hinweg bilden. Ähnliche persönliche Verbindungen gibt es natürlich unter Politikern innerhalb von Parteien und Parlamentsfraktionen und ebenso über Fraktionsgrenzen hinweg, wenn sich Parlamentarier z. B. aus der Arbeit in einem

---

118 Blum/Schubert (2009), S. 59.
119 Vgl. Blum/Schubert (2009), S. 60; Jansen (2003[2]), S. 11.
120 Kevenhörster (2008[3]), S. 334.
121 Nohlen/Schultze (2010[4]), s. v. Netzwerk.
122 Europäisches Parlament (»Fraktionen«).
123 Badie/Berg-Schlosser/Morlino (2011), s. v. Policy Network.
124 Gutschker (2014).

Ausschuss kennen und schätzen oder wenn sie das gleiche Anliegen haben. Die Nationalität als informelles Band unter individuellen Akteuren in der EU wurde bereits erwähnt. Wie informelle Prozesse sind auch Netzwerke nicht in Verfassungen oder EU-Verträgen genannt und damit nicht Teil der formalen Polity; da sie aber auch der Verfassungswirklichkeit und der politischen Kultur in den Mitgliedstaaten und der EU entsprechen, sind sie eben doch Bestandteil der Politik und haben erheblichen Einfluss auf die Ausgestaltung von Policies und Entscheidungen.[125] Insbesondere vom politikwissenschaftlichen Governance-Ansatz wird der Einfluss von Netzwerken wahrgenommen und untersucht.[126]

Für die Interessenvertretung ergeben sich nun zwei Herausforderungen: Sie muss Netzwerke und ihre Mitglieder identifizieren und den Kontakt mit ihnen suchen; und zweitens muss die Interessenvertretung die Sprache der Netzwerke sprechen, d. h., ihr müssen Fachtermini, Referenzpunkte, der Stand der Diskussion geläufig sein. Eine Netzwerkanalyse hilft, die tatsächlichen Machtverhältnisse und Akteursbeziehungen aufzuzeigen. Im Fokus stehen die Hintergründe – wie Kontakte aufgenommen werden und ein Netzwerk geknüpft ist. Dies kann auf persönlichen Freundschaften oder auch auf Tauschbeziehungen beruhen, d. h. dass ein Abgeordneter einen anderen bei einem früheren Thema unterstützt hat (Kontaktanbahnung, Mehrheitsbeschaffung etc.) und nun im Gegenzug Unterstützung eingefordert wird.[127]

Selbstverständlich gibt es nicht nur ein oder einige wenige parallel existierende Netzwerke. Man muss sich von der Vorstellung lösen, es gebe nur *eine* politische Bühne und *einen* politischen Prozess. Tatsächlich gibt es eine Vielzahl von unterschiedlichen Haupt- und Nebenschauplätzen in den verschiedenen Politikfeldern.[128] Dementsprechend ist die Zahl der Netzwerke groß und sie unterscheiden sich in Mitgliederzahl, inhaltlichen Themen, Anschauungen sowie Lebensdauer. Sie können sich auch überschneiden, indem Akteure gleichzeitig Mitglied in mehreren Netzwerken sind. Abgeordnete des Europäischen Parlaments z. B. können in verschiedenen Netzwerken beheimatet sein – in einem nationalen, einem Partei- und/oder Fraktionsnetzwerk und evtl. einem themenbezogenen Netzwerk (sog. Issue-Netzwerk) z. B. zur Sozial-, Wirtschafts-, Umweltpolitik oder zu ganz bestimmten Gesetzesvorhaben. Während erstgenannte Netzwerke für Außenstehende leichter zu erkennen und nachzuvollziehen sind, bedarf es für das Ausfindigmachen von Issue-Netzwerken der Prozesskompetenz seitens der Interessenvertretung: Interessenvertreter müssen dazu die individuellen Akteure und ihre Themen und Interessen, für die sie sich einbringen, genau kennen. Zweifellos bedarf es dafür aber einer langen und genauen Kenntnis der politischen Landschaft, was für eine strukturelle, nachhaltige und langfristig angelegte Interessenvertretung spricht, denn ad hoc lassen sich solche u. U. über Jahre und

---

125 Blum/Schubert (2009), S. 59f.
126 Lang/Leifeld (2008), S. 227; Michalowitz (2007), S. 35f.
127 Vgl. Michalowitz (2007), S. 35f.
128 Kevenhörster (2008³), S. 333.

Jahrzehnte gewachsenen Netzwerke nur durch Zufall entdecken, und der Zugang zu solchen Kreisen ist ad hoc eher schwer bis gar nicht zu erreichen.

Gleichwohl besteht eine große Offenheit der Netzwerke seitens der EU-Institutionen. Die EU-Kommission wird allgemein als sehr offen für die Belange von Interessengruppen beschrieben. So stellt ein Vertreter des Verbands der europäischen Chemieverbände (CEFIC) fest: »Picking up on the point of openness (. . .) [it] is amazingly simple to get into the Commission. You are phoning and then there is a certain guy. They can't help you, they put you on to someone who can. It is open and transparent. You are trying to do that in Whitehall or Paris or Bonn and at close shop and secrecy and so on«.[129] Diese Offenheit impliziert, dass in der Praxis kaum geschlossene Ingroup-Netzwerke bestehen, zu denen Außenstehende nur schwer Zugang erhalten. Anfragen können problemlos per E-Mail gestellt werden und auch persönliche Treffen sind möglich. Allerdings bedeutet die Offenheit der EU-Kommission auch einen stärkeren Wettbewerb zwischen den Interessengruppen um die Aufmerksamkeit der Beamten. Da den Beamten der EU-Kommission ein umfangreicher Beratungsstab mit fundiertem Spezialwissen fehlt, sind sie insbesondere an praxisbezogenen Hinweisen und Daten sehr interessiert, was im Sinne einer effektiven Interessenvertretung unbedingt beherzigt werden sollte: »Although the Commission is considered open and accessible, an interest's effectiveness in influencing policy directly continues to be determined by its ability to establish a positive reputation in the European political process. That is to say, by the extent to which it can establish its reputation as a provider of reliable, issuespecific and pan-European information.«[130]

Wegen dieser großen Bedeutung von Netzwerken im politischen Prozess ist es für die Arbeit der Interessenvertretung essenziell, dass Interessenvertreter ihre eigenen Netzwerke langfristig aufbauen. Denn es ist unbestritten, dass die Erfolgsaussicht eines Interessenvertreters zunimmt, wenn er auf ein großes Netzwerk politischer Kontakte zurückgreifen kann.[131] Dabei geht es primär um den Aufbau und das Management von Kommunikationsnetzwerken.[132] Die Aufgabe des Interessenvertreters ist hier die Vermittlung und Betreuung von Kontakten zu Entscheidungsträgern aus den Institutionen der EU und ihrer Mitgliedstaaten (siehe Abschnitt 1.2 und 1.3). Mitunter stellt sich diese Aufgabe als sehr diffizil dar. Die im politischen Bereich tätigen Personen sehen sich meist mit einer hohen Arbeitsbelastung und vielen täglichen Anfragen konfrontiert. Deshalb ist Geschick und Diplomatie angebracht. Hinzu kommen gelegentlich ein gewisses Standesbewusstsein und ein genuiner »Korpsgeist«. Politiker und Mitarbeiter der Exekutive sind sich durchaus ihrer herausgehobenen Positionen und ihres besonderen Arbeitsumfeldes bewusst. Speziell Mitarbeiter der EU-Institutionen, die in aller Regel ein anspruchsvolles, mehrstufiges Auswahlverfahren

---

129 Zitiert nach Lahusen/Jauß (2001), S. 44.
130 Coen (2007), S. 339
131 Brückner (2013), S. 61.
132 Kevenhörster (2008³), S. 335.

durchlaufen haben, wissen um ihren Status. Ähnliches gilt ebenso für die Ministerialbeamten und Politiker auf nationaler Ebene. Nicht zu vernachlässigen ist auch die Tatsache, dass es sich hier um sehr professionelle Persönlichkeiten handelt, die ihre
Einflussmöglichkeiten kennen und dementsprechend mit dem gebührenden Respekt
behandelt werden sollten. Das Aufbauen und die Pflege dieser Kontakte ist einerseits
das elementare Handwerk, andererseits die hohe Kunst des Interessenvertreters; es
erfordert viel Fingerspitzengefühl und hochgradiges diplomatisches wie politisches
Gespür. In der Praxis gleicht dies dem Wandel auf einem schmalen Grat: Einerseits
sollten die Interessen mit einer gewissen Verbindlichkeit und Beharrlichkeit kommuniziert werden, um die Notwendigkeit des politischen Handlungsbedarfs hervorzuheben.[133] Andererseits darf man aber keinesfalls sein Gegenüber überbeanspruchen
oder gar enervieren. Letzteres ist eine Todsünde der Interessenvertretung und zu
Recht beklagen speziell Mitarbeiter der Exekutive solche Fehltritte.[134]

Der wesentliche Vorteil dieser Herangehensweise liegt darin, langfristige und vertrauensvolle Beziehungen zu (politischen) Entscheidungsträgern aufbauen zu können.
Ohne derartige Beziehungen würde Interessenvertretung kaum Erfolg haben, insbesondere in Situationen, in denen ein schneller, direkter Zugang zu Entscheidungsträgern notwendig ist. In diesem Zusammenhang ist nochmals anzumerken, dass man
das politische Kontaktnetzwerk möglichst breit anlegen sollte. Dies ist vor allem im
parteipolitischen Rahmen wichtig, da es aufgrund von Wahlergebnissen zu Macht-
wechseln kommen kann – im schlimmsten Fall verliert der Interessenvertreter dann
sein größtes Kapital, nämlich den Kontakt zu hochrangigen Regierungsvertretern.
Damit dieser Fall nicht eintritt, sollte der Interessenvertreter gewappnet sein und ausreichende Kontakte auch mit Politikern der (momentanen) Opposition pflegen.[135]

4.8 Gesetzmäßigkeiten von (politischen) Entscheidungen

Nachdem in diesem Kapitel bisher sowohl die Bedeutung des Prozessualen herausgestellt als auch die politischen Akteure und ihr Zusammenwirken im politischen
Prozess analysiert wurden, soll nun in einem letzten Abschnitt darauf eingegangen
werden, wie politische Entscheidungen getroffen werden. Dies ist gerade deshalb
wichtig, weil politische Prozesse nicht vollständig vorhersehbar sind, je nach den
daran beteiligten Akteuren können sie unterschiedlich verlaufen und zu verschiedenen Ergebnissen führen: »Und gerade da diese Akteure unterschiedliche Ziele
und Interessen aufweisen, über unterschiedlich ausgeprägte Handlungsressourcen
verfügen und Situationen jeweils unterschiedlich wahrnehmen können, sind die
Ergebnisse politischer Prozesse mitunter nicht auf ein bestimmtes Ergebnis hin

133 Vgl. Bender/Reulecke (2003), S. 120.
134 Siehe Kreimeier (2009).
135 o. V. (2009d).

vorhersehbar. Der politische Prozess ist kontingent [zufällig], d. h., er kann je nach den beteiligten Akteuren unterschiedliche Verläufe nehmen und Ergebnisse aufweisen.«[136]

Am Ende werden in jeder Phase des politischen Prozesses Entscheidungen von individuellen Akteuren gefällt, unabhängig davon, ob diese kollektiv oder in einer Institution agieren. Ausnahmen gibt es natürlich. Solche können u. a. Mehrheitsentscheidungen in Parlamenten, in Regierungskabinetten oder auf Parteitagen sein. Aber auch hier handelt es sich stets um ein Kollektiv einzelner Individuen, die alle zunächst für sich zu einer Entscheidung gelangen müssen. Die »öffentliche Meinung« kann ebenso als kollektiver Druck wahrgenommen werden (z. B. Umfragewerte), die dann die politischen Akteure zu Entscheidungen drängt. Auch kann eine Entscheidung, wie schon angedeutet, rein prozessual erfolgen (z. B. nach Verstreichen einer Frist bzw. Zustimmung durch Nichthandeln). Meistens jedoch muss ein Individuum die Entscheidung treffen. Bei Wahlkämpfen überlegen sich Parteistrategen: Welche Themen sind politisch relevant? Welche davon sollten auf die politische Agenda gesetzt werden? Beamte in der EU-Kommission und Berichterstatter im Europäischen Parlament fragen sich z. B.: Wie soll eine Gesetzesvorlage inhaltlich ausgestaltet werden? In der mitgliedstaatlichen Exekutive fragen Minister und ihre Beamten: Welche Möglichkeiten der Umsetzung gibt es und welche werden tatsächlich genutzt? Letztlich treffen also wenige Individuen Entscheidungen. Ihre Überlegungen der Entscheidungsfindung gilt es zu kennen, um sie dann auch seitens der Interessenvertretung kompetent begleiten zu können.

Politische Entscheidungsfindungsprozesse haben einen eigenen Charakter, der sich von denen in anderen gesellschaftlichen Handlungsfeldern, wie z. B. der Wirtschaft wesentlich unterscheidet. Diese Prozesse unterliegen einer eigenen Logik, die auf den ersten Blick von außen nicht immer einer rationalistisch geprägten Erwartungshaltung entspricht. Dennoch gibt es Analysemethoden, die helfen, den politischen Prozess mit seinen verschiedenen Phasen und Stationen für Außenstehende nachvollziehbar und verständlich zu machen.

4.8.1 Homo oeconomicus oder Homo politicus?

Die vorherrschende Erwartungshaltung an Entscheidungsträger ist wohl der Rationalismus. Es wird eben angenommen, dass sie ihre Entscheidungen abwägen und dann rational entscheiden. Die Wirtschaftlichkeit kann z. B. ein solches rationales Entscheidungskriterium sein. Daher ist es auch nicht verwunderlich, dass das Menschenbild des Homo oeconomicus, der stets nutzenmaximierend nach seinem eigenen wirtschaftlich-rationalen Vorteil strebt, weitgehend bekannt ist und ihm universelle Gültigkeit zugeschrieben wird.

---

136 Jarren/Donges (2011³), S. 129–130.

Beim idealtypischen Wesen des Homo oeconomicus handelt es sich um ein Konstrukt der Wirtschaftstheorie eines »idealen, ausschließlich nach wirtschaftlichen Gesichtspunkten denkenden und handelnden Menschen«[137]. Er ist an ökonomischen Zielen interessiert und strebt nach dem maximalen Nutzen, den er ressourcensparend erreichen will. Dies erreicht er durch sein rationales Verhalten, das durch eine – angeblich – vollständige Kenntnis der relevanten Informationen charakterisiert ist. Das theoretische Konzept des Homo oeconomicus wurde entwickelt, um vornehmlich wirtschaftliche Entscheidungsprozesse beschreiben und erklären zu können.[138] Es ist aber auch ein äußerst populäres, langlebiges und erfolgreiches Analysekonzept, das in alle Lebensbereiche übertragen wurde – u. a. auch auf die Sphäre der Politik (Neue Politische Ökonomie/Public Choice).[139] So wird unterstellt, dass Politiker danach entscheiden, was für die Durchsetzung ihrer Interessen am besten sei, und Wähler sich nicht für die Partei und das Programm entschieden, das dem Land am meisten nütze, sondern ihnen persönlich. Solche Entscheidungen würden zudem rational und nicht gefühlsmäßig gefällt.[140] Die politische Rationalität wird vom ökonomischen Standpunkt aus beschrieben.[141] Parteien würden auf Stimmenmaximierung hinarbeiten und Wähler verhielten sich in der Politik rational.[142] Auch in andere Lebensbereiche drang die Vorstellung des rationalen, nutzenmaximierenden Homo oeconomicus vor. Das Konzept wurde zusehends universalisiert. Es wurde u. a. angewandt zur Erklärung der Stabilität ehelicher Beziehungen oder des Einflusses vom Strafmaß auf die Kriminalitätsrate.[143]

Jedoch wird spätestens mit dem Einsetzen der Finanzkrise von 2008 die allgemeine Kritik am Erklärungskonzept und Anleitungsmodell des Homo oeconomicus lauter und seine Nützlichkeit und Gesetzmäßigkeiten selbst bei der Erklärung von ökonomischen Entscheidungen immer stärker hinterfragt. Aus philosophischer Sicht liegt eine solche Konzeption wie »ein Schatten auf Wirtschaft und Gesellschaft« und führe letztlich in eine »soziale Sackgasse«[144]. Spitzenpolitiker wie die ehemalige deutsche Bundeskanzlerin Angela Merkel stellen es infrage und plädieren für eine wirklichkeitsnähere Weiterentwicklung, die der komplexen und dynamischen Realität gerecht wird. »Das heißt auch, wir sind uns gewiss, dass der Homo oeconomicus weit mehr ist als nur ein Wesen mit ökonomischen Daten, sondern dass Einflüsse der Verhaltensökonomie und vieles andere in eine für die Gesellschaft brauchbare Theorie einfließt.«[145] Aus der

---

137 Pollert/Kirchner/Polzin (2013), S. 23.
138 Vgl. Pollert/Kirchner/Polzin (2013), S. 23.
139 Eine prägnante Zusammenfassung der ökonomischen Theorie der Demokratie in: Kirchgässner (2013⁴), S. 113–134.
140 Kerscher (2013), S. 48f.
141 Downs (1968), S. 14.
142 Downs (1968), S. 14.
143 Kerscher (2013), S. 49.
144 Kerscher (2013), S. 13.
145 Merkel (2014).

Volkswirtschaftslehre heißt es: »Mit dem Leitbild des Homo oeconomicus allein wer-den wir als Ökonomen nicht Wege zu nachhaltigem Wohlergehen aufzeigen können. Wir brauchen ergänzende Konzepte, die andere im Menschen verankerte Triebkräfte wie soziale Einbindung, Vertrauen und Mitgefühl nutzen.«[146]

Auf die Schwächen dieses Konzepts als Grundannahme für die Arbeit der Interes-senvertretung wies der Autor dieses Buches bereits 1997 in seiner Dissertation ein-dringlich hin.[147] Der Leitgedanke ist dabei, dass es sich beim Themenkomplex Interessenvertretung um einen *interdependenten Bereich* zwischen Politik und Wirt-schaft handelt. Die Wirtschaftswissenschaften gehen jedoch in ihren traditionellen Annahmen bisher oft von der *Eigenständigkeit der Wirtschaft gegenüber der Politik* aus. Strömungen innerhalb der Wirtschaftswissenschaften, wie etwa die Neue Politi-sche Ökonomie (NPÖ) sowie die Institutionenökonomie entwickelten Ansätze, wel-che auf die Interdependenzen von wirtschaftlichem und politischem Verhalten aufmerksam machen.[148] Umgangssprachlich formuliert: Politik hat Auswirkungen auf den Erfolg der Wirtschaft (z. B. Wettbewerbsregularien, Steuerpolitik) und die Wirtschaft hat Auswirkungen auf die Politik (z. B. Beschäftigungslage, Steuerauf-kommen). Aufgrund der Kritik am Konzept des Homo oeconomicus, führt ein wei-terer Schritt in der Theoriedebatte dazu, menschliches Verhalten (also ein Verhalten, das von internalisierten Normen wie u. a. Kultur, Moral gesteuert wird) als ökono-mische Größe zu akzeptieren, um den tatsächlichen Rahmenbedingungen, denen Entscheidungsträger unterliegen, besser Rechnung tragen zu können.[149] Das Men-schenbild des Homo oeconomicus geht zudem davon aus, dass Entscheidungsträger sowohl keinen Unsicherheiten ausgeliefert sind als auch über völlige und unendliche Informationstransparenz verfügen und so letztlich die Wirkung ihrer Entscheidung abschätzen können.[150] Jedoch verfügen handelnde Subjekte in der Realität nur über begrenzte kognitive Möglichkeiten zur Informationsaufnahme und Informations-verarbeitung.[151] Hinzu kommt, dass völlige Informationstransparenz nicht gegeben ist. Politiker sind z. B. oft auf Fachinformationen »von außen« angewiesen, und in einer komplexen Welt sind gewünschte und unerwünschte Auswirkungen von poli-tischen Entscheidungen nicht abschließend abzusehen. Das Konzept des Homo oeconomicus – und die damit verbundene Rationalhandlungshypothese – wird folg-lich mehr und mehr durch soziologische Theorien menschlichen Handelns ersetzt (Homo socialis, Homo institutionalis, Homo behavioralis).[152]

---

146 Snower (2014).

147 Für mehr Informationen siehe: Joos (1998), S. 33–37. Der Unterschied in der Datierung ergibt sich aus dem Fakt, dass die Dissertation 1997 eingereicht und 1998 gedruckt wurde.

148 Vgl. Joos (1998), S. 33f.

149 Vgl. Schmidtchen (1993), S. 2.

150 Joos (1998), S. 34.

151 Schmidtchen (1993), S. 2.

152 Vgl. Joos (1998), S. 33ff.; zur Debatte: Manzeschke (2010).

Problematisch ist jedoch, dass sich die Ausbildung von Wirtschaftswissenschaftlern und damit von vielen Vertretern in großen und bedeutenden Interessengruppen (Unternehmen, Wirtschaftsverbänden und Gewerkschaften) nach wie vor an der Homo-oeconomicus-Konzeption orientiert. Studierende der Wirtschaftswissenschaften verinnerlichen dieses Menschenbild dann auch stärker als Studierende anderer Fächer.[153] So entsteht eine Wirkmächtigkeit, die den Einfluss anderer Konzepte und Menschenbilder zurückdrängt.[154] Zukünftige Führungskräfte der Wirtschaft werden auf diese Weise zwar vor einer zu idealistischen Herangehensweise an Probleme und vor einer »naiven Moralvorstellung« bewahrt,[155] jedoch erlaubt ihnen dieses Menschenbild nicht unbedingt den konzeptionellen Zugang zur Politik und vermittelt nur bedingt ein Verständnis für politische Entscheidungsprozesse. So können falsche Grundannahmen entstehen, z. B. dass die Politik aus Sicht eines Unternehmens eine externe, konstante und unveränderbare Größe darstelle, deren Entscheidungen antizipierbar seien. Diese falschen Grundannahmen können dann bei unternehmerischen Entscheidungen, welche die politische Sphäre berühren, zu Fehlern führen, die mitunter schwere betriebswirtschaftliche Folgen nach sich ziehen. Das Konzept des Homo oeconomicus wurde schließlich entwickelt, um eine erfolgreiche Analyse wirtschaftlicher Fragestellungen/Modelle zu ermöglichen, nicht für die Untersuchung politischer Entscheidungsprozesse.[156]

Welche Folgen ergeben sich für Interessengruppen bei der Vertretung ihrer Interessen gegenüber der Politik, wenn die Universalität des Konzeptes des Homo oeconomicus ad acta gelegt und eingeräumt wird, dass es sich nicht zur Erklärung von Entscheidungsprozessen in allen Lebensbereichen eignet? Wenn das Konzept des Homo oeconomicus also nicht auf die Politik angewendet werden kann, entstehen für die Interessenvertretung drei große Herausforderungen. Erstens ist zu konstatieren, dass politische Entscheidungen in ihrem Ergebnis nicht oder nur bedingt abschätzbar und »vorhersehbar« sind, weil sie nicht nach einer am Maximalnutzen orientierten Rationalität ausgerichtet sind. Das soll nicht heißen, dass politische Entscheidungen »irrational« sind, ihre Rationalität ergibt sich vielmehr aus verschiedenen exogenen und endogenen/internalisierten Variablen, die sich mit dem Konzept des klassischen Homo oeconomicus allein nicht erschließen lassen. Die Interessenvertretung muss demzufolge sehr nahe am politischen Geschehen sein, um Entscheidungsprozesse analysieren zu können. Zweitens: Wenn völlige Informationstransparenz für politische Entscheidungsträger nicht gegeben ist, muss die Interessenvertretung durch die Zulieferung von (Fach-)Informationen dafür sorgen, dass politische Entscheidungsträger über alle Informationen verfügen, die sie für ihre Entscheidungen benötigen. Dies muss zum richtigen Zeitpunkt im politischen Prozess und gegenüber den richtigen Adressaten

---

153 Siebenhühner (2001), S. 347.
154 Vgl. Kerscher (2013), S. 17.
155 Kerscher (2013), S. 16.
156 Kerscher (2013), S. 17.

erfolgen. Und drittens: Wenn die Verarbeitung der Informationsfülle an Ressourcengrenzen stößt, muss eine erfolgreiche Interessenvertretung die oft komplexe und detailreiche (Fach-)Information für politische Entscheidungsträger so aufbereiten, dass sie hinreichend kurz und verständlich ist (siehe OnePager-Methodik in Abschnitt 1.3.2.6).

Für die weitere Analyse wird vorgeschlagen, das aus der politischen Philosophie stammende Konzept des Homo politicus zu verwenden, denn damit lassen sich die Kriterien politischer Vorgänge und Entscheidungen besser erklären.[157] Einschränkend muss vorweg gesagt werden, dass es sich bei allen Konzepten, die versuchen, menschliches Verhalten zu erklären, um Idealtypen handelt, und keines dieser Konzepte den Anspruch erheben kann, vollständig das menschliche Verhalten deuten zu können. In der Empirie findet man vielmehr Mischtypen der verschiedenen Konzepte vor.[158] Das heißt, nicht jeder politische Entscheidungsträger ist zu 100 Prozent ein Homo politicus, er kann sich durchaus auch einmal nutzenmaximierend im Sinne eines Homo oeconomicus verhalten. Dennoch scheint es plausibel, dass aufgrund ihrer Sozialisation im politischen System sich politische Entscheidungsträger eher am Homo politicus als am Homo oeconomicus orientieren.

Das Konzept des Homo politicus geht bis auf Aristoteles zurück, der vom Menschen als ein zoon politikon sprach. Einem Wesen, das die Gemeinschaft sucht und in Gemeinschaft (einer polis) lebt. Die heutigen konzeptionellen Vorstellungen gehen davon aus, dass sich der Homo politicus im Gegensatz zum Homo oeconomicus, der sein Verhalten als Nutzenmaximierer an rein ökonomischen Zielen ausrichtet, für das Gemeinwesen interessiert.[159] »Der Homo politicus ist als solcher ein Gemeinschaftswesen, für ihn ist die Gemeinschaft nicht ein Mittel zur Erreichung privater Zwecke oder Ziele, sondern eine notwendige Bedingung seiner Existenz.«[160] Er versucht, zu erfassen, was am besten für die Gesellschaft und im öffentlichen Interesse steht, und strebt nach politischer Gerechtigkeit. »Political justice denotes the ordering of a political community, which meets with general approval; i.e. all individuals have good reason to agree with it and, thus, approval of such an ordering may be expected ex ante.«[161] Zur Verwirklichung dieses Ideals zählen auch der Erhalt einer freiheitlichen Verfassung und gerechte Partizipationsmöglichkeiten für alle, »z. B. der gleichberechtigte Zugang aller Bürger zu politischen Entscheidungen und gleiche Grundrechte und politische Rechte für alle«.[162] Dies sind fundamental andere Orientierungskriterien als die des Homo oeconomicus, und sie erklären, warum bei der Interessenvertretung (also der Kommunikation zwischen Interessengruppen, die ihre Partikularinteressen bisweilen absolut/vordergründig sehen) und der Politik ein Perspektivenwechsel vollzogen werden muss (siehe Abschnitt 1.3.2.6).

---

157 Vowe (2005), S. 93.

158 Vowe (2005), S. 93.

159 Vowe (2005), S. 93.

160 Faber/Manstetten/Petersen (1996), S. 17.

161 Faber/Petersen/Schiller (2002), S. 328.

162 Siebenhüner (2001), S. 350.

Der Homo politicus zeichnet sich auch »durch seine Fähigkeit zur freien Entscheidung und damit auch zu spontanem und flexiblem Handeln aus, sodass sein Handeln nicht eindeutig vorhersagbar und sozialer Wandel auf Basis von nichtnormenkonformem Verhalten möglich ist«.[163] Seine Gemeinwohlorientierung durch vernünftiges Denken ist das, was ihn primär von anderen Konstrukten zur Erklärung menschlichen Verhaltens unterscheidet. Dazu bezieht der Homo politicus eine Vielzahl von Parametern in seine Entscheidungsfindung mit ein und wägt genau ab, bevor er entscheidet.[164] Die ehemalige deutsche Bundeskanzlerin Angela Merkel erklärt hierzu, dass die politische Entscheidungsfindung in Demokratien einem vielschichtigen Prozess unterliegt und »dass nicht allein ökonomisch rationale Erwägungen ins Kalkül zu ziehen sind (. . .). Sondern es sind auch gesellschaftliche Entwicklungen, kulturelle Hintergründe Gegenstand der Untersuchungen.«[165] Auf diesen Entscheidungsfindungsprozess soll im Folgenden näher eingegangen werden.

4.8.2 Entscheidungsfindung des Homo politicus

Dem Entscheidungsfindungsprozess des Homo politicus geht eine Prämisse voraus: der unabdingbare Zwang, zu einer Entscheidung kommen zu müssen, oder, anders ausgedrückt, um noch einmal die ehemalige Bundeskanzlerin Merkel zu zitieren: »Politik muss immer zu Entscheidungen kommen, selbst wenn man ganz widersprüchliche Analysen oder Theorien hat. Sie trägt darüber hinaus noch Verantwortung für das Umsetzen ihrer Entscheidungen.«[166] Selbst für den Entscheider ist dabei nicht immer klar, wie man zu dieser oder jener Entscheidung gelangt. »The essence of ultimate decision remains impenetrable to the observer – often indeed to the decider himself. (. . .) There will always be the dark and tangled stretches in the decision making process – mysterious even to those who may be most intimately involved.«[167] Diese Bewertung durch John F. Kennedy, 35. Präsident der Vereinigten Staaten von Amerika, zeigt, wie schwierig es ist, politische Entscheidungen darzustellen und für Außenstehende wie z. B. Interessenvertreter – oder eben sogar Insider – zu erklären. Zu viele inhaltliche, prozessuale und politische Einzelkriterien spielen eine Rolle, und es ist am Ende oft nicht mehr nachvollziehbar, welches Kriterium das ausschlaggebende war, sodass Kennedy keine andere Möglichkeit sah, als von »dark and tangled stretches« im Entscheidungsprozess zu sprechen. Dabei gibt es hilfreiche Mittel und Wege, Licht in dieses Dunkel zu bringen. Im Folgenden soll nur kursorisch auf einige Erkenntnisse aus der Entscheidungstheorie rekurriert werden, soweit sie für die Erklärung von Entscheidungsergebnissen von politischen Entscheidungsträgern und für die Interessenvertretung nützlich sein können.[168]

---

163 Siebenhüner (2001), S. 350.

164 Vowe (2005), S. 93.

165 Merkel (2014).

166 Merkel (2014).

167 Allison (1971), S. i.

168 Auf eine tiefer gehende Darstellung von Ansätzen der Entscheidungstheorie muss an dieser Stelle verzichtet werden. Einen Überblick zu entscheidungstheoretischen Ansätzen siehe Rogge (2010), S. 206–209.

Der Homo politicus orientiert sich – wie übrigens jeder Mensch – bei seinen Entscheidungen an verschiedenen Kategorien, die ihm bei der Evaluierung der vorliegenden Informationen und bei der Entscheidungsfindung insgesamt helfen. Solche Kategorien können Nutzenmaximierung und Wirtschaftlichkeit sein, wie am Beispiel des Homo oeconomicus bereits gezeigt wurde. Ob diese rationalistische Herangehensweise an Entscheidungen mit der Realität übereinstimmt, wurde bereits infrage gestellt. Vielmehr gilt es, auch die soziale Prägung, den kulturellen Hintergrund und – in der Politik besonders wichtig – die politischen Präferenzen als Entscheidungskategorien zu berücksichtigen. Hieraus ergeben sich die schon erwähnten internalisierten Kategorien und Normen, die bei der Entscheidungsfindung eines Homo politicus (und auch anderer Menschen) unabhängig von exogenen rationalen Normen (Wirtschaftlichkeit, Nutzenmaximierung etc.) eine Rolle spielen. Da diese internalisierten Kategorien und Normen für Außenstehende nicht sofort erkennbar sind, ist das Ergebnis der Entscheidungen eines Homo politicus nicht a priori »berechenbar« und am Ende nicht unbedingt immer nachvollziehbar (»The essence of ultimate decision remains impenetrable to the observer.«). Angemerkt sei noch, dass dies bei jedem einzelnen politischen Entscheidungsträger der Fall ist und sich das Problem über die Anzahl der politischen Entscheider im mitunter langwierigen politischen Prozess in einem komplexen Mehrebenensystem wie der EU schier »unendlich« potenziert. Die politischen Entscheidungen sind also durch ihren offenen Ausgang gekennzeichnet (im Gegensatz zur Antizipierbarkeit der Entscheidungsergebnisse des klassischen Homo oeconomicus).

Zur Erklärung dieser Offenheit des Entscheidungsergebnisses soll zunächst allgemein auf die Entscheidungsfindung von handelnden Subjekten aus der Wirtschaft, der Politik und auch aus dem privaten Bereich eingegangen werden. Aus dieser (nicht empirischen) Alltagsbeobachtung heraus wird ein Verständnismodell entwickelt, das hilft, den Entscheidungsprozess politischer Entscheidungsträger zu erklären. Auf den ersten Blick nicht gleich mit Entscheidungsprozessen in Zusammenhang gebracht, kann eine grafische Darstellung der Gauß'schen Normalverteilung in Verbindung mit dem Gesetz der großen Zahlen eine schemenhafte Beschreibung und auch eine bildhafte Vorstellung davon geben, wie Entscheidungen von individuellen Entscheidungsträgern (nicht nur in der Politik) erklärt werden können. Die Entscheidungsergebnisse werden damit für Außenstehende nachvollziehbarer und klarer.

$$f(x) = a \cdot e^{-b \cdot x^2} \text{ mit } a, b > 0$$

Die Konstante a reguliert die Größe der Kurve in y-Richtung, die Konstante b gibt den Ausschlag darüber, ob die Glockenkurve flacher oder steiler verläuft (eine kleine Konstante b bewirkt eine Abflachung der Glockenkurve). Die Funktionswerte sind immer größer als 0 und an die x-Achse schmiegt sich die Kurve für $x \to \pm\infty$ asymptotisch an.

Abbildung 4.5: Mathematische Gleichung einer symmetrischen Glockenkurve[169]

169 Quelle: Precht/Kraft/Bachmaier (2005[7]), S. 127.

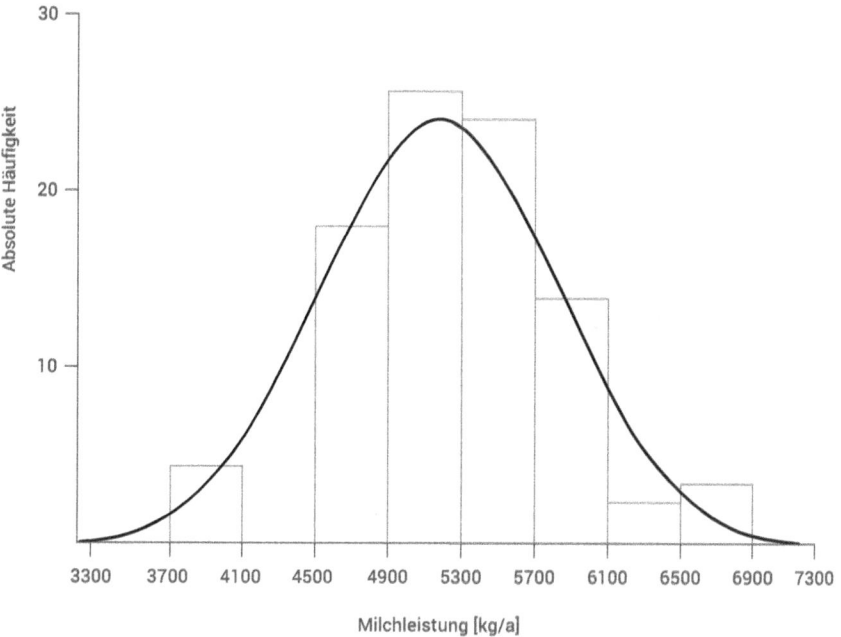

Abbildung 4.6: Annähernd normalverteilte empirische Verteilung der Milchleistung von Kühen[170]

Die Glockenkurve der Gauß'schen Normalverteilung ist weithin bekannt. Neben der Beschreibung zur Verteilung von Messfehlern bei Experimenten dient sie als Modell auch dazu, allgemein die Verteilung von Vorkommen natürlicher Phänomene zu beschreiben. In der Statistik ist die Normalverteilung die wichtigste stetige Verteilung. Denn viele Zufallsvariablen, die in der Praxis auftreten, sind annähernd normalverteilt. Bei derart normalverteilten Zufallsvariablen hat die Dichtefunktion eine glockenförmige Gestalt: Wird ein stetiges Merkmal sehr oft beobachtet, kann man eine Verteilung dieser Häufigkeit zeichnen. In der Praxis zeigt sich, dass man sich in den meisten Fällen eine solche empirische Häufigkeitsverteilung durch eine nahezu symmetrische Glockenkurve als Verteilungsdichte annähern kann.[171]

Die Glockenkurve bildet also folgendes Szenario ab: Betrachtet man beispielsweise die Milchleistung von Kühen, dann zeigt sich, dass nur sehr wenige Kühe besonders viel oder besonders wenig Milch geben und die meisten irgendwo in der »Mitte« liegen. Ähnlich ist es mit der Verteilung der Körpergröße von Schuljungen in einer Klasse. Nur ganz wenige sind besonders groß oder besonders klein. Die meisten haben eine mittlere Körpergröße. Der Eindruck verstetigt sich, wenn man in dieses Beispiel sehr viele, also mehrere Hunderttausend Personen miteinbezieht. Je mehr Schuljungen berücksichtigt werden, desto idealtypischer wird die Kurve.[172] Dahinter steht das

---

170 Quelle: Precht/Kraft/Bachmaier (2005[7]), S. 127.

171 Precht/Kraft/Bachmaier (2005[7]), S. 127.

172 Aus Gründen der Eindeutigkeit und Übersichtlichkeit haben Herrnstein und Murray bewusst eine reine Jungenklasse gewählt Herrnstein/Murray (1994), S. 553–556.

Gesetz der großen Zahlen: Beim Wurf einer Münze z. B. sollte »Kopf« oder »Zahl« gleich häufig vorkommen, wenn man sie nur oft genug hintereinander wirft. Dies muss aber noch nicht bei 100, 1000 oder 10.000 Würfen der Fall sein. Das Gesetz besagt auch nicht, dass nach einer großen Anzahl von »Köpfen« beim nächsten Wurf zwingend eine »Zahl« kommt. Denn jeder Wurf der Münze ist unabhängig vom vorherigen und vom nachfolgenden zu bewerten. Das Gesetz der Großen Zahlen verlangt ein Einpendeln »auf lange Sicht«.[173] In Worten formuliert lautet das Gesetz:

> »Wiederholt man ein zufälliges Experiment genügend oft unter den gleichen Bedingungen, dann kommt die relative Häufigkeit eines bestimmten Ereignisses der theoretischen Wahrscheinlichkeit dieses Ereignisses beliebig nahe.«[174]

Die Glockenkurve beschreibt also, wie schon angedeutet, eine Abweichung vom Mittel. Blickt man auf das Intervall der Abweichungen von -3 bis 3 (Abbildung 4.7), so werden 99,7 Prozent aller Fälle abgedeckt. Nur ganz wenige Extremfälle befinden sich außerhalb dieses Intervalls. Bemerkenswert ist jedoch Folgendes: In jeder Verteilung, gleich ob es sich um die Milchproduktion von Kühen, die Größe von Schuljungen oder die Verteilung der Intelligenz in der Bevölkerung handelt, befinden sich ca. 68,27 Prozent der Fälle im Intervall zwischen den Abweichungen -1 und 1. Damit zeigt sich, dass es in der Welt eine gewisse naturgegebene Uniformität gibt, die sich in vielen Aspekten des Lebens manifestiert.[175]

Diese naturgegebene Uniformität lässt sich – modellhaft – auch auf die Ergebnisse von Entscheidungsprozessen übertragen. Bei der Vielzahl der im Alltagsleben getroffenen Entscheidungen kann man aus der Lebenserfahrung heraus – nicht empirisch erfasst – konstatieren, dass vielleicht fünf bis 15 Prozent der Fälle, die jemandem zur Entscheidung vorgelegt werden, aus Prinzip abgelehnt werden. Ungefähr weitere fünf bis 15 Prozent der Fälle werden aus Überzeugung unterstützt. Diese geringfügige Zahl an Fällen ist vergleichbar mit dem geringen Vorkommen von sehr großen und sehr kleinen Schuljungen. Jedoch, wie schon erwähnt, sind die meisten Schuljungen von mittlerer Körpergröße. Für Entscheidungsprozesse bedeutet das, dass diese in den meisten Fällen volatil ausfallen. Bei der Mehrheit der Fälle, die zur Entscheidung gebracht werden, ist der Entscheider (in der Politik, in Unternehmen, Verbänden, Organisationen oder in einem Privathaushalt) nicht a priori festgelegt, wie er sich entscheiden wird. Anders formuliert bedeutet dies, dass es bei etwa 70 bis 90 Prozent der Fälle, die uns tagtäglich zur Entscheidung vorgelegt werden, heißt: »Das kann ich so oder so entscheiden.« In diesem großen Spektrum sind Entscheider für Argumente zugänglich, und das Ergebnis der Entscheidung ist zunächst offen.

---

173 Precht/Kraft/Bachmaier (2005⁷), S. 96.
174 Precht/Kraft/Bachmaier (2005⁷), S. 96.
175 Herrnstein/Murray (1994), S. 557.

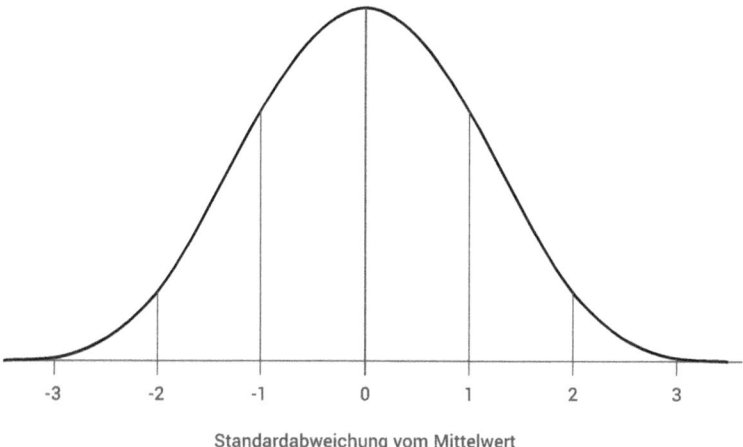

Standardabweichung vom Mittelwert

Abbildung 4.7: Glockenkurve mit Standardabweichungen vom Mittel[176]

Werden Entscheidungsergebnisse schematisch in einer Glockenkurve abgebildet und diese dann in Sektionen aufgeteilt, ergibt sich folgendes Bild:

1. Ablehnung wegen prinzipieller und genereller Bedenken.

2. Ablehnung wegen schwerwiegender Bedenken.

3. Ablehnung wegen leichter Bedenken oder Zustimmung trotz leichter Bedenken.

4. Zustimmung, weil die Umgebung (z. B. Freunde oder Familie) beipflichtet/zustimmt.

5. Zustimmung wegen einer prinzipiellen positiven Einstellung zum Thema, selbst wenn dieses nicht vollständig durchdrungen/verstanden wird.

Da Politik letztendlich von Menschen gestaltet wird, kann dieses Modell auch zur Erklärung der Entscheidungsfindung bei politischen Entscheidern angewendet werden. Hier ist insbesondere an individuelle Akteure zu denken, z. B. an einen Büroleiter (der darüber entscheidet, ob eine Nachricht bedeutend genug ist, um an die vorgesetzte Person weitergeleitet zu werden) oder an einen zuständigen Beamten in einer Generaldirektion der EU-Kommission (der bei der Ausgestaltung z. B. eines Richtlinienentwurfs einen gewissen Spielraum hat und darüber entscheiden kann, wie eine konkrete Formulierung ausfällt). Über diese Texte entscheiden dann wiederum Politiker, in den meisten Fällen Parlamentarier und Ratsmitglieder, ob sie diese Formulierungen so übernehmen. Insbesondere Entscheider aus der Politik beziehen aber neben den rein sachlichen und inhaltlichen Argumenten noch weitere – politische – Kriterien in ihre Entscheidung mit ein.

176 Quelle: Herrnstein/Murray (1994), S. 557.

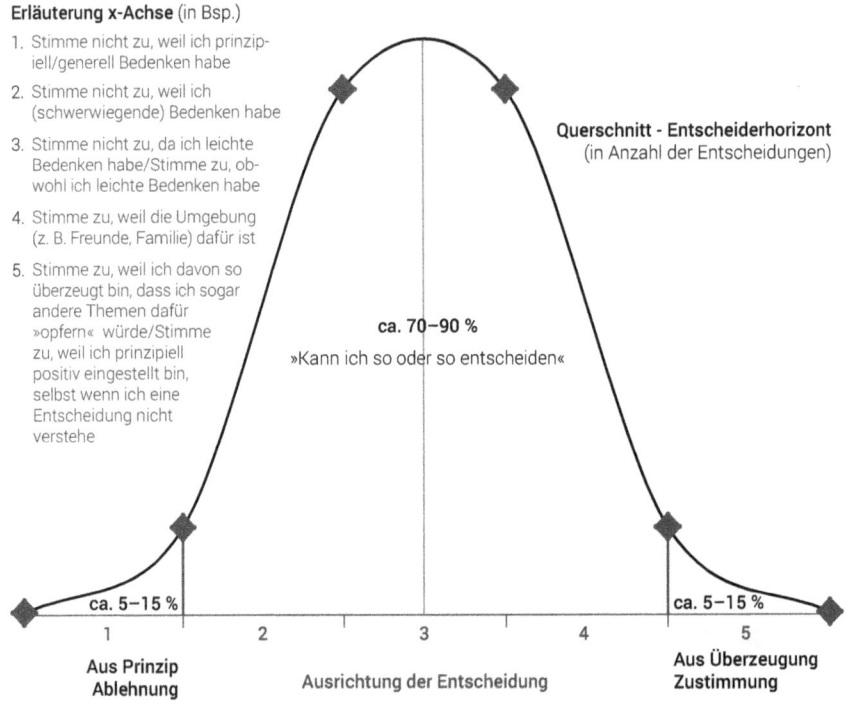

Abbildung 4.8: Entscheidungen nach Sektoren von »prinzipieller Ablehnung« bis »Zustimmung aus Überzeugung«

Auch hier zeigt die Erfahrung aus der Interessenvertretung, dass Entscheidungen im Muster 5–15, 70–90, 5–15 getroffen werden.[177] Natürlich spielt die politische Überzeugung des Entscheiders hier eine große Rolle. Bei etwa fünf bis 15 Prozent der zur Entscheidung vorgelegten Fälle wird aus Prinzip zugestimmt, weil der Entscheider das Thema aus großer politischer Überzeugung mitträgt. Bei diesen Fällen ist er sogar bereit, andere Themen, für die er sich einsetzt, zur Disposition zu stellen, nur um ein solches Primärthema oder eine »Herzensangelegenheit« umsetzen zu können. Darüber hinaus wird der Entscheider bei einem solchen Thema eine »Vorreiterrolle« einnehmen, bei einem solchen Primärthema grundsätzlich alles, was zu seiner Verwirklichung beitragen kann, positiv aufnehmen und alle prozessualen »Winkelzüge« nutzen, um sein Thema voranzutreiben. Ein Ausschussmitglied des Europäischen Parlaments wird bei einem Primärthema regelmäßig versuchen, Berichterstatter zu werden und dadurch besonderen Einfluss auf die Debatte zu nehmen. Der Vorreiter wird sich aktiv in die Diskussion einbringen und keine Abstimmung verpassen. Ist der Vorreiter ein Kommissar, wird er der Arbeit in seiner Generaldirektion dazu besonderes Augenmerk schenken und sich stets über den Stand der Dinge informieren lassen und notfalls korrigierend eingreifen.

---

177 Vgl. hierzu bereits Joos (2015), S. 414ff.

Ähnlich ist es in den schätzungsweise fünf bis 15 Prozent der Fälle, die ein Entscheider aus Prinzip und tiefer politischer Überzeugung ablehnt. Eine solche prinzipielle und kompromisslose Haltung ist häufig bei ethischen Fragen (z. B. Sterbehilfe, Asylfragen) oder auch bei politisch-ideologisch aufgeladenen Themen zu beobachten. Auch bei Umweltthemen wie Klimawandel oder Energiethemen wie der Haltung zur Atomkraft gibt es oft ein kompromissloses Lager, das nur schwer zu einer flexibleren Haltung zu bewegen ist. Bei Vorreitern ebenso wie bei »Kompromisslosen« fallen Argumente häufig nicht auf fruchtbaren Boden. Prozessuale und themenübergreifende Ansätze (log rolling) sind dann oft der einzige Weg zur Kompromissfindung.[178]

Ebenso gilt bei Entscheidern aus der Politik, dass ihre Entscheidung in rund 70 bis 90 Prozent der Fälle nicht a priori festgelegt ist. Ähnlich wie Privatleute oder Entscheider in Unternehmen orientieren sich politische Entscheider an gewissen Kriterien, die ihnen bei ihren Entscheidungen Orientierung bieten und die »dark and tangled stretches« aufhellen und entwirren. Auch hier kommt dem Umfeld des Entscheidungsträgers eine besondere Rolle bei der Entwicklung seiner Entscheidungskategorien zu.

Eine besondere Herausforderung stellt für einen politischen Entscheidungsträger die Allokation seiner Aufmerksamkeit dar. Er empfängt zu viele Signale aus unterschiedlichen Richtungen und unterschiedlichen Quellen (Informationsflut); er hat zu viele Aufgaben zu bewältigen, Strategien und Pläne zu berücksichtigen und zu viele Kontakte zu pflegen, als dass er allem, was ihn ereilt, die gleiche Aufmerksamkeit zuteilwerden lassen kann. Während rein rationalistische Entscheidungstheorien (Rational Choice) dem Faktor Zeit nur eine untergeordnete Rolle zuweisen, Entscheidungen demgemäß im zeitlosen Raum getroffen werden[179], ist Zeit in der Praxis eine sehr wichtige Dimension in der Politik (siehe Abschnitt 4.5). Im Entscheidungsprozess werden Aufmerksamkeit und Zeit zu wichtigen Faktoren, da beide begrenzt sind.

Vor diesem Hintergrund entwickeln politische Entscheidungsträger (aber auch Entscheider in Unternehmen, Verbänden, Organisationen und im privaten Bereich) Kategorien, die ihnen im Entscheidungsprozess Orientierung geben, helfen, Ressourcen zu sparen und diese Begrenztheit von Aufmerksamkeit und Zeit zu managen.[180] Diese Kategorien gilt es zu erforschen, um Entscheidungsergebnisse in der Politik nachvollziehbarer zu machen. Dabei verweist die kognitive Psychologie darauf, dass Menschen eine Vorliebe für Einfachheit haben. Menschen ziehen ebenso die Beständigkeit dem Chaos und dem Unkalkulierbaren vor. Emotionen (in Verbindung mit Kognition) spielen zudem eine wichtige Rolle im Entscheidungsfindungsprozess.[181]

178 Joos (2015), S. 414ff.

179 Rogge (2010), S. 207.

180 Badie/Berg-Schlosser/Morlino (2011), s. v. Rationality, bounded.

181 Zur Bedeutung der kognitiven Psychologie bei politischen Entscheidungen siehe z. B. Badie/Berg-Schlosser/Morlino (2011), s. v. Psychological Explanations of International Politics.

Aus der Bedeutung der Emotion im Entscheidungsfindungsprozess erklären sich auch die strikten Haltungen der Entscheidungsträger bei prinzipieller Ablehnung (Zustimmungsverweigerung) und absoluter Befürwortung (Übernahme der Vorreiterrolle). Letztlich ist die Formulierung von Kategorien zur Orientierung bei der Entscheidungsfindung ein Vereinfachungsprozess, der die Komplexität der Entscheidung auf ein handhabbares Maß reduziert. Es darf vor diesem »psychologischen Hintergrund« daher nicht verwundern, dass einige dieser Kategorien, die politische Entscheidungsträger im Alltag anwenden, als durchaus banal erscheinen mögen. Sie sind dennoch wirkmächtig, Außenstehenden aber nicht immer bekannt.

In der Praxis kann bei einem Parlamentsmitglied z. B. die eigene Fraktionszugehörigkeit eine Rolle spielen, aber auch die Nationalität und die Herkunftsregion können für Entscheidungen relevant sein. Für ein Mitglied der EU-Kommission könnte es z. B. folgende Kriterien geben, die die Entscheidungsfindung positiv beeinflussen: Das Anliegen kommt aus einer Direktion, mit der die bisherige Zusammenarbeit positiv war; das Anliegen kommt – wenn auch auf europäischer Ebene eigentlich sachfremd – aus dem Heimatland des Kommissars; das Anliegen kommt von einem Kollegen, der den Kommissar früher einmal unterstützt hat. Loyalität ist in der Politik ein hohes Gut. Eher negativ wird die Entscheidung von folgenden Faktoren beeinflusst: Das Anliegen kommt aus einer Direktion, mit welcher die bisherige Zusammenarbeit bereits negativ verlaufen ist; das Anliegen kommt von einem Kollegen, der den Kommissar bisher noch nie unterstützt bzw. der eine Zusammenarbeit schon einmal abgelehnt hat; letztlich können auch schwerwiegende oder leichte Bedenken generell gegen das Anliegen sprechen.

Natürlich ergeben sich auch Einschränkungen und Vorschriften unmittelbar durch den politischen Prozess. Entscheidungen dürfen nicht ungesetzlich sein, sie müssen sich in den Rahmen der Polity und der Institution einfügen, in denen die Entscheider tätig sind (der akteurzentrierte Institutionalismus wurde bereits erwähnt). Es genügt also noch nicht »zu wissen, welche Entscheidungsregel faktisch in einem politischen Entscheidungsprozess zur Anwendung gekommen ist [hierarchisches, mehrheitliches, konsensuales Entscheidungsverfahren]. Um ihre Wirkung genau zu verstehen, muss darüber hinaus auch herausgearbeitet werden, in welchem institutionellen Kontext dieses Verfahren genutzt wurde und auf welche Weise es mit anderen Entscheidungsregeln verknüpft wurde.«[182] Interessengruppen werden zudem versuchen, den Entscheidungsprozess zu begleiten und ihrerseits Informationen und Vorschläge einzubringen.[183]

---

182 Eberlein/Grande (2014³), S. 174.
183 Vgl. Nohlen/Schultze (2010⁴), s. v. Entscheidungstheorie.

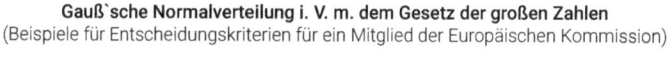

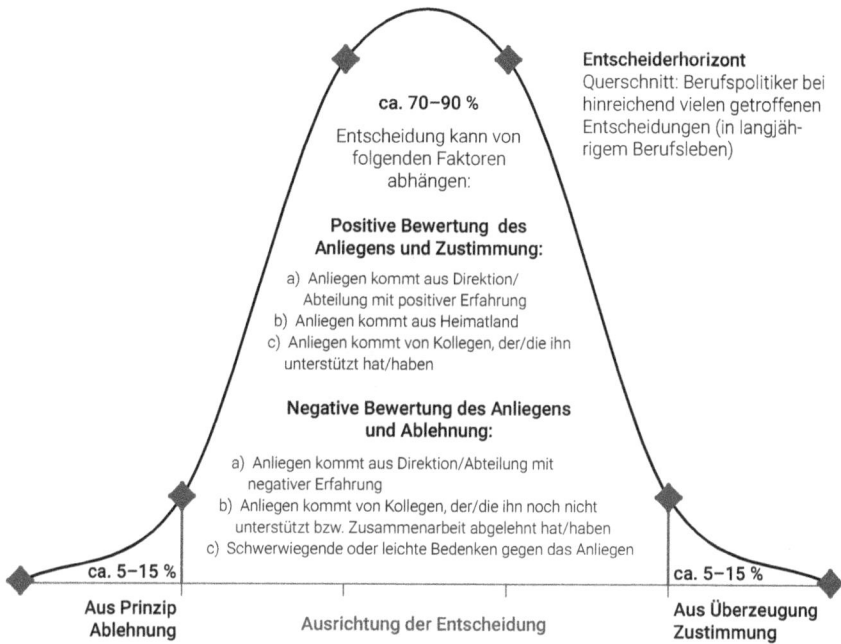

Gauß'sche Normalverteilung i. V. m. dem Gesetz der großen Zahlen
(Beispiele für Entscheidungskriterien für ein Mitglied der Europäischen Kommission)

Entscheiderhorizont
Querschnitt: Berufspolitiker bei hinreichend vielen getroffenen Entscheidungen (in langjährigem Berufsleben)

ca. 70–90 %

Entscheidung kann von folgenden Faktoren abhängen:

Positive Bewertung des Anliegens und Zustimmung:

a) Anliegen kommt aus Direktion/ Abteilung mit positiver Erfahrung
b) Anliegen kommt aus Heimatland
c) Anliegen kommt von Kollegen, der/die ihn unterstützt hat/haben

Negative Bewertung des Anliegens und Ablehnung:

a) Anliegen kommt aus Direktion/Abteilung mit negativer Erfahrung
b) Anliegen kommt von Kollegen, der/die ihn noch nicht unterstützt bzw. Zusammenarbeit abgelehnt hat/haben
c) Schwerwiegende oder leichte Bedenken gegen das Anliegen

ca. 5–15 %

ca. 5–15 %

Aus Prinzip Ablehnung

Ausrichtung der Entscheidung

Aus Überzeugung Zustimmung

Abbildung 4.9: Entscheidungen eines Entscheidungsträgers aus der Politik: Beispiel EU-Kommissar

Wendet man diesen Ansatz für die Vielzahl der Entscheidungen im politischen Prozess der EU an, so zeigt sich für die Praxis der Interessenvertretung, dass die meisten Entscheider noch keine vorgefasste Meinung zu einem Thema haben und ihre Entscheidungen offen sind. Man will sich erst »ein Bild von der Sache machen«, bevor entschieden wird. Die Interessenvertretung hat hier die Chance, durch zuverlässige, objektive und transparente Informationen den Entscheidungsprozess relevant zu begleiten und den Entscheider von der Richtigkeit einer Entscheidung zu überzeugen. Die inhaltliche Arbeit hat an dieser Stelle große Bedeutung und sollte keineswegs unterschätzt werden. Allerdings sind Inhalte nur vermittelbar, wenn sie sich in die Regeln des jeweiligen Entscheidungs- bzw. Gesetzgebungsverfahrens einfügen (siehe Kapitel 1). Auch wenn ein einzelner Ansprechpartner im politischen Prozess einige Anliegen als »Vorreiter« fördern oder als »Kompromissloser« ablehnen mag, besteht bei jedem Einzelnen die Chance, diejenigen Themen zu identifizieren, bei denen erfolgreich für das Interesse des Betroffenen geworben werden kann. Denn er wird nur zu etwa zu fünf bis 15 Prozent ein Anliegen aus Prinzip ablehnen. Und bei jedem einzelnen Ansprechpartner im politischen Prozess eröffnet sich eine neue Chance. Es bestehen daher prinzipiell gute Aussichten, für ein Interessenvertretungsanliegen erfolgreich zu werben.

Wenn es um die Untersuchung gewisser Gesetzmäßigkeiten von (politischen) Entscheidungen geht, gilt es, sich mehr auf »theories of attention and search« als auf »theories of choice among readily available goals, preferences and consequences«[184] zu verlegen. Andere Politikwissenschaftler meinen hierzu zustimmend: »Die Kenntnis politischer Entscheidungsverfahren ist wichtig, da diese offensichtlich keine beliebig anwendbaren und austauschbaren, einfach und eindeutig wirksamen Mechanismen darstellen.«[185] Man muss sich bei der Analyse des politischen Prozesses folglich primär auf den Entscheidungsprozess und nicht vorschnell nur auf das inhaltliche Entscheidungsergebnis konzentrieren.

4.9 Thesenartige Zusammenfassung

»Politik ist die Kunst des Möglichen«, soll Otto von Bismarck gesagt haben. Letztlich weist dieses Bonmot darauf hin, dass Politik ein Prozess ist, an dessen Ende nicht ein maximaler Output steht, sondern im Rahmen der gegebenen Möglichkeiten nur ein Kompromiss. Diese Kompromissfindung ist ein mitunter langwieriger und komplexer Prozess, dessen Ergebnis sich nicht vorhersehen lässt.

Kapitel 4 befasst sich mit den folgenden Leitfragen:

- Welche Bedeutung kommt in der Politik den Inhalten, welche den Verfahren und Prozessen zu?
- Wie gestalten sich politische Prozesse, und wie kann sich die Interessenvertretung darauf einstellen?
- Wie können im politischen Prozess entstehende Zeit- und Entscheidungsfenster für die Interessenvertretung genutzt werden?
- Wie trifft ein politischer Akteur Entscheidungen, und wie kann der Entscheidungsfindungsprozess eines solchen »Homo politicus« für Außenstehende entschlüsselt werden?

1. Politik ist in drei Dimensionen unterteilt: Polity, Policy und Politics.

   - *Polity* ist die *formale Dimension* der Politik. Hierbei handelt es sich um ihre normativen, strukturellen und verfassungsmäßigen Elemente, also um die (historisch gewachsene) institutionelle Ordnung.
   - Der Begriff *Policy* bezeichnet die *inhaltliche Dimension* von Politik (auch materielle Dimension genannt). Das können bestimmte politische Programme und konkrete Ziele und Aufgaben von Politik sein, aber auch ganze Politikfelder wie Sozial-, Innen-, Wirtschafts- oder Umweltpolitik.
   - *Politics* bezeichnet die *prozessuale Dimension* von Politik. Konkret sind das Prozesse der Willensbildung (z. B. Demonstrationen und öffentliche Diskussionen), Entscheidungen (z. B. im Rahmen von Gesetzgebungsverfahren) und Prozesse der Umsetzung (z. B. Erlasse von Verwaltungsbestimmungen, Überwachung der Einhaltung von Gesetzen und Sanktionen bei Fehlverhalten).

---

184 Badie/Berg-Schlosser/Morlino (2011), s. v. Rationality, bounded.
185 Eberlein/Grande (2014³), S. 174.

2. Aus Sicht der Interessenvertretung ist die Polity eine gegebene Größe, die sich nicht oder nur über einen sehr langen Zeitraum verändert und an der sich die Interessenvertretung zu orientieren hat. Die Entwicklung der Europäischen Integration vom »Europa der 6« in den 1950er-Jahren hin zum »Europa der 27« ist verbunden mit einer zunehmenden Komplexität der politischen Prozesse, insbesondere mit den Änderungen des Vertrages von Lissabon (hierzu ausführlich Kapitel 5).

3. Die inhaltliche Dimension der Politik hat eine zentrale Bedeutung für die Interessenvertretung. Die Inhalte helfen, Parteien und Politiken zu unterscheiden. Politische Inhalte, die umgesetzt werden, nehmen Einfluss auf das Leben von Bürgern, auf die Arbeit und auf den Erfolg von Unternehmen, Verbänden und Organisationen. Die Diskussion um politische Inhalte ist Teil unserer politischen Kultur. Inhalte setzen also den politischen Prozess erst in Gang.

4. In komplexen politischen Systemen wie der EU gewinnt die prozessuale Dimension der Politik zusehends an Bedeutung. Für Interessenvertreter ist in der Praxis mindestens ebenso wichtig, die Prozesse und formellen ebenso wie informellen Regeln des jeweiligen politischen Entscheidungsprozesses zu kennen, als »nur« die politischen Inhalte (Policy) im Blick zu haben und die besseren Argumente vorzuhalten: Es ist gerade der politische Prozess in einer Demokratie, in dem Argumente qualitativ evaluiert werden und der entscheidend dafür ist, welche Interessen sich letztlich in einem Entscheidungsprozess durchsetzen. Interessenvertretung bedarf erheblicher Prozesskompetenz (siehe auch Kapitel 1).

5. Prozesskompetenz in der Interessenvertretung ist notwendig, um die Komplexität managen und reduzieren zu können, die sich aus den formellen Strukturen, Gegebenheiten und Regelungen (Polity) sowie der Verfassungswirklichkeit der EU und der Art und Weise, wie und mit welchen Akteuren regiert wird (Governance), ergibt. Es geht dabei insbesondere um das Verständnis für formelle und informelle Zuständigkeiten, Abläufe und Prozesse und um deren Strukturierung, um sie für die Auftraggeber der Interessenvertretung verständlich, handhabbar und planbar werden zu lassen (vor diesem Hintergrund siehe insbesondere auch Kapitel 1.3 zu Prozessstruktur- und Prozessbegleitkompetenz).

6. Nicht zuletzt ist Prozesskompetenz in der Interessenvertretung erforderlich, um die prozessuale Dimension (Politics) der Politik begleiten zu können (siehe hierzu die Prozessbegleitkompetenz, die nach erfolgreichem Perspektivenwechsel zum Tragen kommt, Kapitel 1.3.2.7). Der politische Prozess, d. h. seine Gestaltung und sein Ablauf im konkreten Fall, hat maßgebliche Bedeutung dafür, welche Inhalte in Policies umgesetzt werden und welche nicht. Die inhaltlichen Ergebnisse der Politik werden gleichsam aus einem Prozess geboren. Policy Making ist ein Prozess, der im Policy Cycle abgebildet wird: Dieser beginnt mit der Artikulation und Definition von Themen und Problemen und endet mit der verbindlichen Festlegung von Programmen und Maßnahmen. Es werden dabei bisweilen sechs verschiedene Phasen unterschieden: (1) Problemdefinition, (2) Agenda Setting, (3) Politikformulierung (4), Politikimplementierung, (5) Politikevaluierung, (6) Politikterminierung.

7. Nicht vergessen werden darf die zeitliche Dimension der Politik. Zeit ist eine politische Ressource. Für die Interessenvertretung ist von besonderem Belang, dass sich in jeder Phase des Policy Cycle Zeitfenster öffnen, währenddessen eine Kontaktaufnahme zwischen Interessenvertretung und Politik am erfolgversprechendsten zu sein scheint. Umgangssprachlich formuliert: Es geht darum, den richtigen Moment abzuwarten.

8. Der politische Prozess benötigt das Handeln von Akteuren. Sie artikulieren die politischen Inhalte und Interessen, verfolgen bestimmte Interessen und Handlungsziele, verfügen über Handlungsressourcen und normative Orientierungen und besitzen die Fähigkeit, strategisch zu handeln. Manche nehmen am gesamten politischen Prozess teil, andere sind nur phasenweise eingebunden. Die Interessenvertretung muss mit ihnen in Kontakt treten.

9. Netzwerke sind eine Notwendigkeit in der politischen Praxis: Ein Einzelakteur, selbst wenn es sich um einen institutionellen (wie z. B. die EU-Kommission) oder um einen kollektiven Akteur (wie z. B. eine Fraktion im Europäischen Parlament) handelt, hat allein nicht die notwendigen Ressourcen für eine autonome Politik. Die hohe Komplexität der verschiedenen Politiksektoren bedingt es, dass alle Akteure auf Fachinformationen aus Sektoren angewiesen sind. Zugleich führt die gestiegene Komplexität und die Eigenschaft der EU als Mehrebenensystem dazu, dass die erforderliche Zahl von Kontakten geradezu exponentiell ansteigt.

10. Für die Interessenvertretung ergeben sich daraus zwei Herausforderungen: (i) Identifikation von Netzwerken und ihrer Mitglieder sowie der Aufbau von Kontakten, (ii) Kommunikationsfähigkeit mit den verschiedenen Netzwerken, d. h. Beherrschung und Kenntnis von Fachtermini, Referenzpunkten, Stand der Diskussion in Einzelthemen. Eine Netzwerkanalyse hilft, die tatsächlichen Machtverhältnisse und Akteursbeziehungen aufzuzeigen.

11. Politische Entscheidungsfindungsprozesse haben einen eigenen Charakter, der sich von denen in anderen gesellschaftlichen Handlungsfeldern, wie z. B. der Wirtschaft, wesentlich unterscheidet. Sie unterliegen einer eigenen Logik, die auf den ersten Blick von außen nicht immer einer rationalistisch geprägten Erwartungshaltung entspricht. In jedem Abschnitt des politischen Prozesses müssen die politischen Akteure Entscheidungen treffen. »Entschieden wird nicht nur am Kabinettstisch und in Parlamenten, entschieden wird in allen Phasen des Politikprozesses an vielen Orten: in Ministerien, in Parteizentralen, in Verbandsbüros etc. (. . .) Moderne Politikprozesse sind in dieser Perspektive nichts anderes als eine lange Kette von Entscheidungen, deren Anfang nur schwer, wenn überhaupt zu erkennen ist, und deren Ende oftmals nichts anderes ist als eine neue Entscheidung.«[186]

---

186 Eberlein/Grande (2014³), S. 151.

12. Ein besonderes Augenmerk ist dabei auf die Entscheidungsfindungsprozesse der individuellen politischen Akteure (z. B. Parlamentarier und deren Mitarbeiter, Kommissionsbeamte, Büroleiter, Referenten, Kommissare, Direktionsleiter etc.) und deren Netzwerke (z. B. Parteizugehörigkeit, Nationalität etc.) zu richten. Sie treffen tagtäglich Entscheidungen, die den politischen Prozess beeinflussen, ihn voranbringen, ihn verändern oder vielleicht sogar stoppen. Dabei orientieren sich politische Entscheidungsträger nicht am universell angenommenen Modell des rationalistischen, nutzenmaximierenden Homo oeconomicus. Vielmehr dient hier der am Gemeinwohl und am politischen Gerechtigkeitsprinzip orientierte Homo politicus als Vorbild. Dies erklärt auch, warum die erfolgreiche Interessenvertretung eine Übersetzungsleistung von der Sphäre der Ökonomie in die politische Sphäre (Perspektivenwechsel) gewährleisten muss (siehe insbesondere auch Abschnitt 1.3.2.6).

13. Das Ergebnis der einzelnen Entscheidungen ist dabei nur bei einem kleinen Teil a priori festgelegt. Etwa fünf bis 15 Prozent der zur Entscheidung vorgelegten Fälle lehnt ein Entscheidungsträger aus prinzipieller Überzeugung ab. Bei etwa ebenso vielen Fällen wird er aus prinzipieller Überzeugung positiv entscheiden. Daraus folgt, dass in etwa 70 bis 90 Prozent der Fälle das Ergebnis des Entscheidungsprozesses offen ist. Dies ist auch das Spektrum, in dem Entscheidungsträger für Argumente zugänglich sind. Vorausgesetzt, man verfügt über die entsprechende Prozesskompetenz, um die richtigen Entscheidungsträger zum richtigen Zeitpunkt im »Brüsseler Dickicht« zu identifizieren und zu kontaktieren.

In Kapitel 4 wurde der in Kapitel 1 bereits beschriebene Paradigmenwechsel in der Interessenvertretung bei den Institutionen der EU (aber auch in ihren Mitgliedstaaten) erneut aufgegriffen und ausführlich erläutert. *Je komplexer* ein Entscheidungsprozess strukturiert ist – zahlreiche Entscheidungsebenen, komplexe Verfahrensregeln, zahlreiche Entscheidungsträger und meist divergierende Interessenlagen –, *desto höher ist die Relevanz der Entscheidungsstrukturen und -prozesse für eine konkrete Entscheidung.* Die Europäische Union ist ein Musterbeispiel für ein komplexes System. Inhalte und Argumente sind weiterhin relevant; ihre individuelle Relevanz für das Ergebnis eines Entscheidungsprozesses geht jedoch mit dessen zunehmender Komplexität tendenziell zurück. In einem solchen System beruht eine Entscheidung folglich verstärkt auf prozessualen Aspekten; inhaltliche Argumente drohen im Entscheidungsverfahren aus prozessualen Gründen unbeachtet zu bleiben. Je nach Stadium des politischen Prozesses ändern die Inhalte ihr Gewicht im Argumentationsset, weil die unterschiedlichen Akteure auch unterschiedliche inhaltliche Präferenzen haben und im Wege der Kompromissfindung Positionen abschwächen oder aufgeben, um andere Ziele zu erreichen.

Je einfacher ein Entscheidungsprozess strukturiert ist – geringe Anzahl von Entscheidungsebenen, einfache Verfahrensregeln, wenige Entscheidungsträger –, *desto höher ist die Relevanz von einzelnen Inhalten und Argumenten* für eine konkrete Entscheidung. In einem solchen System beruht eine Entscheidung demnach überwiegend auf inhaltlichen Aspekten. Die Struktur des Entscheidungsprozesses ist transparent; sie beeinflusst nicht oder nur in geringem Maße dessen Ausgang. Solche Verhältnisse finden sich i. d. R. bei stark hierarchischen Entscheidungsstrukturen (also auch in autokratischen Systemen).[187]

Konkret bedeutet dies: Je komplexer die Situation ist, desto stärker ist in einem Entscheidungsprozess die inhaltliche Logik der prozessualen Logik unterzuordnen (siehe insbesondere Abschnitt 1.1). Ohne Prozesskompetenz ist es im dynamischen Mehrebenensystem der EU mit ihrer schier unüberschaubaren Anzahl an individuellen politischen Akteuren (allein die EU-Kommission zählt über 32.000 Mitarbeiter[188]) nicht mehr möglich, die Inhalte verständlich aufbereitet an die relevanten Entscheider zu bringen. Es leuchtet ein, dass die komplexen Entscheidungsprozesse mit inhaltlicher Arbeit allein nicht mehr adäquat begleitet werden können. Auch die Entscheidungsfindungsprozesse und die Kriterien, nach denen entschieden wird, müssen bekannt sein und genutzt werden (siehe insbesondere Abschnitt 1.3).

Die starke Ausrichtung auf inhaltliche Arbeit bei den klassischen Interessenvertretungsinstrumenten (Unternehmensrepräsentanzen, Verbände, Public-Affairs- Agenturen, Anwaltskanzleien) allein reicht zur erfolgreichen Interessenvertretung nicht mehr aus, da die politischen Inhalte im Entscheidungs- und Kompromissfindungsprozess stets neu geformt und formuliert werden (siehe insbesondere Abschnitt 1.2). Folglich muss die prozessuale Dimension der Politik stärker als bisher berücksichtigt werden. Es ist wichtiger, diese Dimension im Auge zu behalten und den politischen Prozess konstruktiv zu begleiten, als allein auf die »Macht« der »besseren« Argumente zu vertrauen. Nur so besteht die Chance, dass legitime Interessen gehört und berücksichtigt werden.

---

187 Siehe zu hierarchischen Entscheidungsstrukturen Eberlein/Grande (2014³), S. 154–157.
188 European Commission (2022).

5 Europäische Union als Ziel von Interessenvertretung: Politisches System und Besonderheiten gegenüber mitgliedstaatlichen Systemen

5.1 Einleitung und Fragestellung

Während Kapitel 1 die Wichtigkeit der Prozesskompetenz in der Interessenvertretung herausstellte und sich Kapitel 4 mit der Bedeutung des Prozessualen in der Politik im Allgemeinen befasste, widmet sich Kapitel 5 den Rahmenbedingungen der EU im Besonderen und geht dabei auf folgende Fragen ein:

- Welche Konsequenzen für die politische Interessenvertretung ergeben sich aus dem historischen Verlauf der europäischen Integration? Wie weit ist die europäische Integration bereits vorangeschritten?
- Was sind die wesentlichen Änderungen durch den Vertrag von Lissabon?
- Wer sind die politischen Stakeholder (aus Sicht der Interessenvertreter) in der EU? Wie ist das politische System der EU charakterisiert? Wie unterscheidet es sich dadurch von den Mitgliedstaaten?

Die heutige Europäische Union hat ihre Wurzeln in der Zeit nach dem Zweiten Weltkrieg. Viele der komplexen Strukturen und sich zum Teil überschneidenden Kompetenzen sind historischen Ursprungs. Mit der Zeit ist ein vielschichtiges Mehrebenensystem entstanden, mit Akteuren und Entscheidern auf regionaler (subnationaler), mitgliedstaatlicher (nationaler) und europäischer (supranationaler) Ebene (siehe Abschnitte 5.2 und 5.3). Dem historischen Überblick folgt eine Darstellung der europäischen Integration, die mit Hilfe sog. Integrationstheorien die Integrationsschritte erklärt und verdeutlicht, wie weit die europäische Integration aus politikwissenschaftlicher Perspektive bereits vorangeschritten ist (siehe Abschnitt 5.4). Der letzte große Integrationsschub kam mit dem Vertrag von Lissabon, welcher entscheidende Veränderungen mit sich brachte und die Union nach außen und nach innen stärkte. In seinen praktischen, d. h. konkreten Auswirkungen (Wirkungskraft) ist er dem Europäischen Verfassungsvertrag (VVE) nahezu gleich, da entscheidende Elemente des Letzteren übernommen wurden.

Eine überblicksartige Darstellung der politischen Stakeholder in der EU schließt diesen Teil des Buches ab (siehe Abschnitt 5.5). Sie beginnt mit einer Aufführung wichtiger EU-Organe und -Institutionen. Zum einen wird im Sinne einer Institutionenlehre der Aufgabenbereich der jeweiligen Einrichtung umrissen. Die Organe und Institutionen sollen aber, zum anderen, auch als veritable politische Akteure (Stakeholder) im politischen Prozess der EU betrachtet werden, die u. U. eine eigene Agenda und eigene Interessen verfolgen. Mit der Veränderung des Blickwinkels hin zur Stakeholder-Perspektive rücken noch weitere, zentrale, im Rahmen einer reinen Institutionenlehre oft vergessene Akteure ins Blickfeld – insbesondere die EU-Mitgliedstaaten mit ihren subnationalen Einheiten, die Regionen; aber auch die (organisierte) Zivilgesellschaft, der eine wichtige Rolle in der EU zukommt. Alle Ebenen, die supranationale Ebene der EU-Organe und EU-Institutionen, die nationale Ebene der Mitgliedstaaten mit ihren subnationalen Einheiten sowie die Ebene der Zivilgesellschaft werden in der Analyse als politische Stakeholder kategorisiert, schließlich sind sie alle Teil des vielschichtigen Mehrebenensystems EU und letztlich am Entscheidungsprozess bzw. an der Umsetzung europäischer Entscheidungen beteiligt. Ein Grundverständnis dieser Beziehungen ist für eine erfolgreiche und effiziente Interessenvertretung folglich unabdingbar, um Gesetzgebungsverfahren, Entscheidungsprozesse und somit die charakteristischen Abläufe der Interessenvertretung in Brüssel nachvollziehen zu können.

5.2 Kurze Geschichte der europäischen Integration

»History is past politics and politics is present history.«[1] Das politische Europa, die Europäische Union, ist das Ergebnis einer jahrzehntelangen Entwicklung. Viele Institutionen und ihr Zusammenwirken sind nur aus der Geschichte der europäischen Integration heraus zu verstehen. Ein kurzer Abriss über die Ideen zur politischen Einigung des Kontinents und ein Überblick zur Geschichte der europäischen Institutionen sollen helfen, die Komplexität des heutigen EU-Europa zu erfassen und einordnen zu können. Dabei sollte nicht vergessen werden, dass Europa auch eine geografische und kulturelle Dimension hat, die beide mit der politischen Dimension verwoben sind, was insbesondere bei der Diskussion um eine künftige EU-Erweiterung eine Rolle spielt.

Die antiken Griechen erklärten sich die Namensgebung des europäischen Kontinents mit dem bekannten Mythos der phönizischen Königstochter Europa, die von Zeus, der sich in einen Stier verwandelt hatte, aus dem Gebiet des heutigen Libanon nach Kreta entführt wurde. Der Kontinent, auf dem sie landete, und wenn es auch nur eine Insel davon war, wurde zum Trost der Entführten nach ihr benannt.[2] Die Antike kannte aber nicht nur den Mythos. Europa wurde auch als Kulturgemeinschaft erkannt, die dann im Mittelalter als das christliche Abendland bezeichnet wurde.[3] Und nicht zuletzt war Europa auch ein geografischer Begriff, der das nördliche Gebiet der damals bekannten Welt umfasste. Damals wie heute war umstritten, wo die Ostgrenze des Kontinents zu ziehen sei. Erst seit dem 18. Jahrhundert wird hierfür allgemein der Ural akzeptiert.[4] Seit dem Mittelalter kannte man auch ein politisch imaginiertes Europa.[5] Seither gab es viele verschiedene Ideen, den Kontinent politisch zu einen.

---

1   Ausspruch des Oxford-Historikers Edward A. Freeman; zur Diskussion um die Autorenschaft des Zitats: Hesketh (2014), S. 105–108.

2   Zur sprachhistorischen Herleitung des Begriffs Europa vom semitischen *ereb* (»dunkel« oder »Abend«), was auf den Sonnenuntergang, also den Westen verweist (siehe dazu die Herkunft des Wortes Asien von *assu*, das auf die aufgehende Sonne, also Osten verweist), vgl. Mittag (2008), S. 21f.

3   Mittag (2008), S. 25–30.

4   Mittag (2008), S. 21–25.

5   Schmale (2000), S. 83–90.

Meist war ein komplexes System angedacht, das nach moderner Terminologie völkerrechtlich zwischen Staatenbund oder Bundesstaat zu verorten wäre, auch heute ist die EU mit klassischen staatsrechtlichen Begriffen nicht einfach zu fassen. Es sollte die vorherrschende Situation von Rivalität und permanenten militärischen Konflikten basierend auf territorialen, wirtschaftlichen und dynastischen, später dann nationalen Interessen durchbrochen werden.[6] Von Bedeutung blieben z. B. die Ideen des Grand Dessin des Herzogs von Sully (1638), der für Europa ein machtpolitisches Gleichgewicht von 15 etwa gleichgroßen Staaten vorsah, und Immanuel Kants global ausgelegtes Buch *Vom ewigen Frieden* (1795), das eine Art föderativen »Völkerbund« vorschlug. Auf beide Vordenker wurde noch nach 1945 beim Aufbau des heutigen politischen Europa Bezug genommen.[7]

Im Zuge der Globalisierung Ende des 19. Jahrhunderts nahm die Vernetzung der europäischen Staaten vor dem Ersten Weltkrieg zu. Internationale Kongresse, die vor allem von den europäischen Mächten geprägt waren wie etwa der Berliner Kongress von 1878, die Berliner Afrika-Konferenz von 1884-85 sowie die Haager Friedenskonferenzen von 1899 und 1907 sind Beispiele, die zeigen, wie die europäischen Staaten in der Lage waren, ihre Interessen auf intergouvernementaler Ebene auszutauschen und zu koordinieren. Dennoch kam es 1914-1918 zur »Urkatastrophe« Europas, die von vielen Zeitgenossen als die »letzten Tage der Menschheit« (Karl Kraus) wahrgenommen wurde. Der Erste Weltkrieg kostete über 20 Mio. Menschen das Leben.[8] Die Pariser Friedenskonferenz von 1919 sollte Europa und der Welt wieder dauerhaften Frieden bringen. Doch bereits für Zeitgenossen wie dem an der Friedenskonferenz teilnehmenden Ökonomen John Maynard Keynes war es absehbar, dass die geschlossenen Friedensverträge keine positiven Konsequenzen – insbesondere auf dem Gebiet der wirtschaftlichen Erholung Europas und der Friedenssicherung – haben werden.[9] Der Versailler Vertrag mit Deutschland zielte eher auf Reparationen als auf Ausgleich.

Trotz dieser schwierigen Gemengelage entwickelten sich in der Zwischenkriegszeit bei den Eliten des Kontinents eine intensive Diskussion über Europa und der Wunsch nach einer europäischen Einigung. Hierzu erschienen Hunderte von Publikationen und es gab rund ein Dutzend Vereinigungen mit dem Ziel eines europäischen Zusammenschlusses.[10] Die bekannteste davon ist die 1922 vom österreichischen Grafen Richard Coudenhove-Kalergi ins Leben gerufene Paneuropa-Union, die für die Vereinigten Staaten von Europa eintrat.[11] Auch in der Wirtschaft gab es eine Bereitschaft zu europäischen Zusammenschlüssen, wie die 1926 gegründete Internationale Rohstahlgemeinschaft (IRG), ein Kartell zur Regelung der Marktanteile in der europäischen Stahlindustrie. Sowohl auf die politischen Überlegungen als auch die

---

6   Simms (2013); Ferguson (2011), S. 19–43.
7   Brunn (2009³), S. 20.
8   Clark (2012), S. xxiii.
9   Keynes (1920).
10   Schmale (2000), S. 109–112.
11   Coudenhove-Kalergi (1923), S. 153.

wirtschaftlichen Strukturen bezog sich dann die europäische Einigungsbewegung nach 1945.[12] Zunächst machten aber der verstärkte Nationalismus, Faschismus und Nationalsozialismus der 1920er- und 1930er-Jahre solche Pläne zunichte.[13] Die Weltwirtschaftskrise dämpfte ebenfalls die Hoffnungen auf eine mögliche Einigung. Statt länderübergreifenden Freihandels brachte sie Protektionismus, Zollschranken und Abschottung.[14] Der Zweite Weltkrieg und der Holocaust, vom nach Hegemonie in Europa strebenden Deutschen Reich entfacht, hinterließen eine Spur von Verwüstung, Verbrechen und Tod. Über 50 Mio. Menschen kamen in Europa ums Leben.

Ein ganzer Kontinent stand vor einem Neuanfang und war diesmal auch bereit, einen gemeinsamen Weg aus der Katastrophe zu gehen. Bereits 1946 setzte Winston Churchill – von 1940 bis 1945 und 1951 bis 1955 britischer Premierminister – mit seiner berühmt gewordenen Rede an der Züricher Universität den ersten Meilenstein auf dem Weg zur europäischen Einigung: »Our constant aim must be to build and fortify the strength of the United Nations Organisation. Under and within that world concept, we must re-create the European family in a regional structure called, it may be, the United States of Europe. The first step is to form a Council of Europe.«[15]

Die Rahmenbedingungen waren jedoch anders als in der Zwischenkriegszeit, der Kalte Krieg warf Ende der 1940er-Jahre bereits seine Schatten voraus und spaltete Europa in Ost und West, wie z. B. die Berlin-Blockade von 1948 oder die Gründung zweier deutscher Staaten im Jahr 1949. Ein »Eiserner Vorhang«[16] spaltete den Kontinent. Unter diesen Vorzeichen sollte sich die europäische Einigung vollziehen, wenngleich sie zuerst in Westeuropa ihren Ausgang nahm und erst nach dem Zusammenbruch des kommunistischen Ostblocks auch Zentral- und Osteuropa miteinbezogen wurde.

Historiker (auf politikwissenschaftliche Integrationstheorien wird in Abschnitt 5.4 eingegangen) hoben als Motivation für den europäischen Integrationsprozess verschiedene Faktoren hervor: zum einen den Idealismus der beteiligten Personen und Politiker, zum anderen die nationalen (Sicherheits-)Interessen der beteiligten Staaten und die Wahrung des Friedens in Europa. Hinzu kamen wirtschaftliche Interessen, die Enge der nationalen Märkte zu überwinden, und schließlich exogene Treiber wie der schon erwähnte Kalte Krieg, die Ölkrisen der 1970er-Jahre, der Zusammenbruch des internationalen Währungssystems von Bretton Woods oder der Zusammenbruch des

---

12   Brunn (2009³), S. 24.

13   Schmale (2000), S. 108; »Der Nationalsozialismus hat zwar Europavorstellungen entwickelt, aber gemessen an der Tradition der Europaidee waren diese anti-europäisch.« (Schmale (2000), S. 116).

14   Pressler (2013), S. 112; Brunn (2009³), S. 25.

15   Winston Churchill am 19. September 1946 in seiner Rede an die akademische Jugend, gehalten an der Universität Zürich, in: Lipgens/Loth (1988), S. 665.

16   Der Begriff »Eiserner Vorhang« im Zusammenhang mit einer Spaltung Europas wurde erstmals 1945 vom deutschen Propagandaminister Joseph Goebbels verwendet (vgl. Mazower (2008), S. 554).

Ostblocks 1989/90 sowie der Versuch Europas, sich in einer globalisierten Welt zu behaupten.[17]

Trotz der Überlegungen der Zwischenkriegszeit war die Entstehung der EU im Nachkriegseuropa »kein auf dem Reißbrett entstandenes Gedankenkonstrukt, das eins zu eins in die politische Praxis umgesetzt wurde. Vielmehr hat sich die Integration seit den 1950er-Jahren kontinuierlich fortentwickelt.«[18] Die europäischen Institutionen sind also organisch gewachsen, was u. U. zu Redundanzen und Kompetenzüberschneidungen geführt hat, die teilweise bis heute gegenwärtig sind und den politischen Ablauf nicht immer vereinfachen.

Bereits 1948 wurde im Rahmen des Marshall-Plans die Organisation for European Economic Co-operation (OEEC) gegründet.[19] Ebenfalls 1948 gründeten Frankreich, Großbritannien und die Beneluxstaaten den intergouvernementalen Brüsseler Pakt für eine Zusammenarbeit auf sicherheitspolitischem Gebiet. Als 1954 Deutschland und Italien beitraten, wurde der Brüsseler Pakt zur Westeuropäischen Union umfirmiert. Sie hatte später neben der Gemeinsamen Außen und Sicherheitspolitik (GASP) der EU keinen Platz und wurde 1997 wieder aufgelöst. 1949 folgte der Europarat – wie von Churchill in der Züricher Rede gefordert –, der aber heute neben der EU in der politischen Bedeutung zurücksteht. Er ist jedoch als intergouvernementale Institution zur Förderung einer Kultur der Menschen- und Bürgerrechte in Europa von Bedeutung.[20] .

Die Vorläufer der heutigen EU-Institutionen entstanden mit der Europäischen Gemeinschaft für Kohle und Stahl (EGKS), in Deutschland auch Montanunion genannt. Sie wurde mit dem sog. Pariser Vertrag 1951 gegründet und basierte auf einem Plan des französischen Außenministers Robert Schuman (Schuman-Plan). Der Vertrag trat 1952 in Kraft. Damit sollte Deutschland in ein westeuropäisches Staatenbündnis eingebunden und die militärische und auch wirtschaftliche Sicherheit Frankreichs vor dem wieder erstarkenden Nachbarn Deutschland gewährleistet werden. Die Montanunion stellte die Kohle- und Stahlindustrie Deutschlands, Frankreichs, Italiens und der Beneluxstaaten unter die Aufsicht einer Hohen Behörde mit supranationalen Kompetenzen. Aus ihr wird später die Europäische Kommission hervorgehen. Eingeführt wurden ein Besonderer Ministerrat, eine Parlamentarische Versammlung sowie ein Europäischer Gerichtshof. Auch sie sind die Vorläufer der heutigen Institutionen.[21] Die Montanunion war der erste Schritt zu einer supranationalen Institution, an die Mitgliedstaaten Teile ihrer Souveränität über ihre nationale Montanindustrie abgaben.

---

17 Brunn (2009³), S. 12–15; Loth (2014), S. 9ff.

18 Weidenfeld (2013³), S. 69.

19 Mit dem Beitritt der USA und Canada im Jahre 1960 wurde sie auf eine globale Stufe gehoben und 1961 zur Organisation for Economic Co-operation and Development (OECD) umbenannt.

20 Weidenfeld (2013³), S. 70; Schmale (2000), S. 226–234.

21 Brunn (2009³), S. 70–87; Wessels (2008), S. 61–66.

Europarat (engl. Council of Europe; frz. Conseil de l'Europe)

Der Europarat ist eine intergouvernmentale Staatenorganisation. Er ist nicht zu verwechseln mit dem Rat der Europäischen Union oder dem Europäischen Rat. Der Europarat ist keine Institution der EU und von ihr unabhängig. Er wurde 1949 mit Sitz in Straßburg gegründet und zählt heute 46 Mitglieder, darunter alle EU-Mitgliedstaaten aber auch Nicht-EU-Staaten wie die Schweiz, die Türkei, die Ukraine, Georgien oder Aserbaidschan.

Der Europarat setzt sich vor allem für die Wahrung und Förderung von Grundrechten, wie der Meinungsfreiheit, und zum Schutz der Menschenrechte ein. Seine bekannteste Konvention ist wohl die bereits 1950 unterzeichnete und 1953 in Kraft getretene Europäische Menschenrechtskonvention (EMRK), die auch am Europäischen Gerichtshof für Menschenrechte in Straßburg (EGMR) eingeklagt werden kann.

Weitere Hinweise im Internet unter: www.coe.int

Abbildung 5.1: Europarat

Den nächsten Meilenstein stellte 1957 die Unterzeichnung der Verträge zur Bildung einer Europäischen Wirtschaftsgemeinschaft (EWG) und einer Europäischen Atomgemeinschaft (EAG oder Euratom) in Rom dar – die sog. Römischen Verträge. Zusammen mit dem Vertrag zur EGKS gab es nun drei europäische Verträge. Die EWG wurde »das tragfähige Fundament, auf dem das (...) Einigungswerk errichtet werden konnte«.[22] Das Ziel war ein Gemeinsamer Markt ohne Binnenzölle und andere Handelshemmnisse zwischen den Mitgliedstaaten. Auch bildete die EWG den Grundstein der Gemeinsamen Agrarpolitik. Durch den 1967 in Kraft getretenen Fusionsvertrag wurden die drei Einzelverträge schließlich zu den Europäischen Gemeinschaften (EG) zusammengefasst. Im Zuge dessen wurden die Hohe Behörde der EGKS und die Kommissionen von EWG und Euratom zur Europäischen Kommission verschmolzen. Parallel dazu etablierte sich, gewissermaßen als Gegengewicht, 1959/60 die EFTA, eine Freihandelszone zwischen Dänemark, Großbritannien, Norwegen, Österreich, Portugal, Schweden und der Schweiz. Wegen ihres auf Freihandel ausgerichteten Programms entwickelte die EFTA nicht die gleichen Integrationsbestrebungen wie die EGKS und EWG.[23] Nachdem viele EFTA-Mitglieder der EG bzw. EU beigetreten waren, zählt sie heute nur noch vier geografisch weit auseinander gelegene Mitglieder: Island, Liechtenstein, Norwegen und die Schweiz.

In den folgenden Jahrzehnten wechselten sich Phasen der Vertiefung und der Erweiterung ab, zugleich wurde der Weg der europäischen Einigung steiniger: »Ein über 30 Jahre andauernder, immer wieder von Rückschlägen unterbrochener, von mehreren Erweiterungsrunden teils beförderter, teils erschwerter Prozess der Vertiefung der

---

22   Brunn (2009³), S. 118.
23   Schmale (2000), S. 240f.

europäischen Integration war die Folge.«[24] Durch die Verdoppelung der Mitglieder-zahl der EG bis Mitte der 1980er-Jahre wurde die Entscheidungsfindung durch das de facto praktizierte Einstimmigkeitsprinzip für Entscheidungen im Europäischen Rat immer komplizierter und mühseliger. Eine effizienzorientierte Neubestimmung der gemeinschaftlichen Verfahren, vor allem der Abstimmungsregeln, wurde zunehmend unausweichlich. So kam es mit der 1986 unterzeichneten Einheitlichen Europäischen Akte (EEA) zur bis dahin weitreichendsten Reform der EG. Sie trat im Juli 1987 in Kraft. Mit der EEA wurde die Verwirklichung des Gemeinsamen Binnenmarkts zum Ende des Jahres 1992 beschlossen, der den freien Verkehr von Waren, Dienstleistun-gen und Kapital umfasste. Ausgehend von der EEA bekamen die Einigungsbemühun-gen neuen Schwung. Der 1992 unterzeichnete und am 1. November 1993 in Kraft getretene Vertrag von Maastricht war bis dato der Höhepunkt der europäischen Eini-gung und schuf ein neues Maß an Tiefe der Integration. Durch diesen Vertrag wurde die Europäische Union (EU) als gemeinsamer Rahmen für die bisher nebeneinander bestehenden Verträge geschaffen. Die EU fußte damit auf drei Säulen: erstens den Europäischen Gemeinschaften, zweitens der neu hinzugekommen Gemeinsamen Außen- und Sicherheitspolitik (GASP), drittens der ebenfalls neuen Polizeilichen und Justiziellen Zusammenarbeit in Strafsachen (PJZS). Mit der Gründung der Europäi-schen Wirtschafts- und Währungsunion (EWWU), die zur Gemeinschaftswährung Euro führte, wurde erstmals eine Kernkompetenz der teilnehmenden Nationalstaaten, nämlich die Geld- bzw. Währungspolitik, vollständig an die europäische Ebene abge-geben. Durch die Einführung des legislativen Mitentscheidungsverfahrens wurde das bisher weitgehend machtlose Europäische Parlament nun zum Mitgestalter der euro-päischen Politik.

Der Fall des Eisernen Vorhangs 1989/90 brachte eine Vielzahl neuer Beitrittskandida-ten hervor. Besonders die Staaten Ost- und Südosteuropas sowie die des Baltikums strebten in die EU. Um die EU-Erweiterung bewältigen zu können, mussten die beste-henden institutionellen und vertraglichen Arrangements modifiziert werden, da der EU ansonsten die »faktische Unregierbarkeit« drohte. Auch machte die »komplizierte Architektur der Union, die Undurchsichtigkeit der verschachtelten Verträge, die man-gelnde demokratische Legitimität des Unionshandelns« eine Revision des Maastrich-ter Vertrages nötig.[25] Der Versuch, die Erweiterungsfähigkeit der Union mit dem Vertrag von Amsterdam 1997 herzustellen, scheiterte. Auch der Vertrag von Nizza, in Kraft getreten im Jahr 2003, der Europa erweiterungsfähig machen sollte, brachte nicht die gewünschten Ergebnisse: »Statt die Strukturen zu vereinfachen, die Trans-parenz des Systems zu erhöhen und die Entscheidungsfähigkeit der Unionsorgane zu stärken, wurden die Mechanismen weiter verkompliziert.«[26]

---

24 Herz/Jetzlsperger (2008²), S. 41.
25 Brunn (2002), S. 281f.
26 Herz/Jetzlsperger (2008²), S. 67.

Jahr des Inkrafttretens

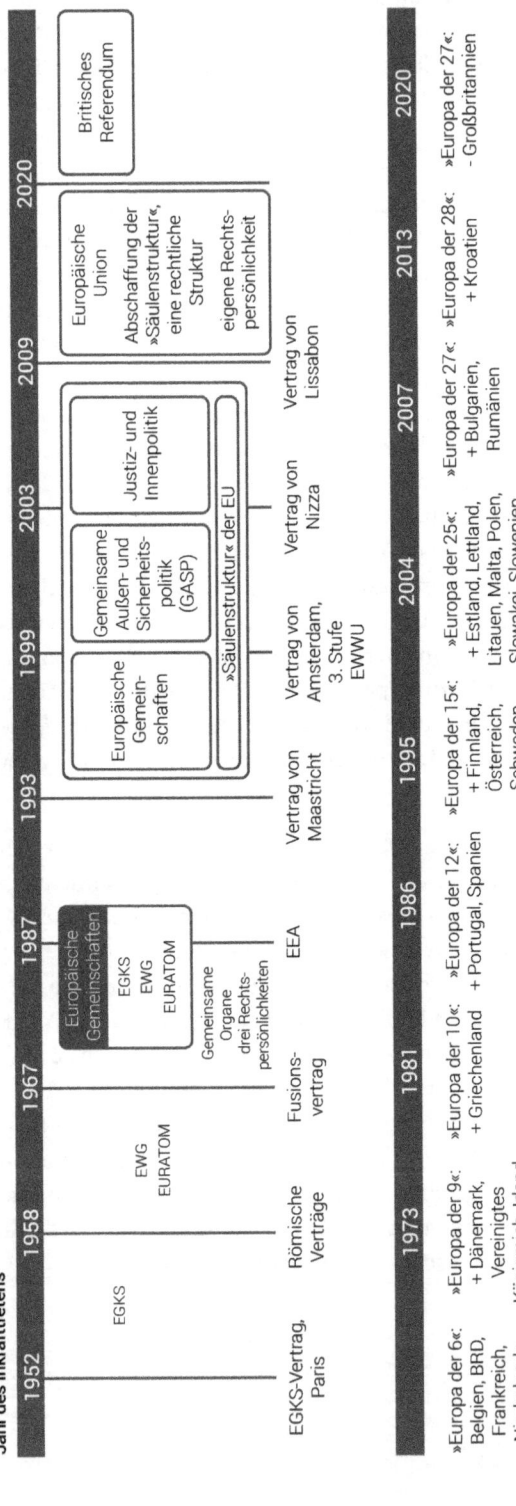

Abbildung 5.2: Von der EGKS zum Europa der 27 - die Geschichte der Europäischen Union

Vor dem Hintergrund der mangelhaften Ergebnisse der Reformversuche wurde immer klarer, dass die europäische Integration am Scheideweg stand. Sowohl Fragen nach der Finalität, also dem Ziel der EU, traten auf, als auch darüber, welche Kompetenzen an die Union abgegeben und welche bei den Nationalstaaten verbleiben sollten.[27] Der bisherige pragmatische Weg der Einigung war an sein Ende gelangt. Die geplante Osterweiterung wurde aber weiterhin vorangetrieben und in den Jahren 2004 bzw. 2007 vollzogen. Parallel dazu wurde aber weiter über die Finalität der EU im Rahmen des »Post-Nizza-Prozesses« nachgedacht. Die beiden Hauptziele waren zum einen, die EU »effizienter, demokratischer, bürgernäher und transparenter« zu machen, zum anderen die Zuständigkeiten von Mitgliedstaaten und der EU jeweils klar einzuteilen und abzugrenzen.[28] Mittlerweile kreiste der europapolitische Diskurs um die Frage einer europäischen Verfassung, durch die eine Systematisierung und Vereinigung der diversen nebeneinander bestehenden Verträge erreicht werden sollte. Im Jahr 2003 wurde ein Verfassungsentwurf vorgestellt, dessen wichtigster Punkt die Zusammenfassung der Europäischen Verträge und somit die Aufhebung der Drei-Säulen-Struktur der EU war.[29] Darüber hinaus wurden die Rechtsetzung und die Verfahrensweisen systematisiert und staatliche Attribute wie eine gemeinsame europäische Hymne und Flagge eingeführt. Obwohl der entwickelte Verfassungsvertrag der »transparenteste, inklusivste und wohl auch demokratischste Vertragsentwurf war, der in der Geschichte der europäischen Integration ausgehandelt wurde«[30], scheiterte er Mitte 2005 an Volksabstimmungen in Frankreich und den Niederlanden – obwohl der Verfassungsvertrag in fast allen anderen Staaten entweder angenommen wurde oder kurz davor stand, ratifiziert zu werden. Nachdem sich in der Folge abzeichnete, dass die Europäische Verfassung nicht zu erhalten war, entschloss sich der Europäische Rat, konsequent die Möglichkeiten der weiteren Integration auszuloten.

Bereits während der ersten Jahreshälfte 2007 gelang eine Übereinkunft über Form und Inhalte der Reform. Bei der darauffolgenden Regierungskonferenz in Portugal konnte am 13. Dezember 2007 der »Vertrag von Lissabon zur Änderung des Vertrages über die Europäische Union und des Vertrages zur Gründung der Europäischen Gemeinschaft« unterzeichnet werden. Die Substanz der Europäischen Verfassung blieb im Lissabon-Vertrag hinsichtlich der institutionellen und politischen Vorhaben im Wesentlichen erhalten; Änderungen bezogen sich vor allem auf die Grundrechte-Charta, Zuständigkeitsfragen und die Symbole wie eine gemeinsame europäische Hymne oder Flagge.[31] Der Vertrag von Lissabon brachte zwar nach wie vor keine grundsätzliche Beseitigung des Vertragsgewirrs, aber durch ihn gelang in einem hohen Maß die seit Langem notwendige Umgestaltung der EU. Mit dem Vertrag von

27 Herz/Jetzlsperger (2008²), S. 71.
28 Clemens/Reinfeldt/Wille (2008), S. 235.
29 Herz/Jetzlsperger (2008²), S. 75.
30 Herz/Jetzlsperger (2008²), S. 82.
31 Vgl. Clemens/Reinfeldt/Wille (2008), S. 237.

Lissabon wurden die Unterscheidung zwischen Union und Gemeinschaft (den bisherigen Säulen) aufgehoben und beide zu einer einzigen Organisation mit dem einheitlichen Namen »Europäische Union« verschmolzen.[32]

Trotz der umfassenden zukunftsgerichteten Revision der EU durch den Vertrag von Lissabon bleibt die Frage »Welches Europa?«[33] weiterhin offen.[34] Denn verglichen mit der politischen und wirtschaftlichen Integration hinkt die gesellschaftliche und kulturelle Integration noch deutlich hinterher. Wie der historische Abriss zeigt, durchlief der europäische Einigungsprozess Höhen und Tiefen mit jeweils unterschiedlicher Intensität; Phasen der dynamischen Fortschritte wechselten sich mit Perioden des Stillstands ab.[35] Das zu Beginn der europäischen Einigung vorrangige Ziel, für alle Zeiten einen Krieg zwischen den europäischen Staaten zu verhindern, trat im Lauf der zunehmenden Integration mehr und mehr hinter das Ziel ökonomischer Modernisierung und Prosperität zurück. Mit Blick auf diese Ziele ist der Erfolg der Europäischen Einigung der vergangenen sechs Jahrzehnte überragend – nicht zuletzt vor dem Hintergrund, dass die Erfolgsgeschichte des vereinten Europas zu keiner Zeit einem Masterplan folgte. Letztlich ist aus einem zerstörten, politisch geteilten Europa der größte Wirtschaftsraum der Welt entstanden, der 27 Staaten mit fast 450 Mio. Einwohnern[36] in Frieden und wirtschaftlicher Prosperität vereint. In der Gesamtschau übertreffen die positiven Aspekte der europäischen Einigung die negativen Seiten des Integrationsprozesses bei Weitem.

Ob der Vertrag von Lissabon der EU auf längere Sicht die erhoffte dauerhafte institutionelle Stabilität oder gar Finalität geben wird, ist fraglich[37] – auch in Zukunft wird es weitere Diskussionen über die (Aus-)Gestaltung der EU geben. Mit der Finanz- und Schuldenkrise (2007–2009), der Flüchtlingskrise (2015–2016), dem Ausbruch der COVID-19-Pandemie (2020) und dem kriegerischen Überfall Russlands auf die Ukraine (2022) sind bereits neue Fakten geschaffen worden, die eine solche Diskussion weiter forcieren. Viele europäische Politiker können sich durchaus vorstellen, die zahlreichen Krisen als Chancen für die weitere Integration zu nutzen. Am 9. Mai 2022 endete bspw. die von den europäischen Institutionen organisierte Konferenz zur Zukunft Europas. Erstmalig wurde ein mitgliedstaatenübergreifender, mehrsprachiger und institutionenübergreifender Prozess der »offenen Demokratie« organisiert, an dem Tausende europäische Bürgerinnen und Bürger sowie politische Akteure, Sozialpartner, Vertreterinnen und Vertreter der Zivilgesellschaft und wichtige Interessenträger teilnahmen. Insgesamt 49 Vorschläge bestehend aus 329 konkreten Maßnahmen wurden dem Europäischen Parlament, dem Rat und der EU-Kommission übergeben. Wie

---

32 Vgl. Clemens/Reinfeldt/Wille (2008), S. 239; die Rechtspersönlichkeit der EG ging auf die gesamte Union über.
33 Herz/Jetzlsperger (2008²), S. 115.
34 Vgl. Artikel 1 EUV.
35 Vgl. Judt (2006), S. 598ff.
36 Vgl. EUROSTAT (2014).
37 Vgl. Clemens/Reinfeldt/Wille (2008), S. 248.

im Gründungstext der Konferenz vorgesehen, werden die drei Organe im Rahmen ihres jeweiligen Zuständigkeitsbereichs und im Einklang mit den Verträgen prüfen, wie die Vorschläge umgesetzt werden können. Das diesbezügliche Engagement der drei Organe wird für einen möglichen Reformprozess von größter Bedeutung sein.[38]

5.3 Fundamentale Änderungen durch den Vertrag von Lissabon

Der Überblick zur Geschichte der europäischen Integration hat gezeigt, dass die EU längst den Status einer internationalen Organisation (vergleichbar z. B. den Vereinten Nationen) verlassen hat. Sie befindet sich vielmehr »in einem ständigen Entwicklungsprozess der Vergemeinschaftung, welcher sich durch Qualitätsveränderungen in Richtung auf eine bislang unbekannte, an föderative Modelle angelehnte Organisationsform auszeichnet«.[39] Der letzte große Integrationsschritt war der Vertrag von Lissabon, der am 1. Dezember 2009 in Kraft trat. Seitdem sind 27 Staaten von Portugal bis Finnland und von Irland bis Zypern stärker zusammengeschweißt als jemals in der Geschichte zuvor. Dies manifestiert sich beispielsweise in der sog. Unionsbürgerschaft, die jeder Staatsangehörige eines EU-Mitgliedstaates innehat.[40] Die Reisepässe der EU-Mitgliedstaaten sind alle bordeauxrot gehalten und neben den Nationalfahnen der Mitgliedstaaten weht heute vor offiziellen Gebäuden auch die Europaflagge mit den zwölf Sternen – um nur einige wenige Beispiele zu nennen. Abschnitt 5.3.1 wird nochmals intensiv der Frage nach den Ähnlichkeiten und Unterschieden zwischen gescheitertem Verfassungsvertrag und dem Vertrag von Lissabon nachgehen.

Der Vertrag von Lissabon ist von zentraler, richtungweisender Bedeutung für die Interessenvertretung bei den Institutionen der EU. Denn Interessenvertretung gegenüber Exekutive und Legislative kann nur in dem Rahmen stattfinden, den ihr die Politik vorgibt[41]. Gemeint sind an dieser Stelle weniger die rechtlichen Determinanten wie Registrierungserfordernisse oder Compliance-Anforderungen an den Lobbyisten,[42] sondern die Bedingungen und Verhältnisse in der Politik selbst. Welche Institutionen sieht ein politisches System vor allem in Legislative und Exekutive vor, wie wird deren Personal – die Entscheidungsträger – rekrutiert, wie sind die einzelnen Entscheidungsprozesse formell und informell strukturiert etc. Jedes politische System definiert über sein Organigramm und seine Bedingungszusammenhänge zugleich die Möglichkeiten und Ansatzpunkte politischer Interessenvertretung. Wie hat also der Vertrag von Lissabon (»Reformvertrag«) das Organigramm der EU verändert, und welche Folgen hat dies für die Praxis der Interessenvertretung auf europäischer ebenso wie auf mitgliedstaatlicher Ebene?

---

38 Konferenz zur Zukunft Europas (2022)

39 Calliess (2010), S. 45.

40 Bereits mit dem Vertrag von Maastricht, der am 1. November 1993 in Kraft trat.

41 Vgl. dazu bereits Joos (1998), S. 29.

42 Dazu z. B. Joos/Waldenberger (2004), S. 45–73.

Ein Hauptziel des Vertrages war eine grundlegende Reform des politischen Systems der EU.[43] Hierbei sind drei Aspekte von besonderem Interesse:

- erstens die Stärkung der EU nach außen durch Schärfung ihres außenpolitischen Profils;
- zweitens ihre Stärkung nach innen, indem durch Reduzierung der Blockademöglichkeiten einzelner Mitgliedstaaten die Handlungsfähigkeit der EU in einem sich angesichts globaler Krisen und Herausforderungen rapide wandelnden Umfeld aufrechterhalten wird;
- drittens die Erhöhung der demokratischen Legitimation der EU durch die Aufwertung der Rolle des Europäischen Parlaments im Gesetzgebungsverfahren.

Kursorisch soll anhand einiger Beispiele gezeigt werden, wie sich die Stärkung der EU nach außen manifestiert. Nach innen – d. h. im Verhältnis der EU zu ihren Mitgliedstaaten – ist der Übergang bei Abstimmungen im Rat der EU vom Einstimmigkeitszum Mehrheitsprinzip in den meisten wichtigen Politikbereichen von besonderer Bedeutung, weil damit die Blockade von Gesetzgebungsvorhaben durch einzelne Mitgliedstaaten erschwert wird bzw. nicht mehr möglich ist. Hinzu kommt die Stärkung des Europäischen Parlaments im Rahmen des sog. ordentlichen Gesetzgebungsverfahrens (siehe auch Kapitel 6).

5.3.1 »Lissabon«: Vertrag oder Verfassung?

Der ehemalige Premierminister Irlands, Bertie Ahern, der zur Zeit der Ratifizierung des Lissabon-Vertrages im Amt war, konstatierte in einem Zeitungsinterview 2007: »90 per cent of it [the Constitution] is still there. (. . .) These changes [the Lisbon Treaty] haven't made any dramatic change to the substance of what was agreed back in 2004.«[44]

Ist also der Vertrag von Lissabon in allem nur dem Namen nach keine Verfassung und die EU de facto eine Art »Staat« bzw. Staatsgebilde? Um diesen Fragestellungen nachzugehen, wird zunächst eine geschichtliche Einordnung der Entstehung des Vertrages von Lissabon vorgenommen (Abschnitt 5.3.1.1) Anschließend wird der Prozess analysiert, den die deutsche Ratspräsidentschaft beschritten hat, um die Verhandlungen zum Vertrag von Lissabon vorzubereiten (Abschnitt 5.3.1.2). Dabei wird deutlich, dass der gewählte Verhandlungsweg ein Novum in der Verhandlung europäischer Verträge darstellte. Es wird aufgezeigt, dass als Ausgangsbasis der Verhandlungen der Verfassungsvertrag diente und sich die Mitgliedstaaten in der Regierungskonferenz 2007 nicht weit von dem Ausgangstext entfernten. Schließlich (Abschnitt 5.3.1.3) werden die Unterschiede und Gemeinsamkeiten zwischen dem Verfassungsvertrag und dem 2009 in Kraft getretenen Vertrag von Lissabon herausgearbeitet und qualitativ bewertet.

---

43   Woods/Watson (2012), S. 17; Seeger (2008), S. 63.
44   Bertie Ahern im Interview (Irish Independent v. 24. Juni 2007), zitiert in: Miller (2009).

> **Vertrag von Lissabon (engl. Treaty of Lisbon; frz. Traité de Lisbonne)**
>
> Der Vertrag von Lissabon wurde nach dem Scheitern des Verfassungsvertrages 2005 ausgearbeitet. Er stärkte die EU nach außen und nach innen:
>
> Nach außen hin – d. h. im Verhältnis der EU gegenüber Nichtmitgliedstaaten und internationalen Organisationen – wurde die EU eine eigene Rechtspersönlichkeit und erhielt einen eigenen diplomatischen Dienst (Europäischer Auswärtiger Dienst, EAD) mit einem Hohen Vertreter der Europäischen Union für Außen- und Sicherheitspolitik an der Spitze.
>
> Nach innen – d. h. im Verhältnis der EU zu ihren Mitgliedstaaten – wurde die Organisation der EU durch den Wegfall des Drei-Säulen-Modells gestärkt. Der Europäische Rat, den es seit 1974 gibt, wurde ein Organ der EU und ein Präsident steht im vor.
>
> Mit der Erhebung des Mitbestimmungsverfahrens zum ordentlichen Gesetzgebungsverfahren wurde das Europäische Parlament dem Rat praktisch gleichgestellt. Zudem werden im Rat noch mehr Politikbereiche als bisher nach dem Mehrheitsprinzip entschieden.
>
> Die qualifizierte Mehrheit im Rat ist nun erreicht, wenn 55 % der Mitgliedstaaten, die 65 % der EU-Bevölkerung repräsentieren müssen, zustimmen. Zugleich gibt es eine Sperrminorität, wenn mindestens vier Staaten, die 35 % der Bevölkerung repräsentieren, nicht zustimmen.
> Der Vertrag wurde 2007 in Lissabon unterzeichnet und trat am 1. Dezember 2009 in Kraft.

Abbildung 5.3: Vertrag von Lissabon

5.3.1.1 Entstehungsgeschichte des Vertrages von Lissabon

Der Verhandlungsprozess des Vertrages von Lissabon (LV) unterscheidet sich erheblich vom Entstehungsprozess früherer europäischer Verträge. Eine detaillierte Darstellung des Verhandlungsprozesses geht weit über den Rahmen dieses Buches hinaus. Zumindest auf die wichtigsten Fakten ist im Folgenden jedoch einzugehen, zeigen sie doch die essenzielle Rolle, die einzelne Entscheidungsträger – insbesondere durch ihre Prozesskompetenz – ausgeübt haben. Ohne eine chronologische Einordnung in die Geschehnisse der Zeit ließe sich zudem nicht erklären, wie es den relevanten Akteuren gelang, die Substanz des gescheiterten Verfassungsvertrages (VVE) zu erhalten.

5.3.1.1.1 Kontext: Entstehung des Verfassungsvertrages und Verfassungskrise

Grundlage für den späteren Vertrag von Lissabon war der Entwurf für einen Verfassungsvertrag für Europa, der zum ersten Mal in der europäischen Einigungsgeschichte im Rahmen eines Konvents (2002–2003) ausgearbeitet, anschließend von den Staats- und Regierungschefs im Rahmen einer Regierungskonferenz weiterverhandelt und am 29. Oktober 2004 von den Staats- und Regierungschefs unterzeichnet wurde.[45] Dabei interpretierte der Konvent und insbesondere der Konventspräsident,

---

45   Craig (2011), S. 73ff.

der ehemalige Präsident Frankreichs Valéry Giscard d'Estaing, das Mandat der Laeken-Erklärung der Staats- und Regierungschefs aus dem Jahre 2001 zur Erarbeitung eines neuen Grundlagenvertrages sehr frei.[46]

Viele umstrittene Fragen zu einzelnen Kapiteln des Verfassungsvertrages wurden am Ende des Konvents in kleiner Runde des Konventspräsidiums entschieden und der anschließenden Regierungskonferenz als Gesamtpaket vorgelegt. Diese »Alles-oder-nichts«-Taktik entfaltete unter dem damaligen Zeitdruck eine unvorhersehbare Wirkung, stand doch der Beitritt von zehn neuen EU-Mitgliedern aus Ost- und Südeuropa im Mai 2004 auf der Tagesordnung. Obwohl die Mitgliedstaaten den Konventsentwurf aufgrund seiner weitgehenden Neuerungen als Überschreitung des Laeken-Mandats kritisierten, hätte es schlicht zu viel Zeit gekostet, den gesamten Konventsprozess neu aufzurollen und eine begrenztere Vorlage für eine Regierungskonferenz ausarbeiten zu lassen. Zudem bestand Konsens darin, dass die EU eine neue vertragliche Grundlage brauchte, dies bereits vor der Durchführung einer Osterweiterung, um die Handlungsfähigkeit der EU zu erhalten und die neuen Stimmen, die bald in den EU-Institutionen gehört werden würden, zu absorbieren. Die damaligen EU-Mitglieder befürchteten, dass eine Vertragsänderung nach der Osterweiterung nicht mit den gleichen Ambitionen vollzogen werden könnte, wie das mit der EU-15 noch möglich war.

Angesichts des Zeitdrucks verabschiedete die Regierungskonferenz 2004 den Entwurf des Konvents mit einigen Änderungen im Detail und überließ den Verfassungsvertrag den Mitgliedstaaten zur Ratifikation. Bereits ein Jahr später wurde die EU in ihre bis dato schwerste innenpolitische Krise geworfen, die den Namen »Verfassungskrise« erhielt. In Volksabstimmungen in Frankreich (54,7 Prozent) und den Niederlanden (61,5 Prozent) – zwei Gründungsmitgliedern der EWG – wurde der Verfassungsvertrag 2005 mit deutlichen Mehrheiten abgelehnt. Die Verfassungskrise, die sich bis zum Inkrafttreten des Lissabon-Vertrages am 1. Dezember 2009 hinzog und in allen politischen Debatten und Legislativvorschlägen der EU dieser Zeit spürbar wurde, erschütterte die EU in ihrer Identität. Der implizite permissive consensus, welcher bis dahin vorausgesetzt wurde, war dahin. Stattdessen konstatierte man, dass sich die Einstellung der Bevölkerung gegenüber einer stetig voranschreitenden europäischen Integration gewandelt hatte. Die EU hatte es mit einer handfesten Vertrauens-, Akzeptanz- und Legitimationskrise zu tun, die weit über die Ablehnung einzelner, unbeliebter Politikbereiche hinausging.[47] Das politische Motto in dieser Zeit war daher, Handlungsfähigkeit auf der Basis von Nizza zu zeigen, dabei jedoch keine destruktiven, europaschädlichen Debatten durch zu ambitionierte Vorschläge zu führen.[48] Kontroverse und emotional bestrittene Großprojekte der Jahre 2010–2014 wie die Bankenunion, die Debatte über Eurobonds, eine gemeinsame Arbeitslosenversicherung oder gemeinsame Steuern wie die Finanztransaktionssteuer, die an

---

46   Kaunert (2009), S. 468.

47   Laumen/Maurer (2006).

48   Phinnemore (2013), S. 21.

den Grundfesten staatlicher Souveränität rüttelten, wären in den Jahren 2005–2009 undenkbar gewesen.

5.3.1.1.2 Ausweg aus der Verfassungskrise

Eine unveränderte Wiedervorlage des Verfassungsvertrages – auch angesichts weiterer drohender Abstimmungsniederlagen (z. B. im Vereinigten Königreich) – war politisch ausgeschlossen.

In einer mehrjährigen Reflexionsperiode von Juni 2005 bis ins Jahr 2007, welche die damalige Kommunikationskommissarin und ehemalige Außenministerin Schwedens, Margot Wallström, mit dem »Plan D« kennzeichnete (Demokratie, Dialog und Debatte), beschlossen die Staats- und Regierungschefs der EU, den Verfassungsvertrag auf politisches Eis zu legen, ihn aber nicht für gescheitert zu erklären.[49] Insgesamt wurde der Verfassungsvertrag noch von 18 Staaten ratifiziert[50], u. a. auch durch eine Volksabstimmung in Luxemburg. Eine Gruppe von Mitgliedstaaten schloss sich unter dem Namen Friends of the Constitutional Treaty zusammen und warb ab 2007 dafür, die vollzogenen Ratifikationen nicht zu ignorieren, sondern als Wunsch nach einer neuen vertraglichen Grundlage für die EU anzuerkennen.

Jedoch tat sich erst 2007 ein historisches Zeitfenster auf, das es erlaubte, einen neuen Anlauf für eine Vertragsreform zu unternehmen. Dabei spielten politische Wechsel in den Mitgliedstaaten eine Rolle, aber auch die lange Periode ohne Wahlen in den großen Mitgliedstaaten, die im europäischen Wahlkalender eine Seltenheit darstellt. In Frankreich wurde mit Sarkozy ein neuer Präsident gewählt, der nicht durch die verlorene Volksabstimmung zum Verfassungsvertrag vorbelastet war. Zudem war die Zusammenkunft des Europäischen Rates im Juni 2007, bei dem das Verhandlungsmandat für den Vertrag von Lissabon beschlossen wurde, Blairs letzter Auftritt als Regierungschef auf der europäischen Bühne. In Großbritannien bereitete Premierminister Blair die Übergabe der Amtsgeschäfte an seinen Parteifreund Gordon Brown vor – die Frage nach dem politischen Preis einer Vertragsratifizierung durch das europaskeptische britische Parlament musste Blair deshalb bei den Vertragsverhandlungen nicht berücksichtigen. In Deutschland regierte Bundeskanzlerin Merkel nach den Bundestagswahlen 2005 in einer stabilen großen Koalition und übernahm im Januar 2007 turnusgemäß die EU-Ratspräsidentschaft.

2007 schaute das politische Europa erwartungsvoll nach Deutschland, dem zweiten großen EU-Mitgliedstaat, der seit den gescheiterten Volksabstimmungen die Ratspräsidentschaft innehatte und von dem erwartet wurde, dass er dem Reformprozess neues Leben einhaucht[51]. Politisch stand die EU zu diesem Zeitpunkt einer weiteren

---

49 Phinnemore (2013), S. 20.

50 Ratifikation abgeschlossen oder das parlamentarische Verfahren soweit durchlaufen, dass die Ratifikation praktisch abgeschlossen war.

51 Das Vereinigte Königreich übernahm die Ratspräsidentschaft am 1. Juli 2005, verweigerte jedoch jede Diskussion über die Zukunft des Verfassungsvertrages im Europäischen Rat (vgl. Phinnemore (2013), S. 21).

großen Herausforderung gegenüber: Einer sprunghaft gewachsenen öffentlichen Aufmerksamkeit für die Gefahren des Klimawandels. Auslöser waren u. a. der Bericht des britischen Ökonomen und Regierungsberaters Nicholas Stern zu den wirtschaftlichen Folgen eines zukünftigen Klimawandels sowie der Vierte IPCC[52]-Klimasachstandsbericht. Die politische Debatte innerhalb Europas wurde später durch die Reise von Kanzlerin Merkel und Umweltminister Gabriel nach Grönland und die öffentlichkeitswirksamen Bilder dieser Reise noch verstärkt. In der Erkenntnis, dass kein Mitgliedstaat allein den Klimawandel aufhalten kann, wurde eine reformierte EU als bevorzugtes Instrument im Kampf gegen den Klimawandel gesehen, in dem sich klimabezogene Anstrengungen besser bündeln und gegenüber Großmächten wie China und Indien in den internationalen Klimaverhandlungen durchsetzen lassen konnten.

Eingerahmt von Verfassungskrise und Klimadebatte, nutzte die deutsche Ratspräsidentschaft den 50. Jahrestag der Römischen Verträge am 25. März 2007, um die Staats- und Regierungschefs in Berlin zu versammeln und im Rahmen der »Berliner Erklärung« darauf zu verpflichten, bis zu den Europawahlen im Mai 2009 eine erneuerte Grundlage für die EU zu schaffen.[53] Am 19. Juni zirkulierte sie den Mandatsentwurf für die geplante Regierungskonferenz, der vier Tage später vom Europäischen Rat angenommen wurde.[54]

Mit der einstimmigen Annahme des Verhandlungsmandats für die Regierungskonferenz hatte die deutsche Ratspräsidentschaft ihre Meisterprüfung abgelegt. Es fiel nun der portugiesischen Ratspräsidentschaft anheim, das Mandat in einer Regierungskonferenz in einen finalen Vertragstext zu gießen. Nach einer sehr kurzen Regierungskonferenz, die nur drei Monate dauerte, beschlossen die Staats- und Regierungschefs im Oktober 2007 den Verfassungsvertrag, unterzeichneten ihn am 13. Dezember 2007 und begannen mit der Ratifikation nach ihren jeweiligen nationalstaatlichen, verfassungsrechtlichen Vorgaben. Ungarn war der erste Mitgliedstaat, der den Vertrag von Lissabon ratifizierte, am 17. Dezember 2007, vier Tage nach seiner offiziellen Unterzeichnung durch die Staats- und Regierungschefs.[55]

In Irland wurde als einzigem Mitgliedstaat ein Referendum angesetzt, das am 12. Juni 2008 mit einer Ablehnung des Lissabon-Vertrages (53,4 Prozent) zu einer Schockstarre in Europa führte. Die französische Ratspräsidentschaft des ersten Halbjahrs 2008 gab daher die Parole aus, den Ratifikationsprozess unverändert fortzuführen. Die im Referendum offensichtlich gewordenen Zweifel der Iren sollten durch Zusatzgarantien ausgeräumt werden und aufbauend auf den Erfahrungen mit Nizza und Maastricht sollte das Land am 2. Oktober 2009 ein zweites Mal abstimmen. Wieder wurde

---

52 Zwischenstaatlicher Ausschuss für Klimaänderungen (Intergovernmental Panel on Climate Change, IPCC).
53 Europäisches Parlament/Rat der EU/Kommission der Europäischen Gemeinschaften (2007).
54 Europäischer Rat (2007).
55 Langhorst/Ullrich (2008).

die europäische Nabelschau und die konstante Beschäftigung der EU mit ihrer eigenen Vertragsgrundlage von externen Entwicklungen eingeholt, die den Druck auf alle Akteure aller Regierungsebenen massiv erhöhte – der Zusammenbruch von Lehman Brothers und die darauffolgende Bankenkrise, die Europa mit voller Wucht traf.

Bereits 2006/2007 gab es in den USA erste Anzeichen der Subprime-Krise – ungesicherte Häuserkredite führten zu massenhaften Zwangsräumungen und großen Verlusten in den Bilanzen der amerikanischen Banken.[56] Im September 2008 meldete Lehman Brothers Insolvenz an, ohne von der US-Regierung gerettet zu werden. Während einige europäische Politiker noch schadenfroh nach Westen blickten, hatte das Vereinigte Königreich bereits im September 2007 einen Bankrun auf seine fünftgrößte Hypothekenbank, Northern Rock, erlebt[57], und zum Zeitpunkt des zweiten irischen Referendums war die Finanz- und Bankenkrise in Europa voll ausgebrochen und drohte, sich durch die massenhaften Staatsgarantien für marode Banken zu einer Staatsschuldenkrise zu entwickeln. Insbesondere irische Banken, die eng mit den anglo-sächsischen Märkten verknüpft waren, wurden durch die Krise stark getroffen. Da EU-weite Sparzwangdebatten, Rettungsprogramme für Staaten und Troika-Berichte damals noch undenkbar waren, sah die Mehrheit der Iren ihre EU-Mitgliedschaft im Jahr 2009 als wirtschaftlichen Schutzschild, der vor der ungebremsten Kraft der Finanzmärkte schützen sollte. Das zweite Referendum bestätigte den Vertrag von Lissabon daher mit 67,1 Prozent der Stimmen. Zum Stimmungsumschwung in der irischen Bevölkerung trugen auch die Irish guarantees bei, die der Europäische Rat am 19. Juni 2009 annahm.[58] Es handelte sich dabei um eine politische Willensbekundung, nicht um eine Änderung des Vertrages von Lissabon, der zu dieser Zeit schon von den meisten Mitgliedstaaten ratifiziert war. Sie sahen u. a. vor, dass jeder Mitgliedstaat auch in der Zukunft einen »eigenen« Kommissar stellen darf.

Die letzten Ratifikationshürden für das Inkrafttreten des Vertrages von Lissabon bestanden aus verfassungsrechtlichen Bedenken in einigen Mitgliedstaaten, darunter Deutschland und Tschechien. Während der deutsche Bundespräsident nach dem Lissabon-Urteil des Bundesverfassungsgerichts vom 30. Juni 2009 seine Unterschrift unter den Vertrag setzte, verweigerte der damalige europaskeptische tschechische Präsident, Vaclav Klaus, seine Unterschrift, obwohl das tschechische Parlament den Vertrag angenommen hatte. Erst am 1. Dezember 2009 konnte der Vertrag in Kraft treten, nachdem der Widerstand von Präsident Vaclav Klaus durch massiven Druck seitens des tschechischen Parlaments und aufgrund der Absegnung des Vertrages durch das tschechische Verfassungsgericht gebrochen werden konnte. Zuvor musste der Europäische Rat jedoch noch ein Zusatzprotokoll beschließen, das Ausnahmen von der EU-Grundrechtecharta für Tschechien vorsieht.[59]

---

56   Bianco (2008).
57   o. V. (2008).
58   Europäischer Rat (2009).
59   Gehring/Delinic/Paul (2009).

5.3.1.2 Wie der gewählte Prozess über die Substanz des Vertrages von Lissabon entschied

Im vorhergehenden Ausführungen wurde aufgezeigt, dass das Zustandekommen des Vertrages von Lissabon nur im Zusammenhang mit dem Verfassungsvertrag erklärbar ist. Ein weiterer wichtiger Ansatzpunkt bei der Aufarbeitung und zur Erklärung seiner inhaltlichen Substanz ist die prozessuale Komponente seiner Entstehungsgeschichte. In der langen Entstehungsgeschichte des Vertrages von Lissabon (Laeken-Erklärung 2001 – Inkrafttreten des Vertrages von Lissabon Ende 2009) lohnt es sich, die Verhandlung des Lissabon-Vertrages in der Periode 2007–2008 aus einer prozessualen Sicht genauer unter die Lupe zu nehmen. Der folgende Abschnitt behandelt eingehend die Vorbereitung der Regierungskonferenz 2007 durch die deutsche Ratspräsidentschaft.

Drei prozessuale Faktoren erklären, wie die Substanz des Verfassungsvertrages für den Vertrag von Lissbon gerettet werden konnte:

1. die Errichtung eines »Basislagers« bestehend aus einer Allianz von institutionellen und staatlichen Akteuren, die sich der Rettung des VVE oder zumindest seines Inhalts verschrieben hatten;

2. der informelle Prozess, den die deutsche Ratspräsidentschaft zur Vorbereitung des Verhandlungsmandats für die Regierungskonferenz 2007 verfolgte;

3. die besondere Form des Verhandlungsmandats, das als Agenda-Setter eine große Rolle spielte.

5.3.1.2.1 Basislager und Schachspiel

Es steht außer Frage, dass ein derart bedeutendes und umfassendes Projekt wie ein Verfassungsvertrag, der in zwei Volksabstimmungen in zwei Gründerstaaten so kläglich gescheitert ist, nicht ohne eine pro-aktive und gut organisierte Allianz hätte fortgeführt werden können. Zum Zeitpunkt der deutschen Ratspräsidentschaft war eine solche Allianz bereits etabliert und beeinflusste entscheidend das Narrativ, mit dem die Notwendigkeit eines Reformvertrages begründet wurde.[60] Die Key Player, die eine neue vertragliche Grundlage für die EU als unabdingbar ansahen und an der Substanz des Verfassungsvertrages festhalten wollten, hatten sich wie in einer Militäraktion in einem »Basislager« organisiert, spielten sich über Monate hinweg die Bälle zu und hielten die Debatte über den Verfassungsvertrag am Leben.

Im Januar 2006 machte das Europäische Parlament den Anfang, indem es den Duff-Voggenhuber-Bericht verabschiedete, der für die Rettung des VVE plädierte.

Im März 2006 forderte die Europäische Volkspartei (EVP) in ihrem *Rome Manifesto*, dass der Europäische Rat in der ersten Jahreshälfte 2007 (deutsche Ratspräsidentschaft)

---

60 Phinnemore (2013), S. 40ff.

dem Prozess neuen Schwung verleihen sollte. Bedeutend war an diesem Manifest, dass zu den Unterzeichnern auch neun Regierungs- oder Staatschefs gehörten, darunter Bundeskanzlerin Merkel und der zukünftige Präsident Frankreichs, Sarkozy. Damit warben bereits 2006 zwei Personen für den Erhalt der Verfassungssubstanz, die in den kommenden Jahren Schlüsselrollen bei den Verhandlungen und der Ratifikation des Lissabon-Vertrages einnehmen sollten.[61] Unterstützt wurden diese Forderungen von einer Reihe anderer Mitgliedstaaten, deren Regierungen vornehmlich über Zeitungsinterviews ihre Meinungen kundtaten. Dazu gehörten u. a. Spanien als großes EU-Land, Österreich, das 2006 die Ratspräsidentschaft innehatte, aber auch Estland und Finnland. Ein informelles Treffen der Außenminister der Mitgliedstaaten in Klosterneuburg vom 27. bis 28. Mai 2006 bestätigte den wachsenden Konsens, dass die deutsche Ratspräsidentschaft den Versuch unternehmen sollte, die EU aus ihrer Blockade herauszuführen.[62] In ihrer Rede am 9. Mai 2006 erklärte die deutsche Bundeskanzlerin, Europa müsse sich eine »Verfasstheit« geben.[63] Weitere Unterstützung fand die deutsche Ratspräsidentschaft später in den Friends of the Constitutional Treaty, jener informellen Gruppe aus Mitgliedstaaten, die den VVE bereits ratifiziert hatten, plus Irland und Portugal.[64]

Die steten Bemühungen einzelner Schlüsselfiguren und die Bildung von Allianzen, die den skeptischeren Mitgliedstaaten argumentativ gegenübertraten, führten dazu, dass die Schlussfolgerungen des Europäischen Rats vom Juni 2006 Kanzlerin Merkel mandatierten, Konsultationen mit den Mitgliedstaaten zu führen und im Laufe der deutschen Ratspräsidentschaft mögliche Lösungsvorschläge für die Verfassungskrise zu erforschen.[65] Die Flankierung dieser Bemühungen durch verschiedene Key Player, bestehend aus institutionellen oder staatlichen Akteuren, war auch deshalb so wichtig, weil eine Ratspräsidentschaft den Konsens der Mitgliedstaaten repräsentieren soll, ohne dabei selbst zu sehr in eine bestimmte Richtung zu drängen. Gerade große Mitgliedstaaten generieren bei der Verfolgung ihrer Interessen oft Spannungen mit kleineren Mitgliedsländern. Eine solche Konfrontation wäre in der damaligen politischen Stimmung und nach dem sorgsam etablierten politischen Kompromiss, sich auf die Suche nach einer Lösung für die Verfassungskrise zu machen, kontraproduktiv gewesen. Das schachartige Zusammenspiel verschiedenster Akteure, die sich in ihrer Rolle als Prozessantreiber mit konkreten Forderungen abwechselten, erlaubte es der deutschen Ratspräsidentschaft, sich als Kompromissfinder und Brückenbauer zu gerieren und den Verhandlungsprozess am Laufen zu erhalten. Gleichzeitig sorgte die Allianz aus Verfassungsfreunden dafür, dass die Substanz des Verfassungsvertrages im Laufe des Prozesses nicht bis zur Unkenntlichkeit zerpflückt wurde.

61 Phinnemore (2013), S. 26.
62 Phinnemore (2013), S. 26.
63 Phinnemore (2013), S. 29.
64 Phinnemore (2013), S. 60.
65 Europäischer Rat (2006).

5.3.1.2.2 Berliner Erklärung und Sherpa-Konsultationen: Informelle Prozesse als Weg zum Erfolg

Nachdem Deutschland am 1. Januar 2007 die Ratspräsidentschaft übernommen hatte, zeichnete sich als formaler Prozessauftakt für einen neuen Grundlagenvertrag für die EU – bald auch Reformvertrag genannt – alsbald die Berliner Erklärung ab. Anlässlich des 50. Jahrestags der Römischen Verträge sollte diese von den Staats- und Regierungschefs in Berlin unterzeichnet werden. Die Prozesskompetenz der deutschen Ratspräsidentschaft offenbarte sich schon bei dieser ersten Gelegenheit: Da nicht alle Staats- und Regierungschefs die Erklärung unterzeichnen wollten, welche nach einem Neustart des Reformprozesses rief, wurden kurzerhand die Präsidenten des Europäischen Parlaments, der Europäischen Kommission und des Rates gebeten, die Erklärung zu unterzeichnen.[66]

Die Berliner Erklärung, die in der europäischen Einigungsgeschichte oft nur als Fußnote erwähnt wird, entfaltete ihre Wirkung jedoch nicht wegen dieser diplomatischen Hilfskonstruktion, sondern durch den Prozess, in welchem sie ausgearbeitet wurde.

Die Notwendigkeit, den Text der Berliner Erklärung unter den Mitgliedstaaten abzustimmen, stellte einen hilfreichen Vorwand für die Regierungskanzleien dar, sich untereinander über das Schicksal des Verfassungsvertrages auszutauschen.[67] Da man eine öffentliche Debatte vermeiden und dennoch schnell zu einem Ergebnis kommen wollte, das einen Ausweg aus der Verfassungskrise bot, bat die deutsche Ratspräsidentschaft bereits am 2. Januar (einen Tag nach Beginn der Ratspräsidentschaft) um die Ernennung von sog. »Sherpas«.[68] In internationalen Verhandlungen sind Sherpas hochrangige Regierungsvertreter, die das Vertrauen ihrer Regierungschefs besitzen. Diese sollten ihre Regierungen bei den Sondierungen zur Berliner Erklärung vertreten. Dabei wurde schnell klar, dass die deutsche Ratspräsidentschaft die Sondierungen keineswegs nur für die Berliner Erklärung nutzte, sondern bereits Bewegungsspielräume und Verhandlungspositionen für den Reformvertrag ausleuchtete.[69]

Die Sherpa-Treffen fanden bis auf zwei Ausnahmen im Rahmen von bilateralen Gesprächen mit deutschen Regierungsbeamten statt, sehr selten in multilateralen Zusammenkünften. Begleitet wurden die Sherpa-Aktivitäten von bilateralen Besprechungen zwischen Bundeskanzlerin Merkel und ihren Regierungskollegen. In der Öffentlichkeit wurden die Gespräche der Bundeskanzlerin auch als »Beichtstuhlverfahren« bekannt. Merkels ausdrücklicher Wunsch war es, dass die ernannten Sherpas auch autorisiert sein sollten, für die jeweilige Regierung zu sprechen. Auf diese Weise sollten die Sherpas als focal points in den Sondierungen fungieren. Es handelte sich dabei um einen Top-down-Ansatz – die deutsche Kanzlerin hatte den Ausweg aus der

---

66   Phinnemore (2013), S. 68.

67   Phinnemore (2013), S. 68.

68   Phinnemore (2013), S. 53.

69   Vgl. Phinnemore (2013), S. 68.

Verfassungskrise zur Chefsache erklärt: Nicht den Außenministerien sollte die Verantwortung zufallen, sondern den Staatskanzleien. Nur aufgrund der besonderen Rolle, die Deutschland als Ratspräsidentschaft zugedacht war, sollte in Deutschland auch das Auswärtige Amt involviert werden. Merkels eigener focal point war Uwe Corsepius, der damals im Kanzleramt als Merkels europapolitischer Berater tätig war.[70]

Im Unterschied zu früheren Vertragsverhandlungsprozessen wurde damit bewusst der Weg über die Ständigen Vertretungen in Brüssel vermieden, die bottom-up in langwierigen Stellungnahmen die Positionen ihrer Regierungen vertraten. Darüber hinaus war Vertraulichkeit für die deutsche Ratspräsidentschaft von größter Bedeutung, da öffentliche Äußerungen dazu hätten führen können, dass sich nationale Regierungen in ihren Forderungen eingraben, wenn diese von der Öffentlichkeit unterstützt werden. Für gesichtswahrende Detaillösungen blieb angesichts des kurzen Zeitrahmens der deutschen Ratspräsidentschaft keine Zeit. Die Ständigen Vertretungen in Brüssel, die als »leckende Informationssiebe« bekannt waren, waren für die Bundeskanzlerin keine Option.[71]

Die Sherpa-Konsultationen wurden stattdessen allesamt in Berlin abgehalten, wobei neben den Mitgliedstaaten auch Vertreter des Präsidenten des Europäischen Parlaments, der Europäischen Kommission und des Generalsekretariats des Rates teilnahmen. Das Ratssekretariat stellte eine besondere Schnittstelle in den Bemühungen Merkels dar, einen Ausweg aus der Krise zu finden, und erste vertrauliche Konsultationen hatten bereits vor Beginn der deutschen Ratspräsidentschaft stattgefunden.[72]

Als Ausgangspunkt der Sherpa-Sondierungen wurde der Verfassungsvertrag gewählt, nicht der Nizza-Vertrag. Besonders die deutsche Ratspräsidentschaft bestand darauf, dass so viel wie möglich von der politischen Substanz des Verfassungsvertrages gerettet werden sollte. In die gleiche Kerbe schlugen die Friends of the Constitutional Treaty. Die Rückendeckung dieser Gruppe, die vom damaligen Luxemburger Premierminister Jean-Claude Juncker (Kommissionspräsident von 2014–2019) mitinitiiert wurde, war für die Bemühungen der deutschen Ratspräsidentschaft, wie bereits beschrieben, aus prozessualen Gründen äußerst wichtig[73].

5.3.1.2.3 Ein Verhandlungsmandat ohne Verhandlungsspielraum

Zu Beginn der deutschen Ratspräsidentschaft hatte diese zwar einen Prozess definiert, der einen Ausweg aus der Verfassungskrise zeigen sollte (vertrauliche, bilaterale Sherpa-Sondierungen in Berlin), jedoch blieb die Lösung der Verfassungskrise weiterhin unklar. Einsicht in die Vorstellungen Deutschlands für eine Lösung gab Kanzlerin Merkel in ihrer Rede vor dem Europäischen Parlament am 17. Januar: Ausgangspunkt

---

70   Vgl. Phinnemore (2013), S. 53ff.
71   Phinnemore (2013), S. 55.
72   Phinnemore (2013), S. 55.
73   Phinnemore (2013), S. 60ff.

für einen Reformvertrag sollte der Verfassungsvertrag sein. Dazu müsse man heraus-finden, was für Einwände einzelne Mitgliedstaaten gegen den Verfassungsvertrag haben und sich dabei auf wenige, sehr spezifische Fragen konzentrieren.[74]

Jean Claude Piris, Leiter der Rechtsabteilung des Rates und Rechtsexperte bei allen Vertragsänderungen seit 1990, fiel es zu, der deutschen Ratspräsidentschaft eine Lösung vorzuschlagen.[75] Von 2005–2006 hatten Piris und sein Stab bereits Optionen durchgespielt und einen Vertragstext ausgearbeitet, der Teile des VVE als Änderungs-anträge zu den bestehenden Verträgen beinhaltete.[76] Die Frage nach dem Prozess, der eine Einigung auf einen Text unter den Mitgliedstaaten herbeiführen sollte, beantwor-tete Piris damit, dass er vorschlug, eine sehr kurze Regierungskonferenz abzuhalten und dieser ein detailliertes Verhandlungsmandat an die Hand zu geben. Frühere Ver-handlungsmandate für Regierungskonferenzen beinhalteten kaum mehr als ein paar Zeilen an Vorgaben, das jetzige schätzte Piris dagegen auf 50 Seiten. Die Regierungs-konferenz sollte entpolitisiert und auf eine »technokratische Übung« reduziert wer-den, die nur das detaillierte politische Mandat umsetzen sollte.[77]

Mitte Januar war die deuts che Ratspräsidentschaft von diesem Vorschlag überzeugt und die entsprechenden Regierungsstellen begannen mit dem Entwurf eines Mandats, das es in dieser Form noch nie in der Geschichte der EU gegeben hat. Dahinter stand die Idee eines »reverse engineering«. Statt auf einem weißen Papier anzufangen, wurde der Verfassungsvertrag als Ausgangsbasis genommen und untersucht, welche Passa-gen geändert werden mussten, um einstimmige Zustimmung zum neuen Text zu erreichen. Dem lag ein Top-down-Ansatz zugrunde, den die Ratspräsidentschaft mit großem politischem Einsatz verfolgte.[78] Anhand des Verhandlungsmandats lässt sich die These untermauern, dass die Substanz desVVE in Gestalt des Lissabon-Vertrages (LV) überlebt hat. Daher lohnt ein genauerer Blick auf dieses Kuriosum europäischer Einigungsgeschichte.

In den Sherpa-Konsultationen hatte die Ratspräsidentschaft zu ergründen versucht, welche Änderungen am Verfassungstext notwendig waren, damit die Mitgliedstaaten einen neuen Vertrag akzeptieren konnten. Dabei wurde streng darauf geachtet, dass kein anderer Mitgliedstaat vollumfänglich über die bilateral besprochenen Kompro-misse informiert war:[79] Auf diese Weise konnte sichergestellt werden, dass das Pro-zessmanagement fest in den Händen der Ratspräsidentschaft verblieb.

Der Mandatsentwurf, den die deutsche Ratspräsidentschaft am 19. Juni 2007 – zwei Tage vor dem entscheidenden Gipfeltreffen im Europäischen Rat – zirkulierte,

---

74   Phinnemore (2013), S. 64.
75   Phinnemore (2013), S. 65.
76   Phinnemore (2013), S. 65.
77   Phinnemore (2013), S. 66.
78   Phinnemore (2013), S. 110.
79   Phinnemore (2013), S. 134.

enthielt, was die Kanzlerin in ihren öffentlichen Reden und bilateralen Konsultationen versprochen hatte: ein spezifisches und klares Mandat für eine Regierungskonferenz, bestehend aus 11 Seiten und Anhängen mit mehr als 5700 Wörtern.[80] Der Mandatsentwurf wurde begleitet von spezifischen Instruktionen:

1. Das Mandat sollte die alleinige Basis für Verhandlungen darstellen.

2. Fragestellungen außerhalb des Mandats durften nicht behandelt werden.

3. Die Neuerungen des Vertrages von Lissabon sollten erhalten bleiben.

Mit dem Mandatsentwurf wurden bereits mögliche Kompromisstexte in Vertragssprache mitgeliefert, welche die in den bilateralen Konsultationen herausgearbeiteten Sorgen einiger Mitgliedstaaten beilegen sollten.[81]

Die Sherpas hatten nach Erhalt des Mandatsentwurfs 48 Stunden Zeit, sich mit den Vorschlägen zu beschäftigen und diese zu bewerten. Die Botschaft dieses undiplomatischen prozessualen Kniffs war klar: Entweder dieses Mandat wird akzeptiert oder der Prozess scheitert.

Als am 23. Juni 2007 das Gipfeltreffen des Europäischen Rates zu Ende ging, hatte die deutsche Ratspräsidentschaft das Unmögliche erreicht: Alle 27 Staats- und Regierungschefs hatten sich auf ein Mandat für eine Regierungskonferenz unter portugiesischer Ratspräsidentschaft geeinigt. Im Laufe der hitzigen Verhandlungen war der Mandatsentwurf auf 16 Seiten und über 8500 Wörter gewachsen, was ungefähr der Fassung des damaligen konsolidierten EU-Vertrages entsprach.[82] Der Inhalt, den der zukünftige Vertrag von Lissabon haben würde, war erschöpfend im Mandat wiedergegeben. Es legte die Form des zukünftigen Vertrages als Änderungsvertrag zu den existierenden Verträgen fest, schrieb vor, was mit dem Inhalt des Verfassungsvertrages passieren sollte, stellte neue Artikel, Protokolle und Erklärungen vor und legte in Anhängen sogar die genaue Sprachfassung der notwendigen Vertragsänderungen dar.[83]

Insbesondere enthielt der Entwurf die Vorgabe an die Regierungskonferenz, bei der Ausarbeitung des finalen Vertragstextes das Mandat umzusetzen, statt zu verhandeln. Zielvorgabe war, die Neuerungen der Regierungskonferenz 2004 in die bestehenden europäischen Verträge zu integrieren. Damit ist nichts anderes gemeint als die Neuerungen des Verfassungsvertrages, der bei der Regierungskonferenz 2004 beschlossen wurde.[84] Diese Vorgabe wurde im finalen Mandat deutlich ausformuliert. Änderungen an diesen Neuerungen, die im Lichte der Konsultationen der letzten sechs Monate erarbeitet worden waren, wurden separat und einzeln aufgeführt.

80 Phinnemore (2013), S. 134.
81 Europäischer Rat (2007).
82 Phinnemore (2013), S. 134.
83 Europäischer Rat (2007).
84 Köppl (2008), S. 230ff.

Bei der Regierungskonferenz 2007 ging der Plan der deutschen Ratspräsidentschaft auf. Während die Regierungskonferenzen für den Verfassungsvertrag oder den Vertrag von Amsterdam noch eineinhalb Jahre dauerten, war die Regierungskonferenz 2007 nach nur drei Monaten vorbei und befasste sich vor allem mit der Umschreibung des einstimmig beschlossenen Mandats in einen formalen Vertragstext.

5.3.1.2.4 Fazit

Die Entstehungsgeschichte des Vertrages von Lissabon zeigt deutlich und nachvollziehbar auf, dass der allergrößte Teil der Innovationen des Verfassungsvertrages für Europa im Vertrag von Lissabon weiterlebt. Versuche, zu quantifizieren, wie viel Substanz vom Verfassungsvertrag sich im Vertrag von Lissabon wiederfindet, sind angestellt worden. Die Einschätzungen von Experten zu diesem Punkt variieren zwischen 80 und 96 Prozent[85] – ein Faktum, das den meisten Bürgern, Unternehmen, Verbänden, Organisationen und auch vielen Vertretern aus Exekutive und Legislative der EU-Mitgliedstaaten und -Regionen so gar nicht bewusst sein dürfte.

Der Ablauf der deutschen Ratspräsidentschaft trägt zudem zwei Botschaften in sich:

1. In einer EU – der mittlerweile 27 Mitgliedstaaten –ist eine fundierte Kenntnis der rechtlichen, politischen und informellen Prozesse der Schlüssel für eine erfolgreiche Ratspräsidentschaft und den erfolgreichen Abschluss eines technischen oder politischen Dossiers.

2. Das politische »Schachspiel« unter Einbeziehung der relevanten Entscheidungsträger aus Exekutive und Legislative muss beherrscht werden, um durch Allianzen das gewünschte Ergebnis sicherzustellen.

5.3.1.3 Bewertung der Unterschiede zwischen Verfassungsvertrag und Vertrag von Lissabon

Im Folgenden werden die Gemeinsamkeiten und Unterschiede zwischen Verfassungsvertrag und Vertrag von Lissabon betrachtet und qualitativ bewertet. Wie im vorangehenden Kapitel beschrieben, wurde bei den Verhandlungen zum Lissabon-Vertrag »reverse engineering« betrieben: Die Regierungsvertreter begannen die Verhandlungen nicht mit einem weißen Blatt Papier, sondern nahmen den Verfassungsvertrag als Ausgangsbasis ihrer Arbeiten. Sie veränderten lediglich die Bestimmungen, die während des Konsultationsprozesses, der unter deutscher Ratspräsidentschaft stattfand, als kritisch identifiziert worden waren. Das Mandat für die Regierungskonferenz 2007 hält diese identifizierten Bestimmungen detailreich in einem Annex fest. Daneben gab es drei Jahre nach der Regierungskonferenz 2004, auf welcher der Verfassungsvertrag verhandelt worden war, eine Reihe von neuen Herausforderungen, denen sich die Europäische Union gegenübergestellt sah. Die Regierungskonferenz 2007 reagierte auf diese neuen Herausforderungen, indem sie der EU die nötigen Kompetenzen

---

85 Phinnemore (2013), S. 143; Vgl. Open Europe (2007).

zukommen ließ bzw. implizit bereits vorhandene Kompetenzen durch spezifische Vertragsartikel bestätigte.

Die entscheidenden Unterschiede zwischen Verfassungsvertrag und Lissabon-Vertrag liegen in der damals von einigen Mitgliedstaaten geforderten »Bereinigung« des Verfassungsvertrages von Elementen der Staatlichkeit. So wurde der Begriff »Verfassung« aus dem Vertrag von Lissabon entfernt und die Verfassungssymbolik mit Blick auf die Ablehnung des Verfassungsvertrages in den beiden EU Gründerstaaten Frankreich und Niederlande aufgegeben.[86] Dabei war die Verwendung des Verfassungsbegriffs und die Verwendung vereinzelter Verfassungs- und Staatlichkeitssymbolik von Beginn an kritisch bewertet worden. Zum einen wurden diese Charakteristiken von einem Teil der Bevölkerung negativ konnotiert. Zum anderen blieb der Verfassungsvertrag in seinen Ambitionen limitiert und weit hinter den formaljuristischen Vorgaben einer Verfassung zurück. So gab der Name »Verfassungsvertrag für Europa« bereits zu erkennen, dass es sich nicht um eine nationalstaatliche Verfassung handelte, sondern dass der Vertrag wie alle bisherigen europäischen Verträge letztendlich auf Basis zwischenstaatlicher Vertragsabsprachen zustande gekommen war.[87]

Die Aufgabe der Verfassungssymbolik hatte Auswirkungen auf die Struktur der Verträge: Während der Verfassungsvertrag noch ein einheitliches Verfassungsdokument vorsah, in dem alle bisherigen EU-Verträge aufgehen sollten, wurde der Vertrag von Lissabon in zwei primärrechtliche Verträge unterteilt. Der »Vertrag über die Europäische Union« (EUV) und der »Vertrag über die Arbeitsweise der Europäischen Union« (AEUV), welcher den »Vertrag zur Gründung der Europäischen Gemeinschaft« ersetzte.[88] Beide Verträge stehen gleichberechtigt nebeneinander und bilden die vertragliche Grundlage der EU. Eine einheitliche Vertragsstruktur, die alle Protokolle, Erklärungen und Verträge beinhaltet, hätte sicherlich zur Lesbarkeit durch und Weitervermittlung an den Bürger beigetragen; die Aufspaltung in zwei Verträge änderte jedoch nichts an dessen Substanz, da wegen der Gleichrangigkeit des Primärrechts unerheblich ist, in welchem der Verträge eine Bestimmung angesiedelt ist.

Im Zuge der Kritik der Verfassungssymbolik des VVE wurden die europäische Flagge und die Hymne bei den LV-Verhandlungen gestrichen. Sie werden aber weiterhin auf freiwilliger Basis verwendet und sind nicht aus dem öffentlichen Leben verschwunden.[89]

Die Mitgliedstaaten entschieden sich in den Verhandlungen dafür, die vorgesehene Präambel des Verfassungsvertrages zu streichen und dafür die Präambel des EUV mit einer Referenz auf »das kulturelle, religiöse und humanistische Erbe Europas« zu versehen. Da eine Präambel keine direkten rechtlichen Auswirkungen auf die

---

86 Köppl (2008), S. 232ff.
87 Köppl (2008), S. 230ff.
88 Köppl (2008), S. 232ff.
89 Köppl (2008), S. 233ff.

Kompetenzen der EU hat (vielmehr lediglich als Auslegungshilfe einzelner Regelungen dienen kann), kann auch dies nicht als substanzielle Änderung am Verfassungsvertrag gewertet werden.[90]

Der Bereinigung fiel zudem die Bezeichnung des »Außenministers« der EU zum Opfer, der nun als »Hoher Vertreter der Union für die Außen- und Sicherheitspolitik« firmiert, ohne dass es substanzielle Änderungen an seinen Kompetenzen, Aufgaben oder an seiner »Werkzeugkiste« gegeben hätte.[91]

Eine rein symbolische Maßnahme war auch die Rückbenennung der im Verfassungsvertrag vorgesehenen Rechtsakte von Gesetz, Rahmengesetz und Beschluss in Verordnung, Richtlinie und Entscheidung.[92] Da dies einen reinen Unterschied in der Nomenklatur, nicht aber in der Wirkung dieser Rechtsakte darstellt, hat auch dieser Verzicht auf nationalstaatliche Symbolik keine konkreten Auswirkungen auf die Arbeitsweise der EU.

Da Verfassungen in demokratisch verfassten Staaten meist einen Grundrechtekatalog zu Beginn des Dokuments ausweisen, wurde beim Lissabon-Vertrag im Zuge der Aufgabe der Verfassungssymbolik die »Charta der Grundrechte« nicht vollständig in den Vertragstext integriert, wie das noch im Verfassungsvertrag vorgesehen war. An der Wirkungsmächtigkeit der Grundrechtecharta änderte dies indes nichts, denn sie wurde über einen Verweis im Artikel 6 des EUV rechtlich bindend, wenngleich Polen und Großbritannien in den Verhandlungen erreichen konnten, dass die Charta in bestimmten Fällen nicht auf sie anwendbar ist.[93]

Auf Betreiben Frankreichs, das unter Präsident Sarkozy in den Verhandlungen die Haltung einnahm, der Verfassungsvertrag sei wegen seiner neoliberalen Orientierung von den Franzosen in der Volksabstimmung 2005 abgelehnt worden, wurde der Hinweis auf »freien und unverfälschten Wettbewerb« als Ziel der Union im Vertrag von Lissabon gestrichen[94]. Von Rechtswissenschaftlern wird diese Änderung als rein kosmetisch gewertet, finden sich doch ähnliche Formulierungen weiterhin im Vertrag von Lissabon.

Die Niederlande setzten sich in den Lissabon-Verhandlungen für eine Stärkung der nationalen Parlamente ein.[95] Das Subsidiaritätsprinzip wurde gestärkt und die nationalen Parlamente in dessen Überprüfung bzw. Einhaltung stärker einbezogen. Am

---

90   Köppl (2008), S. 232ff.
91   Köppl (2008), S. 233ff.
92   Craig (2011), S. 73ff.
93   Miller (2007).
94   Nowag (2012), S. 398.
95   Phinnemore (2013). S. 117.

inter-institutionellen Machtgefüge und am Entscheidungsprozess der EU-Institutionen wurde durch diese Neuerung jedoch kaum gerüttelt, da die Europäische Kommission die Subsidiaritätsbedenken der nationalen Parlamente bis auf wenige Fälle ignorieren kann.

Polen machte in den Verhandlungen zum Vertrag von Lissabon eine politische Pandora-Büchse auf: die Abstimmungsregeln im Rat. Das Endergebnis fällt jedoch auch in die Kategorie »kosmetische Änderung«, denn die Staats- und Regierungschefs einigten sich letztendlich nicht auf eine Änderung der Abstimmungsregeln, sondern nur auf eine Verschiebung des Inkrafttretens dieser Regeln. So trat die doppelte Mehrheit im Rat statt im November 2009 erst im November 2014 in Kraft. Zudem galt bis 2017 eine Übergangsfrist, in der auf Antrag eines Mitgliedstaates noch das alte (Nizza-)Verfahren angewandt wurde.

Schließlich wurde eine Bestimmung eingefügt, wonach im Zuge einer zukünftigen Vertragsänderung ausdrücklich Kompetenzen auf die nationale Ebene zurückgeholt werden dürfen. Dabei handelt es sich um eine unnötige Klarstellung, denn die Mitgliedstaaten sind als Herren der Verträge jederzeit und schon immer in der Lage gewesen, im Zuge von Vertragsänderungen Kompetenzen in beide Richtungen zu verschieben. Dass dies in der europäischen Geschichte bislang nicht der Fall war, liegt nicht an einer mangelnden Ermächtigungsgrundlage, sondern am mangelnden nationalen Interesse der Mitgliedstaaten, die bisher immer wieder zum Schluss gekommen waren, dass ein gemeinsames und aufeinander abgestimmtes Handeln mehr Vorteile bringt als ein nationaler Alleingang.

»Rückschrittliche« Änderungen an den Kompetenzen der EU gab es sehr wenige. Diese beziehen sich vor allem auf Rechtsgebiete, die den Kernbereich staatlicher Souveränität betreffen, wobei teilweise nur einzelne Mitgliedstaaten betroffen sind. So erhielten Irland und das Vereinigte Königreich eine permanente Ausnahmeregelung von der früheren EU-Innenpolitiksäule, zudem Klarstellungen, wie mit verstärkter Zusammenarbeit in der gemeinsamen Außen- und Sicherheitspolitik zu verfahren ist, u. a. auch Klarstellungen zur Steuerharmonisierung.

Die Kompetenzverschiebungen und geänderten Rechtsgrundlagen, die der Verfassungsvertrag für die EU vorsah, wurden in sehr begrenzten Bereichen teils noch erweitert. Da ab 2007 die Debatte über eine gemeinsame EU-Klimapolitik entbrannte und 2006 der erste Ukraine-Russland-Gaskonflikt die Energiesicherheitsdebatte befeuerte, erhielten diese beiden Themen im Vertrag von Lissabon spezifische Regelungen. De facto konnten in diesen Bereichen aufgrund anderer Bestimmungen in den EU-Verträgen jedoch bereits Maßnahmen erlassen werden.

Abbildung 5.4 zeigt eine tabellarische Übersicht über die Abweichungen zwischen Verfassungsvertrag und Vertrag von Lissabon.

Verfassungsvertrag	Vertrag von Lissabon[1] (Reformvertrag)
Der Verfassungsvertrag war nach dem Verfassungskonzept aufgebaut, das darin bestand, alle bestehenden Verträge aufzuheben und durch einen einheitlichen Text mit der Bezeichnung »Verfassung« zu ersetzen.	Im Vertrag von Lissabon wurde das Verfassungskonzept aufgegeben. Der Begriff »Verfassung« wird nicht verwendet. Der Vertrag über die Europäische Union (EUV) behält seine Bezeichnung und der Vertrag zur Gründung der Europäischen Gemeinschaft (EGV) wird Vertrag über die Arbeitsweise der Union (AEUV) genannt.
Der Verfassungsvertrag verwendete den Titel »Außenminister der Union«.	Im Vertrag von Lissabon wurde der Titel »Hoher Vertreter der Union für Außen- und Sicherheitspolitik« festgeschrieben.
Der Verfassungsvertrag verwendete die Bezeichnungen »Gesetz« und »Rahmenge-setz«.	Im Vertrag von Lissabon werden die bestehenden Bezeichnungen »Verordnung«, »Richtlinie« und »Entscheidung« (bzw. »Beschluss«) beibehalten.
Im Verfassungsvertrag fand sich in Artikel I-3 der Hinweis auf »freien und unverfälschten Wettbewerb« als Ziel der Union.	Im Vertrag von Lissabon wurde der Hinweis auf »freien und unverfälschten Wettbewerb« als Ziel der Union aus Artikel 3 EUV gestrichen.
Im Verfassungsvertrag erwähnt Artikel I-8 die Symbole der EU wie Flagge, Hymne und Leitspruch.	Im Vertrag von Lissabon wurde Artikel I-8 gestrichen.
Im Verfassungsvertrag legte Artikel I-6 den Vorrang des EU-Rechts fest.	Im Vertrag von Lissabon gibt es eine Erklärung, in der auf die bestehende Rechtsprechung des Gerichtshofs der EU verwiesen wird.
Vollständiger Text der Charta der Grundrech-te war im Verfassungsvertrag enthalten.	Querverweis im Vertrag von Lissabon (Artikel 6 EUV) auf die vereinbarte Fassung der Charta der Grundrechte.
Im Verfassungsvertrag existierte kein Artikel, der die Rolle der nationalen Parlamente bei der Subsidiaritätsprüfung regelt.	Im Vertrag von Lissabon (Artikel 5 EUV) regelt ein allgemeiner Artikel die Rolle der nationalen Parlamente bei der Subsidiaritätsprüfung.
Im Verfassungsvertrag (Artikel I-25) kommt das Verfahren der Beschlussfassung mit doppelter Mehrheit direkt bei Inkrafttreten des Vertrages zum Einsatz.	Das vereinbarte Verfahren der Beschlussfas-sung mit doppelter Mehrheit trat erst am 1. November 2014 in Kraft (Artikel 16 EUV).

[1] Europäischer Rat (Juni 2007) im Internet verfügbar unter http://www.consilium.europa.eu/uedocs/cms_data/docs/ pressdata/de/ec/94935.pdf (zuletzt abgerufen am 18.03.2023).

Abbildung 5.4: Abweichungen zwischen Verfassungsvertrag und Vertrag von Lissabon

Verfassungsvertrag	Vertrag von Lissabon[1] (Reformvertrag)
Im Verfassungsvertrag gab es in Artikel III-180 eine Bestimmung, die es dem Europäischen Rat erlaubt, Maßnahmen im Fall von Versorgungsschwierigkeiten zu erlassen. Diese Bestimmung war allgemein gehalten.	Im Vertrag von Lissabon (Artikel 122 VAEU) wurde die Bestimmung aus dem Verfassungsvertrag übernommen und um eine Bezugnahme auf den Geist der Solidarität zwischen den Mitgliedstaaten und auf den besonderen Fall der Energie bei Schwierigkeiten in der Versorgung mit bestimmten Produkten ergänzt.
Im Verfassungsvertrag gab es Artikel III-254, der es der Europäischen Kommission erlaubte, eine gemeinsame europäische Raumfahrtpolitik zu entwickeln. Keine Einschränkung bezüglich der Tiefe der Integration dieses Politikfeldes.	Im Vertrag von Lissabon wurde die Bestimmung des Artikels III-254 betreffend die europäische Raumfahrtpolitik um einen Satz ergänzt, der eine Harmonisierung der Rechtsvorschriften der Mitgliedstaaten untersagt (Artikel 189 VAEU).
Im Verfassungsvertrag (Artikel III-233) war die Bekämpfung des Klimawandels im Rahmen von Maßnahmen auf internationaler Ebene nicht als politisches Ziel enthalten.	Im Vertrag von Lissabon (Artikel 191 VAEU) wird das Erfordernis der Bekämpfung des Klimawandels im Rahmen von Maßnahmen auf internationaler Ebene genannt.
Im Verfassungsvertrag war die Förderung der Interkonnektion der Energienetze nicht explizit in einem umfassenden Artikel über Energie (Artikel III-256) aufgeführt. Es gab zudem keinen Bezug auf den Geist der Solidarität zwischen den Mitgliedstaaten bei der Energiepolitik.	Im Vertrag von Lissabon (Artikel 194 VAEU) wurde im Artikel über Energie eine Bezugnahme auf den Geist der Solidarität zwischen den Mitgliedstaaten sowie ein neuer Unterpunkt über die Förderung der Interkonnektion der Energienetze eingefügt.

[1] Europäischer Rat (Juni 2007) im Internet verfügbar unter http://www.consilium.europa.eu/uedocs/cms_data/docs/ pressdata/de/ec/94935.pdf (zuletzt abgerufen am 18.03.2023).

Abbildung 5.4: Abweichungen zwischen Verfassungsvertrag und Vertrag von Lissabon

5.3.2 Stärkung der EU nach außen: Die EU als Global Player

Mit dem Vertrag von Lissabon ging eine entscheidende Stärkung der EU nach außen einher. Die Europäische Union ist ein globaler Akteur und ein handelspolitisches Schwergewicht. Sie bündelt mehr materielle und institutionelle Ressourcen als die meisten Staaten der Welt. Sie ist militärisch aktiv, vor allem auf dem Balkan und in Afrika. Sie hat mit einer Bevölkerung von fast 450 Mio. nahezu genauso viele Einwohner wie die USA und Russland zusammen. Die EU-Bürger sind bestens ausgebildet. Die europäische Forschung zählt zur Weltspitze. Doch noch immer wird beklagt, dass die politische Infrastruktur der EU nicht mit diesem Potenzial Schritt halte und es in Brüssel am »Denken in weltpolitischen Kategorien« mangele.[96]

---

96 Weidenfeld (2013b), S. 186.

Es war allerdings ein besonderes Anliegen des Vertrages von Lissabon, der EU außenpolitisch ein Gesicht zu geben und ihr praktische Handlungsmöglichkeiten zu verschaffen, die ihrer Rolle als politischer »Global Player« gerecht werden.[97] Die EU – außenpolitisch bislang eher als vielstimmiger Chor denn als gemeinsame Stimme der Mitgliedstaaten wahrgenommen – sollte nach außen kohärent und sichtbar auftreten können.[98] Die Staatengemeinschaft steht in hartem wirtschaftlichem Wettbewerb mit alten und neuen wirtschaftlichen Zentren dieser Welt wie den USA, China, Japan, Brasilien, Indien und Russland, die nicht zuletzt infolge ihrer ökonomischen Stärke auch umfangreiche politische Ansprüche stellen. Eine gleichberechtigte Rolle in diesem globalen Kontext – sei es im Internationalen Währungsfonds, im Sicherheitsrat der Vereinten Nationen oder anderen internationalen Steuerungs- und Koordinierungsgremien – wird Europa nur spielen können, wenn es – als EU – mit einer Stimme sprechen kann.[99]

Der Vertrag von Lissabon geht dieses Problem im Kern mit drei Maßnahmen an:

- So hat die EU nunmehr eine eigene Rechtspersönlichkeit (Artikel 47 EUV), sie kann als Völkerrechtssubjekt internationale Abkommen abschließen bzw. internationalen Organisationen beitreten und so als Partner für Drittländer und internationale Organisationen greifbarer werden.[100]
- Weiterhin hat der Reformvertrag als außenpolitisches Gesicht und Ansprechpartner für die internationalen Partner das Amt des Hohen Vertreters der Union für Außen- und Sicherheitspolitik – letztlich eine Art Außenminister der EU – eingeführt (Artikel 27 Absatz 2, 3 EUV). Die Positionen des bisherigen EU-Außenkommissars und des EU-Außenbeauftragten wurden in diesem Amt zusammengeführt. Der Hohe Vertreter ist zugleich Vizepräsident der Europäischen Kommission und Vorsitzender im Rat für Auswärtige Angelegenheiten (eine der Ratsformationen des Rates der EU) (Artikel 18 Absatz 4 EUV).[101]
- Auf Grundlage des Vertrages von Lissabon ist dem Hohen Vertreter der neu geschaffene Europäische Auswärtige Dienst (Artikel 27 Absatz 3 EUV) unterstellt, bestehend aus Beamten der Kommission, des Ratssekretariats und der diplomatischen Dienste aller Mitgliedstaaten.

Auch wenn der EU der einheitliche Außenauftritt bisher eher schlecht als recht gelungen ist – man denke an die außenpolitischen Kontroversen etwa zu Libyen 2011 und Syrien 2013 oder das für manch internationalen Partner schwer nachvollziehbare Hin und Her um die Maßnahmen nach dem militärischen Einmarsch Russlands in die Ukraine im Jahr 2022 –, so hat die teilweise außenpolitische Emanzipation der EU von

---

97   Vgl. Pollak/Slominski (2012²), S. 214; zur vorherigen Aufstellung im Bereich der auswärtigen Beziehungen siehe Sabathil/Joos/Keßler (2008), S. 184–191.

98   Maurer (2008), S. 13.

99   Giegerich/Wallace (2010), S. 451ff.

100 Europäisches Patentamt (2013); vgl. auch Bieber/Epiney/Haag (2013¹⁰), § 3 Rn. 49ff.; Murswiek (2008), S. 66.

101 Weidenfeld (2013b), S. 193.

ihren Mitgliedstaaten doch entscheidende Weichen gestellt. Ebenso im Bereich der Sicherheitspolitik: Die bisherige Europäische Sicherheits- und Verteidigungspolitik (ESVP) wurde in Gemeinsame Sicherheits- und Verteidigungspolitik (GSVP) umbenannt (siehe Artikel 42 Absatz 1 EUV). Sie erleichtert die militärische Zusammenarbeit der Mitgliedstaaten. Im Rahmen ihrer Möglichkeiten sind alle Mitgliedstaaten zu gegenseitigem Beistand verpflichtet: »Im Falle eines bewaffneten Angriffs auf das Hoheitsgebiet eines Mitgliedstaats schulden die anderen Mitgliedstaaten ihm alle in ihrer Macht stehende Hilfe und Unterstützung (. . .)« (Artikel 42 Absatz 7 EUV). In diesem Zuge wurde z. B. die Europäische Verteidigungsagentur in das europäische Primärrecht (Artikel 43 Absatz 3 EUV) aufgenommen. Sie soll Europas Forschung und Entwicklung in der Rüstungsindustrie stärken. Sie bietet eine Plattform für die permanente Zusammenarbeit der Mitgliedstaaten und den politischen Willen dafür.[102]

Die EU zieht im Bereich der Außen- und Sicherheitspolitik Kompetenzen an sich und schafft sich die Möglichkeit einer eigenen, von den Mitgliedstaaten zumindest teilweise losgelösten außenpolitischen Strategie.[103] Letztlich liegt darin ein wichtiger Schritt zu mehr »Staatlichkeit« der EU[104] und zu einem – zumindest langfristig – außenpolitischen Bedeutungsverlust der Mitgliedstaaten.[105]

5.3.3 Stärkung der EU nach innen: Übergang vom Einstimmigkeits- zum Mehrheitsprinzip im Rat der EU wird zum Regelfall

Neben der Schärfung ihres Profils nach außen wurde die EU auch nach innen gestärkt. Zum Beispiel wurde der Europäische Rat, bestehend aus den Staats- und Regierungschefs der Mitgliedstaaten, gestärkt. Er erhielt einen permanenten Präsidenten und wurde in den Rang eines EU-Organs erhoben. Die Treffen des Europäischen Rates finden nun regelmäßiger und häufiger statt. Mit der Eurokrise wurden auch regelmäßige Treffen der Staats- und Regierungschefs der Länder eingeführt, die den Euro als Währung haben.[106]

Weitaus stärker wirken sich die Reformmaßnahmen im Bereich der politischen Entscheidungsverfahren auf die Praxis der Interessenvertretung aus. Ein Schwerpunkt dieser Maßnahmen ist der Übergang vom Einstimmigkeits- zum Mehrheitsprinzip im Rat der EU (»Ministerrat« oder »Rat«) in über 40 weiteren Anwendungsfällen.[107] Die Mehrheitsentscheidung wird damit zum Regelfall (Artikel 16 Absatz 3 EUV) und erfasst mittlerweile praktisch alle für Bürger und Unternehmen wesentlichen Politikbereiche – nur noch ausnahmsweise besteht im Rat das Einstimmigkeitserfordernis

---

102 Devuyst (2012), S. 170.

103 Mix (2013), S. 2.

104 Murswiek (2008), S. 66f.

105 Skeptisch Giegerich/Wallace (2010), S. 454.

106 Devuyst (2012), S. 169.

107 Vgl. die tabellarische Auflistung in Deutscher Bundestag (2007), Tabelle 1: Übergang in die qualifizierte Mehrheit, S. 142-145; Devuyst (2012), S. 169.

(zum sog. ordentlichen Gesetzgebungsverfahren siehe Kapitel 6). Insgesamt unterfallen der Mehrheitsentscheidung im Rat so essenzielle Politikbereiche wie Binnenmarkt, Inneres, Agrar, Energie, geistiges Eigentum, Daseinsvorsorge, Justiz, Einwanderung und vieles mehr.

Die Folge ist ein beträchtlicher Einflussverlust für den einzelnen Mitgliedstaat: Während unter der Geltung des Einstimmigkeitsprinzips noch das »Veto« eines einzigen Mitgliedstaats ausreichte, um eine Entscheidung im Rat zu blockieren bzw. in eine gewünschte Richtung zu lenken (siehe Kapitel 1), ist dafür unter dem Mehrheitsprinzip eine Sperrminorität[108] von (mindestens) vier Mitgliedstaaten, die zusammen mehr als 35 Prozent der Bevölkerung der EU ausmachen, erforderlich.[109] Im Umkehrschluss können die großen Mitgliedstaaten, wie z. B. Deutschland, Frankreich und Italien, allein eine Mehrheitsentscheidung des Rats nicht mehr blockieren. Allerdings würden auch die »Nein«-Stimmen von lediglich vier Staaten nur dann ausreichen, wenn es sich dabei um die vier größten Mitgliedstaaten Deutschland, Frankreich, Italien und Spanien handeln würde. Eine aus kleineren Mitgliedstaaten bestehende Sperrminorität kann rechnerisch bis zu 13 Mitglieder erfordern.

Wie weit die »Vergemeinschaftung« von Politikfeldern nach dem Vertrag von Lissabon bereits fortgeschritten ist, zeigt sich bei Betrachtung der Bereiche, die überhaupt noch dem Einstimmigkeitsprinzip unterliegen. Dabei kann unterschieden werden zwischen den nach außen gerichteten Politikfeldern (betreffend das Verhältnis zwischen der EU und Drittstaaten bzw. internationalen Organisationen) und den nach innen gerichteten Politikfeldern (betreffend das Verhältnis zwischen der EU und ihren Mitgliedstaaten).

Im erstgenannten (»Außen«-)Bereich gilt zwar noch weitestgehend das Einstimmigkeitsprinzip, insbesondere hinsichtlich Beitrittsabkommen, bestimmten Handelsabkommen[110] und in der Verteidigungs- sowie (im Grundsatz) in der Gemeinsamen Außen- und Sicherheitspolitik (GASP). Auch hier hat jedoch der Vertrag von Lissabon einige Fälle der qualifizierten Mehrheit eingeführt (siehe insbesondere Artikel 31 EUV). Zudem kann über die Passerelle-Regelung des Artikels 48 Absatz 7 EUV vom Einstimmigkeits- zum Mehrheitsprinzip übergegangen werden. Ohnehin besteht in diesem Bereich eine Tendenz zu mehr Supranationalität, zu erkennen etwa an der Schaffung des bereits beschriebenen Auswärtigen Dienstes.

Was die nach innen gerichteten Politikfelder angeht, unterliegen dem Einstimmigkeitsprinzip neben der Steuerharmonisierung und EU-Haushaltspolitik nur noch die Bereiche Soziale Sicherheit und Sozialpolitik sowie die operative polizeiliche

---

108 Seit 1.11.2014, vgl. Artikel 16 Absatz 4 EUV, noch bis 31.3.2017 können die Mehrheitsregeln nach dem Vertrag von Nizza angewendet werden.

109 Seit 1.11.2014, vgl. Artikel 238 Absatz 3 AEUV.

110 Handelsabkommen zu kulturellen und audiovisuellen Dienstleistungen sowie zu Sozial-, Bildungs- und Gesundheits-Dienstleistungen.

Zusammenarbeit. Hinzu kommen Einzelbereiche der Umweltpolitik. Über das Instrument der Verstärkten Zusammenarbeit können zudem auch Bereiche, die an sich noch dem Einstimmigkeitsprinzip unterliegen, de facto zu Anwendungsfällen des Mehrheitsprinzips gemacht werden.

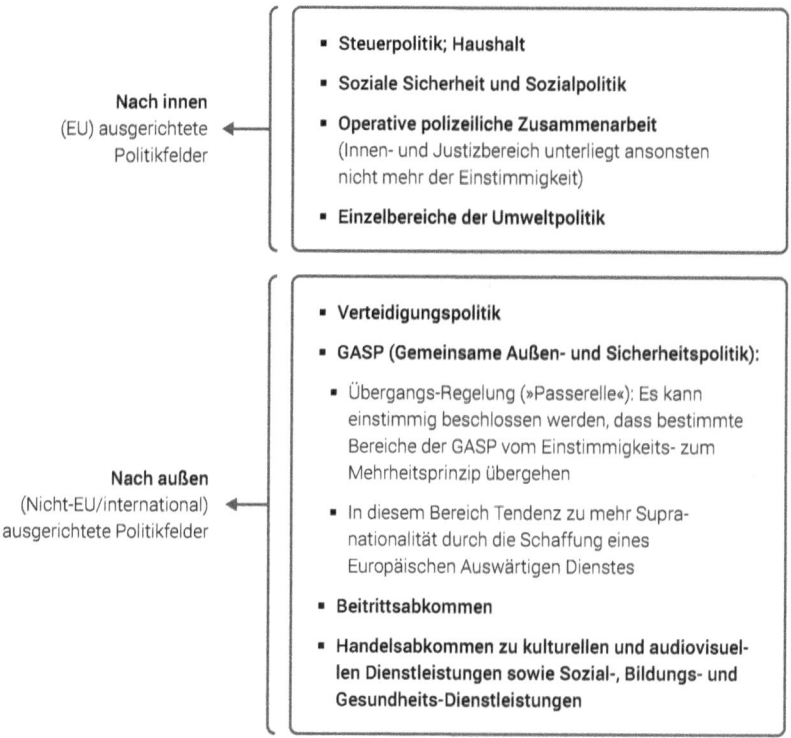

Nach innen
(EU) ausgerichtete
Politikfelder

- Steuerpolitik; Haushalt
- Soziale Sicherheit und Sozialpolitik
- Operative polizeiliche Zusammenarbeit
  (Innen- und Justizbereich unterliegt ansonsten
  nicht mehr der Einstimmigkeit)
- Einzelbereiche der Umweltpolitik

Nach außen
(Nicht-EU/international)
ausgerichtete Politikfelder

- Verteidigungspolitik
- GASP (Gemeinsame Außen- und Sicherheitspolitik):
  - Übergangs-Regelung (»Passerelle«): Es kann
    einstimmig beschlossen werden, dass bestimmte
    Bereiche der GASP vom Einstimmigkeits- zum
    Mehrheitsprinzip übergehen
  - In diesem Bereich Tendenz zu mehr Supra-
    nationalität durch die Schaffung eines
    Europäischen Auswärtigen Dienstes
- Beitrittsabkommen
- Handelsabkommen zu kulturellen und audiovisuel-
  len Dienstleistungen sowie Sozial-, Bildungs- und
  Gesundheits-Dienstleistungen

Abbildung 5.5: Nach dem Vertrag von Lissabon – nur noch wenige EU-Politikfelder, die weiterhin Einstimmigkeit bei Ratsentscheidungen erfordern

Die Folgen für die Praxis der europäischen Interessenvertretung liegen auf der Hand: Unter dem Einstimmigkeitsprinzip ist es regelmäßig ausreichend, die maßgeblichen Entscheidungsträger eines einzelnen Mitgliedstaats vom eigenen Anliegen zu überzeugen.[111] Wohin das führen kann, zeigt das Beispiel der Verhandlungen zur Zinssteuerrichtlinie im Jahr 2000: Der damalige deutsche Finanzminister Hans Eichel berichtet[112] von einem im Zuge der Verhandlungen durch Italien angedrohten »Veto« für den Fall, dass die italienischen Milchquoten nicht heraufgesetzt würden – eine noch nicht einmal dem Zuständigkeitsbereich der Finanzminister unterfallende Thematik. Die Taktik der italienischen Agrarlobby hatte dennoch Erfolg: Die Finanzminister brachten in umgehend anberaumten Telefonaten die Landwirtschaftsminister ihrer Mitgliedstaaten dazu, entsprechende Maßnahmen zuzusagen. Erst dadurch ließ

111 Vgl. Joos (2011), S. 110.
112 ARD (19.8.2013).

sich Italien zu einer Zustimmung zur »Kompromisslinie« bei der Zinssteuerrichtlinie überzeugen (siehe auch Abschnitt 1.3.2.1).

Unter der Geltung des Mehrheitsprinzips sind die Anforderungen und die Komplexität des Interessenvertretungsprozesses deutlich gewachsen: Auch wenn ein Interessenvertreter in seinem »Heimatmitgliedstaat« hinreichend gut vernetzt ist, hat er in EU-Europa damit häufig nur eine solitäre Stellung. Es genügt also nicht mehr, im Heimatmitgliedstaat Kontakt zu einzelnen – maßgeblichen – Entscheidungsträgern aufzunehmen oder mit den Mitteln der Public-Affairs-Kampagnen in wichtigen Medien eines einzelnen Mitgliedstaats zu führen. Selbst wenn die Stimmen eines Mitgliedstaats auf diese Weise für das eigene Anliegen gewonnen werden, können die Interessen der Politik in den übrigen 26 Mitgliedstaaten hiervon grundlegend abweichen – von weitgehender Gleichgültigkeit bis hin zu offener Opposition. Um Entscheidungsprozesse unter dem Mehrheitsprinzip zu begleiten, ist zumindest eine Sperrminorität von Mitgliedstaaten erforderlich. Damit setzt erfolgreiche Interessenvertretung grundsätzlich einen europäischen Ansatz voraus: Erforderlich sind EU-weite institutions-, fraktions- und mitgliedstaatenübergreifende Netzwerke und ebensolche (themenbezogene) Koalitionen, deren Aufbau in der Praxis einen enormen Aufwand bedeutet – wenn er überhaupt gelingt.

Damit geht eine Vervielfachung der Handlungsarenen einher. Schließlich bedeutet eine Kompetenzübertragung nicht, dass ein Politikfeld nun ausschließlich auf der europäischen Ebene geregelt wird. Manche werden ausschließlich in der Zuständigkeit der EU geregelt, andere in wechselseitiger Abstimmung mit den Mitgliedstaaten. In der Politikwissenschaft kommt man zu dem Fazit: »Die Aufgaben der Koordinierung und die Zahl der möglichen und auch notwendigen Interaktionsbeziehungen steigen exponentiell. Nur noch ressourcenstarke und effizient organisierte Akteure können hier ihre Interessen verfolgen.«[113] Es fällt auf, dass Ressourcenstärke allein bei der Vertretung von Interessen noch nicht zum Erfolg führt. Es bedarf einer effizienten Organisation, oder anders formuliert: Es bedarf der Prozesskompetenz in der Interessenvertretung (siehe insbesondere Kapitel 1).

5.3.4 Stärkung des Europäischen Parlaments

Für die Praxis der Interessenvertretung ebenso einschneidende Veränderungen wie die Änderung der Mehrheitserfordernisse im Rat hat die Ausweitung der gesetzgeberischen Zuständigkeiten des Europäischen Parlaments zur Folge.[114] Das Parlament wurde durch den Vertrag von Lissabon in praktisch allen wichtigen Politikbereichen dem Rat gleichgestellt und so zu einem vollwertigen Partner im Legislativverfahren.[115]

---

113 Kohler-Koch/Conzelmann/Knodt (2004), S. 171.
114 Vgl. zur schrittweisen Aufwertung des Europäischen Parlaments im Institutionengefüge Joos (1998), S. 159.
115 Dazu Selck/Veen (2008), S. 18.

Das Mitentscheidungsverfahren, in dem für die Verabschiedung einer gesetzgeberischen Maßnahme sowohl Europäisches Parlament als auch Rat zustimmen müssen, ist nun als »ordentliches Gesetzgebungsverfahren« (Artikel 289, 294 AEUV) zum Regelfall geworden.[116] Waren es nach dem Vertrag von Nizza noch 45 Bereiche, in denen Entscheidungen nicht am Parlament vorbei getroffen werden konnten, hat sich diese Zahl nach dem Vertrag von Lissabon auf 85 Bereiche fast verdoppelt.[117] Neben – wie schon bisher – dem Binnenmarkt liegen nun u. a. auch fast alle Einzelbestimmungen in der Justiz- und Innenpolitik, die Rahmenbeschlüsse zur Landwirtschafts- und Fischereipolitik, die Handelspolitik, Teile der wirtschaftspolitischen Koordinierung und die neuen Politikfelder des Katastrophenschutzes und der Verwaltungszusammenarbeit im Kompetenzbereich des Parlaments.[118] Auch das Budgetrecht des Parlaments wurde durch die Erstreckung auf den Agrarbereich – immerhin bislang ca. 45 Prozent des EU-Haushalts – deutlich erweitert.[119] Darüber hinaus wurden die Kontrollrechte des EP gegenüber der EU-Kommission ausgebaut; u. a. wählt das EP den Präsidenten der EU-Kommission (Artikel 17 Absatz 7 EUV).[120]

Hauptsächliches Ziel dieser Kompetenzerweiterungen des Parlaments als einzig direkt gewähltem Organ der EU war die stärkere demokratische Legitimation europäischer Gesetzgebung.[121] Naturgemäß hat die Ausweitung der Mitentscheidungsbefugnisse des Parlaments darüber hinaus beträchtliche Auswirkungen auf die Vertretung politischer Interessen: In den Politikfeldern, die neu der Kompetenz des Parlaments unterfallen, müssen Interessenvertreter nun auch die Mehrheit der Abgeordneten (Mitglieder des Europäischen Parlaments, kurz MdEP genannt) von ihrem Anliegen überzeugen – was angesichts der Zusammensetzung des Parlaments und seiner besonderen Entscheidungsstrukturen nicht selten eine große Herausforderung darstellt. Um dies nachzuvollziehen, muss man sich die Unterschiede des Europäischen Parlaments zu den mitgliedstaatlichen Volksvertretungen bewusst machen (siehe Abschnitt 5.5.1.1):

- So kennt das Europäische Parlament weder Regierungs- noch Oppositionsfraktionen. Die Exekutive der EU – versteht man darunter die EU-Kommission und (in Teilbereichen) auch den Rat – geht nicht aus der Legislative hervor.
- Neben dem Abstimmungsverhalten nach Fraktionszugehörigkeit ist ein parteiübergreifendes, durch nationale Zugehörigkeit der Abgeordneten geprägtes Abstimmungsverhalten sehr häufig.[122]

---

116 Bieber/Epiney/Haag (2013[10]), § 7 Rn. 18ff.; Joos (2011), S. 100–106.

117 Maurer (2008), S. 10; vgl. Deutscher Bundestag (2007), Tabelle 2: Übergang in das ordentliche Gesetzgebungsverfahren, S. 146ff.

118 Lediglich die gemeinsame Außen- und Sicherheitspolitik verblieb als alleinige Kompetenz des Rates; vgl. zum Ganzen: Mangiameli (2012), S. 107.

119 Europäische Kommission (2013); vgl. dazu auch Hauser (2011), S. 6687f.

120 Dazu Bieber/Epiney/Haag (2013[10]), § 4 Rn. 27.

121 Vgl. Maurer (2008), S. 8ff.; Pollak/Slominski (2012), S. 185.

122 Vgl. Wessels (2008), S. 141.

All das hat Auswirkungen auf Fragen des »europäischen Coalition Building« in der Interessenvertretung,[123] also der Bildung von Allianzen unter den Akteuren der Legislative und Exekutive: Meist beziehen sich solche Koalitionen nur auf einzelne Projekte und Anliegen, sodass in jeder Angelegenheit aufs Neue Koalitionen zu bilden sind. Häufig ergeben sich dabei unerwartete Optionen der Zusammenarbeit: So fand sich etwa in der Debatte um die Begrenzung des CO_2-Ausstoßes von Pkw eine Zweckpartnerschaft zwischen deutscher Automobilindustrie und Gewerkschaften. Industrie und organisierte Arbeitnehmerschaft mobilisierten einträchtig gegen die als bedrohlich empfundenen Brüsseler Gesetzespläne, die einen aus Standort- und Wettbewerbserwägungen, die anderen aus Sorge um Arbeitsplätze.[124] Entsprechend wurden im Europäischen Parlament quer durch alle Fraktionen, Interessengruppen und Mitgliedstaaten Verbündete gesucht und gefunden. Hier kommt auch die bereits angesprochene Thematik der fehlenden Regierungsbildung aus den Reihen der Legislative zum Ausdruck: Partei- oder Fraktionszugehörigkeit sagen u. U. wenig über die Entscheidungswahrscheinlichkeiten eines MdEP aus. Ein EU-weites mitgliedstaaten- und parteiübergreifendes Netzwerk und vertrauensvolle Zugänge zu Parlamentariern zumindest der größeren Mitgliedstaaten sind insofern zu zwingenden Voraussetzungen erfolgreicher Interessenvertretung in Brüssel geworden (siehe Prozessstrukturkompetenz in Abschnitt 1.3.2.5).[125]

5.4 Integrationstheorien und das Mehrebenensystem Europäische Union

Nachdem anhand ihrer historischen Entwicklung und der detaillierten Untersuchung des letzten großen Integrationsschrittes, des Vertrages von Lissabon, der hohe Integrationsgrad der EU bereits erkennbar wurde, soll nun anhand politikwissenschaftlicher Integrationstheorien der mitgliedstaatliche Integrationsprozess (bzw. Integrationsfortschritt) und das dazu notwendige Governance-System der EU näher beleuchtet werden. Letzteres ist von zentraler Bedeutung für eine prozessorientierte Interessenvertretung, da die Koordination ihrer Prozessabläufe umfassende Kenntnisse und umfassendes Verständnis des politischen Systems der EU voraussetzt.

Die Politikwissenschaft hat verschiedene theoretische Ansätze entwickelt, um die historische Entwicklung der EU zu kategorisieren und zu erklären. Diese sog. Integrationstheorien können helfen, über den Einzelfall historischer Ereignisse hinauszuweisen und wiederkehrende Muster und Trends der europäischen Integration offenzulegen. Sie analysieren zudem den Grad der stattgefundenen europäischen Integration. Unter Integration wird also sowohl der Prozess als auch der Zustand der friedlichen und freiwilligen Annäherung und Zusammenführung von Gesellschaften, Staaten und Volkswirtschaften über bestehende Grenzen hinweg verstanden.[126]

---

123 Joos (2011), S. 91.

124 Vgl. die Aussagen von Erich Klemm, Gesamtbetriebsratsvorsitzender der damaligen DaimlerChrysler AG, und Jürgen Peters, Vorsitzender der IG Metall in o. V. (2007).

125 Vgl. Joos (2011), S. 93.

126 Weidenfeld/Wessels (2006⁹), S. 285.

Für die Interessenvertretung sind solche Interpretationen durchaus hilfreich, um den Aufbau und die Komplexität der EU zu verstehen. Sie verweisen auf die Beziehungen zwischen den Mitgliedstaaten und Institutionen und zeigen, welchen Einfluss diese Akteure auf die Politik der EU haben. Manche Theorien neigen dazu, den zentralen Institutionen mehr Einfluss zuzugestehen, andere tendieren dazu, die Bedeutung der Mitgliedstaaten stärker zu betonen. Durch eine solche Betrachtung aus der »Vogel-perspektive« lassen sich die Rollen von Institutionen, Mitgliedstaaten und damit ver-bundenen Entscheidungsträgern, Entscheidungsstrukturen und -prozessen sowie Entscheidungsebenen und -hierarchien für die Interessenvertretung grundsätzlich einordnen.[127] Den Integrationstheorien kommen dabei folgende Aufgaben zu:

- Sie *selektieren* die relevanten Faktoren und Akteure von den irrelevanten und redu-zieren so die Komplexität des Integrationsprozesses.
- Sie *ordnen* und strukturieren den Integrationsprozess, sodass zwischen unterschied-lichen Analyseebenen und Akteursgruppen differenziert werden kann.
- Sie *erklären* den Integrationsprozess. Die hypothetisch festgestellten Zusammen-hänge und Faktoren des Integrationsprozesses werden mit der Realität verglichen und können so entsprechend interpretiert werden.
- Sie versuchen, mögliche Phasen, Szenarien und Schwellen für die weitere Integra-tionsentwicklung zu *prognostizieren*.[128]

Als repräsentative Auswahl von Integrationstheorien werden (weitgehend) ihrer chro-nologischen Entwicklung folgend Föderalismus, Neo-Funktionalismus, liberaler Intergouvernementalismus, Supranationalismus und Multi-Level-Governance (MLG) überblicksartig vorgestellt.

Während die älteren Theorien vor allem den Prozess der europäischen Integration ana-lysieren, um zu erklären, wie und warum sich dieser vollzog, geht insbesondere der Multi-Level-Governance-Ansatz darüber hinaus. Er widmet sich weniger einer solchen Integrationsanalyse als vielmehr der Frage, wie in der EU regiert wird, wer die politischen Akteure sind, welche Politik verfolgt wird und welche Entscheidungsprozesse es gibt.[129]

5.4.1 Föderalismus

Der Föderalismus ist politische Zielvorstellung und politikwissenschaftliche Erklä-rungstheorie zugleich. Für einige politische Akteure ist er eine anzustrebende Organi-sationsstruktur für das vereinte Europa. Für Politikwissenschaftler ist er eine Möglichkeit, die Entwicklungen und den Grad der Integration in diesem vereinten Europa zu erklären.[130] Von größerer Bedeutung war der Föderalismus in seinen beiden

---

127 Irina Michalowitz (2007), S. 37, sieht den Nutzen solcher Globaltheorien für die Interessenvertretung eher kritisch und verweist auf Neopluralismus, Neokorporatismus, Politiknetzwerkanalyse. Auf diese wurde in den Kapiteln 3 und 4 bereits näher eingegangen.

128 Die vier Funktionen von Integrationstheorien sind beschrieben in: Weidenfeld (2013³), S. 48.

129 Vgl. Pollak (2010⁶), S. 16.

130 Manche Politikwissenschaftler sehen im Föderalismus nur eine politische Zielvorstellung und sprechen ihm den theoretischen Erkenntnisgewinn ab; hierzu: Große Hüttmann/Fischer (2005), S. 54ff.

Funktionen (politische Zielvorstellung und wissenschaftliche Erklärungstheorie) vor allem am Beginn des europäischen Einigungsprozesses.

5.4.1.1 Der Föderalismus als politische Zielvorstellung

Die Europabewegung der Zwischenkriegszeit war föderalistisch gesinnt und wollte nach amerikanischem Vorbild ein vereinigtes Europa als Bundesstaat errichten. Graf Coudenhove-Kalergi stellte sich 1923 Pan-Europa als Vereinigte Staaten von Europa »nach dem Muster der Vereinigten Staaten von Amerika« vor. »Pan-Europa würde in den übrigen Weltteilen und den Weltmächten gegenüber als Einheit auftreten, während innerhalb der Föderation jeder Staat ein Maximum an Freiheit hätte.«[131] Auch der Italiener Altiero Spinelli, Vordenker und Verfechter eines föderalen Europa, später Mitglied der Europäischen Kommission und Europaabgeordneter für die Kommunistische Partei Italiens, trat in seinem Manifest von Ventotene (1941) für eine Europäische Föderation und eine Überwindung des nationalstaatlichen Denkens aus dem 19. Jahrhunderts ein: »The question which must be first resolved (...) is that of the abolition of the division of Europe into sovereign states.«[132] Die Forderung von Winston Churchill nach den Vereinigten Staaten von Europa aus dem Jahr 1946 wurde bereits erwähnt (siehe Abschnitt 5.2). Im Jahr darauf sprach er in der Royal Albert Hall von seiner Hoffnung »for the federation of the European States and for the creation of a Federal Constitution for Europe«.[133] Und mit der Gründung des Europarates schien es kurzzeitig, als ob der föderalistische Traum Wirklichkeit werden könnte.

Trotz anfänglicher Hoffnung entwickelte sich die spätere Europäische Union jedoch nicht im Zuge bzw. Rahmen eines Verfassungsakts. Es wurde kein föderaler Bundesstaat geschaffen. Gleichwohl ist die Idee des Föderalismus auch heute noch ein wichtiges politisches Leitbild.[134] Besonders in der Diskussion um die Finalität der europäischen Integration wird immer wieder die Idee einer »Europäischen Föderation« ins Spiel gebracht.[135]

5.4.1.2 Föderalismus als politikwissenschaftliche Integrationstheorie

Als politikwissenschaftliche Integrationstheorie ist vor allem der Ansatz von Carl Joachim Friedrich von Bedeutung, den dieser in den 1960er-Jahren entwickelte.[136] Er löste sich von dem Gedanken, dass Föderalismus ein statisches Konzept sei, das in einem Zug mittels einer Verfassung geschaffen werden könne: »Föderalismus sollte nicht als Bezeichnung einer statischen Konzeption verstanden werden, mit der eine

---

131 Coudenhove-Kalergi (1923), S. 153.

132 Lipgens (1985), S. 478. Spinelli blieb Zeit seines Lebens ein Verfechter des europäischen Föderalstaats. 1958 erschien von ihm das Manifest der Europäischen Föderalisten. Noch zwei Jahre vor seinem Tod entwarf er 1984 eine Verfassung für Europa, die auch vom Europäischen Parlament angenommen, jedoch von den Mitgliedstaaten nicht ratifiziert wurde.

133 Lipgens/Loth (1988), S. 768.

134 Vgl. Große Hüttmann/Fischer (2005), S. 59.

135 Watt (2014).

136 Friedrich (1964), S. 154-187; Friedrich (1968).

besondere und genau festgelegte Trennung zwischen verschiedenen Regierungsebenen gekennzeichnet wird.«[137] Föderalismus sei dagegen vielmehr ein Prozess »durch den bestimmte, unabhängige, politisch organisierte Einheiten, seien sie Staaten oder andere Verbände, ein Übereinkommen schließen, um politische Lösungen zu finden, eine gemeinsame Politik und gemeinsame Entscheidungen über gemeinsame Probleme zu erarbeiten«.[138]

Dennoch plädiert Friedrich in diesem Prozess für starke föderalistische Institutionen. Ein föderales Bündnis beruhe auf einem Vertrag und bedürfe:

1. einer »Versammlung der Vertreter der Gründungsgemeinschaften«;

2. eines »Exekutivorgan[s] für die Ausführungen der Versammlung«;

3. einer »schiedsrichterlichen oder richterlichen Körperschaft, der die Interpretation des Vertrages (. . .) obliegt«.[139]

In der heutigen EU nehmen der Europäische Rat, der Ministerrat, die Europäische Kommission und der Europäische Gerichtshof diese Rollen ein. Ihre Aufgaben sind aber zuweilen verschränkt. Zum Beispiel hat die Kommission sowohl eine exekutive als auch legislative Rolle.[140]

Weitere föderalistische Elemente, die die »Zentralgewalt« in der EU stärken, lassen sich z. B. in der Ausdehnung des Mehrheitsprinzips bei Abstimmungen im Rat und der Stärkung des Parlaments durch das Mitentscheidungsverfahren, das mit dem Vertrag von Lissabon zum ordentlichen Gesetzgebungsverfahren wurde, erkennen.[141] Ebenso die Tatsache, dass Unionsrecht Vorrang vor mitgliedstaatlichem Recht hat.[142] Auch das im Vertrag von Maastricht festgelegte Subsidiaritätsprinzip ist ein föderalistisches Element. Es dient als Richtschnur, welche Themen auf »zentraler« EU-Ebene und welche auf mitgliedstaatlicher, »peripherer« Ebene behandelt werden.[143]

Mit der fortschreitenden Integration der EU, bestimmt durch die Verträge aus den 1990er-Jahren, hat auch der Föderalismus als Integrationstheorie wieder an Bedeutung gewonnen.[144] Da die traditionellen Föderalismusbegriffe – etwa der des Bundesstaates – nicht greifen, um die Europäische Union zu beschreiben, suchen Politikwissenschaftler heute, wie bereits Friedrich, nach neuen Wegen, um die föderalen Eigenschaften der EU zu erklären: Es wird vom »supranationalen Föderalismus« oder auch von einem »fusionierten Föderalstaat« gesprochen.[145]

---

137 Friedrich (1964), S. 166.

138 Friedrich (1964), S, 166.

139 Friedrich (1964), S. 179.

140 Vgl. hierzu Grimmel/Jakobeit (2009), S. 37.

141 Weidenfeld (2013³), S. 53.

142 Haratsch/Koenig/Pechstein (2010⁷), S. 85.

143 Große Hüttmann/Fischer (2005), S. 53.

144 Große Hüttmann/Fischer (2005), S. 57.

145 Große Hüttmann/Fischer (2005), S. 56f.

5.4.2 Neo-Funktionalismus

In der europapolitischen Realität der 1950er-Jahre kam es nicht zur Gründung eines Bundesstaates, sondern zur Errichtung einer funktional ausgerichteten Organisation, der Europäischen Gemeinschaft für Kohle und Stahl. Vor diesem Hintergrund formulierte der Politikwissenschaftler Ernst B. Haas – auf der Funktionalismusidee David Mitranys aus den 1940er-Jahren aufbauend – die Integrationstheorie des Neo-Funktionalismus.

Der Funktionalismus lehnt den Föderalismus als Integrationstheorie ab. Zum einen sei der Föderalismus zu politisch, um sich auf technische, apolitische Kooperationen zu konzentrieren.[146] Zum anderen sei er zu sehr an der Integration von Nationalstaaten interessiert, habe sich somit vom nationalstaatlichen Denken nicht gelöst. Dies sei überholt, da der Nationalstaat selbst nicht mehr die feste Autorität darstelle, die er einmal verkörperte: »In national government the definition of authority and the scope of public action are now in a continuous flux, and are determined less by constitutional norms than by practical requirements.«[147] Auch in den internationalen Beziehungen der Staaten untereinander spielen neben dem Völkerrecht verschiedene Regeln, Konventionen und »ad hoc functional arrangements« eine große Rolle bei der Organisation von »common activities«.[148] Es sind genau diese functional arrangements, die für Funktionalisten im Zentrum der Analyse stehen.

Daher erklärt der Neo-Funktionalismus die europäische Integration vor allem sektoral. Das heißt, der Einigungsprozess vollzieht sich zunächst in den wirtschaftlichen, gesellschaftlichen und politischen Sektoren, in denen gemeinsame (transnationale) Probleme auftreten, die auch gemeinsam (transnational) gelöst werden können. Das heißt, die Integration erfolgt problemorientiert, nicht idealistisch und politisch. Mit der Integration entstehen supranationale Institutionen (wie die Hohe Behörde der EGKS oder das Europäische Parlament), deren vertragliche Form und Ausgestaltung ihren Aufgaben und Funktionen nach bestimmt wird – es herrscht in gewisser Weise also das Prinzip »form follows function«.[149]

Diese Form der Integration wurde durch die »Methode Monnet« in die Praxis umgesetzt. Der Namensgeber Jean Monnet stand für eine europäische Integration in kleinen Schritten: »I have always felt that the political union of Europe must be built step by step like its economic integration.«[150] Monnet, einer der Gründerväter des vereinten Europas, war ein französischer Unternehmer, Technokrat und der eigentliche Ideengeber des Schuman-Plans von 1950. Als Vorsitzender des französischen Commissariat général du Plan (Planungsamt) erarbeitete er Pläne zur Modernisierung

---

146 Vgl. Wolf (2005), S. 65.

147 Mitrany (1943), S. 13.

148 Mitrany (1943), S. 20.

149 Weidenfeld (2013³), S. 57; Grimmel/Jakobeit (2009), S. 99.

150 Monnet (1962), S. 208.

der französischen Wirtschaft. Dabei war er überzeugt, dass die Ressourcen eines einzelnen Landes nicht ausreichen konnten, um den Lebensstandard in den Ländern Nachkriegseuropas zu heben: »It was necessary to transcend the national framework.«[151] Es musste also eine europäische Zusammenarbeit auf dem wirtschaftlichen Sektor etabliert werden, um einen gemeinsamen Markt zu schaffen.

Die europäische Integration wurde daher nur in den Sektoren verwirklicht, in denen die Staaten bereit waren, zusammenzuarbeiten. Sie sollte vor allem von Sachfragen und nicht von politischen Fragen bestimmt sein. So kam es zunächst zur Gründung der EGKS im Jahr 1952. Der Integration der Montanindustrie folgten über kurz oder lang auch Überlegungen, andere Sektoren der Wirtschaft, Politik und Gesellschaft zu integrieren, wie z. B. arbeitsrechtliche und sozialpolitische Fragen.[152]

Dieses Miteinbeziehen immer weiterer Bereiche in die Gemeinschaft wurde vom Politikwissenschaftler Ernst Haas als Spill-over bezeichnet. Leon N. Lindberg hat den Begriff des Spill-over näher definiert: »Spill-over refers to a situation in which a given action, related to a specific goal, creates a situation in which the original goal can be assured only by taking further actions, which in turn create a further condition, a need for more action and so forth.«[153] Ein neueres Beispiel sind die Kompetenzerweiterungen der EU auf zentrale Bereiche der Innen- und Justizpolitik, ein Spill-over als Folge der wirtschaftlichen Integration (Binnenmarkt) und globaler Herausforderungen wie internationaler Kriminalität und Terrorismus.[154]

In den letzten Jahren zeigte sich, wie durch Spill-over die Integration weiter vorangetrieben wird. Als Folge der europäischen Staatsschuldenkrise wurden z. B. der ESM und Fiskalpakt notwendig. Ohne die Währungsgemeinschaft wäre es aber wohl gar nicht dazu gekommen. Die europäische Bankenkrise brachte eine Erweiterung der Aufgaben der EZB bezüglich der Bankenaufsicht (Single Supervisory Mechanism, SSM) mit sich und die Einführung eines Einheitlichen Abwicklungsmechanismus für in »Schieflage« geratene Banken (Single Resolution Mechanism, SRM). SSM und SRM sind zwei Säulen der sog. Bankenunion, die 2014 von Kommentatoren als »the most ambitious integration project since the creation of the single currency 14 years ago«[155] bezeichnet wurde. Die EU übernimmt damit neue Funktionen und eine neue Form müsste den Sachzwängen gemäß folgen – form follows function.

Die Theorie des Neo-Funktionalismus wurde weiter ausdifferenziert und neben Spillover wurde auch eine mögliche Rückwärtsentwicklung, der Spill-back, in Betracht gezogen.[156] Hintergrund dafür war die Blockadepolitik des französischen Staatspräsidenten

---

151 Monnet (1962), S. 205.

152 Haas (1958), S. 269f.

153 Lindberg (1963), S. 10.

154 Wessels (2008), S. 427.

155 Barker (2014).

156 Siehe den detaillierten Überblick bei Weidenfeld (2013³), S. 58ff.; oder Wolf (2005), S. 79.

Charles de Gaulle, als Frankreich mit der »Politik des leeren Stuhls« die Entscheidungsfindung im Rat verhinderte.[157] Auch heute liegen Spill-backs im Bereich des Möglichen.
Denn die zahlreichen Krisen der vergangenen Jahre haben auch Stimmen hervorgebracht, die eine Rückführung von Kompetenzen von Brüssel in die Mitgliedstaaten fordern. Ein vorläufiger Höhepunkt war sicherlich der Austritt Großbritanniens aus der EU
im Jahre 2020 .[158] Der politische Wille unter den Mitgliedstaaten, den Vertrag über die
Europäische Union zu ändern, ist jedoch begrenzt.[159] Abgesehen davon sind auch die
rechtlichen Hürden dafür relativ hoch, zumindest höher als bei den meisten Verfas-
sungsänderungen auf mitgliedstaatlicher Ebene.

Kritisiert wurde am Neo-Funktionalismus vor allem, dass ihm eine gewisse Teleologie
und Automatismus innewohne. Die Einigung Europas sei fast so unaufhaltsam wie ein
Naturgesetz.[160] Trotz allem Automatismus nennt der Neo-Funktionalismus auch die
Akteure des europäischen Integrationsprozesses, die technokratischen und politischen Eliten. »In our scheme of integration elites are the leaders of all relevant political
groups who habitually participate in the making of public decisions, whether as policy-
makers in government, as lobbyists or as spokesmen of political parties. They include
the officials of trade associations, the spokesmen of organised labour, higher civil ser-
vants and active politicians.«[161]

Für die erfolgreiche Interessenvertretung lassen sich hieraus zwei interessante Aspekte
ableiten: Zum einen wird den Interessenvertretern eine aktive Rolle bei der Gestaltung
der europäischen Politik und europäischen Integration zugewiesen. Zum andern verweist die Aufzählung der politischen Akteure auf mögliche Entscheidungsträger. Hier
wird auf Parteien, die Verwaltung, Verbände und Gewerkschaften verwiesen, denen
allen eine Rolle im Entscheidungsprozess zukommen kann. Die maßgebliche politische Richtung wird zwar vom Europäischen Rat der Staats- und Regierungschefs vorgegeben. Aber es ist die EU-Kommission, welche das Initiativrecht für EU-Gesetze
hat. Die Parteien im Europäischen Parlament bilden Koalitionen zur Durchsetzung
von Inhalten bei gewissen Gesetzesvorhaben, und Interessenvertreter u. a. von Verbänden und Gewerkschaften versuchen an der Ausgestaltung von Gesetzen mitzuwirken. Alle Akteure können mögliche Ansprechpartner und vielleicht sogar
»Koalitionspartner« für ein eigenes Anliegen sein.

5.4.3 Liberaler Intergouvernementalismus

Eine weitere Integrationstheorie ist die des Intergouvernementalismus. Im Unterschied
zum Neo-Funktionalismus ist diese Theorie staatszentriert: Nicht transnationale

---

157 Zur Politik des »leeren Stuhls« siehe Loth (2014), S. 134–142.

158 o. V. (2015b).

159 o. V. (2015e).

160 Vgl. Wolf (2005), S. 76f.

161 Haas (1958), S. 17.

Herausforderungen und Probleme sowie supranationale Institutionen (wie die Hohe Behörde der EGKS) sind die wesentlichen Treiber der europäischen Integration, sondern die europäischen Nationalstaaten und deren Regierungen. Der Intergouvernementalismus ist der zentrale Gegenspieler aller Theorien, die das Verschwinden des Nationalstaats in Europa prophezeien:[162] »The nation state is still there (. . .).«[163]

Stanley Hoffmann, der Hauptvertreter des Intergouvernementalismus in den 1960er-Jahren, betonte die Führungskraft politischer Akteure[164] und wies den Neo-Funktionalismus als zu technisch zurück. Für eine Integration, die den Nationalstaat überwinden könnte, bräuchte es mehr als die vorhandenen Prozesse und Prozessbedingungen: »A procedure is not a purpose, a process ist not a policy.«[165] Die europäische Integration findet laut Hoffmann vor allem im Bereich der von ihm so bezeichneten »low politics« statt. Dazu gehören die Integration von Wirtschaftsbereichen wie Kohle und Stahl bei der EGKS, aber auch der gemeinsame Binnenmarkt. Solche Integrationserfolge würden aber nicht in sensiblere Politikbereiche überspringen, die, wie die Außen- und Sicherheitspolitik, die Souveränität der Mitgliedstaaten berührten, sog. »high politics«.[166] Trotz dieser Sensibilität wird mittlerweile auch auf den Gebieten der high politics ein zunehmender Integrationsprozess wahrnehmbar. So wurde mit dem Vertrag von Maastricht, aufbauend auf der Europäischen Politischen Zusammenarbeit (EPZ), die Gemeinsame Außen- und Sicherheitspolitik (GASP) als eine Säule der Union etabliert und mit dem Vertrag von Lissabon reformiert und gestärkt. Zusammen mit den Politikbereichen Inneres und Justiz stößt die GASP in den Bereich der high politics vor. Der Hohe Vertreter der Union für Außen- und Sicherheitspolitik und der Europäische Auswärtige Dienst (EAD) sind ein starkes Signal, dass auch die Bereiche der high politics Teil der europäischen Integration werden können.[167]

Eine Fortentwicklung von Hoffmanns Thesen ist der liberale Intergouvernementalismus von Andrew Moravcsik. Während für Hoffmann die Nationalstaaten nach außen eher als »geschlossene Blöcke« auftreten und die europäische Integration und Entscheidungsprozesse von der Außenpolitik der Mitgliedstaaten bestimmt wurden, ist für Moravcsik auch die Innenpolitik der Mitgliedstaaten für ihre europapolitischen Entscheidungen relevant. Zunächst würden nämlich Präferenzen innerhalb eines Mitgliedstaates unter Berücksichtigung der dort vorherrschenden politischen und gesellschaftlichen Machtverhältnisse herausgebildet. Somit ist »das Verhalten eines Landes das Ergebnis eines Wettbewerbs zwischen unterschiedlichen sozialen Akteuren, die um den Einfluss auf Regierungsentscheidungen konkurrieren.«[168]

---

162 Grimmel/Jakobeit (2009), S. 134.
163 Hoffmann (1966), S. 863.
164 Weidenfeld (2013³), S. 62.
165 Hoffmann (1966), S. 881.
166 Hoffmann (1966), S. 882, 901; Bieling (2005), S. 102f.
167 Vgl. Weidenfeld, (2013³), S. 63.
168 Steinhilber (2005), S. 177.

Das Handeln der Mitgliedstaaten auf EU-Ebene wird demnach von internen nationalen Interessen mitbestimmt. Sie handeln also aus nationalem Interesse und nicht aus europastrategischen oder geostrategischen Erwägungen heraus. Ein ernüchterndes Fazit zum liberalen Intergouvernementalismus lautet daher: »Letztlich ist für Moravcsik europäische Politik nichts anderes als die Fortsetzung nationalstaatlicher Interessenpolitik mit anderen Mitteln.«[169]

Nachdem die Präferenzbildung in einem Mitgliedstaat erfolgt ist, beginnt das Verhandeln (bargaining) der Staaten untereinander. »Governments first define a set of interests, then bargain among themselves in an effort to realize those interests.«[170] Während der Verhandlungen, so nimmt Moravcsik an, seien die Präferenzen der Mitgliedstaaten festgelegt.[171] Um die Ergebnisse der Verhandlungen umzusetzen, abzusichern und letztlich damit in der Integration Europas fortzuschreiten, seien die supranationalen Institutionen der EU wie etwa die Europäische Kommission notwendig.[172] Ihnen wird aber keine Initiativkraft im Integrationsprozess zugeschrieben.

Die treibende Kraft kommt nach Moravcsik den intergouvernementalen Elementen zu, z. B. dem Rat der EU, in dem sich die Fachminister der Mitgliedstaaten treffen, oder dem Europäischen Rat, dem Treffen der Staats- und Regierungschefs, das die großen Linien der EU-Politik vorgibt. Die Integrationsschritte der EU sind immer Ergebnisse freiwilliger Verhandlungen und rationaler Entscheidungen der Regierungen auf Basis der konvergierenden Interessen und Präferenzen der Mitgliedstaaten und nicht supranationaler Initiativen oder »automatischer« Spill-over.[173]

Für eine erfolgreiche Interessenvertretung ist besonders Moravcsiks Verweis auf die Präferenzbildung in den Mitgliedstaaten wichtig. Sie erinnert daran, bei den EU-Entscheidungsprozessen nicht nur vom Brüsseler Zentrum her zu denken, sondern auch die Entscheidungsfindungsprozesse in den Mitgliedstaaten zu berücksichtigen.

Die Interessenvertretung muss allerdings auch beachten, dass entgegen Moravcsiks Annahme sich Präferenzen der Mitgliedstaaten während des bargaining durchaus ändern können (z. B. infolge von Regierungswechseln oder anderen externen Veränderungen bzw. tagespolitischen Impulsen). Außerdem ist die Präferenzbildung in den Mitgliedstaaten nicht isoliert, sondern kann durchaus von anderen Mitgliedstaaten direkt oder indirekt beeinflusst werden. Mit der Freizügigkeit in Europa und der Mehrsprachigkeit vieler EU-Bürger entsteht zunehmend auch eine europäische Öffentlichkeit. Die Präferenzbildung in den Staaten darf nicht mehr nur isoliert betrachtet werden. Hier vereinfacht Moravcsik.[174] Außerdem unterschlägt er wichtige

---

169 Weidenfeld (2013³), S. 65f.

170 Moravcsik (1993), S. 481.

171 Vgl. Moravcsik (1993), S. 497f., wo auf eine mögliche Veränderung der nationalen Präferenzen durch interne Einflüsse nicht eingegangen wird.

172 Moravcsik (1993), S. 507, spricht davon, dass supranationale Institutionen die nationalen Regierungen stärken.

173 Steinhilber (2005), S. 183f.; Moravcsik (2002), S. 604ff., 609, hebt im politischen System der EU die Bedeutung der Nationalstaaten im Vergleich zur Bedeutung der supranationalen Institutionen hervor.

174 Steinhilber (2005), S. 181.

supranationale Elemente der EU wie z. B. das Mehrheitsprinzip im Europäischen Rat oder das Initiativrecht der Kommission bei Gesetzesvorhaben im Rahmen des ordentlichen Gesetzgebungsverfahrens.

5.4.4 Supranationalismus

Auf dem Neo-Funktionalismus aufbauend[175] entwickelten die amerikanischen Politikwissenschaftler Wayne Sandholtz und Alec Stone Sweet in den 1990er-Jahren die Integrationstheorie des Supranationalismus, die analysiert, »warum der europäische Integrationsprozess in verschiedenen Sektoren ungleichmäßig und ungleichzeitig voranschreitet. Während die politische Entscheidungsfindung in manchen Politikfeldern nach wie vor dem intergouvernementalen Muster folgt, wird sie in anderen Bereichen besser als supranationales Regieren (supranational governance) bezeichnet.«[176]

Besonderes Augenmerk legt der Supranationalismus auf den transnationalen Austausch, der zum Motor für die Entstehung supranationaler Organisationen und Institutionen wird. Hinter dem transnationalen Austausch steht eine transnationale Gesellschaft mit transnationalen Akteuren aus der Wirtschaft, dem sozialen Bereich und der Politik, die transnationale Probleme lösen möchten und dafür supranationale Institutionen brauchen und fordern.[177]

Die zentralen Untersuchungsobjekte des Supranationalismus sind:

- Die Entwicklung einer transnationalen Gesellschaft: Nicht-Regierungsakteure, die direkt oder indirekt auf die Entscheidungsprozesse mitwirken.
- Die Rolle supranationaler Institutionen mit der Kompetenz, eine eigene integrative Agenda voranzutreiben, d. h. die Regularien produzieren, ausführen und interpretieren zu können.
- Europäische Rechtsetzungstätigkeit.[178]

Für die Interessenvertretung von entscheidender Bedeutung ist vor allem die Rolle, die Nicht-Regierungsakteuren im Integrationsprozess zugeschrieben wird. Die Entwicklung vom intergouvernementalen hin zum supranationalen Regieren wird – neben europäischen Regularien und europäischen Institutionen – auch von einer »transnational society« bestimmt: »(. . .) those non-governing neutral actors who engage in intra-EC exchange – social, economic, political – and thereby influence directly or indirectly, policy-making processes and outcomes at the European level.«[179] Die politischen Entscheidungsprozesse in Europa werden damit nicht allein von den Mitgliedstaaten und deren Regierungen bestimmt, sondern u. a. auch entscheidend von Unternehmen und Verbänden.

---

175 Sandholtz/Stone Sweet (1998), S. 5: »Our theory has important affinities with neofunctionalism.«

176 Nölke (2005), S. 145; Sandholtz/Stone Sweet (1998), S. 1: »Why does policy-making sometimes migrate from the nation-state level to the European Community?«

177 Sandholtz/Sweet Stone (1998), S. 11–15.

178 Sandholtz/Sweet Stone (1998), S. 6.

179 Sandholtz/Sweet Stone (1998), S. 9.

Supranationale Institutionen in der EU sind z. B. die Europäische Kommission, die beim ordentlichen Gesetzgebungsverfahren das Gesetzesinitiativrecht innehat, das Europäische Parlament mit Abgeordneten aus allen 27 Mitgliedstaaten oder auch der europäische Gerichtshof, dessen Kompetenz bei der Auslegung des Primärrechts von den Gerichten der Mitgliedstaaten allgemein anerkannt wird.

5.4.5 Multi-Level-Governance

In ihren ersten Jahrzehnten konzentrierte sich die EG-/EU-Forschung vor allem auf die politische Integration der europäischen Staaten. Es wurde analysiert, wie und in welchen Politikbereichen die EG-/EU-Mitgliedstaaten ihre Souveränität teilweise aufgaben und wie Entscheidungskompetenzen von der nationalen auf die europäische Ebene und die neu geschaffenen supranationalen Institutionen übertragen wurden.[180]

Mit zunehmender supranationaler Kompetenz der EG/EU und der damit verbundenen Verlagerung von politischen Entscheidungen nach Brüssel verlagerte sich der Fokus der Forschung von Fragen über die europäische Integration und die Entstehung europäischer Institutionen zur Frage, wie in Europa politische Entscheidungen getroffen werden.[181] Mit anderen Worten: Das Regieren – die governance[182] – steht hier im Vordergrund der Analyse. Angestoßen wurde dieser Paradigmenwechsel – auch governance turn genannt – durch theoretisch-konzeptionelle Überlegungen[183] wie auch reale Faktoren.

Konzeptionell wurde erkannt, dass weder intergouvernementale noch supranationale Ansätze die EU umfassend beschreiben können.[184] Das real-politische Europa hatte sich weiterentwickelt. So wurde die europäische Integration durch die Einheitliche Europäische Akte und die Gestaltung des gemeinsamen Binnenmarktes in den 1980ern oder die Schaffung der EU durch den Vertrag von Maastricht und dessen Folgeverträge weiter vorangetrieben.[185]

Hervorzuheben ist hier der Ansatz der Multi-Level-Governance (MLG), der insbesondere von Gary Marks und Liesbet Hooghe in den 1990er-Jahren entwickelt wurde.[186] Im Deutschen wird meist von »Regieren im Mehrebenensystem« gesprochen. Während der Intergouvernementalismus annimmt, EU-Entscheidungen würden primär von den Mitgliedstaaten bestimmt, stellt der MLG-Ansatz die zentrale Bedeutung der

---

180 Kohler-Koch/Rittberger (2009), S. 3.

181 Jachtenfuchs/Kohler-Koch, (2003²), S. 16: Es ginge nicht nur um Kompetenzübertragung, sondern auch um die informellen Veränderungen in der Zusammenarbeit zwischen Mitgliedstaaten und den EU-Institutionen.

182 Zu den Begriffen Regieren und Governance im Deutschen: Jachtenfuchs (2003), S. 495.

183 Das heißt die Fortentwicklung von realistischen hin zu konstruktivistischen Theorien.

184 Scharpf (2010), S. 67ff.

185 Kohler-Koch/Rittberger (2009), S. 3f.

186 Marks (1993); Marks/Hooghe/Blank (1996); Hooghe/Marks (2001).

Mitgliedstaaten infrage. Schon die Mehrheitsentscheidungen im Rat lassen den Einfluss eines einzelnen Mitgliedstaates schwinden.[187] Außerdem hat der Einfluss der supranationalen Institutionen, wie des Europäischen Parlaments, der Europäischen Kommission und des Gerichtshofs der EU, seit der Einheitlichen Europäischen Akte von 1986 zugenommen.[188] Die EU-Kommission hat obendrein das alleinige Initiativrecht für EU-Gesetze.[189]

MLG stellt die staatliche Autonomie für bestimmte Bereiche generell infrage. Denn es sind nicht mehr die Nationalstaaten (bzw. EU-Mitgliedstaaten) allein, die in einer globalisierten, komplexen Welt die Entscheidungen treffen. Viele Themen, insbesondere umweltpolitische Herausforderungen sind transnational und von einem Staat allein nicht mehr zu lösen. Bei deren Lösung ist internationale Kooperation von Staaten untereinander nicht zwingend ein Wert an sich, wie dies z. B. beim Föderalismusansatz der Fall war, sondern nur noch Mittel zum Zweck.[190]

Entscheidungshierarchien lösen sich auf: Der Intergouvernementalismus ist der Ansicht, dass die Meinungsbildung in den Mitgliedstaaten erfolge, und diese dann die gefundene Meinung nach außen vertreten und mit anderen Staaten verhandeln. Die Hierarchie ginge also vom Lokalen und Internen über den Mitgliedstaat hin zur supranationalen Einrichtung, wie der EU. Die Forschungen zu MLG zeigen jedoch: »From the 1980s, a system of multi-level governance arose, in which national governmental control became diluted by the activities of supranational and subnational actors.«[191] Nicht nur Regierungen regieren, die idealtypisch an der Spitze der Entscheidungshierarchie stehen, sondern auch andere Akteure, die in einem nicht-hierarchischen Verhältnis zueinander stehen.[192] »States are an integral and powerful part of the EU, but they do no longer provide the sole interface between supranational and subnational arenas, and they share, rather than monopolize, control over many activities that take place in their respective territories.«[193] Mit anderen Worten: In der EU kommunizieren alle Entscheidungsebenen miteinander und untereinander, supranational, national und subnational.[194] Das heißt z. B., dass auch die deutschen Länder direkt mit den EU-Institutionen kommunizieren, ohne den Weg über die nationale Regierung zu wählen. Die jeweiligen Vertretungen der Länder in Brüssel sind ein Beleg dafür.

Für die Interessenvertretung bedeutet die schwindende Bedeutung der Nationalstaaten in der EU, dass man sich nicht nur allein auf nationale Akteure und Netzwerke

---

187 Marks/Hooghe/Blank (1996), S. 350.

188 Marks/Hooghe/Blank (1996), S. 343.

189 Das Europäische Parlament kann jedoch die EU-Kommission per Mehrheitsbeschluss auffordern, Vorschläge für Fragen zu unterbreiten, die nach Auffassung des Parlaments eines Unionsakts bedürfen (Artikel 225 AEUV).

190 Jachtenfuchs (2003), S. 499.

191 Marks/Hooghe/Blank (1996), S. 373; Hooghe/Marks (2001), S. 4.

192 Jachtenfuchs (2003), S. 495.

193 Marks/Hooghe/Blank (1996), S. 347.

194 Marks/Hooghe/Blank (1996), S. 346.

verlassen darf, sondern einen gesamteuropäischen Ansatz wählen sollte, der auch verschiedene Akteure auf den verschiedenen Entscheidungsebenen (lokal, national, supranational) einbezieht. Da im politischen System der EU keine klare Hierarchie der Entscheidungsebenen existiert, gibt es für die Interessenvertretung auch nicht *die* alleinige Entscheidungsebene bzw. *den* alleinigen Entscheidungsträger, die bzw. der als alleiniger Ansprechpartner infrage käme (siehe dazu ausführlich Kapitel 1 und 6).

In den Mitgliedstaaten können sich Regierungen bei ihrer Arbeit auf die Unterstützung ihrer Regierungsmehrheiten im Parlament verlassen, was das Regieren erleichtert. Anders verhält es sich in der EU. Die EU-Kommission und das Europäische Parlament arbeiten nicht in der Weise zusammen, wie man es von den Mitgliedstaaten her kennt. Die EU-Kommission kann sich z. B. zum »Regieren« nicht auf eine Parlamentsmehrheit verlassen, sie muss den Kompromiss mit den politischen Fraktionen des Europäischen Parlaments suchen. Cum grano salis kann dies mit der Situation verglichen werden, wenn der amerikanische Präsident über keine Mehrheit seiner Partei im Kongress verfügt oder wenn eine deutsche Regierung zwar eine Mehrheit im Bundestag, aber nicht in der Länderkammer, im Bundesrat, hat. Auch die mitgliedstaatlichen Regierungen, die im Rat vertreten sind, können nicht a priori auf die Unterstützung »ihrer« nationalen Abgeordneten vertrauen. Die Parlamentarier »represent those living in particular territories, but not necessarily the governments of those territories«.[195] »Das besonders charakteristische Merkmal des Regierens in der EU ist die Organisation der Willensbildung in Netzwerken. Knotenpunkte sind die zahlreichen Ausschüsse im EU-System.«[196] Damit ist für eine erfolgreiche Interessenvertretung, wie bereits mehrfach dargelegt wurde, ein umfassendes EU-weites Netzwerk wichtig, das Institutionen, Parteien und Mitgliedstaaten umfasst.

Wenn die Bedeutung des Nationalstaates abnimmt, nimmt die Bedeutung anderer Stakeholder zu. Nicht nur supranationale und subnationale Institutionen, sondern auch gesellschaftliche Stakeholder spielen eine Rolle, z. B. Bürgerinitiativen, Unternehmen, Verbände, Gewerkschaften und NGOs. Sie alle haben Zugang zu den Institutionen der EU, ohne ihre Anliegen über ihre Nationalstaaten kanalisieren zu müssen.[197] Daher sucht die Europäische Union bei ihren Entscheidungsprozessen nicht nur den Konsens unter den Mitgliedstaaten, sondern auch den Konsens mit privaten Gruppen und Organisationen, NGOs und Firmen. Sowohl die Kommission als auch der Rat sind »geared towards finding ground with stakeholders and accommodating nationally aggregated interests through compromise« (siehe auch Abschnitt 5.5.3). Hinzu kommt, dass Entscheidungen nicht unbedingt politisch, sondern sachlich getroffen werden, denn: »The forging of ideology-based majorities is seen as counter-productive to decision-making efficiency.«[198] Dies begünstigt eine sachliche Darlegung von

---

195 Hooghe/Marks (2001), S. 9.
196 Jachtenfuchs/Kohler-Koch (2003²), S. 25.
197 Grimmel/Jakobeit (2009), S. 315.
198 Kohler-Koch/Rittberger (2009), S. 9.

Argumenten und die Berücksichtigung von Interessen. Die Beiträge nicht-staatlicher und zivilgesellschaftlicher Akteure an der politischen Meinungsbildung tragen zur Meinungspluralität und damit zur Demokratisierung im Mehrebenensystem Europäische Union bei.[199]

Dementsprechend eindeutig ist im Vertrag über die Europäische Union kodifiziert, dass den Bürgerinnen und Bürgern der EU ausdrücklich das Recht zugesprochen wird, »am demokratischen Leben der Union teilzunehmen« (Artikel 10 Absatz 3 EUV). Mittels Bürgerinitiative kann die Europäische Kommission sogar aufgefordert werden, Vorschläge zu Themen zu unterbreiten, zu denen die Bürgerinnen und Bürger einen Rechtsakt fordern (Artikel 11 Absatz 4 EUV). Darüber hinaus sind die Organe der EU, z. B. EU-Kommission, Europäisches Parlament und Rat, verpflichtet, »den Bürgerinnen und Bürgern und den repräsentativen Verbänden in geeigneter Weise die Möglichkeit [zu geben], ihre Ansichten in allen Bereichen des Handelns der Union öffentlich bekannt zu geben und auszutauschen« (Artikel 11 Absatz 1 EUV). Die Organe sind außerdem dazu angehalten, einen »offenen, transparenten und regelmäßigen Dialog mit den repräsentativen Verbänden und der Zivilgesellschaft« zu führen (Artikel 11 Absatz 2 EUV).

Fest steht bereits: Eine zunehmende Demokratisierung (der EU-Institutionen) macht die Entscheidungsfindung im komplexen Mehrebenensystem Europa nicht einfacher.[200] Es zeichnet sich nicht nur eine Politisierung von EU-Entscheidungen ab, sondern auch eine Europäisierung der mitgliedstaatlichen Politik und Institutionen.[201] Unter Europäisierung versteht man »Processes of (a) construction (b) diffusion and (c) institutionalisation of formal and informal rules, procedures, policy paradigms, styles, ways of doing and shared beliefs and norms, which are first defined and consolidated in the making of EU decisions and then incorporated in the logic of domestic discourse, identities, political structures and public policies«.[202]

Darin kommt zum Ausdruck, was auf nationaler Ebene passiert, wenn die europäischen Institutionen ihre Wirkung entfalten:[203] Zum einen beeinflusst die EU mit rund 500 supranationalen politischen Entscheidungen pro Jahr und über Rechtsakte wie Verordnungen und Richtlinien die Politik der Mitgliedstaaten unmittelbar durch vertikale Impulse, top-down (sog. positive Integration). Dies ist vor allem in vergemeinschafteten Politikbereichen wie Umwelt und Verbraucherschutz der Fall.[204] Zum Beispiel musste Großbritannien 2001 in der Umweltpolitik das »principle of

---

199 Weidenfeld (2013³), S. 55.

200 Kritisch hier Kohler-Koch/Rittberger (2009), S. 13, die keine Politisierung über die nationale Ebene hinaus sehen, da es bei Europawahlen nicht wirklich um Regierungsämter gehe. Diese Einschätzung stammt aber von 2006.

201 Überblick bei: Auel (2005); Pollack (2010⁶), S. 37. Héritier (2001), S. 1.

202 Radaelli (2003), S. 30.

203 Auel (2005), S. 294.

204 Auel (2005), S. 293.

precautionary action and the setting of legal pollution standards« akzeptieren. Ein Verhandeln zwischen Industrie und Umweltinspektoren war fortan nicht mehr möglich und wurde durch formellere Verfahren ersetzt.[205] Die EU schränkt aber auch die mitgliedstaatlichen Handlungsspielräume ein, indem sie mitgliedstaatliche Regelungsoptionen ausschließt (sog. negative Integration),[206] wie beispielsweise Regelungen im Bereich Binnenmarkt, die den freien Markt und Wettbewerb behindern (würden).[207] Im Rahmen der Koalitionsverhandlungen zur deutschen Regierungsbildung 2013 haben deutsche Politiker die Europäische Kommission darüber informiert, ob bzw. dass die Rabatte auf Stromabgaben für deutsche Industriebetriebe »EU-konform« sind, und der deutsche Verkehrsminister traf sich mit dem EU-Verkehrskommissar, um eine geplante Pkw-Maut abzustimmen.[208] Die EU hat somit Einfluss auf mitgliedstaatliche Politik genommen, bevor diese überhaupt formuliert und ausgestaltet wurde, also bereits im Entstehungsprozess.

Zum anderen beeinflusst die EU die mitgliedstaatliche Politik indirekt durch horizontale Impulse, indem die Mitgliedstaaten ihre Politik an den anderen Mitgliedern orientieren (sog. horizontale Integration). Das heißt, die Mitgliedstaaten versuchen zumindest in manchen Bereichen, ihre Politik zu koordinieren, z. B. in der Außen- und Sicherheitspolitik, auch wenn dies nicht immer vollständig gelingt, wie etwa 2003 beim Krieg im Irak, 2011 in Libyen oder 2022 in der Ukraine. Ein anderes Beispiel wäre die Steuerpolitik, wo die EU die Koordinierung durch Mindeststandards wie bei der Mehrwertsteuer fördert.[209]

Die Auswirkungen von Impulsen aus der EU können jedoch in den Mitgliedstaaten unterschiedlich sein: Während z. B. in einem Land ohnehin bereits EU-konforme Regelungen gelten, muss sich ein anderer Mitgliedstaat evtl. erst noch anpassen. Somit wird der Einfluss der EU in den unterschiedlichen Mitgliedstaaten auch unterschiedlich wahrgenommen.[210]

Auch in der Rechtsprechung kommt es zu einer Europäisierung. Der EuGH hat als alleinige Instanz die Möglichkeit zur Auslegung der europäischen Verträge. Zum anderen geben auch nationale Gerichte Ansprüche auf und erkennen den EuGH als letztinstanzlichen Entscheider an. Das deutsche Bundesverfassungsgericht z. B. gab bereits im Jahr 2000 seinen Anspruch auf, in Fragen der individuellen Freiheiten letztinstanzlich zu entscheiden.[211] »As a consequence, European law is routinely enforced in ordinary cases and controversies by the judicial systems of member states.«[212]

---

205 Beispiel aus Héritier (2001), S. 1.

206 Auel (2005), S. 306-308; Scharpf (2010), S. 69.

207 Auel (2005), S. 303.

208 o. V. (2013).

209 Auel (2005), S. 306-309.

210 Héritier (2001), S. 9.

211 Scharpf (2010), S. 72.

212 Scharpf (2010), S. 72.

Die Europäisierung der nationalen Politik zeigt die feste Verankerung der EU im politischen Alltag der Mitgliedstaaten über die europäische, nationale, regionale und lokale Ebene (man denke an die europaweiten Ausschreibungen für Bauvorhaben von Kommunen) oder auch die Ebene der politischen Parteien[213]. Für die Europäische Interessenvertretung ergeben sich somit Themen auf allen Entscheidungsebenen der EU, auch national und regional.

5.4.6 Fazit

Alle Integrationstheorien haben Stärken und Schwächen. Jede Theorie versucht auf ihre Weise, die historisch gewachsene Komplexität der EU zu erklären. Für alle theoretischen Ansätze gibt es Beispiele aus der politischen Realität, die sie bestätigen. Und dennoch scheint jeder Ansatz für sich allein genommen zu kurz zu greifen. Selbst das ergebnisoffene Analysekonzept der Multi-Level-Governance steht in der Kritik, denn es gibt letztlich keine Antwort auf die Frage: »Who has the power over whom in the EU?«[214]

Die Europäische Union bleibt ein politisches System sui generis: weder föderaler Bundesstaat noch ein Staatenbund souveräner Staaten. Sie hat intergouvernementale und supranationale Elemente. Die Mitgliedstaaten sind souverän und haben doch Souveränität an die EU abgegeben. Eine Krux, die seit den Anfängen der europäischen Integration besteht. Bereits Ernst Haas beschrieb 1958 die EGKS als eine politische Ordnung sui generis – »neither federal nor inter-gouvernmental«.[215] Das deutsche Bundesverfassungsgericht hatte 1993 im sog. »Maastricht-Urteil«[216] versucht, die EU als »Staatenverbund« zu kategorisieren.

Angesichts dieser Komplexität ist es umso wichtiger, die verschiedenen theoretischen Zugangsmöglichkeiten zu kennen, um das »System EU« verständlich zu machen und einzuordnen. Für die Interessenvertretung ist wichtig: »Traditionelle Staatlichkeit wird durch diesen Integrationsverbund entscheidend verändert, Regelungen werden nicht mehr ausschließlich von einem hoheitlich handelnden Staat autonom erlassen, sondern finden sich in zum Teil komplexen Verhandlungsprozessen, die zwischen Vertretern von Staaten, Unionsorganen und Interessengruppen ablaufen.«[217]

5.5 Politische Stakeholder in der Europäischen Union

Die Untersuchung der historischen Entwicklung (Abschnitte 5.2 und 5.3) und die Analyse anhand politikwissenschaftlicher Theorien (Abschnitt 5.4) haben gezeigt,

---

213 Zur Europäisierung der politischen Parteien siehe Külahci (2012).

214 Neyer/Wiener (2011), S. 8.

215 Haas (1958), S. 33f.

216 BVerfGE 89, 155 v. 21.10.1993.

217 Herz/Jetzelsperger (2008²), S. 118.

welch komplexes Mehrebenensystem die EU heute darstellt. Dieses System ist gewissermaßen die Bühne für die Akteure des EU-politischen Prozesses. Sie setzen die Maßstäbe und bestimmen Politik und europäisches Recht, interpretieren es und setzen es um. Für die Interessenvertretung ist es daher eminent wichtig, einen Überblick über diese Akteure zu haben, denn letztlich sind sie alle Stakeholder im politischen Prozess, die ihre eigene Agenda und ihre eigenen Interessen verfolgen. Sie handeln teils im Kompromiss miteinander und bilden Koalitionen, teils agieren sie gegeneinander und teils, so scheint es, streben sie in entgegengesetzte Richtungen. Die Stakeholder des politischen Prozesses des Mehrebenensystems EU befinden sich auf mehreren Akteursebenen: Die erste ist die supranationale Ebene der Europäischen Organe und Institutionen, die zweite die nationale Ebene der Mitgliedstaaten, auf der sich sowohl die Nationalstaaten als auch – auf der subnationalen Ebene – ihre Regionen (z. B. die deutschen Bundesländer) befinden.

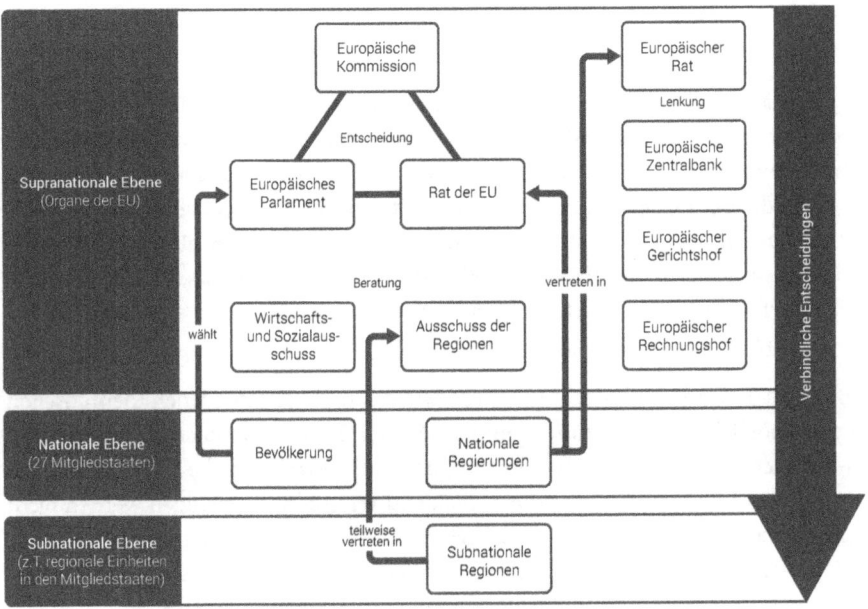

Abbildung 5.6: Das Mehrebenensystem der EU

Eine weitere, außerhalb des organisationsrechtlichen Rahmens der EU stehende Ebene ist die der zivilgesellschaftlichen Stakeholder.

Dabei verlaufen diese drei Ebenen nicht parallel – vielmehr stehen Stakeholder aller Ebenen im ständigen Austausch miteinander; manche von ihnen sind zudem auf mehreren Ebenen gleichzeitig aktiv. Ein Beispiel hierfür sind die Mitgliedstaaten der EU, die als Mitglieder im Rat der EU (siehe Abschnitt 5.5.1.3) kollektiver Akteur auf europäischer Ebene sind. Zugleich treten sie jedoch auch als 27 einzelne

Mitgliedstaaten mit nationalen Interessen auf – als individuelle Akteure, die versuchen, ihre eigenen Interessen umzusetzen (siehe Abschnitt 5.5.2).

5.5.1 Europäische (supranationale) Ebene: Die Organe und Institutionen der Europäischen Union im Überblick

Das politische System der EU weist vor diesem Hintergrund und vor dem Hintergrund des EU-Vertrages zwangsläufig erhebliche Unterschiede zu nationalen politischen Systemen auf. Zwar existieren, gemäß der stets verfolgten demokratischen Ausprägung, formal die klassischen Institutionen demokratisch verfasster Gemeinwesen wie eine gewählte Legislative (Europäisches Parlament), eine Exekutive (Europäische Kommission) und eine Judikative (Europäischer Gerichtshof), jedoch haben diese Institutionen – verglichen mit ihren Pendants in den Einzelstaaten – teils stark abweichende Möglichkeiten, Funktionen und Kompetenzen. Ein Grundverständnis dieser Institutionen ist unabdingbar, um Gesetzgebungsverfahren, Entscheidungsprozesse und damit auch die charakteristischen Abläufe der Interessenvertretung in Brüssel nachvollziehen zu können. Im Folgenden sollen die Grundlagen, die Organe und wichtigsten Institutionen der EU im Überblick beschrieben und ihre Aufgaben und Funktionen erläutert werden.

5.5.1.1 Europäisches Parlament

Das Europäische Parlament ist die Volksvertretung im politischen System der EU. Seit 1979 werden die Abgeordneten des Europäischen Parlaments direkt von den Bürgern gewählt. Es ist allerdings strittig, ob die Legislative der EU in Gestalt des Europäischen Parlaments hinsichtlich seiner Aufgaben und Gestaltungsrechte einem normalen (nationalen) Parlament entspricht.[218] Festzuhalten ist, dass es sich beim Europäischen Parlament nicht um ein Parlament des europäischen Volkes, sondern um das Parlament der europäischen Völker handelt.[219] In dieser Hinsicht nimmt das Europäische Parlament eine wichtige Stellung bei der Vermittlung politischer Inhalte zwischen den einzelnen Mitgliedstaaten und der EU ein.[220]

Ursprünglich war das Europäische Parlament nur wenig mehr als ein demokratisches Feigenblatt, jedoch bekam es im Lauf der Zeit mehr und mehr Einflussmöglichkeiten und damit Macht übertragen, zuletzt durch den Vertrag von Lissabon. So ist das Europäische Parlament mittlerweile zu einem selbstbewussten Akteur im politischen Gefüge der EU geworden, insbesondere in den Bereichen Gesetzgebung und Haushaltsfragen.[221] Ein prägnantes Beispiel für die gewachsene Machtfülle des Parlaments

---

218 Vgl. Wessels (2008), S. 119.
219 Vgl. Strohmeier (2007), S. 30.
220 Vgl. Bieber/Epiney/Haag (2009⁸), S. 118.
221 Vgl. Wessels (2008), S. 119.

ist die Verweigerung der Entlastung der EU-Kommission infolge eines Korruptionsfalls im Jahr 1999, die zur Demission der gesamten EU-Kommission unter Kommissionspräsident Jacques Santer führte.

Die Rechtsgrundlagen des Europäischen Parlaments finden sich in den Artikeln 10, 14, 16, 48 bis 50 EUV und den Artikeln 223 bis 234, 289, 294 bis 297 AEUV. Die Hauptaufgaben des Europäischen Parlaments beinhalten – zusammen mit dem Rat – die legislative und haushalterische Politikgestaltung. Im ordentlichen Gesetzgebungsverfahren ist das Parlament neben dem Rat gleichberechtigter Gesetzgeber, ebenso im Haushaltsverfahren. Die Wahlfunktion des Europäischen Parlaments umfasst die Wahl des Kommissionspräsidenten und die Zustimmung zur Ernennung der EU-Kommission (dazu weiter unten). Außerdem kontrolliert das Parlament die Tätigkeit von Rat und EU-Kommission; Letzterer kann es auch das Misstrauen aussprechen. Des Weiteren hat das Europäische Parlament Mitgestaltungsrechte bei der Fortentwicklung des EU-Systems. Die Repräsentation sowie die Interaktionen mit den Bürgern der EU sind weitere seiner Funktionen.[222] Nach wie vor hat das Europäische Parlament kein direktes Initiativrecht; ebenfalls stark eingeschränkt sind die Einflussmöglichkeiten bei der GASP. In der Praxis nutzt das Parlament seine Kompetenzen intensiv und stößt dabei auch in Bereiche vor, die ihm nicht unmittelbar zugeordnet sind.

Die innere Organisation des Europäischen Parlaments ist nationalen Parlamenten nicht unähnlich. So schließen sich die Abgeordneten zu Fraktionen zusammen, die weitgehend mit dem bekannten Links-Rechts-Schema der nationalen Volksvertretungen übereinstimmen (siehe Abbildung 5.7). Beispielsweise sind die konservativen Abgeordneten Mitglied der EVP-Fraktion; die sozialdemokratischen Parlamentarier gehören der S&D-Fraktion an. Den Vorsitz führt ein Präsidium mit dem Parlamentspräsidenten an der Spitze. Die Beschlussfassung des Europäischen Parlaments erfolgt im Regelfall mit der Mehrheit der abgegebenen Stimmen; Ausnahmen bestehen z. B. bei bestimmten Gesetzgebungsverfahren, bei denen die Mehrheit der Mitglieder (absolute Mehrheit) entscheidend ist.[223] Ein wesentlicher Unterschied zu nationalen Parlamenten ist das fehlende Regierung-Opposition-Schema, weshalb je nach Sachfrage Ad-hoc-Mehrheiten[224] gesucht werden.[225]

---

222 Vgl. Wessels (2008), S. 119.

223 Vgl. Wessels (2008), S. 140ff.

224 Vgl. Weidenfeld (2013³), S. 124.

225 Unter anderem aufgrund der Abwesenheit des Regierung-Opposition-Schemas, ist der Abschluss eines Koalitionsvertrages, ähnlich wie es in nationalstaatlichen Parlamenten praktiziert wird, in absehbarer Zeit auf europäischer Ebene eher unwahrscheinlich. Lediglich eine engere Abstimmung bei der Mehrheitsbildung wird gelegentlich angestrebt, wie es zuletzt der EVP-Fraktionsvorsitzende Manfred Weber im September 2014 in einem Zeitungsartikel äußerte – siehe dazu Gutschker (2014).

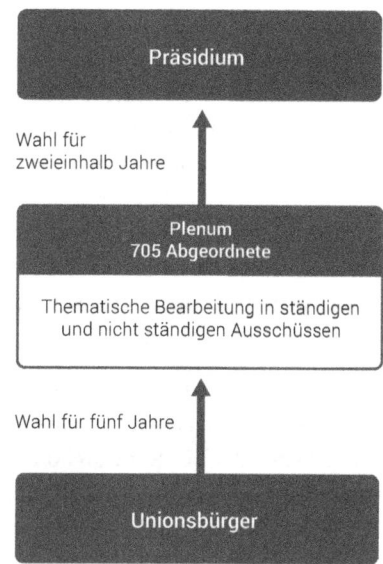

Abbildung 5.7: Das Europäische Parlament (Stand: 2.3.2023)

Das Abstimmungsverhalten im Plenum ist nicht eindeutig: Neben dem Abstimmungsverhalten nach Fraktionszugehörigkeit kommt auch ein parteiübergreifendes, durch nationale Zugehörigkeit der Abgeordneten geprägtes Abstimmungsverhalten vor.[226] Ein ganz wesentlicher – und für die Interessenvertretung beim Europäischen Parlament höchst bedeutsamer – Unterschied zu den mitgliedstaatlichen Parlamenten ist jedoch, dass die Exekutive nicht aus der Legislative hervorgeht: Das Europäische Parlament kann zwar den vom Europäischen Rat vorgeschlagenen Kandidaten für das Amt des Kommissionspräsidenten ablehnen oder wählen (Artikel 17 EUV)[227]. Auch werden Kompetenz und Integrität der potenziellen Kommissare nach ihrer Nominierung in den jeweiligen Fachausschüssen des Europäischen Parlaments (durchaus kritisch[228]) geprüft. Allerdings kann das Europäische Parlament in der Folge nur die EU-Kommission als Ganzes annehmen oder ablehnen, nicht einzelne Mitglieder; demzufolge entspricht die Zusammensetzung der EU-Kommission nicht der Zusammensetzung des Europäischen Parlaments, wie dies bei nationalen Parlamenten der

226 Vgl. Wessels (2008), S. 141.

227 Jean-Claude Juncker wurde am 15.7.2014 vom Europäischen Parlament zum Kommissionspräsidenten gewählt. Erstmals wurde der Kommissionspräsident, auf Vorschlag des Europäischen Rates, vom Europäischen Parlament gewählt (Artikel 17 Absatz 7 EUV). Dieser Artikel sieht vor, dass der Europäische Rat einen Kandidaten für das Amt des Kommissionspräsidenten unter Berücksichtigung des Ergebnisses der Wahlen zum Europäischen Parlament ernennt.

228 Vgl. die Personalie der bulgarischen Kommissarskandidatin Schelewa im Januar 2010; siehe dazu o. V. (2010a).

Regelfall ist. Auf mitgliedstaatlicher Ebene gängige Disziplinierungsmechanismen – die Regierungslinie wird von den Parlamentariern der Regierungsfraktionen in aller Regel mitgetragen – scheiden damit aus; entsprechend muss ein Interessenvertreter stets die Einstellung sowohl des Europäischen Parlaments als auch der EU-Kommission zu seinem Anliegen im Auge behalten. Dies hat bedeutende Auswirkungen auf Fragen des »europäischen Coalition Building«. Damit eng verbunden ist eine weitere Konsequenz des Nichthervorgehens der Exekutive aus der Legislative: Es gibt im Europäischen Parlament keine als solche zu bezeichnende parlamentarische Opposition. Mehrheits- und Minderheitspositionen sind daher nicht gleichsam strukturell gegeben, sondern einzelfallabhängig.

Die inhaltliche Arbeit der Abgeordneten geschieht in den Ausschüssen. Derzeit existieren 20 ständige Ausschüsse, deren Gegenstand im Grundsatz die sachpolitischen Gegebenheiten der EU-Kommission bzw. deren Generaldirektionen widerspiegeln. In den Ausschüssen werden die fachpolitischen Beschlussvorlagen für das Plenum erarbeitet. Federführend sind dafür innerhalb der Ausschüsse die Berichterstatter und Koordinatoren, die jeweils für ein Vorhaben benannt werden. Über die von ihnen erstellten Berichte und deren Details wird in den Ausschüssen beraten und schließlich abgestimmt, bevor diese als Beschlussvorlage ins Plenum eingebracht werden. Interessant ist in diesem Zusammenhang, dass es in der parlamentarischen Arbeit stark auf den einzelnen Abgeordneten ankommt, insbesondere auf die Berichterstatter. So erarbeiten diese ihre Berichte für die Ausschüsse weitgehend im Alleingang, da ein wissenschaftlicher Dienst in dem Umfang, wie ihn viele nationale Parlamente vorhalten – etwa der Deutsche Bundestag –, nicht vorhanden ist.[229]

Die Benennung und Zusammensetzung des Europäischen Parlaments erfolgt durch die nationale Wahl seiner Abgeordneten. Die Europawahl findet im Fünfjahresturnus statt und folgt jeweils den mitgliedstaatlichen Vorschriften und Wahlsystemen sowie EU-Standards. Nach dem Austritt Großbritanniens aus der EU sind insgesamt 705 Sitze zu vergeben, die Aufteilung der Mandate folgt einem Länderverteilungsschlüssel nach dem Prinzip der degressiven Proportionalität, wobei es keine Sitzverteilung pro Mitgliedstaat gibt. Allerdings gibt es mindestens sechs Sitze pro Mitgliedstaat, die Höchstzahl beträgt 96.[230]

Das Europäische Parlament tagt in der Regel in Brüssel, jedoch werden regelmäßig ein Viertel der Sitzungen im französischen Straßburg abgehalten. Trotz des immensen Personal- und Kostenaufwands hinsichtlich der zu erbringenden Übersetzungsleistungen können sich die Abgeordneten in Ausschuss- und Plenarsitzungen in ihrer Landessprache artikulieren; in informellen Gesprächen sind aber einige wenige Arbeitssprachen, wie Englisch, Deutsch oder Französisch, vorherrschend.

---

229 Vgl. Joos (2011), S. 121–122 – auch zum sog. Schattenberichterstatter.
230 Vgl. Weidenfeld (2013³), S. 117.

Aufgrund der beständig gestiegenen Einfluss- und Entscheidungsmöglichkeiten wurde das Europäische Parlament seit seinem Bestehen immer bedeutsamer und ist heute ein mächtiger Akteur im politischen System der EU. Die jüngsten Kompetenz-zuwächse durch die Neuerungen des Vertrages von Lissabon (vor allem die Kür des Mitentscheidungsverfahrens zum »ordentlichen Gesetzgebungsverfahren« in der EU – dazu Kapitel 6) belegen, dass sich dieser Trend auch weiterhin fortsetzen wird.

5.5.1.2 Europäischer Rat

Der Europäische Rat ist das oberste Gremium der EU. Auch diese Institution lässt sich nur schwer in konventioneller Weise (staatsrechtlich) kategorisieren. Lange Zeit stand er außerhalb der EU und wurde erst durch den Vertrag von Lissabon in den Rang eines EU-Organs erhoben. Seine Rechtsgrundlagen hat der Rat in den Artikeln 13, 15, 17, 18, 22, 26 EUV und den Artikeln 68, 121, 148, 222, 235–236 AEUV. Obwohl er keine unmit-telbare Rechtsetzungsbefugnis hat, gilt er als die prägende Instanz der EU. Der Rat gibt Impulse für die EU und legt die allgemeinen politischen Vorstellungen und Ziele der Union fest. Des Weiteren bestimmt er ihre strategischen Interessen. Der Europäische Rat umfasst die Staats- und Regierungschefs der Mitgliedstaaten, den Präsidenten des Euro-päischen Rates und den Kommissionspräsidenten, wobei Letzterer kein Stimmrecht besitzt. Auch der Hohe Vertreter der EU für Außen- und Sicherheitspolitik nimmt an den Arbeiten beratend teil (Artikel 15 EUV). Daneben sind auf den Gipfeltreffen, die zweimal jährlich stattfinden, in der Regel noch ein weiteres Kommissionsmitglied sowie der Generalsekretär des Rates anwesend. Zu Beginn der Gipfel legt zudem der Präsident des Europäischen Parlaments die Position des Parlaments zu den anstehenden Fragen dar. Im Europäischen Rat kommen somit die höchsten Vertreter der EU-Staaten zusam-men, um dort die politischen Leitlinien für die EU zu diskutieren und festzulegen.[231] Die Ergebnisse der Treffen fließen in die sog. politischen Schlussfolgerungen ein. Er verfügt auch über Beschlussfassungs-, Benennungs-, Wahl- und Abberufungsrechte. Die wesentlichen Aufgaben des Europäischen Rats sind neben der Setzung von Leitlinien seine Funktion als Wahl- und Beschlussinstanz, als internationaler Akteur (vor allem in der Person des jeweiligen Ratspräsidenten[232]) sowie als »konstitutioneller Architekt« der Union.[233] Die Beschlüsse im Europäischen Rat werden im Konsens getroffen, charakte-ristisch ist dabei das Schnüren von »Verhandlungspaketen«.[234]

Die Bedeutung des Europäischen Rats lässt sich u. a. im großen öffentlichen Interesse an den Treffen ermessen. Obwohl der Europäische Rat selbst nicht gesetzgeberisch tätig ist, wird hierbei sein Charakter als politische Führungsinstanz der europäischen Integration deutlich.

---

231 Vgl. Wessels (2008), 155f.

232 Die Bedeutung des Präsidentenamts kann für den jeweiligen Amtsträger nicht unterschätzt werden; er über-nimmt neben den Leitungs- und Lenkungsaufgaben auch die informelle Koordination bei Streitfragen und ist für die Zeit der Präsidentschaft in gewissem Maße auch das »Gesicht« der EU.

233 Vgl. Wessels (2008), S. 171ff.

234 Vgl. Wessels (2008), S. 169ff.

5.5.1.3 Rat der Europäischen Union (Ministerrat)

Der Rat ist das zentrale Organ, welches die Politik der EU verbindlich festlegt sowie koordiniert und damit Entscheidungen für die politische und systemische Gestaltung der EU trifft (siehe Abbildung 5.8). Hinsichtlich dieser Regierungs- oder Gubernativfunktion stellt er das »primäre politische Steuerungsorgan der EU« dar.[235] Seine rechtliche Basis hat der Rat in den Artikeln 13, 16 EUV und den Artikeln 235–243 AEUV. Aufgrund seiner wechselnden Zusammensetzung aus den einzelnen Fachministern der Mitgliedstaaten (dazu im Weiteren) wird er in den Vertragstexten und umgangssprachlich auch als Ministerrat bezeichnet. Durch die Besetzung mit Politikern aus den Mitgliedstaaten erfüllt der Rat als intergouvernementale Institution auch eine wichtige Rückkopplungsfunktion: Er vermittelt zwischen der EU und den nationalstaatlichen Exekutiven und ermöglicht so eine Verschränkung nationalstaatlicher und europäischer Willensbildung.[236] Auf diese Weise bringen die Mitgliedstaaten bzw. deren Regierungen ihre politischen Interessen in die Unionsebene ein.

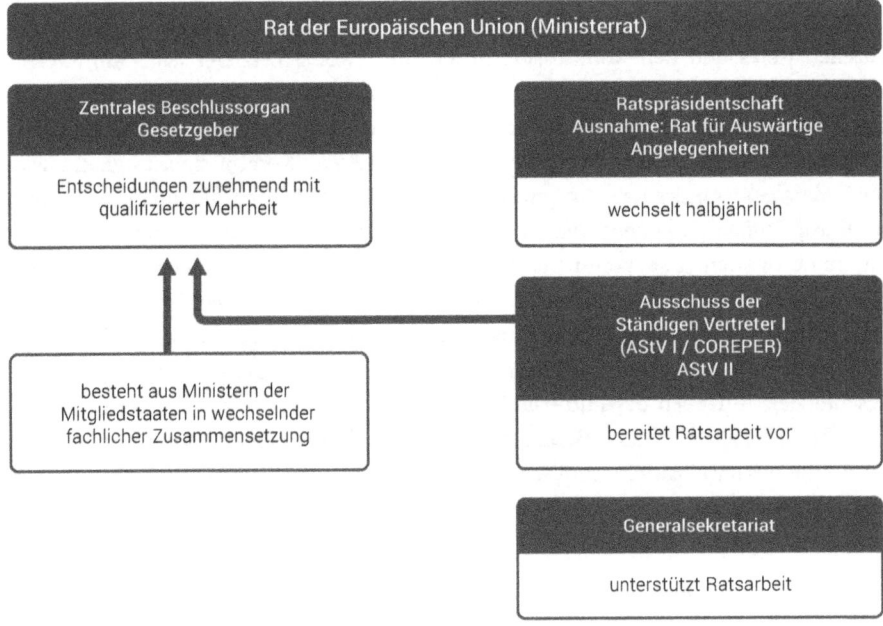

Abbildung 5.8: Der Rat der Europäischen Union

Auch diese Institution lässt sich schwerlich mit verwandten Ministergremien, wie beispielsweise dem Nato-Rat, vergleichen. Der Rat ist das Hauptrechtsetzungsorgan für sekundäres Unionsrecht, im Bereich der GASP und PJZS hat er die alleinige Entscheidungsbefugnis.[237] Er besitzt ein indirektes Initiativrecht gegenüber der EU-Kommission

---

235 Oppermann/Classen/Nettesheim (2009⁴), S. 104.

236 Bieber/Epiney/Haag (2009⁸), S. 127.

237 Vgl. Bieber/Epiney/Haag (2009⁸), S. 125.

und ernennt nach der Zustimmung des Europäischen Parlaments die Mitglieder der EU-Kommission. Des Weiteren erstellt er zusammen mit dem Europäischen Parlament den Haushaltsentwurf für die EU-Kommission. Außerdem schließt er Abkommen mit Drittstaaten und internationalen Organisationen.[238] Er übernimmt die Gestaltung der GASP auf Grundlage der im Europäischen Rat festgelegten Strategien und Ziele. Neben der Verabschiedung allgemeiner Rechtsakte kann der Rat auch selbst Durchführungsbestimmungen erlassen.[239]

Die Zusammensetzung des Rats ist den behandelten Themen entsprechend unterschiedlich. Der Rat besteht deshalb in insgesamt zehn verschiedenen Formationen:[240]

- Rat für allgemeine Angelegenheiten;
- Rat für auswärtige Angelegenheiten;
- Rat für Wirtschaft und Finanzen (Ecofin-Rat);
- Rat für Justiz und Inneres;
- Rat für Beschäftigung, Sozialpolitik, Gesundheit und Verbraucherschutz;
- Rat für Wettbewerbsfähigkeit;
- Rat für Verkehr, Telekommunikation und Energie;
- Rat für Landwirtschaft und Fischerei;
- Rat fürUmwelt;
- Rat für Bildung, Jugend und Kultur.

Die Koordination der verschiedenen Formationen findet durch den Rat für allgemeine Angelegenheiten statt. Die Ratstagungen selbst werden durch den Ausschuss der Ständigen Vertreter (AStV) vorbereitet, die Detailarbeit übernehmen Arbeitsgruppen nationaler Beamter aus den Mitgliedstaaten.[241] Die Grundlage der Tätigkeiten des Rats ist seine Geschäftsordnung. Der Rat ist ein permanent tagendes Organ, dessen Mitglieder aber nicht a priori bestimmt werden, sondern jeweils nach ihrer exekutiven Funktion in den Mitgliedstaaten in den Rat entsandt werden.[242] Der Vorsitz im Rat wechselt halbjährlich zwischen den Mitgliedstaaten.[243] Mit dem Vertrag von Lissabon wurde die »Teampräsidentschaft« eingeführt, bei der vorher festgelegte Gruppen von je drei Staaten ihre Vorsitze über den Zeitraum von 18 Monaten koordinieren.[244] Für die Beschlussfassung im Rat gibt es drei unterschiedliche Verfahren. Der überwiegende Teil der Beschlüsse wird mit qualifizierter Mehrheit[245] getroffen, wofür 55 Prozent der Mitgliedstaaten, welche gleichzeitig 65 Prozent der EU-Bevölkerung repräsentieren, benötigt

---

238 Teilweise mit Zustimmung des Europäischen Parlaments, vgl. Ranacher/Staudigl (2007), S. 43f.

239 Bieber/Epiney/Haag (2009⁸), S. 125.

240 »Rat« bezeichnet genau betrachtet allein die gemeinsame Rechtsform für die Tagungen der neun verschiedenen Gremien, vgl. Weidenfeld (2013³), S. 130.

241 Oft wird für den AStV auch die französische Bezeichnung COREPER (kurz für Comité des représentants permanents) gebraucht.

242 Bieber/Epiney/Haag (2009⁸), S. 128.

243 Eine Ausnahme stellt der Rat für »Auswärtige Angelegenheiten« dar, dem der Hohe Vertreter für die Gemeinsame Außen- und Sicherheitspolitik vorsitzt, vgl. Seeger (2008), S. 81.

244 Vgl. Seeger (2008), S. 81.

245 Vgl. Biebner/Epiney/Haag (2009⁸), S. 130.

werden. Diese seit dem 1. November 2014 in Kraft getretene Abstimmungsregelung, genannt doppelte Mehrheit, ersetzt die bis dahin gängige Regel der dreifachen Mehrheit.[246] Im Vertrag von Lissabon wurde zusätzlich die Klausel vereinbart, wonach mindestens vier Mitgliedstaaten nötig sind, um eine Entscheidung im Rat zu verhindern (Sperrminorität). Hierdurch sollte die Möglichkeit einer Sperrminorität der drei großen Länder Deutschland, Frankreich und Italien effektiv verhindert werden.[247]

Eine weitere Möglichkeit der Beschlussfassung im Rat ist das Prinzip der Einstimmigkeit, welches allerdings nur bei bestimmten Politikfeldern angewendet wird. Theoretisch möglich, praktisch jedoch sehr selten, sind auch Beschlüsse mit einfacher Mehrheit. Die Organisation des Rats und seiner Treffen wird von den Ständigen Vertretern der Mitgliedstaaten bzw. vom Generalsekretariat geleitet, dem der Generalsekretär vorsteht. Obgleich alle Dokumente in jede EU-Sprache übersetzt werden, sind die inoffiziellen Arbeitssprachen auch hier vor allem Englisch, Deutsch und Französisch. Die Sitzungen finden in Brüssel und in Luxemburg statt.

5.5.1.4 Europäische Kommission

Die EU-Kommission hat als Exekutive der EU umfassende Kompetenzen und Befugnisse. Die EU-Kommission ist – ähnlich der EU als staatsrechtlichem Gebilde – ein Organ sui generis, das sich nur schwer unter staatsrechtliche Begriffe subsumieren lässt. Rechtlich verankert ist die EU-Kommission in den Artikeln 13, 17-18 EUV sowie 244-250 AEUV, darüber hinaus im Protokoll über die Anwendung der Grundsätze der Subsidiarität und der Verhältnismäßigkeit. Die Zusammensetzung und die Aufgaben der EU-Kommission waren in der Vergangenheit immer wieder Gegenstand von Reformansätzen, zuletzt im Rahmen des Vertrages von Lissabon.

Die EU-Kommission ist zunächst grundlegend die »Hüterin der Verträge«[248] und wacht als solche über die Einhaltung des Unionsrechts und dessen nachfolgende Bestimmungen. Bei Verstößen dagegen ist sie verpflichtet, einzugreifen. Gleichzeitig ist die EU-Kommission das Exekutivorgan der EU. Sie sorgt dafür, dass die Rechtsakte in den Mitgliedstaaten adäquat umgesetzt werden. Besonders in den ersten Jahrzehnten der europäischen Integration war sie zudem ein »Motor der Integration«, der Tempo und Richtung der Entwicklung der EU erheblich mitbestimmte.[249] Zudem überwacht sie die Koordinierung der Wirtschaftspolitik in der EU. Die EU-Kommission hat das alleinige Initiativrecht im EU-Gesetzgebungsverfahren, d. h., nur sie hat auf Unionsebene das Recht, Vorschläge für Rechtsakte einzubringen. Letztlich können

---

246 Hierbei müssen 74 Prozent der Gesamtstimmen erreicht werden, welche zugleich die Mehrheit der Mitgliedstaaten sind, sowie mindestens 62 Prozent der EU-Gesamtbevölkerung repräsentieren. Es wurde eine Übergangslösung getroffen, wonach die dreifache Mehrheit bei Abstimmungen noch bis zum 31.3.2017 gefordert werden kann, vgl. Weidenfeld (2013³), S. 135.

247 Vgl. Weidenfeld (2013³), S. 135.

248 Vgl. Wessels (2008), S. 237.

249 Sabathil/Joos/Keßler (2008), S. 6; mittlerweile ist allerdings der Europäische Rat mitunter dominierend, sodass die Kommission teilweise als »Juniorpartner« des Rats bezeichnet wird, vgl. Oppermann/Classen/Nettesheim (2009⁴), S. 107.

aber nur der Rat der EU und das Europäische Parlament den Gesetzentwürfen der EU-Kommission Gesetzeskraft verleihen. Die EU-Kommission selbst kann dann wiederum die notwendigen Durchführungsvorschriften in Form von Verordnungen oder Richtlinien erlassen.[250] In bestimmten Politikfeldern, beispielsweise im Bereich des Wettbewerbs, wirken die Direktiven unmittelbar auf die nationale Wirtschaftspolitik.[251] Die EU-Kommission verwaltet außerdem die Finanzmittel der EU sowie die EU-Strukturfonds. Zusammen mit dem Rat vertritt sie die EU auch nach außen.[252] Aufgrund ihrer starken Stellung innerhalb der EU und ihrer Außenwirkung kann die (macht-)politische Bedeutung der EU-Kommission kaum überschätzt werden. Sie wird deshalb häufig mit der EU und Brüssel gleichgesetzt.

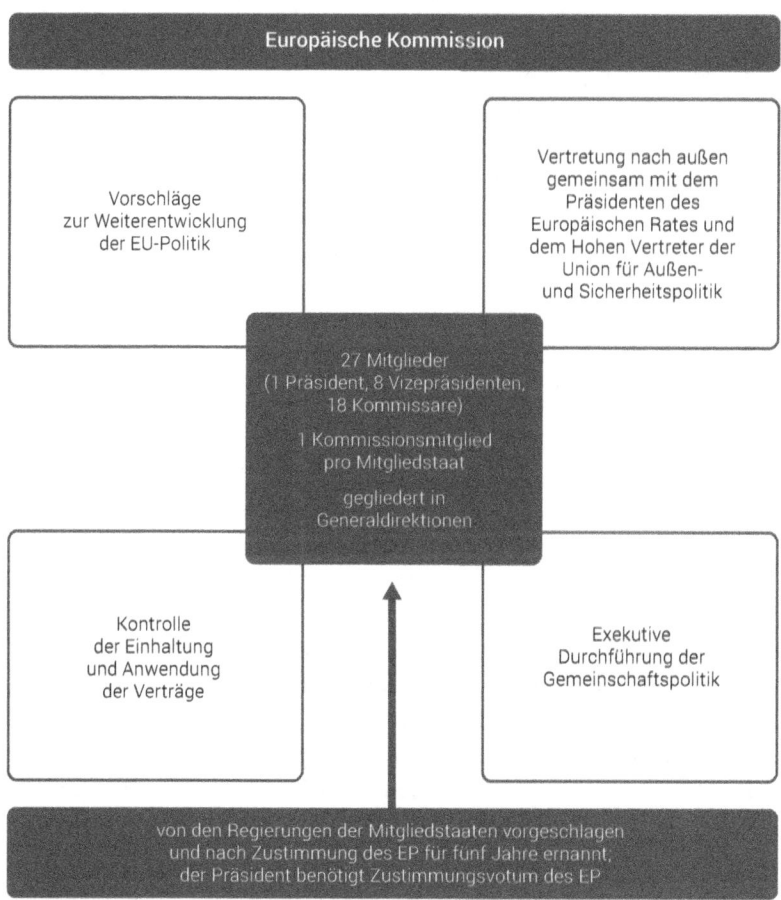

Abbildung 5.9: Die Europäische Kommission (Stand: 4.1.2023)

250 Siehe den Abschnitt zur Rechtsetzung in der EU.

251 Vgl. Oppermann/Classen/Nettesheim (2009⁴), S. 107.

252 Der Hohe Vertreter für die Außen- und Sicherheitspolitik ist einer der Vize-Präsidenten der Kommission, wird aber in einem gesonderten Verfahren ernannt.

Zurzeit stellt noch jedes Mitgliedsland einen Kommissar bzw. eine Kommissarin. Der Kommissionspräsident wird durch das Europäische Parlament gewählt, das Kollegium wird durch den Rat benannt. Die gesamte EU-Kommission bedarf der Zustimmung des Parlaments.[253] Ihre Amtszeit beträgt fünf Jahre und ist mit der Legislaturperiode des Parlaments verknüpft.[254] Die EU-Kommission ist dem Parlament gegenüber verantwortlich und kann von diesem per Misstrauensvotum abgewählt werden.[255] Die Zusammensetzung der EU-Kommission soll sich an der politischen Zusammensetzung des Parlaments orientieren. Bei der Entscheidungsfindung und der Beschlussfassung innerhalb der EU-Kommission gilt das Kollegialprinzip, wobei der Kommissionspräsident die politische Führung innehat und als primus inter pares hervorsticht. Beschlüsse werden nach dem Mehrheitsprinzip gefasst, wobei tatsächlich versucht wird, einen Konsens bei der Beschlussfassung herzustellen.[256] Die EU-Kommission kommt i. d. R. einmal pro Woche zusammen.

Das Recht der individuellen Gestaltung und Aufteilung der Zuständigkeiten innerhalb der EU-Kommission hat der Kommissionspräsident inne. Ein Beispiel besagter Gestaltungsfreiheit ist die Kommission Juncker (2014–2019), bei der erstmals eine Einteilung in Cluster vorgenommen wurde. Jeder der sieben Vizepräsidenten der EU-Kommission leitet ein bestimmtes Aufgabenfeld, welchem wiederum jene Kommissare angehören, deren Aufgabenbereiche in das jeweilige Cluster fallen.[257] Durch diese Bündelung forcierte der ehemalige Kommissionspräsident Juncker eine effektivere Zusammenarbeit bei wichtigen Themen wie beispielsweise den Aufbau der Energieunion oder die Stärkung der Wirtschafts- und Währungsunion.[258]

Der eigentliche Verwaltungsapparat besteht aus den Generaldirektionen und Diensten (z. B. Generalsekretariat, Juristischer Dienst). Die Generaldirektionen sind funktional-hierarchisch aufgebaut und bearbeiten spezifische Politikfelder; sie sind weitgehend mit nationalen ministeriellen Bürokratien vergleichbar (siehe Abbildung 5.10 am Beispiel der Generaldirektion für Steuern und Zollunion).[259] Eine machtvolle Besonderheit stellen die Kabinette dar, welche unmittelbar dem jeweiligen Kommissar unterstellt sind. Sie bestehen aus einer kleineren Anzahl politischer Vertrauter des jeweiligen Kommissars und sind gegenüber den Diensten und Generaldirektionen weisungsbefugt.[260] Unter dem Vorsitz des Generalsekretariats bereiten die Kabinette die Beschlussvorlagen für die wöchentliche Sitzung der EU-Kommission vor. Die Kabinettschefs beraten sich gleichfalls jede Woche vor dem Treffen der EU-Kommission und halten

---

253 Das heißt, das Parlament kann der Kommission als Kollegium zustimmen oder die Zustimmung insgesamt verweigern.
254 Vgl. Wessels (2008), S. 240f.
255 Vgl. Wessels (2008), S. 226.
256 Vgl. Wessels (2008), S. 245ff.
257 Vgl. Europäische Kommission (2015d).
258 Vgl. Jean-Claude Junckers Umstrukturierung der Kommission, siehe dazu Cáceres/Gammelin (2014).
259 Vgl. Wessels (2008), S. 247.
260 Vgl. Wessels (2008), S. 249.

fest, welche Entscheidungen in Einigkeit verabschiedet werden können (sog. A-Punkte) und welche Vorlagen einer weiteren Diskussion im Kommissionskollegium bedürfen (sog. B-Punkte). Einer Entscheidung der EU-Kommission liegt i. d. R. ein Entwurf der zuständigen Generaldirektion zugrunde, der mit anderen fachlich involvierten Generaldirektionen zuvor abgestimmt wurde. Entsprechend findet auch eine Abstimmung des Entwurfs zwischen Generaldirektion und Kabinett statt.[261] Vor diesem Hintergrund wird klar, welch hohen Einfluss die Kabinettschefs und die Generaldirektoren auf die europäische Politik haben.

Die EU-Kommission beschäftigt im Augenblick über 32.000 Mitarbeiter[262], wobei davon allein rund 2500 im Übersetzungsdienst tätig sind.[263] Alle amtlichen Verlautbarungen erscheinen in sämtlichen Sprachen der EU. Überwiegende Arbeitssprachen innerhalb der EU-Kommission sind Englisch und Französisch. Der Sitz der EU-Kommission ist in Brüssel, die Zentrale befindet sich im Berlaymont-Gebäude.

5.5.1.5 Gerichtshof der Europäischen Union

Der Europäische Gerichtshof ist eine der ältesten Institutionen der EU und verkörpert die Judikative der Union. Seine Urteile und Entscheidungen haben teilweise einschneidende Konsequenzen, die in der Öffentlichkeit oft ihren Widerhall finden.[264] Die Rechtsgrundlagen des Gerichtshofs finden sich in den Artikeln 13, 19 EUV und 251-281 AEUV. Er umfasst als oberstes Organ den Gerichtshof selbst, ein Gericht erster Instanz und mehrere Fachgerichte. Der Europäische Gerichtshof ist für alle Rechtsakte der Union zuständig, darüber hinaus auch für den öffentlichen Dienst der EU. Vor ihm werden Vertragsverletzungsverfahren, Nichtigkeits-, Untätigkeits- und Schadenersatzklagen sowie Vorabentscheidungsverfahren verhandelt. Diese können Streitigkeiten zwischen einzelnen Mitgliedstaaten, zwischen Mitgliedstaaten und der EU, zwischen den Organen und sonstigen Einrichtungen und zwischen Einzelnen und der EU sein. Die Befugnisse erstrecken sich auch auf den »Gemeinsamen Raum der Sicherheit, der Freiheit und des Rechts«.[265] Gegen die Entscheidungen und Urteile des Europäischen Gerichtshofs gibt es keine Berufungsmöglichkeit. Nicht in die Zuständigkeit fällt weitgehend die GASP.

Eine Besonderheit stellen die sog. Generalanwälte dar.[266] Sie sind nicht einer der Streitparteien zugehörig, sondern unterbreiten zum Ende der Verhandlung Urteilsvorschläge, die sie im Rückgriff auf das europäische Recht, dabei insbesondere natürlich

---

261 Vgl. Wessels (2008), S. 249; des Weiteren prüft der Juristische Dienst jeden Entwurf auf Konformität mit dem Recht der EU. Eine besonders wichtige Dienststelle im Gesetzgebungsverfahren ist auch das Generalsekretariat, das den Entscheidungsprozess innerhalb der Kommission begleitet und währenddessen die Verbindung zu anderen EU-Institutionen hält.

262 Vgl. Europäische Kommission (2023)

263 Vgl. Europäische Kommission (2015b).

264 Ein berühmter historischer Fall ist z. B. die »Cassis-de-Dijon-Entscheidung« aus dem Jahre 1979.

265 Mit Ausnahme der Bewertungen von Gültigkeit und Verhältnismäßigkeit nationalstaatlicher Handlungen.

266 Vgl. Bieber/Epiney/Haag (2009⁸), S. 140f.

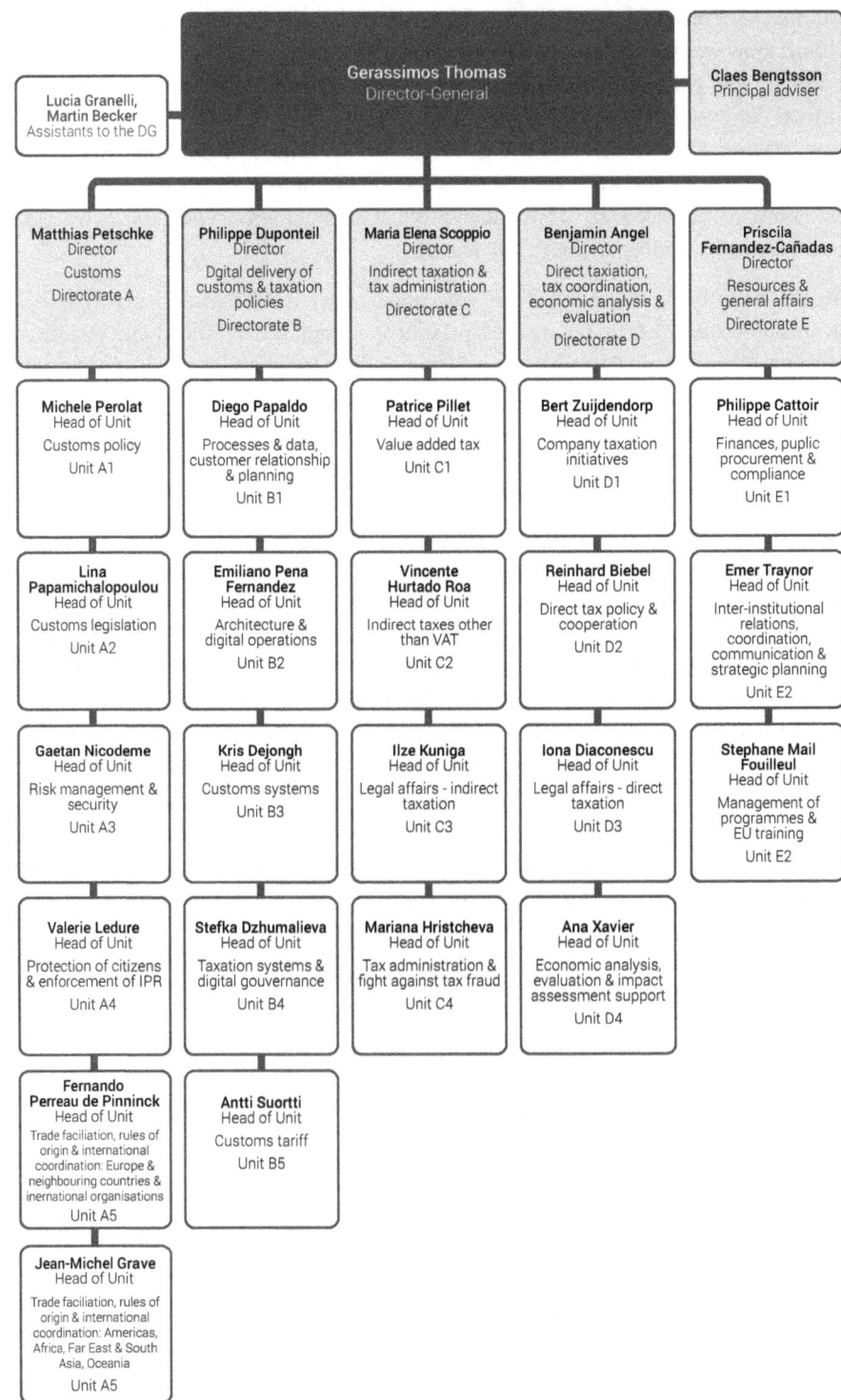

Abbildung 5.10: Interne Organisation einer Generaldirektion am Beispiel der Generaldirektion für Steuern und Zollunion (Stand: 7.6.2023)

auf die bisherige Rechtsprechung des Europäischen Gerichtshofs, erarbeiten. Dessen Richter werden von den Mitgliedstaaten berufen, wobei zuvor ihre fachliche Eignung festzustellen ist. Ihre Anzahl richtet sich nach der Satzung des Gerichtshofs, ebenso die Zahl der Generalanwälte. Der Sitz des Europäischen Gerichtshofs ist Luxemburg.

5.5.1.6 Europäische Zentralbank

Die Europäische Zentralbank (EZB) ist die wichtigste Institution der Europäischen Wirtschafts- und Währungsunion (EWWU). Sie ist ein Organ der EU mit eigener Satzung und Geschäftsordnung. Zusammen mit den nationalen Zentralbanken bildet sie das Europäische System der Zentralbanken (ESZB). Dem ESZB als supranationaler Institution obliegt die Geld- und Währungspolitik der EU.[267] Für den Euroraum, also diejenigen Staaten der EU, welche den Euro als alleinige Währung eingeführt haben (die »Eurogruppe«), gibt es das Eurosystem, bestehend aus der EZB und den jeweiligen nationalen Zentralbanken. Die Währungs- und Geldpolitik sind damit vollkommen vergemeinschaftete Politikfelder, die im Zuge der Einführung des Euro als alleiniges Zahlungsmittel in den Euroländern vollständig auf eine europäische Einrichtung mit supranationalem Charakter übertragen wurden. De facto ist damit die EZB im Euroraum die alleinige Zentralbank und damit die »Hüterin« der Gemeinschaftswährung Euro. Deshalb ist die EZB zusammen mit der gemeinsamen Währung nach außen das Symbol der Europäischen Einigung schlechthin.

Die Rechtsgrundlagen sind der Artikel 13 EUV sowie die Artikel 15, 66, 123, 126–134, 138–141, 219, 263, 265, 271, 282–284, 289, 292, 294, 299 AEUV. Die Hauptaufgabe der EZB (bzw. des ESZB) ist es, durch Preisniveaustabilität die Stabilität der Gemeinschaftswährung Euro zu gewährleisten. Hierbei entscheidet sie unabhängig und nicht weisungsgebunden über die dafür notwendigen Instrumente wie die Leitzinssätze oder Währungsreserven.[268] Eine politische Einflussnahme seitens der EU oder der Euroländer ist damit ausgeschlossen. Insoweit das Ziel der Preisniveaustabilität nicht berührt wird, unterstützt die EZB durch ihre geldpolitischen Instrumente die allgemeinen wirtschaftspolitischen Ziele der EU. Vor diesem Hintergrund lässt sich die bisherige Geldpolitik der EZB als restriktiv bezeichnen.

Durch eine EU-Verordnung vom 15. Oktober 2013 wurde der EZB zusätzlich zu ihren oben genannten Aufgaben auch die besondere Aufgabe der Aufsicht über die wichtigsten Kreditinstitute der Eurozone übertragen.[269] Dies trat offiziell im November 2014 in Kraft. Somit hat die EZB die direkte Aufsicht über rund 120 Banken in der EU, wovon 21 Institute aus Deutschland stammen.[270] Dieser bedeutende Schritt der freiwilligen Abgabe nationalstaatlichen Rechts an eine EU Institution markiert einen weiteren Meilenstein der fortschreitenden EU-Integration.

---

[267] Vgl. Bieber/Epiney/Haag (2009[8]), S. 145.

[268] Vgl. Bieber/Epiney/Haag (2009[8]), S. 145.

[269] Europäischer Rat (2013).

[270] Diese rund 120 Banken machen circa 85 Prozent der Bilanzsumme aller Institute im Euroraum aus (stand Februar 2014); vgl. Bundesministerium der Finanzen (2014).

Geleitet wird die EZB vom EZB-Rat, verwaltet vom Direktorium, das aus dem Präsidenten, dem Vizepräsidenten und vier weiteren Mitgliedern besteht.[271] Das Direktorium wird von den Staats- und Regierungschefs der Mitgliedstaaten ernannt und amtiert für acht Jahre. Der Sitz der EZB ist Frankfurt am Main.

5.5.1.7 Europäischer Rechnungshof

Der seit 1975 bestehende Europäische Rechnungshof ist ein Organ der EU und kontrolliert die Recht- und Ordnungsmäßigkeit der Haushaltsmittelverwendung der EU und ihrer nachstehenden Einrichtungen. Hierzu legt er jährlich einen Rechenschaftsbericht vor. Dieser ist das wesentliche Instrument des Parlaments zur Haushaltskontrolle und gleichzeitig Grundlage für die Haushaltsentlastung der EU-Kommission durch das Parlament. Der Europäische Rechnungshof attestiert zudem die Zuverlässigkeit der Haushaltsführung, wobei dieses Urteil bislang stets negativ ausfiel.[272] Bei bestimmten Rechtsakten, beispielsweise der Haushaltsordnung, muss die Stellungnahme des Europäischen Rechnungshofs gehört werden.[273] Die knapp 900 Mitarbeiter[274] des Europäischen Rechnungshofs können jederzeit Prüfungen bei den Organen der EU vornehmen. Auch in den Mitgliedstaaten sowie in Ländern, die Fördermittel und andere Gelder seitens der EU erhalten, können solche Prüfungen vorgenommen werden. Eventuelle Verstöße gegen die Vorgaben können aber nicht vom Europäischen Rechnungshof selbst geahndet, sondern nur an die betreffenden Organe gemeldet werden, die wiederum Missbrauchsverfahren einleiten können. In diesem Zusammenhang arbeitet der Rechnungshof auch eng mit der europäischen Betrugsbekämpfungsbehörde Office Européen de Lutte Anti-Fraude (OLAF) zusammen.

Die Rechtsgrundlagen des Rechnungshofs sind im Artikel 13 EUV und den Artikeln 263, 285–287, 319, 322, 325 AEUV niedergelegt. Dem Rechnungshof steht für jeweils drei Jahre ein Präsident vor, der aus den Mitgliedern des Rechnungshofs hervorgeht. Letztere werden für sechs Jahre vom Rat ernannt, wobei jeder Mitgliedstaat je einen Kandidaten vorschlägt. Der Sitz des Rechnungshofs ist Luxemburg.

Neben den oben vorgestellten Organen und Institutionen gibt es zahlreiche weitere nachgeordnete Einrichtungen der EU, wie beispielsweise die Europäische Investitionsbank, ausgegliederte Dienststellen der Organe, wie die Europäische Agentur für Flugsicherheit, Beratungs- und Hilfseinrichtungen der Kommission wie den Beratenden Währungsausschuss oder mit der EU verbundene Einrichtungen, beispielsweise das Europäische Polizeiamt (Europol). Abbildung 5.11 zeigt die politische Willensbildung im Rahmen des Institutionengefüges der EU nochmals im Überblick.

---

271 Vgl. Bieber/Epiney/Haag (2009[8]), S. 146.
272 Vgl. Bundesministerium der Finanzen (2009).
273 Bieber/Epiney/Haag (2009[8]), S. 143.
274 Vgl. Bieber/Epiney/Haag (2015[11]), S. 159.

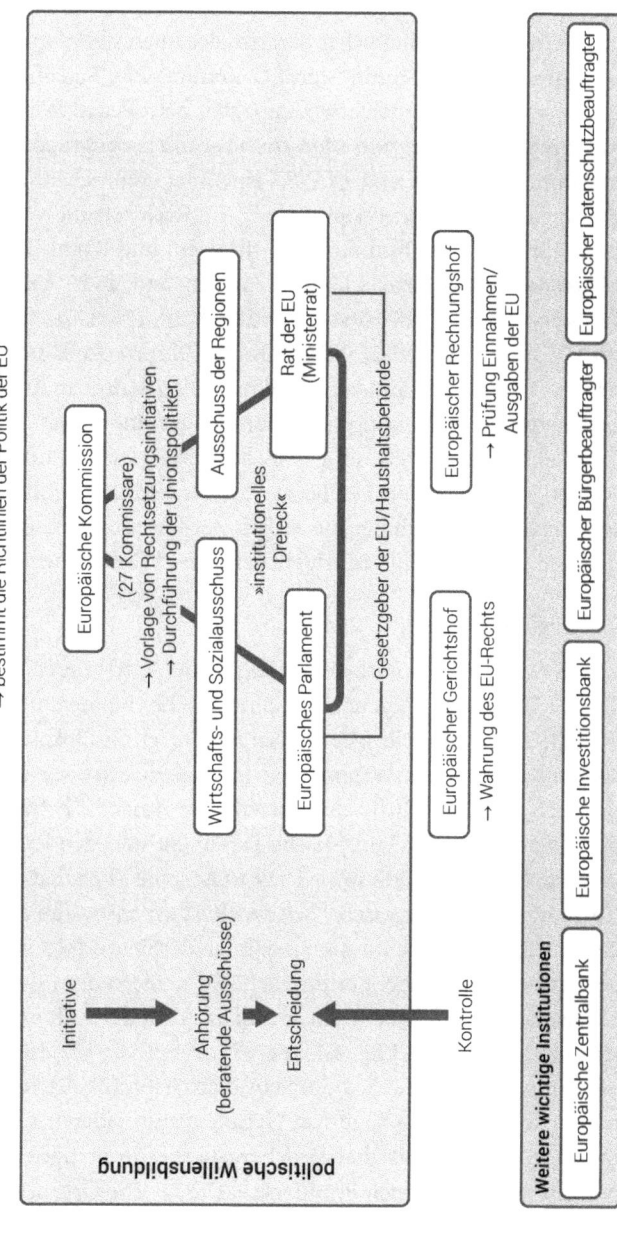

Abbildung 5.11: Politische Willensbildung im Rahmen des Institutionengefüges der Europäischen Union

5.5.1.8 Sonstige Institutionen

5.5.1.8.1 Europäischer Wirtschafts- und Sozialausschuss

Der Europäische Wirtschafts- und Sozialausschuss (EWSA) ist eine Einrichtung der EU. Er besteht aus Vertretern wirtschaftlicher und sozialer Interessengruppen. Seine Aufgaben sind zum einen die Unterrichtung von EU-Kommission, Parlament und Rat über die Meinung der jeweiligen von Rechtsetzungsakten betroffenen Wirtschafts-, Arbeitnehmer- und Verbraucherkreise, zum anderen soll er Interessengruppen Zugang zu den EU-Organen eröffnen. Zugleich ist der EWSA eine Integrationsebene zur europäischen Meinungsbildung und Interessenvermittlung.[275] In Rechtsetzungsvorhaben gibt der EWSA Stellungnahmen an EU-Kommission, Parlament und Rat ab. Die Rechtsgrundlagen des WSA finden sich im Artikel 13 EUV und den Artikeln 25, 43, 46, 50, 59, 91, 95, 100, 113–115, 148f., 153, 156f., 159, 164–166, 168f., 172f., 175, 177f., 182, 188, 192, 194, 300, 301ff. AEUV, ferner im Artikel 9 des Subsidiaritätsprotokolls sowie im Protokoll über die Sitze von Organen und anderen EU-Einrichtungen und im Artikel 7 des Protokolls über die Übergangsbestimmungen. Er verfügt über eine eigene Geschäftsordnung und ein Generalsekretariat am Sitz des EWSA in Brüssel. Die maximal 350 Mitglieder des EWSA werden jeweils von den Mitgliedstaaten vorgeschlagen und vom Rat für fünf Jahre ernannt. Die Mitglieder sind grundsätzlich weisungsungebunden. Sie wählen für die Dauer von zwei Jahren einen Präsidenten, der dem EWSA vorsteht.

5.5.1.8.2 Ausschuss der Regionen

Ebenso wie der EWSA ist der Ausschuss der Regionen (AdR) eine Einrichtung der EU. Als Gremium der Regionen bringt er ein föderalistisches Element unterhalb der Mitgliedstaaten in die EU. Er wird aus Vertretern regionaler und lokaler Gebietskörperschaften gebildet, die dort ein Wahlmandat innehaben oder vor einem gewählten Gremium politisch verantwortlich sein müssen; ihre Amtszeit beträgt fünf Jahre. Er berät die EU-Kommission, das Europäische Parlament und den Rat. In den Politikbereichen Verkehr, Regionalpolitik sowie Umwelt ist seine Konsultation durch die vorgenannten Institutionen obligatorisch.[276] Der AdR ist der institutionelle Ausdruck des Subsidiaritätsprinzips. Die Verteilung der maximal 350 Sitze erfolgt gemäß einem entsprechenden Ratsbeschluss degressiv-proportional gemessen an der Bevölkerungsgröße der Mitgliedstaaten.[277] Seine Rechtsgrundlagen hat der AdR im Artikel 13 EUV und den Artikeln 91, 100, 148f., 153, 164–168, 172, 175, 177f., 192, 194, 263, 300, 305ff. AEUV, weiterhin in den Artikeln 8, 9 des Subsidiaritätsprotokolls, ferner im einzigen Artikel des Protokolls über die Sitze von Organen und anderen EU-Einrichtungen und dem Artikel 8 des Protokolls über die Übergangsbestimmungen. Aus seiner Mitte wählt der AdR für zwei Jahre einen Präsidenten. Die interne Organisation wird durch die Geschäftsordnung bestimmt. Der Sitz des AdR ist Brüssel.

---

275 Bieber/Epiney/Haag (2009[8]), S. 144.
276 Vgl. Bieber/Epiney/Haag (2009[8]), S. 145.
277 Vgl. Weidenfeld (2013[3]), S. 152.

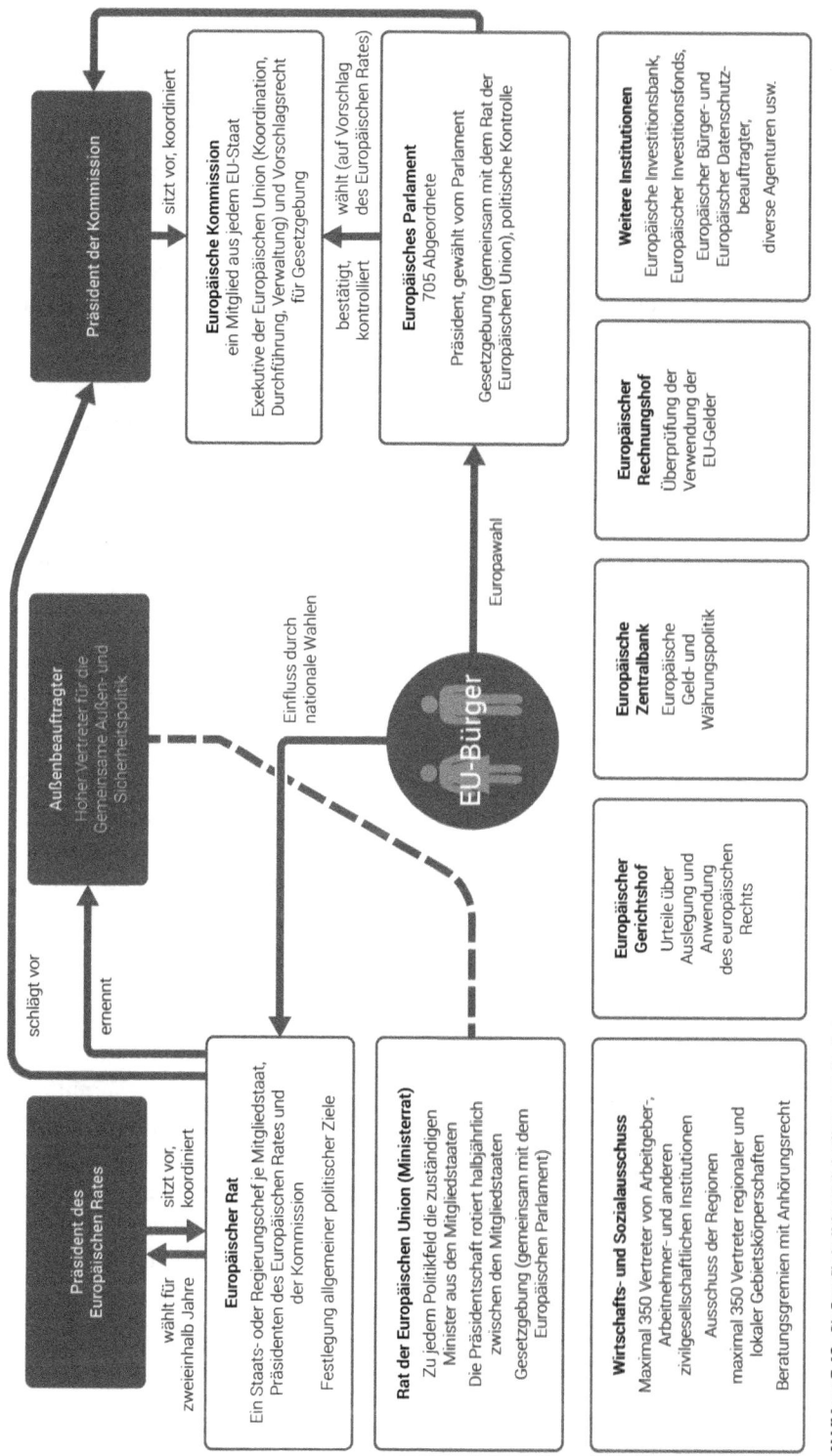

Abbildung 5.12: Die Europäische Union nach dem Vertrag von Lissabon

Präsident der Kommission

sitzt vor, koordiniert

Europäische Kommission
ein Mitglied aus jedem EU-Staat

Exekutive der Europäischen Union (Koordination, Durchführung, Verwaltung) und Vorschlagsrecht für Gesetzgebung

bestätigt, kontrolliert

wählt (auf Vorschlag des Europäischen Rates)

Europäisches Parlament
705 Abgeordnete

Präsident, gewählt vom Parlament

Gesetzgebung (gemeinsam mit dem Rat der Europäischen Union), politische Kontrolle

Weitere Institutionen
Europäische Investitionsbank, Europäischer Investitionsfonds, Europäischer Bürger- und Europäischer Datenschutzbeauftragter, diverse Agenturen usw.

Europäischer Rechnungshof
Überprüfung der Verwendung der EU-Gelder

Außenbeauftragter
Hoher Vertreter für die Gemeinsame Außen- und Sicherheitspolitik

Einfluss durch nationale Wahlen

Europawahl

EU-Bürger

Europäische Zentralbank
Europäische Geld- und Währungspolitik

schlägt vor

ernennt

Europäischer Gerichtshof
Urteile über Auslegung und Anwendung des europäischen Rechts

Präsident des Europäischen Rates

wählt für zweieinhalb Jahre

sitzt vor, koordiniert

Europäischer Rat
Ein Staats- oder Regierungschef je Mitgliedstaat, Präsidenten des Europäischen Rates und der Kommission

Festlegung allgemeiner politischer Ziele

Rat der Europäischen Union (Ministerrat)
Zu jedem Politikfeld die zuständigen Minister aus den Mitgliedstaaten

Die Präsidentschaft rotiert halbjährlich zwischen den Mitgliedstaaten

Gesetzgebung (gemeinsam mit dem Europäischen Parlament)

Wirtschafts- und Sozialausschuss
Maximal 350 Vertreter von Arbeitgeber-, Arbeitnehmer- und anderen zivilgesellschaftlichen Institutionen

Ausschuss der Regionen

maximal 350 Vertreter regionaler und lokaler Gebietskörperschaften

Beratungsgremien mit Anhörungsrecht

5.5.2 Mitgliedstaatliche (nationale) Ebene

Integraler und nicht zu vernachlässigender Bestandteil der komplexen Struktur der EU sind zweifellos deren Mitgliedstaaten, die nicht darauf zu reduzieren sind, sich durch beständiges Abgeben ihrer Souveränitätsrechte an die EU »europäisiert« zu haben und am hohen Integrationsniveau gemessen zu werden. Diese Mitgliedstaaten sind und bleiben auch als eigene Akteure im europäischen Gefüge aktiv vertreten – und dies nicht nur im Rahmen der medienträchtigen Treffen des Europäischen Rates. Ohne ihre Mitgliedstaaten gäbe es keine EU. Deutlich wird dies am rechtlichen Charakter der EU als »Staatenverbund«[278], aber auch mit Blick auf ihr institutionelles Gefüge (welches letztendlich durch Beiträge zum Haushalt von den Mitgliedstaaten getragen wird):

- Die Wahlen zum Europäischen Parlament: Diese werden, wie beschrieben, mit in den Mitgliedstaaten aufgestellten Kandidaten nach mitgliedstaatlichem Recht durchgeführt (siehe Abschnitt 5.5.1.1).
- Die Zusammensetzung der EU-Kommission: Jeder Mitgliedstaat der EU stellt je eine Kommissarin bzw. einen Kommissar. Zudem schlagen die Mitgliedstaaten über den Europäischen Rat im Zusammenspiel mit dem Parlament den Kommissionspräsidenten vor (siehe Abschnitt 5.5.1.4).
- Primärrechtlich verankert gibt es zudem strukturelle Mitwirkungsmöglichkeiten in den beiden Organen Europäischer Rat und Rat der EU (Ministerrat), die in der weiteren Darstellung noch genauer erläutert werden.[279]

Eine besondere Rolle im komplexen Mehrebenensystem EU spielen zudem die diplomatischen Vertretungen der Mitgliedstaaten, was im folgenden Abschnitt 5.5.2.1 anhand des Beispiels der Ständigen Vertretung der Bundesrepublik Deutschland bei der EU dargestellt wird. Ein interessanter, in der breiten Öffentlichkeit selten wahrgenommener Aspekt sind zudem die Vertretungen einzelner Regionen der EU, etwa einiger deutscher Bundesländer (dazu Abschnitt 5.5.2.2).

5.5.2.1 Mitgliedstaatliche (»Ständige«) Vertretungen

Die Ständige Vertretung der Bundesrepublik Deutschland bei der EU ist die Botschaft Deutschlands bei der EU.[280] Ihr kommt eine Schlüsselrolle bei der Vermittlung deutscher Interessen in der EU, aber auch umgekehrt bei der Vermittlung europäischer Fragestellungen in Deutschland zu. Sie ist quasi das Scharnier zwischen Deutschland und der EU, bei der sie akkreditiert ist. Insofern vertritt sie wie jede andere Auslandsvertretung bzw. Vertretung bei einer internationalen Organisation wie der UNO deutsche Interessen bei den Institutionen der EU, d. h. im Rat der EU,

---

278 Im Gegensatz etwa zum föderalen Staatssystem deutscher oder österreichischer Prägung oder zentralistischen Struktur Frankreichs.

279 Vgl. Bieber/Epiney/Haag (2015[11]), S. 137.

280 Ständige Vertretung der Bundesrepublik Deutschland (2015c).

gegenüber der Europäischen Kommission und dem Europäischen Parlament. Sie verfügt über knapp 200 Mitarbeiter und wird von dem Ständigen Vertreter der Bundesrepublik Deutschland bei der EUgeleitet. Weitere Leitungspositionen sind die des Stellvertretenden Ständigen Vertreters und des Vertreters im Politischen und Sicherheitspolitischen Komitee. Alle drei Positionen werden von Diplomaten im Botschafterrang bekleidet.[281]

Organisatorisch ist die Ständige Vertretung in drei Abteilungen gegliedert (Abteilung für Politik, Abteilung Finanzen, Abteilung Wirtschaft), wodurch grundsätzlich alle Aspekte der EU und der Europapolitik abgedeckt werden.[282] Um ihrer Funktion als Vertretung Deutschlands und damit auch deutscher Interessen und Positionen gerecht zu werden, engagiert sich die Ständige Vertretung in der Politikgestaltung sowie in den Entscheidungsprozessen und ist damit indirekt Bestandteil der europäischen Gesetzgebungsverfahren.

Dabei nehmen Fragen zu Vorhaben und Initiativen der EU-Kommission einen besonderen Raum ein. Hierzu werden im Austausch mit der Bundesregierung bzw. den Bundesministerien eigene Interessenlagen und Positionen erarbeitet. Ebenfalls wird in jedem Einzelfall und im Dialog mit anderen Vertretungen geklärt, ob es weitere Mitgliedstaaten gibt, die den gleichen oder einen ähnlichen Standpunkt vertreten. Schließlich werden Analysen und Beurteilungen dahingehend durchgeführt, ob entsprechende Verhandlungspositionen bestehen bzw. ob und wie diese modifiziert werden müssen, um eine realistische Chance für die Durchsetzung der Interessen zu haben oder deren Erfolgsaussicht zu erhöhen.[283] Um diese Aufgaben erfüllen zu können, gibt es ständig fachliche Abstimmungen mit den zuständigen Organen der EU.[284]

Die Ständige Vertretung bzw. der Ständige Vertreter ist zudem auch formal bei den Organen der EU vertreten, genauer gesagt im Europäischen Rat und im Ministerrat. So ist der Ständige Vertreter Mitglied im Ausschuss der Ständigen Vertreter (AStV bzw. COREPER), der die Ratssitzungen politisch vorbereitet und die Schnittstelle zwischen der Arbeits- und der Ministerebene darstellt.[285] Die Mitarbeiter der Arbeitsebene der Ständigen Vertretung arbeiten zudem in den Ratsarbeitsgruppen mit, die wiederum die Arbeit des AStV vorbereiten und dabei strittige Themen diskutieren und vorbesprechen.[286] Auf diesen Wegen werden die Interessen Deutschlands auf der politischen Ebene der EU artik uliert und können Mehrheiten für die deutsche Position gefunden werden.

---

281 Ständige Vertretung der Bundesrepublik Deutschland (2015b).

282 Ständige Vertretung der Bundesrepublik Deutschland (2015d).

283 Ständige Vertretung der Bundesrepublik Deutschland (2015e).

284 Ständige Vertretung der Bundesrepublik Deutschland (2015).

285 Genau genommen ist der Ständige Vertreter Mitglied im AStV II, in dem vor allem politisch brisantere Themen diskutiert werden, vgl. Weidenfeld (2013³) S. 133; zu Aufbau und Funktion des Rates siehe Abschnitt 5.5.1.3; zum Status der Vertreter der Mitgliedstaaten vgl. Oppermann/Classen/Nettesheim (2014⁶), S. 46.

286 Ständige Vertretung der Bundesrepublik Deutschland (2015a).

An dieser Stelle weiterhin zu erwähnen sind die beiden Gremien der Konferenz der Vertreter der Mitgliedstaaten (Regierungskonferenz) und der im Rat vereinigten Vertreter der Mitgliedstaaten. Das erste der beiden Gremien verhandelt gemäß Artikel 48 EUV die Änderungen an den Verträgen der EU (ordentliches Vertragsänderungsverfahren), wohingegen im Letzteren bestimmte, in den Verträgen vorgesehene Einzelthemen behandelt werden (z. B. Ernennung der Mitglieder des EuGH), wobei die Ratsmitglieder ausdrücklich nicht als Organ der EU, sondern als Vertreter ihres Mitgliedstaates tätig werden.

5.5.2.2 Regionale Vertretungen

Neben den Mitgliedstaaten ist in Brüssel auch die subnationale Ebene stark vertreten.[287] Zahlreiche Gebietskörperschaften wie Regionen und Kommunen, die rechtlich unterhalb der nationalstaatlichen (mitgliedstaatlichen) Ebene gegliedert sind, unterhalten dort Repräsentanzen oder Verbindungsbüros. Ein Beispiel für eine solche, sogar grenzüberschreitende Einrichtung ist die gemeinsame Vertretung der Europaregion Tirol-Südtirol-Trentino.[288] Insgesamt gibt es mittlerweile über 200 solcher Niederlassungen, zwei Drittel davon sind regionale Vertretungen.[289] Die regionale Vertretung ist ein lebendiger Ausdruck des Mehrebenensystems der EU. Die regionalen Akteure haben vor allem aufgrund des Subsidiaritätsprinzips ihren Platz im »Europa der Regionen«, wie bereits bei den Ausführungen zum Ausschuss der Regionen (AdR) aufgezeigt (Abschnitt 5.5.1.8). In einem engeren Sinn wird der Zweck der Entität aber naturgemäß zunächst von ihrer Stellung im politischen System bzw. im Verfassungssystem ihres Mitgliedstaates bestimmt, wobei zwischen der reinen Repräsentation regionaler oder kommunaler Einheiten und deren Interessenvertretung nicht streng unterschieden werden kann.[290] Entsprechend geht auch ihr Wirkungsbereich meist weit über eine »Schaufenster-« oder Beobachtungsfunktion hinaus hin zu professioneller Interessenvertretungsarbeit.

Die deutschen Bundesländer haben hierbei eine »Vorreiterrolle« eingenommen und zeichnen sich durch eine »aktive Interessenvertretung« aus.[291] Sie sind als teilsouveräne Gliedstaaten konstitutive Elemente des föderativen Staatsaufbaus der Bundesrepublik Deutschland. Die Länder sind durch den Bundesrat wichtige Beteiligte am europäischen Gesetzgebungs- und politischen Willensbildungsprozess und deshalb ein sehr gutes Beispiel für subnationale staatliche Akteure in der EU. Sie waren seit jeher bestrebt, ihre landesspezifischen Interessen gegenüber den europäischen Institutionen zu vertreten, was gelegentlich auch für die Europapolitik der Bundesrepublik Deutschland zu Problemen führen kann.[292]

---

287 Vgl. Weidenfeld (2013³), S. 156.

288 Europaregion Tirol-Südtirol-Trentino (2015).

289 Vgl. Studinger (2013), S. 12.

290 Vgl. Greenwood (2011³), S. 178.

291 Weidenfeld (2013³), S. 156.

292 Vgl. Bomberg/Peterson (1998), S. 222.

»Durch den Bundesrat wirken die Länder bei der Gesetzgebung und Verwaltung des Bundes und in Angelegenheiten der Europäischen Union mit« (Artikel 50 Grundgesetz). Im sog. »Europa-Artikel« 23 des Grundgesetzes werden den Ländern über den Bundesrat explizite Mitwirkungsrechte in Angelegenheiten der EU eingeräumt.[293] So heißt es in Absatz 2, Satz 1 dieses Artikels: »In Angelegenheiten der Europäischen Union wirken der Bundestag und durch den Bundesrat die Länder mit.« Und weiter in Absatz 4: »Der Bundesrat ist an der Willensbildung des Bundes zu beteiligen, soweit er an einer entsprechenden innerstaatlichen Maßnahme mitzuwirken hätte oder soweit die Länder innerstaatlich zuständig wären.« Sind trotz Zuständigkeit des Bundes »Interessen der Länder berührt«, »berücksichtigt die Bundesregierung die Stellungnahme des Bundesrates« (Absatz 4). Auf EU-Ebene muss dabei jeweils die »gesamtstaatliche Verantwortung des Bundes« gewahrt werden (Absätze 5 und 6), selbst bei ausschließlicher Gesetzgebungsbefugnis der Länder auf den Gebieten der schulischen Bildung, der Kultur oder des Rundfunks hat die Wahrnehmung der Rechte immer unter Beteiligung und in Abstimmung mit der Bundesregierung zu erfolgen (Absatz 6).

Wie bereits am Wortlaut der Norm zu erkennen, sind die Mitwirkungsmöglichkeiten der Länder jedoch beschränkt.[294] Sie werden über den Bundesrat beteiligt und sind »zur Wahrnehmung der Rechte« auf den Bund angewiesen. Letztlich fehlt es den Ländern am direkten, institutionalisierten Einfluss auf die EU-Gesetzgebungsprozesse.

Wo sich Möglichkeiten der Einwirkung auf die Entscheidungen der EU ergeben, sind die Länder jedoch auf vielfältige Weise bemüht, Einfluss auszuüben und sich nicht mit der über den Bundesrat gegebenen Entscheidungskompetenz hinsichtlich der Umsetzung europäischer Legislativakte zufriedenzugeben. Sie setzen also nicht nur Vorgaben aus Brüssel um, sondern betreiben – wie andere subnationale Entitäten – vielfältig aktive Politikgestaltung in der EU.[295] So gibt es in den Landesregierungen »Europaminister«, die sich um europapolitische Aspekte des Landes kümmern. Häufig verfügen die einzelnen Ministerien über eigene Geschäftsstellen, die sich mit europäischen Angelegenheiten befassen. Auch die Landtage haben Europaausschüsse eingerichtet. Sichtbares Zeichen ihres europapolitischen Engagements sind außerdem die 16 Landesvertretungen in Brüssel, die den Ländern als Plattformen für ihre europäischen Interessen dienen. Von ihnen dürfte die Bayerische Vertretung, die rund 30 Mitarbeiter beschäftigt, aufgrund ihrer repräsentativen Gebäude die bekannteste sein.[296]

Durch all diese Maßnahmen haben die Länder ihren Einfluss auf europapolitische Entscheidungen sichern und punktuell ausbauen können. Dieses selbstständige Bestreben hängt auch damit zusammen, dass sich im Rahmen des Ausschusses der Regionen bislang einzelne Länderinteressen kaum durchsetzen lassen; ohnehin

---

293 Vgl. Bomberg/Peterson (1998), S. 223.
294 Vgl. auch Mayer (2012), S. 221; zu den Beteiligungsrechten vgl. Mayer (2012), S. 254–279.
295 Vgl. Greenwood (2011³), S. 184f.
296 Weidenfeld (2013³), S. 156.

kommt dem Ausschuss keinerlei echte Entscheidungskompetenz zu (siehe dazu die Ausführungen zum Ausschuss der Regionen in Abschnitt 5.5.1.8).[297] Einen Fortschritt für die sub-nationalen Entitäten brachte der Vertrag von Lissabon, welcher den nationalen Parlamenten, und damit auch dem Bundesrat, weitergehende unmittelbare Beteiligungs- und Mitwirkungsrechte gegenüber der EU einräumte.[298] Wichtig ist hier vor allem die neue Möglichkeit, vor Erlass bestimmter Rechtsakte bei den EU-Organen eine Subsidiaritätsrüge einlegen zu können.[299] Dieser kann ggf. eine Subsidiaritätsklage vor dem Europäischen Gerichtshof folgen. Es bestehen weiterhin zahlreiche Verpflichtungen der EU zur direkten Unterrichtung der nationalen Parlamente.[300]

Zudem sind die einzelnen Bundesländer in Brüssel nicht auf sich allein gestellt, wenn es um den nötigen Informationsfluss und ggf. auch Einflussnahme auf die Entscheidungsfindung auf europäischer Ebene geht. Vielmehr unterhalten die Bundesländer eine gemeinsame Einrichtung des »Beobachters der Länder bei der Europäischen Union«, auch Länderbeobachter genannt.[301] Dieser hat die Aufgabe, den Bundesrat bei der Wahrnehmung seiner Rechte in Bezug auf EU-Angelegenheiten zu unterstützen und die Länder über die sie betreffenden Vorgänge zu informieren. Insbesondere nimmt der Länderbeobachter an den Tagungen des Rates der EU teil. Durch seine Berichte können die Länder prüfen, inwieweit die Bundesratsbeschlüsse von der Bundesregierung in den Verhandlungen berücksichtigt und umgesetzt werden. Außerdem arbeitet der Länderbeobachter auch eng mit der Ständigen Vertretung der Bundesrepublik Deutschland bei der EU zusammen.

Nicht zuletzt aufgrund ihres föderalen Selbstverständnisses – bedingt und motiviert sowohl durch ihre politische als auch verfassungsmäßige Stellung – haben es die Länder verstanden, sich im politischen Europa einzubringen. Insgesamt lässt sich festhalten, dass die Länder in viele Strukturen der EU eingebunden sind und damit eine gute Position haben, ihren europäischen Interessen Gehör zu verschaffen.

5.5.3 Zivilgesellschaftliche (nichtstaatliche) Ebene

Die dritte Gruppe der politischen Stakeholder in der EU stellt die Zivilgesellschaft. Sie steht zum einen neben den Akteuren der europäischen hoheitlichen Ebene, also den Organen, die eine Emanation des europäischen Primärrechts sind, und sie steht zum anderen neben den mitgliedstaatlichen Akteuren. Letztere sind in den intergouvernementalen Einrichtungen der EU, dem Ministerrat und dem Europäischen Rat vertreten. Die Ständigen Vertretungen der Mitgliedstaaten sind mitunter die sichtbarsten mitgliedstaatlichen Akteure auf der EU-Bühne. Neben den Mitgliedstaaten in ihrer

297 Weidenfeld (2013³), S. 153.

298 Degenhart (2009²⁵), S. 52.

299 Degenhart (2009²⁵), S. 52.

300 Vgl. Melin (2011), S. 655.

301 Der Beobachter der Länder bei der EU (2015).

Gesamtheit werden aber auch Regionen einzelner Mitgliedstaaten zu politischen Akteuren in der EU (siehe Abschnitt 5.5.2). Sie sind sowohl im Ausschuss der Regionen repräsentiert, als auch durch eigene Vertretungen in Brüssel präsent. Auch mitgliedstaatliche Einrichtungen wie deutsche Länderparlamente haben Vertretungen in Brüssel.

Sie sind zwar nicht »staatlich«, dennoch kommt den zivilgesellschaftlichen Stakeholdern in der EU eine besondere Rolle zu. Diese Rolle ist durchaus historisch begründet. Die Einbindung der Zivilgesellschaft in den Willensbildungsprozess ist seit jeher Bestandteil des demokratisch verfassten europäischen Gemeinwesens. Sie begann u. a. in den 1950er-Jahren mit der Teilhabe von Vertretern europäischer Interessengruppen aus dem wirtschaftlichen und sozialen Bereich am Europäischen Wirtschafts- und Sozialausschuss (EWSA) und hört mit der Europäischen Bürgerinitiative des Vertrages von Lissabon, der am 1. Dezember 2009 in Kraft trat, noch nicht auf.[302] Die Rolle der Zivilgesellschaft im politischen Willensbildungsprozess der EU wurde insbesondere durch den Vertrag von Lissabon auch primärrechtlich verankert. »Alle Bürgerinnen und Bürger haben das Recht, am demokratischen Leben der Union teilzuhaben« (Artikel 10 Absatz 3 EUV). Die Bürgerinnen und Bürger sowie repräsentative Verbände haben in geeigneter Weise die Möglichkeit, ihre Meinung und Ansichten zum Handeln der Union kundzutun und auszutauschen (Artikel 11 Absatz 1 EUV). Die Zivilgesellschaft wird gewissermaßen aufgefordert, die europäische Politik kritisch zu beobachten. Mehr noch, die Organe der EU haben eine Bringschuld und sind verpflichtet, mit der Zivilgesellschaft und repräsentativen Verbänden in einen »offenen, transparenten und regelmäßigen Dialog« zu treten (Artikel 11 Absatz 2 EUV). Die Kommission muss »umfangreiche Anhörungen der Betroffenen« durchführen (Artikel 11 Absatz 3 EUV). Schließlich haben die zivilgesellschaftlichen Akteure auch die Möglichkeit, von sich aus aktiv europäische Politik mitzugestalten. Im Rahmen der Europäischen Bürgerinitiative können Bürgerinnen und Bürger die EU-Kommission dazu auffordern, »geeignete Vorschläge zu Themen zu unterbreiten, zu denen es nach Ansicht jener Bürgerinnen und Bürger eines Rechtsakts der Union bedarf« (Artikel 11 Absatz 4 EUV).[303]

Das Recht auf demokratische Teilhabe wird von den zivilgesellschaftlichen Stakeholdern auch intensiv wahrgenommen. Die Europäische Kommission schätzt die Zahl der Verbände, Organisationen, Bürgerinitiativen, Vereine, NGOs, Unternehmen etc., die im europäischen Transparenz-Register registriert sind, auf mindestens 12.000.[304] Schon allein diese Zahl ist ein Grund, sich näher mit dieser Akteursgruppe zu beschäftigen. Zudem tragen die Stakeholder der Zivilgesellschaft zur Herstellung politischer

---

302 Vgl. Seeger/Chardon (2008), S. 342, 348; Bergmann (2012⁴), s. v. Zivilgesellschaft.

303 Nur am Rande sei angemerkt, dass es sich bei den Bestimmungen des Artikels 11 EUV um die wortgleichen Regelungen des Artikels 46 des gescheiterten Verfassungsvertrages handelt. Ein weiteres Beispiel dafür, wie sehr sich der Verfassungsvertrag und der Vertrag von Lissabon ähneln.

304 Europäische Kommission (Stand: 04.01.2023).

Öffentlichkeit und einer höheren Effektivität der Politik bei, sodass sie letztlich deren demokratische Legitimation untermauern.[305] Genauer geregelt ist diese Teilhabe beispielsweise im gemeinsamen Transparenz-Register der Europäischen Kommission und des Europäischen Parlaments (siehe Abschnitt 6.3)

Was genau die Zivilgesellschaft ist, lässt sich nicht erschöpfend beantworten.[306] Fest stehen jedoch einige Eckpunkte, die der Definition des Begriffes Zivilgesellschaft dienen können. Die Zivilgesellschaft ist zwischen Privatbereich und Staat verortet, eine Sphäre des öffentlichen Handelns und des öffentlichen Diskurses.[307] Sie versteht es, den Staat »in Schach« zu halten. Sie ist »stark genug, um ein Gegengewicht zum Staat zu bilden, doch ohne ihn daran zu hindern, seine Rolle als Friedenshüter und Vermittlungsinstanz für die wichtigen Interessengruppen zu spielen, und gleichwohl fähig, ihn daran zu hindern, die übrige Gesellschaft zu beherrschen und zu atomisieren«.[308] Die Akteure der Zivilgesellschaft, die Stakeholder, streben im Gegensatz zu den politischen Parteien nicht nach politischen Ämtern und Macht. Sie versuchen vielmehr, staatliche Institutionen und politische Parteien von ihren eigenen Anliegen zu überzeugen.[309] Greenpeace Europe versucht beispielsweise, »[to] challenge EU decisionmakers to implement progressive solutions«.[310] Der Einfluss der organisierten Zivilgesellschaft ist bei detaillierten politischen Sachfragen am größten. Bei Fragen zur europäischen Integration oder zur Fortentwicklung des politischen Systems der EU hingegen erscheint der direkte Einfluss der Zivilgesellschaft als eher gering.[311]

In Bezug auf EU-Europa wird konstatiert, dass es nach wie vor strukturelle, kulturelle und organisatorische Unterschiede in der Zivilgesellschaft gibt. Eine europäische Zivilgesellschaft ist noch im Aufbau und funktioniert nicht nach den gewohnten nationalen Mustern.[312] Sie ist eher fragmentiert; im Übrigen erschweren Sprachbarrieren die Entwicklung einer gemeinsamen zivilgesellschaftlichen Öffentlichkeit. In den 27 Mitgliedstaaten hat sich historisch das Verhältnis zwischen Staat und Zivilgesellschaft unterschiedlich entwickelt. Die zivilgesellschaftlichen Stakeholder sind teilweise mehr politisch, teilweise mehr wohlfahrtsstaatlich orientiert. Nichtsdestotrotz entwickeln sich transnational mehr und mehr europäische, zivilgesellschaftlich organisierte Stakeholder, die sich in den politischen Prozess der EU einbringen. In der Folge der Finanz- und Wirtschaftskrise vor allem der Jahre 2008 bis 2010 zeigt sich bereits die Entwicklung hin zu einer europäischen Öffentlichkeit.[313] Zudem wird die Entwicklung

---

305 Bergmann (2012⁴), s. v. Zivilgesellschaft; Seeger/Chardon (2008), S. 344.

306 Vgl. hierzu z. B. Brutta/Verheyen (2002).

307 Nohlen/Schultze (2010⁴), s. v. Zivilgesellschaft.

308 Gellner (1994), S. 14.

309 Nohlen/Schultze (2010⁴), s. v. Zivilgesellschaft.

310 Greenpeace EU Unit (2015).

311 Seeger/Chardon (2008), S. 345.

312 Seeger/Chardon (2008), S. 342.

313 Bundeszentrale für politische Bildung (2014).

einer europäischen Zivilgesellschaft von der EU gezielt mit Finanzmitteln gefördert. Mit dieser Unterstützung können die Gruppen einerseits ihre Fähigkeit ausbauen, Policy-Informationen zu produzieren und zu verarbeiten. Andererseits soll auf diesem Wege auch der politische Pluralismus in der EU gestärkt werden.[314]

Den organisatorischen Kern, gleichsam die Instrumente der Zivilgesellschaft, bilden Zusammenschlüsse, die ihre Angelegenheiten autonom regeln. Das Spektrum reicht von Bürgerinitiativen und Bürgerrechtsgruppen über Tarifpartner, Berufsgruppen, Verbände, NGOs und Interessengruppen bis hin zu Kultur- und Bildungseinrichtungen sowie Religionsgemeinschaften.[315] Zur Zivilgesellschaft gehörig zählt die Europäische Kommission Gewerkschaften, Arbeitgeberverbände, Nichtregierungsorganisationen, Berufsverbände, gemeinnützige Einrichtungen, gesellschaftliche Basisgruppen und Organisationen, über die sich die Bürger am lokalen und kommunalen Leben beteiligen, wie etwa Kirchen oder Religionsgemeinschaften.[316]

Im Folgenden soll nun auf die wichtigsten zivilgesellschaftlichen Stakeholder auf EU-Ebene eingegangen werden, die Verbände, die Organisationen und eine oft nicht beachtete, aber wichtige Gruppe der Zivilgesellschaft, die Medien.

5.5.3.1 Verbände

Die Verbände gelten geradezu als die »Parade-Stakeholder« in der organisierten Zivilgesellschaft. Sie werden landläufig mit Interessenvertretung in Verbindung gebracht[317] – schließlich sind einige nationale Assoziationen bereits über hundert Jahre alt. Verbände und Gewerkschaften waren die ersten Interessenvertretungen in den modernen Industriegesellschaften, die gesamtgesellschaftlich und politisch intensiver wahrgenommen wurden.[318] Naturgemäß ist das auch auf europäischer Ebene der Fall: Bereits in den Gründungstagen des politischen Europas wurden über 100 Verbände ins Leben gerufen. Der europäische Dachverband für Industrie- und Arbeitgeberverbände BusinessEurope wurde bereits 1958 als UNICE (Union of Industrial and Employers' Confederations of Europe) gegründet. Die öffentlichen Unternehmen schlossen sich schon 1961 im CEEP (European Centre of Employers and Enterprises providing Public Services) zusammen. Beide Verbände haben den Status eines Sozialpartners. Die Vereinigung der Industrie- und Handelskammern (Eurochambres) wurde ebenfalls bereits 1958 gegründet.[319]

Europäische Verbände sind i. d. R. Zusammenschlüsse nationaler Einrichtungen. Naturgemäß schließen sich dabei insbesondere diejenigen nationalen Verbände auf

---

314 Eising (2012²), S. 842ff.

315 Nohlen/Schultze (2010⁴), s. v. Zivilgesellschaft.

316 Seeger/Chardon (2008), S. 343, Fußnote 1.

317 Lösche (2007), S. 9f.

318 Zur historischen Entwicklung der Verbände insbesondere in Deutschland siehe Kleinfeld (2007).

319 Eising (2012²), S. 847.

europäischer Ebene zusammen, die von den Entscheidungen der EU besonders betroffen sind, z. B. in den Bereichen Landwirtschaft, Handel und Dienstleistungen. Hinzu kommen Unternehmer-, Industrie- und Verbraucherverbände.[320] Die Europäischen Verbände wirken dabei oft als Relais zwischen den nationalen Verbänden und Brüssel. Über ihre Repräsentanzen beobachten sie das politische Geschehen der EU und informieren die nationalen Verbände; gleichzeitig verschaffen sie diesen Zugang zu Entscheidungsträgern.[321] Ihr Vorgehen ist dabei gewissermaßen primärrechtlich verankert, sind doch die Verbände ausdrücklich in den Verträgen erwähnt: Artikel 11 EUV spricht von den »repräsentativen Verbänden«, die die Möglichkeit haben sollen, sich in allen Bereichen des Handelns der Union zu äußern. Derselbe Artikel gibt den Organen die Zielvorgabe, mit den »repräsentativen Verbänden« (und der Zivilgesellschaft) in Dialog zu treten. Nicht zuletzt deshalb finden sich in Brüssel auch viele Dachverbände, die als besonders repräsentativ gelten, da sie meist eine ganze europäische Branche vertreten und die Meinungen vieler Verbände der einzelnen Mitgliedstaaten bündeln.

Im Sinne der Abgrenzung und Definitionen in Kapitel 3 und Abschnitt 7.4 dieses Buches zählen die Verbände zu den kollektiven Interessenvertretungen, d. h., sie vertreten nicht Interessen von Einzelunternehmen wie beispielsweise Unternehmensrepräsentanzen, sondern einer gesamten Branche bzw. der gesamten Industrie.[322] Ähnlich ist es bei den Gewerkschaften, die ebenfalls nach Branchen (in Deutschland z. B. die IG Metall) oder auch als Dachverband (in Deutschland z. B. der DGB) organisiert sind. Vor diesem Hintergrund kommen den Verbänden innerhalb der Zivilgesellschaft besondere Aufgaben bzw. Funktionen zu:

- Aggregation von Interessen;
- Artikulation von Interessen;
- Politische Mitwirkung;
- Generalfunktion (Verbände sind Mittler zwischen Gesellschaft, Wirtschaft und Politik und tragen so zur Legitimation des politischen Systems bei).[323]

Aufgrund der oftmals heterogenen Zusammensetzung von Verbänden (z. B. große und kleine Unternehmen oder gar unterschiedliche Branchen) ergibt sich ein meist komplizierter, bürokratischer und langwieriger Meinungsbildungsprozess, bis eine Interessenaggregation tatsächlich erfolgt ist. Dadurch können für die professionelle Interessenvertretung nicht nur wertvolle Zeit verstreichen, sondern womöglich auch Interessen einer maßgeblichen Mitgliederanzahl des Verbandes nicht berücksichtigt werden (siehe Abschnitt 7.4.1.1). Vertreten werden dann nur Kompromisslösungen (der kleinste gemeinsame Nenner).[324]

---

320 Bergmann (2012⁴), s. v. Europäische Verbände.
321 Michalowitz (2007), S. 78f.
322 Joos (2011), S. 136.
323 Lösche (2007), S. 14ff.
324 Michalowitz (2007), S. 78f.

Der Ursprungsgedanke der Gründung und Einbindung der Verbände auf europäischer Ebene bestand darin, ein dynamisches Miteinander wirtschaftlicher und sozialer Gemeinschaftspolitiken herzustellen. Dieser Gedanke charakterisiert einen grundsätzlichen Wesenszug der demokratischen Staats- und Lebensform. Dachverbände erhöhen trotz mangelnder Durchschlagskraft (»kleinster gemeinsamer Nenner«) die Einfluss-, Integrations- und letztendlich auch Durchsetzungschancen einzelner kleiner Akteure in der EU.[325]

5.5.3.2 Organisationen und öffentliche Interessengruppen

Neben die Organisationsstruktur der traditionellen Verbände sind in den letzten Jahren vermehrt auch NGOs, Kirchen, Medien, Kommunen, Unternehmen, Thinktanks etc. getreten. Diese Organisationen und öffentlichen Interessengruppen vertreten ebenso wie Verbände ihre Interessen in Brüssel und haben sich ebenso zu veritablen politischen Stakeholdern entwickelt.[326] Diese Ausdifferenzierung der Interessengruppen liegt in der Ausweitung der Zuständigkeitsbereiche der EU, die nun im Gegensatz zu früher deutlich über eine Marktintegration allein hinausgehen[327] (zur Stärkung der EU nach außen und innen durch den Vertrag von Lissabon siehe Abschnitt 5.3). So waren noch in den 1970er-Jahren Wohlfahrts- und sozialpolitische Gruppen auf europäischer Ebene praktisch nicht existent. Als sich die EU dann immer mehr in Bereiche wie Verbraucherschutz, Umwelt, Menschenrechte, Sozial- und Wohlfahrtspolitik einbrachte, nahm auch die Interessenvertretung aus diesen Bereichen zu. Die Europäische Kommission selbst fördert die Entstehung solcher Gruppen und versucht, deren Entwicklung zugleich zu steuern, z. B. mit der 1995 gegründeten Plattform der Europäischen Sozialen Nichtregierungsorganisationen.[328] Auf diese Weise stehen den EU-Organen stets Ratgeber und Diskussionspartner für Policies in den gesellschaftspolitischen Bereichen zur Verfügung, was wiederum die Legitimation der EU-Vorhaben erhöht.

Die Organisationen und öffentlichen Interessengruppen (im Unterschied zu wirtschaftlichen Interessengruppen: Verbänden, Gewerkschaften) repräsentieren oft eher ideelle Ziele, versuchen, den Status von unterprivilegierten Bevölkerungsgruppen zu verbessern,[329] engagieren sich im Umweltschutz (Greenpeace, WWF) oder für Menschenrechte (Amnesty International), im Gesundheits- und sozialen Bereich (Rotes Kreuz) oder im Verbraucherschutz (Association of European Consumers).[330] Ähnlich wie bei Verbänden kann es bei den Organisationen und öffentlichen Interessengruppen u. U. zu einer gewissen Heterogenitätsproblematik bzw. zu schwierigen Interessenfindungsprozessen unter den Mitgliedern kommen.

325 Matyja (2007), S. 149.
326 Lösche (2007), S. 9f.
327 Eising (2012²), S. 837.
328 Eising (2012²), S. 851f.
329 Eising (2012²), S. 844.
330 Geiger (2006), S. 24.

Der tatsächliche Einfluss der Organisationen auf die EU-Politik wird als eher begrenzt eingestuft. Dies hängt mit drei Gründen zusammen: Erstens sind die Themen der öffentlichen Interessengruppen, historisch betrachtet, relativ spät in den Aufgabenbereich der EU gefallen. Das heißt, die Organisationen und öffentlichen Interessengruppen sind noch nicht allzu lange in Brüssel präsent, und so fehlt ihnen im Vergleich zu den wirtschaftlichen Interessengruppen teilweise die Erfahrung und die über zum Teil Jahrzehnte gewachsene Organisationsstruktur.[331] Die EU ist – zweitens – nach wie vor eher wirtschaftspolitisch ausgerichtet. Nicht alle Generaldirektionen der Europäischen Kommission beispielsweise beschäftigen sich schwerpunktmäßig mit den Anliegen von Stakeholdern aus den Organisationen. Dementsprechend ist die Zahl ihrer potenziellen Ansprechpartner geringer. Eine höhere Zahl potenzieller Ansprechpartner für Organisationen und öffentliche Interessengruppen findet sich hingegen im Europäischen Parlament, das sich naturgemäß zum Ziel gesetzt hat, die Belange der Bürgerinnen und Bürger in der EU – und damit auch und insbesondere die im Rahmen der Organisationen und Interessengruppen gebündelten Anliegen – zu vertreten.[332]

Gleichwohl sind öffentliche Interessengruppen nicht etwa ohne Einfluss auf Ablauf und Ausgang politischer Entscheidungsprozesse. Ihre Möglichkeiten liegen insbesondere in den Bereichen der Agenda-Gestaltung sowie der Sensibilisierung für gesellschaftspolitische und soziale Fragen.[333] Zudem wird auch hier eine zunehmende Professionalisierung erkennbar: Die Organisationen konzentrieren sich auf die Teilhabe am europäischen politischen Prozess und weniger auf Medienarbeit und die Mobilisierung öffentlichen Protests.[334] Selbst wenn viele unter ihnen jederzeit in der Lage sind, »to turn science into politics through their mass mobilisation when required«.[335] Hinzu kommt, dass bei der Vertretung ihrer Interessen NGOs manchmal einen Glaubwürdigkeitsvorsprung in Politik und Öffentlichkeit genießen. Sie werden oft per se als das Gegengewicht zu den Wirtschaftsinteressen gesehen, das die Gemeinwohlinteressen vertritt (zur Bedeutung der Gemeinwohlperspektive in der Interessenvertretung siehe vor allem OnePager und Perspektivenwechsel in den Kapiteln 1, 7 und 10).

Eine weitere Gruppe von Institutionen, die zu den Organisationen und öffentlichen Interessengruppen zu zählen sind, bilden die Thinktanks. Sie sind Forschungszentren, die z. B. einer Partei oder politischen Richtung nahestehen; sie können rein themenbezogen arbeiten und sind sowohl auf regionaler und nationaler als auch auf supranationaler Ebene aktiv. Wieder andere können mit NGOs in enger Beziehung stehen, wenn sie beispielsweise Mittel für karitative Zwecke einsammeln. Ihnen allen ist gemein, dass sie mit (wissenschaftlicher) Information, mit Konzepten und Strategien

---

331 Eising (2012²), S. 851.
332 Eising (2012²), S. 853.
333 Vgl. Eising (2012²), S. 853.
334 Eising (2012²), S. 851.
335 Geiger (2006), S. 24.

Politikberatung leisten und Einfluss auf die Politikgestaltung nehmen möchten.[336] Es geht um die Verwertbarkeit von theoretischem Wissen in der politischen Praxis. Die Wirkung der Forschungsergebnisse auf die Politik kann aber gehemmt sein, wenn die wissenschaftlich-weltanschauliche Ausrichtung des Thinktanks bei Politik und Verwaltung bekannt ist.[337] Auf europäischer Ebene sind die Hauptvertreter das European Policy Centre (EPC), das Centre for European Policy Studies (CEPS) und die Friends of Europe. Ihre Zahl und ihr Einfluss sind in Brüssel noch nicht vergleichbar mit den entsprechenden Pendants in Washington.[338]

5.5.3.3 Medien

Abschließend sei noch auf eine wichtige Akteursgruppe der Zivilgesellschaft verwiesen, die auf den ersten Blick nicht unbedingt als politischer Stakeholder identifiziert wird: die Medien. Dabei spielen gerade sie für die Zivilgesellschaft eine wichtige Rolle im öffentlichen Raum, wegen ihres Einflusses auf die politische Agenda werden sie schon mal als die vierte Gewalt im Staat bezeichnet, neben der Legislativen, Exekutiven und Judikativen.[339] Dies rührt von der öffentlichen Aufgabe her, welche die Medien in Demokratien wahrnehmen. Dazu gehören die Informationsversorgung und Aufklärung der Öffentlichkeit (also auch aller Stakeholder) über politische Themen und Prozesse, aber auch die Stellungnahme und die Kritik, wodurch sie an der Bildung der sog. öffentlichen Meinung teilhaben. Gleichzeitig nehmen die Medien eine Verbindungsfunktion zwischen Zivilgesellschaft und den politisch Handelnden wahr. Sie geben Letzteren die Möglichkeit, nicht nur zu erfahren, wie in der Gesellschaft gedacht wird bzw. welche Interessen die Zivilgesellschaft verfolgt, sondern auch ihre eigenen Entscheidungen daran zu messen.[340] Somit helfen die Medien insgesamt, eine Öffentlichkeit herzustellen, in der sich die Zivilgesellschaft formieren und agieren kann. Zivilgesellschaft und Öffentlichkeit entwickeln sich gemeinsam. Mittels der Medien ist es den Vertretern der Zivilgesellschaft möglich, aus dem Privaten herauszutreten und (politisch) öffentlich wirksam zu werden.[341] Wegen der nationalen Fragmentierung EU-Europas besteht eine europäische Öffentlichkeit bisher nur in Ansätzen bzw. zu einzelnen Themen wie Kosovo-Krieg oder Finanzkrise.[342] In der Praxis überbrückt die Europäische Politik diese Fragmentierung, indem sie die nationalen Medien parallel konsumiert und auswertet. Politiker, Beamte und Mitarbeiter lesen die verschiedenen nationalen Zeitungen und Websites. Pressereferate werten täglich die europäische Medienlandschaft aus und bieten so einen guten synoptischen Überblick.

---

336 Badie/Berg-Schlosser/Morlino (2011), s. v. Thinktank.

337 Joos (2011), S. 160.

338 Geiger (2006), S. 25.

339 von Graevenitz (1999).

340 Bentele/Brosius/Jarren (2013²), s. v. öffentliche Aufgabe.

341 Jäckel (2011⁵), S. 264–271.

342 Eurotopics (2008).

Neben den klassischen Medien, die als Vermittler zwischen Politik und Lesern bzw. Zuschauern oder Zuhörern dienen, erlauben mittlerweile Internet und Social Media den politischen Akteuren, wie etwa den EU-Organen, die Informationssuchenden direkt über Websites, Facebook-Präsenzen oder Twitter zu kontaktieren und zu informieren. Das Europäische Parlament nutzt z. B. die europäische Facebook Community und Twitter, um über politische Themen und Entscheidungen zu berichten, und versucht damit durchaus, die öffentliche Meinung zu politisieren. Gleichzeitig wird den zivilgesellschaftlichen Akteuren – wie Organisationen und natürlich auch Bürgerinitiativen und einzelnen Bürgerinnen und Bürgern – ermöglicht, einfach und ohne große Hürden mit der Politik direkt in Kontakt zu treten, zu *reagieren,* aber auch selbst politisch zu *agieren.* Die politisierte Zivilgesellschaft kann somit gleichsam in Echtzeit die Entscheidungen und das politische Geschehen der EU begleiten. Die sozialen Medien sind zu einer ernsten Plattform geworden, die eine politische Kommunikation in beide Richtungen ermöglicht.

Medien sind aber nicht nur Vermittler bzw. Plattformen zum Informationsaustausch. Sie können auch selbst zu Stakeholdern der Zivilgesellschaft werden. Wegen der Rückkopplungsschleife zur Politik können sie durchaus die politische Agenda proaktiv begleiten und Einfluss darauf ausüben. Sie bestimmen die öffentliche Meinung mit, und die Politik rezipiert sie. Somit können die Medien durch die Auswahl der Nachrichten, die Art der Berichterstattung, durch Kommentare und Kritik zumindest indirekt politischen Einfluss ausüben. In den sozialen Medien können sich Gruppen zusammentun und einen (künstlichen) Sturm der Empörung (»Shitstorm«) entfachen. Ein anderes Beispiel sind Politik-Talkshows im Fernsehen, die mittlerweile Teil der politischen Kultur geworden sind. Idealerweise ist dieser Einfluss indirekt, indem Medien nur als neutrale Plattform für die Meinungs- und Interessenäußerungen anderer Stakeholder dienen. Durch die politische Ausrichtung von Medien (z. B. Zeitungen oder Internet-Blogs) kann aber durchaus eine gewisse »Färbung« in der Berichterstattung eintreten. Ein Medium wird damit selbst zu einem Stakeholder. In der Interessenvertretung machen Public-Affairs-Agenturen sich bisweilen einen solchen Umstand zunutze und platzieren ihre Kampagnen in ihnen bzw. den Klienten gewogenen Medien. Zusammenfassend bleibt zu konstatieren, dass sich unter den zivilgesellschaftlichen Stakeholdern die Medien eher dem tagesaktuellen, politischen Geschehen und gegenwärtig relevanten Themen widmen, während sich die strukturell organisierten Verbände und Organisationen primär um nachhaltige, eher langfristige Themen kümmern.

5.6 Thesenartige Zusammenfassung

Kapitel 5 hat vor dem Hintergrund einer stetig voranschreitenden Integration die komplexen (institutionellen) Rahmenbedingungen für die Interessenvertretung bei den Institutionen der EU dargelegt.

Dem lagen drei Leitfragen zugrunde:

- Welche Konsequenzen ergeben sich aus dem historischen Verlauf der europäischen Integration? Wie weit ist die europäische Integration bereits vorangeschritten?
- Was sind die fundamentalen Änderungen durch den Vertrag von Lissabon?
- Wer sind die politischen Stakeholder (aus Sicht der Interessenvertreter) in der EU? Wie ist das politische System der EU charakterisiert? Wie unterscheidet es sich dadurch von den Mitgliedstaaten?

1. Die EU hat sich im Lauf ihrer Geschichte zu einem vielschichtigen, hochkomplexen Mehrebenensystem entwickelt, in dem politische Stakeholder auf subnationaler (regionaler), nationaler (mitgliedstaatlicher) und supranationaler (EU-europäischer) Ebene anzutreffen sind.

2. Der Vertrag von Lissabon (in Kraft seit 1. Dezember 2009) stimmt in wesentlichen Teilen mit dem gescheiterten Verfassungsvertrag überein. Dahinter stand die Idee eines »reverse engineering«: Statt den Vertrag von Lissabon quasi auf einem weißen Blatt Papier neu zu schreiben, wurde der Verfassungsvertrag als Ausgangsbasis genommen und untersucht, welche Passagen geändert werden mussten, um einstimmige Zustimmung zum neuen Text zu erreichen.

3. Mit dem Vertrag von Lissabon ging eine entscheidende Stärkung der EU nach außen einher. Die Europäische Union ist ein globaler Akteur und ein handelspolitisches Schwergewicht. Die EU zieht im Bereich der Außen- und Sicherheitspolitik Kompetenzen an sich und schafft sich die Möglichkeit einer eigenen, von den Mitgliedstaaten zumindest teilweise losgelösten außenpolitischen Strategie. Letztlich liegt darin ein wichtiger Schritt zu mehr »Staatlichkeit« der EU und zu einem – zumindest langfristig – außenpolitischen Bedeutungsverlust der Mitgliedstaaten.

4. Neben der Schärfung ihres Profils nach außen wurde die EU auch nach innen gestärkt. Ein Schwerpunkt ist der Übergang vom Einstimmigkeits- zum Mehrheitsprinzip im Rat in über 40 weiteren Anwendungsfällen. Die Mehrheitsentscheidung wird damit zum Regelfall (Artikel 16 Absatz 3 EUV) und erfasst mittlerweile praktisch alle für Bürger und Unternehmen wesentlichen Politikbereiche. Die Folge ist ein beträchtlicher Einflussverlust für den einzelnen Mitgliedstaat: Während unter der Geltung des Einstimmigkeitsprinzips ein einziger Mitgliedstaat im Rat eine Entscheidung blockieren konnte, ist dafür unter dem Mehrheitsprinzip eine Sperrminorität erforderlich.

5. Das Europäische Parlament wurde durch den Vertrag von Lissabon in praktisch allen wichtigen Politikbereichen dem Rat gleichgestellt und so zu einem vollwertigen Partner im Legislativverfahren. Insbesondere ist das Mitentscheidungsverfahren, in dem für die Verabschiedung einer gesetzgeberischen Maßnahme sowohl Europäisches Parlament als auch Rat zustimmen müssen, nun als »ordentliches Gesetzgebungsverfahren« zum Regelfall geworden.

6. Das Europäische Parlament unterscheidet sich von den mitgliedstaatlichen Parlamenten. So kennt das EP weder Regierungs- noch Oppositionsfraktionen. Die Exekutive der EU – versteht man darunter die EU-Kommission und (in Teilbereichen) auch den Rat – geht nicht aus der Legislative hervor. Neben dem Abstimmungsverhalten nach Fraktionszugehörigkeit ist ein parteiübergreifendes, durch nationale Zugehörigkeit der Abgeordneten geprägtes Abstimmungsverhalten sehr häufig. All das hat Auswirkungen auf Fragen des »europäischen Coalition Building« in der Interessenvertretung, also der Bildung von Allianzen unter den Akteuren der Legislative und Exekutive: Meist beziehen sich solche Koalitionen nur auf einzelne Projekte und Anliegen, sodass in jeder Angelegenheit aufs Neue Koalitionen zu bilden sind.

7. Mit den sog. Integrationstheorien der Politikwissenschaft können wiederkehrende Muster und Trends der europäischen Integration offengelegt werden. Sie analysieren zudem den Grad der stattgefundenen europäischen Integration.
   - Die Föderalismustheorie sieht die EU als Zusammenschluss von Staaten. Jedoch reicht diese Kategorisierung wegen der Entwicklungen der letzten Jahre nicht mehr aus, sodass nun z. B. im Zusammenhang mit der EU vom »supranationalen Föderalismus« oder auch von einem »fusionierten Föderalstaat« gesprochen wird.
   - Die Theorie des Neo-Funktionalismus erklärt die europäische Integration vor allem sektoral. Das heißt, der Einigungsprozess vollzieht sich zunächst in den wirtschaftlichen, gesellschaftlichen und politischen Sektoren, in denen gemeinsame (transnationale) Probleme auftreten, die auch gemeinsam (transnational) gelöst werden können. Das heißt, die Integration erfolgt problemorientiert, nicht idealistisch und politisch.
   - Der liberale Intergouvernementalismus ist der zentrale Gegenspieler aller Theorien, die das Verschwinden des Nationalstaats in Europa prophezeien. Die treibende Kraft käme den intergouvernementalen Elementen zu, z. B. dem Rat der EU, in dem sich die Fachminister der Mitgliedstaaten treffen, oder dem Europäischen Rat, dem Treffen der Staats- und Regierungschefs, das die großen Linien der EU-Politik vorgibt.
   - Der Supranationalismus-Ansatz bezieht die Entwicklung einer transnationalen Gesellschaft und Nicht-Regierungsakteure, die direkt oder indirekt an den Entscheidungsprozessen mitwirken, in seine Analysen mit ein. Die politischen Entscheidungsprozesse in Europa werden damit nicht allein von den Mitgliedstaaten und deren Regierungen bestimmt, sondern u. a. auch entscheidend von Unternehmen und Verbänden.
   - Auch beim Multi-Level-Governance-Ansatz (Regieren im Mehrebenensystem) steht die Frage nach dem Regieren im Vordergrund. Dieser Ansatz stellt dabei die zentrale Bedeutung der Mitgliedstaaten infrage.

8. Die Stakeholder des politischen Prozesses des Mehrebenensystems EU befinden sich auf mehreren Akteursebenen: Die erste ist die supranationale Ebene der Europäischen Organe und Institutionen. Die zweite ist die nationale Ebene der

Mitgliedstaaten, auf der sich sowohl die Nationalstaaten als auch – auf der subnationalen Ebene – ihre Regionen (z. B. die deutschen Bundesländer) befinden. Für die Interessenvertretung bedeutet die schwindende Bedeutung der Mitgliedstaaten in der EU, dass man sich nicht nur allein auf nationale Akteure und Netzwerke verlassen darf, sondern einen gesamteuropäischen Ansatz wählen sollte, der auch verschiedene Akteure auf den verschiedenen Entscheidungsebenen miteinbezieht.

9. Eine weitere Gruppe der politischen Stakeholder in der EU bildet die Zivilgesellschaft. Sie steht zum einen neben den Akteuren der europäischen hoheitlichen Ebene, also den Organen, die eine Emanation des europäischen Primärrechts sind, und zum anderen neben den mitgliedstaatlichen Akteuren. Hierzu gehören die Verbände, Organisationen und Medien.

Die Komplexität der Zuständigkeiten, der Entscheidungs- und Politikebenen in der EU, welche alle miteinander verbunden sind, und in deren Kontext sich Entscheidungen letztlich nicht mehr einem (einzelnen) Entscheidungsträger zuordnen lassen, sind also der Hintergrund, vor dem die politischen Prozesse der EU ablaufen. Die diversen EU-Organe und Institutionen sind dabei Fixpunkte und mögliche Ansprechpartner im Prozess. Jedoch sind sie bei Weitem nicht die einzigen politischen Stakeholder in der EU, die ihre Agenda verfolgen und eigene Interessen einbringen wollen. Insbesondere durch Einbeziehung der Stakeholder auf mitgliedstaatlicher und zivilgesellschaftlicher Ebene wird die Anzahl der einzelnen individuellen Akteure – und damit der Ansprechpartner für die Interessenvertretung – im Einzelfall nahezu unüberschaubar.

6 Rechtsetzungsverfahren und sonstige rechtliche Regelungen als Rahmenbedingungen von Interessenvertretung in der Europäischen Union

6.1 Einleitung und Fragestellung

Nachdem im vorangegangenen Kapitel 5 ein Einblick in den Aufbau des politischen Systems der EU und der einzelnen Institutionen gegeben wurde, behandelt das Kapitel 6 die konkreten rechtlichen Grundlagen und Möglichkeiten einer gezielten Interessenvertretung auf europäischer Ebene. Im Mittelpunkt stehen folgende Fragen:

- Was ist die Rolle der einzelnen Organe in der Rechtsetzung der EU nach Lissabon? Was sind die Charakteristika des »ordentlichen Gesetzgebungsverfahrens« als nunmehr Regelfall der europäischen Rechtsetzung? Wie sieht der rechtliche Rahmen für die Rechtsetzungstätigkeit der EU-Kommission im Rahmen der Durchführungsrechtsetzung aus und was versteht man unter dem Komitologie-Verfahren (siehe dazu Abschnitt 6.2)?
- Welche Ansatzpunkte für Interessenvertretungsaktivitäten bestehen bei den wichtigsten Institutionen der EU, insbesondere also beim Ministerrat, der EU-Kommission und dem Europäischen Parlament, und welche Regeln hat der Interessenvertreter dabei zu beachten, d. h. inwiefern unterliegt der Zugang zu den Entscheidungsträgern in Legislative und Exekutive einer rechtlichen Regulierung (dazu Abschnitt 6.3)?

Einige der folgenden Ausführungen muten, dies sei vorab gesagt, eher technisch und – im juristisch besten Sinne – »trocken« an. Die Kenntnis gerade der rechtlichen und verfahrenstechnischen Hintergründe europäischer Rechtsetzung ist jedoch Basis und Grundvoraussetzung jeder effektiven Interessenvertretung in Brüssel: »Wer hohe Türme bauen will, muss lange beim Fundament verweilen.«[1]

6.2 Grundlagen der Rechtsetzung in der EU nach Lissabon

Auf mitgliedstaatlicher Ebene werden formelle Gesetze in aller Regel in einem einheitlichen Verfahren erlassen. In Deutschland beispielsweise ist es das Verfahren nach den Artikeln 76ff. des Grundgesetzes. An diesem Verfahren sind stets Bundestag und Bundesrat beteiligt; allein im Hinblick auf das Ausmaß der Beteiligung und die Frage eines Zustimmungserfordernisses des Bundesrates ergeben sich größere Unterschiede. Anders im Rechtsetzungsverfahren der EU: Hier besteht – auch nach den Änderungen durch den Vertrag von Lissabon[2] – kein einheitliches, für alle Materien der Rechtsetzung geltendes Verfahren.

---

[1] Ein dem österreichischen Komponisten Josef Anton Bruckner zugeschriebenes Zitat.

[2] Vgl. zu den »alten« Verfahren nach dem EGV: Bieber/Epiney/Haag (2009), S. 195ff.

6.2.1 Allgemeines

Als überstaatliche (supranationale) Institution gründet sich die Tätigkeit der EU auf die Kompetenzen, die ihr von den 27 Mitgliedstaaten übertragen worden sind.[3] Diese Kompetenzen sind, zusammen mit allgemeinen Regelungen zum institutionellen Gefüge der EU und entsprechenden Verfahrensvorschriften für die Rechtsetzung auf europäischer Ebene, in den Europäischen Verträgen niedergelegt. Seit dem Vertrag von Lissabon sind dies namentlich der Vertrag über die Europäische Union (EUV) und der Vertrag über die Arbeitsweise der Europäischen Union (AEUV). Sie und die zugehörigen Anlagen und Protokolle werden auch als »primäres Unionsrecht« bezeichnet und können als »Grundlage der Union« (Artikel 1 Absatz 3 Satz 1 EUV) als Äquivalent zum nationalen Verfassungsrecht, wie es etwa in Deutschland durch das Grundgesetz bestimmt ist, verstanden werden.[4]

Gekennzeichnet sind diese Vertragsdokumente durch ein komplexes Zusammenspiel der drei politischen Hauptakteure der EU: Europäische Kommission, Rat der Europäischen Union (Rat) und Europäisches Parlament. Auf der Grundlage der Verträge können die Organe der EU ihre Kompetenzen ausüben und in diesem Rahmen gemeinsam Rechtsvorschriften erlassen: das Sekundärrecht.

Eine Einteilung dieser sekundärrechtlichen Rechtsvorschriften lässt sich auf zweierlei Arten vornehmen: zum einen nach Art des Rechtsakts (Verordnung, Richtlinie, Beschlüsse, Empfehlungen und Stellungnahmen[5] bzw. Rechtsakte mit und ohne Gesetzgebungscharakter, siehe Abschnitt 6.2.2), zum anderen nach dem für den Erlass vorgeschriebenen Verfahren.

Da die EU, anders als ein Nationalstaat, über keine umfassende Gesetzgebungskompetenz verfügt, sehen die Verträge auf europäischer Ebene – auch nach der Ratifizierung des Vertrages von Lissabon – kein einheitliches, für alle Materien der Rechtsetzung geltendes Verfahren vor. Vielmehr ist in der entsprechenden vertraglichen Kompetenzgrundlage niedergelegt, welches Verfahren angewandt wird.[6]

Grundsätzlich ist zwischen Gesetzgebungsakten, die gemäß einem Gesetzgebungsverfahren angenommen werden, und Rechtsakten ohne Gesetzescharakter zu differenzieren (dazu Abschnitt 6.2.2).

Für die Rechtsakte mit Gesetzescharakter ist wiederum eine Vielzahl von Verfahren möglich, bei denen jedoch immer mindestens zwei Organe beteiligt sind. Als Regelfall

---

3   Vgl. Artikel 4 Absatz 1 EUV und der in Artikel 5 Absatz 1 Satz 1, Absatz 2 niedergelegte Grundsatz der begrenzten Einzelermächtigung/Subsidiaritätsgrundsatz.

4   Vgl. Streinz (2012), S. 2.

5   Die Handlungsformen der Empfehlung und Stellungnahme sind nicht verbindlich, gelten im Unionsrecht dennoch als Rechtsakte, vgl. Artikel 288 Absätze 1 und 5 AEUV; Schroeder in Streinz (2012a²), Artikel 288 AEUV Rz. 143. Auf sie sind ordentliches und besonderes Gesetzgebungsverfahren allerdings nicht anwendbar.

6   Vgl. Streinz (2012), S. 197.

hat sich seit dem Inkrafttreten des Vertrages von Lissabon das ordentliche Gesetzgebungsverfahren durchgesetzt, auf das sich mit Blick auf die hohe praktische Relevanz Abschnitt 6.2.3 konzentriert.

Daneben ist der, konzeptionell als Ausnahme vorgesehen, Erlass von Rechtsakten ohne Gesetzgebungscharakter durch die EU-Kommission in der Praxis sehr wirkmächtig.

Aufgrund der hohen Relevanz für die Interessenvertretung soll hierbei vor allem auf die Durchführungsgesetzgebung, insbesondere auf das 2011 reformierte und praktisch sehr bedeutende Komitologie-Verfahren näher eingegangen werden (dazu Abschnitt 6.2.3.3).

6.2.2 Einteilung der Rechtsakte nach dem Vertrag von Lissabon

Zur Wahrnehmung der Kompetenzen können die Organe der EU verschiedene Rechtsakte erlassen, die grundlegend in Artikel 288 AEUV aufgelistet sind und sich hinsichtlich der jeweiligen Adressaten und Bindungswirkung unterscheiden: Sie können die Form von Verordnungen, Richtlinien, Beschlüssen, Empfehlungen und Stellungnahmen annehmen (Artikel 288 Absatz 1 AEUV). Verordnungen, Richtlinien und Beschlüsse werden auch »Basisrechtsakte« genannt.

Die Grundunterscheidung der Rechtsakte erfolgt jedoch seit dem Vertrag von Lissabon nicht hinsichtlich der Art des Rechtsakts, sondern des Verfahrens, das bei ihrem Erlass Anwendung findet. So wird zwischen Gesetzgebungsakten, die gemäß einem Gesetzgebungsverfahren angenommen werden, und Rechtsakten ohne Gesetzescharakter unterschieden. Im jeweiligen Verfahren können die zuständigen Organe dabei grundsätzlich alle Arten von Rechtsakten erlassen.[7]

- Bei Rechtsakten mit Gesetzescharakter handelt es sich gemäß Artikel 289 Absatz 3 AEUV um Rechtsakte, die gemäß einem Gesetzgebungsverfahren angenommen werden und daher auch als Gesetzgebungsakte bezeichnet werden. Sie machen das Sekundärrecht aus und entsprechen den Basisrechtsakten, können also in Form von Verordnungen, Richtlinien oder Beschlüssen ergehen. Der AEUV sieht verschiedene Gesetzgebungsverfahren vor, die durch die jeweilige Rechtsgrundlage vorgeschrieben werden. Der Regelfall für den Erlass von Rechtsakten mit Gesetzescharakter ist inzwischen das sog. »ordentliche Gesetzgebungsverfahren« nach Artikel 289 Absatz 1 i. V .m. Artikel 294 AEUV, an dem Europäisches Parlament und Rat gleichberechtigt mitwirken (dazu näher in Abschnitt 6.2.3). Daneben gibt es »besondere Gesetzgebungsverfahren«, die nach Artikel 289 Absatz 2 AEUV einer ausdrücklichen Ermächtigung in den Verträgen bedürfen. Bei diesen fehlt es an gleichberechtigter Mitwirkung, es hat entweder der Rat oder das Parlament die

---

7 Siehe – auch für eine umfangreiche Übersicht über die Handlungsformen der Unionsorgane – die Einteilung der Rechtsakte, an der sich die Struktur des Amtsblattes seit dem Vertrag von Lissabon orientiert: Anhang zum Vermerk des Rates der Europäischen Union (2009).

Entscheidungsgewalt, das jeweilig andere Organ stimmt lediglich zu oder nimmt eine beratende Position ein. Hierunter fallen insbesondere das Konsultationsverfahren und das Zustimmungsverfahren, in welchem dem Europäischen Parlament ein Vetorecht zukommt.[8] Nahezu allen Verfahren ist gemeinsam, dass der Erlass eines Rechtsakts in aller Regel das Zusammenwirken von mindestens zwei EU-Institutionen (mindestens hinsichtlich Initiative und Entscheidung) erfordert, meist sogar alle drei Organe beteiligt sind.

- Die Rechtsakte ohne Gesetzescharakter lassen sich in zwei Gruppen einteilen: delegierte Rechtsakte nach Artikel 290 AEUV und Durchführungsrechtsakte gemäß Artikel 291 Absätze 2-4 AEUV (dazu näher in Abschnitt 6.2.3.3). Beide ermächtigen die Europäische Kommission als Exekutivorgan, in grundsätzlich der Legislative (Europäisches Parlament und Rat) vorbehaltenen Bereichen aktiv zu werden und in begrenztem, zuvor bestimmtem Umfang selbst Rechtsakte zu erlassen. Die so erlassenen Rechtsvorschriften werden daher auch als Tertiärrecht bezeichnet. Eine genaue Unterscheidung dieser beiden Rechtsakte ohne Gesetzescharakter fällt mitunter schwer und beschäftigt immer wieder den Europäischen Gerichtshof.[9] Ein Unterschied kann jedoch darin gesehen werden, dass die EU-Kommission im Fall der delegierten Gesetzgebung quasi-gesetzgeberisch tätig wird, während sie im Fall der Durchführungsrechtsakte exekutivisch handelt und die verwaltungsmäßige Durchführung der Rechtsakte gewährleisten möchte.[10] Im Rahmen der delegierten Gesetzgebung hat die EU-Kommission »zur Ergänzung oder Änderung bestimmter nicht wesentlicher Vorschriften des betreffenden Gesetzgebungsakts« (Artikel 290 Absatz 1 Unterabsatz 2 AEUV) die Befugnis zur weiteren Gesetzgebung durch einen Gesetzgebungsakt übertragen bekommen (dies ist vergleichbar mit der Verordnungsermächtigung im deutschen Recht); im Fall der Durchführungsrechtsakte hingegen werden der EU-Kommission – bzw. in Ausnahmefällen dem Rat – Befugnisse zum Erlass von Durchführungsrechtsakten übertragen, um »einheitliche Bedingungen für die Durchführung der verbindlichen Rechtsakte der Union« zu gewährleisten, vgl. Artikel 291 Absatz 2 AEUV.

6.2.3 Rechtsetzungsverfahren in der Europäischen Union

6.2.3.1 Allgemeines

Bei den Rechtsetzungsverfahren der EU lassen sich verschiedene Besonderheiten ausmachen, die vorab kurz skizziert werden sollen:

- Erstens unterscheidet sich das Verfahren zum Erlass und zur Änderung von primärrechtlichen Bestimmungen (d. h. hinsichtlich der europäischen Verträge und

---

8   Für eine ausführlichere Darstellung dieser besonderen Gesetzgebungsverfahren sei auf die einschlägigen Lehr- und Handbücher zum Europarecht verwiesen; vgl. etwa Oppermann/Classen/Nettesheim (2014), S. 180f.

9   Siehe z. B. Europäischer Gerichtshof (2014); ausführlich auch Edenharter (2014), S. 649f.

10   So Craig (2011), S. 672ff.; Parker/Alemanno (2014), S. 17.

der zugehörigen Protokolle) grundlegend von den Verfahren der sekundärrechtlichen Gesetzgebung in den Materien von EUV und AEUV. Der Vertrag von Lissabon hat erstmals in der Geschichte der EU eine fünfstufige Verfahrenskette zur Änderung und Anpassung der Verträge eingeführt; die zugehörigen Regelungen finden sich in den Artikeln 48 bis 50 EUV sowie in Artikel 352 AEUV.[11] Da dieses Verfahren für die Interessenvertretung in Brüssel jedoch kaum relevant ist, soll es im Folgenden nicht weiter vertieft werden.

- Zweitens bestehen wesentliche Unterschiede hinsichtlich des einzuhaltenden Verfahrens zwischen den in Titel V und VI des EUV geregelten Bereichen GASP und Zusammenarbeit in Strafsachen einerseits und den im AEUV geregelten Bereichen andererseits.
- Drittens bestehen im Rahmen des AEUV eine Vielzahl unterschiedlicher Rechtsetzungsverfahren, die sich nur in der Zusammenschau typologisieren lassen. Dabei lässt sich für nahezu alle Verfahren zumindest eine Gemeinsamkeit ausmachen: Der Erlass eines Rechtsakts erfordert in aller Regel das Zusammenwirken von mindestens zwei EU-Institutionen (mindestens hinsichtlich Initiative und Entscheidung). Im Regelfall sind sogar drei Organe beteiligt (EU-Kommission initiiert, Parlament und Rat sind an der Entscheidungsfindung beteiligt).

Nach dem Vertrag von Lissabon hat sich das frühere Mitentscheidungsverfahren (jetzt »ordentliches Gesetzgebungsverfahren«) zum Regelfall in allen wichtigen Materien des AEUV entwickelt (siehe Abbildung 6.1). Im Folgenden soll daher allein dieses Verfahren vertieft behandelt werden (dazu der folgende Abschnitt 6.2.3.2).

Beteiligung des EP	Entscheidungsmodi des Rates											
	Einstimmigkeit		Qualifizierte Mehrheit		Einfache Mehrheit		Besondere Mehrheiten		Rechte des ER-Vorsitzenden		Summe	
		%		%		%		%		%		%
Autonome Beschlussrechte	1	0,33	3	0,99	0	0,00	0	0,00	0	0,00	4	1,32
Mitentscheidung	0	0,00	85	28,29	0	0,00	0	0,00	0	0,00	85	28,29
Zustimmung	15	4,93	7	2,30	1	0,33	2	0,66	2	0,66	25	7,89
Konsultation	28	9,21	23	7,57	4	1,32	0	0,00	0	0,00	55	16,78
Unterrichtung	7	2,3	10	3,29	0	0,00	0	0,00	0	0,00	22	7,24
Keine Beteiligung	41	13,49	52	17,11	6	1,97	11	3,62	11	3,62	112	34,87
Summe	92	30,26	180	59,54	11	3,62	13	4,28	13	4,28	303	

Abbildung 6.1: Handlungsermächtigungen für Rat und Parlament nach dem Vertrag von Lissabon

6.2.3.2 Ordentliches Gesetzgebungsverfahren

Mit dem Vertrag von Lissabon wurde das ordentliche Gesetzgebungsverfahren und damit die zwingende Beteiligung des Europäischen Parlaments an der Rechtsetzung (vormals: Mitentscheidungsverfahren) weiter aufgewertet. Es ist nun in Artikel 289

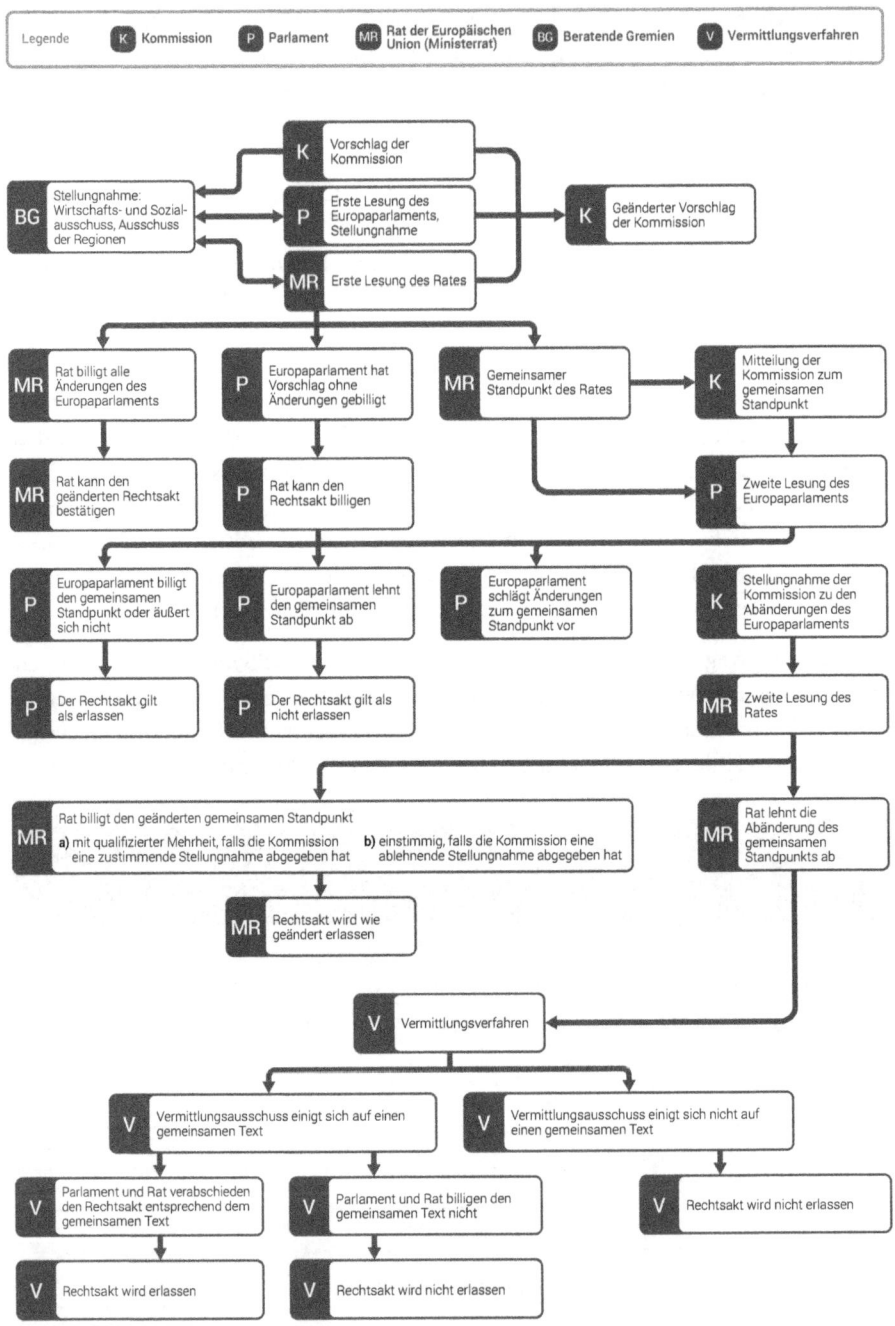

Abbildung 6.2: Das ordentliche Gesetzgebungsverfahren

Absatz 1 i. V. m. Artikel 294 AEUV als Regelverfahren für den Erlass von Rechtsakten kodifiziert und ist in einer gemeinsamen Erklärung von Parlament, Rat und EU-Kommission detaillierter ausgestaltet.[12] Es findet immer dann Anwendung, wenn eine vertragliche Vorschrift darauf verweist, vgl. Artikel 294 Absatz 1 AEUV. Mit dem Vertrag von Lissabon ist der Anwendungsbereich deutlich erweitert worden, es findet nun in 85 Bereichen Anwendung, insbesondere auch im Bereich der Landwirtschaft, Fischerei, Freiheit, Sicherheit und des Rechts sowie der gemeinsamen Handelspolitik und Durchführungsgesetzgebung.[13] Das ordentliche Gesetzgebungsverfahren ist geprägt von einem gleichberechtigten Zusammenwirken von Europäischem Parlament und Rat bei der Beschlussfassung. Das Initiativrecht liegt nach wie vor ausschließlich bei der EU-Kommission, die dabei für Vorschläge von außen offen ist. Endprodukt des ordentlichen Gesetzgebungsverfahrens ist nicht, wie der Name vermuten ließe, ein formales Gesetz, vielmehr ist die Verfahrensform namensgebend. Sie kann gemäß Artikel 289 Absatz 1 Satz 1 AEUV für die Annahme von Verordnungen, Richtlinien oder Beschlüssen angewandt werden.

Das ordentliche Gesetzgebungsverfahren (siehe Abbildung 6.2) besteht aus mindestens drei bis maximal sechs Phasen, die im Folgenden kurz skizziert werden sollen.

6.2.3.2.1 Einleitung des Gesetzgebungsverfahrens: Initiativrecht der EU-Kommission

Formell wird das ordentliche Gesetzgebungsverfahren durch einen Vorschlag vonseiten der EU-Kommission eingeleitet. Sie hat gemäß Artikel 17 Absatz 2 EUV, mit sehr wenigen Ausnahmen[14], das alleinige Vorschlagsrecht und somit »formell ein Monopol zur Entscheidung über Zeitpunkt, Form und inhaltliche Ausgestaltung einer Gesetzgebungsmaßnahme«[15]. In einigen Fällen kann die EU-Kommission auch von außen zur Initiative angeregt werden, etwa durch förmliche Aufforderungen durch den Rat (Artikel 241 AEUV), das Europäische Parlament (Artikel 192 AEUV) oder die mit dem Vertrag von Lissabon neu eingeführte Europäische Bürgerinitiative (Artikel 11 Absatz 4 EUV, 24 Absatz 1 AEUV). Gerade die Europäische Bürgerinitiative gilt als wegweisendes Instrument, die direkte Bürgerbeteiligung auf europäischer Ebene zu stärken. Auch wenn von bisher ca. 100 beantragten Bürgerinitiativen lediglich sechs erfolgreich eingereicht wurden und sich EU-Kommission und Parlament mit vielen praktischen Unklarheiten und Komplexitäten für die Initiatoren konfrontiert sehen[16], zeigt nicht zuletzt die Liste der von der EU-Kommission bereits ergriffenen Folgemaßnahmen für

---

11 Vgl. Lieb/Maurer (2009), S. 43.

12 Europäisches Parlament/Rat/Kommission (2007a).

13 Vgl. Oppermann/Classen/Nettesheim (2014), S. 173; für eine vollständige Auflistung siehe Gellermann in Streinz (2012a²), Artikel 294 Rz. 6 und 7.

14 Ausnahmen gelten für den Bereich der justiziellen (Artikel 76 i. V. m. Artikel 82ff. AEUV) und der polizeilichen Zusammenarbeit (Artikel 76 i. V. m. Artikel 87ff. AEUV) sowie für Maßnahmen zur Verwaltungszusammenarbeit (Artikel 76 i. V. m. Artikel 74 AEUV), da dort auch ein Viertel der EU-Mitgliedstaaten die Initiative ergreifen kann (Artikel 76 b) AEUV).

15 Bieber/Epiney/Haag (2015), S. 210.

16 Vgl. Europäische Kommission (2023a).

die sechs erfolgreichen Bürgerinitiativen[17], dass durchaus erhebliches Einflusspotenzial in diesem frühen Stadium der Gesetzgebung möglich ist.

Maßgeblich mit dem Initiativrecht verbunden ist die Ausarbeitung der Gesetzesvorschläge durch die EU-Kommission. Sie soll eine mitunter schwierige Einigung unter allen Mitgliedstaaten im Rat vorbereiten, sodass diesen Vorbereitungsarbeiten große Bedeutung zukommt. Bereits in diesem Stadium der Ausarbeitung eines Vorschlages ist die EU-Kommission sehr offen für Expertise und Stellungnahmen von außen. Fester Bestandteil der Vorbereitungsphase sind Diskussionen mit und Stellungnahmen von Experten sowie Öffentliche Konsultationen, im Rahmen derer jeder Interessierte über das Internet Stellung zu einem aktuellen Gesetzesvorschlag beziehen kann.[18] Nach einer ersten Reform 2014 wurde die Folgenabschätzung der konkreten gesetzgeberischen Maßnahmen, das sog. Impact Assessment, als formalisiertes Verfahren weiter ausgebaut und ist mittlerweile fester Bestandteil der gesetzgeberischen Vorarbeit.[19] Dieser Mechanismus ermöglicht gerade in diesem Bereich der Vorbereitung von Rechtsakten eine noch breitere und strukturiertere Einbeziehung externen Sachverstands und externer Stellungnahmen.

Soweit in den Verträgen vorgesehen, ist in dieser Phase bereits eine Anhörung des Europäischen Wirtschafts- und Sozialausschusses sowie des Ausschusses der Regionen vorgesehen.

6.2.3.2.2 Weiteres Vorgehen in Rat und Parlament: Lesungen, Stellungnahmen und Vermittlungsverfahren

Der von der EU-Kommission ausgearbeitete Vorschlag wird gemäß Artikel 294 Absatz 2 AEUV gleichzeitig an Parlament und Rat übermittelt. Formalrechtlich wird ein Gesetzesvorschlag in zwei Lesungen geprüft. In der Praxis wird eine Übereinstimmung der Organe in der Regel jedoch bereits nach der ersten Lesung erreicht.[20] Falls erforderlich, ist ein Vermittlungsausschuss zu bilden, um die gleichberechtigte Berücksichtigung der Standpunkte von Parlament und Rat und einen von beiden getragenen Vorschlag zu gewährleisten. Die Verfahrensschritte sind von enger Abstimmung und kontinuierlichem Austausch über die Verfahrensstände und Beweggründe gekennzeichnet.[21] Im Interesse der erleichterten Kompromissfindung beteiligt sich i. d. R. auch die EU-Kommission in unterschiedlicher Weise: Zum einen sehen die Geschäftsordnungen von Rat und Parlament einen offenen Dialog mit der EU-Kommission bezüglich der Motive der Gesetzesinitiative vor und es kommt auf der Grundlage einer Gemeinsamen Erklärung während des gesamten Gesetzgebungsverfahrens zu sog.

---

17 Vgl. Europäische Kommission (2015c).

18 Vgl. hierzu die Grünbücher der Kommission, http://ec.europa.eu/green-papers/index_de.htm (zuletzt abgerufen am 28.5.2015).

19 Vgl. hierzu Alemanno/Meuwese (2013), S. 3ff.; Parker/Alemanno (2014), S. 22ff.

20 Bieber/Epinay/Haag (2015), S. 213.

21 Vgl. Oppermann/Classen/Nettesheim (2014), 176.

»Informellen Trilogen« zwischen EU-Kommission, Parlament und Rat.[22] Zum anderen überarbeitet die EU-Kommission nicht selten aufgrund der abgegebenen Stellungnahmen ihren in das Verfahren eingereichten Gesetzesvorschlag.[23] Solange kein Beschluss des Rates dazu ergangen ist, kann sie ihren Vorschlag noch jederzeit zurückziehen und abändern, vgl. Artikel 293 Absatz 2 AEUV. In der Legislaturperiode von 2004–2009 wurden 72 Prozent, in der Periode von 2009–2014 85 Prozent und in der Periode 2014–2019 89 Prozent der Gesetzgebungsakte in erster Lesung angenommen.[24]

6.2.3.2.3 Erste Lesung im Europäischen Parlament

Das Europäische Parlament entwickelt in erster Lesung einen Standpunkt zu dem unterbreiteten Gesetzesvorschlag der EU-Kommission, Artikel 294 Absatz 3 AEUV. Es kann darin mit einfacher Mehrheit der anwesenden Mitglieder seine Zustimmung oder Ablehnung ausdrücken oder einen Änderungsvorschlag unterbreiten. Die Entscheidung des Parlaments wird von einem Berichterstatter vorbereitet, dessen Bericht zunächst im zuständigen Ausschuss und abschließend im Plenum behandelt wird.[25] Eine zeitliche Vorgabe für diesen Verfahrensschritt ist gesetzlich nicht vorgesehen, in der Praxis dauert die Entwicklung und Verabschiedung des Standpunkts im Durchschnitt acht Monate.[26] Der Standpunkt des Parlaments wird dem Rat übermittelt.

6.2.3.2.4 Erste Lesung im Rat

Der Rat wiederum kann den Standpunkt des Europäischen Parlaments mit qualifizierter Mehrheit der EU-Mitgliedstaaten billigen oder ablehnen.[27] In der Praxis wartet der Rat jedoch nicht, bis das Europäische Parlament ihm seine Position übermittelt, sondern beginnt direkt mit der Festlegung seines eigenen Standpunkts. Der einfache Grund ist, dass die Mitgliedstaaten naturgemäß oft eine andere Position als das Parlament vertreten und dessen Änderungsvorschläge daher nicht einfach absegnen.

Würde der Rat hingegen sämtliche Änderungsvorschläge des Parlaments billigen, wäre der Rechtsakt in der Fassung dieses Standpunkts zu erlassen, Artikel 294 Absatz 4 AEUV. Mit Erlass des Rechtsakts in dieser Fassung wäre das Gesetzgebungsverfahren beendet.[28]

---

22 Siehe Grundsatz 7 der Gemeinsamen Erklärung zu den praktischen Modalitäten des neuen Mitentscheidungsverfahrens (2007), ABl C145/5: »Die Zusammenarbeit der Organe im Rahmen des Mitentscheidungsverfahrens erfolgt häufig in Form von Dreiertreffen (»Triloge«). Dieses Trilog-System hat sich als leistungsfähig und flexibel erwiesen, indem es die Möglichkeiten zur Einigung in den Stadien der ersten und der zweiten Lesung wesentlich verbessert und zur Vorbereitung der Arbeiten des Vermittlungsausschusses beigetragen hat.«

23 Vgl. Oppermann/Classen/Nettesheim (2014), S. 176; Gellermann in Streinz (2012a²), Artikel 294 Rz. 17.

24 Europäisches Parlament (2023).

25 Für Einzelheiten zur Beschlussvorbereitung siehe Artikel 49ff., insbesondere Artikel 57ff. der Geschäftsordnung des Europäischen Parlaments.

26 Vgl. Oppermann/Classen/Nettesheim (2014), S. 176.

27 Artikel 294 Absätze 4-5 AEUV i. V. m. Artikeln 16 Absatz 4 EUV, 238 Absatz 2 AEUV.

28 Vgl. Bieber/Epinay/Haag (2015), S. 213.

Der Rat billigt, wie gesagt, i. d. R. den Kommissionsvorschlag oder den Standpunkt des Parlaments nicht und legt seine Änderungsvorschläge in einem eigenen Standpunkt (sog. Gemeinsamer Standpunkt) in erster Lesung fest. Dieser wird, mit einer ausführlichen Begründung versehen, an das Europäische Parlament übermittelt, Artikel 294 Absatz 5–6 AEUV.

Die Position des Rates wird vor der förmlichen Entscheidung in Arbeitsgruppen vorbereitet. Hierzu fasst der Rat zunächst einen politischen Beschluss (sog. Political Agreement), der dann in den Arbeitsgruppen ausgearbeitet, rechtlich geprüft und in eine förmlich beschlussfähige Form gebracht wird. In diese Arbeit sind die mitgliedstaatlichen Verwaltungen einbezogen. Über den so entwickelten Standpunkt hat abschließend der Rat zu entscheiden. Eine gesetzliche Frist ist hierfür nicht vorgesehen; in der Praxis vergehen mehrere Monate, und in kontroversen Fällen sogar Jahre, bis der Rat seinen Standpunkt verabschiedet.[29]

6.2.3.2.5 Zweite Lesung in Parlament und Rat, Stellungnahme der Kommission

Laut Vertragstext kommen erneut alle drei Akteure zum Zug, wenn der Gemeinsame Standpunkt des Rates vom Kommissions- oder Parlamentsvorschlag abweicht.

- **Zweite Lesung im Europäischen Parlament**
  Zunächst muss sich das Europäische Parlament innerhalb von drei Monaten nach Übermittlung[30] mit dem abweichenden Standpunkt des Rates auseinandersetzen, Artikel 294 Absatz 7 AEUV. In dieser zweiten Lesung kann es wiederum den Standpunkt des Rates billigen bzw. stillschweigend akzeptieren, ihn ablehnen oder abändern. Für die Ablehnung oder Abänderung des Ratsvorschlags ist im Rahmen der zweiten Lesung diesmal die (absolute) Mehrheit der Parlamentsmitglieder erforderlich, Artikel 294 Absatz 7 Buchstaben b) und c) AEUV. Wie im Verfahren der ersten Lesung, wird die Beschlussfassung zunächst in Ausschüssen vorbereitet, ehe das Plenum entscheidet[31] – ausschließlicher Beratungsgegenstand ist der Gemeinsame Standpunkt des Rates.
  Stimmt das Parlament ausdrücklich oder stillschweigend dem Gemeinsamen Standpunkt des Rates zu, ist der Rechtsakt in der Fassung dieses Gemeinsamen Standpunktes erlassen und das Gesetzgebungsverfahren beendet, Artikel 294 Absatz 7 Buchstabe a) AEUV. Als stillschweigend gebilligt gilt der Vorschlag dabei auch in dem Fall, dass keine Äußerung zum Standpunkt erfolgt, etwa weil die absolute Mehrheit gegen den Vorschlag nicht erreicht wird.[32]

---

29   Oppermann/Classen/Nettesheim (2014), S. 176.
30   Die Frist kann gemäß Artikel 294 Absatz 14 AEUV um höchstens einen Monat verlängert werden.
31   Für die näheren Vorgaben siehe Artikel 64ff. der Geschäftsordnung des Europäischen Parlaments.
32   Vgl. Gellermann in Streinz (2012a²), Artikel 294 AEUV Rz. 24; Oppermann/Classen/Nettesheim (2014), S. 178.

Lehnt das Parlament den Gemeinsamen Standpunkt mit absoluter Mehrheit ab, endet das Verfahren ohne Erlass des Rechtsakts, Artikel 294 Absatz 7 Buchstabe b) AEUV.

Schlägt das Parlament Abänderungen des Gemeinsamen Standpunkts des Rates vor, findet das Gesetzgebungsverfahren in einer zweiten Lesung des Rates und einer Stellungnahme der EU-Kommission seine Fortsetzung, Artikel 294 Absatz 7 Buchstabe c) AEUV. Die Abänderungen müssen Rat und EU-Kommission zugeleitet werden.

- **Stellungnahme der EU-Kommission**
  Zu den vom Parlament vorgeschlagenen Abänderungen soll die EU-Kommission eine Stellungnahme abgeben, Artikel 294 Absatz 7 Buchstabe c) 2. Halbsatz AEUV. Darin soll sie sich zu den Vorschlägen des Parlaments äußern, nicht aber neue Änderungen unterbreiten oder den Vorschlag zurückziehen.[33] Relevant ist der Inhalt der Stellungnahme vor allem mit Blick auf das für die nachfolgende Ratsentscheidung erforderliche Quorum. Denn der Rat hat zwar die Möglichkeit, sich über ein (teilweise oder gänzlich) ablehnendes Kommissionsvotum hinwegzusetzen und die vom Parlament vorgeschlagenen Änderungen zu billigen, doch muss dies einstimmig erfolgen, Artikel 294 Absatz 9 AEUV; im Fall einer – in allen Punkten – zustimmenden Stellungnahme genügt hingegen eine qualifizierte Mehrheit.

- **Zweite Lesung im Rat**
  Der Rat wiederum hat nach Übermittlung drei Monate[34] Zeit, über die Abänderungsvorschläge des Parlaments zu entscheiden. Er kann die Abänderungen in ihrer Gesamtheit billigen oder (auch nur in Teilen) ablehnen.

  Billigt der Rat alle Abänderungen des Parlaments einstimmig, dann endet das Verfahren und der Rechtsetzungsakt gilt in der vom Parlament abgeänderten Form als angenommen, Artikel 294 Absatz 8 Buchstabe a) AEUV. Äußert sich die EU-Kommission positiv gegenüber allen Abänderungsvorschlägen des Parlaments, so genügt für die Billigung durch den Rat eine qualifizierte Mehrheit.

  Lehnt der Rat in zweiter Lesung einzelne oder sämtliche Abänderungen ab, so beruft der Ratspräsident im Einvernehmen mit dem Präsidenten des Parlaments innerhalb von sechs Wochen[35] einen Vermittlungsausschuss ein, Artikel 294 Absatz 8 Buchstabe b) AEUV.

  Die sich den in zweiter Lesung verabschiedeten Abänderungsvorschlägen des Parlaments anschließende Phase des Gesetzgebungsverfahrens ist geprägt von der Suche nach einem von allen Akteuren tragbaren politischen Kompromiss. Hierzu finden häufig auch informelle Treffen und Abstimmungen unter Vertretern von Rat, Parlament und EU-Kommission statt.[36] Gerade die Einbeziehung der EU-Kommission ist in der Praxis wichtig, um einer ablehnenden Stellungnahme ihrerseits und dem

---

33 Vgl. Gellermann in Streinz (2012a²), Artikel 294 AEUV Rz. 26 m. w. N.
34 Auch diese Frist kann gemäß Artikel 294 Absatz 14 AEUV um einen Monat verlängert werden.
35 Verlängerungsmöglichkeit: zwei Wochen.
36 Oppermann/Classen/Nettesheim (2014), S. 178.

damit verbundenen schwer zu erreichenden Einstimmigkeitserfordernis im Rat entgegenzuwirken. Für den Interessenvertreter, der ein Vorhaben verhindern will, eröffnen sich damit zugleich interessante prozessuale Möglichkeiten.

6.2.3.2.6 Verfahren im Vermittlungsausschuss

Finden Parlament und Rat in zweiter Lesung keine gemeinsame Lösung, ist ein Vermittlungsausschuss vorgesehen. Dieser soll innerhalb von sechs Wochen[37] nach Einberufung einen Kompromissvorschlag entwickeln, Grundlage sind die beiden Standpunkte von Rat und Parlament aus zweiter Lesung, Artikel 294 Absatz 10 AEUV. Er ist paritätisch mit i. d. R. je 27[38] Mitgliedern des Europäischen Parlaments und Rates (bzw. deren Vertretern im COREPER) besetzt; die EU-Kommission wirkt zum Zwecke der Kompromissfindung an den Arbeiten des Vermittlungsausschusses beratend mit, vgl. Artikel 294 Absatz 11 AEUV.

Auch in diesem Stadium des Gesetzgebungsverfahrens spielen informelle Abstimmungen zwischen Vertretern der drei Organe eine wichtige Rolle – häufig werden bereits vor Zusammentreten des Vermittlungsausschusses Kompromissmöglichkeiten ausgelotet.[39] Die Verhandlungen selbst werden nicht selten in kleineren, trilateralen Arbeitsgruppen geführt. Bei der Erarbeitung eines gemeinsamen Entwurfes kommt dem Vermittlungsausschuss inhaltlich ein weites Ermessen zu.[40] Ein etwaiger Entwurf muss i. d. R. von der einfachen Mehrheit der Parlamentsvertreter und einer qualifizierten Mehrheit der Ratsvertreter angenommen werden, Artikel 294 Absatz 10 AEUV. Kann sich der Vermittlungsausschuss auf keinen gemeinsamen Entwurf einigen, endet das Verfahren und der Gesetzesvorschlag gilt als nicht erlassen, Artikel 294 Absatz 12 AEUV. Erarbeitet und billigt der Vermittlungsausschuss einen gemeinsamen Entwurf, kommt es zu einer dritten Lesung in Rat und Parlament, Artikel 294 Absatz 13 AEUV.

6.2.3.2.7 Dritte Lesung in Rat und Parlament

Rat und Parlament müssen innerhalb von sechs Wochen nach Vorlage des gemeinsamen Entwurfs[41] über seine endgültige Annahme oder Ablehnung entscheiden, Artikel 294 Absatz 13 und 14 AEUV, Änderungsvorschläge sind nicht mehr möglich. Das Parlament entscheidet dabei mit Mehrheit der abgegebenen Stimmen, der Rat mit qualifizierter Mehrheit. Während die Entscheidung im Rat aufgrund der politisch identischen Zusammensetzung von Ratsdelegation und Rat in der Praxis stets identisch mit der im Vermittlungsausschuss ausfällt, kann die Entscheidung im Parlament durchaus davon abweichen: Da es auf europäischer Ebene keinen den nationalen Parlamenten vergleichbaren (faktischen) Fraktionszwang gibt, muss die Position der

---

37   Diese Frist kann gemäß Artikel 294 Absatz 14 AEUV um zwei Wochen verlängert werden.
38   Oppermann/Classen/Nettesheim (2014), S. 179.
39   Oppermann/Classen/Nettesheim (2014), S. 179.
40   EuGH, Rs. C – 344/04, *IATA*, Slg. 2006, I-403, Rn. 58f.
41   Verlängerbar um zwei Wochen, Artikel 294 Absatz 14 AEUV.

Ausschussdelegation nicht den endgültigen Mehrheitsverhältnissen im Parlament entsprechen.[42] Ein Scheitern des Gesetzgebungsvorschlages in diesem Stadium des Verfahrens ist also immer noch möglich, etwa auch infolge einer nicht fristgemäßen Abstimmung, vgl. Artikel 294 Absatz 13 Satz 2 AEUV.

6.2.3.2.8 Veröffentlichung, Bekanntgabe und Inkrafttreten

Rechtsakte können im ordentlichen Gesetzgebungsverfahren somit mit übereinstimmender Unterstützung des Kommissionsvorschlags und etwaiger Abänderungen durch Parlament und Rat nach erster, zweiter oder dritter Lesung erlassen werden. Gemäß Artikel 297 Absatz 1 Unterabsatz 1 AEUV sind diese vom Präsidenten des Europäischen Parlaments und dem Ratspräsidenten zu unterzeichnen. Für die Gültigkeit des Rechtsakts ist die Veröffentlichung im Amtsblatt der EU erforderlich[43], in Kraft tritt die Rechtsvorschritt zum in ihr bestimmten Zeitpunkt, andernfalls am 20. Tag nach Veröffentlichung, Artikel 297 Absatz 1 Unterabsatz 3 AEUV.

In Abschnitt 6.2.3.2.2 wurde darauf verwiesen, dass in der Legislaturperiode 2014–2019 89 Prozent der Gesetzgebungsakte im ordentlichen Gesetzgebungsverfahren in erster Lesung angenommen wurden. D. h. in der Praxis kommen die zweite und dritte Lesung sowie der Vermittlungsausschuss kaum zur Anwendung und sind daher auch für die Interessenvertretung von marginaler Bedeutung. Um einen Kompromiss in erster Lesung zu forcieren, haben die Institutionen ein informelles Verfahren entwickelt und etabliert, um den Entscheidungsprozess erheblich zu verkürzen: den sogenannten »Informellen Trilog«. Dieses Verfahren ist für die Interessenvertretung wiederum von erheblicher Bedeutung und wird daher in Abschnitt 6.3.4.1.3 noch einmal gesondert behandelt.

6.2.3.3 Rechtsetzung durch die EU-Kommission nach Artikel 290 und 291 AEUV, insbesondere Komitologie

Der Ausdruck »Komitologie« bezieht sich auf eine Reihe von Verfahren, mit denen die Europäische Kommission die ihr vom EU-Gesetzgeber übertragenen Durchführungsbefugnisse mit Unterstützung der Ausschüsse der Vertreter der EU-Mitgliedstaaten ausübt. Die praktischen Regeln und allgemeinen Grundsätze für die Komitologie sind in der Verordnung (EU) Nr. 182/2011 (die »Komitologie-Verordnung«) festgelegt. Auch wenn das ordentliche Gesetzgebungsverfahren durch Parlament und Rat seit dem Vertrag von Lissabon in den Vordergrund gerückt ist, ist die praktische Relevanz der, konzeptionell als Ausnahme vorgesehenen, Rechtsetzung durch die EU-Kommission nicht zu übersehen: Etwa 69 Prozent aller europäischer Rechtsakte wurden und werden durch die EU-Kommission erlassen.[44]

---

42 Zu einer solchen Konstellation ist es bisher in zwei Fällen gekommen: Zum einen hinsichtlich der Übernahmerichtlinie 1995/0341 im Jahr 2001, zum anderen hinsichtlich der Hafendienstleistungen 2001/0147 COD im Jahr 2003; Oppermann/Classen/Nettesheim (2014), S. 180.

43 Oppermann/Classen/Nettesheim (2014), S. 183 mit weiteren Verweisen auf EuGH-Rechtsprechung.

44 Blom-Hansen (2011), S. 3.

Das europäische Recht unterscheidet zwischen Grund- bzw. primären Rechtssätzen, die von den hierzu von den Verträgen berufenen gesetzgebenden Organen Rat und Parlament verabschiedet werden (Sekundärrecht), und sekundären Rechtssätzen bzw. Durchführungsregelungen, zum Erlass derer die jeweilige Rechtsetzungskompetenz unter engen Voraussetzungen unterschiedlichen Organen (insbesondere die EU-Kommission) zugewiesen wird (sog. Tertiärrecht). Mit dem Vertrag von Lissabon wurden der Typus der Rechtsakte ohne Gesetzgebungsakte neu eingeführt und insbesondere die Befugnisse der EU-Kommission zum Erlass sekundärer Rechtssätze vertraglich neu geregelt. Unterschieden wird nun zwischen delegierten Rechtsakten nach Artikel 290 AEUV und Durchführungsrechtsakten gemäß Artikel 291 AEUV.[45] In beiden Fällen ist eine konkrete Ermächtigung der EU-Kommission zum Tätigwerden erforderlich und die von der EU-Kommission auf diesem Weg erlassenen Rechtsakte müssen gesondert ausgewiesen werden.[46] Während der EU-Kommission im Bereich der delegierten Rechtsetzung legislative Befugnisse durch den konkreten Rechtsakt übertragen werden, werden ihr bei der Durchführungsrechtsetzung nach Artikel 291 AEUV Rechtsetzungsbefugnisse im Exekutivbereich übertragen.[47]

6.2.3.3.1 Delegierte Rechtsetzung (Artikel 290 AEUV)

Mit der Delegation der Rechtsetzungsbefugnisse an die EU-Kommission sollen die Gesetzgebungsorgane Rat und Parlament entlastet werden, indem insbesondere technische Detailfragen aus dem politischen Gesetzgebungsprozess herausgehalten werden sollen, und Anpassungen der Rechtsakte an aktuelle Entwicklungen einfacher und schneller möglich sein.[48] Artikel 290 Absatz 1 AEUV eröffnet nun ausdrücklich die Möglichkeit, der EU-Kommission im Zuge des Erlasses eines primären Rechtsakts die Befugnis zu erteilen, allgemein geltende Ergänzungen oder Änderungen bestimmter nicht wesentlicher Vorschriften des Gesetzgebungsaktes vorzunehmen. Diese Ergänzungen und Änderungen können in beliebiger Form eines Basisrechtsakts und ohne notwendige Beteiligung von anderen Organen oder Ausschüssen mit Vertretern der Mitgliedstaaten vorgenommen werden.[49] Gebunden ist die EU-Kommission allerdings an die Ziel-, Inhalts- und Zeitvorgaben des delegierenden Rechtsakts sowie weitere Bedingungen der Übertragung, Artikel 290 Absatz 1 Unterabsatz 2, Absatz 2 AEUV. Ähnlich einem verfassungsrechtlichen Wesentlichkeitsvorbehalt sind Erlass und Änderung grundlegender Aspekte des Rechtsetzungsakts dem eigentlichen Gesetzgebungsverfahren vorbehalten. Ausübung und Kontrolle der Delegation, etwa in Gestalt eines Widerrufs, sind Rat und Parlament übertragen. Der delegierte Rechtsakt kann daher nur in Kraft treten, wenn das Europäische Parlament oder der Rat

---

45 Eine genaue Abgrenzung ist nicht zuletzt mit Blick auf die unterschiedlich weitgehenden Befugnisse und die anzuwendenden Kontrollmechanismen zwischen den Organen öfter strittig und beschäftigt auch den EuGH in verschiedenen Verfahren, siehe z. B. Europäischer Gerichtshof (2014); ausführlich auch Edenharter (2014), S. 649f.

46 Zur Klarstellung und Abgrenzung gegenüber dem primären Rechtsetzungsakt ist dem Titel von delegierten Rechtsakten gemäß Artikel 290 Absatz 3 AEUV das Wort »delegiert«, Durchführungsrechtsakten gemäß Artikel 291 Absatz 4 AEUV »Durchführungs-« voranzustellen.

innerhalb der im Gesetzgebungsakt festgelegten Frist keine Einwände erhebt. Einen solchen Einwand muss das Europäische Parlament mit der Mehrheit seiner Mitglieder und der Rat mit qualifizierter Mehrheit beschließen, vergleiche Artikel 290 Absatz 2 AEUV.

6.2.3.3.2 Durchführungsrechtsetzung der EU-Kommission nach Artikel 291 Absatz 2 AEUV

Durchführungsrechtsakte der EU-Kommission gemäß Artikel 291 Absatz 2 AEUV dienen der verwaltungsmäßigen Durchführung der Rechtsakte und sind in der Praxis sehr bedeutsam. Sie sind eine Ausnahme des Grundsatzes, dass die Durchführung der verbindlichen Rechtsakte der Union durch die Wahl geeigneter nationaler Ausführungsvorschriften grundsätzlich den Mitgliedstaaten obliegt (vgl. Artikel 291 Absatz 1 AEUV; Subsidiaritätsgrundsatz). Ausnahmsweise kann also die EU-Kommission als Exekutivorgan rechtlich bindende Regelungen ausarbeiten, um die Umsetzung eines – gesetzgeberisch bereits vollständig entschiedenen – Rechtsakts in allen Mitgliedstaaten zu steuern.[50] Dies ist der Fall, wenn es einheitlicher Bedingungen für die Umsetzung der Rechtsakte der Union bedarf und der EU-Kommission (oder in Ausnahmefällen dem Rat) im Zuge des Erlasses des jeweiligen Rechtsakts entsprechende Durchführungsbefugnisse übertragen werden, Artikel 291 Absatz 2 AEUV.

Für den Erlass von Durchführungsrechtsakten durch die EU-Kommission gelten allerdings, anders als im Fall der delegierten Rechtsetzung, allgemeine Regeln und Grundsätze, nach denen die Mitgliedstaaten die Wahrnehmung der Durchführungsbefugnisse durch die EU-Kommission kontrollieren können, Artikel 291 Absatz 3 AEUV. Diese sind mit der zum 1. März 2011 in Kraft getretenen VO 182/2011 von Rat und Parlament umgesetzt worden und ersetzen den bis dahin geltenden Komitologie-Beschluss (siehe Abschnitt 6.2.3.3).[51] Auch weiterhin wird dabei auf das Ausschussverfahren (»Komitologie«) und eine Verzahnung von europäischer und nationaler Ebene zurückgegriffen: Es werden themenbezogene Ausschüsse eingeschaltet, die, unter dem Vorsitz eines nicht stimmberechtigten Kommissionsvertreters, mit Sachverständigen sowie Beamten der Mitgliedstaaten besetzt sind. Der Anwendungsbereich des Ausschussverfahrens wurde mit der Verordnung erweitert, insbesondere ist nun auch der

---

47 Craig (2011), S. 672; Parker/Alemanno (2014), S. 17.

48 Streinz (2012), S. 202.

49 Dies schließt eine Miteinbeziehung externen Sachverstands allerdings nicht aus; vgl. Bieber/Epiney/Haag (2015), S. 216; Gellermann in Streinz (2012a²), Artikel 291 AEUV Rz. 12.

50 Vgl. Oppermann/Classen/Nettesheim (2014), S. 171; Fabricius (2014), S. 453f.; für eine Einführung der Folgenabschätzung (Impact Assessment) auch im Bereich der Durchführungsgesetzgebung plädieren Alemanno/Meuwese (2013).

51 Artikel 12 Absatz 1 der VO 182/2011 des Europäischen Parlaments und des Rates v. 16.2.2011 zur Festlegung der allgemeinen Regeln und Grundsätze, nach denen die Mitgliedstaaten die Wahrnehmung der Durchführungsbefugnisse durch die EU-Kommission kontrollieren, ABl. 2011 L 55/13.

Bereich der gemeinsamen Handelspolitik erfasst.[52] Parlament und Rat kommt nun nach Artikel 11 VO 182/2011 ein Hinweis- und Unterrichtungsrecht durch die EU-Kommission bezüglich der Einhaltung der durch den Basisrechtsakt übertragenen Durchführungsbefugnisse zu.[53]

Statt bisher fünf kommen nun nur noch zwei Verfahren zur Anwendung: das Prüfverfahren und das Beratungsverfahren. In Dringlichkeitsfällen kann davon in einem vereinfachten Verfahren abgewichen werden. Welches Verfahren einschlägig ist, wird nicht von der EU-Kommission, sondern durch den jeweiligen Basisrechtsakt vorgeschrieben; dabei sind Art und Auswirkungen des erforderlichen Rechtsakts zu berücksichtigen (Artikel 2 Absatz 1 VO 182/2011). In der Regel findet das Prüfverfahren Anwendung (Artikel 2 Absatz 3 VO 182/2011). Die Verfahren unterscheiden sich in der unterschiedlichen Bedeutung der Stellungnahme der Ausschüsse: Diese ist im Prüfverfahren größer.[54]

- Das *Beratungsverfahren* findet vor allem in nicht kontroversen Bereichen Anwendung und ist in der Praxis eher selten.[55] Hier geben die Ausschüsse mit einfacher Mehrheit Stellungnahmen ab, die die EU-Kommission nicht binden, die sie aber bei der endgültigen Entscheidung über den Entwurf des Durchführungsrechtsakts so weit wie möglich berücksichtigen soll (Artikel 4 Absatz 2 VO 182/2011).
- Das *Prüfverfahren* findet i. d. R. statt bei Durchführungsrechtsakten »von allgemeiner Tragweite«, in Bezug auf Programme mit wesentlichen Auswirkungen sowie im Bereich der gemeinsamen Agrar-, Fischerei- und Handelspolitik, Umwelt, Sicherheit, Besteuerung oder dem Schutz der Gesundheit oder Sicherheit von Menschen, Tieren und Pflanzen, Artikel 2 Absatz 2 VO 182/2011. Diesem Verfahren unterliegen die bedeutendsten, und auch kontroversesten, Durchführungsmaßnahmen.[56] Dem Ausschuss und damit mittelbar den Mitgliedstaaten kommt hier eine wichtige Einflussmöglichkeit zu: Er kann mit qualifizierter Mehrheit über den Kommissionsvorschlag abstimmen, d. h. ihn annehmen, ablehnen oder keine Stellungnahme abgeben, und damit den Handlungsspielraum der EU-Kommission entsprechend mitgestalten, Artikel 5 VO 182/2011.
  Befürwortet der Ausschuss den Kommissionsvorschlag, kann die EU-Kommission den Durchführungsrechtsakt dem Entwurf entsprechend erlassen. Lehnt der Ausschuss den Kommissionsvorschlag ab, kann die EU-Kommission den Durchführungsakt nur in begrenzten Ausnahmefällen sofort erlassen. Sie kann den Entwurf

52 Daiber (2012), S. 248; Streinz (2012), S. 206.

53 Dieses wird aus der Übertragungskompetenz im Rahmen des im ordentlichen Gesetzgebungsverfahren erlassenen Basisrechtsakts gemäß Artikel 291 Absatz 3 AEUV abgeleitet; ausführlich und kritisch dazu: Fabricius (2014), 454f.; Craig (2011), S. 683f.

54 Daiber (2012), S. 240, 243.

55 Vgl. Parker/Alemanno (2014), S. 20, Fußnote 56.

56 Parker/Alemanno (2014), S. 20; ausnahmsweise kann in begründeten Ausnahmefällen statt des Prüfverfahrens das Beratungsverfahren angewandt werden (Artikel 2 Absatz 3 Satz 2 VO 182/2011) bzw. das Prüfverfahren auch in weiteren Bereichen angewandt werden, Artikel 2 Absatz 2 (»insbesondere «): siehe Daiber (2012), S. 243f.

allerdings abändern und erneut vorlegen oder den abgelehnten Entwurf beim Berufungsausschuss einreichen. Äußert sich der Komitologie-Ausschuss nicht oder nicht mit dem erforderlichen Quorum, dann verfügt die EU-Kommission über Ermessen darüber, ob sie den Durchführungsrechtsakt erlässt oder nicht. Sie ist allerdings am Erlass gehindert, sofern die Hälfte der Mitgliedstaaten widerspricht, dies im Basisrechtsakt so vorgesehen ist oder es sich um einen Rechtsakt im Bereich der Besteuerung oder dem Schutz von Gesundheit oder Sicherheit handelt. Auch in diesem Fall kann die EU-Kommission den Vorschlag abändern oder ein Berufungsverfahren initiieren.

Das Berufungsverfahren ähnelt dem ursprünglichen Ausschussverfahren, im Berufungsausschuss entscheiden erneut, diesmal höherrangige, Vertreter der Mitgliedstaaten mit qualifizierter Mehrheit unter Vorsitz eines nicht stimmberechtigten Kommissionsvertreters. Sie können den Vorschlag abändern, ihn annehmen, ablehnen oder keinen Standpunkt dazu äußern, Artikel 6 Absatz 2 VO 182/2011: Bei zustimmender Äußerung des Berufungsausschusses wird der Durchführungsakt erlassen, bei ablehnender nicht. Äußert sich der Berufungsausschuss nicht, kommt der EU-Kommission erneut Ermessen zu.

- Ausnahmsweise können, insbesondere aus Dringlichkeitsgründen, Durchführungsrechtsakte auch ohne vorherige Ausschussbeteiligung sofortige Geltung verliehen bekommen (vereinfachte Verfahren nach Artikel 8 VO 182/2011).[57]

Die Durchführungsrechtsetzung der EU-Kommission und das Komitologie-Verfahren sind in der Praxis sehr bedeutsam. Schon im Jahr 2013 tagten nach Kommissionsangaben 302 Komitologie-Ausschüsse, daneben liefen 970 schriftliche Verfahren. Auf dieser Grundlage wurden der EU-Kommission 1916 Stellungnahmen der Ausschüsse zugeleitet, die daraufhin 1716 Durchführungsrechtsakte erließ.[58] Gerade für die Unternehmensinteressen ist sie höchst relevant: Gerade bei Detailregelungen können Gestaltungsspielräume, die ein Basisrechtsakt lässt, zugunsten eines Unternehmens ausgeschöpft oder zu seinen Ungunsten verengt werden.

6.3 Zugang zu den Institutionen der Europäischen Union

Nachdem im vorangegangenen Abschnitt 6.2 die in der Praxis der Interessenvertretung besonders relevanten Verfahren dargestellt wurden, befassen sich die folgenden Ausführungen mit der Frage, welche Regeln Interessenvertreter bei der im Zuge dieser Verfahren mit den einzelnen Organen und Institutionen der EU stattfindenden Kommunikation zu beachten haben. Inwiefern unterliegt also der Zugang zu den Entscheidungsträgern in Legislative und Exekutive einer rechtlichen Regulierung? Nachfolgend soll dabei nicht nur der derzeitige Rechtsstatus beschrieben, sondern auch Anregungen für alternative Regulierungsmöglichkeiten gegeben werden.

---

57   Siehe Craig (2011), S. 684.

58   Für die ausführliche Analyse der Durchführungsrechtsetzung nach Politikbereichen: siehe Europäische Kommission (2014a).

6.3.1 Allgemeines

Spätestens mit dem Vertrag von Lissabon und der damit erfolgten Neufassung von Artikel 11 des EU-Vertrages (EUV) sind professionelle Interessenvertreter »fixer Bestandteil der EU Governance«[59] geworden. Nach Artikel 11 Absatz 1 geben »die Organe (. . .) den Bürgerinnen und Bürgern und den repräsentativen Verbänden in geeigneter Weise die Möglichkeit, ihre Ansichten in allen Bereichen des Handelns der Union öffentlich bekanntzugeben und auszutauschen«; nach Absatz 2 »pflegen [d]ie Organe (. . .) einen offenen, transparenten und regelmäßigen Dialog mit den repräsentativen Verbänden und der Zivilgesellschaft«.

Somit gilt erstmals eine gesetzliche Verpflichtung für sämtliche Organe der EU, ihre Vorhaben und Ansichten in allen Bereichen transparent zu kommunizieren und mit den Bürgerinnen und Bürgern Europas (damit letztlich auch den Unternehmen) sowie deren repräsentativen Verbänden in einen Dialog zu treten. Artikel 11 Absatz 3 EU enthält hierzu sogar ausdrückliche Vorgaben, wonach die Europäische Kommission, »um die Kohärenz und die Transparenz des Handelns der Union zu gewährleisten, (. . .) umfangreiche Anhörungen der Betroffenen durch[führt]«.

Dass diese in der Theorie sehr begrüßenswerte Neuerung gerade in Bezug auf den einzelnen Bürger in der Praxis nur bedingt umsetzbar ist, kann den Verantwortlichen auf europäischer Ebene indes kaum zum Vorwurf gemacht werden. So gibt es beispielsweise schon seit Langem öffentliche Konsultationen der EU-Kommission zu den verschiedensten Vorhaben der EU,[60] an denen neben Unternehmen, Verbänden und Interessenvertretern selbstverständlich auch einzelne Bürger jederzeit teilnehmen können. Ihre Anmerkungen werden veröffentlicht und im Zuge des Verfahrens berücksichtigt. Dennoch gibt es nur wenige Fälle, in denen Einzelpersonen das Angebot eines solchen Dialogs wahrnehmen. Die Ursachen hierfür sind zahlreich: Zum einen ist in weiten Bevölkerungskreisen noch immer ein eher geringes Wissen zur Bedeutung der EU in Gesetzgebung und Verwaltung vorhanden. Die öffentliche Berichterstattung und die daraus folgende öffentliche Empörung über das »Bürokratiemonster EU« erfolgen häufig zu einem Zeitpunkt, in dem die maßgeblichen Entscheidungen und Verfahren längst durchlaufen sind – auf europäischer Ebene. Beispiele hierfür sind die Rechtsetzung der EU zu konventionellen Glühlampen[61] oder die erfolgte Leistungseinschränkung bei Staubsaugern[62] aus Gründen des Umweltschutzes bzw. der Energieeinsparung. Hinzu kommt, dass in den meisten Konsultationen ein hoher Grad von Fachkenntnis und persönlichem Engagement erforderlich ist, um sich als Einzelperson mit den Grün- und Weißbüchern, Richtlinien- und Verordnungsentwürfen usw. auseinanderzusetzen, die vonseiten der EU veröffentlicht werden.

---

59   Vgl. Rödlach-Rupprechter (2014), S. 143.

60   Vgl. die im Internet verfügbare Liste unter https://ec.europa.eu/social/main.jsp?catId=333&langId=de (zuletzt abgerufen am 7.3.2023).

61   Vgl. Ökodesign-Richtlinie 2005/32/EG.

62   Vgl. Verordnung (EU) Nr. 666/2013.

Unternehmen und Verbände nehmen die Möglichkeit der Teilnahme an Konsultationen schon deutlich häufiger wahr, wobei es auch hier in der Praxis angesichts von 27 Mitgliedstaaten und Hunderttausenden europäischer Unternehmen erstaunt, wie verhältnismäßig gering die Zahl der Konsultationsbeiträge regelmäßig ausfällt – i. d. R. bleibt sie im niedrigen bis mittleren zweistelligen Bereich.

Noch geringer ist die Häufigkeit einer darüber hinausgehenden – individuellen – Einschaltung von Unternehmen und Verbänden in die eigentlichen Gesetzgebungsverfahren der EU, letztlich also einer aktiven Interessenvertretung. Die – in diesem Buch an verschiedenen Stellen ausführlich beschriebene – Komplexität der Entscheidungsprozesse auf europäischer Ebene trägt hierzu maßgeblich bei. »Im Unterschied zum nationalen Politikbetrieb ist es für die Betroffenen häufig schwieriger, die Entscheidungsprozesse auf europäischer Ebene zu durchschauen. (. . .) Auf europäischer Ebene sind die Schwierigkeiten, Verantwortlichkeiten zuzuordnen, zweifellos größer. Dies liegt nicht an einem Defizit an Demokratie, sondern an der – zumindest gegenwärtigen – Komplexität der Demokratie auf europäischer Ebene. Das institutionelle Gefüge aus Europäischem Parlament, Mitgliedstaaten, Rat und Europäischer Kommission ist parteipolitisch heterogener als in den Mitgliedstaaten.«[63] Weitere konkrete Erschwernisse in der Teilhabe am Entscheidungsprozess, wie etwa kulturelle oder sprachliche Barrieren zwischen Interessenvertretern und Vertretern der Institutionen, die auf EU-Ebene weitaus relevanter sind als auf mitgliedstaatlicher bzw. nationaler Ebene, kommen hinzu.

Grundsätzlich gilt aber, dass der Zugang zu den Institutionen der EU für jeden Vertreter von Interessen unabdingbar sein sollte. Während insbesondere die Vertreter der EU-Mitgliedstaaten im Regelfall über einen ständigen »formalisierten« Zugang zu den EU-Institutionen verfügen, z. B. über Arbeitsgruppen, müssen die Vertreter anderer Interessen, z. B. Unternehmen, Verbände, Organisationen, Public-Affairs-Agenturen, Anwaltskanzleien oder Governmental-Relations-Agenturen, den strukturellen Zugang zu den Institutionen oft eigenständig gewährleisten.

Dieser strukturelle Zugang zu den Institutionen wird seit geraumer Zeit zunehmend höheren formalen Anforderungen unterworfen, auf die im Folgenden einzugehen sein wird. Dass die Regulierung des Zugangs zu den Organen und Institutionen der EU nicht nur positive Seiten hat, kann bereits vorab konstatiert werden: Zwar kann durch gut austarierte Regelungen zum »Ob und Wie« des Zugangs grundsätzlich eine Steigerung von Transparenz und Professionalität von Interessenvertretung erreicht werden. Andererseits schränkt jedoch jede Regulierung des Zugangs notwendigerweise den Zugang als solchen ein – die nachfolgenden Regulierungen greifen bereits auf »formalprozessualer« Ebene und begrenzen damit den Zugang zu den relevanten Ansprechpartnern, soweit diese zuvor identifiziert wurden. Ob der identifizierte Ansprechpartner von dem eigenen Anliegen dann »materiell-inhaltlich« überzeugt werden kann, ist eine ganz andere Frage.

---

63 Vgl. Linder (2014), S. 48.

6.3.2 Gesetzliche Grundlagen der Regulierung

Zu unterscheiden sind zunächst verschiedene (rechtliche) Vorgaben, die Interessenvertreter mittelbar oder unmittelbar in ihrem Wirken betreffen. Nicht näher betrachtet werden im Folgenden die im Zuge der Kommunikation mit exekutiven und legislativen Entscheidungsträgern zumindest theoretisch infrage kommenden strafrechtlichen Regelungen in den EU-Mitgliedstaaten, durch die illegale Einflussnahmen sanktioniert werden, etwa die Tatbestände der Bestechung oder der Vorteilsgewährung.[64] Es ist selbstverständlich, dass ein seriöser Interessenvertreter sich jederzeit rechtlich absolut korrekt zu verhalten hat, ggf. auch unter Zuhilfenahme juristischen Rats.[65] Dies beginnt bereits bei der Frage, ob – und falls ja, in welchem Umfang – ein politischer Entscheidungsträger oder ein Beamter zum Essen oder einem Abendempfang eingeladen werden darf.

Auf der Ebene der EU gibt es hingegen verschiedene, die Kommunikation und den Austausch mit EU-Organen und Institutionen speziell betreffende Regelungen, beispielsweise das Beamtenstatut bzw. die Beschäftigungsbedingungen der EU, den Verhaltenskodex des Europäischen Parlaments, das Transparenz-Register oder die Transparenz-Initiative des ehemaligen Kommissionspräsidenten Juncker. Auf all dies wurde in Abschnitt 3.5 bereits kurz eingegangen. Nachdem die verschiedenen Gesetzgebungsverfahren in Abschnitt 6.2 ausführlich erläutert wurden, werden die rechtlichen Grundlagen bzgl. der Zugänge zu den Institutionen in den folgenden Abschnitten noch einmal vertieft aufgegriffen.

Zunächst gilt es, drei grundlegend verschiedene Ansätze zur Regulierung von Interessenvertretung zu unterscheiden: erstens die Selbstregulierung durch Berufsverbände von Interessenvertretern, zweitens freiwillige institutionelle Register und drittens verbindliche (gesetzliche) Rechtsregeln.[66]

Während eine berufsständische Selbstregulierung grundsätzlich keiner eigenständigen gesetzlichen Grundlage bedarf, ist beim gegenwärtige Transparenz-Register der EU und verbindlichen Rechtsregeln nach den einschlägigen Ermächtigungen zu fragen (Rechtsetzungskompetenz). Auf EU-Ebene ist die Rechtslage hierzu nicht ganz eindeutig. Weder EUV noch AEUV enthalten eine ausdrückliche Rechtsgrundlage für die Regulierung der Beziehungen zwischen EU-Institutionen und Interessenvertretern. Die in diesem Zusammenhang oft genannten Artikel 11 EUV und Artikel 15 Absatz 1 AEUV betreffen zwar das im vorliegenden Kontext zentrale Transparenz-Prinzip, enthalten jedoch keine ausdrückliche Ermächtigung zum Erlass von bindendem EU-Sekundärrecht.[67] In der bisherigen Debatte über eine einschlägige EU-Kompetenz wurde daher, auch vonseiten der Europäischen Kommission und des

---

64 Vgl. dazu Krajewski (2014), S. 270f.
65 Vgl. Joos (2011), S. 120.
66 Vgl. Krajeweski (2014), S. 270.
67 Vgl. Krajewski (2014), S. 271.

Europäischen Parlaments,[68] zumeist auf Artikel 352 AEUV abgestellt.[69] Artikel 352 AEUV ist eine Art »Generalklausel«, auf die zurückgegriffen werden kann, wenn Vertragsziele der EU erreicht werden sollen, im Vertrag hierfür aber keine ausdrücklichen Befugnisse bestehen. Unter dieser Voraussetzung »(. . .) erlässt der Rat einstimmig auf Vorschlag der Kommission und nach Zustimmung des Europäischen Parlaments die geeigneten Vorschriften«[70].

Als weitere Ermächtigungsgrundlage kommt Artikel 298 AEUV in Betracht. Demnach stützen sich die Organe, Einrichtungen und sonstigen Stellen der EU »[z]ur Ausübung ihrer Aufgaben (. . .) auf eine offene, effiziente und unabhängige europäische Verwaltung«, wobei »[d]ie Bestimmungen zu diesem Zweck (. . .) unter Beachtung des Statuts und der Beschäftigungsbedingungen nach Artikel 336 AEUV vom Europäischen Parlament und vom Rat gemäß dem ordentlichen Gesetzgebungsverfahren durch Verordnungen erlassen« werden. Offensichtlich zielt Artikel 336 zunächst auf die europäische Verwaltung ab, sodass zu fragen ist, ob auf dieser Grundlage auch Regeln für Handlungen anderer Personen, welche die Verwaltung beeinflussen können, erlassen werden können. Krajewski bejaht dies unter Berücksichtigung von Entstehungsgeschichte, systematischer Stellung sowie Sinn und Zweck von Artikel 298 AEUV, da auf diese Weise die Unabhängigkeit der Verwaltung sichergestellt werden könne.[71] Soweit Regelungen jedoch nicht die Verwaltung, sondern das Parlament – die Legislative – betreffen, kann Artikel 298 AEUV hingegen keine ausreichende Rechtsgrundlage sein. Die Literatur[72] greift daher auf die implied powers doctrine zurück (allgemeiner Grundsatz des EU-Rechts), wonach sich bei Fehlen einer ausdrücklichen Rechtsgrundlage aus anderen Kompetenzen ergibt, dass eine entsprechende Rechtsgrundlage implizit vorhanden ist. Im Ergebnis besitzt die EU danach eine Kompetenz zur Regelung von Interessenvertretung auf europäischer Ebene gemäß Artikel 298 Absatz 2 AEUV i. V. m. der implied powers doctrine.

6.3.3 Rechtliche Rahmenbedingungen des Zugangs zu den einzelnen Institutionen

6.3.3.1 Regulierung des Zugangs zum Rat der EU

Bei den Regeln, die den Zugang zu Mitgliedern des Rates bzw. zu den Beamten betreffen, ist zwischen der mitgliedstaatlichen und der europäischen Ebene zu unterscheiden:

---

68 Vgl. Linder (2014), S. 56.
69 Vgl. Krajewski (2014), S. 279.
70 Artikel 352 Absatz 1 Satz 1 AEUV.
71 Vgl. Krajewski (2014), S. 272ff.
72 Vgl. Krajewski (2014), S. 272ff. m. w. N.

Was die mitgliedstaatliche Ebene angeht, gelten in Bezug auf die jeweils delegierten Mitglieder des Rats und deren Vertreter keine spezifischen europarechtlichen Zugangsregularien. Allerdings ist die mitgliedstaatliche Ebene zu beachten, wo zum Teil umfängliche Regelungen über den Zugang für Interessenvertreter getroffen sind. Hier sollte sich ein Interessenvertreter zur Gewährleistung korrekten Verhaltens vorab an kundiger Stelle informieren. Eine Darstellung der 27 unterschiedlichen Regelungsszenarien wird an dieser Stelle jedoch ausdrücklich unterlassen; sie würde den Rahmen dieser Darstellung sprengen.

Auf europäischer Ebene wiederum gelten für europäische Beamte und sonstige Beschäftigte im Dienst des Rats die allgemeinen Vorschriften des Beamtenstatuts[73] bzw. der (inhaltlich weitgehend korrespondierenden) Beschäftigungsbedingungen der EU[74]. Spezielle Zugangsregelungen bestehen nicht, weder in Bezug auf den Rat noch auf den Ausschuss der ständigen Vertreter (AStV) als wichtigstes vorbereitendes Organ des Rats.

6.3.3.2 Regulierung des Zugangs zu Mitgliedern und Beamten der EU-Kommission

Neben den allgemeinen Gesetzen müssen Interessenvertreter bei jeder Kontaktaufnahme zu Mitarbeitern und Beamten der EU-Kommission bisher vor allem die Vorschriften des Beamtenstatuts der EU[75] bzw. die für Nicht-Beamte geltenden Beschäftigungsbedingungen für die sonstigen Bediensteten beachten (letztere enthalten jedenfalls für den hier interessierenden Bereich weitgehend analoge Vorschriften zum Beamtenstatut). Im Mai 2021 legten dann EU-Kommission, Parlament und Rat in einer interinstitutionellen Vereinbarung ein verbindliches Register, einen Verhaltenskodex und einen Klagemechanismus fest (siehe Abschnitt 3.3.5.2).[76] Der Verhaltenskodex soll das Verhalten von Organisationen und Einzelpersonen zu den EU-Organen regulieren. Die Einhaltung des Kodex ist dem professionellen Interessenvertreter dringend zu empfehlen: Neben der stets zu fordernden Einhaltung der Kommunikationsregeln des Gegenüber ist auch an den schlechten Eindruck zu erinnern, den Verstöße gegen den Kodex verursachen können. Nicht zuletzt riskiert ein Interessenvertreter, der sich nicht an den Kodex hält, im äußersten Fall den faktischen Verlust seines Zugangs zu den Bediensteten der EU-Kommission und zu den anderen Institutionen.

---

73 VO 259/68, ABl. L 56/1 (1968); vgl. zur Neufassung von 2004 VO 723/2004, ABl. L 124/I (2004), im Internet verfügbar unter: http://ec.europa.eu/civil_service/docs/toc100_de.pdf (zuletzt abgerufen am 3.1.2023).

74 Die Vorschriften des Beamtenstatuts bzw. die Beschäftigungsbedingungen der EU sind im Internet verfügbar unter: https://eur-lex.europa.eu/legal-content/DE/TXT/?uri=CELEX%3A01962R0031-20220701 (zuletzt abgerufen am 3.1.2023).

75 VO 259/68, ABl. L 56/I (1968); vgl. zur Neufassung von 2004 VO 723/2004, ABl. L 124/I (2004).

76 Vgl. Amtsblatt der EU, L207/1, vom 20.05.2021

Ohne an dieser Stelle mit juristischer Detailtiefe auf die Vielzahl der einzelnen Regelungen eingehen zu können, sind zumindest drei Regelungen von besonderer Praxisrelevanz hervorzuheben, namentlich Artikel 11, 11a und 12 des Beamtenstatuts. Diese Regelungen befassen sich mit Fragen der Objektivität, Unparteilichkeit und Loyalitätspflicht der Beamten und Bediensteten der EU-Kommission:

- So stellt Artikel 11 u. a. klar, dass ein Beamter Weisungen, die nicht seiner Anstellungsbehörde zuzuordnen sind, weder anfordern noch entgegennehmen darf und dass ihm ohne Zustimmung der Anstellungsbehörde die Annahme jeglicher Belohnungen, Geschenke oder Vergütungen verboten ist. Letztlich handelt es sich dabei um ein Verbot dessen, was bereits die allgemeinen Strafgesetze – in wohl allen Mitgliedstaaten der EU – klar sanktionieren. Nochmals sei betont, dass derartige Verhaltensweisen nichts mit Interessenvertretung zu tun haben, sondern schlicht illegales Verhalten darstellen.
- Artikel 11a des Beamtenstatuts verpflichtet den Beamten u. a. dazu, seine Anstellungsbehörde von auftretenden Interessenkonflikten zu unterrichten.
- Die Generalklausel in Artikel 12 des Beamtenstatuts, wonach der Beamte jedes Verhalten zu unterlassen hat, das dem Ansehen seines Amts abträglich sein könnte, erfasst schließlich alle Handlungen, die Zweifel an der Objektivität, Unparteilichkeit oder Unabhängigkeit des Beamten von externen Einflüssen oder an seiner Loyalität gegenüber der EU erwecken könnten. Ein Interessenvertreter sollte sich dieser Regelungen immer bewusst sein und alles unterlassen, was den Beamten auch nur in die Nähe der Verletzung einer der genannten Regeln bringen könnte.

6.3.3.3 Transparenz-Initiative/Transparenz-Register

6.3.3.3.1 Rahmenbedingungen und Inhalt des Transparenz-Registers

Wie bereits in Abschnitt 3.3.5.2 und im vorangegangenen Abschnitt beschrieben, beruht das aktuelle Transparenz-Register der EU auf einer interinstitutionellen Vereinbarung von Europäischem Parlament, Europäischer Kommission und Rat vom Mai 2021 und wird von diesen geführt.[77] Bereits im Jahr 2008 hat die EU-Kommission ein Register für Interessenvertreter eingerichtet. Nachdem sich das EU-Parlament der Initiative angeschlossen hat, wurde das Register schließlich 2011 zu einem Transparenz-Register erweitert. Drei Jahre später hatte das Parlament einen ersten Beschluss zur Änderung der interinstitutionellen Vereinbarung über das Register beschlossen. Die neue, »zweite Generation« des Registers, die gemeinsam von Parlament und EU-Kommission erarbeitet wurde, kommt seit Januar 2015 zur Anwendung. Die »dritte Generation« des Registers ist, wie gesagt, seit Mai 2021 in Kraft.

---

[77] Die aktuelle Vereinbarung ist verfügbar unter: http://eur-lex.europa.eu/legal-content/de/TXT/?uri=uriserv:OJ.L_.2014.277.01.0011.01.ENG (zuletzt abgerufen am 7.3.2023)

Rechtlich gesehen, basieren interinstitutionelle Übereinkommen auf Artikel 295 AEUV. Ziel des Transparenz-Registers ist die Erfassung und Kontrolle des Zugangs von Interessenvertretern zu exekutiven und legislativen Entscheidungsträgern auf EU-Ebene.[78] Zudem soll das Register die Transparenz des Entscheidungsprozesses der EU für die Bürgerinnen und Bürger erhöhen. Ebenfalls soll eine aktivere Teilnahme am politischen Geschehen der Bürgerinnen und Bürger der EU angeregt werden. Im Einzelnen soll das Transparenz-Register die folgenden Fragen beantworten:

- Welche Interessen werden verfolgt?
- Wer verfolgt diese Interessen?
- Welche Finanzmittel stehen zur Verfügung?[79]

Die Beziehung der Interessenvertreter zu den Entscheidungsträgern der EU wird in einem hierfür erstellten Verhaltenskodex geregelt (siehe hierzu insbesondere auch Abschnitt 3.3.5.2).

Die Angaben im Register fallen unter die alleinige Verantwortung der jeweiligen Organisationen und stammen von diesen selbst. Darunter fallen personenbezogene Informationen über:

- die als Interessenvertreter tätig werdende Organisation bzw. das als Interessenvertreter tätig werdende individuelle Rechtssubjekt;
- vertretene Interessen und Tätigkeiten des Interessenvertreters;
- Angaben darüber, in wessen Auftrag der Interessenvertreter handelt;
- den im Zuge der Interessenvertretung getätigten finanziellen und personellen Aufwand.[80]

Die verschiedenen Formen der Interessenvertretungstätigkeiten definiert das Transparenz-Register wie folgt:[81]

- Kontaktaufnahme zu Mitgliedern, Beamten oder sonstigen Bediensteten der EU-Organe;
- Vorbereitung, Verbreitung und Übermittlung von Schreiben, Informationsmaterial sowie Diskussions- und Positionspapieren;
- Organisation von Veranstaltungen, Treffen oder Wettbewerbsmaßnahmen sowie gesellschaftlichen Veranstaltungen oder Tagungen, zu denen Mitglieder, Beamte oder sonstige Bedienstete der EU-Organe eingeladen wurden;
- freiwillige Beiträge und Beteiligung an formalen Konsultationen zu geplanten Gesetzgebungsakten und sonstigen Rechtsakten sowie anderen offenen Konsultationen.

---

78   Vgl. Krajewski (2014), S. 270f.
79   Vgl. Europäische Kommission (2023).
80   Vgl. Transparenz-Register, http://ec.europa.eu/transparencyregister/public/staticPage/displayStaticPage .do?locale=de&reference=DATA_PROTECTION (zuletzt abgerufen am 3.1.2023).
81   Die Definition ist verfügbar unter: http://www.europarl.europa.eu/RegData/etudes/BRIE/2014/542170/ EPRS_BRI(2014)542170_DE.pdf (zuletzt abgerufen am 27.1.2023).

Gemeinsames Hauptmerkmal dieser Tätigkeiten ist das Ziel der direkten oder indirekten Einflussnahme auf die Entscheidungsprozesse auf EU-Ebene.

Aktuell werden etwa 12.000 Rechtssubjekte im Register aufgeführt. Hierzu zählen selbstständige Berater, Inhouse-Lobbyisten, Vertreter diverser Verbände, NGOs, religiöse Einrichtungen, Hochschuleinrichtungen und Agenturen.

Im Gegenzug für die Eintragung im Transparenz-Register gewährt das Europäische Parlament registrierten Mitgliedern – nach erfolgreicher Akkreditierung – einen Sonderzugang zu seinen Räumlichkeiten. Zudem verlangt das Parlament, dass alle Redner, die Organisationen vertreten, die zur Teilnahme an seinen öffentlichen Anhörungen der Ausschüsse berechtigt sind, sich registrieren.[82] Auch werden registrierte Interessenvertreter in E-Mail-Verteiler aufgenommen, um über aktuelle Gesetzgebungsvorhaben informiert zu werden.[83]

Mittlerweile verlangen Vertreter der drei Institutionen (insbesondere MdEPs, Kommissionsmitglieder und -beamte sowie Mitarbeiter des Rates) auch einen Registrierungsnachweis im Register bevor sie Interessenvertreter zu persönlichen Gesprächen empfangen. Für eine erfolgreiche Interessenvertretung ist eine Registrierung im Transparenz-Register also spätestens seit Mai 2021 unumgänglich.

6.3.3.3.2 *Alternativen zum Transparenz-Register: Verbindliche Qualitätskriterien für Interessenvertretung*

Die Einhaltung rechtlicher, finanzieller und steuerlicher Regeln – die Legal und Financial Compliance – durch die Akteure der Interessenvertretung ist unabhängig von den in vorstehendem Abschnitt geäußerten Bedenken gegen derzeitige und geplante Registrierungsregelungen von elementarer Bedeutung. Vor diesem Hintergrund wird daher ein abweichender – auf sämtliche Akteure der Interessenvertretung anwendbarer – Regulierungsansatz angeregt. Anstelle eines Transparenz-Registers sollte der europäische Gesetzgeber verbindliche Qualitätskriterien für alle Interessenvertreter festlegen (Compliance-Standards).

Als Benchmark für Compliance-Standards könnte folgendes Vier-Säulen-Prinzip dienen:

1. Säule: Legal Compliance

2. Säule: Financial Compliance

3. Säule: Datenschutz

4. Säule: Qualitätsmanagement (ISO-Zertifizierung)

---

82 Vgl. Transparenz-Register, http://ec.europa.eu/transparencyregister/public/staticPage/displayStaticPage .do?locale=de&reference=WHOS_IS_EXPECTED_TO_REGISTER (zuletzt abgerufen am 6.1.2023).

83 Europäische Kommission, Press Release Database, http://europa.eu/rapid/press-release_IP-15-3740_de.htm (zuletzt abgerufen am 10.1.2023).

1 Säule: Legal Compliance

Zur Legal Compliance sollte die Einhaltung von weit höheren Standards als bisher vorgeschrieben gehören. So sollten nicht nur nationale oder EU-weite Standards und Gesetze bei Compliance-Prüfungen berücksichtigt werden, sondern auch internationale wie beispielsweise der US Foreign Corrupt Practices Act. Zudem müssen diese Standards in regelmäßigen Schulungen für die Handelnden einer Interessenvertretung weitergegeben werden, was von den Unternehmen bzw. Interessenvertretern auch jeweils nachzuweisen wäre.

2 Säule: Financial Compliance

Im Rahmen der Financial Compliance sollten alle Interessenvertretungen einer Prüfungspflicht unterliegen, unabhängig von ihrer Größe und Rechtsform. Um eine lückenlose Compliance zu garantieren, müssen Geschäftsprozesse, Finanzbuchhaltung und Kapitalfluss nicht nur stichprobenartig, sondern vollumfänglich geprüft werden. Zudem müssen die Wirksamkeit des internen Kontrollsystems sowie Nachweise für die Angaben in Buchführung und Jahresabschluss beurteilt werden.

3 Säule: Datenschutz

Ein externer und unabhängiger Datenschutzbeauftragter sollte nicht nur regelmäßig die vorgeschriebenen Prüfungen durchführen, sondern den Mitarbeitern als Ansprechpartner für Datenschutzthemen zur Verfügung stehen. Zudem sollten die Mitarbeiter in regelmäßigen Abständen zu diesem Thema geschult werden und z. B. mittels Newslettern fortlaufend über die neuesten Entwicklungen auf diesem Gebiet informiert werden.

Insgesamt könnte durch die genannten Maßnahmen unter den Interessenvertretungsinstrumenten – Unternehmensrepräsentanzen, Verbänden, Organisationen, Anwaltskanzleien, Public-Affairs-Agenturen und Governmental-Relations-Agenturen – eine Gleichheit in der Behandlung hergestellt und mögliche Regulierungslücken vermieden werden.

4 Säule: Qualitätsmanagement (ISO-Zertifizierung)

Für Verwaltungsaufgaben in Compliance-relevanten Bereichen der Interessenvertretungen sollte ein Qualitätsmanagement (QM) sichergestellt werden, das über die QM-Norm EN ISO 9001 gewährleistet werden kann. Dazu zählen insbesondere die Bereiche Finanzen, Buchhaltung, Personal, Recht und IT. Für eine ISO-Zertifizierung müssen diese Bereiche in einzelne Abläufe und Verfahrensbeschreibungen zerlegt, die einzelnen Prozesse auf Aktualität, Angemessenheit, Plausibilität und Notwendigkeit geprüft und abschließend nach ISO-konformen Gestaltungsprinzipien und Abläufen wieder zusammengefügt werden. Das QM-System sollte zudem einem stetigen Verbesserungsprozess unterliegen.

Die Norm EN ISO 9001 legt die Mindestanforderungen fest, denen das Managementsystem des Interessenvertreters zu genügen hätte, um einem bestimmten Standard zu entsprechen und damit – konkret – die Erwartungen des Auftraggebers bzw. behördlichen Anforderungen zu erfüllen und letztlich zu garantieren.

Gemäß EU-Vorschrift werden Managementsysteme auf freiwilliger Basis durch eine für diese Aufgabe akkreditierte Stelle zertifiziert, wobei in jedem EU-Mitgliedstaat nur jeweils eine nationale Akkreditierungsstelle existiert (in Deutschland gemäß Artikel 4 Absatz 1 VO (EG) 765/2008 die Deutsche Akkreditierungsstelle), welche die Zertifizierungsstellen (TÜV) akkreditiert. Dadurch soll eine zuverlässige Ausführung der durch die Normen festgelegten Vorgaben gesichert werden.

6.3.3.4 Regulierung des Zugangs zu Mitgliedern des Europäischen Parlaments

Nicht zuletzt der sog. »Cash-for-Amendments«-Skandal aus dem Jahr 2011[84] hat das Augenmerk auf diese Problematik gelenkt und dazu geführt, dass im Europäischen Parlament noch im selben Jahr ein Verhaltenskodex für Abgeordnete verabschiedet und seitdem weiter präzisiert wurde. Dieser Kodex enthält u. a. die Verpflichtung zur Offenlegung finanzieller Interessen, ethische Leitprinzipien und Verhaltensgrundsätze.

In Bezug auf die Regulierung des Zugangs von Interessenvertretern zum Parlament ist insbesondere Artikel 9 Absatz 4 der Geschäftsordnung des Europäischen Parlaments (im Folgenden: GOEP)[85] relevant. Die Wichtigkeit des dort geregelten direkten Zugangs zum Parlamentsgebäude für die Unmittelbarkeit des Informationsflusses ist offensichtlich: Nur bei physischer Zutrittsmöglichkeit kann ein Interessenvertreter Abgeordnete oder deren Mitarbeiter in ihren Büros aufsuchen oder bei Sitzungen und Hearings im Parlamentsgebäude teilnehmen. Dementsprechend beschreibt Artikel 9 Absatz 4 GOEP Interessenvertreter als »Personen (. . .), die einen häufigen Zugang zu den Parlamentsgebäuden wünschen, um die Mitglieder im Rahmen ihres Parlamentsmandats im eigenen Interesse oder im Interesse Dritter mit Informationen zu versehen«. Vonseiten des Parlaments stellen die sog. Quästoren[86] zu diesem Zweck Ausweise von begrenzter Gültigkeitsdauer (maximal ein Jahr) aus und tragen die Ausweisinhaber in ein öffentliches Register des Parlaments ein; Voraussetzung für die Eintragung und die Ausstellung des Ausweises ist allerdings, dass sich ein Interessenvertreter dem

---

84 Beginnend im Sommer 2010, gaben sich zwei Reporter der britischen *Sunday Times* als Lobbyisten aus und versuchten, mit einem (fingierten) Angebot von jeweils 100.000 Euro 60 Abgeordnete des Europäischen Parlaments dazu zu bringen, einem bestimmten Gesetzesentwurf zur Durchsetzung zu verhelfen. Drei Abgeordnete gingen auf das Scheinangebot ein (siehe Abschnitt 3.3.5).

85 Die Geschäftsordnung des Europäischen Parlaments ist verfügbar unter: Europäisches Parlament (2022).

86 Quästoren sind sechs gewählte Präsidiumsmitglieder des Europäischen Parlaments, die für verwaltungstechnische und finanzpolitische Angelegenheiten zuständig sind, die die EP-Abgeordneten unmittelbar betreffen, vgl. Artikel 25 der Geschäftsordnung des Europäischen Parlaments.

in Artikel 3 der Anlage IX der Geschäftsordnung geregelten Verhaltenskodex unterwirft sowie ein Eintrag im Transparenz-Register.

Alles in allem enthalten die Regelungen nur solche Vorgaben, die ein professioneller und seriöser Interessenvertreter schon aus Eigeninteresse – und sei es nur die Befolgung der allgemeinen Gesetze – beachten muss. Es ist beispielsweise selbstverständlich, das jeweils vertretene Interesse offenzulegen und nicht zu versuchen, sich Informationen zu erschleichen. Jedes andere Verhalten würde den guten Ruf eines Interessenvertreters riskieren. Wer einmal versucht, einen Abgeordneten über seine wahren Absichten in die Irre zu führen, beraubt sich letztlich selbst der Grundlagen seiner Tätigkeit.

Im Dezember 2022 hat der sog. »Katargate«-Skandal erneut für große Aufregung gesorgt. Im Raum steht der Verdacht, dass mehrere Abgeordnete und ein ehemaliger EU-Kommissar im Sinne der Regierungen Katars und Marokkos Einfluss auf die europäische Politik genommen haben und dafür hohe Geldsummen erhielten. Die damalige griechische Abgeordnete und Vizepräsidentin des Europäischen Parlaments, Eva Kaili, wurde Anfang Januar 2023 von der belgischen Polizei wegen Korruptionsverdachts festgenommen. Auch wenn der Skandal zum Zeitpunkt der Drucklegung dieses Buches noch nicht vollständig aufgeklärt wurde, hat das Europäische Parlament bereits einen 14-Punkte-Plan ausgearbeitet, um noch konsequenter gegen Korruptionsversuche und unlautere Einflussnahme vorzugehen. Der Plan sieht unter anderem vor, dass Abgeordnete und Mitarbeiter des Europäischen Parlaments alle geplanten Treffen mit Dritten im Zusammenhang mit Parlamentsentscheidungen öffentlich machen müssen. Zudem sollen ehemalige Abgeordnete keinen dauerhaft gültigen Zugangsausweis zum Parlament bekommen. Stattdessen sollen sie nur noch einen Tagespass erhalten.[87]

6.3.3.5 Regulierung des Zugangs zum Ausschuss der Regionen (AdR) und Wirtschafts- und Sozialausschuss (EWSA)

Weder der Zugang zum AdR noch zum EWSA unterliegt gesonderten Regelungen; lediglich die in Fragen des Zugangs Dritter sehr allgemein gehaltenen Geschäftsordnungen von AdR[88] und EWSA[89] sind zu beachten.

Die Abwesenheit detaillierter Regelungen kann letztlich als weiterer Beleg für die (weitergehend) geringe Relevanz von AdR und EWSA für die Interessenvertretung auf europäischer Ebene angesehen werden.

---

87 Der 14-Punkte-Plan wurde Stand Januar 2023 weder offiziell veröffentlich noch formal in den Gesetzgebungsprozess eingebracht. Das Dokument wurde jedoch »geleaked« und von verschiedenen europäischen Presseportalen aufgegriffen und analysiert. Siehe u. a. https://euobserver.com/eu-political/156594 und https://www.zdf.de/nachrichten/politik/eu-parlament-korruption-metsola-massnahme-kaili-100.html (zuletzt abgerufen am 31.1.2023)

88 Die Geschäftsordnung des Ausschusses der Regionen ist verfügbar unter: http://eur-lex.europa.eu/legal-content/DE/ALL/?uri=CELEX:32010Q0109(01) (zuletzt abgerufen am 10.1.2023).

89 Die Geschäftsordnung des Wirtschafts- und Sozialausschusses ist verfügbar unter: http://eur-lex.europa.eu/LexUriServ/LexUriServ.do?uri=CELEX:32010Q1209(01):DE:NOT (zuletzt abgerufen am 10.1.2023).

6.3.4 Konsequenzen für die Praxis der Interessenvertretung

Abschnitt 6.2 hat einen Überblick über die einzelnen Rechtsetzungsverfahren auf europäischer Ebene gegeben, Abschnitt 6.3 hat in die rechtlichen Rahmenbedingungen der Kommunikation mit den einzelnen Organen der EU und ihren Mitgliedern eingeführt und aktuelle Trends aufgezeigt. Welche Schlussfolgerungen ergeben sich nun aus den Spezifika von politischem System und Rechtsetzungsverfahren der EU für die Interessenvertretung auf europäischer Ebene? Zum einen ist bereits im Rahmen der Aufsetzung einer Interessenvertretungsstrategie größte Sorgfalt auf die Berücksichtigung der europäischen Besonderheiten zu legen. Wege, die auf nationaler Ebene gangbar erscheinen, sind auf europäischer Ebene häufig nur second-best solutions oder gänzlich ineffektiv. Anders als auf mitgliedstaatlicher Ebene gibt es nicht oder nur sehr selten den einzelnen, starken Ansprechpartner, dessen Überzeugung für den Erfolg oder Misserfolg eines Anliegens entscheidend sein kann. Vielmehr ist auf europäischer Ebene eine deutlich höhere Zahl von Entscheidungsträgern mit unterschiedlichsten Hintergründen und Positionen zu adressieren, was die Komplexität und den Aufwand von Interessenvertretung in der Praxis sehr stark erhöht (dazu der nachfolgende Abschnitt 6.3.4.1). Zum anderen ist die schlichte »Verwässerung« der Unternehmensinteressen zu bedenken, die sich durch die Verlagerung eines Anliegens von der nationalen auf die europäische Ebene ergibt: Was im Heimatmitgliedstaat noch eine starke Position gewesen sein mag, wird in Brüssel schnell zum wenig relevanten Randproblem (dazu Abschnitt 6.3.4.2).

6.3.4.1 Entscheidungen ohne Entscheider?[90]

6.3.4.1.1 »Komplexitätsfalle« Europäische Union: Gibt es den einen Entscheider?

Wie in den vorangegangenen Abschnitten 6.2.2 und 6.2.3 deutlich wurde, sind die politischen Entscheidungsprozesse und damit auch die Interessenvertretung in der EU mit den Reformen des Vertrages von Lissabon wesentlich komplexer geworden:

1. Die Rolle des Parlaments wurde gestärkt, was den Kreis der politischen Entscheider erweiterte. Das Europäische Parlament kann Gesetze zwar nicht initiieren, aber es kann sie in allen zustimmungspflichtigen Fällen blockieren.

2. Im Rat der Europäischen Union gilt für Entscheidungen in fast allen wichtigen Politikfeldern nicht mehr das Einstimmigkeits-, sondern das Mehrheitsprinzip (Prinzip der doppelten Mehrheit von Staaten und Bevölkerungsanteilen).

Als demgegenüber noch in vielen wichtigen Politikfeldern das Einstimmigkeitsprinzip vorherrschte, konnte bei Entscheidungen im Rat oft ein einzelnes Ratsmitglied als Vertreter eines Mitgliedstaats jedes Verfahren durch Zustimmungsverweigerung blockieren. An demjenigen, der auf diese Weise ein »Veto« auszuüben in der Lage war,

---

90 Bei dem folgenden Kapitel handelt es sich um Teile des in Joos (2015), S. 405–418 veröffentlichten Beitrags des Autors.

kam für die anstehende Entscheidung niemand vorbei. Für die Interessenvertretung eines Unternehmens[91] war dieser Entscheider verhältnismäßig leicht identifizierbar. Der Kontakt zum Ratsmitglied konnte häufig über das zuständige Ministerium des »Veto-Staates« hergestellt werden – erst recht wenn der Mitgliedstaat das Veto einlegen sollte, in dem das Unternehmen selbst ansässig war bzw. seinen Hauptsitz hatte.[92]

6.3.4.1.2 Ordentliches Gesetzgebungsverfahren (Artikel 294 AEUV): Die Zahl der Entscheider nimmt zu

Wie bereits erläutert, gilt im Rat beim ordentlichen Gesetzgebungsverfahren das Mehrheitsprinzip. Für eine sog. qualifizierte Mehrheit sind die Stimmen von mindestens 55 Prozent der Ratsmitglieder erforderlich, die wiederum mindestens 65 Prozent der EU-Bevölkerung repräsentieren müssen. Für eine Sperrminorität bedarf es folglich mindestens vier Ratsmitglieder, die dann auch mehr als 35 Prozent der EU-Bevölkerung repräsentieren.[93] Die Folge ist, dass ein einzelner Mitgliedstaat allein keine Möglichkeit zu einem »Veto« mehr hat. Für die Interessenvertretung ist die Situation damit komplizierter geworden.

Bisher haben Interessenvertreter stark auf die Möglichkeit gesetzt, Entscheidungen zu verhindern, die aus ihrer Sicht nicht mit den vertretenen Unternehmensinteressen vereinbar waren. Das wird auch in Zukunft eine Rolle spielen, zumal die Unternehmen sich der Tatsache, dass ihre Interessen in Gefahr sind, oft erst bewusst werden, wenn die formalen Prozesse bereits weit fortgeschritten sind. Eine Verordnung oder Richtlinie kann im Rat nur durch eine Sperrminorität verhindert oder durch eine qualifizierte Mehrheit geändert werden. Damit ist der Kreis der relevanten Entscheider jetzt viel größer geworden. Es bedarf nun stets mitgliedstaatenübergreifender Netzwerke, da der klassische Fokus auf einen Mitgliedstaat schon für die Verhinderung einer Entscheidung nicht mehr ausreichend ist.

Häufig beginnt eine Initiative zur Gesetzgebung in der EU-Kommission nicht auf oberer Kommissars- und Generaldirektorenebene, sondern unterhalb auf der sog. »Arbeitsebene«. Auch im Rat werden Entscheidungen sowohl in den nationalen Regierungen als auch im Ratssekretariat sorgfältig vorbereitet. Im Parlament arbeitet ebenfalls eine Vielzahl von Personen an der Entscheidungsfindung mit. Wenn ein Gesetzentwurf im Europäischen Parlament eingeführt wird, dann wird zugleich festgelegt, welchem Ausschuss des Parlaments die Vorlage sachlich zuzuordnen ist und welche weiteren Ausschüsse mitberatend tätig werden. Im zuständigen Ausschuss gibt es einen federführenden Berichterstatter, der den Gesetzesvorschlag betreut. Ihm können von den Fraktionen sog. »Schattenberichterstatter« zur Seite gestellt werden.[94]

---

91 Gilt jeweils nicht nur für private Unternehmen, sondern ebenso für Verbände und Organisationen (für das gesamte Kapitel).

92 Vgl. Joos (2011), S. 110.

93 Artikel 16 Absatz 4 AEUV.

94 Vgl. Geschäftsordnung des Europäischen Parlaments Artikel 49 Absatz 2 und Artikel 205 Absatz 4.

Hinzu kommen alle anderen Mitglieder der beratenden Ausschüsse, in denen der Gesetzesvorschlag behandelt wird. Schlussendlich können alle Mitglieder des Europäischen Parlaments verschiedenster parteipolitscher Couleur aus derzeit 27 Mitgliedstaaten mitentscheiden, wenn es um die Mehrheit im Plenum geht.

Auch darf der informelle Einfluss von Fraktionsmitarbeitern oder Mitarbeitern der Ausschusssekretariate nicht vergessen werden. Angesichts der Vielzahl von Einzelakteuren wird es schwierig, die relevanten Entscheider in diesem Netzwerk von vielen parallel und nacheinander ablaufenden Prozessen zu identifizieren, zu kontaktieren und über eigene Interessen zu informieren. In Kombination mit den formalen prozessualen Abläufen stellt dieses hohe Maß an Komplexität auch der informellen Netzwerke für viele Interessenvertretungen, auch derjenigen von großen Unternehmen, eine Herausforderung dar, die eine professionelle Prozessbegleitung durch einen neutralen und objektiven Intermediär unumgänglich macht.

6.3.4.1.3 Informeller Trilog als zusätzliche – informelle – Entscheidungsebene

Neben den formellen Verfahrensweisen und Entscheidungsprozessen ist es wichtig, sich über die informellen Prozesse in allen Institutionen der EU zu informieren und diese gegenüber den vertraglich festgelegten formellen Abläufen nicht zu vernachlässigen, sondern sie durch ein professionelles Monitoring zu begleiten. Ein prägnantes Beispiel für eine in den EU-Verträgen, insbesondere im AEUV, eigentlich gar nicht vorgesehene Verfahrensweise ist der in Abschnitt 6.2.3.2.1 bereits erläuterte »Informelle Trilog«. Dabei handelt es sich um Treffen und Absprachen in einem überschaubaren Kreis, an denen Vertreter der EU-Kommission, des Parlaments (i. d. R. der Berichterstatter- und die Schattenberichterstatter) und des Rats (i. d. R. die Ratspräsidentschaft) teilnehmen.

Die Trilog-Verhandlungen werden häufig schon vor der ersten Lesung eines Gesetzesvorhabens im Rahmen des ordentlichen Gesetzgebungsverfahrens angewandt, um die Koordination zwischen EU-Kommission, Parlament und Rat zu beschleunigen.[95] Als Folge davon erfolgt die Kompromissfindung im ordentlichen Gesetzgebungsverfahren, wie bereits mehrfach betont, in der überwiegenden Mehrheit der Fälle (89 Prozent in der Legislaturperiode 2014–2019) schon vor der ersten Lesung – ohne zweite oder dritte Lesung und ohne Vermittlungsausschuss.[96]

Das wichtigste Arbeitsmittel ist das sogenannte »Vier-Spalten-Dokument«: Die ersten drei Spalten stellen den jeweiligen Standpunkt der drei Organe dar, die letzte Spalte ist für die Kompromissvorschläge vorgesehen. Während der Trilog-Sitzungen erläutert jedes Organ seinen Standpunkt, und es entwickelt sich eine Debatte mit dem Ziel, einen Kompromiss zu finden.

---

95 Weidenfeld (2013³), S. 166; zum Informellen Trilog im Mitentscheidungsverfahren vor dem Vertrag von Lissabon: Wessels (2008), S. 229, 345, 361.

96 Jensen/Martisen (2014), S. 5; Wissenschaftlicher Dienst des Europäischen Parlaments (25.6.2014), S. 2.

Die EU-Kommission handelt als Vermittler, um die Einigung zwischen Rat und Parlament zu erleichtern. Die Trilog-Verhandlungen erfolgen auf der Grundlage der Mandate, die von den jeweiligen Organen übertragen wurden: Die drei Delegationen suchen in informeller Weise einen Kompromiss, erstatten Bericht oder ersuchen um neue Anweisungen gemäß den internen Regeln ihrer jeweiligen Institution, d. h. über das Verhandlungsteam und/oder im Ausschuss des Parlaments, im AStV oder der zuständigen Arbeitsgruppe des Rates. Jede Einigung in den Trilogen ist vorläufig und muss durch die in jedem der Organe anwendbaren förmlichen Verfahren gebilligt werden. Die Häufigkeit und die Zahl der Triloge hängen vom jeweiligen Thema ab.[97]

Während Befürworter des Trilogs die gestiegene Effizienz des Entscheidungsprozesses herausstellen, bemängeln Kritiker, dass dies auf Kosten der Prinzipien demokratischer Legitimation gehe. Festzuhalten ist, dass die Verhandlungspositionen der drei Organe sowie der Prozess der Kompromissfindung durch das intransparente Verfahren für die Öffentlichkeit kaum nachvollziehbar sind.[98] Überdies verstärkt der Informelle Trilog die Anreize, unter Ausschluss der Öffentlichkeit »Package-Deals« und sachfremde Kompensationsgeschäfte zu tätigen. Das Argument kann gemacht werden, dass mit der Verengung der Beteiligtenstruktur eine aus Repräsentativitätsgesichtspunkten bedenkliche Machtverschiebung einhergeht, weil der Einfluss der Verhandlungsdelegationen gegenüber der Legislative insgesamt überproportional ansteigt: Die Zusammensetzung der Delegationen entspricht nicht den durch die Wahlen zum Ausdruck gekommenen Mehrheitsverhältnissen im Europäischen Parlament, da einzelne Entscheider (bspw. Berichterstatter oder Schattenberichterstatter) im Trilog erheblich mehr Einfluss bekommen.[99]

Der Informelle Trilog muss als eine weitere (wenn auch informelle) Entscheidungsebene begriffen werden. Gerade den wenig transparenten informellen Entscheidungsprozessen ist die Tätigkeit der klassischen Interessenvertretung mit ihrem Fokus auf inhaltliche Arbeit nicht mehr gewachsen (siehe Abschnitt 1.2).

Gerade bei den weniger strukturierten informellen Prozessen spielen auch die Unterschiede zwischen den politischen Kulturen und den Mentalitäten der Mitgliedstaaten eine Rolle. Eine Begleitung der Prozesse erfordert daher auch profunde interkulturelle Kompetenz und Kenntnis der handelnden Personen und ihres politischen und kulturellen Hintergrundes.

6.3.4.1.4 Komplexität und Vielschichtigkeit der Verfahren und Prozesskompetenz in der Interessenvertretung

Der Interessenvertretung stellen sich also grundlegende »handwerkliche« Fragen, die parallel zu jeder inhaltlichen Argumentation fortlaufend beantwortet werden müssen, gleich ob die Interessen eines Mitgliedstaates, eines Unternehmens, eines Verbandes oder einer NGO vertreten werden. Die Praxis zeigt – bereits in den Kapiteln 1 und

---

97 Europäisches Parlament (2020)

98 Vgl. Bundeszentrale für Politische Bildung (2023).

99 Centrum für Europäische Politik cep (2015)

4 wurde dies ausführlich erläutert –, wie wichtig Prozesskompetenz ist, um am politischen Betrieb der EU mitwirken und die Entscheidungsprozesse begleiten zu können. Für die Interessenvertretung gestaltet sich bereits die Suche nach dem richtigen Ansprechpartner oft als Herausforderung. Eine Exekutive wie in den Mitgliedstaaten gibt es in der EU nicht. Die europäische Interessenvertretung muss sowohl bei den europäischen Institutionen (Parlament, EU-Kommission, Rat etc.) als auch auf mitgliedstaatlicher Ebene (Ratsmitglieder) ansetzen. Legislative Funktionen werden in der EU durch den Rat der EU sowie das Europäische Parlament ausgeübt. Das Europäische Parlament ist den mitgliedstaatlichen Parlamenten jedoch insoweit nicht vergleichbar, als es keine Regierungsfraktionen und Oppositionsfraktionen gibt, sondern vielfältige Prozesse der Konsensbildung über nationale und Parteigrenzen hinweg, die es schwierig machen, Mehrheiten vorherzusagen. Während der Gesetzgebungsverfahren müssen nicht nur die jeweils zuständigen europäischen Organe einbezogen werden, sondern auch die mitgliedstaatliche Ebene (z. B. die einzelnen Ratsmitglieder oder die nationalstaatlich organisierten Parteien der Abgeordneten des Europäischen Parlaments). An all diesen Schnittstellen muss man, um erfolgreich zu sein, die Prozesse zeitnah begleiten können. Ein Interessenvertreter wird vor diesem Hintergrund ständig unter hohem Zeitdruck und unter Bedingungen großer Unsicherheit handeln müssen. Europäische Interessenvertretung erfordert deshalb nicht nur professionelles Können, sondern auch ein gutes Gespür für mögliche Schwierigkeiten in einem Verfahren, Einfühlungsvermögen hinsichtlich der entscheidenden Akteure, politisches Gespür für die zugrunde liegenden Prozesse und ständige Informationstransparenz an allen Schnittstellen (siehe insbesondere Prozessbegleitkompetenz in Abschnitt 1.3.2.7).

Dem in der stark gewachsenen Bedeutung prozessualer Fragen liegenden Paradigmenwechsel muss die professionelle Interessenvertretung Rechnung tragen: Ihr Fokus muss stärker auf die prozessuale Arbeit gelegt werden.

6.3.4.2 Mehrheitsentscheidungen unter 27 Mitgliedstaaten als strategisches Risiko für Unternehmen: Zwang zum »Europäischen Coalition Building«?

Es ist deutlich geworden, wie stark die europäische Ebene durch den Vertrag von Lissabon und die damit einhergehende Zunahme an reinen Mehrheitsentscheidungen für das rechtliche Umfeld eines Unternehmens an Bedeutung gewonnen hat: Selbst wenn ein Unternehmen von seiner nationalen Regierung vehement in seinem Anliegen unterstützt wird, kann es in Brüssel leicht überstimmt werden. Die Folgen für die strategische Aufstellung sind klar: Um im »Europa der 27« Erfolg zu haben, muss sich das Unternehmen noch mehr als zuvor unter der Maßgabe aufstellen, dass neben seinem eigenen »Heimatmitgliedstaat« noch 26 weitere Nationalitäten maßgeblich mitentscheiden (zumindest im Rahmen der für eine Entscheidung erforderlichen Stimmenmehrheiten in Rat oder Parlament)[100] sonst wird eine vormals starke Stellung im »Heimatmitgliedstaat« in Brüssel womöglich zur Minderheitsposition, selbst bei Unternehmen aus bevölkerungsreichen und wirtschaftlich starken Mitgliedstaaten.

---

100 Man könnte dies salopp als Interessenvertretung nach dem Motto »Heimatmitgliedstaat plus 26« bezeichnen.

Ein Unternehmen muss also in Europa über den »nationalen Tellerrand« hinaus-
schauen – nicht nur in dem Sinne, dass die bereits beschriebenen formalen und infor-
malen Besonderheiten des politischen Systems der EU ins Kalkül zu ziehen sind,
sondern im Sinne eines »Sich-Hineinversetzens« in unterschiedliche nationale Positionen. Im Einzelfall ist das mit erheblichem Aufwand für Recherche, Analyse und
Überzeugungsarbeit verbunden, was sich an einem Beispiel darstellen lässt: Angenommen, ein französisches Unternehmen verfolgt auf europäischer Ebene ein
bestimmtes Anliegen zur Modifizierung eines Verordnungsvorschlages, der sich im
europäischen Gesetzgebungsverfahren befindet. Dieses Anliegen spielt im konkreten
Fall nur für französische Unternehmen eine Rolle, da aufgrund von französischen
gesellschaftsrechtlichen Rechtsformbestimmungen der Verordnungsvorschlag in seiner aktuellen Form zu beträchtlichen Mehrkosten allein für französische Unternehmen führen würde. Hingegen wären für Unternehmen aus anderen Mitgliedstaaten
keine vergleichbaren Folgen zu erwarten. Da sich in einem solchen Fall Mitglieder des
Europäischen Parlaments (MdEPs) aus anderen Mitgliedstaaten kaum von sich aus für
das französische Anliegen engagieren werden, muss ein Interessenvertreter Argumente finden, die sich im konkreten Fall möglicherweise nicht unmittelbar aufdrän-
gen: Welche nationalen Interessen können etwa MdEPs aus Italien haben, sich trotz
fehlender unmittelbarer Relevanz für italienische Unternehmen für das französische
Anliegen zu engagieren? Hat der Verordnungsvorschlag vielleicht mittelbar auch Folgen für Arbeitsplätze in Italien? Bestehen Verbindungen zwischen dem französischen
und italienischen Unternehmen, oder hat das französische Unternehmen italienische
Tochtergesellschaften, die italienische MdEPs für das Anliegen sensibilisieren können? Sind italienische Unternehmen möglicherweise in naher Zukunft von Abstimmungen in ähnlicher Weise betroffen, d. h. stehen »spezifisch italienische Probleme«
an, die für die französische Seite ohne größere Relevanz sind, sodass gleichsam fall-
übergreifende Koalitionen geschmiedet werden können (siehe insbesondere Perspektivenwechselkompetenz in Abschnitt 1.3.2.6)?

Hierin kommt zugleich eine für die Interessenvertretung in demokratischen Systemen
grundlegende Regel zum Ausdruck: Bei der Interessenvertretung geht es gerade nicht
darum, der stärkste und lauteste »Spieler« auf dem Feld zu sein. Wie bei einem Schachspiel gewinnt man in aller Regel nicht mit einer einzigen Figur, sondern mit der besten
Gesamtaufstellung. Die gängigen Motive einer strategischen Allianz lassen sich wie
folgt zusammenfassen:[101]

---

[101] Vgl. Tydecks in: Rieksmeier (2007), S. 114. Die Autorin führt allerdings ein Motiv für Coalition Building an,
das meines Erachtens keinesfalls eine Rolle spielen sollte, namentlich eine »Schutzfunktion für einzelne
Unternehmen, die sich in einem bestimmten Themenfeld nicht exponieren wollen, um ihren Produkt- und
Markenauftritt nicht zu beeinflussen«. Wohin eine solche (intransparente) Taktik führen kann, zeigt der Fall
des Pharmakonzerns Roche, für den die Brüsseler PAAgentur Weber Shandwick den »Worst Lobby Award
2006« erhielt (vgl. Tagesschau online v. 6.11.2006, http://www.tagesschau.de/wirtschaft/meldung90960.html,
zuletzt abgerufen am 4.5.2010): Eine Anfang Oktober 2006 gestartete Kampagne »Cancer United« hatte sich
offiziell zum Ziel gesetzt, in allen EU-Staaten nationale »Anti-Krebs-Pläne« einzurichten. Weber Shandwick
trat dabei als »Sekretariat« der Initiative auf. Nach Auskunft ehemaliger Mitarbeiter und Recherchen des britischen *Guardian* wurde die Kampagne jedoch allein von Roche finanziert; Roche hat zugleich mehrere
Krebs-Medikamente in seinem Produktportfolio. Basis der »Cancer United«-Kampagne war eine von Roche
bezahlte Studie, der zufolge höhere Investitionen in Krebs-Medikamente in einer geringeren Sterblichkeit bei
Krebs resultieren.

- Größere Durchsetzungskraft des Anliegens durch Bündelung der Kräfte verschiedener Akteure bzw. Eröffnung sonst verschlossener Kommunikationskanäle;
- Fokussierung auf einzelne Schwerpunktthemen, die bislang entweder aus Ressourcengründen oder aus Gründen mangelnden Konsenses weder von Verbänden noch von einzelnen Unternehmen betrieben wurden;
- Festlegung eines klaren Ziels und zeitlicher Rahmenbedingungen.

Mit anderen Worten: Es geht darum, Verbündete im Sinne des eigenen Anliegens zu finden, um gemeinsam ein Ziel zu erreichen. Dies setzt in jedem Einzelfall eine genaue Analyse der Interessen, Stärken und Schwächen der jeweiligen Akteure voraus, um sie in der jeweiligen Situation möglichst optimal für das eigene Anliegen einsetzen zu können. Die besondere Schwierigkeit auf europäischer im Vergleich zur nationalen Ebene (auf der regionale Interessen zwar auch eine, meist jedoch die entscheidende Rolle spielen) besteht dabei – wie gesagt – vor allem in der Berücksichtigung und »Nutzbarmachung« ihrer nationalen Herkunft.[102]

Meist beziehen sich solche Koalitionen nur auf einzelne Projekte und Anliegen, sodass in jeder Angelegenheit aufs Neue Coalition Building zu betreiben ist. Dabei kann nur zur Kreativität und zur fallbezogenen Orientierung ermuntert werden. Manchmal ergeben sich unerwartete Optionen der Zusammenarbeit: So hat etwa der deutsche Bundesverband Güterkraftverkehr und Logistik (BGL) in Bezug auf die LKW-Maut mit den zuständigen Gewerkschaften zusammengearbeitet.[103] Geiger bringt dies in Bezug auf Koalitionen unter einzelnen Stakeholdern auf den Punkt: »[R]egardless of Brent Spar, it may well be that, on a certain EU matter, Greenpeace is the best potential ally of Shell. Never exclude the possibility.«[104] Hier kommt auch die bereits in Abschnitt 5.5.1.1 angesprochene Thematik der fehlenden Regierungsbildung aus den Reihen der Legislative zum Ausdruck: Partei- oder Fraktionszugehörigkeit sagen u. U. wenig über die Entscheidungswahrscheinlichkeiten eines MdEPs aus, sodass auch hier über Partei- und Nationalitätsgrenzen hinweg nach Verbündeten für das jeweilige Anliegen gesucht werden muss.

Alles in allem unterscheiden sich die Rahmenbedingungen für Interessenvertretung in Brüssel also recht grundlegend von den einem Unternehmen möglicherweise wohlbekannten Regularien und äußeren Umständen im Heimatmitgliedstaat. Das Unternehmen muss diese veränderten Rahmenbedingungen adaptieren und ihnen konsequent begegnen, d. h. sie für sich nutzbar machen: Will es sich nicht auf bloße Reaktion beschränken, sondern seine Position in Regelungsprozessen und politischen Entscheidungen auf europäischer Ebene berücksichtigt sehen, braucht es starke (Prozess-)Partner zur aktiven Begleitung seiner Interessen – Partner, die in Brüssel und in

---

102 In den USA, wo Mehrheiten unter Kongressabgeordneten und Senatoren nicht immer über die Fraktionen der beiden großen Parteien, sondern häufig – insofern ähnlich wie im EP – die Meinungsbildung und Entscheidungsfindung über die gesellschaftlichen Interessengruppen organisiert wird, ist das Coalition Building fester Bestandteil der politischen Kultur, vgl. Tydecks in: Rieksmeier (2007), S. 112.

103 Vgl. Bender/Reulecke (2003), S. 178.

104 Geiger (2006), S. 111.

den Hauptstädten der Mitgliedstaaten nicht nur über ein exzellentes Netzwerk und belastbare Kontakte verfügen, sondern darüber hinaus auch das entsprechende fachliche Know-how in der Interessenvertretung besitzen. Diese Partner können die Wünsche und Anliegen zielgerichtet und effektiv – und gerade über den nationalen Rahmen hinaus – kommunizieren.

6.4 Thesenartige Zusammenfassung

Kapitel 6 befasst sich mit den konkreten Möglichkeiten einer gezielten Interessenvertretung auf europäischer Ebene. Den Ausgangspunkt bilden zwei Fragenkomplexe:

- Was ist die Rolle der einzelnen Organe in der Rechtsetzung der EU nach Lissabon? Was sind die Charakteristika des »ordentlichen Gesetzgebungsverfahrens« (früher: Mitentscheidungsverfahrens) als nunmehr Regelfall der europäischen Rechtsetzung? Wie sieht der rechtliche Rahmen für die Rechtsetzungstätigkeit der EU-Kommission im Rahmen der Durchführungsrechtsetzung aus und was versteht man unter dem Komitologie-Verfahren?
- Welche Ansatzpunkte für Interessenvertretungsaktivitäten bestehen bei den wichtigsten Institutionen der EU, insbesondere also beim Ministerrat, der Europäischen Kommission und dem Europäischen Parlament, und welche Regeln hat der Interessenvertreter dabei zu beachten, d. h., inwiefern unterliegt der Zugang zu den Entscheidungsträgern in Legislative und Exekutive einer rechtlichen Regulierung?
- Die wesentlichen Ergebnisse sind wie folgt zusammenzufassen:

1. Die Rechtsetzung in der EU ist hochkomplex. Während auf mitgliedstaatlicher Ebene formelle Gesetze in aller Regel im Rahmen eines einheitlichen Gesetzgebungsprozesses erlassen werden, besteht in der EU – auch nach den Änderungen durch den Vertrag von Lissabon[105] – kein einheitliches, für alle Materien der Rechtsetzung geltendes Verfahren. Zu differenzieren ist sowohl nach der Art des Rechtsetzungsakts als auch der behandelten Materie.

2. Für nahezu alle Verfahren lässt sich zumindest eine Gemeinsamkeit ausmachen: Der Erlass eines Rechtsakts erfordert in aller Regel das Zusammenwirken von mindestens zwei EU-Institutionen (mindestens hinsichtlich Initiative und Entscheidung). Im Regelfall sind sogar drei Organe beteiligt (EU-Kommission initiiert, Parlament und Rat sind an der Entscheidungsfindung beteiligt).

3. Seit Inkrafttreten des durch den Vertrag von Lissabon geänderten (und neu benannten) AEUV ist das frühere Mitentscheidungsverfahren dabei als »ordentliches Gesetzgebungsverfahren« zum Regelfall geworden; entsprechend hat die Bedeutung des hierbei zwingend mitentscheidenden Europäischen Parlaments zugenommen. Das Verfahren durchläuft maximal acht Phasen: (i) Initiative der Kommission,

---

105 Vgl. zu den »alten« Verfahren nach dem EGV: Bieber/Epiney/Haag (2009), S. 195ff.

(ii) Erste Lesung im Europäischen Parlament, (iii) Erste Lesung im Rat, (iv) Zweite Lesung im Europäischen Parlament, (v) Stellungnahme der Kommission, (vi) Zweite Lesung im Rat, (vii) Verfahren im Vermittlungsausschuss, (viii) Dritte Lesung in Rat und Europäischem Parlament.

4. Neben dem formalen Rechtsetzungsverfahren kommt auch den Verfahren zum Erlass von Durchführungsrecht eine wesentliche Rolle zu, insbesondere den als Komitologie bezeichneten Ausschussverfahren. Dabei sind zwei verschiedene Verfahren zu unterscheiden: Prüfverfahren und Beratungsverfahren. Beiden Verfahren gemeinsam ist die Beteiligung themenbezogen gebildeter Ausschüsse von Sachverständigen oder Beamten der Mitgliedstaaten an der Entscheidungsfindung über die Durchführungsmaßnahme. Die Relevanz dieser in der Öffentlichkeit kaum bekannten Verfahren für die Vertretung von Unternehmensinteressen kann im konkreten Fall beträchtlich sein: Gerade bei Detailregelungen können Gestaltungsspielräume, die ein Basisrechtsakt lässt, zugunsten eines Unternehmens ausgeschöpft oder zu seinen Ungunsten verengt werden.

5. Die Institutionen der EU sind prinzipiell offen für externe Interessen und ihre Vertreter. Sowohl die Mitarbeiter der EU-Kommission als auch die Abgeordneten des Europäischen Parlaments sind i. d. R. gemeinhin Gesprächen mit Interessenvertretern gegenüber aufgeschlossen. Von beiden Seiten sind dabei allerdings gewisse Rahmenbedingungen gesetzlicher und ethischer Natur genau zu beachten: So stellen das Beamtenstatut und die Beschäftigungsbedingungen der Kommission sowie die Geschäftsordnung des Europäischen Parlaments genaue Verhaltensregeln für Beamte, Angestellte und Mandatsträger der Institutionen auf; für Interessenvertreter bestehen eigene, von den Institutionen erlassene Verhaltenskodizes, deren Nichteinhaltung beispielsweise mit der Versagung des Zugangs sanktioniert werden kann. Weiterhin hat sich die Interessenvertretungsbranche Selbstverpflichtungen auferlegt, die allerdings wenig mehr sind als die Verbriefung allgemeiner geschäftsethischer Regeln.

6. Die Regulierung des Zugangs zu den Institutionen der EU könnte in Zukunft noch weiter zunehmen. Nach mehrfachen Anläufen wurde im Mai 2021 eine »Interinstitutionelle Vereinbarung zwischen dem Europäischen Parlament, dem Rat der Europäischen Union und der Europäischen Kommission über ein verbindliches Transparenz-Register« unterzeichnet. Die Eintragung in das Transparenz-Register erfolgt zwar weiterhin freiwillig. Jedoch verlangen mittlerweile sowohl das Europäische Parlament als auch die Europäische Kommission einen Registrierungsnachweis als Voraussetzung für den Austausch mit Interessenvertretern. Die Registrierung ist daher für eine erfolgreiche Interessenvertretung unumgänglich.

7 Governmental Relations: Prozessmanagement in der Praxis

7.1 Einleitung und Fragestellung

In den vorangegangenen Kapiteln wurde das *Wie* der Interessenvertretung bei den einzelnen Institutionen der EU erläutert. Dabei wurde weitestgehend darauf verzichtet, nach strukturellen (*wer* wird tätig) oder prozessualen (*mit welchen Mitteln* wird er tätig) Instrumenten der Interessenvertretung zu differenzieren. Mit diesen Fragen befassen sich die folgenden Ausführungen.

In den weitaus meisten Fällen unterscheiden sich die prozessualen Instrumente, quasi die »Toolbox« eines Interessenvertreters, nicht danach, ob er als angestellter Unternehmensrepräsentant oder als externer Dienstleister für einen Auftraggeber tätig wird. Im Folgenden wird vor allem aus der Perspektive der Interessenvertretung von Unternehmen geschrieben. Jedoch treffen diese Ausführungen – ggf. mit Abstrichen – auch auf die Interessenvertretungsarbeit von Verbänden, Organisationen und selbst EU-Mitgliedstaaten und EU-Regionen zu. Große Unterschiede bestehen zwischen den genannten Akteuren der Interessenvertretung jedoch sowohl in Bezug auf das professionelle Selbstverständnis als auch hinsichtlich ihrer Gestaltungskraft im konkreten Einzelfall. Nach einem einführenden Überblick über aktuelle Trends in der Interessenvertretung (Abschnitt 7.2) sollen die Ausführungen Antworten auf folgende Fragen geben:

- Warum benötigt ein Unternehmen aus betriebswirtschaftlicher Perspektive, insbesondere aus Sicht der Stakeholder-Theorie, Interessenvertretung (dazu Abschnitt 7.3)?
- Wer sind denkbare Akteure (strukturelle Instrumente) der Interessenvertretung? Was sind ihre Wesensmerkmale, ihre Kosten, Stärken und Schwächen (dazu Abschnitt 7.4.1)?
- Welche prozessualen Instrumente stehen einem Interessenvertreter zur Verfügung und wie sollten sie eingesetzt werden (dazu Abschnitt 7.4.2)?
- Wie sollte ein Unternehmen vor dem Hintergrund der skizzierten strukturellen und prozessualen Instrumente die Vertretung seiner Interessen in der Praxis aufstellen? Wie kann ein optimaler Instrumentenmix aussehen und wie bzw. durch wen sollte die Koordination der verschiedenen Instrumente erfolgen, strukturell wie auch projektspezifisch (dazu Abschnitt 7.5)?

7.2 Allgemeines

Das Feld der Interessenvertretung hat sich in den vergangenen Jahren stark gewandelt, sowohl in quantitativer als auch in qualitativer Hinsicht.[1] So ist seit Jahren

---

[1] Vgl. Michalowitz (2007), S. 89 m. w. N. sowie Coen/Richardson (2009), S. 147ff.

sowohl in Brüssel als auch in den Hauptstädten der Mitgliedstaaten ein zahlenmäßiger Anstieg der im Bereich Interessenvertretung Tätigen festzustellen. Ein Zusammenhang mit der stetig gestiegenen und weiter zunehmenden politischen Bedeutung der EU ist unverkennbar.[2] So waren nach Schätzungen 1959 nur gut 100 Interessengruppen in Brüssel vertreten, 400 waren es im Jahr 1970, doppelt so viele dann 1980, 1997 rund 1200 bis hin zu 2600 im Jahr 2005.[3] Im Jahr 2022 waren bereits über 12.000 Interessenvertreter offiziell im Europäischen Transparenz-Register registriert.[4] Nimmt man die in Berlin tätigen Verbände, Unternehmen, Aktionsbündnisse, Kommunikationsagenturen, Politikberater und Anwaltskanzleien zusammen, so beläuft sich deren Zahl auf über 5000.[5] In Washington D.C., seit jeher das »Mekka des Lobbyings«, gibt es inoffiziellen Schätzungen zufolge bis zu 100.000 Interessenvertreter.[6] Anhand des Beispiels Brüssel lassen sich auch die beiden vorherrschenden Entwicklungen der Branche sehr gut nachvollziehen: zum einen die starke Zunahme von einzelnen Akteuren gegenüber kollektiven Akteuren (vor allem Verbänden), zum anderen die zunehmende Professionalisierung der Interessenvertretung.[7] Waren bis in die 1980er-Jahre Verbände die wesentlichen Spieler auf dem Feld, so hat seitdem eine beachtliche Differenzierung und Heterogenisierung stattgefunden; in der Verbändelandschaft selbst ist sogar eine gewisse Fragmentierung zu beobachten. Infolgedessen lassen sich im Wesentlichen nunmehr zwei Organisationskategorien von Interessenvertretung darstellen:[8]

- *Kollektive Interessenvertretung:* Dies sind Verbände oder auch informelle Zusammenschlüsse, die nicht die Interessen von Einzelunternehmen, sondern einer gesamten Branche oder eines Marktsegments vertreten.
- *Nicht-kollektive Interessenvertretung:* Hierbei ist zwischen der klassischen Unternehmensrepräsentanz (Inhouse-Interessenvertretung) sowie der Interessenvertretung durch externe Dienstleister zu unterscheiden: Im ersten Fall beschäftigt ein Unternehmen eigene Mitarbeiter bzw. unterhält Abteilungen für den Bereich Interessenvertretung, im zweiten Fall delegiert das Unternehmen die Interessenvertretung ganz oder teilweise an externe Dienstleister wie z. B. Agenturen und/oder Anwaltskanzleien.

---

2   Vgl. Weidenfeld (2013³), S. 154.

3   Vgl. Greenwood (2011³), S. 12f.

4   Vgl. Europäisches Transparenz-Register, https://ec.europa.eu/transparencyregister/public/homePage.do?redir=false&locale=de#de (zuletzt abgerufen am 23.12.2022)

5   Vgl. Deutsches Lobbyregister (zuletzt abgerufen am 31.1.2023).

6   Nach Presseberichten waren 2013 beim Senat 12.281 Interessenvertreter registriert, nach offiziellen Zahlen ein deutlicher Rückgang, vgl. Fang (2014); Sebaldt (2007), S. 101 nennt noch die Zahl von 33.000 Interessenvertretern; die *Washington Post* v. 29.1.2006 zählte im Januar 2006 33.000–40.000 Interessenvertreter, Mayberry (2006); der Rückgang der offiziell registrierten Interessenvertreter und die gleichzeitige Nennung von geschätzt 100.000 im Interessenvertretungsbereich Tätigen wird damit erklärt, dass viele Interessenvertretungsaktivitäten nicht als solche offiziell erfasst werden.

7   Vgl. van Schendelen (2013) S. 64, 161ff.; Lahusen (2005).

8   Vgl. Michalowitz (2007), S. 73f.

Die letztgenannten Organisationsformen sind stark im Wachstum begriffen: Zunehmend überlassen einzelne Unternehmen ihre Interessenvertretung nicht mehr allein ihren jeweiligen (Branchen-)Verbänden, sondern nehmen diese selbst durch eigene Repräsentanzen und/oder Public-Affairs-Agenturen, Anwaltskanzleien oder Governmental-Relations-Agenturen vor Ort wahr.[9] Nicht-kollektive Ansätze ermöglichen eine individuellere, auf die eigenen Bedürfnisse zugeschnittene Interessenvertretung, welche von Verbänden häufig nicht in gleicher Weise geleistet werden kann (mehr dazu in Abschnitt 7.4.1.1). Gleichzeitig relativiert sich damit die politische Bedeutung der Verbände.

Die Ursachen für die Ausweitung und gestiegene Vielfalt der Interessenvertretung liegen vor allem in der Erweiterung und Vertiefung der europäischen Integration, die die Kompetenzen der EU sukzessive auf zahlreiche Politikfelder erweitert hat.[10] Des Weiteren sind auch allgemeinere, gesamtgesellschaftliche Entwicklungen verantwortlich; eine zunehmende Pluralisierung, Heterogenisierung und Individualisierung der Gesellschaft führt einerseits zur Entstehung vieler neuer Interessenlagen, andererseits zur Vervielfältigung ehemals gleichgerichteter Interessen. Die vorhandenen Strukturen und Institutionen verlieren ihre Kohäsionskraft und ihr Repräsentationsmonopol, da sie spezifische und individuelle Interessen nicht mehr umfassend aufnehmen und repräsentieren können.[11] Allgemein lässt sich diese Entwicklung als eine Abkehr von traditionellen korporatistischen Verbindungen zwischen Politik und Wirtschaft – und insbesondere jenen von Verbänden und Staat – beschreiben.[12] Die allgemeine Steigerung der Komplexität und Interdependenz gesellschaftlicher Handlungsfelder führt deshalb zu einem starken Wachstum verschiedener Interessen, weshalb sich auch die Zahl der organisierten Interessen erhöht. Vor diesem Hintergrund verschärft sich zugleich die Konkurrenz um politische Bedeutung.[13] Daraus folgt die Notwendigkeit einer stets passgenauen, individuell angelegten Interessenvertretung, was wiederum zur Ausdifferenzierung und Spezialisierung der Interessenvertretungsansätze führt.

Das Interesse an politischer Vertretung in Brüssel (und in den Hauptstädten der europäischen Mitgliedstaaten) wird weiter zunehmen und die Zahl der dort tätigen Firmen und Einzelpersonen auch in Zukunft ansteigen: Schon allein die Erweiterung und Vertiefung der europäischen Integration erhöht den Bedarf an Interessenvertretung immer weiter.[14] Die wachsende Zahl an Interessenvertretern führt grundsätzlich zu zunehmender Konkurrenz unter den Anbietern von Dienstleistungen im Bereich der Interessenvertretung und damit auch zu einem härteren Wettbewerb um Beachtung

9 Vgl. Michalowitz (2007), S. 58.
10 Vgl. Lahusen (2004), S. 782.
11 Lahusen (2004), S. 781.
12 Vgl. von Winter (2004), S. 764.
13 Vgl. Kleinfeld/Willems/Zimmer (2007), S. 16 ff.
14 Vgl. van Schendelen (2013⁴), S. 53.

durch die Entscheidungsträger in Legislative und Exekutive. Zugleich bestehen hohe »Markteintrittshürden« für neue Interessenvertreter: Mangels Erfahrung, Reputation und institutions-, fraktions- und mitgliedstaatenübergreifender Netzwerke haben es noch nicht etablierte Interessenvertreter auf EU-Ebene gegenüber alteingesessenen Interessenvertretern sehr schwer, sich und ihre Anliegen an den entscheidenden Stellen institutions-, fraktions- und mitgliedstaatenübergreifend zu platzieren.

7.3 Wesentlicher Bestandteil erfolgreicher Interessenvertretung: Stakeholder-Management

7.3.1 Konzept des Stakeholder-Managements im Bereich der politischen Interessenvertretung

Interessenvertretung ist letztlich Kommunikation mit dem Umfeld des Unternehmens (bzw. der Organisation bzw. Einheit, deren Interessen vertreten werden). Damit Kommunikation aber nicht zufällig (»Streueffekte«), sondern effektiv und zielgerichtet geschieht, muss Klarheit über die Empfänger und deren Interessen herrschen. Jedes Unternehmen ist nicht nur Teilnehmer an Wirtschaftsmärkten, es interagiert auch mit der Gesellschaft und der Politik. Unternehmen sind zudem elementare Teile der Gesellschaftsordnung. Die Handlungsmöglichkeiten und Spielräume eines Unternehmens sind daher nicht ausschließlich kunden-, markt- oder branchenabhängig. Sie werden auch durch das sog. Kontextumfeld determiniert, zu dem u. a. auch Legislative und Exekutive gehören (Abschnitt 2.2).[15]

Gesetzliche und regulative Entscheidungen bestimmen unmittelbar oder mittelbar die wirtschaftlichen Rahmenbedingungen des Unternehmens.[16] Wenn sich das Unternehmen seine bestehenden Handlungsspielräume erhalten oder neue erschließen will, muss es die maßgeblichen Entscheidungsträger in Legislative und Exekutive als sekundäre Stakeholder in seine unternehmerischen Entscheidungen einbeziehen (siehe Abschnitt 1.3). Beispiele sind arbeitsrechtliche Normen, behördliche Verordnungen oder umweltpolitische Vorgaben. Deshalb ist in einer globalisierten Welt, in der Unternehmen häufiger denn je mit neuen wirtschaftlichen, gesellschaftlichen und kulturellen Strömungen und Trends konfrontiert werden und hierauf auch reagieren müssen, die aktive Mitgestaltung dieses Umfelds unerlässlich. Man könnte sogar sagen, dass Unternehmen sich nicht nur der »Corporate Social Responsibility« stellen müssen, sondern vielmehr auch einer »Corporate Political Responsibility« gewahr werden müssen.[17]

---

15 Vgl. Köppl (2008), S. 189; darüber hinaus grundlegend zur Einbettung von wirtschaftlichen Akteuren im sozialen Gefüge siehe Granovetter (1985), S. 481–510.
16 Vgl. Köppl (2008), S. 200.
17 Bohnen (2015), S. 89.

Ganz gleich, ob Unternehmen oder Verband, Bürgerinitiative, Gewerkschaft, Kirche oder Verein – alle agieren zwangsweise im Spannungsfeld von teilweise gegensätzlichen, teilweise gleichgerichteten ökonomischen, sozialen und politischen Zielen. Mit der Umsetzung dieser Ziele geraten sie dann in Konflikt mit andersdenkenden gesellschaftlichen Gruppierungen.

Interessengruppen, die das Erreichen der eigenen Organisationsziele beeinflussen können, werden als »Stakeholder« oder »Anspruchsgruppen« bezeichnet.[18] Dabei ist zwischen primären und sekundären Stakeholdern zu unterscheiden:

- *Primäre Stakeholder* sind für den Fortbestand der Organisation/des Unternehmens essenziell. Sie können auf der Grundlage einer vertraglichen Beziehung, eines Austauschverhältnisses oder ihrer Beteiligung an der Wertschöpfung einen legitimen Anspruch geltend machen. Gemeint sind z. B. Kunden, Zulieferer, Investoren, die Standortgemeinde.
- *Sekundäre Stakeholder* verfügen über keinen legitimen Anspruch, können aber die Organisation oder deren primäre Stakeholder beeinflussen oder werden umgekehrt durch diese beeinflusst, z. B. Umweltschutzgruppen und politische Entscheidungsträger.[19]

Politische Entscheidungsträger gehören damit zur externen Anspruchsgruppe. Wer auf Dauer die Interessen dieser Stakeholder und damit die Abhängigkeiten der eigenen Organisation in der Gesellschaft ignoriert, wird langfristig keinen Erfolg haben können. Die Kunst liegt vielmehr in der bewussten Anerkennung und Analyse der eigenen Abhängigkeit. Nur wer die Interessenlage und das Potenzial der Mitstreiter und Konkurrenten einzuschätzen und zu nutzen weiß, kann erfolgreich die eigenen Ziele voranbringen.

Diese Analyse und Einbindung des Umfelds wird als Stakeholder-Management bezeichnet.[20] Ein zentrales Segment des Organisationsumfelds ist das politische bzw. rechtliche System, insbesondere Legislative und Exekutive. Rechtliche und regulatorische Entscheidungen prägen die wirtschaftlichen Rahmenbedingungen eines Unternehmens direkt und indirekt. Wenn das Unternehmen seinen bestehenden Gestaltungsspielraum behalten oder neuen hinzugewinnen möchte, muss es die entsprechenden Entscheidungsträger der Legislative und Exekutive in seine unternehmerischen Entscheidungen einbeziehen. Diese Stakeholder-Orientierung bedeutet für ein Unternehmen folglich das aktive Management des Umfeldes, der Außenbeziehungen und die Kundgabe seiner Interessen.[21]

---

18 Vgl. van Schendelen (2013[4]), S. 171.
19 Vgl. Köppl (2008), S. 189.
20 Vgl. grundlegend zum Thema Stakeholder-Management: Freeman (2004); Freeman (2010[3]).
21 Vgl. Freeman/McVea (2001), S. 8.

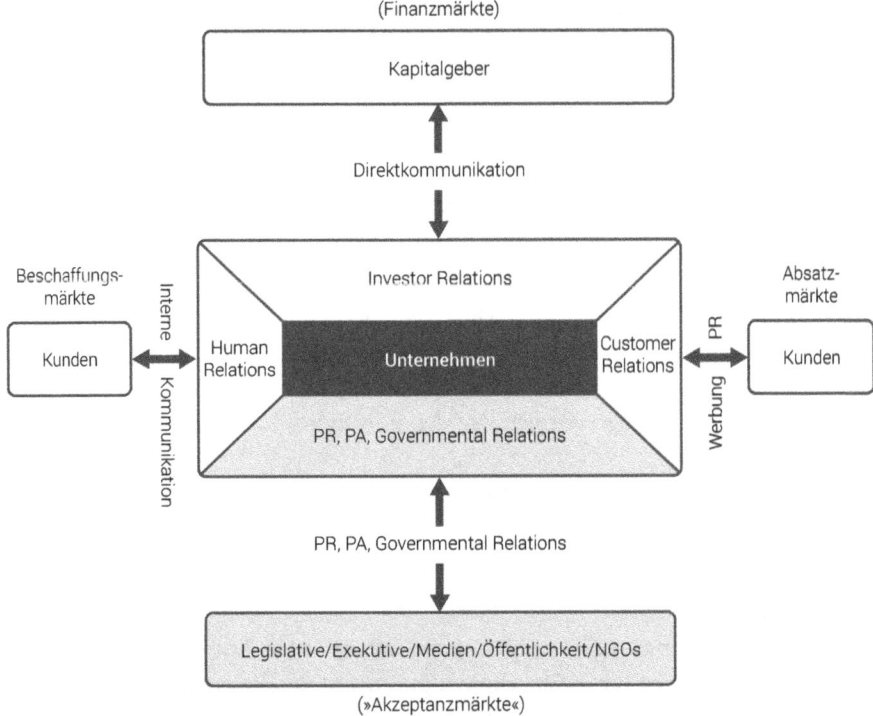

Abbildung 7.1: Politische Akzeptanzmärkte[22]

Während die Beziehungen zu den primären Stakeholdern z. B. durch Public Relations oder Investor Relations geführt werden, benötigt das Unternehmen ebenso einen Weg der Kommunikation mit den sekundären Stakeholdern, seinen »politischen Akzeptanzmärkten«. Hier kommt die Interessenvertretung ins Spiel. Sie hat – ähnlich den Investor Relations – eine strategische Managementfunktion, indem sie das politische Umfeld – die »Rahmenbedingungen« – eines Unternehmens analysiert, interpretiert und im Sinne der Unternehmensziele bestmöglich mitgestaltet.[23] Praktische Funktionen des Stakeholder-Managements sind dabei (insbesondere hinsichtlich des lang- bzw. längerfristigen Unternehmenserfolgs[24]) u. a. das Monitoring der politischen Arena, die Analyse politischer und gesellschaftlicher Entwicklungen sowie die Vertretung der Unternehmensinteressen im politischen Umfeld.[25] Der Begriff der »Rahmenbedingungen« muss dabei stets auf das individuelle Unternehmen bezogen werden: Ganz allgemein zählen politische und rechtliche Rahmenbedingungen zu den wichtigsten Faktoren des Unternehmensumfeldes – man denke nur an die für wirtschaftliche Prosperität i. d. R. als zwingend erforderlich angesehenen stabilen

---

22 Quelle: Gläser (2010²), S. 24.

23 Vgl. Freeman/McVea (2001), S. 9; Köppl (2008), S. 201.

24 Vgl. Freeman/McVea (2001), S. 11.

25 Vgl. Köppl (2008), S. 189.

politischen und rechtlichen Verhältnisse in einem Staat. Für das Stakeholder-Management eines Unternehmens sind hingegen nur die politischen Rahmenbedingungen in einem engeren Sinne relevant, d. h. markt- und branchenspezifische Bedingungen (unmittelbare, konkrete politische Gegebenheiten), die speziell ein Unternehmen betreffen.

Die so verstandenen politischen und rechtlichen Rahmenbedingungen können sich in ihrer Dynamik und Relevanz von Branche zu Branche gravierend unterscheiden. Zwar sind in modernen Staats- und Rechtssystemen wie der EU und ihren Mitgliedstaaten praktisch sämtliche Produkte und Dienstleistungen in der einen oder anderen Weise reglementiert. Je problematischer ein Produkt oder eine Dienstleistung jedoch ist – sei es aus Sicherheitsgründen wie z. B. in der Luftfahrtbranche oder aus Umweltgründen wie z. B. in der chemischen Industrie –, desto abhängiger und verletzlicher ist dessen Anbieter für Veränderungen der Rahmenbedingungen. Stakeholder-Management durch Interessenvertretung ist daher in stark regulierten Branchen von elementarer Bedeutung: Beispiele sind der Energiesektor mit technologie-, umwelt- und sicherheitsbedingten Trends und Einflüssen, die Telekommunikationsbranche mit hohem Druck durch die in den meisten europäischen Märkten gegebene Regulierung von Gebühren, oder die Pharmaindustrie mit herausragender Bedeutung des Immaterialgüterrechts und der Preisregulierung für Arzneimittel.

Die genaue Kenntnis relevanter politischer Prozesse – das »Wie, Wann und Warum« der für die Gestaltung der unternehmensrelevanten politischen Rahmenbedingungen bedeutsamen Entscheidungsprozesse – und die zutreffende Identifikation der wichtigsten Entscheidungsträger ist in solchen Branchen in hohem Grad wettbewerbsrelevant und kann einem Unternehmen bedeutende Vorteile gegenüber seinen Wettbewerbern verschaffen. Zum einen ist sie die Basis für strategische Entscheidungen des Unternehmens: Beispielsweise ermöglicht die frühzeitige Kenntnis einer nahenden Veränderung der Rahmenbedingungen die Anpassung des eigenen Angebots vor demjenigen des Wettbewerbs; womöglich kann durch eine effektive Prozessbegleitung sogar noch an der konkreten Gestaltung der Veränderungen mitgewirkt werden. Darüber hinaus ergeben sich aus einem entsprechenden Informationsfluss hinsichtlich der eigenen inhaltlichen Anliegen und Themen (issues[26]) i. d. R. wertvolle Erkenntnisse über das zu erwartende Kräfteverhältnis aller relevanten Akteure im Unternehmensumfeld. Auf dieser Basis kann beispielsweise entschieden werden, wie Akteure bei ähnlicher Interessenlage ihre Ressourcen effizienter bündeln können, um eine bessere Wirkung zu erzielen (Coalition Building). Das Stakeholder-Management ist folglich ein wesentlicher Baustein der Unternehmensstrategie und damit zugleich wichtige Grundlage für weitere Maßnahmen der Interessenvertretung (siehe insbesondere auch »Prozessbegleitkompetenz« in Abschnitt 1.3.2.7).

---

26 Mit »issues« oder »issues management« ist die systematische Auseinandersetzung eines Unternehmens mit relevanten Themen seiner Umwelt, also des Kontext-Umfeldes gemeint, vgl. Ingenhoff/Röttger (2008).

7.3.2 Stakeholder-Management in der Praxis

Es gibt verschiedene Ansätze zur Kategorisierung der sekundären Stakeholder (Anspruchsgruppen) eines Unternehmens. Allgemein hat ein relevanter sekundärer Stakeholder einerseits Einfluss hinsichtlich der politischen Rahmenbedingungen des Unternehmens und ist andererseits auch in der Lage, seinen Einfluss geltend zu machen.[27] An diesen Kategorien orientiert sich denn auch eine in der Praxis gut anwendbare Möglichkeit der Unterscheidung von sekundären Anspruchsgruppen nach ihrer Bedeutung für ein Unternehmen, die positives und negatives Potenzial von Stakeholdern vergleicht. Zugespitzt ausgedrückt bedeutet dies die Zuordnung zu den Positionen »Unterstützung« oder »Nicht-Unterstützung« eines Anliegens/Interesses.

Die Unterscheidung wird – samt der daran anknüpfenden strategischen Handlungsempfehlungen für das Unternehmen – anhand der Matrix in Abbildung 7.2 deutlich.

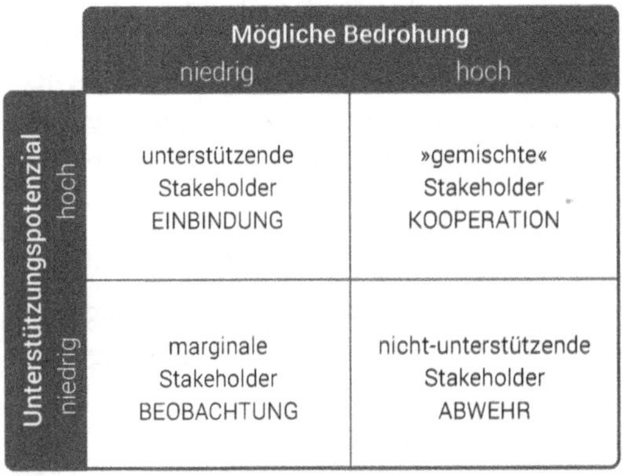

basierend auf Wittke/Conzelmann/Schlicht in: Rieksmeyer, Praxisbuch,
politische Interessenvermittlung, S. 53 (Tabelle 1)

Abbildung 7.2: Klassifikationsmodell für Stakeholder

Jedem Typus eines Stakeholders lassen sich demnach grundsätzliche Handlungsorientierungen zuordnen. Sie stellen zunächst weitgehend pauschale Handlungsempfehlungen dar, solange die realen Bezugsgrößen fehlen. Während es i. d. R. genügt, marginale Stakeholder etwa durch eine regelmäßige Medienanalyse zu beobachten, tut man gut daran, »unterstützende« Stakeholder, also potenzielle Förderer des Anliegens, in die eigenen Strategien einzubinden, bei denen ein gemeinsamer Nutzen generiert werden kann – beispielsweise durch Bereitstellung von Informationen.

Mit »gemischten« Anspruchsgruppen sollte man nach Möglichkeit Interessenkoalitionen eingehen oder durch gemeinsame Aktivitäten eng kooperieren. Gegenüber den »nicht-unterstützenden« Stakeholdern ist es wichtig, die Gegenpositionen z. B. in den

---

27   Vgl. van Schendelen (2013⁴), S. 172.

Medien, aber vor allem nach Möglichkeit direkt bei Entscheidungsträgern deutlich zum Ausdruck zu bringen und die alternative Position darzustellen.

Wie oben dargestellt, wird die Erreichung der Unternehmensziele erheblich durch das gesellschaftliche Umfeld mitbestimmt. Hieran müssen sich Aufgaben und Möglichkeiten des Stakeholder-Managements ausrichten. Insofern sollte die Wahl der Mittel und Maßnahmen in der Interessenvertretung zu jeder Zeit die Interessenlage der Stakeholder und die Abhängigkeit des Unternehmens berücksichtigen. Natürlich kann Stakeholder-Management nur die Vorstufe zur Erreichung unternehmenspolitischer Ziele sein. In jedem Fall liefert es eine unverzichtbare Basis für anschließende Kampagnen und Aktionen.

Ein zuverlässiges Stakeholder-Management umfasst im Wesentlichen drei Arbeitsschritte:

1. Identifizierung der relevanten Stakeholder;

2. Stakeholder Mapping: Hierarchisierung und Kategorisierung der Stakeholder in einer Stakeholder Map;

3. Informationsmanagement: Erstellen einer Stakeholder-Datenbank.

Zu beachten ist hierbei auch das notwendige reziproke Verhältnis der Arbeitsschritte im Zeitablauf, d. h., wenn schließlich eine Stakeholder-Datenbank vorhanden ist, so muss diese natürlich mit der Stakeholder Map abgeglichen werden, und ggf. muss eine weitere Identifizierung von Stakeholdern stattfinden. Das Stakeholder-Management ist somit eine wichtige Daueraufgabe.

7.3.2.1 Schritt 1: Identifikation relevanter Stakeholder

In einem ersten Schritt sind zunächst alle wesentlichen Stakeholder und ihre Interessen zu erfassen, die mit den für ein konkretes Interessenvertretungsprojekt relevanten Themenbereichen direkt oder indirekt im Zusammenhang stehen oder stehen könnten. Dieser erste Schritt mag trivial erscheinen, ist aber mit Blick auf den gesamten Prozess der Interessenvertretung von erheblicher Bedeutung.[28] Wichtig ist vor allem eine zu Beginn des Projekts möglichst breit angelegte Analyse, um einerseits die eigene selektive Wahrnehmung (bias) zu überwinden, und zum anderen ein vermeintlich sicheres Wissen über Personen und deren tatsächliche politische Möglichkeiten zu vermeiden. Wie bereits dargestellt (siehe Abschnitt 4.6.1), sind zum einen die formal zuständigen Personen nicht immer die einzigen oder gar maßgeblichen Entscheidungsträger. Zum anderen sind gerade bei komplexen sachlichen Zusammenhängen – beispielsweise bei steuerlichen Regelungen, die verschiedene Branchen ganz unterschiedlich tangieren – die relevanten Stakeholder erst auf den zweiten Blick und häufig erst nach gründlicher inhaltlicher Analyse des Projektanliegens ersichtlich.

---

28 Vgl. van Schendelen (2013⁴), S. 172.

Hinzu kommt bei auf EU-Ebene vertretenen Interessen die systemimmanente Gemengelage aus unterschiedlichsten institutionellen und mitgliedstaatlichen Interessen, die von nicht zu unterschätzendem Einfluss darauf ist, wer im Einzelfall relevanter Stakeholder sein kann (siehe Abbildung 7.3).

Abbildung 7.3: Auswahl von Stakeholdern mit politischem Potenzial, die auf eine Organisation (z. B. Unternehmen) einwirken könnten

Die Darstellung typischer Anspruchsgruppen (Stakeholder) aus Unternehmenssicht in Abbildung 7.3 ist keineswegs erschöpfend. Jenseits von »klassischen« Entscheidungsträgern wie entscheidungsrelevanten Personen aus Politik und Verwaltung, gilt es neben der Wirtschaft auch sonstige gesellschaftliche Interessengruppen (etwa Bürgerinitiativen, Grass-Roots-Bewegungen etc.) zu beachten. Auch die Medien selbst sind nicht nur neutrale Vermittler von Informationen, sondern verfolgen im politischen Raum oft Eigeninteressen. Beispiele sind politisch auffällige Artikelserien in Printmedien wie etwa der deutschen BILD-Zeitung, die etwa mit der als »Anti-Griechenland-Kampagne« bezeichneten Serie Anfang 2015 sogar die Kritik des Deutschen Journalisten-Verbandes auf sich zog.[29]

Zu beachten sind in diesem Kontext auch die sozialen Netzwerke wie Facebook, Instagram oder Twitter, teilweise auch Betreiber von Blogs, die mitunter eine große öffentliche Reichweite haben und ein breites Echo auch in den klassischen Medien finden können.

Sofern für das jeweilige Thema relevant, können auch Akteure aus Wissenschaft und Forschung zum Kreis der Stakeholder gehören. Gerade bei technologierelevanten Themen stellen diese Stakeholder eine wesentliche Anspruchsgruppe dar.

29   Vgl. o. V. (2015c).

Schließlich können – auch in unserer weitgehend säkularisierten Gesellschaft – die Kirchen und religiöse Institutionen mitunter eine wichtige Anspruchsgruppe sein. Insbesondere für die Interessenvertretung auf EU-Ebene sind zudem NGOs (Non-Governmental Organisations) wie Greenpeace, Foodwatch, NABU und IGOs (Intergovernmental Organisations) – also unter staatlicher Trägerschaft stehende und nicht gewinnorientierte, auf völkerrechtlichen Verträgen basierende Organisationen wie z. B. die WTO (World Trade Organization)[30] – von großer Bedeutung, da sie regelmäßig und effektiv auf politische Entscheidungen einwirken können.

Eine weitere Unterscheidungsmöglichkeit zwischen Anspruchsgruppen beruht auf der Analyse der für die Durchsetzung eines Anliegens relevanten Entscheidungsprozesse, der Rolle der darin relevanten Stakeholder, ihrer jeweiligen Organisationsform und ihren impliziten Interessen respektive Zielen. Konkret sind dabei zwei Ansätze, die zur Identifikation aller relevanten Stakeholder stets zu kombinieren sind, zu unterscheiden:

- formal-rechtlicher Ansatz,
- politischer Ansatz.

Der *formal-rechtliche Ansatz* identifiziert alle Stakeholder in Abhängigkeit ihrer formellen Aufgabe in einem Entscheidungsprozess, meist im Sinne rechtlicher Zuständigkeit. Erfasst werden damit vor allem staatliche Akteure, die nach ihrer rein formalen Entscheidungsgewalt kategorisiert werden. Ein Beispiel wäre hier die Frage, ob eine Materie in den Kompetenzbereich der EU bzw. einer bestimmten Institution der EU, eines Mitgliedstaats bzw. dessen Exekutive oder Legislative, oder gar einer nachgelagerten Einheit wie etwa einer Gebietskörperschaft fällt. Es versteht sich von selbst, dass dieser Ansatz für ein Interessenvertretungsprojekt unverzichtbar ist. Je komplexer ein Vorgang ist, d. h., je mehr Institutionen beteiligt sind, desto größer ist die Herausforderung, alle relevanten Personen und Gruppen zu erfassen und eine (stets aktuell zu haltende) Übersicht über die offiziellen Entscheidungsträger zu erstellen. Die dazu notwendigen Informationen lassen sich i. d. R. aus öffentlich zugänglichen Quellen erschließen (gesetzliche Regelungen, Organigramme, Medienberichte etc.).

Im Gegensatz zum formal-rechtlichen Ansatz beruht der *politische Ansatz* nicht auf formalen Kompetenzen und Zuständigkeiten, sondern auf den realen Machtverhältnissen, d. h., hier wird versucht, die informellen Machtstrukturen sowie die Bedeutung der öffentlichen Meinung zu berücksichtigen. Er orientiert sich damit gleichsam an politischen Erfahrungswerten, was der rechtliche Ansatz nicht leisten kann. Das Problem des rechtlichen, formellen Ansatzes ist, dass er die weiteren Akteure, die informellen Machtstrukturen und die Kraft der öffentlichen Meinung nicht berücksichtigt. Diese tatsächlichen Machtzusammenhänge will der politische Ansatz aufdecken – er lenkt die Aufmerksamkeit des Interessenvertreters u. a. auf Verbände,

---

30 Vgl. Gablers Wirtschaftslexikon online, http://wirtschaftslexikon.gabler.de/Definition/igos.html (zuletzt abgerufen am 19.3.2023).

NGOs, Behörden, Berater, Medien und die öffentliche Meinung. Zwar haben diese Akteure zum Teil keine unmittelbare Gestaltungsmacht. Dennoch kann ihre Bedeutung im Einzelfall höher zu gewichten sein als die der formal zuständigen Entscheidungsträger.

Der politische Ansatz der Stakeholder-Identifikation ist im Vergleich zum formalrechtlichen Ansatz weitaus schwieriger, ist der doch »von außen«, d. h. ohne persönliche Erfahrungen mit den jeweiligen Personen und die Kenntnis informeller Entscheidungsprozesse und Gestaltungsmöglichkeiten, unmöglich umzusetzen. Ob ein Head of Unit (Referatsleiter) in der Europäischen Kommission in bestimmten Fragen »das Ohr des Generaldirektors« hat und dieser wiederum vom zuständigen Kommissar als verlässlicher Ratgeber anzusehen ist, lässt sich nur durch Erfahrungen aus dem direkten Umfeld der jeweiligen Personen verifizieren. Gleiches gilt für die häufige Praxis des »Lancierens« von Medienberichten: Ohne persönlichen Kontakt in die jeweilige Redaktion wird sich kaum herausfinden lassen, wer hinter einem bestimmen Artikel »steckt«, und noch viel weniger werden Anliegen der Interessenvertreter selbst gezielt den Weg in ein bestimmtes Medium finden.

Bei beiden Ansätzen – formal-rechtlicher ebenso wie politischer Ansatz – sind schließlich nicht nur die tatsächlich relevanten (»aktiven«) Stakeholder zu beachten, sondern auch die potenziell relevanten Stakeholder. Gemeint sind nicht nur die Anspruchsgruppen, die erst in einem späteren Stadium des Entscheidungsprozesses auftreten, sondern auch solche, die zu Beginn noch gar nicht erkennbar sind. So kann sich beispielsweise ein reines Technologiethema, wie etwa die Zulassung bestimmter Fertigungsmethoden durch Aufdecken fiskalischer Folgen, zu einem Steuerthema entwickeln oder kann ein Energiethema schnell zu einem Umweltthema werden. Die Identifizierung von Stakeholdern ist folglich ein fortlaufender Prozess, der sich nicht auf eine zu Beginn eines Projekts erfolgende Auflistung beschränken darf.

Des Weiteren sollte bereits zu Beginn eines Projekts überlegt werden, welche Ressourcen seitens relevanter Stakeholder ggf. mobilisiert werden könnten, um ihre eigenen Interessen zu verfolgen.[31]

7.3.2.2 Schritt 2: Stakeholder-Mapping – Kategorisierung und Hierarchisierung

Sobald die relevanten Stakeholder identifiziert sind, wird die Beziehung der eigenen Organisation bzw. des eigenen Unternehmens zu diesen Stakeholdern erfasst und bewertet. Dabei kann es sich um bereits bestehende oder auch nur um latente Beziehungen handeln. Im Vordergrund einer solchen »Key-Player-Matrix« (siehe Abschnitt 1.3.2.7) steht zunächst die Zielrichtung der relevanten Stakeholder: Wirken deren Interessen den eigenen entgegen oder gibt es Übereinstimmungen bei den Zielen? Darüber hinaus wird natürlich auch das politische Gewicht der Stakeholder

31   Vgl. van Schendelen (2013⁴), S. 172.

bedeutsam. Hier ist zu analysieren, welches Potenzial, welche Mittel den Mitstreitern und Interessenvertretern bei ihrer eigenen Zielverfolgung zur Verfügung stehen, wie wahrscheinlich deren Einsatz ist und welche Wirkung damit erzielt werden könnte.

Dazu ist es wichtig, das »Playing Field« genau zu kennen. Maßgeblich ist dabei zunächst das Institutionengefüge, welches die Rahmenbedingungen wesentlich festlegt. In der EU sind dies die europäischen Institutionen selbst (soweit von Belang) und die Akteure in den Mitgliedstaaten, wie Parteien, Ministerien und Parlamente. Die Wege der Entscheidungsfindung, die formellen und informellen Kommunikationswege rund um das politische System sind die Grundlage für die Bestimmung und Beurteilung von Interessen. Die Stakeholder-Analyse muss also letztlich die eigentliche Machtarchitektur widerspiegeln, die sich meistens nicht vollständig aus der formalen Betrachtung der Institutionen und deren Geschäftsordnungen ableiten lässt.

Die Aufzeichnung der Beziehungen und Zugänge der eigenen Organisation zu den Stakeholdern sollte in Form der Key-Player-Matrix in erster Linie Übersichtlichkeit bieten. Als Gliederungsform ist beispielsweise eine hierarchische Sortierung möglich: Der wichtigste, also für das eigene Anliegen relevanteste Stakeholder sollte in diesem Fall als Erster aufgeführt werden. Diese Anordnung muss nicht zwingend die rechtlichen Gegebenheiten, also beispielsweise die Rangfolge von Institutionen gemäß einer Verfassung oder bürokratischen Abfolge abbilden, sondern kann und muss auch die informellen Entscheidungsstrukturen (siehe oben: politischer Ansatz) berücksichtigen.

Innerhalb einer Anspruchsgruppe sollte dann ebenfalls möglichst nach Relevanz sortiert werden. Meist wird diese Anordnung der hierarchischen Struktur der Institution selbst entsprechen, da die Rangfolge in einem Verwaltungsapparat (z. B. einer Generaldirektion der Europäischen Kommission) durchaus den Wirkungsmöglichkeiten der besagten Personen entspricht. Wesentlich ist auch, dass der erfolgte Informationsaustausch zwischen Interessenvertreter und Stakeholder festgehalten wird: Ein Interessenvertreter sollte stets genau wissen, an wen er zu welchem Zeitpunkt welche Informationen weitergegeben hat bzw. von wem er sie wann erhalten hat. Es kann mitunter schwerwiegende Folgen haben, wenn der Überblick verloren geht – was in komplexen Projekten mit Dutzenden von Akteuren schnell passieren kann. Abbildung 7.4 enthält ein fiktives Beispiel einer solchen Key-Player-Matrix.

7.3.2.3 Schritt 3: Informationsmanagement – Aufbau und Pflege einer Stakeholder-Datenbank

Zur Organisation des Projekts und der im Zuge dessen erfolgenden Kommunikation mit den relevanten Stakeholdern ist es unverzichtbar, die Kontakte und die damit zusammenhängenden Informationen systematisch zu erfassen, aktuell zu halten und zu pflegen.

Anrede	Titel	Vorname	Name	Position	Fraktion	Mitgliedstaat	Bemerkung
Europäisches Parlament							
Herr		Klaus	Heißler	Berichterstatter LIBE Ausschuss	EVP	Deutschland	(...)
Herr		Roberto	Rana-Ranez	Schattenberichterstatter LIBE Ausschuss	ALDE	Spanien	(...)
Frau		Toula	Portokalos		S&D	Griechenland	(...)
Herr		Friedrich	Walch		EVP	Österreich	(...)
(...)		(...)	(...)		(...)	(...)	(...)
Europäische Kommission							
Herr		Mindowg	Niakoschius	Kommissar für Wirtschafts- und Finanzangelegenheiten, Steuern und Zoll		Litauen	(...)
Herr		Jean-Pierre	Corgnet	Kabinettsmitglied, Berater		Frankreich	(...)
Herr		Rudolph	Rabe	Generaldirektor	EVP	Österreich	(...)
(...)		(...)	(...)		(...)	(...)	(...)
Rat der Europäischen Union							
Frau	Dr.	Sophia	Berger	Attaché/Ständige Vertretung Österreichs, Steuerfragen		Österreich	(...)
Herr		Mark	Dunleaw	Erster Sekretär/Ständige Vertretung Irlands, Finanzen		Irland	(...)
Herr	Dr.	Reiner	Schneider	Botschaftsrat/Ständige Vertretung Deutschlands, Finanzen		Deutschland	(...)
Herr		Eimuntas	Tschiurlenis	Attaché/Ständige Vertretung Litauens, Finanzfragen		Litauen	(...)
(...)		(...)	(...)		(...)	(...)	(...)
Europäische Zentralbank							
Herr		Rocco	Savoldi	Financial Stability Expert, ESRB Sekretariat		Italien	(...)

Abbildung 7.4: Key-Player-Matrix

In gleichem Maß, wie politische Prozesse und Entscheidungswege komplexer werden und gleichzeitig die Verflechtung wichtiger Akteure zunimmt, gewinnt auch das Informations- und Datenmanagement in Interessenvertretungsprojekten an Bedeutung. Anders lässt sich das Ziel, die Aufgabenbereiche und Positionen der Stakeholder (und damit möglicher Ansprechpartner) festzuhalten, alle (Ver-)Änderungen nachzuvollziehen und damit den Verhandlungsspielraum ausloten zu können, nicht erreichen. Es geht letztlich damit um eine gewisse Planungssicherheit, um nicht permanent auf Sicht steuern zu müssen und damit der Gefahr von »unknown unknowns« auf Akteursebene vorzubeugen.

Es empfiehlt sich daher, eine Datenbank aufzubauen, die alle wesentlichen Stakeholder enthält. Aus praktischer Sicht ist hier eine softwarebasierte Lösung anzuraten, wobei spezielle Datenbank- bzw. Kontaktmanagement-Software nicht unbedingt nötig ist. Gewöhnliche Anwendungen wie Microsoft Outlook bzw. bei projektspezifischen, hierarchisierten Datenbanken auch Programme wie Excel oder Access bzw. vergleichbare Programme reichen i. d. R. aus. In einer solchen Datenbank sollten zuvorderst grundlegende Informationen erfasst werden, wie etwa die Namen der jeweiligen Stakeholder bzw. die zuständigen Ansprechpartner und deren Kontaktdaten.

Bei all dem ist es entscheidend, dass die Datenbank zu jedem Zeitpunkt aktuell gehalten wird. Dies gilt zuerst für die Informationen über die Ansprechpartner, von den Kontaktdaten bis hin zu Positionswechseln innerhalb einer Institution oder gar dem gänzlichen Verlassen ihres bisherigen Wirkungsfeldes. Im politisch-ministeriellen Bereich geschieht das relativ häufig, vor allem nach Wahlen und insbesondere bei Regierungswechseln. So werden einige Abgeordnete neue Positionen in ihrer Fraktion einnehmen, ihr bisheriges Politikfeld wechseln, vielleicht gar (im mitgliedstaatlichen Bereich) ein Amt als Staatssekretär oder Minister übernehmen, andere dagegen scheiden aus dem Parlament aus. Auch in den Institutionen ändern sich häufig die Strukturen: Ressorts werden neu verteilt oder zugeschnitten, Beamte werden befördert bzw. versetzt oder bekommen neue Aufgabenbereiche zugeteilt. In Abwandlung eines bekannten Sprichwortes lässt sich sagen, dass im politischen Bereich wenig so beständig ist wie der institutionelle und personale Wandel. Das Nicht-Wissen eines Interessenvertreters um eine berufliche Veränderung bei einer Person kann beispielsweise dazu führen, dass am Ende ein falscher Ansprechpartner kontaktiert wird.

Insgesamt lässt sich festhalten, dass systematisches Stakeholder-Management durch die Identifikation, Einordnung und Erfassung der relevanten Akteure eine verlässliche Grundlage für nachfolgende Maßnahmen der Interessenvertretung ermöglicht. Erst mit ausreichender Kenntnis über die Absichten und Möglichkeiten aller infrage kommenden Akteure verfügt man über das notwendige Instrumentarium des »Schachspiels« der Interessenvertretung. Auf diese Weise werden verschiedene Szenarien erkennbar und lassen sich so besser einschätzen. Dies bedeutet wiederum zumindest eine gewisse Planungssicherheit für den Interessenvertretungsprozess und kann dessen Erfolgsaussichten wesentlich steigern.

7.4 Instrumente der Interessenvertretung

In den nächsten Abschnitten werden nun die verschiedenen Instrumente der Interessenvertretung vorgestellt. Dabei wird zwischen strukturellen und prozessualen Instrumenten unterschieden. Strukturell (organisatorisch) ist dabei zwischen den verschiedenen Organisationsformen der Interessenvertretungsinstrumente zu unterscheiden (dazu Abschnitt 7.4.1), prozessual (tätigkeitsbezogen) zwischen den verschiedenen Arten der Kommunikation des Interessenvertreters mit seinen Adressaten (dazu Abschnitt 7.4.2).

7.4.1 Strukturelle Instrumente

In welcher Weise sollte ein Unternehmen, das sich auf europäischer Ebene wirksam repräsentiert wissen will, die Vertretung seiner Interessen vor dem Hintergrund der eingangs dieses Kapitels skizzierten Trends und den Anforderungen eines effektiven Stakeholder-Managements aufstellen – über einen Verband, eine eigene Unternehmensrepräsentanz, über einen externen Dienstleister oder über eine Kombination aus diesen?

Wie zu zeigen sein wird, erfüllt jedes der strukturellen Instrumente wichtige (siehe auch Abbildung 7.6) und in der Praxis i. d. R. unverzichtbare Funktionen. Zugleich weisen jedoch insbesondere der Verband und die eigene Unternehmensrepräsentanz jeweils spezifische Defizite auf, die der optimalen Wirksamkeit einer Interessenvertretung aufgrund der geänderten Rahmenbedingungen (Vertrag von Lissabon) entgegenstehen können – sofern sich ihr »Instrumentenmix« darauf beschränkt (siehe auch Abschnitt 1.2.3 und 1.3.2). Im Ergebnis (dazu Abschnitt 7.5) wird deutlich werden, dass zwischen den einzelnen strukturellen Instrumenten gerade kein Verhältnis der Alternativität besteht: Ein effektives Stakeholder-Management bedingt vielmehr ein komplementäres Verständnis der unterschiedlichen Instrumente.

7.4.1.1 Kollektive Organisationsformen: Interessenvertretung durch Verbände

7.4.1.1.1 Allgemeine Heterogenitätsproblematik

Interessenvertreter sind Vermittler von Interessen an Legislative und Exekutive. Dabei kommt den Verbänden als organisatorische Bündelung von Interessen traditionell eine besondere Bedeutung für den politischen Prozess zu,[32] erleichtert es die Entscheidungsfindung der europäischen Institutionen doch sehr, wenn die zahlreichen Forderungen aus Wirtschaft und Gesellschaft bereits differenziert und zu einigen Alternativen aufbereitet – und gerade nicht nur aus Sicht eines einzelnen Unternehmens – vorgetragen werden. Die Diskussion der verschiedenen Standpunkte findet idealerweise innerhalb der Verbände statt, wodurch der eigentliche

---

32   Vgl. Weidenfeld (2013³), S. 157.

politische Meinungsbildungs- und Entscheidungsprozess abgekürzt und überschaubar gestaltet werden kann. Verbände können insofern als (politisch-wirtschaftliche) Willensbildungsinstrumente verstanden werden.

7.4.1.1.1.1 *Zwang zum Kompromiss auf Verbandsebene*

Allerdings ist die Wirkung der traditionellen korporatistischen Arrangements in den letzten Jahren zurückgegangen; diese Entwicklung wird sich angesichts der Europäisierung und Globalisierung weiter fortsetzen.[33] Aus volkswirtschaftlicher Sicht kann die Interessenaggregation der Verbände begrüßt werden, auch weil die Verbandstätigkeit »staatsentlastende und selbstregulative Funktionen« übernimmt.[34] Betrachtet man die verbandliche Entscheidungsfindung und -realisierung jedoch aus der betriebswirtschaftlichen Perspektive, so werden schnell drei schwerwiegende Nachteile augenfällig:

1. Die Wahrscheinlichkeit ist gering, dass Unternehmen die eigenen Interessen gegenüber abweichenden Positionen von Mitgliedern desselben Verbandes anders durchsetzen können als in Form eines oftmals unbefriedigenden Kompromisses – eine Problematik, die sich angesichts zunehmender Heterogenität der Interessenlagen der Mitgliedsfirmen in den Verbänden und aufgrund der zunehmenden Globalisierung der Wirtschaft stetig verschärft.

2. Daneben entstehen für Unternehmen, die sich im innerverbandlichen Widerstreit der Einzelinteressen nicht oder nur mit einem schwachen Kompromiss durchsetzen können, Interessenvertretungsdefizite gegenüber Politik und Verwaltung.

3. Ein weiterer Nachteil aus Sicht der Unternehmen ist die Einschränkung der Handlungsfreiheit des Verbandes, deren Ursache in der ständigen Suche nach Kompromisslösungen zu sehen ist. Ob diese eingeschränkte Handlungsfreiheit zu einer geringeren Durchsetzungskraft und damit letztlich auch geringeren Bedeutung des Verbandes insgesamt führt, wird je nach Perspektive unterschiedlich bewertet.

Vertreter der Legislative und Exekutive in der EU sehen nach den Erfahrungen von Interessenvertretern derzeit mehrheitlich (noch) keine gravierende Schwächung der Stellung der Verbände in Brüssel als Folge der steigenden Heterogenität der Mitgliederinteressen. Interessanterweise wird von einer Vielzahl von Unternehmen aus den EU-Mitgliedstaaten die Gegenmeinung vertreten. Der Grund für diese unterschiedliche Beurteilung liegt wohl darin, dass aus Sicht der administrativen bzw. politischen Entscheidungsträger ein natürliches Interesse daran besteht, mit möglichst umfassend gebündelten und objektiven Informationen versorgt zu werden, um einerseits den Prozess der Informationsaufnahme so effizient wie möglich zu gestalten und andererseits nicht zum Spielball von Einzelinteressen zu werden. Die Bündelung von Informationen wird von institutioneller Seite zwar immer noch am ehesten den

---

33   Vgl. Speth (2006), S. 43ff.
34   Haacke (2006), S. 168.

Verbänden zugetraut. Aus denselben Gründen ist jedoch aus unternehmerischer Sicht eine Schwächung der Verbände zu erwarten: Unternehmen sind grundsätzlich gerade nicht an der Vermittlung von Kompromissen interessiert, sondern wollen die Entscheidungsträger für ihre individuellen Interessen sensibilisieren,[35] nötigenfalls auch gegen die Interessen ihrer Wettbewerber am Markt.

Allerdings strebt auch die EU-Kommission zunehmend nach differenzierten und praxisnahen Informationen, die vor allem die größeren Verbände kaum liefern können. Deutlich wird dies in der Aussage eines Vize-Generaldirektors der EU-Kommission: »We usually need to go deeper than the association's view (…) [T]hey are seen as bureaucrats, not the people on the ground who know what they are talking about (…) [T]hese are the people from firms. We need the practical view (…) We are always trying to avoid lowest common denominators.«[36]

Ein weiteres Problem liegt in der einen Verband kennzeichnenden Ungebundenheit gegenüber Weisungen seitens der Mitglieder. Einerseits verleiht ihm diese Selbstständigkeit im Umgang mit Vertretern der Legislative und Exekutive eine zunächst möglicherweise größere Glaubwürdigkeit als dies bei Unternehmensvertretern mit imperativem Mandat der Fall ist. Andererseits kann die verbandliche Unabhängigkeit für ein einzelnes Mitgliedsunternehmen im konkreten Fall dazu führen, dass ein eigenes, innerverbandlich umstrittenes Interesse nicht durch den Verband vermittelt werden kann: Kommt es nicht zu einer für das Unternehmen akzeptablen Einigung, wird das Interesse im ungünstigsten Fall gar nicht artikuliert.

Auch den Verbänden ist die Problematik der Struktur der innerverbandlichen Entscheidungsfindung durchaus bewusst. So gibt es bereits verschiedene Reformbemühungen, beispielsweise bei BusinessEurope (ehemals UNICE), dem Dachverband der nationalen europäischen Industrieverbände. Die Reformen sehen meist vor, vom Konzept der Einstimmigkeit abzugehen und neben nationalen Verbänden auch Unternehmen als Mitglieder aufzunehmen oder ihnen zumindest durch Beratungsgremien eine Stimme zu verleihen. So schuf BusinessEurope beispielsweise eine Advisory and Support Group (USAG), die sich aus Vertretern großer europäischer Konzerne zusammensetzt.[37] Ziel dieses Organs soll es scin, den einzelnen Unternehmen mehr Mitsprache bei der Entscheidungsfindung auf Verbandsebene zu gewähren und auf deren praxisnähere Informationen zurückgreifen zu können. Allerdings hat auch dieses Gremium mehr als 70 Mitglieder,[38] sodass sowohl die Effizienz der Entscheidungsfindung als auch die Durchsetzung von mehr als Kompromissentscheidungen bezweifelt werden muss.

---

35   Vgl. Speth (2006), S. 45f.

36   Zitiert nach Greenwood (2002), S. 104.

37   Vgl. Greenwood (2002), S. 11; BusinessEurope Organisation, https://www.businesseurope.eu/about-us/asgroup-our-partner-companies (zuletzt abgerufen am 2.2.2023).

38   72 Mitglieder (Stand: Februar 2023), vgl. https://www.businesseurope.eu/about-us/asgroup-our-partner-companies (zuletzt abgerufen am 2.2.2023).

Auch ist eine Tendenz zu beobachten, dass immer mehr Verbände nur Unternehmen als Mitglieder aufnehmen, nicht aber andere Verbände. Außerdem entwickelt sich eine stärkere Sektoralisierung der Verbandssphäre: Zahlreiche Verbände spezialisieren sich ausschließlich auf bestimmte, klar umrissene Unternehmensinteressen auf einem einzigen, verhältnismäßig überschaubaren kleinen Industriesektor, wie dies etwa bei der Alliance for Beverage Cartons and the Environment (ACE) der Fall ist.[39] Auf diese Weise können zwar die negativen Auswirkungen der Heterogenitätsproblematik abgeschwächt werden, mit der geschrumpften Repräsentationsbasis einher geht jedoch eine deutlich spürbare Verminderung der Mitgestaltungsmöglichkeiten bei den Institutionen der EU. Man spricht in diesem Fall von dem Konflikt zwischen der »Mitgliedschaftslogik« – d. h. möglichst wenige Mitglieder, um die Homogenität zu erhalten – und der »Einflusslogik« – d. h. möglichst viele Mitglieder, um an Einflusskraft zu gewinnen.[40]

7.4.1.1.1.2 *Folge: Konflikt zwischen Mitgliedschaftslogik und Einflusslogik*

Die Arbeit der Verbände ist auf die Interessenvertretung im definierten Sinn bei den Entscheidungsträgern der EU gerichtet. Das entscheidende Kriterium erfolgreicher Verbandsarbeit ist die Realisierung der Mitgliederinteressen. Dazu bedarf es einerseits guter Routinekontakte zu Vertretern der Legislative und Exekutive, andererseits sind Kontakte zu den Leitungsebenen der Kommissariate (einschließlich der EU-Kommissare selbst) und der Leitungs- und Arbeitsebene der Generaldirektionen und auf nationaler Ebene zu Ministern, Staatssekretären und den Arbeitsebenen der Ministerien unerlässlich, um gleichsam von zwei Seiten am politisch-administrativen System mitwirken zu können. Dabei fällt einem Verband insbesondere die Kontaktaufnahme zu den höheren politischen Ebenen dann leichter, wenn seine volkswirtschaftliche Bedeutung hinreichend groß ist.

Ein Verband befindet sich also in einem steten Dilemma, einerseits möglichst groß und umfassend zu sein, um eine volkswirtschaftliche Gestaltungsmacht zu erlangen, andererseits aber die Heterogenität der Interessen innerhalb des Verbandes möglichst gering zu halten, um noch präzise und sinnvoll durchsetzbare Positionen für seine Mitglieder verfolgen zu können. Dies führt beispielsweise dazu, dass nationale Verbände wie der Spitzenverband der Deutschen Industrie (BDI), oder der wichtigste französische Industrieverband, Mouvement des Entreprises de France (MEDEF), genau wie die anderen europäischen Industrieverbände auch, zusätzlich zu ihrer Vertretung über den europäischen Verband BusinessEurope eine eigene Brüsseler Repräsentanz unterhalten, um ihre Interessen auch bei mangelndem Konsens innerhalb von BusinessEurope selbstständig vertreten zu können. Für die Verbandsstruktur bedeutet dies, dass »die Logik effektiver Einflussnahme häufig die Bildung inklusiver, zentralistischer Verbandsstrukturen erfordert«;[41] die Mitgliederintegration aber fällt

---

39   Vgl. Greenwood (2002), S. 8.
40   Vgl. Greenwood (2002), S. 46f.
41   Traxler/Schmitter (2002), S. 45.

»spezialisierten und dezentralisierten Verbänden leichter, da deren internalisierte Interessen homogener sind und die Mitglieder größere Beteiligungschancen vorfinden«.[42]

Der europäische Dachverband CEFIC (European Chemical Industry Council)	
Gegründet	• 1972 • Mehr als 170 Mitarbeiter
Mitgliederstruktur	• Vertritt direkt und indirekt etwa 29.000 kleine, mittlere und große Unternehmen mit einer Gesamtzahl von 1,2 Mio. Angestellten und einem weltweiten Marktanteil von rund 15 Prozent. • Nationale Fachverbände aus 22 Mitgliedstaaten • 8 assoziierte Fachverbände • 72 Großunternehmen • 412 »business members« kleinerer Unternehmen • 25 assoziierte Unternehmen ohne eigene Produktionsstätten in Europa • 55 Partnerfirmen mit Interesse an der europäischen Chemiebranche
Veröffentlichungen/ Positionspapiere	• Herausgabe von 21 »Positionspapieren« im Jahr 2022
EU-politische Programme	• Acht Programme (Chemical Industry & Green Deal; Chemicals Strategy for Sustainability; Chemical Safety; Climate Change & Energy; Health, Safety and Environment; Legal Affairs; Industrial Policy; Innovation)

Abbildung 7.5: Beispiel eines europäischen Dachverbands: CEFIC[43]

Aus der ausschließlichen Funktionalisierung der Verbände auf die Vertretung der Interessen ihrer Mitglieder ergeben sich für einen Verband zwei sich gegenseitig beeinflussende Faktoren: die bereits erwähnte Mitgliedschaftslogik und die Einflusslogik. Die erste beschreibt die »Ziel- und Prioritätenfestlegung, d. h. die interne Kompromiss- und Konsensbildung, (. . .) aber auch die Kontrolle über die Mitglieder, die Sicherung ›interner Verpflichtungsfähigkeit‹«.[44] Unter der Einflusslogik ist die Vertretung der Mitgliederinteressen gegenüber den Entscheidungsträgern zu verstehen. Die wechselseitige Abhängigkeit dieser beiden Faktoren besteht darin, dass zur effektiven Interessenvertretung, die das Verhandeln des Verbandes mit Vertretern von Exekutive und Legislative miteinschließt, die Verbandsvertreter sich auf das Verhalten ihrer

---

42 Traxler/Schmitter (2002), S. 45.

43 Angaben nach CEFIC (2023), http://www.cefic.org/ (zuletzt abgerufen am 20.3.2023).

44 Abromeit (1993), S. 37.

Mitglieder in dem zugesicherten Sinn verlassen können müssen. Dies setzt interne Sanktionsmöglichkeiten voraus, welche die Verbandsmitglieder verpflichten. Umgekehrt wird die interne Verpflichtungsfähigkeit schwinden, wenn keine Interessenvertretungserfolge vom Verband erzielt werden. Damit sinkt aber gleichzeitig die Stärke der verbandlichen Verhandlungsposition und schließlich die Bedeutung des Verbandes, was eine Interessenrealisierung umso schwieriger macht.[45]

Es lässt sich also feststellen, dass die verbandliche Interessenvermittlung aufgrund der Interdependenz zwischen Mitgliedschaftslogik und Einflusslogik sowie der Verfolgung von Einzelinteressen anstatt gezielter Verfolgung eines formulierten Gruppenziels durch Mitglieder – die sich aus steigender Heterogenität der individuellen Interessenlagen ergeben, insbesondere bei inklusiven zentralistischen Verbänden – den Interessen eines einzelnen Unternehmens häufig nicht bzw. bei einer Kompromisslösung nicht ausreichend gerecht wird.

7.4.1.1.2 Verbandliche Interessenvertretung »von innen« und »von außen«

Verbandliche Interessenvertretung lässt sich prinzipiell auf zweierlei Weise realisieren: zum einen als Interessenvertretung »von innen«, zum anderen als Interessenvertretung »von außen«.

Interessenvertretung von innen geschieht aus den europäischen Institutionen heraus. So gibt es beispielsweise kaum einen europäischen Abgeordneten, der nicht irgendeinem Verband angehört oder mit diesem zumindest in irgendeiner Weise assoziiert ist. Auch sind führende Vertreter von Interessenverbänden in bedeutende politische Funktionen aufgerückt, wie z. B. Monika Wulf-Mathies, die Vorsitzende des Deutschen Gewerkschaftsbundes (DGB) war, bevor sie 1994 EU-Kommissarin für Regionalpolitik wurde. Der 2014 zum Kommissar für Finanzstabilität, Finanzdienstleistungen und Union der Kapitalmärkte berufene Brite Jonathan Hill war vor seinem Amtsantritt umstritten, da er von 1998 bis 2010 bei Quiller Consultants, einem Beratungsunternehmen für strategische Kommunikation, in führender Position tätig war, zu dessen Kunden u. a. die britische Großbank HSBC gehört.[46] Darüber hinaus übte Hill immer wieder auch politische Tätigkeiten aus, so war er in den 1980er-Jahren u. a. als »Special Advisor« des damaligen englischen Ministers Kenneth Clarke tätig.[47] Eine angemessene Interessenvertretung eines Verbandes im Europäischen Parlament oder auf nationaler Ebene ist jedoch auch dann nicht garantiert, wenn sich einige Abgeordnete oder andere Amtsträger zu einem Verband bekennen. Zum einen deshalb, weil eine tatsächliche Übereinstimmung der Interessen im konkreten Einzelfall nicht unbedingt gegeben sein muss. Politiker verfolgen prinzipiell auch ihre eigenen Ziele, wobei ein Verbandsinteresse bisweilen inopportun sein kann. Hinzu kommt, dass kein Abgeordneter ein imperatives Mandat besitzt. Auch ist nicht sichergestellt, dass sich einzelne

---

45   Vgl. Abromeit (1993), S. 37f.

46   Vgl. Schmitz (2014); Mason (2014).

47   Vgl. Mason (2014).

Abgeordnete in ihrer eigenen Fraktion mit einem Anliegen eines Verbandes durchsetzen können, zumal dort auch Abgeordnete als Interessenvertreter anderer Verbände agieren und die politische Tagessituation für ein Verbandsinteresse ungünstig sein kann. Außerdem stellt sich eine breite Akzeptanz für die parlamentarische Interessenvermittlung in der Gesellschaft nur dann ein, wenn im Parlament ein Interessenausgleich zwischen den widerstreitenden Gruppen stattfindet und Kompromisse gefunden werden.

Der zweite Typus verbandlicher Interessenvertretung ist die Interessenvertretung von außen. Darunter ist die eigentliche Arbeit der Interessenverbände im klassischen Sinne zu verstehen, nämlich die Kontaktherstellung und -erhaltung zu Vertretern aus Legislative und Exekutive sowie die Transformation und Artikulation von Verbandsinteressen. Dabei erscheint ein Verband meist umso glaubwürdiger, je größer er ist. In diesem Zusammenhang sei an die oben dargestellte Balance zwischen Repräsentativität und Präzision der Stellungnahme eines Verbandes erinnert. Die Größe eines Verbandes ist dabei aber nicht gleichbedeutend mit der Mitwirkungsmöglichkeit im Einzelfall, zumal es, wie bereits erwähnt, insbesondere auf EU-Ebene häufig Schwierigkeiten mit der Entwicklung einer gemeinsamen Strategie gibt, die den Interessen aller Mitglieder ausreichend gerecht wird.

7.4.1.1.3 Kulturelle Unterschiede zwischen EU-Ebene und Mitgliedstaat als Problem für Verbände

Hinzu kommt, dass viele Verbände Schwierigkeiten mit der flexiblen Anpassung an das – im Vergleich zum politischen System der Mitgliedstaaten deutlich komplexere – Mehrebenen- und Institutionensystem der EU haben. Auf EU-Ebene wird im Vergleich zu den Mitgliedstaaten immer noch ein gewisses Demokratiedefizit bemängelt (zur Entwicklung und zum Aufbau der EU siehe Kapitel 5), das häufig eine unterschiedliche Gestaltung einer effektiven Interessenvertretung erforderlich macht. Zwar hat das Europäische Parlament mit der Ausweitung des Mitentscheidungsverfahrens zum ordentlichen Gesetzgebungsverfahren durch den Vertrag von Lissabon seine Position abermals gestärkt. Aber die nicht direkt vom Wahlvolk legitimierten Institutionen – Rat der EU und EU-Kommission – haben weiterhin entscheidende Schlüsselpositionen im Rechtsetzungsprozess inne. Darüber hinaus befindet sich das europäische politische System weiterhin in einem ständigen Wandel und die europäische Integration bleibt ein zwar langsam, aber stetig voranschreitender Prozess, in dem sich das Entscheidungsgefüge verändern kann. Dem muss eine Interessenvertretung flexibel begegnen und sich anpassen, um effektiv zu sein – eine Anforderung, der Verbände durch ihre institutionsbedingt oft langen und komplizierten Entscheidungswege nur bedingt gerecht werden können. So ist auch zu erklären, dass in Brüssel die nichtverbandlichen Interessenvertreter um ein Mehrfaches zahlreicher sind als etwa in der deutschen Hauptstadt Berlin.[48] Zudem haben Verhältnis und Gewichtung von

---

48   So agieren auf der Brüsseler Bühne auch beispielsweise viele verschiedene politikberatende Thinktanks, vgl. Weilemann (2007), S. 212–219.

verbandlicher und unternehmenseigener Interessenvertretung etwas mit der politischen Kultur der jeweiligen Staaten zu tun. Die Schwierigkeit der Verbände, sich in Brüssel ähnlich wie in Berlin als Sprachrohr der Interessen zwischen Staat und gesellschaftlichen Gruppen zu etablieren, hängt eng mit dem fragmentierten Mehrebenen- und Institutionensystem der EU zusammen, »[which] disables the ability for the EU to provide the necessary patronage required for associational strength«.[49]

7.4.1.1.4 Europäische und nationale Verbände

Vor dem so skizzierten Hintergrund ist zu fragen, ob gegenüber den Institutionen der EU eher der – quasi auf gleicher Ebene agierende – europäische Verband oder doch der nationale Verband, der auf europäischer Ebene tätig wird, die höhere Durchschlagskraft verspricht.

7.4.1.1.4.1 Europäischer Verband

Die europäischen Verbände, in denen zumeist mehrere nationale Verbände einer Branche, mitunter auch landesweit marktbestimmende Unternehmen zusammengeschlossen sind, konzentrieren sich auf die Interessenvertretung bei den Institutionen der EU.

Auch wenn mittlerweile schon etwas in die Jahre gekommen, gelten die Worte des früheren EU-Kommissars Martin Bangemann doch nach wie vor. Festzuhalten bleibt, dass sich die Interessenverbände auf EU-Ebene nicht so formiert haben, »dass sie (. . .) den gleichen Druck auf politische Entscheidungen ausüben wie in den Mitgliedstaaten«. Zur Begründung führt Bangemann an, dass »die Europapolitik in den europäischen Hauptstädten nicht den gleichen Rang hat wie die nationale Politik. Umso größer ist oft das Erstaunen und manchmal auch das böse Erwachen, wenn Brüssel wieder einmal Privilegien beseitigt, Beihilfen gekürzt oder den Wettbewerb gestärkt hat.«[50] Ein weiteres Indiz für die verkannte Bedeutung der EU ist evtl. darin zu sehen, dass viele Verbände nicht von sich aus, wie dies auf nationaler Ebene geschieht, auf die Institutionen zugehen, sondern es vielmehr die EU-Kommission selbst ist, die »als Motor der Netzwerkbildung und der Organisierung von Interessen« agiert und die verbandliche »Mitwirkung über vielfältige und differenzierte Formen der Kooperation und Kooptation systematisch organisiert«.[51] Der Auf- und Ausbau eines EU-weiten Verbändesystems ging allerdings Hand in Hand mit Integrationsschritten der EU.[52] Dabei liegen die Schwierigkeiten »für die Mitgliederintegration (. . .) auf der Hand. Sie wird allein quantitativ durch die gesamteuropäische Klientel komplexer und schwieriger. Hinzu kommt, dass Kosten und Nutzen der europäischen Integration höchst ungleich über die nationalen und subnationalen Einheiten ein- und derselben

49 Vgl. Greenwood (2002), S. 50f.
50 Bangemann (1992), S. 161.
51 Tömmel (1994), S. 278.
52 Vgl. Weidenfeld (2013), S. 154.

europäischen Interessengruppe verteilt sein dürften, sodass sich auch in dieser qualitativen Hinsicht die Probleme verbandlicher Interessenvereinheitlichung verschärfen.«[53] Diese Ansicht ist inzwischen wohl nicht mehr zu halten, da sich die europäischen Verbände mittlerweile in der Brüsseler Arena etabliert haben.[54] Insbesondere bei EU-weiter Regulierung spielen die europäischen Verbände bei der Interessenvertretung eine hervorgehobene Rolle, beispielsweise der Verband der europäischen Automobilhersteller (European Automobile Manufacturers' Association, ACEA) im Falle der Abgasemissionen.[55] Nach außen sind die Verbände aber nach wie vor kaum bekannt, weil es mangels einer gesamteuropäischen Öffentlichkeit auch an der Wahrnehmung organisierter gesamteuropäischer Interessen fehlt.

Eine weitere Schwierigkeit der Interessenvertretung durch die europäischen Verbände ergibt sich aus dem oft beklagten Demokratiedefizit auf EU-Ebene. So bestehen kaum Entzugsmöglichkeiten gegenüber dem politischen System, wie z. B. durch Wählerstimmenentzug, Investitionszurückhaltung oder Boykott und Einwirken auf die Medien. Der Organisations- und Mobilisierungsgrad der europäischen Verbände ist ebenso wie die personelle Durchdringung der Institutionen i. d. R. nach wie vor nur gering. Die Konfliktfähigkeit der Mitgliedschaft ist infolge der zumeist stark heterogenen innerverbandlichen Interessenlage kaum gegeben. Besonders schwierig gestaltet sich die gemeinsame politische Sozialisation von Verbands- und Politikeliten, da durch die räumliche Größe der EU die Schaffung persönlicher Kontakte, verglichen mit der nationalen Ebene, erheblich erschwert wird.

Die Legitimität der Verbände bemisst sich allgemein an ihrer Fähigkeit, die Interessen der Mitglieder aufzugreifen und in politikfähige Ziele umzusetzen. Es ist aufgrund des bereits Gesagten evident, dass dies für einen europäischen Verband i. d. R. große Schwierigkeiten mit sich bringt, die eine adäquate Vertretung individueller Interessen eines Unternehmens häufig behindern. Aus diesem Grund verfolgen zahlreiche Unternehmen eine zwei- oder mehrgleisige Strategie der verbandlichen Interessenvertretung, indem sie ihren jeweiligen nationalen Verband neben dem europäischen Verband in Brüssel einsetzen und/oder eng mit den nationalen Entscheidungsträgern zusammenarbeiten.

Zusammenfassend lässt sich deshalb feststellen, dass ein europäischer Verband zur Durchsetzung individueller Unternehmensinteressen auf EU-Ebene grundsätzlich nur in Ausnahmefällen, also bei großer Homogenität der innerverbandlichen Interessen, geeignet ist. Um eine definitionsgemäße Teilaufgabe der Interessenvertretung, nämlich die Informationssammlung und auch die Weitergabe von Informationen an Entscheidungsträger, zu erfüllen, eignet sich der Fachverband i. d. R. jedoch sehr gut (siehe Kapitel 3). Insbesondere um keinen eigenen Informationsnachteil gegenüber

53   Traxler/Schmitter (1994), S. 46.
54   Vgl. Lindloff/Kundolf/Bandelow (2014), S. 216.
55   Vgl. Foy/Bryant/Fontanella-Khan (2014).

konkurrierenden Unternehmen zu erleiden, die ihren Informationsbedarf unter Zuhilfenahme eines europäischen Verbandes decken, ist es für ein Unternehmen i. d. R. günstig, sich seinem europäischen Fachverband oder aber einem auf EU-Ebene tätigen nationalen Verband anzuschließen und durch ihn seinen Grundbedarf an Interessenvertretung zu bestreiten.

7.4.1.1.4.2 Nationaler Verband

Häufig sind die nationalen Verbände neben eigenen Interessenvertretungsaktivitäten zugleich Mitglied in den entsprechenden europäischen Verbandszusammenschlüssen, wie z. B. der deutsche BDI oder der französische MEDEF, die beide auch Mitglieder des europäischen Dachverbandes BusinessEurope sind, sodass hier Überschneidungen auftreten können. Die Möglichkeiten der politischen Mitwirkung auf EU-Ebene durch nationale Verbände lassen sich also grundsätzlich in folgende zwei Formen einteilen: zum einen die indirekte Interessenvertretung durch Mitarbeit in einem europäischen Verband, zum anderen die direkte Interessenvertretung durch das Agieren der nationalen Verbandsvertreter bei den Institutionen der EU.

Bei der ersten Alternative ergibt sich für den nationalen Verband insbesondere das Problem der Durchsetzung der eigenen Interessen innerhalb des europäischen Verbandes angesichts der Vielzahl von individuellen und auch national divergierenden Interessenlagen der Mitglieder. Die formalen Schwierigkeiten bei der Entscheidungsfindung im europäischen Verband wurden bereits erwähnt. Somit wird in den meisten Fällen nur ein Kompromiss herbeigeführt werden können, der keines der Mitglieder unberücksichtigt lässt. Damit aber sind einer effektiven Vertretung individueller, auch mitgliedstaatsspezifischer Unternehmensinteressen enge Grenzen gesetzt. Der ehemalige Vorsitzende des englischen Industrieverbandes CBI bezeichnete den europäischen Dachverband BusinessEurope in einem Interview in der Vergangenheit gar als »emasculated part of the Brussels establishment that will be increasingly held back to the lowest common denominator within an enlarged Europe«.[56] Aufgrund der Schwierigkeiten einer adäquaten Entscheidungsfindung sowie zur Vermeidung einer Abhängigkeit des Erfolges der nationalen Verbandsarbeit vom europäischen Verband wählen zahlreiche nationale Verbände mittlerweile neben einer aktiven Mitgestaltung der europäischen Verbandspolitik den Weg, sich durch eigene Vertreter, teils auch durch ein eigenes nationales Verbandsbüro in Brüssel, bei den Institutionen der EU vertreten zu lassen.[57] Dadurch können eventuelle Interessenvertretungsdefizite durch den europäischen Verband ausgeglichen werden.

Ein anderes Problem hat seinen Ursprung auf mitgliedstaatlicher Ebene; hier wirkt die Europäisierung der Interessenvertretung lediglich als Katalysator: Verbände verlieren auch auf ihren Heimatmärkten massiv an Bedeutung und Durchschlagskraft.

---

56 Vgl. »How Business can influence Europe«, in: *Financial Times* v. 17.11.2003, http://search.ft.com/ftArticle?queryText=UNICE+CBI&aje=true&id=031117000975&ct=0 (zuletzt abgerufen am 1.2.2015).

57 Greenwood (2011³), S. 92.

Beispiele, in denen es zwischen den Vertretern nationaler Branchenverbände und der politisch-administrativen Ebene zu gravierenden Missverständnissen gekommen ist, legen zudem die Frage nach der Effektivität der Verbände nahe. Ein Beispiel aus der Vergangenheit hierfür ist die brancheninterne Diskussion bezüglich der Pfandregelung für Getränkedosen. Hier gelang es Brauereien, Wasserabfüllern und Getränkekonzernen innerhalb eines nationalen Spitzenverbandes nicht, sich auf einen gemeinsamen Standpunkt gegenüber der Einführung eines Dosenpfands zu einigen. Deshalb waren sie in diesem Punkt gegenüber der Politik »praktisch sprachlos«.[58] Ein noch extremeres Beispiel ist die Auflösung des Verbandes der Cigarettenindustrie (VdC) 2007 wegen Streitigkeiten der Mitgliedsunternehmen über die Branchenpolitik. Anschließend gründeten sich zwei verschiedene Branchenverbände, der Deutsche Zigarettenverband (DZV) und die Interessengemeinschaft Deutsche Tabakwirtschaft e. V.[59] Diese Beispiele zeigen einen relativen Bedeutungsverlust der Verbände.[60] Ebenfalls stimmen die Strukturen in den Verbänden häufig nicht mit den Bedürfnissen der Unternehmen überein. Während vonseiten der Spitzenverbände eine »Reform der Verbändelandschaft« gefordert wird,[61] scheint eine teilweise sinkende Effektivität der nationalen Verbandsarbeit diese Forderung zu unterstreichen.

7.4.1.2 Nicht-kollektive Organisationsformen

Neben den kollektiven Organisationsformen von Interessenvertretung erlangen die nicht-kollektiven Instrumente mehr und mehr an Bedeutung. Zu unterscheiden ist dabei zwischen dem Verbindungsbüro bzw. der Repräsentanz eines Unternehmens in Brüssel (sog. Inhouse-Interessenvertretung) sowie einer Interessenvertretung durch externe Dienstleister: Im ersten Fall beschäftigt ein Unternehmen eigene Mitarbeiter bzw. unterhält Abteilungen für den Bereich Interessenvertretung (siehe dazu Abschnitt 7.4.1.2.1), im zweiten Fall delegiert das Unternehmen die Interessenvertretung an externe Dienstleister wie Agenturen und/oder Anwaltskanzleien (dazu Abschnitt 7.4.1.2.2). Schließlich sind noch die – in der Praxis bisher noch wenig bedeutsame – Zusammenarbeit mit Brüsseler Denkfabriken (Thinktanks) sowie die Entsendung eigener Mitarbeiter in die europäischen Institutionen zu nennen.

7.4.1.2.1 *Inhouse-Interessenvertretung: Die eigene Unternehmensrepräsentanz*

Insbesondere zahlreiche größere Unternehmen verfügen über eine eigene Unternehmensrepräsentanz in Brüssel. Häufig wird sie zusätzlich zur Arbeit der betreffenden Verbände eingesetzt, um individuelle Unternehmensinteressen zu vertreten. Inhouse-Interessenvertreter sind demnach nicht-kollektive Akteure, welche die Einzelinteressen eines Unternehmens eigens und exklusiv für dieses Unternehmen im europäischen politischen System vertreten.[62]

---

58   Siehe Goffert (2002).

59   Siehe Graw (2008).

60   Vgl. Brönstrup (2014).

61   Vgl. Priddat (2009), S. 194.

62   Vgl. Michalowitz (2007), S. 88.

Die Bedeutung von Unternehmensrepräsentanzen – häufig auch als Verbindungsbüro bezeichnet – hat in den letzten Jahren immer mehr zugenommen; mittlerweile ist von einer Zahl von rund 500 Büros allein in Brüssel auszugehen.[63] Nicht zuletzt dürfte dies eine Folge der bereits skizzierten Schwäche von Verbänden sein, die Interessen ihrer Mitgliedsunternehmen effektiv zu vertreten. Ohnehin herrscht auf EU-Ebene – in zumindest teilweisem Gegensatz etwa zu Deutschland (jedenfalls zu Zeiten der »Bonner Republik«) oder Frankreich – de facto keine Vormachtstellung der Verbände. Alle Interessenvertretungsinstrumente sind hinsichtlich ihrer Mitwirkungsmöglichkeiten zunächst denselben äußeren Bedingungen unterworfen; insbesondere sind sie bei ihrer Arbeit gleichermaßen auf die Kooperationsbereitschaft der legislativen und exekutiven Entscheidungsträger angewiesen. Im Vergleich zu Verbänden können Unternehmensrepräsentanzen jedoch sehr viel flexibler auf Änderungen der Sach- bzw. politischen Lage reagieren; die eingangs geschilderte Abhängigkeit von den Willensbildungsorganen der Verbände ist nicht vorhanden. So besteht denn auch der größte Vorteil eines solchen Büros sowie der übrigen nachfolgend dargestellten strukturellen Interessenvertretungsinstrumente gegenüber den Verbänden in ihrer strikten Bindung an Weisungen des Unternehmens – eine Verwässerung der Unternehmensanliegen über die Willensbildungsinstrumente einer Verbandsstruktur ist per definitionem ausgeschlossen. Auch können Unternehmensvertreter auf Feldern eingesetzt werden, die das Unternehmen nicht vom zuständigen Verband bestellt haben will – etwa dann, wenn die betroffene Thematik aus Wettbewerbsgründen nicht zu früh an eine breitere (Fach-)Öffentlichkeit gebracht werden soll.

Trotz dieser Unterschiede kommt einem Unternehmensinteressenvertreter jedoch – wie einem Verbandsvertreter – eine Schnittstellenfunktion zu: Inhouse-Interessenvertreter erhalten »ihr Gehalt als Angestellte des Unternehmens, aber sie vermitteln zwischen zwei Seiten mit unterschiedlichen Interessen«[64] – sie sind in gewisser Weise eine »dritte Ebene« zwischen Unternehmen und Politik. Daraus ergeben sich wichtige Eckpunkte sowohl für Rahmenbedingungen und Inhalte ihrer Tätigkeit (siehe Abschnitt 7.4.1.2.1.1) als auch für das Anforderungsprofil eines Unternehmensinteressenvertreters (siehe Abschnitt 7.4.1.2.1.2).

7.4.1.2.1.1 *Rolle und Tätigkeit eines Inhouse-Interessenvertreters*

Die Rolle eines Inhouse-Interessenvertreters ist sowohl nach innen als auch nach außen ausgerichtet: Unternehmensintern vermittelt er die Relevanz und Brisanz europäischer Sachverhalte und sorgt für die nötige Aufmerksamkeit bezüglich europäischer Themen aufseiten der Entscheidungsträger des Unternehmens. Im Vorfeld dazu hat er – häufig hochspezialisiertes – Monitoring zu betreiben und fungiert insofern auch als »europäischer Trendforscher im politischen Sektor« für seinen Arbeitgeber. Daraus können wichtige strategische Impulse entstehen, die vom Unternehmen

---

63 Levasier (2022), S. 30.

64 Michalowitz (2007), S. 90.

aufgegriffen und in entsprechende Interessenvertretungsstrategien umgesetzt werden. Nach außen hin eröffnet der Unternehmensvertreter Zugänge zu den politischen Entscheidungsträgern in Brüssel, häufig auch – über den Umweg der nationalen Vertretungen in Brüssel – zu Legislative und Exekutive im jeweiligen Mitgliedstaat. In gewisser Weise ist der Unternehmensrepräsentant das »Gesicht« des Unternehmens in der politischen Sphäre. Ihm kommt eine Botschafterfunktion zu und er trägt wesentlich zur Imagebildung des Unternehmens auf der politischen Bühne bei, bspw. durch Publikumspräsenz bei politischen Veranstaltungen, Teilnahme als Diskutant an Podiumsdiskussionen usw. Schließlich können Unternehmensrepräsentanzen auch flankierend zu den Aktivitäten der zuständigen Verbände eingesetzt werden – sei es als Rückfalloption für den Fall des Scheiterns der Verbandsbemühungen oder aber zur Nuancierung der Verbandsinteressenvertretung gegenüber Legislative und Exekutive, um die spezifischen Interessen des eigenen Unternehmens gegenüber der möglicherweise verwässerten Kollektivposition zu betonen. Auch eignen sie sich – gleichsam als »Interessenvertretung gegenüber der Interessenvertretung« – zur Mitwirkung an der Verbandsarbeit. Mit welchen Themen ein Verband in Brüssel unterwegs ist, lässt sich auf diese Weise zumindest beeinflussen und prägen.

Dass große Konzerne die Bedeutung eigener Unternehmensrepräsentanzen erkannt haben, lässt sich allein schon an der Personalausstattung einiger Brüsseler Büros erkennen: So arbeiten z. B. in der Konzernrepräsentanz der Volkswagen AG in Brüssel mindestens sechs festangestellte EU-Referenten, die sich tagtäglich mit der Wahrnehmung der Unternehmensinteressen befassen. Darüber hinaus gibt es innerhalb des Unternehmens über 70 weitere Personen, die Tätigkeiten ausüben, die unter das Transparenz-Register fallen.[65]

7.4.1.2.1.2 *Anforderungen an die Person des Interessenvertreters*

Für die potenzielle Effektivität eines Interessenvertreters sind zwei Faktoren besonders von Bedeutung: Zum einen sind dies die Repräsentativität des Unternehmens, für das der Interessenvertreter tätig ist, zum anderen seine individuellen Voraussetzungen.

Die erste Aussage lässt sich leicht begründen. Sicherlich wird der Vertreter eines großen Verbandes oder eines volkswirtschaftlich sehr bedeutenden Unternehmens eher in Brüssel Gehör finden als der Vertreter einer kleinen Firma – hier schlagen Skaleneffekte durch (siehe auch Abschnitt 7.4.1.1.4).

Die Frage der subjektiven Voraussetzungen bzw. personenbezogenen Rahmenbedingungen einer effektiven Interessenvertretung bedarf dagegen einer eingehenderen Betrachtung. Entscheidend ist hier der persönliche Kontakt des Vertreters zur Legislative und Exekutive, zu denen jedoch häufig und insbesondere vor dem Hintergrund der zahlreichen Konkurrenz nur schwer Zugang zu finden ist, da in den EU-Institutionen konventionalisierte Kommunikationsstränge vorherrschen. Bei der

---

65 Stand Februar 2023, vgl. https://ec.europa.eu/transparencyregister/public/consultation/displaylobbyist.do? id=6504541970-40 (zuletzt abgerufen am 2.2.2023).

Eröffnung eines unternehmenseigenen Büros ist dies bei der Auswahl des Büroleiters bzw. der einzelnen Referenten unbedingt zu bedenken, um die Nachteile gegenüber den bereits etablierten Konkurrenten sowie die Startschwierigkeiten möglichst gering zu halten. Hilfreich kann hier die Einsetzung eines ehemaligen Beamten oder Abgeordneten sein, zumal diese i. d. R. über ein weitgefächertes persönliches Beziehungsgeflecht und damit über gute Zugangschancen zu den Institutionen verfügen. Bei der Auswahl eines ehemaligen Beamten ist jedoch zu bedenken, dass sein Einsatz grundsätzlich nur im Hinblick auf seine ehemalige Generaldirektion einen Vorteil bringt. Es versteht sich von selbst, dass er vor dem Hintergrund von Zeitablauf und personeller Fluktuation die bestehenden Sympathien oft nur für einen gewissen Zeitraum für das Unternehmen nutzbar machen kann: Infolge seines Ausscheidens aus der Institution lässt bei ehemaligen Kollegen das Interesse an einem kollegialen Umgang mit der Zeit nach.

7.4.1.2.1.3 *Zentrales Problem: Vertrauen kann nicht vererbt werden*

Eine potenzielle Stärke des Instruments des Unternehmensinteressenvertreters ist zweifelsohne seine – qua Angestelltenverhältnis – starke Loyalität gegenüber dem Auftraggeber. Diese Bindung fehlt natürlicherweise bei einem Verband; bei einem externen Dienstleister (dazu sogleich) wird er i. d. R. durch die vertragliche Treuepflicht und die wirtschaftliche Anreizwirkung des Mandats substituiert.

Das Spiegelbild der Loyalität des Interessenvertreters gegenüber seinem Unternehmen ist jedoch die Bindung des Unternehmens an eine einzelne Person (sei es der als »Einzelkämpfer« tätige Unternehmensrepräsentant oder der meist für die Top-Kontakte eingesetzte Leiter des Verbindungsbüros) und ihr persönliches Netzwerk. Hierin liegt ein zentraler Nachteil des Unternehmensrepräsentanten gegenüber anderen Instrumenten der Interessenvertretung begründet: Das ihm vonseiten der Entscheidungsträger in Legislative und Exekutive entgegengebrachte Vertrauen, zugleich Grundbedingung effektiver persönlicher Netzwerke, lässt sich nicht vererben. Sobald der Unternehmensrepräsentant aus seinem Amt scheidet – aus welchen Gründen auch immer –, geht dem Unternehmen unweigerlich auch ein großer Teil der Zugangsmöglichkeiten verloren. In aller Regel werden es sich nämlich selbst große Konzerne nicht leisten, eine Vielzahl hochrangiger – d. h. mit dem Zugang zu relevanten Entscheidungsträgern versehene – Interessenvertreter auf dem Gehaltszettel zu haben. Das Resultat ist eine enorme Abhängigkeit von (meist) einer einzelnen Person, was gerade im Rahmen der meist langwierigen Rechtsetzungsprozesse auf europäischer Ebene ein hohes Risiko bedeuten kann. Der gute Name des Unternehmens allein – dies haben selbst große Konzerne in Brüssel schon des Öfteren feststellen müssen – garantiert noch lange nicht, bei den maßgeblichen Entscheidungsträgern auch Gehör zu finden.

7.4.1.2.2 Externer Dienstleister

Eine weitere Möglichkeit, seine Interessen vor Ort zu vertreten, besteht in der Zusammenarbeit mit einem externen Dienstleistungsunternehmen im Bereich der Interessenvertretung. Ein solcher externer Dienstleister kann für das Unternehmen, selbst wenn es ein eigenes Vertretungsbüro in Brüssel unterhält, bedeutenden Added Value generieren, da die interne Expertise des Unternehmens durch externe Kompetenzen ergänzt wird. Dabei sind klassischerweise Public-Affairs-Agenturen und Anwaltskanzleien, die insbesondere inhaltsorientiert arbeiten, von den Governmental-Relations-Agenturen zu unterscheiden, die insbesondere prozessorientiert arbeiten (siehe Abschnitt 1.2 und 1.3). Diese Unterscheidung ist wesentlich, da jeder der drei externen Dienstleister auch unterschiedliche Bedürfnisse bedient und daher auch unterschiedliche Kernkompetenzen aufweist. Am Ende des Abschnitts wird noch kurz auf zwei Sonderformen externer Dienstleister in EU-Europa eingegangen, die ebenfalls primär inhaltsorientiert sind: Thinktanks und die Entsendung eigener Mitarbeiter in die EU-Institutionen.

7.4.1.2.2.1 Public-Affairs-Agenturen

Public-Affairs-Agenturen (PA-Agenturen, zum Teil auch als Abteilung größerer Public-Relations-Agenturen organisiert) haben ihren Schwerpunkt regelmäßig im inhaltlichen, weniger im prozessualen Bereich der Interessenvertretung.[66] Sie erbringen Monitoring-Dienstleistungen, führen inhaltliche Analysen zu bestimmten Politik- und Gesellschaftsfeldern durch (beispielsweise Analysen zum aktuellen Diskussionsstand der Energiepolitik, zum Image eines Unternehmens in der Politik), stellen Profil- und Positionsanalysen etwa zu Parlamentariern oder Kommissionsmitgliedern an, werden beratend bei der Aufstellung von Kommunikationskonzepten im politischen Umfeld eines Unternehmens tätig (beispielsweise im Bereich der Kampagnenplanung), koordinieren in enger Abstimmung mit der PR-Abteilung des Unternehmens die Öffentlichkeitsarbeit in politisch sensiblen Bereichen (Erstellung von Pressetexten etc.), leisten logistische Unterstützung beim Kontaktmanagement und – ein wichtiges Geschäftsfeld der Agenturen – organisieren Veranstaltungen wie Podiumsdiskussionen, politische Gesprächsrunden, Parlamentarische Abende etc.

Wie aus dieser Auflistung bereits ersichtlich, erfüllen PA-Agenturen für ihren Auftraggeber in erster Linie eine beratende und unterstützende Funktion; die eigentliche Interessenvertretungsarbeit wird ihnen häufig nicht überlassen.[67] In der Regel haben die Agenturen auch inhaltliche (sachpolitische) Schwerpunkte; es empfiehlt sich also, für verschiedene Anliegen auch unterschiedliche Agenturen einzusetzen.

Der größte Vorteil einer PA-Agentur liegt in ihren flexiblen Einsatzmöglichkeiten: PA-Agenturen arbeiten in aller Regel projektbezogen, was dem Auftraggeber kurzfristige

66 Vgl. Sebaldt (2007), S. 112.
67 Vgl. Michalowitz (2007), S. 94.

Einsätze zur Unterstützung der eigenen Ressourcen ermöglicht. Als Stand-alone-Lösung für die Interessenvertretung eines Unternehmens sind die Agenturen jedoch in aller Regel nicht geeignet.

7.4.1.2.2.2 *Anwaltskanzleien*

Sowohl Verbände als auch Unternehmen verlassen sich bei rechtlich komplexen Themen – auf europäischer Ebene eher die Regel als die Ausnahme – selten ausschließlich auf die eigene juristische Kompetenz und greifen auf externen juristischen Sachverstand zurück. Vor allem in Brüssel, zum Teil aber auch in den Mitgliedstaaten selbst, hat sich dafür ein hochspezialisierter Markt gebildet. Die beteiligten Anwälte zielen mit ihrer Dienstleistung jedoch nicht allein auf die reine Rechtsberatung ab, sondern werben darüber hinaus auch mit politischem Sachverstand und Einfühlungsvermögen an der Schnittstelle zwischen Recht, Wirtschaft und Politik.

Wie groß der Markt ist, lässt sich gerade bei Anwaltskanzleien schwer abschätzen. Laut Suchergebnis im Transparenz-Register waren Anfang 2023 86 Anwaltskanzleien registriert.[68] Neben europäischen sind auch andere internationale Law Firms wie White & Case, Linklaters und Baker & McKenzie auf EU-Ebene aktiv.[69]

Typische Dienstleistungen sind die Vorfeldanalyse des rechtlich-politischen und regulatorischen Unternehmensumfeldes in Brüssel, das Monitoring relevanter Themen im Bereich der europäischen Rechtspolitik, die konkrete Einschätzung und Begleitung maßgeblicher Rechtsetzungsverfahren, die Unterstützung eines Unternehmens in europäischen Hearing-Verfahren durch Gutachten und Positionspapiere oder die juristische Vorbereitung für Anträge oder Anfragen an die europäischen Institutionen. Im Rahmen solcher mittelbarer Maßnahmen ist korrektes juristisches Arbeiten vonnöten; hier liegt die Kernkompetenz der Anwaltskanzleien.[70] Auch ihre Arbeit ist – grob zusammengefasst – vor allem inhaltsorientiert.

Insgesamt ist die immer stärkere Präsenz der Kanzleien im Bereich der Interessenvertretung Folge der starken Verrechtlichung politischer und administrativer Verfahren. Werden Brüsseler Sozietäten für ihre Mandanten oftmals zunächst nur im Rahmen der Bewältigung von juristischen Angelegenheiten tätig, ergibt sich ihre Einsetzbarkeit als strukturelles Interessenvertretungsinstrument gewissermaßen als Nebenprodukt dieser Tätigkeit. Als Interessenvertreter vertritt die Sozietät die Interessen eines oder mehrerer Klienten im Vorfeld der Brüsseler Gesetzgebung. Erfolgt dies nur im konkreten Einzelfall, so verfügt sie allein über den Standortvorteil in der europäischen Hauptstadt, der das Nichtbestehen einer Brüsseler Vertretung des Unternehmens evtl. ausgleichen kann. Auch hierbei ist es wieder entscheidend, welchem Umfeld die

---

68 Stand Februar 2023, vgl. https://ec.europa.eu/transparencyregister/public/consultation/statistics.do?locale= en&action=prepareView (zuletzt abgerufen am 2.2.2023)

69 Vgl. Transparenz-Register, Europäische Kommission (2023).

70 Vgl. Burholt/Reulecke (2007), S. 107; Bender/Reulecke (2003), S. 154f.

Mitarbeiter der Sozietät entstammen und welche Persönlichkeit sie besitzen, um den richtigen diplomatischen Zugang zu den Entscheidungsträgern zu finden. Genau hier liegt i. d. R. die Schwäche der Anwaltskanzleien: Häufig liegt ihre Kernkompetenz eben nicht im Bereich des Prozessualen, sondern vielmehr im Bereich des Inhaltlichen, namentlich der Rechtsberatung. Eine gute juristische Betreuung ist zweifellos wichtig, gerade wenn es um Projekte geht, die komplexe rechtliche Fragen mit sich bringen. Sie ersetzt aber nicht das, was effektive Interessenvertretung vor allem ausmacht: dem Unternehmensanliegen *im politischen Prozess* zur Durchsetzung zu verhelfen. Kurz gesagt: »Die politische Tätigkeit von Anwälten endet regelmäßig dort, wo das eigentliche Lobbying beginnt.«[71]

Hinzu kommt die im politischen Alltag nicht zu unterschätzende Problematik der juristischen Ausdrucksweise. Ein guter Jurist hat gelernt, möglichst präzise, detailliert und bedeutungsgenau zu formulieren, was i. d. R. inhaltlich ebenso wie sprachlich komplexe und ausführliche Dokumente zur Folge hat. Häufig geht dies zulasten der Allgemeinverständlichkeit und der Kompatibilität mit der Sprache der Politik. Umso wichtiger erscheint daher eine »besondere Transferarbeit«[72] vor der Weitergabe eines Dokuments an den jeweiligen Entscheidungsträger in Legislative und Exekutive, d. h. eine Umsetzung der juristischen Dokumente in eine dem Einsatz und Adressaten gerecht werdende Textfassung. Unbedingt vermieden werden sollten detaillierte, seitenlange Formulierungsvorschläge zu speziellen Rechtsetzungsvorhaben: Zum einen erweckt dies bei Bekanntwerden den Eindruck, hier würden Aufgaben staatlicher Organe weitgehend unkontrolliert auf Private ausgelagert; zum anderen besteht die große Gefahr, dass sich die Adressaten in Legislative und Exekutive bevormundet fühlen und dem Vorschlag in der Folge eher ablehnend gegenüberstehen.

7.4.1.2.2.3 *Governmental-Relations-Agenturen*

Im Gegensatz zu Anwaltskanzleien und PA-Agenturen haben Governmental-Relations-Agenturen ihren Tätigkeitsschwerpunkt nicht im Bereich der inhaltlichen Beratung, sondern in der Prozesskompetenz. Die Kombination aus Prozessstrukturkompetenz (siehe Abschnitt 1.3.2.5), Perspektivenwechselkompetenz (siehe Abschnitt 1.3.2.6) und Prozessbegleitkompetenz (siehe Abschnitt 1.3.2.7) sind hier der Schlüssel zum Erfolg. Die Arbeitsweise einer Governmental-Relations-Agentur muss an dieser Stelle nicht noch einmal beschrieben werden, da die Prozesskompetenz und ihre drei Teilkomponenten ausführlich in Abschnitt 1.3 behandelt wurden. Es sei jedoch noch einmal betont, dass die Komplexität des Mehrebenensystems der Europäische Union mit seinen vielen Akteuren, Entscheidern und formellen und informellen Verfahren mithilfe der Prozesskompetenz reduziert und handhabbar gemacht wird.

---

71 Bender/Reulecke (2003), S. 155; vgl. auch Burholt/Reulecke (2007), S. 109: »Als Kontaktvermittler in die Politik sollten Rechtsanwälte aus wirtschaftsberatenden Kanzleien nicht fungieren.«

72 Bender/Reulecke (2003), S. 157.

Interessenvertretungsprozesse, insbesondere im Bereich der Governmental Relations (man denke beispielsweise an Gesetzgebungsverfahren und politische Debatten in der EU), sollten langfristig und strukturell, nicht nur projektbezogen angelegt sein, um kontinuierlich und perspektivisch die Interessen des Auftraggebers im politischen Raum begleiten zu können (siehe hierzu weiter unten »Projektbezogener oder struktureller (langfristiger) Ansatz?«).

In dieser Form ist Interessenvertretung als aktive Tätigkeit zu begreifen, die sich in vorausschauender Weise der zielgerichteten Kommunikation mit Entscheidungsträgern der Exekutive und der Legislative widmet.

Auf dem Brüsseler Markt bewegen sich in ihrer personellen Ausstattung sehr unterschiedlich aufgestellte Dienstleister: Es finden sich sowohl Einzelpersonen – häufig ehemalige Amts- oder Mandatsträger aus den Institutionen der EU – als auch größere Agenturen mit zehn und mehr Mitarbeitern vor Ort. Entsprechend unterschiedlich sind auch die Einsatzmöglichkeiten der Dienstleister: Während eine gut vernetzte »Ein-Mann-Agentur« für die Herstellung von Kontakten und die einzelfallorientierte Vermittlung von Inhalten in den politischen Prozess gut geeignet sein kann, stößt sie bei komplexeren Projekten sehr schnell an die Grenzen ihrer Leistungsfähigkeit. In diesem Bereich sind eine größere Infrastruktur und eine Mehrzahl von Interessenvertretern erforderlich, die zum Teil gleichzeitig an verschiedenen Projektabschnitten zum Einsatz kommen.

Der prozessuale Fokus der Governmental-Relations-Agenturen bringt zentrale Vorteile gegenüber anderen Instrumenten der Interessenvertretung mit sich:

- **Keine Heterogenitätsprobleme**
  Wie im Abschnitt zur Interessenvertretung durch Verbände erläutert, kann deren tendenziell branchenkollektive Ausrichtung häufig die Interessen eines einzelnen Unternehmens, die sich mitunter stark von denen der anderen Verbandsmitglieder unterscheiden können, nur unzureichend vertreten. Vor dem Hintergrund dieser Heterogenitätsproblematik ist es aus der Sicht der Unternehmen deshalb sinnvoll, die Basis der Interessenvertretung zu erweitern, wodurch eine effizientere, auf die eigenen Bedürfnisse zugeschnittene Interessenvertretung ermöglicht wird, welche von Verbänden nicht in gleicher Weise geleistet werden kann. Diese Erweiterung kann durch das Hinzuziehen eines externen (Prozess-)Partners geschehen. Der Einsatz eines solchen Partners bringt Vorteile hinsichtlich der Möglichkeit eines flexibleren Handelns und schnellerer Reaktionsmöglichkeiten mit sich. Ein Dienstleister kann zudem aufgrund seiner Externalität als intermediärer Vermittler zwischen der (EU-)Politik und dem Auftraggeber agieren.
- **Maßgeschneiderte Dienstleistung**
  Wie bereits angedeutet, bestehen zwischen den verschiedenen externen Dienstleistern erhebliche strukturelle Unterschiede, die entsprechende qualitative Konsequenzen haben. Daneben ist ebenso wie bei den Mitarbeitern einer

Unternehmensrepräsentanz das persönliche Umfeld der handelnden Interessenvertreter von ganz entscheidender Bedeutung. Verfügt ein externer Dienstleister über Netzwerke in Brüssel und zugleich in einigen europäischen Hauptstädten – idealerweise EU-weit –, so bestehen optimale Möglichkeiten zum wechselseitigen Informationsaustausch, was sich sehr positiv auf die Gesprächsbereitschaft der Legislative und Exekutive auswirken kann. Darüber hinaus verfügt der externe Dienstleister dadurch auch über die Möglichkeit, Anliegen nicht nur direkt in Brüssel einzubringen, sondern auch über die nationalen Ebenen mit den zuständigen EU-Institutionen in Verbindung zu treten, was den Anforderungen einer Multi-Level-Interessenvertretung entspricht. Insgesamt hat der Auftraggeber also die Möglichkeit, sich eine genau seinen Anforderungen entsprechende Agentur auszuwählen; er ist gerade nicht an eine vorgegebene Infrastruktur gebunden (wie etwa bei dem für ihn zuständigen Verband) und kann – bei multinationalen Konzernen ein wichtiger Aspekt – den Dienstleister in eine europa- bzw. weltweite politische Kommunikationsstrategie einbinden bzw. eine solche u. U. sogar erst mit ihm zusammen entwickeln.

- **Verringertes Risiko des Vertrauensverlusts**
  Die Abhängigkeit eines Unternehmens, Verbandes oder einer Organisation von der Person des angestellten Repräsentanten in Brüssel kann, wie dargestellt, zu Schwierigkeiten führen, sobald der Repräsentant aus dem Unternehmen ausscheidet. Kurz gesagt: Vertrauen kann nicht vererbt werden; ein Transfer des persönlichen Netzwerks des Repräsentanten auf seinen Nachfolger im Unternehmen ist in der Praxis so gut wie ausgeschlossen. Anders der externe Dienstleister: Zwar besteht auch hier – naturgemäß – das Risiko des Verlusts persönlicher Netzwerke beim Ausscheiden von Mitarbeitern des Dienstleisters. Allerdings sind die Netzwerke hier gleichsam auf mehrere Schultern verteilt; der Ausfall eines Interessenvertreters kann meist durch andere Mitarbeiter aufgefangen werden. Die Top-Kontakte bestehen überdies i. d. R. auf der höchsten Leitungsebene der Agentur, die einer geringen Fluktuation unterliegt. Entscheidend tritt hinzu, dass das Vertrauen der Entscheidungsträger in Exekutive und Legislative i. d. R. mit der Governmental-Relations-Agentur selbst verbunden ist, sodass personelle Verluste leichter ausgeglichen werden können als bei Einzelrepräsentanten. Wird hingegen der (häufig einzige) unternehmenseigene Repräsentant ausgewechselt, ist dies gleichbedeutend mit einem »Kaltstart«.

7.4.1.2.2.4 *Projektbezogener oder struktureller (langfristiger) Ansatz?*

Hinsichtlich des Zeithorizonts lassen sich vor allem zwei Arten von Kundenverhältnissen unterscheiden: zum einen die kurzfristige, lediglich projektbezogene Beauftragung, zum anderen die langfristige, strukturelle Betreuung aller Anliegen des Unternehmens im Bereich der Interessenvertretung.

Der projektbezogene Einsatz eines externen Dienstleisters hat den Vorteil, dass dessen individuelle Fähigkeiten oder spezielle Kontakte durch entsprechende Auswahl nach

Maßgabe der Anforderungen des individuellen Projekts abgerufen und somit optimal genutzt werden können. Dies kann sich im Einzelfall als durchaus zweckdienlich erweisen. Nach Abschluss eines Projekts oder bei Erbringung lediglich unbefriedigender Leistungen kann dem externen Dienstleister zudem i. d. R., sofort gekündigt werden, weswegen er flexibler einsetzbar ist als etwa eine Unternehmensrepräsentanz mit ihren Mitarbeitern.

Die Nachteile eines rein projektbezogenen Ansatzes sind nicht zu vernachlässigen: Gerade in komplexen Branchen und Projekten bedarf es häufig einer gewissen Anlaufzeit, bis externe Dritte ein Anliegen eines Auftraggebers so weit verinnerlicht und verstanden haben, dass sie es überzeugend, glaubwürdig und seriös an legislative und exekutive Entscheidungsträger vermitteln können. Hier erscheint gerade ein langfristiges Engagement als Schlüssel zum Erfolg. Hinzu kommt, dass spezifische Anliegen von Auftraggebern nur dann wirkungsvoll in die europäischen und mitgliedstaatlichen Institutionen vermittelt werden können, wenn langjährige, vertrauensvolle Arbeitsbeziehungen bestehen. Der projektbezogene Ansatz bietet sich daher bei kurzfristigen und schnell auszuführenden Aufträgen mit Schwerpunkt auf inhaltlichen Fragen an. Bei vielschichtigen und langfristigen Themen und Verfahren in der EU hingegen, die u. a. einer intensiven Prozessbegleitung bedürfen, ist eine strukturelle Zusammenarbeit zwischen Auftraggeber und Agentur (Governmental-Relations-Agentur) notwendig, um eine erfolgreiche Lösung ermöglichen zu können.

Die folgenden drei Probleme ergeben sich beim projektbezogenen Einsatz externer Dienstleister:

1. Wird der externe Dienstleister für einen Auftraggeber tätig, in dessen Branche er keine oder nur wenig belastbare Netzwerke in den europäischen Institutionen unterhält, entstehen beträchtliche Reibungsverluste bzw. wird ein Projekt in den meisten Fällen nicht erfolgreich zu realisieren sein.

2. Ist der Dienstleister wiederum sehr häufig in einer Branche tätig, wird er – und damit letztlich sein Auftraggeber – mit dem Problem wechselnder Loyalitäten konfrontiert: Tritt ein Interessenvertreter heute für Wettbewerber A, morgen für Wettbewerber B und übermorgen für Wettbewerber C auf, kann dies nur dann glaubwürdig und seriös sein, wenn all diese Auftraggeber gleichgerichtete Interessen haben. Dass dies in den seltensten Fällen gegeben sein wird, liegt auf der Hand. Bei Anwaltskanzleien wird diesem Problem durch sog. Chinese Walls oder – im Extremfall – mit der Ablehnung des Mandats begegnet. Ob ein derartiges Problembewusstsein bei Interessenvertretungsagenturen besteht, ist unklar – sofern sie ihre Kunden nicht strukturell betreuen und grundsätzlich nach dem Prinzip des »Only One Interest«, also der Branchenexklusivität arbeiten, ist Interessenkonflikten und dem Verlust der Glaubwürdigkeit bei Entscheidungsträgern in Legislative und Exekutive aber letztlich Tür und Tor geöffnet.

3. Der Aspekt der Interessenkonflikte ist dabei besonders hervorzuheben: Die Agenturen erlangen im Zuge der Mandatsbeziehung naturgemäß höchst vertrauliche Informationen über den Auftraggeber, seine Produkte und seine Strategie (häufig

weit über die Frage der politischen Kommunikation hinausgehend). Vor diesem Hintergrund muss ein Auftraggeber ohnehin gut abwägen, welche Informationen überhaupt an den Dienstleister herausgegeben werden und wo der Vertraulich-keitsfaktor die Herausgabe hindert (mit dem Nebeneffekt, dass der Dienstleister, der gleichsam »im partiellen Blindflug« unterwegs ist, seine Klienten möglicher-weise nicht glaubhaft vertreten kann). Wird der Dienstleister hingegen mit allen erforderlichen Informationen ausgestattet, ist die Vertraulichkeit nach Abschluss der Mandatsbeziehung zwar durch nachvertragliche Schweigepflichten abgesichert; dennoch verbleibt ein faktisch nicht unwesentliches Restrisiko. Dieses Risiko tritt zwar im Grundsatz bei jeder Art von Mandatsbeziehung auf – es multipliziert sich jedoch, je kurzfristiger und austauschbarer eine solche Beziehung ist.

Ganz allgemein gilt: Werden Interessen lediglich im Rahmen einer »Case-of-Emergency-Dienstleistung« vertreten, wird dem Auftraggeber bzw. seinem Anliegen nicht die erforderliche Beachtung im Entscheidungsprozess zuteil. Es ist bereits erläu-tert worden, dass die Informationsstränge zwischen Wirtschaft und europäischen Ins-titutionen keine Einbahnstraßen sind – Kommunikationsprozesse beruhen auf Gegenseitigkeit, d. h., ein MdEP oder ein Beamter der EU-Kommission wird nach einer gewissen Zeit die Befassung mit Anliegen eines Unternehmens ablehnen, wenn nicht auch er in seiner Eigenschaft als Entscheidungsträger durch die Verschaffung von Informationen, die er im Rahmen seiner Tätigkeit verwerten kann, Nutzen zieht. Dies kann aber nur unabhängig vom Tagesgeschehen, also gerade in ruhigeren Zeiten, funktionieren. Kurz gesagt: Eine zielgerichtete und effektive Kommunikation mit legislativen und exekutiven Entscheidungsträgern muss zu einem sehr frühen Zeit-punkt einsetzen – noch bevor ein Projekt überhaupt akut geworden ist – und darf den Erfolg nicht dem späten Zufall überlassen.

7.4.1.2.2.5 *Thinktanks*

Als Thinktanks (Denkfabriken) werden Forschungsinstitute oder informelle Zusam-menschlüsse von Wissenschaftlern, (ehemaligen) Politikern oder Unternehmen bezeichnet, die sich der Forschung, der wissenschaftlichen Politikberatung sowie der Veröffentlichung ihrer Forschungsergebnisse widmen.[73] Die Forschung dieser Institute ist dabei in den meisten Fällen zwar grundsätzlich wissenschaftlich neutral und objektiv, allerdings besteht häufig eine gewisse Gebundenheit an weltanschauliche Prämissen, die von vornherein zu einer induktiven und interessengeleiteten Heran-gehensweise bei der Behandlung des Untersuchungsgegenstandes führt. Letztlich sind Thinktanks »ein Medium zur Transformation von theoretischem Wissen zu praktischer Verwertbarkeit«.[74] Thinktanks haben aber in der EU heute noch nicht die bedeutende Stellung, die sie beispielsweise bei der Interessenvertretung in den USA einnehmen.

---

73 Dazu ausführlich Weilemann (2007), S. 212ff.
74 Wessels/Schäfer (2007), S. 200.

Häufig werden derartige Einrichtungen von namhaften Unternehmen oder bestimmten gesellschaftlichen Gruppen unterstützt; damit ist die wissenschaftliche Unabhängigkeit meist nicht gegeben. Zumeist sind diese Einrichtungen offensive Werber ihrer eigenen Ideen und vertreten vehement bestimmte Interpretationen der Forschungsergebnisse. Denkfabriken untermauern deshalb häufig die Interessen bestimmter Gruppen, wie das Beispiel von Deutsche Bank Research deutlich macht.[75] Unabhängig davon können Thinktanks auf europäischer Ebene durchaus »sanft« mitwirken, wobei dies aber vor allem die Makroebene betrifft.[76] Aus Sicht eines Unternehmens, Verbandes oder einer Organisation eignen sich solche Einrichtungen nur sehr bedingt für eine zielgenaue Interessenvertretung und gehören – folgt man der eingangs vorgenommenen Kategorisierung (Kapitel 3) – eher in den Bereich der Public Relations, evtl. der Public Affairs, also zur vor allem inhaltsorientierten Interessenvertretung. Allenfalls könnte die wissenschaftliche Untermauerung bestimmter Anliegen eines Auftraggebers ein gewisses Maß an Öffentlichkeit erzielen. Dessen ungeachtet dürfte die Wirkung solcher Ergebnisse im politischen Bereich eher gering sein, vor allem dann, wenn dort die wissenschaftlich-weltanschauliche Ausrichtung des Thinktanks bekannt ist.

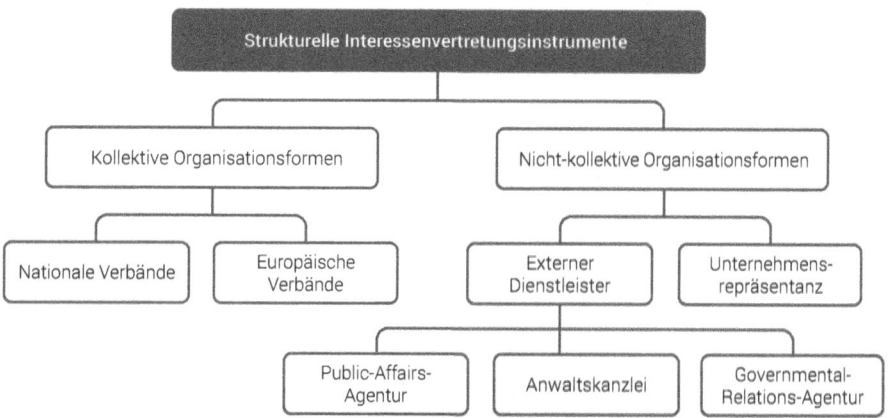

Abbildung 7.6: Mögliche strukturelle Interessenvertretungsinstrumente auf europäischer Ebene

7.4.1.2.2.6 *Entsendung eigener Mitarbeiter an die Institutionen*

Schließlich gibt es noch die Möglichkeit, einen Mitarbeiter aus dem eigenen Unternehmen, Verband oder der eigenen Organisation der Europäischen Kommission oder dem Europäischen Parlament als Experten zur Verfügung zu stellen. Da der Mitarbeiter für den betreffenden Zeitraum, dies können auch mehrere Jahre sein, zumeist nicht von den EU-Institutionen bezahlt wird, wird die Entsendung eines

---

75 Vgl. etwa Deutsche Bank Research: Dieser Thinktank sieht sich selbst als Beobachter des operativen Umfeldes der Deutschen Bank, https://www.dbresearch.de/ (zuletzt abgerufen am 10.2.2015).

76 Vgl. Wessels/Schneider (2007), S. 210, ein Beispiel hierfür ist der deutsch-französische Thinktank *Bruegel*, vgl. Bonse (2009), S. 7.

solchen Interessenvertreters jedoch lediglich für sehr große Unternehmen, Verbände und Organisationen eine realisierbare (bezahlbare) Möglichkeit darstellen. Hinzu kommt, dass ein solcher Mitarbeiter bei der EU-Kommission oder dem Parlament nur für einen bestimmten begrenzten Bereich zuständig ist, sodass er i. d. R. keine übergreifenden Kontakte zu anderen Bereichen, Generaldirektionen etc. unterhalten kann und daher auch nur in seinem speziellen Einsatzgebiet von Nutzen sein kann. Außerdem hat ein entsandter Mitarbeiter keinerlei eigene Entscheidungsbefugnisse.

7.4.1.3 Kosten der verschiedenen Instrumente

Neben den bisher betrachteten, rein qualitativen Kriterien (wie möglichen Einsatzbereichen, Durchschlagskraft und Vertraulichkeitsgewährleistung) spielen natürlich auch quantitative, mithin betriebswirtschaftliche Kriterien bei der Erarbeitung einer individuellen Interessenvertretungsstrategie und der Auswahl konkreter Instrumente eine wichtige Rolle. Im Folgenden sollen dazu insbesondere aus Sicht eines Unternehmens, aber mit Abstrichen ebenso gültig für andere Betroffene, die Kosten für (1) eine Verbandsmitgliedschaft (insbesondere inhaltsorientierte Interessenvertretung), (2) für eine eigene Unternehmensrepräsentanz und (3) für einen externen Dienstleister (unterschieden zwischen insbesondere inhaltsorientiert arbeitender Public-Affairs-Agentur und Rechtsanwaltskanzlei sowie vorwiegend prozessorientierter Governmental-Relations-Agentur) gegenübergestellt werden.

7.4.1.3.1 Kosten für einen Verband

Welche Kosten einem Unternehmen für die Aktivitäten der zuständigen Verbände in Brüssel entstehen, lässt sich nur im Rahmen einer Schätzung angeben, werden doch sowohl von Unternehmens- als auch von Verbandsseite meist nur näherungsweise Angaben gemacht. Verbände geben lediglich die Gesamtkosten für ihre Interessenvertretungsaktivitäten in Brüssel an; so hat etwa der Bundesverband der Deutschen Industrie (BDI) im Geschäftsjahr 2022 zwischen 3,0 und 3,5 Mio. Euro, die Bundesvereinigung der Deutschen Arbeitgeberverbände (BDA) 2022 zwischen 1,75 und 2,0 Mio. Euro und die Deutsche Industrie- und Handelskammer (DIHK) bis zu 3,0 Mio. Euro für direkte Interessenvertretungsarbeit in Brüssel ausgegeben.[77] Diese Kosten lassen sich allerdings nicht direkt auf die Mitgliedsunternehmen verteilen: Die Aktivitäten der Verbände auf EU-Ebene sind in den Beiträgen der Unternehmen für die Mitgliedschaft in nationalen Verbänden bereits enthalten und werden nicht separat in Rechnung gestellt. Das Unternehmen muss daher sowohl die nationalen als auch die europäischen Aktivitäten des Verbandes in eine Kosten-Nutzen-Rechnung einstellen, um zu einer Bewertung zu gelangen.

Anders ist dies naturgemäß bei Verbänden, die allein auf europäischer Ebene tätig sind, wobei hier die Dachverbände außer Betracht bleiben müssen (sie finanzieren sich über Beiträge der Mitgliedsverbände und damit nur indirekt über die an diese

---

77   Alle Angaben gemäß Transparenz-Register, Europäische Kommission (2023).

entrichteten Beiträge von Unternehmen). Mangels entsprechender Veröffentlichungen der Verbände können an dieser Stelle jedoch nur Beispiele aus empirischen Untersuchungen angeführt werden: So ergab eine Studie zu 135 britischen Verbänden[78] eine Spannweite der jährlichen Beträge von 0 bis 800.000 Euro. Der durchschnittliche jährliche Beitrag für mittlere bis größere EU-Verbände liegt demnach bei ca. 150.000 Euro.[79] Die Bandbreite der Kosten ist dabei u. a. abhängig von der jeweiligen Branche, der (Umsatz-)Größe des Unternehmens und dem Tätigkeitsspektrum des Verbandes. Eine Kosten-Nutzen-Beurteilung ist vor diesem Hintergrund nur einzelfallorientiert möglich, was den Rahmen der vorliegenden Darstellung sprengen würde.

Allerdings ist es ohnehin zweifelhaft, ob ein auf europäischer Ebene tätiges Unternehmen die Mitgliedschaft in den zuständigen (Branchen-)Verbänden überhaupt infrage stellen sollte: Sie gehört gewissermaßen zu seinem Grundbedarf an Interessenvertretung; ein Austritt aus dem Verband brächte neben negativer Publicity ein Versiegen wichtiger Informationsquellen mit sich; auch wäre das Unternehmen bei formellen Interessenvertretungsprozessen wie etwa Anhörungen und Konsultationen von den verbandlichen Mitwirkungsmöglichkeiten ausgeschlossen. Vor diesem Hintergrund wird ein Unternehmen i. d. R. keine Wahl zwischen Mitgliedschaft und Nichtmitgliedschaft haben.

7.4.1.3.2 Kosten einer Unternehmensrepräsentanz in Brüssel

Auch die Kosten eines unternehmenseigenen Verbindungsbüros in Brüssel lassen sich naturgemäß nicht pauschalisieren, sind sie doch abhängig von Art und Umfang der gestellten Aufgaben sowie den gewählten strukturellen und prozessualen Instrumenten. Unternehmen veröffentlichen hierzu keine belastbaren Daten – die einzige zugängliche Quelle sind die im Transparenz-Register veröffentlichten Kostengrößen.[80] Auch dort werden allerdings nur die Gesamtkosten der direkten Interessenvertretung – i. d. R. Sachausgaben wie Büro- und Reisekosten sowie Personalausgaben – erfasst. Anfang 2023 lagen dabei die fünf höchsten Budgets zwischen 6 Mio. Euro (Google) und 9 Mio. Euro (European Chemicals Industry Council).[81] Abbildung 7.7 enthält eine Auswahl von Zahlen größerer Unternehmen.

Interessant sind die doch beträchtlichen Differenzen bei einigen im Register gelisteten Unternehmen, vergleicht man die direkten Interessenvertretungsausgaben in der EU und den USA: Amazon beispielsweise gibt im US-Lobbying-Register für das Jahr 2022 Ausgaben von 19,51 Mio. US-Dollar an; dem stehen für den gleichen Zeitraum lediglich 3 bis 3,50 Mio. Euro in der EU gegenüber, also weniger als ein Fünftel.[82] Die Richtigkeit der Angaben vorausgesetzt, lässt dies interessante Rückschlüsse auf das vorhandene Entwicklungspotenzial der Interessenvertretung in Brüssel zu.

---

78 Vgl. Greenwood (2002), S. 14.

79 Vgl. Greenwood (2002), S. 14; die Beiträge dürften mittlerweile sicherlich um 20 bis 30 Prozent höher liegen.

80 Vgl. Transparenz-Register, Europäische Kommission (2023).

81 Vgl. Transparenz-Register, Europäische Kommission (2023).

82 Senate Office of Public Records (2023).

Unternehmen	Lobbyingausgaben EU (in EUR) (Jahr)
BASF	3 – 3,5 Mio. (2021)
Volkswagen	3 – 3,5 Mio. (2021)
Siemens	2,5 – 2,75 Mio. (2020/2021)
Deutsche Telekom	2,25 – 2,5 Mio. (2021)
BP	2,25 – 2,5 Mio. (2021)
Equinor	1,5 – 1,75 Mio. (2021)
Telefonica	1,5 – 1,75 Mio. (2020)
ENI	1 – 1,25 Mio. (2022)
BNP Paribas	1 – 1,25 Mio. (2021)

Abbildung 7.7: Angaben von ausgewählten Unternehmen zu Ausgaben für Interessenvertretung im Transparenz-Register[83]

Hinsichtlich der Personalkosten existiert auf dem Feld der Interessenvertretung – wie in den meisten Dienstleistungsbranchen – keine einheitliche Gehaltsstruktur. Die individuelle Entlohnung eines angestellten Interessenvertreters hängt von dessen persönlichem Hintergrund ab, nicht zuletzt also von dessen Verbindungen und Zugängen zu den verschiedenen Stellen der Exekutive und Legislative: Ein Interessenvertreter wird umso kostenintensiver für das Unternehmen sein, je mehr (gute) Kontakte er unterhält. Da auch von Unternehmensseite keine belastbaren Angaben über die Personalkosten ihrer Repräsentanzen vorliegen,[84] sollen beispielhaft einige grundsätzliche Kostenfaktoren für den Leiter einer Brüsseler Unternehmensrepräsentanz dargestellt werden.[85]

Als fachlich geeignete Unternehmensrepräsentanten kommen neben ehemaligen Abgeordneten des Parlaments oder Spitzenbeamten aus der EU-Kommission insbesondere führende Persönlichkeiten aus anderen EU-Institutionen oder aus in Brüssel tätigen nationalen Institutionen infrage, die infolge ihrer meist langjährigen Tätigkeiten über ein weitreichendes und interinstitutionelles Beziehungsgeflecht sowie große Detailkenntnis hinsichtlich der intrainstitutionellen Verwaltungs- und Organisationsabläufe verfügen. Da diese Gruppe jedoch eine vergleichsweise hohe Vergütung genießt, ist davon auszugehen, dass auch an ein Gehalt für Unternehmenstätigkeiten entsprechend hohe Ansprüche gestellt werden. Abbildung 7.8 gibt einen Überblick über die aktuelle Besoldung von Beamten bei den Institutionen der EU.

83   Alle Angaben (teils gerundet) gemäß Transparenz-Register, Europäische Kommission (2023).

84   Vgl. etwa Olényi, (2010); hier werden (am Beispiel von angestellten Verbandsinteressenvertretern) Nettomonatsgehälter von mehr als 6000 Euro ins Spiel gebracht – ein Wert, der i. d R. nur vom oberen Quartil der Interessenvertreter erreicht werden dürfte.

85   Dabei muss die große Spannweite der Gehälter dieser Führungskräfte ausdrücklich berücksichtigt werden.

Es darf zudem nicht unberücksichtigt bleiben, dass den Beamten zuzüglich zu den genannten Bezügen erhebliche Vergünstigungen, beispielsweise erhebliche Steuererleichterungen sowie Sicherheiten, wie etwa die Anstellung auf Lebenszeit und eine überdurchschnittlich gute Altersversorgung vom Dienstherrn gewährt werden. Viele entsprechend erfahrene und mit einem guten Beziehungsgeflecht ausgestattete Beamte werden sich darüber hinaus naturgemäß in einem Alter befinden, in dem sie eine Familie oder andere soziale Verpflichtungen haben. Um dann ihre sichere und sehr gut bezahlte Stellung im öffentlichen Sektor für eine Unternehmenstätigkeit aufzugeben, bedarf es eines attraktiven Ausgleichs zu den vom Staat erbrachten Leistungen.[86]

Besoldungsgruppen 1.1.2022	Dienstaltersstufen				
	01.	02.	03.	04.	05.
16.	19.958,49	20.797,17	21.671,09		
15.	17.639,97	18.381,23	19.153,62	19.686,51	19.958,49
14.	15.590,76	16.245,92	16.928,59	17.399,57	17.639,97
13.	13.779,65	14.358,68	14.962,04	15.378,33	15.590,76
12.	12.178,90	12.690,67	13.223,96	13.591,86	13.779,65
11.	10.764,11	11.216,42	11.687,75	12.012,93	12.178,90
10.	9513,69	9913,45	10.330,05	10.617,43	10.764,11
09.	8408,50	8761,84	9130,04	9384,03	9513,69
08.	7431,71	7744,00	8069,41	8293,92	8408,50
07.	6568,39	6844,41	7132,01	7330,44	7431,71
06.	5805,35	6049,31	6303,50	6478,88	6568,39
05.	5130,98	5346,58	5571,25	5726,26	5805,35
04.	4534,93	4725,47	4924,05	5061,05	5130,98
03.	4008,09	4176,54	4352,05	4473,11	4534,93
02.	3542,50	3691,35	3846,47	3953,49	4008,09
01.	3130,98	3262,54	3399,63	3494,24	3542,50

Abbildung 7.8: Besoldung von EU-Beamten in Euro pro Monat[87]

Für eine Tätigkeit als Unternehmensrepräsentant ebenfalls geeignet sein können ehemalige (langjährige) Mitarbeiter von Europaabgeordneten. Auch sie sind i. d. R. mit

86 Es ist selbstverständlich nicht unbedingt erforderlich, die Beamtenstellung gänzlich aufzugeben. Auch eine Beurlaubung für mehrere Jahre ist denkbar. In diesem Fall entstehen dem Beamten keine direkten finanziellen Nachteile, zumal er i. d. R. in den Dienstaltersstufen weiterbefördert wird und nach der Beurlaubung in der bis dahin erreichten Besoldungsgruppe wieder in den öffentlichen Dienst einsteigen kann. Jedoch ist zu erwarten, dass er nach einer mehrjährigen Pause nicht mehr in einer bedeutenden Abteilung oder Schlüsselfunktion eingesetzt werden wird, da für diese Posten dann erfahrenere bzw. »behördentreuere« Beamte zur Verfügung stehen. Dieser faktische Karriereknick wird ebenfalls eines finanziellen Ausgleichs durch das Unternehmen bedürfen.

87 Quelle: Europäisches Parlament/Rat der EU (2014).

dem europäischen politischen und administrativen System und den Usancen des Brüsseler Politbetriebes gut vertraut und verfügen über breit gefächerte Kontakte innerhalb der Institutionen. Gleichwohl ist jeder Einzelfall für sich zu bewerten: Das Unternehmen muss vorab einschätzen können, ob die (Hierarchie-)Ebene der Kontakte eines ehemaligen Mitarbeiters aus dem Parlament für die Vertretung der Unternehmensinteressen ausreicht. In der Regel wird dies zu bejahen sein bei Referentenstellen und Mitarbeitern des Leiters der Repräsentanz. Der Zugang zu einer größeren Zahl von Entscheidungsträgern höherer Ebenen wird sich so aber selten eröffnen lassen. Vor diesem Hintergrund sind jedoch auch die i. d. R. deutlich geringeren Gehaltskosten zu sehen: Gesamtgehaltskosten für einen solchen Mitarbeiter (ehemaligen Mitarbeiter eines Europaabgeordneten) zwischen 60.000 und 120.000 Euro pro Jahr (einschließlich Arbeitgeberanteilen) sind hier durchaus üblich.[88] Darüber hinaus sind für eine Unternehmensrepräsentanz noch Personalkosten für weitere Mitarbeiter im Back-Office-Bereich zu berücksichtigen.

Neben den Personalkosten einer Unternehmensrepräsentanz fallen natürlich noch andere Belastungen wie beispielsweise Miet- und Ausstattungskosten an. Diese können je nach konkretem Fall beträchtlich schwanken: Bei der jährlichen Miete ergeben sich je nach Lage des Objekts, etwa inmitten des Behördenviertels in Brüssel oder aber am Stadtrand, erhebliche Unterschiede. Um einerseits die Wege zu den Institutionen kurz zu halten, andererseits eine gewisse Repräsentativität des Objekts zu gewährleisten, sollte hier nicht am falschen Ende gespart werden.

Insgesamt wird deutlich, dass eine eigene Unternehmensrepräsentanz als strukturelles Instrument der Interessenvertretung hohe Fixkosten verursacht. Selbst bei einer Minimalausstattung (ein bis zwei Interessenvertreter, eine Teamassistenz) ist ohne Weiteres von einem Sockelbetrag von 0,5 bis 1 Mio. Euro pro Jahr auszugehen – nach oben sind kaum Grenzen gesetzt. Bereits dieser Minimalbetrag ist eine Summe, die sich für ein Unternehmen häufig erst ab einer gewissen Umsatzgröße rentieren wird. Erst mit einer gewissen Größe besteht der Bedarf an einer Unternehmensrepräsentanz, die als »Gesicht« des Unternehmens neben der Imagepflege als Repräsentanz vor Ort zudem die inhaltliche Kompetenz in der Interessenvertretung des Unternehmens (inhaltliches Schnittstellenmanagement) übernimmt.

7.4.1.3.3 *Kosten eines externen Dienstleisters*

Bei den Kosten externer Dienstleister ist zunächst zwischen den verschiedenen Arten von Dienstleistern, d. h. den primär inhaltlich arbeitenden Public-Affairs-Agenturen und Rechtsanwaltskanzleien sowie den primär prozessorientiert arbeitenden Governmental-Relations-Agenturen, zu unterscheiden.[89]

---

88 Ellwood and Atfield (2017)

89 Auf Kosten, die bei der Beauftragung von Thinktanks oder der Entsendung eigener Mitarbeiter in die EU-Institutionen entstehen können, wird im Folgenden nicht näher eingegangen. Zu Ersteren existieren keinerlei Richtgrößen; bei Letzteren fallen – wenig überraschend – Kosten für die Weiterzahlung der Gehälter zuzüglich eventueller Expat-Zuschläge an.

7.4.1.3.3.1 *Public-Affairs-Agenturen*

Die Kosten der Tätigkeit einer Public-Affairs-Agentur unterteilen sich in die regelmäßig mit Fixpreisen vereinbarten Dienstleistungen und die variabel vergütete Tätigkeit. Was die erste Kategorie angeht, ist beispielsweise die Durchführung von Monitoring-Dienstleistungen anzuführen: Je nach Umfang der erbrachten Leistung können hierfür 5000 bis 10.000 Euro und mehr pro Monat anfallen. Ebenfalls fix vergütet wird häufig die Organisation von Veranstaltungen; zu den dabei anfallenden Kosten ist angesichts der Vielfalt möglicher Varianten keine Aussage möglich.

Abbildung 7.9: Studie »Honorare in der Unternehmensberatung«,Tagessätze, Mittelwerte für das Geschäftsjahr 2022[90]

Variabel vergütete Dienstleistungen sind regelmäßig die Anfertigung komplexer Analysen und Reportings sowie die Erarbeitung ganzer Kommunikationsstrategien für den Auftraggeber. Zu den dabei üblichen Honoraren sind – ähnlich wie bei Rechtsanwälten – kaum pauschale Aussagen möglich. Lediglich einen Anhaltspunkt liefern die vom Bundesverband Deutscher Unternehmensberater ermittelten Durchschnittshonorare (siehe Abbildung 7.9), wobei davon auszugehen ist, dass mit zunehmender Umsatzhöhe der jeweiligen Unternehmensberatung auch die Tagessätze steigen. Demnach lagen im Jahr 2022 die durchschnittlichen Tagessätze auf der Führungsebene (Inhaber, Geschäftsführer, Partner) bei 2550 Euro, für Senior Manager wird durchschnittlich 2300 Euro abgerechnet.[91]

Es ist zu berücksichtigen, dass in diesen Tagessätzen sämtliche anfallenden Sach- und Personalkosten des externen Dienstleisters bereits inbegriffen sind. Lediglich Spesen wie etwa Reise- und Übernachtungskosten, Kosten für Tagungen und Veranstaltungen etc. fallen ebenso wie bei einer Unternehmensrepräsentanz oder einer Rechtsanwaltskanzlei an und kommen zu diesen Beträgen noch hinzu.

90 Bundesverband Deutscher Unternehmensberater BDU e. V. (2023)

91 Vgl. Bundesverband Deutscher Unternehmensberater BDU (2023).

Da der externe, inhaltsorientierte Dienstleister i. d. R. projektbezogen oder nach Bedarf für das Unternehmen tätig wird, sind die für ihn anfallenden durchschnittlichen Kosten je nach der Bedarfslage des Auftraggebers zu berechnen. Vorhaltekosten fallen i. d. R. nicht an; zugrunde liegende Verträge sind in aller Regel kurzfristig kündbar. Das Unternehmen bezahlt folglich nur für die Leistung, die es wirklich benötigt. Diese kann von wenigen Stunden in der Woche oder gar im Monat bis zu einer faktischen Vollbeschäftigung, etwa bei schwierigen oder umfangreichen Projekten, reichen; entsprechend differieren die anfallenden Kosten.

7.4.1.3.3.2 *Anwaltskanzleien*

Rechtsanwaltskanzleien rechnen in aller Regel nach einem von drei Vergütungsmodellen ab (bzw. nach einer Kombination derselben): Gebühren nach der einschlägigen Gebührenordnung, Stunden- bzw. Tagessätze oder in Ausnahmefällen Erfolgshonorare. Gleichwohl dürften die einschlägigen Gebührenordnungen nur in den seltensten Fällen relevant werden, geht es doch bei dem Spektrum der oben dargestellten Dienstleistungen von Rechtsanwälten im Bereich der Interessenvertretung kaum um Beratung im Rahmen von rechtlichen Auseinandersetzungen. Nur für solche sind die Gebührenordnungen jedoch i. d. R. verpflichtend. Vor dem Hintergrund, dass Rechtsanwaltskanzleien meist nicht in der »direkten« Interessenvertretung, sondern vielmehr im vorbereitenden (inhaltlich beratenden) Bereich tätig werden, sind Erfolgshonorare eher die Ausnahme.

Den Regelfall bilden insofern Stunden- oder Tagessätze. Richtwerte lassen sich hier nur sehr eingeschränkt bilden, hängt doch die Höhe der Entlohnung von der Größe der Kanzlei, der konkreten Aufgabenstellung und den eingesetzten Rechtsanwälten ab (die Stundensätze variieren auch innerhalb einer Kanzlei i. d. R. beträchtlich, etwa zwischen angestellten Associates und den Partnern der Sozietät). Anhaltspunkte (zumindest für den deutschen Markt) bieten Branchendienste, etwa JUVE[92], oder Wirtschaftszeitschriften wie brand eins; hiernach lag der feste Stundensatz in deutschen Anwaltskanzleien im Jahr 2020 bei Associates zwischen 254 Euro im Bereich Vergaberecht bis 319 Euro im Bereich Wirtschafts- und Steuerstrafrecht. Bei Partnern hingegen lag der Stundensatz im selben Jahr zwischen 349 Euro im Bereich Vergaberecht bis 416 Euro im Bereich Compliance.[93] Gleichwohl ist davon auszugehen, dass angesichts des hohen Spezialisierungsgrades der Brüsseler Sozietäten bzw. der im europäischen Bereich tätigen nationalen Anwaltskanzleien deutlich höhere Stundensätze vereinbart werden; Beträge von mehr als 250 Euro bereits für Associates und mehr als 500 Euro für Partner erscheinen hier als realistisch. Für komplexe rechtliche Gutachten, die Begleitung eines Hearing-Prozesses oder gar die Erstellung ganzer (kommentierter) Gesetzentwürfe können so schnell hohe sechsstellige Euro-Beträge anfallen.

---

92   Vgl. JUVE (2015).

93   brandeins https://www.brandeins.de/magazine/brand-eins-thema/wirtschaftskanzleien-2022/die-branche-in-zahlen-i

7.4.1.3.3.3 *Governmental-Relations-Agenturen*

Governmental-Relations-Agenturen sind – wie dargestellt – auf prozessuale Dienstleistungen fokussiert, liefern also nicht schwerpunktmäßig Inhalte, sondern bereiten vor allem Zugänge zu Entscheidungsträgern, vermitteln Informationen und erarbeiten (prozessuale) Kommunikationsstrategien. Sie arbeiten auch eher strukturell als nur projektbezogen. Ähnlich wie bei Public-Affairs-Agenturen gibt es auch hier zum Teil die Möglichkeit einer rein variablen, d. h. stunden- oder tagessatzbasierten Vergütung. Insofern ist auf die Ausführungen im vorangegangenen Abschnitt zu verweisen.

Allerdings ist zu berücksichtigen, dass sich häufig – anders als bei inhaltlicher Tätigkeit, etwa der Anfertigung einer schriftlichen Analyse – weder Aufwand noch Wert der Dienstleistung in den im Einzelfall erbrachten Zeiteinheiten und dem dafür entrichteten Entgelt widerspiegelt. Im Extremfall kann über einen hochrangigen Zugang der Governmental-Relations-Agentur ein Unternehmensanliegen mit dem Aufwand weniger Minuten übermittelt sein, etwa durch einen erfolgreichen Telefonanruf. Würde man hier auf Stundenbasis arbeiten, wäre der tatsächliche Wert der erbrachten Dienstleistung nicht richtig bemessen: Die Governmental-Relations-Agentur hat eine für den Kunden womöglich äußerst wertvolle Dienstleistung erbracht und würde dafür – legt man beispielsweise einen Stundensatz von 400 Euro zugrunde – mit 100 Euro honoriert.

Von dem Missverhältnis des Honorars abgesehen, würde eine solche Kalkulation auch den Aufwand der Governmental-Relations-Agentur nicht berücksichtigen: Sie hat i. d. R. Jahre gebraucht, um sich den entsprechenden Zugang zu erarbeiten; auch erschöpft sich ihre Tätigkeit nicht in dem einbahnstraßenartigen Vortragen eigener Bedürfnisse gegenüber den politischen Entscheidungsträgern. Vielmehr ist zu berücksichtigen, dass ein EU-weites Netzwerk auch abseits von Kundenaufträgen aufwendig gepflegt werden muss, was mit erheblichen Kosten verbunden ist. Maßnahmen der Netzwerkpflege reichen von der (oft zeit- und kostenintensiven) Zusammenstellung und Weitergabe von für den Entscheidungsträger wichtigen Informationen auch abseits konkreter Kundenprojekte bis hin zum Besuch politischer Veranstaltungen. Diese Maßnahmen sind ganz entscheidende Faktoren für eine erfolgreiche Interessenvertretung.

Vor diesem Hintergrund sind einige Agenturen zu kombinierten Vergütungsmodellen übergegangen. Notwendig ist – neben variablen Vergütungsbestandteilen auf Stunden- oder Pauschalbasis – die Vereinbarung einer festen (i. d. R. monatlich zu entrichtenden) Gemeinkostenpauschale. Gerade bei regelmäßig oder über einen längeren Zeitraum hinweg für ein Unternehmen tätigen, also strukturell eingesetzten Agenturen ist vor allem die Gemeinkostenpauschale gängig, zu der zusätzlich der geleistete Arbeitsaufwand zu honorieren ist (zum Teil werden auch in der Gemeinkostenpauschale bereits enthaltene Stundenkontingente vereinbart). Im Ausgleich für die Zahlung einer Gemeinkostenpauschale sind dann regelmäßig niedrigere Stundensätze zu entrichten, da die sonst darin enthaltenen Sach- und Back-Office-Kosten des Dienstleisters durch die Pauschale zumindest teilweise bereits vergütet sind.

+

−

	+	−
Public-Affairs-Agenturen	▪ inhaltliche Kompetenz (Monitoring bzgl. Presse, inhaltliche Analysen) ▪ Veranstaltungsorganisation ▪ projektbezogen und flexibel einsetzbar	▪ Kontakte zu Entscheidungsträgern nur bedingt vorhanden ▪ Kernkompetenz nicht im prozessualen Bereich der Interessenvertretung
Anwaltskanzleien	▪ juristische Kompetenz bzgl. komplexer europarechtlicher Zusammenhänge ▪ Schnittstelle zwischen Recht und Politik	▪ Kompetenz endet dort, wo echte (prozessuale) Interessenvertretung beginnt ▪ z. T. übermäßig komplexer, wenig »politiktauglicher« Ansatz
Governmental-Relations-Agenturen	▪ Strategieberatung und Koordination anderer Instrumente (»verlängerter Arm des Auftraggebers«) ▪ prozessuale Komponente der Interessenvertretung als Kernkompetenz ▪ belastbare Kontakte zu den maßgeblichen Entscheidungsträgern ▪ struktureller Ansatz, d. h. meist keine rein projektbezogene Tätigkeit	▪ höhere Kosten, bedingt durch langfristige Aufstellung

Abbildung 7.10: Externe Dienstleistungsmodelle im Vergleich

Die Höhe der Gemeinkostenpauschale wird in jedem Einzelfall zwischen den Vertragspartnern vereinbart, weshalb kaum allgemeingültige Aussagen hierzu getroffen werden können. Bei der konkreten Höhe der Pauschale kommt – neben der Komplexität der übertragenen Aufgaben, den enthaltenen Stundenkontingenten und anderen Faktoren – der Frage einer möglichen Branchenexklusivität des Dienstleisters (»Only One Interest«) große Bedeutung zu. Wird der Dienstleister exklusiv nur für ein Unternehmen einer bestimmten Branche tätig, wird er sich dies regelmäßig zusätzlich vergüten lassen – entgehen ihm doch (entsprechende Nachfrage vorausgesetzt) Umsätze aus weiteren Verträgen mit Wettbewerbern des Kunden (Opportunitätskosten). Für das Unternehmen kann eine entsprechende Exklusivität aus zwei Gründen attraktiv sein: Zum einen kann so die Gefahr von Informationslecks zwischen den einzelnen Kundenbeziehungen des Dienstleisters ausgeschlossen werden. Intern kann und wird eine professionelle Agentur dies zwar durch Chinese Walls gewährleisten, letzte Sicherheit kann jedoch nur ein Konkurrenzausschluss bringen. Zum anderen sichert sich das Unternehmen durch die »Only-One-Interest«-Klausel auch die Exklusivität der Kontakte des Dienstleisters. In einem Bereich, in dem Erfolge entscheidend von der Belastbarkeit der Zugänge zu Entscheidungsträgern in Legislative und Exekutive abhängen, sollte dieser Faktor nicht geringgeschätzt werden.

7.4.2 Prozessuale Instrumente

Die prozessualen Instrumente, die zur konkreten Realisierung der Interessenvertretung eingesetzt werden können, lassen sich grundsätzlich in zwei Kategorien einteilen (siehe Abbildung 7.11) Zum einen sind dies die *mono*prozessualen Instrumente, die vom Interessenvertreter jeweils nur gegenüber einzelnen Vertretern der Legislative und Exekutive eingesetzt werden. Zum anderen gibt es die *poly*prozessualen Instrumente, die gegenüber mehreren Adressaten, auch aus verschiedenen Institutionen, wirken können.

Grundsätzlich ist jedes der bereits dargestellten strukturellen Instrumente in der Lage, alle nachfolgenden prozessualen Instrumente zur Interessenvertretung anzuwenden. Im Hinblick auf die Realisierung einer effektiven Interessenvertretung ergeben sich jedoch individuelle Unterschiede, so etwa aufgrund der Größe eines Verbandes oder der volkswirtschaftlichen Bedeutung eines Unternehmens mit eigener Repräsentanz. Hieraus können sich Präferenzen, welches prozessuale Instrument im Tagesgeschäft zur Zielerreichung jeweils eingesetzt werden sollte, ergeben. Zunächst sollen die monoprozessualen Instrumente zum Austausch von Informationen betrachtet werden.

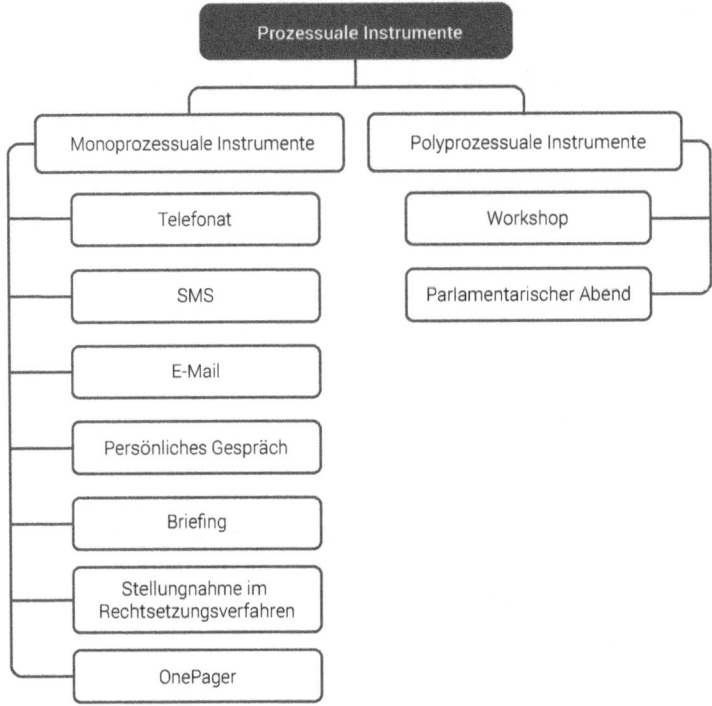

Abbildung 7.11: Prozessuale Instrumente der Interessenvertretung

7.4.2.1 Monoprozessuale Instrumente

Zu den monoprozessualen Instrumenten gilt vorneweg zu erwähnen, dass sie mithilfe der Technik sehr leicht zu polyprozessualen Instrumenten werden können. Ein Telefonat beispielsweise kann mittels Telefonkonferenz auch an eine (kleine) Gruppe von Adressaten gerichtet werden. SMS können an mehr als nur eine Person versendet und E-Mails mittels der Funktionen Cc (carbon copy) und Bcc (blind carbon copy) bzw. über E-Mail-Verteiler sehr leicht an eine größere Personengruppe adressiert werden. Vieraugengespräche können ebenso leicht zu einem Gruppengespräch erweitert werden usw. Jedoch sind die folgenden Instrumente von ihrem Grundsatz her stets an einen Empfänger gerichtet. Die meisten Telefonate haben außer dem Anrufenden nur einen weiteren Teilnehmer. SMS und E-Mails richten sich i. d. R. auch nur an einen Adressaten bzw. nur an eine sehr kleine Gruppe von Adressaten, sodass diese Instrumente hier als monoprozessual kategorisiert werden. Dennoch sollte man sich stets vergegenwärtigen, dass sie sehr schnell zu polyprozessualen Instrumenten mit all ihren Vor- und Nachteilen erweitert werden können.

7.4.2.1.1 Telefonat

Das wohl häufigste monoprozessuale Instrument der Interessenvertretung ist das Telefonat. Durch regelmäßige telefonische Kontakte des Interessenvertreters mit Vertretern der Legislative und Exekutive entsteht ein Wechselspiel des gegenseitigen Gebens und Nehmens von Informationen. Durch die Übermittlung objektiver Informationen, die in die Interessensphäre des Entscheidungsträgers fallen, kann sich der Interessenvertreter über einen gewissen Zeitraum hinweg bei dem Betreffenden eine Reputation als zuverlässiger Informationsgeber aufbauen. Darüber hinaus kann auch der Interessenvertreter wertvolle Informationen, beispielsweise über den Stand eines Gesetzgebungsverfahrens, erhalten, die ihm ein rasches und gezieltes Agieren ermöglichen oder an anderer Stelle von Nutzen sein können. Insbesondere wenn zwischen dem Interessenvertreter und seinem Adressaten bereits ein Vertrauensverhältnis besteht, wird auch die gezielte Übergabe von oder die Bitte um Informationen zur konkreten Interessenvertretung eher Gehör finden als das Wort eines unbekannten anderen Interessenvertreters.

7.4.2.1.2 SMS

Es mag verwundern, dass hier die SMS als Mittel der Kommunikation genannt wird, jedoch liegen die Vorteile auf der Hand. Per SMS können Inhalte schnell und unkompliziert und dabei persönlich transportiert werden. Sie ist wegen ihres handlichen Formats daher auch bei politischen Entscheidungsträgern sehr beliebt. Ein bekanntes Beispiel ist die ehemalige Bundeskanzlerin Dr. Angela Merkel – sie verschickte wöchentlich Hunderte Kurznachrichten.[94] Die SMS ist wichtig für den schnellen, direkten Kontakt, der gleichzeitig eine gewisse Vertraulichkeit gewährleistet. Der Inhalt muss dabei natürlich kurz und bündig sein, in der Praxis ist dieses Instrument daher eher zur Ergänzung oder Bestätigung zu bereits vorhandenen Informationen geeignet. Naturgemäß eignen sich die Kurznachrichten daher nicht für die Übermittlung größerer, komplexer Sachverhalte. Ohnehin ist Voraussetzung für den SMS-Kontakt eine vorhandene persönliche Basis, die diese Form der weniger formalen Kommunikation erlaubt. Schließlich benötigt man die Mobilnummer seines Kontaktes, die bei höhergestellten Persönlichkeiten natürlich nur selektiv weitergegeben wird.

7.4.2.1.3 E-Mail

Neben dem Telefonat ist die E-Mail ein häufig gebrauchtes monoprozessuales Instrument der Interessenvertretung, dessen Vorteil vor allem in der Schnelligkeit der Informationsübermittlung liegt.[95] Sie hat damit den Brief als gängiges monoprozessuales Instrument weitgehend abgelöst. Allerdings ist die E-Mail nur für das Abfragen von Informationen geeignet. Das Instrument E-Mail lässt keine persönliche Verbindung

---

94   Vgl. Quadbeck (2013).
95   Vgl. Sebaldt (2007), S. 113: »Lobbying aus der Distanz«.

zwischen den Akteuren entstehen und ist damit nicht dazu geeignet, das für eine effektive Interessenvertretung essenzielle Vertrauen zwischen den Beteiligten zu schaffen.
Die Vertreter der Legislative und Exekutive können nicht wie bei einem persönlichen
Gespräch aus dem Auftreten oder Verhaltenssignalen des Gesprächspartners Schlüsse
ziehen oder die Vertrauenswürdigkeit der erhaltenen Informationen einschätzen.
Daher ermöglicht das Instrument E-Mail in vielen Fällen weder eine aktive Interessenvertretung, noch ist über E-Mail der Erhalt von anderen als objektiven, eher oberfläch-
lichen Informationen zu erwarten.

Bei der E-Mail-Kommunikation ist ein Aspekt besonders hervorzuheben, der prinzipiell natürlich auch für alle anderen, elektronischen wie nicht-elektronischen Über-
mittlungsarten von größter Wichtigkeit ist, nämlich die (Un-)Sicherheit dieser
Kommunikationsform. Nicht erst seit Bekanntwerden der Überwachung des elektronischen Datenverkehrs durch die Geheimdienste (Stichwort NSA-Skandal) ist klar,
dass E-Mails relativ einfach von unbefugten Dritten mitgelesen werden können. Falls
die Nachricht nicht verschlüsselt ist, wird diese prinzipiell im Klartext übertragen und
kann damit in den Datenübertragungssystemen mitgelesen oder sogar verändert werden.[96] Im Prinzip ähnelt eine E-Mail damit der Postkarte, die auf ihrem gesamten
Transport ebenfalls jederzeit unbefugt gelesen werden könnte. Auf allen IT-Systemen,
über die die Daten übertragen werden, können diese mitgelesen oder sogar unbe-
merkt verändert werden, wenn sie nicht kryptografisch gesichert sind. Einen gewissen
Schutz bietet nur eine aufwendige Ende-zu-Ende-Verschlüsselung, die jedoch in der
Praxis nur selten vorhanden sein dürfte. Die Möglichkeit, dass Informationen in die
falschen Hände geraten können, sollte bei der Kommunikation vertraulicher Inhalte
immer bedacht werden, und ganz besonders bei der Nutzung von E-Mail.

7.4.2.1.4 Persönliches Gespräch

Ebenso können bei den Adressaten der Interessenvertretung, z. B. bei Parlamentariern
oder Kommissionsbeamten, Besuche in den jeweiligen Institutionen angebracht sein.
Dabei kann ein zwangloses Gespräch zwischen Vertretern der Legislative und Exekutive und Interessenvertretern zustande kommen, in dem Informationen zu beider
Vorteil ausgetauscht werden. Grundsätzlich ist das persönliche Gespräch aus Sicht von
Politikern und Kommissionsbeamten die bevorzugte Basis für einen Informationsaustausch.[97] Dieses Instrument eignet sich jedoch in aller Regel nur, wenn auch wirklich
ein berechtigter Anlass zu einem Besuch besteht, zumal dieser schließlich für den Entscheidungsträger einen erheblich größeren Zeitaufwand darstellt als etwa ein Telefonat desselben Inhalts. Keinesfalls sollte der Interessenvertreter seinem Gesprächspartner
mit Belanglosigkeiten im wahrsten Sinne des Wortes die Zeit rauben.

Besonders günstig ist bei einem Besuch im Europäischen Parlament, dass man an diesem Ort, an dem alle Parlamentarier zusammenkommen, leicht über einen Bekannten

---

96   Vgl. Bundesamt für Sicherheit in der Informationstechnik (2005).
97   Vgl. Burson Marsteller (2013), S. 18.

weitere Personen kennenlernen und so persönliche Beziehungen zu ihnen knüpfen kann. Die Beamten der einzelnen Generaldirektionen der EU-Kommission haben dagegen ihre Büros regelmäßig in verschiedenen Gebäuden, sodass hier die Möglichkeiten des Kennenlernens über bekannte Beamte eher begrenzt sind (i. d. R. auf die jeweilige Generaldirektion).

Ein weiterer Vorteil für eine effektive Interessenvertretung liegt darin, dass der Interessenvertreter durch sein persönliches Auftreten und seine Ausstrahlung seine Persönlichkeit zur Geltung bringen und evtl. seine Überzeugungskraft gegenüber einem Telefongespräch steigern kann. Auch kann der Interessenvertreter hilfreiche Schlüsse aus dem Verhalten seines Gegenübers, beispielsweise dessen Gestik und Mimik, ziehen und sein Verhalten entsprechend anpassen. Darüber hinaus sei bemerkt, dass eine geschickte persönliche Ansprache von Entscheidungsträgern oftmals auch dort zum Erfolg führen kann, wo Telefonate bereits im Vorzimmer des Betreffenden abgewiesen werden.

Der Nachteil (zu) häufiger Besuche ist dagegen, dass diese als aufdringlich empfunden werden können.

7.4.2.1.5 Briefing

Ein ähnliches Instrument stellt das Briefing dar. Unter Briefing versteht man die Übergabe von Informationen an den Entscheidungsträger für ein konkretes Thema in der frühen Vorbereitungsphase von Entscheidungen, also noch bevor ein Referentenentwurf, Weißbuch oder Grünbuch in der betreffenden Angelegenheit vorliegt. Derlei Informationen werden meist gerne angenommen: Man muss sich vergegenwärtigen, dass insbesondere Parlamentarier nur über einen recht kleinen Verwaltungsapparat verfügen und folglich – mangels für sie aufbereiteter Informationen – mit zum Teil nur begrenzten Kenntnissen von der bearbeiteten Materie einen Rechtsetzungsprozess mit europaweiter Geltung vorbereiten. Durch das Briefing werden dem Entscheidungsträger objektive Informationen von kompetenter Seite, nämlich aus der Praxis der Unternehmen, zugänglich gemacht, die er von sich aus kaum in seine Überlegungen einbeziehen würde und die somit seinen thematischen Wissenshorizont erweitern.

Das Briefing setzt voraus, dass der Interessenvertreter bei dem Entscheidungsträger bereits über eine entsprechende Reputation verfügt, sodass dieser ein Interesse an seinen Informationen zu dem konkreten Thema hat und ihm Aufmerksamkeit schenkt. Die Effektivität des Briefings ist in starker Abhängigkeit vom gewählten strukturellen Instrument der Interessenvertretung zu sehen. Der Vertreter eines großen und bedeutenden Verbandes kann hier ebenso wie der Interessenvertreter eines Unternehmens oder ein externer Dienstleister, der sich bei dem betreffenden Entscheidungsträger eine Reputation als kompetente Partner erworben hat, erfolgreich sein. Die Bemühungen anderer Dienstleister oder Vertreter von weniger bedeutenden Verbänden, die weder kraft ihrer Größe noch infolge ihrer bisherigen Zusammenarbeit mit den betreffenden Vertretern der Legislative und Exekutive über eine entsprechende Reputation verfügen, können hingegen zum Scheitern verurteilt sein.

7.4.2.1.6 Stellungnahme im Rechtsetzungsverfahren

Eine Ergänzung des Briefings stellt die Stellungnahme dar. Dieses Instrument kann eingesetzt werden, wenn von institutioneller Seite bereits ein Entwurf in einem Rechtsetzungsverfahren vorliegt, das ein Unternehmen beispielsweise im Interessenvertretungsprozess begleiten (lassen) möchte. Stellungnahmen werden zum Teil unaufgefordert, zum Teil nach Aufforderung vorgelegt. Insbesondere die EU-Kommission ist bemüht, die größten betroffenen Verbände und auch Unternehmen in einer Angelegenheit zu hören, und fordert daher bisweilen selbst Stellungnahmen an.

Einem Unternehmen, das gezielt seine eigenen Interessen vertreten möchte, wird dies mitunter dennoch wenig nützen. Deshalb ist es oft angebracht, unaufgefordert eine eigene Stellungnahme gegenüber den Entscheidungsträgern abzugeben. Das setzt zunächst einmal voraus, dass das Unternehmen durch seine strukturellen Interessenvertretungsinstrumente über die offiziellen Vorlagen ausreichend und möglichst rasch informiert wird. Daneben gelten für einen möglichen Erfolg der Stellungnahme die Ausführungen zum Briefing entsprechend: Eine effektive Interessenvertretung erfordert in aller Regel entweder ein großes volkswirtschaftliches Gewicht des Unternehmens bzw. des Interessenvertreters oder aber eine entsprechende erworbene Reputation, dass dem vorgetragenen Standpunkt auch Beachtung geschenkt wird.

Zu beachten ist bei derartigen schriftlichen Eingaben eine klare und verständliche Formulierung; auf europäischer Ebene sollten grundsätzlich auch die sprachlichen Möglichkeiten des Adressaten beachtet werden: Texte sollten auf jeden Fall in Englisch verfasst sein, ggf. zusätzlich in der Muttersprache des Ansprechpartners. Zudem sollten insbesondere unaufgeforderte Eingaben so kurz wie möglich gehalten sein.

7.4.2.1.7 OnePager

In Abschnitt 1.3.2.6 wurde bereits der OnePager bzw. die OnePager-Methodik einer Governmental-Relations-Agentur behandelt. Zur Erinnerung: In einem OnePager kann der Interessenvertreter unter Beweis stellen, dass sein Anliegen nicht nur einem Partikularinteresse seines Auftraggebers entspricht, sondern dass weitergehende Sachargumente für seine Position sprechen. Ein OnePager argumentiert stets aus der Perspektive des Adressaten und damit einer vom Interessenumfeld des Auftraggebers womöglich vollkommen unterschiedlichen Sphäre heraus. Während eine vom Auftraggeber angestrebte Gesetzesänderung für ihn möglicherweise vor allem wirtschaftliche Vorteile hat, kann sie – durch eine andere Brille betrachtet – auch mit Vorteilen für die Allgemeinheit verbunden sein, sei es eine bessere Versorgung der Bevölkerung mit einer Dienstleistung, Verbesserungen im Datenschutz, dem Erhalt von Arbeitsplätzen oder fiskalisch positiven Auswirkungen. Dieser Perspektivenwechsel ist entscheidend, wenn nur eine als im Gemeinwohl verstandene Positionierung für die Entscheidungsträger nachhaltig vermittelbar ist und in einem Entscheidungsprozess erfolgreich vertreten werden kann. Sollten sich umgekehrt Schwierigkeiten beim Perspektivenwechsel zeigen, so ist dies auch ein Hinweis auf die Umsetzbarkeit der Position. Damit hat der Perspektivenwechsel auch die Funktion einer Machbarkeitsprüfung.

Wie ein OnePager aufgebaut sein sollte, lässt sich kaum pauschal darstellen. Drei Grundregeln sollten stets berücksichtigt werden (siehe auch »OnePager-Beispiele« in den Abbildungen 1.5 und 1.6 in Abschnitt 1.3.2.6):

- Erstens sollte sich der Verfasser des Papiers genau über den Hintergrund, das Vorwissen und die Perspektive möglicher Adressaten informieren. Nicht nur definiert sich damit der durch das Papier abzudeckende Informationsbedarf: Einem Fachpolitiker oder mit einer Thematik seit Langem befassten Beamten muss nicht in aller Ausführlichkeit die Genese einer Gesetzesinitiative samt Folgenabschätzung vorgelegt werden; er wäre gelangweilt und würde sich zu Recht unterschätzt fühlen. Richtigerweise sollte ein Papier genau dort ansetzen, wo das Informationsbedürfnis des Adressaten liegt – das Textpensum eines Spitzenpolitikers oder Beamten ist zu groß und seine Zeit zu wertvoll, um sich mit Altbekanntem zu befassen. Ähnlich einem Anwalt, der in einem Schriftsatz versuchen wird, die aus der Sicht des Richters für seinen Mandanten sprechenden Argumente herauszuarbeiten und die Argumente der Gegenseite zu schwächen, wird ein Interessenvertreter versuchen, die aus Sicht seines Gegenübers wesentlichen Punkte deutlich zu machen und entsprechend zu argumentieren.
- Zweitens sollte sich der Verfasser über das begrenzte Zeitbudget des Adressaten bewusst sein. Selbst ein hervorragend geschriebenes, in sich schlüssiges und mit nachvollziehbaren Argumenten verfasstes Papier wird im »Markt der Meinungen« wirkungslos verpuffen, wenn es eine gewisse Maximallänge bzw. einen gewissen Komplexitätsgrad überschreitet. Dies hat wohlgemerkt nichts damit zu tun, dass der Adressat nicht in der Lage wäre, es inhaltlich nachzuvollziehen: Er hat schlichtweg nicht die Zeit dazu. Hier muss berücksichtigt werden, dass ein Spitzenpolitiker oder -beamter häufig mehrere Hundert Textseiten pro Tag zu bearbeiten hat, vom Pressespiegel über persönliche Schreiben bis hin zu einer Vielzahl von Argumentationspapieren und Stellungnahmen. Eine Argumentationslinie, deren Darstellung mehr als ein oder zwei Textseiten benötigt, wird vor diesem Hintergrund kaum eine Chance zur effektiven Wahrnehmung bekommen.
- Drittens – einer der wichtigsten Aspekte – muss das Papier inhaltlich überzeugen. Damit ist nicht nur die Schlüssigkeit in sich gemeint; vielmehr muss sich eine Argumentation stets auch mit den Gegenargumenten auseinandersetzen bzw. darf diese zumindest nicht vernachlässigen. Ehrlichkeit und Seriosität zahlen sich auch hier aus: Vor dem Hintergrund, dass ein Thema i. d. R. von verschiedenen Interessengruppen bearbeitet wird, ist die Wahrscheinlichkeit groß, dass einem Adressaten auch mehrere Argumentationspapiere vorliegen. Bis zur Aufdeckung von Widersprüchen oder objektiven Unrichtigkeiten wäre es dann nicht mehr weit; Image und Glaubwürdigkeit des Interessenvertreters wären massiv beschädigt.

In Kapitel 1 wurde bereits herausgearbeitet, wie ein erfolgreicher OnePager, mit einer aus Sicht des Adressaten schlüssigen und überzeugenden Argumentation, dazu führen kann, dass sich der angesprochene Entscheidungsträger aus Überzeugung und damit eigenem Antrieb für das vorgebrachte Anliegen einsetzt (siehe »endogener Prozesstreiber« in Abschnitt 1.3.2.6). Er kann den OnePager auch den eigenen

Gesprächspartnern zur Diskussion vorlegen, da dieser keine reinen Partikularinteressen abbildet. Es ist eine Tatsache, dass die Güte und Überzeugungskraft eines Sacharguments nie »im luftleeren Raum« bewertet wird, sondern immer in Abhängigkeit des Umfeldes, aus dem das Argument kommt. So wird beispielsweise das Argument, die Verschreibung von Generika sei im Vergleich zu Originalpräparaten äußerst kostensparend und sollte daher gesetzlich besonders gefördert werden, weder aus dem Munde eines Generikaherstellers noch eines Kostenträgers sonderlich glaubwürdig klingen: Während bei Ersterem die Vermutung der Verfolgung von Partikularinteressen in Form von Gewinnstreben assoziiert werden dürfte, hätte Letzterer mit dem Vorwurf von Sparmaßnahmen auf Kosten der Gesundheit der Versicherten zu kämpfen. Objektiv vermag das Argument der größeren Wirtschaftlichkeit jedoch in vielen (nicht allen) Fällen zu überzeugen. Wird das Anliegen aber aus Entscheidersicht vorgebracht – etwa mit dem Argument einer breiflächigen und kostengünstigeren medizinischen Versorgung für die Bevölkerung – so liegt der Schwerpunkt der Debatte viel eher auf der Gemeinwohlebene.

Die praktische Bedeutung von schriftlichen Briefing-Materialien (z. B. OnePagern) in der Praxis der Interessenvertretung ist außerordentlich hoch, wie eine Umfrage der Public-Affairs-Agentur Burson-Marsteller bereits im Jahr 2013 in Kommission, Parlament und den Ständigen Vertretungen der Mitgliedstaaten gezeigt hat (siehe Abbildung 7.12): Sie sind das zweitwichtigste Informationsinstrument nach persönlichen Meetings.

7.4.2.2 Polyprozessuale Instrumente

7.4.2.2.1 Workshop

Ein polyprozessuales Instrument ist der politische Workshop. Wenn auch seine Bedeutung seit den 1990er-Jahren abnimmt, wird er hauptsächlich von Unternehmensrepräsentanzen und anderen inhaltsorientiert arbeitenden Interessenvertretungen noch angewandt. Darunter ist eine institutionenübergreifende Informations- und Diskussionsveranstaltung zu einem speziellen Thema zu verstehen, die meist von oder im Auftrag eines Unternehmens, Verbandes oder einer Organisation durchgeführt wird und an der die sachlich zuständigen Vertreter der EU-Kommission und des Parlaments sowie des Unternehmens teilnehmen. Zweck eines solchen Workshops ist es, den Entscheidungsträgern Experten- und Praxiswissen seitens des Unternehmens zukommen zu lassen. Dabei ist es oftmals förderlich, eine neutrale Person mit ausgezeichneter Reputation und einem ebensolchen fachlichen Hintergrund mit der Leitung des Workshops zu betrauen. Dadurch wird das Unternehmensinteresse gegenüber den Vertretern der Legislative und Exektuive in den Hintergrund gestellt, sodass diese sich leichter zu einer Teilnahme bereit erklären. Besonderer Vorteil dieses Instruments der Interessenvertretung ist die Bündelung der Kommunikation. Die relevanten Beamten, Politiker und Experten sitzen an einem Tisch und können die einzelnen Aspekte der Thematik sofort und ohne Zeitverluste durch gegenseitige Zuleitung von Positionspapieren miteinander diskutieren. Eine objektive Information und sachliche

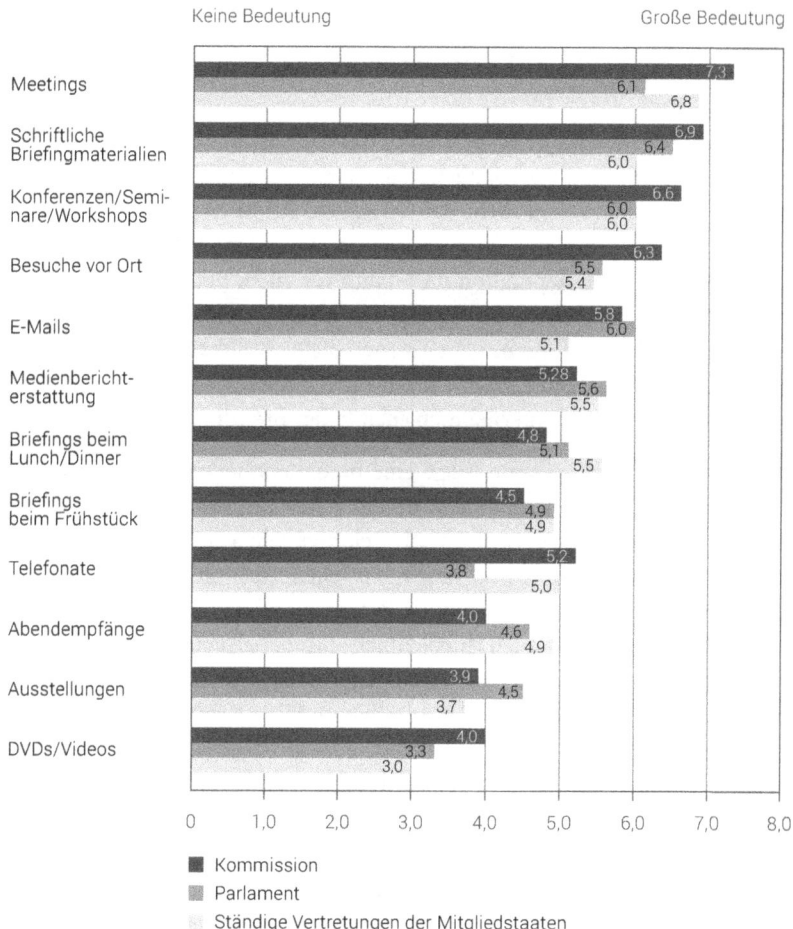

Keine Bedeutung · Große Bedeutung

Meetings: Kommission 7,3; Parlament 6,1; Ständige Vertretungen 6,8

Schriftliche Briefingmaterialien: Kommission 6,9; Parlament 6,4; Ständige Vertretungen 6,0

Konferenzen/Seminare/Workshops: Kommission 6,6; Parlament 6,0; Ständige Vertretungen 6,0

Besuche vor Ort: Kommission 6,3; Parlament 5,5; Ständige Vertretungen 5,4

E-Mails: Kommission 5,8; Parlament 6,0; Ständige Vertretungen 5,1

Medienberichterstattung: Kommission 5,28; Parlament 5,6; Ständige Vertretungen 5,5

Briefings beim Lunch/Dinner: Kommission 4,8; Parlament 5,1; Ständige Vertretungen 5,5

Briefings beim Frühstück: Kommission 4,5; Parlament 4,9; Ständige Vertretungen 4,9

Telefonate: Kommission 5,2; Parlament 3,8; Ständige Vertretungen 5,0

Abendempfänge: Kommission 4,0; Parlament 4,6; Ständige Vertretungen 4,9

Ausstellungen: Kommission 3,9; Parlament 4,5; Ständige Vertretungen 3,7

DVDs/Videos: Kommission 4,0; Parlament 3,3; Ständige Vertretungen 3,0

0 · 1,0 · 2,0 · 3,0 · 4,0 · 5,0 · 6,0 · 7,0 · 8,0

- Kommission
- Parlament
- Ständige Vertretungen der Mitgliedstaaten

Abbildung 7.12: Informationsvermittlung auf europäischer Ebene, unterteilt nach Kommunikationsinstrumenten[98]

Diskussion stärkt auch die professionelle Anerkennung der Unternehmensvertreter seitens der Vertreter der EU-Institutionen, was ihrer Reputation für die Zukunft zugutekommt. In diesem Sinne kann der Workshop zugleich auch als Instrument der Imagepflege des Unternehmens in Brüssel dienen.

7.4.2.2.2 Parlamentarischer Abend

Des Weiteren gibt es die Möglichkeit des Parlamentarischen Abends. Er ist wohl das bekannteste polyprozessuale Instrument und wird sehr häufig eingesetzt. Es kommt deshalb bisweilen zu einem Überangebot, sodass die Eingeladenen oft die Wahl zwischen mehreren Veranstaltungen an einem Abend haben. Der Parlamentarische Abend ist institutionsspezifisch und richtet sich grundsätzlich vor allem an die

---

98 Burson Marsteller (2013), S. 18.

Abgeordneten des Parlaments und ihre Mitarbeiter. Eventuell können auch Beamte der EU-Kommission dazu geladen werden, die für das Unternehmen von Interesse sein könnten.

Der Zweck eines solchen Abends ist es, Vertretern des Unternehmens eine allgemeine Gesprächsmöglichkeit mit den Parlamentariern zu eröffnen und sie miteinander bekannt zu machen. Er dient damit mehr der Öffentlichkeitsarbeit als der konkreten Interessenvertretung im eigentlichen Sinn; jedoch ist die Image- und Kontaktpflege eines Unternehmens für seine Reputation und damit für einen potenziellen Interessenvertretungserfolg von eminenter Bedeutung. Da es bei einem Parlamentsabend i. d. R. nicht um ein bestimmtes Thema geht, ist auch die Auswahl der teilnehmenden Abgeordneten nach ihrer Ausschusszugehörigkeit nicht unbedingt erforderlich. Vielmehr soll er dazu beitragen, das Unternehmen auch in der Breite bekannt zu machen.

Ein Parlamentarischer Abend ist ohne Frage eine besonders herausfordernde Form politischer Veranstaltungen, deren Gelingen von einer sehr professionellen Vorbereitung abhängt. Die Vertreter der Legislative und Exekutive sehen sich insbesondere in den Sitzungswochen einer breiten und anspruchsvollen Auswahl an abendlichen Ereignissen gegenüber. Des Weiteren sind diese Personen i. d. R. höchste Standards – einerseits fachlich, andererseits auch hinsichtlich ihrer Betreuung durch einen Gastgeber – gewöhnt. Die Ausrichter eines Parlamentarischen Abends sollten sich der hohen Standards bewusst sein, wenn sie ihr Ansehen und ihre Reputation durch eine solche Veranstaltung erfolgreich mehren wollen. Die langfristige und sorgfältige Planung eines solchen Abends beginnt mit der Terminfindung, die mehrere Monate im Voraus erfolgen sollte. Grundsätzlich muss eine derartige Veranstaltung während einer (Brüsseler oder Straßburger) Sitzungswoche des Europäischen Parlaments stattfinden, da sich die Abgeordneten andernfalls beispielsweise in ihren Heimatmitgliedstaaten befinden. Ferner sollte der Termin hinsichtlich möglicher wichtiger Sitzungstermine geprüft werden, damit es hier zu keiner zeitlichen Überschneidung kommt. An dieser Stelle empfiehlt es sich zudem, bei einigen ausgewählten Abgeordneten anzufragen, ob der avisierte Termin grundsätzlich günstig wäre. Außerdem sollte nach Möglichkeit geklärt werden, ob an den möglichen Terminen evtl. andere derartige Veranstaltungen geplant sind. Viel Sorgfalt sollte ebenso auf die Auswahl des Veranstaltungsorts gelegt werden. Dies kann beispielsweise ein Hotel mit geeigneten Räumlichkeiten sein, welches in der Nähe des Europäischen Parlaments liegt. Wenn der Termin feststeht, sollte möglichst rasch eine Vorankündigung an den Adressatenkreis versandt werden, verbunden mit der höflichen Bitte, sich den avisierten Termin nach Möglichkeit freizuhalten. Es ist dabei zusätzlich sinnvoll, Interessenvertretung in eigener Sache zu betreiben: Es sollte versucht werden, hochrangige Abgeordnete, z. B. die Fraktionsvorsitzenden im Europäischen Parlament, zu einer frühen Zusage zu bewegen, da sich dies erfahrungsgemäß auf die Attraktivität der Veranstaltung für die anderen Abgeordneten auswirkt. Die eigentlichen Einladungen für den Parlamentarischen Abend sollten ca. drei Monate vor der Veranstaltung verschickt werden, gefolgt von einer zeitnahen Erinnerung an die Veranstaltung.

All das zeigt, wie wichtig und umfänglich eine gute Vorbereitung eines Parlamentarischen Abends ist. Bei der Durchführung selbst ist ebenfalls auf höchste Ansprüche zu achten. Entscheidend ist, dass auch ein Parlamentarischer Abend professionelle Expertise benötigt, um die gewünschte Wirkung im Rahmen der Interessenvertretung zu erreichen.

7.5 Umsetzung in die Praxis: Gesamtmodell zur Strukturierung einer effektiven und effizienten Interessenvertretung

Vor dem Hintergrund der eingangs dargestellten Instrumente widmet sich der nun folgende Abschnitt der Umsetzung in die Praxis – wie sollte ein Unternehmen die Vertretung seiner Interessen aufstellen? Welche Kombination der verschiedenen (strukturellen) Instrumente bietet den optimalen Mix, damit die prozessualen Instrumente erfolgreich sind? Das heißt, wie kann eine – sowohl strukturell als auch projektbezogen – effektive und ressourceneffiziente Interessenvertretungsstrategie aussehen?

In einem ersten Schritt werden dazu die Stärken und Schwächen der einzelnen Instrumente anhand eines in sieben Punkten formulierten Qualitätsmaßstabes effektiver Interessenvertretung dargestellt (dazu Abschnitt 7.5.1). In einem zweiten Schritt ist auf die optimale Koordination der unterschiedlichen Aktivitäten im Unternehmen einzugehen (dazu Abschnitt 7.5.2): Wo sollten Verantwortlichkeiten im Unternehmen verortet sein; wie können dort reibungslose und belastbare Strukturen aufgebaut werden? Schritt drei befasst sich sodann mit der Bestandsaufnahme (Taking Stock) und der darauffolgenden strukturellen Grundaufstellung des Unternehmens im Bereich Interessenvertretung (dazu Abschnitt 7.5.3): Was ist das unternehmensspezifische Anforderungsprofil? Welche Kontakte und Arbeitsbeziehungen sind vorhanden? Welche Defizite bestehen, wie ist das Image des Unternehmens in Politik und Verwaltung? Schritt vier verdeutlicht schließlich die projektspezifische Aufstellung einer Interessenvertretungsstrategie (dazu Abschnitt 7.5.4).

7.5.1 Qualitätsmaßstäbe setzen: Eckpunkte einer effektiven Interessenvertretung für ein Unternehmen

Zweifellos gibt es kein Patentrezept einer guten Interessenvertretung – zu unterschiedlich sind die Anforderungen jeder einzelnen Branche, jedes individuellen Unternehmens und jedes einzelnen Projekts. Dennoch lassen sich gewisse Eckpunkte setzen, gleichsam Qualitätsmaßstäbe einer Interessenvertretung: Letztere kann sich gerade nicht darin erschöpfen, wohlklingende Konzepte zu entwerfen und diese dann über mehr oder minder zufällige Kontakte in den Bereich von Legislative und Exekutive »einzuspeisen«. Vielmehr setzt gute Interessenvertretung kumulativ hervorragende Informationsversorgung, ein Gefühl für Timing (siehe dazu bereits die Ausführungen in Abschnitt 4.5 zum Konzept der Zeitfenster in der Interessenvertretung), vertrauensvolle Kontakte, Begeisterungsfähigkeit und Durchschlagskraft voraus – fehlt es an einem dieser Aspekte, wird das Unternehmen seine Ziele nicht oder nur zufällig erreichen.

Im Folgenden wird daher ein sieben Punkte umfassender Qualitätsmaßstab aufgestellt. Jeder dieser sieben Punkte soll sodann kurz aus der Perspektive der strukturellen Interessenvertretungsinstrumente beleuchtet werden: Kann das jeweilige Instrument den Anforderungen entsprechen oder bestehen wesentliche Defizite?

Qualitätsmaßstäbe der Interessenvertretung bei den Institutionen der EU

1. Verfügbarkeit von Quellen für eine fortlaufende, tiefgehende **Informationsbeschaffung** und **Identifikation** von **Entscheidungsprozessen** aufgrund eines funktionierenden Netzwerks in den Institutionen

2. Fähigkeit, aus den so gewonnenen Informationen die **richtigen Schlüsse** zu ziehen und zur **richtigen Zeit** aktiv zu werden (Timing)

3. **Belastbare, vertrauensvolle Kontakte** zu den **zuständigen** Beamten und Mandatsträgern, jedoch nicht begrenzt auf zufällig verteilte Akteure, sondern unter Abdeckung einer Vielzahl von Gremien und Institutionen der EU (Europäisches Parlament, GDs der Kommission etc.)

4. Position, diese Kontakte **zeitgerecht**, das heißt in der Regel schnell anzusprechen

5. Fähigkeit, ein **wirkliches Interesse** des Beamten oder Mandatsträgers am jeweiligen Anliegen auszulösen

6. Möglichkeit zum Nachfassen beziehungsweise Nachfragen beim zuständigen Beamten oder Mandatsträger, das heißt zur **längerfristigen Begleitung** eines Entscheidungsprozesses

7. Ansprechbarkeit des Beamten oder Mandatsträgers **auch bei hohem Zeitdruck**

Abbildung 7.13: Qualitätsmaßstäbe für eine effektive Interessenvertretung

Im Einzelnen ist dazu auszuführen:

- *Verfügbarkeit von Quellen für eine fortlaufende, tiefgehende Informationsbeschaffung und Identifikation von Entscheidungsprozessen aufgrund eines funktionierenden Netzwerks in den Institutionen:* Hier ist der Einsatz eines Verbandes zur Deckung des »Grundbedarfs« an Interessenvertretung insbesondere aufgrund der Breite des verbandlichen Informationsansatzes empfehlenswert. Ein Verband – zumindest wenn er über eine entsprechende Größe und Reputation verfügt – hat sehr gute formelle Zugänge zu den Institutionen der EU und gewährleistet insofern einen fortlaufenden Informationsfluss zu allen öffentlichen bzw. verbandsöffentlichen Vorgängen auf europäischer Ebene. Auch ist über die Verbandsmitgliedschaft die Teilnahme an formellen Beteiligungsprozessen auf europäischer Ebene (Hearings etc.) gesichert bzw. zumindest wesentlich erleichtert. Weniger geeignet erscheint ein Verband zur Vermittlung von speziellen Interessen und Themen einzelner Mitgliedsunternehmen. Ebenso ist es für einen Verband nicht immer leicht, informelle Informationsströme zu öffnen. Dem Verband steht oft das bereits ausführlich erörterte Heterogenitätsproblem im Wege: Es ist einem Verbandsvertreter schon rein faktisch unmöglich, Monitoring für jedes einzelne Mitgliedsunternehmen zu betreiben (bzw. die entsprechenden Themen überhaupt zu identifizieren) und daraufhin womöglich detailliertere Informationen abzufragen. Auch haben Verbände häufig einen formalisierten Interessenvertretungsansatz: Die Informationsversorgung von Verbänden funktioniert – hier scheint der korporatistische Ansatz aus den Mitgliedstaaten durch – in der Breite eher auf offiziellem Wege als durch vertrauliche Hintergrundgespräche. Gerade für diese Punkte erscheinen daher andere Instrumente besser geeignet: Unternehmensspezifische, auf allgemein zugängliche Quellen beschränkte Monitoring-Tätigkeiten lassen sich z. B. auch durch eine Public-Affairs-Agentur erbringen (eine Unternehmensrepräsentanz mit in aller Regel etwas dünnerer Personaldecke würde dies in komplexeren Bereichen schlicht zeitlich überfordern), während die erforderlichen Kontakte zur detaillierten Vertiefung im Einzelfall meist nur bei dem Unternehmensrepräsentanten oder aber einem externen Dienstleister (Governmental-Relations-Agentur) gegeben sein werden. Nur in rechtlich komplexen Bereichen – insbesondere zur juristischen Bewertung von Nachrichten und Informationen – sollte eine Anwaltskanzlei zum Einsatz kommen.

Kurz gesagt: Zur informationellen Grundversorgung dient der Verband; zum spezifischen Monitoring für einzelne Unternehmen kommen Public-Affairs-Agentur und Rechtsanwaltskanzlei zum Einsatz; zur Vertiefung und Nachforschung im Einzelfall sind Unternehmensrepräsentanz und Governmental-Relations-Agentur prädestiniert.

- *Fähigkeit, aus den so gewonnenen Informationen die richtigen Schlüsse zu ziehen und zur richtigen Zeit aktiv zu werden (Timing):* Der Schwerpunkt liegt darin, die inhaltlichen Argumente in Prozesse zu überführen, d. h. die Filterung wesentlicher Informationen für das Unternehmen und die Ziehung strategischer Schlüsse für dessen politische Aufstellung. Aus den gewonnenen Informationen kann z. B. erschlossen werden, wann, wie, wo und mit wem kommuniziert werden soll (Timing). Auch hier kann ein Verband nur eine gewisse Grundversorgung garantieren; aufgrund des Heterogenitätsproblems stößt er jedoch an seine Grenzen, sobald verbandsintern konfligierende Interessen auftreten. Hinzu kommt, dass ein Verband aufgrund der Verschiedenheit seiner Mitgliedsunternehmen neue Informationen häufig erst zielgruppengerecht aufbereiten muss. Diese Verlangsamung des (häufig institutionalisierten) Informationsflusses, etwa über Newsletter, regelmäßige Briefings etc. bedeutet jedoch einen schwerwiegenden Nachteil im Hinblick auf die wünschenswerte Minimierung des Faktors Zeit. Vom Unternehmen eingesetzte Public-Affairs-Agenturen und Rechtsanwaltskanzleien können hier bis zu einem gewissen Grad kompensieren, allerdings fehlt ihnen meist das prozessuale Know-how, um die praktischen politischen Folgen abschätzen zu können.

Auch hier sind demnach Unternehmensrepräsentanz und Governmental-Relations-Agentur gefordert; vor allem bei Letzterer ist mit ihrer prozessualen Expertise (Prozessbegleitkompetenz) eine (strategische) Kernkompetenz für richtiges Timing berührt (siehe »Prozessbegleitkompetenz« in Abschnitt 1.3.2.7).

- *Vertrauensvolle Kontakte zu den zuständigen Vertretern der Legislative und Exekutive, jedoch nicht begrenzt auf zufällig verteilte Akteure, sondern unter Abdeckung einer Vielzahl von Gremien und Institutionen der EU (Europäisches Parlament, Generaldirektionen der Kommission etc.):* Auch hier leisten Verbände eine wertvolle Grundversorgung – sie haben über die institutionalisierten Kommunikationswege i. d. R. zuverlässige Zugänge zu einer Vielzahl relevanter Entscheidungsträger. Diese Zugänge exklusiv für ein Unternehmen zu eröffnen, ist jedoch kaum möglich: Ein Verbandsvertreter ist kraft seines Amts allen Verbandsmitgliedern verpflichtet; bei konfligierenden Interessen kann er sich nicht für einen einzelnen Akteur verwenden, ohne seine Glaubwürdigkeit als Vertreter eines Interessenkollektivs zu riskieren. PA-Agentur und Rechtsanwaltskanzlei scheiden i. d. R. aus, liegt ihre Kernkompetenz doch im inhaltlichen, weniger im prozessualen Bereich. Zwischen Unternehmensrepräsentanz und Governmental-Relations-Agentur spricht vieles für den externen Dienstleister: Er verfügt meist über das belastbarere Netzwerk und kann im Zweifel (im Zusammenhang mit seiner branchenübergreifenden Tätigkeit für verschiedene Klienten) auch auf Akteure zugreifen, die für die Anliegen des Unternehmens nur mittelbar relevant sind und daher vom Unternehmensrepräsentanten in dessen alltäglicher Arbeit aus Kapazitätsgründen kaum abgedeckt werden können.

  Letztlich verspricht hier die Kombination der Netzwerke von Unternehmensrepräsentant und externem Dienstleister den größten Erfolg.

- *Position, diese Kontakte zeitgerecht, d. h. i. d. R. schnell anzusprechen:* Diese – rein prozessuale – Kernanforderung wirkungsvoller Interessenvertretung kann in der Praxis fast ausschließlich von Unternehmensrepräsentanz und Governmental-Relations-Agentur erfüllt werden. Entscheidende Vorteile des externen Dienstleisters sind dabei sowohl die Vielfalt der für ihn verfügbaren Zugänge als auch die Fähigkeit vom unternehmensspezifischen Interesse zu abstrahieren und Argumente mithilfe der Perspektivenwechselkompetenz adressatengerecht in die Debatte einzubringen: Als unabhängiger Intermediär wird ihm damit häufig eher Gehör geschenkt als dem mit der Fahne des Unternehmens auftretenden Repräsentanten (siehe »unabhängiger Intermediär« und »Perspektivenwechselkompetenz« in Abschnitt 1.3.2.6).

- *Fähigkeit, ein wirkliches Interesse bei den Vertretern der Legislative und Exekutive am jeweiligen Anliegen auszulösen:* Hier sind eher methodische Fähigkeiten als spezifisch einem strukturellen Instrument zuzuordnende Charakteristika gefragt. Es wurde bereits dargestellt, dass der Kern guter Interessenvertretung darin liegt, dem Gegenüber zu vermitteln, warum die Erfüllung eines Anliegens auch in dem von ihm wahrzunehmenden Interesse liegt. Ein Abgeordneter ist i. d. R. am wirtschaftlichen Erfolg der in seinem Wahlkreis angesiedelten Unternehmen interessiert; eine Generaldirektion wird sich grundsätzlich für die fiskalischen Auswirkungen eines Vorhabens interessieren; ein Vertreter der Legislative oder Exekutive kann ein Anliegen zu »seinem« Thema machen und damit innerhalb der eigenen Institution an Profil gewinnen. Insoweit muss jedes der Interessenvertretungsinstrumente die eigene Argumentation immer wieder hinterfragen und justieren, um den Adressaten nicht aus den Augen zu verlieren.

- *Möglichkeit zum Nachfassen bzw. Nachfragen, d. h. zur längerfristigen Begleitung eines Entscheidungsprozesses; Ansprechbarkeit des Beamten oder Mandatsträgers auch bei hohem Zeitdruck:* Um ein Anliegen dauerhaft begleiten zu können, ohne die zuständigen Amts- und Mandatsträger zu ermüden oder gar zu entnerven, sind belastbare Netzwerke erforderlich. Der Entscheidungsträger muss aus eigener Erfahrung um die Seriosität und die Zuverlässigkeit des Interessenvertreters wissen; er muss den Vorteil der Zusammenarbeit für die eigene Arbeit und die eigene Institution erkennen können. Dies wiederum setzt – neben der bereits angesprochenen Fähigkeit zum Perspektivenwechsel – voraus, dass er auch abseits des konkreten Anliegens häufiger inhaltliche Berührungspunkte mit dem Interessenvertreter hatte bzw. haben wird: Ein Unternehmensrepräsentant, der beispielsweise in einer Frage der Exportregulierung zum ersten Mal mit einem dafür zuständigen Amtsträger in Berührung kommt, wird sich dabei schwertun.

  Hier sind wiederum die nicht auf einen Klienten begrenzten Arbeitsbeziehungen einer Governmental-Relations-Agentur ein klarer Vorteil.

Im Ergebnis zeigt sich eine klare Verteilung von Stärken und Schwächen der einzelnen Instrumente: Unternehmensrepräsentanzen, Verbände, Public-Affairs-Agenturen und Anwaltskanzleien haben vor allem inhaltliche Stärken. Für eine erfolgreiche Interessenvertretung müssen diese um die Prozesskompetenz der Governmental-Relations-Agenturen ergänzt werden. Während der Verband die (branchenorientierte) Grundversorgung im Bereich der Interessenvertretung sicherstellt, muss für unternehmensspezifische Belange auf externe Dienstleister oder eine eigene Unternehmensrepräsentanz zurückgegriffen werden. Weitere inhaltliche Arbeit, beispielsweise politische Analysen, Trendforschung oder rechtliche Beurteilungen, lassen sich dabei am besten durch Unternehmensrepräsentanzen, Public-Affairs-Agenturen und Rechtsanwaltskanzleien abdecken. Im prozessualen Bereich liegt hingegen die Stärke der Governmental-Relations-Agentur: Sie strukturiert und begleitet die Interessenvertretung ihrer Auftraggeber und erbringt die eigentliche Kerntätigkeit der Vermittlung der Interessen in Legislative und Exekutive (siehe auch Abschnitt 1.3).

7.5.2 Koordination der Instrumente durch das Unternehmen

Die Vielzahl verfügbarer und – wie gerade gesehen – in ihrem jeweiligen Kompetenzbereich auch sinnvoller Instrumente muss optimal koordiniert werden, um

Redundanzen und Reibungsverluste zu verhindern. Mitentscheidend für die Effektivität eines der verschiedenen strukturellen Interessenvertretungsansätze sind damit die Kommunikations- und Entscheidungsstrukturen sowohl innerhalb des Unternehmens als auch zwischen den eingesetzten strukturellen Instrumenten. Ebenso wie für strategische Entscheidungen in Unternehmensbereichen wie Produktentwicklung, Einkauf oder Vertrieb benötigt ein Unternehmen daher einen eigenen strukturell aufgestellten Zuständigkeitsbereich »Interessenvertretung« und dementsprechend auch einen spezifischen Ansprechpartner für alle diesbezüglichen Belange. Dieser interne Entscheidungsträger, der die zu erfüllenden Aufgaben differenziert und zwischen den einzelnen Aufgabenträgern koordiniert, wird im Folgenden als Koordinator bezeichnet.

An welcher Stelle der Unternehmenshierarchie der Koordinator angesiedelt sein sollte, hängt neben dem Strukturtyp der Unternehmensorganisation auch von der strategischen Ausrichtung des Interessenvertretungsansatzes ab. Grundsätzlich und insbesondere dann, wenn die Interessenvertretungsinstrumente eingesetzt werden, um Informationen als Grundlage für weitreichende Planungsentscheidungen des Unternehmens zu erlangen, sollte der Koordinator in der Unternehmenshierarchie und auch disziplinarisch so nah wie möglich an der Leitungsebene des Unternehmens angesiedelt sein: Bei Berührung strategischer Belange des Unternehmens durch die Interessenvertretung ist ein umfassender Überblick über die unternehmerische Gesamtsituation und die Möglichkeit, entsprechende strategische Weichenstellungen wirksam anregen zu können, unerlässlich für eine effektive und effiziente Koordination der Instrumente.

So wird durch den direkten Kontakt zwischen der obersten Unternehmensleitung und den strukturellen Interessenvertretungsinstrumenten mittels des Koordinators die zeitliche Verzögerung des Informationsflusses minimiert. Zudem wird die Gefahr von Informationsverlusten bzw. -fehlleitungen möglichst geringgehalten. Optimal ist es, wenn ein Mitglied der Unternehmensleitung die Position des Koordinators einnimmt. Als Alternative hierzu – was insbesondere bei Großunternehmen aufgrund der Fülle der Aufgaben der Unternehmensleitung unerlässlich sein wird – sollte der Koordinator der Unternehmensleitung unmittelbar disziplinarisch unterstellt sein. Dies kann neben dem persönlichen Referenten eine eigens eingerichtete Stabsstelle oder der Leiter der Abteilung Öffentlichkeitsarbeit/Unternehmenskommunikation sein. In einigen großen Unternehmen hat die Umsetzung dieser Erkenntnis bereits zur Gründung eigener Abteilungen für »Governmental Relations«, »Governmental Affairs« oder »Politik und Gestaltung« geführt, die direkt – organisatorisch, inhaltlich und disziplinarisch – an die Unternehmensführung berichten, im Falle einer Aktiengesellschaft idealerweise an den Vorstandsvorsitzenden.

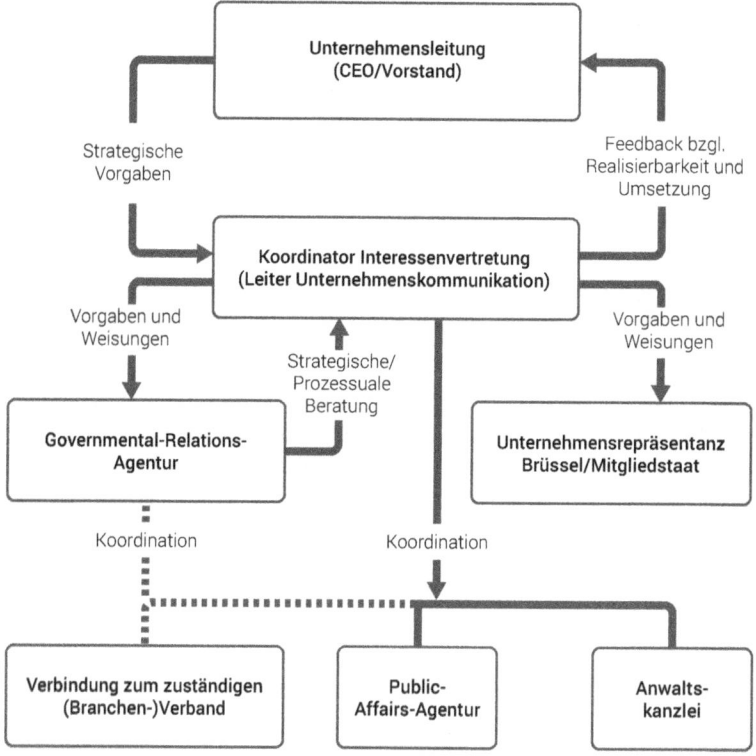

Abbildung 7.14: Koordination des Instrumentenmixes der Interessenvertretung durch das Unternehmen

Als »verlängerter Arm« des Koordinators (neben den eigenen Mitarbeitern) erscheint eine Governmental-Relations-Agentur prädestiniert. In einem komplexen Entscheidungssystem wie der EU setzt jede inhaltliche Analyse und strategische Entscheidung im Bereich der Interessenvertretung zwangsläufig eine fundierte prozessuale Einschätzung des politisch Möglichen voraus. Um dies fortlaufend gewährleisten zu können (jedes Anliegen sollte informell auf Realisierbarkeit geprüft werden, bevor weitergehende Anstrengungen unternommen werden), ist der Koordinator jedoch auf externe Dienstleister angewiesen. Über ihre breite, im Idealfall EU-weite Kontaktbasis kann eine Governmental-Relations-Agentur somit schon vor Beginn der eigentlichen Interessenvermittlung wichtige Einsichten in den Brüsseler und EU-Politikbetrieb (inklusive EU-Mitgliedstaaten) liefern. Erst auf einer solchen Entscheidungsgrundlage lassen sich dann – projektbezogen – konkrete Planungen für den Einsatz der verschiedenen Instrumente anstellen.

7.5.3 Ausgangspunkt und Zielsetzung erfassen: Definition eines generellen Anforderungsprofils des Unternehmens im Bereich der Interessenvertretung

Die grundlegende und mithin wichtigste Aufgabe des Koordinators ist die Entwicklung einer unternehmenseigenen Strategie der Interessenvertretung. Dabei sind fünf Entwicklungsstufen zu unterscheiden (siehe Abbildung 7.15):

In einem ersten Schritt ist das branchen- ebenso wie das unternehmensspezifische Anforderungsprofil des Unternehmens zu definieren. Grundsätzlich wird sich die Definition auf dieser Stufe vorrangig an der jeweiligen Branchenzugehörigkeit und dem Produkt- bzw. Dienstleistungsportfolio des Unternehmens orientieren – hier erfolgen naturgemäß die grundlegenden Weichenstellungen bei der Feststellung der Interessen des Unternehmens. Bei der Festlegung einer grundsätzlichen Strategie ist das betriebswirtschaftliche Know-how des Interessenvertreters gefragt, kommen doch verschiedenste Analysemethoden in Betracht. Ein recht einfaches, dennoch bei der Erarbeitung von Interessenvertretungsstrategien häufig angewandtes Werkzeug ist die SWOT-Analyse;[99] aus ihr können sich beispielsweise Risiken für das Unternehmen aus dem Bereich der branchenspezifischen Regulierung ergeben. Darüber hinaus ist genau zu analysieren, ob und inwieweit auch noch andere Politikbereiche benachbarter Sektoren in den Interessenvertretungsprozess einbezogen werden müssen: Es genügt für ein Automobilunternehmen beispielsweise nicht, sich in seinen Aktivitäten auf die Sektoren Technologie, Industrie und Handel zu beschränken; vielmehr sind die Bereiche Umwelt, Energie und Sozialpolitik u. U. wichtige Betätigungsfelder.

Aus der Problemanalyse ergeben sich entsprechende Vorschläge und Lösungsansätze für den Interessenvertretungsprozess bzw. die grundsätzliche Positionierung des Unternehmens im politischen Raum. Im Sinne nachhaltiger Erfolge sind dabei die übergeordneten (ökonomischen) Ziele des Unternehmens stets zu berücksichtigen, damit eine kongruente Ausrichtung der gesamten Unternehmensstrategie gewährleistet bleibt. Umgekehrt wäre es entsprechend sinnvoll, die politischen Interessen soweit als nötig in die Unternehmensstrategie zu integrieren. Dadurch wird die langfristige Kohärenz der Unternehmensausrichtung und Interessenvertretung gewährleistet. Die letztliche Entscheidung sowohl über den Inhalt der Lösungsansätze als auch über deren Implementierung trifft das Unternehmen selbstverständlich selbst.

Auf einer zweiten Stufe sind sodann aus den fünf theoretisch zur Verfügung stehenden institutionellen Ansätzen auf der Ebene der EU, also dem Rat der EU, der EU-Kommission, dem Parlament und (eher theoretisch) dem WSA und dem AdR, diejenigen auszuwählen, die für das Unternehmen relevant erscheinen. Hieraus ergibt sich das Spektrum der relevanten unternehmensspezifischen, institutionellen Ansätze und damit der für die Institutionen handelnden Entscheidungsträger.

---

99 Eine SWOT-Analyse – SWOT ist ein engl. Akronym für die Begriffe Strengths (Stärken), Weaknesses (Schwächen), Opportunities (Chancen) und Threats (Gefahren) – ist ein einfaches, vor allem im strategischen Management eingesetztes Werkzeug. Es dient der Analyse sowohl unternehmensinterner Stärken und Schwächen (Strengths and Weaknesses) als auch in Bezug auf das Unternehmen bestehender, jedoch unternehmensexterner Chancen und Gefahren (Opportunities and Threats). Die so gewonnenen Erkenntnisse sollen die künftige strategische Ausrichtung des Unternehmens unterstützen, z. B. in Bezug auf Struktur, Portfolioentscheidungen oder – wie hier relevant – Fragen der Positionierung im politischen Raum.

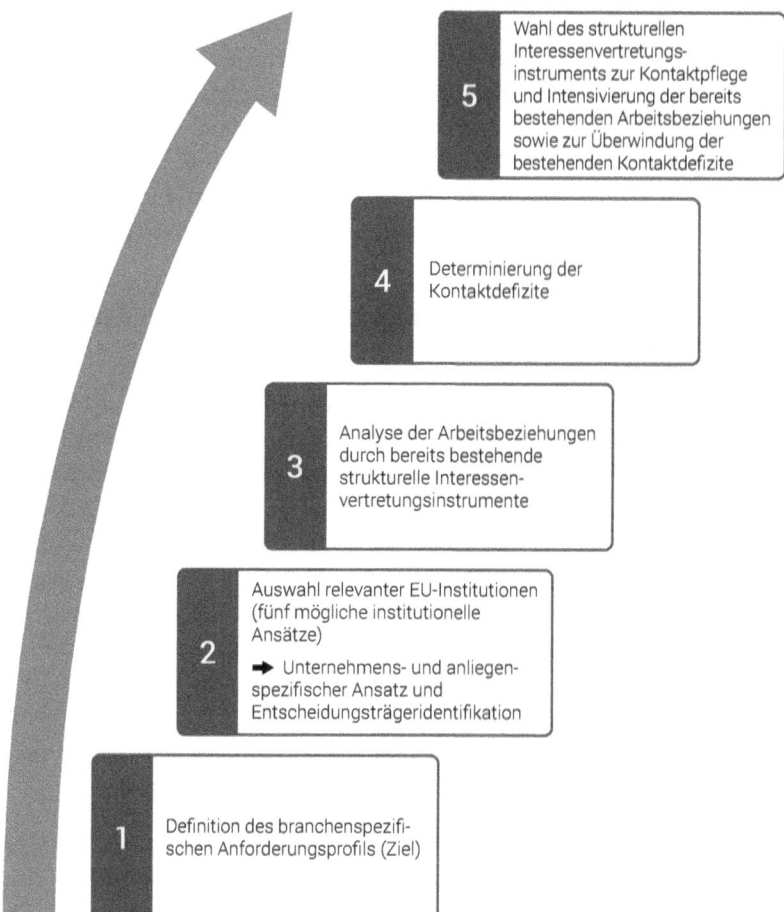

Abbildung 7.15: Strukturelle Aufstellung einer unternehmensspezifischen Interessenvertretung

Anschließend ist zu analysieren, welche Arbeitsbeziehungen, also Kontakte zu relevanten Entscheidungsträgern, bereits durch strukturelle Interessenvertretungsinstrumente des Unternehmens bestehen. Auf dieser dritten Stufe erlangen damit die ausschließlich bei dem betreffenden Unternehmen vorliegenden Voraussetzungen über die bereits auf der ersten Stufe berücksichtigten branchenspezifischen Anforderungen hinaus ihre besondere Bedeutung.

Direkt an diese Analyse schließt sich in einem vierten Schritt die Bestimmung der Kontaktdefizite an. Diese ergeben sich aus dem Vergleich der auf der ersten und zweiten Stufe herausgearbeiteten branchen- und unternehmensspezifisch relevanten Institutionen und deren jeweiligen Entscheidungsträgern mit dem auf der dritten Stufe analysierten, bereits bestehenden Arbeitsbeziehungsgeflecht.

In einem abschließenden fünften Schritt sind diejenigen strukturellen Interessenvertretungsinstrumente auszuwählen und einzusetzen, die unter den Gesichtspunkten der Effektivität und der Effizienz die größte Eignung sowohl zur Pflege und Intensivierung bereits bestehender Kontakte im Arbeitsbeziehungsgeflecht als auch zur Überwindung der ermittelten Kontaktdefizite aufweisen. Hier sollte die in den vorangegangenen Abschnitten vorgenommene Analyse der Stärken und Schwächen der jeweiligen Instrumente zur strategischen Planung herangezogen werden.

7.5.4 Interessenvertretungsprojekte aufsetzen und erfolgreich durchführen: Grundlegende Schritte

Erst nachdem ein Unternehmen interne Entscheidungsstrukturen im Bereich Interessenvertretung etabliert, Klarheit über seine Interessenlage und die eigene Aufstellung in Brüssel gefunden und die Einsatzmöglichkeiten struktureller Instrumente analysiert hat, können konkrete Maßnahmen in Angriff genommen werden. Dies gilt sowohl für Aktivitäten, die eher als allgemeine Imagepflege im politisch-öffentlichen Raum einzustufen sind, beispielsweise Empfänge, Vorträge, Tagungen, Parlamentarische Abende etc., als auch für konkrete Vorhaben zur zielgerichteten Interessenvermittlung. Sie sind ohne besagte Bestandsaufnahme wenig effizient und wirkungslos, meist ressourcenintensiv und können – im ungünstigsten Fall – auch »politisches Porzellan« zerschlagen. In der Praxis zeigt sich, dass ein solches Vorgehen leider keinen Seltenheitswert hat – sei es aus Gründen mangelnder Professionalität aufseiten der Auftragnehmer oder mangelnder Koordination vonseiten der Auftraggeber.

Wie sollte ein konkretes Interessenvertretungsprojekt demnach angegangen werden? Selbstredend verbieten sich auch hier Pauschalrezepte. Allerdings lassen sich fünf grundlegende Schritte ausmachen, die als Richtschnur dienen können, um eine strukturierte Interessenvertretung zu planen und in die Tat umzusetzen (siehe Abbildung 7.16).

7.5.4.1 Erfassung der inhaltlichen Zielsetzung und fortlaufende Prüfung der politischen Realisierbarkeit

In einem ersten Schritt ist die inhaltliche Zielsetzung des Projekts zu erfassen. Dieser Schritt darf nicht mit der apodiktischen Festsetzung einer Benchmark verwechselt werden, ist doch das politische Brüssel keine Arena, in der nur ein einziger Spieler aufläuft. In aller Regel treffen mindestens zwei Interessen aufeinander, unter denen Legislative und Exekutive dann zu vermitteln haben – ein üblicher demokratischer Prozess. Dies erfordert jedoch zugleich eine gewisse Flexibilität aufseiten des Unternehmens: Eine einhundertprozentige Verwirklichung seiner Idealvorstellungen ist kaum realistisch; deutlich wahrscheinlicher sind Kompromisslösungen. Bei der Festlegung von Zielsetzungen sollte also ein gewisser Korridor definiert werden, innerhalb dessen für das Unternehmen erstrebenswerte Ergebnisse liegen könnten.

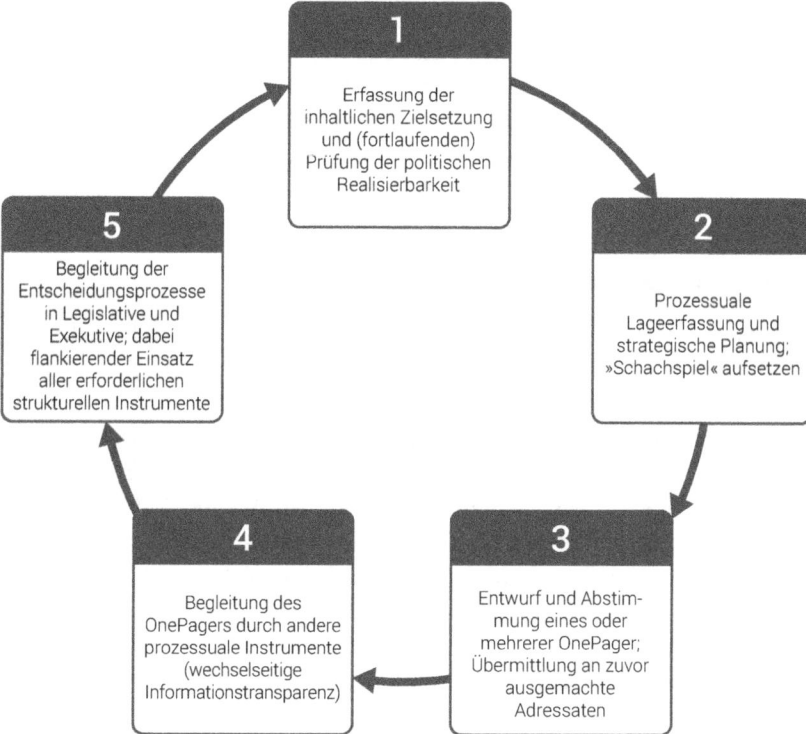

Abbildung 7.16: Umsetzung eines konkreten Interessenvertretungsprojekts

Was einfach klingt, ist in der Praxis eine den in Brüssel unerfahrenen Akteur oft überfordernde Aufgabenstellung. Nicht ausreichend sind Outside-In-Analysen, d. h. sich allein auf Presseäußerungen oder anderweitige Manifestierungen der Ansichten politischer Entscheidungsträger stützende Einschätzungen. Zum einen liegen öffentliche Äußerungen und tatsächliche Überzeugungen häufig meilenweit auseinander. Darin liegt nichts Illegitimes, sondern eine gängige strategische Reaktion der politischen Entscheidungsträger, die sich in der politischen Auseinandersetzung nicht ohne Weiteres in die Karten blicken lassen wollen. Zum anderen bildet das öffentliche Meinungsbild nur einen kleinen Teil der für die Entscheidungsfindung wesentlichen Aspekte ab: Persönliche Verbindungen und Interessen der Akteure, (häufig nicht sofort ersichtliche) parteipolitische Erwägungen und – ein Brüsseler Spezifikum – nationale Besonderheiten im Europa der 27 Mitgliedstaaten machen »einfache« Antworten unmöglich.

Ein Blick hinter die Kulissen erscheint unvermeidbar. Allerdings kennen Unternehmen die Notwendigkeit solcher Analysen aus einem ganz anderen Bereich, namentlich der Marktforschung. Bevor ein neues Produkt auf den Markt gebracht wird (häufig sogar, bevor überhaupt die eigentliche Entwicklungsarbeit beginnt), versuchen Unternehmen über Kundenbefragungen, Fokusgruppen, »Testballons« u. Ä. die Black Box

»Verbraucher« zu entschlüsseln: Welche Produkte kommen an, welche haben keine Chance zum Markterfolg? Ganz ähnlich funktioniert die »politische Feldforschung« im Bereich der Interessenvertretung, für die – infolge des vorwiegend prozessualen Fokus – eine Governmental-Relations-Agentur eingesetzt werden sollte. Im Sinne eines unternehmerischen Willensbildungsinstruments kann sie informell vorfühlen bzw. fortlaufend überprüfen, welche Zielsetzungen inwieweit erreichbar sind und an welchen Stellen nachjustiert werden sollte.

7.5.4.2 Prozessuale Lageerfassung und Strategieplanung

Sobald eine (ständig zu aktualisierende) Realisierbarkeitsanalyse durchgeführt ist, sind die »Mitspieler« auf der europäischen Bühne genau zu analysieren: Wie sind die Interessen verteilt, welche anderen Akteure sind mit welchen Mitteln aktiv? Gerade auf europäischer Ebene kann dies auch innerhalb ein und derselben Branche in vollkommen entgegengesetzte Richtungen gehen, wie der Streit um verbindliche CO_2-Grenzwerte für Kraftfahrzeuge gezeigt hat. Während die deutsche Automobilindustrie, deren Produktportfolio auf größere Fahrzeuge fokussiert ist, tendenziell großzügigere Grenzwerte anstrebte, plädierten französische und italienische Hersteller mit tatkräftiger Unterstützung ihrer Regierungen für strenge Anforderungen – unternehmerisch nur allzu verständlich, stellen den Löwenanteil ihrer Fahrzeugflotten doch die naturgemäß verbrauchsgünstigeren Autos der Kleinwagen- und Kompaktklasse. Dies auch in komplexer gelagerten Fällen herauszufinden, bedarf eines »Joint Effort« von Unternehmen (Inhaltskompetenz) und Governmental-Relations-Agentur (Prozesskompetenz).

Noch wichtiger ist die genaue Analyse des relevanten Umfelds in Legislative und Exekutive. Ein erster Schritt dazu ist die Prüfung des rechtlichen Hintergrundes des laufenden Verfahrens: Wer sind beteiligte Entscheidungsträger, wann sind welche Entscheidungen zu treffen, wo sind Möglichkeiten für die legitime Einbringung von Interessen (siehe Kapitel 4)? Die Spannweite bei Letzterem reicht von formellen Beteiligungsmöglichkeiten wie Konsultationen und Hearings bis hin zur direkten Adressierung von Mandats- und Amtsträgern. Ein zweiter Schritt ist die Erfassung der eigenen, für das konkrete Projekt nutzbaren Kontakte und die Einschätzung, was über diese Kontakte erreicht werden kann. Auch für diese Aufgabe erweist sich die Governmental-Relations-Agentur – z. B. in Zusammenarbeit mit Verband und Unternehmensrepräsentanz vor Ort in Brüssel – als prädestiniert.

7.5.4.3 Entwurf und Übermittlung eines oder mehrerer OnePager

In einem dritten Schritt sind die inhaltlichen Vorstellungen des Unternehmens in eine für den jeweiligen Adressaten nachvollziehbare und verständliche Form zu bringen. Ein solches Papier ist mehr als nur eine schriftliche Darlegung der eigenen Position. Zentral ist der Perspektivenwechsel (siehe auch Abschnitt 7.4.2.1.7 und Abschnitt 1.3.2.6). Man sollte nicht vergessen, dass Entscheidungsträger in Legislative und Exekutive ihre Entscheidungen häufig unter Zeitdruck treffen müssen. Ein Anliegen, das ihnen auf begrenztem Raum nachvollziehbar dargelegt wird, findet häufig eher Anklang als ein auf vielen Seiten ausgeführtes Interesse, dessen Durchdringung mehrere Stunden konzentrierter Aktenarbeit erfordern würde. Hinzu kommt, dass ein OnePager im Einzelfall die einzige Möglichkeit eines Interessenvertreters darstellt, sein Anliegen zu kommunizieren: Verfügt er nicht über einen direkten Kontakt zum jeweiligen Entscheidungsträger, sondern nur zu Personen aus seinem Umfeld (etwa zu einem Fraktionskollegen oder Landsmann des relevanten MdEPs), muss er seine Zielsetzung so überzeugend in diesem Schriftstück verbriefen, dass es weiterer Überzeugung womöglich nicht mehr bedarf. Hinzu kommt die Verwendbarkeit des OnePagers als Argumentationsgrundlage für Dritte: Gerade im Mehrebenensystem der EU darf sich eine Interessenvertretungsstrategie nicht nur auf die europäische Ebene beschränken, sondern muss auch die mitgliedstaatlichen Ebenen einbeziehen. Auch über die Mitgliedstaaten können Positionen und Argumente in den europäischen Prozess hineingetragen werden, sei es formell (z. B. über den Rat) oder informell über die im Parlament vertretenen Fraktionen. Gleiches gilt für die Organe der EU: Wo immer möglich, sollten Fürsprecher sowohl aus der EU-Kommission als auch aus dem Parlament für die eigene Position gewonnen werden, erfordern doch mittlerweile praktisch alle wichtigen Rechtsetzungs- und Entscheidungsverfahren die Beteiligung beider Organe (siehe hierzu Kapitel 6).

7.5.4.4 Flankierung des OnePagers durch andere strukturelle und prozessuale Instrumente (wechselseitige Informationstransparenz)

Ein OnePager darf nur der erste – wenn auch sehr wesentliche – Schritt einer Strategie sein. Alle weiteren, oben vorgestellten Instrumente sind einzusetzen, soweit dies Erfolg verspricht. So können Unternehmensrepräsentanten beispielsweise an formellen Hearings des Europäischen Parlaments teilnehmen; flankierend kann (soweit dies sinnvoll erscheint) über Public-Affairs- und Public-Relations-Agenturen an öffentlichkeitswirksamen Kampagnen gearbeitet werden. Eine Anwaltskanzlei ist als beratende Kraft gerade bei rechtlich komplexen Verfahren und Sachfragen gefragt.

Ein Verband kann sowohl eine institutionelle Informationsquelle (etwa im Zuge von Anhörungen und Konsultationen) sein als auch formalisierte Interessenvertretung leisten – Letzteres besonders dann, wenn sich unternehmensspezifische in branchenspezifische oder branchenübergreifende Interessen einbetten lassen.[100] Gerade bei öffentlichkeitsrelevanten Themen kann dem politischen Gewicht, das Verbandsmeinungen bei Anhörungen und Rechtsetzungsverfahren zuteilwird, besondere Bedeutung zukommen. Einschränkend ist auch hier auf die gegenüber ihrer traditionellen Position in den Mitgliedstaaten geringere Durchsetzungskraft der Verbände auf europäischer Ebene zu verweisen (siehe Abschnitt 7.4.1.1.4). Eher für kleinere Unternehmen relevant ist darüber hinaus die Möglichkeit, bei ihrer eigenen Interessenvertretung

---

100 Vgl. Bender/Reulecke (2003), S. 175.

auf Vorarbeiten des Verbandes zurückzugreifen. Rechtliche Analysen, Argumentationspapiere, Pressearbeit etc. sind Bereiche, in denen gute Verbandsarbeit ein Unternehmen entlasten kann.[101]

Zugleich können sich hierbei Risiken für die Glaubwürdigkeit der eigenen Position ergeben: Um widersprechende Aussagen von Verband und Unternehmen zu vermeiden, sollte sich das Unternehmen trotz eigenständiger Interessenvertretung stets so stark wie möglich im eigenen Verband einbringen. In vielen Verbänden bringt sich leider nur ein kleiner Teil der Mitgliedsunternehmen wirklich aktiv in die Verbandsarbeit ein. Gerade für größere Unternehmen, die sich eine eigene Interessenvertretung leisten, bieten sich hier interessante Möglichkeiten:[102] So kann dem Verband in gewissem Maße Rückgriff auf die eigenen Ressourcen eingeräumt werden, beispielsweise durch Zurverfügungstellung von Argumentationspapieren, Versorgung mit Informationen etc. Einerseits können durch eine solch aktive Mitarbeit widerstreitende Positionen im Verband frühzeitig erkannt und im Rahmen der verbandlichen Willensbildungsprozesse angegangen werden. Andererseits kann das Unternehmen eigene Positionen einbringen und sich – die Durchsetzung zumindest von Teilen der eigenen Argumentation auf Verbandsebene vorausgesetzt – eine starke Rückendeckung für die eigenen Aktivitäten in Brüssel verschaffen.

Ganz wesentlich ist bei alldem die Aufrechterhaltung wechselseitiger Informationstransparenz. So darf ein Interessenvertreter nicht nur seine eigene zeitnahe Information seitens der Amts- und Mandatsträger im Auge haben, sondern sollte stets darauf bedacht sein, ihm vorliegende Informationen mit den maßgeblichen Entscheidungsträgern zu teilen – dies selbstverständlich nur in Abstimmung mit dem Auftraggeber, um keine vertraulichen Informationen weiterzugeben. Dies ist insbesondere wichtig, wenn die Interessenvertretung sich dem Prinzip des Only One Interest verpflichtet hat. Denn Informationen könnten so auch an Wettbewerber gelangen. Interessenvertretung ist zu einem ganz wesentlichen Teil Informationsaustausch; informationelle Einbahnstraßen funktionieren in aller Regel nicht lange.

7.5.4.5 Begleitung der Entscheidungsprozesse in Legislative und Exekutive

Häufig dauert ein Entscheidungsprozess bzw. ein Rechtsetzungsverfahren mehrere Monate oder gar Jahre, was hohe Anforderungen an Präsenz und Flexibilität sowohl des Unternehmens als auch seiner Interessenvertreter stellt. Die eigene Position ist vor dem Hintergrund der Verfahrensentwicklung infrage zu stellen und immer wieder neu zu justieren. Es genügt nicht, die eigene Argumentation einmalig in den Prozess »einzuspeisen« und dann auf das (hoffentlich positive) Ergebnis zu warten. Vielmehr ist eine fortlaufende Begleitung der Entscheidungsprozesse in Brüssel und in den Mitgliedstaaten erforderlich, um Entwicklungen und Trends frühzeitig erkennen und

---

101 Bender/Reulecke (2003), S. 175f.
102 Bender/Reulecke (2003), S. 177f.

nutzen bzw. abwehren zu können. Der Kreislauf der Interessenvertretung schließt sich: Die anfangs entwickelte Strategie ist womöglich zu überarbeiten, geänderte Sach- und Verfahrenslagen sind zu bedenken, eigene Argumentationslinien und OnePager sind neu zu verfassen etc. (siehe auch Abschnitt 1.3.2.7).

Darüber hinaus – ein selbst von großen Konzernen zum Teil noch vernachlässigter Aspekt – muss sich ein Unternehmen auch abseits von konkreten Anliegen und tagesaktuellen Problemen im »Brüsseler Gespräch« halten. Nur so rosten Kontakte nicht ein, versiegen Informationsquellen nicht und bleibt das Unternehmen als vertrauensvoller und verlässlicher Partner präsent.

7.5.5 Schlussfolgerung

Es ist deutlich geworden, dass Interessenvertretung geradezu generalstabsmäßig und langfristig geplant werden muss, um am Ende des Tages den gewünschten Erfolg erzielen zu können. Entscheidend ist zunächst der Koordinator im Unternehmen selbst: Er muss über den nötigen Weitblick verfügen, um sein Unternehmen in der politischen Arena richtig positionieren zu können. Der Einsatz eines externen Prozesspartners in Gestalt einer Governmental-Relations-Agentur kann ihn sowohl bei der Grundaufstellung des Unternehmens im Bereich der Interessenvertretung als auch bei der Strukturierung und Durchführung konkreter Projekte maßgeblich unterstützen bzw. insbesondere den prozessualen Teil der Aufgaben abdecken. Gleichwohl macht sie die übrigen Instrumente – Verband, Unternehmensrepräsentanz, Public-Affairs-Agentur und Anwaltskanzlei – nicht überflüssig. Im Gegenteil erscheint eine optimale Interessenvertretung als Mix der genannten Instrumente, wobei jedes von ihnen entsprechend seiner individuellen Stärken und Schwächen eingesetzt werden sollte.

7.6 Thesenartige Zusammenfassung

Das siebte Kapitel analysiert denkbare Instrumente und Methodik einer gezielten Interessenvertretung auf europäischer Ebene. Den Ausgangspunkt bilden vier Fragenkomplexe:

- Wer sind denkbare Akteure (strukturelle Instrumente) der Interessenvertretung? Was sind ihre Wesensmerkmale, ihre Kosten, Stärken und Schwächen?
- Welche prozessualen Instrumente stehen einer Interessenvertretung zur Verfügung und wie sollten sie eingesetzt werden?
- Wie sollte ein Unternehmen vor dem Hintergrund der skizzierten strukturellen und prozessualen Instrumente die Vertretung seiner Interessen in der Praxis aufstellen?
- Welche persönlichen Anforderungen sind schließlich an einen Interessenvertreter zu stellen, unabhängig davon, für wen (Verband, Unternehmen oder externer Dienstleister) er tätig wird?

Die wesentlichen Ergebnisse lassen sich wie folgt zusammenfassen:

1. Unternehmen sind nicht ausschließlich Marktteilnehmer, sondern interagieren mit der Gesellschaft und damit den im Kontextumfeld eines Unternehmens gegebenen Stakeholdern (Anspruchsgruppen), die direkt oder indirekt Einfluss ausüben können, etwa durch rechtliche, insbesondere regulatorische Maßnahmen. Die genaue Kenntnis relevanter gesellschaftlicher politischer Prozesse sowie der wichtigsten Entscheidungsträger ist wettbewerbsrelevant und kann einem Unternehmen bedeutende Vorteile gegenüber seinen Wettbewerbern verschaffen. Die aktive Mitgestaltung des Umfelds ist daher im Sinne einer Corporate Political Responsibility unerlässlich. Dies bedeutet für ein Unternehmen das aktive Management des Umfeldes und die Kundgabe seiner Interessen. Interessenvertretung ist die Kommunikation eines Unternehmens mit seinem (politischen/exekutiven) Umfeld, insbesondere mit der Gesellschaft und der Politik. Dies geschieht durch das Stakeholder-Management, durch welches Interessenlage sowie Potenzial der Stakeholder permanent beobachtet und analysiert werden. Das Stakeholder-Management ist folglich ein wesentlicher Baustein der Unternehmensstrategie und damit zugleich wichtige Grundlage für weitere Maßnahmen der Interessenvertretung. Das Stakeholder-Management umfasst in der Praxis drei Schritte: die Identifizierung relevanter Stakeholder, das Stakeholder-Mapping und das Informationsmanagement.

2. Strukturell ist zwischen Interessenvertretung durch kollektive und nicht-kollektive Akteure zu differenzieren: Zu Ersteren zählen Verbände und projektbezogene Zusammenschlüsse mehrerer Akteure, Letztere sind Unternehmensrepräsentanzen und externe Dienstleister (Public-Affairs-Agenturen, Anwaltskanzleien und Governmental-Relations-Agenturen).

3. Allein in Brüssel sind Schätzungen zufolge ca. 12.000 Interessenvertreter für Unternehmen und Verbände tätig, dies bei wachsender Tendenz. Es lässt sich ein deutlicher Zuwachs von nicht-kollektiven Akteuren feststellen.

4. Die Gründe für die allgemein wachsende Nachfrage einerseits und den Bedeutungsgewinn nicht-kollektiver Akteure andererseits sind vor allem der fortschreitende Kompetenzzuwachs der EU, die zunehmende Heterogenisierung von Unternehmensinteressen (resultierend in abnehmender Kohäsionskraft der Verbände) sowie ein wachsendes Bewusstsein der Wichtigkeit europäischer Weichenstellungen.

5. Verbandsarbeit in Brüssel wird sowohl von europäischen als auch von nationalen Verbänden erbracht. Beide haben ihre Stärken in der formellen Interessenvertretung, z. B. im Rahmen von öffentlichen Anhörungen und als Informationsquelle und Monitoring-Instrument für branchenrelevante Themen.

6. Die Vertretung von Unternehmensinteressen durch Verbände weist jedoch drei Schwächen auf:
   - Zwang zum verbandsinternen Kompromiss: Der Vertretung eines Interesses nach außen ist die verbandsinterne Willensbildung vorangestellt, was häufig den

Zwang zu unbefriedigenden Kompromissen (»kleinster gemeinsamer Nenner«) bedeutet – besonders auf europäischer Ebene infolge einer noch gesteigerten Heterogenität der Interessen. Folge ist eine zunehmende Fragmentierung der Verbandslandschaft, was jedoch die Durchsetzungskraft mindert (Konflikt zwischen Mitgliedschafts- und Einflusslogik).

- Mangelnde Schlagkraft des Verbandes nach außen: Der interne Zwang zu Kompromisspositionen verhindert nach außen eine klare Profilbildung und klare Positionen auch in strittigen Detailfragen. Institutionsbedingt komplizierte Entscheidungswege harmonieren nicht mit einem hochdynamischen europäischen Entscheidungsumfeld. Resultat ist eine gewisse Schwerfälligkeit im politischen Prozess.
- Keine Bindung an Weisungen der Mitgliedsunternehmen: In strittigen Fragen (jenseits des »kleinsten gemeinsamen Nenners«) besteht die Gefahr der Nichtartikulation der Interessen eines Mitgliedsunternehmens.

7. Größere Unternehmen verfügen auf EU-Ebene über eigene Verbindungsbüros (Unternehmensrepräsentanzen). Der Unternehmensrepräsentant ist vor allem das »Gesicht« des Unternehmens in der politischen Sphäre Brüssels, vermittelt aber auch unternehmensintern die Relevanz europäischer Sachverhalte, um die nötige Aufmerksamkeit bei strategischen Entscheidungen sicherzustellen.

8. Gegenüber dem Verband hat ein Unternehmensrepräsentant den Vorteil der Weisungsgebundenheit; eine Verwässerung der Unternehmensanliegen durch Zwang zum Kompromiss ist ausgeschlossen. Der Unternehmensrepräsentant hat seinen Schwerpunkt im prozessualen, nicht im inhaltlichen Bereich. Zentrale Schwäche des Instruments ist die Bündelung der Kontakte des Unternehmens in (meist) einem einzigen Akteur: Das ihm vonseiten der Legislative und Exekutive entgegengebrachte Vertrauen geht bei seinem Ausscheiden für das Unternehmen verloren (»Vertrauen kann nicht vererbt werden«).

9. Neben dem eigenen Verbindungsbüro kommen externe Dienstleister als Interessenvertretungsinstrumente in Betracht:
- Anwaltskanzleien bieten eine schwerpunktmäßig inhaltliche Dienstleistung an der Schnittstelle zwischen Recht und Politik, z. B. rechtliche Vorfeldanalysen, rechtspolitisches Monitoring und rechtsberatende Begleitung von EU-Rechtsetzungsverfahren. Die politische Tätigkeit der Kanzleien endet allerdings meist dort, wo die eigentliche Interessenvertretung beginnt: bei der Vermittlung der relevanten Interessen in den politischen Prozess.
- Die Kernkompetenz von Public-Affairs-Agenturen liegt ebenfalls im inhaltlichen, nicht im prozessualen Bereich: Monitoring, inhaltliche Analysen, Planung und Durchführung von Kampagnen und Veranstaltungen im politischen Bereich gehören zu ihrem Dienstleistungsportfolio.
- Governmental-Relations-Agenturen wiederum sind vorwiegend Prozesspartner, werden also zur aktiven Interessenvertretung mit direktem Kontakt zu den politischen Entscheidungsträgern eingesetzt. Ihre Prozesskompetenz weist mehrere Vorteile gegenüber anderen strukturellen Instrumenten auf: Erstens gibt

es keine Heterogenitätsprobleme; die Dienstleistung wird auf den Klienten maßgeschneidert. Zweitens sind Kontakte zu den Entscheidungsträgern i. d. R. nicht bei Einzelpersonen gebündelt (mit der Gefahr personeller Fluktuation); das Risiko eines Kontaktverlusts ist stark vermindert. Drittens sind die Agenturen langfristig in verschiedenen Branchen tätig, was in einem breiten Netzwerk und langfristigen, vertrauensvollen Arbeitsbeziehungen zu politischen Entscheidungsträgern resultiert. Die Agenturen besitzen daher meist große Kompetenz in Sachen »europäisches Coalition Building«.

10. Hinsichtlich der Kosten der verschiedenen Instrumente für das Unternehmen lassen sich kaum pauschale Aussagen treffen. Die Tätigkeit des nationalen Verbandes auf EU-Ebene wird den Mitgliedsunternehmen i. d. R. nicht gesondert (bzw. optierbar) in Rechnung gestellt, sondern ist in den Kosten der nationalen Mitgliedschaft enthalten. Für eine eigene Unternehmensrepräsentanz in Brüssel kann von Kosten von mindestens 0,5 bis 1 Mio. Euro pro Jahr ausgegangen werden. Kosten für Public-Affairs-Agenturen und Rechtsanwaltskanzleien fallen projektbezogen an und sind insofern nur im Einzelfall plan- und kalkulierbar. Aber die rein inhaltsorientierte Interessenvertretung reicht allein für eine erfolgreiche Interessenvertretung im Mehrebenensystem EU seit Inkrafttreten des Vertrages von Lissabon nicht mehr aus. Sie muss durch prozessorientierte Interessenvertretungsinstrumente einer Governmental-Relations-Agentur ergänzt werden (siehe hierzu Kapitel 1). Diese erheben im Rahmen einer langfristigen Zusammenarbeit zum Teil auch Gemeinkostenpauschalen; zusätzlich sind i. d. R. stundenorientierte Vergütungsbestandteile zu kalkulieren.

11. Bei den prozessualen Instrumenten, die im Rahmen von Interessenvertretungsprojekten eingesetzt werden, ist der OnePager hervorzuheben, ein ohne Urheberangabe verfasstes Argumentationspapier, das zur Unterstützung der eigenen Position an Entscheidungsträger weitergegeben wird. OnePager sind zum einen eine wichtige Grundlage für die Vermittlung komplexerer Anliegen, die sich nicht rein mündlich vermitteln lassen; zum anderen sind sie häufig die einzige Möglichkeit, eine Thematik dem adressierten Entscheidungsträger konzentriert und pointiert vortragen zu können. Eine sachliche und objektive Argumentation kann einen Entscheidungsträger ganz unabhängig von dem dahinterstehenden Urheber überzeugen. Vor allem aber stellt er das Anliegen aus einer öffentlichen Perspektive dar.

12. Die Entscheidung darüber, wie – insbesondere unter Einsatz welcher struktureller Instrumente – ein Unternehmen die Vertretung seiner Interessen in Brüssel organisieren will, sollte sich an einem sieben Punkte umfassenden Qualitätsmaßstab orientieren: (i) Verfügbarkeit von Quellen für eine fortlaufende, tiefgehende Informationsbeschaffung und Identifikation von Entscheidungsprozessen aufgrund eines funktionierenden Netzwerks in den Institutionen; (ii) Fähigkeit, aus den so gewonnenen Informationen die richtigen Schlüsse zu ziehen und zur richtigen Zeit aktiv zu werden (Timing); (iii) vertrauensvolle Kontakte zu den zuständigen Vertretern der Legislative und Exekutive, jedoch nicht begrenzt auf zufällig

verteilte Akteure, sondern unter Abdeckung einer Vielzahl von Gremien und Institutionen der EU (Parlament, Generaldirektionen der Kommission etc.); (iv) Position, diese Kontakte zeitgerecht, d. h. i. d. R. schnell anzusprechen; (v) Fähigkeit, ein wirkliches Interesse bei den Vertretern der Legislative oder Exekutive am jeweiligen Anliegen auszulösen; (vi) Möglichkeit zum Nachfassen bzw. Nachfragen beim zuständigen Vertreter der Legislative oder Exekutive, d. h. zur längerfristigen Begleitung eines Entscheidungsprozesses; (vii) Ansprechbarkeit des Vertreters der Legislative oder Exekutive auch bei hohem Zeitdruck.

13. Im Ergebnis zeigt sich eine klare Verteilung von Stärken und Schwächen der einzelnen (inhalts- und prozessorientierten) Instrumente: Während der Verband die (branchenorientierte) Grundversorgung im Bereich der inhaltsorientierten Interessenvertretung sicherstellt, muss für unternehmensspezifische Belange auf eine eigene Unternehmensrepräsentanz oder externe Dienstleister zurückgegriffen werden. So lässt sich zusätzliche inhaltliche Arbeit (z. B. politische Analysen oder rechtliche Beurteilungen) über Public-Affairs-Agenturen und Rechtsanwaltskanzleien abdecken. Im prozessualen Bereich schlägt hingegen die Stunde der Governmental-Relations-Agentur: Sie strukturiert und begleitet die Interessenvertretung ihrer Auftraggeber und erbringt die eigentliche Kerntätigkeit der Vermittlung der Interessen in Legislative und Exekutive. Sie ist die notwendige Ergänzung zur inhaltsorientierten Interessenvertretung.

14. Wesentlich mitentscheidend für die Effektivität der verschiedenen strukturellen Instrumente ist ihre Koordination. Dazu ist im Unternehmen ein eigener Zuständigkeitsbereich »Interessenvertretung«, entsprechend auch ein eigener Ansprechpartner für alle diesbezüglichen Belange (»Koordinator«), empfehlenswert. Um die Einbindung in die Unternehmensstrategie zu sichern, sollte der Koordinator direkt an der Leitungsebene (Vorstandsvorsitzender/Geschäftsführung) angesiedelt sein.

15. Als »verlängerter Arm« des Koordinators sollte in Ergänzung zu den eigenen Mitarbeitern bzw. der eigenen Unternehmensrepräsentanz eine Governmental-Relations-Agentur beauftragt werden: Jede inhaltliche Analyse und strategische Entscheidung im Bereich der Interessenvertretung erfordert eine fundierte Einschätzung des politisch (d. h. vor allem prozessual) Möglichen. Über ihre breite Kontaktbasis kann die Agentur hierbei frühzeitig wichtige Einsichten in den Brüsseler Politikbetrieb liefern.

16. Grundlegende Aufgabe des Koordinators ist die Entwicklung einer unternehmenseigenen Strategie der Interessenvertretung. Zweckmäßig erscheint ein fünfstufiges Vorgehen: (i) Definition des branchen- und unternehmensspezifischen Anforderungsprofils; (ii) Analyse der zu adressierenden EU-Institutionen und der für sie handelnden Entscheidungsträger; (iii) Bestimmung der bereits bestehenden Arbeitsbeziehungen zu diesen Entscheidungsträgern; (iv) Determinierung der Kontaktdefizite; (v) Wahl struktureller Instrumente zur Pflege bestehender Kontakte bzw. zur Überwindung der ermittelten Kontaktdefizite.

17. Die Planung und Durchführung konkreter Interessenvertretungsprojekte verläuft
    ebenfalls in fünf Schritten: (i) Erfassung der inhaltlichen Zielsetzung und fortlau-
    fende Prüfung der politischen Realisierbarkeit; (ii) Prozessuale Lageerfassung und
    Strategieplanung; (iii) Entwurf eines oder mehrerer OnePager und Übermittlung
    an zuvor ermittelte Adressaten; (iv) Flankierung des OnePagers durch andere
    strukturelle und prozessuale Instrumente (wechselseitige Informationstranspa-
    renz); (v) Begleitung der Entscheidungsprozesse in Legislative und Exekutive.

18. Die subjektiven Anforderungen an einen guten Interessenvertreter in Brüssel las-
    sen sich nur bedingt pauschalisieren. Wesentlich sind eine gute Ausbildung, gute
    Kontakte, soziale, sprachliche und interkulturelle Kompetenz, absolute Integrität
    und Seriosität. Interessenvertretung in Brüssel ist aufgrund der großen Konkur-
    renz der Akteure sowie der prinzipiellen Offenheit der Institutionen wesentlich
    dynamischer und offensiver als in den Mitgliedstaaten; entsprechend härter ist der
    Wettbewerb. Ein Interessenvertreter muss sich einen gewissen Stand erarbeiten,
    muss glaubwürdig sein und sich für beide Seiten – Adressaten ebenso wie
    Auftraggeber – »interessant machen« (gegenseitige Informationstransparenz), um
    nicht im »Markt der Meinungen, Standpunkte und Argumente« an der starken
    Konkurrenz zu scheitern.

8 Ausbildung: Wege zum Governmental-Relations-Manager

8.1 Einleitung und Fragestellung

Die vorangegangenen Kapitel haben die besonderen Herausforderungen an eine moderne Interessenvertretung detailliert beleuchtet:

- die spezifische Methodik der Governmental Relations;
- die Bedeutung des Prozessualen in den europäischen Strukturen politischer Entscheidungsfindung und der Gesetzgebung, den ebenso vielfältigen wie komplizierten EU-Rechtsetzungsverfahren;
- die Komplexität des politischen Systems der EU;
- schließlich die Unterstützung von Unternehmen und Organisationen bei der Beachtung ihrer (unternehmerischen/kaufmännischen) Sorgfaltspflicht durch europarechtliche bzw. europarechtlich indizierte Akte und Maßnahmen verursachte Risiken abzuwenden.

Vor dem Hintergrund komplexer Aufgabenstellungen und Herausforderungen obliegt es einer eingehenden Prüfung, ob die bisherige (vorwiegend praktische) Ausbildung einen professionellen Interessenvertreter adäquat auf seine Tätigkeit vorbereitet. Häufig erweist sich die Ausbildung von Interessenvertretern noch als fragmentiert und nicht interdisziplinär genug. Oft mangelt es an der Vermittlung der notwendigen Prozesskompetenz und der Fähigkeit zu effizientem Prozessmanagement zur Entschlüsselung und Verringerung der zunehmenden Komplexität. Für ein tiefgreifendes Verständnis von (und die Arbeit in) komplexen Systemen wie der EU und den Umgang mit diesen sind beide (Prozesskompetenz und -management) jedoch unabdingbar.

Daher befasst sich dieses Kapitel mit den folgenden Fragestellungen:

- Welche besonderen Herausforderungen stellen sich einem Interessenvertreter, besonders dem auf Prozesskompetenz ausgerichteten Governmental-Relations-Manager?
- Reichen Learning by Doing oder eigene (frühere) Erfahrungen eines Interessenvertreters im Bereich der Politik und/oder Verwaltung (Stichwort: Revolving Door, d. h. Wechsel von Akteuren zwischen Politik und Interessengruppen) aus, um diese Herausforderungen zu meistern?
- Gelingt es der bisherigen (universitären) Ausbildung, auf diese Herausforderungen ausreichend vorzubereiten?
- Wie müsste die Ausbildung in Zukunft gestaltet werden, um künftige Interessenvertreter besser für ihren Berufsalltag vorzubereiten? Mit anderen Worten: Welche Ausbildung braucht ein Governmental-Relations-Manager?

8.2 Rahmenbedingungen und allgemeine Anforderungen an einen Interessenvertreter

8.2.1 Entschlüsselung und Beherrschung der zunehmenden Komplexität

Die globalisierte Welt des 21. Jahrhunderts ist geprägt von einer zunehmenden Komplexität in allen Lebensbereichen – Gesellschaft, Wissenschaft, Wirtschaft, Politik, Privatleben. Diese Welt ist zu vielschichtig und komplex, um sich kontrollieren, beherrschen und steuern zu lassen. Global gesehen sind weder die Vereinten Nationen, die G7 noch die G20 in der Lage, Frieden und Ordnung zu garantieren. Es ist eine »Welt ohne Lenker«.[1] Aber auch in kleineren Bereichen wird diese nicht mehr beherrschbare Komplexität greifbar, z. B. im technischen Fortschritt und der damit einhergehenden digitalen Revolution, die von jedem Einzelnen einen erhöhten Anpassungsdruck einfordert. Mit der Wandlung der Märkte vom Verkäufermarkt zum Konsumentenmarkt stehen Unternehmen vor schwierigen und komplexen Herausforderungen, um den verschiedenen, oft divergierenden und wechselnden Kundenansprüchen zu genügen. Der Anpassungsdruck zwingt die Unternehmen zu komplexen Produktionsabläufen, deren Komplexität man wiederum versucht, durch Modularisierung zu reduzieren.[2] Volkswirtschaftlich manifestiert sich Komplexität unter anderem durch divergierende Wirtschaftsentwicklungen oder exogene Schocks. Ein Beispiel ist die Finanz- und Wirtschaftskrise, die 2008 mit dem Bankrott der US amerikanischen Investmentbank Lehman-Brothers ihren Ausgang nahm, dann auf Europa übergriff und sich dort zu einer Staatsschulden- und Wirtschaftskrise weiterentwickelte, deren Bekämpfung sich über fast ein Jahrzehnt hinzog.[3] Ein weiteres Beispiel ist die COVID-19-Pandemie, deren Bekämpfung in erster Linie mit Lockdown-Maßnahmen einherging. Als Folge brachen im Jahr 2020 in kürzester Zeit die globalen Liefer- und Produktionsketten und damit auch die weltweiten Aktienmärkte zusammen. Die russische Invasion der Ukraine im Februar 2022 hatte neben dem furchtbaren Leid für die Menschen vor Ort auch massive wirtschaftliche, gesellschaftliche und geopolitische Auswirkungen. Hohe Gasrechnungen und Inflationsraten von über 9 Prozent waren in Deutschland und in der EU wohl die am stärksten spürbaren Effekte des Ukrainekriegs. Der erhoffte Wirtschaftsaufschwung nach der COVID-19-Pandemie blieb aus. Inwieweit die hohe Energieabhängigkeit von Russland der europäischen, vor allem der deutschen Industrie, zukünftig noch zu schaffen machen wird, und welche massiven Umstrukturierungsprozesse noch notwendig sein werden, ist jetzt noch nicht abzusehen.

Primärrechtlich ist vor allem der Vertrag von Lissabon zu nennen. Es wurde in diesem Buch mehrfach aufgezeigt, dass das komplexe und dynamische Mehrebenensystem der EU für alle Akteure und Interessengruppen, insbesondere Unternehmen, ein

---

1   o. V. (2015f).

2   Exemplarisch hierzu: Waltl/Wildemann (2014).

3   o. V. (2015); Jost/Stocker (2015).

großes Risiko für die Umsetzung und Erreichbarkeit ihrer Ziele bedeuten kann.[4] Es verwundert daher nicht, dass Zeitungen bereits vom »Fluch der Komplexität«[5] sprechen, um auf diesen zentralen Trend aufmerksam zu machen.

Komplexität ist grundsätzlich ein Merkmal vor allem ökologischer, biologischer und sozialer (und damit auch politischer) Systeme. Die Komplexität eines Systems wächst mit der Zahl seiner Elemente (z. B. politische Akteure), mit deren Verschiedenartigkeit, diversen Beziehungen und oft divergierenden Interessen. Und komplexe, dynamische Systeme wie z. B. die EU produzieren Effekte, die sich nicht mit einfachen Kausalbeziehungen (wenn A, dann B) erklären lassen. Multikausalität ist die Regel.[6] Die (politische) Gesellschaft ist in modernen Sozialsystemen in eine Vielzahl von Interessengruppen untergliedert, die alle ihre Ziele und Interessen verfolgen und die Welt aus ihrer Perspektive sehen und erklären. Diese Gruppen stehen aber auch in Beziehung zueinander. Diese Beziehungen sind nicht konstant, sondern können durchaus wechseln, von gegenseitiger Abneigung bis hin zur Zusammenarbeit.[7] Gewerkschaften beispielsweise können Unternehmen bei Tarifverhandlungen konträr gegenüberstehen, jedoch auch mit ihnen zusammenarbeiten, wenn es um die Gefährdung von Geschäftsinteressen und Arbeitsplätzen geht, wie dies beispielsweise bei der Reduktion von CO_2-Richtwerten für Pkw der Fall war, als die deutsche IG-Metall den Verband der Automobilindustrie (VDA) unterstützte.

In solch komplexen und in sich teilweise divergierenden Sozialsystemen wird es für die Politik zusehends schwieriger, auf Probleme klare Antworten zu geben. Denn jedwede politische Intervention und umgesetzte Politik (»Policy«) kann auch nichtintendierte Folgen und unerwartete Auswirkungen haben. Die Ziele der verschiedenen Politikbereiche können stets konfligieren, z. B. Sozialpolitik versus Finanzpolitik, Umweltpolitik versus Wirtschaftspolitik und Agrarpolitik. Das heißt, jedes Problem erfordert eine nähere Beschäftigung nicht nur inhaltlicher, sondern auch prozessualer Art mit Blick auf die gewollten und ungewollten Auswirkungen und Prozesse, die durch die Implementierung einer Policy in Gang gesetzt werden können. In einer komplexen Welt gibt es keine einfachen Erklärungen mehr. Die Folge wird also mehr Detailarbeit und intensive Beschäftigung mit den vorgenannten Problemen und Prozessen sein, als allgemeine, allumfassende Erklärungen und Weltdeutungen zu suchen.[8]

So wie Privatpersonen z. B. durch technologischen Fortschritt einen Anpassungsdruck verspüren und wie Unternehmen sich dem neuen Konsumentenverhalten anpassen müssen, so steht auch die Dienstleistung Interessenvertretung aufgrund komplexer politischer Systeme wie dem der EU und der komplexen Wirkungsentfaltung von

---

4   Vgl. z. B. die politische Instabilität, hervorgerufen durch die Terrorgefahr des IS, Braunberger (2015).
5   o. V. (2015); Walter (2006).
6   Vgl. La Porte (1975), S. 5.
7   Hierzu bereits La Porte (1975), S. 3f.; Nassehi (2011), S. 15.
8   Vgl. Ruggie (1975), S. 148ff.; o. V. (2015); Walter (2006).

Policies unter einem enormen Anpassungsdruck. Sie muss sich neben der inhaltlichen Arbeit nun vor allem mit der Entschlüsselung und den Möglichkeiten der Beherrschung von Komplexität befassen.

In der Soziologie wird diese Komplexitätssteigerung als wesentliche Herausforderung identifiziert, die von den gesellschaftlichen Eliten zunächst erkannt, in einem zweiten Schritt gefiltert, entschlüsselt und schließlich beherrscht und gemanagt werden muss (siehe Abschnitt 10.1).

Die Steigerung der Komplexität wird greifbar in der Zunahme des Wissens. Wissen als integraler Bestandteil einer modernen Gesellschaft ist heute nicht mehr nur Teil der Lösung, indem durch die Anwendung von Wissen ein rationales und funktionierendes Ergebnis erzielt werden kann, sondern es ist wegen seiner Fülle auch zum Problem geworden. Das Wissen wird global. Es wird nicht nur stets mehr Wissen akkumuliert, es ist auch zu jeder Zeit und überall verfügbar. Die Online-Enzyklopädie Wikipedia hat die altehrwürdigen Standardenzyklopädien wie den deutschen Brockhaus oder die britische Encyclopedia Britannica abgelöst und ist heute schlechthin zum Synonym für die Ubiquität, die Allgegenwart von Wissen in einer modernen Wissensgesellschaft geworden.[9] Für politische Entscheider bedeutet diese starke quantitative Zunahme von Wissen nicht nur Unterstützung bei der Lösung, sondern vor allem auch ein Problem. Bei (politischen) Entscheidungen muss stets eine oft unüberschaubare Menge an Wissen gesammelt und gefiltert, berücksichtigt und beherrscht werden. Für Entscheider bedeutet dies, dass sie bei jeder Entscheidung diese Fülle an Wissen intelligent managen müssen und dafür Entscheidungshilfen und Unterstützung von außen brauchen. Für den Bereich der politischen Interessenvertretung muss der intermediäre Interessenvertreter für beide Seiten – Politik und Interessengruppen – die nötigen Instrumente (z. B. den OnePager, siehe Kapitel 7) zur Verfügung stellen, damit Wissen Teil der Lösung werden kann und nicht Teil des Problems bleibt.

Wissen wird traditionell in disziplinären »Säulen« oder »Silos« organisiert, z. B. juristisches Wissen, medizinisches Wissen, politisches Wissen, betriebswirtschaftliches Wissen oder volkswirtschaftliches Wissen. Die verschiedenen Fakultäten einer Universität mit ihren Spezialisierungen auf ein Kerngebiet des Wissens sind ein Ausdruck dafür. Aber auch in Unternehmen wird Wissen in unterschiedlichen Abteilungen organisiert. Der Vertrieb ist z. B. von der Forschung getrennt ebenso wie die Personalverwaltung grundsätzlich vom (Produkt-)Marketing, obwohl alle Wissensbereiche nur gemeinsam zum betriebswirtschaftlichen Erfolg eines Unternehmens beitragen können.

Entsprechend solcher Aufgliederungen erfolgt schließlich auch die Ausbildung. Studierende werden z. B. zum Politologen, zum Betriebswirt oder zum Juristen ausgebildet.[10] Eine Aufteilung, die für die Ausbildung von Interessenvertretern eher unglücklich ist, denn zur Lösung komplexer Probleme bedarf es unterschiedlicher Problemlösungskonzepte, die

9   Zur Explosion des Wissens siehe: Burke (2014).
10   Nasoohi (2014), Folie 4

Wissen aus allen relevanten Fachbereichen abschöpfen. Statt der Fachausbildung und einseitigen Professionalisierung bedarf es einer »Multiprofessionalität«, der Zusammenarbeit verschiedenster Professionen an einem Projekt. Multiprofessionalität erlaubt die für die Lösung komplexer Probleme so wichtige Perspektivendifferenz und den Perspektivenwechsel. Aus verschiedenen, multiprofessionellen (interdisziplinären) Blickwinkeln lässt sich ein Problem segmentieren und in Teilprobleme aufteilen, die damit leichter zu bearbeiten und zu lösen sind.

Für die Interessenvertretung bei den Institutionen der EU bedeutet dies, dass eine europäische Verordnung beispielsweise zum Verbot von Werbung für alkoholische Getränke aus verschiedenen Blickwinkeln betrachtet werden muss, um potenzielle Kunden erfolgreich bei ihrer Einbringung legitimer Interessen zu begleiten. Die europapolitische Perspektive betrachtet so eine Verordnung auch als ein Vorhaben zur Vertiefung der europäischen Integration, durch eine einheitliche Regelung unter den 27 Mitgliedstaaten. Nicht zuletzt berücksichtigt die europapolitische Perspektive auch Fragen der Volksgesundheit und sorgt sich um Auswirkungen von übermäßigem Alkoholgenuss auf die Gesundheitssysteme und auf die Gesellschaft als Ganzes. Ein solcher Gesetzesvorschlag kann zudem mögliche rivalisierende Positionierungen einzelner Mitgliedstaaten hervorbringen – die Werbung für Alkohol im Fernsehen ist in Frankreich beispielsweise verboten, in anderen EU-Mitgliedstaaten hingegen erlaubt –, was für einen gesamteuropäischen Interessenvertretungsansatz nicht unerheblich ist. Das Gesetzgebungsverfahren kann aber auch aus juristischem Blickwinkel betrachtet werden, woraus sich Fragen nach den Verfahrensweisen ergeben: Welche Institutionen und deren Ausschüsse sind zuständig? Welche Fristen und Termine gibt es? Ist ein solches Gesetzesvorhaben nach den EU-Verträgen überhaupt zulässig? Die betriebswirtschaftliche Perspektive fragt vielleicht nach den Auswirkungen eines solchen Gesetzes für die betroffenen Betriebe: Welche Auswirkungen hätte ein solches Werbeverbot für Absatz oder gar Fortbestand von Produzenten alkoholischer Getränke? Diese betriebswirtschaftlichen Fragestellungen helfen der Interessenvertretung vor allem, auch die Anliegen ihrer Kunden besser zu verstehen. Erst diese vielen Blickwinkel helfen, komplexe Probleme in all ihren Auswirkungen nachvollziehen und schließlich lösen zu können, denn erst durch das tiefgreifende Verständnis komplexer Probleme und Prozesse ist eine Koordinierung der verschiedenen relevanten Lösungsansätze überhaupt möglich.

Wenn der Perspektivenwechsel zu einem Problem möglich ist, ist es Sache der multiprofessionellen Eliten, die verschiedenen Standpunkte zu erfassen und verständlich für alle an der Lösung Beteiligten zu übersetzen. Eliten müssen also in der Lage sein, die Gesellschaft aus unterschiedlichen Perspektiven zu betrachten und für Spezialisten und ebenso die Allgemeinheit als Dolmetscher tätig zu werden.[11] Das heißt, Probleme und deren Lösungen müssen stets so formuliert werden, dass sie von der jeweiligen Zielgruppe verstanden werden. In der Interessenvertretung entspricht dies der

---

11 Nassehi (2014), Folie 6.

OnePager-Methodik (siehe Abschnitte 1.3.2.6 und 7.4.2.1.7) mit ihrem Perspektiven-wechsel vom Partikularinteresse hin zur Gemeinwohlperspektive. Dieser Ansatz dient der Komplexitätsreduzierung in der Interessenvertretung, indem er dabei hilft, die Anliegen der betroffenen Interessengruppen verständlicher zu machen und dafür zu sorgen, dass diese im politischen Prozess der EU Gehör finden und politisch verwert-bar werden. Wichtig ist zudem, dass die Eliten und Experten aller Seiten miteinander vernetzt sind, um miteinander kommunizieren zu können. Dies ist für die erfolgreiche Komplexitätsreduzierung und Problemlösung ganz entscheidend, denn »Netzwerk-strategien bilden die Schlüsselkompetenz erfolgreicher Wissensökonomien«[12] (siehe hierzu auch Abschnitt 4.7).

Dieses Grundverständnis und diese Grundtechniken sind zwingend für die Ausbildung der »nächsten Generation« von Interessenvertretern. Zudem muss die Ausbildung von Interessenvertretern die zukunftweisende Forderung nach Multiprofessionalität abbilden. Man braucht nicht den Politologen, den Betriebswirt oder den Juristen allein, sondern einen Querschnitt aus deren und weiterer Fachgebieten mit den damit verbundenen Kompetenzen, um komplexe Probleme erkennen und lösen zu können.

8.2.2 Entschlüsselung des komplexen Mehrebenensystems Europäische Union

Nahezu ein Musterbeispiel für die Komplexitätszunahme in den letzten Jahrzehnten ist die Entwicklung der EU. Schon allein der Anstieg von sechs auf derzeit 27 Mitglied-staaten mit eigenständigen Nationalitäten und Kulturen, unterschiedlichen Rechts-systemen und verschiedenen politischen Systemen[13] ist nach außen hin der greifbarste Ausdruck dieser gestiegenen Komplexität. Die »Komplexitätsfalle Europäische Union« wurde bereits in den Kapiteln 1, 5 und 6 ausführlich dargestellt. An dieser Stelle wird daher nur noch einmal synoptisch und thesenartig aufgegriffen, was für die Ausbil-dung von Interessenvertretern relevant ist.

Den jüngsten (und nach Ansicht vieler bisher zentralsten) Entwicklungsschritt der EU markiert der Vertrag von Lissabon, der am 1. Dezember 2009 in Kraft trat. Mit ihm wurde die Europäische Union nach außen und nach innen gestärkt. Nach außen mani-festiert sich dies z. B. in der eigenen Rechtspersönlichkeit der EU und dem neu ein-gerichteten Auswärtigen Dienst, mit dem Hohen Vertreter der EU für Außen- und Sicherheitspolitik an seiner Spitze. Für die Interessenvertretung bedeutender sind aber die Veränderungen, die sich im Inneren der Union ergeben haben. Sie haben zu einer Zunahme von Komplexität des europäischen politischen Systems geführt. Vor diesem Hintergrund sind die Veränderungen innerhalb der EU nach dem Vertrag von Lissa-bon zu analysieren:

---

12   Nassehi (2014), Folie 7.
13   Zu den verschiedenen politischen Systemen in Europa siehe: Ismayr (2004²) und (2009⁴).

Der Vertrag war notwendig geworden, um die Vielzahl der neuen Mitgliedstaaten nach der sog. EU-Osterweiterung in das politische System der EU zu integrieren, um diese auch weiterhin im Inneren handlungs- und entscheidungsfähig zu machen.[14] Die steigende Mitgliederzahl hat aber auch zur Zunahme an Komplexität geführt. Denn mit den Mitgliedern stieg auch die Anzahl der politischen Akteure verschiedenster Nationalitäten und damit der Ansprechpartner für die Interessenvertretung in Brüssel: Der Rat zählt mehr Mitglieder, ebenso das Parlament und die Kommission, in welcher derzeit jeder EU-Mitgliedstaat mit einem Kommissionsmitglied vertreten ist. In der öffentlichen Wahrnehmung sind diese Ämter nicht auf einzelne Personen wie Präsidenten, Bundeskanzler, Minister und Oppositionsführer konzentriert. Das politische System der EU ist mehr auf Verhandlungen und Kompromissfindung zwischen den Institutionen und intrainstitutionellen Gruppen ausgerichtet, als dies in den Mitgliedstaaten der Fall ist.[15]

In der EU spielen neben den zentralen, föderalen Organen in Brüssel (insbesondere Parlament und Kommission) auch die mitgliedstaatlichen Entscheidungsebenen eine Rolle, die wiederum im Rat der EU und im Europäischen Rat vertreten sind. Hinzu kommen regionale Entscheidungsebenen, die im Ausschuss der Regionen repräsentiert werden. Mitgliedstaaten und Regionen können aber auch bei der Umsetzung europäischen Rechts in nationales Recht eine Rolle spielen, z. B. wenn in Deutschland Richtlinien der EU von Bundestag und Bundesrat in deutsches Recht umgesetzt werden, wie etwa bei der Umsetzung europäischen Rechts »über die Zusammenarbeit der Verwaltungsbehörden im Bereich Besteuerung und zur Modernisierung des Steuerverfahrensrecht« (Richtlinie (EU) 2021/514), bei der auch die Länderkammer zustimmen musste.[16] Damit ist ein komplexes Mehrebenensystem entstanden, das bis in die letzte »Verästelung« nur noch von Experten wirklich entschlüsselt werden kann. Es ist in dieser Form ohne Beispiel und wird daher meist als »sui generis« bezeichnet.[17]

Für die tägliche praktische Arbeit der Interessenvertretung sind vor allem die Reformmaßnahmen im Bereich der politischen Entscheidungsverfahren relevant geworden. Dabei wurde vor allem die Rolle des Europäischen Parlaments erheblich gestärkt, indem das sog. Mitentscheidungsverfahren zum Regelverfahren erhoben wurde (Artikel 294 AEUV). Das an sich schon komplexe formelle Verfahren (siehe Abschnitt 6.3.4.1.2) wird in der Praxis noch durch informelle Prozesse und Verfahren ergänzt, die in ihrer Bedeutung nicht unterschätzt werden dürfen. Auch sie gilt es bei der Interessenvertretung zu verstehen und zu entschlüsseln. Das wohl wichtigste Beispiel hierfür ist der sog. »Informelle Trilog« (siehe Abschnitt 6.3.4.1.3), der in den EU-Verträgen nicht vorgesehen ist. Er besteht aus einem überschaubaren Kreis von Entscheidungsträgern, an denen Vertreter der Kommission, des Parlaments (i. d. R. die

---

14 Herz/Jetzelsperger (2008²). S. 87f.; Weidenfeld (2008), S. 13.
15 Linder (2014), S. 48.
16 Bundesrat (2021).
17 Schmid/Schünemann (2013²), S. 65.

Berichterstatter) und des Rats (i. d. R. die Ratspräsidentschaft) teilnehmen. Er findet schon vor der ersten Lesung eines Gesetzesvorhabens statt, um die Koordination zwischen Kommission, Parlament und Rat zu beschleunigen. Da dort oft die entscheidenden Kompromisse erzielt werden, kann der Informelle Trilog somit durchaus als eine weitere (wenn auch informelle) Entscheidungsebene begriffen werden.[18]

Von ebenso gravierender Bedeutung sind die Maßnahmen des Vertrages von Lissabon, die im Rat der EU noch mehr Politikbereiche als bisher nicht mehr dem Einstimmigkeits-, sondern dem Mehrheitsprinzip unterwerfen. Die Mehrheitsentscheidung wird damit zum Regelfall (Artikel 16 Absatz 3 EUV) und erfasst mittlerweile praktisch alle für Bürger und Unternehmen wesentlichen Politikbereiche – nur noch ausnahmsweise besteht im Rat das Einstimmigkeitserfordernis. Im Rahmen der Verstärkten Zusammenarbeit (Artikel 20 EUV i. V. m. Artikel 326 bis 334 AEUV) können darüber hinaus Entscheidungen, die eigentlich im Rat der Einstimmigkeit unterliegen, u. U. durch Mehrheitsbeschluss entschieden werden. Die Folge ist ein beträchtlicher Einflussverlust für den einzelnen Mitgliedstaat.[19] Dieser hat nicht mehr die Möglichkeit, durch seine Zustimmungsverweigerung im Rat ein Gesetzesvorhaben zu blockieren und zu verhindern. Mit dem Entstehen dieses dynamischen Mehrebenensystems und der Stärkung der EU sind die einzelnen Mitgliedstaaten im Hinblick auf ihre Möglichkeiten bei der Mitwirkung an einer Entscheidung sozusagen um eine Ebene (oder, sportlich gewendet, eine »Liga«) abgestiegen. Ein Mitgliedstaat ist nur noch ein Teil einer Gruppe von 27. Konnte sich also bisher die Arbeit der Interessenvertretung auf einen Mitgliedstaat – i. d. R. das »Heimatland« der Interessenvertretung und/oder ihrer Auftraggeber – konzentrieren, so muss sie sich nach dem Vertrag von Lissabon nun auch zusätzlich und intensiv mit den komplexen formellen und informellen politischen Prozessen und Entscheidungsverfahren sowie den politischen Kräfteverhältnissen in der EU auseinandersetzen und diese entschlüsseln (siehe insbesondere auch Kapitel 1).

8.3 Anforderungen an einen Interessenvertreter

Mit oben genannten Herausforderungen für die Entschlüsselung und Handhabung der komplexen politischen Prozesse des dynamischen Mehrebenensystems Europäische Union stehen bereits die beiden großen Aufgaben der Interessenvertretung fest. Jedoch ergeben sich aus der praktischen Arbeit der Interessenvertreter weitere Anforderungen, die von den Interessengruppen und der Politik formuliert werden und die aus deren Sicht eine gute Interessenvertretung ausmachen. Um aber auf beide Seiten – Interessengruppen und Politik – gleichermaßen eingehen zu können, muss der Interessenvertreter deren Anforderungen kennen und verstehen. Nur so kann es ihm

---

18 Weidenfeld (2013), S. 166; zum Informellen Trilog im Mitentscheidungsverfahren vor dem Vertrag von Lissabon: Wessels (2008), S. 229, 345, 361.

19 Hierzu auch Joos (2014), S. 34.

gelingen, eine effektive Kommunikation zwischen beiden Seiten herzustellen und ggf. zu vermitteln und zu »übersetzen«. Dabei ist es notwendig, dass der Interessenvertreter die Rolle eines Intermediärs und Vertrauensmittlers einnimmt.

8.3.1 Kenntnisse über die Welt der Politik und die Welt der Interessengruppen

8.3.1.1 Interessenvertretung als intermediäres System

Bereits zu Anfang des Buches wurde die Bedeutung der Interessenvertretung in politischen Systemen im Allgemeinen und im politischen System der EU im Besonderen behandelt. Interessenvertretung ist demnach ein intermediäres System: Der Interessenvertreter muss als Intermediär zwischen den Interessengruppen und der Politik agieren.[20] Nur so können eine effektive und nachhaltige Prozessbegleitung und eine erfolgreiche Interessenvertretung gelingen.

Diese Intermediärsanforderung kann ein Interessenvertreter am besten als externer Dienstleister erfüllen, der unabhängig zwischen Interessengruppen und Politik steht. Der externe Intermediär hat die Möglichkeit, außerhalb von Hierarchien zu agieren:

Aufseiten der jeweiligen Interessengruppe kann er sich nicht zuletzt deshalb schnell relevante Informationen beschaffen und rasche Entscheidungen herbeiführen, weil er von außen Zugang zu allen Hierarchieebenen des von ihm vertretenen Unternehmens, Verbandes oder der Organisation hat, von der Arbeitsebene bis zum Vorstand. Er muss sich nicht wie ein Inhouse-Interessenvertreter um feste Dienstwege und die strenge Einhaltung starrer Hierarchien bemühen, d. h., er ist unabhängig von inneren Systemen der Über- und Unterordnung oder der Zuständigkeit (z. B. einzelner Unternehmensbereiche, Fachabteilungen in Verbänden etc.).[21] Interessengruppen bemühen sich zwar, dieses Manko der Inhouse-Interessenvertreter zu beheben, indem sie diese möglichst nahe an die oberen Hierarchieebenen der jeweiligen Organisation angliedern.[22] Jedoch wird meist trotzdem nicht die Reaktionsgeschwindigkeit erreicht, die ein externer Dienstleister erbringen kann. Hinzu kommt, dass dieser nicht wie ein Inhouse-Vertreter hierarchisch und disziplinarisch eingebunden ist, was die unabhängige und objektive Beurteilung der Interessenvertretungsstrategie seines Auftraggebers ermöglicht und rechtzeitige Verbesserungen oder möglicherweise ganze Strategiewechsel erlaubt, die in einem System mit Weisungsbindung so gar nicht oder erst zu einem späteren Zeitpunkt möglich wären. Auf diese Weise können für die Interessengruppen unnötige Kosten verhindert werden. Diese Problematik ist aus dem Bereich der (nicht-politischen) Strategieberatung von Unternehmen wohlbekannt und ist eine der wesentlichen Existenzberechtigungen für internationale Beratungsunternehmen wie McKinsey oder Boston Consulting.

20 Michalowitz (2007b), S. 180.
21 Joos (2015), S. 417.
22 Vgl. Joos (1998), S. 111.

Zudem wird ein Inhouse-Vertreter seitens der Politik stets als Repräsentant seines Arbeitgebers wahrgenommen werden und nicht als Vertrauensmittler wie ein externer Intermediär, der Auftraggeber unterschiedlichster Couleur begleitet.

Ein Intermediär ist, wie gezeigt, weder in die Hierarchien der Interessengruppen noch in die der Politik eingebunden. Auch in Legislative und Exekutive hat er – vorausgesetzt, er verfügt über ein breites, belastbares Netzwerk – Zugang zu allen Hierarchieebenen, vom Mitarbeiter eines einfachen Abgeordneten im Europäischen Parlament bis hin zum Fraktionsvorstand oder vom Fachbeamten bis hin zu den Spitzen der Generaldirektionen der Europäischen Kommission. Er kann also auch auf dieser Seite frei agieren, so wie es dem jeweiligen Interessenvertretungsvorhaben am besten nützt.

Der intermediäre Interessenvertreter hat die Möglichkeit – aber auch die Pflicht –, kommunikative Schnittmengen zwischen Interessengruppen und Politik zu bilden. Sie sind zwar alle Teil der Gesellschaft und aufeinander angewiesen, dennoch sind Vertreter von Interessengruppen i. d. R. anders sozialisiert bzw. wurden durch den Professionalisierungsdruck ihrer Gruppe anders geprägt und verfolgen demnach oft andere Ziele als Vertreter der Politik. Religiöse Interessengruppen wie die Kirchen verfolgen z. B. eher sozialpolitische, weltanschauliche und religiöse Ziele im Vergleich zu einer NGO, die sich auf Umweltthemen spezialisiert hat und ihr Streben und ihre Ziele danach ausrichtet, während Unternehmen in politischen Entscheidungen wiederum mögliche Risiken für ihren betriebswirtschaftlichen Erfolg zu erkennen und zu beseitigen suchen.

Die Politik orientiert sich häufig an gänzlich anderen Kategorien. Hier spielen neben inhaltlichen, ideologischen und prinzipiellen Erwägungen auch die zentralen Begriffe von Macht, Herrschaft und Legitimation eine Rolle. Und an die Interessengruppen hat die Politik oft andere Erwartungen als diese an sich selbst. Sie setzt andere Schwerpunkte: Von Wirtschaftsvertretern z. B. erwarten Politiker gesamtgesellschaftliche Verantwortung und das Sichern von Arbeitsplätzen, weniger das Erwirtschaften von Gewinnen und die Ausrichtung der Unternehmen auf die Globalisierung.[23] Interessenvertretung muss in der Lage sein, sich solche unterschiedlichen Schwerpunktsetzungen der jeweils anderen Partei zu verdeutlichen und zu erklären.

Der intermediäre Interessenvertreter gehört zu den zuvor (siehe Abschnitt 8.2.1) erwähnten Übersetzer-Eliten, die als Dolmetscher in dem komplexen Einfluss- und Machtbereich zwischen Interessengruppen und Politik wirken. Sie stellen damit ein wichtiges »Bindeglied zwischen öffentlichen und privaten Akteuren«[24] dar, indem sie dafür sorgen, dass legitime Interessen von der Politik auch wahrgenommen und angemessen berücksichtigt werden können. Sie helfen damit der Politik, näher an der Zivilgesellschaft zu agieren, und den EU-Organen, einen »offenen, transparenten und

---

23   copes (2014).
24   Michalowitz (2007b), S. 171.

regelmäßigen Dialog mit den repräsentativen Verbänden und der Zivilgesellschaft« zu führen (Artikel 11 EUV).

Diese Herausforderung muss der Interessenvertreter annehmen und vor allem erfüllen können, d. h., er muss die Voraussetzungen mitbringen, sich der an ihn gestellten Anforderungen bewusst zu werden und diese professionell umsetzen zu können. Dazu muss er über einen breiten Querschnitt verschiedener Kompetenzen verfügen, die sowohl Kenntnisse aus der Welt der Interessengruppen (z. B. betriebswirtschaftliches Know-how privater Unternehmen und Wirtschaftsverbände) als auch aus der Politik (z. B. rechtliche und politikwissenschaftliche Kenntnisse) umfassen.

Bei ihrer Arbeit als Intermediäre müssen Interessenvertreter vor allem eines sein: Vertrauensmittler. Auch wenn sie von den Interessengruppen beauftragt werden, gilt an sie die Anforderung, nicht nur im Sinne der Auftraggeber zu agieren, denn ansonsten gelingt eine vertrauensvolle Kommunikation mit der Politik nicht. Der Interessenvertreter darf also nicht nur auf die Interessen seiner Auftraggeber hinwirken, sondern muss auch die Interessen der Politik berücksichtigen. Das heißt, er muss dem Interesse der Politik nach Fachinformationen und spezifischem Wissen nachkommen und offen und umfassend zu einem Sachverhalt informieren, damit die Politik nicht zu einseitigen Schlüssen kommt. Er muss wissen, dass die Politik und die Gesetzgebung der Objektivität und dem Gemeinwohl verpflichtet sind.[25] Ein Vorenthalten von Informationen oder, schlimmer noch, eine bewusste Falschinformation würde dem Auftrag des Interessenvertreters als Vertrauensvermittler zwischen Interessengruppen zuwiderlaufen. Das Vertrauen wäre zerstört und die Kommunikation zwischen Politik und Interessengruppen damit unmöglich geworden. So war es beispielsweise bei der Verwendung von illegalen Abschaltmechanismen in der Motorisierung von Dieselfahrzeugen der VW-Gruppe und der Darstellung von Diesel-Fahrzeugen als saubere Technologie (»Dieselskandal«). Die Folge war u. a. eine Neuausrichtung der gesellschaftlichen und politischen Diskussion über die Abkehr von Verbrennungsmotoren als Bestandteil der Verkehrswende. Das Vertrauen zwischen Verband und Politik war gestört.[26]

Auch vor diesem Hintergrund erweist es sich als Vorteil, wenn der Interessenvertreter ein externer Dienstleister ist. Schließlich wird er aus eigenem Geschäftsinteresse schon dafür Sorge tragen, stets eine vertrauensvolle und offene Beziehung zur Politik zu haben. Sie ist seine Geschäftsgrundlage – eine strukturelle und nachhaltige Prozessbegleitung über einen längeren Zeitraum hinweg wäre sonst undenkbar. Er könnte mit den Anliegen neuer Kunden nicht mehr auf seine politischen Kontakte zugehen, wenn er diesen gegenüber nicht bereits aus vorhergehenden Zusammentreffen und Besprechungen eine gute, vertrauensvolle Reputation hätte aufbauen können. Nur durch besonders gute Reputation als »trusted advisor« kann sich ein Interessenvertreter

---

25 Vgl. Linder (2014), S. 51.
26 Niemann (2003), S. 195f.; Kempf/Merz (2008), S. 229.

auszeichnen und von Mitbewerbern abheben.[27] Gleichzeitig muss er stets transparent und als zurückhaltender Dienstleister agieren, er sollte sich auf die Begleitung der politischen Entscheidungsprozesse konzentrieren und die Ausgestaltung der Inhalte und Argumente, also die Inhaltsträgerschaft seinen Auftraggebern, den Interessengruppen überlassen.

Aus der Intermediärsstellung zwischen Interessengruppen und Politik ergeben sich spezielle Ansprüche an den Interessenvertreter, die von beiden Seiten immer wieder formuliert werden. Damit diese Anforderungen erfüllt werden können, sind eine Vielzahl von Soft Skills nötig, die zum festen Handwerkszeug der Interessenvertretung werden.

8.3.1.2 Anforderungen seitens der Interessengruppen

8.3.1.2.1 Informationen

Für Interessengruppen (z. B. Unternehmen, Verbände, Organisationen) ist es primär von Bedeutung, durch ihre Interessenvertreter über das politische Geschehen in Brüssel und in den Mitgliedstaaten informiert zu werden. Mit anderen Worten: Aus ihrer Sicht müssen Interessenvertreter die Repräsentanten der Politik innerhalb der Interessengruppen sein[28], und hierzu gehört natürlich die Forderung nach Informationsbeschaffung.[29] Dies allein reicht jedoch noch nicht. Die Anforderung umfasst auch ein langfristig-strukturelles Monitoring, verbunden mit einer verständlichen Erklärung der politischen Prozesse, einer Auswertung der Standpunkte europäischer Entscheidungsträger sowie einer Vermittlung der Ergebnisse an den Auftraggeber. Hier sind als Soft Skills starke deskriptive und analytische Fähigkeiten einzubringen, die idealerweise bereits in der Ausbildung erlernt werden sollten, um relevante politische Themen und issues identifizieren – »Das Gras wachsen hören!«[30] – und vermitteln zu können. Zur Informationsbeschaffung durch Monitoring gehört zudem die Fähigkeit, relevante Ansprechpartner (Key Player und/oder Stakeholder) und politische Netzwerke zu identifizieren. Somit kann sowohl Zugang zu den Meinungsführern als auch zu den formellen und informellen elitären Zirkeln von Entscheidungsträgern gefunden werden.[31]

Diese Arbeit ist jedoch nicht als ein passives Beobachten misszuverstehen. Im Gegenteil, auch in diesem Bereich wird von einem Interessenvertreter die notwendige Prozesskompetenz eingefordert. Denn nur wenn er die analysierten Prozesse versteht, kann er daraus eine Strategie für eine effektive und effiziente Interessenvertretung ableiten. Dazu gehört auch, den Auftraggeber darauf hinzuweisen, wenn eine

---

27   Oltmanns (2014), S. 19.

28   Vgl. Michalowitz (2007b), S. 180.

29   Interviews mit kleinen und mittelständischen Unternehmen in Bayern, in: Institut für Marketing/Meyer (2014), Folien 37–38.

30   van Schendelen (2014), S. 278.

31   Michalowitz (2007a), S. 77.

Interessenvertretung nicht mehr möglich ist, weil das richtige Timing versäumt wurde,[32] z. B. der Politikzyklus (siehe Abschnitt 4.4.2) bereits zu weit fortgeschritten ist, eine Frist zu einer Anhörung nicht eingehalten wurde oder die EU-Gesetzgebungsprozesse bereits zu weit fortgeschritten sind. Somit kann eine mitunter kostspielige Interessenvertretungskampagne, vor allem wenn sie auch im Rahmen von Public Affairs eine Medienkampagne mitbeinhaltet, rechtzeitig beendet oder erst gar nicht gestartet werden. Monitoring und Informationsfluss müssen so organisiert sein, dass sie sich nach den politischen (Entscheidungs-)-Prozessen richten. Die Relevanz der Governmental Relations mit ihrem prozessorientierten Ansatz wird hier abermals sichtbar.

8.3.1.2.2 *Betriebswirtschaftliches Denken und Umsetzung der (politischen) Ziele der Auftraggeber*

Betriebswirtschaftliches Denken ist daher eine Anforderung, die seitens der Interessengruppen immer wieder gestellt wird. Ein professioneller Interessenvertreter muss die Wirtschaftlichkeit seines Handelns stets im Auge behalten.[33] Naturgemäß spielt dies besonders bei Interessengruppen aus der Wirtschaft eine große Rolle. Exemplarisch sei hier auf eine Umfrage unter kleinen und mittelständischen Unternehmen des Instituts für Marketing der Ludwig-Maximilians-Universität München verwiesen. Sie zeigt, dass Unternehmensvertreter einen eindeutigen Nutzen im Sinne eines betriebswirtschaftlichen Verständnisses ihrer Interessenvertretungsmaßnahmen erwarten. Interessenvertreter sollten daher eine »klare Vorstellung von Leistung und Gegenleistung« haben, so die Forderung.[34] Ergänzend sei erwähnt, dass ein solches betriebswirtschaftliches Denken bei Unternehmen zwar besonders ausgeprägt ist, aber auch bei anderen Interessengruppen eingefordert wird. Denn alle Auftraggeber müssen bei ihrer Budgetierung die Kosten und den Nutzen ihrer Interessenvertretungsarbeit abwägen. Dies muss ein professioneller Interessenvertreter stets berücksichtigen. Als Soft Skill ist hier vom Interessenvertreter pragmatische Effizienz gefragt. Das heißt, er muss die Ressourcen Zeit, Wissen und Prozessbegleitung im Hinblick auf die bestmögliche Interessenvertretung optimieren können[35] und lösungsorientiert arbeiten[36]. Für die Ausbildung der nächsten Generation von Interessenvertretern sind daher betriebswirtschaftliche Grundkenntnisse unabdingbar, die bisherige Ausbildung, meist im Rahmen politikwissenschaftlicher Seminare (siehe unten), allein reicht hierzu nicht aus.

---

32 Horst Seefeld interviewt in Heitz (2011), S. 128; vgl. ebenso o. V. (2014a).

33 van Schendelen (2012), S. 129.

34 Interviews mit kleinen und mittelständischen Unternehmen in Bayern, in: Institut für Marketing/Meyer (2014), Folien 37–38.

35 van Schendelen (2012), S. 279.

36 Köppl (2003), S. 186.

Die Interessenvertretungsziele von Unternehmen lassen sich i. d. R. betriebswirtschaftlich ableiten, was Interessenvertreter neben dem Kosten-Nutzen-Effekt bei ihrer Arbeit nicht außer Acht lassen dürfen. Ein Monitoring der politischen Prozesse sollte durchaus eine anschließende betriebswirtschaftliche Bewertung zulassen. Ein Werbeverbot (etwa bei Alkohol und Tabak) oder Exportbeschränkungen (z. B. bei Produktionsmaschinen) könnten für die betroffenen Unternehmen und deren Mitarbeiter erhebliche (existenzielle) Probleme nach sich ziehen. Planungen wichtiger Investitionsentscheidungen seitens der Kommission oder einer mitgliedstaatlichen Regierung (auch im Nicht-EU-Ausland) können wirtschaftlich für die Auftraggeber ebenso relevant sein.[37] Für Interessengruppen wie Verbände und Organisationen können aber auch andere Anliegen im Vordergrund stehen, z. B. soziale Ziele bei Gewerkschaften und Kirchen oder Klimaschutzziele bei Umweltverbänden.

Inwieweit sich ein Interessenvertreter mit den Zielen seiner Auftraggeber identifizieren muss, wird unterschiedlich gesehen. Auf der einen Seite wird eine solche (starke innere) Identifikation beispielsweise von den beamteten Interessenvertretern in den ständigen Vertretungen der Mitgliedstaaten bei der EU verlangt. Ähnlich verhält es sich mit den angestellten und weisungsgebundenen Interessenvertretern der Inhouse-Interessenvertretungen. Auch externe Interessenvertreter müssen ohne Zweifel in der Lage sein, die Ziele ihrer Interessengruppe zu kennen, zu verstehen und überzeugend zu vertreten, ähnlich wie ein Anwalt seinen Mandanten. Ob auf der anderen Seite eine darüber noch hinausgehende »innere Verpflichtung« gegenüber seiner Interessengruppe erforderlich ist, um dem Interessenvertreter die Authentizität zu verleihen, diese auch entsprechend repräsentativ vertreten zu können,[38] darf angezweifelt werden: Auch ein Rechtsanwalt als »klassischer« Interessenvertreter identifiziert sich nicht zwingend mit seinem Mandanten, sondern versucht ihn durch optimale Ausschöpfung aller rechtlichen Möglichkeiten bestmöglich zu vertreten. Zudem darf der Interessenvertreter auch nicht seine Rolle als Intermediär aus den Augen verlieren, d. h., er darf nicht den Fehler begehen, durch mehr oder minder blinde Gefolgschaft auf dem Weg seines Mandanten die Gemeinwohl- bzw. politische Perspektive eines Anliegens aus den Augen zu verlieren.

8.3.1.2.3 *Professionelle Vertretung der Interessen der Auftraggeber*

Aus Sicht von Interessengruppen ist selbstverständlich die professionelle Vertretung ihrer Interessen eine bedeutende, wenn nicht die zentralste Anforderung an einen Interessenvertreter. Die Bandbreite dessen, was darunter zu verstehen ist, ist groß: Für die einen bedeutet dies die direkte Durchsetzung der eigenen Interessen. Greenpeace z. B. nennt als Aufgabe seiner Brüsseler Repräsentanz: »Based in Brussels, we monitor and analyse the work of the EU institutions, expose deficient EU policies and laws, and challenge EU decision-makers to implement progressive solutions.«[39] Wobei unter

---

37 Vgl. Nass (2013).
38 van Schendelen (2012), S. 343.
39 Greenpeace EU Unit (2013).

»progressive solutions« die Anliegen der Interessengruppe zu verstehen sind. Kleine und mittlere Unternehmen erwarten die positive Darstellung von Unternehmensinteressen.[40] Und für wieder andere »geht es dabei weniger um das Durchsetzen von Forderungen als um das Aufbereiten von Expertisen«[41], d. h. das Informieren der politischen Entscheider über mögliche Folgen einer Politik (Policy). Diesbezüglich setzen Interessengruppen regelrecht voraus, dass Interessenvertreter ein mitunter langjähriges Wissen über die institutionellen Verfahren und die informelle Entscheidungsfindung mitbringen.[42] Zudem sollten sie über ein eigenes belastbares Netzwerk und einschlägige Kontakte verfügen.[43] Denn »das Know-how und die Zugänge zu den Verantwortlichen [sind] in den meisten Unternehmen nicht vorhanden und werden durch externes Know-how von Lobbyisten ergänzt«.[44]

8.3.1.2.4 Fachliches Know-how und gute Kontakte

Zum fachlichen Know-how zählt hier vor allem das Wissen, auf welche Weise die legitimen Anliegen von Interessengruppen eingebracht werden können. In Kapitel 7 wurden die Prozessinstrumente im Detail beschrieben, die der Interessenvertretung für ihre praktische Arbeit zur Verfügung stehen. Unabdingbar ist bei deren Anwendung das Verständnis der informellen und formellen Entscheidungsprozesse in der EU, beispielsweise um im passenden Zeitpunkt mit dem oder den richtigen Ansprechpartner(n) zu kommunizieren. Neben dem fachlichen Wissen bedarf es des Zugangs zu relevanten Key-Playern (siehe hierzu auch Abschnitte 4.6 und 4.7). Idealerweise findet sich im eigenen Netzwerk eine Schlüsselfigur, die sich die vorgebrachten legitimen Interessen selbst zu eigen macht und aus eigenem Antrieb, quasi als Vorreiter, diese Interessen in den politischen Prozess der EU effektiv einbringt (endogener Ansatz).

Ein solches Netzwerk aufzubauen, stellt selbst Interessengruppen mit großen finanziellen und personellen Ressourcen vor eine Herausforderung. Denn für »Externe« gestaltet sich der Einstieg in den politischen Betrieb oft schwierig. Realistische Chancen für den Aufbau eines belastbaren Netzwerkes haben sie i. d. R. nur, soweit sie über bereits etablierte Kontakte zu hochrangigen Persönlichkeiten in die entsprechenden Kreise eingeführt werden (in Form eines »Vertrauenstransfers«). Zufällige Bekanntschaften oder Freundschaften mit einem Politiker oder Beamten können zwar im Einzelfall hilfreich sein, sie ersetzen aber kaum ein im Laufe einer langjährigen Tätigkeit gewachsenes Netzwerk. Denn üblicherweise werden Kontakte im Zuge einer beruflichen Tätigkeit hergestellt und aufrechterhalten; daneben spielt der persönliche Austausch bei Empfängen, Vortragsabenden und wiederkehrenden Mittagessen oder gemeinsamen Freizeitbeschäftigungen eine wichtige Rolle.[45]

40 Interviews mit kleinen und mittelständischen Unternehmen in Bayern, in: Institut für Marketing/Meyer (2014), Folien 37–38.

41 Wolfgang Anzengruber, Vorsitzender des Vorstands der österreichischen VERBUND AG, in: Mitterstieler/ Offner/Zechner (2011).

42 Michalowitz (2007b), S. 181.

43 Nass (2013).

44 Mitterstieler/Offner/Zechner (2011).

45 Joos (2011), S. 202.

Ein Netzwerk von Ansprechpartnern allein reicht jedoch nicht aus. Es muss bei jedem Kontakt berücksichtigt werden, welche nationalen, politischen, aber auch sozialen Hintergründe der jeweilige Ansprechpartner hat. In Kapitel 3 wurde auf die unterschiedliche Sozialisierung von Politikern und Unternehmern bzw. Managern eingegangen. Auch hier kommt dem bereits öfter angesprochenen Perspektivenwechsel eine besondere Bedeutung zu. Der Interessenvertreter muss sich hineinversetzen in die jeweilige Situation seines Gegenübers, also zum einen in seine Auftraggeber und zum anderen in die Ansprechpartner in Exekutive und Legislative. Bei Letzteren gilt es zu überlegen, ob die vorgebrachten Anliegen mit dem Gemeinwohl vereinbar und die Argumente der Interessengruppen aus einer Gemeinwohlperspektive für die Ansprechpartner nachvollziehbar sind. Sind sie dies nicht, so ist das Interessenvertretungsanliegen nicht umsetzbar und alles fachliche Know-how wird hinfällig, die Adresskartei mit ihren Kontakten Makulatur.

8.3.1.2.5 Soft Skills als wesentliches Handwerkszeug: Soziale Kompetenz, interkulturelle und sprachliche Kompetenz, Integrität

Fachliches Know-how und ein gutes Kontaktnetzwerk mit dem Wissen um einen notwendigen Perspektivenwechsel reichen allein für eine effektive und effiziente Interessenvertretung nicht aus. Aus den Anforderungen seitens der Interessengruppen leiten sich eine Reihe von Soft Skills ab, die entscheidende Faktoren für Erfolg oder Misserfolg eines Interessenvertretungsvorhabens sind: soziale Kompetenz, interkulturelle und sprachliche Kompetenz sowie Integrität. Sie sind nicht nur Soft Skills, sondern in der Tat das wesentliche Handwerkszeug, welches für den Beruf, um nicht zu sagen für die Berufung zum Interessenvertreter notwendig ist.

So ist es nicht verwunderlich, dass Interessengruppen beim Einbringen ihrer Interessen diplomatisches Geschick verlangen, nämlich »exakt dasselbe Fingerspitzengefühl, das man von einem Botschafter erwarten würde«[46]. Für einen Interessenvertreter ergibt sich aus dieser Anforderung neben den fachlichen Kenntnissen eine Vielzahl an Fähigkeiten, die von seinem Beruf erwartet werden und in der Ausbildung trainiert und ausgebaut werden müssen. Sie lassen sich unter dem Oberbegriff »soziale Kompetenz« zusammenfassen. Der Interessenvertreter muss kontaktfreudig sein und gerne neue Menschen kennenlernen wollen. Hierzu gehört auch, keine Berührungsängste gegenüber (hohen) Beamten und politischen Entscheidungsträgern zu haben.[47] Umgangsformen, zuvorkommendes Verhalten und Höflichkeit sind ebenso wichtig wie Charisma, Dialogfähigkeit und ein gewisses Verkaufstalent[48], wenn ein Anliegen vorgetragen werden soll und/oder Kompromisse auszuhandeln sind.[49] Außerdem braucht er ausgesprochen gute Kommunikationsfähigkeiten, um komplexe Themen

---

46 Wolfgang Ischinger, Generalbevollmächtigter für Regierungsbeziehungen der Allianz SE in: Nass (2013).
47 Vondenhoff/Busch-Janser (2008), S. 160; Köppl (2003), S. 186.
48 Buholzer (1998), S. 36; Vondenhoof/Busch-Janser (2008), S. 161.
49 Lahusen/Jauß (2001), S. 119.

kurz und prägnant allgemeinverständlich präsentieren zu können.[50] Wenn der Interessenvertreter unbefangen und unbeschwert mit seiner Rolle und Arbeit umgeht, kann er die Anliegen der Interessengruppen auch authentisch und glaubhaft vertreten.

Neben der sozialen Kompetenz ist vor allem für die Interessenvertretung gegenüber den Institutionen der EU interkulturelle Kompetenz unverzichtbar. Da Interessenvertretung und Netzwerkbildung nicht nur partei- und institutionenübergreifend, sondern auch über 27 unterschiedliche europäische Nationen hinweg erfolgen – wenn EU-Beamte, Politiker oder Parlamentarier verschiedenster Nationalitäten oder Behörden in EU-Mitgliedstaaten kontaktiert werden –, muss auf die verschiedenen nationalen, soziokulturellen und politisch-kulturellen Unterschiede der jeweiligen Ansprechpartner eingegangen werden können.[51] Für die EU-Metropole Brüssel bedarf es eines außerordentlich gewandten Umgangs sowie einer ausreichenden Menschenkenntnis und Flexibilität, um mit den stark unterschiedlichen Mentalitäten der EU-Bediensteten adäquat umgehen zu können. Die Sensibilitäten in diesem Umfeld dürfen nicht unterschätzt werden. Schon ein kleiner Fauxpas, ein ungeschickter Umgang mit dem Nationalstolz eines Beamten, kann hier Kontakte nachhaltig zerstören.[52]

Zwar gibt es mittlerweile gemeinsame europäische Standards, wie etwa im »Brüsseler Mikrokosmos« im Allgemeinen oder »Europäischen Verhaltenskodex« im Besonderen (siehe hierzu auch Abschnitt 3.3.5.2.1). Dennoch sind die Brüsseler Akteure natürlich in ihrem nationalen Kontext sozialisiert. In Brüssel findet sich beispielsweise die deutsche Haltung zu einer sehr formalistischen Verfahrensweise neben der eher als »locker« wahrgenommenen südeuropäischen Tradition. Diesem Umstand muss der Interessenvertreter mit ausreichender Fähigkeit zu situationsbezogener Anpassung an die jeweiligen Gepflogenheiten begegnen[53], sodass eine besondere Kenntnis der verschiedenen europäischen Kulturen wie bei einer internationalen Unternehmung für den Erfolg unabdingbar ist.[54] Dieser interkulturellen Kompetenz werden drei interdependente Dimensionen zugeschrieben: eine kognitive (Wissen), eine affektive (Sensibilität) und eine kommunikativ-verhaltensbezogene.[55] Wichtig ist vor allem die Fähigkeit zur Transferleistung, diese in der jeweils eigenen Kultur wichtigen Schlüsselkompetenzen auch auf andere Kulturen anwenden zu können.[56]

---

50 Lahusen/Jauß (2001), S. 118.

51 Michalowitz (2007a), S. 78.

52 Joos (2011), S. 203.

53 Joos (2011), S. 203.

54 Vgl. hierzu die Bedeutung von interkultureller Kompetenz bei internationalen Unternehmen: Moosmüller (2009), S. 62f.; oder Praxishandbücher für Unternehmen: Baumer (2002); Herbrand (2002); Del Fabro (2000).

55 Herbrand (2002) S. 33f.

56 Bolten (2012), S. 128ff., sieht es kritisch, interkulturelle Kompetenz als eigene Handlungskompetenz zu bezeichnen, betont jedoch die Wichtigkeit des Transfers von Schlüsselkompetenzen wie Einfühlungsvermögen, Rollendistanz oder Flexibilität in Situationen und Kulturen, deren Regeln nicht oder nur teilweise bekannt sind.

Die Ausbildung der Interessenvertreter muss auf diese gewaltige Herausforderung eine Antwort finden. Neben dem obligatorischen Spracherwerb von Englisch und Französisch und idealerweise weiterer europäischer Sprachen muss auch auf europäische Geschichte, die Geschichte der EU und die kulturellen Besonderheiten Europas, vor allem in der politischen Kultur, eingegangen werden. Dieses theoretische Wissen muss zwingend durch praktische Erfahrungen ergänzt, getestet und überprüft werden. Idealer Rahmen hierfür sind beispielsweise Auslandssemester oder Praktika im EU-Ausland, insbesondere in mitgliedstaatlichen Institutionen der Exekutive und Legislative (Regierung, Parlament) oder bei den Institutionen der EU (z. B. Kommission oder Parlament).

Die Arbeit in Brüssel stellt hohe sprachliche Anforderungen an einen Interessenvertreter. Die allgemeine Verwaltungssprache ist Französisch. In praktisch allen Generaldirektionen der Kommission wird jedoch als Arbeitssprache Englisch gesprochen. Einige wenige ältere Beamte sprechen außer ihrer Muttersprache nur eine der beiden zuvor genannten Sprachen – auf unterschiedlichem Niveau. Hier zeigt sich der hohe Stellenwert persönlicher Gewandtheit ganz besonders. So können einem Interessenvertreter wenige und unvollkommen gesprochene Sätze in der Muttersprache des Beamten (z. B. auf Schwedisch oder Spanisch) dessen Sympathie einbringen, wohingegen ein minder gewandter Akteur möglicherweise weniger Gehör finden würde. Generell lässt sich sagen, dass ein Interessenvertreter in Brüssel mindestens drei Sprachen sprechen sollte: Neben seiner Muttersprache ein verhandlungssicheres Englisch (C2 nach dem gemeinsamen europäischen Referenzrahmen) und eine dritte Sprache, die in der Zusammenarbeit von Vertretern der jeweiligen Nationalität hilfreich sein kann. Aber auch im Bereich der legislativen Interessenvertretung, wenn es um Rechtstexte geht, ist das Gespür für unterschiedliche Begriffsbedeutungen sehr hilfreich.[57]

8.3.1.2.6 Integrität und Compliance

Von großer Bedeutung für die Akzeptanz und damit für den potenziellen Erfolg eines Interessenvertreters ist darüber hinaus seine Integrität. Wie in Kapitel 3 ausführlich analysiert, begegnen einem Interessenvertreter in seinem Berufsalltag vielfältige Vorurteile und Negativassoziationen; umso wichtiger erscheint es daher, die eigene Tätigkeit absolut seriös und integer zu betreiben: Aus nachvollziehbaren Gründen wird kaum ein Politiker oder Beamter Gespräche mit Interessenvertretern führen wollen, denen unlauteres Verhalten nachgesagt wird. Ein Interessenvertreter muss darauf achten, seine Arbeit selbst als etwas Selbstverständliches, Notwendiges und Legitimes zu betrachten, nicht als etwas Heimliches und Verstecktes. Natürlich heißt das nicht, dass er vertrauliche Informationen an Dritte weitergibt – wie in jedem anderen Geschäft muss auch hier genau abgewogen werden, welche Daten und Fakten für Dritte bestimmt sind und welche nicht.[58] Verschwiegenheit des Interessenvertreters ist im

---

57   Joos (2011), S. 204.
58   Joos (2011), S. 204.

Vertrauensaufbau gegenüber den Interessengruppen unabdingbar.[59] Unnötige Heimlichtuerei gegenüber der Politik oder gar Täuschung über die eigenen Absichten und den Auftraggeber sind unredlich und schaden sowohl dem eigenen Image als auch dem des Berufsstandes, verschlechtern also langfristig den Zugang zu den Entscheidungsträgern in Legislative und Exekutive. Darüber hinaus wird selbstverständlich erwartet, dass sich ein Interessenvertreter stets an alle rechtlichen Vorschriften (Compliance) hält (siehe Abschnitt 6.3.3.3 und Abschnitt 3.3.5.2).

Grundlegende Anforderungen der Interessengruppen an die Interessenvertretung

1. Informationen
2. Betriebswirtschaftliches Denken und Umsetzung der (politischen) Ziele der Auftraggeber
3. Professionelle Vertretung der Interessen der Auftraggeber
4. Integrität und Compliance

Abbildung 8.1: Grundlegende Anforderungen der Interessengruppen an die Interessenvertretung

8.3.1.3 Anforderungen seitens der Politik

8.3.1.3.1 Informationen

In Kapitel 3 wurde gezeigt, dass Interessenvertretung integraler Bestandteil des politischen Systems allgemein und des politischen Systems der EU im Besonderen ist. Sie ist ein Kommunikationsprozess zwischen den Planern bzw. Entscheidern und Betroffenen einer Policy. Zum einen ist es der Auftrag der EU-Organe, den Kontakt mit der Öffentlichkeit zu suchen. Artikel 11 des EUV fordert die Organe der EU explizit auf, »einen offenen, transparenten und regelmäßigen Dialog mit den repräsentativen Verbänden und der Zivilgesellschaft« zu pflegen. Zum anderen ist die Politik oft auf die relevanten Informationen der Interessengruppen – vermittelt durch die Interessenvertreter – für ihre Entscheidungen angewiesen. Denn Interessenvertretung ist nicht nur eine Dienstleistung zugunsten der Interessengruppen, sondern auch zugunsten der politischen Entscheidungsträger[60] (zum Austausch von Informationen und Expertise siehe auch die Erläuterungen zur Austauschtheorie unter Abschnitt 3.3.4.3). Dementsprechend stellt neben den Interessengruppen auch die Politik Anforderungen an eine gute Interessenvertretung.

Die wohl zentralste Anforderung ist die Lieferung von verlässlichen Fachinformationen, Expertisen und Argumenten. Die Themen, über die in Exekutive und Legislative entschieden wird, sind ihrem Inhalt und Umfang nach oft zu komplex, als dass sie von der Politik allein gelöst werden können. Hier bedarf es der Zusammenarbeit mit den Interessengruppen[61], denn diese können die notwendige Expertise liefern. Dazu zählt

---

59   Vondenhoff/Busch-Janser (2008), S. 160.

60   Römmele/Lorenz (2014).

61   Griesser (2014), S. 63; Römmele/Lorenz (2014).

z. B. das Fachwissen von Unternehmen, Verbänden und Organisationen zu den ganz
spezifischen Sachthemen, für die sie sich engagieren. Dies können Fragen zu wirtschaftlichen Auswirkungen eines Gesetzentwurfs sein, zu denen betroffene Unternehmen Stellung beziehen, oder auch gesellschaftliche und ethische Fragen, zu denen
beispielsweise Verbände und NGOs ihr Fachwissen einbringen. Wegen der Vielfalt
und Komplexität an Themen, denen politische Entscheidungsträger ausgesetzt sind,
kann man schon fast von einem Bedürfnis der Politik nach Expertise sprechen. »Ein
guter Lobbyist ist für mich wie ein guter Universitätsprofessor, er weiß alles und kann
das Thema schnell auf den Punkt bringen«[62], sagt beispielsweise ein österreichischer
Europaabgeordneter. Grund dafür ist, dass die politischen Entscheidungsträger sich
i. d. R. nicht mehr nur auf ihr eigenes Wissen und das ihrer Mitarbeiter verlassen können. Die EU-Institutionen verfügen nicht über genügend personelle Kapazitäten, um
Gesetzentwürfe kompetent auszuarbeiten. Politische Akteure und Entscheidungsträger sind deshalb strukturell überfordert.[63] Sie brauchen für ihre Entscheidungen den
Input von außen: »Information ist zur entscheidenden Ressource geworden.«[64]

Dabei ist es wichtig, dass die durch die Interessenvertreter vermittelten Inhalte, Expertisen und Argumente der Politik wertvoll und dienlich sind. Politische Entscheider
haben einen vollen Terminkalender und zu wenig Zeit, um sich mit jedem Inhalt im
Detail zu befassen. Lange Dossiers sind daher i. d. R. nicht hilfreich, den Standpunkt
einer Interessengruppe zu vermitteln. Sie laufen Gefahr, unter der Vielzahl der Petitio-
nen und eingereichten Meinungen unterzugehen. Es fehlt Spitzenbeamten und
-politikern schlicht die Zeit, täglich mehrere hundert Seiten an Text durchzuarbeiten.
Mit anderen Worten: Informationen und Argumente müssen so aufbereitet sein, dass
sie kurz – idealerweise auf einer Seite (OnePager) dargestellt – und leicht verständlich
sind und die Komplexität des jeweiligen Themas reduzieren, nicht in ihrer Fülle wie-
dergeben oder gar erweitern. Die Information muss zur Lösung beitragen und die
Angelegenheit nicht weiter verkomplizieren. »Im Idealfall entsteht eine Win-win-
Situation, von der sowohl Entscheidungsträger als auch Lobbyisten profitieren.«[65] Die
Interessenvertretung muss sich daher in ihre Ansprechpartner aufseiten von Exekutive
und Legislative hineinversetzen und einen Perspektivenwechsel weg vom Partikularinteresse der Interessengruppe hin zur Gemeinwohlperspektive der politischen Entscheidungsträger vollziehen; nur so haben ihre Informationen und Argumente die
Chance, im politischen Prozess beachtet zu werden (zu OnePager und Perspektivenwechsel siehe Abschnitte 1.3.2.6 und 7.4.2.1.7).

Wegen des erhofften und für ihre Arbeit notwendigen Erkenntnisgewinns scheut die
Politik auch den persönlichen Kontakt zu den Interessengruppen nicht. Die Forschung
zeigt, dass Politiker diesen persönlichen Kontakt sogar schätzen, da er die Möglichkeit

---

62   Interview mit Paul Rübig, MdEP in Heitz (2011), S. 127.
63   Griesser (2014), S. 63.
64   Redelfs (2006), S. 334.
65   Griesser (2014), S. 63.

zum Dialog, Gedankenaustausch und auch der weiteren Rücksprache bietet; außerdem erlaubt der persönliche Kontakt eine bessere Einschätzung des Gegenübers.[66] Bei solchen Treffen hat die Politik hohe Erwartungen und verlangt von Interessenvertretern Professionalität. Unter Berücksichtigung dieser Erwartungen ergeben sich für die Arbeit und die Person eines Interessenvertreters folgende wichtige Faktoren: Transparenz, Glaubwürdigkeit, Seriosität, ein einwandfreies öffentliches Image und keine bloße Vertretung von Partikularinteressen, sondern die Berücksichtigung des Gemeinwohls.[67]

8.3.1.3.2 Informationstransparenz und professionelle Informationsvermittlung

Die Politik schätzt also durchaus die Informationen von Interessenvertretern, denn letztlich geht es darum, ungewollte Folgen und Auswirkungen der Gesetzgebung zu vermeiden. Da politische Entscheider dem Gemeinwohl verpflichtet sind, fordern sie allerdings, dass die Informationen transparent, fundiert und verlässlich sind.[68] Erwartet wird, dass Interessenvertreter »ehrlich argumentieren und parteipolitisch neutral sind«[69]. Interessenvertreter dürfen Informationen nicht zurückhalten oder verheimlichen, sondern müssen vollumfassend informieren und auch ihre Auftraggeber nennen.[70] Natürlich kann die Information je nach Ansprechpartner adressatengerecht aufbereitet werden: Für Vertreter eines EU-Mitgliedstaates können Informationen und Argumente, die sich auf den Mitgliedstaat beziehen, hilfreich sein, während für Ansprechpartner der EU gesamteuropäische Argumente wichtig sind. Die wesentlichen Kerninformationen müssen aber für alle gleichermaßen enthalten sein. Informationstransparenz beinhaltet, dass alle Beteiligten des politischen Prozesses die relevanten Informationen erhalten. So sollten Informationen nicht einseitig verteilt werden, sondern an die Vertreter aller Parlamentsfraktionen gehen bzw. allen mit dem Thema beschäftigten Vertretern der Kommission zugänglich gemacht werden.[71] Das Gleiche gilt für den Rat, sodass am Ende alle an einem Gesetzgebungsprozess (nach Artikel 294 AEUV) Beteiligten den gleichen Informationsstand besitzen. Ansonsten könnten sich wichtige Entscheider, denen die Informationen wissentlich oder unwissentlich vorenthalten werden, vor den Kopf gestoßen fühlen. Wenn eine völlige Informationstransparenz gewährleistet ist, bleibt auch die Unabhängigkeit und Souveränität der politischen Entscheider gewahrt. Wenn diese über alle relevanten Informationen verfügen, können sie wie ein Richter objektiv ihre Entscheidung fällen.[72] Als notwendiger Soft Skill des Interessenvertreters sei in diesem Zusammenhang nochmals

---

66 Interviews mit Abgeordneten des Bayerischen Landtags, Institut für Marketing/Meyer (2014), Folie 47; die europäischen politischen Akteure suchen den Kontakt zur Interessenvertretung, siehe: Linder (2014), S. 47.

67 Interviews mit Abgeordneten des Bayerischen Landtags, Institut für Marketing/Meyer (2014), Folie 48.

68 Vgl. Interview mit Paul Rübig, MdEP in Heitz (2011), S. 127.

69 Timmerherm (2004), S. 112.

70 Zur Transparenz und Nennung von Auftraggebern: Leif/Speth (2006a).

71 Vgl. Timmerherm (2004), S. 112.

72 Vgl. Timmerherm (2004), S. 112.

Authentizität angeführt: Nur wenn sich ein Interessenvertreter bei der Informations-vermittlung authentisch verhält, kann er auch seine Anliegen ehrlich und authentisch vertreten. Er sollte daher unbefangen mit seiner Rolle und Arbeit umgehen.

8.3.1.3.3 Verständnis der politischen Prozesse und Kultur

Weiter fordern Europapolitiker der EU von den Interessengruppen und Interessenver-tretern ein gewisses Einfühlungsvermögen, politisches Verständnis und Kenntnis der politischen Prozesse und politischen Kultur.[73] Grundsätzlich sind hier gewisse soziale Kompetenzen zu nennen, wie die bereits oben (siehe auch Abschnitt 8.3.1.2) ange-sprochenen Regeln des sozialen Umgangs und der Höflichkeit. Darunter werden auch ganz alltagspraktische Dinge verstanden, dass sich Interessenvertreter z. B. an Termin-absprachen halten, pünktlich erscheinen und sich kurz fassen, denn der Terminkalen-der eines politischen Entscheiders ist dicht getaktet. In diesem Zusammenhang verdienen auch die Arbeitszeiten in den Brüsseler Behörden Beachtung. So beginnt beispielsweise der Büroalltag in der Kommission zwischen 8.30 Uhr und 9.00 Uhr und endet bei den Führungskräften selten vor 19.00 Uhr. Ein Kommissionsbeamter, der tagsüber an einer Vielzahl von Meetings und internen Abstimmungen teilnimmt, ist oft nur schwierig zu erreichen – erst recht, wenn etwas Ruhe (d. h. hinreichendes Inte-resse, Geduld und Kommunikationswilligkeit) gegeben sein muss, um ein komplexe-res Anliegen vorbringen zu können. Die Interessenvertreter müssen sich hier ganz nach der Politik richten. Daraus ergibt sich die persönliche Anforderung an den Inte-ressenvertreter, flexibel und bereit zu sein, seinen Tagesablauf – und, mehr noch: sei-nen gesamten Lebensrhythmus – auf seine Zielgruppe einzustellen und sein Privatleben erforderlichenfalls unterzuordnen.[74]

Dass Interessenvertreter ihre Auftraggeber aus den Interessengruppen über die kom-plexen politischen Prozesse informieren und aufklären, ist bereits als Forderung der Interessengruppen selbst erwähnt worden; hierbei handelt es sich jedoch auch um eine zentrale Forderung aus den Reihen der Politik, wie eine Umfrage des center of political economy and society berlin (copes) in Zusammenarbeit mit der Quadriga-Hochschule Berlin und dem Magazin politik & kommunikation im EU-Mitgliedstaat Deutschland zeigt. 100 politische Entscheider aus dem Deutschen Bundestag und auf ministerialer Leitungsebene, also aus Legislative und Exekutive, wurden 2014 befragt: 55 Prozent der Befragten stellten deutschen Top-Managern ein negatives Zeugnis aus, was deren Kenntnisse über die Entscheidungsprozesse im Deutschen Bundestag betrifft. 60 Pro-zent sind sogar der Meinung, dass Top-Manager mit den Entscheidungsprozessen innerhalb der Parteien und Fraktionen nicht gut vertraut sind. Es ist davon auszuge-hen, dass diese Statistik auch heute noch aktuell ist, da die meisten Unternehmen hin-sichtlich ihrer Prozesskompetenz noch immer defizitär aufgestellt sind. Dabei geht es nicht nur darum, ob politische Entscheider sich wegen der Unkenntnis seitens der

73 Gespräche mit Europapolitikern in Heitz (2011), S. 129.
74 Joos (2011), S. 202.

Wirtschaft nicht genug wertgeschätzt fühlen, sondern auch, ob eine erfolgreiche und effektive Kommunikation zwischen beiden Seiten geführt werden kann. Die Folgen dieser negativen Einschätzung für die Interessenvertretung sind durchaus ernst zu nehmen: So wird die »Unkenntnis von politischen Prozessen« als »dritthäufigster Grund für das Scheitern von Anliegen der Top-Manager«[75] genannt. Dieses Unwissen müssen Interessenvertreter ausgleichen, indem sie ihre Interessengruppen (im genannten Beispiel Unternehmen und Manager) informieren und über die formellen, aber auch informellen politischen Prozesse unterrichten. Vorbereiten können zudem natürlich juristische oder politikwissenschaftliche Vorkenntnisse durch entsprechende Ausbildung und Studium oder eben viel Praxiserfahrung.

8.3.1.3.4 Integrität und Compliance*

Ein Interessenvertreter muss absolut integer sein (siehe Abschnitt 8.3.1.2.6) und darf nicht dem Vorwurf ausgesetzt sein, nur einseitig Partikularinteressen zu verfolgen. Zudem wollen die politischen Entscheider im Kommunikationsprozess Interessenvertretung stets die Oberhand behalten. Deshalb haben sie für die Kommunikation mit Interessenvertretern Vorschriften aufgestellt, an die sich diese zu halten haben (siehe Abschnitt 6.3). Für die Interessenvertretung bei den Institutionen der EU ist dies vor allem der Verhaltenskodex, der im Rahmen der Europäischen Transparenz-Initiative (ETI) aufgestellt wurde und der hier nochmals im Zusammenhang wiedergegeben wird. Interessenvertreter, die sich in das EU-Transparenz-Register aufnehmen lassen, haben demgemäß im Umgang mit Repräsentanten der EU folgende Regeln zu befolgen:

Neben den europarechtlichen Standards können auch mitgliedstaatliche Vorschriften einschlägig sein, je nachdem wo die Interessenvertretung stattfindet oder welche Staatsangehörigkeit die beteiligten Personen haben. So wäre bei deutschen Staatsbürgern z. B. auch § 334 des deutschen Strafgesetzbuchs (Bestechung) oder § 108e StGB (Abgeordnetenbestechung) relevant.[76] Dies sei jedoch nur der Vollständigkeit halber erwähnt, denn dass diese Straftatbestände nichts mit seriöser Interessenvertretung zu tun haben, versteht sich von selbst.

Die rechtlichen Standards werden in der Praxis um Selbstverpflichtungen der Interessenvertreter ergänzt. Die European Public Affairs Consultencies Association (EPACA) und die Society of European Affairs Professionals (SEAP) empfehlen beide ihren Mitgliedern, dem freiwilligen Transparenz-Register beizutreten und sich an den Verhaltenskodex zu halten. Sie haben zusätzlich eigene Kodizes entwickelt.[77] Die Inhouse-Interessenvertretungen von Unternehmen müssen zudem die – oft noch viel strengeren – hauseigenen Compliance-Vorschriften berücksichtigen.

---

75 copes (2014).
*   Zur besseren Verständlichkeit werden hier Teile des Buches wiederholt wiedergegeben.
76 Classen (2014), S. 108f.
77 EPACA (2015); SEAP (2015).

Manche Interessenvertretungsagenturen unterziehen sich darüber hinaus freiwillig verschiedener Transparenz-, Qualitätsmanagement- und Compliance-Prüfungen (Financial Compliance, Legal Compliance).[78]

Generell erkennt man die Professionalität einer Interessenvertretung daran, wie streng sie sich an Verhaltenskodizes hält und welche Selbstverpflichtung und -kontrolle sie sich auferlegt hat. Eine unprofessionelle Interessenvertretung legt diese Regeln eher lax aus (frei nach der Maxime »Was nicht verboten ist, das ist erlaubt!«), wohingegen eine professionelle Interessenvertretung die Regeln streng interpretiert. Denn nur auf die letztgenannte Weise lässt sich auf Dauer ein Vertrauensverhältnis zwischen Politik, Interessengruppen und Interessenvertretern aufbauen.[79] Darüber hinaus gibt es unter Interessenvertretungen – genauer gesagt den Interessenvertretungsagenturen – durchaus ein wettbewerbliches Interesse, die Verhaltensregeln streng zu interpretieren und penibel einzuhalten. Ein umsichtiges Verhalten kann auch einen Unterschied im Hinblick auf das gewünschte Ergebnis ausmachen und damit die Effektivität der Interessenvertretung steigern.[80] Die Einhaltung aller Vorschriften ist für die Compliance und Reputation eines Interessenvertreters enorm wichtig. Wird seine Integrität durch (auch unbewusstes!) Fehlverhalten auch nur in Zweifel gezogen, ist seine Reputation und Glaubwürdigkeit beschädigt, wenn nicht zerstört. Ein Verbleiben in diesem Beruf kann dadurch sogar unmöglich werden.

Das umsichtige und rechtstreue Verhalten eines Interessenvertreters, die Compliance, verlangt, dass er sowohl die Vorschriften einhält, die ihn selbst betreffen, als auch diejenigen Regeln berücksichtigt, die für seine Kontaktpersonen gelten (z. B. der Verhaltenskodex für Kommissionsmitglieder, die Geschäftsordnung des Europäischen Parlaments, das Statut der Beamten der Europäischen Gemeinschaften oder der Kodex für gute Verwaltungspraxis in den Beziehungen der Bediensteten der Europäischen Kommission zur Öffentlichkeit). Zwar richten sich diese Vorschriften primär an die Offiziellen der EU, indem sie deren Kontakt mit der »Außenwelt« regeln, indirekt haben sie aber auch Einfluss auf das Verhalten von Interessenvertretern. Denn ein professioneller Interessenvertreter kennt diese Vorschriften für seine Adressaten und wird sein eigenes Verhalten danach ausrichten, sodass er seine Kontaktperson nicht in die Verlegenheit bringt, auf diese Vorschriften hinweisen zu müssen. Zu den Vorschriften für EU-Beamte zählt insbesondere das Statut der Beamten der Europäischen Gemeinschaften[81], das z. B. vorschreibt, dass Beamte keine Weisungen von Personen und Organisationen außerhalb ihres Organs entgegennehmen dürfen; die ihnen aufgetragenen Aufgaben führen sie »objektiv, unparteiisch und in voller Loyalität mit der Union aus« (Artikel 11). Beamte dürfen daher auch keine »Ehrungen, Ehrenzeichen,

---

78 Zum Beispiel EUTOP Group (2023).

79 van Schendelen (2014), S. 313.

80 van Schendelen (2014), S. 313.

81 Statut der Beamten der Europäischen Gemeinschaften: Rat der Europäischen Wirtschaftsgemeinschaft, Rat der Europäischen Atomgemeinschaft (2015).

Vergünstigungen, Geschenke oder Zahlungen irgendwelcher Art annehmen« (Artikel 11). Informationen, die nicht veröffentlicht sind, dürfen von den Beamten nicht verbreitet werden (Artikel 17). In Artikel 12 des Statuts heißt es zudem: »Der Beamte enthält sich jeder Handlung und jedes Verhaltens, die dem Ansehen seines Amtes abträglich sein könnten.« Es gibt aber auch noch weitere Vorschriften. Zum Beispiel hat die Kommission ergänzend zum Statut einen Kodex für gute Verwaltungspraxis in den Beziehungen der Bediensteten der Europäischen Kommission zur Öffentlichkeit erlassen. Dieser sieht u. a. vor: den Schutz persönlicher Daten und geheimer Informationen, ein Diskriminierungsverbot, Verhältnismäßigkeit und Kohärenz der Verwaltung. Im Ergebnis sollen somit im Kontakt von europäischer Verwaltung und Interessenvertretern alle betroffenen Interessengruppen gleich behandelt werden.

Wie aber sieht die Realität des Auftretens von Interessenvertretern bei den Institutionen der EU aus? Zwar gibt es hinsichtlich der Qualität der Interessenvertretung teils erhebliche Unterschiede, aber Vertreter von europäischen Institutionen wie dem Parlament oder der Kommission weisen immer wieder darauf hin, dass Interessenvertreter überwiegend objektive Informationen und Praxiserfahrung in einem gewissermaßen partnerschaftlichen Verhältnis den Institutionen nutzbar machen wollen.[82] Grundsätzlich besteht die Möglichkeit der Manipulation der Entscheidungsfreiheit in den Institutionen durch Interessenvertreter, allerdings ist diese Gefahr aufgrund der Vielzahl der konkurrierenden Interessen und der damit verbundenen Informationen, die Abgeordnete und Beamte erhalten, relativ gering. Generell kann also davon ausgegangen werden, dass Interessenvertreter ihren Rat und ihre Praxiserfahrung gegenüber den EU-Institutionen in den Vordergrund stellen und nicht versuchen, auf unlautere Weise Druck auszuüben.

Grundlegende Anforderungen der Politik an die Interessenvertretung

1. Informationen
2. Transparenz und professionelle Informationsvermittlung
3. Verständnis der politischen Prozesse und Kultur
4. Integrität und Compliance

Abbildung 8.2: Grundlegende Anforderungen der Politik an die Interessenvertretung

8.3.1.4 Fazit

Die Analyse der Anforderungen seitens der Interessengruppen und seitens der Politik zeigt, dass die Interessenvertretung ein wichtiges Bindeglied in der Kommunikation zwischen beiden Welten ist. Interessant ist, dass viele Anforderungen nahezu deckungsgleich sind, unabhängig also, ob sie von den Interessengruppen oder der Politik kommen. Beide fordern von einer guten Interessenvertretung einen Informationsaustausch

---

[82] Schulz (2007), S. 22–23.

mit Expertisen und Fachwissen aus den Metiers des jeweils anderen Parts. Dabei wird verlangt, dass die Interessenvertretung mit größtmöglicher Informationstransparenz und Professionalität vorgeht. Beide Seiten fordern ebenfalls, dass sich ein Interessenvertreter auf sie einlässt, d. h. ihre internen formellen und informellen Prozesse und die jeweils eigene interne Kultur kennt, sich darauf einstellt und seine Arbeit danach ausrichtet. Letztlich ist beiden Seiten sehr wichtig, dass alle Abläufe der Interessenvertretung stets integer und unter Beachtung aller Compliance-Vorschriften geschehen. Dem Interessenvertreter kommt somit automatisch eine Übersetzerrolle zu. Er muss als Intermediär die Komplexität der Prozesse und Inhalte der jeweils einen Seite für die andere Seite reduzieren und Informationen so aufbereiten, dass sie verstanden werden. Nur so kann er erfolgreich, strukturell und nachhaltig politische Prozesse begleiten.

Neben den in Abschnitten 8.3.1.2 und 8.3.1.3 angesprochenen Anforderungen, Fähigkeiten sowie charakterlichen Eigenschaften sollte ein Interessenvertreter vor allem eines mitbringen: Begeisterung und Leidenschaft für politische, gesellschaftliche, wirtschaftliche Themen und deren (Interessen-)Vertretung im Besonderen.[83] Der Politikwissenschaftler Rinus van Schendelen spricht hier von »allgemeinen Einstellungen«, derer es neben den spezifischen Fähigkeiten auch bedürfe.[84] Hierzu gehören eine ausgeprägte Neugier für die Entwicklungen im Zentrum der EU, der Verfahren, Themen, Personalentscheidungen und Stakeholder, aber auch für Themen, welche die Entwicklungen in der »Peripherie«, in den Mitgliedstaaten betreffen. Denn »with some time lag all these developments may affect the EU playing-field in the near future«[85]. Zur »allgemeinen Einstellung« gehört auch der Erwerb einer guten Allgemeinbildung. Sie hilft, gesamtgesellschaftliche Fragen besser zu überblicken.[86] Ein gutes Namensgedächtnis ist beim »Netzwerken« mehr als vorteilhaft.[87] Wegen der Vielzahl an Themen, die ein Interessenvertreter zu bearbeiten hat, ist auch eine positive Einstellung zum »Generalismus« notwendig.[88] Sich rasch mit der Sorgfalt eines Forschers in neue Themen einzuarbeiten und dabei gültige und verlässliche Fakten zu eruieren, sollte einem leichtfallen.[89]

Einschränkend muss anerkannt werden, dass all diese Kompetenzen nur selten in einem einzigen Individuum anzutreffen sind, sie können daher i. d. R. nur durch ganze Teams abgedeckt werden, wie bei der Inhouse- oder Verbandsinteressenvertretung oder eben externen Dienstleistern wie Agenturen.[90] Mit einer gezielten Ausbildung können zudem die Fähigkeiten und Charaktereigenschaften auch bei jedem

---

83 Vgl. Lahusen/Jauß (2001), S. 118: »Hierzu zählt ein grundsätzliches Verständnis wie Politik funktioniert.«

84 van Schendelen (2014), S. 280.

85 van Schendelen (2014), S. 280.

86 Vondenhoff/Busch-Janser (2008), S. 160.

87 Vondenhoff/Busch-Janser (2008), S. 160.

88 Vondenhoff/Busch-Janser (2008), S. 161.

89 van Schendelen (2012), S. 341.

90 Heitz (2011), S. 128.

einzelnen Interessenvertreter gefördert und gestärkt werden. Konzeptionelle Lösungen können helfen, die personellen Ungleichheiten in den Fähigkeiten eines Teams auszugleichen.[91]

8.3.2 Kompetenzaufbau zur strukturellen und nachhaltigen Begleitung politischer Prozesse

Aus den gegebenen Rahmenbedingungen und den Anforderungen seitens der Interessengruppen und seitens der Politik kristallisieren sich zwei Schlüsselkompetenzen heraus, die ein Interessenvertreter erwerben muss, um erfolgreich, strukturell und nachhaltig politische Prozesse begleiten zu können. Die erste Schlüsselkompetenz ist Prozesskompetenz, in Verbindung mit dem Verständnis und Management komplexer politischer Systeme wie der EU. Die zweite ist die Fähigkeit zur Reduktion von Komplexität (insbesondere für die Ansprechpartner eines Interessenvertreters bei den Interessengruppen und in der Politik zur Schaffung der erforderlichen Entscheidungsgrundlagen).[92]

8.3.2.1 Prozesskompetenz und das Verständnis komplexer politischer Systeme

Für die Vertretung von Interessen – seien es die Belange der Interessengruppen oder auch einzelner Mitgliedstaaten – verursachen die Entwicklungstendenzen der EU und insbesondere die Reformen des Vertrages von Lissabon einen hohen Anpassungsdruck. Noch immer liegt der Schwerpunkt der Interessenvertretung vor allem auf dem zu vermittelnden Inhalt, weil davon ausgegangen wird, dass das wesentliche Ziel von Interessenvertretung darin besteht, im Rahmen eines Entscheidungsprozesses mit Inhalten und Sachargumenten auf ein bestimmtes Ergebnis hinzuwirken.[93] So liegt denn auch der Kern der Tätigkeit der klassischen Interessenvertretungen (Unternehmensrepräsentanzen, Verbände, Public-Affairs-Agenturen, Anwaltskanzleien) auf inhaltlicher Arbeit: Teilnahme an öffentlichen Konsultationen, Verfassung ausführlicher Argumentationspapiere und Gutachten, Durchführung von Medienkampagnen. Folglich wurde bei Interessenvertretern bisher verstärkt auf die Schulung und Ausbildung von Inhaltskompetenz geachtet, der Schwerpunkt wurde nicht auf Prozesskompetenz gelegt (siehe Abschnitt 8.4.2).[94]

Dies ist bemerkenswert, betreffen doch die wesentlichen Entwicklungstendenzen der EU-Politik vielmehr Verfahrensfragen (»Prozesse«). Die neuen Rahmenbedingungen, hervorgerufen durch den Kompetenzzuwachs der EU nach Inkrafttreten des Vertrages von Lissabon finden sich in den Kapiteln 5 und 6. Darin wird auf die fundamentalen

---

91 Vgl. Buholzer (1998), S. 36.

92 In Abschnitt 7.3.2 wird vor allem auf Joos (2014), S. 40–43 Bezug genommen.

93 Definitionen bei Joos (2011), S. 44; Lösche (2007), S. 20; van Schendelen (2002), S. 203f.; McGrath (2005), S. 17.

94 Zu den Begriffen der Inhalts- und Prozesskompetenz vgl. auch Godwin/Ainsworth/Godwin (2013), S. 216–219.

Änderungen des politischen Systems der EU, die verschiedenen Gesetzgebungsverfahren (siehe Kapitel 6) und die daran beteiligten Institutionen und Stakeholder (siehe Abschnitt 5.5) eingegangen.

Immer mehr Politikbereiche unterliegen den komplexen Entscheidungsverfahren des dynamischen Mehrebenensystems Europäische Union, an denen supranationale (europäische), nationale und regionale Ebenen beteiligt sind. Die Akteure der jeweiligen Ebenen agieren dabei nicht isoliert voneinander. Vielmehr ist Kooperation und Kompromissbereitschaft erforderlich, will ein Akteur seine jeweils durch konstitutionelle und politische Kompetenzen, Einflussmöglichkeiten und Interessenlagen bestimmten Ziele erreichen.

Dem Interessenvertreter stellen sich dabei primär prozessuale Fragen – unabhängig davon, ob er für einen Mitgliedstaat, eine NGO oder ein Unternehmen tätig ist. Schon die Suche nach den richtigen Ansprechpartnern für ein Anliegen wird regelmäßig zur Herausforderung. Eine einheitliche Exekutivebene – eine »Regierung« nach mitgliedstaatlichem Verständnis – gibt es in der EU nicht. Europäische Interessenvertretung muss vielmehr sowohl auf europäischer (Kommission, Rat bzw. COREPER etc.) als auch auf mitgliedstaatlicher Ebene (Ratsmitglieder) ansetzen.[95] Ein ähnliches Bild ergibt sich in Bezug auf europäische Legislativverfahren: Effektive Interessenvertretung verlangt die Einbeziehung nicht nur aller drei zuständigen EU-Organe (Kommission, Rat und Parlament), sondern selbstverständlich auch der mitgliedstaatlichen Ebene, etwa der einzelnen Ratsmitglieder oder der im Europäischen Parlament vertretenen Parteien.

Um an all diesen Schnittstellen – zumal regelmäßig unter hohem Zeitdruck – überhaupt präsent sein und so an Entscheidungsprozessen in der EU erfolgreich mitwirken zu können, muss ein Interessenvertreter umfassende Prozesskompetenz besitzen. Er muss also die maßgeblichen formellen und informellen Entscheidungsprozesse kennen und auch über die entsprechenden Zugangsmöglichkeiten (Netzwerke) auf allen Entscheidungsebenen verfügen. Angesichts einer EU mit mittlerweile 27 Mitgliedstaaten, von Portugal bis Finnland und von Irland bis Zypern, ist das nur für sehr wenige Akteure überhaupt noch zu realisieren. Die Zahl der am Entscheidungsprozess beteiligten Entscheider kann oft nicht mehr überblickt werden. Hinzu kommt, dass politische Entscheider bei ihren Entscheidungen neben den inhaltlichen Aspekten noch weitere Kriterien zur Entscheidung heranziehen (siehe Abschnitt 4.8).

Bei einem EU-Kommissar kann in die Entscheidungsfindung etwa mit einfließen, ob das Anliegen aus einer Generaldirektion vorgetragen wird, mit der er bisher gute oder eher negative Erfahrungen gemacht hat – ebenso, ob sie von Personen kommen, denen er vertraut oder nicht vertraut. Außerdem kann es eine Rolle spielen, ob Diskussionsbeiträge von einem Kollegen vorgebracht werden, dem sich der Kommissar aufgrund früherer Begebenheiten verpflichtet fühlt. Und natürlich – wenn auch auf

---

95   Griesser (2014), S. 61.

europäischer Ebene eigentlich sachfremd – kann es durchaus von Bedeutung sein, ob ein Anliegen aus dem Herkunftsland des Kommissars stammt.[96]

Es bleibt also festzuhalten: »Je komplexer ein Verfahren strukturiert ist – und das europäische Verfahrensrecht ist ein Musterbeispiel an Komplexität – desto höher ist die Relevanz der Entscheidungsstrukturen und -prozesse für eine konkrete Entscheidung. Inhalte und Argumente sind weiterhin relevant; ihre individuelle Bedeutung für das Ergebnis eines Entscheidungsprozesses geht jedoch tendenziell zurück.«[97]

Es muss hier der Vollständigkeit halber angemerkt werden, dass der externe, als Intermediär tätige Interessenvertreter neben dem politischen System und den dazugehörigen Prozessen auch die Strukturen und Arbeitsabläufe seiner Auftraggeber kennen muss. Denn große Unternehmen und Organisationen stehen in ihrer Komplexität den politischen Systemen oft in nichts nach. Man denke nur an einen Global Player mit seiner Vielzahl an Organisationseinheiten und -ebenen sowie einer kaum überschaubaren Teil- und Variantenvielfalt seiner Produktpalette.[98] Auch hier gilt, dass der Interessenvertreter seine Ansprechpartner kennen und mit den Zuständigkeiten der Abteilungen vertraut sein muss, damit er die für das Interessenvertretungsvorhaben relevanten Informationen einfordern und rechtzeitig Entscheidungen seitens des Kunden herbeiführen kann.

Für die Ausbildung der Interessenvertreter muss daher folgerichtig gefordert werden, künftig neben dem Aufbau inhaltlicher Kompetenzen verstärkt auch den Aufbau von Prozesskompetenz zu fördern: Dazu gehören neben dem Verständnis komplexer politischer Systeme und der Begleitung und dem Management komplexer politscher (Entscheidungs-)Prozesse auch das Verständnis der Strukturen und Arbeitsabläufe in großen Unternehmen, Verbänden und Organisationen. Mit der Prozesskompetenz gewinnt man den Handlungsspielraum zurück, der durch die Komplexität der vielen unterschiedlichen und parallel ablaufenden Prozesse und durch die Vielzahl an Akteuren und Entscheidern (es gibt den *einen* Entscheider nicht mehr[99]) verloren ging.

8.3.2.2 Reduktion von Komplexität für Politik und Interessengruppen

Neben dem Verständnis komplexer politischer Systeme, wie dem Mehrebenensystem Europäische Union, und der dazugehörigen politischen Entscheidungsprozesse steht der Interessenvertreter auch vor der Aufgabe, diese komplexen Systeme und die damit verbundenen (Entscheidungs-)Prozesse seinen Auftraggebern zu erklären und anschließend in deren Sinne zu begleiten und zu managen. Dazu muss er in der Lage sein, diese Komplexität auf ein Minimum zu reduzieren, um so mögliche (neue) Handlungsspielräume aufzeigen zu können. Es geht also um Verständnis, Reduktion und Management von Komplexität.

96   Joos (2015), S. 416.
97   Joos (2014), S. 42.
98   Vgl. Bullinger/Spath/Warnecke/Westkämpfer (2009³), S. 746f.
99   Vgl. Joos (2015).

Sowohl die Interessengruppen als auch die Politik stellen an Interessenvertreter die Anforderung, die Anliegen der jeweils anderen Seite kurz, präzise und verständlich zu erklären. Dazu gehören auch prozessuale Abläufe und Kenntnisse interner Arbeits- bzw. Funktionsweisen. Den Interessengruppen sind schon die mitunter komplexen *formalen* politischen Rahmenbedingungen und Entscheidungsprozesse oft nicht bekannt und nicht unbedingt nachvollziehbar. Die *informellen* politischen Prozesse sind für Vertreter der Interessengruppen als Außenstehende meist noch schwerer nachzuvollziehen. Die Politik wiederum ist mit den Abläufen bei den verschiedenen Interessengruppen nicht vertraut. So können die vorgebrachten Anliegen für die Vertreter der Politik zu fachspezifisch sein, auch wenn sie für die Vertreter der Interessengruppen einfach verständlich zu sein scheinen. Die betriebswirtschaftlichen Abläufe eines Pharmaherstellers, die technischen Besonderheiten eines Solarparks oder die sozialen Herausforderungen, vor denen eine gemeinnützige Organisation steht, können von Ansprechpartnern aufseiten der Exekutive und der Legislative als Allgemeinwissen aber nicht vorausgesetzt werden. Stets klagen Politiker darüber, seitens der Interessenvertreter mit zu viel Informationen und komplexen Details regelrecht überhäuft zu werden – eine Informationsfülle, die ins politische System weder eingebracht noch dort wirklich verarbeitet werden kann. In der Regel ist die Zeit für Politiker, deren Mitarbeiter und Beamte zu knapp, um sich in lange Dossiers mit komplizierten Details einlesen zu können. Mit anderen Worten: Beide Seiten – Interessengruppen wie Politik – fordern die Reduktion von Komplexität.

Der Interessenvertreter muss also bei seiner Arbeit nicht nur die Anliegen der einen Seite (Interessengruppen) der anderen (Politik) kommunizieren können – die dafür notwendigen kognitiven Fähigkeiten und Soft Skills wurden bereits unter Abschnitt 8.3.1.2 und 8.3.1.3 erläutert –, sondern er muss dabei gleichzeitig die Komplexität der Inhalte und Zusammenhänge reduzieren. Besonders hervorgehoben sei in diesem Zusammenhang nochmals die OnePager-Methodik, die wesentlich zur Reduktion von Komplexität beiträgt. Die verdichtete Zusammenfassung von Anliegen der Interessengruppen auf einer Seite hilft, die komplizierten Inhalte einfach und allgemein verständlich darzustellen und sich trotz der Fülle an Information auf die wesentlichen Aspekte zu konzentrieren. Durch die erklärende Formulierung der politischen Hintergründe, die klare Benennung eines/des vorliegenden Problems bei gleichzeitiger Unterbreitung möglicher Lösungsvorschläge werden komplexe Sachverhalte so aufbereitet, dass sie leicht vom politischen System absorbiert werden können. Das heißt, durch die maximale Komplexitätsreduktion werden die Informationen an jeder Stelle und für jeden Ansprechpartner des politischen Prozesses verständlich und damit auch verwendbar.

Dies ist jedoch nur ein Aspekt. Denn zum anderen bedeutet diese Abstimmung der Informationen auf die Ansprechpartner aus der Politik während des OnePager-Prozesses auch für die Interessengruppen eine Reduktion der »Komplexitätsfalle Europäische Union«. Denn die Aufbereitung der Informationen erfordert ein genaues

Verständnis des politischen Systems und der formellen und informellen politischen Prozesse der EU. Somit werden diese für Interessengruppen weniger kompliziert und nachvollziehbarer. Schlussendlich erlaubt erst diese Komplexitätsreduktion ein erfolgreiches Prozessmanagement und damit die strukturelle und nachhaltige Begleitung politischer Prozesse. Erst durch sie kommt die Prozesskompetenz der Interessenvertreter richtig zum Tragen.

Zusammenfassend bleibt festzuhalten, dass die Arbeit der Interessenvertretung einem Paradigmenwechsel unterworfen ist. Sie muss ihren Fokus von der inhaltlichen Arbeit stärker auf die prozessuale Arbeit legen, von der Inhalts- auf die Prozesskompetenz und auf Komplexitätsreduzierung. Für viele Interessenvertreter wird eine effektive Interessenvertretung daher immer mehr zur Herausforderung, denn die mit viel Inhaltskompetenz und Engagement ausgearbeiteten inhaltlichen Positionen und Argumente werden vom Entscheider nicht berücksichtigt, wenn sie etwa durch die falsche Person, im falschen Moment und an der falschen Stelle der prozessualen Abläufe eingeführt werden. Starke Prozesskompetenz und kluges, vor Ort präsentes Prozessmanagement durch einen neutralen und objektiven Intermediär sind der erste Schritt. Die Komplexitätsreduzierung ist der zweite, für eine effektive Begleitung der politischen Prozesse und eine erfolgreiche Interessenvertretung. Nur mit starker Prozesskompetenz und der Fähigkeit zur Komplexitätsreduzierung gelingt der Weg aus der »Komplexitätsfalle EU«.[100]

8.3.2.3 Revolving Door als Antwort?

Es scheint naheliegend, dass die personelle Antwort auf die vielen Anforderungen an einen Interessenvertreter ein Wechsel von Personen aus der »Politik« (Mandatsträger, Mitglieder der Exekutive, Beamte, Mitarbeiter von Parlamentariern oder Fraktionen und Parteien etc.) hin zu den Interessengruppen ist. »Wir brauchen viel mehr Wechsel zwischen Politik und Wirtschaft und zwischen Wirtschaft und Politik«, lautet eine Forderung.[101] Und in der Tat ist für eine Brüsseler Karriere der Wechsel von der Politik zu Unternehmen, Verbänden und Organisationen und zurück durchaus nichts Ungewöhnliches,[102] bringen doch ehemalige Politiker und deren Mitarbeiter sowie Beamte genau jene Kenntnisse der formellen und vor allem der informellen politischen Prozesse mit, die bei den Interessengruppen oft nicht vorhanden sind. Sie konnten sich i. d. R. auch ein ausgedehntes und belastbares Netzwerk aufbauen, das sie zu ihren neuen Arbeitgebern mitbringen. Umgekehrt kommt es natürlich auch vor, dass Vertreter der Interessengruppen in die Politik wechseln, etwa in lukrative Stellen bei der Europäischen Kommission, und auf diese Weise ihre Fachkompetenz einbringen.

---

100 Joos (2015); Joos (2014), S. 40–43.
101 Ein Beispiel hierzu, Christ (2013), S. 86.
102 Tansey (2014), S. 257.

Bei einem solchen Wechsel von der Politik in die Wirtschaft und umgekehrt spricht man von einem »Drehtür-Effekt«[103], im Englischen von der »Revolving Door« und im Französischen gibt es hierfür den Ausdruck »Pantouflage«. Bekannte Beispiele finden sich sowohl auf nationaler als auch internationaler Ebene. So wurde 2021 der ehemalige Staatssekretär für Energie und Digitales im Bundesministerium für Wirtschaft und Energie Andreas Feicht unmittelbar nach dem Ende seiner Amtszeit zum Vorstandsvorsitzenden der RheinEnergie Köln berufen. Auch der ehemalige Bundesaußenminister und ehemalige SPD-Chef Sigmar Gabriel wechselte 2020 nach seinen Tätigkeiten innerhalb der Bundesregierung in den Aufsichtsrat der Deutschen Bank AG. Die europäische Ebene stellt ebenfalls keine Ausnahme dar. Als Beispiel dient hier der ehemalige EU-Kommissar für den Finanzmarkt Jonathan Hill, welcher 2017 einen Beraterjob bei der Kanzlei Freshfields annahm, nachdem er zuvor von seinem Amt bei der Europäischen Kommission zurückgetreten war. Auch der ehemalige Präsident der Europäischen Kommission José Manuel Barroso wurde nach seiner Zeit in der Europäischen Kommission 2016 als Berater bei Goldman Sachs tätig. Neben diesen in den Medien breit diskutierten Fällen gibt es eine sehr große Zahl von »Seitenwechseln« auf niedrigeren Hierarchieebenen von Politik und Verwaltung.

Bei solchen Wechseln stellt sich zunächst die Frage nach der rechtlichen Ausgestaltung. Kann und soll die freie Berufswahl eines ehemaligen Politikers eingeschränkt werden und ihm eine Tätigkeit außerhalb der Politik, z. B. in der Wirtschaft oder direkt in der Interessenvertretung, verwehrt werden? Neben den rechtlichen Aspekten stellt sich auch die Frage nach der unterschiedlichen Sozialisation von Politikern und Entscheidern in Unternehmen, Verbänden und Organisationen, wie vorhin bereits angedeutet wurde. Lassen sich solche Unterschiede in den Kulturen – Politik und Wirtschaft – negieren, und fügen sich ehemalige Politiker leicht in ihre neue Arbeitswelt ein? Wegen der hohen Medienaufmerksamkeit und öffentlichen Kritik bleibt zuletzt zu überlegen, ob eine mögliche Negativberichterstattung die Vorteile eines solchen Wechsels – Kenntnisse der jeweils anderen formellen und informellen Verfahrensweisen und Prozesse oder der Netzwerke im jeweils anderen Lager – nicht doch infrage stellt.

8.3.2.3.1 Wechsel von der Politik in die Wirtschaft

Die Europäische Union lehnt den Wechsel von Personal zwischen Verwaltung und Interessenvertretung nicht grundsätzlich ab, schließlich profitieren auch die EU-Institutionen von guten Beziehungen zu externen Einrichtungen (Informationsaustausch). Die EU will solche Wechsel jedoch möglichst transparent gestalten. Daher sind für die verschiedenen Akteure in Brüssel diverse Vorschriften erlassen worden: EU-Beamte fallen unter das Statut der Beamten der Europäischen Gemeinschaften, für Kommissare gibt es einen eigenen Verhaltenskodex, ebenso für Mitglieder des

---

103 Leif, (2010), S. 7; Welt (2010), S. 51–55.

Europäischen Parlaments. Andere, wie etwa die Mitglieder der ständigen Vertretungen der 27 Mitgliedstaaten, unterliegen jedoch keiner Regelung auf EU-Ebene.[104]

Das für die EU-Beamten maßgebliche Statut der Beamten der Europäischen Gemeinschaften gibt für diesen Personenkreis die Regeln für einen Wechsel zu einem Unternehmen, Verband oder einer Organisation vor. In Artikel 16 des Statuts heißt es z. B., dass Beamte nach dem Ausscheiden aus dem Dienst verpflichtet sind, »bei der Annahme bestimmter Tätigkeiten oder Vorteile ehrenhaft und zurückhaltend zu sein«. Diese grundsätzliche Vorschrift wird durch eine Informationspflicht konkretisiert. Wenn ein Beamter vor Ablauf von zwei Jahren nach seinem Ausscheiden aus dem Dienst gegen Entgelt (z. B. in einem Unternehmen) oder unentgeltlich (z. B. bei einer NGO) eine berufliche Tätigkeit aufnehmen will, muss er sein Organ (z. B. die Kommission) darüber in Kenntnis setzen. Wenn die neue Tätigkeit in Zusammenhang »mit der Tätigkeit, die der Beamte in den letzten drei Jahren seiner Dienstzeit ausgeführt hat« steht und sie zu einem »Konflikt mit den legitimen Interessen des Organs« führen könnte, so kann dem Beamten die Aufnahme der neuen Tätigkeit nur unter angemessenen Auflagen genehmigt oder ganz untersagt werden. Zudem schreibt Artikel 339 AEUV vor, dass die Offiziellen der EU »nach Beendigung ihrer Amtstätigkeit Auskünfte, die ihrem Wesen nach unter das Berufsgeheimnis fallen«, nicht preisgeben dürfen. Regelungen gibt es nicht nur für ausscheidende Beamte, sondern auch für Neueinstellungen. Nach Artikel 11 des Statuts müssen auch Bewerber mögliche Interessenkonflikte angeben. Zu bedenken ist jedoch, dass diese Regelungen für Mitarbeiter ohne Beamtenstatus nicht gelten, außer sie hatten Kontakt zu sensiblen Informationen. Außerdem können befristete Beschäftigungsverträge bis zu sechs Jahren laufen, wovon mehr und mehr Institutionen auch Gebrauch machen.[105]

Für die EU-Kommissare gilt wie für die Beamten, dass sie nach ihrer Amtszeit bei Annahme einer neuen Tätigkeit »ehrenhaft und zurückhaltend sein« müssen (Artikel 245 AEUV). Bei Pflichtverletzung kann sie der EuGH auf Antrag des Rates ihres Amtes entheben bzw. »ihre Ruhegehaltsansprüche oder andere an ihrer Stelle gewährten Vergünstigungen aberkennen«. Der Verhaltenskodex für Kommissionsmitglieder (Artikel 1.2) schreibt zudem vor, dass Kommissare, die eine berufliche Tätigkeit aufnehmen wollen, die Kommission bis 18 Monate nach Ende der Amtszeit darüber informieren müssen. Gegebenenfalls prüft die Ethikkommission, ob die neue Tätigkeit mit Artikel 245 AEUV vereinbar ist. Ebenfalls für 18 Monate nach Ausscheiden aus der Kommission dürfen ehemalige Kommissare für »ihr Unternehmen, ihre Kunden oder Arbeitgeber bei den Mitgliedern der Kommission und deren Mitarbeitern in Fragen, für die sie während ihrer Amtszeit zuständig waren, weder Lobby-Arbeit betreiben noch für ihre Sache werben«. Kritisch muss hier angemerkt werden, dass die oft über Jahre aufgebauten Kontakte und Netzwerke auch nach 18 Monaten noch

---

104 Tansey (2014), S. 258.
105 Tansey (2014), S. 260.

hilfreich sind – deshalb wohl auch die generelle Aufforderung in Artikel 245 AEUV nach Ehrenhaftigkeit und Zurückhaltung.[106] Andere halten 18 Monate für zu kurz – schließlich beziehen ehemalige Kommissare während eines Zeitraums von immerhin 36 Monaten nach Ausscheiden aus dem Amt ein Übergangsgeld.[107]

Für ehemalige Europaabgeordnete sieht der Verhaltenskodex für Mitglieder des Europäischen Parlaments (Artikel 6) vor: »Ehemalige Mitglieder des Europäischen Parlaments, die einer gewerblichen Lobby-Tätigkeit nachgehen oder repräsentative Tätigkeiten ausüben, die in unmittelbarem Zusammenhang mit dem Beschlussfassungsprozess der Union stehen, dürfen während der gesamten Dauer einer solchen Tätigkeit nicht die den ehemaligen Mitgliedern gemäß den vom Präsidium erlassenen Vorschriften zur Verfügung gestellten Einrichtungen in Anspruch nehmen.« Mit anderen Worten, ihnen könnte der Zugang zum Europäischen Parlament verweigert werden, der jedem ehemaligen Mitglied ansonsten offensteht. Jedoch müssen auch diejenigen ehemaligen Abgeordnete, die einer Interessenvertretungstätigkeit nachgehen, ihren Parlamentsausweis nicht explizit abgeben und behalten so weiterhin Zugang.[108]

Durch die klaren Regelungen soll – trotz Kritik an manchen Stellen – der Wechsel von der Politik in die Interessenvertretung nicht grundsätzlich unterbunden, sondern transparent geregelt werden, um Interessenkonflikte bereits im Vorfeld auszuräumen bzw. zu minimieren. Bei Einhaltung der Vorschriften steht also der Revolving Door zumindest rechtlich nichts im Wege; sie könnte tatsächlich helfen, eine Brücke zwischen den verschiedenen Kulturen der Politik auf der einen und der Interessengruppen auf der anderen Seite zu sein.

8.3.2.3.2 Probleme der unterschiedlichen Sozialisation von Politikern und Entscheidungsträgern aus der Wirtschaft

Über den Wert der praktischen Erfahrungen und der politischen Kenntnisse von Interessenvertretern, die vorher längere Zeit in der Politik oder Verwaltung tätig waren, sind sich Beobachter und Kommentatoren nicht schlüssig. Einige sehen aber gerade in solchen Personalwechseln den Erfolg einer effektiven und effizienten Interessenvertretung. Denn ehemalige Politiker, EU-Beamte und -Mitarbeiter kennen die politische Kultur und ihre formellen und informellen (Entscheidungs-) Prozesse, sie bringen Insider-Wissen mit und wissen, wie im jeweiligen Umfeld kommuniziert werden muss. Zudem verfügen sie i. d. R. auch über ein belastbares Netzwerk.[109]

Andere bewerten die Situation kritischer. Zu unterschiedlich seien beide Kulturen, als dass ein Personalaustausch tatsächlich helfen würde, das Verständnis auf beiden

---

106 Classen (2014), S. 272.
107 Tansey (2014), S. 259.
108 Tansey (2014), S. 259.
109 Heitz (2011), S. 129; Althaus (2006), S. 323; Vondenhoff/Busch-Janser (2008), S. 163.

Seiten zu verbessern. Denn ein guter Politiker ist nicht zwangsläufig auch ein guter Interessenvertreter. Wegen der unterschiedlichen Sozialisierung von Politikern und Wirtschaftsführern ist der Wechsel weg von der Politik nicht immer leicht, und es fällt vielen schwer, sich in der neuen Umgebung zurechtzufinden. Generell scheinen Politiker mit der Kultur in Unternehmen nicht immer klarzukommen. Der Zeithorizont der Politik bemisst sich in Legislaturperioden, in (großen) Unternehmen geben oft die Quartalsberichte die Taktung vor. Ein Beispiel für die Schwierigkeiten eines Wechsels von der Politik zu einem Unternehmen ist der Fall des ehemaligen hessischen Ministerpräsidenten Roland Koch, der den Vorstandsvorsitz beim Baukonzern Bilfiger bereits nach drei Jahren wieder abgeben musste.[110]

Während insbesondere hochrangige Politiker der Exekutive oder Parlamentarier eine relativ große Unabhängigkeit bei ihrer Arbeit genießen konnten und eher indirekt in Organisationsstrukturen und Hierarchien eingebunden waren, sind sie in einem Unternehmen, Verband oder in einer Organisation meist in strikte Hierarchien und Strukturen eingebunden. Ein Minister ist zwar an die Kabinettsdisziplin und ein Parlamentarier an die Fraktionsdisziplin gebunden, doch sind beide primär nur ihrem eigenen Gewissen gegenüber verantwortlich. In einem Unternehmen gilt die Loyalität jedoch den Eigentümern und Investoren oder – falls vorhanden – auch dem direkten Vorgesetzten. Die Hierarchien sind damit deutlicher spürbar. Des Weiteren muss akzeptiert werden, die Rolle des »Umwor-benen« mit der des »Werbenden« zu tauschen. Während Politiker die Öffentlichkeit suchen und schätzen, arbeiten Interessenvertreter meist mit großer Diskretion und persönlicher Zurückhaltung.[111]

Wegen dieser Problematiken wird auch immer wieder der betriebswirtschaftliche Nutzen solcher Wechsel für Unternehmen hinterfragt.[112] Denn auch organisatorisch kann der Zugang eines Politikexperten »von außen« auf die bisherigen Strukturen und Mitarbeiter störend wirken. Mit dem Zugang von außen erleichtert sich zwar meist auch der Kontakt zur Politik und zu den Institutionen der EU, jedoch kann eine solche neue Machtkonzentration, z. B. im Bereich einer Unternehmensrepräsentanz, in der Unternehmensführung und anderen bedeutenden Unternehmensabteilungen und bei Managern »vor den Kopf stoßen«.[113] Auch außerhalb des organisatorischen Bereichs können Probleme auftreten. Solche können auch bei anderen Interessengruppen, insbesondere bei Verbänden, spürbar werden, wenn dort ähnliche Hierarchien und Strukturen vorherrschen. Aber beim Wechsel von Politikern und Beamten zu einem externen Dienstleister wie einer Governmental-Relations-Agentur, sind

---

110 Vogt (2014); ein Beispiel für einen erfolgreichen Wechsel wäre hingegen der ehemalige Ministerpräsident Baden-Württembergs Lothar Späth, der dem Unternehmen Jenoptik vorstand.

111 Vondenhoff/Busch-Janser (2008), S. 165.

112 Vondenhoff/Busch-Janser (2008), S. 164f.; Lahusen (2004), S. 785.

113 Coen (2009), S. 159.

diese Probleme weniger vorhanden, denn dort sind die Hierarchien meistens flach und die ehemaligen Vertreter der Politik und Verwaltung haben genügend Raum, ihre Expertise zur Geltung zu bringen.

8.3.2.3.3 Revolving Door als Sackgasse? Image-Probleme für Politik und Interessengruppen

Der Wechsel von der Politik in die Wirtschaft und umgekehrt wird seitens der Öffentlichkeit oft sehr kritisch gesehen. Wie bereits erläutert, nehmen Anti-Lobby-Gruppierungen und die Medien meist Anstoß an einem solchen rechtlich durchaus korrekten Wechsel. Eine solche Negativberichterstattung kann einer Interessengruppe oder einem Unternehmen durchaus Schaden zufügen.

Die Anti-Lobby-Gruppe ALTER-EU fordert auf ihrer Website z. B. auf, die Revolving Door zu »blockieren«, und will noch strengere Regeln und mehr Transparenz für solche Personalwechsel umgesetzt sehen.[114] Kritisch begleitet werden solche Wechsel auch vom Corporate Europe Observatory (CEO), das online eine »RevolvingDoor-Watch« eingerichtet hat. Dort wird über die Wechsel von ehemaligen EU-Beamten, Europaabgeordneten, Kommissaren und anderen Beschäftigten von EU-Institutionen oder EU-nahen Einrichtungen wie den Ständigen Vertretungen der Mitgliedstaaten berichtet, und diese werden bewertet.[115] Neben darauf spezialisierten Webseiten interessieren sich aber auch Mainstream-Medien für Personalwechsel von der Politik in die Wirtschaft. In den Medien kritisch begleitet wurden beispielsweise der Wechsel 2019 des ehemaligen sächsischen Ministerpräsidenten Stanislaw Tillich in den Aufsichtsrat der Mitteldeutschen Braunkohlegesellschaft (Mibrag), der Wechsel 2017 des ehemaligen Verteidigungsministers Franz Josef Jung zur Rheinmetall AG und der Wechsel ebenfalls 2017 der ehemaligen Ministerpräsidentin des Landes Nordrhein-Westfalens Hannelore Kraft in den Aufsichtsrat des Steinkohlekonzerns RAG.

Aber auch für die Revolving Door in umgekehrter Richtung, von der Wirtschaft in die Politik, gibt es Kritik. Bei seiner Bestellung zum Kommissar für Finanzstabilität, Finanzdienstleistungen und Union der Kapitalmärkte im Herbst 2014 wurde dem Briten Jonathan Hill, der in seinem Heimatland schon mehrmals beruflich zwischen Wirtschaft und Politik wechselte, vorgehalten, bei Quiller Consultants tätig gewesen zu sein, wo er u. a. die Interessen der Londoner Börse und der Großbank HSBC vertrat. Ähnlich verhielt es sich bei Miguel Arias Cañete aus Spanien, dem von der Öffentlichkeit wie vom Europäischen Parlament seine Verbindungen zur Ölindustrie vorgehalten wurden. Er musste seine Beteiligungen an zwei Ölfirmen abgeben, bevor er EU-Kommissar für Energie und Umweltschutz werden konnte.[116] Dabei ist es durchaus üblich, dass Spitzenpositionen von Vertretern aus der Wirtschaft besetzt werden. Mario Draghi, der ehemalige Präsident der EZB, war zuvor u. a. als Vice-President bei der Investmentbank Goldman Sachs tätig.

---

114 ALTER-EU (2023).

115 Corporate Europe Observatory (2023).

116 o. V. (2014); Lobby Control, »Nach Anhörung: Hill und Cañete als EU-Kommissare bleiben inakzeptabel«

Auch wenn die Wechsel von der Politik in die Wirtschaft und umgekehrt rechtlich nicht zu beanstanden sind, die entsprechenden Regelungen und Vorschriften eingehalten wurden, so kann durch eine negative Berichterstattung durchaus ein schlechtes Image für die neuen Arbeitgeber von ehemaligen Politikern entstehen. Beim Wechsel von der Wirtschaft in die Politik wird Letzterer ebenfalls die Nähe zur Ersteren vorgeworfen. So entstehen dann bisweilen Vorwürfe wie »Klüngel« und »Strippenzieherei« und letztlich kann die Revolving Door auch dem Ansehen der Politik großen Schaden zufügen.[117] Im Einzelfall muss ein Unternehmen, ein Verband oder eine Organisation also stets abwägen, ob das Fachwissen beim Zugang eines ehemaligen Politikers eine mögliche »schlechte Presse« aufwiegt.

Solche Vorwürfe und die damit verbundene Berichterstattung sind ein weiterer Grund, warum ein Interessenvertreter als Intermediär zwischen der Politik auf der einen und den Unternehmen, Verbänden und Organisationen auf der anderen Seite agieren sollte. Da er als professioneller Vertrauensmittler außerhalb beider Systeme steht, treffen ihn die Vorwürfe der Klüngelei oder der besonderen Nähe zu der einen oder anderen Seite nicht. Er wahrt eine Äquidistanz, d. h. einen gleichen Abstand zu beiden Kulturen. Hinzu kommt, dass der Wechsel meist von der Politik in die Wirtschaft erfolgt und der tatsächliche Wissensaustausch insbesondere in dieser einen Richtung erfolgt. Das grundsätzliche Problem der Überwindung von Hierarchien, welche für eine effiziente und effektive Interessenvertretung notwendig ist, bleibt hierbei nach wie vor bestehen. Denn auch die »Wechsler« werden in die jeweiligen Hierarchien eines Unternehmens, Verbandes oder einer Organisation eingefügt. Ebenso hängt das Netzwerk und das Vertrauen wiederum nur an einer Person und kann auf eventuelle Nachfolger nicht leicht weitergegeben werden. Die Revolving Door kann sich also leicht als Einbahnstraße erweisen.

8.4 Status quo der Aus- und Weiterbildung für Interessenvertreter

8.4.1 Bisherige Wege der Aus- und Weiterbildung

Mit der zunehmenden politischen Bedeutung der EU wächst auch der Bedarf an einer professionellen Interessenvertretung bei ihren Institutionen. Der Einfluss der EU steigt seit den 1980er-Jahren kontinuierlich an: beginnend mit der Stärkung des Binnenmarktes durch die Einheitliche Europäische Akte (1987), weiter zunehmend mit der Etablierung der Union durch den Vertrag von Maastricht (1993) bis hin zur Intensivierung der europäischen Integration durch den Vertrag von Lissabon (2009). Mit dem politischen Einfluss nimmt auch die Zahl der Interessenvertreter in Brüssel zu. Derzeit sind im Europäischen Transparenz-Register mehr als 12.000 Interessenvertreter registriert.[118] Es wird angenommen, dass diese Zahl in den kommenden Jahren

---

117 Leif (2010), S. 7f.

118 Europäisches Transparenz-Register (https://ec.europa.eu/transparencyregister/public/homePage.do zuletzt abgerufen am 9.3.2023)

noch weiter steigen könnte.[119] Hinzu kommen noch diejenigen, die nicht im Transparenz-Register registriert sind, z. B. viele in diesem Bereich tätige Anwälte, aber auch die Vertreter von staatlichen Einrichtungen wie den Vertretungen der deutschen Bundesländer und Landesparlamente.

So groß die Zahl der Interessenvertreter in der »Lobby-Hauptstadt« Brüssel ist, so verschieden sind auch deren Ausbildung und Lebensläufe. Je nachdem, ob die Interessenvertretung von Unternehmensrepräsentanzen, Verbänden, Public-Affairs-Agenturen, Anwaltskanzleien oder Governmental-Relations-Agenturen wahrgenommen wird, bringen die Interessenvertreter unterschiedliche Ausbildungen und professionelle Hintergründe mit, sei es eine juristische, politikwissenschaftliche oder andere geisteswissenschaftliche Ausbildung und/oder eine Tätigkeit in der Politik. Interessenvertretung im weiteren Sinne wird teilweise auch von Thinktanks oder Public-Relations-Agenturen ausgeführt, deren Mitarbeiter u. U. wieder eine andere Ausbildung, z. B. im Bereich Marketing haben. Trotz der sich mittlerweile abzeichnenden Professionalisierungstendenzen für das Berufsbild Interessenvertretung ist der Weg zum Interessenvertreter noch nicht institutionalisiert, sondern eher verzweigt und unübersichtlich. Der Weg über die Revolving Door wurde bereits geschildert (siehe Abschnitt 8.3.2.3). Steigen Interessenvertreter über »nichtpolitische« Berufe ein, stammen sie oft auch aus dem PR-Bereich oder dem Journalismus. Andere, die direkt in die Interessenvertretung einsteigen, haben i. d. R. Rechts-, Politik-, Kommunikationswissenschaften oder ein anderes sozial- oder geisteswissenschaftliches Fachgebiet wie Geschichte studiert.[120]

Es gibt jedoch auch Studiengänge, die sich gezielt an künftige Generationen von Interessenvertretern richten. Die bisherige Ausbildung ist meist grundständig, d. h. im ersten Studium (bis zum Bachelor oder Diplom) erworben, und weist daher eine Spezialisierung auf ein bestimmtes Fach- oder Arbeitsgebiet aus. Für die Interessenvertretung mit ihren Anforderungen an das rechtliche, politische und interkulturelle Verständnis (um nur einige Anforderungen zu nennen) wäre jedoch eine interdisziplinäre Ausbildung von Vorteil. Die Inhalte der einzelnen klassischen Studiengänge haben also oft nur eine mittelbare Relevanz für die Tätigkeit eines Interessenvertreters. Zum Beispiel ist Politik in der Wissenschaft und in der Praxis durchaus unterschiedlich. Hinzu kommt, dass methodische Kenntnisse und Fähigkeiten sowie das tiefgreifende und differenzierte Verständnis von politischen Prozessen, das gerade in der »Komplexitätsfalle der EU« von Bedeutung ist, nicht zwingend Gegenstand der Curricula sind. Diese Kenntnisse werden dann oft erst in der beruflichen Praxis erworben, da sie von der Ausbildung nicht abgedeckt wurden.

Es gibt erste Versuche, fachspezifisch ausgebildeten, angehenden Interessenvertretern eine adäquate Fortbildung zu ermöglichen, naturgemäß durch Angebote im

---

119 Heitz (2011), S. 134.
120 Vgl. hierzu: Lahusen/Jauß (2001), S. 116; Althaus (2006), S. 326f.

Graduiertenbereich. So gibt es entsprechende Masterprogramme für Studenten, die bereits ein erstes Studium absolviert haben, etwa die Programme für European Studies und International Relations, wie z. B. der Master in European Political and Governance Studies am Europakolleg in Brügge[121], der Master in Public Affairs an der Sciences Po in Paris[122] sowie der Master of Public Administration (MPA) und der Executive Master of Public Administration (EMPA) am Institute of Public Affairs der London School of Economics (LSE).[123] Etwas spezifischer auf die Interessenvertretung ausgerichtet, jedenfalls der Bezeichnung nach, sind der Master of Science (MSc) in Corporate Communication der Robert Gordon University in Aberdeen[124] oder der einjährige Master in European Public Affairs (EPA) an der Universität Maastricht.[125]

Eher in den Bereich der Weiterbildung für bereits aktive Interessenvertreter fallen der Executive Master of Public Policy der Hertie School of Governance in Berlin[126] oder der MBA in Public Affairs & Leadership an der Quadriga Hochschule, ebenfalls Berlin.[127] In Belgien bietet die American University in Brüssel nach ihrem amerikanischen Vorbild das einwöchige Programm des European Public Affairs & Advocacy Institute für US-amerikanische Studenten, aber auch explizit für bereits praktizierende Interessenvertreter an.[128]

Neben den Hochschulen gibt es auch nicht-akademische Anbieter oder Berufsverbände, die sich auf Kursprogramme und Workshops für Interessenvertreter spezialisiert haben: z. B. die European Training Academy aus Budapest mit Büro und Unterricht in Brüssel,[129] das Chartered Institute for Public Relations[130] oder die Public Relations Consultants Association[131], beide in Großbritannien. Die Bundesvereinigung der Deutschen Arbeitgeberverbände (BDA) wiederum bildet ihre Nachwuchskräfte zum Teil selbst aus und hat dafür ein Trainee-/Nachwuchsprogramm (GFN-Programm) aufgebaut, ein zweijähriges Traineeship.[132]

Auf den ersten Blick scheint damit dem Bedarf einer adäquaten Ausbildung für Interessenvertreter entsprochen zu sein: »So universities have certainly woken up to the fact that public affairs and lobbying are now established careers, and students will opt to study the subject at both undergraduate and postgraduate level.«[133] In Europa ist die

121 College of Europe (2023a).

122 SciencesPo (2023).

123 LSE (2023).

124 Robert Gordon University Aberdeen (2023).

125 Spoormans/Vanboonacker (2005); Maastricht University (2023).

126 Hertie School of Governance (2023).

127 Quadriga Hochschule Berlin (2023).

128 American University (2023).

129 European Training Academy (2023).

130 Chartered Institute of Public Relations (2023).

131 PRCA (2023).

132 BDA.Die Arbeitgeber (2023).

133 Zetter (2011²), S. 64.

akademische Disziplin der Interessenvertretung oder der Public Affairs aber erst noch im Aufbau begriffen und bestimmt durch die Suche nach einer »clear identity«. Diese Identitätssuche, Begriffsdefinition und die Abgrenzung des Fachs von anderen Disziplinen zeigt eine »healthy and vibrant disciplinary evolution«.[134] Dies ist in der Tat ein essenzieller Schritt, denn eine solche Verwissenschaftlichung und die Errichtung einer formal-theoretischen Grundlage sind auch Ausdruck der Professionalisierung des Berufs Interessenvertretung.[135] Erkennbar ist, dass Aus- und Weiterbildung in die richtige Richtung gehen. Die verschiedenen Studien- und Ausbildungsgänge bieten sicherlich eine hilfreiche Zusammenstellung von Wissensmodulen, die eine Tätigkeit im Interessenvertretungsbereich unterstützen; dahingestellt sei allerdings, ob sie auf die notwendigen speziellen Anforderungen wie Prozesskompetenz und Komplexitätsreduktion eingehen oder auf die Aufgabe als intermediärer Prozessbegleiter und Übersetzer zwischen Interessengruppen und Politik vorbereiten.

8.4.2 Ziele und Inhalte der bisherigen Aus- und Weiterbildung

Bei genauerer Betrachtung des bisherigen Aus- und Weiterbildungsangebots fällt eine große Zersplitterung und Uneinheitlichkeit des Angebots auf, sowohl der Form als auch dem Inhalt nach. So gilt es, formell Bachelor-Studiengänge, Masterstudiengänge und nichtakademische Angebote zu unterscheiden. Manche davon dauern von einem bis zu zwei Jahren, andere nur zwei Wochen, wie dies bei Fortbildungskursen der Fall sein kann. Auch inhaltlich differieren die Angebote stark, von klassischen, eher politikwissenschaftlichen Studienprogrammen bis hin zu reinen Praxiskursen. Hinzu kommt, dass Interessenvertreter meist aus Studienrichtungen wie Rechts- oder Politikwissenschaften, Geschichte und anderen Geisteswissenschaften rekrutiert werden. Die akademischen Angebote sind auch nicht zwingend interdisziplinär und meist an einer einzigen Fakultät angesiedelt. Daher fehlt der Ausbildung derzeit oft die nötige Tiefe und Breite, die ein Interessenvertreter für seine Arbeit als unabhängiger, intermediärer, struktureller Prozessbegleiter, sprich als Governmental-Relations-Manager mitbringen muss. Gerade die Interdisziplinarität hilft ihm dabei, sich auf diese Übersetzerrolle zwischen der Welt der Politik und der Welt der Interessengruppen vorzubereiten.

Die Ausbildungsziele der Studiengänge sind auch oft sehr global gesteckt, so wird i. d. R. nur bei den praxisbezogenen Ausbildungsgängen »Interessenvertreter« als primäres Berufsziel genannt. Bei den anderen Angeboten ist die Möglichkeit, hinterher in der Interessenvertretung zu arbeiten, nur eine unter vielen. Der Master in Public Policy der Universität Erfurt beispielsweise bereitet seine Absolventen »auf Karrieren im internationalen öffentlichen Dienst und Nichtregierungsorganisationen« vor.[136] Diejenigen, die ihren Bachelor in Politics, Philosophy and Economics (PPE) in Oxford

---

134 McGrath/Moss/Harris (2010), S. 346f.

135 Althaus (2006), S. 328.

136 Universität Erfurt (2023).

erlangten, starteten laut Kursbeschreibung Karrieren in den Bereichen »banking and finance, politics, journalism, broadcasting and new media, the law, political activism and campaigning, teaching, social work, voluntary organisations and charities, accountancy, business management, management consultancy, advertising, university teaching and research, think tanks and consultancy, work in international organisations, and the many branches of public service«.[137] Auch Ausbildungsstudiengänge wie der Master in European Political and Governance Studies am Europakolleg in Brügge, die primär die Europäische Union im Zentrum ihres Curriculums haben, richten sich eher an Studierende, die später in europäischen und nationalen Institutionen arbeiten wollen. Immerhin wird hier auch eine mögliche Karriere im Bereich »public affairs« genannt, womit letztlich nichts anderes als die Interessenvertretung gemeint sein dürfte.[138]

Im Rahmen dieser Entwicklung wird seitens der Auszubildenden beispielsweise ein Bedarf für die politische Analyse großer, globaler Trends wie Klimawandel, Terrorismus oder die Reform der Finanzmärkte erkannt, die der Beratung von Entscheidern in Organisationen der Exekutive und der Interessengruppen dienen soll. Diese neue Generation von Public-Affairs-Experten ist »capable of analyzing and interpreting – and even anticipating – major environmental trends and developments, and capable of counselling organizational leaders about how best to respond to the challenges that such trends present«.[139] Jedoch besteht die Gefahr, dass mit verstärktem Blick auf die politische Großwetterlage das Gespür fürs politische Tagesgeschäft mit seinen formellen und informellen Entscheidungsprozessen in EU-Europa, wie etwa dem Informellen Trilog, bei der Ausbildung zum Interessenvertreter verloren geht.

Ein weiteres Manko – insbesondere bei der akademischen Ausbildung – ist der mangelnde Fokus auf die »handwerklichen« Methoden der Interessenvertretung für eine strukturelle und nachhaltige Prozessbegleitung, wie z. B. die intensive Behandlung der prozessualen Interessenvertretungsinstrumente (siehe Kapitel 7), darunter insbesondere der angewandte Perspektivenwechsel vom Partikularinteresse hin zur Gemeinwohlperspektive (OnePager-Methodik). Ebenso wichtig wäre die Fähigkeit zur genauen Analyse der individuellen Entscheidungsprozesse, Entscheidungsgrundlagen und Entscheidungshorizonte der politischen Entscheider.

Trotz aller erkennbaren Professionalisierungstendenzen ist die Ausbildung der Interessenvertreter noch nicht auf den tatsächlichen Bedarf zugeschnitten, der den Anforderungen an einen Interessenvertreter in der Rolle eines objektiven Intermediärs und den Anforderungen seitens der Interessengruppen und der Politik genügt. Die Angebote sind meist zu global gehalten und richten sich an Studierende mit unterschiedlichsten Berufszielen, von denen eines auch die Interessenvertretung im Sinne der

---

137 University of Oxford (2023).
138 College of Europe (2023b) p. 43.
139 McGrath/Moss/Harris (2010), S. 347.

strukturellen und nachhaltigen Prozessbegleitung der Governmental Relations sein kann. Wenn sich das Angebot zur Weiterbildung an die Praktiker der Interessenvertretung richtet, fehlt – vor allem bei Kursen, die nur wenige Wochen dauern – häufig die nötige theoretische Breite und Tiefe, um das Metier der Interessenvertretung und insbesondere der Governmental Relations vollumfänglich zu erfassen.

Schon allein eine Prima-Facie-Analyse der formalen und inhaltlichen Kriterien ergibt, dass nicht alle Angebote gleichwertig sein können, und dass sich Studierende und spätere Arbeitgeber nicht auf ein einheitliches Ausbildungs- und Weiterbildungsniveau verlassen können. Ein solches (europaweit) einheitliches und verbindliches Niveau wäre allerdings eine wichtige Voraussetzung, um die Qualität der Interessenvertretung dauerhaft zu heben und deren Reputation als Tätigkeitsfeld zu verbessern. Die Ausbildung der Interessenvertreter könnte dann ähnlichen verbindlichen Standards unterliegen wie dies (zumindest innerhalb der einzelnen EU-Mitgliedstaaten) bei der Juristen-, Lehrer- oder Medizinerausbildung der Fall ist. Der hohen Bedeutung der Interessenvertretung im politischen Prozess würde dies Rechnung tragen und bei den Interessenvertretern selbst würde das Berufsethos – wie z. B. bei Juristen und Ärzten – weiter ausgebildet und verstärkt, was sich wiederum sehr positiv auf die Compliance und Transparenz der Interessenvertretung im Allgemeinen auswirken dürfte. Deshalb wäre eine spezielle Ausbildung für den Governmental-Relations-Manager, der als objektiver Intermediär zwischen Politik und Interessengruppen die politischen (Entscheidungs-)Prozesse in Brüssel und in den Mitgliedstaaten der EU im Auge behält, dringend geboten.

8.5 Neue Wege in der Aus- und Weiterbildung

Als Fazit der vorangegangenen Analyse sollte der Mut gefasst werden, in der Ausbildung der Interessenvertretung neue Wege zu gehen. Die bisherige Ausbildung von Interessenvertretern ist meist nicht zielgerichtet und bereitet diese nicht optimal auf die Aufgaben ihres Berufs vor. Dazu sind die meisten Angebote zu breit angelegt und richten sich an Studierende mit unterschiedlichsten Berufszielen. Aber auch die Angebote, die speziell auf die Interessenvertretung ausgerichtet sind, unterscheiden sich in ihrem Umfang und Tiefgang stark. Was fehlt, ist ein einheitliches Niveau der Ausbildung.

Im Folgenden werden nun skizzenhaft Anregungen für eine zielorientierte, akademische Ausbildung einer neuen Generation von Interessenvertretern gegeben. Eine solche Ausbildung sollte die Absolventen in die Lage versetzen, komplexe politische Systeme zu verstehen, zu analysieren und zu entschlüsseln, um mit der nötigen Prozesskompetenz die vielen parallel und sukzessive ablaufenden Prozesse und Verfahren zu begleiten und deren Komplexität reduzieren zu können. Kurzum: Die Absolventen müssen in der Lage sein, Komplexität zu managen. Dies gilt primär für die Komplexität des Mehrebenensystems Europäische Union, aber auch für die nicht unerhebliche (formelle wie informelle) Komplexität der meisten mitgliedstaatlichen politischen Systeme, wie etwa den Föderalismus der Bundesrepublik Deutschland.[140] Daraus folgt, dass sich solch eine Ausbildung primär an den Governmental Relations orientieren sollte, da diese sich als einziges Teilgebiet der Interessenvertretung die Prozesskompetenz und die Reduktion von Komplexität als primäre Aufgabe gesetzt haben. Ziel der Ausbildung ist also der Governmental-Relations-Manager.

Governmental-Relations-Manager kommen überall dort zum Einsatz, wo es darum geht, Interessengruppen gegenüber Exekutive und Legislative zu vertreten und als Intermediär zwischen den Sphären von Politik und Wirtschaft zu vermitteln. Durch eine strukturelle und nachhaltige Begleitung von politischen Prozessen kann er mögliche Risiken für seine Auftraggeber erkennen und strategische Entscheidungen vorbereiten.

Neben dem klassischen Einsatzort einer externen Governmental-Relations-Agentur werden Governmental-Relations-Manager auch in Unternehmen, Verbänden und Organisationen benötigt: Sie organisieren dort die Inhouse-Interessenvertretung und bauen Strukturen auf, die eine reibungslose Zusammenarbeit mit externen Dienstleistern ermöglichen. Das Gleiche gilt für öffentliche Stellen, von den Vertretungen der Mitgliedstaaten bei der EU bis hin zu mitgliedstaatlichen Ministerien. Es wird sogar seitens der Wissenschaft empfohlen, dass selbst diese öffentlichen Stellen sich eigene Arbeitsgruppen für ihre Interessenvertretung bei der EU aufbauen.[141] Eventuell beschäftigen diese dann auch externe Agenturen, mit denen die Zusammenarbeit koordiniert werden muss.

Um die hohen Anforderungen an die Interessenvertretung seitens der Interessengruppen und der Politik erfüllen zu können, zum Erlernen ihres »wesentlichen Handwerkszeugs« in puncto Komplexitätsentschlüsselung durch Prozesskompetenz muss die künftige Ausbildung zum Governmental-Relations-Manager idealerweise als Postgraduiertenstudiengang – ein Master in Governmental Relations – angeboten werden, ähnlich wie dies bei den zahlreichen MBA-Programmen bereits der Fall ist. Im vorausgehenden Erststudium (z. B. Bachelor-Abschluss) sollten zukünftige Interessenvertreter eine fundierte Fachausbildung in einem für die Governmental Relations relevanten Bereich (z. B. Politikwissenschaft, Betriebswirtschaft, Recht etc.) aufweisen. Durch dieses Studium erwerben die Kandidaten die für den Master in Governmental Relations notwendige akademische Tiefe sowie theoretische und inhaltliche Kenntnisse, die für die weitere Ausbildung grundlegend sind. Erst im darauf folgenden Master-Studium, zu dem Studierende aus den verschiedenen Fachbereichen zugelassen werden, wird dann interdisziplinär auf die speziellen Anforderungen an den Interessenvertreter eingegangen. Durch ein solches Master-Studium können

---

140 Vgl. Linder (2014), S. 48.
141 van Schendelen (2013), S. 2.

schließlich ein einheitliches Ausbildungsniveau und einheitliche Standards bei der Interessenvertretung erreicht werden. Erste Pioniere, die diese Ansätze anerkennen und umsetzen, gehen bereits in diese Richtung. So bietet z. B. die Technische Universität München seit 2021 im Rahmen eines Masterstudiengangs an der TUM School of Management ein Masterseminar »Political Stakeholder Management« speziell zu Governmental Relations bei der EU an, das durch den Autor als Lehrbeauftragten organisiert und durchgeführt wird.[142]

Für einen Master in Governmental Relations sollten wegen der umfänglichen Stofffülle zwei Jahre anberaumt werden. Dann ließe sich auch ein Praxissemester integrieren, bei dem die Studierenden vor Ort das gelernte theoretische Wissen im Interessenvertretungsalltag umsetzen können.

Die vielen Aufgaben und Anforderungen seitens der Interessengruppen und der Politik legen nahe, ein mögliches Curriculum für einen Master in Governmental Relations interdisziplinär auszugestalten.[143] Nur so können die Studierenden ein Verständnis für alle Bereiche entwickeln, in denen die Governmental Relations tätig sind. Durch die Einblicke in verschiedene Fachbereiche werden sie zudem optimal auf ihre künftige Aufgabe als Intermediäre und Übersetzer vorbereitet. Sie lernen somit sehr früh verschiedene Fachbereiche, Denkansätze und Herangehensweisen kennen, eignen sich die Fähigkeiten an, diese auch praktisch anzuwenden und ggf. zwischen ihnen Brücken zu bauen. Im Rahmen eines interdisziplinären Aufbaus des Masters in Governmental Relations kristallisieren sich sechs zentrale Module heraus, die ggf. durch weitere ergänzt werden können: Europarecht, Politikwissenschaft, Komplexitätsreduktion und Prozesskompetenz, Interkulturelle Kompetenz, Sprachen und ein Praxismodul. Diese dienen als Anregung und Diskussionsbeitrag in der Debatte um die künftige Ausbildung der Interessenvertreter.

Die sechs Module eines möglichen Masters in Governmental Relations

1. Europarecht
2. Politikwissenschaft
3. Prozesskompetenz und Komplexitätsreduzierung
4. Interkulturelle Kompetenz
5. Sprachen
6. Praxismodul

Abbildung 8.3: Die sechs Module eines möglichen Masters in Governmental Relations

---

[142] TUM School of Management, Lehrstuhl für Controlling, https://www.fa.mgt.tum.de/controlling/lehre/veranstaltungen/ss-23/advanced-seminar-finance-accounting-political-stakeholder-management/ (zuletzt abgerufen am 12.6.2023).

[143] Zur Interdisziplinarität siehe van Schendelen (2014), S. 282.

8.5.1 Modul Europarecht

Kenntnisse des Europäischen Rechts sind für die Ausbildung des Governmental-Relations-Managers unabdingbar. In diesem Modul lernen die Studierenden die rechtlichen Grundlagen und die Organisation der EU (Polity) mit ihren Organen (siehe Kapitel 5) sowie die formellen Verfahren und Entscheidungsprozesse kennen. Für die Praxis der Interessenvertretung sind auch Kenntnisse der einschlägigen Compliance-Regeln und Geschäftsordnungen (z. B. des Parlaments) nötig.

Zunächst muss dieses Modul die Unterschiede zwischen europäischem Primär- und Sekundärrecht (siehe Kapitel 6) herausarbeiten. Aus dem Primärrecht – insbesondere dem Vertrag über die Europäische Union (EUV) und dem Vertrag über die Arbeitsweise der Europäischen Union (AEUV) – ergeben sich die rechtliche Grundstruktur und der organisatorische Aufbau der EU als Ganzes. Im Modul Europarecht werden aber auch die rechtlichen Grundlagen des Mehrebenensystems Europäische Union aufgezeigt, das Zusammenspiel der verschiedenen Entscheidungsebenen im Rahmen der formalen Prozesse. Von besonderer Bedeutung sind hier die Änderungen durch den Vertrag von Lissabon, der eine Stärkung der EU nach außen (z. B. durch eine eigene Rechtspersönlichkeit) und nach innen (z. B. die de facto »Vergemeinschaftung« vieler Politikbereiche) zur Folge hatte.

Beim Sekundärrecht handelt es sich um das von der EU gesetzte Recht (siehe Typologie von Rechtsakten, Kapitel 6). Da das Primärrecht, das nur mit Einstimmigkeit im Rat geändert werden kann, i. d. R. nicht Ziel der Interessenvertretung ist, steht an zentraler Stelle die Behandlung des Sekundärrechts. Dies sind die Rechtsakte, die den Alltag der Interessengruppen entscheidend beeinflussen können und evtl. sogar über deren Erfolg oder Misserfolg entscheiden. Dies können u. a. Rechtsakte zu Umweltauflagen, Arbeitszeitvorschriften, zu Werbeverboten oder Einfuhrkontingenten sein. Solche Rechtsakte sind i. d. R. das Ziel von Interessenvertretungskampagnen.

Wesentlich sind in diesem Zusammenhang die verschiedenen Gesetzgebungsakte, wie das ordentliche Gesetzgebungsverfahren nach Artikel 294 AEUV oder das Verfahren zum Erlass von Durchführungsrecht nach den Artikeln 290 und 291 AEUV. Durch die Kenntnis dieser formalen Verfahren bekommen die künftigen Governmental-Relations-Manager einen Überblick über die (formalen) Entscheidungsprozesse in der EU.

In diesem Zusammenhang sind für die tägliche Praxis der Governmental Relations auch die verschiedenen Geschäftsordnungen der EU-Organe und Institutionen relevant. Denn sie regeln den Zugang der Interessenvertreter zu ihren Ansprechpartnern in der Politik. Die Kenntnis dieser Vorschriften ist für einen integren Umgang (Compliance) von Interessenvertretern mit Entscheidungsträgern aus Legislative und Exekutive unerlässlich.

8.5.2 Modul Politikwissenschaft

Während das Modul Europarecht einen formalen Überblick über den Aufbau und die Organisation der EU und deren Entscheidungsprozesse gibt, lehrt das Modul Politikwissenschaft parallel dazu, wie diese formalen Vorgaben in der täglichen politischen Praxis mit Leben gefüllt werden. Die politischen Prozesse und die politische Kultur der EU werden genauer beleuchtet. Damit käme die Ausbildung künftig einer entscheidenden Anforderung seitens der Politik nach.

Hierzu gehören zunächst als theoretische Grundlagen die Erklärung der Europäischen Integration (siehe Kapitel 5) und ihre Geschichte sowie – zweitens – das Verständnis von Politikprozessen (Policy Cycle), aus denen sich die potenziellen Zeitfenster für eine erfolgreiche Umsetzung von Interessenvertretungsvorhaben ergeben (siehe Kapitel 4).

Für die Praxis der Governmental Relations kann die Politikwissenschaft vor allem mit ihren Analyseverfahren zur Erforschung der informellen politischen Verfahren und Prozesse beitragen. Ein zentrales informelles Verfahren, das in den Verträgen (EUV, AEUV) nicht vorgesehen ist, aber das Governmental-Relations-Manager zwingend kennen müssen, ist beispielsweise der Informelle Trilog, der meist vor der ersten Lesung im Europäischen Parlament im Rahmen eines ordentlichen Gesetzgebungsverfahrens stattfindet (siehe Kapitel 6). Die Politikwissenschaft kann außerdem über die Bedeutung von Netzwerken bei der Entscheidungs- und Mehrheitsfindung in Rat und Parlament wichtige Erkenntnisse für die Governmental Relations liefern. Ein weiteres zentrales Element dieses Moduls bildet die individuelle Entscheidungsfindung bei den politischen Entscheidungsträgern, bei denen neben sachlichen oft auch politische Argumente eine Rolle spielen, wie z. B. die Einbeziehung des Heimatwahlkreises oder die parteipolitische Orientierung.[144]

8.5.3 Modul Prozesskompetenz und Komplexitätsreduzierung

Die ersten beiden Module verdeutlichen den Studierenden vornehmlich die Komplexität des Mehrebenensystems Europäische Union und seiner oft parallel ablaufenden formellen und informellen Entscheidungsverfahren. Im dritten Modul wird mithilfe von betriebswirtschaftlichen und organisationswissenschaftlichen Erkenntnissen gelehrt, wie diese Komplexität durch Prozesskompetenz entschlüsselt, reduziert und gemanagt werden kann. Dieses Modul trägt somit entscheidend zur Professionalisierung des Berufs »Interessenvertreter« bei. Bereits heute wird Interessenvertretung zusehends als »moderner Managerberuf« begriffen.[145] Deshalb spricht man auch von »Public Affairs Management«[146] oder vom »Public Affairs Officer«[147]. Es wächst eine

---

144 Eine genauere Analyse der individuellen Entscheidungsfindung mithilfe der Gauß'schen Normalverteilung und dem Gesetz der Großen Zahlen ist in Abschnitt 3.8 zu finden.

145 Vondenhoff/Busch-Janser (2008), S. 159.

146 van Schendelen (2014), S. 60.

147 Köppl (2003), S. 181.

neue Generation von Interessenvertretern heran, »die nüchterner, aber hocheffektiv zu Werke«[148] geht. Aber erst mit einem Master in Governmental Relations kann dieser Anspruch tatsächlich verbindlich und auf einheitlichem Niveau mit einheitlichen Standards umgesetzt werden.

Konkret wird im Modul »Prozesskompetenz und Komplexitätsreduzierung« im Rahmen von Praxisbeispielen und Interessenvertretungsfällen die Anwendung der Erfolgsformel (siehe Kapitel 1) sowie der Prozessinstrumente der Interessenvertretung (siehe Kapitel 7) unterrichtet. Dabei stehen folgende Fragen im Zentrum: Was sind die drei Teilkomponenten der Prozesskompetenz? Wie wird Prozesskompetenz in der Praxis angewandt? Wie wird eine Stakeholder-Analyse durchgeführt, wie eine brauchbare Key-Player-Matrix erstellt? Wie kann ein belastbares Netzwerk aufgebaut werden? Wie wird ein Perspektivenwechsel mit der OnePager-Methodik vollzogen und wann kommt ein OnePager zum Einsatz? Das Modul bereitet damit auf die wichtige Aufgabe des Governmental-Relations-Manager als Intermediär vor, der zwischen der Welt der Interessengruppen und der Welt der Politik vermittelt und wie ein Dolmetscher übersetzt. Mit den hier erlernten Instrumenten kann er sowohl den Anforderungen seitens der Interessengruppen als auch der Politik gerecht werden (siehe Abschnitt 8.3). Prozesskompetenz hilft, bei den vielen oft parallel ablaufenden Verfahren und Entscheidungsprozessen den Überblick zu behalten und deren Komplexität bei der Begleitung von politischen Prozessen zu reduzieren.

Zum Prozessmanagement gehört auch ein betriebswirtschaftliches Organisations- und Kostenverständnis. Wie können die Interessenvertretungsinstrumente effektiv und effizient eingesetzt werden? Diesbezüglich ist für Interessengruppen auch das Verständnis von Leistung und Gegenleistung zu nennen: Was darf ein Auftraggeber von seiner Interessenvertretung erwarten? Durch eine betriebswirtschaftliche Ausbildung wird zudem das Verständnis für die Abläufe, Themen und Probleme von Auftraggebern aus der Wirtschaft geschärft, was die Zusammenarbeit mit diesem Kundenkreis erleichtert.

8.5.4 Modul Interkulturelle Kompetenz

Bei 27 Mitgliedstaaten mit unterschiedlichen Völkern und Kulturen ist für die tägliche Arbeit der Governmental Relations interkulturelle Kompetenz unabdingbar. In diesem Modul geht es daher um Europakunde und die Anwendung von Soft Skills im interkulturellen Bereich. Unter Europakunde sind hier Kenntnisse aus der europäischen Geschichte, der europäischen (Wirtschafts-)Geografie, des sozialen Lebens und den verschiedenen europäischen (politischen) Kulturen zu verstehen. Sie bildet das theoretische Grundwissen in diesem Modul. Das Training von Soft Skills, wie gute Umgangsformen und diplomatisches Geschick, und ihre interkulturelle Umsetzung ist der zweite Baustein dieses Moduls. Dieses Wissen wird nicht nur theoretisch gelehrt,

---

148 Gross-Halbuer/Neumann/Niewsmann (2014).

sondern auch anhand interaktiver Elemente wie etwa Fallstudien oder Rollenspielen praxisnah eingeübt.

Dies ist wichtig, weil in der EU die Bildung von Netzwerken und politischen Mehrheiten nicht nur partei- und institutionenübergreifend erfolgt, sondern auch über verschiedene europäische Nationen hinweg. Wenn EU- und mitgliedstaatliche Beamte, Kommissare und Regierungsmitglieder sowie Parlamentarier verschiedenster Nationalitäten und/oder Institutionen in mehreren Mitgliedstaaten angesprochen werden, muss für die diversen nationalen, soziokulturellen und politisch-kulturellen Unterschiede der jeweiligen Ansprechpartner Verständnis gezeigt und darauf eingegangen werden können.[149] Wichtige Schlüsselkompetenzen der eigenen Kultur (wie beispielsweise Einfühlungsvermögen, Höflichkeit, Kommunikationskompetenz) müssen »übersetzt« werden, um sie auch auf andere Kulturen anwenden zu können. Auch in diesem Modul geht es also letztlich um die Rolle des Governmental-Relations-Managers als Übersetzer und »Reduzierer« von – interkultureller – Komplexität.

8.5.5 Modul Sprachen

Von Governmental-Relations-Managern wird aber auch verlangt, Übersetzer im wörtlichen Sinne des Wortes zu sein. Um die interkulturelle Kompetenz bestens umsetzen zu können, bedarf es einer fundierten sprachlichen Ausbildung, sodass dem Studium europäischer Fremdsprachen großer Raum eingeräumt werden muss. Insbesondere sollten auch Vertiefungskurse für Englisch und Französisch, die beiden gängigsten Sprachen in Brüssel, und in der ein oder anderen weiteren der insgesamt 24 Amtssprachen der EU angeboten werden, damit die Studierenden ihre vorhandenen Kenntnisse in diesen Sprachen um wichtige politische und rechtliche Fachbegriffe erweitern können. Gesetzestexte, Gutachten, Unterlagen und sonstiger Schriftverkehr müssen korrekt verstanden werden können. So sind es beispielsweise in juristischen Texten wie Verordnungen oder Richtlinien häufig sprachliche Nuancen, die den Anwendungsbereich oder die Voraussetzungen einer Regelung definieren, erweitern oder einschränken können.

8.5.6 Praxismodul

Die beste akademische Ausbildung nützt nichts, wenn sie nicht den Lackmustest der Praxis besteht.[150] Eine rein akademische Ausbildung bietet für die Interessenvertretung einen guten Grundstock und ermöglicht den theoretisch-intellektuellen Zugang zu den formellen Abläufen in den Institutionen der Exekutive, Legislative und Judikative, aber sie kann nur bedingt Einblicke in die Verfassungswirklichkeit und in die formelle und vor allem informelle politische Praxis gewähren. Sie gibt keinen direkten

---

149   Michalowitz (2007), S. 78.
150   Vgl. Chahoud (2010), S. 21.

Einblick in die politischen Alltagsprozesse wie beispielsweise Meetings oder Gremiensitzungen, sie kann diese bestenfalls von extern beschreiben und analysieren, etwa über Sitzungsprotokolle (sofern zugänglich). Die akademische Ausbildung muss folglich durch einen praktischen Ausbildungsteil ergänzt werden – das Wissen eines Governmental-Relations-Managers kann »nicht einfach durch Kurse vermittelt werden«[151].

Ein Pflichtpraktikum in einem Organ bzw. einer Einrichtung der EU sollte wesentlicher Bestandteil der Ausbildung sein. Praktika sollten insbesondere bei einer Institution absolviert werden, die auch als relevanter Ansprechpartner für die Interessenvertretung gilt, also beim Europäischen Parlament, bei der Kommission, beim Rat oder auch bei den Ständigen Vertretungen der Mitgliedstaaten oder den Repräsentanzen von Regionen und Regionalparlamenten. Solche Praktika sind wichtig und bieten die Möglichkeit, bereits erste eigene Netzwerke aufzubauen.[152] Besonders wertvoll ist es, auf diese Weise die Regeln zu erlernen, »die nirgendwo niedergeschrieben sind, und die man nur kennen und anwenden lernt, wenn man sie im Apparat absorbieren konnte«.[153]

Da es sich um einen Masterkurs handelt, wird es Kandidaten geben, die bereits erste Berufserfahrungen in Vollzeit an einer der relevanten Institutionen nach ihrem Bachelor-Studium gesammelt haben. Ihnen könnte ggf. das Pflichtpraktikum zur Studienverkürzung erlassen werden.

Mit einem solchen Curriculum könnten die wesentlichen Anforderungen an die Interessenvertretung seitens der Interessengruppen und seitens der Politik abgedeckt werden und die künftigen Governmental-Relations-Manager auf ihre Aufgabe als intermediäre Prozessbegleiter, Übersetzer und »Komplexitätsreduzierer« vorbereitet werden. Nicht vermittelt, sondern nur gefördert werden kann die allgemeine Einstellung des Kandidaten. Ein originäres, grundlegendes Interesse an der Politik der EU und ihrer Mitgliedstaaten muss vorhanden sein.

Zusammenfassend lässt sich sagen, dass ein Governmental-Relations-Manager für den Erfolg kontinuierlich seine multiplen Intelligenzen trainieren muss. Das heißt, er muss sich zunächst mit dem Training und der Entfaltung seiner rationalen, geistigen Intelligenz (IQ) beschäftigen, durch das Absolvieren einer akademischen Ausbildung, eines Masters in Governmental Relations. Aber auch die Ausbildung der sozialen und emotionalen Intelligenz muss von einem Interessenvertreter forciert werden. Der tägliche Umgang mit Menschen verschiedenster europäischer Kulturen verlangt an Soft Skills vor allem Einfühlungsvermögen. Die Kenntnis der Compliance-Vorschriften

---

151 Vgl. Heitz (2011), S. 129; zur Bedeutung praktischer Elemente in der akademischen Ausbildung im Bereich europäische Public Affairs siehe auch Spoormans/Vanboonacker (2005); für Deutschland: Althaus (2006), S. 321–323.

152 Zetter (2011²), S. 65.

153 Althaus (2006), S. 323.

bildet die Integrität und moralische Intelligenz aus, ein weiterer Erfolgsfaktor. Außerdem trägt zum Erfolg eine gewisse körperliche Intelligenz bei. Dazu gehört die körperliche Fitness. Sie ist notwendig, um der zum Teil immensen Stressbelastung des Berufs standzuhalten. Dass ein Governmental-Relations-Manager dabei auch auf seine körperliche Verfassung und Gesundheit achten muss, versteht sich von selbst. Um Kontakte und Netzwerke zu knüpfen, muss er sich an die häufig nicht unerhebliche Stressbelastung im Arbeitsalltag seiner Auftraggeber und der Politik anpassen können (siehe Abschnitte 8.3.1.2 und 8.3.1.3).[154]

Damit ist eine lange Liste an Kriterien aufgezeigt worden, die an einen potenziellen Interessenvertreter herangetragen werden und an denen er sich messen muss. Werden diese Kriterien erfüllt, steht einer erfolgreichen neuen Generation von Interessenvertretern – Governmental-Relations-Managern – nichts mehr im Wege.

8.6 Thesenartige Zusammenfassung

Das Berufsbild eines Interessenvertreters ist nicht klar definiert. Insbesondere existiert in der breiten Öffentlichkeit keine klare Vorstellung von der Arbeit eines Interessenvertreters. Die deutsche Bundesagentur für Arbeit gibt an: »Politische Berater/innen verschaffen sich einen Überblick über gesellschaftliche und politische Gesamtzusammenhänge sowie die Interessenlage und Position ihrer Klienten. Sie bereiten Informationen in Positions- oder Thesenpapieren auf, erstellen wissenschaftliche Expertisen oder geben diese in Auftrag. Sie untersuchen das öffentliche Meinungsbild, die Positionen von Interessenvertretungen, etwa von Parteien, Wirtschaftsorganisationen oder anderen Meinungsführern und Multiplikatoren. Darauf aufbauend bewerten sie unterschiedliche Handlungsalternativen und empfehlen Kommunikationsstrategien [...]«.[155] In der Tat wird auch von akademischer Seite und von Interessenvertretern selbst konstatiert: »Most persons in EU public affairs are self-made people«[156]; Interessenvertretung ist »kein eigenständiger Beruf an sich«[157] und »Lobbyisten haben kein festes Berufsbild«[158]. Mancher formuliert sogar pointiert: »Es bedarf keinerlei formaler Qualifikationen, um Lobbyist zu sein.«[159] Doch bedarf es vor dem Hintergrund der komplexen Herausforderungen, denen sich die Interessenvertretung im dynamischen Mehrebenensystem Europäische Union stellen muss, nicht eines gut ausgebildeten Spezialisten, der den Anforderungen der Interessengruppen (z. B. Unternehmen, Verbände, Organisationen und evtl. auch EU-Mitgliedstaaten und EU-Regionen) und der

---

154 Zu den multiplen Intelligenzen siehe z. B. Wetzel (2007), S. 14.

155 Bundesagentur für Arbeit (2023), https://web.arbeitsagentur.de/berufenet/beruf/14963#ueberblick (zuletzt abgerufen am 10.3.2023)

156 van Schendelen (2014), S. 281.

157 Kleinfeld/Zimmer/Willems (2007), Interview mit Cornelia Yzer, S. 278–279 und Interview mit Wolf-Dieter Zumpfort, S. 275.

158 Heitz (2011), S. 128.

159 Althaus (2006), S. 320.

europäischen Politik gerecht wird? Braucht es nicht statt des Self-made-Generalisten einen professionellen, hochspezialisierten Governmental-Relations-Manager, der glaubhaft als Intermediär zwischen Interessengruppen und Politik agieren kann?

Kapitel 8 beschäftigte sich vor diesem Hintergrund mit folgenden Leitfragen:

- Welche besonderen Herausforderungen stellen sich einem Interessenvertreter, besonders dem prozessorientierten Governmental-Relations-Manager?
- Reichen Learning by Doing oder eigene (frühere) Erfahrungen eines Interessenvertreters im Bereich der Politik und/oder Verwaltung (Stichwort: Revol-ving Door, d. h. Wechsel von Akteuren zwischen Politik und Interessengruppen) aus, um diese Herausforderungen zu meistern?
- Gelingt es der bisherigen (universitären) Ausbildung, auf diese Herausforderungen ausreichend vorzubereiten?
- Wie müsste die Ausbildung in Zukunft gestaltet werden, um künftige Interessenvertreter besser für ihren Berufsalltag vorzubereiten? Mit anderen Worten: Welche Ausbildung braucht ein Governmental-Relations-Manager?

1. Zu den wesentlichen Aufgaben von Interessenvertretung gehört es, Komplexität zu entschlüsseln und zu reduzieren und politische Sachverhalte und Entwicklungen somit für ihre Auftraggeber handhabbar und planbar zu machen. Die Dienstleistung »Interessenvertretung« steht aufgrund komplexer politischer Systeme wie dem der EU und der komplexen Wirkungsentfaltung von Policies unter einem enormen Anpassungsdruck. Sie muss sich neben der inhaltlichen Arbeit nun vor allem mit der Entschlüsselung und den Möglichkeiten der Beherrschung von Komplexität befassen. Die »Komplexitätsfalle Europäische Union« wurde bereits in den Kapiteln 1, 5 und 6 ausführlich dargestellt.

2. Die Anforderungen an eine gute Interessenvertretung sind daher vielfältig. Zusammenfassend kann gesagt werden, dass seitens der Interessengruppen Informationsbeschaffung, betriebswirtschaftliches Denken, professionelle Interessenvertretung, Integrität und Compliance erwartet werden. Ähnliches fordert die Politik: Informationen und Expertise, Informationstransparenz und professionelle Informationsvermittlung, Verständnis der politischen Kultur, Integrität und Compliance. Auf dem politischen Parkett der EU sind zudem als Soft Skills sprachliche, soziale und interkulturelle Kompetenzen notwendig. Es gibt bereits verschiedene Ansätze für eine akademische Ausbildung von Interessenvertretern. Eine Professionalisierung zeichnet sich ab, jedoch ist man hier immer noch am Anfang.[160]

3. Beim bisherigen Aus- und Weiterbildungsangebot fällt eine große Zersplitterung und Uneinheitlichkeit auf, sowohl der Form als auch dem Inhalt nach. Die Ausbildungsziele der Studiengänge sind oft sehr global gesteckt, so wird i. d. R. nur bei den praxisbezogenen Ausbildungsgängen »Interessenvertreter« als primäres Berufsziel

---

160 van Schendelen (2014), S. 281.

genannt. Bei den anderen Angeboten ist die Möglichkeit, nach dem Abschluss im Bereich der Interessenvertretung zu arbeiten, nur eine unter vielen.

4. Studierende und spätere Arbeitgeber können sich bisher nicht auf ein einheitliches Ausbildungs- und Weiterbildungsniveau verlassen. Ein solches (EU-weit) einheitliches und verbindliches Niveau wäre allerdings eine wichtige Voraussetzung, um die Qualität der Interessenvertretung dauerhaft zu heben und deren Reputation als Tätigkeitsfeld zu verbessern.

5. Ein weiteres Manko – insbesondere bei der akademischen Ausbildung – ist der mangelnde Fokus auf die »handwerklichen« Methoden der Interessenvertretung für eine strukturelle und nachhaltige Prozessbegleitung, wie z. B. die intensive Behandlung der prozessualen Interessenvertretungsinstrumente (siehe Kapitel 7), darunter insbesondere der angewandte Perspektivenwechsel vom Partikularinteresse hin zur Gemeinwohlperspektive (OnePager-Methodik, Kapitel 1). Ebenso wichtig wäre die Fähigkeit zur genauen Analyse der individuellen Entscheidungsprozesse, Entscheidungsgrundlagen und Entscheidungshorizonte der politischen Entscheider (siehe Kapitel 4).

6. Zur Lösung dieser Probleme wird vorgeschlagen, einen speziellen Masterstudiengang – einen Master in Governmental Relations – einzuführen, der interdisziplinär aufgebaut ist und in verschiedenen Modulen Fachbereiche wie Europarecht, Politikwissenschaft, Betriebswirtschaft, interkulturelle Kompetenz und Sprachen umfasst. Es sollten sowohl die Hard Skills wie Prozesskompetenz und analytisches Denken als auch Soft Skills wie soziale Kompetenz und integres Verhalten geschult und gefördert werden. Es ist wichtig, die akademische Ausbildung durch praktische, d. h. praxisbezogene Komponenten zu ergänzen.

7. Mit einer speziellen Ausbildung für Governmental-Relations-Manager, insbesondere einem Master in Governmental Relations, würden die Professionalisierung und Definierung des Berufs Interessenvertreter einen wesentlichen Schritt vorangetrieben und zugleich die Anforderungen der Politik und der Interessenvertretungsgruppen erfüllt. Zudem trüge eine derartige Ausbildung zu einer höheren Qualität, Seriosität und dadurch bedingt auch zu einem besseren Image der Interessenvertretung ganz allgemein bei. Es könnte sich zum einen ein authentisches Berufsbild herausbilden; zum anderen würde durch die akademische Durchdringung des Themas Interessenvertretung weitere Forschung gefördert und so dessen Akzeptanz weiter erhöht werden. Interessenvertretung im Allgemeinen und Governmental-Relations-Management im Besonderen hätten somit die Chance, als das anerkannt zu werden, was sie sind, nämlich notwendiger Bestandteil des demokratischen politischen Systems der EU und ihrer Mitgliedstaaten.

9 Fallstudien zu Interessenvertretungsprojekten mit struktureller Prozessbegleitung

Im folgenden Kapitel soll anhand zweier fiktiver Fallstudien[1] die Bedeutung der Prozesskompetenz für den Erfolg von Interessenvertretungsprojekten gegenüber den Entscheidungsträgern der EU praktisch erfahrbar gemacht werden. Das gesamte Vorhaben wird dabei jeweils prozessual durch einen externen Dienstleister für Governmental Relations (Intermediär) strukturell begleitet:

Anhand der Fallstudien »Werbeverbote für Spirituosen, Bier und Wein« (Abschnitt 9.1) und »Verordnung zur (. . .) Verringerung der CO_2-Emissionen neuer Personenkraftwagen« (Abschnitt 9.2) soll der Ablauf eines Interessenvertretungsprojekts und dessen Prozessbegleitung durch eine externe Governmental-Relations-Agentur veranschaulicht und damit ein tieferer Einblick in die Praxis der Governmental Relations an der Schnittstelle zwischen Politik, Wirtschaft und Gesellschaft der EU gegeben werden. Eine effektive, in ihrem zeitlichen Umfang absehbare und mit Blick auf die inhaltlich erreichten Ziele insgesamt erfolgreiche Interessenvertretung ist ohne Prozesskompetenz (Prozessstrukturkompetenz, Perspektivenwechselkompetenz und Prozessbegleitkompetenz)[2] durch einen externen, neutralen Prozesspartner kaum mehr möglich, insbesondere unter den vom Vertrag von Lissabon vorgegebenen Rahmenbedingungen. Langfristig erfolgreiche Interessenvertretung in Europa setzt Prozesskompetenz mittlerweile zwingend voraus: Ein Argument kann noch so »gut« sein, es wird nicht gehört werden, wenn es nicht den vorgeschriebenen Regeln entsprechend in der richtigen Form und zum richtigen Zeitpunkt bei den richtigen Entscheidern eingebracht wird. Die inhaltliche Komponente tritt dann – mit den entsprechend nachteiligen Auswirkungen für das Anliegen – weitgehend hinter der fehlerhaften prozessualen Aussteuerung zurück.

Die Grundproblematik der Kommunikation im Kontext der Interessenvertretung besteht in dem Nebeneinander unterschiedlicher Kommunikationsebenen von Politik und Wirtschaft: Wirtschaftliche Interessenvertreter (bspw. Unternehmensrepräsentanzen und Verbände) als »Sender« und die Exekutive und Legislative als »Empfänger« betrachten ein Thema aus unterschiedlichen Perspektiven, sie sind unterschiedlich sozialisiert, sehen unterschiedliche Probleme und sprechen insofern häufig nicht dieselbe Sprache. Während wirtschaftliche Interessenvertreter etwa dazu neigen, die eigenen Partikularinteressen ungefiltert als Forderung an die Politik zu kommunizieren und dabei die eigenen ökonomischen Vorteile als wesentlichen Maßstab zu betrachten, haben Entscheidungsträger in Exekutive und Legislative andere Orientierungspunkte: Sie sind letztlich den Interessen der von ihnen repräsentierten Institution

---

[1] Die Fallstudien sind authentischen Interessenvertretungsfällen nachgebildet. Namen sind frei erfunden. Sachverhalte, Zahlen und Statistiken sind ebenfalls fiktiv, jedoch stark an die Realität angelehnt.

[2] Zu den einzelnen Kompetenzen siehe zusammenfassend u. a. Kapitel 1.

(Exekutive) oder dem Wähler (Legislative) bzw. – ohne jedes Pathos – dem Allgemein-wohl verpflichtet. Es bedarf keiner großen Vorstellungskraft, dass ein Anliegen vor diesem Hintergrund eher durchsetzbar ist, wenn sein »Sender« die Perspektive des »Empfängers« einzunehmen versteht. Ein Interessenvertreter muss also die Position seines Gegenübers bzw. der Allgemeinheit bei der Kommunikation eines Anliegens berücksichtigen – nur so kann ihm kein bloßer Eigennutz unterstellt werden (siehe »Perspektivenwechselkompetenz« in Abschnitt 1.3.2.6).

Die im Folgenden skizzierten fiktiven Interessenvertretungsprojekte werden jeweils von einem Intermediär strukturell begleitet, komplementär zu den eigenen inhalts-orientierten Strukturen der Interessenvertretung des/der Unternehmen. Die Vorge-hensweise des Intermediärs orientiert sich in ihren Einzelschritten an Kapitel 1 (Abschnitt 1.3), als Richtschnur für die Planung und Umsetzung einer strukturierten Interessenvertretung.

Nach vorheriger Darstellung der Ausgangssituation und des Sachverhalts wird eine chronologische Reihenfolge eingehalten und in fünf Schritte unterteilt:

- Schritt 1: Erfassung der inhaltlichen Zielsetzung und fortlaufende Prüfung der poli-tischen Realisierbarkeit;
- Schritt 2: Prozessuale Lageerfassung und Strategieplanung;
- Schritt 3: Entwurf eines oder mehrerer OnePager und Übermittlung an zuvor ermittelte Adressaten in Legislative und Exekutive;
- Schritt 4: Flankierung des OnePagers durch andere strukturelle und prozessuale Instrumente (wechselseitige Informationstransparenz);
- Schritt 5: Begleitung der Entscheidungsprozesse in Legislative und Exekutive.

Neben diesen einzelnen Etappen werden die Interessenvertretungsprozesse beider Fallstudien auch in ihrem Ergebnis einem »Erfolgscontrolling« unterzogen, d. h., es wird untersucht, ob und inwiefern aufgrund der Mandatierung einer externen Governmental-Relations-Agentur dem/den Unternehmen die Zielerreichung ermög-licht werden konnte.

9.1 Fall 1: »Werbeverbote für Spirituosen, Bier und Wein?«

9.1.1 Sachverhalt/Ausgangssituation

Alkoholgenuss stellt ein großes Problem für die öffentliche Gesundheit in der EU dar. Besonders Jugendliche sind durch übermäßigen Alkoholkonsum gefährdet: In der Altersgruppe der 15- bis 29-Jährigen sind 10 Prozent der Todesfälle bei Mädchen auf Alkoholmissbrauch zurückzuführen, bei Jungen sind es sogar 25 Prozent. Immer wie-der erscheinen Presseberichte über übermäßige Alkoholexzesse (»Koma-Saufen«) von Jugendlichen. Insgesamt sind ca. 7,4 Prozent der gesundheitlichen Störungen und der vorzeitigen Todesfälle auf Alkohol zurückzuführen, hinzukommen jährlich etwa 10.000 alkoholbedingte Straßenverkehrsunfälle.

Vor diesem Hintergrund definierte die Europäische Kommission im Rahmen ihrer EU-Strategie zur Verringerung alkoholbedingter Schäden bereits im Oktober 2013 verschiedene Aktionsfelder, in denen mit Priorität Maßnahmen ergriffen werden sollten, um den Auswirkungen gesundheitsschädlichen Alkoholkonsums zu begegnen. Dazu gehörte nach Meinung der Kommission auch die kommerzielle Kommunikation der Hersteller alkoholhaltiger Getränke (Werbung). Bislang war die Industrie durch Selbstverpflichtungen angehalten, für ihre Alkohol-Produkte verantwortungsvoll zu werben. Doch die Ergebnisse aus diesen Selbstverpflichtungen zeigten nach Auffassung der Kommission nicht die erwünschten Erfolge. Nun überlegte sie, vergleichbar dem Tabakwerbeverbot aus dem Jahr 2005, auch hinsichtlich alkoholhaltiger Getränke (Spirituosen, Wein und Bier) ein umfassendes Werbeverbot durch eine EU-weit harmonisierende Vorgabe durchzusetzen. In ihrem Vorhaben unterstützt wurde die Kommission von der Weltgesundheitsorganisation (WHO), die in ihrer *Globalen Strategie zur Reduzierung des Alkoholmissbrauchs* aus dem Jahr 2015 und dem 2016 verabschiedeten *Aktionsplan Alkohol 2017–2024* ein Verbot oder eine starke Beschränkungen direkter oder indirekter Werbung für alkoholhaltige Getränke in sämtlichen Medien sowie die Einschränkung von Sponsoring durch Alkoholhersteller forderte. Außerdem drängte sie auf die Regulierung neuerer Formen der kommerziellen Kommunikation für alkoholhaltige Getränke, z. B. in sozialen Netzwerken, sowie auf eine Regulierung von Inhalt und Umfang der sonstigen kommerziellen Kommunikation für alkoholhaltige Getränke.

Im politischen Europa wurde erwartet, dass die Kommission in Kürze einen Regelungsentwurf in Form einer Richtlinie vorlegen würde, um ein EU-weites Werbeverbot für alkoholische Getränke durchzusetzen. In deren Folge, nach Durchlaufen des ordentlichen Gesetzgebungsverfahrens und dem Inkrafttreten einer solchen Richtlinie, den Mitgliedstaaten ein rechtlicher Rahmen vorgegeben werden sollte, innerhalb dessen sie dieses Werbeverbot umzusetzen hätten. Wobei den einzelnen Mitgliedstaaten immer ein gewisser Spielraum bei der Ausgestaltung bleibt.

Die zweitgrößte europäische Bierbrauerei ist die Brauerei »Bayernbräu« mit Sitz in Deutschland. Das Unternehmen macht den größten Teil seiner Umsätze in Deutschland, gefolgt von Frankreich, Spanien und Italien, dort verfügt sie auch – neben Deutschland – über eigene Abfüllbetriebe. Der europäische Biermarkt wird von der belgischen »Prime Brew Co.« angeführt (auch größter Bierhersteller der Welt), die Nummer drei der Branche (»DutchBrew«) hat ihren Sitz in den Niederlanden. Die größte Bierproduktion (98 Mio. Hektoliter/Jahr) hat Deutschland, an Nummer zwei und drei folgen Frankreich (45 Mio. Hektoliter/ Jahr) und Polen (36 Mio. Hektoliter/Jahr).

Insgesamt sind direkt oder indirekt mit der Bierbrauerbranche in der EU ca. zwei Mio. Arbeitsplätze verbunden. Die Spirituosen- und Weinbranche beschäftigt darüber hinaus direkt und indirekt EU-weit insgesamt ca. 0,8 Mio. Menschen. Der Abteilungsleiter für politische Kommunikation des Bierbrauers Bayernbräu hörte zufällig in einem Gespräch auf einer Veranstaltung in Brüssel von einer geplanten Richtlinie, ein

Werbeverbot für alkoholische Getränke EU-weit durchzusetzen. Davon aufgeschreckt, erkundigte er sich nach dem Stand und weiteren Details der Planungen bei einem ihm gut bekannten Ansprechpartner in der zuständigen Generaldirektion (GD) »Gesundheit und Verbraucherschutz« (SANTE) der Europäischen Kommission. Tatsächlich konnte dieser nach kurzer Recherche das Vorhaben nicht nur bestätigen, sondern legte sogar einen Zeitplan für die geplante Richtlinie (siehe Abbildung 9.1) vor.

Date	Event
March 2022	Commission publishes proposals regarding advertising ban / restrictions
June 2022	European Parliament committees begin an exchange of views on the draft directive on advertising bans.
September 2022	European Parliament working document is published, produced by lead rapporteur in Environment, Public Health and Food Safety Committee (ENVI).
January 2023	Opinions on rapporteur report and revised draft due from all other European Parliament advisory committees.
February 2023	**Final vote in ENVI committee**, taking into account opinions of other advisory committees, is submitted to the European Parliament for a plenary vote.
February 2023	**First Reading** to take place. This aims to consolidate the views of the European Parliament, the Council of the European Union and the European Commission. If there is agreement the text of the legislation will also be determined.
April 2023	If necessary a **Second Reading** is to take place to allow for further negotiation before finalisation of the form of the legislation.
2024	Directive is expected to come into force.

Abbildung 9.1: Vorläufiger Zeitplan der Richtlinie »Werbeverbot für alkoholische Getränke«

Selbst ein konkreter Textentwurf für eine Richtlinie lag bereits vor, in der das Werbeverbot explizit aufgegriffen und präzisiert wurde. Die Zeit drängte. Dem Kommunikationschef von Bayernbräu wurde bewusst, dass umgehend ein Interessenvertretungskonzept erarbeitet werden musste, um Änderungen an dem Textentwurf zu erreichen. Ziel sollte sein, das geplante Werbeverbot für alkoholische Getränke vollständig aus der Formulierung der Richtlinie zu streichen.

Bei seinen Überlegungen stellte der Kommunikationschef jedoch fest, dass sein Unternehmen zwar über gute Kontakte zu Amts- und Mandatsträgern in Exekutive und Legislative in Deutschland verfügt, jedoch kaum Zugänge zu den maßgeblichen Institutionen der EU vorhanden waren. Bei einer Prüfung der politischen Entscheidungsverfahren zur Verabschiedung der Richtlinie fiel ihm zudem der hohe Grad an Komplexität auf: Seit Inkrafttreten des Vertrages von Lissabon Ende 2009 fällt der Rat der EU seine Entscheidungen in den meisten essenziellen Politikbereichen nach dem Mehrheitsprinzip. Das Einstimmigkeitserfordernis im Rat wurde zur Ausnahme, die

Mehrheitsentscheidung zum Regelfall.[3] Entscheidungen im Rat setzen mittlerweile eine qualifizierte Mehrheit der Stimmen voraus (doppelte Mehrheit, d. h. es müssen mindestens 55 Prozent der Mitgliedstaaten, die 65 Prozent der Bevölkerung der EU auf sich vereinen, zustimmen); eine Sperrminorität muss aus mindestens vier Mitgliedstaaten bestehen, die mehr als 35 Prozent der EU-Bevölkerung ausmachen. Ein einzelner Mitgliedstaat allein kann daher mit seiner Gegenstimme die Entscheidung des Rates nicht mehr kippen.

Der Kommunikationschef musste erkennen, dass mit diesen neuen Regelungen ein beträchtlicher Bedeutungsverlust für die einzelnen Mitgliedstaaten einhergeht – sein eigenes, nationales Netzwerk also nicht ausreichend sein würde. Um sein Ziel der Verhinderung des Werbeverbots für alkoholische Getränke zu erreichen, wurde ein »europäischer Ansatz« mit institutions-, fraktions- und mitgliedstaatenübergreifenden Netzwerken benötigt. Da das Unternehmen Bayernbräu nicht über solche Netzwerke verfügte, veranlasste der Kommunikationschef letztendlich, zur Vertretung der Unternehmensinteressen eine externe Governmental-Relations-Agentur zu engagieren. Diesem Entschluss vorausgegangen war eine Diskussion innerhalb des Unternehmens, ob es nicht ausreiche, das Verfahren von der eigenen Unternehmensrepräsentanz in Brüssel und dem Verband »Deutscher Brauer-Bund (DBB)«[4], in dem Bayernbräu ohnehin Mitglied war, begleiten zu lassen. Allerdings verfügte die eigene Unternehmensrepräsentanz nicht über die von der Unternehmensleitung als erforderlich angesehenen Netzwerke; innerhalb des Verbandes wiederum deuteten sich von Beginn an beträchtliche Meinungsunterschiede zwischen den Mitgliedsunternehmen und -verbänden aus den unterschiedlichen Mitgliedstaaten an, sodass eine schlagkräftige (einstimmige) Interessenvertretung wenig wahrscheinlich erschien.

9.1.2 Schritt 1: Erfassung der inhaltlichen Zielsetzung und fortlaufende Prüfung der politischen Realisierbarkeit

Um die Zusammenarbeit zwischen Bayernbräu und der Governmental-Relations-Agentur zu planen und eine Grundlage für eine Strategie festzulegen, trafen sich die beiden Parteien zu einem Kick-off-Meeting. Im Mittelpunkt standen hier vor allem die Ziele und Anliegen von Bayernbräu, auf deren Grundlage die Agentur eine Strategie entwickeln wollte.

Bei diesem Gespräch wurde schnell klar, dass die Governmental-Relations-Agentur nicht nur prozessuale Unterstützung anbieten, sondern auch inhaltliche Arbeit leisten konnte: Die einzelnen Anliegen bzw. Projektbestandteile der Brauerei wurden jeweils auf ihre »politische Realisierbarkeit«[5] überprüft. Dabei stellte sich heraus, dass die

---

3   Vgl. Joos (2014), S. 34f.
4   Unternehmensrepräsentanz, Verband, Public-Affairs-Agentur und Anwaltskanzlei zählen zu den vier »klassischen« Instrumenten der Interessenvertretung.
5   Vgl. Joos (2011), S. 215.

Maximalforderung von Bayernbräu – der vollständige Verzicht auf ein Werbeverbot sowie sonstige Regulierung – politisch nicht vermittelbar sein würde, da das Thema »Alkoholkonsum von Jugendlichen« in der europäischen Öffentlichkeit sehr kontrovers diskutiert wurde und das Verfahren zudem schon recht weit fortgeschritten war. Die Agentur riet dringend davon ab, auf dem eigenen Standpunkt zu beharren, da dadurch jede Chance auf einen Kompromiss schwinden würde – dies hatte man im Vorfeld bei informellen Gesprächen im Europäischen Parlament und in der Europäischen Kommission erfahren. Stattdessen empfahl die Agentur, mehrere »realistisch erreichbare Kernziele (Must-Haves)«[6] zu erarbeiten, die sich tatsächlich auch verwirklichen lassen würden. Als besonderes Kernziel wurde letztlich herausgestellt, die Selbstverpflichtungen der Hersteller alkoholhaltiger Getränke beizubehalten und für ihre Produkte verantwortungsvoll zu werben.

9.1.3 Schritt 2: Prozessuale Lageerfassung und Strategieplanung

Nachdem im Kick-off-Meeting die Kernziele von Bayernbräu bestimmt wurden, entwickelte die Governmental-Relations-Agentur in enger Rücksprache mit der Brauerei eine Strategie zu deren Umsetzung.

Zunächst wurde in der Agentur ein mehrköpfiges Team zusammengestellt, dessen Mitglieder ausschließlich für den Kunden Bayernbräu zuständig waren: Ein Senior Consultant widmete sich dem Prozessmanagement und übernahm zudem das Kontaktmanagement mit den Vertretern der Legislative und Exekutive. Er fungierte auch als fester Ansprechpartner gegenüber dem Kommunikationschef bei Bayernbräu und stellte die vollständige Informationstransparenz sicher. Um sich regelmäßig abzustimmen, wurde ein Telefontermin alle vierzehn Tage vereinbart, bei Bedarf auch öfter.

Zwei weitere Teamkollegen waren vor allem für die inhaltlichen Fragen zuständig und leisteten Unterstützungsarbeit für ihren Senior Consultant, sobald dies notwendig wurde. Sie waren verantwortlich für das Monitoring, die Recherche sowie das Verfassen und fortlaufende Aktualisieren von Briefings und für allen sonstigen Schriftverkehr. Ein wichtiger Teil ihrer Arbeit bestand darin, die involvierten Akteure zu identifizieren und deren Argumentation aufmerksam zu verfolgen; auf diese Weise sollten in diesem Projekt die nationalen und europäischen Verbände, die zuständige Generaldirektion der Kommission SANTE, das Europäische Parlament, der Rat, die Weltgesundheitsorganisation sowie sonstige Gegner von Werbemaßnahmen für alkoholische Getränke einem detaillierten Monitoring unterzogen werden. Auf diese Weise konnte die Agentur die Argumente der beteiligten Akteure, sämtliche öffentlichen Äußerungen (ggf. auch Widersprüche und Brüche in der Argumentation) erfassen und belastbare Gegenargumente erarbeiten.

---

6   Vgl. Joos (2011), S. 215.

Um den zeitlichen Rahmen für ihre Strategie abzustecken, nutzte die Governmental-Relations-Agentur einen ihrer Kontakte in die Generaldirektion SANTE und fand heraus, dass die Kommission den finalen Text der Richtlinie noch nicht endgültig verabschiedet hatte. Somit gab es noch Möglichkeiten, an der Finalisierung des Richtlinienentwurfs mitzuwirken. Die Agentur warnte jedoch, dass der hierfür mögliche Zeitrahmen nur begrenzt sei. Optimal wäre ein früherer Einstieg in das Verfahren – im Sinne präventiver Interessenvertretung – gewesen. Allerdings wäre der Zeitdruck noch höher gewesen, hätte die Kommission den Vorschlag bereits Rat und Parlament vorgelegt.

Um für sich selbst und auch für den Kommunikationschef von Bayernbräu die zeitliche Einordnung immer zur Hand zu haben, wurde zunächst eine Zeit-/Aufgaben-Matrix (siehe Abschnitt 1.3.2.7) erstellt. Darin wurden alle wichtigen Daten verzeichnet, so z. B. die Einbringung der Richtlinie ins Europäische Parlament, die Ausschusssitzungen, ggf. eine öffentliche Anhörung oder die Beratungen im Rat und im Parlament. Da sich die Datumsangaben immer wieder verschieben konnten, wurde die Matrix während des Projektes regelmäßig aktualisiert. Aus der Zeit-/Aufgaben-Matrix wurde beispielsweise ersichtlich, dass es notwendig war, mit den zuständigen Ansprechpartnern, z. B. dem Berichterstatter im federführenden Ausschuss des Europäischen Parlaments, direkt vor der entsprechenden Ausschusssitzung, in der die geplante Richtlinie auf der Tagesordnung stand, Kontakt aufzunehmen.

Abbildung 9.2 zeigt einen Zeitstrahl (unter Berücksichtigung des bereits angeführten vorläufigen Zeitplans für die geplante Richtlinie) des kompletten Gesetzgebungsverfahrens bis zur Umsetzung in den Mitgliedstaaten (im konkreten Fall endete das Verfahren bereits mit Abschluss des Trilogs in der ersten Lesung; die vollständige Darstellung des Verfahrens erfolgt aus didaktischen Gründen).

Als Grundlage für die geplante Ansprache der politischen Entscheidungsträger erstellte das Team parallel eine Key-Player-Matrix.

Im ordentlichen Gesetzgebungsverfahren zur Verabschiedung der Richtlinie »Werbeverbot für alkoholische Getränke« waren neben der Europäischen Kommission auch der Rat sowie das Europäische Parlament am Verfahren beteiligt. Das heißt, die Vertreter dieser Institutionen waren in erster Linie in die Interessenvertretungsstrategie einzubeziehen.

Aus der Europäischen Kommission wurden in der zuständigen Generaldirektion SANTE der Generaldirektor, der zuständige Abteilungsleiter (Head of Unit) für »Public Health« und der federführende Sachbearbeiter[7] in die Key-Player-Matrix aufgenommen.

---

[7] Ein Organigramm der Generaldirektion »Gesundheit und Lebensmittelsicherheit« ist zu finden unter https://commission.europa.eu/about-european-commission/departments-and-executive-agencies/health-and-food-safety_en (zuletzt abgerufen am 27.3.2023).

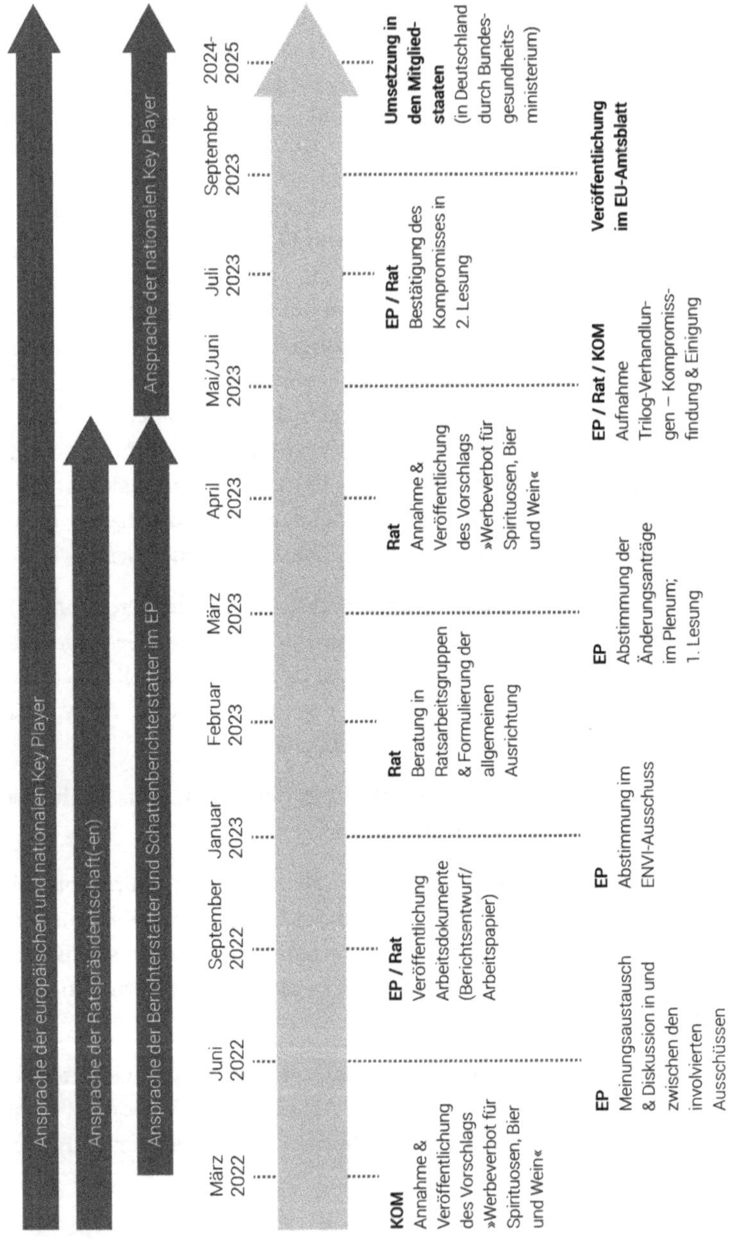

Abbildung 9.2: Zeitstrahl/komplettes Gesetzgebungsverfahren (Richtlinie »Werbeverbot für alkoholische Getränke«)

Aus dem Europäischen Parlament wurden jene Abgeordnete erfasst, die mit dem Thema »Gesundheit« betraut waren, dazu gehörten die Mitglieder des federführenden Ausschusses »Umweltfragen, öffentliche Gesundheit und Lebensmittelsicherheit (ENVI)«[8] sowie dessen Vorsitzender, aber auch diejenigen Ausschussmitglieder, die aus den Ländern kamen, in denen der Kunde Bayernbräu die meisten Umsätze machte und eigene Abfüllbetriebe hat; neben Deutschland handelte es dabei um Frankreich, Spanien und Italien. Die Agentur ging davon aus, dass diese Mitglieder des Europäischen Parlaments (MdEP) ein besonderes Ohr für die zu besprechenden Anliegen haben, da mit den Abfüllbetrieben auch Arbeitsplätze einhergehen. Ebenfalls besonders berücksichtigt wurden die zuständigen Berichterstatter sowie Schattenberichterstatter[9] für das Thema »Gesundheit der Bevölkerung/Gesundheitliche Folgen von Alkohol«. Diese konnten durch ihre Funktion im Verfahren noch konkreten Einfluss auf die Formulierung des Gesetzestexts nehmen, sodass eine Ansprache hier im besonderen Maße sinnvoll erschien. Zudem wurden die Mitglieder der mitberatenden Ausschüsse »Binnenmarkt und Verbraucherschutz (IMCO)« sowie »Bürgerliche Freiheiten, Justiz und Inneres (LIBE)« erfasst.

Auf der mitgliedstaatlichen Ebene wurden die Staatssekretäre und Abteilungsleiter der zuständigen Ministerien – des Gesundheits-[10] und Finanzministeriums[11] sowie des Justiz- und Verbraucherschutzministeriums[12] – in die Liste aufgenommen. Damit waren auch die deutschen Ansprechpartner im Rat der EU erfasst. Zusätzlich fanden die Ratsvertreter jener europäischen Mitgliedstaaten Beachtung, deren einheimische Unternehmen im besonderen Maße durch ein Werbeverbot für alkoholische Getränke betroffen gewesen wären – namentlich die zuständigen Minister der Mitgliedstaaten Belgien und der Niederlande, in denen die größten europäischen Bierbrauer ihren Sitz haben. Außerdem wurden die Vertreter der Länder mit der größten Bierproduktion insgesamt berücksichtigt: Neben Deutschland handelte es sich hierbei um Frankreich und Polen. Bei diesen Mitgliedstaaten konnte davon ausgegangen werden, dass deren nationale Wirtschaft durch ein Werbeverbot für alkoholische Getränke massiv betroffen wäre und Arbeitsplätze gefährdet würden.

---

8   Einsehbar unter http://www.europarl.europa.eu/committees/de/envi/members.html (zuletzt abgerufen am 16.3.2023).

9   »Dieser [der Berichterstatter] setzt sich federführend mit dem Kommissionsvorschlag auseinander und bereitet einen Entscheidungsvorschlag des Ausschusses und die Entscheidung des Europäischen Parlaments vor. (. . .) Da der Berichterstatter für ein Kommissionsvorhaben also immer einer bestimmten Fraktion entstammt, (. . .) benennt jede der übrigen Fraktionen selbst einen Vertreter aus ihren Reihen. Diesen Vertreter nennt man den ›Schattenberichterstatter‹ der jeweiligen Fraktion. (. . .) Sowohl der Berichterstatter als auch die Schattenberichterstatter spielen für das Funktionieren des parlamentarischen Systems eine zentrale Rolle.«, aus: Centrum für Europäische Politik cep (2015a).

10 Organigramm einsehbar unter: https://www.bundesgesundheitsministerium.de/ministerium/aufgaben-und-organisation/organisationsplan/organisationsplan-organigramm.html (zuletzt abgerufen am 27.3.2023).

11 Organigramm einsehbar unter: https://www.bundesfinanzministerium.de/Content/DE/Downloads/Ministerium/organigramm.pdf?__blob=publicationFile (zuletzt abgerufen am 27.3.2023).

12 Organigramm einsehbar unter: https://www.bmj.de/SharedDocs/Downloads/DE/Ministerium/Organisationsplan/Organisationsplan_DE.html (zuletzt abgerufen am 27.3.2023).

Zusätzlich wurde in die Key-Player-Matrix das Netzwerk des Kommunikationschefs von Bayernbräu aufgenommen. Dazu zählten beispielsweise der Geschäftsführer eines branchenverwandten Verbandes, Gewerkschaftsvertreter oder eine Wirtschaftsjournalistin.

Neben der Erstellung und Aktualisierung von Zeit-/Aufgaben-Matrix und Key-Player-Matrix setzte die Agentur auch ihre inhaltliche Arbeit fort und glich laufend die Argumentation der Gegenseite mit der des Auftraggebers ab. Dadurch konnte garantiert werden, dass die Diskussion immer auf aktuellem Stand geführt und die Argumente der Gegenseite bei der eigenen Kommunikation berücksichtigt wurden.

Im Rahmen der weiteren Strategie diskutierten der Bayernbräu-Kommunikationschef und die Agenturmitarbeiter, ob flankierende Maßnahmen im Bereich »Public Affairs« sinnvoll erschienen, wie beispielsweise Anzeigenkampagnen oder große Diskussionsveranstaltungen. Die Agentur riet dringend davon ab, da das Thema »Alkoholgenuss Jugendlicher« von der Öffentlichkeit immer sehr kritisch wahrgenommen und medial diskutiert wurde.[13] Als konkretes Beispiel hierfür verwies sie auf öffentliche Debatten in Deutschland, die in der Vergangenheit zu massiven rechtlichen Beschränkungen für Werbung und Vertrieb von sog. »Alcopops« (alkoholhaltige Süßgetränke) geführt haben.[14] Der Kommunikationschef entschied sich daraufhin für eine Ansprache allein der Key Player ohne begleitende Medienkampagnen.

9.1.4 Schritt 3: Entwurf eines OnePagers und Übermittlung an zuvor ermittelte Adressaten in Legislative und Exekutive

Da der Rechtsetzungsprozess bereits begonnen hatte, war der Agentur an einem schnellen und zielgerichteten Arbeiten gelegen. Um das Anliegen effektiv und prägnant vorbringen zu können, schlug sie den Einsatz eines OnePagers (siehe im Detail Kapitel 1 und 6) vor.

Die Spezialisten der Governmental-Relations-Agentur verfassten dazu in enger Abstimmung mit dem Kommunikationschef ein einseitiges Papier, das alle relevanten Informationen sowie adressatengerechte Argumentationslinien enthielt (siehe insbesondere Abschnitt 1.3.2.6).[15] Das Problem beim Verfassen des OnePagers war nicht, wie sonst oft üblich, sowohl bei dem Unternehmen selbst als auch bei den Ansprechpartnern in Legislative und Exekutive ein europäisches Problembewusstsein zu schaffen – dies war bereits vorhanden. So wird Alkoholkonsum, insbesondere von Jugendlichen, als europäisches Problem begriffen, das die Gesundheit der gesamten europäischen Bevölkerung gefährdet. Die Schwierigkeit bestand vielmehr darin, überzeugend darzustellen, dass ein geplantes Werbeverbot für alkoholische Getränke nicht zur Verbesserung der Gesundheit und zum Schutz der Jugendlichen führen

---

13   Siehe beispielsweise: Lachmann (2014).

14   Unter anderem wurde am 2.8.2004 eine »Alkopopsteuer« eingeführt: Bundesministerium der Finanzen (2014a).

15   Vgl. Joos (2011), S. 217.

würde und daher nicht zielführend war. In enger Absprache mit dem Kunden wurden Argumente entwickelt, die diese These unterstützen, beispielsweise:

- Werbung für alkoholische Getränke verführt nicht unbedingt zum Konsum dieser Getränke. Dies wurde durch wissenschaftliche Studien u. a. in Kanada und Norwegen belegt.
- (Alkohol-)Werbung beeinflusst Jugendliche nur sehr gering. Viel wichtiger hingegen ist das vorgelebte Verhalten von Familie und Freunden, welches sie sich zum Vorbild nehmen.
- Das übermäßige Trinken von Alkohol ist kein gruppenspezifisches Problem von Jugendlichen, sondern zieht sich – altersunabhängig – durch die gesamte Bevölkerung. Ein wesentlicher Teil der Jugendlichen trinkt hingegen überhaupt keinen Alkohol.

Die Agentur war sich bewusst, dass die zuständigen politischen Entscheidungsträger Maßnahmen ergreifen mussten, um Jugendliche vor den Gefahren des Alkohols zu schützen (»Blick des Entscheiders«). Wie bereits im Kick-off-Meeting besprochen, wurde daher im Rahmen des OnePagers als Kompromiss vorgeschlagen, die Selbstverpflichtungsmaßnahmen der Branche hinsichtlich der Beschränkung von Werbung und der Durchführung von Präventions- und Aufklärungsmaßnahmen aufrechtzuerhalten und auszubauen. Außerdem wurde die Unterstützung der Politik bei der Durchführung von unabhängigen Schulungsprogrammen signalisiert, in denen es den Jugendlichen ermöglicht werden sollte, den verantwortungsvollen Umgang mit Alkohol zu erlernen. Darüber hinaus schlug man vor, die Altersbegrenzungen beim Kauf von alkoholischen Getränken zu verschärfen und diese strenger zu kontrollieren.

Nach Erstellung des OnePagers wurde in enger Zusammenarbeit zwischen der Agentur und Bayernbräu anhand der Key-Player-Matrix beschlossen, welche Akteure wann in welcher Reihenfolge persönlich angesprochen werden sollten. Hierbei übernahm der betreuende Senior Consultant der Agentur die Terminkoordination und -organisation und begleitete den Kommunikationschef zu den Gesprächen mit den politischen Entscheidungsträgern. Die Agentur übernahm im Vorfeld der Gespräche die komplette Organisation, d. h., sie kümmerte sich um die Terminvereinbarung und sorgte neben der Übermittlung des adressatengerechten OnePagers auch für die Zusendung der Lebensläufe aller Beteiligten. Letzteres gab jedem Gesprächsteilnehmer die Gelegenheit zur fundierten Gesprächsvorbereitung.

Da nicht nur deutschsprachige Akteure kontaktiert werden sollten, wurde der OnePager zudem in sämtliche Sprachen der Adressaten übersetzt.

9.1.5 Schritt 4 und 5: Einsatz des OnePagers und Begleitung der Entscheidungsprozesse in Legislative und Exekutive

9.1.5.1 Interessenvertretung gegenüber der Europäischen Kommission

In der Europäischen Kommission suchte man das Gespräch mit dem Direktor der zuständigen Generaldirektion »Gesundheit und Lebensmittelsicherheit« (SANTE) und mit dem Abteilungsleiter (Head of Unit) für Öffentliche Gesundheit (»Public

Health«), die auch als Key-Player auf der Key-Player-Matrix verzeichnet waren. Bei diesen Gesprächen wurde nochmals deutlich, dass ein früheres Heranziehen der Agentur im Sinne einer »präventiven Interessenvertretung« sinnvoll gewesen wäre: Der Direktor und sein Abteilungsleiter zeigten sich zwar für die Argumente des One-Pagers aufgeschlossen, Bereitschaft zu einer nachträglichen Textänderung schien allerdings nur in sehr begrenztem Umfang zu bestehen. Die Agentur konnte den Kommunikationschef jedoch dahingehend beruhigen, dass die angestrebte Formulierungsänderung ohnehin nur den Richtlinienentwurf betroffen hätte. Ob Rat und Parlament diesem Entwurf letztlich überhaupt zugestimmt hätten, stand auf einem anderen Blatt. Da die Zustimmung beider Organe somit in jedem Fall gesichert werden musste, konnte die Textänderung auch in ein späteres Stadium des Mitentscheidungsverfahrens verlagert werden. Das Gespräch war jedoch keineswegs vergeblich, da die Kommissionsvertreter den vorliegenden Zeitplan und den erstellten Zeitstrahl bestätigen konnten.

9.1.5.2 Interessenvertretung gegenüber dem Rat

Der Rat und das Europäische Parlament hatten immer noch die Möglichkeit, Änderungen an dem Textentwurf der Richtlinie einzubringen. Die Agentur konzentrierte sich deshalb im nächsten Schritt auf die Gesprächsorganisation mit Ratsvertretern.

Besonderen Schwerpunkt legte die Agentur auf jene Ratsvertreter, die von dem Thema »Alkoholwerbeverbot« in besonderem Maße betroffen waren. Wie schon in der Key-Player-Matrix herausgearbeitet, handelte es sich hierbei – neben Deutschland – um Belgien, die Niederlande, Frankreich und Polen. In diesen Ländern gab es große Hersteller alkoholischer Getränke und damit Arbeitsplätze, die durch die geplante Richtlinie stark gefährdet worden wären.

Da die Agentur nicht zu all diesen Regierungen Kontakte besaß, wurde über »Bande gespielt« (indirekte Ansprache eines Adressaten über Dritte): Es sollten die jeweils zuständigen Minister und Entscheidungsträger in den Regierungen über »landsmannschaftliche Kontakte«[16] der Agentur angesprochen und für die argumentative Linie gewonnen werden. Im Zuge dessen wurden von der Agentur Mitglieder des Europäischen Parlaments sowie weitere Akteure auf nationaler Ebene, darunter beispielsweise der Staatssekretär aus dem deutschen Gesundheitsministerium, kontaktiert und mit dem OnePager vertraut gemacht. Die jeweiligen Regierungen und damit die wichtigsten Entscheidungsträger im Rat konnten somit für das Thema der Richtlinie und die damit für das Unternehmen verbundenen Probleme sensibilisiert werden, um sich auf europäischer Ebene für eine entsprechend geänderte Richtlinienfassung einzusetzen.

Zusätzlich wurden andere bedeutende Akteure in den besonders betroffenen Staaten zu einem Tätigwerden in Brüssel veranlasst: So konnte beispielsweise ein MdEP nicht nur den belgischen Gesundheitsminister von den Argumenten des OnePagers

---

16 Vgl. Joos (2011), S. 218.

überzeugen, sondern er sensibilisierte auch den Geschäftsführer des belgischen Unternehmens »Prime Brew Co.«, als größten Bierhersteller der EU, für das Thema (siehe »endogener Prozesstreiber« in Abschnitt 1.3.2.6). Der Geschäftsführer ging daraufhin seinerseits auf die belgische Exekutive zu, um auf ein Tätigwerden für die Sache in Brüssel hinzuwirken.

In den Niederlanden, dem Sitz des drittgrößten Bierherstellers »DutchBrew« in der EU, mobilisierte die Agentur weitere Fürsprecher. Neben der Sensibilisierung der niederländischen Regierung und des Geschäftsführers von »DutchBrew« machte hier ein der Agentur bekanntes Mitglied des Europäischen Parlaments die niederländischen Verbände in der Bier- und Spirituosenbranche auf das drohende Werbeverbot aufmerksam. Diese reagierten alarmiert und begannen, selbst in der Sache Interessenvertretung bei der Europäischen Kommission und dem Europäischen Parlament zu betreiben.

9.1.5.3 Interessenvertretung gegenüber dem Europäischen Parlament

Nachdem die Mitglieder des Rates für das Anliegen des Kunden sensibilisiert werden konnten, wandte sich die Agentur nun an die Mitglieder des Europäischen Parlaments, um für das Kundeninteresse Gehör zu finden.

Wie schon vorab recherchiert, übernahm im Europäischen Parlament der Ausschuss »Umweltfragen, öffentliche Gesundheit und Lebensmittelsicherheit (ENVI)« die Federführung; die Ausschüsse »Binnenmarkt und Verbraucherschutz (IMCO)« sowie »Bürgerliche Freiheiten, Justiz und Inneres (LIBE)« waren mitberatend. Als ersten Schritt machte die Agentur den zuständigen Berichterstatter im ENVI auf das Anliegen des Kunden aufmerksam. Dazu führte der Kommunikationschef von Bayernbräu durch Vermittlung der Agentur ein persönliches Gespräch, um ihm die Argumente des – bereits vor dem Gesprächstermin übermittelten – OnePagers darzulegen. Der Kommunikationschef wurde dabei von einem strukturellen Berater der Agentur begleitet, dieser trat in dem Gespräch als neutraler Vermittler auf (siehe Abschnitt 1.3.2.6). Der Termin hatte eine besondere Bedeutung, da der Berichterstatter die Abstimmungsvorlage (»Bericht«) für das Plenum erstellen sollte. Zusätzlich wurde der Berichterstatter auch von anderen MdEP, die der Agentur bekannt und bereits bei der Ansprache des Rates hilfreich waren, auf den Richtlinienentwurf und mögliche Veränderungen in dessen Text angesprochen. Ähnlich der Interessenvertretung gegenüber dem Rat wurde wieder mit dem Instrument der indirekten Ansprache gearbeitet.

Miteinbezogen wurden zudem die Obleute und Schattenberichterstatter. Anfangs war eine Mehrheit der Abgeordneten nicht davon überzeugt, dass ein Werbeverbot für Alkohol nicht zielführend sein solle. Insbesondere durch die Argumentation des One-Pagers konnte dann jedoch eine Mehrheit im federführenden Ausschuss ENVI für die gewünschten Änderungen gefunden werden. Der Abschlussbericht dieses Ausschusses berücksichtigte alle für Bayernbräu wesentlichen Punkte.

Nach der Erstellung dieses Abschlussberichts im federführenden Ausschuss begannen Europäische Kommission, Rat und Europäisches Parlament mit Verhandlungen im Rahmen des Informellen Trilogs (siehe Abschnitt 6.3.4.1.1.2), um bereits eine frühe Einigung zur ersten Lesung im Parlament zu erzielen. Ziel sollte es sein, die Richtlinie ohne langwierige Diskussionen zu verabschieden. Vor diesem Hintergrund stellte sich die Strategie der Agentur, auf alle Verfahrensbeteiligte frühzeitig zugegangen zu sein, als sehr hilfreich und effizient heraus: Allen Gesprächspartnern sind gleichermaßen klar formulierte, gemeinwohlorientierte Argumente, aber auch inhaltliche Bedenken unterbreitet worden, sodass es Vertretern des Rats und des Parlaments schließlich gelang, die Kommission von Formulierungsänderungen in der Richtlinie zugunsten von Bayernbräu zu überzeugen – eine Einigung in erster Lesung konnte erzielt werden.

9.1.6 Ergebnis: Zielerreichung

Die Mehrheit der Abgeordneten stimmte für eine geänderte Richtlinie, in der zwar nicht das Werbeverbot für alkoholische Getränke aufgegriffen wurde, aber die Selbstverpflichtungen der Branche verschärft wurden.

Die projektbezogene Strategieplanung mit allen organisatorischen Details, wie etwa Erstellung einer Key-Player-Matrix, einer Zeit-/Aufgaben-Matrix und das Verfassen des OnePagers, hatten sich bezahlt gemacht (siehe auch Abschnitt 1.3.2.7). Durch die Ansprache aller drei EU-Institutionen – Kommission, Rat und Parlament – konnten über die Fraktions- und Nationalitätsgrenzen[17] hinweg entsprechende Mehrheiten gefunden werden. Die Governmental-Relations-Agentur konnte mit ihrer Prozesskompetenz dem Anliegen des Kunden zum Erfolg zu verhelfen. Neben der eigentlichen Agenturarbeit als struktureller Prozesspartner konnte auch die inhaltliche Kompetenz des Kunden optimal zur Geltung gebracht werden.

9.2 Fall 2: »Verordnung zur Festlegung der Modalitäten für das Erreichen des Ziels für 2020 zur Verringerung der CO_2-Emissionen neuer Personenkraftwagen«

9.2.1 Sachverhalt/Ausgangssituation

Da der Europäischen Kommission die bis zum Jahr 2020 erzielten Fortschritte mit Blick auf die Reduzierung der CO_2-Emissionen insbesondere in der Automobilindustrie noch nicht weit genug gingen, erachtete es die Kommission als notwendig, die im Jahr 2015 nach langen Verhandlungen in Kraft getretene Verordnung zur Verringerung der CO_2-Emissionen neuer Personenkraftwagen (VO 443/2015) zu überarbeiten. Die bisherige Verordnung sah vor, den durchschnittlichen CO_2-Ausstoß der Pkw-Fahrzeugflotte eines Automobilherstellers bis 2027 auf 95 Gramm CO_2 pro Kilometer zu senken.

---

17 Vgl. Joos (2011), S. 221.

Ein deutscher Automobilhersteller mit Werken in drei weiteren EU-Mitgliedstaaten wurde Anfang November 2021 durch den europäischen Dachverband der Automobilindustrie auf die anstehende Novellierung der Verordnung aufmerksam gemacht. Im Einzelnen erfuhr der Hersteller von (vorwiegend) Fahrzeugen der gehobenen Mittel-, Ober- und Luxusklasse, dass der Verordnungsvorschlag der Kommission bereits in vier Wochen dem Europäischen Parlament und dem Rat unterbreitet werden sollte. In der Europäischen Kommission zeichnete die Generaldirektion (GD) Umwelt für das Dossier verantwortlich.

Weitergehende Nachforschungen über den Verordnungsvorschlag zeigten, dass die Kommission zwar plante, das Emissionsziel von 95 Gramm CO_2 pro Kilometer bis 2027 beizubehalten, allerdings die Berechnung dieses Durchschnittswertes abändern zu wollen. Vor allem die Reduktion der Mehrfachanrechnungen von besonders effizienten Fahrzeugen (sog. »Super Credits«) von Faktor 2,5 auf 1 für die Jahre 2024 bis 2027, die Hersteller dafür belohnen sollen, besonders effiziente Fahrzeuge frühzeitig auf den Markt zu bringen, bereitete den Verantwortlichen in der Vorstandsetage des deutschen Herstellers Kopfzerbrechen. Hinzu kam die von der Kommission geplante maximal anrechenbare Zahl von 20.000 Pkw im oben genannten Zeitraum. Emissionsarme Pkw würden folglich in der Berechnung des Durchschnittswertes weniger stark eingerechnet werden können. Das Erreichen des CO_2-Zielwertes würde somit für die Hersteller emissionsstarker Pkw erschwert, Hersteller emissionsärmerer Pkw würden die Zielwerte hingegen leichter erreichen können.

Die Geschäftsleitung befürchtete durch die Neuregelungen Wettbewerbsnachteile für die deutsche Automobilindustrie, insbesondere gegenüber den stark wachsenden Märkten in Asien und den USA, wo weitaus großzügigere Anrechnungsmöglichkeiten existieren. Dies hätte wiederum negative Auswirkungen auf Produktion und Beschäftigung in Deutschland. Ziel des deutschen Herstellers war es demzufolge, eine entsprechende Änderung des Textentwurfes herbeizuführen, um die unternehmensspezifischen Interessen stärker zu berücksichtigen.

Nach Rückkopplung mit der hausinternen Rechtsabteilung über die europarechtliche Konformität der vorgeschlagenen Neuregelungen sowie über die wesentlichen Aspekte des ordentlichen Gesetzgebungsverfahrens in der EU, beauftragte der Vorstand schließlich eine in Brüssel ansässige Governmental-Relations-Agentur.

Interessant an der Mandatierung eines externen Dienstleisters als Prozessbegleiter war insbesondere, dass der Hersteller durch seine Mitgliedschaften sowohl im nationalen als auch europäischen Branchenverband zumindest seinen Grundbedarf an Interessenvertretung über die Verbände als klassisches Interessenvertretungsinstrument hätte abdecken können. Bei genauem Hinsehen wurde jedoch deutlich, dass Verbände nicht die adäquaten Vehikel zur individuellen Interessenvertretung darstellten. Denn unter den Mitgliedern des europäischen Verbandes befanden sich neben deutschen auch französische und italienische Automobilhersteller, die mit Klein- und Mittelklassewagen über unterschiedliche Produktpaletten verfügen, verschiedene Marktsegmente bedienen und daher auch unterschiedliche Anforderungen an ein regulatorisches Umfeld stellen. Diese pluralistische Interessenlage in Verbänden führt allgemein dazu, dass nach außen oftmals nur der kleinste gemeinsame Nenner aller Anliegen vertreten wird. Außerdem ist die verbandsinterne Willensbildung oftmals schwerfällig; auf kurzfristige Herausforderungen kann nicht immer angemessen reagiert werden.[18] Trotz inhaltlichen Gleichklangs all seiner Mitglieder erwies sich für den nationalen Verband als problematisch, im Kontext der Europäisierung der Interessenvertretung[19] nicht ausreichend Durchschlagskraft in Form belastbarer Zugänge vorweisen zu können.

Wie im Folgenden dargelegt, konnten die Probleme des Minimalkonsens und der geringen »Hebelwirkung« des Verbands schließlich durch den Einsatz eines externen Prozessbegleiters gelöst werden.

9.2.2 Schritt 1: Erfassung der inhaltlichen Zielsetzung und fortlaufende Prüfung der politischen Realisierbarkeit

Auf Grundlage der im vorherigen Abschnitt geschilderten Änderungsvorschläge der Kommission formulierte die Unternehmensleitung ihre inhaltlichen Interessenvertretungsziele. Da sich unter den nationalen Verbandsmitgliedern ein konsolidiertes Meinungsbild abzeichnete, das darüber hinaus vonseiten der deutschen Industriegewerkschaft Metall unterstützt wurde, stimmte sich der Hersteller anfangs eng mit dem nationalen Verband ab. Parallel dazu sollte der externe Dienstleister den prozessualen Teil der Interessenvertretung auf nationaler und europäischer Ebene übernehmen. Relativ früh zeichnete sich jedoch ab, dass der beauftragte Dienstleister über belastbarere Zugänge zu den relevanten Entscheidungsträgern auf EU-Ebene verfügte. Die Agentur konnte auf diese Weise im Gegensatz zum nationalen Verband eine nachhaltigere und exakt auf den Gesetzgebungsprozess abgestimmte Kommunikation sicherstellen, woraufhin die prozessuale Abstimmung mit dem Branchenverband zurückgefahren wurde. Mit Blick auf die Interessenpluralität im europäischen Verband wurde hier gleich zu Beginn Abstand von einer Kooperation genommen, um etwaige Abstimmungsprobleme und Reibungsverluste zu vermeiden.

Bereits in der Phase der inhaltlichen Zielsetzung zeichnete sich ab, dass sich das Beratungsspektrum der beauftragten Governmental-Relations-Agentur nicht nur auf prozessuale Schritte beschränkten, sondern ebenso eine inhaltliche Komponente umfassen würde. Denn Beratungsbedarf bestand vor allem im Hinblick auf die politische Realisierbarkeit der inhaltlichen Änderungswünsche des Kunden. Da die angestrebten Maximalpositionen, die Europäische Kommission zum Rückzug ihres Verordnungsvorschlags zu bewegen, in diesem Fall politisch nicht vermittelbar war,

---

18   Vgl. Joos (2011), S. 138ff.
19   Vgl. Joos (2011), S: 147f.

spielte die Agentur eine wichtige Rolle mit Blick auf die Herausarbeitung realistischer Forderungen. Die Prüfung und Abwägung realisierbarer Themen durch die Agentur fußte auf einer breiten Informationsbasis, die aus einer Vielzahl informeller Gespräche mit Entscheidungsträgern in Kommission, Rat und Parlament resultierte. Die Kundenziele wurden daraufhin wie folgt formuliert: Die Erwirkung einer textlichen Abänderung des Verordnungsvorschlags, sodass auch nach 2027 möglichst hohe »Super Credits« beibehalten werden könnten, ohne dabei die EU-weite Vorgabe eines Durchschnittswerts für Pkw-Flotten von 95 Gramm CO_2 pro Kilometer infrage zu stellen.

9.2.3 Schritt 2: Prozessuale Lageerfassung und Strategieplanung

Auf Grundlage der in Schritt 1 (Abschnitt 9.2.2) durchgeführten inhaltlichen Analyse entwickelte der externe Dienstleister nunmehr eine konkrete Projektstrategie. In der Agentur übernahm ein dreiköpfiges Team die Projektdurchführung, welches bereits Erfahrungen mit der europäischen Gesetzgebung im Bereich Umweltpolitik vorzuweisen hatte. Damit eine effiziente Projektsteuerung garantiert werden konnte, wurde die interne Organisation des Beraterteams klar strukturiert. Ein Senior Consultant war für die prozessuale Komponente zuständig. Ihm oblag somit das Kontaktmanagement mit den Vertretern der Legislative und Exekutive. Weiterhin stand er dem Kunden während des gesamten Projekts als zentraler Ansprechpartner zur Verfügung, um einen vertrauensbasierten Informationsaustausch sicherzustellen. Die weiteren Teammitglieder deckten den organisatorischen Support ab. Hierunter fielen sowohl Monitoring- und Rechercheaufgaben als auch das Entwerfen und Fortschreiben von Briefing-Unterlagen. Die Definition der spezifischen Ansatzpunkte für die Artikulation der Kundeninteressen bedurfte zu Beginn des Projekts der Beantwortung folgender Fragen: Welches Verfahren findet Anwendung? Wo befinden wir uns im Gesetzgebungsprozess? Wer sind die beteiligten Akteure?

Die Kontaktaufnahme der Agentur mit dem zuständigen Kommissionsmitarbeiter aus der Generaldirektion Umwelt ergab, dass die öffentliche Konsultation der Stakeholder zwar schon abgeschlossen war und die Generaldirektion Umwelt bereits einen Textentwurf erarbeitet hatte, dieser allerdings noch nicht offiziell von der Kommission verabschiedet wurde. Der Verordnungstext befand sich noch in der Inter-Service-Konsultation, also in der fachlichen Abstimmung zwischen den einzelnen Generaldirektionen. Zudem stand noch die inhaltliche Beurteilung der zuständigen Kabinettsmitglieder des Kommissars – also die politische Abstimmung – aus. Bevor das Kommissionskollegium den Text offiziell annehmen würde, mussten in einem Zwischenschritt zuerst noch die Kabinettschefs den Verordnungstext »absegnen«. Somit bestand theoretisch noch die Möglichkeit an der Formulierung des Verordnungsvorschlags mitzuwirken, bevor dieser offiziell Rat und Parlament vorgelegt werden würde; das hierfür zur Verfügung stehende Zeitfenster ließ praktisch allerdings nicht mehr allzu großen Spielraum. Aus Sicht präventiver Interessenvertretung wäre ein noch früherer Einstieg in das Verfahren von Vorteil gewesen. Optimal wäre es gewesen, bereits bei der Formulierung des politischen Diskussionspapiers der Kommission – dem sog. Grünbuch – in das Verfahren einzusteigen[20]. Somit hätte durch antizipatives Vorgehen frühzeitig Einfluss auf den Textentwurf der Generaldirektion Umwelt genommen werden können.

Im nächsten Schritt prüfte die Agentur den verfahrensrechtlichen Rahmen der anstehenden Überarbeitung des Verordnungstextes. Da es sich dabei um das ordentliche Gesetzgebungsverfahren handelte, musste die Verordnung vor Inkrafttreten neben der Kommission auch vom Rat und dem Europäischen Parlament angenommen werden. Folglich waren zwei zusätzliche Akteure in die Interessenvertretungsstrategie mit einzubeziehen. Da die Verordnungsnovelle umweltpolitische Fragen tangierte, würde zudem der Ausschuss der Regionen eine Stellungnahme abgeben, ebenso obligatorisch der Europäische Wirtschafts- und Sozialausschuss.

Auf Grundlage dieser Erkenntnisse begann die Agentur mit der Erstellung der Key-Player-Matrix, sprich mit der Identifikation der verantwortlichen Personen in den beteiligten Institutionen. In den Reihen der Kommission wurden zunächst der Generaldirektor, der mit dem Thema betraute Abteilungsleiter (Head of Unit) sowie der zuständige Sachbearbeiter (Policy Officer) der Generaldirektion Umwelt identifiziert. Auch das im Kabinett des Umweltkommissars zuständige Kabinettsmitglied wurde als relevanter Kontakt ausfindig gemacht. Aufseiten des Parlaments wurden der Berichterstatter sowie die Schattenberichterstatter der Fraktionen identifiziert[21]. Auch die Ausschuss-Koordinatoren der größten Fraktion wurden als Anlaufstelle in Betracht gezogen. Hinzu kamen schließlich der Ausschussvorsitzende und seine Stellvertreter.

Im Rat wurden zunächst die zuständigen Akteure auf Botschafter-, Abteilungsleiter- und Attaché-Ebene in den Ständigen Vertretungen (StäV) der relevanten Mitgliedstaaten identifiziert. Besonderes Augenmerk wurde weiterhin auf die verantwortlichen Akteure der halbjährlich rotierenden Ratspräsidentschaften gelegt, die während der Gesetzesberatungen die Arbeit des Rates koordinierten. Auf nationaler Ebene wurden die zuständigen Beamten (Staatssekretär, Abteilungsleiter, Referatsleiter) im deutschen Umweltministerium ausgewählt, die in den Gremien des Rates vertreten waren.

Neben der Key-Player-Analyse erstellte das Team der Agentur eine Zeit-/Aufgaben-Matrix und setzte einen Monitoring-Prozess auf, wodurch fortlaufend die inhaltliche Komponente der Thematik abgedeckt sowie institutionelle Fragen des Gesetzgebungsprozesses geklärt wurden. Mit diesen Schritten war nun der Grundstein gelegt, um die inhaltlichen Vorstellungen des Kunden in Form eines OnePagers an die zuvor ermittelten Adressaten in Legislative und Exekutive heranzutragen (siehe Abschnitt 1.3.2.6 und 1.3.2.7).

---

20   Vgl. Joos (2011), S. 47.

21   Diese konnten erst nach Überweisung an den zuständigen Ausschuss und Benennung durch die Fraktionen identifiziert werden.

9.2.4 Schritt 3: Entwurf eines oder mehrerer OnePager und Übermittlung an zuvor ermittelte Adressaten

Für die Kommission spielten, wie eingangs erwähnt, vor allem die mangelnden Fortschritte der Automobilindustrie beim Klimaschutz eine entscheidende Rolle für die Überarbeitung der bestehenden Verordnung. Aus Kundensicht ergaben sich dadurch zwei Herausforderungen bei der Interessenvertretung. Zum einen handelte es sich beim Thema Klimaschutz um ein sensibles Thema, das sich nicht für groß angelegte Medienkampagnen eignete und u. U. Gegenkampagnen von Umweltschutz- oder Nicht-Regierungsorganisationen (NGOs) auf den Plan gerufen hätte. Zum anderen resultierte aus der vordergründig klimapolitischen Motivation des Gesetzgebers, dass mit einer mangelnden Aufmerksamkeit der europäischen Entscheidungsträger gegenüber den Positionen des deutschen Automobilherstellers zu rechnen war. Von »offenen Türen« und bereitwilligen Ansprechpartnern konnte somit nicht ausgegangen werden. Um sich daher nicht einer geschwächten Ausgangsposition ausgesetzt zu sehen, indem die Kundenposition in Brüssel nur als partikulare Interessen eines einzelnen Mitgliedstaates aufgefasst werden würde, musste dieser Gefahr mit einer gezielten Informationsarbeit entgegengewirkt werden.

Da der Gesetzgebungsprozess bereits angelaufen war und in diesem Fall der Verordnungsvorschlag der Kommission in wenigen Wochen offiziell angenommen werden würde, galt es, zielgenau und ohne Verzögerungen zu agieren. Die wesentlichen Argumentationslinien des Kunden wurden in Form eines OnePagers (siehe dazu Kapitel 1 und 6) zusammengefasst. Die dreigliedrige Struktur des OnePagers enthielt auf insgesamt einer Seite Passagen zum Hintergrund bzw. Status quo des Regulierungsstands, eine Analyse der negativen Auswirkungen des neuen Legislativvorhabens auf betroffene Stakeholder und schließlich konkrete Vorschläge zur Lösung der zuvor definierten Probleme. Um das Anliegen nachhaltig gegenüber den unterschiedlichen Akteuren auf EU-Ebene zu platzieren, musste neben den Sachargumenten besonders die europäische Dimension bei der Argumentation hervorgehoben werden. Hierfür bot sich die Formulierung eines OnePagers »Deutschland«, der in erster Linie die Wichtigkeit des deutschen Automobilsektors für den europäischen Binnenmarkt hervorhob sowie die Formulierung eines OnePagers »EU«, der u. a. auf die Unterstützung zur Umsetzung der EU-Klimaschutzziele abzielte, an. Es entstand eine OnePager-Kaskade (siehe Abschnitt 1.2.3.7). Nach mehrmaligem Abstimmen der OnePager zwischen Kunde und Agentur konnte die Verträglichkeit der Unternehmensinteressen mit dem öffentlichen Interesse sichtbar gemacht (Gemeinwohlperspektive) und in der Sprache der Entscheidungsträger gegenüber den zuvor identifizierten Ansprechpartnern (siehe Schritt 2 unter Abschnitt 9.2.3) kommuniziert werden.

9.2.5 Schritt 4: Flankierung des OnePagers durch andere strukturelle und prozessuale Instrumente (wechselseitige Informationstransparenz)

Neben der Begleitung des OnePagers im Entscheidungsprozess sind darüber hinausgehende Maßnahmen, beispielsweise aus den Bereichen Public Affairs und Public

Relations, stets situativ abzuwägen. Das Repertoire möglicher Maßnahmen kann Hintergrundgespräche mit Fachexperten, die Organisation Parlamentarischer Abende oder auch das Anstoßen einer öffentlichen Debatte über Social-Media-Kanäle oder durch Kontaktaufnahmen zu Medienvertretern umfassen. Ziel all dieser Instrumente ist die thematische Sensibilisierung relevanter Akteure über den »Umweg Öffentlichkeit« (indirektes Lobbying)[22].

Angesichts der hohen Sensibilität des Themas Klimaschutz in der öffentlichen Debatte mussten medienwirksame Maßnahmen behutsam eingesetzt werden, um keine negativen Gegenreaktionen zu provozieren. Aufgrund der Tatsache, dass der Kunde neben dem nationalen Automobilverband zugleich Rückendeckung für seine Position durch die Industriegewerkschaft Metall erfuhr, erwies sich ein medienwirksames Symposium dieser beiden Akteure als hilfreiches Mittel zur Erlangung der inhaltlichen Deutungshoheit auf nationaler Ebene. Aufgrund des ungewöhnlichen Gleichklangs zwischen Verband und Gewerkschaft hatte dieses Bündnis zudem das Potenzial, Strahlkraft auf europäischer Ebene zu entfalten. Das Hauptaugenmerk der Interessenvertretung lag jedoch weiterhin auf dem Instrumentarium der Governmental Relations, wie im nachfolgenden Abschnitt deutlich wird.

9.2.6 Schritt 5: Begleitung der Entscheidungsprozesse in Legislative und Exekutive

9.2.6.1 Interessenvertretung gegenüber der Europäischen Kommission

Nach Fertigstellung und Übermittlung des OnePagers »EU« an die Kommission terminierte die Agentur im nächsten Schritt persönliche Gespräche mit den zuvor identifizierten Key Playern der Generaldirektion Umwelt, namentlich mit dem Generaldirektor, dem zuständigen Abteilungsleiter (Head of Unit) und dem sachbearbeitenden Beamten (Policy Officer). Eine wichtige Rolle bei der Terminvereinbarung und -wahrnehmung spielte das etablierte Netzwerk der Agentur. Der zuständige Kommissionsbeamte sowie der Vertreter der Agentur kannten sich bereits aus einem früheren Projekt. Somit konnten die Gespräche vor dem Hintergrund einer vorhandenen Sach- und Beziehungsebene stattfinden.

Dennoch war zunächst unklar, wie die Kommissionsbeamten auf das vorgetragene Kundenanliegen reagieren würden. Auch aufgrund des prozessualen Fortschritts des Kommissionsentwurfs waren die Möglichkeiten für eine inhaltliche Intervention limitiert. Zwar zeigten sich die Kommissionsvertreter auf Arbeitsebene verständnisvoll gegenüber der Position des Kunden, gleichwohl fiel die Bereitschaft für eine nachträgliche Textänderung am Legislativentwurf der Generaldirektion begrenzt aus.

---

22   Vgl. Joos (2011), S. 180ff.

Nach dieser ersten Erkenntnis ersuchte die Agentur im Sinne des zweidimensionalen Ansatzes der Interessenvertretung bei der Kommission[23] das Gespräch mit dem Kabinettschef – der gemeinsam mit seinen Amtskollegen die wöchentliche Sitzung aller Kommissare vorbereitet – sowie mit dem für das Dossier verantwortlichen Kabinettsmitglied des zuständigen Umweltkommissars. Die politische Kontaktaufnahme über den persönlichen Stab des Kommissars war ebenso wenig Erfolg versprechend, hatte der Umweltkommissar doch bereits seinen Mitarbeiter signalisiert, an seiner politischen Linie festhalten zu wollen. Damit sollte sowohl der fachliche Weg über die Generaldirektion als auch der politische Weg über das Kabinett nicht zum erhofften Ziel führen. Eine textliche Änderung hätte an dieser Stelle ohnehin nur den Verordnungsvorschlag der Kommission betroffen. Im späteren Verlauf könnte sich die Kontaktaufnahme mit der Kommission allerdings noch als hilfreich erweisen, da ihr sowohl im Rahmen des »Informellen Trilogs« während der ersten Lesung als auch im Falle eines evtl. einberufenen Vermittlungsausschusses eine wichtige Rolle zukommt.

Die Agentur konzentrierte sich nach Rücksprache mit dem Kunden daher zunächst auf den Rat und das Parlament, so konnte dort eine Textänderung schließlich noch im weiteren Verlauf des ordentlichen Gesetzgebungsverfahrens erwirkt werden.

9.2.6.2 Interessenvertretung gegenüber dem Rat

Nach der offiziellen Annahme des Verordnungsvorschlags durch das Kommissionskollegium wurde der Text an den Rat übermittelt. Als hilfreich stellten sich an dieser Stelle bereits etablierte Kontakte des nationalen Automobilverbands ins deutsche Umweltministerium heraus, im Einzelnen zum persönlichen Referenten des Staatssekretärs sowie zum Unterabteilungsleiter Europa und Internationales. Durch den Einsatz des OnePagers »Deutschland« konnte das Bundesministerium für das Kundenanliegen als gleichzeitiges Anliegen der gesamten deutschen Automobilbranche sensibilisiert und eine Zusage zur Unterstützung in der Sache über den Rat auf EU-Ebene erreicht werden. Somit war ein erstes Etappenziel errungen.

Da die Arbeit des Rates auf EU-Ebene federführend vom Ausschuss der Ständigen Vertreter (AStV) bestimmt wird, bestand der nächste Schritt in der Ansprache der Botschafter der Mitgliedstaaten in den Ständigen Vertretungen in Brüssel. Hierbei erwies sich ein bereits bestehender Kontakt zur Referatsleiterin in der StäV Deutschlands als wertvoller Ansatzpunkt, da sie durch den gezielten OnePager-Einsatz für das Kundenanliegen sensibilisiert werden konnte.

Angesichts der im Rat seit Inkrafttreten des Lissabon-Vertrages erforderlichen doppelten Mehrheit wies die Agentur den Kunden darauf hin, dass es nicht ausreichen würde, lediglich auf einen einzelnen Mitgliedstaat zuzugehen. Um an der Meinungsbildung

---

23   Vgl. Joos (2011), S. 115.

im Rat mitgliedstaatübergreifend im Sinne des Kundenanliegens mitzuwirken, war die Unterstützung weiterer Mitgliedstaaten notwendig[24]. Hier bot es sich an, anfangs auf jene Mitgliedstaaten zuzugehen, in denen sich Produktionsstätten des Kunden befanden. Weiterhin recherchierte die Agentur, in welchen weiteren Mitgliedstaaten eine wirtschaftliche Abhängigkeit zur deutschen Automobilindustrie bestand. Auf diesem Weg konnten zwei Mitgliedstaaten identifiziert werden. Allerdings bestand nur in einem Fall ein Vertrauensverhältnis in die Ständige Vertretung. Die Interessenvertretung bei den anderen vier Ländern musste somit über Bande erfolgen: Im Falle des zweiten Landes mit Produktionsstätte gelang es, gezielt über ein Mitglied des Europäischen Parlaments den zuständigen nationalen Ressortminister von der Relevanz der Thematik zu überzeugen. Hier spielte die langjährige Zusammenarbeit der beiden Akteure in nationalen Parteigremien eine entscheidende Rolle, die zuvor durch Recherchearbeiten der Agentur zutage gefördert wurde.

Im dritten Mitgliedstaat verlief der Interessenvertretungsprozess ähnlich erfolgreich über den Kontakt eines MdEP ins nationale Ministerium. Über einen ehemaligen Mitarbeiter des Abgeordneten, der mittlerweile ins nationale Ministerium gewechselt und dort für das Thema zuständig war, konnte ein Tätigwerden des Ministers im Rat erreicht werden.

Im Falle der beiden Mitgliedstaaten mit wirtschaftlicher Abhängigkeit von der deutschen Automobilproduktion konnte über Kontakte der Agentur auf die Ressortminister zugegangen werden. Zudem wurden die dort ansässigen Industrieverbände hellhörig und gingen mit der Forderung des Erhalts von Arbeitsplätzen in der Zulieferindustrie ebenso auf die nationale Exekutive zu. Durch das zweifache »Spiel über Bande« wurden auch diese Mitgliedstaaten unterstützend in Brüssel tätig.

9.2.6.3 Interessenvertretung gegenüber dem Europäischen Parlament

Der strategische Ansatz der Agentur lag in erster Linie auf der Interessenvertretung gegenüber dem federführenden Ausschuss ENVI. Erster Kontaktpunkt war hier der Berichterstatter, der die Abstimmungsvorlage (den Bericht) für das Plenum erstellen würde. Um den Berichterstatter vom Ansinnen des Kunden zu überzeugen, wurde ihm ein adressatengerechter OnePager übermittelt und im Anschluss ein persönliches Gespräch terminiert. Die mit Blick auf den Rat bereits zuvor von der Agentur kontaktierten MdEP waren in der Zwischenzeit bereits selbstständig auf den Berichterstatter zugegangen und hatten ihm das Kundenanliegen vorgetragen (endogener Ansatz). Zudem stammte der Berichterstatter in diesem Fall aus Deutschland und war somit generell für inhaltlichen Input eines deutschen Unternehmens empfänglich.

Die zweite Zielgruppe neben dem Berichterstatter bildeten die sog. Schattenberichterstatter der übrigen Fraktionen. Auch sie wurden für die Thematik sensibilisiert, um somit eine möglichst große Mehrheit für die Abstimmung im Ausschuss und im

---

24 Multidimensionale Interessenvertretung im Mehrebenensystem (vgl. Joos (2011), S. 72, 110).

Plenum sicherzustellen. Um darüber hinaus auch die Unterstützung der übrigen Ausschussmitglieder für das Anliegen des Kunden zu gewinnen, empfahl die Agentur ein Zugehen auf die Ausschuss-Koordinatoren der beiden größten Fraktionen (EVP und S&D).

Aufgrund der adressatengerechten Argumentation und professionellen Arbeitsweise der Agentur ist es gelungen, dass sich die deutschen Mitglieder des ENVI parteiübergreifend aus eigenem Antrieb für das Anliegen einsetzten (siehe »endogener Prozesstreiber« in Abschnitt 1.3.2.6). Eine kritische Situation zeichnete sich allerdings ab, als sich der Ausschussvorsitzende aus Italien (EVP), unterstützt von seinem französischen Stellvertreter (S&D), verstärkt in die Ausschussberatungen einschaltete und Änderungsvorschläge zugunsten der italienischen und französischen und zum Nachteil der deutschen Automobilindustrie einbrachte. Durch die Ad-hoc-Aufbereitung weiterer Argumente und das abermalige Zugehen auf die Büroleiter der Koordinatoren und der MdEP aus Ländern mit Produktionsstätten und/oder Zulieferbetrieben für die deutsche Automobilindustrie konnten weitere Abgeordnete als Unterstützer gewonnen werden. Die vorgelegten Änderungsanträge wurden in der finalen Ausschussabstimmung schließlich mehrheitlich abgelehnt und ein aus Kundensicht positiver Ausschussbericht angenommen.

Da Kommission, Rat und Parlament nach der Ausschussabstimmung bereits mit informellen Treffen (»Informeller Trilog«) begonnen hatten, um eine frühzeitige Einigung im Rahmen der ersten Lesung zu erzielen, erwies sich die Strategie, gleichermaßen auf Schlüsselspieler aller Institutionen zugegangen zu sein, als besonders hilfreich. Die inhaltlichen Bedenken waren den Verhandlungsteams der Institutionen somit hinlänglich bekannt, und Vertreter des Rates sowie des Parlaments konnten die Kommission zum Einlenken im Sinne des Kunden bewegen und schließlich eine Einigung in erster Lesung erzielen.

9.2.7 Ergebnis: Zielerreichung

Die in erster Lesung von Parlament und Rat verabschiedete Version der Verordnung beinhaltete im Gegensatz zum Kommissionsentwurf die zu Projektbeginn formulierten Positionen des vertretenen Unternehmens. Als besonders erfolgreich zeigte sich hierbei die Interessenvertretung gegenüber Rat und Parlament, durch die eine mitglieder- und fraktionsübergreifende Mehrheit in beiden Institutionen erzielt werden konnte. Auch die flankierenden strukturellen Begleitmaßnahmen während des Informellen Trilogs haben zur entsprechenden Meinungsbildung im Mehrebenensystem der EU positiv beigetragen.

Das Unternehmen hat aus der Mandatierung eines externen Dienstleisters für Governmental Relations profitiert, indem es auf dessen Prozesskompetenz zurückgreifen konnte. Die erforderlichen Zugänge zu Entscheidungsträgern wären im Rahmen eigener Verbandszugehörigkeiten oder durch eigene Verbindungsbüros (Unternehmensrepräsentanzen) nicht realisierbar gewesen.

10 Herausforderungen der Zukunft

10.1 Professionalität bedeutet Übersetzungskompetenz

von Armin Nassehi

Von Akteuren unterschiedlicher Couleur Professionalität zu verlangen, ist ein Gemeinplatz. Und der Satz, dass Erfolg und Professionalität miteinander einhergehen, könnte fast eine Tautologie sein, denn wie sollte sich Professionalität sonst erweisen als darin, erfolgreich zu sein – wenn man nicht einen völlig praxisfernen und damit ideologischen Begriff von Professionalität pflegen möchte, der sich an den Zeitläuften bricht, statt die Erfolgsbedingungen unter jeweiligen gesellschaftlichen Konstellationen angeben zu können.

Erfolg wiederum, das kann man bereits der komplexen Gemengelage gesellschaftlicher Strukturen entnehmen, ist immer weniger durch einfache Applikation des Richtigen auf jeweilige Situationen, Problemstellungen oder Herausforderungen zu erklären. Professionalität ist also nicht einfach Anwendung einer Sachkenntnis auf eine Sache, sondern muss damit rechnen, dass die Sache eine Eigenkomplexität enthält, die sich nicht einfach durch Anwendung von Wissen oder Fertigkeiten bändigen lässt. Das macht Professionalisierungsstrategien nicht nur zu einem schwierigen und langfristig anzulegenden Geschäft, sondern erzwingt geradezu die Frage nach den Bedingungen der Möglichkeit von Professionalität und damit von Professionalisierungsstrategien.

Um entsprechende Kriterien zu entwickeln, wird zunächst ein Blick auf sog. klassische Professionen gerichtet – zu diesen gehören Berufe mit Klientenkontakt, insbesondere die Priesterschaft, die Ärzte und Juristen, also letztlich die Absolventen der klassischen Fakultäten, die für Modernisierungsprozesse von besonderer Bedeutung waren (Abschnitt 10.1.1). Von hier führt der Gedankengang dann zu der Frage, was klassische Eliten der modernen Gesellschaft ausgezeichnet hat und welche Kompetenzen neue Eliten entwickeln müssen (Abschnitt 10.1.2). Daran wird sich eine genauere Bestimmung von Professionalität als Übersetzungskompetenz anschließen (Abschnitt 10.1.3). Geschlossen wird mit einer kurzen Bemerkung über den Begriff der Interessenvertretung (Abschnitt 10.1.4).

10.1.1 Klassische Professionen

Nach einer weithin akzeptierten Definition handelt es sich bei Professionen um Berufe, die sich mit den Grundkonflikten menschlichen Lebens und Zusammenlebens auseinandersetzen. Die klassischen Professionen sind der Pfarrer, der das Verhältnis des Menschen zu seinem Schöpfer bearbeitet, der Jurist, dessen Arbeit am Verhältnis des Einzelnen mit seinen Mitmenschen ansetzt, sowie der Parade-Professionelle, der Arzt, der das Verhältnis des Menschen zu seinem Körper im Blick hat. Rudolf Stichwehs[1] historische Rekonstruktion der gesellschaftlichen Bedeutung klassischer Professionen könnte man stark trivialisiert so zusammenfassen: Weil die genannten Grundkonflikte als so zentral erachtet wurden, dass ein Arzt sogar einem König sagen konnte, was dieser in Bezug auf seine Gesundheit zu tun habe, waren Professionen eines der Brückenkonzepte, die den Übergang von einer stratifikatorischen hin zu einer funktional differenzierten Gesellschaft mit eingeleitet haben. Im Unterschied zu hergebrachten Autoritäten, deren Einfluss auf ihrem unhinterfragbaren ererbten Status beruhte, speist sich die Autorität professioneller Berufe aus fachlichen, erworbenen Ansprüchen. Man kann dies zum einen als Geburt der Vernunft aus dem Geist des Paternalismus[2] beschreiben, insofern sich mit der Etablierung professioneller Autoritäten schrittweise auch Rationalität und Vernunft als handlungsleitende Motive gesellschaftsweit durchsetzten.

Zum anderen jedoch ist damit nicht nur der Schritt hin zur Etablierung von Vernunft und Rationalität getan, sondern auch zu deren Pluralisierung. An die Stelle eines hergebrachten, alles sortierenden Ordnungsgenerators treten verschiedene, je bereichsspezifische Rationalitäten, die weder jeweils einzeln noch gemeinsam in der Lage sind, eine gesellschaftliche Gesamtkoordination zu leisten. Diese Pluralität ist zwar zu Beginn noch in den Professionsfiguren selbst geborgen, wendet sich zunehmend jedoch auch gegen diese selbst.

Doch zunächst zur historischen Konstellation: Eine der Instanzen der Vermittlung zwischen Symmetrieversprechen und asymmetrischen Ordnungen in der modernen Gesellschaft spätestens seit dem 19. Jahrhundert ist in der Etablierung von Experten, besser: klassischen Professionellen, zu suchen. Gemeint sind Figuren wie der Arzt, der Priester oder der Jurist, zum Teil auch Professoren, Lehrer, womöglich Politiker, allesamt Figuren, deren »Vernünftigkeit« sich vor allem in dem Anspruch zeigte, Allgemeinheiten behaupten zu können, advokatorisch zu reden und unwidersprochen zu entscheiden. Nicht ohne Grund gelten gerade ärztliche Experten als Prototyp jener klassischen Professionellen, die die Möglichkeit haben, mit großer Wirksamkeit, erheblichem Prestige, dem Recht auf asymmetrische Gesprächspositionen und nicht zuletzt mit wenig Widerspruchsrisiko die existenziellen Grundprobleme und Konflikte des Menschen zu behandeln. Mit einer unscharfen, aber historisch durchaus gesättigten Typologie lässt sich sagen: Der Priester ist zuständig für Grundkonflikte der personalen Identität, also für die Brüchigkeit und Fragmentarität des eigenen Lebens. Der Jurist vermittelt in innerweltlichen Konflikten und wird durch das Rechtswesen mit einer Unparteilichkeit ausgestattet, die für eine übergreifende Rechtsordnung Partei ergreift, und der Arzt bearbeitet das Grundproblem der physischen und psychischen Integrität. Die enorme normative Macht dieser Professionellen hat nichts weniger mit hervorgebracht als den modernen, selbstverantwortlichen und sich der

1   Vgl. Stichweh (1997; 2005).
2   Vgl. Nassehi (2010).

»Vernunft« unterwerfenden Menschen, dessen Freiheit eingeschränkt werden konnte mit der Einsicht in die Notwendigkeit einer angemessenen, sittlichen Lebensführung. Nicht umsonst umgaben sich diese professionellen Positionen mit hohen moralischen Standards, mit einem Habitus des Unnahbaren und mit einer Kommunikationsform, die eher den Stil von Verkündigungen annahm.

Diese Konstellation hat sich weitgehend geändert. Expertenschaft und Professionalität scheinen merkwürdigerweise umgekehrt proportional mit der Leistungsfähigkeit und Effizienz ihrer Tätigkeiten in Gefahr zu geraten – und das nicht, wie man erwarten könnte, nur aufgrund einer Kritik am Habitus dieser alten Professionen.[3] Am sinnfälligsten wird dies in der Tat im medizinischen Bereich.[4] Es ist einerseits der Fortschritt der Medizin und der Biowissenschaften selbst, der für Entscheidungslagen gesorgt hat, die sich den engen professionellen Wissensroutinen entziehen. Es ist andererseits aber auch eine veränderte Gesellschaft, in der es immer weniger gelingt, jene »symmetrische Asymmetrie« der klassischen industriegesellschaftlichen Moderne zu perpetuieren.

Um diese Umstellung transparent machen zu können, lohnt sich ein Blick auf die soziologische Professionstheorie selbst. Die klassische Professionstheorie etwa von Talcott Parsons aus den 1930er-Jahren des letzten Jahrhunderts zeugt sehr deutlich von jenem Vertrauen, das in der klassischen Moderne in die symmetrisch-asymmetrische Macht der Professionellen gesetzt wurde. Für Parsons ist die Professionsrolle, klassischerweise die des Arztes, nicht nur eine, die mit einer ohnehin unbestrittenen Wissensdifferenz ausgestattet ist, sondern eine, die eine gesamtgesellschaftliche Asymmetrie ausdrückt, in der universalistisch orientierte Interessen über rein individualistischen stehen. So unterscheidet Parsons etwa den Geschäftsmann vom Professionellen: »Business men are, for instance, expected to push their financial interests by such aggressive measures as advertising. They are not expected to sell to customers regardless of the probability of their being paid, as doctors are expected to treat patients. In each immediate instance in one sense the doctor could, if he did these things according to the business pattern, gain financial advantages which conformity with his own professional pattern denies him. It is not obvious that he is ›sacrificing‹ his interest for the benefit of others.«[5] Die universalistische Autorität des Arztes resultiert dabei nicht aus einer gesamtgesellschaftlichen Hierarchie, sondern aus dem Glauben an die universalistische Bedeutung des rationalen wissenschaftlichen Wissens. Bei Parsons heißt es: »There is a very important sense in which the professional practitioner in our society excercises authority. We speak of the doctor as issuing ›orders‹ even though we know that the only ›penalty‹ for not obeying them is possible injury to the patient's health. [. . .] This professional authority has a peculiar sociological structure. It is not based on a generally superior status, as in the authority a southern white man

---

3   Vgl. Münkler (2020).

4   Vgl. Saake (2003).

5   Parsons (1939), S. 464.

tends to assume over any Negro, nor is it a manifestation of superior ›wisdom‹ in general or of higher moral character. It is rather based on the superior ›technical competence‹ of the professional man. He often exercises his authority over people who are, or are reputed to be his superiors in social status, in intellectual attainments or in moral character. This is possible because the area of professional authority is limited to a particular technically defined sphere.«[6]

Dies sei hier nicht zitiert, um etwas über die Professionellenrolle des Arztes zu sagen, sondern um zu zeigen, wie merkwürdig uns heute eine Position erscheint, die in dieser ungebrochenen Weise dem ärztlichen Experten eine Kompetenz zuschreibt, der hier tatsächlich eine universalistische Bedeutung zugewiesen wird. Interessant an Parsons' Position ist dabei eben nicht, welche Rolle er den Professionen zuweist. Auch seinen Glauben, dass wissenschaftliche Rationalität rationaler sei als etwa die Tradition, darf man als phänotypischen Charakter über siebzig Jahre alter Texte vernachlässigen. Auch dass Parsons es für erklärungsbedürftig hält, dass der professionelle Universalist seine Kompetenz quer zur gesellschaftlichen Schichtung geradezu egalitär einsetzt, ist nachvollziehbar. Von Interesse ist dagegen, was Parsons nicht für weiter erklärungsbedürftig hält. Parsons geht von offensichtlich stabilen Asymmetrien aus, von der Asymmetrie nämlich zwischen einer eher universalistischen und einer eher individualistischen Perspektive. Für ihn muss nicht weiter geklärt werden, inwiefern und warum sich Klienten tatsächlich an die Anweisungen der Professionellen halten. Das heißt für den Fall der klassischen Profession, dass sich alle an die spezifische Asymmetrie zwischen Experte und Laie halten – sowohl der Experte als auch der Laie. Modernität in diesem Sinne ermöglichte den Voluntarismus des Individuums also dadurch, dass die Asymmetrie zwischen universalistischen/rationalen/wissenschaftlichen Normen so stabil gehalten werden konnte, dass sie sich sogar quer zu anderen Asymmetrien halten konnte, zu Schichtung etwa, zu kulturellen oder auch Geschlechterdifferenzen. Auf Augenhöhe zu kommunizieren war gar keine Option.[7]

Aus heutiger Perspektive mutet diese Professionstheorie geradezu kurios an, hat aber durchaus dokumentarischen Charakter. In der gegenwärtigen Professionssoziologie findet man nicht mehr jene professionskritische Gegenbewegung vor, wie sie in den Schriften von Elliot Freidson am prominentesten vorliegt.[8] Die heutige Professionssoziologie interessiert sich vor allem für den performativen, den inszenatorischen Charakter professionellen Handelns, also für die praktischen Fragen, wie es Professionellen in konkreten Situationen gelingt, sich so darzustellen, dass der Laie als Laie »funktioniert«.[9]

---

6   Parsons (1939), S. 460.
7   Vgl. Nassehi (2007), S. 386ff.
8   Vgl. Freidson (1975).
9   Vgl. Hitzler (1994); Pfadenhauer (2003).

Was sich aber offensichtlich nicht geändert hat, ist dies: Bis heute hält man letztlich daran fest, dass es Professionellen vor allem um zweierlei geht, nämlich zum einen um die Selbstverwaltung von Spezialwissen und zum anderen um die Bearbeitung von Asymmetrien zwischen Professionellen und Klienten. Wenn auch im Modus der Kritik wird an diesem Bild festgehalten – und für zumindest die ärztliche Profession, aber auch für Lehrberufe, vielleicht auch für Spielarten des Priesteramtes und des Richters mag das nach wie vor gelten. Denkt man etwa an die radikale Kritik, der ärztliche Professionalität in den letzten Jahrzehnten ausgesetzt war, muss man demgegenüber empirisch feststellen, dass sich auch unter aktuellen Bedingungen hier ein spezielles Handling von Asymmetrien erhalten musste, damit Krankenbehandlung möglich bleibt.[10]

Und ein zweiter Aspekt ist für den hier zur Diskussion stehenden Zusammenhang von besonderer Bedeutung. In der klassischen Professionstheorie wird die Tätigkeit der »business men« geradezu aus dem Kosmos der Professionalität ausgeschlossen, und zwar mit der deutlichen Begründung, ihnen gehe es in erster Linie um individuelle Interessen, um ökonomischen Gewinn und damit eben nicht um universalistische Werte jenseits konkreter Interessen. Abgesehen von der Idealisierung der klassischen Professionen spiegelt sich darin eine Unterschätzung derjenigen Kenntnisse und Fertigkeiten wider, die in anderen als den klassischen Professionen vonnöten sind.

Die Frage wäre also: Wenn man über Interessenvertretung, über Strategien der Einbindung bzw. Überzeugung von politischen Stakeholdern nachdenkt, darf man dann auf so etwas wie Professionalität setzen? Zumindest ist diese Frage ein Hinweis darauf, dass Professionalität heute ganz anders gedacht werden muss – und womöglich ist gerade das hier zu verhandelnde Thema ein paradigmatischer Fall für die Frage, wie Professionalitätskonzepte erweitert werden müssen.

10.1.2 Eine neue Professionalität?

Professionalität darf nicht einfach mit Sach- und Fachkompetenz verwechselt werden. Ähnlich wie bei klassischen Professionalitätskonzepten geht es auch hier darum, Sach- und Fachkompetenz nicht nur auf einen bestimmten Gegenstand bzw. auf eine bestimmte Fragestellung oder Aufgabe hin anzuwenden oder zu applizieren. Diese Sach- und Fachkompetenz wird man bei professionellen Handlungstypen ohnehin voraussetzen müssen. Entscheidend ist aber auch hier, dass die besondere professionelle Kompetenz darin besteht, Transferleistungen zu erbringen. Was bei den klassischen Professionellen die Möglichkeit war, etwa medizinisches Wissen in ärztliches Handeln umzusetzen und damit Klienten/Patienten die Möglichkeiten der Kooperation unter asymmetrischen Bedingungen erst zu eröffnen, ist hier nun eher so etwas wie ein Symmetriemanagement. Symmetrisch ist daran vor allem, dass es darum geht,

---

10 Vgl. dazu Nassehi (2010); Saake (2008); Atzeni (2016).

Partnern, anderen Stakeholdern auf Augenhöhe zu begegnen und ihnen Angebote zu machen, Überzeugung zu leisten, eine andere Perspektive zu vermitteln.[11] Also geht es auch hier um Klientenkontakt, nicht mehr aber um die klassische asymmetrische Konstellation zwischen Professionellem und Klienten, sondern letztlich um so etwas wie »interprofessionellen« Kontakt – denn das Gegenüber und seine Eigenkomplexität ist viel weniger als der klassische Klient ein passiver Empfänger von Leistungen, sondern ein aktiver Part in dieser Gemengelage.

Mit diesen Vorbemerkungen wird schon deutlich, dass es sich bei Professionalität im Engeren eben nicht nur um versäulte Teilkompetenzen handeln kann, sondern eher um eine Transferkompetenz, die eng mit der Struktur der modernen Gesellschaft zusammenhängt. Wie unter Abschnitt 2.1.3 erläutert wird, stellen sich Konflikte in modernen, funktional differenzierten Gesellschaften zunehmend als Übersetzungskonflikte zwischen unterschiedlichen Logiken der Gesellschaft heraus – Konflikte, die ihre jeweiligen Perspektiven, man könnte auch sagen: Sprachen und Erfolgsbedingungen, ineinander übersetzen müssen, um zu Entscheidungen kommen zu können.

Interessenvertretung und -durchsetzung stellt sich dann nicht einfach als ein Kraftspiel kommunizierender Röhren heraus. Es geht nicht darum, mit Kraftentfaltung etwas gegen andere durchzusetzen, zumindest nicht in dem Sinn, dass man schlicht mit genügend Kraft- und Gewalteinwirkung eine Wirkung erzielt. Das wäre nicht nur eine unterkomplexe Perspektive, weil sie nicht mit der Eigenkomplexität des Gegenübers rechnet, sondern nur mit Widerstand. Eine solche Perspektive würde auch die Möglichkeit weiterer Zusammenarbeit verunmöglichen, ganz abgesehen davon, dass sich Macht- und Kraftverhältnisse leicht umkehren können und deshalb wenig nachhaltige Lösungen bereithalten. Es geht heute vielmehr darum, auszuloten, wie Akteure aus unterschiedlichen Perspektiven zu gemeinsamen Lösungen kommen – und wenn nicht das, dann zu unterschiedlichen Lösungen, die aber für beide akzeptabel sind. Man muss lernen, mit der anderen Perspektive zu rechnen – nicht um sie zu übernehmen, erst recht nicht, um zu Konsensen zu kommen, aber um realistisch die Möglichkeiten einzuschätzen, die strukturell für Lösungen gegeben sein können. Um es deutlich zu sagen: Die Erfolgsbedingungen zwischen politischen und ökonomischen Handlungsformen sind so unterschiedlich, dass ein Konsens zwischen den konfligierenden Personen in der Sache nicht einmal die Lösung sein muss. Es geht gar nicht um die Personen als solche, sondern es geht um Handlungsmöglichkeiten, es geht um unterschiedliche Logiken, es geht um die strukturellen Logiken, die zur Verfügung stehen, es geht darum, Lösungen vor unterschiedlichen Teilpublika plausibel machen zu können. Wir kennen solche Formen aus Tarifverhandlungen, in denen sich die

---

11 Man kann es sehr gut daran erkennen, wie sich das wissenschaftliche Selbstverständnis dahingehend verändert, dass der Transfer von Wissen inzwischen als eine genuin wissenschaftliche Aufgabe angesehen wird, so etwa eine Empfehlung des Wissenschaftsrates aus dem Jahre 2016 (Wissenschaftsrat 2016), was sich etwa typischerweise im seit 2023 geltenden »Wissenschaftsinnovationsgesetz« des Freistaates Bayern wiederfindet (vgl. https://wk.bayern.de/wissenschaftler/hochschulen/hochschulrechtsreform.html).

beteiligten Akteure oft einiger sind, als es strukturell möglich ist. Wir kennen das aus Koalitionsverhandlungen in der Politik, wo es auch, aber eben nicht nur darauf ankommt, dass sich Personen verstehen, wo aber vor allem die unterschiedlichen Interessen und Plausibilitäten über Kooperationsmöglichkeiten entscheiden. Wir kennen das aus Unternehmensfusionen, bei denen bestehende Strukturen mit unterschiedlichen Traditionen, Selbstverständlichkeiten und Erwartungen zusammengeführt werden müssen. Wir kennen das auch aus dem Bereich der wissenschaftlichen Interdisziplinarität, bei der es eben nicht darauf ankommt, dass unterschiedliche Disziplinen ihre jeweiligen Teilergebnisse zu einem Ganzen zusammenfügen, sondern sich gegenseitig am gleichen Gegenstand dazu herausfordern, ihre Fragen und Lösungsperspektiven zu verändern.

Professionalität neu zu denken, heißt also, mit unterschiedlichen Perspektiven umzugehen – und keineswegs, um es noch einmal zu betonen, unterschiedliche Perspektiven zu konsentieren. Für eine Annäherung an eine solche neue Herausforderung für Professionalität lohnt sich ein kurzer Blick darauf, wie sich Eliten bzw. Elitepositionen im Laufe des Modernisierungsprozesses verändert haben.

Der Elitendiskurs ist ein moderner Diskurs. Wer zu führen hat, wer führen kann und selbst wie zu führen ist, war in der alten Welt noch keine Frage. Und wenn die Frage gestellt wurde, war die Antwort klar: die Führer natürlich, die sowohl ihre Kompetenz als auch ihre Legitimation ererbt haben. Erst die Vernationalstaatlichung des Politischen, die Verbetrieblichung des Ökonomischen, die (wenigstens ansatzweise) Demokratisierung des Bildungswesens, die Verrechtlichung von Transaktionen als Gleichheitsgenerator und nicht zuletzt die Verwissenschaftlichung des Wissens haben dazu geführt, dass das Führen, die Repräsentation und die Legitimation, zu entscheiden, kontingent wurde. Man musste nun »auswählen«, und exakt deshalb heißen die Eliten auch Eliten: die »Ausgewählten«. Der Diskurs um die Frage der angemessenen Auswahl von Eliten, von Führungskräften und Entscheidungsträgern wird damit zu einer entscheidenden Frage für die Selbstreproduktion von Gesellschaften.

Im ersten Moment denkt man an Politik. Der Typus des modernen, demokratischen Politikers ist ein sichtbarer Typ, dessen Position als Elite sich insbesondere durch Prominenz und Bekanntheit auszeichnet. Das moderne politische System wäre ohne die Konstruktion eines solchen Typus überhaupt nicht denkbar. Ein anderer Typus ist sicher der Typus der Wirtschaftselite, der sich gerade nicht in erster Linie durch Prominenz auszeichnet, sondern dessen Erfolgsbedingungen sich eher im Hintergrund entfalten. Weitere Typen wären wissenschaftliche Eliten, künstlerische Avantgarden usw. Schon auf den ersten Blick drängt es sich auf, in der Differenzierung von gesellschaftlichen Eliten ein Zeichen der funktionalen Differenzierung der modernen Gesellschaft zu sehen. Und sicher ist die Ausdifferenzierung gesellschaftlicher Funktionssysteme für Politik, Ökonomie, Wissenschaft, Recht, Kunst usw. der entscheidende Hintergrund für jene Ausdifferenzierung von Leistungs- und Funktionseliten, deren Auswahlkriterien je für sich funktionsspezifisch entstehen.[12] Und ohne Zweifel lassen sich entsprechend ausdifferenzierte Professionskulturen ausmachen, die ihre jeweils eigenen Regeln und Gewohnheiten, Traditionen und Konflikte bezüglich Auswahl- und Nachfolgeregelungen kennen. All das ist nicht unbeobachtet geblieben und etwa für den speziell deutschen Fall von Ralf Dahrendorf[13] als eine Versäulung der Teileliten beschrieben worden. So empirisch richtig und gesellschaftstheoretisch plausibel dieses Argument auch immer ist, es hat bisweilen eine allzu sublimierende Funktion in der Debatte um Eliten. Man ist zumindest den Schwarzen Peter los, mit dem Begriff Elite zugleich an die Herrschaft einer elitären Gruppe und Clique denken zu müssen, und reduziert die Frage der Eliten auf Karrierechancen und -verläufe und auf die Frage nach der Effizienz funktionsdifferenzierter Elitenzirkulation. Funktionale Differenzierung, so könnte man sagen, ist dann gewissermaßen die Lösung des Problems gesellschaftlicher Eliten. Eliten verlieren damit ihre gesamtgesellschaftliche Herrschaftsposition zugunsten von Meinungsführerschaft in funktionalen Teilsystemen. Die Macht der Funktions- und Leistungseliten speist sich also ausschließlich aus den jeweiligen Strukturen der Funktionssysteme.

Nun macht man sich bisweilen ein falsches Bild der funktional differenzierten Gesellschaft. Die Rede von sich ausdifferenzierenden Logiken, die sich im Laufe des gesellschaftlichen Modernisierungsprozesses voneinander wegdifferenziert haben, ist zumindest missverständlich.[14] Auf den ersten Blick scheint es, dieser Ausdifferenzierungsprozess bringe eine völlige Unabhängigkeit teilsystemischer Funktionsbereiche hervor. In der Tat kann sich Ökonomisches nur ökonomisch bewähren, Recht nur rechtlich, wissenschaftliche Wahrheit nur nach innerwissenschaftlichen Kriterien usw. Für Geld gibt es kein Seelenheil, Macht kann keine Wahrheit durchsetzen und Gesundheit lässt sich nicht per Rechtsentscheid dekretieren. Genauso richtig ist aber auch, dass die Funktionsbereiche in erheblicher Weise aufeinander einwirken und sich die Welt der »anderen Seite« übersetzend aneignen. So lässt sich per Gerichtsbeschluss sehr wohl in medizinisches Handeln eingreifen, politische Macht vermag es sehr wohl, wissenschaftliche Arbeit zu stören, und Seelenheil kann man zwar heute nicht mehr kaufen, aber manche Geldzahlung wird die Teilnahmebedingungen an religiöser Kommunikation womöglich verbessern. Und – darum geht es hier – ökonomische Interessen können durchaus in politische Forderungen übersetzt werden.

Solche Konstellationen weisen erneut darauf hin, dass moderne Gesellschaften eben nicht zentral integriert sind, sondern dass sich die unterschiedlichen Funktionen wechselseitig in Echtzeit begegnen. Es müssen also an exakt den Schnittstellen zwischen den unterschiedlichen Funktionen und Perspektiven Lösungen gefunden werden – eben weil eine moderne Gesellschaft nicht immer schon in ihren Funktionen integriert ist und deshalb produktiv mit den Differenzen umgehen muss.

---

12   Vgl. Münkler (2000), S. 80.
13   Vgl. Dahrendorf (1965).
14   Vgl. Nassehi (2021), S. 93ff.

Daraus lässt sich die These ableiten, dass sowohl der Diskurs um Eliten als auch die gesellschaftliche Konstitution von Elitepositionen, von Kulminationspunkten für weitreichende Entscheidungen, als eine Reaktion auf das Integrationsproblem funktional differenzierter Gesellschaft anzusehen ist. Eliten, so kann man nun schließen, protestieren letztlich gegen die moderne Gesellschaftsstruktur und gegen ihre jeweils monolithisch professionalisierten Funktionseliten, indem sie funktionale Differenzierung zu unterlaufen suchen. Und dies gilt sowohl für die »alten« Eliten der Hochzeit nationalstaatlicher Autarkieunterstellungen wie für die »neuen« Eliten der Gegenwart.

Die klassischen modernen Eliten der Funktionssysteme scheinen recht zahnlose Tiger geworden zu sein – inszenierte politische Persönlichkeiten, geniale Künstler, kühl rechnende Wirtschaftsbosse, Justitias Blindheit verpflichtete Oberste Richter, brave Professoren. Diese Karikatur mag zeigen, wie wenig gesättigt die Reduktion des Elitenproblems auf diese Funktionseliten daherkommt. Wenn Eliten tatsächlich diejenigen Akteure sind, die nicht nur Betroffene sind, sondern an denen Entscheidungen von einiger Tragweite kulminieren, dann sind Eliten unter den gegenwärtigen Bedingungen einer funktional differenzierten Gesellschaft sicher nicht mehr nur diejenigen, die es in stabilen Organisationskontexten der Funktionssysteme als sichtbare Funktionseliten zu etwas gebracht haben. Die entscheidenden Positionen scheinen auch heute diejenigen zu sein, die in der Lage sind, an den Differenzen der Funktionssysteme, systemtheoretisch gesprochen an den strukturellen Kopplungsstellen, zu wirken. Unter den gegenwärtigen Bedingungen werden solche Kopplungen immer weniger durch nationalstaatliche Schließung oder ihre Simulation stabilisiert. Die »alten« Eliten waren letztlich sichtbare Eliten, deren Sichtbarkeit auch dafür sorgte, die gesellschaftliche Gemeinschaft des nationalen Rahmens zu repräsentieren.

Die »neuen« Eliten sind dagegen vielmehr diejenigen, die nun eher unsichtbar das Jonglieren mit der Differenz zwischen den funktionssystembildenden Unterscheidungen beherrschen. Nicht mehr aus Traditionsbindung erwachsene Loyalitäten generieren also Eliten, auch nicht mehr nur die »old boys networks« der klassischen national- und industriegesellschaftlichen Moderne, sondern nun die Kunst, mit der Eigenlogik der Funktionssysteme zu spielen und die wechselseitige Irritierbarkeit politischer Macht, ökonomischer Potenz und rechtlicher Entscheidungsgewalt zu nutzen. Die Schlüsselkompetenz für diese Eliten ist nicht mehr die Domestikation der eigenen Hilfstruppen oder die potenzielle Drohung mit der Anwendung des Gewaltmonopols, sondern eine eher epistemologisch fundierte Kompetenz. Es ist die Fähigkeit, wenn ich das noch einmal systemtheoretisch sagen darf, der gezielten Anwendung der Beobachtung zweiter Ordnung auf die Kopplung von Funktionssystemen. Das Grundthema dieser »neuen« Eliten wäre eine Art Rollenübernahme, oder besser gesagt Übersetzungsarbeit: Wie lassen sich politische Perspektiven in ökonomische übersetzen, wie diese in jene, wie stellt sich wissenschaftliches Wissen aus der Perspektive des Politischen dar, wie können moralische Konflikte in eine moralferne Rechtssprache übersetzt werden usw.? Exakt hier setzt nun das Übersetzungskonzept als zentraler Mechanismus dafür an, wie eine neue Form von Professionalität zu denken ist. Was in der Übersetzungsforschung für Literatur und für Kulturen gilt, gilt eben auch für Funktionskontexte. Wie der postkoloniale Migrant – oder seine literaturwissenschaftliche Repräsentation als Autor und Übersetzer – wie ein Parasit auf den Differenzen der Kulturen hockt, klammern sich die neuen Eliten wie Parasiten an die Unterscheidungen der Funktionskontexte. Sie scheinen auf eine ganz neue Art und Weise für das zu sorgen, was man auch von den »alten« Eliten erwartet hatte: Integration im Sinne einer wechselseitigen Limitierung von Funktionssystemen, eine Funktion, die letztlich der Struktur der Moderne widerspricht. In diesem Sinne protestieren auch die »neuen« Eliten gegen die moderne Gesellschaftsstruktur – und bestätigen sie zugleich, indem sie anzeigen, dass Integration und funktionale Koordination der funktional differenzierten Gesellschaftsstruktur nicht vorausgeht, sondern allenfalls eine jeweils punktuelle, fragile Folge konkreter Kontexte ist, die gerade in der transnationalen Entkoppelung von Funktionskontexten immer fragiler wird. Damit sind alle Voraussetzungen für ein Professionalisierungskonzept für Interessenvertretungsprozesse benannt und müssen nun nur noch zusammengeführt werden.

10.1.3 Professionalität als Übersetzungskompetenz

Unternehmerische Interessenvertretung und die Überzeugung politischer Stakeholder und Entscheider ist eine Praxis, die exakt an jenen Schnittstellen angesiedelt ist, an denen die Hauptaufgabe und die entscheidende Kompetenz neuer Eliten gefragt ist, die man tatsächlich »Differenzierungseliten«[15] nennen kann, die insbesondere über eine spezifische Form der Übersetzungskompetenz verfügen müssen. Professionalität des hier geforderten Typs ist nicht mehr die klassische Professionalität mit asymmetrischem Klientenkontakt, sondern eine Professionalität, die in der Lage ist, wechselseitige Übersetzungsleistungen vorzunehmen. Ist die klassische Professionalität von einer einseitigen Asymmetrie geprägt, liegt hier so etwas wie eine doppelte Asymmetrie vor, nämlich zwei wechselseitige Übersetzungsperspektiven, denn die Interessen der einen Seite müssen von der anderen in die eigene Interessenlage übersetzt werden und ihrerseits so kommuniziert werden, dass sie aus der anderen Perspektive anschlussfähig sind. Diese Art Professionalität muss gewissermaßen mit unterschiedlichen Realitäts- und Bedeutungsebenen gleichzeitig umgehen und Kriterien dafür entwickeln, unter welchen Bedingungen, wann und vor allem in welcher Form diese doppelte Asymmetrie thematisiert wird oder aber Anathema bleibt oder sogar bleiben muss.

Es wird nun vielleicht deutlich, warum es sich gelohnt hat, mit der Charakterisierung klassischer Professionalität zu beginnen. Auch sie hat vor allem damit zu tun, Sach- und Fachkenntnis einem Gegenüber oder einem Publikum zu vermitteln, das andere Probleme lösen muss als der Professionelle selbst. Die Form der Asymmetrie wurde

---

15   Vgl. Nassehi (2004; 2006).

vor allem dadurch kulturell abgemildert, dass man dem Professionellen letztlich keine eigenen Interessen unterstellt hat, sondern das Interesse in einem Gesamtinteresse der Gesellschaft aufgehoben hat. Genau das meint die Rede von der Gemeinwohlorientierung der klassischen Professionellen. Das ökonomische oder politische Interesse eines Unternehmensvertreters oder eines Parteipolitikers erschien vor diesem Hintergrund als geradezu individualistische Figur und damit als letztlich »nur« interessengeleitet. Interessen traten in der bürgerlichen Gesellschaft und in der klassischen politischen Philosophie seit Hegel als Privatinteressen auf. Das meint letztlich, dass es eben Interessen sind, die keinen Bezug zu einem Allgemeinen bzw. zum Zentrum der Gesellschaft haben. In einer Gesellschaft, in der man das Allgemeine eben nicht mehr als zentrale staatliche oder sittliche Form denken kann, wandelt sich damit auch folgerichtig das, was Interessen bedeuten.

Interessen sind damit letztlich das Medium, in dem die Handlungsziele aus der jeweiligen Perspektive unterschiedlicher Funktionen, Problemlösungskonzepte und Erfolgsbedingungen auftreten. Ökonomisches ist dann nicht jenseits von Interessen denkbar – wie auch Politisches stets als Interesse codiert wird, selbst wenn Vertreter entsprechender Institutionen gar keine konkreten Interessen koordinieren. Wir sind daran gewöhnt, den Satz eines Politikers stets auf politische Interessen hin abzuklopfen, wie auch ein Unternehmens- oder Verbandsvertreter völlig unabhängig von dem, was er sagt, als Interessenvertreter wahrgenommen wird.

Was nur am Rande hierhin gehört: Die Krise der klassischen Professionellen, deren Macht und Exklusivität im Vergleich zur klassischen Moderne durchaus geschwunden ist, zeigt sich auch daran, dass man ihnen nun so etwas wie ein Interesse unterstellt, was wohl so gemeint ist, dass die Gemeinwohlorientierung solchen partikularen Wissens immer stärker angezweifelt wird, wie man es beim Arzt, beim Juristen und beim Priester, auch beim Lehrer oder Professor immer deutlicher beobachten kann.

Es sollte deutlich geworden sein, dass Interessen heute nicht mehr einfach als Privatinteresse, also als Partikularinstanz gehandelt werden können. Selbstverständlich sind Interessen stets eigene Interessen, aber die Kunst besteht ja gerade darin, wie ein Interessenausgleich möglich ist, mit dem Ziel, das eigene Interesse entsprechend zu platzieren. Insofern kann Professionalität heute nur die Fähigkeit bedeuten, Interessen so zu formulieren, dass sie in einer funktional differenzierten Gesellschaft nicht einfach in den Raum gestellt werden und mit mehr oder weniger Macht durchgesetzt werden können. Innerhalb der jeweiligen Funktionslogiken sind Interessen selbstverständlich Gegenkräfte. Unternehmen stehen im Wettbewerb um denselben Markt und treten als Wettbewerber auf. Und politische Akteure müssen sich gegen politische Konkurrenten durchsetzen und kämpfen um knappe Wählerstimmen. Ebenso kämpfen Wissenschaftler um die richtige Lösung, um die knappe Ressource Reputation, und befinden sich in einem Wettbewerb um sagbare Sätze. Doch diese gleichartigen Gegenkräfte sind mit Sach- und Fachkenntnis zu bewältigen, sie erfordern Strategien, die die Anwendung der jeweils eigenen Logik des jeweils eigenen Feldes in Anspruch nehmen.

Die Professionalität, um die es hier geht, findet dagegen ein Gegenüber, das mit anderen Logiken zurande kommen muss. Ein Unternehmensvertreter etwa eines Branchenverbandes findet in einer Staatsverwaltung, in europäischen Behörden oder in einem Parteipolitiker ein Gegenüber, dessen Erfolgsbedingungen anderen Logiken als den eigenen gehorchen. An diesen Stellen bedarf es Kompetenzen, die in der Lage sind, die eigenen Interessen nicht einfach vor anderen Interessen zu vertreten, sondern vor andersartigen Interessen. Hier setzt die Professionalität als Übersetzungskompetenz an, die exakt diesen Unterschied beherrschen muss und damit eine Professionalität sein muss, die direkt an der differenzierten Gesellschaftsstruktur der Moderne ansetzt.

10.1.4 Kurzer Appendix: Interessenvertretung neu gedacht

Damit ergibt sich auch ein differenzierteres Bild dessen, was Interessenvertretung heißen kann. Um es auf eine kurze Formel zu bringen: Die Kunst der Interessenvertretung besteht nicht darin, sich gegen andere Interessen durchzusetzen, sondern die Fähigkeit zu erwerben, andersartige Interessen zu identifizieren und eine übersetzende Sprache dafür zu finden, wie beide Erfolgsbedingungen bedient werden können. Nachhaltige Lösungen in solchen Settings sind nur dann denkbar, wenn man beide Seiten jeweils in ihrer Interessenform in die je andere übersetzen kann und sie damit in die eigene Erfolgsbedingung einschließt. Die Rede von der Win-win-Situation ist ein abgenutzter Gemeinplatz, aber hier trifft sie den Kern: Im klassischen Wettbewerb unter Unternehmern, unter Politikern, unter Wissenschaftlern, also unter gleichartigen Interessenträgern gibt es stets nur Gewinner und Verlierer. Wettbewerb ist hier sogar ein entscheidender Mechanismus, der Kreativität und Innovationen hervorbringt, weil er die Selektionskriterien schärft und für Pfade sorgt, die ohne den Wettbewerb nicht entstehen würden. Dass es auch noch andere Ordnungsmechanismen als den Wettbewerb gibt, ist damit nicht in Zweifel gezogen, aber in umkämpften Gebieten um knappe Ressourcen entsteht Wettbewerb auch dort, wo man gar nicht mit ihm rechnet.

Das ist nicht als Naivität zu verstehen. Selbstverständlich gibt es immer wieder Versuche, die Frage der Interessenvertretung als Kampf, als Durchsetzung egoistischer Interessen um ökonomische Ressourcen und politische Macht zu verstehen. Wer das in Abrede stellt, verkennt einen Großteil der empirischen Realität. Doch ist das gerade kein Gegenargument gegen die vorstehenden Überlegungen, sondern eher ihre Bestätigung. Die kurzfristige Durchsetzung eigener Interessen ist es ja gerade, die durch eine angemessene Strategie der Übersetzung vermieden werden soll, ohne dabei die eigenen Interessen aus dem Blick zu verlieren. Der Kampf um knappe Ressourcen mit allen Mitteln macht die Ressourcen nicht weniger knapp, sondern verteilt sie nur neu. Die Übersetzungsarbeit dagegen könnte in der Lage sein, die Ressourcen selbst zu erhöhen, weil die beteiligten Spieler auf neue Formen der Kooperation stoßen, die ihrerseits nicht naiverweise auf Konsens oder gar gemeinsame Interessen verpflichtet werden müssen – aber auf eine Praxis, mit der beide Seiten leben können. Eine angemessene Strategie der Interessenvertretung darf die Differenz der Perspektiven nicht kaschieren oder leugnen, sondern muss sie explizit zum Thema machen.

Die Interessenvertretung gegenüber Spielern anderer Spielfelder und Spiellogiken und -regeln, also etwa die Interessenvertretung eines Branchenverbandes beim europäischen Parlament, kann von solchen Übersetzungsleistungen nur profitieren. Hier geht es nicht um Wettbewerb im engeren Sinne, sondern darum, Interessen miteinander kompatibel zu machen. Diese Art von Professionalität ist der klassischen, so sollte nun deutlich geworden sein, ähnlicher als gedacht. Sie rechnet mit einem Benefit für das Gegenüber, denn sonst können keine Motive hergestellt werden, die unterschiedlichen Perspektiven kompatibel zu machen und zu einer wenigstens temporären Kopplung zu kommen. Mit diesem Gedanken müsste es übrigens gelingen, den Topos Interesse zu rehabilitieren, denn Interessen sind in einer funktional differenzierten Gesellschaft mehr als nur Privatinteressen. Sie sind womöglich nötig, um in einer strukturell desintegrierten Gesellschaft zu Lösungen zu kommen – temporär, vorläufig und gerade deshalb auf wechselseitiges Vertrauen angewiesen.

10.2 Wissensinfrastrukturen

von Franz Waldenberger

10.2.1 Der Zugang zu externem Wissen ist heute wichtiger denn je

Um gute Entscheidungen treffen zu können, benötigen wir nicht nur Informationen, sondern auch Wissen darüber, welche Informationen relevant und verlässlich sind und wie diese Informationen in Bezug auf das jeweilige Entscheidungsproblem zu deuten und zu verwerten sind. In gewöhnlichen Alltagssituationen liefert uns der vielfach erprobte gesunde Menschenverstand hinreichend Orientierung. Bei grundlegenden und weitreichenden Entscheidungen, wenn es beispielsweise um Ausbildung oder Karriereplanung, um größere Anschaffungen, Gesundheitsprobleme oder Rechtsfragen geht, kommen wir damit allein allerdings nicht weiter. Wenn wir nicht zufällig Experte auf dem betreffenden Gebiet sind, werden wir uns zusätzlich schlau machen müssen, sei es durch Selbststudium, bei »Dr. Google« oder bei Fachleuten, die wir zufällig kennen oder die uns empfohlen wurden.

Immer wenn wir uns zusätzlich Wissen aneignen oder Rat einholen, nutzen wir Wissensinfrastrukturen.[16] Wir haben schon immer auf Wissensinfrastrukturen zurückgegriffen, ohne diese allerdings explizit zu thematisieren. Dass wir dies seit den letzten 20 Jahren vermehrt tun, hängt damit zusammen, dass der Zugang zu externem Wissen

---

16   Siehe dazu die Erläuterungen in der Themenbox.

wichtiger geworden ist. Dies hat vor allem drei Gründe. Erstens hat der Umfang an Wissen enorm zugenommen. Zwar können wir diese Zunahme nicht direkt quantifizieren,[17] es gibt aber zahlreiche Indikatoren, die dies nahelegen: die Investitionen in Forschung und Entwicklung, die Zahl der in der Forschung beschäftigten Personen, die Zahl der Patentanmeldungen oder die Zahl wissenschaftlicher Publikationen. Da unsere eigenen kognitiven und zeitlichen Kapazitäten zur Aneignung von Wissen begrenzt sind, verfügt jeder von uns heute über einen immer kleineren Bruchteil des unsere Lebensbedingungen bestimmenden Wissens. Trotz deutlich längerer Bildungs- bzw. Ausbildungszeiten und eines entsprechend höheren allgemeinen Bildungsniveaus sind wir relativ gesehen unwissender geworden. Unsere zunehmende Ignoranz ist insbesondere deshalb problematisch, weil wir aufgrund der weiter voranschreitenden Arbeitsteilung und des technischen Fortschritts an Eigenständigkeit verlieren. Wir wissen also immer weniger über unsere Umwelt, obwohl wir in diese immer stärker eingebunden sind. Der Zugang zu externem Wissen gewinnt unter diesen Umständen existenzielle Bedeutung.

Themenbox: Wissensinfrastrukturen

Der Begriff wurde in den Science and Technology Studies (STS) geprägt (Edwards et al. 2013, Karasti et al. 2016). Allerdings werden damit zum Teil recht unterschiedliche Phänomene beschrieben, wie nationale bzw. regionale Innovationssysteme, räumlich verteilte Forschungsnetzwerke, Ökosysteme, in denen Wissen themenbezogen produziert, ausgetauscht und angewandt wird, auch unter Einbindung von Bürgern (citizen science), oder schließlich digitale Archive bzw. Datenbanken. In diesem Beitrag werden Wissensinfrastrukturen (WI) aus einer nutzerbasierten und entscheidungsorientierten Perspektive betrachtet. Allgemein gesprochen liefern WI die Antwort auf die Frage, wo und wie sich Entscheidungsträger externe Expertise einholen.

Wie eine Verkehrsinfrastruktur, die Orte verbindet und den Transport von Personen und Gütern zwischen diesen Orten ermöglicht, so ermöglicht eine WI den Wissensaustausch zwischen Orten und Akteuren, die Wissen produzieren, speichern und nachfragen. Hierzu zählen Forschungseinrichtungen, also Orte, an denen neues Wissen produziert wird, Bildungseinrichtungen, die einen bei der Aneignung von Wissen unterstützen, und Experten, die Rat anbieten. Auch Verlage, die Wissen in Form von Büchern, Zeitschriften, Podcasts, Videobeiträgen und dergleichen publizieren und damit dauerhaft sichern, werden durch WI vernetzt. Verlage nehmen bei der Auswahl der zu publizierenden Inhalte Filter- bzw. Selektionsfunktionen wahr und engagieren sich aus kommerziellem Interesse im Rahmen ihrer Marketing- und Vertriebsaktivitäten an der Entwicklung und Pflege von WI. Der Zugang und die Nutzung von WI werden außerdem durch Aggregatoren und Intermediäre unterstützt.

---

17 Ein Maß wäre das Speichervolumen, das nötig ist um alles Wissen zu dokumentieren. Aber das scheitert schon daran, dass die Abgrenzung wissensrelevanter Inhalte kaum zu entscheiden ist und dass viele Wissensinhalte von unterschiedlicher Qualität sind.

Hierzu zählen einerseits Institutionen wie Buchhandlungen, Bibliotheken und Internetplattformen, die publiziertes Wissen selektieren, sammeln und durch Beratung bzw. Suchfunktionen auffindbar machen, andererseits auf Recherchen spezialisierte Wissensvermittler wie Nachrichtendienste oder neuerdings auch digitale Agenten.

WI vernetzen Orte und Personen die Inhalte produzieren, speichern, anbieten oder vermitteln. Viele dieser Orte bieten auch nichtwissenschaftlichen Content an. Welcher Kategorie Inhalte zuzuordnen sind, lässt sich nicht allgemein festlegen. Nichtwissenschaftliche Inhalte können immer auch Gegenstand wissenschaftlicher Forschung sein, man denke an die Kunst- oder Literaturwissenschaften, oder sie können Material für soziologische und historische Studien bieten. Aber auch die Nutzung wissenschaftlicher Inhalte muss nicht immer entscheidungsorientiert sein. Sie kann auch einfach nur Konsuminteressen befriedigen oder allgemeinen Bildungs- und Forschungszwecken dienen.

Die entscheidungsorientierte Nutzung von WI ist in mehrfacher Hinsicht personalisiert: durch die persönlichen Netzwerke, über die Ratsuchende verfügen, durch die Höhe des Budgets an Zeit und Geld, das ihnen zur Verfügung steht, durch ihr spezifisches Anliegen, das die Richtung der Suche festlegt, durch ihr Vorwissen, das bestimmt, welche Inhalte sie verstehen und potenziell verwerten können, und schließlich durch ihre Erwartungen und Interessen, die im Falle sich widersprechender Inhalte beeinflussen, welcher Expertise sie vertrauen.

Hinzukommt, zweitens, dass unsere Gesellschaften von tiefgreifenden Veränderungen betroffen sind. Die digitale Transformation, der Klimawandel und die Trendwende in der demografischen Entwicklung stellen vieles infrage, was bisher Bestand hatte. Wir leben in einer Zeit großer Unsicherheiten. Wandel und damit einhergehende Unsicherheit reduzieren die Verlässlichkeit und den Wert bisherigen Wissens und steigern die Nachfrage nach mehr bzw. neuem Wissen. Drittens verfügen wir in einer virtuell immer enger vernetzten Welt über schier unbegrenzte Informationsmöglichkeiten. Um die Flut an vielfach widersprüchlichen Informationen beherrschen und daraus Nutzen ziehen zu können, benötigen wir mehr Wissen. Wissen und Information sind komplementär. Wissen befähigt uns, Informationen zu verarbeiten. Um neue und vielfältigere Informationen bewältigen zu können, brauchen wir mehr Wissen.

Die Notwendigkeit auf externes Wissen zugreifen zu müssen, stellt sich nicht nur im privaten Bereich, sondern vor allem auch in Wirtschaft und Politik. Das Expertenwissen von Führungskräften und Gesetzgebern und die ihnen unternehmensintern bzw. in den Ministerien verfügbaren Kompetenzen reichen heute immer weniger aus, um fundierte Entscheidungen treffen zu können. Die Verfügbarkeit und der Zugang zu funktionsfähigen, d. h. qualitativ hochwertigen Wissensinfrastrukturen werden damit zu einem grundlegenden wirtschafts- und gesellschaftspolitischen Problem[18].

---

18 Vgl. Waldenberger (2019)

10.2.2 Wissensinfrastrukturen sind die Lösung, aber zugleich auch das Problem

Wissensinfrastrukturen erweitern unseren Zugang zu Wissen. Auf den ersten Blick scheint dies paradox. Denn, wie oben erwähnt, sind unsere kognitiven Fähigkeiten zur Aneignung von Wissen ebenso wie die dazu nötige Zeit ja begrenzt. Wie soll es möglich sein, diese Begrenzungen aufzuheben? Der Trick besteht darin, dass wir Wissen nutzen können, ohne es selbst zu besitzen. Es verhält sich hier ähnlich wie mit einem ausgezeichneten Essen oder wunderbaren Kunstwerken und Musikstücken, die wir genießen können, ohne in der Lage zu sein, sie selbst zu produzieren. Technische Produkte wie Autos, Computer oder Smartphones benutzen wir, ohne verstehen zu müssen, wie sie funktionieren. Ähnlich funktioniert es, wenn wir uns von Experten, z. B. einem IT-Spezialisten, einem Juristen oder einem Arzt Rat einholen. Wir müssen verstehen und gegebenenfalls umsetzen können, was diese uns sagen, um von ihrem Wissen profitieren zu können. Wir müssen uns das zugrunde liegende Spezialwissen aber selbst nicht aneignen. Die gemeinsame Sprache und ein gewisses Maß an Allgemeinbildung fungieren als Kommunikationsschnittstelle ähnlich der Bedienoberfläche eines Computers. Das ist das eigentliche Wunder der Kommunikation[19], gleichzeitig natürlich auch der Ursprung vieler Missverständnisse. Aber meist funktioniert es eben.

Eine unabdingbare Voraussetzung bei der Nutzung von Wissen, das wir selbst nicht besitzen, ist Vertrauen. Wir ersetzen das uns fehlende Wissen durch Vertrauen. Wir können die Analyse eines Arztes gegebenenfalls nachvollziehen, aber wir wissen nicht, ob dazu alle relevanten Befunde einbezogen wurden und ob nicht noch andere Schlussfolgerungen möglich gewesen wären. Wir vertrauen darauf, dass der Arzt bestens qualifiziert ist und uns den Rat nach bestem Wissen und Gewissen gab. Die Rolle von Vertrauen stellt sich beim Austausch von Wissen anders dar als beim Genuss von Essen oder bei der Benutzung eines technischen Produkts. Auch dort brauchen wir Vertrauen, wenn wir uns auf den Kauf einlassen. Aber durch den Konsum bzw. die Nutzung erhalten wir ziemlich schnell Feedback, ob das Vertrauen gerechtfertigt war oder nicht. Wenn wir uns Rat von Experten einholen, insbesondere wenn es sich um komplexe Probleme handelt, die nicht kurzfristig gelöst werden können, haben wir diese direkte Rückkopplung nicht. Wir müssen Experten dann grundsätzlich vertrauen.

Das Vertrauensproblem wird dadurch verschärft, dass Expertenwissen gerade dann, wenn es sich um grundlegende und komplexe Entscheidungen handelt, unvollständig und uneindeutig ist. Dies zeigt sich nicht zuletzt darin, dass Expertenmeinungen in solchen Fällen meist divergieren. Auf so grundlegende Fragen wie – Wie kann Armut bekämpft werden oder wie können gravierende Unterschiede in der Einkommens- und Vermögenverteilung korrigiert werden? Wie

19   Vgl. Hayek (1945).

sollten dominante Plattformunternehmen reguliert werden? Wie nützlich sind Lockdown und Maskenpflicht in einer Pandemie? Wie teuer und sicher ist Kernenergie? – findet man unterschiedliche und zum Teil widersprüchliche Expertenmeinungen. Unterschiedliche Meinungen verbinden sich in der Regel mit unterschiedlichen Interessen. Wenn es unterschiedliche Einschätzungen gibt, dann glaubt man naheliegenderweise an das, was einem selbst nützlicher erscheint.

Die Unvollständigkeit und Interessengebundenheit von Wissen stellen Ratsuchende vor zwei grundsätzliche Probleme: ein Inklusions- und ein Auswahlproblem. Ersteres bezieht sich auf die Frage, ob Zugang zu allem entscheidungsrelevanten Wissen besteht. Dies wäre nicht der Fall, wenn es relevantes Wissen gibt, das systematisch ausgeschlossen wird oder unterrepräsentiert ist. Das Auswahlproblem besteht darin zu entscheiden, welcher der unterschiedlichen Empfehlungen man Vertrauen schenken und folgen soll.

Weil Wissen unvollständig und interessengebunden ist, stellt sich die Frage des Zugangs zu Wissensinfrastrukturen aber auch umgekehrt: Wer hat Zugang zu Entscheidungsträgern? Dies betrifft nicht nur den Wettbewerb um Kunden, die unterschiedliche Empfehlungen zur Lösung ihrer Probleme angeboten bekommen. Insbesondere im wirtschaftlichen und politischen Raum, wo Entscheidungen die Interessen einer Vielzahl von Stakeholdern tangieren, werden diese versuchen, das ihren Interessen günstigere Wissen als das »richtige« zu vermarkten. Inklusions- und Auswahlproblem werden unter diesen Bedingungen im Wettbewerb zwischen den konkurrierenden Meinungen entschieden, die um den Zugang zu Entscheidungsträgern und um deren Vertrauen wetteifern. Die Frage ist dann, ob dieser Wettbewerb offen und fair gestaltet ist oder ob bestimmte Meinungen und damit verbundene Partikularinteressen systematisch bevorzugt werden.

10.2.3 Wissensinfrastrukturen beeinflussen den Zusammenhalt und die Zukunftsfähigkeit unserer Gesellschaften

Die aktuell zu beobachtenden gesellschaftlichen Polarisierungsprozesse, deren Ausgangs- bzw. Kristallisationspunkte oft gesellschaftliche Grundsatzfragen sind, reflektieren eine Desintegration von Wissensinfrastrukturen. Die sich gegenüberstehenden Lager beziehen das Wissen, mit dem sie ihre jeweilige Position rechtfertigen, aus unterschiedlichen Quellen bzw. von unterschiedlichen Ratgebern. Dies liegt nicht unbedingt daran, dass ihnen das Wissen der anderen Seite grundsätzlich nicht zugänglich wäre, sondern beruht oft darauf, dass sie den Quellen bzw. Ratgebern nicht vertrauen.

Für gesellschaftlichen Zusammenhalt ist es wichtig, dass die breite Bevölkerung gleichermaßen Zugang zu Wissen hat. Dies setzt ein Bildungssystem voraus, das eine solche Teilhabe grundsätzlich ermöglicht. Eine solche Wissensinfrastruktur muss offen sein für neues Wissen und über Kriterien und Mechanismen verfügen, die sicherstellen, dass sich hinsichtlich der Zukunftsfähigkeit von Gesellschaften »bessere« Wissen im Wettbewerb mit konkurrierenden Inhalten durchsetzen kann. Wie im Wettbewerb zwischen Unternehmen, die Produkte und Dienstleistungen anbieten, bedeutet ein funktionsfähiger Wissenswettbewerb nicht, dass am Ende nur eine Meinung übrigbleibt. Im Gegenteil, angesichts der unvermeidlichen Unvollständigkeit und Interessengebundenheit von Wissen, ist es sogar erforderlich, dass es mehr als eine Meinung gibt. Wichtig ist, dass alle konkurrenzfähigen Wissensinhalte den gleichen Qualitätskriterien, etwa hinsichtlich ihrer empirischen Fundiertheit und theoretischen Konsistenz, genügen, und dass die breite Bevölkerung den auf diese Weise selektierten Inhalten Vertrauen schenkt.

Die Frage ist, wie solche offenen, durch Inklusion sowie einen funktionsfähigen Wissenswettbewerb geprägte Wissensinfrastrukturen entwickelt und gesichert werden können und wie gleichzeitige die dazu komplementäre gesellschaftliche Vertrauensbasis geschaffen werden kann. Die Suche nach Antworten auf diese Frage wird wiederum auf Wissensinfrastrukturen zurückgreifen müssen. Es wird dabei notwendig sein, Inhalte aus unterschiedlichen Forschungsfeldern zu integrieren, beispielsweise Forschung zu komplexen dynamischen Systemen, zur Entstehung und Diffusion von Wissen, über Vertrauensbildung, Regulierung oder die Rolle von Bildung und Medien. Auch wenn wir, wie in vielen anderen Kernfragen der Gesellschaftswissenschaften, keine endgültigen Antworten erwarten können, kann die Forschung zu Wissensinfrastrukturen als wichtiges gesellschaftspolitisches Regulativ dienen. Sie sollte zuletzt sicherstellen, dass ihrem Forschungsgegenstand die ihm heute mehr denn je gebührende öffentliche Aufmerksamkeit zugutekommt.

10.3 Open Policy – Zu einem Fundament der Interessenvertretung

von Christian Blümelhuber

10.3.1 Wir machen dann mal auf: Alles »open«, oder was?

Ronald Reagan steht mit dem Rücken zum Brandenburger Tor und formuliert sein Plädoyer für die Freiheit, indem er Mr. Gorbachev zuruft: »Open this gate, [. . .] tear down this wall!« Sechsunddreißig Jahre später lese ich, dass König Charles den Buckingham Palace stärker öffnen wird, sodass frischer Wind hineinweht in das traditionelle Gewebe der monarchischen Ordnung. In meinem Berliner Büro öffne ich nicht nur regelmäßig die Fenster – meine Universität schreibt das so vor, um dem bösen Schimmel und den noch böseren Viren keine Chance zu geben – sondern auch, und jetzt wirds metaphorisch, manche Blackbox. Das verborgene Wissen, dem ich dabei hoffentlich auf die Spur komme, veröffentliche ich dann im Open-Access-Format, sodass sich die Ideen nicht hinter Bezahlschranken verstecken können. Organisationen formulieren ihre Strategien heute nicht mehr hinter verschlossenen Türen, sondern zunehmend im Modus der Open Strategy« und von »Tagen der offenen Tür«

versprechen sie sich einen Hauch von Transparenz, der Legitimitätsressourcen frei-setzen soll. Von ihren Führungskräften fordern sie (zumindest ab der dritten Ebene) eine Open Door Policy und einen Führungsstil, der die Mitarbeiter im Sinne einer stärkeren Offenheit mit Handlungs- und Entscheidungskompetenzen ausstattet. Auch Bayerns größtem Künstler, Gerhard Polt, kann es nicht »open genug sein«; in seiner Rolle als Tennispapa erlebt er schließlich »ein ganz anderes Level [. . .] a different world«[20], wenn der weiße Sport das Open-Format Wimbledon zelebriert. Architekten gestalten offene Formen, Umberto Eco diskutiert das offene Kunstwerk[21] und Sir Karl Popper erinnert uns daran, dass nur die offene Gesellschaft Institutionen ausbildet, die auch für Kritik offen sind[22]. Sie, also die offene Gesellschaft, bildet aber auch Institutio-nen aus, die uns zwingen, unsere Einkommen offen zu legen. Oder unsere Kontakte. Denn wer sein politisches Kapital in legislativen oder exekutiven Zusammenhängen »vermarktet«, wird, um »das Vertrauen der Öffentlichkeit in [. . .] die Legitimität der Willensbildungs- und Entscheidungsprozesse von Parlament und Regierung zu stär-ken«[23] im Lobbyregister des Deutschen Bundestags geführt und als möglicher Kon-takt markiert.

Dieser kurze Einstieg, der seine Scheinwerfer auf das Format der Openness und seine Effektivität hin ausgerichtet hat und uns letztendlich bei der Interessenvertretung bzw. beim Lobbying landen ließ, deutet einen erklärungsbedürftigen, ja kontraintuitiven Zusammenhang an. Schließlich vermuten viele, dass Lobbying vom Geheimnis lebt. Von Hinterzimmer-Deals und Transaktionen, die das grelle Licht der Öffentlichkeit scheuen. Dem entgegengesetzt begründe ich die Interessenvertretung aus einem Modus der Öffnung heraus und verweise darauf, dass alle die lobbyieren und anti-chambrieren, die ihre Interessen vertreten und andere überzeugen möchten, offene Policies brauchen. Die Einladung zur Integration ist die Voraussetzung dafür, dass konkrete Prozesse mitgestaltet werden können.

10.3.1.1 Access

Wer sich durch die wissenschaftliche Literatur zur Interessenvertretung und zum Lob-bying kämpft, der findet auf der hellsten Lichtung des akademischen Dschungels das Konzept des Zugangs (Access). Damit ist die Möglichkeit gemeint, das »relational capital« (einer Organisation oder eines Interessenvertreters) auszuschöpfen, um Kom-munikations- und Interaktionsprozesse zu ermöglichen. So verstanden ist der Zugang die Metakategorie und die Kernressource einer Interessenvertretung, die ihr theoreti-sches und gestalterisches Fundament aus einer kommunikativen Logik heraus

---

20 Hier beziehen wir uns auf Gerhard Polts Meisterstück »Longline« in: Bayern Open, Münchner Kammerspiele 1996, Minute 37.

21 Vgl. Eco (1977).

22 Vgl. Popper (2003).

23 Deutscher Bundestag: Lobbyregister: https://www.lobbyregister.bundestag.de/startseite, (zuletzt abgerufen am 12.2.2023).

entwickelt. Unser Zugang ist das nicht. Wir meinen, dass die Kommunikationslogik doch arg banal daherkommt und das komplexe Geflecht der dem Lobbying inhärenten kreativen, prozessualen und informatorischen Praktiken nicht abzubilden vermag. Deswegen setzen wir auf eine alternative, nämlich eine strategische Logik und verschieben die Zugangsstelle vom Entscheidungsträger, der (hoffentlich) mit der richtigen Adresse und Telefonnummer im geheimnisvollen Adressbuch des Lobbyisten abgespeichert ist, hin zum Prozess und den vielfältigen Möglichkeiten, diesen im Modus der Partizipation, Kollaboration oder Co-Creation mitzugestalten. Diese Möglichkeit, sich in Policy-Prozesse einzumischen, das verstehen wir als Open Policy und es ist natürlich die Politik selbst, die dazu einlädt. Sie ermöglicht, dass sie, die Politik, als Gestaltungsraum erlebt und genutzt werden kann und nicht lediglich als »spectator sport for business«[24]. Niedergeschrieben ist eine solche Einfluss- und Gestaltungszone beispielsweise im Artikel 11 des EU-Vertrages:

»(1) Die Organe geben den Bürgerinnen und Bürgern und den repräsentativen Verbänden in geeigneter Weise die Möglichkeit, ihre Ansichten in allen Bereichen des Handelns der Union öffentlich bekannt zu geben und auszutauschen.

(2) Die Organe pflegen einen offenen, transparenten und regelmäßigen Dialog mit den repräsentativen Verbänden und der Zivilgesellschaft.«

Solche Prozesse der Öffnung und der Integration sollen Effektivitätspotenziale heben und allen Beteiligten Nutzengewinne gutschreiben. Gleichzeitig muten sie der (politischen) Organisation eine herausfordernde Fremdkommunikation und damit Störungen der Systemrationalität[25] zu. Ja, Öffnungen sind immer auch Angriffe auf die Gemütlichkeit der Routine. Sind kostentreibende Irritationen, die festgelegte Strukturen herausfordern und Erwartungswerte neu kalibrieren. Da braucht es schon gute Gründe und ein umsichtiges Design, um dem integrativen Zusammenspiel eine effektive Form zu geben. Dazu einige Ideen, verpackt in drei kurze Abschnitte.

10.3.1.2 Epistemische Dimension

Auf die Frage nach dem »Warum« antworten die Promotoren einer Open Policy mit der Chance, die unterschiedlichen Hintergründe, Perspektiven und Interessen unterschiedlicher Individuen oder Kollektive fruchtbar zu machen. Sich neue Wissensquellen — und damit auch andere Wissensinhalte — zu erschließen und effektive(re) Lösungen wahrscheinlicher zu machen. Eine solche Inklusionsstrategie hat also nicht nur eine machtvolle symbolische, sondern auch die wichtige produktive Funktion, unverbrauchte, frische Ideen zu generieren[26] und »strategisches Lernen«[27] zu ermöglichen.

---

24   Weidenbaum (1980), S. 46.

25   Vgl. Di Fabio (2019), S. 120.

26   Vgl. Stadler/Hautz/Matzler/von den Eichen (2021).

27   Thomas/Watts Sussman/Henderson (2001), S. 331ff.

Wenn Interessenvertreter Informationsasymmetrien ausgleichen, dann liefern sie Erkenntnisse – z. B. über Interessen, Zusammenhänge und externe Effekte – die Entscheidungsträgern nicht zur Verfügung stehen oder die nur über prohibitiv hohe Kosten beschafft werden können. Sie analysieren, synthetisieren und integrieren die Informationen und stellen sie in einem nutzerfreundlichen Format bereit. Als »legislative subsidy«[28] verbreitern sie also die Wissensbasis und unterstützen das Streben nach höherer Entscheidungsqualität.

10.3.1.3 Gestalterische Dimension

Um das bislang Ausgeschlossene in die Form zu integrieren[29] braucht es effiziente Koordinationsmechanismen, oder anders formuliert: ein »organizational design«, das formale Prozesse gestaltbar macht, das Zugangsstellen und Teilnehmer(gruppen) definiert, die Spielregeln der Mitwirkung festschreibt und die (vielleicht überraschenden) Ergebnisse erträgt.

Der Gestaltungsparameter Offenheit bedeutet natürlich keine dual codierte Option, die entweder »0« meint (geschlossen) oder »1« (also offen). Die gestalterischen Möglichkeiten sind deutlich vielfältiger: Über ein ganzes Spektrum unterschiedlicher Grade an Offenheit können spezifische Formen »hergestellt«, kreativ genutzt und umgeschrieben werden, sodass in und durch die Form (der Gesetzgebungsverfahren bspw.) neue, attraktivere Formen (im Sinne von Gesetzen) entstehen können.

Mit Blick auf die Effektivität der Öffnung werden neben der Stärke oder dem Grad an Öffnung zwei zusätzliche Dimensionen gestaltet, nämlich Inklusion und Transparenz[30]. Damit meint man die Buntheit und Unterschiedlichkeit der integrierten Wissensträger und die kommunikative Vermittlung bzw. Sichtbarkeit der Öffnung. Wenn wir zusätzlich den Faktor Zeit ins Spiel holen, erkennen wir, dass die Transparenz über den Prozess hinweg zu-, die Inklusivität bzw. der marginale Nutzen einer weiteren Wissenseinheit aber abnimmt. »Early birds« scheinen also strategisch im Vorteil zu sein. Dazu müssen sie frühe Zugangsstellen frühzeitig identifizieren. Die Gestalter der Policy-Prozesse werden dementsprechend »Integration Journeys« definieren und die Transparenz entsprechend aussteuern.

10.3.1.4 Dimension der Legitimität

Dank der Öffnung von Policy-Prozessen sind Regierungsstellen heute von zahlreichen Denkfabriken und Forschungsinstituten, Sachverständigenorganisationen und PR-Büros, von Lobbyisten und anderen professionellen Interessenverbänden umgeben. Diese versprechen die technische Unterstützung, Beratung und Expertise, die man sich von einer Open Policy verspricht. Auch wenn Lobbying im öffentlichen Diskurs

---

28 Hall/Deardorff (2006).

29 Ich beziehe mich hier auf das George Spencer Brownsche »Reentry«-Format. Vgl. Spencer Brown (1979).

30 bspw. Whittington/Cailluet/Yakis-Douglas (2011), S. 534ff.

oft als Schmuddelkind bzw. als »the ugly side«[31] der Demokratie erzählt wird, lesen wir die Interessenvertretung als Ausdruck einer zunehmenden Demokratisierung[32] und Legitimisierung der Politik. Schließlich wird die Grenze zwischen dem öffentlichen und privaten Sektor durchlässiger gemacht und »Governance beyond the state« umgesetzt, die die Integrität von Entscheidungen stärken und eine gute – eine bessere – Regierungsführung (Europäische Kommission, 2001) ermöglichen soll. Damit liefern Open-Policy-Prozesse einen argumentativen Gegenpol zur Narration vom Demokratiedefizit der EU.

10.3.2 Dann macht mal schön: Strategische Impulse für die Interessenvertretung

Genauso wie der Zugang zu einer romantischen, toskanischen Villa und einer spektakulären Hotellobby nur von ihren Eigentümern gewährt werden kann[33], braucht auch die Open Policy den Impuls der Process Owner, also (nun etwas grobschlächtig konturiert:) »der Politik«. Deswegen wird in akademischen Diskursen die Frage erörtert, warum und wie man Dritten die Möglichkeit bieten soll, sich an Innovations-, Gestaltungs- und Strategieprozessen zu beteiligen und wie dadurch die Wissensbasis und die Reputation der Organisation gestärkt werden kann. Im Folgenden argumentiert dieser Beitrag nun aber von der anderen Seite der Form her und wechselt seine Perspektive von der Politik hin zur Interessenvertretung. Also hin zu denen, die den Zugang nicht gewähren, sondern die Öffnungen in ihre Kalküle integrieren, um wie de Certeausche Taktiker[34] auf dem Spielfeld der Politik mitzuspielen. Ich spreche ganz bewusst vom Spiel – genauer: vom ersten oder tiefen Spiel – und verstehe die Interessenvertreter als Spieler, die in einem mehr oder weniger engen Set von Regeln kreativ und effizient handeln, die sich Freiräume erarbeiten und durch eine geschickte Platzierung von Spielzügen »Coups« landen möchten[35]. Als Strategen reagieren sie, ganz im Sinne der ökonomischen Spieltheorie, auf die Spielzüge der »Gegenseite« und manchmal gelingt es ihnen auch, jetzt in ihrer Rolle als »institutional« und/oder »policy entrepreneurs«[36], aus dem engen Set an Regeln zu entkommen und vielleicht sogar das Spielfeld umzuformen.

10.3.2.1 Prozess

Wenn Türen erst einmal offen stehen und man vom Außen in das bislang verborgene Innen wechselt, dann erschließt sich ein Raum, der die Möglichkeit zur Partizipation beinhaltet. Trivial ist dieser Wechsel von außen nach innen, von dem einen System ins

---

31 Lux/Crook/Leap (2012), S. 311.

32 Voll demokratisch sind die Prozesse natürlich nicht. Eine Übertragung von Entscheidungsrechten (auf Einzelwirtschaften oder ihre Interessenvertreter bspw.) ist schließlich nicht vorgesehen.

33 Vgl. Blümelhuber (2000), S. 119ff.

34 Vgl. de Certeau (1988), S. 23.

35 Vgl. Lamaison/Bourdieu (1986), S. 114.

36 Levy/Scully (2007), S. 971; Tyllström und Murray (2021), S. 972.

andere, nicht. Schließlich hängen die strategischen und taktischen Möglichkeiten von der institutionellen Ausstattung des Raums ab und von den vorhandenen Ressourcen, diese nutzbar zu machen. Konkreter: Wer mitspielen will, der muss den Platz und die Regeln kennen und seinen Pool an Fähigkeiten darauf ausrichten. Der muss Policy-Prozesse und Organigramme lesen, Eingriffschancen erkennen und Mitspieler (auf beiden Seiten) unterstützen können. Der »muss mit dem Terrain fertigwerden, das [...] so vorgegeben« ist und am »Ort des anderen«[37] sein Handeln auf die Prozesse der anderen ausrichten. Gute Interessenvertreter haben genau da ihre Stärke. Sie verstehen nicht nur die Prozesse und die darin verankerten Routinen, Abläufe und Kulturen[38] der eigenen Organisation, sondern auch die des anderen Systems. Ihr Spiel, das mindestens zwei Systeme koppelt, braucht die Ressourcen einer Nassehischen Übersetzungs- und einer Joosschen Perspektivenwechselkompetenz, wenn es strategisch relevante Beiträge leisten will.

10.3.2.2 Gelegenheit

Strategien passen sich an – an den institutionellen Rahmen der Politik und die strukturellen Vorgaben, so wie sie von Policy-Prozessen formuliert werden. Und dann natürlich auch an günstige Gelegenheiten, an unbeständige, flüchtige Ereignisse[39], die immer auch als Momente der Entscheidung (oder des Zögerns) und der Beweglichkeit (oder der Gelassenheit) gelesen werden können. Um die Gunst der Stunde oder den richtigen Augenblick erkennen und nutzen zu können, werden das prozessuale Terrain sondiert und die Umgebung abgetastet, werden Institutionen beobachtet und einem Monitoring unterzogen. Man ist wachsam – freilich im realpolitisch-strategischen Sinne der »alertness« und nicht im Sinne einer ideologischen »wokeness« — und legt einen Vorrat an Ressourcen an, auf den man schnell und direkt zugreifen kann: ein Netzwerk an »strong ties«, mit denen man vertrauensvoll und im Modus wechselseitiger Dienste, wie Granovetter[40] das nennt, zusammenarbeitet. Es gilt, die Kompetenz, die systemischen Besonderheiten von Politik und Wirtschaft im anderen System verfügbar zu machen, sodass effizient kommuniziert werden kann. So agiert man in einem gut ausgestatteten Maschinenraum, der ein schnelles und trotzdem fundiertes Handeln ermöglicht. Und es besteht der direkte Draht zum Auftraggeber, der die strategischen Entscheidungen unterstützt.

All diese Ressourcen werden auf Vorrat gehalten. Als eine Art »organizational slack«[41]. Als produktive Ornamentik, ohne die es nicht geht, — auch wenn sie, als (Fix-)Kosten verbucht, von übereifrigen Controllern vielleicht infrage gestellt wird. Denn um das

---

37   Vgl. de Certeau (1988), S. 89
38   Vgl. Burgelman/Floyd/Laamanen/Mantere/Vaara/Whittington (2018), S. 537.
39   Vgl. Lehmann (2015), S. 7.
40   Vgl. Granovetter (1973), S. 1361.
41   Vgl. zu den »slack resources« Daniel/Lohrke/Fornaciari/Turner (2004) und Kline/Brown (2021).

Potenzial, das in den »windows of opportunity« steckt[42] auch ausschöpfen zu können, um emergent, kultivierend und Energien nutzend strategiesieren zu können, muss man handlungsfähig – strategie- und improvisationsfähig – sein. Und dazu braucht man einen effektiven Ressourcenpool, der laufend kultiviert wird.

10.3.2.3 Kaskade

Der Harvardprofessor Eric Van den Steen propagiert ein an Niklas Luhmanns Entscheidungsprämissen erinnerndes Strategieverständnis, das einer kaskadesken Formalität folgt und unterschiedliche »Strategiegrade« unterscheiden kann. Das zentrale »set of choices to optimally guide (or force) other choices«[43], oder anders formuliert, die Grand Strategy, liefert den Folgeentscheidungen die notwendige Guidance, um die von Porter[44] geforderte Abstimmung aller wichtigen Aktivitäten zu ermöglichen. Die Grand Strategy steht dabei nicht zwingend am Beginn eines Interessenvertretungsprojekts. Sie schält sich vielmehr heraus und braucht dann eine projektinterne Koordination, sodass die Folgeentscheidungen die notwendige Führung erhalten. Die einzelnen Entscheidungen abzustimmen und prozessual zu planen, sie in Form der Kaskade auszuspielen und dabei den Gegen- als Mitspieler zu gewinnen – das sind strategische Aufgaben erster Güte. Wie jede andere Form auch, brauchen diese Aufgaben, brauchen Interessenvertretung und Strategie eine Ordnung, Und der gelingt es bestenfalls, das Gemachte und Geplante mit dem Spontanen zu verweben.

---

42   Jullien (1999, S. 91, 98) spricht dabei von Situationspotenzial.

43   Van den Steen (2017), S. 2616.

44   Vgl. Porter (1996), S. 70ff.

11 Zusammenfassung und Ausblick

11.1 Interessenvertretung als betriebswirtschaftlicher Aktivposten für Unternehmen, Verbände und Organisationen

In den vorangegangenen Kapiteln wurde der insbesondere durch die Veränderungen infolge des Vertrages von Lissabon ausgelöste Paradigmenwechsel von der inhalts- zur prozessorientierten Interessenvertretung herausgearbeitet.

Vor dem Hintergrund dieses grundlegenden Wandels müssen auch die Werkzeuge der politischen Interessenvertretung von Unternehmen neu zusammengestellt werden. Politische Interessenvertretung muss dem in der stark gewachsenen Bedeutung prozessualer Fragen liegenden Paradigmenwechsel Rechnung tragen und ihren Fokus stärker auf die prozessuale Arbeit legen. In der betriebswirtschaftlichen Organisationslehre wird hier zwischen Aufbau- und Ablauforganisation unterschieden:[1]

- *Aufbauorganisation (Struktur):* Aufstocken von bisher vorwiegend inhaltsorientierten Instrumenten und Erweiterung um prozessorientierte Instrumente der Interessenvertretung (Aufbau und Aufrechterhaltung erforderlicher Strukturen und Netzwerke);
- *Ablauforganisation (prozessorientierte Methodik):* Anwendung einer prozessorientierten Methodik der Interessenvertretung (»Prozess« mindestens gleichberechtigt gegenüber »Inhalt«).

In der Unterscheidung von Aufbau- und Ablauforganisation kommt eine analytische Trennung zwischen Struktur und Prozess zum Ausdruck. Beide betrachten i. d. R. identische Objekte, nehmen jedoch unterschiedliche Blickwinkel ein;[2] im Ergebnis geht es beiden um die Optimierung von (Arbeits-)Abläufen und Prozessen.

Die Anpassung an die neuen Rahmenbedingungen politischer Interessenvertretung macht es für Unternehmen notwendig, die eigene Aufbau- und Ablauforganisation zu überprüfen und fortzuentwickeln – ansonsten droht ein weitgehender, von vielen Akteuren oftmals noch unbemerkter Verlust von Gestaltungsmöglichkeiten.

Ziel jeder Unternehmensleitung ist es, die Interessen ihres Unternehmens bestmöglich zu vertreten. In Kapitel 1 wurde gezeigt, dass sich als Schlüssel zur Komplexitätsreduzierung unter den veränderten Rahmenbedingungen des Vertrages von Lissabon ein neutraler, objektiver und unabhängiger Intermediär anbietet. Anhand des Beispiels eines externen Dienstleisters in der Interessenvertretung (Governmental-Relations-Agentur als Intermediär) wurde aufgezeigt, wie die Inhaltskompetenz des

---

1   Nach Kosiol (1962).
2   Vgl. Kosiol (1962), S. 32.

Auftraggebers für ein konkretes Interessenvertretungsprojekt mit der Prozessstrukturkompetenz des Intermediärs zu verzahnen ist, um unter den veränderten Rahmenbedingungen der Interessenvertretung in der EU erfolgreich sein zu können. Die Erfolgsaussichten lassen sich potenzieren, wenn es erstens gelingt, sich durch einen Perspektivenwechsel so für das Anliegen eines Betroffenen einzusetzen, dass die positiven Auswirkungen für den Entscheidungsträger in den Vordergrund rücken (Perspektivenwechselkompetenz/OnePager-Methodik) und zweitens dieses Anliegen in die maßgeblichen Entscheidungsprozesse auf politischer Ebene erfolgreich eingebracht und fortlaufend EU-weit begleitet werden kann (Prozessbegleitkompetenz).

Dabei bilden die Inhaltskompetenz des Kunden und die Prozessstrukturkompetenz des Intermediärs die Strukturinstrumente (Aufbauorganisation), während die Perspektivenwechselkompetenz und die Prozessbegleitkompetenz die Prozessinstrumente (Ablauforganisation) der erfolgreichen Interessenvertretung sind. Anders ausgedrückt: Auch die Summe von Inhaltskompetenz des Kunden und Prozessstrukturkompetenz des Intermediärs wird im Regelfall nur dann zu einem erfolgreichen Ergebnis der Interessenvertretung im komplexen Entscheidungssystem der EU führen, wenn gleichzeitig auch die Perspektivenwechselkompetenz/OnePager-Methodik und die Prozessbegleitkompetenz zur Anwendung kommen.

Dieses komplementäre Vorgehen von Auftraggeber und Intermediär wurde anhand der »Erfolgsformel der Interessenvertretung« (siehe »Bergbeispiel« in Abschnitt 1.3.2) greifbar gemacht.

11.2 Ziele der Interessenvertretung (Mitwirkung bei Entscheidungsprozessen)

Politische Interessenvertretung dient (siehe die Definition in Kapitel 3) der Erreichung von aus betriebswirtschaftlicher Perspektive entscheidenden Unternehmenszielen:

- Abwehr unternehmerischer Nachteile im Wettbewerb;
- Vermeidung von Fehlern;
- Erzielung und Sicherung von Wettbewerbsvorteilen.[3]

Diese Unternehmensziele sind universell, d. h., sie gelten branchenübergreifend. Die Frage, wie diese Ziele möglichst effizient erreicht werden können, ist Gegenstand der betriebswirtschaftlichen Organisationslehre und wird als Teil des sog. »Organisationsproblems« durch die folgenden drei Variablen bestimmt:

- »Ziele«;
- einschränkende »Bedingungen« (»Rahmenbedingungen«);
- »Mittel« bzw. »Instrumente«.[4]

---

3   Siehe Arbeitsdefinition des Begriffs Interessenvertretung im Abschnitt 3.2.2 und bei Joos (1998), S. 27.
4   Vgl. Joos (1998), S. 36.

Wie in den Abschnitten 3.2 und 7.4 dargestellt, ist die Interessenvertretung ein intermediäres System zur, im weitesten Sinne, ökonomisch-politischen Interessenvermittlung[5]: Als solches intermediäres System verbindet sie die beiden externen Systeme Politik und Wirtschaft miteinander, indem sie die bestehenden Kommunikationsschranken durch ihre Vermittlertätigkeit überwindet. Sie stellt eine Art Übersetzungsmechanismus zwischen den beiden Systemen dar, der durch eine Transformation der Informationen aus beiden externen Systemen dem jeweils anderen die Rezeption der artikulierten Interessen des Partners ermöglicht.[6] Zwischen Politik und Unternehmen ergibt sich hieraus ein Wechselspiel der determinierenden Variablen des Organisationsproblems zwischen deren Zielen, den Rahmenbedingungen und Instrumenten (zur Veranschaulichung des intermediären Charakters der Interessenvertretung im Lichte dieser Variablen siehe Abbildung 3.3 [in Abschnitt 3.2.2.2]).

Die politische Interessenvertretung ist im Sinne der betriebswirtschaftlichen Organisationslehre unternehmerisches »Mittel« bzw. das »Instrument«, um die jeweiligen unternehmerischen Ziele zu erreichen. Allerdings nimmt sie bestehende Bedingungen (Rahmenbedingungen) nicht immer passiv hin, sondern gestaltet häufig aktiv mit: Das wesentliche Ziel jeder Interessenvertretung ist die Mitwirkung bei Entscheidungsprozessen der Exekutive und Legislative durch Einbringung von Argumenten und Standpunkten des Unternehmens.

Den Zielen einer Interessenvertretung kommt im Rahmen des Organisations- bzw. Strukturierungsproblems besondere Bedeutung zu, zumal sich die konkreten Ansätze sowie potenziellen Instrumente der Interessenvertretung an ihnen orientieren müssen. Um ein gesetztes Ziel zu erreichen, muss die bestmögliche Konstellation von Ansätzen und Instrumenten gefunden und eingesetzt werden. Letzteres ist wiederum von weiteren Faktoren abhängig:

- gegebene, nicht beeinflussbare Rahmenbedingungen der Organisation von Strukturen und Prozessen (siehe hierzu im folgenden Abschnitt 11.3);
- Grad der wechselseitigen Informationstransparenz (durch Kommunikation / Vermittlung zwischen Politik und Unternehmen), d. h. im Optimalfall Vorliegen aller entscheidungsrelevanten Informationen (siehe Abschnitte 8.3.1.2 und 7.5.4.4);
- zeitliche Faktoren, insbesondere der Zeitpunkt konkreten Handlungsbedarfs (siehe vor allem Abschnitt 4.5).

Im Wesentlichen zeichnet sich damit eine optimale Interessenvertretung durch die Fähigkeit aus, mit möglichst elastischen Interessenvertretungsinstrumenten auf die i. d. R. situationsbedingten, kurzfristig aufkommenden exogenen Zielsetzungen eingehen zu können.[7]

---

5   Die Bedeutung des Austauschs von Informationen und Themen im Prozess politischer Entscheidungsfindung ist (u. a.) Gegenstand von Kapitel 3.

6   Joos (1998), S. 85.

7   Joos (1998), S. 88.

11.3 Rahmenbedingungen – Reform durch den Vertrag von Lissabon

Die Rahmenbedingungen unternehmerischen Handelns sind die politischen und rechtlichen Voraussetzungen und Begleitumstände der sachlichen und räumlichen Märkte, auf denen sich das Unternehmen bewegt (zu den Rahmenbedingungen im Detail siehe vor allem Kapitel 6). Der Vertrag von Lissabon gibt die politisch-rechtlichen Rahmenbedingungen der EU vor (zum »Politischen System der EU« im Detail siehe Kapitel 5 und vor allem Abschnitt 5.3). In Kraft getreten am 1. Dezember 2009, hat dieser Vertrag das politische System der EU grundlegend reformiert. Im Folgenden sollen diese Rahmenbedingungen nochmals in ihren wesentlichen Punkten abgebildet werden.

11.3.1 Vertrag von Lissabon: De facto Vereinigte Staaten von Europa!

Interessant ist, dass es die Staats- und Regierungschefs geschafft haben, den Reformvertrag von Lissabon noch auf den Weg zu bringen, nachdem die Referenden zum Verfassungsvertrag für Europa (VVE) Mitte 2005 in Frankreich und den Niederlanden gescheitert waren. Denn letztlich hat der Vertrag von Lissabon die Substanz des Verfassungsvertrages im Großteil übernommen. Bertie Ahern, Premierminister Irlands zur Zeit der Ratifizierung, spricht von 90 Prozent der Verfassung, die in den Lissabon-Vertrag Eingang gefunden haben.[8] Die Einschätzungen von Experten variieren in diesem Punkt zwischen 80 und 95 Prozent[9] – eine Tatsache, die den meisten Bürgern, Unternehmen, Verbänden und Organisationen der EU nicht bewusst sein dürfte.

Zu den Unterschieden und wichtigsten Neuerungen im Detail siehe Abschnitt 5.3. Im Ergebnis könnte man trotz gescheiterter Verfassung dennoch – in einigen Aspekten natürlich abgeschwächt – de facto von den »Vereinigten Staaten von Europa« sprechen.

Die EU ist ein in sich gefestigter Staatenverbund, dessen stabile rechtliche Grundlagen fester zementiert sind als die des ein oder anderen Mitgliedstaates: Eine Veränderung des EU-Vertrages ist im Normalfall erheblich schwieriger zu erreichen als eine Änderung nationaler Verfassungen. So wird beispielsweise zur Änderung des deutschen Grundgesetzes (GG) eine Zweidrittelmehrheit der Mitglieder in Bundestag und Bundesrat gefordert (Artikel 79 Absatz 1 und 2 GG). Die Regelung, wie Änderungen am EU-Vertrag (EUV) erfolgen können (Artikel 48 EUV), ist eine Neuerung des Vertrages von Lissabon. Vertragsreformen verlangen nunmehr spezielle Änderungsverfahren, wobei zwischen *ordentlichen* und *vereinfachten Änderungsverfahren* unterschieden wird und Letztere nicht unbedingt eine Ratifikation durch die nationalen Parlamente erfordern. Allerdings ist in jedem Fall ein einstimmiger Beschluss im Europäischen Rat, d. h. der nationalen Regierungen aller EU-Mitgliedstaaten, notwendig.

---

8 Bertie Ahern im Interview: »90 Prozent [der Verfassung] sind noch da. (. . .) Diese Änderungen haben nichts Spektakuläres am Vertrag von 2004 verändert« (*Irish Independent* v. 24. Juni 2007).

9 Vgl. Phinnemore (2013), S. 143.

Seit Lissabon erstmals geregelt ist der Austritt eines Staates aus der Union (Artikel 50 EUV). Im Einklang mit seinen verfassungsrechtlichen Vorschriften kann jeder Mitgliedstaat beschließen, aus der EU auszutreten (Artikel 50 Absatz 1). Das genaue Prozedere – Erklärung des Austrittsbeschlusses gegenüber dem Europäischen Rat, Abschluss eines Austrittsabkommens inklusive Regelung des zukünftigen Rechtsverhältnisses zwischen austretendem Staat und der EU – ist in Artikel 50 Absätze 2 und 3 geregelt. Auch die Dauer bis zum vollzogenen Austritt ist gemäß Artikel 50 Absatz 3 vorgegeben, der einen Richtwert von zwei Jahren vorgibt. Erstmals zur Anwendung kam diese Regelung mit dem Austritt des Vereinigten Königreichs aus der EU (Brexit). Am 23. Juni 2016 fand im Vereinigten Königreich ein Referendum über die Mitgliedschaft in der EU statt. Dabei stimmten ca. 52 Prozent der Teilnehmenden für den Austritt, ca. 48 Prozent votierten für den Verbleib. Nach fast vierjährigen Verhandlungen, schwierigen Diskussionen über einen »harten« Brexit (ohne Austrittsabkommen) oder »soften« Brexit (mit Austrittsabkommen), mehreren gescheiterten Abstimmungen im britischen Unterhaus sowie erzwungenen Regierungswechseln und Neuwahlen verließ das Vereinigte Königreich am 31. Januar 2020 um Mitternacht offiziell die EU. Am 31. Dezember 2020 trat ein Handels- und Kooperationsabkommen zwischen der EU und dem Vereinigten Königreich in Kraft, das seit dem 1. Januar 2021 gilt.[10]

Über die Folgen des Brexits – sowohl für das Vereinigte Königreich als auch für die EU und deren Mitgliedstaaten – wurde viel spekuliert und diskutiert. Die »Brexiteers« – die Befürworter des Brexits im Vereinigten Königreich – hatten die Zukunft eines Großbritanniens außerhalb der EU stets in bunten Farben gezeichnet. Aus diesem Traum gab es zuletzt ein düsteres Erwachen: Der britische Thinktank Centre of European Reform (CER) geht davon aus, dass das britische Bruttoinlandsprodukt (BIP) 2022 etwa 5 Prozent kleiner war, als es ohne Brexit gewesen wäre.[11] Die Studie kommt zu dem Schluss, dass das Land durch den Brexit und die damit verbundene Abwanderung insbesondere von EU-Bürgern über 330.000 Arbeiternehmer verloren hat (1 Prozent der Beschäftigten). Das wirkt sich auf den Gastronomiesektor, das Transportwesen und das Gesundheitssystem aus. Die negativen Auswirkungen zeigen sich aber besonders bei den Exporten, den Direktinvestitionen und bei der britischen Produktivität. Das Economic & Social Research Institute in Dublin kam in einer Studie im Oktober 2022 zu dem Schluss, dass das Volumen britischer Exporte in die EU infolge des Brexits um 16 Prozent gefallen ist.[12] Für einen Großteil der EU-Mitgliedstaaten ist das Vereinigte Königreich zwar ein wichtiger Handelspartner, in der Bedeutung aber nicht

---

10 Im März 2023 wurde mit der Ergänzung zum »Nordirland Protokoll« auch der jahrelange Streit um die Brexit-Regeln für Nordirland beigelegt: Das Nordirland-Protokoll wurde als Teil des Brexit-Vertrages ausgehandelt und regelt die Beziehung zwischen Irland (Teil der EU) und Nordirland (nicht Teil der EU). Das sogenannte Rahmenabkommen von Windsor umfasst u. a. neue Regelungen in den Bereichen Zoll, Agrarlebensmittel, Arzneimittel, Mehrwertsteuer und Verbrauchsteuern. Darüber hinaus sollen spezifische Instrumente sicherstellen, dass die Meinung der Bevölkerung Nordirlands zu spezifischen Fragen, die für die dortigen Gemeinschaften von besonderer Bedeutung sind, mehr Gehör findet.

11 Vgl. CER (2022)

12 Vgl. Economic & Social Research Institute (2022)

vergleichbar mit derjenigen der EU für das Vereinigte Königreich.[13] Im September 2022 war das Vereinigte Königreich das einzige Land innerhalb der Gruppe der G7, dessen Wirtschaft noch immer kleiner war als zu Beginn der COVID-19-Pandemie.

Lange Zeit gab es die Befürchtung, dass auf den Austritt des Vereinigten Königreichs aus der EU weitere Austrittsbestrebungen anderer Mitgliedstaaten folgen könnten, sollte sich der Brexit als wirtschaftlicher und gesellschaftspolitischer Erfolg erweisen. Das Gegenteil ist der Fall. Die Resolution Foundation kam im Juni 2022 zusammen mit der London School of Economics zu dem Ergebnis, dass bis zum Jahr 2030 der jährliche Einkommensverlust durch den Brexit für durchschnittliche britische Arbeitnehmer 470 Pfund (umgerechnet rund 550 Euro) betragen werde.[14]

Diese negative Brexit-Erfahrung und das politische Chaos in London haben dazu geführt, dass sich auch führende EU-Gegnerinnen und -Gegner der vergangenen Jahre (wie Marine Le Pen in Frankreich oder Giorgia Meloni und Matteo Salvini in Italien) zumindest rhetorisch vom Ziel eines EU-Austritts verabschiedet haben. Parallel ist die Zustimmung zur Mitgliedschaft in der EU europaweit gestiegen. Es hat sich mit dem Brexit also eindrucksvoll gezeigt, dass die EU und ihre Mitgliedstaaten mit dem EU-Binnenmarkt und dem Vertrag von Lissabon wirtschaftlich und politisch so eng miteinander verflochten sind, dass die Entscheidung für einen Austritt zwangsläufig mit unkalkulierbaren ökonomischen und gesellschaftlichen Folgen einhergehen.

11.3.2 Stärkung der Europäischen Union

Hauptziel des Vertrages von Lissabon war die grundlegende Reform des politischen Systems der EU.[15]

11.3.2.1 Nach außen

Die EU – außenpolitisch bis dahin eher als vielstimmiger Chor denn als gemeinsame Stimme der Mitgliedstaaten wahrgenommen – sollte nach außen kohärent und sichtbar auftreten und mit einer Stimme sprechen können.[16] Um dieses Ziel zu erreichen, wurden drei Maßnahmen ergriffen:

- Die EU bekam eine eigene Rechtspersönlichkeit (Artikel 47 EUV), kann folglich internationale Abkommen abschließen bzw. internationalen Organisationen beitreten und so als Partner für Drittländer und internationale Organisationen greifbarer werden.[17]

---

13   Vgl. Bundeszentrale für Politische Bildung (2022)

14   Vgl. Resolution Foundation (2022)

15   Vgl. Woods/Watson (2012), S. 17; Seeger (2008), S. 63.

16   Vgl. Maurer (2008), S. 13; Giegerich/Wallace (2010), S. 451ff.

17   Vgl. Bieber/Epiney/Haag (2013), § 3 Rn. 49ff.; Murswiek (2008), S. 66.

- Weiterhin hat der Reformvertrag als außenpolitisches Gesicht und Ansprechpartner für die internationalen Partner das Amt des Hohen Vertreters für Außen- und Sicherheitspolitik – letztlich eine Art Außenminister der EU – eingeführt (Artikel 27 Absatz 2, 3 EUV). Der Hohe Vertreter ist zugleich Vorsitzender des Außenministerrats und Vizepräsident der Kommission (Artikel 18 Absatz 4 EUV).
- Dem Hohen Vertreter unterstellt ist der neu geschaffene Europäische Auswärtige Dienst (EAD) laut Artikel 27 Absatz 3 EUV, bestehend aus Beamten der Kommission, des Ratssekretariats und der diplomatischen Dienste aller Mitgliedstaaten.

Auch wenn das Prinzip der Einstimmigkeit der Mitgliedstaaten bei der Beschlussfassung nach außen (bis auf wenige, eng umgrenzte Ausnahmen: siehe Artikel 31 EUV) erhalten geblieben ist – d. h., die EU solange handlungsunfähig ist, wie keine einstimmige Lösung gefunden wird –, so schafft sich die EU mit den benannten drei Maßnahmen die Möglichkeit einer eigenen, von den Mitgliedstaaten zumindest teilweise losgelösten außenpolitischen Strategie.[18] Dies ist ein wichtiger Schritt zu mehr »Staatlichkeit« der EU und zu einem – zumindest langfristig – außenpolitischen Bedeutungsverlust der Mitgliedstaaten.[19]

11.3.2.2 Nach innen

Nach innen unterliegen dem Einstimmigkeitsprinzip neben der Steuerharmonisierung und EU-Haushaltspolitik nur noch die Politikfelder Soziale Sicherheit und Sozialpolitik sowie die operative polizeiliche Zusammenarbeit. Hinzu kommen Einzelbereiche der Umweltpolitik.[20] Hintergrund dessen ist, dass in Anbetracht eines durch globale Krisen und Herausforderungen sich rapide wandelnden Umfelds die Blockademöglichkeiten einzelner Mitgliedstaaten reduziert und dadurch die Handlungsfähigkeit der EU verbessert werden sollte.

Auf den Bereich der politischen Entscheidungsverfahren und damit auf die Praxis der Interessenvertretung wirkten sich die im Folgenden beschriebenen nach innen gerichteten Reformmaßnahmen deutlich stärker aus.

11.3.3 Mehrebenensystem, ordentliches Gesetzgebungsverfahren, Informeller Trilog

Es leuchtet ein, dass ein einzelner Mitgliedstaat in einem »Europa der 6« mehr Einfluss auf einzelne Entscheidungen hatte, als das im heutigen »Europa der 27« der Fall ist. Entscheidend – und in der Praxis mit deutlich komplexeren Auswirkungen verbunden – ist jedoch der weitgehende Übergang vom Einstimmigkeits- zum Mehrheitsprinzip bei Entscheidungen im Rat: Hier wird spätestens seit dem Vertrag von Lissabon in den meisten wichtigen Politikfeldern nach dem Mehrheitsprinzip entschieden.

---

18 Vgl. Mix (2013), S. 2.
19 Vgl. Joos (2014), S. 33.
20 Vgl. Joos (2014), S. 35f.

Mit anderen Worten: Ein einzelner Mitgliedstaat kann ein EU-Gesetzgebungsverfahren in diesen Politikfeldern nicht mehr aufhalten oder maßgeblich beeinflussen.

11.3.3.1 Mehrebenensystem

Die heutige Europäische Union der 27 Mitgliedstaaten ist ein dynamisches, komplexes Mehrebenensystem, an dessen politischen Entscheidungsprozessen europäische, nationale und regionale Ebenen beteiligt sind. Nicht zuletzt deshalb sind europäische Verfahren schwer zu durchschauen. Noch schwerer ist es, die eigenen Anliegen gezielt darin einzubringen. Durch den Vertrag von Lissabon und die damit einhergehenden strukturellen und institutionellen Änderungen hat sich die Situation weiter verschärft. Zugleich nimmt die Bedeutung der EU stetig zu:

Immer mehr Bereiche in Politik und Rechtsetzung, die gestern noch in nationaler Verantwortung lagen, werden mittlerweile auf EU-Ebene (in Brüssel und Straßburg) entschieden.

11.3.3.2 Ordentliches Gesetzgebungsverfahren (Artikel 294 AEUV): Die Zahl der Entscheider nimmt zu

Mit dem Vertrag von Lissabon wurde das frühere Mitentscheidungsverfahren (bei dem das Parlament bei der Gesetzgebung mitentscheidet) zum Regelverfahren erhoben. Das Parlament wurde in praktisch allen wichtigen Politikbereichen zu einem vollwertigen Partner im Legislativverfahren.[21] Durch die Aufwertung der Rolle des Europäischen Parlaments im Gesetzgebungsverfahren wurde zugleich die demokratische Legitimation der EU erhöht. Bei diesem nun ordentlichen Gesetzgebungsverfahren (Artikel 294 AEUV) sind drei EU-Organe beteiligt: die Europäische Kommission, das Europäische Parlament und der Rat der EU. Die Kommission übermittelt dem Parlament und dem Rat einen Vorschlag, über den dann die beiden Letzteren entscheiden. Die Entscheidungsfindung ist jedoch kompliziert. Formell gesehen kann sich die Kompromissfindung über bis zu drei Lesungen in Parlament und Rat unter Einbeziehung eines Vermittlungsausschusses (in der zweiten Lesung) hinziehen.

Für die Interessenvertretung bedeutet das:

- Notwendigkeit, stets über den prozessualen Ablauf des Verfahrens und die wichtigen Termine von Ausschusssitzungen, Plenarsitzungen, Ratssitzungen usw. informiert zu sein;
- Schwierigkeit der Identifizierung der maßgeblichen Entscheidungsträger: Die Zahl der Entscheider in legislativen und exekutiven Entscheidungsprozessen nimmt zu; grundsätzlich gilt, dass es zu Entscheidungen mit zahlreichen »Entscheidern« kommt (Phänomen der »Entscheidungen ohne – den einen/die wenigen – Entscheider«).

---

21 Vgl. Selck/Veen (2008), S. 18.

Beim ordentlichen Gesetzgebungsverfahren gilt das Mehrheitsprinzip im Rat. Für eine sog. qualifizierte Mehrheit sind die Stimmen von mindestens 55 Prozent der Ratsmitglieder (also mindestens 14 Mitgliedstaaten) erforderlich, die wiederum mindestens 65 Prozent der EU-Bevölkerung repräsentieren müssen. Für eine Sperrminorität bedarf es folglich mindestens vier Ratsmitglieder, die insgesamt mehr als 35 Prozent der EU-Bevölkerung repräsentieren müssen (Artikel 16 Absatz 4 AEUV). In der Konsequenz hat ein Mitgliedstaat allein keine Möglichkeit mehr, ein »Veto« einzulegen und dadurch eine Entscheidung zu blockieren bzw. in seine Richtung zu lenken.

Damit ist der Kreis der relevanten Entscheider nach Lissabon viel größer geworden. Erforderlich sind daher mitgliedstaatenübergreifende Netzwerke, da der klassische Fokus auf einen Mitgliedstaat schon für die Verhinderung einer Entscheidung nicht mehr ausreichend ist.

11.3.3.3 Informeller Trilog: Eine zusätzliche Entscheidungsebene

Neben den formellen Verfahrensweisen und Entscheidungsprozessen ist es wichtig, sich auch über die informellen Prozesse in der EU zu informieren und diese ebenso wie die formellen zu verfolgen (Monitoring) und zu begleiten. Ein bemerkenswertes Beispiel für eine informelle – d. h. gesetzlich nicht geregelte – Verfahrensweise ist der »Informelle Trilog«. Er ist im AEUV nicht vorgesehen, wird aber dennoch häufig vor der ersten Lesung im Parlament im Rahmen des ordentlichen Gesetzgebungsverfahrens angewandt. Beim Informellen Trilog handelt es sich um Treffen im kleinen Kreis, an welchen Vertreter der Kommission, des Parlaments (i. d. R. Berichterstatter) und des Rats (i. d. R. Ratspräsidentschaft) teilnehmen.

Dieser Trilog ist ein prozessuales, hoheitliches Hilfsmittel, um die Koordination zwischen Kommission, Parlament und Rat zu strukturieren und zu beschleunigen. Im Trilog werden oft die entscheidenden Kompromisse erzielt.[22] Aufgrund dessen kann die Kompromissfindung im ordentlichen Gesetzgebungsverfahren bei über 90 Prozent der Fälle in der ersten Lesung erfolgen (siehe Abschnitt 6.2.3.2.2). Der Informelle Trilog kann somit durchaus als eine weitere (wenn auch informelle) Entscheidungsebene begriffen werden.

11.3.4 Paradigmenwechsel von der Inhalts- zur Prozesskompetenz

Für die Vertretung von Interessen – seien es die Belange der Mitgliedstaaten, gesellschaftlicher Interessengruppen oder einzelner Branchen und Unternehmen – verursachen die Entwicklungstendenzen der EU und insbesondere die Reformen des Vertrages

---

[22] Vgl. Weidenfeld (2013), S. 166.

von Lissabon einen hohen Anpassungsdruck. Geht man davon aus, dass es das wesentliche Ziel von Interessenvertretung ist, im Rahmen eines Entscheidungsprozesses mit Inhalten, also Sachargumenten, auf ein bestimmtes Ergebnis hinzuwirken[23], so lag der Schwerpunkt der Praxis vor dem Vertrag von Lissabon weniger auf der Prozess- als vielmehr auf der Inhaltskompetenz.[24]

Zu den sog. »klassischen« strukturellen Instrumenten der Interessenvertretung (siehe »strukturelle Instrumente« im Detail unter Abschnitt 7.4.1) zählen:

- Unternehmensrepräsentanzen
- Verbände
- Public-Affairs-Agenturen
- Anwaltskanzleien

Diese klassischen Instrumente widmen i. d. R. den größten Teil ihrer Zeit der inhaltlichen Vorbereitung der Interessenvertretung, d. h. dem Verfassen von ausführlichen Gutachten und Argumentationspapieren, der Durchführung von Medienkampagnen, der Teilnahme an öffentlichen Anhörungen etc. Das ist auffällig, betreffen doch die wesentlichen Entwicklungstendenzen der EU-Politik vielmehr Verfahrensfragen (Prozesse) europäischer Politik.

Sobald es um die gezielte Mitwirkung bei Entscheidungsprozessen geht, reichen inhaltliche Arbeit und die Fokussierung auf Argumente allein jedoch nicht aus. In einem komplexen Mehrebenensystem wie der EU mit Entscheidern auf regionaler, mitgliedstaatlicher und europäischer Ebene sind prozessuale Fragen für den Erfolg der Interessenvertretung bei den Institutionen der EU mindestens ebenso entscheidend. Inhaltliche Argumente erreichen ihre Adressaten erst gar nicht, wenn nicht zuvor die jeweiligen komplexen Entscheidungsprozesse beachtet werden: Welches der verschiedenen Gesetzgebungsverfahren kommt zur Anwendung? Wann soll mit wem in welcher Form worüber kommuniziert werden? Wer ist wofür zu welchem Zeitpunkt im Verfahren zuständig? Welche Fristen sind zu beachten?

11.3.5 Fazit und Ergebnis

11.3.5.1 Komplexitätssprung der Prozesse europäischer Entscheidungsfindung

Die politisch-rechtlichen Rahmenbedingungen unternehmerischen Handelns in der EU haben sich spätestens durch den Vertrag von Lissabon grundlegend geändert. Dieser Reformvertrag hat einen Komplexitätssprung der Prozesse europäischer Entscheidungsfindung ausgelöst:

---

23 Definitionen bei Joos (2011), S. 44; Lösche (2007), S. 20; van Schendelen (2002), S. 203f.; McGrath (2005), S. 17.
24 Zu den Begriffen der Inhalts- und Prozesskompetenz vgl. auch Godwin/Ainsworth/Godwin (2013), S. 216ff.

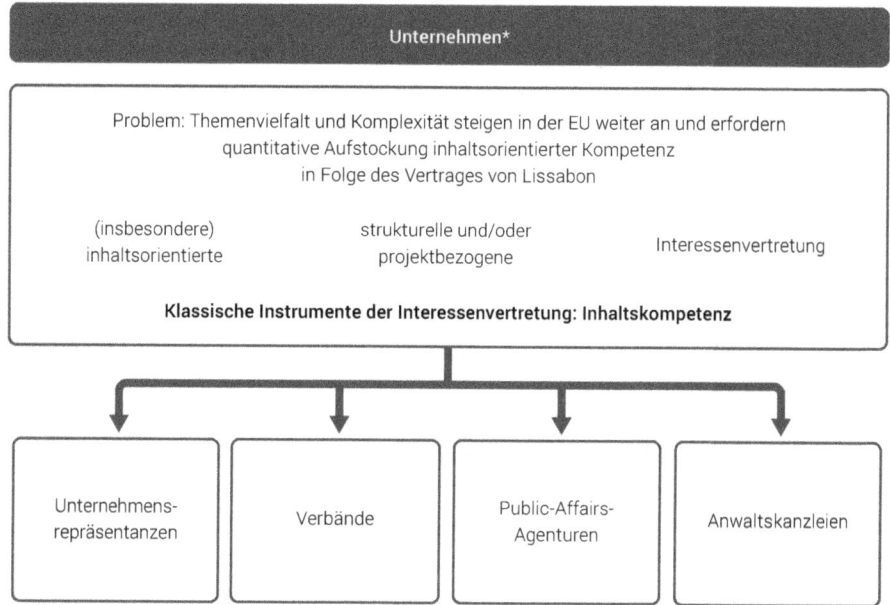

Abbildung 11.1: Klassische Instrumente der Interessenvertretung

Für die Interessenvertretung gestaltet sich bereits die Suche nach dem richtigen Ansprechpartner oft als Herausforderung. Eine Exekutive wie in klassischen National-staaten gibt es in der EU nicht. Es ist müßig, der Frage nachzugehen, ob die EU mit eigener Rechtspersönlichkeit einem Staat, einem Staatenbund oder Bundesstaat oder einem anderen völkerrechtlichen Gebilde ähnlich ist. Sie ist sui generis ein neues Gebilde, für das die alten Kategorien zu eng sind. Die europäische Interessenvertre-tung muss sowohl bei den Europäischen Institutionen (Parlament, Kommission, Rat etc.) als auch auf mitgliedstaatlicher Ebene (Ratsmitglieder) ansetzen. Legislative Funktionen werden in der EU durch den Rat der EU sowie das Europäische Parlament ausgeübt. Das Europäische Parlament ist den nationalen Parlamenten jedoch insoweit nicht vergleichbar, als es keine Regierungsfraktionen und Oppositionsfraktionen gibt, sondern vielfältige Prozesse der Konsensbildung über mitgliedstaatliche und Partei-grenzen hinweg, die es schwierig machen, Mehrheiten vorherzusagen. Während der Gesetzgebungsverfahren müssen nicht nur die jeweils zuständigen europäischen Organe (nach Artikel 294 AEUV Kommission, Rat, Parlament), sondern auch die mit-gliedstaatliche Ebene (z. B. die einzelnen Ratsmitglieder oder die nationalstaatlich organisierten Parteien der Abgeordneten des Europäischen Parlaments) einbezogen werden. An all diesen Schnittstellen muss eine erfolgreiche Interessenvertretung die Prozesse zeitnah begleiten können. Ein Interessenvertreter wird vor diesem Hinter-grund ständig unter hohem Zeitdruck und unter Bedingungen großer Unsicherheit handeln müssen. Europäische Interessenvertretung erfordert deshalb nicht nur professionelles Können, sondern auch ein gutes Gespür für mögliche Schwierigkeiten in einem Verfahren, Einfühlungsvermögen hinsichtlich der entscheidenden Akteure, politisches Gespür für die zugrunde liegenden Prozesse und ständige Informationstransparenz an allen Schnittstellen.[25]

Beim Umgang mit der EU und ihren Akteuren auf regionaler, mitgliedstaatlicher und europäischer Ebene geraten ein Unternehmen und seine Interessenvertretung in eine veritable »Komplexitätsfalle«, der selbst große Konzerne nicht entrinnen können: Um diese Komplexität zu bewältigen, bedarf es einer hohen Prozesskompetenz, die das Unternehmen selbst nicht nachhaltig vorhalten kann (siehe Kapitel 1).[26] Viele Unternehmen sind sich dieser Problematik noch gar nicht bewusst. Andere erkennen die zunehmende Notwendigkeit prozessualer Kenntnis und prozessualen Managements, haben aber keine eigenen wirksamen Mittel entgegenzusetzen, um die Strukturen europäischer Entscheidungsfindung letztlich durchschaubarer zu machen.[27] Selbst wenn Unternehmer und Manager die Bedeutung der politischen Rahmenbedingungen und Entscheidungen in den Mitgliedstaaten und vor allem in der EU für ihren unternehmerischen Erfolg erkannt haben, fühlen sie sich angesichts der komplexen Prozesse in den Institutionen oft überfordert. Sie sehen sich zunehmend nicht mehr in der Lage, die für sie wirklich relevanten formellen und informellen Entscheidungsträger zu identifizieren. Die politischen Prozesse sind für sie nicht transparent. Sie wissen nicht wo, wann und wie sie ihre Interessen so kommunizieren können, dass sie Gehör finden.[28]

11.3.5.2 Paradigmenwechsel in der Interessenvertretung: Prozesskompetenz

Ausgelöst durch diesen Komplexitätssprung der Prozesse europäischer Entscheidungsfindung in einem immer heterogeneren Umfeld erleben wir einen Paradigmenwechsel – eine gegenüber »inhaltlicher Argumentation« stark gewachsene Bedeutung des »Prozessualen« in der Politik. Inhalte und Argumente sind auch in komplexen politischen Verfahren notwendig. Hinreichend für ihre Aufnahme und Durchsetzung ist jedoch erst ihre Kommunikation von der richtigen Person an den richtigen Adressaten zur richtigen Zeit am richtigen Ort und auf die richtige Art und Weise unter Kenntnis von Zielsetzungen, Interessenlagen und Denkweisen der Entscheidungsträger sowie der informellen und formellen Entscheidungsregeln. Ein Argument, das nicht in einem bestimmten Schritt des Entscheidungsprozesses eingebracht wird, droht, nicht mehr berücksichtigt zu werden.

Der Interessenvertretung stellen sich grundlegende »handwerkliche« Fragen, die parallel zu jeder inhaltlichen Argumentation fortlaufend beantwortet werden müssen,

---

25 Joos (2015), S. 408f.

26 Joos (2015), S. 410ff.; detaillierte, weiterführende Informationen zu Prozessmanagement und -kompetenz siehe auch Joos (2014), S. 29–45.

27 Vgl. Joos (2015), S. 410ff.

28 Joos (2015), S. 410ff.

gleich ob die Interessen eines Mitgliedstaates, eines Unternehmens, eines Verbandes oder einer NGO vertreten werden. Die Praxis zeigt, wie wichtig Prozesskompetenz ist, um am politischen Betrieb der EU mitwirken und die Entscheidungsprozesse begleiten zu können. Für die politische Interessenvertretung in der EU folgt daraus: Die Prozesskompetenz erreicht die Bedeutung der Inhaltskompetenz und übertrifft diese sogar mit zunehmender Komplexität eines Entscheidungsprozesses (siehe zur Veranschaulichung Abbildung 11.2).

Die zentrale These des Buches ist in Zeiten zunehmender Komplexität dringlicher denn je: Der stark gewachsenen Bedeutung prozessualer Fragen muss die professionelle Interessenvertretung Rechnung tragen. Ihr Fokus muss stärker auf die prozessuale Arbeit gelegt werden. Nur mit starker Prozesskompetenz gelingt der Weg aus der »Komplexitätsfalle« EU. Helfen kann hier nur eine externe professionelle Prozessbegleitung durch einen Intermediär, der die europäischen Prozesse ständig verfolgt. Starke Prozesskompetenz und kluges, vor Ort präsentes Prozessmanagement durch einen neutralen und objektiven Intermediär sind der Schlüssel zur Komplexitätsreduzierung.

Letztlich muss jedes Unternehmen, jeder Verband und jede Organisation prüfen, ob die bestehende Aufstellung der eigenen Interessenvertretung unter den beschriebenen veränderten Rahmenbedingungen noch hinreichend ist, um ihre Sorgfaltspflichten[29] vollständig erfüllen zu können. Ein Unternehmen beispielsweise muss sich ständig einer funktionierenden Kommunikation mit seinen Stakeholdern (dazu zählt auch die Politik) vergewissern, um seine »licence to operate« (siehe hierzu Meyer et al. in Abschnitt 2.2) zu erwerben und zu behalten.

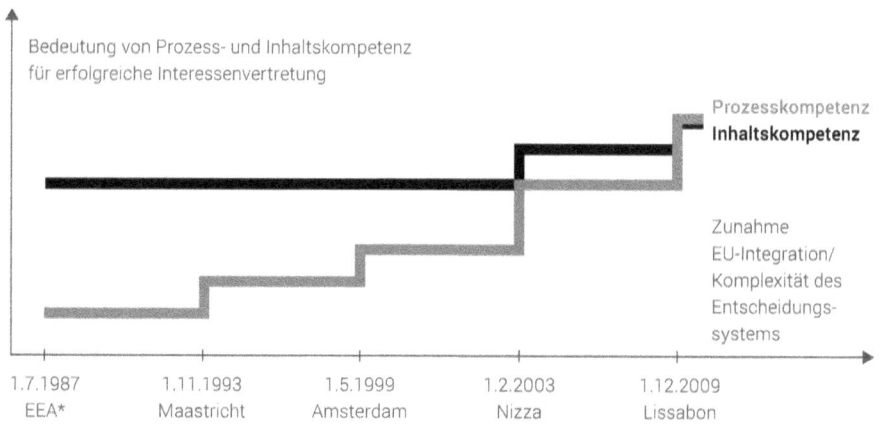

Abbildung 11.2: Veränderung der Bedeutung von Prozess- und Inhaltskompetenz für erfolgreiche Interessenvertretung im Laufe der Entwicklung von EG bzw. EU

---

29 Hier Sorgfaltspflicht gegenüber den *primären Stakeholdern*: Diese stehen in vertraglicher Beziehung zum Unternehmen (z. B. Investoren, Mitarbeiter, Lieferanten, Kunden etc.). Der Unterschied zu *sekundären Stakeholdern* besteht darin, dass Letztere in keinen unmittelbaren vertraglichen Beziehungen stehen, jedoch Einfluss auf das Wohlergehen des Unternehmens haben (z. B. Exekutive, Legislative, Verbände, NGOs, Medien).

11.4 Ausblick: Zwingender Reformbedarf zur Überwindung der Governance-Krise der EU

Die großen Krisen der vergangenen Jahre – ausgelöst durch die COVID-19-Pandemie ab März 2020 und den kriegerischen Überfall Russlands auf die Ukraine im Februar 2022 – haben eines klar gezeigt: Die EU muss ihre Regierungsfähigkeit dramatisch verbessern. Bislang glichen Reformbewegungen der EU allerdings häufig eher einem quälenden Hindernisparcours als einem hoffnungsvollen Weg in die Zukunft. Als Beispiel kann die Geschichte des Patentschutzes herangezogen werden: Bereits Anfang der 1970er-Jahre wurde das Erfordernis eines gemeinschaftsweit geltenden Einheitspatents deutlich und die Debatte darum fand Eingang in die politischen Prozesse in Brüssel. Doch erst ein halbes Jahrhundert später – am 19. Januar 2022 – konnte die EU-Kommission in Brüssel das notwendige Gesetzgebungsverfahren einleiten.

Die Ursachen dieses »EU-Hindernismarathons« zu wichtigen Reformen sind vielfältig, aber die entscheidende Hürde für schnelle Einigungen war über Jahrzehnte das Einstimmigkeitsprinzip in den Entscheidungsprozessen. Erst der Vertrag von Lissabon leitete hier die Wende ein, weil darin das Instrument der »Verstärkten Zusammenarbeit« auch im Bereich des EU-Binnenmarktes (und damit auch bei der beispielhaft genannten Reform des Patentschutzes) angewendet werden durfte. Es sieht vor, dass EU-Mitgliedstaaten eine »Koalition der Willigen« (Mindestteilnehmer-Zahl: neun) bilden und einen Rechtsakt nur in ihren Ländern einführen dürfen, wenn sich trotz aller Bemühungen nicht alle EU-Mitgliedstaaten darauf verständigen können.

Das in den Bereichen Außen- und Sicherheitspolitik, Außengrenzen, Haushalt/Währung immer noch bestehende Prinzip der Einstimmigkeit lähmt die EU allerdings weiterhin auf dem Weg in die Zukunft. Es liegt in der Natur dieser Themen, dass sich 27 EU-Mitgliedstaaten dort i. d. R. nur auf den kleinsten gemeinsamen Nenner einigen können.

Es geht daher nicht zu weit, das Einstimmigkeitsprinzip hinsichtlich dringend erforderlicher Reformen in der EU als »Mutter aller Probleme« zu bezeichnen, das der Union auch in der Bewältigung kommender Krisen zu schaffen machen wird. Das teilweise Scheitern, sich nach Kriegsausbruch in der Ukraine auf ein rasches Sanktionspaket gegen den russischen Präsidenten Wladimir Putin zu verständigen, zeichnet kein positives Bild für die Zukunft. Und sollte die Euro-Krise tatsächlich zurückkehren, wie manche Ökonomen befürchten, weil überschuldete Euro-Mitgliedstaaten wie Italien oder Griechenland mit massiven Zinsaufschlägen für neue Kredite nicht leben können, ist eine Überforderung der EU bzw. der Euro-Gruppe zu befürchten.

Aus all dem folgt: Die EU muss ihre »Governance«, ihre Regierungsfähigkeit und damit ihre Handlungsfähigkeit verbessern. Zeitgleich muss die EU von ihren Bürgern wieder mehr Zustimmung erfahren. Ihre größten Erfolge – Abschaffung der Grenzen, Freihandel und gemeinsame Währung – sind für zu viele zur Selbstverständlichkeit geworden.

Es geht im Kern also um die Fortschreibung der EU-Verträge. Denn mit dem Vertrag von Lissabon wurde nur ein Teil des Wegs zur Schaffung der »Vereinigten Staaten von Europa« zurückgelegt. Um diesen Weg zu Ende zu gehen, muss u. a. die Rolle der Europäischen Kommission als »Regierung der EU« entscheidend gestärkt werden. Künftig sollte das Europäische Parlament eine Präsidentin/einen Präsidenten vorschlagen, die/der sich ein Kabinett unabhängig von den Wünschen der EU-Mitgliedstaaten zusammenstellt, das sich dann im Europäischen Parlament zur Wahl stellt. Nicht wiederholen darf sich jedenfalls das Szenario von 2019, als die EVP mit Manfred Weber als Kandidat für den Kommissionspräsidenten die Europawahl gewann und anschließend die Staats- und Regierungschefs mit Ursula von der Leyen eine andere Lösung durchsetzten. Besser lässt sich das Demokratie-Defizit der EU kaum herausarbeiten. Auch sollte sich die Zahl der Kommissare künftig an der Zahl der sinnvollen Ressorts orientieren und nicht an der der Mitgliedstaaten.

Denkbar wäre auch eine Direktwahl des Präsidenten der Europäischen Kommission in allen EU-Mitgliedstaaten. Voraussetzung dafür wäre ein Wahlgang in der gesamten EU statt der bisherigen getrennten Wahlen in jedem Mitgliedstaat. Dann würde es auch einen gesamteuropäischen Wahlkampf geben, der das Bewusstsein der Bürger, in einem vereinten Europa zu leben, erheblich stärken könnte.

Das Europäische Parlament müsste künftig aus einer Wahl in einem die gesamte EU umfassenden Wahlgebiet mit vereinten Wahllisten hervorgehen. Ganz unabhängig davon müssen die Rechte des Europäischen Parlaments weiter gestärkt werden, zum Beispiel bei der Aufstellung des Haushalts der EU oder – ganz entscheidend – durch das Recht, Gesetzgebungsverfahren einleiten zu können.

Wie bereits dargelegt, ist die weitgehende, wenn nicht gar vollständige Abschaffung des Einstimmigkeitsprinzips zugunsten der qualifizierten Mehrheit von zentraler Bedeutung für die Regierungsfähigkeit der EU. Diesem Prinzip haftet darüber hinaus ein erhebliches Demokratie-Defizit an. Denn während im Bundesrat jedes Bundesland über Stimmen entsprechend seiner Einwohnerzahl verfügt, hat im Rat bspw. Malta dasselbe Stimmgewicht wie Deutschland oder Frankreich. Die Folge: 500.000 Malteser können u. a. in der Außen- und Sicherheitspolitik sowie in der Steuer- und Haushaltspolitik darüber entscheiden, was für rund 450 Mio. EU-Bürger richtig oder falsch ist.

Auch kleinere Stellschrauben können eine große Wirkung haben, zum Beispiel das Prinzip der Diskontinuität. Es besagt, dass mit der Konstituierung eines Parlaments nach Wahlen alle Gesetzentwürfe und Vorlagen neu eingebracht und verhandelt werden müssen, die in der abgelaufenen Legislaturperiode nicht beschlossen wurden. Das gilt für fast alle Parlamente der EU-Mitgliedstaaten, nicht aber für das Europäische

Parlament. Was technokratisch klingt, hat aber eine erhebliche Auswirkung in der Politik. Denn wenn Politiker wissen, dass ein Vorhaben mit dem Ende der Legislaturperiode verfällt, beeilen sie sich in aller Regel, es vorher noch durch das Parlament zu bringen. Die Einführung des Grundsatzes der Diskontinuität könnte sich auf die Arbeit des Europäischen Parlaments also wie ein Turbo auswirken.

Das sind die wichtigsten Aspekte einer notwendigen Reform der EU-Verträge. Und es gibt Grund zur Hoffnung. Im Mai 2022 forderte der französische Präsident Emmanuel Macron zum Abschluss der Straßburger »Konferenz zur Zukunft Europas« institutionelle Reformen und stellte konkret das Prinzip der Einstimmigkeit infrage. Auch Bundeskanzler Olaf Scholz hat das Problem in seiner Prager Rede im August 2022 adressiert: Er schlug vor, »in der gemeinsamen Außenpolitik, aber auch in anderen Bereichen, wie der Steuerpolitik, schrittweise zu Mehrheitsentscheidungen überzugehen.«[30] Jetzt müssen die EU und ihre Mitgliedstaaten diesem Erkenntnisgewinn Taten folgen lassen.

30   Vgl. Olaf Scholz (2022)

Anhang

Abkürzungsverzeichnis

ABl.	Amtsblatt
ACE	Alliance for Beverage Cartons and the Environment
ACEA	European Automobile Manufacturers' Association
a. D.	außer Dienst
AdR	Ausschuss der Regionen
AEUV	Vertrag über die Arbeitsweise der Europäischen Union
AG	Aktiengesellschaft
AMA	American Marketing Association
AStV	Ausschuss der Ständigen Vertreter
BDA	Bundesvereinigung der Deutschen Arbeitgeberverbände
BDI	Bundesverband der Deutschen Industrie
BDU	Bundesverband Deutscher Unternehmensberater e.V.
BGL	Bundesverband Güterkraftverkehr und Logistik
BSE	Bovine Spongiform Encephalopathy
BVerfGE	Entscheidungen des Bundesverfassungsgerichts
bzw.	beziehungsweise
ca.	circa
CBI	Confederation of British Industry
CEEP	European Centre of Employers and Enterprises providing Public Services
CEFIC	European Chemical Industry Council
CEO	Corporate Europe Observatory/Chief Executive Officer
CEPS	Centre for European Policy Studies
CSR	Corporate Social Responsibility
DGB	Deutscher Gewerkschaftsbund
d. h.	das heißt
DIHK	Deutscher Industrie- und Handelskammertag
EAD	Europäischer Auswärtiger Dienst
EAG	Europäische Atomgemeinschaft
EEA	Einheitliche Europäische Akte
EEG	Erneuerbare-Energien-Gesetz
EFSA	European Food Safety Authority
EFSF	European Financial Stability Facility
EFSM	Europäischer Finanzstabililierungsmechanismus

EFTA	European Fair Trade Association
EG	Europäische Gemeinschaft
EGB	Europäischer Gewerkschaftsbund
EGKS	Europäische Gemeinschaft für Kohle und Stahl
EGMR	Europäischer Gerichtshof für Menschenrechte
EGV	Vertrag zur Gründung der Europäischen Gemeinschaft
EIV	Erfolgreiche Interessenvertretung
EMA	European Medicines Agency
EMRK	Europäische Menschenrechtskonvention
EP	Europäisches Parlament
EPACA	European Public Affairs Consultencies Association
EPC	European Policy Centre
EPZ	Europäische Politische Zusammenarbeit
ESM	Europäischer Stabilisierungsmechanismus
ESVP	Europäische Sicherheits- und Verteidigungspolitik
ESZB	Europäisches System der Zentralbanken
etc.	et cetera
ETI	Europäische Transparenz-Initiative
EU	Europäische Union
EUGH	Europäischer Gerichtshof
EUV	Vertrag über die Europäische Union
e. V.	eingetragener Verein
EVP	Europäische Volkspartei
evtl.	eventuell
EWG	Europäische Wirtschaftsgesellschaft
EWSA	Europäischer Wirtschafts- und Sozialausschuss
EWWU	Europäische Wirtschafts- und Währungsunion
EZB	Europäische Zentralbank
f.	folgende
ff.	fortfolgende
G7	Gruppe der Sieben (der – zum Gründungszeitpunkt – bedeutendsten Industriestaaten der westlichen Welt)
G20	Gruppe der Zwanzig (der wichtigsten Industrie- und Schwellenländer)
GASP	Gemeinsame Außen- und Sicherheitspolitik
GD	Generaldirektion
GG	Grundgesetz
ggf.	gegebenenfalls

GmbH	Gesellschaft mit beschränkter Haftung
GOEP	Geschäftsordnung des Europäischen Parlaments
GSVP	Gemeinsame Sicherheits- und Verteidigungspolitik
i. d. R.	in der Regel
IGO	Intergovernmental Organisation
IHK	Industrie- und Handelskammer
IK	Inhaltskompetenz
IPCC	Intergovernmental Panel on Climate Change
IRG	Internationale Rohstahlgemeinschaft
ISO	International Standard Organisation
ISV	Industry-Structure-View
IT	Informationstechnologie
i. V. m.	in Verbindung mit
KG	Kommanditgesellschaft
KMU	Kleine und mittelständische Unternehmen
LMU	Ludwig-Maximilians-Universität
LSE	London School of Economics
LV	Vertrag von Lissabon
MBA	Master of Business Administration
MBV	Market-based View
MdEP	Mitglied des Europäischen Parlaments
Mio.	Million(en)
MLG	Multi-Level-Governance
Mrd.	Milliarde(n)
MSA	Multiple-Stream-Ansatz
MSc	Master of Science
m. w. N.	mit weiteren Nachweisen
NGO	Non-Governmental-Organisation (dt. Nichtregierungsorganisation, auch NRO)
NPÖ	Neue Politische Ökonomie
Nr.	Nummer
NSA	National Security Agency
OECD	Organisation for Economic Cooperation and Development
OEEC	Organisation for European Economic Co-operation
OLAF	Office Européen de Lutte Anti-Fraude
o. V.	ohne Verfasserangabe
PA	Public Affairs

PbK	Prozessbegleitkompetenz
PJZS	Polizeiliche und Justizielle Zusammenarbeit in Strafsachen
PR	Public Relations
PsK	Prozessstrukturkompetenz
PwK	Perspektivenwechselkompetenz
QM	Qualitätsmanagement
RBV	Resource-based View
Rn.	Randnummer
Rz.	Randziffer
S.	Seite
S&D	Socialists & Democrats
SEAP	Society of European Affairs Professionals
SHV	Stakeholder-View
sog.	sogenannte(n/s)
SRI	Stanford Research Institute
SRM	Single Resolution Mechanism
SSM	Single Supervisory Mechanism
StäV	Ständige Vertretung
StGB	Strafgesetzbuch
s. v.	sub voce
TRK	Transaktionskosten
TTIP	Transatlantic Trade and Investment Partnership
TÜV	Technischer Überwachungsverein
TUM	Technische Universität München
u. a.	unter anderem
u. Ä.	und Ähnliche(s)
UNICE	Union of Industrial and Employers' Confederations of Europe
UNO	United Nations Organisation
US	United States
USA	United States of America
USD	US-Dollar
usw.	und so weiter
u. U.	unter Umständen
v.	vom/von
VDA	Verband der Automobilindustrie
VdC	Verband der Cigarettenindustrie

vgl.	vergleiche
VKU	Verband kommunaler Unternehmen e.V.
VO	Verordnung
VVE	Vertrag über eine Verfassung für Europa
WHO	World Health Organisation
WSA	Wirtschafts- und Sozialausschuss
WTO	World Trade Organisation
z. B.	zum Beispiel
z. T.	zum Teil

Abbildungsverzeichnis

Abbildung 1.1:   Die Formel des Erfolgs   40–41

Abbildung 1.2:   Bergbeispiel – Erfolgreiche Interessenvertretung in einfachen Situationen   44

Abbildung 1.3:   Bergbeispiel - Komplexitätsfalle nach dem Vertrag von Lissabon   46

Abbildung 1.4:   Erfolgsformel für das Management einer erfolgreichen Interessenvertretung in komplexen Situationen   49

Abbildung 1.5:   Beispiel OnePager zum Einsatz auf mitgliedstaatlicher Ebene (Deutschland)   54

Abbildung 1.6:   Beispiel OnePager zum Einsatz auf EU-Ebene   55

Abbildung 1.7:   Bergbeispiel – Erfolgreiche Interessenvertretung in komplexen Situationen   57

Abbildung 2.1:   Hub-and-Spoke-Modell eines Unternehmens   84

Abbildung 2.2:   Ausgewählte Beiträge zur Entwicklung von Stakeholder-Theorie & Stakeholder-Management   86

Abbildung 2.3:   Charakteristika des Stakeholder-Ansatzes   88

Abbildung 2.4:   Drei Aspekte der Stakeholder-Theorie und ihr Zusammenhang   89

Abbildung 2.5:   Input-Output-Modell des Unternehmens versus Stakeholder-Modell als umfassendes Beziehungsgeflecht   90

Abbildung 2.6:   Das Unternehmen und seine Stakeholder   92

Abbildung 2.7:   Wertbeiträge unterschiedlicher Stakeholder zum Organizational Wealth   93

Abbildung 2.8:   Die Quellen von Organizational Wealth aus Sicht dreier verschiedener theoretischer Ansätze   94

Abbildung 2.9:   Kernelemente der drei Lizenzen zur Operationalisierung des Stakeholder-Paradigmas   96

Abbildung 2.10:   Mögliche Klassifizierung von Stakeholdern   97

Abbildung 2.11:   Der Stakeholder-View des Unternehmens   98

Abbildung 2.12:   Zentral-instrumentalistischer Stakeholder-Ansatz: Das Unternehmen im Zentrum des Geschehens – ein vereinfachtes Beispiel   99

Abbildung 2.13:   Anspruchsgruppengerichtete Strategien im situativen Kontext   101

Abbildung 2.14:   Portersche Wertschöpfungskette erweitert um soziale und politische Issues   103

Abbildung 2.15:   Wandel der Branding-Logik induziert durch die servicedominante Logik   105

Abbildung 2.16:   Herkunft und Rechtsstatus sozio-politischer Stakeholder-Gruppen   107

Abbildung 2.17:   Exemplarische Definitionen zu Intermediären   110

Abbildung 2.18:   Intermediation zur Reduktion von Transaktionskosten   112

Abbildung 2.19:   Vereinfachungseffekt durch Integration von Intermediären   114

Abbildung 2.20:   Cluster innerhalb eines sozialen Netzwerks   118

Abbildung 3.1:   Interessenvertretung als intermediäres System   126

Abbildung 3.2:   Begriffliche Abgrenzungen   131

Abbildung 3.3:   Interessenvertretung als Bestandteil der Unternehmenskommunikation   132

Abbildung 3.4:   Adressaten im politischen Umfeld – Bundesrepublik Deutschland   135

Abbildung 3.5:   Adressaten im politischen Umfeld – Europäische Union   136

Abbildung 3.6:   Einsatzmöglichkeiten von Interessenvertretung für Unternehmen   144

Abbildung 3.7:   Das politische System in seiner Umwelt   150

Abbildung 3.8:   Interessenvertretung als Verhandlungssystem zur Bildung kommunikativer Schnittmengen   155

Abbildung 3.9:   Verhaltenskodex (in Anhang I) der Interinstitutionellen Vereinbarung von 2021 über das verbindliche Transparenzregister   169

Abbildung 4.1:   Exkurs: Der relative Wert des Inhalts   184

Abbildung 4.2:   Die drei Dimensionen der Politik   186

Abbildung 4.3:   Veränderung der Bedeutung von Prozess- und Inhaltskompetenz für eine erfolgreiche Interessenvertretung im Lauf der Entwicklung von EG bzw. EU   190

Abbildung 4.4:   Die idealtypischen Phasen des Policy Cycle   191

Abbildung 4.5:   Mathematische Gleichung einer symmetrischen Glockenkurve   222

Abbildung 4.6:   Annähernd normalverteilte empirische Verteilung der Milchleistung von Kühen   223

Abbildung 4.7:   Glockenkurve mit Standardabweichungen vom Mittel   225

Abbildung 4.8:   Entscheidungen nach Sektoren von »prinzipieller Ablehnung« bis »Zustimmung aus Überzeugung«   226

Abbildung 4.9:   Entscheidungen eines Entscheidungsträgers aus der Politik: Beispiel EU-Kommissar   229

Abbildung 5.1:   Europarat   240

Abbildung 5.2:   Von der EGKS zum Europa der 27 – die Geschichte der Europäischen Union   242

Abbildung 5.3:   Vertrag von Lissabon   247

Abbildung 5.4:   Abweichungen zwischen Verfassungsvertrag und Vertrag von Lissabon   262–263

Abbildung 5.5:   Nach dem Vertrag von Lissabon – nur noch wenige EU-Politikfelder, die weiterhin Einstimmigkeit bei Ratsentscheidungen erfordern   267

Abbildung 5.6:   Das Mehrebenensystem der EU   286

Abbildung 5.7:   Das Europäische Parlament (Stand: 2.3.2023)   289

Abbildung 5.8: Der Rat der Europäischen Union 292

Abbildung 5.9: Die Europäische Kommission (Stand: 4.1.2023) 295

Abbildung 5.10: Interne Organisation einer Generaldirektion am Beispiel der Generaldirektion für Steuern und Zollunion (Stand: 7.6.2023) 298

Abbildung 5.11: Politische Willensbildung im Rahmen des Institutionengefüges der Europäischen Union 301

Abbildung 5.12: Die Europäische Union nach dem Vertrag von Lissabon 303

Abbildung 6.1: Handlungsermächtigungen für Rat und Parlament nach dem Vertrag von Lissabon 325

Abbildung 6.2: Das ordentliche Gesetzgebungsverfahren 326

Abbildung 7.1: Politische Akzeptanzmärkte 364

Abbildung 7.2: Klassifikationsmodell für Stakeholder 366

Abbildung 7.3: Auswahl von Stakeholdern mit politischem Potenzial, die auf eine Organisation (z. B. Unternehmen) einwirken könnten 368

Abbildung 7.4: Key-Player-Matrix 372

Abbildung 7.5: Beispiel eines europäischen Dachverbands: CEFIC 378

Abbildung 7.6: Mögliche strukturelle Interessenvertretungsinstrumente auf europäischer Ebene 395

Abbildung 7.7: Angaben von ausgewählten Unternehmen zu Ausgaben für Interessenvertretung im Transparenz-Register 398

Abbildung 7.8: Besoldung von EU-Beamten in Euro pro Monat 399

Abbildung 7.9: Studie »Honorare in der Unternehmensberatung«, Tagessätze, Mittelwerte für das Geschäftsjahr 2022 401

Abbildung 7.10: Externe Dienstleistungsmodelle im Vergleich 404

Abbildung 7.11: Prozessuale Instrumente der Interessenvertretung 406

Abbildung 7.12: Informationsvermittlung auf europäischer Ebene, unterteilt nach Kommunikationsinstrumenten 413

Abbildung 7.13: Qualitätsmaßstäbe für eine effektive Interessenvertretung 416

Abbildung 7.14: Koordination des Instrumentenmixes der Interessenvertretung durch das Unternehmen 421

Abbildung 7.15: Strukturelle Aufstellung einer unternehmensspezifischen Interessenvertretung 423

Abbildung 7.16: Umsetzung eines konkreten Interessenvertretungsprojekts 425

Abbildung 8.1: Grundlegende Anforderungen der Interessengruppen an die Interessenvertretung 453

Abbildung 8.2: Grundlegende Anforderungen der Politik an die Interessenvertretung 459

Abbildung 8.3: Die sechs Module eines möglichen Masters in Governmental Relations 478

Abbildung 9.1:   Vorläufiger Zeitplan der Richtlinie »Werbeverbot für alkoholische Getränke«   490

Abbildung 9.2:   Zeitstrahl/komplettes Gesetzgebungsverfahren (Richtlinie »Werbeverbot für alkoholische
                  Getränke«)   494

Abbildung 11.1:   Klassische Instrumente der Interessenvertretung   545

Abbildung 11.2:   Veränderung der Bedeutung von Prozess- und Inhaltskompetenz für erfolgreiche
                  Interessenvertretung im Laufe der Entwicklung von EG bzw. EU   547

Schrifttum

Amtsblatt der EU (2018), »Beschluss der Kommission über einen Verhaltensko-dex für die Mitglieder der Europäischen Kommission«, https://eur-lex.europa.eu/legal-content/DE/TXT/HTML/?uri=CELEX:32018D0221(02)&from=EN, (zuletzt abgerufen am 7.11.2022)

Amtsblatt der EU (2021), L207/1, »Interinstitutionelle Vereinbarung zwischen dem Europäischen Parlament, dem Rat der Europäischen Union und der Europäischen Kommission über ein verbindliches Transparenz-Register https://eur-lex.europa.eu/legal-content/DE/TXT/HTML/?uri=CELEX:32021Q0611(01)&from=EN«, (zuletzt abgerufen am 7.11.2022)

Abrams, Frank W. (1951) »Management's Responsibilities in a Complex World«, in: *Harvard Business Review* 29(3), 29–34

Abromeit, Heidrun (1993) *Interessenvermittlung zwischen Konkurrenz und Konkordanz: Studienbuch zur Vergleichenden Lehre politischer Systeme*, Opladen

Ackoff, Russel Lincoln (1981) *Creating the corporate future. Plan or be planned for*, New York

Adamek, Sasha/Otto, Kim (2008) *Der gekaufte Staat. Wie Konzernvertreter in deutschen Ministerien sich ihre Gesetze selbst schreiben*, Opladen

Aguinis, Herman/Glavas, Ante (2012) »What we Know and Don't Know About Corporate Social Responsibility a Review and Research Agenda«, in: *Journal of Management* 38(4), S. 932–968

Akerlof, Goerge A. (1970) »The Market for »Lemons«. Quality Uncertainty and the Market Mechanism«, in: *Quarterly Journal of Economics* 84(3), S. 488–500

Albrecht, James (2011) »Search Theory. The 2010 Nobel Memorial Prize in Economic Sciences«, in: *Scandinavian Journal of Economics* 113/2, S. 237–259

von Alemann, Ulrich (Hrsg.) (1981) *Neokorporatismus*, Frankfurt/Main

von Alemann, Urlich/Eckert, Florian (2006) »Lobbyismus als Schattenpolitik«, in: *Aus Politik und Zeitgeschichte* 15/16/2006, S. 3–10

von Alemann, Ulrich/Heinze, Rolf G. (1981) »Kooperativer Staat und Korporatis-mus. Dimensionen der Neo-Korporatismusdiskussion«, in: von Alemann (Hrsg.) (1981), S. 43–61

Alemanno, Alberto/Meuwese, Anne (2013) »Impact Assessment of EU Non-Legislative Rulemaking. The Missing Link of ›New‹ Comitology«, in: *ELJ* (19) 2013, 76–92, http://ssrn.com/abstract=2178128 (zuletzt abgerufen am 28.5.2015)

Allen, Franklin/Santomero, Anthony M. (1998) »The Theory of Financial Interme-diation«, in: *Journal of Banking & Finance* 21, S. 1461–1485

Allison, Graham T. (1971) *The essence of Decision. Explaining the Cuban missile Crisis*, Boston

Althaus, Marco (2006) »Lobbying als Beruf. Karrierewege in der Interessenrepräsen-tation«, in: Leif/Speth (2006), S. 317–332

American Marketing Association (2013) Marketing, https://www.ama.org/AboutAMA/Pages/Definition-of-Marketing.aspx (zuletzt abgerufen am 13.4.2015)

ALTER-EU (2015) »Block the Revolving Door«, http://www.alter-eu.org/fr/revolvingdoors (zuletzt abgerufen am 11.2.2015)

Althaus, Marco (2013) »Unternehmen und Grassroots-Lobbying«, in: Speth (2013), S. 61-89

Althaus, Marco/Geffken, Michael/Rawe, Sven (Hrsg.) (2005) *Handlexikon Public Affairs*, Münster

Altmeyer, Johannes (2009) »Der Tag danach«, in: *Politik und Kommunikation* v. 1.10.2009 (Printausgabe 8/2009), http://www.politikkommunikation.de/ressorts/artikel/der-tagdanach/seite/0/1 (zuletzt abgerufen am 27.5.2015)

Amann, Melanie/Becker, Sven/Dohmen, Frank/Traufetter, Gerald (2013) »Im War Room der Demokratie«, in: *Der Spiegel* 49/2013

American University (2023), »European Public Affairs & Advocacy Institute«, https://www.american.edu/spa/ccps/epaai.cfm (zuletzt abgerufen am 18.4.2023)

Anderson, Erin/Oliver, Richard L. (1987) »Perspectives on Behavior-Based versus Outcome-Based Salesforce Control Systems«, in: *Journal of Marketing* 51/4, S. 76–88

Anderson, Philip/Anderson, Erin (2002) »The New E-Commerce Intermediaries«, in: *MIT Sloan Management Review* 43 (summer), S. 53–62

Anger, Heike (2009) »Was Wirtschaftsverbände für EU-Lobbying zahlen«, in: *Handelsblatt Online* vom 2.6.2009, http://www. handelsblatt.com/politik/deutschland/interessenvertretung-was-wirtschaftsverbaendefuer-eu-lobbying-zahlen/3189512.html (zuletzt abgerufen am 10.2.2015)

Ansoff, Igor H./Declerck, Roger P./Hayes, Robert I. (Hrsg) (1976) *From strategic planning to strategic management*, Oxford

Arnold, Lisa Maria (2008) »Die Entstehung der europäischen Dienstleistungsrichtlinie im Spannungsfeld der organisierten Interessen. Eine Fallstudie zum Einfluss von Gewerkschaften und Unternehmerverbänden im Europäischen Parlament«, *Hertie School of Governance, Working Papers 36*

Atzeni, Gina (2016) *Professionelles Erwartungsmanagement. Zur soziologischen Bedeutung des Arzt-Narrativs*, Baden-Baden

Auel, Katrin (2005) »Europäisierung nationaler Politik«, in: Bieling/Lerch (2005), S. 293–318

Ausschuss der Regionen (AdR) (2015), http://europa.eu/about-eu/institutions-bodies/cor/index_de.htm (zuletzt abgerufen am 2.2.2015)

Backhaus, Klaus/Voeth, Markus (2010⁹) *Industriegütermarketing*, München

Badie, Bertrand/Berg-Schlosser, Dirk/Morlino, Leonardo (2011) *International Encyclopedia of Political Science*, 8 Bde. Los Angeles

Baecker, Dirk (Hrsg.) (2009) *Niklas Luhmann. Einführung in die Systemtheorie*, Heidelberg

Baecker, Dirk (2013) *Beobachter unter sich. Eine Kulturtheorie*, Berlin

Bailey, Joseph P./Bakos, Yannis (1997) »An Exploratory Study of the Emerging Role of Electronic Intermediaries«, in: *International Journal of Electronic Commerce* 1/3, S. 7–20

Baligh, Helmy H./Richartz, Leon E. (1964) »An Analysis of Vertical Market Structures«, in: *Management Science* 10/4, S. 667–689

Balmer, John M.T./Gray, Edmund R. (2003) »Corporate brands. What are they? What of them?«, in: *European Journal of Marketing* 37/(7/8), S. 972–997

Bangemann, Martin (1992) *Mut zum Dialog. Wege zu einer europäischen Industriepolitik*, Bonn

Barker, Alex (2014) »Marathon talks seal EU bank union«, in: *Financial Times* v. 21.3.2014

Barnard, Chester (1938) *The functions of the executive*, Cambridge

Barone, Michael/Miyazaki, Anthony/Taylor, Kimberly (2000) »The Influence of Causerelated Marketing on Consumer Choice. Does one Good Turn Deserve Another?«, in: *Journal of the Academy of Marketing Science* 28/2, S. 248–262

Bartsch, Silke/Blümelhuber, Christian (Hrsg.) (2015) *Always Ahead im Marketing. Offensiv, digital, strategisch*, Wiesbaden

Basu, Amiya K./Lal, Rajiv/Srinivasan, V./Staelin, Richard (1985) »Salesforce Compensation Plans. An Agency Theoretic Perspective«, in: *Marketing Science* 4/4, S. 267–291

Baumer, Thomas (2002) *Handbuch Interkulturelle Kompetenz*, Zürich

Baye, Michael R./Morgan, John (2001) »Information Gatekeepers on the Internet and the Competitiveness of Homogeneous Product Markets«, in: *American Economic Review* 91/3, S. 454–474

Bayerisches Staatsministerium für Wirtschaft, Infrastruktur, Verkehr und Technologie (2010) »Mittelstandsbericht 2010« http://www.mittelstand-in-bayern.de/fileadmin/user_upload/stmwivt/Publikationen/Mittelstandsbericht.pdf (zuletzt abgerufen am 10.2.2015)

BDA.Die Arbeitgeber (2023) »Trainee«, https://karriere.arbeitgeber.de/trainee/ (zuletzt abgerufen am 18.4.2023)

Bebnowski, David (2013) »Der trügerische Glanz des Neuen. Formierte sich im Protest gegen »Stuttgart 21« eine soziale Bewegung?«, in: Brettschneider/Schuster (2013), S. 127–148

Bender, Gunnar/Reulecke, Lutz (2003) *Handbuch des deutschen Lobbyisten. Wie modernes Politikmanagement funktioniert*, Frankfurt am Main

Benjamin, Walter (1992) »The task of the translator«, in: Schulte/Biguenet (1992), S. 71–82

Bennedsen, Morten/Feldmann, Sven E. (2006) »Lobbying Bureaucrats«, Scandinavian Journal of Economics 108.4, S. 643–668

Bentele, Günter/Brosius, Hans-Bernd/Jarren, Otfried (Hrsg.) (2013²) *Lexikon Kommunikations-und Medienwissenschaft*, Wiesbaden Berg, Irwin A./Bass, Bernard M. (Hrsg.) (1961) *Conformity and deviation*, New York

Bergmann, Jan (Hrsg.) (2012[4]) *Handlexikon der Europäischen Union*, Baden-Baden

Berle, Adolf A./Means, Gardiner (1932) *The Modern Corporation and Private Property*, New York

Bernauer, Thomas/Jahn, Detlef/Kuhn, Patrick/Walter, Stefanie (2013[2]) *Einführung in die Politikwissenschaft*, Baden-Baden

Bhargava, Hemant K./Choudhary, Vidyanand (2004) »Economics of an Information Intermediary with Aggregation Benefit«, in: *Information Systems Research* 15/1, S. 22–36

Bhattacharya, Sudipo/Thakor, Aanjan V. (1993) »Contemporary Banking Theory«, in: *Journal of Financial Intermediation* 3/1, S. 2–50

Bianco, Katalina (2008) »The Subprime Lending Crisis: Causes and Effects of the Mortgage Meltdown«, CCH Mortgage Compliance Guide and Bank Digest http://business.cch.com/images/banner/subprime.pdf (zuletzt abgerufen am 27.1.2015)

Bieber, Roland/Epiney, Astrid/Haag, Marcel (2009[8]) *Die Europäische Union. Europarecht und Politik*, Baden-Baden

Bieber, Roland/Epiney, Astrid/Haag, Marcel (2013[10]) *Die Europäische Union. Europarecht und Politik*, Baden-Baden

Bieber, Roland/Epiney, Astrid/Haag, Marcel (2015[11]) *Die Europäische Union. Europarecht und Politik*, Baden-Baden

Bieling, Hans-Jürgen (2005) »Intergouvernmentalismus«, in: Bieling/Lerch (2005), S. 91–116

Bieling, Hans-Jürgen/Lerch, Marika (Hrsg.) (2005) *Theorien der europäischen Integration*, Wiesbaden

Blanke, Hermann-Josef/Mangiameli, Stelio (Hrsg.) (2012) *The European Union after Lisbon. Constitutional basis, economic order and external action*, Berlin

Blau, Peter M. (1964) »Justice in Social Exchange«, in: *Sociological Inquiry* 34/2, S. 193–206

Blom-Hansen, Jens (2011) *The EU Comitology System in Theory and Practice. Keeping an Eye on the Commission?*, Houndsmills.

Blümelhuber, Christian (2000) *Rechte als zentrale Wirtschaftsgüter der e-conomy*, München

Blum, Sonja/Schubert Klaus (2009) *Politikfeldanalyse*, Wiesbaden von Blumenthal, Julia/von Winter, Thomas (Hrsg.) (2014) *Interessengruppen und Parlamente*, Wiesbaden

Boatright, John R. (2006) »What's Wrong – and What's Right – With Stakeholder Management«, in: *Journal of Private Enterprise* 21/2, S. 106–130

Bohnen, Johannes (2015) »Werdet politisch!«, in: *Cicero – Magazin für politische Kultur*, 2/Feb. 2015

Böhret, Carl/Jann, Werner/Kronewett, Eva (1988) *Innenpolitik und Politische Theorie*, Opladen

Boje, David/Gephart, Robert P. Jr./Thatchenkery, Tojo Joseph (Hrsg.) (1996) *Postmodern management and organization theory*, London/New Delhi

Bollmann, Ralph (2015) »Merkels teure Freunde«, in: *Frankfurter Allgemeine Sonntagszeitung* v. 8.2.2015, S. 22

Bolten, Jürgen (2012) *Interkulturelle Kompetenz*, Erfurt

Bomberg, Elizabeth/Peterson, John (1998) »European Union Decision Making. The Role of Sub-National Authorities«, in: *Political Studies* 46.2, S. 219–235

Bonse, Eric (2009) »Neues Denken aus dem alten Europa«, in: *Handelsblatt* v. 27.7.2009

Bouwen, Pieter (2001) »Corporate Lobbying in the European Union. Towards a Theory of Access«, *Working Paper SPS Nr 2001/5*, European University Institute Badia Fiesolana, San Domenico (FI)

Bouwen, Pieter (2002) »Corporate Lobbying in the European Union. The Logic of Access«, in: *Journal of European Public Policy* 9.2002, S. 365–390

Braun, Boris/Dietsche, Christian (2009) »Unternehmensnetzwerke und Stakeholderansprüche im Handel mit Entwicklungsländern«, in: Kühlmann/Haas (Hrsg.) (2009[1]), S. 247–275

Braun, S./Blechschmidt, P./Brössler, D./Fried, N. (2010) »Merkel, die Getriebene«, in: *Süddeutsche Zeitung* v. 27.10.2010, http://www. sueddeutsche.de/politik/ die-kanzlerin-inder-krise-merkel-die-getriebene-1.946810 (zuletzt abgerufen am 26.2.2015)

Braunberger, Gerald (2015) »Die Rückkehr des Risikos«, in: *Frankfurter Allgemeine Zeitung* v. 20.1.2015, S. 18

Brealey, Richard/Leland, Hayne E./Pyle, David H. (1977) »Informational Asymmetries, Financial Structure, and Financial Intermediation«, in: *The Journal of Finance* 32/2, S. 371–387

Brettschneider, Frank (2011) »Kommunikation und Meinungsbildung bei Großprojekten«, in: *Aus Politik und Zeitgeschichte* 44–45/2011, S. 40–47

Brettschneider, Frank/Schuster, Wolfgang (Hrsg.) (2013) *Stuttgart 21. Ein Großprojekt zwischen Protest und Akzeptanz*, Wiesbaden

Brönstrup, Carsten (2014) »Firmen und Konzerne nehmen Lobbyarbeit selbst in die Hand«, in: *Der Tagesspiegel* v. 6.10.2014, http://www.tagesspiegel.de/themen/ agenda/bdi-bleibt-aussen-vor-firmen-undkonzerne-nehmen-lobbyarbeit-selbst-in-diehand/10799810.html (zuletzt abgerufen am 16.2.2015)

Brückner, Marco (2013) *Prozesse politischer Entscheidungsfindung im institutionellen Kontext der Europäischen Union. Eine Einzelfallstudie über den Gesetzgebungsprozess zur Etablierung des Europäischen Innovations- und Technologieinstituts (ETI)*, [Dissertation masch.] Düsseldorf, http://docserv.uni-duesseldorf.de/servlets/ DerivateServlet/Derivate-27869/Dissertation_Br%C3%BCckner_2013.pdf (zuletzt abgerufen 18.3.2015)

Brunel University London (2015) »Public Affairs and Lobbying MSC«, http://www .brunel.ac.uk/courses/postgraduate/publicaffairs-and-lobbying-msc (zuletzt abgerufen am 10.2.2015)

Brunn, Gerhard (2002) *Die Europäische Einigung von 1945 bis heute*, Stuttgart

Brunn, Gerhard (2009³) *Die Europäische Einigung von 1945 bis heute*, Stuttgart

Brutta, Manuel/Verheyen, Nina (2002) »Akteure der Zivilgesellschaft. Individuelle Ressourcen, soziale Basis, Vergesellschaftung: Berlin, 18.–20. April 2002«, in: *Historical Social Research/Historische Sozialforschung* 27.2/3 (100/101), S. 294–299

Buholzer, René (1998) *Legislatives Lobbying in der Europäischen Union. Ein Konzept für Interessengruppen*, Bern

Bullinger, Hans-Jörg/Spath Dieter/Warnecke Hans-Jürgen/Westkämpfer, Engelbert (Hrsg.) (2009³) *Handbuch Unternehmensorganisation. Strategien, Planung, Umsetzung*, Wiesbaden

Bundesagentur für Arbeit (2015) »Politische/r Berater/in«, http://berufenet .arbeitsagentur.de/berufe/resultList.do?resultListItemsValues=14963&duration= &suchweg=begriff&searchString=%27+Politischer+Berater*+%27&doNext=forwardToResultShort (zuletzt abgerufen am 11.2.2015)

Bundesamt für Sicherheit in der Informationstechnik (2005) »Gefährdungskatalog GO – Elementare Gefährdungen«, https://www.bsi.bund.de/DE/Themen/ ITGrundschutz/ITGrundschutzKataloge/Inhalt/_content/g/g05/g05077.html (zuletzt abgerufen am 16.2.2015)

Bundesgesundheitsministerium (2015) Organigramm, http://www.bmg.bund.de/ fileadmin/dateien/Downloads/O/Organisationsplan/Organigramm_BMG_Stand_ 080115.pdf (zuletzt abgerufen am 26.1.2015).

Bundesministerium der Finanzen (2009) http://www.bundesfinanzministerium.de/ nn_1308/DE/Wirtschaft__und__Verwaltung/Europa/Betrugsbekaempfung/14286 .html (zuletzt abgerufen am 2.4.2009)

Bundesministerium der Finanzen (2014) »EZB übernimmt Bankenaufsicht im Euroraum«, http://www.bundesfinanzministerium.de/Content/DE/Pressemitteilungen/ Finanzpolitik/2014/11/2014-11-04-PM44-ezb-uebernimmt-bankenaufsicht.html (zuletzt abgerufen am 11.2.2015)

Bundesministerium der Finanzen (2014a) »Verbrauchsteuern«, http://www.bundesfinanzministerium.de/Web/DE/Themen/Zoll/Verbrauchsteuern/verbrauchsteuern .html (zuletzt abgerufen am 27.1.2014)

Bundesministerium der Finanzen (2015) Organigramm, http://www.bundesfinanzministerium.de/Content/EN/Downloads/organigramm-german.pdf?__blob=publicationFile&v=8 (zuletzt abgerufen am 26.1.2015).

Bundesministerium für Justiz und Verbraucherschutz (2015) Organigramm des, http://www.bmjv.de/SharedDocs/Downloads/DE/Organisationsplan/Organisationsplan_DE_20150108.pdf;jsessionid=36B2F54568F7273D1E056FC4567E1F5B.1_ cid334?__blob=publication File (zuletzt abgerufen am 26.1.2015).

Bundesrat (2014) »Sanierung und Abwicklung von Banken«, http://www .bundesrat.de/DE/plenum/plenum-kompakt/14/928/928-pk.html (zuletzt abgerufen am 9.2.2015)

Bundesverband der Deutschen Industrie BDI (2009) »Europäisches Parlament 2004-2009. Zusammensetzung, Ansprechpartner und Empfehlungen für Interessenvertreter«, http://www.bdi.eu/download_content/Marketing/Broschuere_EU_ Parlament_2009-2014.pdf (zuletzt abgerufen am 19.3.2015)

Bundesverband Deutscher Unternehmensberater BDU e. V.(2023) »Honorare in der Unternehmensberatung 2022«, http://www.bdu.de/studien/honorar-consulting (zuletzt abgerufen am 22.3. 2023)

Bundeszentrale für politische Bildung (2010) »Nicht-Regierungsorganisationen (NGOs)«, http://www.bpb.de/nachschlagen/zahlenund-fakten/globalisierung/52808/ngos (zuletzt abgerufen am 14.3.2015)

Bundeszentrale für politische Bildung (2014) »Zivilgesellschaft in Europa«, http://www.bpb.de/politik/wahlen/europawahl/71376/zivilgesellschaft-in-europa (zuletzt abgerufen am 30.4.2015)

Bundeszentrale für politische Bildung (2023) »Trilog«, https://www.bpb.de/kurzknapp/lexika/das-europalexikon/309452/trilog/ (zuletzt abgerufen am 10.1.2023)

Bündnis 90/Die Grünen (2021) »Deutschland. Alles ist drin«, https://cms.gruene.de/uploads/documents/Wahlprogramm-DIE-GRUENEN-Bundestagswahl-2021_barrierefrei.pdf (zuletzt abgerufen am 5.12.2022)

Burani, Nadia (2008) »Matching, search and intermediation with two-sided heterogenity«, in: *Review of Economic Design* 12/2, S. 75–117

Burdett, Kenneth/Judd, Kenneth. T. (1983) »Equilibrium Price Dispersion«, in: *Econometrica* 51/4, S. 955–969

Burgelman, Robert A./Floyd, Steven W./Laamanen, Tomi/Mantere, Saku/Vaara, Fero/Whittington, Richard (2018) »Strategy Processes and Practices: Dialogues and Intersections«, in: *Strategic Management Journal* Vol. 39, no. 3, 531–88

Burholt, Christian/Reulecke, Lutz (2007) »Public Affairs – Rechtsberatung zum frühestmöglichen Zeitpunkt«, in: Rieksmeier (2007) S. 106–111

Burke, Peter (2014) *Die Explosion des Wissens. Von der Encyclopédie bis Wikipedia*, Berlin

Burson Marsteller (2013) »Effective Lobbying in Europe. The View of Policy-Makers Edition«

Burt, Ronald S. (1992) *Structural Holes. The Social Structure of Competition*, Cambridge Burt, Ronald S. (1997) »The Contingent Value of Social Capital«, in: *Administrative Science Quarterly* 42/2, S. 339–365

Busch-Janser, Florian/Pötter, Marie (Hrsg.) (2010) *Karriereguide Public Affairs*, Berlin

Butters, Gerard R. (1977) »Equilibrium distributions of sales and advertising prices«, in: *The Review of Economic Studies* 44/3, S. 465–491

von Byeme, Klaus (1996) *Theorie der Politik im 20. Jahrhundert. Von der Moderne zur Postmoderne*, Frankfurt/Main

Cáceres, Javier/Gammelin, Cerstin (2014) »Juncker baut EU-Kommission grundlegend um« in: *Süddeutsche Zeitung* v.19.11.2014 http://www.sueddeutsche.de/politik/designierter-praesident-juncker-baut-eu-kommission-grundlegend-um-1.2113489 (zuletzt abgerufen am 19.5.2015)

Cafruny, Alan W./Rosenthal, Glenda G. (Hrsg.) (1993) *The State of the European Community. The Maastricht Debates and Beyond*, Boulder

Callies, Christian (2010) *Die neue Europäische Union nach dem Vertrag von Lissabon. Ein Überblick unter Berücksichtigung ihrer Implikationen für das deutsche Recht*, Tübingen

Calton, Jerry M./Kurland, Nancy B. (1996) »A theory of stakeholder enabling. Giving voice to an emerging postmodern praxis of organizational discourse«, in: Boje/ Gephart/Thatchenkery (1996), S. 154–177

Campbell, Donald T. (1961) »Conformity in Psychology's Theories of Acquired Behavioral Dispositions«, in: Berg/Bass (1961), S. 101–142

Campbell, Tim S./Kracaw, William A. (1980) »Information Production, Market Signalling, and the Theory of Financial Intermediation«, in: *The Journal of Finance* 35/4, S. 863–882

Carroll, Archie B. (1979) »A three-dimensional conceptual model of corporate performance«, in: *Academy of Management Review* 4/4, S. 497–505

CDU/CSU (2021) »Regierungsprogramm«, https://assets.ctfassets.net/nwwnl 7ifahow/4Ze4NxQZxxjpxtsHWmv0lr/678a180784a542c6b74d881526e027da/CDU_ Beschluss_Das_Programm_f__r_Stabilit__t_und_Erneuerung._Gemeinsam_f__r_ ein_modernes_Deutschland..pdf (zuletzt abgerufen am 5.12.2022)

Centrum für Europäische Politik cep (2015) Definition »Informeller Trilog«, http:// www.cep.eu/suche.html?id=16&L=0&q=informeller+trilog (zuletzt abgerufen am 27.1.2015) Centrum für Europäische Politik cep (2015a) Definition »Berichterstatter/ Schattenberichterstatter«, http://www.cep.eu/publikationen/eu-lexikon/eintrag .html?title=Schattenberichterstatter& sword_list[]=berichterstatter&no_cache=1 (zuletzt abgerufen am 27.1.2015)

Chahoud, André (2010) »Wer? Der Public Affairs-Berater«, in: Busch-Janser/ PötterMarie (2010), S. 19–22

Chan, Yuk-Shee (1983) »On the Positive Role of Financial Intermediation in Allocation of Venture Capital in a Market with Imperfect Information«, in: *The Journal of Finance* 38/5, S. 1543–1568

Chartered Institute of Public Relations (2023) »Specialist Diploma Public Affairs«, PR https://cipr.co.uk/CIPR/Learn_Develop/Qualifications/Specialist_Diploma__ Public_Affairs.aspx (zuletzt abgerufen am 18.4.2023)

Chemmanur, Thomas J./Fulghieri, Paolo (1994) »Investment Bank Reputation, Information Production, and Financial Intermediation«, in: *The Journal of Finance* 44/1, S. 57–79

Chircu, Alina M./Kauffman, Robert J. (1999) »Strategies for Internet Middlemen in the Intermediation/Disintermediation/Reintermediation Cycle«, in: *Electronic Markets* 9/1, S. 109–117

Christ, Harald (2013) Interview »Zwischen den Welten«, in: *Zeitschrift für Politikberatung*, 2/2013

Chun, Rosa/Davies, Gary (2006) »The influence of corporate character on customers and employees: exploring similarities and differences«, in: *Journal of the Academy of Marketing Science* 34/2, S. 138–146

Clark, Christopher (2012) *Sleepwalkers. How Europe went to War in 1914*, London

Clarkson, Max B.E. (1995) »A Stakeholder Framework for Analyzing and Evaluating Corporate Social Performance«, in: *Academy of Management Review* 20/1, S. 92–117

Classen, Alexander (2014) *Interessenvertretung in der Europäischen Union. Zur Rechtmäßigkeit politischer Einflussnahme*, Wiesbaden

Clemens, Gabriele/Reinfeld, Alexander/Wille, Gerhard (2008) *Geschichte der europäischen Union*, Paderborn

Coase, Ronald H. (1937) »The Nature of the Firm«, in: *Economica* 4/16, S. 386–405

Coen, David (2007) »Empirical and theoretical studies in EU lobbying«, in: *Journal of European Public Policy* 14.3, S. 333–345

Coen, David (2009) »Business Lobbying in the European Union«, in: Coen/ Richardson (2009), S. 145–168

Coen, David/Richardson, Jeremy (Hrsg.) (2009) *Lobbying the European Union. Institutions, Actors, and Issues*, Oxford

Coen, David/Richardson, Jeremy (2009) »Learning to Lobby the European Union. 20 Years of Change«, in: Coen/Richardson (2009), S. 3–19

College of Europe (2023a) »MA in European Political and Governance Studies« Coleurope https://www.coleurope.eu/study/ma-european-political-and-governance-studies (zuletzt abgerufen am 18.4.2023)

College of Europe (2023b) CoE_Brochure 2022-2023-web_0.pdf (coleurope.eu)

copes (2014) Fact-Sheet »Politische Entscheider beurteilen Reputation der Topmanager«

Corporate Europe Observatory, »Günther Verheugen«, http://corporateeurope.org/ revolvingdoorwatch/cases/g-nter-verheugen (zuletzt abgerufen am 10.2.2015)

Corporate Europe Observatory, »Revolving-DoorWatch«, http://corporateeurope .org/revolvingdoorwatch (zuletzt abgerufen am 11.2.2015)

Cosimano, Thomas F. (1996) »Intermediation«, in: *Economica* 63/249, S. 131–143

Coudenhove-Kalergi, Richard (1923) *Pan-Europa*, Wien

Craig, Paul (2011) »Delegated Acts, Implementing Acts and the New Comitology Regulation«, in: *European Law Review* 36. S. 671–687

Craig, Paul (2011²) »Institutions, Power, and Institutional Balance«, in: Craig/De Búrca (2011²), S. 41–84

Craig, Paul (2014) »Comitology, Rulemaking and the Lisbon Settlement. Tensions and Strains«, in: *Oxford Legal Studies Research Paper* No. 75/2014, http://papers.ssrn .com/sol3/papers.cfm?abstract_id=2512368## (zuletzt abgerufen am 28.5.2015)

Craig, Paul/De Búrca, Gráinne (Hrsg.) (2011²) *The Evolution of EU Law*, Oxford

Cronin, David (2013) *Corporate Europe. How Big Business Sets Policies on Food, Climate and War*, London

Crouch, Colin (2008) »Postdemokratie«, in: *Neue Gesellschaft Frankfurter Hefte* 4/2008, S. 4–7

Culpan, Refik/Trussel, John (2005) »Applying the agency and stakeholder theories to the Enron debacle. An ethical perspective«, in: *Business and Society Review* 110/1, S. 59–76

Cummins, J. David/Doherty, Neil A. (2006) »The economics of insurance interme-diaries«, in: *Journal of Risk and Insurance* 73/3, S. 359–396

Cyert, Richard M./March, James G. (1963) *A behavioral theory of the firm*, New Jersey

Daase, Christopher/Friesendorf, Cornelius (2010) *Rethinking Security Governance*, London

Dagger, Steffen/Greiner, Christoph/Leinert, Kirsten/Meliß, Nadine/Menzel, Anne (Hrsg.) (2004) *Politikberatung in Deutschland. Praxis und Perspektiven*, Wiesbaden

Dagger, Steffen/Kambeck, Michael (Hrsg.) (2007) *Politikberatung und Lobbying in Brüssel*, Wiesbaden

Dahrendorf, Ralf (1965) *Gesellschaft und Demokratie in Deutschland*, München

Daiber, Birgit (2012) »EU-Durchführungsrechtsetzung nach Inkrafttreten der neuen Komitologie-Verordnung«, in: *Europarecht EuR* 2/2012, S. 240–253

Daniel, Francis/Lohrke, Franz T./Fornaciari, Charles J./Turner, R. Andrew (2004) »Slack Resources and Firm Performance: A Meta-Analysis«, in: *Journal of Business Research* Vol. 57, no. 6, 565–574

Danquart, Pepe (2011) »Joschka und Herr Fischer«, ARD-Ausstrahlung v. 28.5.2013

Darby, Michael R./Karni, Edi (1973) »Free competition and the optimal amount of fraud«, in: *Journal of Law & Economics* 16/1, S. 67–88

Dawson, Leslie M. (1969) »The human concept. New philosophy for business. Marketing concept outmoded today«, in: *Business Horizons* 12/6, S. 29–38

de Certeau, Michel (1988) *Kunst des Handelns*, Berlin

Degenhart, Christoph (2009[25]) *Staatsrecht I – Staatsorganisationsrecht*, Heidelberg

Del Fabro, René (2000) »Interkulturelle Kompetenz im Unternehmen. Die historische Dimension«, in: *Historical Social Research* 25, 3/4, S. 75–113

Deloitte & Touche GmbH Wirtschaftsprüfungsgesellschaft/LMU (2011) »Fit für morgen – Effiziente und flexible Unternehmenssteuerung: Studie zum AXIA-Award 2011 in Bayern«, http://www.deloitte.com/assets/Dcom-Germany/Local%20Assets/Documents/13_FocusOn/Mittelstand/2012/AXIA_Bayern_komplett.pdf (zuletzt abgerufen am 20.11.2013)

Der Beobachter der Länder bei der Europäischen Union (2015) http://www.laenderbeobachter. de (zuletzt abgerufen am 19.3.2015)

Derrida, Jacques/Venutti, Lawrence (2001) »What is a 'relevant' translation?«, in: *Critical Inquiry* 27/2, S. 174–200

Deutsche Post AG (Hrsg.) (2014) *Delivering Tomorrow – Zuhören, gestalten, Wert schaffen. Erfolgsfaktor Stakeholdermanagement*, Bonn

Deutscher Bundestag (2007) »Entwurf eines Gesetzes zum Vertrag von Lissabon« v. 13.12.2007, Bundestags-Drucksache 16/8300

Deutscher Bundestag (2022) »Entwurf eines Neunzehnten Gesetzes zur Änderung des Atomgesetzes« v. 2.11.2022, Bundestags-Drucksache 20/4217

Deutscher Bundestag »Lobbyregister«: https://www.lobbyregister.bundestag.de/startseite (zuletzt abgerufen am 12.2.2023)

Devuyst, Youri (2012) »The Constitutional and Lisbon Treaties«, in: Jones/Menon/Weatherill (2012), S. 163–178

Dhingra, Swati/Fry, Emily/Hale,Sophie/Jia, Ningyuan (2022) »The Big Brexit – An assessment of the scale of change to come from Brexit«, Resolution Foundation, https://www.resolutionfoundation.org/app/uploads/2022/06/The-Big-Brexit_.pdf (zuletzt abgerufen am 27.3.2023)

Dialer, Doris/Richter, Margarethe (Hrsg.) (2014) Lobbying in der Europäischen Union. Zwischen Professionalisierung und Regulierung, Wiesbaden

Diamond, Douglas W. (1984) »Financial Intermediation and Delegated Monitoring«, in: *Review of Economic Studies* 51/3, S. 393–414

Diamond, Peter (1987) »Consumer Differences and Prices in a Search Model«, in: *The Quarterly Journal of Economic* 102/2, S. 429–436

Diekmann, Florian (2014) »Abspaltung von Kohle, Gas und Atom: Wie sich E.on neu erfindet«, in: *Spiegel Online* v. 1.12.2014, http://www.spiegel.de/wirtschaft/unternehmen/e-on-wie-sich-der-konzern-neu-erfindet-a-1005954.html (zuletzt abgerufen am 14.3.2015)

Di Fabio, Udo (2019) *Herrschaft und Gesellschaft*, Tübingen

Dill, William R. (1976) »Strategic management in a kibitzer's world«, in: Ansoff/Declerck/Hayes (1976), S. 125–136

Diller, Hermann/Haas, Alexander/Ivens, Björn (2005) Verkauf und Kundenmanagement. Eine prozessorientierte Konzeption, Stuttgart

Donaldson, Thomas/Preston, Lee E. (1995) »The stakeholder theory of the corporation. Concepts, evidence, and implications«, in: *Academy of Management Review* 20/1, S. 65–91

Donnelly, J. H. (1976) »Marketing intermediaries in channels of distribution for services«, in: *The Journal of Marketing* 40(1), S. 55–57

Donnelly, James H./George, William R. (Hrsg.) (1981) *Marketing of services*, Chicago

Downs, Anthony (1968) *Ökonomische Theorie der Demokratie*, Tübingen

Draper, Dennis W./Hoag, JamesW. (1978) »Financial Intermediation and the Theory of Agency«, in: *Journal of Financial and Quantitative Analysis* 13/4, S. 595–611

Driessen, Paul H./Kok, Robert A./Hillebrand, Bas (2013) »Mechanisms for stakeholder integration. Bringing virtual stakeholder dialogue into organizations«, in: *Journal of Business Research* 66/9, S. 1465–1472

Drucker, Peter F. (1946) *Concept of the Corporation*, New York

Drucker, Peter F. (1965) *The Future of Industrial Man*, New York

Ducourtieux, Cécile (2015) »Bruxelles, terre bénie des lobbies«, in: *Le Monde* v. 28.1.2015

Dürr, Ernst/Hoffmann, Harriet/Tuchtfeld,

Dye, Thomas (1976) *Policy Analysis. What governments do, why they do it, and what difference it makes*, Tuscaloosa

Eco, Umberto (1977) *Das offene Kunstwerk*, Frankfurt

Egon/Watrin, Christian (Hrsg.) (1976²) *A. Müller-Armack. Ausgewählte Werke – Wirtschaftsordnung und Wirtschaftspolitik*, Freiburg im Breisgau

Eberlein, Burkhard/Grande, Edgar (2014³) »Entscheidungsfindung und Konfliktlösung«, in: Schubert/Bandelow (2014³), S. 151–177

Ebers, Mark/Gotsch, Wilfried (2006) »Institutionenökonomische Theorien der Organisation«, in: Kieser/Ebers (2006⁶), S. 247–306

Edenharter, Andrea (2011) »Die Komitologie nach dem Vertrag von Lissabon. Verschiebung der Einflussmöglichkeiten zugunsten der EU-Kommission?«, in: *Die Öffentliche Verwaltung* 16/2011, S. 645–650

Edwards, P. N./Jackson, S. J./Chalmers, M. K./Bowker, G. C./Borgman, C. L./Ribes, D./Burton, M./Calvert, S. (2013). *Knowledge Infrastructures: Intellectual Frameworks and Research Challenges*. Ann Arbor: Deep Blue. http://hdl.handle.net/2027 .42/97552.

Eichner, Volker/Voelzkow, Helmut (1994) (Hrsg.) *Europäische Integration und verbandliche Interessenvermittlung*, Marburg

Eisenhardt, Kathleen M. (1989) »Agency Theory. An Assessment and Review«, in: *Academy of Management Review* 14/1, S. 57–74

Eising, Rainer (2012²) »Interessenvermittlung in der Europäischen Union«, in: Reutter (Hrsg.) (2012²), S. 837–860

Eising, Rainer/Kohler-Koch, Beate (Hrsg.) (1999) *The Transformation of Governance in the European Union*, London

Eising, Rainer/Kohler-Koch, Beate (1999) »Introduction. Network governance in the European«, in: Eising/Kohler-Koch (1999), S. 3–13

Eising, Rainer/Kohler-Koch, Beate (Hrsg.) (2005) *Interessenpolitik in Europa*, Baden-Baden

Eising, Rainer/Kohler-Koch, Beate (2005) »Interessenpolitik im Europäischen Mehrebenensystem« (2005), in: Eising/Kohler-Koch (2005), S. 11–78

Ellwood Atfield (2017) »European Association Remuneration Report«, https://www.ellwoodatfield.com/european-association-salary-survey/ (zuletzt abgerufen am 19.3.2023

Emerson, Richard M. (1954) »Deviation and Rejection. An Experimental Replication«, in: *American Sociological Review* 19/6, S. 688–693

Emerson, Richard M. (1976) »Social Exchange Theory«, in: *Annual Review of Sociology* 2, S. 335–362

ENVI (2015) »Mitglieder des Ausschusses Umweltfragen, öffentliche Gesundheit und Lebensmittelsicherheit (ENVI) im Europäischen Parlament«, http://www.europarl. europa.eu/committees/de/envi/members.html (zuletzt abgerufen am 26.1.2015).

Erdmann, Heinrich (1988) *Neopluralismus und institutionelle Gewaltenteilung*, Opladen

E.ON (Hrsg.) (2014) Pressemitteilung vom 30.11.2014, http://www.eon.com/ de/presse/pressemitteilungen/pressemitteilungen/2014/11/30/

new-corporate-strategy-eon-tofocus-on-renewables-distribution-networksand-customer-solutions-and-to-spin-offthe-majority-of-a-new-publicly-listed-company-specializing-in-power-generation-global-energy-trading-and-exploration-and-production.html (zuletzt abgerufen am 14.3.2015)

EPACA (2015) »Code of Conduct«, http://www.epaca.org/code-of-conduct/text-of-code (zuletzt abgerufen am 29.5.2015) Eschenburg, Theodor (1955) *Herrschaft der Verbände?*, Stuttgart

Europäische Kommission (2001) »Consultations conducted for the preparation of the White Paper on Democratic European Governance«, http://ec.europa.eu/governance/whats_new/consultation_report.pdf (zuletzt abgerufen am 29.5.2015)

Europäische Kommission (2006) Grünbuch Europäische Transparenzinitiative, KOM(2006) 194 endgültig, http://europa.eu/documents/comm/green_papers/pdf/com2006_194_de.pdf, (zuletzt abgerufen am 9.4.2015)

Europäische Kommission (2013) »Mehrjähriger Finanzrahmen (2014-2020)«, http://ec.europa.eu/budget/mff/index_-de.cfm (zuletzt abgerufen am 27.4.2015)

Europäische Kommission (2014) Weißbuch. »Eine wirksamere EU-Fusionskontrolle«, http://eur-lex.europa.eu/legal-content/DE/TXT/PDF/?uri=CELEX:52014DC0449

Europäische Kommission (2014a) »Bericht der Kommission über die Tätigkeit der Ausschüsse im Jahr 2013 v. 16.9.2014«, KOM (2014) 572 endgültig, http://ec.europa.eu/transparency/regdoc/rep/1/2014/DE/1-2014-572-DE-F1-1.PDF (zuletzt abgerufen am 2.5.2015)

Europäische Kommission (2014b) »Transparenz-Register/Verhaltenskodex«, http://ec.europa.eu/transparencyregister/public/staticPage/displayStaticPage.do; TRPUBLICID=vGQnVm1YYJHVkJPpgsYGn8JCZQ4b6TG76Tg9GnD6jZl KvJXMpk41!1756804907?locale=de&reference=CODE_OF_CONDUCT (zuletzt abgerufen am 29.5.2015)

Europäische Kommission (2015a) »Billiger im Ausland telefonieren. Die EU will Roaming-Gebühren abschaffen«, http://ec.europa.eu/deutschland/pdf/europawahl/faktencheck_-roaminggebuehren_und_billigeres_telefonieren. pdf (zuletzt abgerufen am 8.5.2015)

Europäische Kommission (2015b) »Der Übersetzungsdienst der Europäischen Kommission«, http://ec.europa.eu/dgs/translation/whoweare/index_de.htm (zuletzt abgerufen am 12.2.2015)

Europäische Kommission (2015c) »European Citizens Initiative – Official Register«, http://ec.europa.eu/dgs/secretariat_general/followup_actions/citizens_initiative_en.htm (zuletzt abgerufen am 28.5.2015)

Europäische Kommission (2015d) »The Commission's Structure«, http://ec.europa.eu/about/structure/index_en.htm#td (zuletzt abgerufen am 19.5.2015)

Europäische Kommission (2019) »Der europäische Grüne Deal«, https://eur-lex.europa.eu/legal-content/DE/TXT/HTML/?uri=CELEX:52019DC0640&from=DE (zuletzt abgerufen am 5.12.2022)

Europäische Kommission (2022) »HR Key Figures 2022«, https://ec.europa.eu/info/sites/default/files/european-commission-hr_key_figures_2022_en.pdf (zuletzt abgerufen am 6.12.2022)

Europäische Kommission (2023) »Europäisches Transparenz-Register«, http://ec.europa.eu/transparencyregister/info/home-Page.do?locale=de (zuletzt abgerufen am 18.4.2023)

Europäische Kommission (2023a) »Europäsiche Bürgerinitiative«, https://europa.eu/citizens-initiative/_de (zuletzt abgerufen am 18.4.2023)

Europäische Kommission und Europäisches Parlament (2013): »Transparenz-Register. Jahresbericht 2013«, http://ec.europa.eu/transparencyregister/public/staticPage/displayStaticPage.do;TRPUBLICID=jnlBJYNGyfxHJfrvLtTGnvyg-w2xFyWWvQsn28j1zJ1tBhTqDDDYW! 400054325?locale=de&reference=AN-NUAL_REPORT (zuletzt abgerufen am 19.6.2015)

Europäischer Gerichtshof (2014) Urteil v. 18. März 2014, Rechtssache C 427/12 Kommission/Parlament und Rat, http://curia.europa.eu/juris/document/document.jsf?text=&docid=149385&pageIndex=0&doclang=DE&mode=req&dir=&occ=first&part=1 (zuletzt abgerufen am 2.5.2015)

Europäischer Rat (2006) »Presidency Conclusions«, http://www.consilium.europa.eu/ueDocs/cms:Data/docs/pressData/en/ec/90111.pdf (zuletzt abgerufen am 27.1.2015)

Europäischer Rat (2007) »Schlussfolgerungen des Vorsitzenden«, http://www.consilium.europa.eu/uedocs/cms:data/docs/pressdata/de/ec/94935.pdf (zuletzt abgerufen am 27.1.2015)

Europäischer Rat (2009) »Presidency Conclusions«, http://www.consilium.europa.eu/uedocs/cms:data/docs/pressdata/en/ec/108622.pdf (zuletzt abgerufen am 27.1.2015)

Europäischer Rat (2013) »Verordnung (EU) Nr. 1024/2013 v. 15.10.2013 zur Übertragung besonderer Aufgaben im Zusammenhang mit der Aufsicht über Kreditinstitute auf die Europäische Zentralbank, http://eurlex.europa.eu/LexUriServ/LexUriServ.do?uri=OJ:L:2013:287:0063:0089:DE:PDF (zuletzt abgerufen am 11.2.2015)

Europäischer Wirtschafts- und Sozialausschuss (WSA) (2015) http://europa.eu/about-eu/institutions-bodies/ecosoc/index_de.htm (zuletzt abgerufen am 2.2.2015).

Europäisches Parlament (2015) »Fraktionen«, http://www.europarl.de/de/europa_und_sie/das_ep/glossar.html (zuletzt abgerufen am 18.3.2015)

Europäisches Parlament (2015a) »Generaldirektion Interne Politikbereiche: Direktion Direkte Bürgerrechte und konstitutionelle Angelegenheiten des Europäischen Parlaments (2015) European Citizens‹ Initiative – First lessons of implementation«, http://www.europarl.europa.eu/RegData/etudes/STUD/2014/509982/IPOL_STU%282014%29509982_EN.pdf (zuletzt abgerufen am 28.5.2015)

Europäisches Parlament (2015b) »Geschäftsordnung des Europäischen Parlaments, 8. Wahlperiode«, http://www.europarl.europa.eu/sides/getLastRules.do?language=DE&reference=TOC (zuletzt abgerufen am 30.5.2015)

Europäisches Parlament (2015c) »Transparenz-Register: Lobbyisten müssen offenlegen, wie viel Geld sie erhalten«, http://www.europarl.europa.eu/news/de/newsroom/content/20150205STO19401/html/Transparenz-Register-Lobbyistenm%C3%BCssen-offenlegen-wie-viel-Geldsie-erhalten (zuletzt abgerufen am 3.6.2015)

Europäisches Parlament (2017) »Abschaffung der Roaming-Gebühren wird Wirklichkeit«, https://www.europarl.europa.eu/news/de/headlines/economy/ 20170612STO77250/abschaffung-der-roaming-gebuhren-wird-wirklichkeit (zuletzt abgerufen am 7.11.2022)

Europäisches Parlament (2020) »HANDBUCH ZUM ORDENTLICHEN GESETZ-GEBUNGSVERFAHREN«, https://www.europarl.europa.eu/cmsdata/215114/ OLP_2020_DE.pdf (zuletzt abgerufen am 10.1.2023)

Europäisches Parlament (2021) »Lobbygruppen und Transparenz«, https://www .europarl.europa.eu/at-your-service/de/transparency/lobby-groups (zuletzt abgerufen am 7.11.2022)

Europäisches Parlament (2022) »Geschäftsordnung«, https://www.europarl.europa. eu/doceo/document/RULES-9-2022-07-11_DE.pdf (zuletzt abgerufen am 9.11.2022)

Europäisches Parlament (2023) »Angenommene Legislativtexte« https://www .europarl.europa.eu/plenary/de/parliament-positions.html (zuletzt abgerufen am 18.4.2023)

Europäisches Parlament/Europäische Kommission (2012) »Jahresbericht über das Transparenz-Register 2012, vorgelegt von den Generalsekretären des Europäischen Parlaments und der Kommission für Rainer Wieland, Vizepräsident des Europäischen Parlaments und Maros Sefcovic, Vizepräsident der Europäischen Kommission«, http://www.google.de/url?sa=t&rct=j&q=&esrc=s&source=web&cd=1&ved =0CDIQFjAA&url=http%3A%2F%2Fec.europa.eu%2Ftransparencyregister%2Finfo %2Fopen-File.do%3FfileName%3Dtransparency_register_report_20121029_de.pdf& ei=he2NUrzdO4rBtQapp4GgDw&usg=AFQjCNES6mNQ5MCwX-ZWThIzaLxETJi G0g&bvm=bv.56987063,d.Yms (zuletzt abgerufen am 10.2.2015)

Europäisches Parlament/Rat der EU (2009) »Verordnung (EG) Nr. 443/2009 v. 23.4.2009 zur Festsetzung von Emissionsnormen für neue Personenkraftwagen im Rahmen des Gesamtkonzepts der Gemeinschaft zur Verringerung der CO_2-Emissionen von Personenkraftwagen und leichten Nutzfahrzeugen«, ABl. EU, http:// eurlex.europa.eu/LexUriServ/LexUri-Serv.do?uri=OJ:L:2009:140:0001:0015:DE: PDF (zuletzt abgerufen am 2.2.2015)

Europäisches Parlament/Rat der EU (2011) »Verordnung (EU) Nr. 182/2011 vom 16.2.2011 zur Festlegung der allgemeinen Regeln und Grundsätze, nach denen die Mitgliedstaaten die Wahrnehmung der Durchführungsbefugnisse durch die Kommission kontrollieren«, ABl. 2011 Nr. L 55/13ff., http://eur-lex.europa.eu/legal-content/DE/TXT/PDF/?uri=CELEX:32011R0182&from=DE (zuletzt abgerufen am 2.5.2015)

Europäisches Parlament/Rat der EU (2014) »Verordnung (EU) Nr. 422/2014 v. 16.4.2014 zur Angleichung der Dienst- und Versorgungsbezüge der Beamten und sonstigen Bediensteten der Europäischen Union sowie der Berichtigungskoeffizienten, die auf diese Dienst- und Versorgungsbezüge anwendbar sind, mit Wirkung vom 1. Juli 2011«, ABl. EU L129/5, http://eur-lex.europa. eu/legal-content/DE/TXT/PDF/ ?uri=OJ:L:2014:129:FULL&from=DE (zuletzt abgerufen am 8.8.2015)

Europäisches Parlament/Rat der EU/Kommission der Europäischen Gemeinschaften (2007) »Erklärung anlässlich des 50. Jahrestages der Unterzeichnung der Römischen Verträge« (Berliner Erklärung), http://europa.eu/50/docs/berlin_declaration_de.pdf (zuletzt abgerufen am 27.1.2015)

Europäisches Parlament/Rat der EU/Europäische Kommission (2007a) »Gemeinsame Erklärung des Europäischen Parlaments, Rates und der Kommission vom 13. Juni 2007 zu den praktischen Modalitäten des neuen Mitentscheidungsverfahrens, zugleich Anlage XX zur Geschäftsordnung des Europäischen Parlaments«, Abl. C145/5, http://eur-lex.europa.eu/legal-content/DE/TXT/?qid=1433061511780&uri=CELEX:52007DP0194 (zuletzt abgerufen am 30.5.2015)

Europäisches Patentamt (2013) »Einheitspatent«, https://www.epo.org/law-practice/unitary/unitary-patent_de.html (zuletzt abgerufen am 27.4.2015)

Europaregion Tirol-Südtirol-Trentino (2015) http://www.alpeuregio.org/index.php/de/ (zuletzt abgerufen am 20.5.2015)

European Commission (2000) »The Commission and Non-Governmental Organisations. Building a Stronger Partnership.« Discussion Paper, http://aei.pitt.edu/6506/1/001499_1.PDF?origin=publication_detail (zuletzt abgerufen am 15.1 2015)

European Commission (2001) »European Governance – A White Paper. (COM(2001) 428 final)«, http://eur-lex.europa.eu/legalcontent/EN/TXT/PDF/?uri=CELEX:52001DC0428&rid=2 (zuletzt abgerufen am 15.1.2015)

European Commission (2005–2015) »Policy Evaluation«, http://ec.europa.eu/trade/policy/policy-making/analysis/policy-evaluation/ (zuletzt abgerufen am 20.2.2015)

European Commission (2014) COMMISSION DECISION of 25.11.2014 on the publication of information on meetings held between Members of the Commission and organisations or self-employed individuals, http://ec.europa.eu/news/2014/docs/c_2014_9051_en.pdf (zuletzt abgerufen am 29.5.2015)

European Commission (2019) »Human Resources. Key Figures Card« http://ec.europa.eu/civil_service/docs/hr_key_figures_en.pdf (zuletzt abgerufen am 15.4.2023)

European Commission (2022) »European Commission HR key figures« https://commission.europa.eu/about-european-commission/organisational-structure/commission-staff_de (zuletzt abgerufen am 15.4.2023)

European Training Academy (2023) https://euta.info/en/home/ (zuletzt abgerufen am 18.4.2023)

EUROSTAT (2022) »Population on 1 January – Persons«, https://ec.europa.eu/eurostat/databrowser/view/tps00001/default/table?lang=de (zuletzt abgerufen am 28.2.2023).

Eurotopics (2008) »Medien haben ›Nachholbedarf in Sachen Europa‹«, http://www.eurotopics.net/de/home/presseschau/archiv/magazin/medien-verteilerseite-neu/europaeische-oeffentlichkeit/interview-herzog/ (zuletzt abgerufen am 5.5.2015)

EUTOP Group (2023) https://www.eutop.com/en/compliance/index.html (zuletzt abgerufen am 28.6.2023).

Faber, Malte/Manstetten, Reiner/Petersen, Thomas (1996) »Homo politicus und homo oeconomicus. Die Grenzen der politischen Ökonomie im Hinblick auf die Umweltpolitik«, *Department of Economics, Discussion Paper Series* 237, Heidelberg

Faber, Malte/Petersen, Thomas/Schiller, Johannes (2002) »Homo oeconomicus and homo politicus in Ecological Economics«, in: *Ecological Economics* 20, S. 323–333

Fabricius, Constantin (2014) »Das Kontrollrecht von Rat und Parlament nach der Komitologie-Durchführungsverordnung«, in: *Europäische Zeitschrift für Wirtschaftsrecht* 12/2014, S. 453–456

Falk, Svenja/Römmele, Andrea/Rehfeld, Deiter/Thunert, Martin (Hrsg.) (2006) *Handbuch Politikberatung*, Wiesbaden

Fang, Lee (2014) »Where Have All the Lobbyists Gone?«, in: *The Nation* v. 19.2.2014, http://www.thenation.com/article/178460/shadow-lobbying-complex (zuletzt abgerufen am 10.2.2015)

Fateh-Moghadam, Bijan/Sellmaier, Stephan/Vossenkuhl, Wilhelm (Hrsg.) (2010) *Grenzen des Paternalismus*, Stuttgart

Fatima, Tahiniyath/Elbanna, Said (2022) »Corporate Social Responsibility (CSR) Implementation. A Review and a Research Agenda Towards an Integrative Framework.« in: *Journal of Business Ethics*, S. 1–17

FDP (2021) »Wahlprogramm«, https://www.fdp.de/sites/default/files/2021-06/FDP_Programm_Bundestagswahl2021_1.pdf (zuletzt abgerufen am 5.12.2022)

Featherstone, Kevin/Radaelli, Claudio M. (Hrsg.) (2003) *The politics of Europeanization*, Oxford

Ferguson, Niall (2011) *Civilization. The West and the Rest*, London

Figge, Frank/Schaltegger, Stefan (2000) *Was ist ›Stakeholder Value‹. Vom Schlagwort zur Messung*, Arbeitspapier Lehrstuhl für Environmental Management, Universität Lüneburg

de Figueiredo, John M. (2004) »Timing, intensity, and composition of interest group lobbying. An Analysis of structural policy windows in the states«, Working Paper 10588, National Bureau of Economic Research, Cambridge/Mass, http://www.nber.org/papers/w10588 (zuletzt abgerufen am 18.3.2015)

Fleming, Lee/Waguespack, David M. (2007) »Brokerage, Boundary Spanning, and Leadership in Open Innovation Communities«, in: *Organization Science* 18/2, S. 165–180

Fließ, Sabine (Hrsg.) (2011) *Beiträge zum Dienstleistungsmarketing – Forschung – Aktuelle Forschungsfragen und Forschungsergebnisse*, Wiesbaden

Foy, Henry/Bryant, Chris/Fontanella-Khan, James (2014) »Carmakers lobby to delay EU efforts to upgrade emission testing«, in: *Financial Times* v. 21.4.2014, http://www.ft.com/cms/s/0/e05baf80-c57f-11e3-a7d4-00144feabdc0.html#axzz3Ru8fY9SY (zuletzt abgerufen am 16.2.2015)

Fraenkel, Ernst (1964) *Deutschland und die westlichen Demokratien*, Stuttgart

Freeman, R. Edward (1984) *Strategic Management. A Stakeholder Approach*, Boston

Freeman, R. Edward (2004) »The Stakeholder Approach Revisited«, in: *Zeitschrift für Wirtschafts- und Unternehmensethik* 5/3, S. 228–241

Freeman, R. Edward (2010³) *Strategic Management. A Stakeholder Approach*, Cambridge

Freeman, R. Edward/McVea, John (2001) »A Stakeholder Approach to Strategic Management«, Working Paper No. 01–02, Darden Graduate School of Business Administration, University of Virginia

Freidson, Eliot (1975) *Dominanz der Experten. Zur sozialen Struktur medizinischer Versorgung*, München (Orig. 1970)

Frevel, Bernhard (2004) *Demokratie*, Wiesbaden

Friedrich, Carl J. (1964) »Nationaler und internationaler Föderalismus in Theorie und Praxis«, in: *Politische Vierteljahresschrift* 5.2, S. 154–187

Friedrich, Carl J. (1968) *Trends of Federalism in Theory and Practice*, New York

Friends of Earth Europe (2010) http://www.foeeurope.org/corporates/pdf/Lobbying_in_Brussels_April2010.pdf (17.2.2015)

Gammelin, Cerstin/Hamman, Götz (2005) *Die Strippenzieher. Manager, Minister, Medien – wie Deutschland regiert wird*, Berlin

Gammelin, Cerstin/Löw, Raimund (2014) *Europas Strippenzieher. Wer in Brüssel wirklich regiert*, Berlin

Gehring, Hubert/Delinic, Tomislav/Paul, Mathias (2009) »Vaclav Klaus unterschreibt Lissabonner Vertrag«, Konrad Adenauer Stiftung, http://www.kas.de/wf/doc/kas_17971-1522-1-30.pdf?091103171447 (zuletzt abgerufen am 27.1.2015)

Geiger, Andreas (2006) *EU lobbying handbook. A guide to modern participation in Brussels*, Berlin

Gellner, Ernest (1994) *Bedingungen der Freiheit. Die Zivilgesellschaft und ihre Rivalen*, Stuttgart

Generaldirektion Gesundheit und Lebensmittelsicherheit (SANTE) (2015) Organigramm, http://ec.europa.eu/dgs/health_consumer/chart.pdf (zuletzt abgerufen am 26.1.2015)

Geyskens, Inge/Steenkamp, Jan-Benedict/Kumar, Nirmalya (2006) »Make, Buy, or Ally. A Transaction Cost Theory Meta-Analysis«, in: *Academy of Management Journal* 49/3, S. 519–543

Giegerich, Bastian/Wallace, William (2010) »Foreign and Security Policy«, in: Wallace/Pollack/Young (2010⁶), S. 431–456

Gläser, Martin (2010²) *Medienmanagement*, München

Göbel, Heike (2008) »Im Bundestag schwindet die Wirtschaftskompetenz«, in: *Frankfurter Allgemeine* v. 18.8.2008, http://www.faz.net/s/Rub4D8A76D29ABA43699D9E59C0413A582C/Doc~E018AD61B444D43FB83 F29FE719A477D8~ATpl~Ecommon~Scontent. html (zuletzt abgerufen am 29.6.2009)

Godwin, Kenneth R./Ainsworth, Scott/Godwin, Erik K. (2013) *Lobbying and policymaking. The public pursuit of private interests*, Los Angeles

Goffert, Daniel (2002) »Die Firmen brauchen Lobbying à la carte«, in: *Handelsblatt* v. 20.11.2002

Gopalan, Radhakrishnan/Nanda, Vikram/Yerramilli, Vijay (2011) »Does Poor Performance Damage the Reputation of Financial Intermediaries? Evidence from the Loan Syndication Market«, in: *The Journal of Finance* 66/6, S. 2083–2120

von Graevenitz, Gerhart (Hrsg.) (1999) *Vierte Gewalt? Medien und Medienkontrolle. UVKMedien*, Konstanz

Granovetter, Mark S. (1973) »The Strength of Weak Ties«, in: *American Journal of Sociology* 78/6, S. 1360–1380

Granovetter, Mark S. (1983) »The Strength of Weak Ties. A Network Theory Revisited«, in: *Sociological Theory* 1, S. 201–233

Granovetter, Mark S. (1985) »Economic Action and Social Structure. The Problem of Embeddedness«, in: *Amercian Journal of Sociology* 91/3, S. 481–520

Graw, Ansgar (2008) »Die Raucher-Lobby führt Krieg gegen sich selbst« in: *Die Welt* v. 6.5.2008, http://www.welt.de/politik/article1970681/Die-Raucher-Lobby-fuehrt-Krieggegen-sich-selbst.html (zuletzt abgerufen am 16.2.2015)

Greenpeace EU Unit (2015) http://www.green-peace.org/eu-unit/en/(zuletzt abgerufen am 30.4.2015)

Greenwood, Justin (2002) *The Effectiveness of EU Business Associations*, Basingstoke

Greenwood, Justin (2011[3]) *Interest Representation in the European Union*, Basingstoke

Griesser, Patrick (2014) »Lobbying im Mehrebenensystem der EU. Licht und Schatten«, in: Dialer/Richter (2014), S. 59–69

Grimmel, Andreas/Jakobeit, Cord (Hrsg.) (2009) *Politische Theorien der Europäischen Integration. Ein Text- und Lehrbuch*, Wiesbaden

Gross-Halbuer, A./Neumann, P./Niewsmann, A. (2014) »Bahn frei?«, in: *Focus* v. 13.1.2014, S. 23

Große Hüttmann, Martin/Fischer, Thomas (2005) »Föderalismus«, in: Bieling/Lerch (2005), S. 41–64

Gründinger, Wolfgang (2012) *Lobbyismus im Klimaschutz. Die nationale Ausgestaltung des europäischen Emissionshandelssystems*, Wiesbaden

Gupta, Sumeet/Kim, Hee-Woong (2007) »The Moderating Effect of Transaction Experience on the Decision Calculus in On-Line Repurchase«, in: *International Journal of Electronic Commerce* 12/1, S. 127–158

Gutschker, Thomas (2014) »Große Koalition in Straßburg« in: *Frankfurter Allgemeine* v. 21.9.2014, http://www.faz.net/aktuell/politik/europaeische-union/eu-parlamentgrosse-koalition-in-strassburg-13164431.html (zuletzt abgerufen am 5.3.2015)

Gyrd-Jones, Richard I./Kornum, Niels (2013) »Managing the co-created brand. Value and cultural complementarity in online and offline multi-stakeholder ecosystems«, in: *Journal of Business Research* 66/9, S. 1484–1493

Haacke, Eva (2006) »Wirtschaftsverbände als klassische Lobbyisten – auf neuen Pfaden«, in: Leif/Speth (2006), S. 164–187

Haas, Ernst B. (1958) *The Uniting of Europe. Political, Social and Economical Forces, 1950–1957*, London

Hagel III, John/Rayport, Jeffrey. F (1997) »The Coming Battle for Customer Information«, in: *Harvard Business Review* 75/1, S. 53–65

Hailey, Arthur (1975) *The Moneychangers*, New York

Hall, Richard L./Deardorff, Alan V. (2006) »Lobbying as Legislative Subsidy«, in: *American Political Science Review*, Vol. 100, no. 1, 69–84

Hamilton, Alexander/Madison, James/Jay, John/Zehnpfennig, Barbara (2007) *Die Federalist Papers*, München

Han, G. (2011) »Risky Business. The Effect of Structural Holes on Risk Taking«, Paper presented at the American Sociological Association

Händler, Ernst-Wilhelm (2012) »Das Wissen der Ökonomie. Theorie und Praxis, Formen und Grenzen«, in: *Merkur* 66, S. 89–101

Haratsch, Andreas/Koenig, Christian/Pechstein, Matthias (2010[7]) *Europarecht*, Tübingen

Hardinghaus, Barbara (2007) »Im Lobbyland«, in: *Der Spiegel*. 30/2006

Hartlapp, Miriam/Metz, Julia/Rauh, Christian (2014) *Which Policy for Europe? Power and Conflict inside the European Union*, Oxford

Hartmann, Jürgen/Meyer, Bernd/Oldopp, Birgit (2002) *Geschichte der politischen Ideen*, Wiesbaden

Hauser, Henry (2011) »European Union lobbying post Lisbon. An economic analysis«, in: *Berkeley Journal of international law* 29.2, S. 680–709

Hauswald, Hannes/Hack, Andreas (2013) »Impact of Family Control/Influence on Stakeholders' Perceptions of Benevolence«, in: *Family Business Review* 26/4, S. 356–373

Hayek, F. A. (1945). »The Use of Knowledge in Society«, in: *American Economic Review*, 35 (4), 519–530.

Heide, Jan B./John, George (1988) »The Role of Dependence Balancing in Safeguarding Transaction-Specific Assets in Conventional Channels«, in: *Journal of Marketing* 52/1, S. 20–35

Heitz, Horst (2011) *Lobbyismus in der EU aus der Praxis für die Theorie* (Dissertation Universität Wien), Wien

Hellmann, Gunther/Wolf, Klaus Dieter/Zürn, Michael (Hrsg.) (2003) *Die neuen Internationalen Beziehungen*, Baden-Baden

Hennig-Thurau, Thorsten/Malthouse, Edward C./Friege, Christian/Gensler, Sonja/Lobschat, Lara/Rangaswamy, Arvind/Skiera, Bernd (2010) »The impact of new media on customer relationships«, in: *Journal of Service Research* 13/3, S. 311–330

Herbrand, Frank (2002) *Fit für fremde Kulturen. Interkulturelles Training für Führungskräfte*, Bern

Héritier, Adrienne (2001) »Differential Europe«, in: Héritier/Kerwer/Knill/Lehmkuhl/Teutsch/Douillet (2001), S. 1–22

Héritier, Adrienne/Kerwer, Dieter/Knill, Christoph/Lehmkuhl, Dirk/Teutsch, Michael/Douillet, Anne-Cécile (Hrsg.) (2001) *Differential Europe. The European Union Impact on National Policymaking*, Lanham

Herrnstein, Richard J./Murray Charles (1994) *The Bell Curve. Intelligence and Class Structure in American Life*, New York

Hertie School of Governance (2023) »Executive Master of Public Administration (Executive MPA)«, https://www.hertie-school.org/en/empa (zuletzt abgerufen am 18.4.2023)

Herz, Dietmar/Jetzelsperger, Christian (2008²) *Die Europäische Union*, München

Hesketh, Ian (2014) »History is past politics and politics is present history. Who said it?«, in: *Notes and Queries* 61.1, S. 105–108

Hess, Thomas/von Walter, Benedikt (2006) »Toward Content Intermediation. Shedding New Light on the Media Sector«, in: *International Journal on Media Management* 8/1, S. 2–8

Hillebrand, Bas/Driessen, Paul H./Koll, Oliver (2015) »Stakeholder Marketing. Theoretical Foundations and Required Capabilities«, in: *Journal of the Academy of Marketing Science* 43/4, S. 411–428

Hitzler, Ronald (1994) »Wissen und Wesen des Experten. Ein Annäherungsversuch – zur Einleitung«, in: Hitzler/Honer/Maeder (1994), S. 13–31

Hitzler, Ronald (Hrsg.) (2004) *Elitenmacht*, Wiesbaden

Hitzler, Ronald/Honer, Anne/Maeder, Christoph (Hrsg.) (1994) *Expertenwissen. Die institutionalisierte Kompetenz zur Konstruktion von Wirklichkeit*, Opladen

Hoffmann, Stanley (1966) »Obstinate or Obsolete? The fate of the nation-state and the case of western Europe«, in: *Daedalus* 95.3, S. 862–915

Hofmann, Thorsten/Frevel, Sebastian (2007) »Politisches Krisenmanagement aus Unternehmenssicht«, in: Rieksmeier (2007) S. 78–88

Holscher, Claus (1977) *Sozio-Marketing. Grundprobleme und Lösungsansätze zum Marketing sozialer Organisationen*, Essen

Holtbrügge, Dirk/Berg, Nicola/Puck, Jonas F. (2007) »To Bribe or to Convince? Political Stakeholders and Political Activities in German Multinational Corporations«, in: *International Business Review* 16/1, S. 47–67

Holtbrügge, Dirk/Puck, Jonas (2009) »Stake-holder-Netzwerke als Instrument des strategischen Risikomanagements. Das Beispiel ausländischer Unternehmungen in Russland«, in: Kühlman/Haas (Hrsg.) (2009), S. 213–246

Homans, George C. (1958) »Social Behavior as Exchange«, in: *American Journal of Sociology* 63/6, S. 597–606

Homburg, Christian/Krohmer, Harley (2009) *Grundlagen des Marketingmanagements. Einführung in Strategie, Instrumente, Umsetzung und Unternehmensführung*, Wiesbaden

Honsig-Erlenburg, Manuela (2014) »Wie viele Lobbyisten arbeiten in Brüssel?«, in: *der-Standard.at* v. 14.2.2014, http://derstandard.at/1389859863728/Wie-viele-Lobbyisten-arbeiten-in-Bruessel (zuletzt abgerufen am 11.2.2015)

Hooghe, Liesbet/Marks, Gary (2001) »Multi-Level Governance in the European Union«, in: Hooghe/Marks (2001), S. 1–32

Hooghe, Liesbet/Marks, Gary (Hrsg.) (2001) *Multi-Level Governance and European Integration*, New York

Horster, Detlef (2005) *Sozialphilosophie*, Leipzig

House of Commons (1947) The Official Report (5th Series), 11. November 1947, vol. 444, cc. 206–207

IHK für München und Oberbayern (2012) »IHK-Mittelstandsreport Bayern 2012«, http://www.muenchen.ihk.de/de/standortpolitik/Anhaenge/ihk-mittelstandsreport bayern-2012.pdf (zuletzt abgerufen am 20.11.2013)

Ingenhoff, Diana/Röttger, Ulrike (2008²) »Issue Management«, in: Meckel/Schmid (Hrsg.) (2008²), S. 325–354

Institut für Marketing an der LMU/Meyer, Anton (2014) »Projektkurs. Marktanalyse für eine politische Interessenvertretung. Interne Abschlusspräsentation«, München

Institut für Mittelstandsforschung (2015) »KMU-Definition des IfM Bonn«, http://www.ifm-bonn.org/mittelstandsdefinition/definition-kmu-des-ifm-bonn/ (zuletzt abgerufen am 10.2.2015)

Ismayr, Wolfgang (Hrsg.) (2004²) *Die politischen Systeme Osteuropas*, Opladen

Ismayr, Wolfgang (Hrsg.) (2009⁴) *Die politischen Systeme Westeuropas*, Wiesbaden

Jachtenfuchs, Markus (2003) »Regieren Jenseits der Staatlichkeit«, in: Hellmann/Wolf/Zürn (2003), S. 495–517

Jachtenfuchs, Markus/Kohler-Koch, Beate (Hrsg.) (2003²) *Europäische Integration*, Opladen

Jachtenfuchs, Markus/Kohler-Koch, Beate (2003²) »Regieren und Institutionenbildung«, in: Jachtenfuchs/Kohler-Koch (2003²), S. 11–46

Jachtenfuchs, Markus/Kohler-Koch, Beate (2004) »Governance and Institutional Development« in: Wiener/Diez (2004), S. 97–115

Jakić, Ana/Wagner, Maximilian/Meyer, Anton (2019) »Postmoderne Markenführung. Die Rolle von Brand Engagement und Brand Meaning«, in: Esch, Franz-Rudolph (2019): *Handbuch Markenführung*, S. 737–757

Jäckel, Michael (2011⁵) *Medienwirkungen. Eine Studie zur Einführung*, Wiesbaden

Janez, Krena/Lawless, Martina (2022) »How has Brexit changed EU-UK trade flows?« Economic & Social Research Institute, https://www.esri.ie/publications/how-has-brexit-changed-eu-uk-trade-flows (zuletzt abgerufen am 27.3.2023)

Jann, Werner/Wegrich, Kai (2014³) »Phasenmodelle und Politikprozesse: Der Policy Cycle«, in: Schubert/Bandelow (2014³), S. 97–131

Janning, Frank (2009) »Gemeinwohlorientierung durch Neokorporatismus? Verbändeorganisation und Interessenvermittlung in der deutschen Verbraucherschutzpolitik«, in: Rehder/von Winter/Willems (2009), S.132–155

Janning, Frank/Toens, Katrin (Hrsg.) (2008) *Die Zukunft der Policy-Forschung. Theorien, Methoden, Anwendungen*, Wiesbaden

Jansen, Dorothea (2003²) *Einführung in die Netzwerkanalyse. Grundlagen, Methoden, Forschungsbeispiele*, Wiesbaden

Jarren, Otfried/Donges, Patrick (2011³) *Politische Kommunikation in der Mediengesellschaft. Eine Einführung*, Wiesbaden

Jensen Michael C. (Hrsg.) (2000) *A Theory of the firm. Governance, Residual Claims, and Organizational Forms*, Cambridge

Jensen, Michael C. (2002) »Value Maximization, Stakeholder Theory, and the Corporate Objective Function«, in: *Business Ethics quarterly* 12/2, S. 235–256

Jensen, Michael C./Meckling, William H. (1976) »Theory of the firm. Managerial behavior, agency costs and ownership structure«, in: *Journal of Financial Economics* 3/4, S. 305–360

Jensen, Michael C./Meckling, William H. (2000) »Theory of the firm. Managerial behavior, agency costs, and ownership structure«, in: Jensen Michael C. (2000), S. 83–135

Jensen, Mads Dagins/Martinsen, Dorte Sindberg (2014) »Out of time? National Parliaments and Early-Decision-Making in the European Union«, in: *Government and Opposition*, 45(4), S. 1–31

Jevons, William S. (1871) *The theory of political economy*, London

Johnston, Kim A. (2014).»Public relations and engagement. Theoretical imperatives of a multidimensional concept«, in: *Journal of Public Relations Research*, 26(5), S. 381–383

Jones, Erik/Menon, Anand/Weatherill, Stephen (Hrsg.) (2012) *The Oxford Handbook of the European Union*, Oxford

Jones, Thomas M. (1995) »Instrumental Stakeholder Theory. A Synthesis of Ethics and Economics«, in: *Academy of Management Review* 20/2, S. 404–437

Jones, Thomas M./Felps, Will (2013) »Shareholder Wealth Maximization and Social Welfare«, in: *Business Ethics Quarterly* 23/2, S. 207–238

Jones, Thomas M./Felps, Will/Bigley, Gregory A. (2007) »Ethical theory and Stakeholderrelated Decisions. The Role of Stakeholder Culture«, in: *Academy of Management Review* 32/1, S. 137–155

Jones, Thomas M./Wicks, Andrew C. (1999) »Convergent Stakeholder Theory«, in: *Academy of Management Review* 24/2, S. 206–221

Joos, Klemens (1998) *Interessenvertretung deutscher Unternehmen bei den Institutionen der Europäischen Union. Mit Beispielen aus der Versicherungs-, Energie- und Verkehrssicherheitsbranche*, Berlin

Joos, Klemens (2011) *Lobbying im neuen Europa. Erfolgreiche Interessenvertretung nach dem Vertrag von Lissabon*, Weinheim

Joos, Klemens (2014) »Erfolg durch Prozesskompetenz. Paradigmenwechsel in der Interessenvertretung nach dem Vertrag von Lissabon«, in: Dialer/Richter (2014), S. 29–45

Joos, Klemens (2015) »Entscheidungen ohne Entscheider? Prozesskompetenz ist der entscheidende Erfolgsfaktor für die Reduzierung von Komplexität in der Interessenvertretung bei den Institutionen der Europäischen Union«, in: Bartsch/Blümelhuber (2015), S. 405–416

Joos, Klemens/Waldenberger, Franz (2004) *Successful Lobbying in the New Europe*, Berlin

Jost, Sebastian/Stocker, Frank (2015) »Draghis riskanter Psycho-Trick mit Euro Billionen«, in: *Die Welt* v. 26.1.2015, http://www.welt.de/finanzen/article136780324/Draghisriskanter-Psycho-Trick-mit-Euro-Billionen.html (zuletzt abgerufen am 9.2.2015)

Judt, Tony (2006) *Geschichte Europas seit 1945*, München

Jullien, Francois (1999) *Über die Wirksamkeit*, Berlin

Juncker, Jean Claude (2014) »Ein neuer Start für Europa. Meine Agenda für Jobs, Wachstum, Fairness und demokratischen Wandel«, http://ec.europa.eu/priorities/docs/pg_de.pdf (zuletzt abgerufen am 29.4.2015)

JUVE Verlag für juristische Information GmbH (2015), http://www.juve.de/rechtsmarkt/stundensaetze (zuletzt abgerufen am 10.2.2015)

Kahneman, Daniel/Tversky, Amos (1979) »Prospect Theory. An Analysis of Decision under Risk«, in: *Econometrica* 47/2, S. 263–292

Kaiser, Robert (2010) »Zeitfenster in der europäischen Politik. Die Rolle der EU-Kommission als politischer Unternehmer«, in: *Iablis. Jahrbuch für Europäische Prozesse*, http://www.iablis.de/iablis_t/2010/kaiser10.html (zuletzt abgerufen am 25.2.2015)

Karasti, H./Millerand, F./Hine, C. M. (2016). »Knowledge Infrastructures: Part IV«, in: *Science & Technology Studies* 29 (4), 2–9.

Karpen, Ulrich/Nünke, Anja/Breutz, Nina (2008) *Gesetzescheck. Die Gesetzgebung der Großen Koalition in der ersten Hälfte der Legislaturperiode des 16. Deutschen Bundestages (2005–2007)*, Bielefeld

Karr, Karolina (2007) *Democracy and Lobbying in the European Union*, Fankfurt/Main

Kaunert, Christian (2009) »Commentary Editorial. The Lisbon Treaty and the Constitutionalization of the EU«, in: *Journal of Contemporary European Research* 5,3, S. 465–471

Kempf, Udo/Merz, Hans-Georg (Hrsg.) (2008) *Kanzler und Minister 1998–2005. Biographisches Lexikon der deutschen Bundesregierungen*, Wiesbaden

Kennes, John/Schiff, Aaron (2008) »Quality infomediation in search markets«, in: *International Journal of Industrial Organization* 26/5, S. 1191–1202

Kerscher, Klaus-Jürgen (2013) *Homo Oeconomicus und Menschenbild. Form und Wesen einer betrachtenswerten Spannung*, Marburg

Kevenhörster, Paul (2008[3]) *Politikwissenschaft. Band 1. Entscheidungen und Strukturen der Politik*, Wiesbaden

Keynes, John Maynard (1920) *The Economic Consequences of the Peace*, New York

Kieser, Alfred/Ebers, Mark (Hrsg.) (2006[6]) *Organisationstheorien*, Stuttgart

Kim, Dan J./Ferrin, Donald L./Rao, H. Raghav (2008) »A Trust-Based Consumer Decision-Making Model in Electronic Commerce. The Role of Trust, Perceived Risk, and Their Antecedents«, in: *Decision Support Systems* 44/2, S. 544–564

Kirchgässner, Gebhard (2013⁴) *Homo Oeconomicus. Das ökonomische Modell individuellen Verhaltens und seine Anwendung in den Wirtschafts- und Sozialwissenschaften*, Tübingen

Klatetzki, Thomas/Tacke, Veronika (Hrsg.) (2005) *Organisation und Profession*, Wiesbaden

Kleinfeld, Ralf (2007) »Die historische Entwicklung der Interessenverbände in Deutschland«, in: von Winter/Willems (2007), S. 51–83

Kleinfeld, Ralf/Willems, Ulrich/Zimmer, Annette (Hrsg.) (2007) *Lobbying. Strukturen. Akteure. Strategien*, Wiesbaden

Kleinfeld, Ralf/Willems Ulrich/Zimmer, Annette (2007) »Interessenvermittlung – zentrale Agenda der Politikwissenschaft«, in: Kleinfeld/Willems/Zimmer (2007), S. 7–35

Kline, William/Brown, Richard S. (2021) »The Impact of Organizational Slack on Lobbying Activities«, in: *Journal of Managerial Issues*, Vol. 33, no. 1, 8–26

Klink, Daniel (2008) »Der ehrbare Kaufmann – Das ursprüngliche Leitbild der Betriebswirtschaftslehre und individuelle Grundlage für die CSR-Forschung«, in: *Zeitschrift für Betriebswirtschaft* 78/3, S. 57–79

Knoepfel, Peter/Larrue, Corinne/Varone, Frédéric/Veit, Sylvia (2011) *Politikanalyse*, Opladen

Kohler-Koch, Beate/Conzelmann, Thomas/Knodt, Michèle (2004) *Europäische Integration – Europäisches Regieren*, Wiesbaden

Kohler-Koch, Beate/Larat, Fabrice (Hrsg.) (2009) *European Multi-Governance. Contrasting Images in National Research*, Cheltenham

Kohler-Koch, Beate/Quittkat, Christine (2011) *Die Entzauberung partizipativer Demokratie. Zur Rolle der Zivilgesellschaft bei der Demokratisierung von EU-Governance*, Frankfurt/Main

Kohler-Koch, Beate/Rittberger, Berthold (2009) »A Futile Quest for Coherence. The Many Frames of EU-Governance«, in: Kohler-Koch/Larat (2009), S. 3–18

Konferenz über die Zukunft Europas (2022) »Bericht über das endgültige Ergebnis«, https://prod-cofe-platform.s3.eu-central-1.amazonaws.com/qsyk5bic7bvte7z667 mrq76oonfe?response-content-disposition=inline%3B%20filename%3D%22Book_ CoFE_Final_Report_DE_full.pdf%22%3B%20filename%2A%3DUTF-8%27% 27Book_CoFE_Final_Report_DE_full.pdf&response-content-type=application% 2Fpdf&X-Amz-Algorithm=AWS4-HMAC-SHA256&X-Amz-Credential=AKIA3LJJ XGZPDFYVOW5V%2F20230103%2Feu-central-1%2Fs3%2Faws4_request&X-Amz-Date=20230103T105227Z&X-Amz-Expires=300&X-Amz-SignedHeaders=host&X-Amz-Signature=8926de8d59a0f19b13bce8b4ddc7e37f5d74a5c95ecedb3845491f31 6cf39650 (zuletzt abgerufen am 3.1.2023)

König, Johann-Günther (2007) *Die Lobbyisten. Wer regiert uns wirklich?*, Düsseldorf

Köppl, Peter (2003) *Power Lobbying. Das Praxishandbuch der Public Affairs. Wie professionelles Lobbying die Unternehmenserfolge absichert und steigert*, Wien

Köppl, Peter (2008²) »Lobbying und Public Affairs. Beeinflussung und Mitgestaltung des gesellschaftspolitischen Unternehmensumfeldes«, in: Meckel/Schmid (2008²), S. 187–220

Köppl, Stefan (2006) »Verbände als Organisationen im Neokorporatismus«, in: Sebaldt/Straßner (2006), S. 275–288

Köppl, Stefan (2008) »Von der Verfassungskrise zum Vertrag von Lissabon – die EU auf dem Weg zu mehr Effizienz und Demokratie?«, in: *Gesellschaft – Wirtschaft – Politik (GWP)*, 2/2008, S. 227–238.

Köppl, Stefan/Nerb Tobias (2006) »Verbände als Dialogpartner im kooperativen Staat«, in: Sebaldt/Straßner (2006), S. 289–304

Kornum, Niels/Mühlbacher, Hans (2013) »Multi-stakeholder Virtual Dialogue. Introduction to the Special Issue«, in: *Journal of Business Research* 66/9, S. 1460–1464

Korschun, Daniel/Du, Shuili (2013) »How Virtual Corporate Social Responsibility Dialogs Generate Value. A Framework and Propositions«, in: *Journal of Business Research* 66/9, S. 1494–1504

Kosiol, Erich (1962) *Organisation der Unternehmung*, Wiesbaden

Kotler, Philip/Armstrong, Gary (1994⁶) *Principles of Marketing*, London

Krahmann, Elke (2003) »Conceptualizing Security Governance« in: *Cooperation and Conflict* 38.1, S. 5–26

Krahmann, Elke (2010) »Security Governance and Networks. New Theoretical Perspectives on Transatlantic Security«, in: *Cambridge Review of International Affairs* 18.1, S. 19–34

Krajewski, Marcus (2014) »Rechtsfragen der Regulierung von Lobbying gegenüber EUInstitutionen«, in: Dialer/Richter (2014), S. 269–282

Kreimeier, Nils (2009) »Beamte klagen über Lobbyismus«, in: *Financial Times Deutschland* v. 12.10.2009

Kretschmer, Heiko/Elbe,Wiebke (2007) »Issues Management«, in: Rieksmeier (2007), S. 89–94

Kriele, Martin (2003) *Einführung in die Staatslehre. Die geschichtlichen Legitimitätsgrundlagen des demokratischen Verfassungsstaates*, Stuttgart

Kuhn, Thomas S. (2012⁴) *The Structure of Scientific Revolutions*, Chicago

Kühlman, Torsten M./Haas, Hans-Dieter (Hrsg.) (2009) *Internationales Risikomanagement. Auslandserfolg in grenzüberschreitenden Netzwerken*, München

Kuhn, Nicola (2007) »Mit Blick auf den Reichstag«, in: *Der Tagesspiegel* v.

11.11.2007, http://www.tagesspiegel.de/magazin/karriere/art292,2417282 (zuletzt abgerufen am 16.3.2015)

Kujala, Johanna/Sachs, Sybille/Leinonen, Heta/Heikkinen, Anna/Laude, Daniela (2022) »Stakeholder Engagement. Past, Present, and Future«, in: *Business & Society*, 61(1), S. 1–61

Külahci, Erol (Hrsg.) (2012) *Europeanisation and Party Politics. How the EU Affects Domestic Actors, Patterns and Systems*, Colchester

Küpper, Hans. U. (2011) *Unternehmensethik. Hintergründe, Konzepte, Anwendungs-bereiche*, Stuttgart

Lachmann, Günther (2014) »Jugendliche woollen das Komasaufen nicht lassen«, *Die Welt* v. 7.4.2014, http://www.welt.de/politik/deutschland/article126660275/Jugendlichewollen-das-Komasaufen-nicht-lassen.html (zuletzt abgerufen am 27.1.2015)

Lahusen, Christian (2004) »Institutionalisierung und Professionalisierung des europäischen Lobbyismus«, in: *Zeitschrift für Parlamentsfragen* 4/2004, S. 777–794

Lahusen, Christian (2005) *Kommerzielle Beratungsfirmen in der Europäischen Union*, in: Eising/Kohler-Koch (2005), S. 251–280

Lahusen, Christian (2007) »Institutionalisierung und Professionalisierung des europäischen Lobbyismus«, in: *Zeitschrift für Parlamentsfragen* 35.4, S. 777–794

Lahusen, Christian/Jauß, Claudia (2001) *Lobbying als Beruf. Interessengruppen in der Europäischen Union*, Baden-Baden

Lamaison, Pierre/Bourdieu, Pierre (1986) »From Rules to Strategies: An Interview with Pierre Bourdieu«, in: *Cultural Anthropology*, Vol. 1, no. 1, 110–120

Landeszentrale für politische Bildung Baden-Württemberg, »Die Energiewende 2011«, http://www.lpb-bw.de/energiewende.html (zuletzt abgerufen am 25.1.2015)

Lane, Anne Bridget/Devin Bree (2018). »Operationalizing stakeholder engagement in CSR: A process approach«, in: *Corporate Social Responsibility and Environmental Management*, 25(3), S. 267–280

Lang, Achim/Leifeld, Philip (2008) »Die Netzwerkanalyse in der Policy-Forschung. Eine theoretische und methodische Bestandsaufnahme«, in: Janning/Toens (2008), S. 223–241

Langguth, Gerd (2007) »Lobbyismus und Politikberatung in der EU«, in: Dagger/Kambeck (2007), S. 183–264

Langguth, Gerd (2009) »Triumph des Pragmatismus«, in: *Spiegel Online* v. 15.11.2009, http://www.spiegel.de/politik/deutschland/triumph-des-pragmatismus-wie-merkelihre-macht-absichert-a-661175.html (zuletzt abgerufen am 26.2.2015)

Langhorst, Anne-Kathrin/Ullrich, Katrin (2008) »Der Ratifikationsprozess des Vertrags von Lissabon«, Konrad Adenauer Stiftung v. 21.5.2008, http://www.kas.de/wf/doc/kas_13784-544-1-30.pdf (zuletzt abgerufen am 27.1.2015)

Laplume, Andre O./Sonpar, Karan/Litz, Reginald A. (2008) »Stakeholder Theory. Reviewing a Theory that Moves us«, in: *Journal of Management* 34/6, S. 1152–1189

La Porte, Todd R. (Hrsg.) (1975) *Organized Social Complexity*. Challenge to Politics and Policy, Princeton

La Porte, Todd R. (1975) »Organized Social Complexity. Explication of a Concept«, in: La Porte (1975) S. 3–39

Laswell, Harold (1956) *The Decision Process. Seven Categories of Functional Analysis*, Maryland

Laumen, Anne/Maurer, Andreas (2006) »Jenseits des ›Permissive Consensus‹«, Stiftung Wissenschaft und Politik, http://www.swpberlin.org/fileadmin/contents/products/arbeitspapiere/korrKS_EU_Oeffentl_Meinung. pdf (zuletzt abgerufen am 27.1.2015)

Lee, J./Son, J. Y./Suh, K. S. (2010) »Can Market Knowledge from Intermediaries Increase Sellers' Performance in On-Line Marketplaces?«, in: *International Journal of Electronic Commerce* 14(4), S. 69–102

Leif, Thomas (2010) »Von der Symbiose zur Systemkrise«, in: *Aus Politik und Zeitgeschichte* 19, S. 3–9

Leif, Thomas/Speth, Rudolf (Hrsg.) (2003) *Die Stille Macht. Lobbyismus in Deutschland*, Wiesbaden

Leif, Thomas/Speth, Rudolf (Hrsg.) (2006) *Die fünfte Gewalt. Lobbyismus in Deutschland*, Wiesbaden

Leif, Thomas/Speth, Rudolf (2006) »Zehn zusammenfassende Thesen zur Anatomie des Lobbyismus in Deutschland und sechs praktische Lösungsvorschläge zu seiner Demokratisierung«, in: Leif/Speth (2006), S. 351–354

Leif, Thomas/Speth, Rudolf (2006a) »Die fünfte Gewalt«, in: *Zeit Online* v. 22.2.2006, http://www.zeit.de/online/2006/10/lobbyismus (zuletzt abgerufen am 10.2.2015)

Lehmann, Maren (2015) »Passagen des Unbestimmten«, in: *Revue. Magazine for the Next Society*, Heft 17, 7–8

Leland, Hanye E./Pyle, David. H. (1977) »Informational asymmetries, financial structure, and financial intermediation«, in: *Journal of Finance* 32/2, S. 371–387

Levasier, Julia (2022) *EU-Interessenvertretung und Informalität* https://link.springer.com/book/10.1007/978-3-658-38919-2

Levy, David/ Scully, Maureen (2007) »The Institutional Entrepreneur as Modern Prince: The Strategic Face of Power in Contested Fields«, in: *Organization Studies*, Vol. 28, no. 7, 971–91

Lieb, Julia/Maurer, Andreas (2009) Der Vertrag von Lissabon, Diskussionspapier der FG 1, 2009/09 und FG 2, 2009/04, April 2009, SWP Berlin

Lindberg, Leon N. (1963) *The Political Dynamics of European Economic Integration*, Stanford

Linder, Christian (2014) »Lobbyismus und Interessenvertretung auf europäischer Ebene. Zwischen Professionalisierung und Regulierung«, in: Dialer/Richter (2014), S. 47–58

Lindloff, Kirstin/Kundolf, Stefan/Bandelow, Nils C. (2014) »Europäisches Parlament und Interessenverbände als Akteure und Adressaten europäischer Verkehrspolitik. Eine interaktionsorientierte Betrachtung«, in: von Blumenthal/von Winter (2014), S. 211–232

Lindner, Christian (2015) Interview: »Unsere Politik ist klar auf Inhalte orientiert«, http://www.liberale.de/content/lindner-interview-unsere-politik-ist-klar-auf-inhalteorientiert (zuletzt abgerufen am 27.2.2015)

Lipgens, Walter (1985) *Documents on the History of European Integration*, Bd. 1, Berlin

Lipgens, Walter/Loth, Wilfried (1988) *Documents on the History of European Integration*, Bd. 3, Berlin

Lobby Control, »Lobbyismus in der EU«, https://www.lobbycontrol.de/schwerpunkt/lobbyismus-in-der-eu/ (zuletzt abgerufen am 11.2.2015)

Lobby Control, »Nach Anhörung. Hill und Cañete als EU-Kommissare bleiben inakzeptabel!«, https://www.lobbycontrol.de/2014/10/nach-anhoerung-hill-und-caneteals-eu-kommissare-bleiben-inakzeptabel/ (zuletzt abgerufen am 11.2.2015)

Lobbypedia, »Gerhard Schröder«, https://lobbypedia.de/wiki/Gerhard_Schr%C3%B6der (zuletzt abgerufen am 10.2.2015)

Lösche, Peter (2006) »Lobbyismus als spezifische Form der Politikberatung«, in: Falk/Römmele/Rehfeld/Thunert (2006), S. 334–342

Lösche, Peter (2007) *Verbände und Lobbyismus in Deutschland*, Stuttgart

Loth, Wilfried (2014) *Europas Einigung. Eine unvollendete Geschichte*, Frankfurt/Main

LSE (2023), »Master of Public Administration«,https://www.lse.ac.uk/Search-Results?term=master%20of%20public%20administration (zuletzt abgerufen am 18.4.2023)

Luhmann, Niklas (1984) *Soziale Systeme. Grundriss einer allgemeinen Theorie*, Frankfurt/Main

Luhmann, Niklas (1988) *Die Wirtschaft der Gesellschaft*, Frankfurt/Main

Luhmann, Niklas (1997) *Die Gesellschaft der Gesellschaft*, Frankfurt/Main

Luo, Xueming/Donthu, Naveen (2007) »The role of cyber-intermediaries. A framework based on transaction cost analysis, agency, relationship marketing and social exchange theories«, in: *Journal of Business & Industrial Marketing* 22/7, S. 452–458

Lusch, Robert F./Brown, Stephen W./Brunswick, Gary J. (1992) »A generic framework for explaining internal vs. external exchange«, in: *Journal of the Academy of Marketing Science* 20/2, S. 119–134

Lusch, Robert F./Vargo, Stephen L. (2006) »Service-dominant logic. Reactions, reflections and refinements«, in: *Marketing theory* 6/3, S. 281–288

Lux, Sean/Crook, T. Russell/Leap, Terry (2012) »Corporate Political Activity: The Good, the Bad, and the Ugly« in: *Business Horizons*, Vol. 55, no. 3, 307–12

Maastricht University (2023), »European Public Affairs«, https://curriculum.maastrichtuniversity.nl/education/master/master-european-public-affairs (zuletzt abgerufen am 18.4.2023)

Majone, Giandomenico (2006) »Agenda Setting«, in: Moran/Rein/Goodin (2006), S. 228–250

Malthouse, Edward C./Haenlein, Michael/Skiera, Bernd/Wege, Egbert/Zhang, Michael (2013) »Managing customer relationships in the social media era. Introducing the social CRM house«, in: *Journal of Interactive Marketing* 27/4, S. 270–280

Mangiameli, Stelio (2012) »The institutional design of the European Union after Lisbon«, in: Blanke/Mangiameli (2012), S. 93–128

Manzeschke, Arne (Hrsg.) (2010) *Sei Ökonomisch! Prägende Menschenbilder zwischen Modellbildung und Wirkmächtigkeit*, Berlin

March, James Gardner/Simon, Herbert A. (1958) *Organizations*, New York

Marcoux, Alexei M. (2003) »A fiduciary argument against stakeholder theory«, in: *Business Ethics Quarterly* 13/1, S. 1–24

Margolis, Joshua D./Walsh, James P. (2003) »Misery loves companies: Rethinking social initiatives by business«, in: *Administrative science quarterly* 48/2, S. 268–305

Markovsky, Barry (1993) »Profits of Omission«, in: *Contemporary Sociology* 22/2, S. 153–155

Marks, Gary (1993) »Structural Policy and Multi-level Governance in the EC«, in: Cafruny/Rosenthal (1993), S. 391–410.

Marks, Gary/Hooghe, Liesbet/Blank, Kermit (1996) »European Integration from the 1980s. State-Centric v. Multi-level Governance«, in: *Journal of Common Market Studies* 34.3, S. 341–378

Mason, Rowena (2014) »Lord Hill, the former lobbyist pitching for the Tories in Europe«, in: *The Guardian* v. 15.7.2014, http://www. theguardian.com/politics/2014/jul/15/lordhill-tories-europe-lobbyist-cameron (zuletzt abgerufen am 10.2.2015)

Mass, Peter (2010) »How Insurance Brokers Create Value. A Functional Approach«, in: *Risk Management and Insurance Review* 13/1, S. 1–20

Mast, Claudia (2008[3]) *Unternehmenskommunikation. Ein Leitfaden*, Stuttgart

Matyja, Miroslaw (2007) »Interessenverbände im Entscheidungsprozess der Europäischen Union«, in: Kleinfeld (2007), S. 148–167

Matzler, Kurt/Pechlaner, Harald/Renzl, Birgit (Hrsg.) (2003) *Werte schaffen – Perspektiven einer stakeholderorientierten Unternehmensführung*, Wiesbaden

Matzler, Kurt/Pechlaner, Harald/Renzl, Birgit (2003) »Werte schaffen – Perspektiven einer stakeholderorientierten Unternehmensführung«, in: Matzler/Pechlaner/Renzl (Hrsg.) (2003), S. 3–20

Maurer, Andreas (2008) »Der Vertrag von Lissabon. Anreize für eine demokratischere und handlungsfähigere Europäische Union«, Diskussionspapier der FG 1, 2008/08, April 2008, SWP Berlin

Maxwill, Peter (2015) »Wahlwerbung in Hamburg«, in: *Spiegel Online* v. 12.2.2015 http://www.spiegel.de/politik/deutschland/hamburg-schraege-wahlplakate-von-cduspd-gruenen-linken-fdp-a-1016279.html (zuletzt abgerufen am 26.2.2015)

Mayberry, Debra (2006) »37,000? 39,402? 11,500?« in: *Washington Post* v. 29.1.2006, http://www.washingtonpost.com/wp-dyn/content/article/2006/01/28/AR2006012800042.html (zuletzt abgerufen am 17.2.2015)

Mayer, Martina (2012) *Die Europafunktion der nationalen Parlamente in der Europäischen Union*, Tübingen

Mayntz, Renate/Scharpf, Fritz W. (Hrsg.) (1995) *Gesellschaftliche Selbstregulierung und politische Steuerung*, Frankfurt/Main

Mayntz, Renate/Scharpf, Fritz W. (1995) »Der Ansatz des akteurzentrierten Institutionalismus«, in: Mayntz/Scharpf (1995), S. 39–72

Mazower, Mark (2008) *Hitler's Empire. Nazi Rule in Occupied Europe*, London

McGrath, Conor (2005) *Lobbying in Washington, London and Brussels. The persuasive Communication of political Issues*, Lexington/Mellen

McGrath, Conor/Moss, Danny/Harris, Phil (2010) »The Evolving Discipline of Public Affairs«, in: *Journal of Public Affairs 10*, S. 335–352

Meadows, Donella H./Meadows, Dennis L./ Randers, Jorgen/Behrens, William W. (1972) *The limits to growth*, Washington

Mecke, Ingo/Piekenbrock, Dirk/Sauerland, Dirk (2014) *Gabler Wirtschaftslexikon*, http://wirtschaftslexikon.gabler.de/Archiv/4487/markt-v12.html (zuletzt abgerufen am 21.4.2014)

Meckel, Miriam/Schmid, Beat F. (Hrsg.) (2008[2]) *Unternehmenskommunikation. Kommunikationsmanagement aus Sicht der Unternehmensführung*, Wiesbaden

Meeker, Barbara F. (1971) »Decisions and Exchange«, in: *American Sociological Review* 36/3, S. 485–495

Meffert, Heribert/Bruhn, Manfred (2003[4]) *Dienstleistungsmarketing. Grundlagen – Konzepte – Methoden*, Wiesbaden

Meffert, Heribert/Bruhn, Manfred (2012[7]) *Dienstleistungsmarketing. Grundlagen – Konzepte – Methoden*, Wiesbaden

Meffert, Heribert/Burmann, Christoph/Kirchgeorg, Manfred (2008) *Marketing*, Heidelberg

Meffert, Heribert/Burmann, Christoph/Kirchgeorg, Manfred (2012[11]) *Grundlagen marktorientierter Unternehmensführung, Konzepte, Instrumente, Praxisbeispiele*, Wiesbaden

Melin, Patrick (2011) »Die Rolle der deutschen Bundesländer im Europäischen Rechtsetzungsverfahren nach Lissabon«, in: *Europarecht EuR* 5, 2011, S. 655–682

Merkel, Angela (2014) »Rede von Bundeskanzlerin Merkel zum 5. Treffen der Nobelpreisträger am 20.8.2014«, http://www.bundesregierung.de/Content/DE/Rede/2014/08/2014-08-20-lindau.html (zuletzt abgerufen am 10.3.2015)

Merz, Michael/He, Yi/Vargo, Stephen (2009) »The evolving brand logic. A service-dominant logic perspective«, in: *Journal of the Academy of Marketing Science* 37/3, S. 328–344

Meyer, Anton/Davidson, J. Hugh (2001) *Offensives Marketing. Gewinnen mit POISE: Märkte gestalten – Potenziale nutzen*, Freiburg

Meyer, Anton/Holscher, Claus (1993[2]) »Sozio-Marketing«, in: Meyer/Meyer (1993[2]), S. 221–262

Meyer, Anton/Niedermeier, Anna (2011) »Lebensqualität – ein neuer Leitwert für ein nachhaltiges Wirtschaften von Dienstleistungsunternehmen«, in: Fließ (2011), S. 1–23

Meyer, Anton (2019): »Always Ahead mit Offensivem Marketing«, Band 1, München

Meyer, Paul Werner (1973) *Die machbare Wirtschaft. Grundlagen des Marketing*, Essen

Meyer, Paul Werner (Hrsg.) (1996[4]) *Integrierte Marketingfunktionen*, Stuttgart

Meyer, Paul Werner (1996[4]) »Der integrative Marketingansatz und seine Konsequenzen für das Marketing«, in: Meyer (1996[4]), S. 13–30

Meyer, Paul Werner/Meyer Anton (Hrsg.) (1993[2]) *Marketing-Systeme – Grundlagen des institutionalen Marketing*, Stuttgart

Meyer, Thomas (2003) *Was ist Politik?*, Opladen

Meyer, Thomas (2010³) *Was ist Politik?*, Wiesbaden

Michalowitz, Irina (2007) *Lobbying in der EU*, Wien

Michalowitz, Irina (2007b) »Die Rationalität Europäischer Interessenvertretung. Prinzipale, Agenten und Tausch im maritimen Transport«, in: Kleinfeld/Willems/ Zimmer (2007), S. 169–195

Michalowitz, Irina (2014) »Warum die EU-Politik Lobbying braucht? Der Tauschansatz als implizites Forschungsparadigma« in: Dialer/Richter (2014), S. 17–28

Miller, Vaughne (2007) »EU Reform. A new Treaty or an Old Constitution«, Research Paper 07/64, House of Commons Library, http://www.parliament.uk/business/ publications/research/briefing-papers/RP07-64/eureform-a-new-treaty-or-an-old-constitution (zuletzt abgerufen am 27.1.2015)

Miller, Vaughne (2009) »The Treaty of Lisbon. Government and Parliamentary views on a referendum«, House of Commons Library, http://www.parliament.uk/business/ publications/research/briefing-papers/SN05071/thetreaty-of-lisbon-government-and-parliamentary-views-on-a-referendum (zuletzt abgerufen am 28.1.2015).

Misik, Robert/Reimon, Michel (2014) Supermarkt Europa. Vom Ausverkauf unserer Demokratie, Wien

Mitchell, Ronald K./Agle, Bradley R./Wood, Donna J. (1997) »Toward a Theory of Stakeholder Identification and Salience. Defining the Principle of Who and What Really Counts«, in: *Academy of Management Review* 22/4, S. 853–886

Mitrany, David (1943) *A Working Peace System. An Argument for the Functional Development of International Organizations*, London

Mittag, Jürgen (2008) *Kleine Geschichte der Europäischen Union. Von der Europaidee bis zur Gegenwart*, Münster

Mitterstieler, Esther/Offner, Anna/Zechner, Wolfgang (2011) »Warum die Unternehmen Lobbyisten brauchen«, in: *Wirtschafts Blatt* v. 23.3.2011, http://wirtschaftsblatt .at/home/nachrichten/oesterreich/1182085/index?from=suche.intern.portal (zuletzt abgerufen am 9.1.2015)

Mix, Derek E. (2013) *The European Union. Foreign and security policy*, CRS Report for Congress 7-5700

Mölleney, Matthias/Sachs, Sybille (2019) *Beyond Leadership*, Zürich

Moghadam, Bijan Fateh/Sellmaier, Stephan/Vossenkuhl, Wilhelm (Hrsg.) (2010) *Grenzen des Paternalismus*, Stuttgart

Monnet, Jean (1962) »A ferment of Change«, in: *Journal of Common Market Studies* 1.3, S. 203–211

Moosmüller, Alois (2009) »Kulturelle Risiken in der internationalen Unternehmenstätigkeit«, in: Kühlmann/Haas (2009), S. 61–82

Moran, Michael/Rein, Martin/Goodin, Robert (Hrsg.) (2006) *The Oxford Handbook of Public Policy*, Oxford 2006

Moravscik, Andrew (1993) »Preferences and Power in the European Community. A Liberal Intergouvernmentalist Approach to the EC«, *Journal of Common Market Studies* 31.4, S. 473–524

Moravscik, Andrew (2002) »Reassessing Legitimacy in the European Union«, in: *Journal of Common Market Studies* 40.4, S. 603–624

Morgan, Robert M./Hunt, Shelby D. (1994) »The commitment-trust theory of relationship marketing«, in: *The journal of marketing* 58/3, S. 20–38

Mouffe, Chantal (2007) *Über das Politische. Wider die kosmopolitische Illusion*, Frankfurt/Main

Müller-Armack, Alfred (1956) »Soziale Marktwirtschaft«, in: Dürr/Hoffmann/Tuchtfeld/Watrin (19762), S. 243–249

Münkler, Herfried (2000) »Werte, Status, Leistung. Über die Probleme der Sozialwissenschaften mit der Definition von Eliten«, in: *Kursbuch* 139, S. 76–88

Münkler, Herfried (2013) »Politische Ideengeschichte und moderne politische Theorie. Ein einführender Überblick, in: Schmidt/Wolf/Wurster (2013), S. 21–50

Münkler, Herfried/Straßenberger, Grit/Bohlender, Matthias (Hrsg.) (2006) *Deutschlands Eliten im Wandel*, Frankfurt/Main

Münkler, Laura (2020) *Expertokratie. Herrschaft kraft Wissens und politischem Dezisionismus*, Tübingen

Munzel, Andreas/Ullmer, Christoph (2009) *Übersicht Stakeholder-Entwicklung*, unveröffentlichtes Working Paper, Institut für Marketing, München

Murswiek, Dietrich (2008) »Der Vertrag von Lissabon und das Grundgesetz (Rechtsgutachten)«, Freiburg

Nass, Matthias (2013) »Türöffner und Welterklärer«, in: *Zeit Online* v. 23.3.2013, http://www.zeit.de/2013/12/Lobbyismus-Spitzenbeamte-Konzerne (zuletzt abgerufen am 9.1.2015)

Nassehi, Armin (2004) »Eliten als Differenzierungsparasiten. Skizze eines Forschungsprogramms«, in: Hitzler (2004), S. 25–42

Nassehi, Armin (2006) »Differenzierungseliten in einer ›Gesellschaft der Gegenwarten‹«, in: Münkler/Straßenberger/Bohlender (2006), S. 255–274

Nassehi, Armin (2007) »Organisation, Macht, Medizin. Diskontinuitäten in einer Gesellschaft der Gegenwarten«, in: Saake/Vogd (2007), S. 379–398

Nassehi, Armin (2010) »Asymmetrie als Problem und als Lösung«, in: Fateh-Moghadam/Sellmaier/Vossenkuhl (2010), S. 341–345

Nassehi, Armin (2011) *Gesellschaft der Gegenwarten. Studien zur Theorie der modernen Gesellschaft II*, Berlin

Nassehi, Armin (2012) »Ökonomisierung als Optionssteigerung. Eine differenzierungstheoretische Perspektive«, in: *Soziale Welt* 63, S. 403–420

Nassehi, Armin (2014) »War die Zukunft früher besser? Gesellschaftliche Trends über eine Gesellschaft, deren Zukunft nie beginnen kann«, Vortrag in München v. 11.7.2014

Nassehi, Armin (2015) *Die letzte Stunde der Wahrheit. Warum rechts und links keine Alternative mehr sind und Gesellschaft ganz anders beschrieben werden muss*, Hamburg

Nassehi, Armin (2019) *Muster. Theorie der digitalen Gesellschaft*, München

Nassehi, Armin (2021) *Unbehagen. Theorie der überforderten Gesellschaft*, München

Nelson, Phillip (1974) »Advertising as Information«, in: *Journal of Political Economy* 82/4, S. 729–754

Neukirch, Ralf (2009) »Ich, Merkel«, in: *Der Spiegel* 26/2009

Neville, Benjamin/Menguc, Bulent (2006) »Stakeholder multiplicity. Toward an understanding of the interactions between stakeholders«, in: *Journal of Business Ethics* 66/4, S. 377–391

Neyer, Jürgen/Wiener, Antje (Hrsg.) (2011) *Political Theory of the European Union*, Oxford

Neyer, Jürgen/Wiener, Antje (2011) »Introduction. The State of the Art of a Non-State-Oriented Political Theory«, in: Neyer/Wiener (2011), S. 1–2

Niemann, Eckehard (2003) »Das Interessengeflecht des Agrobusiness«, in: Leif/Speth (2003), S. 186–221

Nohlen, Dieter (Hrsg.) (1998) *Lexikon der Politik*, Bd. 7, München

Nohlen, Dieter/Schultze, Rainer-Olaf (Hrsg.) (2010⁴) *Lexikon der Politikwissenschaft. Theorien, Methoden, Begriffe*, München

Nölke, Andreas (2005) »Supranationalismus«, in: Bieling/Lerch (2005), S. 145–169

Nord, Walter R. (1969) »Social exchange theory. An integrative approach to social conformity«, in: *Psychological Bulletin* 71/3, S. 174–208

Nowag, Julian (2012) »Changing the Competition Regime without altering the Treaty's chapter on competition?«, in: Trybus/Rubini (2012), S. 398–413

Nye, Mary Jo (Hrsg.) (2003) *The Cambridge History of Science. Volume 5. The Modern Physical and Mathematical Sciences*, Cambridge

Nye, Mary Jo (2003) »Introduction. The Modern Physical and Mathematical Sciences«, in: Nye (Hrsg.) (2003), S. 1–17

Olényi, Sebastian (2010) »Die Überzeugungstäter«, in: *Spiegel Online* v. 27.4.2010, http://www.spiegel.de/unispiegel/jobundberuf/0,1518,690457,00.html (zuletzt abgerufen am 8.8.2015)

Olson, Mancur (1985) *Aufstieg und Niedergang von Nationen*, Tübingen

Oltmanns, Torsten (2014) »Die Zukunft des Lobbyismus. Professionalisierung als Erfolgsfaktor«, in: *Verbändereport* 6, S. 18–23

von Ondarza, Nicolai (2022): »Brexit: Für Großbritannien härter als für die EU«, Bundeszentrale für Politische Bildung, https://www.bpb.de/themen/wirtschaft/ europa-wirtschaft/512992/brexit-fuer-grossbritannien-haerter-als-fuer-die-eu/ (zuletzt abgerufen am 27.3.2023)

Open Europe (2007) »A Guide to the Constitutional Treaty«, http://www.mehr-demokratie.de/fileadmin/pdf/2007-09-openeuropeguide.pdf (zuletzt abgerufen am 27.1.2015)

Oppermann, Thomas/Classen, Claus Dieter/Nettesheim, Martin (2009⁴) *Europarecht. Ein Studienbuch*, München

Oppermann, Thomas/Classen, Claus Dieter/Nettesheim, Martin (2014[6]) *Europarecht. Ein Studienbuch*, München.

Ordelheide, Dieter/Rudolph, Bernd/Büsselmann, Elke (Hrsg.) (1991) *Betriebswirtschaftslehre und ökonomische Theorie*, Stuttgart

o. V. (2003a) »Beratungsresistenz der Politiker steigt«, in: *Frankfurter Allgemeine Zeitung* v. 17.2.2003

o. V. (2003b) »Die Lobby-Republik«, in: *Manager Magazin* v. 1.8.2003, http://www .managermagazin.de/unternehmen/karriere/a-259242.html (zuletzt abgerufen am 15.5.2008)

o. V. (2005) »Die unsichtbare Gefahr«, in: *Der Spiegel* 14/2005

o. V. (2007) »Jobverlust durch Klimaschutz?«, in: *Zeit Online* v. 28.1.2007, http:// www.zeit.de/online/2007/05/klimaautos-glos (zuletzt abgerufen am 24.4.2015)

o. V. (2008) »Timeline Northern Rock bank crisis«, in: *BBC News* v. 5.8.2008, http:// news.bbc.co.uk/2/hi/business/7007076.stm (zuletzt abgerufen am 27.1.2015)

o. V. (2009a) »Die Wahlprogramme der großen Parteien«, in: *Hamburger Abendblatt* v. 5.6.2009, http://www.abendblatt.de/politik/europawahl/article107518203/Die-Wahlprogramme-der-grossen-Parteien.html (zuletzt abgerufen am 26.2.2015)

o. V. (2009b) »Präsenz, Ehrlichkeit und Seriosität. Politikberater Klemens Joos über ein Geschäft das Fingerspitzengefühl erfordert«, in: *Profil* 10/2009

o. V. (2009c) »Vor dem Spiel«, in: *Wirtschaftswoche* 40/2009

o. V. (2009d) »Wissen, wer wichtig wird«, in: *Financial Times Deutschland* v. 10.9.2009

o. V. (2010a) »Bulgarische Kandidatin Schelewa gibt auf« in: *Spiegel Online* v. 19.1.2010, http://www.spiegel.de/politik/ausland/0,1518,672706,00.html (zuletzt abgerufen am 12.2.2015)

o. V. (2010b) »Lobbyismus ist eine latente Gefahr für den Rechtsstaat«, in: *Börsenzeitung* v. 2.3.2010

o. V. (2011a) »Atomkanzlerin erklärt ihren Ausstieg«, in: *Süddeutsche Zeitung* v. 9.6.2011, http://www.sueddeutsche.de/politik/regierungserklaerung-zur-energiewendemerkel-erklaert-den-atomausstieg-zur-herkulesaufgabe-1.11067739 (zuletzt abgerufen am 15.3.2015)

o. V. (2011b) »Two Euro MPs quit amid lobbying allegations«, in: *BBC News* v. 21.3.2011, http://www.bbc.com/news/world-europe-12806955 (zuletzt abgerufen am 29.4.2015)

o. V. (2013) »Union und SPD suchen im Koalitionspoker EU-Rückendeckung«, in: *Reuters Deutschland* v. 5.11.2013 http://de.reuters. com/article/topNews/idDE-BEE9A404720131105 (zuletzt abgerufen am 19.5.2015)

o. V. (2014) »Designierter EU Kommissar muss nachsitzen«, in: *Zeit Online* v. 1.10.2014, http://www.zeit.de/politik/ausland/2014-10/eu-kommission-canete-navracsics (zuletzt abgerufen am 11.2.2015)

o. V. (2014a) »Kodex-Kommission geht ins Lobbygeschäft«, in: *Handelsblatt* v. 26.6.2014, S. 19

o. V. (2014b) »Schäuble – Parlament für Euro-Länder vorstellbar«, in: *Reuters Deutschland* v. 28.1.2014, http://de.reuters.com/article/domesticNews/idDEBEEA0R00O20140128 (zuletzt abgerufen am 12.5.2015)

o. V. (2014c) »Was die wichtigsten Parteien versprechen«, in: *Tagesschau.de* v. 5.5.2014, http://www.tagesschau.de/europawahl/parteien_und_programme/programmvergleichstart104.html (zuletzt abgerufen am 26.2.2015)

o. V. (2015) »Der Fluch der Komplexität«, in: *Frankfurter Allgemeine Zeitung* v. 21.1.2015, S. 21

o. V. (2015a) »EU-Kommission bremst ihre Beamten aus«, in: *Frankfurter Allgemeine Zeitung* v. 23.1.2015

o. V. (2015b) »EU Referendum in Großbritannien«, in: *Spiegel Online* v. 12.5.2015, http://www.spiegel.de/politik/ausland/davidcameron-will-eu-referendum-in-grossbritannien-vorziehen-a-1033315.html (zuletzt abgerufen am 15.5.2015)

o. V. (2015c) »Kritik vom Journalistenverband: ›Bild‹ soll Anti-Griechenland-Kampagne stoppen«, in: *Spiegel Online* v. 26.2.2015, http://www.spiegel.de/kultur/gesellschaft/bild-zeitung-kritik-von-djv-an-anti-griechenland-kampagne-a-1020718.html (zuletzt abgerufen am 11.4.2015)

o. V. (2015d) »Neue E.on-Gesellschaft heißt Uniper«, in: *Spiegel Online* v. 27.4.2015, http://www.spiegel.de/wirtschaft/unternehmen/e-on-neue-gesellschaft-heisst-uniperklaus-schaefer-vorstand-a-1030939.html (zuletzt abgerufen am 8.5.2015)

o. V. (2015e) »Nur London will den Vertrag ändern«, in: *Frankfurter Allgemeine Sonntagszeitung* v. 31.5.2015

o. V. (2015f) »Welt ohne Lenker«, in: *Süddeutsche Zeitung* v. 5.1.2015

o. V. (2022) »Nestlé stoppt Verkauf vieler Produkte in Russland«, in: faz.net https://www.faz.net/aktuell/wirtschaft/ukraine-krieg-nestle-stoppt-verkauf-vieler-produkte-in-russland-17902992.html (zuletzt abgerufen am 14.10.2022)

Palonen, Kari (2003) »Four Times of Politics. Polity, Politicking, and Politicization«, in: *Alternatives. Global. Local. Political* 28/2, S. 171–186

Papier, Hans-Jürgen (2007) »Lobbyismus und parlamentarische Demokratie«, http://www.freiheit.org/webcom/show_article.php/_c-85/_nr-1312/_p-1/i.html (zuletzt abgerufen am 27.5.2015)

Parasuraman, A./Zeithaml, Valarie A./Berry, Leonard L. (1985) »A conceptual Model of Service Quality and its Implications for future Research«, in: *Journal of Marketing* 25/2, S. 41–50

Parasuraman, A./Zeithaml, Valarie A./Berry, Leonard L. (1988) »SERVQUAL. A Multiple-Item Scale for Measuring Consumer Percetpions of Service Qualit«, in: *Journal of Retailing* 64/1, S. 12–37

Parasuraman, A./Zeithaml, Valarie A./Berry, Leonard L. (1994) »Alternative Scales for measuring Service Quality. A comparative Assessment based on psychometric and diagnostic Criteria«, in: *Journal of Retailing* 70/3, S. 201–230

Parker, Richard/Alemanno, Alberto (2014) »Towards Effective Regulatory Cooperation under TTIP. A Comparative Overview of the EU and US Legislative and Regulatory Systems«, http://trade.ec.europa.eu/doclib/docs/2014/may/tradoc_152466.pdf (zuletzt abgerufen am 30.4.2015)

Parlament des Vereinigten Königreichs, »Whips«, http://www.parliament.uk/about/mps-and-lords/principal/whips (zuletzt abgerufen am 17.3.2015)

Parsons, Talcott (1939) »The Professions and Social Structure«, in: *Social Forces* 17/4, S. 457–467

Pastowski, Sven (2004) *Messung der Dienstleistungsqualität in komplexen Marktstrukturen. Perspektiven für ein Qualitätsmanagement von Hochschulen*, Wiesbaden

Payne, Adrian/Ballantyne, David/Christopher, Martin (2005) »A stakeholder approach to relationship marketing strategy: The development and use of the six markets model«, in: *European Journal of Marketing* 39/(7/8), S. 855–871

Peng, Mike W./York, Anne S. (2001) »Behind Intermediary Performance in Export Trade. Transactions, Agents, and Resources«, in: *Journal of International Business Studies* 32/2, S. 327–346

Peteraf, Margaret A. (1993) »The Cornerstones of Competitive Advantage. A Resource-Based View«, in: *Strategic Management Journal* 14/3, S. 179–191

Petersen, Sönke (2000) *Manager des Parlaments. Parlamentarische Geschäftsführer im Deutschen Bundestag* – Status, Funktion, Arbeitsweise, Opladen

Pfadenhauer, Michaela (2003) *Professionalität. Eine wissenssoziologische Rekonstruktion institutionalisierter Kompetenzdarstellungskompetenz*, Opladen

Pfeffer, Jeffrey/Salancik, Gerald R. (1978) *The external control of organizations. A resource dependence perspective*, New York

Phillips, Robert A. (1997) »Stakeholder Theory and a Principle of Fairness«, in: *Business Ethics Quarterly* 7/1, S. 51–66

Phillips, Robert A. (2003) *Stakeholder theory and organizational ethics*, San Francisco

Philips, Robert A. (2011) *Stakeholder Theory, Impact and Prospects*, Cheltenham

Phillips, Robert A. (2014) »Stakeholder, Ethik und Unternehmensleistung«, in: Deutsche Post AG: *Delivering tomorrow*

Picot, Arnold (1991) »Ökonomische Theorien der Organisation. Ein Überblick über neuere Ansätze und deren betriebswirtschaftliches Anwendungspotential«, in: Ordelheide/Rudolph/Büsselmann (1991), S. 143–170

Picot, Arnold/Dietl, Helmut Max/Franck, Egon Peter (2008[5]) *Organisation. Eine ökonomische Perspektive*, Stuttgart

Picot, Arnold/Reichwald, Ralf/Wigand, Rolf T. (2003[5]) *Die grenzenlose Unternehmung. Information, Organisation und Management*, Wiesbaden

Piekenbrock, Dirk/Hennig, Alexander (2013[2]) *Einführung in die Volkswirtschaftslehre und Mikroökonomie*, Berlin

Pillkahn, Ulf (2012) *Innovationen zwischen Planung und Zufall. Bausteine einer Theorie der bewussten Irritation*, Norderstedt

Pollack, Mark A. (2010[6]) »Theorizing EU Policy-Making«, in: Wallace/Pollack/Young (2010[6]), S. 15–44

Pollak, Johannes/Slominski, Peter (2012[2]) *Das politische System der EU*, Wien

Pollert, Achim/Kirchner, Bernd/Polzin, Javier Morato (2013) *Duden Wirtschaft von A-Z. Grundwissen für Schule und Studium,* Beruf und Alltag, Berlin

Popper, Karl (2003[8]) *Gesammelte Werke 5: Die offene Gesellschaft und ihre Feinde,* Tübingen

Porter, Michael E./Kramer, Mark R. (2006) »The link between competitive advantage and corporate social responsibility«, in: *Harvard Business Review* 84/12, S. 78–92

Porter, Michael (1996) »What Is Strategy?«, in: *Harvard Business Review,* Vol. 74, no. 6, 61–78

Posey, Lisa L./Tennyson, Sharon (1998) »The Coexistence of Distribution Systems Under Price Search: Theory and Some Evidence From Insurance«, in: *Journal of Economic Behavior and Organization* 35/1, S. 95–115

Posey, Lisa L./Yava,s, Abdullah (1995) »A Search Model of Marketing Systems in Property-Liability Insurance«, in: *Journal of Risk and Insurance* 62/4, S. 666–689

Post, James E./Preston, Lee E./Sachs, Sybille (2002) *Redefining the corporation. Stakeholder Management and Organizational Wealth,* Stanford

Post AG (2014), S. 25–31 Phinnemore, David (2013) *The Origins and Negotiation of the Lisbon Treaty,* London

PPE (2023), »Course Information«, http://www.ppe.ox.ac.uk/index.php/course-information (zuletzt abgerufen am 18.4.2023)

Prahalad, Coimbatore Krishnarao/Hamel, Gary (1990) »The Core Competence of the Corporation«, in: *Harvard Business Review* 68/3, S. 79ff.

Prahalad, Coimbatore Krishnarao/Ramaswamy, Venkat (2004) »Co-creation experiences. The next practice in value creation«, in: *Journal of interactive marketing* 18/3, S. 5–14

Pratt, John W./Wise, David A./Zeckhauser, Richard (1979) »Price Differences in Almost Competitive Markets«, in: *The Quarterly Journal of Economics* 93/2, S. 189–211

Pratt, John W./Zeckhauser, Richard (Hrsg.) (1985) *Principals and Agents. The Structure of Business,* Boston

Pratt, John W./Zeckhauser, Richard (1985) »Principals and Agents. An Overview«, in: Pratt/Zeckhauser (1985), S. 1–35

PRCA (2023), »Diploma in Public Affairs Management | PRCA«, https://www.prca.org.uk/training/prca-specialist-diplomas/prca-diploma-public-affairs-management (zuletzt abgerufen am 18.4.2023)

Precht, Manfred/Kraft, Roland/Bachmaier, Martin (2005[7]) *Angewandte Statistik,* Bd. 1, Oldenburg

Pressler, Florian (2013) *Die erste Weltwirtschaftskrise. Eine kleine Geschichte der Großen Depression,* München

Priddat, Birger P. (2009) *Politik unter Einfluss. Netzwerke,* Öffentlichkeiten, Beratungen, Lobby, Wiesbaden

Püschner, Michael (2009), »Der Fraktionsreferent. Ein Politischer Akteur?«, in: *Aus Politik und Zeitgeschichte* 38, S. 33–40

Quadbeck, Eva (2013) »Angela Merkel – Politik per Handy«, in: *Rheinische Post* v. 25.10.2013, http://www.rp-online.de/politik/angela-merkel-politik-per-handy-aid-1.3770877 (zuletzt abgerufen am 17.2.2015)

Quadriga Hochschule Berlin (2023) »MBA Public Affairs & Leadership«, https://www.quadriga-hochschule.com/mba-master-studium/mba-public-affairs-leadership (zuletzt abgerufen am 18.4.2023)

Radaelli, Claudio M. (2003) »The europeanization of public policy«, in: Featherstone/Radaelli (2003), S. 27–56

Ranacher, Christian/Staudigl, Fritz (2007) *Einführung in des EU-Recht*, Wien

Rat der Europäischen Union (2009) Vermerk des Rates v. 14.12.2009 (17392/09) »Struktur des Amtsblatts – Anpassung infolge des Inkrafttretens des Vertrages von Lissabon«, http://register.consilium.europa.eu/doc/srv?l=DE&f=ST%2017392%20 2009%20INIT (zuletzt abgerufen am 3.5.2015)

Rat der Europäischen Wirtschaftsgemeinschaft, Rat der Europäischen Atomgemeinschaft (2015) »Verordnung Nr. 31 (EWG) 11 (EAG) über das Statut der Beamten und über die Beschäftigungsbedingungen für die sonstigen Bediensteten der Europäischen Wirtschaftsgemeinschaft und der Europäischen Atomgemeinschaft«, http://eurlex.europa.eu/LexUriServ/LexUriServ.do?uri= CONSLEG:1962R0031:20140101:DE:PDF (zuletzt abgerufen am 29.5.2015)

Redelfs, Manfred (2006) »Mehr Transparenz gegen die Macht der Lobbyisten«, in: Leif/Speth (2006), S. 333–350

Rehder, Britta/von Winter, Thomas/Willems, Ulrich (Hrsg.) (2009) *Interessensvermittlung in Politikfeldern. Befunde der Policy- und Verbändeforschung*, Wiesbaden

Reinhard, Wolfgang (2007) *Geschichte des modernen Staates*, München

Reutter, Werner (Hrsg.) (2012²) *Verbände und Interessengruppen in den Ländern der Europäischen Union*, Wiesbaden

Reutter, Werner/Rütters, Peter (2007) »Mobilisierung und Organisation von Interessen«, in: von Winter/Willems (2007), S.119–138

Rhodes, Rod A.W. (2007) »Understanding Governance. Ten Years On«, in: *Organizational Studies* 28.8, S. 1243–1264

Rickens, Christian (2004) »Wässriges Steuergesetz«, in: *Manager Magazin* v. 20.10.2004, http://www.manager-magazin.de/unternehmen/artikel/a-323905.html (zuletzt abgerufen am 8.5.2015)

Rickens, Christian (2006) »Die ignorante Elite«, in: *Manager Magazin* 10/2006, http://www.manager-magazin.de/magazin/artikel/a-438294.html (zuletzt abgerufen am 8.8.2015)

Rieksmeier, Jörg (Hrsg.) (2007) *Praxisbuch Politische Interessenvermittlung – Instrumente – Kampagnen – Lobbying*, Wiesbaden

Robert Gordon University Aberdeen (2023) »Corporate Communications and Public Affairs Course« with MSc Degree | https://www.rgu.ac.uk/study/courses/1051-pgcert-pgdip-msc-corporate-communications-and-public-affairs (zuletzt abgerufen am 18.4.2023)

Rogge, Jan-Christoph (2010) »Die Rationalität des politischen Unternehmers«, in: *Studentische Untersuchungen der Politikwissenschaft und Soziologie* 2.3, S. 206–219

Römmele, Andrea/Lorenz, Yann (2014) »Sagenumwobene Anzugträger. Herrschen in der EU in Wirklichkeit die Lobbyisten?«, in: *Focus Online* v. 18.5.2014, http://www.focus.de/politik/experten/hertieschool/bruessel-im-wahlkampf-sagenumwobene-anzugtraeger-herrschen-in-der-eu-in-wirklichkeit-die-lobbyisten_id_3849299.html (zuletzt abgerufen am 10.2.2015)

Rose, Frank (1999) *The economics, concept, and design of information intermediaries. A theoretic approach*, Heidelberg

Rosen, Kenneth M. (2013) »Financial Intermediaries as Principals and Agents«, in: *Wake Forest Law Review* 48/3, S. 625–642

Ross, Stephen A. (1973) »The Economic Theory of Agency. The Principal's Problem«, in: *The American Economic Review* 63/2, S. 134–139

Ross, Stephen A. (1989) »Institutional Markets, Financial Marketing, and Financial Innovation«, in: *The Journal of Finance* 44/3, S. 541–556

Rousseau, Jean-Jacques (2005; original 1762) *Der Gesellschaftsvertrag oder die Grundsätze der Staatsstruktur*, Frankfurt/Main (*Du Contrat Social ou Principes du Droit Politique*, Amsterdam 1762)

Rowley, Timothy J. (1997) »Moving beyond dyadic ties. A network theory of stakeholder influences«, in: *Academy of Management Review* 22/4, S. 887–910

Rüb, Friedbert (2006) »Die Zeit der Entscheidung. Kontingenz, Ambiguität und die Politisierung der Politik. Ein Versuch«, in: *Hamburg Review of Social Sciences* 1.1, S. 1–34

Rubinstein, Ariel/Wolinsky, Asher (1987) »Middlemen«, in: *The Quarterly Journal of Economics* 102/3, S. 581–594

Rubner, Jeanne (2009) *Brüsseler Spritzen. Korruption, Lobbyismus und die Finanzen der EU*, München

Ruggie, John Gerrard (1975) »Complexity, Planning and Public Order«, in: La Porte (1975) S. 119–150

Saake, Irmhild (2003) »Die Performanz des Medizinischen«, in: *Soziale Welt* 54, S. 429–459

Saake, Irmhild (2008) »Moderne Todessemantiken. Die Biographisierung des Sterbenden«, in: Saake/Vogd (2008), S. 237–264

Saake, Irmhild/Vogd, Werner (Hrsg.) (2008) *Moderne Mythen der Medizin. Studien zur organisierten Krankenbehandlung*, Wiesbaden

Sabathil, Gerhard/Joos, Klemens/Keßler, Bernd (Hrsg.) (2008) *The European Commission. An Essential Guide to the Institutions, the Procedures and the Policies*, London

Sachs, Sybille/Rühli, Edwin (2011) *Stakeholders Matter. A new Paradigm for Strategy in Society*, New York

Sandholtz, Wayne/Stone Sweet, Alec (Hrsg.) (1998a) *European Integration and Supranational Governance*, Oxford

Sandholtz, Wayne/Stone Sweet, Alec (1998b) »Integration, Supranational Governance, and the Institutionalization of the European Polity«, in: Sandholtz/Stone Sweet (1998), S. 1–26

Santomero, Anthony M. (1984) »Modeling the Banking Firm. A Survey«, in: *Journal of Money, Credit and Banking* 16/4, S. 576–602 Scharpf, Fritz W. (2000) *Interaktionsformen. Akteurzentrierter Institutionalismus in der Politikforschung*, Opladen

Scharpf, Fritz W. (2004) »Legitimationskonzepte jenseits des Nationalstaats«, MPIfG Working Paper 04/06

Scharpf, Fritz W. (2010) »Multi-Level-Europe. The case for multiple concepts«, in: Zürn/Wälti/Enderlein (2010), S. 66–79

van Schendelen, Rinus (2002) *Machiavelli in Brussels. The art of lobbying the EU*, Amsterdam

van Schendelen, Rinus (2006) »Brüssel. Die Champions League des Lobbying«, in: Leif/Speth (2006) S. 132–162

van Schendelen, Rinus (2007) »Trends im EULobbying und in der EU-Forschung«, in: Kleinfeld/Willems/Zimmer (2007), Wiesbaden, S. 65–92

van Schendelen, Rinus (2012) *Die Kunst des EU-Lobbyings. Erfolgreiches Public Affairs Management im Labyrinth Brüssels*, Berlin

van Schendelen, Rinus (2013) »Public Affairs im Europäischen Mehrebenensystem, Europäische Bewegung Deutschland (Interview)«, in: *EU-in-Brief* 3, S. 2–5

van Schendelen, Rinus (2013[4]) *The Art of Lobbying in the EU. More Machiavelli in Brussels*, Amsterdam

van Schendelen, Rinus (2014) *More Machiavelli in Brussels. The Art of Lobbying the EU*, Amsterdam

Schlomann, Katharina (2020) *Essays on organizations' stakeholder relations in digitally disrupted environments*, München

Schlomann, Katharina/Joos, Klemens (2020): »Everybody's darling? Managing organizational tensions with stakeholders«, in Schlomann, Katharina (2020) *Essays on organizations' stakeholder relations in digitally disrupted environments*, S. 38–66

Schmale, Wolfgang (2000) *Geschichte Europas*, Wien

Schmedes, Hans-Jörg (2010) »Das Mosaik der Interessenvermittlung im Mehrebenensystem Europas«, in: *Aus der Politik und Zeitgeschichte* 19/2010, S. 22–27

Schmergal, Cornelia (2009) »Zwei Welten«, in: *Wirtschaftwoche* 33/2009

Schmid, Beat/Lyczek, Boris (2008[2]) »Die Rolle der Kommunikation in der Wertschöpfung der Unternehmung«, in: Meckel/Schmid (2008[2]), S. 3–150

Schmid, Mirko (2020) »Wahlbetrug: Donald Trump verbreitet Fake-News, TV-Sender löscht Tweet««, in: *Frankfurter Rundschau*, https://www.fr.de/politik/wahlbetrug-donald-trump-millionen-stimmen-usa-us-wahl-2020-faelschung-luegen-90098992.html (zuletzt abgerufen am 14.10.2022)

Schmid, Siegmar/Schünemann, Wolf (2013[2]) *Die Europäische Union*, Baden-Baden

Schmidt, Manfred G. (2008) *Demokratietheorien. Eine Einführung*, Wiesbaden

Schmidt, Manfred G./Wolf, Frieder/Wurster, Stefan (Hrsg.) (2013) *Studienbuch Politikwissenschaft*, Wiesbaden

Schmidtchen, Dieter (1993) »Neue Politische Ökonomie von Normen und Institutionen«, in: *Jahrbuch für neue Politische Ökonomie* 12, S. 1–10.

Schmitt, Carl (1932) *Der Begriff des Politischen*, Berlin

Schmitter, Philippe C. (1974) »Still the Century of Corporatism?«, in: *The Review of Politics* 36/1, S. 58–131

Schmitter, Philippe C. (1979) »Still the Century of Corporatism?«, in: Schmitter/ Lehmbruch (1979), S. 7–52

Schmitter, Philippe C./Lehmbruch, Gerhard (Hrsg.) (1979) Trend towards Corporatist Intermediation, London

Schmitz, Gregor Peter (2014) »Designierter EU-Finanzkommissar Hill: Mr. Lobby muss nachsitzen«, in: *Spiegel Online* v. 1.10.2014, http://www.spiegel.de/wirtschaft/ soziales/jonathan-hill-britischer-kandidat-fuer-eukommission-muss-nachsitzen- a-994939.html (zuletzt abgerufen am 10.2.2015)

Schneider, Stefanie (2007) »Die Statthalterin«, in: *Die Welt* v. 8.12.2007, http:// www.welt.de/die-welt/article1441286/Die_Statthalterin.html (zuletzt abgerufen am 15.3.2015)

Schneider, Thomas/Sachs, Sybille(2017) »The impact of stakeholder identities on value creation in issue-based stakeholder networks«, in: *Journal of Business Ethics*,144(1), S. 41–57

Schneider, Volker (2014³), »Akteurskonstellationen und Netzwerke in der Politikentwicklung, in: Schubert/Bandelow (2014³), S. 259–287

Scholes, Myron/Benston, George J./Smith, Clifford W. (1976) »A Transactions Cost Approach to the Theory of Financial Intermediation«, in: *The Journal of Finance* 31/2, S. 215–231

Scholz, Olaf (2022) Rede von Bundeskanzler Scholz an der Karls-Universität, 29.8.2022 https://www.bundesregierung.de/breg-de/aktuelles/rede-von-bundeskanzler-scholz- an-der-karls-universitaet-am-29-august-2022-in-prag-2079534 (zuletzt abgerufen am 15.4.2023)

Schreyögg, Georg (2008⁵) Organisation. Grundlagen moderner Organisationsgestaltung, Heidelberg

Schubert, Klaus/Bandelow, Nils (Hrsg.) (2014³) *Lehrbuch der Politikfeldanalyse*, München

Schuckel, Marcus/Toporowski, Waldemar (2007) *Theoretische Fundierung und praktische Relevanz der Handelsforschung*, Wiesbaden

Schulte, Rainer/Biguenet, John (Hrsg.) (1992) *Theories of Translation. An Anthology of Essays from Dryden to Derrida*, Chicago

Schultz, Stefan (2015) »Deutschland klagt gegen EU-Kommission«, in: *Spiegel Online* v. 16.2.2015, http://www.spiegel.de/wirtschaft/soziales/energiewende- deutschlandklagt-vor-eugh-wegen-beihilfe-a-1018807.html (zuletzt abgerufen am 2.5.2015)

Schulz, Martin (2007) »Ziel und Quelle. Politikberatung und das EP«, in: Dagger/Kambeck (2007), S. 21–31

Schwabe, Alexander/Volkery, Carsten (2005) »Neuer Job. Schröder verrubelt seinen Ruf«, in: *Spiegel Online* v. 12.12.2005, http://www.spiegel.de/politik/deutschland/neuer-job-schroeder-verrubelt-seinen-ruf-a-389956.html (zuletzt abgerufen am 10.2.2015)

Schwaiger, Manfred (2004) »Components and Parameters of Corporate Reputation – An Empirical Study«, in: *Schmalenbach Business Review* 54/1, S. 46–71

SciencesPo (2023) »Master in Public Affairs | Sciences Po École d'Affaires Publiques«, https://www.sciencespo.fr/public/fr/content/master-public-affairs.html (zuletzt abgerufen am 18.4.2023)

SEAP (2015) »Society of European Affairs Professionals (SEAP) Code of Conduct«, http://www.seap.be/wp-content/uploads/2013/11/Code-of-Conduct.pdf (zuletzt abgerufen am 29.5.2015)

Sebaldt, Martin (2007) *Strukturen des Lobbying. Deutschland und die USA im Vergleich*, in: Kleinfeld/Willems/Zimmer (2007), S. 92–123

Sebaldt, Martin/Straßner, Alexander (Hrsg.) (2006) *Klassiker der Verbändeforschung*, Wiesbaden

Seeger, Sarah (2008) »Die Institutionen-und Machtarchitektur der Europäischen Union mit dem Vertrag von Lissabon«, in: Weidenfeld (2008), S. 63–98

Seeger, Sarah/Chardon, Matthias (2008) »Mehr Gehör für gesellschaftliche Interessen? Gelegenheitsstrukturen für Interessenvertretung in der EU vor und nach dem Vertrag von Lissabon«, in: *Zeitschrift für Politikberatung (ZPB)* 1.3/4, S. 341–358

Selck, Torsten/Veen, Tim (2008) *Die politische Ökonomie des EU-Entscheidungsprozesses. Modelle und Anwendungen*, Wiesbaden

Senate Office of Public Records (2015), http://www.senate.gov/pagelayout/legislative/g_three_sections_with_teasers/lobbyingdisc.htm#lobbyingdisc=lda (zuletzt abgerufen am 10.2.2015)

seo-united.de »Content is King«, http://www.seo-united.de/glossar/contentis-king/ (zuletzt abgerufen am 13.3.2015).

Shevchenko, Andrei (2004) »Middlemen«, in: *International Economic Review* 45/1, S. 1–24

Shostack, Lynn G. (1977) »Breaking free from Product Marketing«, in: *Journal of Marketing* 41/2, S. 73–80

Siegele, Josef (2007) *Lobbying. Praktische Grundlagen für wirtschaftliche, politische und kommunale Entscheidungsprozesse*, Wien

Simms, Brendan (2012) »Towards a mighty union. How to create a democratic European superpower«, in: *International Affairs* 88.1, S. 49–60

Simms, Brendan (2013) *Europe. The Struggle for Supremacy. 1453 to the Present*, London

Simon, Hermann (1985) *Goodwill und Marketingstrategie*, Wiesbaden

Sinn, Hans-Werner (2013) »Verschärfung der CO_2-Grenzwerte schadet Wirtschaft und Umwelt«, in: *WirtschaftsWoche* v. 25.5.2013

Smith, Ken G./Carroll, Stephen J./Ashford, Susan J. (1995) »Intra- and Interorganizational Cooperation. Toward a Research Agenda«, in: *Academy of Management Journal* 38/1, S. 7–23

Snower, Dennis J. (2014) »Adieu, Homo Oeconomicus«, in: *Süddeutsche Zeitung* v. 11./12.10.2014

Solomon, Michael R./Surprenant, Carol/Czepiel, John A./Gutman, Evelyn G. (1985) »A Role Theory Perspective on Dyadic Interactions. The Service Encounter«, in: *Journal of Marketing* 49/1, S. 99–111

SPD (2021), »Zukunftsprogramm«, https://www.spd.de/fileadmin/Dokumente/ Beschluesse/Programm/SPD-Zukunftsprogramm.pdf (zuletzt abgerufen am 5.12.2022)

Spence, A. Michael (1974) *Market Signaling. Informational Transfer in Hiring and Related Screening Processes*, Cambridge

Spencer Brown, George (1979) *Laws of Form*, New York

Speth, Rolf (2006) »Wege und Entwicklungen der Interessenpolitik«, in: Leif/Speth (2006), S. 38–52

Speth, Rudolf (2009) »Machtvolle Einflüsterer«, in: *Das Parlament* 15/16

Speth, Rudolf (Hrsg.) (2013) *Grassroots-Campaigning*, Wiesbaden, S. 61–89

Spoormans, Huub/Vanboonacker, Sophie (2005) »Problem-based Learning in European Public Affairs«, in: *Journal of Public Affairs* 11.2, S. 95–103

Springford, John (2022) »What can we know about the cost of Brexit so far?« Centre of European Reform, https://www.cer.eu/publications/archive/policy-brief/2022/ cost-brexit-so-far (zuletzt abgerufen am 27.3.2023)

Spulber, Daniel F. (1996a) »Market Making by Price-Setting Firms«, in: *The Review of Economic Studies* 63/4, S. 559–580

Spulber, Daniel F. (1996b) »Market Microstructure and Intermediation«, in: *The Journal of Economic Perspectives* 10/3, S. 135–152

Spulber, Daniel F. (1998) *The Market Makers. How Leading Firms Create and Win Markets*, New York

Spulber, Daniel F./Pandian, J. Rajendran/Robertson, Paul L. (2003) »The Intermediation Theory of the Firm. Integrating Economic and Management Approaches to Strategy«, in: *Managerial and Decision Economics* 24/4, S. 253–266

Stadler, Christian/Hautz, Julia/Matzler, Kurt/von den Eichen, Stephan Friedrich (2021) *Open Strategy. Mastering Disruption from Outside the C-Suite*, Cambridge/London

Ständige Vertretung der Bundesrepublik Deutschland bei der Europäischen Union Brüssel (2015) »Abstimmung mit den EUInstitutionen und ihren beratenden Organen«, http://www.bruessel-eu.diplo.de/Vertretung/bruessel__eu/de/01-Rolle-St_C3_ A4V/01-03-EU-Institutionen/03-EUInstitutionen.html (zuletzt abgerufen 20.5.2015)

Ständige Vertretung der Bundesrepublik Deutschland bei der Europäischen Union Brüssel (2015a) »Ausschuss der Ständigen Vertreter (AStV) und die Ratsarbeitsgruppen (RAG)«, http://www.bruessel-eu.diplo.de/Vertretung/bruessel__eu/de/01-Rolle-St_C3_A4V/01-01-AStV/AStV__RAG.html (zuletzt abgerufen am 20.5.2015)

Ständige Vertretung der Bundesrepublik Deutschland bei der Europäischen Union Brüssel (2015b) »Der Ständige Vertreter, Stellvertreter und PSK-Botschafter«, http://www.bruessel-eu.diplo.de/Vertretung/bruessel__eu/de/02-St_C3_A4V/02-01-Botschafter__Stv/01-Botschafter__Stv.html (zuletzt abgerufen am 20.5.2015)

Ständige Vertretung der Bundesrepublik Deutschland bei der Europäischen Union Brüssel (2015c) »Die Deutsche Botschaft in Brüssel«, http://www.bruessel-eu.diplo .de/Vertretung/bruessel__eu/de/Deutsche-Botschaft.html, (zuletzt abgerufen am 11.8.2015)

Ständige Vertretung der Bundesrepublik Deutschland bei der Europäischen Union Brüssel (2015d) »Die einzelnen Abteilungen«, http://www.bruessel-eu.diplo.de/ Vertretung/bruessel__eu/de/02-St_C3_A4V/02-02-Abteilungen/02-Abteilungen .html (zuletzt abgerufen am 8.8.2015)

Ständige Vertretung der Bundesrepublik Deutschland bei der Europäischen Union Brüssel (2015e) »Die Rolle der Ständigen Vertretung«, http://www.bruesseleu.diplo .de/Vertretung/bruessel__eu/de/01-Rolle-St_C3_A4V/0-rolle-st_C3_A4v.html (zuletzt abgerufen am 23.5.2015)

Steinhilber, Jochen (2005) »Liberaler Intergouvernmentalismus«, in: Bieling/Lerch (2005), S. 169–196

Steinmann, Horst (1973) »Zur Lehre von der ›Gesellschaftlichen Verantwortung der Unternehmensführung‹ – Zugleich eine Kritik am Davoser Manifest«, in: *Wirtschaftsstudium* 10, S. 467–473

Steuart, James (1767) *An Inquiry into the Principle of Political Economy. Being an Essay on the Science of Domestic Policy in Free Nations*, London

Steurer, Reinhard/Langer, Markus/Konrad, Astrid/Martinuzzi, André (2005) »Corporations, stakeholders and sustainable development. A theoretical exploration of business– society relations«, in: *Journal of Business Ethics* 61/3, S. 263–281

Stichweh, Rudolf (1997) »Professions in Modern Society«, in: International Review of Sociology 7, S. 95–102

Stichweh, Rudolf (2005) »Wissen und Professionen in einer Organisationsgesellschaft«, in: Klatetzki/Tacke (2005), S. 31–45

Stigler, George J. (1961) »The Economics of Information«, in: *The Journal of Political Economy* 69/3, S. 213–225

Straßner, Alexander (2006) »Ernst Fraenkel. Verbände als Manifestation des Neopluralismus«, in: Sebaldt/Straßner (2006), S. 73–89

Streinz, Rudolf (2012) *Europarecht*, Heidelberg

Streinz, Rudolf (Hrsg.) (2012a²) EUV/AEUV. *Vertrag über die Europäische Union und Vertrag über die Arbeitsweise der Europäischen Union*, München

Strohmeier, Gerd (2007) »Die EU zwischen Legitimität und Effektivität«, in: *Aus Politik und Zeitgeschichte* 10/2007, S. 24–30

Studinger, Philipp (2013) *Wettrennen der Regionen nach Brüssel. Die Entwicklung der Regionalvertretungen*, Wiesbaden

Sveiby, Karl Erik (1997) *The new organizational wealth. Managing & measuring knowledge-based assets*, San Francisco

Tansey, Rachel (2014) »The EU's revolving door. How big business gains privileged Access«, in: Dialer/Richter (2014), S. 257–268

Thaa, Winfried (2013) »›Stuttgart 21‹ – Krise oder Repolitisierung der repräsentativen Demokratie?«, in: *Politische Vierteljahresschrift* 1/2013, S. 1–20

Thibaut, John W./Kelley, Harold H. (1959) *The Social Psychology of Groups*, New York

Thomas, James B./Watts Sussman, Stephanie/Henderson, John C. (2001) »Understanding ›Strategic Learning‹: Linking Organizational Learning, Knowledge Management, and Sensemaking«, in: *Organization Science*, Vol. 12, no. 3, 331–345

Thommen, Jean-Paul (2003[2]) *Glaubwürdigkeit und Corporate Governance*, Zürich

Thompson, Grahame/Driver, Ciaran (2005) »Stakeholder Champions. How to Internationalize the Corporate Social Responsibility Agenda«, in: *Business Ethics. A European Review* 14/1, S. 56–66

Thunberg, Greta (2022) *Greta Thunberg über Wahrheit, Mut und die Rettung unseres Planeten. I know this to be true.* Herausgegeben von Blackwell, Geoff/Hobday, Ruth, München

Tietmeyer, Ansgar (2003) Interview »Interessenvertretung als Teil des demokratischen Prozesses«, in: *Zeitschrift für Politikberatung* 6/3–4 2003

Tillack, Hans-Martin (2015) *Die Lobby-Republik. Wer in Deutschland die Strippen zieht*, Berlin

Timmerherm, Heinrich (2004) »Lobbying ist keine Einbahnstraße«, in: Dagger/Greiner/Leinert/Meliß/Menzel (2004), S. 111–132

Tömmel, Ingeborg (1994) »Interessenartikulation und transnationale Politikkooperation im Rahmen der EU«, in: Eichner/Voelzkow (1994), S. 263–282

Tönnies, Ferdinand (1887) *Gemeinschaft und Gesellschaft*, Leipzig

Töpfer, Armin (2008[2]) »Krisenkommunikation. Anforderungen an den Dialog mit Stakeholdern in Ausnahmesituationen«, in: Meckel/Schmid (2008[2]), S. 355–402

Toporowski, Waldemar (1999) »Der Baligh-Richartz-Effekt. Kontaktkostenreduktion durch die Einschaltung von Handelsbetrieben«, in: *Wirtschaftswissenschaftliches Studium* 2, S. 81–83

Traxler, Franz/Schmitter, Philippe C. (1994) »Perspektiven europäischer Integration, verbandlicher Interessenvermittlung und Politikformulierung«, in: Eichner/Voelzkow (1994), S. 45–70

Traynor, Ian (2014) »30,000 lobbyists and counting: is Brussels under corporate sway?« in: *The Guardian* v. 8.5.2014, http://www.theguardian.com/world/2014/may/08/lobbyists-european-parliamentbrussels-corporate (zuletzt abgerufen am 2.2.2015)

Trybus, Martin/Rubini, Luca (Hrsg.) (2012) *The Treaty of Lisbon and the Future of European Law and Policy*, Cheltenham

Tyllström, Anna/Murray, John (2021) »Lobbying the Client: The Role of Policy Intermediaries in Corporate Political Activity« in: *Organization Studies*, Vol. 42, no. 6, 971–991

Ulrich, David/Barney, Jay (1984) »Perspectives in organizations. Resource dependence, efficiency, and population«, in: *Academy of Management Review* 9/3, S. 471–481

Ulrich, Hans (1968) *Die Unternehmung als produktives soziales System*, Bern Ulrich, Peter (1997) *Integrative Wirtschaftsethik. Grundlagen einer lebensdienlichen Ökonomie*, Bern

Ulrich, Peter (2014) »Stakeholder-Beziehungen – Warum sie so wichtig sind«, in: Deutsche Post AG (2014), S. 16–24

Universität Erfurt (2023), »Public Policy«, https://www.uni-erfurt.de/studium/studienangebot/master/public-policy (zuletzt abgerufen am 18.4.2023)

University of Oxford (2023) »Philosophy, politics and economics (PPE)« https://www.ox.ac.uk/admissions/undergraduate/courses/course-listing/philosophy-politics-and-economics (zuletzt abgerufen am 18.4.2023

Vallaster, Christine/von Wallpach, Sylvia (2013) »An online discursive inquiry into the social dynamics of multi-stakeholder brand meaning co-creation«, in: *Journal of Business Research* 66/9, S. 1505–1515

Van den Steen, Eric (2017) »A Formal Theory of Strategy«, in: *Management Science*, 63, no. 8, 2616–36

Vandekerckhove, Wim/Dentchev, Nikolay A. (2005) »A network perspective on stakeholder management. Facilitating entrepreneurs in the discovery of opportunities«, in: *Journal of Business Ethics* 60/3, S. 221–232

Varadarajan, P. Rajan/Menon, Anil (1988) »Cause-related Marketing. A Coalignment of Marketing Strategy and Corporate Philanthropy«, in: *The Journal of Marketing* 52/3, S. 58–74

Vargo, Stephen L./Lusch, Robert F. (2004) »Evolving to a new dominant logic for marketing«, in: *Journal of marketing* 68/1, S. 1–17

Vargo, Stephen L./Lusch, Robert F. (2008) »Service-dominant logic. Continuing the evolution«, in: *Journal of the Academy of Marketing Science* 36/1, S. 1–10

Vbw (2015) »Wir über uns«, http://www.vbwbayern.de/vbw/%C3%9Cber-uns/index.jsp (zuletzt abgerufen am 10.2.2015)

Vershofen, Wilhelm (1930) *Wirtschaft als Schicksal und Aufgabe*, Darmstadt

Vertrag über die Arbeitsweise der Europäischen Union (AEUV) (2009), ABl, 2012/C 326/01, http://eur-lex.europa.eu/legal-content/DE/TXT/?uri=CELEX:12012E/TXT (zuletzt abgerufen am 28.5.2015)

Vertrag über die Europäische Union (EUV), ABl, 2012/C 326/01, http://eur-lex.europa.eu/legal-content/DE/TXT/?uri=CELEX:12012M/TXT (zuletzt abgerufen am 28.5.2015)

Vogt, Ragnar (2014) »Das Roland-Koch-Experiment. Brutalst möglich gescheitert«, in: *Zeit Online* v. 5.8.2014, http://www.zeit.de/wirtschaft/2014-08/roland-koch-bilfingerscheitern (zuletzt abgerufen am 11.2.2015)

Vondenhoff, Christoph/Busch-Janser, Sandra (2008) *Praxishandbuch Lobbying*, Berlin

Vorländer, Hans (1999) *Die Verfassung. Idee und Geschichte*, München

Vowe, Gerhard (2005) »Rechner, Spieler, Bürger. Ein Blick durch ›Des Vetters Eckfenster‹ auf die Marktteilnehmer«, in: Wegmann (2005), S. 87–99

van Waarden, Frans/van Kersbergen, Kees (2004) »Governance« as a bridge between disciplines. Cross-disciplinary inspiration regarding shifts in governance and problems of governability, accountability and legitimacy« in: *European Journal of Political Research* 43, S. 143–171

Wagner, Maximilian (2017): »Addressing Challenges in Stakeholder Management – The Concept of Stakeholder Management Capabilities«, in Wagner (2017): *Essays on Stakeholder Management*, S. B1–B84

Wagner, Maximillian (2017): *Essays on Stakeholder Management*, München

Wahlers, Gerhard (Hrsg.) (2009) *Das Gemeinwohl in einer globalisierten Welt*, Berlin

Wahlers, Gerhard (2009) »Einleitung«, in: Wahlers, Gerhard (2009), S. 3f.

Waldenberger, Franz (2019) »Einige Überlegungen zu den Möglichkeiten und Grenzen staatlicher Regulierung in einer durch Arbeitsteilung geprägten Wissensgesellschaft«, in: Baums, T./Remsperger, H./ Sachs, M./Wieland, V.W. (eds.), *Zentralbanken, Währungsunion und stabiles Finanzsystem. Festschrift für Helmut Siekmann.* Berlin: Duncker&Humblot, 621–635.

Waldermann, Anselm (2009) »Atom-Lobby plante Wahlkampf minutiös«, in: *Spiegel Online* v. 23.9.2009, http://www.spiegel.de/wirtschaft/soziales/0,1518,650172,00.html (zuletzt abgerufen am 8.5.2015)

Wallace, Hellen/Pollack, Mark A./Young Alasdair R. (Hrsg.) (2010[6]) *Policy-Making in the European Union*, Oxford

von Walter, Benedikt/Hess, Thomas (2005) *Content-Intermediation – Konzept und Anwendungsgebiete*, München

Walter, Franz (2007) »Partei der Büroleiter«, in: *Spiegel Online* v. 29.5.2007, http://www.spiegel.de/politik/deutschland/0,1518,485370,00.html (zuletzt abgerufen am 24.4.2009)

Walter, Herbert (2006) »Der Fluch der Komplexität«, in: *Handelsblatt* v. 19.6.2006, S. 19

Waltl, Hubert/Wildemann, Horst (2014) *Modularisierung der Produktion in der Automobilindustrie*, München

Wareham, Jonathan/Zheng, Jack G./Straub, Dietmar (2005) »Critical Themes in Electronic Commerce Research. A Meta-Analysis«, in: *Journal of Information Technology* 20/1, S. 1–19

Watt, Nicholas (2014) »Eurozone countries should form United States of Europe, says EC vice-president«, in: *The Guardian* v. 17.2.2014, http://www.theguardian.com/world/2014/feb/17/eurozone-countries-united-states-europe-viviane-reding (zuletzt abgerufen am 20.5.2015)

Weber, Max (1984) »Soziologische Grundbegriffe«, Tübingen (Wirtschaft und Gesellschaft, 1922/1925, Erster Teil, Kapitel I. »Soziologische Grundbegriffe«)

Weber, Max (1988) »Der Reichspräsident«, in: *Gesammelte Politische Schriften*, hrsg. v. Johannes Winkelmann, Stuttgart, S. 498–501

Wegmann, Thomas (Hrsg.) (2005) *Markt – Literarisch*, Bern

Weidenbaum, Murray L (1980) »Public Policy: No Longer a Spectator Sport for Business«, in: *Journal of Business Strategy*, Vol. 1, no. 1, 46–53

Weidenfeld, Werner (Hrsg.) (2008) *Lissabon in der Analyse. Der Reformvertrag der Europäischen Union*, Baden-Baden

Weidenfeld, Werner (2008) »Der Vertrag von Lissabon als historischer Schritt der Integration Europas. Aufbruch aus der Krise«, in: Weidenfeld (2008), S. 13–27

Weidenfeld, Werner (2013³) *Die Europäische Union*, München

Weidenfeld, Werner (2013b) *Die Europäische Union. Akteure – Prozesse – Herausforderungen*, München

Weidenfeld, Werner/Wessels, Wolfgang (Hrsg.) (2006⁹) *Europa von A-Z. Taschenbuch der europäischen Integration*, Baden-Baden

Weilemann, Peter R. (2007) »Im Brüsseler Think Tank Biotop – zur Kultur politischer Beratung in der Hauptstadt Europas«, in: Dagger/Kambeck (2007) S. 212–219

Wellman, Barry/Berkowitz, Stephen D. (Hrsg.) (1988) *Social Structures. A Network Approach*, New York

Welt, Ralf (2010) »Multikulti. Als Quereinsteiger in die Public Affairs-Beratung«, in: Busch-Janser/Pötter (2010), S. 51–56

Wernerfelt, Birger (1984) »A Resource-based View of the Firm«, in: *Strategic Management Journal* 5/2, S. 171–180

Wessels, Wolfgang (2008) *Das politische System der Europäischen Union*, Wiesbaden

Wessels, Wolfgang/Schäfer, Verena (2007) »Think Tanks in Brüssel. ›Sanfte‹ Mitspieler im EU-System? – Möglichkeiten und Grenzen der akademisch geleiteten Politikberatung«, in: Dagger/Kambeck (2007), S. 197–211

Wetzel, Claudia (2007) *Soft Skills und Erfolg in Studium und Beruf. Eine vergleichende Studie von hochbegabten Studenten und Unternehmensberatern*, Münster

Wheeler, David/Davies, Rachel (2004) »Gaining goodwill. Developing stakeholder approaches to corporate governance«, in: *Journal of General Management* 30/2, S. 51–74

White, Harrison C. (1981) »Where do Markets Come from?«, in: *American Journal of Sociology* 87, S. 517–547

White, Harrison C. (2002) *Markets from Networks. Socioeconomic Models of Production*, Princeton

Whittington, Richard/Cailluet, Ludovic/Yakis-Douglas, Basak (2011) »Opening Strategy: Evolution of a Precarious Profession«, in: *British Journal of Management*, Vol. 22, no. 3, 531–544

Wiegand, Ralf (2009) »Ministerialrat Dr. Hektik«, in: *Süddeutsche Zeitung* v. 17.9.2009

von Winter, Thomas (2004) »Vom Korporatismus zum Lobbyismus. Paradigmen-wechsel in Theorie und Analyse der Interessenvermittlung«, in: *Zeitschrift für Parlamentsfragen* 4/2004, S. 761–776

von Winter, Thomas/Willems, Ulrich (Hrsg.) (2007) *Interessenverbände in Deutschland*, Wiesbaden

Wiener, Antje/Diez, Thomas (Hrsg.) (2004) *European Integration Theory*, Oxford

Wiese, Harald (2010⁵) *Mikroökonomik. Eine Einführung*, Berlin

Williamson, Oliver E. (1975) *Markets and hierarchies. Antitrust analysis and implications*, New York

Williamson, Oliver E. (1985) *The economic institutions of capitalism. Firms, markets, relational contracting*, New York

Wissenschaftsrat (2016) »Wissens- und Technologietransfer als Gegenstand institutioneller Strategien«, Positionspapier (Drs. 5665-16, Oktober 2016), S. 5. https://www.wissenschaftsrat.de/download/archiv/5665-16.pdf?__blob=publicationFile&v=2 (zuletzt abgerufen am 15.4.2023)

Wolf, Dieter (2005) »Neo-Funktionalismus«, in: Bieling/Lerch (2005), S. 65–90

Wood, Donna J. (1991) »Corporate social performance revisited«, in: *Academy of Management Review* 16/4, S. 691–718

Wooders, John (1997) »Equilibrium in a Market with Intermediation is Walrasian«, in: *Review of Economic Design* 3/1, S. 75–89

Woods, Lorna/Watson, Philippa (2012¹¹) *Steiner & Woods, EU Law*, Oxford

Yava¸s, Abdullah (1995) »Can Brokerage Have an Equilibrium Selection Role?«, in: *Journal of Urban Economics* 37/1, S. 17–37

Young, Alasdair R. (2010⁶), »The European Policy Process in Comparative Perspective«, in: Wallace/Pollack/Young (2010⁶)

Zahariadis, Nikolaos (2003) *Ambiguity and Choice in Public Policy. Political Decision Making in Modern Democracies*, Washington D.C.

Zaheer, Akbar/Soda, Giuseppe (2009) »Network Evolution. The Origins of Structural Holes«, in: *Administrative Science Quarterly* 54/1, S. 1–31

Zakhem, Abe J./Palmer, Daniel E./Stoll, Mary Lyn (2008) *Stakeholder Theory. Essential Readings in Ethical Leadership and Management*, Amherst/New York

Zeithaml, Valerie A. (1981) »How Consumers Evaluation Processes Differ Between Goods and Services«, in: Donnelly/George (1981), S. 186–190

Zeithaml, Valerie A./Bitner, Mary J. (2000²) *Services marketing. Integrating customer focus across the firm*, Boston

Zeithaml, V. A./Bitner, M. J. (2003²) *Services Marketing: Integrating Customer Focus across the Firm*, Boston

Zetter, Lionel (2011²) *Lobbying. The Art of Political Persuasion*, Petersfied

Zinkhan, George M. (1994) »Structural Holes. The Social Structure of Competition«, in: *Journal of Marketing* 58/1, S. 152–155

Zürn, Michael/Wälti, Sonja/Enderlein, Henrik (Hrsg.) (2010) *Handbook on Multi-level Governance*, Cheltenham

Stichwortverzeichnis

A Ablauforganisation 535–536
Abstimmungsvorlage 499
AdR *siehe* Ausschuss der Regionen
Adressatenstruktur
– in der Bundesrepublik Deutschland 135
– in der EU 136
AEUV *siehe* Vertrag über die Arbeitsweise der
Europäischen Union
Agenda Control 192
Agenturkosten 115
Agenturtheorie 115
Akteure, individuelle 204
Akteure, institutionelle 208, 211
Akteure, kollektive 207
Akteure, korporative 207
Akteure, politische 202
Akzeptanzmärkte, politische 364
Alkoholwerbeverbot 489
Allianzen, strategische 354
Anspruchsgruppen 71, 363 *siehe* Stakeholder
Anwaltskanzlei 388–389
– Branchenexklusivität 393
– Chinese Walls 393
– Dienstleistungen der
Interessenvertretung 389
– Kosten 402
AStV *siehe* Ausschuss der Ständigen Vertreter
Aufbauorganisation 535–536
Ausgeschlossener Dritter 62
Ausschuss der Regionen 302, 328, 441
– Zugang von Interessenvertretern 348
Ausschuss der Ständigen Vertreter 305
Austauschtheorie 162–163

B Baligh-Richartz-Effekt 113
Bankenkrise 251
Basisrechtsakte 323
BDA 396
BDI 383, 396
Beamtenstatut 340, 342
Beratender Währungsausschuss 300
Beratungsverfahren 336
Bergbeispiel 42, 56
Berichterstatter 350
Berliner Afrika-Konferenz (1884-95) 237
Berliner Erklärung 250, 254
Berliner Kongress (1878) 237
Beschäftigungsbedingungen der EU 340, 342
Best-Case-Szenario 142
Branding-Logik, Stakeholder-fokussierte 105
Brexit 539
– Folgen 539
Brüsseler Mikrokosmos 451
Brüsseler Pakt 239
Bureaucratic Drift 195, 210
BusinessEurope 376, 383

C CBI 383
Chinese Walls 393
Coalition Building 365, 431
– europäisches 289, 353
Compliance-Standards
– Datenschutz 346
– Financial Compliance 346
– ISO-Zertifizierung 346
– Legal Compliance 346
– Qualitätsmanagement 346
Corporate Citizenship 83
Corporate Europe Observatory 470
Corporate Political Responsibility 430
Corporate Social Responsibility 79, 83, 362
COVID-19-Pandemie 244

D Denkfabriken *siehe* Thinktanks
Digitalisierung 73
DIHK 396
Drehtür-Effekt *siehe* Revolving Door
Durchführungsgesetzgebung 323
Durchführungsrechtsakte 324, 335
– Bedeutung für Interessenvertretung 337

E EFTA 240
Ehrbarer Kaufmann, Ideal des 78
Einheitliche Europäische Akte 241
Einstimmigkeitsprinzip
– im Rat der EU 42, 265, 317, 331, 349, 541
– in der EU 548
– Politikfelder 266, 541
Eiserner Vorhang, Fall des 241
Eliten
– alte 519
– neue 519
Elitendiskurs 517
Elitenkartell 161
Elitepositionen, Modernisierungsprozess 517
Energiekrise 75
Entscheidungsebenen 271, 281
– der Mitgliedstaaten 76
– in der EU 35
Entscheidungsfaktoren 34
Entscheidungsfindung, politische 227
Entscheidungsfindungsprozess,
politischer 180
Entscheidungsprozesse 216, 236, 271, 463
– Anzahl von Ebenen und Faktoren 33
– europäische 25–26
– in der EU 35, 37, 43, 49, 76
– informelle 38, 352
– Mehrebenensystem der EU 38, 43
– politische 35, 180, 184, 230
Entscheidungsstrukturen 271
Entscheidungssystem der EU 35
Entscheidungsträger, politischer 227, 229
– Bedeutung des Umfelds 227

Entscheidungsverfahren 229
– der EU 37
– der EU-Mitgliedstaaten 37
– in der EU 441
Erfolgscontrolling 488
Erster Weltkrieg 237
Ethikkommission 467
EU
– als Global Player 264
– Mehrebenensystem in der 235, 462
– Rechtspersönlichkeit der 264
EuGH, als letztinstanzlicher Entscheider 284
EU-Institutionen, Geschäftsordnungen 479
EU-Kommission *siehe* Europäische
    Kommission
EU-Organe 37
– Geschäftsordnung 479
EU-Parlament *siehe* Europäisches
    Parlament
Europäische Agentur für Flugsicherheit 300
Europäische Atomgemeinschaft 240
Europäische Bürgerinitiative 309, 327
Europäische Gemeinschaft für Kohle
    und Stahl 239, 275
Europäische Gemeinschaften 241
– Beamtenstatut 458
Europäische Investitionsbank 300
Europäische Kommission 37, 294, 322, 380,
    441
– Aufgaben 294
– Ermächtigung für Rechtsakte 334
– Exekutive der EU 294
– Generaldirektionen 296
– Gesetzesvorschläge 328
– Initiativrecht im ordentlichen
    Gesetzgebungsverfahren 327
– Regulierung des Zugangs 342
– Vizepräsidenten 296
– Zugang von Interessenvertretern 342
– Zusammensetzung 304
Europäische Transparenz-Initiative 457
Europäische Union
– Austrittsregelung für Mitgliedstaaten 539
– Auswärtiger Dienst 440
– Demokratie-Defizit 549
– Entscheidungsprozesse 37
– Entscheidungsprozesse in der 49
– Hoher Vertreter für Außen- und
    Sicherheitspolitik 440
– horizontale Struktur 192
– Kompetenzzuwachs 26
– Komplexitätsfalle 440, 464
– Rechtspersönlichkeit 540
– Regierungsfähigkeit 549
– vertikale Struktur 192
– Wurzeln 235
Europäische Verträge 322
Europäische Wirtschafts- und Währungs-
    union 241, 299
Europäische Wirtschaftsgemeinschaft 240
Europäische Zentralbank 299
– Aufgaben 299

Europäischer Auswärtiger Dienst 264, 541
Europäischer Gerichtshof 297
– Aufgaben 297
– Generalanwälte 297
– Judikative der EU 297
– Richter 297
Europäischer Rat 291, 441
– Aufgaben 291
– Gipfeltreffen 291
– Zusammensetzung 291
Europäischer Rechnungshof 300
– Aufgaben 300
Europäischer Stabilitätsmechanismus 275
Europäischer Verfassungsvertrag *siehe*
    Verfassungsvertrag
Europäischer Verhaltenskodex 451
Europäischer Wirtschafts- und Sozialaus-
    schuss 302, 328
– Zugang von Interessenvertretern 348
Europäisches Parlament 37, 287, 317, 322,
    380, 441, 545
– Benennung 290
– Geschäftsordnung 171, 458
– Hauptaufgaben 288
– innere Organisation 288
– Kompetenzerweiterung 269
– Legislative der EU 287
– Mitentscheidungsbefugnisse 269
– Rechtsgrundlagen 288
– Wahlen 304
– Zugang von Interessenvertretern 347
– Zusammensetzung 290
Europäisches Polizeiamt 300
Europäisierung
– mitgliedstaatlicher Politik 283
– von Institutionen 283
Europol *siehe* Europäisches Polizeiamt
EUV *siehe* Vertrag über die Europäische Union
EWSA *siehe* Europäischer Wirtschafts- und
    Sozialausschuss
EWWU *siehe* Europäische Wirtschafts- und
    Währungsunion
Exchange Theory 162
Exekutive 149
Exekutive der EU 269, 294
– Interessenvertretung gegenüber der 245
EZB *siehe* Europäische Zentralbank

F Faktoren, inhaltliche 34
Feuerwehreinsatz 143
Finanzkrise 244, 251, 310
Fiskalpakt 275
Flüchtlingskrise 244
Föderalismus 271, 318
Fraktionszwang 209
Friends of the Constitutional Treaty 249, 255
Frühwarnsystem 134
Funktionalismus 274
Funktionseliten 518

G GASP *siehe* Gemeinsame Außen- und
    Sicherheitspolitik
Gauß'sche Normalverteilung 222

Gemeinsame Außen- und
    Sicherheitspolitik   241, 277, 325
Gemeinsame Sicherheits- und
    Verteidigungspolitik   264
Gemeinwohl   79, 158, 160
Gemeinwohlperspektive   48, 51, 454
Gesellschaft, funktional differenziert   518
Gesetz der großen Zahlen   222
Gesetzesvorschlag
– dritte Lesung   332
– erste Lesung   329
– Gemeinsamer Standpunkt   330
– zweite Lesung   330
Gesetzgebungsverfahren   188, 229, 323
– besonderes   323
– beteiligte EU-Organe   542
– Initiative auf Arbeitsebene   350
– Vermittlungsausschuss   332, 542
Gesetzgebungsverfahren, ordentliches   36,
    209, 269, 322–323, 325, 350, 504, 542
– Anwendungsbereiche   327
– Informeller Trilog   351
– Initiativrecht   327
– Vier-Spalten-Dokument   351
Gewaltenteilung   149
Glockenkurve   224
Governance   189
– Ansatz   164
– beyond the state   532
– by government   165
– durch Netzwerke   165
– Governance-System der EU   270
– Interessenvertreter als Bestandteil   338
– Multi-Level-Governance   165, 280
– with government   165
– without government   165
Governmental Relations   67, 130, 137, 187,
    447
Governmental-Relations-Agentur   42, 48,
    202, 388, 390, 393, 469, 477, 487, 496
– als Intermediär   56, 535
– Chinese Walls   405
– Gemeinkostenpauschale   403
– Kosten   403
– Only One Interest   405
– prozessualer Fokus   390
Governmental-Relations-Manager   120, 435,
    477
– Ausbildung   435, 476
– Postgraduiertenstudiengang   477
Grand Strategy   534
Grass Roots Campaigning   129
Grass Roots Lobbying   129
Grass Top Lobbying   129

H Haager Friedenskonferenzen (1899
    u. 1907)   237
Handlungsstrategien   36
– nachhaltige   33
Herrschaft
– Definition   149
– Input-Legitimation   149

– Legitimation   149
– Output-Legitimation   149
hidden action   117
hidden characteristics   116
hidden intentions   116
hidden knowledge   117
Hoher Vertreter der Union für die Außen- und
    Sicherheitspolitik   260, 264, 277, 440, 541
Homo behavioralis   218
Homo institutionalis   218
Homo oeconomicus   180, 217
– Entscheidungsfindung   222
Homo politicus   180, 220
– Entscheidungsfindung   222
– Entscheidungsfindungsprozess   221
Homo socialis   218
Hub-and-Spoke-Modell   84

I IGOs   369
Image Building   140
Impact Assessment   328
Individualperspektive   51
Industry-Structure-View (ISV)   94
Inflation   75
Informationsasymmetrien   531
Informationsmanagement   134, 138
Informationstransparenz   455, 488
Informeller Trilog   37–38, 186, 189, 328, 441,
    475, 480, 543
– Verhandlungen   352
Ingroup-Netzwerke   214
Inhaltskompetenz   34, 36, 43, 47, 60, 140, 426
– Vertreter der   136
Inhouse-Interessenvertreter   385
– Manko   443
– Rolle   385
– Tätigkeit   385
Inklusion   531
Input-Output-Modell   89
Institutionalismus, akteurszentrierter   210
Institutionenökonomie   218
Integration, europäische   235, 243–244, 270
– Geschichte   236
– gesellschaftliche   244
– horizontale   284
– kulturelle   244
– Methode Monnet   274
– negative   284
– politische   244
– positive   283
– sektorale   274
– wirtschaftliche   244
Integrationsprozess, europäischer   238
Integrationsprozess, Rolle der
    Nicht-Regierungsakteure   279
Integrationstheorien   270–271
– Föderalismus   271, 318
– Intergouvernementalismus   318
– Intergouvernementalismus, liberaler   271
– Multi-Level-Governance   271, 318
– Neo-Funktionalismus   271, 318
– Supranationalismus   271, 318

Interdisziplinarität, wissenschaftliche   517
Intereressenvertretung,
     Paradigmenwechsel   546
Interessen, divergierende   33
Interessenaggregation   152
Interessendifferenzen   61
Interessendivergenzen   61
Interessengruppen
– bürgerliche   76
– menschenrechtspolitische   76
– öffentliche   313
– umweltpolitische   76
– wirtschaftliche   313
Interessenkonflikte   50
– klassische   61
Interessenvermittlung   152
– ökonomisch-politische   156
Interessenvertreter
– Allgemeinbildung   460
– als Bestandteil der EU-Governance   338
– als institutional entrepreneurs   532
– als policy entrepreneurs   532
– Anforderungen durch
     Interessengruppen   446
– Ausbildung   435, 440, 447, 463, 472
– Ausbildung durch Praktika   483
– Ausbildung in Europarecht   479
– Ausbildung in interkultureller
     Kompetenz   481
– Ausbildung in Politikwissenschaft   480
– Ausbildung in Prozesskompetenz   480
– Ausbildungsstandards   476
– Authentizität   455
– Compliance-Standards   172
– Fortbildung   472
– Generalismus   460
– Integrität   452
– interkulturelle Kompetenz   451
– Masterprogramme   472
– Multiprofessionalität   438
– Politiknähe der   202
– Prozesskompetenz   463
– registrierte   345
– Reputation   445
– Rollen   442
– Selbstverpflichtungen der   172
– Soft Skills   446
– soziale Kompetenz   450
– Verhaltenskodex für   170
– Weiterbildung   473
– wirtschaftliche   487
– Zugang zu EU-Institutionen   339
– Zugang zum Ausschuss der Regionen   348
– Zugang zum Europäischen Parlament   347
– Zugang zum Europäischen Wirtschafts- und
     Sozialausschuss   348
– Zugang zum Rat der Europäischen
     Union   341
Interessenvertretung
– als intermediäres System   443
– als präventives Handeln   133
– als symbiotisches Austauschverhältnis   161
– als Tauschverhältnis   162
– als Teil des demokratischen Prozesses   159
– Anforderungen an die   156
– Anforderungen der Politik   453
– Anpassungsdruck   461
– Ausbildung in Komplexitätsreduzierung   480
– bei Einstimmigkeitsprinzip   266
– bei Mehrheitsprinzip   268
– Case of emergency   394
– Compliance   458
– Compliance-Standards   345
– Datenmanagement   373
– Definition   125, 127
– Dimensionen der   143
– Dimensionen für Unternehmen   132
– durch Anwaltskanzlei   389
– durch Governmental-Relations-
     Agentur   390
– durch OnePager   412
– durch Parlamentarischen Abend   413
– durch Public-Affairs-Agentur   388
– durch Thinktanks   394
– durch Unternehmensrepräsentanzen
     385
– durch Verbände   374
– durch Workshop   412
– effektive   321
– Einfluss auf EU-Politik   276
– endogener Ansatz   449
– Erfolgsformel   27, 39, 59
– Erfordernisse der   353
– europäischer Ansatz der   268
– Fallstudien   487
– Formen der   68
– Frühwarnsystem   132
– Gemeinwohlperspektive   314
– generalstabsmäßige Planung   429
– Gesamtmodell   415
– gesellschaftliche Bedeutung   70
– gesellschaftlicher Rahmen   68
– Grenzen der   352
– Grundlagen, rechtliche   321
– Grundregeln der   137
– halböffentliche   68
– Handwerkszeug   446
– im Gesetzgebungsverfahren   339
– Informationsmanagement   373
– Inhaltskompetenz der   183
– inhaltsorientierte   535
– Instrumente der   36, 38, 58, 142, 374
– intermediäres System der   156
– intermediäre Strukturen der   155
– Intermediärsrolle der   164
– klassische   59
– Kohärenz mit
     Unternehmensausrichtung   422
– kollektive   312, 360
– Komplexität   123
– Konzepte der   128
– Kosten für   396
– Legitimation von   144
– legitime   167
– Möglichkeiten   321
– nicht-kollektive   360, 384

– nichtöffentliche   68
– Notwendigkeit der   157
– Only One Interest   393
– Openness   529
– Paradigmenwechsel   535
– polyprozessuale Instrumente   412
– präventive   134
– Projektmanagement   424
– Prozess der   133
– Prozesskompetenz der   353
– prozessorientierte   59, 535
– prozessuale Instrumente   359, 405
– Qualität   459
– Qualitätsmaßstäbe   415
– reaktive   142
– Regulierung von   340
– Schachspiel der   373
– Sinn der   151
– Stakeholder-Management in der   108
– Strategie   349, 415, 443, 522
– strategische Managementfunktion   364
– unternehmenseigene   381
– Unternehmensstrategie   421
– verbandliche   380
– verbindliche Qualitätskriterien   345
– Verhaltenskodex   344, 458
– Vorbereitung   133
– Wesen der   522
– Zeitmanagement der   198
– Ziele   537
Intergouvernementalismus   276, 281
Intergouvernementalismus, liberaler   276, 318
Intermediär   156
Intermediäre
– als market-maker   109
– als match-maker   109
– Definitionen   109
– wissenschaftliche Betrachtung der   108
Intermediation Theory of the Firm   114
Internationale Rohstahlgemeinschaft   237
Investor Relations   129
Irish guarantees   251
Issue Management   134
Issue-Netzwerk   213

J   Judikative   149
Judikative der EU   297

K   Kalter Krieg   238
Kapitalismus   66
Kapitalmarktkommunikation   129
Key Player, Identifikation von   446
Key-Player-Analyse   135
Key-Player-Matrix   496
Klientenkontakt   520
– interprofessioneller   516
Klimawandel   74, 249
Koalitionsvereinbarungen   185
Koalitionsverhandlungen   138, 516
Komitologie   333, 335
Komitologie-Verfahren   323
Komitologie-Verordnung   42
Kommissionsmitglieder
– Verhaltenskodex   171

Kommunikation
– Kernproblem   50
– Schnittmengen   155
– zwischen Politik und Wirtschaft   155
– zwischen Wirtschaft und Politik   36, 43, 154
Kommunikationslogik   529
Kommunikationsnetzwerke   214
Kommunikationsschranken zwischen Wirtschaft und Politik   156
Kommunikationsstrategie
– europaweite   392
– weltweite   392
Komplexität, Beschreibung   62
Kompromissfindung   227
Konfliktmanagement   77
Konsultationen, öffentliche
– Teilnahme von Bürgern   338
– Teilnahme von Unternehmen   339
– Teilnahme von Verbänden   339
Kontaktmanagement   137
Kontaktpflege   137
Korruption   145
Kriseninfrastruktur   143
Krisenkommunikation   142

L   Landesvertretungen in Brüssel   307
Legislative   149
Legislative der EU   287
– Interessenvertretung gegenüber der   245
Leistungseliten   518
LKW-Maut   355
Lobbying
– Budget Lobbying   130
– Definition   125
– legislatives   130
– Openness   529
– Prozess   130
– Wortherkunft   125
log rolling   227
Logik
– inhaltliche   35
– prozessuale   35

M   Macht, Definition   148
Managementkompetenz   48
Markenmanagement   104
Market-based-View (MBV)   94
Marketing
– offensives   102
Markt, Definition   109
Markt der Ökonomie   64
Märkte, Netzwerkbedingungen von   65
Marktmechanismus   64
Marshall-Plan   239
MEDEF   383
Medien   146, 315, 368
– soziale   77
Mehrebenensystem
– Entscheidungsfindung   283
– in der EU   25, 43, 181, 185, 207, 271, 285, 317, 436, 442, 462, 542
Mehrebenenverflechtung   152

Mehrheitsprinzip im Rat der EU 25, 265, 317, 349, 442, 541
Mindestlohn 66
Ministerrat *siehe* Rat der Europäischen Union
Mitentscheidungsverfahren 269
Mitgliedstaaten der EU 304
– Souveränität der 285
Mitwirkungsverlust 37
Monitoring 134, 447–448
Montanunion 239
Multi-Level-Governance 197, 280, 285, 318
Multi-Level-Interessenvertretung 391
Multiple-Stream-Ansatz 198
Multi-Stakeholder-Virtual-Dialogue 102

N Neo-Funktionalismus 274, 318
– Kritik 276
Neoinstitutionalismus 163
Neokorporatismus 157, 159, 162
– Kritik 161
– normative Ebene des 160
Neoliberalismus 66
Neopluralismus 157–158, 160, 162
Netzwerkanalyse 213
Netzwerke 211
Netzwerke, soziale 368
Neue Politische Ökonomie 218
New Deal 66
NGOs 76, 313, 369

O Offenheit als Gestaltungsparameter 531
Öffentlichkeitsarbeit 128
Ökonomie und Politik (Verhältnis) 67
OnePager 56, 410, 426, 488, 496, 505
OnePager-Kaskade 59, 505
OnePager-Methodik 48, 53, 130, 141, 143, 410, 439, 454, 536
– Komplexitätsreduktion 464
Only One Interest 428
Openness 529
Open Policy 530
– Process Owner 532
Open-Policy-Prozesse 532
Organisation for European Economic Co-operation 239
Osterweiterung 441
Osterweiterung der EU 243, 248

P Paneuropa-Union 237
Pantouflage *siehe* Revolving Door
Paradigmenwechsel von Inhaltskompetenz zu Prozesskompetenz 180
Pariser Friedenskonferenz (1919) 237
Parlamentarische Anhörung 153
Parlamentarischer Abend 140
Passerelle-Regelung 266
Perspektivenwechsel 50
Perspektivenwechselkompetenz 34, 47, 50, 60, 137, 156, 354, 390, 487, 533, 535
Plan D 249
Policy 186, 437
– Umsetzung der 195

Policy Cycle 190
– Agenda Setting 192
– Analyse 197
– Phasen 191
– Politikformulierung 193
– Politikimplementierung 195
– Politikterminierung 196
– Problemdefinierung 192
Policy Making 187
– Phasen 190
Policy-Netzwerke 212
Policy-Prozesse
– Öffnung 531
Politics 186
Politik
– Begriff 185
– Dimensionen der 185
– Europäisierung der 152
– und Ökonomie (Verhältnis) 67
– Wortherkunft 148
Politikberatung 152
Politikevaluierung 195
Politikfeldanalyse 190
Politikfelder der EU 361
Politikformulierung 193
Politikimplementierung 195
Politiknetzwerke 165
Politikzyklus 190, 196 *siehe* Policy Cycle
Polity 185, 187, 189
– individuelle Ebene 206
Polizeiliche und Justizielle Zusammenarbeit in Strafsachen 241
Positionspapier 140
Primärrecht 334, 479
Primärrecht der EU 167
Primärthema 226
Prinzipal-Agent-Theorie 115
Prinzipal-Intermediär-Beziehung 117
Priorisierung, zeitliche 202
Product-Branding-Logik 105
Produktionskompetenz 48–49
Professionalisierungsstrategien 511
Professionalität als Übersetzungskompetenz 522
Professionen, klassische 511
Professionssoziologie 514
Professionstheorie 514
– klassische 513
– soziologische 513
Prospect Theory 113
Prozess, politischer 185, 215, 365
– Zeitfenster, endogene 199
– Zeitfenster, exogenes 200
– Zeitfenster, strukturelle 201
Prozessbegleitkompetenz 34, 47–48, 58, 60, 143, 390, 418, 487
Prozessbegleitung 365
Prozesse, politische 269
Prozesskompetenz 26, 34, 38, 45, 47, 181, 187, 189, 213, 268, 352, 390, 426, 487, 546
– Bestandteile der 48
Prozessstrukturkompetenz 34, 47–48, 60, 143, 270, 390, 487

Prüfverfahren 336
Public Affairs (PA) 129
Public Relations (PR) 128
– Multi-Channel-Kampagnen 128
Public-Affairs-Agentur 388
– Aufgaben 388
– Kosten 401

Q Quästoren 347

R Rahmenbedingungen, europarechtliche
 35
Rat der Europäischen Union 37, 292, 322,
 380, 441
– Beschlussfassung 293–294
– Mehrheitsprinzip 442
– Regulierung des Zugangs 341
– Zugang von Interessenvertretern 341
– Zusammensetzung 292–293
Rational-Choice-Theorie 162
Realisierbarkeitsanalyse 426
Rechtsakte
– Ausschussverfahren 337
– Basisrechtsakte 45, 323
– Berufungsausschuss 337
– Berufungsverfahren 337
– delegierte 45, 324, 334
– Durchführungsrechtsakte 324, 334–335
– mit Gesetzgebungscharakter 323
– ohne Gesetzgebungscharakter 324
Rechtsetzungstätigkeit, Monitoring der
 138
Rechtsetzungsverfahren
– der Bundesrepublik Deutschland 321
– der EU 321
Relational capital 529
Resource-based View (RBV) 94
Revolving Door 435, 465
– Image-Probleme 470
– Vorschriften 466
RevolvingDoorWatch 470
Risiken
– politischen Handelns 33
– wirtschaftlichen Handelns 33
Rome Manifesto 252
Römische Verträge 240

S Satz des Ausgeschlossenen Dritten 62
Satz des Widerspruchs 62
Schattenberichterstatter 206, 352
Schuldenkrise 244
Schuman-Plan 239
Sekundärrecht 322, 334, 479
Shareholder-Ansatz 34, 107
Shareholder-Orientierung 34
Shareholder-Value-Ansatz 81–82
Sherpa-Konsultationen 254
Single Resolution Mechanism 275
Single Supervisory Mechanism 275
Social Exchange Theory 119
Social Media 316
Soziale Marktwirtschaft 66
Sozialismus 66
Spill-back 275

Spill-over 275
Stakeholder 363
– Akteure im Informationssystem 73
– Begriff 69
– Charakteristika 91
– gemischte 366
– Identifikation von 446
– Identifikation relevanter 367
– Klassifikationsmodell 366
– Map 367
– marginale 366
– Medien 315
– nicht-unterstützende 366
– politische 286
– primäre 34, 363
– relevante 370
– sekundäre 34, 363, 366
– unterstützende 366
– Verbände 311
– zivilgesellschaftliche 286, 309
Stakeholder-Ansatz 72, 107
Stakeholder-Datenbank 367
Stakeholder-Engagement 77
Stakeholder-Gruppen 79
– Einfluss auf Unternehmensmarken 104
– Kategorisierung 100
– Kunden 75
– Mitarbeiter 75
– Priorisierung 100
– Zulieferer 75
Stakeholder-Identifikation
– formal-rechtlicher Ansatz 369
– politischer Ansatz 369
Stakeholder-Management 80, 373, 430
– Arbeitsschritte 367
– durch Interessenvertretung 365
– Netzwerksicht 89
– offensives 102
– praktische Funktionen 364
– Praxis 366
Stakeholder-Orientierung 34, 72, 82,
 363
– Treiber der 72
Stakeholder-Theorie 72, 80, 82
– drei Dimensionen 87
– Entwicklungsstadien 83
Stakeholder-View (SHV) 72, 90, 94
Ständige Vertretung der Bundesrepublik
 Deutschland 304
– Aufgaben 305
– Organisation 305
Steering Committee 51
Stellungnahme 140
Strategie
– anspruchsgruppengerichtete 101
Strategieberatung 139
Strategiewechsel 71
Structural Hole Theory 118
Subprime-Krise 251
Subsidiaritätsprinzip 273, 302
Supranationalismus 279, 318
– Untersuchungsobjekte des 279
Systemtheorie 154

T   Tabakwerbeverbot 489
Taxonomie 45
Teampräsidentschaft 293
Tertiärrecht 324, 334
Theorie funktionaler Differenzierung 66
Theory of Access 163
Thinktanks 314, 394
Transaktionen
– intermediierte 111
– Kosten 111
– Kostentheorie 111
– Partner 113
Transparenz 531
Transparenz-Initiative 170, 340
Transparenz-Register 170, 310, 340,
    343–345, 386, 457
– Definition von Interessenvertretung 344
Trias von Interessen, Konflikten und
    Konsens 151
Trittbrettfahrerproblematik 159

U   Übersetzung
– Kontext 70
– von Anliegen 69
Übersetzungskompetenz 520, 533
– als Professionalität 511
Übersetzungskonflikte 34, 50, 67, 69
Ubiquität 438
Ukraine-Krieg 75
Unionsbürgerschaft 245
Unternehmen
– Einfluss auf Rahmenbedingungen 78
– Frühwarnsysteme 78
– Handlungsspielräume 362
– Hub-and-Spoke-Modell 84
– Input-Output-Modell 89
– sekundäre Stakeholder 362
– Stakeholder mit politischem Potenzial 368
– Stakeholder-Orientierung 363
– wirtschaftliche Rahmenbedingungen 362
Unternehmensethik 79, 82
Unternehmensführung,
    Stakeholder-orientierte 79
Unternehmensfusionen 517
Unternehmensinteressenvertreter *siehe*
    Inhouse-Interessenvertreter
Unternehmenskommunikation, externe 128
Unternehmensrepräsentanzen 385
Unternehmensziele, Rolle der
    Interessenvertretung 536

V   VDA 437
Veranstaltungen 140
Verbände 311
– Einflusslogik 377
– europäische 381
– Funktionen 312
– Mitgliedschaftslogik 377
– nationale 383
– Sektoralisierung der 377
Verfassungsentwurf für die EU 243
Verfassungskrise 248, 253
– Lösung der 255

Verfassungsvertrag 317
– Entstehung des 247
Verhaltenskodex des Europäischen
    Parlaments 340
Verständigungsbarrieren 50
Vertrag über die Arbeitsweise der Europäi-
    schen Union 259, 322, 325, 335
Vertrag über die Europäische Union
    259, 322
Vertrag von Amsterdam 241
Vertrag von Lissabon 35, 180, 187,
    235, 243, 287, 317, 440, 461, 479,
    487, 538
– Abstimmungsregelungen 294
– bilaterale Konsultationen 257
– Charta der Grundrechte 260
– Einfluss auf das Organigramm der
    EU 245
– Einfluss auf Entscheidungsprozesse 36
– Einfluss des Prozesses 252
– Einfluss von Unternehmen 353
– Einteilung der Rechtsakte 323
– Entscheidungsprozess vorher 42
– Entstehung 258
– Komplexität der Interessenvertretung 349
– Ratifikationshürden 251
– Rechtsetzungsverfahren 321
– Stärkung der EU 540
– Verfassungsvertrag als Ausgangsbasis 258
– Zivilgesellschaft 309
Vertrag von Maastricht 241, 273
Vertrag von Nizza 241
Vertretungen, regionale 306
Veto-Player 194

W   Wahlen 138
Wandel
– institutioneller 373
– personeller 373
Weltwirtschaftskrise 238
Wertschöpfungskette 103
Wertschöpfungsnetzwerk 103
Wertschöpfungsprozess 103
whips 206
Widerspruchssatz 62
Wirtschaftskrise 310
Wirtschaftssystem, marktorientiertes 65
Wissensinfrastrukturen 523–524
Wissensmanagement 438
Worst-Case-Szenario 142

Z   Zeit-/Aufgaben-Matrix 58, 493
Zinssteuerrichtlinie 267
Zivilgesellschaft
– als Stakeholder in der EU 308
– Definition 310
– europäische 310
– Instrumente 311
– Verbände 311
Zweiter Weltkrieg 238

Über die Autoren

Prof. Dr. Klemens Joos hat von 1988 bis 2021 an der Betriebswirtschaftlichen Fakultät der Ludwig-Maximilians-Universität (LMU) München zunächst studiert, dann promoviert und schließlich gelehrt. Mit dem organisationswissenschaftlichen Ansatz seiner Doktorarbeit zum Thema »Interessenvertretung deutscher Unternehmen bei den Institutionen der Europäischen Union« zeigte er 1998 die Bedeutung der neuen primärrechtlichen Rahmenbedingungen der EU für die Betriebswirtschaftslehre und die Interessenvertretung von Unternehmen auf. Seit April 2021 lehrt Prof. Dr. Joos an der Technischen Universität München (TUM) und wurde dort 2022 zum Honorarprofessor für Betriebswirtschaftslehre – Political Stakeholder Management bestellt.

Prof. Dr. Joos ist Gründer und geschäftsführender Gesellschafter der EUXEA Holding GmbH mit Sitz in München. Die EUXEA Holding GmbH ist eine Unternehmensgruppe mit über 100 festangestellten Mitarbeitern und aktuell 18 Gesellschaften, welche insbesondere in den Bereichen Real Estate (Real Estate Group), Governmental Relations (EUTOP Group), Perspective Change (OnePager Group), Services (EUXEA Administration GmbH) und Handwerk (Joos Holzbau GmbH) aktiv sind.

Prof. Dr. Joos ist Mitglied des Vorstandes der Europäischen Akademie Bayerns und wurde im Juli 2019 mit dem Bayerischen Verdienstorden ausgezeichnet.

Prof. Dr. Anton Meyer war von 1993–2021 Ordinarius für BWL und Marketing an der Ludwig-Maximilians-Universität München. Als einer der Pioniere im deutschsprachigen Raum setzt er sich seit über 40 Jahren in zahlreichen wissenschaftlichen und praxisorientierten Veröffentlichungen, Projekten und Vorträgen mit Fragen der Kundenorientierung, der markt- und ressourcenorientierten Unternehmensführung, des Dienstleistungs-Marketings, des Vertriebs, der Markenführung, des Digitalen Marketings, der Nachhaltigkeit, der Lebensqualität und der Stakeholder-Orientierung auseinander. In seinen Veröffentlichungen zum Offensiven Marketing und Stakeholder-Management setzt er sich für ein integriertes Marketing ein, das zukunftsorientiert Märkte und Kundenbeziehungen aktiv gestalten will und eine Relativierung der einseitigen Shareholder-Value-Orientierung zugunsten einer stärkeren Stakeholder-Value-Orientierung im Sinne der sozialen Marktwirtschaft propagiert.

Er versteht Marketing als Denkhaltung, Führungsfunktion und Aktivität, die alle Köpfe und Herzen, Prozesse, Abteilungen und Bereiche eines Unternehmens oder einer Organisation durchziehen und sich in erster Linie am überlegenen Kundennutzen orientieren und in zweiter Linie die Perspektiven und Interessen der verschiedenen Stakeholder (Mitarbeiter, Kapitalgeber, Lieferanten, Bürger, Politik, »NGOs« etc.) berücksichtigen, um nachhaltig Gewinne erzielen zu können.

Prof. Dr. Armin Nassehi, aufgewachsen in München, Landshut, Gelsenkirchen und Teheran, studierte von 1979 bis 1985 Philosophie, Soziologie und Erziehungswissenschaften in Münster und an der Fernuniversität Hagen. 1992 wurde der gebürtige Tübinger mit der Arbeit »Die Zeit der Gesellschaft« promoviert. Seit 1998 ist Prof. Dr. Nassehi Lehrstuhlinhaber für Soziologie an der Ludwig-Maximilians-Universität München. Seine Forschungsgebiete sind u.a. soziologische Theorie, Kultursoziologie, politische Soziologie und Organisationssoziologie. Hier forscht Prof. Dr. Nassehi insbesondere über die Genesis von Entscheidungen in komplexen Situationen sowie das Aufeinandertreffen unterschiedlicher Perspektiven der Gesellschaft. Er ist seit 2012 Mitglied des Vorstandes des Forschungsinstituts für Philosophie in Hannover, seit 2018 Mitglied im wissenschaftlichen Beirat der Fritz-Thyssen-Stiftung, seit 2018 Mitglied im Stiftungsrat der Katholischen Universität Eichstätt, seit 2020 stellv. Vorsitzender des Bayerischen Ethikrates, seit 2020 Mitglied im Senat der Deutschen Nationalstiftung und ebenfalls seit 2020 Mitglied der Leopoldina, nationale Akademie der Wissenschaften. Er hat mehr als 20 Bücher publiziert, schreibt regelmäßig in überregionalen Printmedien (FAZ, SZ, DIE ZEIT etc.) und zeichnet seit 2012 als Mitherausgeber für die Wiederauflage der Kulturzeitschrift »Kursbuch« verantwortlich. Darüber hinaus engagiert er sich in der Politik- und Unternehmensberatung.

Prof. Dr. Franz Waldenberger ist seit 2014 Direktor des Deutschen Instituts für Japanstudien in Tokyo. Er ist von der Ludwig-Maximilians-Universität München beurlaubt, wo er seit 1997 eine Professur für Japanische Wirtschaft innehat. Er studierte Volkswirtschaftslehre in Heidelberg, Köln und Tokio. Im gleichen Fach folgten in Köln 1990 die Promotion und 1996 die Habilitation. Seine Forschungsschwerpunkte umfassen die japanische Wirtschaft, Corporate Governance und Internationales Management. Er war Visiting Professor an der University of Tokyo, der Osaka City University, der Hitotsubashi University und der Tsukuba University. Professor Waldenberger ist Editor in Chief der internationalen Fachzeitschrift *Contemporary Japan*, und Autor sowie Herausgeber zahlreicher Publikationen zu Japan. Zuletzt erschienen (mit G. Naegele, H. Kudo und T. Matsuda) *Alterung und Pflege als kommunale Aufgabe: Deutsche und japanische Ansätze und Erfahrungen*, Springer 2022, und (mit M. Heckel) *The Future of Financial Systems in the Digital Age. Perspectives from Europe and Japan*, Springer 2022. Im Vorstand des Deutsch-Japanischen Wirtschaftskreises und als Mitglied des Deutsch-Japanischen Forums setzt er sich seit Langem ehrenamtlich für die deutsch-japanischen Beziehungen ein.

Prof. Dr. Christian Blümelhuber ist Dekan der Fakultät Gestaltung an der Universität der Künste Berlin (UdK). Er forscht zur strategischen Kommunikation, integriert spielerische Zugänge in Beratungsprozesse und formt Formen aus Formen (vgl. hierzu die Veröffentlichung Blümelhuber/Düllo: *Formen aus Formen*, 2023). Christian Blümelhuber war Professor u. a. an der Technischen Universität München, der Virginia Tech University, der Freien Universität Brüssel und der Open University Ho Chi Minh City. Seit 2013 lehrt er an der UdK und verbindet Ökonomie, Management, Kunst und Politik und folgt dabei gestalterischen und wissenschaftlichen Zugängen. Er richtet Marken- und Service-Werkstätten ein, um die Frontline stärker in unternehmerische

Prozesse zu integrieren und gestaltet Spiele zur Entwicklung und Vermittlung von Strategien. Anfang 2000 entwickelte er zusammen mit einem Partner zwei Sportarten (SOCCAFIVE und J-Tennis) – und seit 2020 versucht er, sich dem Lobbying und seinen Strategien wissenschaftlich zu nähern.